Aichberger SGB aktuell 153. EL

Wichtige Information für Aichberger-Bezieher

Für die Bereiche der Kranken- und Pflegeversicherung ist als Ergänzung zu Ihrer Textsammlung das Werk

Aichberger-Ergänzungsband
Gesetzliche Krankenversicherung/
Soziale Pflegeversicherung
Hrsg. von Dr. Klaus Engelmann,
Vors. Richter am BSG a. D.

lieferbar.
Der Ergänzungsband enthält neben Gesetzen und Verordnungen u. a. aus dem Krankenhausrecht und der vertragsärztlichen Versorgung auch etliche Richtlinien, Bundesmantelverträge und andere Vereinbarungen und Verträge, die nicht oder nur mit Schwierigkeiten greifbar sind.
Kompetent und fachkundig zusammengestellt finden Sie in der Praxis wichtige Bestimmungen zu folgenden Gebieten der

W0393732

Gesetzlichen Krankenversicherung:
- Krankenhausrecht,
- Vertragsärztliche Versorgung,
- Vertragszahnärztliche Versorgung,
- Psychotherapie

sowie zur **Sozialen Pflegeversicherung:**
- die Richtlinien der Spitzenverbände der Krankenkassen.

Vorteile der Sammlung auf einen Blick:
✓ Textauswahl nach den Bedürfnissen der Praxis,
✓ Geordnet nach Sachgebieten,
✓ Kompetente Betreuung durch ausgewiesenen Fachmann des Krankenversicherungsrechts,
✓ Schnelles Auffinden auf Grund ausgefeilter Systematik.

Sie können diese Textsammlung „Aichberger-Ergänzungsband, Gesetzliche Krankenversicherung/Soziale Pflegeversicherung“, zu einem **Preis von 39,– €** (bei Fortsetzungsbezug, statt 89,– €) erwerben.

Aichberger SGB aktuell

Inhalt der 153. Ergänzungslieferung

Mit der vorliegenden Ergänzungslieferung erhalten die in Ihrer Textsammlung „Aichberger Sozialgesetzbuch“ enthaltenen Gesetze und Verordnungen den aktuellen Stand der Gesetzgebung vom 10. Dezember 2021.
Berücksichtigung fanden dabei u. a. das „Gesetz zur Änderung des Infektionsschutzgesetzes und weiterer Gesetze anlässlich der Aufhebung der epidemischen Lage von nationaler Tragweite“ vom 22.11.2021 (BGBl. I S. 4906) mit seinen Auswirkungen auf das SGB II (Nr. 2), SGB III (Nr. 3), SGB IV (Nr. 4), SGB V (Nr. 5), das Krankenhausfinanzierungsgesetz (KHG, Nr. 5/20), das SGB VI (Nr. 6), das BKGG (Nr. 8/10), das SGB XI (Nr. 11), das Pflegezeitgesetz (Nr. 11/10), das Familienpflegezeitgesetz (Nr. 11/20), das SGB XII (Nr. 12), das Bundesversorgungsgesetz (Nr. 20/10), das Gesetz über die Alterssicherung der Landwirte (Nr. 30/10) und das Künstlersozialversicherungsgesetz (Nr. 30/50) und das Gesetz zum Ausbau des elektronischen Rechtsverkehrs mit den Gerichten und zur Änderung weiterer Vorschriften vom 5.10.2021 (BGBl. I S. 4607) im Strafvollzugsgesetz (Nr. 40/30), im SGG (Nr. 50) und in der ZPO (Nr. 50/10).
Weiter erhalten Sie zahlreiche, zum 1.1.2022 in Kraft getretene Änderungen, so u. a. durch das Beschäftigungssicherungsgesetz vom 3.12.2020 (BGBl. I S. 2691) im SGB III (Nr. 3) und im SGB V (Nr. 5), durch das Teilhabestärkungsgesetz vom 2.6.2021 (BGBl. I S. 1387) im SGB II (Nr. 2), im SGB III (Nr. 3), im SGB IX (Nr. 9) und in der SchwbAV (Nr. 9/11), durch das Gesundheitsversorgungsweiterentwicklungsgesetz vom 11.7.2021 (BGBl. I S. 2754) im SGB V (Nr. 5) und im Zweiten Gesetz über die Krankenversicherung der Landwirte (Nr. 30/22) sowie durch das Gesetz zur Umsetzung der Richtlinie (EU) 2019/882 vom 16.7.2021 (BGBl. I S. 2970) im SGB III (Nr. 3), im SGB IV (Nr. 4) und im SGB VI (Nr. 6).
Außerdem enthält diese Lieferung die Anpassungen durch die Wohngeldverordnung vom 3.6.2021 (BGBl. I S. 1369) zum 1.1.2022 im Wohngeldgesetz (Nr. 13) und in der Wohngeldverordnung (Nr. 13/10) sowie im SGB VIII (Nr. 8) die zum Jahreswechsel in Kraft getretenen Änderungen durch das Kinder- und Jugendstärkungsgesetz vom 3.6.2021 (BGBl. I S. 1444) und durch das Ganztagsförderungsgesetz vom 2.10.2021 (BGBl. I S. 4602).
Schließlich erhalten Sie mit dieser Ergänzungslieferung noch die aktuelle Fassung der Geringfügigkeits-Richtlinien (Nr. 4/21) vom Juli 2021.

153. EL Aichberger SGB aktuell

Aichberger
Sozialgesetzbuch

Einordnungsanweisung für die 153. Ergänzungslieferung Dezember 2021 (Anschluss an die 152. Ergänzungslieferung Oktober 2021)

Herauszunehmen:		Zahl der Blätter:	Einzufügen:		Zahl der Blätter:
Ordner I			**Ordner I**		
Titelblatt		1	Titelblatt		1
Aichberger aktuell		2	Aichberger aktuell*		2
Inhalt I	1/2	1	**Inhalt I**	1/2	1
2	1–8	5	**2**	1–8a	5
	21–28	4		21–28	4
	85/86	1		85–86a	2
3	1–8a	5	**3**	1–8a	5
	23–26	2		23–26a	3
	34–41	6		34–41a	5
	49–50a	2		49/50	1
	56/56a	1		56/56a	1
	70–85	8		70–85	8
	113–116	2		113–116a	3
	125–126a	2		125–126a	2
	132–140	5		132–140a	5
	145/145a	1		145/145a	1
	169–170a	2		169–170a	2
3/81	1/2	1	**3/81**	1/2	1
Übersicht IV	1–4 5a	5	**Übersicht IV**	1–4 5a	5
4	37–44	5	**4**	37–44a	5
	50–54a	5		50–54a	4
	79/80	1		79/80	1
	107–120	9		107–122	8
4/21	1–110	55	**4/21**	1–114	57
4/40	1–10	6	**4/40**	1–10a	6
5	1–6a	4	**5**	1–6	3
	85/86	1		85/86	1
Übertrag:		142	Übertrag:		142

* Aus technischen Gründen liegt das Geleitwort zur 153. EL „Aichberger aktuell" am Anfang der Lieferung, bitte ordnen Sie es wie gewohnt anstelle des Geleitworts zur 152. EL ein.

Herauszunehmen:

		Zahl der Blätter:
Übertrag:		142
5	98–98c	2
	245/246	1
	258–260a	3
	293/294	1
	413–418	3
	443/444	1
	569/570	1
	651–654	2
5/20	1–4	2
	15/16	1
	43/44	1
6	1–4	2
	113/113a	1
	179/179a	1
7	1–2a	3
	117–118a	2
8	1/2	1
	51/52	1
	85–90	3
8/10	1/2	1
	14–**8/11** 2	4
8/11	10–16	4
9	1–10	6
	17–22	3
	45/46	1
	67–76a	6
	111–116	3
9/11	1–4	2
	11–16	3
10	1/2	1
	42–44	2
10/10	1–6	3
Ordner II		
Titelblatt		1
11	1–8	4
	54/55	1
	64–67	2
	76–79	2
	89/89a	1
	93–94a	2
	108/108a	1
	162–166e	8
11/10	1–**11/20** 3a	5
Übertrag:		240

Einzufügen:

		Zahl der Blätter:
Übertrag:		142
5	98–98c	2
	245/246	1
	258–260a	3
	293/294	1
	413–418a	4
	443–444a	2
	569/570	1
	651–654a	3
5/20	1–4	2
	15/16	1
	43–44a	2
6	1–4	2
	113–113c	2
	179/179a	1
7	1–2a	2
	117/118	1
8	1/2	1
	51–52a	2
	85–90a	4
8/10	1/2	1
	14–**8/11** 2	3
8/11	10–15	3
9	1–10a	6
	17–22	3
	45–46a	2
	67–76a	6
	111–116a	4
9/11	1–4	2
	11–16	3
10	1/2	1
	42–44a	2
10/10	1–6a	4
Ordner II		
Titelblatt		1
11	1–8	4
	54/55	1
	64–67a	3
	76–79a	3
	89/89a	1
	93–94c	3
	108/108a	1
	162–166c	8
11/10	1–**11/20** 3a	5
Übertrag:		249

Herauszunehmen:		Zahl der Blätter:
Übertrag:		240
11/20	9/10	1
12	1–8	4
	29–38	5
	79/79a	1
	103–106	3
13	1/2	1
	39–**13/10** 2	2
13/10	11/12	1
20/10	1–2a	2
	91–94	2
20/30	1/1a	1
	17–20	2
	25–42	6
30/10	1/2	1
	64–67	2
30/22	1/2	1
	23–29a	4
30/50	1–4a	3
	25/26	1
40/30	1/1a	1
50	1–4a	3
	25–28	2
	49/50	1
50/10	1–2a	2
	17–25	8
	71–86	11
50/33	1–4	2
50/40	1/1a	1
Insgesamt herauszunehmen:		314

Einzufügen:		Zahl der Blätter:
Übertrag:		249
11/20	9/10	1
12	1–8a	5
	29–38a	6
	79/79a	1
	103–106	2
13	1/2	1
	39–**13/10** 2	2
13/10	11–12a	2
20/10	1–2a	2
	91–94a	3
20/30	1/1a	1
	17–20a	3
	25–42	9
30/10	1/2	1
	64–67	2
30/22	1/2	1
	23–29a	4
30/50	1–4a	3
	25/26	1
40/30	1/1a	1
50	1–4a	3
	25–28a	3
	49/50	1
50/10	1–2a	2
	17–25a	8
	71–86a	9
50/33	1–4a	3
50/40	1/1a	1
Insgesamt einzufügen:		330

Sozialgesetzbuch

mit Nebengesetzen, Ausführungs- und Verfahrensvorschriften

Textausgabe
mit Anmerkungen und Sachverzeichnis

Begründet und herausgegeben von

FRIEDRICH AICHBERGER †
Senatspräsident am Bayerischen Landessozialgericht

Unter Mitarbeit von Stephan Rittweger
Vors. Richter am Bayerischen Landessozialgericht

Band I

Stand: 10. Dezember 2021

153. Ergänzungslieferung

C.H.BECK

Dieses Titelblatt stammt aus der 153. Ergänzungslieferung Dezember 2021,
die an die 152. Ergänzungslieferung Oktober 2021 anschließt.

ISBN 978 3 406 78287 9

Redaktioneller Hinweis: Paragraphenüberschriften in eckigen Klammern sind nichtamtlich. Sie sind ebenso wie die Fußnoten urheber- und wettbewerbsrechtlich geschützt.

Verbesserungswünsche und Fehlerhinweise sind jederzeit willkommen.

Verlag C. H. Beck oHG
Wilhelmstr. 5–9, 80801 München
Fax 0 89/3 81 89-5 16

www.beck.de

Gesamtwerk 978 3 406 46009 8 ergänzt bis 978 3 406 78287 9

© 2022 Verlag C. H. Beck oHG
Wilhelmstraße 9, 80801 München
Druck: Druckerei C. H. Beck Nördlingen
(Adresse wie Verlag)

CO_2 neutral
chbeck.de/nachhaltig

Gedruckt auf säurefreiem, alterungsbeständigem Papier
(hergestellt aus chlorfrei gebleichtem Zellstoff)

I. Inhaltsverzeichnis

(Systematisch geordnet)

A. Sozialgesetzbuch und ergänzende Vorschriften

I. Allgemeiner Teil des SGB

II. Grundsicherung für Arbeitsuchende

III. Arbeitsförderung

(Fortsetzung nächstes Blatt)

2. Sozialgesetzbuch (SGB) Zweites Buch (II) – Grundsicherung für Arbeitsuchende –[1) 2)]

In der Fassung der Bekanntmachung vom 13. Mai 2011[3)]
(BGBl. I S. 850, ber. S. 2094)

FNA 860-2

geänd. durch Art. 3a G zur Änd. des BundesversorgungsG und anderer Vorschriften v. 20.6.2011 (BGBl. I S. 1114), Art. 5 G zur Verbesserung der Eingliederungschancen am Arbeitsmarkt v. 20.12. 2011 (BGBl. I S. 2854), Art. 1a Viertes G zur Änd. des Vierten Buches Sozialgesetzbuch und anderer Gesetze v. 22.12.2011 (BGBl. I S. 3057), Art. 3 G zur Neuordnung der Altersversorgung der Bezirksschornsteinfegermeister und zur Änd. anderer Gesetze v. 5.12.2012 (BGBl. I S. 2467), Art. 1 HaushaltsbegleitG 2013 v. 20.12.2012 (BGBl. I S. 2781), Art. 2 G zur Stärkung der beruflichen Aus- und Weiterbildung in der Altenpflege v. 13.3.2013 (BGBl. I S. 446), Art. 8 EhrenamtsstärkungsG v. 21.3. 2013 (BGBl. I S. 556), Art. 9 Abs. 1 SEPA-BegleitG v. 3.4.2013 (BGBl. I S. 610), Art. 2 Abs. 12 G zur Fortentwicklung des Meldewesens v. 3.5.2013 (BGBl. I S. 1084, geänd. durch G v. 20.11.2014, BGBl. I S. 1738), Art. 1 G zur Änd. des Zweiten Buches Sozialgesetzbuch und anderer G v. 7.5.2013 (BGBl. I S. 1167), Art. 2 GKV-Finanzstruktur- und Qualitäts-WeiterentwicklungsG v. 21.7.2014 (BGBl. I S. 1133), Art. 1 Achtes ÄndG v. 28.7.2014 (BGBl. I S. 1306), Urt. des BVerfG – 2 BvR 1641/11 – v. 7.10.2014 (BGBl. I S. 1638), Art. 4 G zur Änd. des FreizügigkeitsG/EU und weiterer Vorschriften v. 2.12.2014 (BGBl. I S. 1922), Art. 2 G zur weiteren Entlastung von Ländern und Kommunen ab 2015 und zum quantitativen und qualitativen Ausbau der Kindertagesbetreuung sowie

---

[1)] Die Änderungen durch G v. 12.12.2019 (BGBl. I S. 2652) treten erst **mWv 1.1.2024**, die Änderungen durch G v. 10.8.2021 (BGBl. I S. 3515) treten erst **mWv 1.7.2022** und die Änderungen durch G v. 20.8.2021 (BGBl. I S. 3932) treten erst **mWv 1.1.2024** bzw. **mWv 1.1.2025** in Kraft und sind im Text noch nicht berücksichtigt.

[2)] Zum SGB II haben die Länder ua folgende Vorschriften erlassen:
- **Baden-Württemberg:** G zur Ausführung des SGB II v. 14.12.2004 (GBl. S. 907), zuletzt geänd. durch G v. 6.2.2018 (GBl. S. 6);
- **Bayern:** VO zur Ausführung der Sozialgesetze v. 8.12.2006 (GVBl. S. 942), zuletzt geänd. durch G v. 23.4.2021 (GVBl. S. 196);
- **Berlin:** G zur Ausführung des SGB II v. 15.12.2010 (GVBl. S. 557), geänd. durch G v. 13.7.2011 (GVBl. S. 344);
- **Brandenburg:** G zur Ausführung des SGB II im Land Brandenburg v. 8.12.2004 (GVBl. I S. 458), zuletzt geänd. durch G v. 18.12.2020 (GVBl. I Nr. 36);
- **Hessen:** Hessisches OFFENSIV-G v. 20.12.2004 (GVBl. I S. 488), zuletzt geänd. durch G v. 7.5. 2020 (GVBl. S. 318);
- **Mecklenburg-Vorpommern:** G des Landes Mecklenburg-Vorpommern zur Ausführung des SGB II v. 28.10.2004 (GVOBl. M-V S. 502), zuletzt geänd. durch G v. 9.4.2020 (GVOBl. M-V S. 166);
- **Niedersachsen:** Niedersächsisches G zur Ausführung des SGB II und des § 6b des BundeskindergeldG v. 16.9.2004 (Nds. GVBl. S. 358), zuletzt geänd. durch G v. 10.12.2020 (Nds. GVBl. S. 477);
- **Nordrhein-Westfalen:** G zur Ausführung des SGB II für das Land Nordrhein-Westfalen v. 16.12. 2004 (GV. NRW. S. 821), zuletzt geänd. durch G v. 1.9.2020 (GV. NRW. S. 823);
- **Rheinland-Pfalz:** LandesG zur Ausführung des SGB II v. 22.12.2004 (GVBl. S. 569), zuletzt geänd. durch G v. 18.12.2017 (GVBl. S. 331);
- **Saarland:** G zur Ausführung des SGB II und des BundeskindergeldG (AGSGB II/BKGG) v. 17.6. 2015 (Amtsbl. I S. 538), geänd. durch G v. 21.3.2018 (Amtsbl. I S. 248);
- **Sachsen:** Sächsisches G zur Ausführung des Sozialgesetzbuches v. 6.6.2002 (SächsGVBl. S. 169), zuletzt geänd. durch G v. 31.3.2021 (SächsGVBl. S. 411);
- **Sachsen-Anhalt:** G zur Ausführung des SGB II und des BundeskindergeldG v. 20.1.2012 (GVBl. LSA S. 36, ber. S. 120), zuletzt geänd. durch G v. 22.3.2017 (GVBl. LSA S. 55);
- **Schleswig-Holstein:** G zur Ausführung des SGB II und des § 6b BundeskindergeldG v. 27.5.2011 (GVOBl. Schl.-H. S. 146), zuletzt geänd. durch VO v. 16.1.2019 (GVOBl. Schl.-H. S. 30);
- **Thüringen:** Thüringer G zur Ausführung des SGB II v. 12.7.2013 (GVBl. S. 161).

[3)] Neubekanntmachung des SGB II v. 24.12.2003 (BGBl. I S. 2954) in der ab 1.4.2011 geltenden Fassung.

zur Änd. des LastenausgleichsG v. 22.12.2014 (BGBl. I S. 2411), Art. 2 Abs. 20 G zur Modernisierung der Finanzaufsicht über Versicherungen v. 1.4.2015 (BGBl. I S. 434), Art. 1a Fünftes G zur Änd. des Vierten Buches Sozialgesetzbuch und anderer G v. 15.4.2015 (BGBl. I S. 583), Art. 5 G zur Förderung von Investitionen finanzschwacher Kommunen und zur Entlastung von Ländern und Kommunen bei der Aufnahme und Unterbringung von Asylbewerbern v. 24.6.2015 (BGBl. I S. 974), Art. 2 Arbeitslosenversicherungsschutz- und WeiterbildungsstärkungsG v. 18.7.2016 (BGBl. I S. 1710), Art. 1 Neuntes G zur Änd. des SGB II – Rechtsvereinfachung – sowie zur vorübergehenden Aussetzung der Insolvenzantragspflicht v. 26.7.2016 (BGBl. I S. 1824), Art. 2 IntegrationsG v. 31.7. 2016 (BGBl. I S. 1939), Art. 22 Abs. 2 6. SGB IV-ÄndG v. 11.11.2016 (BGBl. I S. 2500), Art. 2 G zur Beteiligung des Bundes an den Kosten der Integration und zur weiteren Entlastung von Ländern und Kommunen v. 1.12.2016 (BGBl. I S. 2755), Art. 1 G zur Regelung von Ansprüchen ausländischer Personen in der Grundsicherung für Arbeitsuchende nach dem SGB II und in der Sozialhilfe nach dem SGB XII v. 22.12.2016 (BGBl. I S. 3155), Art. 6 G zur Ermittlung von Regelbedarfen sowie zur Änd. des Zweiten und des Zwölften Buches Sozialgesetzbuch v. 22.12.2016 (BGBl. I S. 3159), Art. 4 BundesteilhabeG v. 23.12.2016 (BGBl. I S. 3234), Art. 158 G zum Abbau verzichtbarer Anordnungen der Schriftform im Verwaltungsrecht des Bundes v. 29.3.2017 (BGBl. I S. 626), Art. 20 G zur Änd. des BundesversorgungsG und anderer Vorschriften v. 17.7.2017 (BGBl. I S. 2541), Art. 5 Integrationskosten-BeteiligungsG v. 17.12.2018 (BGBl. I S. 2522), Art. 1 TeilhabechancenG v. 17.12.2018 (BGBl. I S. 2583), Art. 3 QualifizierungschancenG v. 18.12.2018 (BGBl. I S. 2651), Art. 3 Starke-Familien-G v. 29.4.2019 (BGBl. I S. 530), Art. 4 G zur Anpassung der Berufsausbildungsbeihilfe und des Ausbildungsgeldes v. 8.7.2019 (BGBl. I S. 1025), Art. 5 G gegen illegale Beschäftigung und Sozialleistungsmissbrauch v. 11.7.2019 (BGBl. I S. 1066), Art. 120 Zweites Datenschutz-Anpassungs- und UmsetzungsG EU v. 20.11.2019 (BGBl. I S. 1626), Art. 7 G zur Änd. des Neunten und des Zwölften Buches Sozialgesetzbuch und anderer Rechtsvorschriften v. 30.11.2019 (BGBl. I S. 1948), Urt. des BVerfG – 1 BvL 7/16 - v. 5.11.2019 (BGBl. I S. 2046), Art. 3 Integrationskosten-BeteiligungsG 2020/2021 v. 9.12.2019 (BGBl. I S. 2051), Art. 29 G zur Regelung des Sozialen Entschädigungsrechts v. 12.12.2019 (BGBl. I S. 2652, geänd. durch G v. geänd. durch G v. 20.8.2021, BGBl. I S. 3932), Art. 7 MDK-ReformG v. 14.12.2019 (BGBl. I S. 2789), Art. 1 Sozialschutz-Paket v. 27.3.2020 (BGBl. I S. 575), Art. 3 und 4 Covid-19-G zur Förderung der berufl. Weiterbildung im Strukturwandel und zur Weiterentwicklung der Ausbildungsförderung v. 20.5.2020 (BGBl. I S. 1044), Art. 13 Sozialschutz-Paket II v. 20.5.2020 (BGBl. I S. 1055), Art. 3 Siebtes G zur Änd. des Vierten Buches SGB und anderer G v. 12.6.2020 (BGBl. I S. 1248), Art. 2 GrundrentenG v. 12.8.2020 (BGBl. I S. 1879), Art. 2 Covid-19-G zur finanziellen Entlastung der Kommunen und der neuen Länder v. 6.10.2020 (BGBl. I S. 2072), Art. 4 G zur Ermittlung der Regelbedarfe und zur Änd. des Zwölften Buches Sozialgesetzbuch sowie weiterer Gesetze v. 9.12.2020 (BGBl. I S. 2855), Art. 42 Jahressteuergesetz 2020 v. 21.12.2020 (BGBl. I S. 3096), Art. 4 G Digitale Rentenübersicht v. 11.2.2021 (BGBl. I S. 154), Art. 1 Sozialschutz-Paket III v. 10.3.2021 (BGBl. I S. 335), Art. 2 TeilhabestärkungsG v. 2.6.2021 (BGBl. I S. 1387), Art. 14 G zur Novellierung des BundespersonalvertretungsG v. 9.6.2021 (BGBl. I S. 1614), Art. 6 KitafinanzhilfenänderungsG v. 25.6.2021 (BGBl. I S. 2020), Art. 3 MietspiegelreformG v. 10.8.2021 (BGBl. I S. 3515), Art. 33 und 34 G über die Entschädigung der Soldatinnen und Soldaten und zur Neuordnung des Soldatenversorgungsrechts v. 20.8.2021 (BGBl. I S. 3932) und Art. 3 G zur Änd. des InfektionsschutzG und weiterer Gesetze anlässlich der Aufhebung der Feststellung der epidemischen Lage von nationaler Tragweite v. 22.11. 2021 (BGBl. I S. 4906)

Inhaltsübersicht[1)]

Kapitel 1. Fördern und Fordern

Kapitel 2. Anspruchsvoraussetzungen

Kapitel 3. Leistungen

Abschnitt 1. Leistungen zur Eingliederung in Arbeit

[1)] Inhaltsübersicht geänd. mWv 1.4.2012 durch G v. 20.12.2011 (BGBl. I S. 2854); geänd. mWv 1.8.2013 durch G v. 7.5.2013 (BGBl. I S. 1167); geänd. mWv 1.1.2009, mWv 5.8.2014 und mWv 1.1.2015 durch G v. 28.7.2014 (BGBl. I S. 1306); geänd. mWv 1.8.2016 und geänd. mWv 1.1.2017 durch G v. 26.7.2016 (BGBl. I S. 1824); geänd. mWv 1.1.2019 durch G v. 17.12.2018 (BGBl. I S. 2583); geänd. mWv 26.11.2019 durch G v. 20.11.2019 (BGBl. I S. 1626); geänd. mWv 28.3.2020 durch G v. 27.3.2020 (BGBl. I S. 575); geänd. mWv 29.5.2020 durch G v. 20.5.2020 (BGBl. I S. 1044); geänd. mWv 29.5.2020 durch G v. 20.5.2020 (BGBl. I S. 1055); geänd. mWv 15.12.2020 und geänd. mWv 1.1.2021 durch G v. 9.12.2020 (BGBl. I S. 2855); geänd. mWv 1.4.2021 durch G v. 10.3.2021 (BGBl. I S. 335); geänd. mWv 1.7.2021 durch G v. 25.6.2021 (BGBl. I S. 2020); geänd. mWv 24.11.2021 durch G v. 22.11.2021 (BGBl. I S. 4906).

Kapitel 1. Fördern und Fordern

§ 1[1)] Aufgabe und Ziel der Grundsicherung für Arbeitsuchende

(1) Die Grundsicherung für Arbeitsuchende soll es Leistungsberechtigten ermöglichen, ein Leben zu führen, das der Würde des Menschen entspricht.

(2) [1] Die Grundsicherung für Arbeitsuchende soll die Eigenverantwortung von erwerbsfähigen Leistungsberechtigten und Personen, die mit ihnen in einer Bedarfsgemeinschaft leben, stärken und dazu beitragen, dass sie ihren Lebensunterhalt unabhängig von der Grundsicherung aus eigenen Mitteln und Kräften bestreiten können. [2] Sie soll erwerbsfähige Leistungsberechtigte bei der Aufnahme oder Beibehaltung einer Erwerbstätigkeit unterstützen und den Lebensunterhalt sichern, soweit sie ihn nicht auf andere Weise bestreiten können. [3] Die Gleichstellung von Männern und Frauen ist als durchgängiges Prinzip zu verfolgen. [4] Die Leistungen der Grundsicherung sind insbesondere darauf auszurichten, dass

1. durch eine Erwerbstätigkeit Hilfebedürftigkeit vermieden oder beseitigt, die Dauer der Hilfebedürftigkeit verkürzt oder der Umfang der Hilfebedürftigkeit verringert wird,
2. die Erwerbsfähigkeit einer leistungsberechtigten Person erhalten, verbessert oder wieder hergestellt wird,
3. geschlechtsspezifischen Nachteilen von erwerbsfähigen Leistungsberechtigten entgegengewirkt wird,
4. die familienspezifischen Lebensverhältnisse von erwerbsfähigen Leistungsberechtigten, die Kinder erziehen oder pflegebedürftige Angehörige betreuen, berücksichtigt werden,
5. behinderungsspezifische Nachteile überwunden werden,
6. Anreize zur Aufnahme und Ausübung einer Erwerbstätigkeit geschaffen und aufrechterhalten werden.

(3) Die Grundsicherung für Arbeitsuchende umfasst Leistungen zur

1. Beratung,
2. Beendigung oder Verringerung der Hilfebedürftigkeit insbesondere durch Eingliederung in Ausbildung oder Arbeit und
3. Sicherung des Lebensunterhalts.

---

1) § 1 Abs. 3 neu gef. mWv 1.8.2016 durch G v. 26.7.2016 (BGBl. I S. 1824); Abs. 2 Satz 4 Nr. 5 geänd. mWv 1.1.2022 durch G v. 2.6.2021 (BGBl. I S. 1387).

§ 2 Grundsatz des Forderns. (1) [1]Erwerbsfähige Leistungsberechtigte und die mit ihnen in einer Bedarfsgemeinschaft lebenden Personen müssen alle Möglichkeiten zur Beendigung oder Verringerung ihrer Hilfebedürftigkeit ausschöpfen. [2]Eine erwerbsfähige leistungsberechtigte Person muss aktiv an allen Maßnahmen zu ihrer Eingliederung in Arbeit mitwirken, insbesondere eine Eingliederungsvereinbarung abschließen. [3]Wenn eine Erwerbstätigkeit auf dem allgemeinen Arbeitsmarkt in absehbarer Zeit nicht möglich ist, hat die erwerbsfähige leistungsberechtigte Person eine ihr angebotene zumutbare Arbeitsgelegenheit zu übernehmen.

(2) [1]Erwerbsfähige Leistungsberechtigte und die mit ihnen in einer Bedarfsgemeinschaft lebenden Personen haben in eigener Verantwortung alle Möglichkeiten zu nutzen, ihren Lebensunterhalt aus eigenen Mitteln und Kräften zu bestreiten. [2]Erwerbsfähige Leistungsberechtigte müssen ihre Arbeitskraft zur Beschaffung des Lebensunterhalts für sich und die mit ihnen in einer Bedarfsgemeinschaft lebenden Personen einsetzen.

§ 3[1)] Leistungsgrundsätze. (1) [1]Leistungen zur Eingliederung in Arbeit können erbracht werden, soweit sie zur Vermeidung oder Beseitigung, Verkürzung oder Verminderung der Hilfebedürftigkeit für die Eingliederung erforderlich sind. [2]Bei den Leistungen zur Eingliederung in Arbeit sind

1. die Eignung,
2. die individuelle Lebenssituation, insbesondere die familiäre Situation,
3. die voraussichtliche Dauer der Hilfebedürftigkeit und
4. die Dauerhaftigkeit der Eingliederung

der erwerbsfähigen Leistungsberechtigten zu berücksichtigen. [3]Vorrangig sollen Maßnahmen eingesetzt werden, die die unmittelbare Aufnahme einer Erwerbstätigkeit ermöglichen. [4]Bei der Leistungserbringung sind die Grundsätze von Wirtschaftlichkeit und Sparsamkeit zu beachten.

(2) [1]Bei der Beantragung von Leistungen nach diesem Buch sollen unverzüglich Leistungen zur Eingliederung in Arbeit nach dem Ersten Abschnitt des Dritten Kapitels erbracht werden. [2]Bei fehlendem Berufsabschluss sind insbesondere die Möglichkeiten zur Vermittlung in eine Ausbildung zu nutzen.

(2a) [1]Die Agentur für Arbeit hat darauf hinzuwirken, dass erwerbsfähige Leistungsberechtigte, die

1. nicht über ausreichende deutsche Sprachkenntnisse verfügen, an einem Integrationskurs nach § 43 des Aufenthaltsgesetzes[2)] teilnehmen, oder
2. darüber hinaus notwendige berufsbezogene Sprachkenntnisse benötigen, an der berufsbezogenen Deutschsprachförderung nach § 45a des Aufenthaltsgesetzes[2)] teilnehmen,

sofern sie teilnahmeberechtigt sind und nicht unmittelbar in eine Ausbildung oder Arbeit vermittelt werden können und ihnen eine Teilnahme an einem Integrationskurs oder an der berufsbezogenen Deutschsprachförderung daneben nicht zumutbar ist. [2]Für die Teilnahmeberechtigung, die Verpflichtung zur Teilnahme und die Zugangsvoraussetzungen gelten die Bestimmungen der

---

[1)] § 3 Abs. 2 Sätze 1 und 2, Abs. 2a geänd. mWv 1.4.2012 durch G v. 20.12.2011 (BGBl. I S. 2854); Abs. 2 und 2a neu gef. mWv 1.8.2016 durch G v. 26.7.2016 (BGBl. I S. 1824); Abs. 2b aufgeh. mWv 29.12.2016 durch G v. 22.12.2016 (BGBl. I S. 3155).

[2)] **Sartorius Nr. 565.**

§§ 44, 44a und 45a des Aufenthaltsgesetzes[1)] sowie des § 9 Absatz 1 Satz 1 des Bundesvertriebenengesetzes[2)] in Verbindung mit der Integrationskursverordnung und der Verordnung über die berufsbezogene Deutschsprachförderung. [3] Eine Verpflichtung zur Teilnahme ist in die Eingliederungsvereinbarung als vorrangige Maßnahme aufzunehmen.

(3) Leistungen zur Sicherung des Lebensunterhalts dürfen nur erbracht werden, soweit die Hilfebedürftigkeit nicht anderweitig beseitigt werden kann; die nach diesem Buch vorgesehenen Leistungen decken den Bedarf der erwerbsfähigen Leistungsberechtigten und der mit ihnen in einer Bedarfsgemeinschaft lebenden Personen.

§ 4 Leistungsformen. (1) Die Leistungen der Grundsicherung für Arbeitsuchende werden erbracht in Form von

1. Dienstleistungen,
2. Geldleistungen und
3. Sachleistungen.

(2) [1] Die nach § 6 zuständigen Träger wirken darauf hin, dass erwerbsfähige Leistungsberechtigte und die mit ihnen in einer Bedarfsgemeinschaft lebenden Personen die erforderliche Beratung und Hilfe anderer Träger, insbesondere der Kranken- und Rentenversicherung, erhalten. [2] Die nach § 6 zuständigen Träger wirken auch darauf hin, dass Kinder und Jugendliche Zugang zu geeigneten vorhandenen Angeboten der gesellschaftlichen Teilhabe erhalten. [3] Sie arbeiten zu diesem Zweck mit Schulen und Kindertageseinrichtungen, den Trägern der Jugendhilfe, den Gemeinden und Gemeindeverbänden, freien Trägern, Vereinen und Verbänden und sonstigen handelnden Personen vor Ort zusammen. [4] Sie sollen die Eltern unterstützen und in geeigneter Weise dazu beitragen, dass Kinder und Jugendliche Leistungen für Bildung und Teilhabe möglichst in Anspruch nehmen.

§ 5[3)] Verhältnis zu anderen Leistungen. (1) [1] Auf Rechtsvorschriften beruhende Leistungen Anderer, insbesondere der Träger anderer Sozialleistungen, werden durch dieses Buch nicht berührt. [2] Ermessensleistungen dürfen nicht deshalb versagt werden, weil dieses Buch entsprechende Leistungen vorsieht.

(2) [1] Der Anspruch auf Leistungen zur Sicherung des Lebensunterhalts nach diesem Buch schließt Leistungen nach dem Dritten Kapitel des Zwölften Buches[4)] aus. [2] Leistungen nach dem Vierten Kapitel des Zwölften Buches sind gegenüber dem Sozialgeld vorrangig.

(3) [1] Stellen Leistungsberechtigte trotz Aufforderung einen erforderlichen Antrag auf Leistungen eines anderen Trägers nicht, können die Leistungsträger nach diesem Buch den Antrag stellen sowie Rechtsbehelfe und Rechtsmittel einlegen. [2] Der Ablauf von Fristen, die ohne Verschulden der Leistungsträger nach diesem Buch verstrichen sind, wirkt nicht gegen die Leistungsträger nach diesem Buch; dies gilt nicht für Verfahrensfristen, soweit die Leistungsträger nach diesem Buch das Verfahren selbst betreiben. [3] Wird eine Leistung aufgrund

---

1) **Sartorius Nr. 565.**

2) Nr. **6/51**.

3) § 5 Abs. 3 Sätze 3–6 und Abs. 4 angef. mWv 1.1.2017 durch G v. 26.7.2016 (BGBl. I S. 1824); Abs. 5 angef. mWv 1.1.2022 durch G v. 2.6.2021 (BGBl. I S. 1387).

4) Nr. **12**.

eines Antrages nach Satz 1 von einem anderen Träger nach § 66 des Ersten Buches[1] bestandskräftig entzogen oder versagt, sind die Leistungen zur Sicherung des Lebensunterhalts nach diesem Buch ganz oder teilweise so lange zu entziehen oder zu versagen, bis die leistungsberechtigte Person ihrer Verpflichtung nach den §§ 60 bis 64 des Ersten Buches gegenüber dem anderen Träger nachgekommen ist. [4] Eine Entziehung oder Versagung nach Satz 3 ist nur möglich, wenn die leistungsberechtigte Person vom zuständigen Leistungsträger nach diesem Buch zuvor schriftlich auf diese Folgen hingewiesen wurde. [5] Wird die Mitwirkung gegenüber dem anderen Träger nachgeholt, ist die Versagung oder Entziehung rückwirkend aufzuheben. [6] Die Sätze 3 bis 5 gelten nicht für die vorzeitige Inanspruchnahme einer Rente wegen Alters.

(4) Leistungen zur Eingliederung in Arbeit nach dem Ersten Abschnitt des Dritten Kapitels werden nicht an oder für erwerbsfähige Leistungsberechtigte erbracht, die einen Anspruch auf Arbeitslosengeld oder Teilarbeitslosengeld haben.

(5) Leistungen nach den §§ 16a, 16b, 16d sowie 16f bis 16i können auch an erwerbsfähige Leistungsberechtigte erbracht werden, sofern ein Rehabilitationsträger im Sinne des Neunten Buches zuständig ist; § 22 Absatz 2 Satz 1 und 2 des Dritten Buches[2] ist entsprechend anzuwenden.

§ 6[3] Träger der Grundsicherung für Arbeitsuchende. (1) [1] Träger der Leistungen nach diesem Buch sind:

1. die Bundesagentur für Arbeit (Bundesagentur), soweit Nummer 2 nichts Anderes bestimmt,
2. die kreisfreien Städte und Kreise für die Leistungen nach § 16a, das Arbeitslosengeld II und das Sozialgeld, soweit Arbeitslosengeld II und Sozialgeld für den Bedarf für Unterkunft und Heizung geleistet wird, die Leistungen nach § 24 Absatz 3 Satz 1 Nummer 1 und 2 sowie für die Leistungen nach § 28, soweit durch Landesrecht nicht andere Träger bestimmt sind (kommunale Träger).

[2] Zu ihrer Unterstützung können sie Dritte mit der Wahrnehmung von Aufgaben beauftragen; sie sollen einen Außendienst zur Bekämpfung von Leistungsmissbrauch einrichten.

(2) [1] Die Länder können bestimmen, dass und inwieweit die Kreise ihnen zugehörige Gemeinden oder Gemeindeverbände zur Durchführung der in Absatz 1 Satz 1 Nummer 2 genannten Aufgaben nach diesem Gesetz heranziehen und ihnen dabei Weisungen erteilen können; in diesen Fällen erlassen die Kreise den Widerspruchsbescheid nach dem Sozialgerichtsgesetz[4]. [2] § 44b Absatz 1 Satz 3 bleibt unberührt. [3] Die Sätze 1 und 2 gelten auch in den Fällen

(Fortsetzung nächstes Blatt)

---

[1] Nr. **1**.
[2] Nr. **3**.
[3] § 6 Abs. 1 Satz 1 Nr. 2 geänd. mWv 1.8.2016 durch G v. 26.7.2016 (BGBl. I S. 1824).
[4] Nr. **50**.

eines Antrages nach Satz 1 von einem anderen Träger nach § 66 des Ersten Buches[1] bestandskräftig entzogen oder versagt, sind die Leistungen zur Sicherung des Lebensunterhalts nach diesem Buch ganz oder teilweise so lange zu entziehen oder zu versagen, bis die leistungsberechtigte Person ihren Verpflichtungen nach den §§ 60 bis 64 des Ersten Buches gegenüber dem anderen Träger nachgekommen ist. [4] Eine Entziehung oder Versagung nach Satz 3 ist nur möglich, wenn die leistungsberechtigte Person vom zuständigen Leistungsträger nach diesem Buch zuvor schriftlich auf diese Folgen hingewiesen wurde. [5] Wird die Mitwirkung gegenüber dem anderen Träger nachgeholt, ist die Versagung oder Entziehung rückwirkend aufzuheben. [6] Die Sätze 3 bis 5 gelten nicht für die vorzeitige Inanspruchnahme einer Rente wegen Alters.

(4) Leistungen zur Eingliederung in Arbeit nach dem Ersten Abschnitt des Dritten Kapitels werden nicht an oder für erwerbsfähige Leistungsberechtigte erbracht, die einen Anspruch auf Arbeitslosengeld oder Teilarbeitslosengeld haben.

(5) Leistungen nach den §§ 16a, 16b, 16d sowie 16f bis 16i können auch an erwerbsfähige Leistungsberechtigte erbracht werden, sofern ein Rehabilitationsträger im Sinne des Neunten Buches zuständig ist; § 22 Absatz 2 Satz 1 und 2 des Dritten Buches[2] ist entsprechend anzuwenden.

§ 6[3] **Träger der Grundsicherung für Arbeitsuchende.** (1) [1] Träger der Leistungen nach diesem Buch sind:

1. die Bundesagentur für Arbeit (Bundesagentur), soweit Nummer 2 nichts Anderes bestimmt,
2. die kreisfreien Städte und Kreise für die Leistungen nach § 16a, das Arbeitslosengeld II und das Sozialgeld, soweit Arbeitslosengeld II und Sozialgeld für den Bedarf für Unterkunft und Heizung geleistet wird, die Leistungen nach § 24 Absatz 3 Satz 1 Nummer 1 und 2 sowie für die Leistungen nach § 28, soweit durch Landesrecht nicht andere Träger bestimmt sind (kommunale Träger).

[2] Zu ihrer Unterstützung können sie Dritte mit der Wahrnehmung von Aufgaben beauftragen; sie sollen einen Außendienst zur Bekämpfung von Leistungsmissbrauch einrichten.

(2) [1] Die Länder können bestimmen, dass und inwieweit die Kreise ihnen zugehörige Gemeinden oder Gemeindeverbände zur Durchführung der in Absatz 1 Satz 1 Nummer 2 genannten Aufgaben nach diesem Gesetz heranziehen und ihnen dabei Weisungen erteilen können; in diesen Fällen erlassen die Kreise den Widerspruchsbescheid nach dem Sozialgerichtsgesetz[4]. [2] § 44b Absatz 1 Satz 3 bleibt unberührt. [3] Die Sätze 1 und 2 gelten auch in den Fällen

(Fortsetzung nächstes Blatt)

---

[1] Nr. 1.
[2] Nr. 3.
[3] § 6 Abs. 1 Satz 1 Nr. 2 geänd. mWv 1.8.2016 durch G v. 26.7.2016 (BGBl. I S. 1824).
[4] Nr. 80.

[2] Bei der Verteilung einer einmaligen Einnahme nach § 11 Absatz 3 Satz 4 sind die auf die einmalige Einnahme im Zuflussmonat entfallenden Beträge nach den Nummern 1, 2, 5 und 6 vorweg abzusetzen.

(2) [1] Bei erwerbsfähigen Leistungsberechtigten, die erwerbstätig sind, ist anstelle der Beträge nach Absatz 1 Satz 1 Nummer 3 bis 5 ein Betrag von insgesamt 100 Euro monatlich von dem Einkommen aus Erwerbstätigkeit abzusetzen. [2] Beträgt das monatliche Einkommen aus Erwerbstätigkeit mehr als 400 Euro, gilt Satz 1 nicht, wenn die oder der erwerbsfähige Leistungsberechtigte nachweist, dass die Summe der Beträge nach Absatz 1 Satz 1 Nummer 3 bis 5 den Betrag von 100 Euro übersteigt. [3] Erhält eine leistungsberechtigte Person mindestens aus einer Tätigkeit Bezüge oder Einnahmen, die nach § 3 Nummer 12, 26 oder 26a des Einkommensteuergesetzes steuerfrei sind, gelten die Sätze 1 und 2 mit den Maßgaben, dass jeweils an die Stelle des Betrages von

1. 100 Euro monatlich der Betrag von 250 Euro monatlich, höchstens jedoch der Betrag, der sich aus der Summe von 100 Euro und dem Betrag der steuerfreien Bezüge oder Einnahmen ergibt, und
2. 400 Euro der Betrag, der sich nach Nummer 1 ergibt,

tritt. [4] § 11a Absatz 3 bleibt unberührt. [5] Von den in § 11a Absatz 3 Satz 2 Nummer 3 bis 5 genannten Leistungen, von dem Ausbildungsgeld nach dem Dritten Buch sowie von dem erhaltenen Unterhaltsbeitrag nach § 10 Absatz 2 des Aufstiegsfortbildungsförderungsgesetzes[1] sind für die Absetzbeträge nach § 11b Absatz 1 Satz 1 Nummer 3 bis 5 mindestens 100 Euro abzusetzen, wenn die Absetzung nicht bereits nach den Sätzen 1 bis 3 erfolgt. [6] Von dem Taschengeld nach § 2 Nummer 4 des Bundesfreiwilligendienstgesetzes[2] oder § 2 Absatz 1 Nummer 4 des Jugendfreiwilligendienstegesetzes[3] ist anstelle der Beträge nach § 11b Absatz 1 Satz 1 Nummer 3 bis 5 ein Betrag von insgesamt 250 Euro monatlich abzusetzen, soweit die Absetzung nicht bereits nach den Sätzen 1 bis 3 erfolgt.

(2a) § 82a des Zwölften Buches[4] gilt entsprechend.

(3) [1] Bei erwerbsfähigen Leistungsberechtigten, die erwerbstätig sind, ist von dem monatlichen Einkommen aus Erwerbstätigkeit ein weiterer Betrag abzusetzen. [2] Dieser beläuft sich

1. für den Teil des monatlichen Einkommens, der 100 Euro übersteigt und nicht mehr als 1 000 Euro beträgt, auf 20 Prozent und
2. für den Teil des monatlichen Einkommens, der 1 000 Euro übersteigt und nicht mehr als 1 200 Euro beträgt, auf 10 Prozent.

[3] Anstelle des Betrages von 1 200 Euro tritt für erwerbsfähige Leistungsberechtigte, die entweder mit mindestens einem minderjährigen Kind in Bedarfsgemeinschaft leben oder die mindestens ein minderjähriges Kind haben, ein Betrag von 1 500 Euro.

§ 12[5] Zu berücksichtigendes Vermögen. (1) Als Vermögen sind alle verwertbaren Vermögensgegenstände zu berücksichtigen.

---

[1] **Loseblatt-Textsammlung Arbeitsrecht Nr. 418.**
[2] **Loseblatt-Textsammlung Arbeitsrecht Nr. 422a.**
[3] **Loseblatt-Textsammlung Arbeitsrecht Nr. 422.**
[4] Nr. 12.
[5] § 12 Abs. 3 Satz 1 Nr. 5 geänd. mWv 1.1.2022 durch G v. 2.6.2021 (BGBl. I S. 1387).

(2) [1] Vom Vermögen sind abzusetzen

1. ein Grundfreibetrag in Höhe von 150 Euro je vollendetem Lebensjahr für jede in der Bedarfsgemeinschaft lebende volljährige Person und deren Partnerin oder Partner, mindestens aber jeweils 3 100 Euro; der Grundfreibetrag darf für jede volljährige Person und ihre Partnerin oder ihren Partner jeweils den nach Satz 2 maßgebenden Höchstbetrag nicht übersteigen,
1a. ein Grundfreibetrag in Höhe von 3 100 Euro für jedes leistungsberechtigte minderjährige Kind,
2. Altersvorsorge in Höhe des nach Bundesrecht ausdrücklich als Altersvorsorge geförderten Vermögens einschließlich seiner Erträge und der geförderten laufenden Altersvorsorgebeiträge, soweit die Inhaberin oder der Inhaber das Altersvorsorgevermögen nicht vorzeitig verwendet,
3. geldwerte Ansprüche, die der Altersvorsorge dienen, soweit die Inhaberin oder der Inhaber sie vor dem Eintritt in den Ruhestand aufgrund einer unwiderruflichen vertraglichen Vereinbarung nicht verwerten kann und der Wert der geldwerten Ansprüche 750 Euro je vollendetem Lebensjahr der erwerbsfähigen leistungsberechtigten Person und deren Partnerin oder Partner, höchstens jedoch jeweils den nach Satz 2 maßgebenden Höchstbetrag nicht übersteigt,
4. ein Freibetrag für notwendige Anschaffungen in Höhe von 750 Euro für jeden in der Bedarfsgemeinschaft lebenden Leistungsberechtigten.

[2] Bei Personen, die

1. vor dem 1. Januar 1958 geboren sind, darf der Grundfreibetrag nach Satz 1 Nummer 1 jeweils 9 750 Euro und der Wert der geldwerten Ansprüche nach Satz 1 Nummer 3 jeweils 48 750 Euro,
2. nach dem 31. Dezember 1957 und vor dem 1. Januar 1964 geboren sind, darf der Grundfreibetrag nach Satz 1 Nummer 1 jeweils 9 900 Euro und der Wert der geldwerten Ansprüche nach Satz 1 Nummer 3 jeweils 49 500 Euro,
3. nach dem 31. Dezember 1963 geboren sind, darf der Grundfreibetrag nach Satz 1 Nummer 1 jeweils 10 050 Euro und der Wert der geldwerten Ansprüche nach Satz 1 Nummer 3 jeweils 50 250 Euro

nicht übersteigen.

(3) [1] Als Vermögen sind nicht zu berücksichtigen

1. angemessener Hausrat,
2. ein angemessenes Kraftfahrzeug für jede in der Bedarfsgemeinschaft lebende erwerbsfähige Person,
3. von der Inhaberin oder dem Inhaber als für die Altersvorsorge bestimmt bezeichnete Vermögensgegenstände in angemessenem Umfang, wenn die erwerbsfähige leistungsberechtigte Person oder deren Partnerin oder Partner von der Versicherungspflicht in der gesetzlichen Rentenversicherung befreit ist,
4. ein selbst genutztes Hausgrundstück von angemessener Größe oder eine entsprechende Eigentumswohnung,
5. Vermögen, solange es nachweislich zur baldigen Beschaffung oder Erhaltung eines Hausgrundstücks von angemessener Größe bestimmt ist, soweit dieses zu Wohnzwecken von Menschen mit Behinderungen oder pflegebedürftigen Menschen dient oder dienen soll und dieser Zweck durch den Einsatz oder die Verwertung des Vermögens gefährdet würde,

6. Sachen und Rechte, soweit ihre Verwertung offensichtlich unwirtschaftlich ist oder für den Betroffenen eine besondere Härte bedeuten würde.

[2] Für die Angemessenheit sind die Lebensumstände während des Bezugs der Leistungen zur Grundsicherung für Arbeitsuchende maßgebend.

(4) [1] Das Vermögen ist mit seinem Verkehrswert zu berücksichtigen. [2] Für die Bewertung ist der Zeitpunkt maßgebend, in dem der Antrag auf Bewilligung oder erneute Bewilligung der Leistungen der Grundsicherung für Arbeitsuchende gestellt wird, bei späterem Erwerb von Vermögen der Zeitpunkt des Erwerbs. [3] Wesentliche Änderungen des Verkehrswertes sind zu berücksichtigen.

§ 12a Vorrangige Leistungen. [1] Leistungsberechtigte sind verpflichtet, Sozialleistungen anderer Träger in Anspruch zu nehmen und die dafür erforderlichen Anträge zu stellen, sofern dies zur Vermeidung, Beseitigung, Verkürzung oder Verminderung der Hilfebedürftigkeit erforderlich ist. [2] Abweichend von Satz 1 sind Leistungsberechtigte nicht verpflichtet,

1. bis zur Vollendung des 63. Lebensjahres eine Rente wegen Alters vorzeitig in Anspruch zu nehmen oder
2. Wohngeld nach dem Wohngeldgesetz oder Kinderzuschlag nach dem Bundeskindergeldgesetz in Anspruch zu nehmen, wenn dadurch nicht die Hilfebedürftigkeit aller Mitglieder der Bedarfsgemeinschaft für einen zusammenhängenden Zeitraum von mindestens drei Monaten beseitigt würde.

§ 13 Verordnungsermächtigung. (1) Das Bundesministerium für Arbeit und Soziales wird ermächtigt, im Einvernehmen mit dem Bundesministerium der Finanzen ohne Zustimmung des Bundesrates durch Rechtsverordnung[1)] zu bestimmen,

1. welche weiteren Einnahmen nicht als Einkommen zu berücksichtigen sind und wie das Einkommen im Einzelnen zu berechnen ist,
2. welche weiteren Vermögensgegenstände nicht als Vermögen zu berücksichtigen sind und wie der Wert des Vermögens zu ermitteln ist,
3. welche Pauschbeträge für die von dem Einkommen abzusetzenden Beträge zu berücksichtigen sind,
4. welche durchschnittlichen monatlichen Beträge für einzelne Bedarfe nach § 28 für die Prüfung der Hilfebedürftigkeit zu berücksichtigen sind und welcher Eigenanteil des maßgebenden Regelbedarfs bei der Bemessung des Bedarfs nach § 28 Absatz 6 zugrunde zu legen ist.

(2) Das Bundesministerium für Arbeit und Soziales wird ermächtigt, ohne Zustimmung des Bundesrates durch Rechtsverordnung[2)] zu bestimmen, unter welchen Voraussetzungen und für welche Dauer Leistungsberechtigte nach Vollendung des 63. Lebensjahres ausnahmsweise zur Vermeidung von Unbilligkeiten nicht verpflichtet sind, eine Rente wegen Alters vorzeitig in Anspruch zu nehmen.

(3) Das Bundesministerium für Arbeit und Soziales wird ermächtigt, durch Rechtsverordnung ohne Zustimmung des Bundesrates nähere Bestimmungen zum zeit- und ortsnahen Bereich (§ 7 Absatz 4a) sowie dazu zu treffen, wie lange

[1)] Siehe ua die Arbeitslosengeld II/Sozialgeld-VO (Nr. **2/10**).
[2)] Siehe ua die VO zur Vermeidung unbilliger Härten durch Inanspruchnahme einer vorgezogenen Altersrente (UnbilligkeitsVO – UnbilligkeitsV) (Nr. **2/40**).

und unter welchen Voraussetzungen sich erwerbsfähige Leistungsberechtigte außerhalb des zeit- und ortsnahen Bereichs aufhalten dürfen, ohne Ansprüche auf Leistungen nach diesem Buch zu verlieren.

Kapitel 3. Leistungen

Abschnitt 1. Leistungen zur Eingliederung in Arbeit

§ 14[1)] Grundsatz des Förderns. (1) Die Träger der Leistungen nach diesem Buch unterstützen erwerbsfähige Leistungsberechtigte umfassend mit dem Ziel der Eingliederung in Arbeit.

(2) [1] Leistungsberechtigte Personen erhalten Beratung. [2] Aufgabe der Beratung ist insbesondere die Erteilung von Auskunft und Rat zu Selbsthilfeobliegenheiten und Mitwirkungspflichten, zur Berechnung der Leistungen zur Sicherung des Lebensunterhalts und zur Auswahl der Leistungen im Rahmen des Eingliederungsprozesses. [3] Art und Umfang der Beratung richten sich nach dem Beratungsbedarf der leistungsberechtigten Person. [4] Beratungsleistungen, die Leistungsberechtigte nach den §§ 29 bis 33 des Dritten Buches[2)] von den für die Arbeitsförderung zuständigen Dienststellen der Bundesagentur für Arbeit erhalten, sollen dabei Berücksichtigung finden. [5] Hierbei arbeiten die Träger der Leistungen nach diesem Buch mit den in Satz 4 genannten Dienststellen eng zusammen.

(3) Die Agentur für Arbeit soll eine persönliche Ansprechpartnerin oder einen persönlichen Ansprechpartner für jede erwerbsfähige leistungsberechtigte Person und die mit dieser in einer Bedarfsgemeinschaft lebenden Personen benennen.

(4) Die Träger der Leistungen nach diesem Buch erbringen unter Beachtung der Grundsätze von Wirtschaftlichkeit und Sparsamkeit alle im Einzelfall für die Eingliederung in Arbeit erforderlichen Leistungen.

§ 15[3)] Eingliederungsvereinbarung. (1) [1] Die Agentur für Arbeit soll unverzüglich zusammen mit jeder erwerbsfähigen leistungsberechtigten Person die für die Eingliederung erforderlichen persönlichen Merkmale, berufliche Fähigkeiten und die Eignung feststellen (Potenzialanalyse). [2] Die Feststellungen erstrecken sich auch darauf, ob und durch welche Umstände die berufliche Eingliederung voraussichtlich erschwert sein wird. [3] Tatsachen, über die die Agentur für Arbeit nach § 9a Satz 2 Nummer 2 des Dritten Buches[2)] unterrichtet wird, müssen von ihr nicht erneut festgestellt werden, es sei denn, es liegen Anhaltspunkte dafür vor, dass sich eingliederungsrelevante Veränderungen ergeben haben.

(2) [1] Die Agentur für Arbeit soll im Einvernehmen mit dem kommunalen Träger mit jeder erwerbsfähigen leistungsberechtigten Person unter Berücksichtigung der Feststellungen nach Absatz 1 die für ihre Eingliederung erforderlichen Leistungen vereinbaren (Eingliederungsvereinbarung). [2] In der Eingliederungsvereinbarung soll bestimmt werden,

---

[1)] § 14 bish. Satz 1 wird Abs. 1, Abs. 2 eingef., bish. Sätze 2 und 3 werden Abs. 3 und 4 mWv 1.8. 2016 durch G v. 26.7.2016 (BGBl. I S. 1824); Abs. 2 Sätze 4 und 5 angef. mWv 1.1.2019 durch G v. 18.12.2018 (BGBl. I S. 2651).

[2)] Nr. **3**.

[3)] § 15 neu gef. mWv 1.8.2016 durch G v. 26.7.2016 (BGBl. I S. 1824); Abs. 1 Satz 3 angef. mWv 1.1.2019 durch G v. 18.12.2018 (BGBl. I S. 2651).

1. welche Leistungen zur Eingliederung in Ausbildung oder Arbeit nach diesem Abschnitt die leistungsberechtigte Person erhält,
2. welche Bemühungen erwerbsfähige Leistungsberechtigte in welcher Häufigkeit zur Eingliederung in Arbeit mindestens unternehmen sollen und in welcher Form diese Bemühungen nachzuweisen sind,
3. wie Leistungen anderer Leistungsträger in den Eingliederungsprozess einbezogen werden.

[3] Die Eingliederungsvereinbarung kann insbesondere bestimmen, in welche Tätigkeiten oder Tätigkeitsbereiche die leistungsberechtigte Person vermittelt werden soll.

(3) [1] Die Eingliederungsvereinbarung soll regelmäßig, spätestens jedoch nach Ablauf von sechs Monaten, gemeinsam überprüft und fortgeschrieben werden. [2] Bei jeder folgenden Eingliederungsvereinbarung sind die bisher gewonnenen Erfahrungen zu berücksichtigen. [3] Soweit eine Vereinbarung nach Absatz 2 nicht zustande kommt, sollen die Regelungen durch Verwaltungsakt getroffen werden.

(4) [1] In der Eingliederungsvereinbarung kann auch vereinbart werden, welche Leistungen die Personen erhalten, die mit der oder dem erwerbsfähigen Leistungsberechtigten in einer Bedarfsgemeinschaft leben. [2] Diese Personen sind hierbei zu beteiligen.

§ 15a[1)] *(aufgehoben)*

§ 16[2)] **Leistungen zur Eingliederung.** (1) [1] Zur Eingliederung in Arbeit erbringt die Agentur für Arbeit Leistungen nach § 35 des Dritten Buches[3)]. [2] Sie kann folgende Leistungen des Dritten Kapitels des Dritten Buches erbringen:

1. die übrigen Leistungen der Beratung und Vermittlung nach dem Ersten Abschnitt mit Ausnahme der Leistung nach § 31a,
2. Leistungen zur Aktivierung und beruflichen Eingliederung nach dem Zweiten Abschnitt,
3. Leistungen zur Berufsausbildung nach dem Vierten Unterabschnitt des Dritten Abschnitts und Leistungen nach § 54a Absatz 1 bis 5,
4. Leistungen zur beruflichen Weiterbildung nach dem Vierten Abschnitt, mit Ausnahme von Leistungen nach § 82 Absatz 6, und Leistungen nach den §§ 131a und 131b,
5. Leistungen zur Aufnahme einer sozialversicherungspflichtigen Beschäftigung nach dem Ersten Unterabschnitt des Fünften Abschnitts.

[3] Für Eingliederungsleistungen an erwerbsfähige Leistungsberechtigte mit Behinderungen nach diesem Buch gelten entsprechend

---

[1)] § 15a aufgeh. mWv 1.8.2016 durch G v. 26.7.2016 (BGBl. I S. 1824).

[2)] § 16 Abs. 1 Sätze 2–4 neu gef., Abs. 2 Satz 2 geänd., Satz 3 aufgeh., Abs. 3 Satz 1 geänd., Satz 2 angef., Abs. 3a eingef., Abs. 5 aufgeh. mWv 1.4.2012, Abs. 1 Satz 2 Nr. 5 geänd. mWv 1.1.2015 durch G v. 20.12.2011 (BGBl. I S. 2854); Abs. 1 Satz 2 Nr. 4 geänd. mWv 19.3.2013 durch G v. 13.3.2013 (BGBl. I S. 446); Abs. 1 Satz 2 Nr. 3 geänd. mWv 1.5.2015 durch G v. 15.4.2015 (BGBl. I S. 583); Abs. 3 Satz 2 aufgeh. mWv 1.8.2016 durch G v. 18.7.2016 (BGBl. I S. 1710); Abs. 2 Satz 3 angef. mWv 1.1.2019 durch G v. 18.12.2018 (BGBl. I S. 2651); Abs. 1 Satz 3 geänd. mWv 1.8.2019 durch G v. 8.7.2019 (BGBl. I S. 1025); Abs. 1 Satz 2 Nr. 3 und Satz 4, Abs. 2 Satz 1 geänd. mWv 29.5.2020, Abs. 1 Satz 2 Nr. 4 geänd. mWv 1.1.2021 durch G v. 20.5.2020 (BGBl. I S. 1044); Abs. 1 Satz 2 Nr. 1 geänd. mWv 1.7.2020 durch G v. 12.6.2020 (BGBl. I S. 1248); Abs. 1 Satz 3 neu gef. mWv 1.1.2022 durch G v. 2.6.2021 (BGBl. I S. 1387).

[3)] Nr. **3**.

1. die §§ 112 bis 114, 115 Nummer 1 bis 3 mit Ausnahme berufsvorbereitender Bildungsmaßnahmen und der Berufsausbildungsbeihilfe sowie § 116 Absatz 1, 2, 5 und 6 des Dritten Buches,
2. § 117 Absatz 1 und § 118 Nummer 3 des Dritten Buches für die besonderen Leistungen zur Förderung der beruflichen Weiterbildung,
3. die §§ 127 und 128 des Dritten Buches für die besonderen Leistungen zur Förderung der beruflichen Weiterbildung.

[4] § 1 Absatz 2 Nummer 4 sowie § 36 und § 81 Absatz 2 und 3 des Dritten Buches sind entsprechend anzuwenden.

(2) [1] Soweit dieses Buch nichts Abweichendes regelt, gelten für die Leistungen nach Absatz 1 die Regelungen des Dritten Buches mit Ausnahme der Verordnungsermächtigung nach § 47 des Dritten Buches sowie der Anordnungsermächtigungen für die Bundesagentur und mit der Maßgabe, dass an die Stelle des Arbeitslosengeldes das Arbeitslosengeld II tritt. [2] § 44 Absatz 3 Satz 3 des Dritten Buches gilt mit der Maßgabe, dass die Förderung aus dem Vermittlungsbudget auch die anderen Leistungen nach dem Zweiten Buch nicht aufstocken, ersetzen oder umgehen darf. [3] Für die Teilnahme erwerbsfähiger Leistungsberechtigter an einer Maßnahme zur beruflichen Weiterbildung im Rahmen eines bestehenden Arbeitsverhältnisses werden Leistungen nach Absatz 1 Satz 2 Nummer 4 in Verbindung mit § 82 des Dritten Buches nicht gewährt, wenn die betreffende Maßnahme auf ein nach § 2 Absatz 1 des Aufstiegsfortbildungsförderungsgesetzes[1)] förderfähiges Fortbildungsziel vorbereitet.

(3) Abweichend von § 44 Absatz 1 Satz 1 des Dritten Buches können Leistungen auch für die Anbahnung und Aufnahme einer schulischen Berufsausbildung erbracht werden.

(3a) [1] Abweichend von § 81 Absatz 4 des Dritten Buches kann die Agentur für Arbeit unter Anwendung des Vergaberechts Träger mit der Durchführung von Maßnahmen der beruflichen Weiterbildung beauftragen, wenn die Maßnahme den Anforderungen des § 180 des Dritten Buches entspricht und

1. eine dem Bildungsziel entsprechende Maßnahme örtlich nicht verfügbar ist oder
2. die Eignung und persönlichen Verhältnisse der erwerbsfähigen Leistungsberechtigten dies erfordern.

[2] § 176 Absatz 2 des Dritten Buches findet keine Anwendung.

(4) [1] Die Agentur für Arbeit als Träger der Grundsicherung für Arbeitsuchende kann die Ausbildungsvermittlung durch die für die Arbeitsförderung zuständigen Stellen der Bundesagentur wahrnehmen lassen. [2] Das Bundesministerium für Arbeit und Soziales wird ermächtigt, durch Rechtsverordnung ohne Zustimmung des Bundesrates das Nähere über die Höhe, Möglichkeiten der Pauschalierung und den Zeitpunkt der Fälligkeit der Erstattung von Aufwendungen bei der Ausführung des Auftrags nach Satz 1 festzulegen.

§ 16a[2)] Kommunale Eingliederungsleistungen. Zur Verwirklichung einer ganzheitlichen und umfassenden Betreuung und Unterstützung bei der Eingliederung in Arbeit können die folgenden Leistungen, die für die Eingliederung der

---

[1)] **Loseblatt-Textsammlung Arbeitsrecht Nr. 418.**

[2)] § 16a Nr. 1 geänd. mWv 1.1.2022 durch G v. 2.6.2021 (BGBl. I S. 1387).

oder des erwerbsfähigen Leistungsberechtigten in das Erwerbsleben erforderlich sind, erbracht werden:

1. die Betreuung minderjähriger Kinder oder von Kindern mit Behinderungen oder die häusliche Pflege von Angehörigen,
2. die Schuldnerberatung,
3. die psychosoziale Betreuung,
4. die Suchtberatung.

§ 16b[1] Einstiegsgeld. (1) [1] Zur Überwindung von Hilfebedürftigkeit kann erwerbsfähigen Leistungsberechtigten bei Aufnahme einer sozialversicherungspflichtigen oder selbständigen Erwerbstätigkeit ein Einstiegsgeld erbracht werden, wenn dies zur Eingliederung in den allgemeinen Arbeitsmarkt erforderlich ist. [2] Das Einstiegsgeld kann auch erbracht werden, wenn die Hilfebedürftigkeit durch oder nach Aufnahme der Erwerbstätigkeit entfällt.

(2) [1] Das Einstiegsgeld wird, soweit für diesen Zeitraum eine Erwerbstätigkeit besteht, für höchstens 24 Monate erbracht. [2] Bei der Bemessung der Höhe des Einstiegsgeldes sollen die vorherige Dauer der Arbeitslosigkeit sowie die Größe der Bedarfsgemeinschaft berücksichtigt werden, in der die oder der erwerbsfähige Leistungsberechtigte lebt.

(3) [1] Das Bundesministerium für Arbeit und Soziales wird ermächtigt, im Einvernehmen mit dem Bundesministerium der Finanzen ohne Zustimmung des Bundesrates durch Rechtsverordnung[2] zu bestimmen, wie das Einstiegsgeld zu bemessen ist. [2] Bei der Bemessung ist neben der Berücksichtigung der in Absatz 2 Satz 2 genannten Kriterien auch ein Bezug zu dem für die oder den erwerbsfähigen Leistungsberechtigten jeweils maßgebenden Regelbedarf herzustellen.

§ 16c[3] Leistungen zur Eingliederung von Selbständigen. (1) [1] Erwerbsfähige Leistungsberechtigte, die eine selbständige, hauptberufliche Tätigkeit aufnehmen oder ausüben, können Darlehen und Zuschüsse für die Beschaffung von Sachgütern erhalten, die für die Ausübung der selbständigen Tätigkeit notwendig und angemessen sind. [2] Zuschüsse dürfen einen Betrag von 5 000 Euro nicht übersteigen.

(2) [1] Erwerbsfähige Leistungsberechtigte, die eine selbständige, hauptberufliche Tätigkeit ausüben, können durch geeignete Dritte durch Beratung oder Vermittlung von Kenntnissen und Fertigkeiten gefördert werden, wenn dies für die weitere Ausübung der selbständigen Tätigkeit erforderlich ist. [2] Die Vermittlung von beruflichen Kenntnissen ist ausgeschlossen.

(3) [1] Leistungen zur Eingliederung von erwerbsfähigen Leistungsberechtigten, die eine selbständige, hauptberufliche Tätigkeit aufnehmen oder ausüben, können nur gewährt werden, wenn zu erwarten ist, dass die selbständige Tätigkeit wirtschaftlich tragfähig ist und die Hilfebedürftigkeit durch die selbständige Tätigkeit innerhalb eines angemessenen Zeitraums dauerhaft überwunden oder verringert wird. [2] Zur Beurteilung der Tragfähigkeit der selbständigen Tätigkeit

---

[1] § 16b Abs. 1 Satz 1 geänd. mWv 1.8.2016 durch G v. 26.7.2016 (BGBl. I S. 1824).

[2] Siehe ua die VO zur Bemessung von Einstiegsgeld (Einstiegsgeld-VO – ESGV) v. 29.7.2009 (BGBl. I S. 2342), geänd. durch G v. 24.3.2011 (BGBl. I S. 453).

[3] § 16c bish. Abs. 1 wird Abs. 3, bish. Abs. 2 wird Abs. 1, Abs. 2 eingef. mWv 1.4.2012 durch G v. 20.12.2011 (BGBl. I S. 2854).

soll die Agentur für Arbeit die Stellungnahme einer fachkundigen Stelle verlangen.

§ 16d[1)] Arbeitsgelegenheiten. (1) [1] Erwerbsfähige Leistungsberechtigte können zur Erhaltung oder Wiedererlangung ihrer Beschäftigungsfähigkeit, die für eine Eingliederung in Arbeit erforderlich ist, in Arbeitsgelegenheiten zugewiesen werden, wenn die darin verrichteten Arbeiten zusätzlich sind, im öffentlichen Interesse liegen und wettbewerbsneutral sind. [2] § 18d Satz 2 findet Anwendung.

(2) [1] Arbeiten sind zusätzlich, wenn sie ohne die Förderung nicht, nicht in diesem Umfang oder erst zu einem späteren Zeitpunkt durchgeführt würden. [2] Arbeiten, die auf Grund einer rechtlichen Verpflichtung durchzuführen sind oder die üblicherweise von juristischen Personen des öffentlichen Rechts durchgeführt werden, sind nur förderungsfähig, wenn sie ohne die Förderung voraussichtlich erst nach zwei Jahren durchgeführt würden. [3] Ausgenommen sind Arbeiten zur Bewältigung von Naturkatastrophen und sonstigen außergewöhnlichen Ereignissen.

(3) [1] Arbeiten liegen im öffentlichen Interesse, wenn das Arbeitsergebnis der Allgemeinheit dient. [2] Arbeiten, deren Ergebnis überwiegend erwerbswirtschaftlichen Interessen oder den Interessen eines begrenzten Personenkreises dient, liegen nicht im öffentlichen Interesse. [3] Das Vorliegen des öffentlichen Interesses wird nicht allein dadurch ausgeschlossen, dass das Arbeitsergebnis auch den in der Maßnahme beschäftigten Leistungsberechtigten zugute kommt, wenn sichergestellt ist, dass die Arbeiten nicht zu einer Bereicherung Einzelner führen.

(4) Arbeiten sind wettbewerbsneutral, wenn durch sie eine Beeinträchtigung der Wirtschaft infolge der Förderung nicht zu befürchten ist und Erwerbstätigkeit auf dem allgemeinen Arbeitsmarkt weder verdrängt noch in ihrer Entstehung verhindert wird.

(5) Leistungen zur Eingliederung in Arbeit nach diesem Buch, mit denen die Aufnahme einer Erwerbstätigkeit auf dem allgemeinen Arbeitsmarkt unmittelbar unterstützt werden kann, haben Vorrang gegenüber der Zuweisung in Arbeitsgelegenheiten.

(6) [1] Erwerbsfähige Leistungsberechtigte dürfen innerhalb eines Zeitraums von fünf Jahren nicht länger als insgesamt 24 Monate in Arbeitsgelegenheiten zugewiesen werden. [2] Der Zeitraum beginnt mit Eintritt in die erste Arbeitsgelegenheit. [3] Abweichend von Satz 1 können erwerbsfähige Leistungsberechtigte nach Ablauf der 24 Monate bis zu zwölf weitere Monate in Arbeitsgelegenheiten zugewiesen werden, wenn die Voraussetzungen der Absätze 1 und 5 weiterhin vorliegen.

(7) [1] Den erwerbsfähigen Leistungsberechtigten ist während einer Arbeitsgelegenheit zuzüglich zum Arbeitslosengeld II von der Agentur für Arbeit

(Fortsetzung nächstes Blatt)

[1)] § 16d neu gef. mWv 1.4.2012 durch G v. 20.12.2011 (BGBl. I S. 2854); Abs. 6 Satz 3 angef., Abs. 8 Satz 1 geänd., Satz 2 angef. mWv 1.8.2016 durch G v. 26.7.2016 (BGBl. I S. 1824).

3. die Maßnahme begonnen hat, wenn die Leistung bis zum Beginn der Maßnahme beantragt worden ist.

(2) Ist eine Leistung nur für einen begrenzten Zeitraum zuerkannt worden, richtet sich eine Verlängerung nach den zum Zeitpunkt der Entscheidung über die Verlängerung geltenden Vorschriften.

§ 67[1)] Vereinfachtes Verfahren für den Zugang zu sozialer Sicherung aus Anlass der COVID-19-Pandemie; Verordnungsermächtigung.

(1) Leistungen für Bewilligungszeiträume, die in der Zeit vom 1. März 2020 bis zum 31. März 2022 beginnen, werden nach Maßgabe der Absätze 2 bis 4 erbracht[2)].

(2) [1] Abweichend von den §§ 9, 12 und 19 Absatz 3 wird Vermögen für die Dauer von sechs Monaten nicht berücksichtigt. [2] Satz 1 gilt nicht, wenn das Vermögen erheblich ist; es wird vermutet, dass kein erhebliches Vermögen vorhanden ist, wenn die Antragstellerin oder der Antragsteller dies im Antrag erklärt.

(3) [1] § 22 Absatz 1 ist mit der Maßgabe anzuwenden, dass die tatsächlichen Aufwendungen für Unterkunft und Heizung für die Dauer von sechs Monaten als angemessen gelten. [2] Nach Ablauf des Zeitraums nach Satz 1 ist § 22 Absatz 1 Satz 3 mit der Maßgabe anzuwenden, dass der Zeitraum nach Satz 1 nicht auf die in § 22 Absatz 1 Satz 3 genannte Frist anzurechnen ist. [3] Satz 1 gilt nicht in den Fällen, in denen im vorangegangenen Bewilligungszeitraum die angemessenen und nicht die tatsächlichen Aufwendungen als Bedarf anerkannt wurden.

(4) [1] Sofern über die Leistungen nach § 41a Absatz 1 Satz 1 vorläufig zu entscheiden ist, ist über den Anspruch auf Leistungen zur Sicherung des Lebensunterhalts abweichend von § 41 Absatz 3 Satz 1 und 2 für sechs Monate zu entscheiden. [2] In den Fällen des Satzes 1 entscheiden die Träger der Grundsicherung für Arbeitsuchende für Bewilligungszeiträume, die bis zum 31. März 2021 begonnen haben, abweichend von § 41a Absatz 3 nur auf Antrag abschließend über den monatlichen Leistungsanspruch.

(5) Die Bundesregierung wird ermächtigt, den in Absatz 1 genannten Zeitraum durch Rechtsverordnung ohne Zustimmung des Bundesrates längstens bis zum 31. Dezember 2022 zu verlängern.

§ 68[3)] Regelungen zu Bedarfen für Bildung aus Anlass der COVID-19-Pandemie. [1] Abweichend von § 28 Absatz 6 Satz 1 kommt es im Zeitraum vom 1. März 2020 bis zur Aufhebung der Feststellung einer epidemischen Lage von nationaler Tragweite wegen der dynamischen Ausbreitung der Coronavirus-Krankheit-2019 (COVID-19) nach § 5 Absatz 1 Satz 2 des Infektionsschutzgesetzes[4)] durch den Deutschen Bundestag, längstens jedoch bis zum

[1)] § 67 neu gef. mWv 28.3.2020 durch G v. 27.3.2020 (BGBl. I S. 575); Überschr. geänd. mWv 29.5.2020 durch G v. 20.5.2020 (BGBl. I S. 1055); Abs. 1 geänd., Abs. 5 aufgeh. mWv 1.1.2021 durch G v. 9.12.2020 (BGBl. I S. 2855); Überschrift, Abs. 1 und Abs. 4 Satz 2 geänd., Abs. 6 aufgeh. mWv 1.4.2021 durch G v. 10.3.2021 (BGBl. I S. 335); Überschrift und Abs. 1 geänd., Abs. 5 neu gef. mWv 24.11.2021 durch G v. 22.11.2021 (BGBl. I S. 4906).

[2)] Siehe hierzu die Vereinfachter-Zugang-VerlängerungsVO v. 25.6.2020 (BGBl. I S. 1509), geänd. durch VO v. 16.9.2020 (BGBl. I S. 2001).

[3)] § 68 neu gef. mWv 29.5.2020 durch G v. 20.5.2020 (BGBl. I S. 1055); Abs. 1 Satz 1 geänd. mWv 1.1.2021 durch G v. 9.12.2020 (BGBl. I S. 2855); Überschrift, Abs. 1 Satz 1 geänd., Abs. 2 aufgeh. mWv 1.4.2021 durch G v. 10.3.2021 (BGBl. I S. 335).

[4)] **Sartorius ErgBd. Nr. 285.**

Ablauf des 31. Dezember 2021, auf eine Gemeinschaftlichkeit der Mittagsverpflegung nicht an[1]. [2]Zu den Aufwendungen im Sinne des § 28 Absatz 6 Satz 1 zählen bei den Leistungsberechtigten anfallende Zahlungsverpflichtungen auch, wenn sie pandemiebedingt in geänderter Höhe oder aufgrund abweichender Abgabewege berechnet werden. [3]Dies umfasst auch die Kosten einer Belieferung. [4]§ 28 Absatz 6 Satz 2 findet keine Anwendung.

§ 69[2)] Übergangsregelung zum Freibetrag für Grundrentenzeiten und vergleichbare Zeiten. Über die Erbringung der Leistungen zur Sicherung des Lebensunterhalts ist ohne Berücksichtigung eines möglichen Freibetrages nach § 11b Absatz 2a in Verbindung mit § 82a des Zwölften Buches[3)] zu entscheiden, solange nicht durch eine Mitteilung des Rentenversicherungsträgers oder einer berufsständischen Versicherungs- oder Versorgungseinrichtung nachgewiesen ist, dass die Voraussetzungen für die Einräumung des Freibetrages vorliegen.

§ 70[4)] Einmalzahlung aus Anlass der COVID-19-Pandemie. [1]Leistungsberechtigte, die für den Monat Mai 2021 Anspruch auf Arbeitslosengeld II oder Sozialgeld haben und deren Bedarf sich nach Regelbedarfsstufe 1 oder 2 richtet, erhalten für den Zeitraum vom 1. Januar 2021 bis zum 30. Juni 2021 zum Ausgleich der mit der COVID-19-Pandemie in Zusammenhang stehenden Mehraufwendungen eine Einmalzahlung in Höhe von 150 Euro. [2]Satz 1 gilt auch für Leistungsberechtigte, deren Bedarf sich nach Regelbedarfsstufe 3 richtet, sofern bei ihnen kein Kindergeld als Einkommen berücksichtigt wird.

§ 71[5)] Kinderfreizeitbonus und weitere Regelung aus Anlass der COVID-19-Pandemie. (1) [1]Abweichend von § 37 Absatz 1 Satz 2 gilt der Antrag auf Leistungen nach § 28 Absatz 5 in der Zeit vom 1. Juli 2021 bis zum Ablauf des 31. Dezember 2023 als von dem Antrag auf Leistungen zur Sicherung des Lebensunterhalts mit umfasst. [2]Dies gilt für ab dem 1. Juli 2021 entstehende Lernförderungsbedarfe auch dann, wenn die jeweiligen Bewilligungszeiträume nur teilweise in den in Satz 1 genannten Zeitraum fallen, weil sie entweder bereits vor dem 1. Juli 2021 begonnen haben oder erst nach dem 31. Dezember 2023 enden.

(2) [1]Leistungsberechtigte, die für den Monat August 2021 Anspruch auf Arbeitslosengeld II oder Sozialgeld und das 18. Lebensjahr noch nicht vollendet haben, erhalten eine Einmalzahlung in Höhe von 100 Euro. [2]Satz 1 gilt nicht für Leistungsberechtigte, für die im Monat August 2021 Kinderzuschlag nach § 6a des Bundeskindergeldgesetzes[6)] gezahlt wird. [3]Eines gesonderten Antrags bedarf es nicht. [4]Erhält die leistungsberechtigte Person Arbeitslosengeld II oder Sozialgeld in zwei Bedarfsgemeinschaften, wird die Leistung nach Satz 1 in der Bedarfsgemeinschaft erbracht, in der das Kindergeld für die leistungsberechtigte Person berücksichtigt wird.

[1)] Siehe hierzu die Vereinfachter-Zugang-VerlängerungsVO v. 25.6.2020 (BGBl. I S. 1509), geänd. durch VO v. 16.9.2020 (BGBl. I S. 2001).

[2)] § 69 neu gef. mWv 1.1.2021 durch G v. 9.12.2020 (BGBl. I S. 2855).

[3)] Nr. **12**.

[4)] § 70 neu gef. mWv 1.4.2021 durch G v. 10.3.2021 (BGBl. I S. 335).

[5)] § 71 neu gef. mWv 1.7.2021 durch G v. 25.6.2021 (BGBl. I S. 2020).

[6)] Nr. **8/10**.

§§ 72 und 73[1] *(aufgehoben)*

§ 74 (weggefallen)

§ 75[2] *(aufgehoben)*

(Fortsetzung nächstes Blatt)

[1] §§ 72 und 73 aufgeh. mWv 1.8.2016 durch G v. 26.7.2016 (BGBl. I S. 1824).
[2] § 75 aufgeh. mWv 1.8.2016 durch G v. 26.7.2016 (BGBl. I S. 1824).

3. Sozialgesetzbuch (SGB) Drittes Buch (III) – Arbeitsförderung –[1) 2)]

Vom 24. März 1997
(BGBl. I S. 594)

FNA 860-3

geänd. durch Art. 28 JustizmitteilungsG und G zur Änd. kostenrechtl. Vorschriften und anderer G v. 18.6.1997 (BGBl. I S. 1430), Art. 2 G zur Förderung der ganzjährigen Beschäftigung im Baugewerbe v. 22.10.1997 (BGBl. I S. 2486), Erstes ÄndG v. 16.12.1997 (BGBl. I S. 2970), Art. 3 RentenreformG 1999 v. 16.12.1997 (BGBl. I S. 2998, geänd. durch G v. 19.12.1998, BGBl. I S. 3843), G v. 21.7.1999, BGBl. I S. 1648 und G v. 20.12.2000, BGBl. I S. 1827), Art. 2 G zur sozialrechtlichen Absicherung flexibler Arbeitszeitregelungen v. 6.4.1998 (BGBl. I S. 688), Art. 1 Erstes Berufsausbildungsbeihilfe-AnpassungsG v. 25.6.1998 (BGBl. I S. 1606), Art. 3 Vergaberechts-ÄndG v. 26.8.1998 (BGBl. I S. 2512), Art. 2 G zu Korrekturen in der Sozialversicherung und zur Sicherung der Arbeitnehmerrechte v. 19.12.1998 (BGBl. I S. 3843), Art. 2 G zur Neuregelung der geringfügigen Beschäftigungsverhältnisse v. 24.3.1999 (BGBl. I S. 388), Art. 1 Entlassungentschädigungs-ÄndG v. 24.3.1999 (BGBl. I S. 396), Art. 7 Zwanzigstes BundesausbildungsförderungsG-ÄndG v. 7.5.1999 (BGBl. I S. 850), Zweites ÄndG v. 21.7.1999 (BGBl. I S. 1648), Art. 1 G zur Neuregelung der Förderung der ganzjährigen Beschäftigung in der Bauwirtschaft v. 23.11.1999 (BGBl. I S. 2230), Art. 20 HaushaltssanierungsG v. 22.12.1999 (BGBl. I S. 2534), Drittes ÄndG v. 22.12.1999 (BGBl. I S. 2624), Art. 2 GKV-GesundheitsreformG 2000 v. 22.12.1999 (BGBl. I S. 2626), Art. 2 Zweites G zur Fortentwicklung der Altersteilzeit v. 27.6.2000 (BGBl. I S. 910), Entscheidung des Bundesverfassungsgerichts v. 24.5.2000 (BGBl. I S. 1082), G zur Bekämpfung der Arbeitslosigkeit Schwerbehinderter v. 29.9.2000 (BGBl. I S. 1394), Art. 1 G zur Verbesserung der Zusammenarbeit von Arbeitsämtern und Trägern der Sozialhilfe v. 20.11.2000 (BGBl. I S. 1590), Art. 13 G zur Änd. des SoldatenG und anderer Vorschriften v. 19.12.2000 (BGBl. I S. 1815), Art. 3 G zur Reform der Renten wegen verminderter Erwerbsfähigkeit v. 20.12.2000 (BGBl. I S. 1827), Art. 1 Einmalzahlungs-NeuregelungsG v. 21.12.2000 (BGBl. I S. 1971), Art. 3 Viertes Euro-EinführungsG v. 21.12.2000 (BGBl. I S. 1983), Art. 3 § 49 G zur Beendigung der Diskriminierung gleichgeschlechtlicher Gemeinschaften: Lebenspartnerschaften v. 16.2.2001 (BGBl. I S. 266, geänd. durch G v. 19.6.2001, BGBl. I S. 1046), Art. 9 und 10 AusbildungsförderungsreformG v. 19.3.2001 (BGBl. I S. 390), Art. 2 AltersvermögensergänzungsG v. 21.3.2001 (BGBl. I S. 403), Art. 8 § 1a G zur Änd. des BundesdatenschutzG und anderer G v. 18.5.2001 (BGBl. I S. 904), Art. 1a Zweites G zur Änd. des KünstlersozialversicherungsG und anderer G v. 13.6.2001 (BGBl. I S. 1027), Art. 3 und 66 Nr. 8 SGB IX v. 19.6.2001 (BGBl. I S. 1046), Art. 3 AltersvermögensG v. 26.6.2001 (BGBl. I S. 1310), Art. 21 G zur Neuordnung des Bundesdisziplinarrechts v. 9.7.2001 (BGBl. I S. 1510), Art. 4 G zur Reform des BetriebsverfassungsG v. 23.7.2001 (BGBl. I S. 1852), Art. 2 ZensusvorbereitungsG v. 27.7.2001 (BGBl. I S. 1882), Art. 3 Sechstes G zur Änd. des SozialgerichtsG v. 17.8.2001 (BGBl. I S. 2144), Art. 23 G zur Reform des Wohnungsbaurechts v. 13.9.2001 (BGBl. I S. 2376), Art. 1 Job-AQTIV-Gesetz v. 10.12.2001 (BGBl. I S. 3443, geänd. durch G v. 23.12.2002, BGBl. I S. 4621 und G v. 23.12.2003, BGBl. I S. 2848), Art. 3 Nr. 4 G zur Änd. des GaststättenG und der GewerbeO v. 13.12.2001 (BGBl. I S. 3584), Art. 13 BundeswehrneuausrichtungsG v. 20.12.2001

[1)] Verkündet als Art. 1 G v. 24.3.1997 (BGBl. I S. 594); Inkrafttreten gem. Art. 83 dieses G am 1.1.1998, mit Ausnahme der in Abs. 2 und 5 dieses Artikels genannten Abweichungen.

[2)] Die Änderungen durch G v. 17.7.2017 (BGBl. I S. 2575) treten erst **mWv 1.1.2025**, die Änderungen durch G v. 15.8.2019 (BGBl. I S. 1307), die Änderungen durch G v. 12.12.2019 (BGBl. I S. 2652, geänd. durch G v. 20.8.2021, BGBl. I S. 3932) treten teilweise erst **mWv 1.1.2024**, die Änderungen durch G v. 12.6.2020 (BGBl. I S. 1248) treten teilweise erst **mWv 1.1.2023** bzw. **mWv 1.1.2024**, die Änderungen durch G v. 14.10.2020 (BGBl. I S. 2112) treten erst **mWv 1.1.2024**, die Änderungen durch G v. 3.12.2020 (BGBl. I S. 2691) treten teilweise erst **mWv 1.1.2024**, die Änderungen durch G v. 21.12.2021 (BGBl. I S. 3096) treten erst **mWv 1.1.2024**, die Änderungen durch G v. 16.7.2021 (BGBl. I S. 2970) treten teilweise erst **mWv 1.4.2022**, die Änderungen durch G v. 10.8.2021 (BGBl. I S. 3436) treten erst **mWv 1.1.2024** und die Änderungen durch G v. 20.8.2021 (BGBl. I S. 3932) treten erst **mWv 1.1.2024** bzw. **mWv 1.1.2025** in Kraft und sind insoweit im Text noch nicht berücksichtigt.

(BGBl. I S. 4013, ber. BGBl. I 2002, S. 1542), Art. 3 G zur Vereinfachung der Wahl der Arbeitnehmervertreter in den Aufsichtsrat v. 23.3.2002 (BGBl. I S. 1130), Art. 47a G zur Gleichstellung behinderter Menschen und zur Änderung anderer Gesetze v. 27.4.2002 (BGBl. I S. 1467), Art. 2 G zur Vorbereitung einer bundeseinheitlichen Wirtschaftsnummer v. 22.5.2002 (BGBl. I S. 1644, ber. S. 2583), Art. 9 ZuwanderungsG v. 20.6.2002 (BGBl. I S. 1946, nichtig gem. Urt. des BVerfG v. 18.12.2002 - 2 BvF 1/02 -), Art. 2 G zur Erleichterung der Bekämpfung von illegaler Beschäftigung und Schwarzarbeit v. 23.7.2002 (BGBl. I S. 2787, ber. S. 3760), Art. 1 Erstes G für moderne Dienstleistungen am Arbeitsmarkt[1] v. 23.12.2002 (BGBl. I S. 4607), Art. 1 Zweites G für moderne Dienstleistungen am Arbeitsmarkt v. 23.12.2002 (BGBl. I S. 4621), Art. 1 G zur Änd. des Sozialgesetzbuches und anderer G v. 24.7.2003 (BGBl. I S. 1526), Art. 8 KleinunternehmerförderungsG v. 31.7.2003 (BGBl. I S. 1550), § 5 VerwaltungsdatenverwendungsG v. 31.10.2003 (BGBl. I S. 2149), Art. 4 GKV-ModernisierungsG v. 14.11.2003 (BGBl. I S. 2190), Art. 1 Drittes G für moderne Dienstleistungen am Arbeitsmarkt v. 23.12.2003 (BGBl. I S. 2848, geänd. durch G v. 22.4.2005, BGBl. I S. 1106), Art. 3 Viertes G für moderne Dienstleistungen am Arbeitsmarkt v. 24.12.2003 (BGBl. I S. 2954, geänd. durch G v. 30.7.2004, BGBl. I S. 2014), Art. 3 G zu Reformen am Arbeitsmarkt v. 24.12.2003 (BGBl. I S. 3002), Art. 3 G zur Einordnung des Sozialhilferechts in das SGB v. 27.12.2003 (BGBl. I S. 3022), Art. 1 G über den Arbeitsmarktzugang im Rahmen der EU-Erweiterung v. 23.4.2004 (BGBl. I S. 602), Art. 3 G zur Intensivierung der Bekämpfung der Schwarzarbeit und damit zusammenhängender Steuerhinterziehung v. 23.7.2004 (BGBl. I S. 1842), Art. 9 ZuwanderungsG v. 30.7.2004 (BGBl. I S. 1950, geänd. durch G v. 14.3.2005, BGBl. I S. 721), Art. 3 Kommunales OptionsG v. 30.7.2004 (BGBl. I S. 2014), Art. 12g Abs. 18 Erstes JustizmodernisierungsgG v. 24.8. 2004 (BGBl. I S. 2198), Art. 1 Viertes G zur Änd. des SGB III und anderer G v. 19.11.2004 (BGBl. I S. 2902), Art. 4 G zur Organisationsreform in der gesetzl. Rentenversicherung v. 9.12.2004 (BGBl. I S. 3242), Art. 3 G zur Änd. des Aufenthaltsgesetzes und weiterer G v. 14.3.2005 (BGBl. I S. 721), Art. 3 VerwaltungsvereinfachungsG v. 21.3.2005 (BGBl. I S. 818), Art. 4 Nr. 2 BerufsbildungsreformG v. 23.3.2005 (BGBl. I S. 931), Art. 19 Streitkräftereserve-NeuordnungsG v. 22.4.2005 (BGBl. I S. 1106), Art. 8 G zur Reform des Reisekostenrechts v. 26.5.2005 (BGBl. I S. 1418), Art. 3 Zweites G zur Änd. des SeemannsG und anderer G v. 8.6.2005 (BGBl. I S. 1530), Art. 2 G zur Änd. des GemeindefinanzreformG und anderer G v. 6.9.2005 (BGBl. I S. 2725), Art. 1 Fünftes G zur Änd. des SGB III und anderer G v. 22.12.2005 (BGBl. I S. 3676), Art. 2 Nr. 1 G über den Ausgleich von Arbeitgeberaufwendungen und zur Änd. weiterer G v. 22.12.2005 (BGBl. I S. 3686), Art. 1 G zur Förderung ganzjähriger Beschäftigung v. 24.4.2006 (BGBl. I S. 926), Art. 7 HaushaltsbegleitG 2006 v. 29.6.2006 (BGBl. I S. 1402, geänd. durch Art. 3 G v. 21.12.2006, BGBl. I S. 3286), Art. 2 G zur Fortentwicklung der Grundsicherung für Arbeitsuchende v. 20.7.2006 (BGBl. I S. 1706), Art. 3 Abs. 8 G zur Umsetzung europ. Richtlinien zur Verwirklichung des Grundsatzes der Gleichbehandlung v. 14.8.2006 (BGBl. I S. 1897), Art. 254 Neunte ZuständigkeitsanpassungsVO v. 31.10.2006 (BGBl. I S. 2407), Art. 2 G zur Änd. des BetriebsrentenG und anderer G v. 2.12.2006 (BGBl. I S. 2742), Art. 2 Abs. 17 G zur Einführung des Elterngeldes v. 5.12.2006 (BGBl. I S. 2748), Art. 7 G zur Anpassung von Rechtsvorschriften des Bundes infolge des Beitritts der Republik Bulgarien und Rumäniens zur Europäischen Union v. 7.12.2006 (BGBl. I S. 2814), Art. 4 GKV-WettbewerbsstärkungsG v. 26.3. 2007 (BGBl. I S. 378), Art. 3 G zur Verbesserung der Beschäftigungschancen älterer Menschen v. 19.4.2007 (BGBl. I S. 538), Art. 3 RV-AltersgrenzenanpassungsG v. 20.4.2007 (BGBl. I S. 554), Art. 1 DienstrechtsanpassungsG BA v. 19.7.2007 (BGBl. I S. 1457), Art. 6 Abs. 10 G zur Umsetzung aufenthalts- und asylrechtlicher Richtlinien der EU v. 19.8.2007 (BGBl. I S. 1970), Art. 28 Abs. 3 Zweites G zum Abbau bürokratischer Hemmnisse insbesondere in der mittelständischen Wirtschaft v. 7.9.2007 (BGBl. I S. 2246), Art. 2 Zweites G zur Änd. des SGB II – Perspektiven für Langzeitarbeitslose mit besonderen Vermittlungshemmnissen – JobPerspektive v. 10.10.2007 (BGBl. I S. 2326), Art. 1 Viertes G zur Änd. des SGB III – Verbesserung der Qualifizierung und Beschäftigungschancen von jüngeren Menschen mit Vermittlungshemmnissen v. 10.10.2007 (BGBl. I S. 2329), Art. 6 G zur Förderung der zusätzl. Altersvorsorge und zur Änd. des SGB III v. 10.12.2007 (BGBl. I S. 2838), § 22 Abs. 4 Einsatz-WeiterverwendungsG v. 12.12.2007 (BGBl. I S. 2861), Art. 8 Abs. 1 G zur Modernisierung des Rechts der landwirtschaftlichen Sozialversicherung v. 18.12.2007 (BGBl. I S. 2984), Art. 4 G zur Änd. des SGB IV und anderer G v. 19.12.2007 (BGBl. I S. 3024), Art. 1 Sechstes G zur Änd. des SGB III und anderer G v. 22.12.2007 (BGBl. I S. 3245), Art. 4 und 17 Zweiundzwanzigstes G zur Änd. des BundesausbildungsförderungsG v. 23.12.2007 (BGBl. I S. 3254), Art. 1 Siebtes G zur Änd. des SGB III und anderer G v. 8.4.2008 (BGBl. I S. 681), Art. 2 Abs. 9 G zur Förderung von Jugendfreiwilligendiensten v. 16.5.2008 (BGBl. I S. 842), Art. 4 Pflege-WeiterentwicklungsG v. 28.5.

[1] Die Änderungen gem. Art. 1 Nr. 1 Buchstabe n und p, Nr. 44 und 46 sind gem. Art. 14 Abs. 4 Erstes Dienstleistungs-ModernisierungsG iVm dem Urt. des BVerfG v. 18.12.2002 – 2 BvF 1/02 – gegenstandslos und daher hier nicht berücksichtigt.

2008 (BGBl. I S. 874), Art. 2 Abs. 3 Achtes G zur Änd. des GemeindefinanzreformG v. 31.7.2008 (BGBl. I S. 1626), Art. 14 WehrrechtsänderungsG 2008 v. 31.7.2008 (BGBl. I S. 1629), Art. 1 und 3 Fünftes G zur Änd. des SGB III – Verbesserung der Ausbildungschancen förderungsbedürftiger junger Menschen v. 26.8.2008 (BGBl. I S. 1728, geänd. durch G v. 24.10.2010, BGBl. I S. 1417 und G v. 20.12.2011, BGBl. I S. 2854), Art. 3 UnfallversicherungsmodernisierungsG v. 30.10.2008 (BGBl. I S. 2130), Art. 19 JahressteuerG 2009 v. 19.12.2008 (BGBl. I S. 2794), Art. 2b ArbeitsmigrationssteuerungsG v. 20.12.2008 (BGBl. I S. 2846), Art. 1 Achtes G zur Änd. des SGB III und anderer G v. 20.12.2008 (BGBl. I S. 2860), Art. 1 G zur Neuausrichtung der arbeitsmarktpolitischen Instrumente v. 21.12.2008 (BGBl. I S. 2917, geänd. durch G v. 15.7.2009, BGBl. I S. 1939), Art. 3 G zur Verbesserung der Rahmenbedingungen für die Absicherung flexibler Arbeitszeitregelungen und zur Änd. anderer G v. 21.12.2008 (BGBl. I S. 2940), Art. 1 G zur Einführung Unterstützter Beschäftigung v. 22.12.2008 (BGBl. I S. 2959), Art. 15 Abs. 96 DienstrechtsneuordnungsG v. 5.2.2009 (BGBl. I S. 160), Art. 10, 11 und 12 G zur Sicherung von Beschäftigung und Stabilität in Deutschland v. 2.3. 2009 (BGBl. I S. 416), Art. 3 ELENA-VerfahrensG v. 28.3.2009 (BGBl. I S. 634, aufgeh. durch G v. 23.11.2011, BGBl. I S. 2298), Art. 2, 2b und 2c G zur Änd. des SGB IV, zur Errichtung einer Versorgungsausgleichskasse und anderer G v. 15.7.2009 (BGBl. I S. 1939), Art. 4 BürgerentlastungsG Krankenversicherung v. 16.7.2009 (BGBl. I S. 1959), Art. 3 Sozialversicherungs-StabilisierungsG v. 14.4.2010 (BGBl. I S. 410), Art. 2 Abs. 1 G zur Weiterentwicklung der Organisation der Grundsicherung für Arbeitsuchende v. 3.8.2010 (BGBl. I S. 1112), Art. 1 BeschäftigungschancenG v. 24.10. 2010 (BGBl. I S. 1417), Art. 4 Dreiundzwanzigstes G zur Änd. des BundesausbildungsförderungsG v. 24.10.2010 (BGBl. I S. 1422), Art. 5 G über die Verwendung von Verwaltungsdaten für Wirtschaftsstatistiken, zur Änd. von StatistikG und zur Anpassung einzelner Vorschriften an den Vertr. von Lissabon v. 4.11.2010 (BGBl. I S. 1480), Art. 95 Bundesrecht-BereinigungsG v. 8.12.2010 (BGBl. I S. 1864), Art. 3 GKV-FinanzierungsG v. 22.12.2010 (BGBl. I S. 2309), Art. 12 Abs. 8 G zur Ermittlung von Regelbedarfen und zur Änd. des Zweiten und Zwölften Buches Sozialgesetzbuch v. 24.3. 2011 (BGBl. I S. 453), Art. 7 G zur Einführung eines Bundesfreiwilligendienstes v. 28.4.2011 (BGBl. I S. 687), Art. 2 G zur Koordinierung der Systeme der sozialen Sicherheit in Europa und zur Änd. anderer G v. 22.6.2011 (BGBl. I S. 1202), Art. 11 Abs. 1 G zur Umsetzung aufenthaltsrechtl. RL der EU und zur Anp. nationaler Rechtsvorschr. an den EU-Visakodex v. 22.11.2011 (BGBl. I S. 2258), Art. 2 G zur Stärkung der Finanzkraft der Kommunen v. 6.12.2011 (BGBl. I S. 2563), Art. 2 G zur Vereinbarkeit von Pflege und Beruf v. 6.12.2011 (BGBl. I S. 2564), Art. 14 Beitreibungsrichtlinie-UmsetzungsG v. 7.12.2011 (BGBl. I S. 2592), Art. 1, 2 und 3 G zur Verbesserung der Eingliederungschancen am Arbeitsmarkt v. 20.12.2011 (BGBl. I S. 2854), Art. 2 Viertes G zur Änd. des Vierten Buches Sozialgesetzbuch und anderer G v. 22.12.2011 (BGBl. I S. 3057), Art. 13 Abs. 15 LSV-NeuordnungsG v. 12.4.2012 (BGBl. I S. 579), Art. 1c G zur Änd. des TransplantationsG v. 21.7. 2012 (BGBl. I S. 1601), Art. 4a Psych-EntgeltG v. 21.7.2012 (BGBl. I S. 1613), Art. 2 Pflege-Neuausrichtungs-Gesetz v. 23.10.2012 (BGBl. I S. 2246), Art. 2 Zweites G zur Änd. des SGB VII v. 5.12.2012 (BGBl. I S. 2447), Art. 4 G zur Neuordnung der Altersversorgung der Bezirksschornsteinfegermeister und zur Änd. anderer G v. 5.12.2012 (BGBl. I S. 2467), Art. 2 G zu Änd. im Bereich der geringfügigen Beschäftigung v. 5.12.2012 (BGBl. I S. 2474), Art. 2 Haushaltsbegleitgesetz 2013 v. 20.12.2012 (BGBl. I S. 2781), Art. 3 G zur Stärkung der beruflichen Aus- und Weiterbildung in der Altenpflege v. 13.3.2013 (BGBl. I S. 446), Art. 9 Abs. 2 SEPA-BegleitG v. 3.4.2013 (BGBl. I S. 610), Art. 2 Abs. 12 15. G zur Änd. des SoldatenG v. 8.4.2013 (BGBl. I S. 730), Art. 4 Abs. 1 G zur Umsetzung des Seearbeitsübereinkommens 2006 der Internationalen Arbeitsorganisation v. 20.4. 2013 (BGBl. I S. 868), Art. 5 und 9 G zur Anpassung von Rechtsvorschriften des Bundes infolge des Beitritts der Republik Kroatien zur EU v. 17.6.2013 (BGBl. I S. 1555 iVm Bek. v. 21.6.2013, BGBl. II S. 680), Art. 11 BUK-NeuorganisationsG v. 19.10.2013 (BGBl. I S. 3836), Art. 10 G zur Anpassung steuerlicher Regelungen an die Rechtsprechung des Bundesverfassungsgerichts v. 18.7. 2014 (BGBl. I S. 1042), Art. 3 GKV-Finanzstruktur- und Qualitäts-WeiterentwicklungsG v. 21.7. 2014 (BGBl. I S. 1133), Art. 8 TarifautonomiestärkungsG v. 11.8.2014 (BGBl. I S. 1348), Art. 7 G zur Durchführung des Haager Übereinkommens vom 30. Juni 2005 über Gerichtsstandsvereinbarungen sowie zur Änd. des RechtspflegerG, des Gerichts- und NotarkostenG, des AltersteilzeitG und des SGB III v. 10.12.2014 (BGBl. I S. 2082), Art. 3 G zur besseren Vereinbarkeit von Familie, Pflege und Beruf v. 23.12.2014 (BGBl. I S. 2462), Art. 3 25. G zur Änd. des BundesausbildungsförderungsG v. 23.12.2014 (BGBl. I S. 2475, geänd. durch G v. 21.12.2015, BGBl. I S. 2557), Art. 1b und 14 Fünftes G zur Änd. des Vierten Buches Sozialgesetzbuch und anderer G v. 15.4.2015 (BGBl. I S. 583), Art. 9 G für die gleichberechtigte Teilhabe von Frauen und Männern an Führungspositionen in der Privatwirtschaft und im öffentlichen Dienst v. 24.4.2015 (BGBl. I S. 642), Art. 3 GKV-VersorgungsstärkungsG v. 16.7.2015 (BGBl. I S. 1211), Art. 448 Zehnte ZuständigkeitsanpassungsVO v. 31.8. 2015 (BGBl. I S. 1474), Art. 10 AsylverfahrensbeschleunigungsG v. 20.10.2015 (BGBl. I S. 1722), Art. 3 Zweites PflegestärkungsG v. 21.12.2015 (BGBl. I S. 2424), Art. 2 G zur Änd. des Zwölften Buches Sozialgesetzbuch und weiterer Vorschriften v. 21.12.2015 (BGBl. I S. 2557), Art. 3 G zum

Schutz von Kindern und Jugendlichen vor den Gefahren des Konsums von elektronischen Zigaretten und elektronischen Shishas v. 3.3.2016 (BGBl. I S. 369), Art. 100 Zweites G über die weitere Bereinigung von Bundesrecht v. 8.7.2016 (BGBl. I S. 1594), Art. 1 Arbeitslosenversicherungsschutz- und WeiterbildungsstärkungsG v. 18.7.2016 (BGBl. I S. 1710), Art. 2 Neuntes G zur Änd. des SGB II – Rechtsvereinfachung – sowie zur vorübergehenden Aussetzung der Insolvenzantragspflicht v. 26.7. 2016 (BGBl. I S. 1824), Art. 1 IntegrationsG v. 31.7.2016 (BGBl. I S. 1939), Art. 2 6. SGB IV-ÄndG v. 11.11.2016 (BGBl. I S. 2500), Art. 4 Nr. 3 G zur Änd. des KommunalinvestitionsförderungsG und zur Änd. weiterer Gesetze v. 21.11.2016 (BGBl. I S. 2613), Art. 4 FlexirentenG v. 8.12.2016 (BGBl. I S. 2838), Art. 5 BundesteilhabeG v. 23.12.2016 (BGBl. I S. 3234), Art. 11 G zur Änd. des VersorgungsrücklageG und weiterer dienstrechtlicher Vorschriften v. 5.1.2017 (BGBl. I S. 17), Art. 159 G zum Abbau verzichtbarer Anordnungen der Schriftform im Verwaltungsrecht des Bundes v. 29.3. 2017 (BGBl. I S. 626), Art. 6 Abs. 8 G zur Neuregelung des Mutterschutzrechts v. 23.5.2017 (BGBl. I S. 1228), Art. 2 G zur Förderung der Transparenz von Entgeltstrukturen v. 30.6.2017 (BGBl. I S. 2152), Art. 21 G zur Änd. des BundesversorgungsG und anderer Vorschriften v. 17.7.2017 (BGBl. I S. 2541), Art. 2 Rentenüberleitungs-AbschlussG v. 17.7.2017 (BGBl. I S. 2575), Art. 2 PflegeberufereformG v. 17.7.2017 (BGBl. I S. 2581), Art. 1 G zur Verlängerung befristeter Regelungen im Arbeitsförderungsrecht und zur Umsetzung der RL (EU) 2016/2102 über den barrierefreien Zugang zu den Websites und mobilen Anwendungen öffentlicher Stellen v. 10.7.2018 (BGBl. I S. 1117), Art. 3 FamiliennachzugsneuregelungsG v. 12.7.2018 (BGBl. I S. 1147), Art. 6 Abs. 1 RV-Leistungsverbesserungs- und -StabilisierungsG v. 28.11.2018 (BGBl. I S. 2016), Art. 2 TeilhabechancenG v. 17.12.2018 (BGBl. I S. 2583), Art. 1, Art. 2 QualifizierungschancenG v. 18.12.2018 (BGBl. I S. 2651), Art. 1, 2 und 3G zur Anpassung der Berufsausbildungsbeihilfe und des Ausbildungsgeldes v. 8.7.2019 (BGBl. I S. 1025), Art. 1 Ausländerbeschäftigungsförderungsgesetz v. 8.7. 2019 (BGBl. I S. 1029), Art. 6 G gegen illegale Beschäftigung und Sozialleistungsmissbrauch v. 11.7. 2019 (BGBl. I S. 1066), Art. 2, 2a FachkräfteeinwanderungsG v. 15.8.2019 (BGBl. I S. 1307), Art. 121 Zweites Datenschutz-Anpassungs- und UmsetzungsG EU v. 20.11.2019 (BGBl. I S. 1626), Art. 2 PflegelöhneverbesserungsG v. 22.11.2019 (BGBl. I S. 1756), Art. 6 BesoldungsstrukturenmodernisierungsG v. 9.12.2019 (BGBl. I S. 2053), Art. 3 Angehörigen-EntlastungsG v. 10.12.2019 (BGBl. I S. 2135), Art. 4 G zur Modernisierung und Stärkung der beruflichen Bildung v. 12.12.2019 (BGBl. I S. 2522), Art. 30 G zur Regelung des Sozialen Entschädigungsrechts v. 12.12.2019 (BGBl. I S. 2652, geänd. durch G v. 20.8.2021, BGBl. I S. 3932), Art. 1a G zur Einführung einer Wohnungslosenberichterstattung sowie einer Statistik untergebrachter wohnungsloser Personen und zur Änd. weiterer Gesetze v. 4.3.2020 (BGBl. I S. 437), Art. 1 G zur befristeten krisenbedingten Verbesserung der Regelungen für das Kurzarbeitergeld v. 13.3.2020 (BGBl. I S. 493), Art. 2 Sozialschutz-Paket v. 27.3. 2020 (BGBl. I S. 575), Art. 1 und 2 Covid-19-G zur Förderung der berufl. Weiterbildung im Strukturwandel und zur Weiterentwicklung der Ausbildungsförderung v. 20.5.2020 (BGBl. I S. 1044), Art. 1 Sozialschutz-Paket II v. 20.5.2020 (BGBl. I S. 1055), Art. 4 Siebtes G zur Änd. des Vierten Buches SGB und anderer G v. 12.6.2020 (BGBl. I S. 1248), Art. 309 Elfte Zuständigkeitsanpassungs-VO v. 19.6.2020 (BGBl. I S. 1328), Art. 6 Covid-19-G über begleitende Maßnahmen zur Umsetzung des Konjunktur- und Krisenbewältigungspakets v. 14.7.2020 (BGBl. I S. 1683), Art. 2b Viertes G zur Änd. des SeearbeitsG und anderer Gesetze v. 14.10.2020 (BGBl. I S. 2112), Art. 6 G zur aktuellen Anpassung des FreizügigkeitsG/EU und weiterer Vorschriften an das Unionsrecht v. 12.11.2020 (BGBl. I S. 2416), Art. 1, 2 und 7 Abs. 4 BeschäftigungssicherungsG v. 3.12.2020 (BGBl. I S. 2691), Art. 5 G zur Ermittlung der Regelbedarfe und zur Änd. des Zwölften Buches Sozialgesetzbuch sowie weiterer Gesetze v. 9.12.2020 (BGBl. I S. 2855), Art. 22 JahressteuerG 2020 v. 21.12.2020 (BGBl. I S. 3096), Art. 24 Sanierungs- und InsolvenzrechtsfortentwicklungsG v. 22.12.2020 (BGBl. I S. 3256), Art. 6 GWB-DigitalisierungsG v. 18.1.2021 (BGBl. I S. 2), Art. 2 Viertes G zum Schutz der Bevölkerung bei einer epidemischen Lage von nationaler Tragweite v. 22.4.2021 (BGBl. I S. 802), Art. 3 TeilhabestärkungsG v. 2.6.2021 (BGBl. I S. 1387), Art. 15 G zur Novellierung des BundespersonalvertretungsG v. 9.6.2021 (BGBl. I S. 1614), Art. 2b G zur Umsetzung der RL (EU) 2019/882 v. 16.7.2021 (BGBl. I S. 2970), Art. 23 G zur Ergänzung und Änd. der Regelungen für die gleichberechtigte Teilhabe von Frauen an Führungspositionen in der Privatwirtschaft und im öffentlichen Dienst v. 7.8.2021 (BGBl. I S. 3311), Art. 117 PersonengesellschaftsrechtsmodernisierungsG (MoPeG) v. 10.8.2021 (BGBl. I S. 3436), Art. 35 und 36 G über die Entschädigung der Soldatinnen und Soldaten und zur Neuordnung des Soldatenversorgungsrechts v. 20.8.2021 (BGBl. I S. 3932) und Art. 4 G zur Änd. des InfektionsschutzG und weiterer Gesetze anlässlich der Aufhebung der Feststellung der epidemischen Lage von nationaler Tragweite v. 22.11.2021 (BGBl. I S. 4906)

Inhaltsübersicht[1) 2)]

Erstes Kapitel. Allgemeine Vorschriften

Erster Abschnitt. Grundsätze

[1)] Inhaltsübersicht geänd. durch G v. 22.10.1997 (BGBl. I S. 2486); geänd. durch G v. 16.12.1997 (BGBl. I S. 2970); geänd. durch G v. 19.12.1998 (BGBl. I S. 3843); geänd. durch G v. 24.3.1999 (BGBl. I S. 396); geänd. durch G v. 21.7.1999 (BGBl. I S. 1648); geänd. mWv 1.1.2000 durch G v. 22.12.1999 (BGBl. I S. 2534); geänd. mWv 1.1.2000 durch G v. 22.12.1999 (BGBl. I S. 2624); geänd. mWv 1.10.2000 durch G v. 29.9.2000 (BGBl. I S. 1394); geänd. mWv 1.1.2001 durch G v. 20.12. 2000 (BGBl. I S. 1827); geänd. mWv 1.1.2001 durch G v. 21.12.2000 (BGBl. I S. 1971); geänd. mWv 1.7.2001 und 1.8.2001 durch G v. 19.6.2001 (BGBl. I S. 1046); geänd. mWv 1.1.2002, 1.1. 2003 und 1.1.2004 durch G v. 10.12.2001 (BGBl. I S. 3443); geänd. mWv 27.3.2002 durch G v. 23.3. 2002 (BGBl. I S. 1130); geänd. mWv 30.5.2002 durch G v. 22.5.2002 (BGBl. I S. 1644); geänd. mWv 1.8.2002 durch G v. 23.7.2002 (BGBl. I S. 2787, ber. S. 3760); geänd. mWv 1.1.2003 durch G v. 23.12.2002 (BGBl. I S. 4607); geänd. mWv 1.1.2003 und mWv 1.4.2003 durch G v. 23.12.2002 (BGBl. I S. 4621); geänd. mWv 1.1.2004 , 1.1.2005 und 1.2.2006 durch G v. 23.12.2003 (BGBl. I S. 2848); geänd. mWv 1.1.2004 durch G v. 24.12.2003 (BGBl. I S. 3002); geänd. mWv 1.1.2005 durch G v. 24.12.2003 (BGBl. I S. 2954); geänd. mWv 1.5.2004 durch G v. 23.4.2004 (BGBl. I S. 602); geänd. mWv 1.8.2004 durch G v. 23.7.2004 (BGBl. I S. 1842); geänd. mWv 1.1.2005 durch G v. 30.7.2004 (BGBl. I S. 1950); geänd. mWv 6.8.2004 durch G v. 30.7.2004 (BGBl. I S. 2014); geänd. mWv 1.4.2005 durch G v. 23.3.2005 (BGBl. I S. 931); geänd. mWv 31.12.2005 durch G v. 22.12.2005 (BGBl. I S. 3676); geänd. mWv 1.4.2006 durch G v. 24.4.2006 (BGBl. I S. 926); geänd. mWv 1.1.2007 durch G v. 29.6.2006 (BGBl. I S. 1402); geänd. mWv 1.8.2006 durch G v. 20.7.2006 (BGBl. I S. 1706); geänd. mWv 1.5.2007 durch G v. 19.4.2007 (BGBl. I S. 538); geänd. mWv 26.7. 2007 durch G v. 19.7.2007 (BGBl. I S. 1457); geänd. mWv 1.10.2007 durch G v. 10.10.2007 (BGBl. I S. 2329); geänd. mWv 1.1.2008 durch G v. 19.12.2007 (BGBl. I S. 3024); geänd. mWv 1.1.2008 durch G v. 22.12.2007 (BGBl. I S. 3245); geänd. mWv 1.8.2008 durch G v. 23.12.2007 (BGBl. I S. 3254); geänd. mWv 1.1.2008 durch G v. 8.4.2008 (BGBl. I S. 681); geänd. mWv 30.8.2008 durch G v. 26.8.2008 (BGBl. I S. 1728, geänd. durch G v. 24.10.2010, BGBl. I S. 1417 und G v. 20.12.2011, BGBl. I S. 2854); geänd. mWv 1.1.2009 durch G v. 30.10.2008 (BGBl. I S. 2130); geänd. mWv 1.1. 2009, mWv 1.8.2009, mWv 1.1.2010 und mWv 18.9.2010 durch G v. 21.12.2008 (BGBl. I S. 2917); geänd. mWv 30.12.2008 durch G v. 22.12.2008 (BGBl. I S. 2959); geänd. mWv 1.2.2009 und mWv 1.8.2009 durch G v. 2.3.2009 (BGBl. I S. 416); geänd. mWv 22.7.2009 durch G v. 15.7.2009 (BGBl. I S. 1939); geänd. mWv 17.4.2010 durch G v. 14.4.2010 (BGBl. I S. 410); geänd. mWv 1.1.2011 durch G v. 3.8.2010 (BGBl. I S. 1112); geänd. mWv 1.1.2011 durch G v. 24.10.2010 (BGBl. I S. 1417); geänd. mWv 28.10.2010 durch G v. 24.10.2010 (BGBl. I S. 1422); geänd. mWv 29.6.2011 durch G v. 22.6.2011 (BGBl. I S. 1202); geänd. mWv 28.12.2011, mWv 1.4.2012, mWv 1.1.2014 und mWv 1.1.2015 durch G v. 20.12.2011 (BGBl. I S. 2854); geänd. mWv 30.12.2011 durch G v. 22.12.2011 (BGBl. I S. 3057); geänd. mWv 1.1.2013 durch G v. 5.12.2012 (BGBl. I S. 2467); geänd. mWv 1.1. 2013 durch G v. 5.12.2012 (BGBl. I S. 2474); geänd. mWv 19.3.2013 durch G v. 13.3.2013 (BGBl. I S. 446); geänd. mWv 1.1.2014 durch G v. 19.10.2013 (BGBl. I S. 3836); geänd. mWv 1.1.2015 durch G v. 23.12.2014 (BGBl. I S. 2475); geänd. mWv 1.5.2015 durch G v. 15.4.2015 (BGBl. I S. 583); geänd. mWv 24.10.2015 durch G v. 20.10.2015 (BGBl. I S. 1722); geänd. mWv 1.1.2017 durch G v. 21.12.2015 (BGBl. I S. 2424); geänd. mWv 15.7.2016 durch G v. 8.7.2016 (BGBl. I S. 1594); geänd. mWv 1.8.2016 durch G v. 18.7.2016 (BGBl. I S. 1710); geänd. mWv 1.8.2016 durch G v. 26.7.2016 (BGBl. I S. 1824); geänd. mWv 6.8.2016 durch G v. 31.7.2016 (BGBl. I S. 1939); geänd. mWv 1.1. 2018 durch G v. 23.12.2016 (BGBl. I S. 3234); geänd. mWv 25.7.2017 durch G v. 17.7.2017 (BGBl. I S. 2541); geänd. mWv 1.1.2019 durch G v. 18.12.2018 (BGBl. I S. 2651); geänd. mWv 1.8.2019 durch G v. 8.7.2019 (BGBl. I S. 1025); geänd. mWv 1.8.2019 durch G v. 8.7.2019 (BGBl. I S. 1029); geänd. mWv 21.8.2019 durch G v. 15.8.2019 (BGBl. I S. 1307); geänd. mWv 26.11.2019 durch G v. 20.11.2019 (BGBl. I S. 1626); geänd. mWv 1.1.2020 durch G v. 4.3.2020 (BGBl. I S. 437); geänd. mWv 28.3.2020 durch G v. 27.3.2020 (BGBl. I S. 575); geänd. mWv 29.5.2020 und mWv 1.1.2022 durch G v. 20.5.2020 (BGBl. I S. 1044); geänd. mWv 29.5.2020 durch G v. 20.5.2020 (BGBl. I S. 1055); geänd. mWv 1.7.2020 durch G v. 12.6.2020 (BGBl. I S. 1248); geänd. mWv 17.7.2020 →

(Fortsetzung der Anm. von voriger Seite)
durch G v. 14.7.2020 (BGBl. I S. 1683); geänd. mWv 24.11.2020 durch G v. 12.11.2020 (BGBl. I S. 2416); geänd. mWv 10.12.2020 und mWv 1.1.2021 durch G v. 3.12.2020 (BGBl. I S. 2691); geänd. mWv 1.1.2022 durch G v. 2.6.2021 (BGBl. I S. 1387); geänd. mWv 1.1.2022 durch G v. 16.7.2021 (BGBl. I S. 2970).

[2] Die Inhaltsübersicht wurde nichtamtlich an vom Gesetzgeber nicht berücksichtigte bzw. nur unvollständig berücksichtigte Änderungen durch G v. 20.11.2000 (BGBl. I S. 1590), G v. 17.8.2001 (BGBl. I S. 2144), G v. 10.12.2001 (BGBl. I S. 3443), G v. 20.12.2001 (BGBl. I S. 4013), Berichtigung v. 26.4.2002 (BGBl. I S. 1542), G v. 24.4.2006 (BGBl. I S. 926), G v. 20.7.2006 (BGBl. I S. 1706), G v. 19.4.2007 (BGBl. I S. 538), G v. 16.7.2009 (BGBl. I S. 1959) und G v. 8.12.2010 (BGBl. I S. 1864) angepasst.

Zweiter Unterabschnitt. Vermittlung

Dritter Unterabschnitt. Gemeinsame Vorschriften

Zweiter Abschnitt. Aktivierung und berufliche Eingliederung

Dritter Abschnitt. Berufswahl und Berufsausbildung

Erster Unterabschnitt. Übergang von der Schule in die Berufsausbildung

Zweiter Unterabschnitt. Berufsvorbereitung

Dritter Unterabschnitt. Berufsausbildungsbeihilfe

Vierter Unterabschnitt. Berufsausbildung

(Fortsetzung nächstes Blatt)

1. Zeiten einer Maßnahme der aktiven Arbeitsförderung oder zur Eingliederung in Arbeit nach dem Zweiten Buch[1],
2. Zeiten einer Krankheit, einer Pflegebedürftigkeit oder eines Beschäftigungsverbots nach dem Mutterschutzgesetz[2],
3. Zeiten der Betreuung und Erziehung aufsichtsbedürftiger Kinder oder der Betreuung pflegebedürftiger Personen,
4. Zeiten eines Integrationskurses nach § 43 des Aufenthaltsgesetzes[3] oder einer berufsbezogenen Deutschsprachförderung nach § 45a des Aufenthaltsgesetzes[3] sowie Zeiten einer Maßnahme, die für die Feststellung der Gleichwertigkeit der im Ausland erworbenen Berufsqualifikation mit einer inländischen Berufsqualifikation, für die Erteilung der Befugnis zur Berufsausübung oder für die Erteilung der Erlaubnis zum Führen der Berufsbezeichnung erforderlich ist,
5. Beschäftigungen oder selbständige Tätigkeiten bis zu einer Dauer von insgesamt sechs Monaten,
6. Zeiten, in denen eine Beschäftigung rechtlich nicht möglich war, und
7. kurze Unterbrechungen der Arbeitslosigkeit ohne Nachweis.

(3) Ergibt sich der Sachverhalt einer unschädlichen Unterbrechung üblicherweise nicht aus den Unterlagen der Arbeitsvermittlung, so reicht Glaubhaftmachung aus.

§ 19[4] Menschen mit Behinderungen. (1) Menschen mit Behinderungen im Sinne dieses Buches sind Menschen, deren Aussichten, am Arbeitsleben teilzuhaben oder weiter teilzuhaben, wegen Art oder Schwere ihrer Behinderung im Sinne von § 2 Abs. 1 des Neunten Buches[5] nicht nur vorübergehend wesentlich gemindert sind und die deshalb Hilfen zur Teilhabe am Arbeitsleben benötigen, einschließlich Menschen mit Lernbehinderungen.

(2) Menschen mit Behinderungen stehen Menschen gleich, denen eine Behinderung mit den in Absatz 1 genannten Folgen droht.

§ 20[6] Berufsrückkehrende. Berufsrückkehrende sind Frauen und Männer, die

1. ihre Erwerbstätigkeit oder Arbeitslosigkeit oder eine betriebliche Berufsausbildung wegen der Betreuung und Erziehung von aufsichtsbedürftigen Kindern oder der Betreuung pflegebedürftiger Personen unterbrochen haben und
2. in angemessener Zeit danach in die Erwerbstätigkeit zurückkehren wollen.

[1] Nr. 2.

[2] Nr. 8/40.

[3] **Sartorius Nr. 565.**

[4] § 19 neu gef. mWv 1.7.2001 durch G v. 19.6.2001 (BGBl. I S. 1046); Überschrift neu gef., Abs. 1 und 2 geänd. mWv 1.1.2022 durch G v. 2.6.2021 (BGBl. I S. 1387).

[5] Nr. 9.

[6] § 20 Nr. 1 geänd. durch G v. 21.7.1999 (BGBl. I S. 1648); Überschrift neu gef., einl. Satzteil geänd. mWv 1.4.2012 durch G v. 20.12.2011 (BGBl. I S. 2854); Nr. 1 geänd. mWv 1.1.2017 durch G v. 21.12.2015 (BGBl. I S. 2424).

§ 21[1] **Träger.** Träger sind natürliche oder juristische Personen oder Personengesellschaften, die Maßnahmen der Arbeitsförderung selbst durchführen oder durch Dritte durchführen lassen.

Dritter Abschnitt. Verhältnis der Leistungen aktiver Arbeitsförderung zu anderen Leistungen

§ 22[2] **Verhältnis zu anderen Leistungen.** (1) Leistungen der aktiven Arbeitsförderung dürfen nur erbracht werden, wenn nicht andere Leistungsträger oder andere öffentlich-rechtliche Stellen zur Erbringung gleichartiger Leistungen gesetzlich verpflichtet sind.

(1a) Leistungen nach § 82 dürfen nur erbracht werden, wenn die berufliche Weiterbildung nicht auf ein nach § 2 Absatz 1 des Aufstiegsfortbildungsförderungsgesetzes[3] förderfähiges Fortbildungsziel vorbereitet.

(2) [1] Allgemeine und besondere Leistungen zur Teilhabe am Arbeitsleben dürfen nur erbracht werden, sofern nicht ein anderer Rehabilitationsträger im Sinne des Neunten Buches[4] zuständig ist. [2] Dies gilt nicht für Leistungen nach den §§ 44 und 45, sofern nicht bereits der nach Satz 1 zuständige Rehabilitationsträger nach dem jeweiligen für ihn geltenden Leistungsgesetz gleichartige Leistungen erbringt. [3] Der Eingliederungszuschuss für besonders betroffene schwerbehinderte Menschen nach § 90 Absatz 2 bis 4 und Zuschüsse zur Ausbildungsvergütung für schwerbehinderte Menschen nach § 73 dürfen auch dann erbracht werden, wenn ein anderer Leistungsträger zur Erbringung gleichartiger Leistungen gesetzlich verpflichtet ist oder, ohne gesetzlich verpflichtet zu sein, Leistungen erbringt. [4] In diesem Fall werden die Leistungen des anderen Leistungsträgers angerechnet.

(3) [1] Soweit Leistungen zur Förderung der Berufsausbildung und zur Förderung der beruflichen Weiterbildung der Sicherung des Lebensunterhaltes dienen, gehen sie der Ausbildungsbeihilfe nach § 44 des Strafvollzugsgesetzes[5] vor. [2] Die Leistungen für Gefangene dürfen die Höhe der Ausbildungsbeihilfe

---

[1] § 21 geänd. mWv 1.1.2002 durch G v. 10.12.2001 (BGBl. I S. 3443).

[2] § 22 Abs. 3 Satz 3 angef. durch G v. 16.12.1997 (BGBl. I S. 2970); Abs. 2 Sätze 2 und 3 angef. mWv 1.10.2000 durch G v. 29.9.2000 (BGBl. I S. 1394); Abs. 2 Satz 1 neu gef. mWv 1.7.2001 durch G v. 19.6.2001 (BGBl. I S. 1046); Abs. 2 Satz 2 geänd. mWv 1.1.2002 durch G v. 10.12.2001 (BGBl. I S. 3443); Abs. 2 Satz 2 und Abs. 3 Satz 3 geänd. mWv 1.1.2004 durch G v. 23.12.2003 (BGBl. I S. 2848); Abs. 4 angef. mWv 1.1.2005 durch G v. 24.12.2003 (BGBl. I S. 2954); Abs. 4 neu gef. mWv 6.8.2004 durch G v. 30.7.2004 (BGBl. I S. 2014); Abs. 4 neu gef. mWv 1.8.2006 durch G v. 20.7.2006 (BGBl. I S. 1706); Abs. 4 Satz 1 geänd. mWv 1.10.2007 durch G v. 10.10.2007 (BGBl. I S. 2329); Abs. 4 Satz 1 neu gef., Satz 5 geänd. mWv 1.1.2009 durch G v. 21.12.2008 (BGBl. I S. 2917); Abs. 4 Satz 1 geänd. mWv 1.2.2009 und mWv 1.8.2009 durch G v. 2.3.2009 (BGBl. I S. 416); Abs. 4 Sätze 1–3 und 5 geänd. mWv 1.4.2011 durch G v. 24.3.2011 (BGBl. I S. 453); Abs. 2 Sätze 1 und 2 geänd., Abs. 4 Satz 1 und 5 neu gef., Satz 2 geänd. mWv 1.4.2012 durch G v. 20.12.2011 (BGBl. I S. 2854); Abs. 4 Satz 1 Nr. 5 geänd. mWv 1.1.2015 durch G v. 20.12.2011 (BGBl. I S. 2854); Abs. 4 Satz 1 Nr. 4 geänd. mWv 19.3.2013 durch G v. 13.3.2013 (BGBl. I S. 446); Abs. 4 Satz 1 Nr. 3 geänd. mWv 1.5.2015 durch G v. 15.4.2015 (BGBl. I S. 583); Abs. 4 Satz 5 neu gef. mWv 1.1.2017 durch G v. 26.7.2016 (BGBl. I S. 1824); Abs. 1a eingef. mWv 1.1.2019 durch G v. 18.12.2018 (BGBl. I S. 2651); Abs. 4 Satz 1 Nr. 6 geänd. mWv 1.8.2019 durch G v. 8.7.2019 (BGBl. I S. 1025); Abs. 4 Satz 1 Nr. 3 geänd. mWv 29.5.2020, Abs. 4 Satz 1 Nr. 4 geänd. mWv 1.1.2021 durch G v. 20.5.2020 (BGBl. I S. 1044); Abs. 2 Satz 2 eingef., bish. Sätze 2 und 3 werden Sätze 3 und 4, Abs. 4 Satz 1 Nr. 6 neu gef. mWv 1.1.2022 durch G v. 2.6.2021 (BGBl. I S. 1387).

[3] **Loseblatt-Textsammlung Arbeitsrecht Nr. 418.**

[4] Nr. **9.**

[5] Nr. **40/30.**

nach § 44 des Strafvollzugsgesetzes[1] nicht übersteigen. [3] Sie werden den Gefangenen nach einer Förderzusage der Agentur für Arbeit in Vorleistung von den Ländern erbracht und von der Bundesagentur erstattet.

(4) [1] Folgende Leistungen des Dritten Kapitels werden nicht an oder für erwerbsfähige Leistungsberechtigte im Sinne des Zweiten Buches[2] erbracht:

1. Leistungen nach § 35,
2. Leistungen zur Aktivierung und beruflichen Eingliederung nach dem Zweiten Abschnitt,
3. Leistungen zur Berufsausbildung nach dem Vierten Unterabschnitt des Dritten Abschnitts und Leistungen nach § 54a,
4. Leistungen zur beruflichen Weiterbildung nach dem Vierten Abschnitt, mit Ausnahme von Leistungen nach § 82 Absatz 6, und Leistungen nach den §§ 131a und 131b,
5. Leistungen zur Aufnahme einer sozialversicherungspflichtigen Beschäftigung nach dem Ersten Unterabschnitt des Fünften Abschnitts,
6. Leistungen zur Teilhabe von Menschen mit Behinderungen am Arbeitsleben nach
   a) den §§ 112 bis 114, 115 Nummer 1 bis 3 mit Ausnahme berufsvorbereitender Bildungsmaßnahmen und der Berufsausbildungsbeihilfe sowie § 116 Absatz 1, 2 und 6,
   b) § 117 Absatz 1 und § 118 Nummer 1 und 3 für die besonderen Leistungen zur Förderung der beruflichen Weiterbildung,
   c) den §§ 119 bis 121,
   d) den §§ 127 und 128 für die besonderen Leistungen zur Förderung der beruflichen Weiterbildung.

[2] Sofern die Bundesagentur für die Erbringung von Leistungen nach § 35 besondere Dienststellen nach § 367 Abs. 2 Satz 2 eingerichtet oder zusätzliche Vermittlungsdienstleistungen agenturübergreifend organisiert hat, erbringt sie die dort angebotenen Vermittlungsleistungen abweichend von Satz 1 auch an oder für erwerbsfähige Leistungsberechtigte im Sinne des Zweiten Buches. [3] Eine Leistungserbringung an oder für erwerbsfähige Leistungsberechtigte im Sinne des Zweiten Buches nach den Grundsätzen der §§ 88 bis 92 des Zehnten Buches[3] bleibt ebenfalls unberührt. [4] Die Agenturen für Arbeit dürfen Aufträge nach Satz 3 zur Ausbildungsvermittlung nur aus wichtigem Grund ablehnen. [5] Satz 1 gilt nicht für erwerbsfähige Leistungsberechtigte im Sinne des Zweiten Buches, die einen Anspruch auf Arbeitslosengeld oder Teilarbeitslosengeld haben; die Sätze 2 bis 4 finden insoweit keine Anwendung.

§ 23[4] Vorleistungspflicht der Arbeitsförderung. (1) Solange und soweit eine vorrangige Stelle Leistungen nicht gewährt, sind Leistungen der aktiven Arbeitsförderung so zu erbringen, als wenn die Verpflichtung dieser Stelle nicht bestünde.

---

[1] Nr. **40/30**.
[2] Nr. **2**.
[3] Nr. **10**.
[4] § 23 Abs. 2 angef. durch G v. 16.12.1997 (BGBl. I S. 2970); Abs. 2 Satz 1 geänd. mWv 1.1.2004 durch G v. 23.12.2003 (BGBl. I S. 2848).

(2) [1]Hat die Agentur für Arbeit für eine andere öffentlich-rechtliche Stelle vorgeleistet, ist die zur Leistung verpflichtete öffentlich-rechtliche Stelle der Bundesagentur erstattungspflichtig. [2]Für diese Erstattungsansprüche gelten die Vorschriften des Zehnten Buches[1)] über die Erstattungsansprüche der Sozialleistungsträger untereinander entsprechend.

Zweites Kapitel. Versicherungspflicht

Erster Abschnitt.[2)] Beschäftigte, Sonstige Versicherungspflichtige

§ 24[3)] Versicherungspflichtverhältnis. (1) In einem Versicherungspflichtverhältnis stehen Personen, die als Beschäftigte oder aus sonstigen Gründen versicherungspflichtig sind.

(2) Das Versicherungspflichtverhältnis beginnt für Beschäftigte mit dem Tag des Eintritts in das Beschäftigungsverhältnis oder mit dem Tag nach dem Erlöschen der Versicherungsfreiheit, für die sonstigen Versicherungspflichtigen mit dem Tag, an dem erstmals die Voraussetzungen für die Versicherungspflicht erfüllt sind.

(3) Das Versicherungspflichtverhältnis für Beschäftigte besteht während eines Arbeitsausfalls mit Entgeltausfall im Sinne der Vorschriften über das Kurzarbeitergeld fort.

(4) Das Versicherungspflichtverhältnis endet für Beschäftigte mit dem Tag des Ausscheidens aus dem Beschäftigungsverhältnis oder mit dem Tag vor Eintritt der Versicherungsfreiheit, für die sonstigen Versicherungspflichtigen mit dem Tag, an dem die Voraussetzungen für die Versicherungspflicht letztmals erfüllt waren.

§ 25[4)] Beschäftigte. (1) [1]Versicherungspflichtig sind Personen, die gegen Arbeitsentgelt oder zu ihrer Berufsausbildung beschäftigt (versicherungspflichtige Beschäftigung) sind. [2]Die folgenden Personen stehen Beschäftigten zur Berufsausbildung im Sinne des Satzes 1 gleich:

1. Auszubildende, die im Rahmen eines Berufsausbildungsvertrages nach dem Berufsbildungsgesetz in einer außerbetrieblichen Einrichtung ausgebildet werden,
2. Teilnehmerinnen und Teilnehmer an dualen Studiengängen und
3. Teilnehmerinnen und Teilnehmer an Ausbildungen mit Abschnitten des schulischen Unterrichts und der praktischen Ausbildung, für die ein Ausbildungsvertrag und Anspruch auf Ausbildungsvergütung besteht (praxisintegrierte Ausbildungen).

[1)] Nr. **10**.

[2)] 1. Abschnitt Überschrift eingef. mWv 1.2.2006 durch G v. 23.12.2003 (BGBl. I S. 2848).

[3)] § 24 Abs. 3 neu gef. durch G v. 16.12.1997 (BGBl. I S. 2998; geänd. durch G v. 20.12.2000, BGBl. I S. 1827); Abs. 3 geänd. mWv 1.4.2006 durch G v. 24.4.2006 (BGBl. I S. 926).

[4)] § 25 Abs. 2 Satz 2 geänd. mWv 24.12.2000 durch G v. 19.12.2000 (BGBl. I S. 1815); Abs. 1 Satz 1 geänd., Satz 2 angef. mWv 1.1.2002 durch G v. 10.12.2001 (BGBl. I S. 3443); Abs. 2 Satz 2 zweiter Halbs. geänd. mWv 1.2.2006 durch G v. 23.12.2003 (BGBl. I S. 2848); Abs. 2 Satz 3 angef. mWv 18.12.2007 durch G v. 12.12.2007 (BGBl. I S. 2861); Abs. 2 Satz 2 neu gef. mWv 9.8.2008 durch G v. 31.7.2008 (BGBl. I S. 1629); Abs. 1 Satz 2 geänd. mWv 1.4.2012 durch G v. 20.12.2011 (BGBl. I S. 2854); Abs. 1 Satz 2 geänd. mWv 1.1.2012 durch G v. 22.12.2011 (BGBl. I S. 3057); Abs. 1 Satz 2 neu gef. mWv 1.7.2020 durch G v. 12.6.2020 (BGBl. I S. 1248).

(2) [1] Bei Wehrdienstleistenden und Zivildienstleistenden, denen nach gesetzlichen Vorschriften für die Zeit ihres Dienstes Arbeitsentgelt weiterzugewähren ist, gilt das Beschäftigungsverhältnis durch den Wehrdienst oder Zivildienst als nicht unterbrochen. [2] Personen, die nach dem Vierten Abschnitt des Soldatengesetzes[1)] Wehrdienst leisten, sind in dieser Beschäftigung nicht nach Absatz 1 versicherungspflichtig; sie gelten als Wehrdienst Leistende im Sinne des § 26 Abs. 1 Nr. 2. [3] Die Sätze 1 und 2 gelten auch für Personen in einem Wehrdienstverhältnis besonderer Art nach § 6 des Einsatz-Weiterverwendungsgesetzes, wenn sie den Einsatzunfall in einem Versicherungspflichtverhältnis erlitten haben.

(Fortsetzung nächstes Blatt)

[1)] Auszugsweise abgedruckt unter Nr. **20/20**.

gemeinen Gleichbehandlungsgesetz[1)] zulässig sind. [3]Im Übrigen darf eine Einschränkung hinsichtlich der Zugehörigkeit zu einer Gewerkschaft, Partei oder vergleichbaren Vereinigung nur berücksichtigt werden, wenn

1. es sich um eine Ausbildungs- oder Arbeitsstelle in einem Tendenzunternehmen oder -betrieb im Sinne des § 118 Absatz 1 Satz 1 des Betriebsverfassungsgesetzes[2)] handelt und
2. die Art der auszuübenden Tätigkeit diese Einschränkung rechtfertigt.

(3) Die Agentur für Arbeit darf in einen durch einen Arbeitskampf unmittelbar betroffenen Bereich nur dann vermitteln, wenn die oder der Arbeitsuchende und der Arbeitgeber dies trotz eines Hinweises auf den Arbeitskampf verlangen.

(4) [1]Die Agentur für Arbeit ist bei der Vermittlung nicht verpflichtet zu prüfen, ob der vorgesehene Vertrag ein Arbeitsvertrag ist. [2]Wenn ein Arbeitsverhältnis erkennbar nicht begründet werden soll, kann die Agentur für Arbeit auf Angebote zur Aufnahme einer selbständigen Tätigkeit hinweisen; Absatz 1 gilt entsprechend.

§ 37[3)] Potenzialanalyse und Eingliederungsvereinbarung. (1) [1]Die Agentur für Arbeit hat unverzüglich nach der Ausbildungsuchendmeldung oder Arbeitsuchendmeldung zusammen mit der oder dem Ausbildungsuchenden oder der oder dem Arbeitsuchenden die für die Vermittlung erforderlichen beruflichen und persönlichen Merkmale, beruflichen Fähigkeiten und die Eignung festzustellen (Potenzialanalyse). [2]Die Potenzialanalyse erstreckt sich auch auf die Feststellung, ob und durch welche Umstände die berufliche Eingliederung voraussichtlich erschwert sein wird.

(2) [1]In einer Eingliederungsvereinbarung, die die Agentur für Arbeit zusammen mit der oder dem Ausbildungsuchenden oder der oder dem Arbeitsuchenden trifft, werden für einen zu bestimmenden Zeitraum festgelegt

1. das Eingliederungsziel,
2. die Vermittlungsbemühungen der Agentur für Arbeit,
3. welche Eigenbemühungen zur beruflichen Eingliederung die oder der Ausbildungsuchende oder die oder der Arbeitsuchende in welcher Häufigkeit mindestens unternehmen muss und in welcher Form diese nachzuweisen sind,
4. die vorgesehenen Leistungen der aktiven Arbeitsförderung.

[2]Die besonderen Bedürfnisse behinderter und schwerbehinderter Menschen sollen angemessen berücksichtigt werden.

(3) [1]Der oder dem Ausbildungsuchenden oder der oder dem Arbeitsuchenden ist eine Ausfertigung der Eingliederungsvereinbarung auszuhändigen. [2]Die Eingliederungsvereinbarung ist sich ändernden Verhältnissen anzupassen; sie ist fortzuschreiben, wenn in dem Zeitraum, für den sie zunächst galt, die Ausbildungssuche oder Arbeitsuche nicht beendet wurde. [3]Sie ist spätestens nach sechsmonatiger Arbeitslosigkeit, bei arbeitslosen und ausbildungsuchenden jungen Menschen spätestens nach drei Monaten, zu überprüfen. [4]Kommt eine

---

[1)] **Loseblatt-Textsammlung Arbeitsrecht Nr. 91.**

[2)] **Loseblatt-Textsammlung Arbeitsrecht Nr. 570.**

[3)] § 37 neu gef. mWv 1.4.2012 durch G v. 20.12.2011 (BGBl. I S. 2854); Abs. 3 Satz 2 zweiter Halbs. geänd. mWv 1.1.2013 durch G v. 5.12.2012 (BGBl. I S. 2467).

Eingliederungsvereinbarung nicht zustande, sollen die nach Absatz 2 Satz 1 Nummer 3 erforderlichen Eigenbemühungen durch Verwaltungsakt festgesetzt werden.

§ 38[1)] Rechte und Pflichten der Ausbildung- und Arbeitsuchenden.

(1) [1] Personen, deren Ausbildungs- oder Arbeitsverhältnis endet, sind verpflichtet, sich spätestens drei Monate vor dessen Beendigung bei der Agentur für Arbeit unter Angabe der persönlichen Daten und des Beendigungszeitpunktes des Ausbildungs- oder Arbeitsverhältnisses arbeitsuchend zu melden. [2] Liegen zwischen der Kenntnis des Beendigungszeitpunktes und der Beendigung des Ausbildungs- oder Arbeitsverhältnisses weniger als drei Monate, haben sie sich innerhalb von drei Tagen nach Kenntnis des Beendigungszeitpunktes zu melden. [3] Die Pflicht zur Meldung besteht unabhängig davon, ob der Fortbestand des Ausbildungs- oder Arbeitsverhältnisses gerichtlich geltend gemacht oder vom Arbeitgeber in Aussicht gestellt wird. [4] Die Pflicht zur Meldung gilt nicht bei einem betrieblichen Ausbildungsverhältnis. [5] Im Übrigen gelten für Ausbildung- und Arbeitsuchende die Meldepflichten im Leistungsverfahren nach den §§ 309 und 310 entsprechend.

(1a) Die zuständige Agentur für Arbeit soll mit der nach Absatz 1 arbeitsuchend gemeldeten Person unverzüglich nach der Arbeitsuchendmeldung ein erstes Beratungs- und Vermittlungsgespräch führen, das persönlich oder bei Einvernehmen zwischen Agentur für Arbeit und der arbeitsuchenden Person auch per Videotelefonie erfolgen kann.

(2) Die Agentur für Arbeit hat unverzüglich nach der Meldung nach Absatz 1 auch Berufsberatung durchzuführen.

(3) [1] Ausbildung- und Arbeitsuchende, die Dienstleistungen der Bundesagentur in Anspruch nehmen, haben dieser die für eine Vermittlung erforderlichen Auskünfte zu erteilen, Unterlagen vorzulegen und den Abschluss eines Ausbildungs- oder Arbeitsverhältnisses unter Benennung des Arbeitgebers und seines Sitzes unverzüglich mitzuteilen. [2] Sie können die Weitergabe ihrer Unterlagen von deren Rückgabe an die Agentur für Arbeit abhängig machen oder ihre Weitergabe an namentlich benannte Arbeitgeber ausschließen. [3] Die Anzeige- und Bescheinigungspflichten im Leistungsverfahren bei Arbeitsunfähigkeit nach § 311 gelten entsprechend.

(4) [1] Die Arbeitsvermittlung ist durchzuführen,

1. solange die oder der Arbeitsuchende Leistungen zum Ersatz des Arbeitsentgelts bei Arbeitslosigkeit oder Transferkurzarbeitergeld beansprucht oder
2. bis bei Meldepflichtigen nach Absatz 1 der angegebene Beendigungszeitpunkt des Ausbildungs- oder Arbeitsverhältnisses erreicht ist.

[2] Im Übrigen kann die Agentur für Arbeit die Arbeitsvermittlung einstellen, wenn die oder der Arbeitsuchende die ihr oder ihm nach Absatz 3 oder der Eingliederungsvereinbarung oder dem Verwaltungsakt nach § 37 Absatz 3 Satz 4 obliegenden Pflichten nicht erfüllt, ohne dafür einen wichtigen Grund zu

---

[1)] § 38 neu gef. mWv 1.4.2012 durch G v. 20.12.2011 (BGBl. I S. 2854); Abs. 2 eingef., bish. Abs. 2–4 werden Abs. 3–5 mWv 1.1.2019 durch G v. 18.12.2018 (BGBl. I S. 2651); Abs. 1 Satz 1 g137.änd., Satz 3 aufgeh., bish. Sätze 4–6 werden Sätze 3–5, Abs. 1a eingef. mWv 1.1.2022 durch G v. 20.5.2020 (BGBl. I S. 1044); Abs. 4 Satz 2 und Abs. 5 Satz 2 geänd. mWv 1.7.2020 durch G v. 12.6. 2020 (BGBl. I S. 1248).

haben. [3]Die oder der Arbeitsuchende kann die Arbeitsvermittlung erneut nach Ablauf von zwölf Wochen in Anspruch nehmen.

(5) [1]Die Ausbildungsvermittlung ist durchzuführen,

1. bis die oder der Ausbildungsuchende in Ausbildung, schulische Bildung oder Arbeit einmündet oder sich die Vermittlung anderweitig erledigt oder
2. solange die oder der Ausbildungsuchende dies verlangt.

[2]Absatz 4 Satz 2 gilt entsprechend.

§ 39[1)] Rechte und Pflichten der Arbeitgeber. (1) [1]Arbeitgeber, die Dienstleistungen der Bundesagentur in Anspruch nehmen, haben die für eine Vermittlung erforderlichen Auskünfte zu erteilen und Unterlagen vorzulegen. [2]Sie können deren Überlassung an namentlich benannte Ausbildung- und Arbeitsuchende ausschließen oder die Vermittlung darauf begrenzen, dass ihnen Daten von geeigneten Ausbildung- und Arbeitsuchenden überlassen werden.

(2) [1]Die Agentur für Arbeit soll dem Arbeitgeber eine Arbeitsmarktberatung anbieten, wenn sie erkennt, dass eine gemeldete freie Ausbildungs- oder Arbeitsstelle durch ihre Vermittlung nicht in angemessener Zeit besetzt werden kann. [2]Sie soll diese Beratung spätestens nach drei Monaten anbieten.

(3) [1]Die Agentur für Arbeit kann die Vermittlung zur Besetzung einer Ausbildungs- oder Arbeitsstelle einstellen, wenn

1. sie erfolglos bleibt, weil die Arbeitsbedingungen der angebotenen Stelle gegenüber denen vergleichbarer Ausbildungs- oder Arbeitsstellen so ungünstig sind, dass sie den Ausbildung- oder Arbeitsuchenden nicht zumutbar sind, und die Agentur für Arbeit den Arbeitgeber darauf hingewiesen hat,
2. der Arbeitgeber keine oder unzutreffende Mitteilungen über das Nichtzustandekommen eines Ausbildungs- oder Arbeitsvertrags mit einer oder einem vorgeschlagenen Ausbildungsuchenden oder einer oder einem vorgeschlagenen Arbeitsuchenden macht und die Vermittlung dadurch erschwert wird,
3. die Stelle auch nach erfolgter Arbeitsmarktberatung nicht besetzt werden kann, jedoch frühestens nach Ablauf von sechs Monaten, die Ausbildungsvermittlung jedoch frühestens drei Monate nach Beginn eines Ausbildungsjahres.

[2]Der Arbeitgeber kann die Vermittlung erneut in Anspruch nehmen.

§ 39a[2)] Frühzeitige Förderung von Ausländerinnen und Ausländern mit Aufenthaltsgestattung. [1]Für Ausländerinnen und Ausländer, die eine Aufenthaltsgestattung nach dem Asylgesetz besitzen und auf Grund des § 61 des Asylgesetzes[3)] keine Erwerbstätigkeit ausüben dürfen, können Leistungen nach diesem Unterabschnitt erbracht werden, wenn bei ihnen ein rechtmäßiger und dauerhafter Aufenthalt zu erwarten ist. [2]Stammen sie aus einem sicheren Herkunftsstaat nach § 29a des Asylgesetzes, so wird vermutet, dass ein rechtmäßiger und dauerhafter Aufenthalt nicht zu erwarten ist.

[1)] 3. Kapitel (§§ 29–135) neu gef. mWv 1.4.2012 durch G v. 20.12.2011 (BGBl. I S. 2854).
[2)] § 39a eingef. mWv 1.8.2019 durch G v. 8.7.2019 (BGBl. I S. 1029).
[3)] **Sartorius Nr. 567.**

Dritter Unterabschnitt. Gemeinsame Vorschriften

§ 40[1)] Allgemeine Unterrichtung. (1) Die Agentur für Arbeit soll Ausbildung- und Arbeitsuchenden sowie Arbeitgebern in geeigneter Weise Gelegenheit geben, sich über freie Ausbildungs- und Arbeitsstellen sowie über Ausbildung- und Arbeitsuchende zu unterrichten.

(2) [1] Bei der Beratung, Vermittlung und Berufsorientierung sind Selbstinformationseinrichtungen einzusetzen. [2] Diese sind an die technischen Entwicklungen anzupassen.

(3) [1] Die Agentur für Arbeit darf in die Selbstinformationseinrichtungen Daten über Ausbildungsuchende, Arbeitsuchende und Arbeitgeber nur aufnehmen, soweit sie für die Vermittlung erforderlich sind und von Dritten keiner bestimmten oder bestimmbaren Person zugeordnet werden können. [2] Daten, die von Dritten einer bestimmten oder bestimmbaren Person zugeordnet werden können, dürfen nur mit Einwilligung der betroffenen Person aufgenommen werden. [3] Der betroffenen Person ist auf Verlangen ein Ausdruck der aufgenommenen Daten zuzusenden. [4] Die Agentur für Arbeit kann von der Aufnahme von Daten über Ausbildungs- und Arbeitsstellen in die Selbstinformationseinrichtungen absehen, wenn diese dafür nicht geeignet sind.

(4) Die Absätze 1 bis 3 gelten entsprechend für die in § 39a genannten Personen.

§ 41[2)] Einschränkung des Fragerechts. (1) [1] Die Agentur für Arbeit darf von Ausbildung- und Arbeitsuchenden keine Daten erheben, die ein Arbeitgeber vor Begründung eines Ausbildungs- oder Arbeitsverhältnisses nicht erfragen darf. [2] Daten über die Zugehörigkeit zu einer Gewerkschaft, Partei, Religionsgemeinschaft oder vergleichbaren Vereinigung dürfen nur bei der oder dem Ausbildungsuchenden und der oder dem Arbeitsuchenden erhoben werden. [3] Die Agentur für Arbeit darf diese Daten nur erheben, speichern und nutzen, wenn

1. eine Vermittlung auf eine Ausbildungs- oder Arbeitsstelle
   a) in einem Tendenzunternehmen oder -betrieb im Sinne des § 118 Absatz 1 Satz 1 des Betriebsverfassungsgesetzes[3)] oder
   b) bei einer Religionsgemeinschaft oder in einer zu ihr gehörenden karitativen oder erzieherischen Einrichtung

   vorgesehen ist,
2. die oder der Ausbildungsuchende oder die oder der Arbeitsuchende bereit ist, auf eine solche Ausbildungs- oder Arbeitsstelle vermittelt zu werden, und
3. bei einer Vermittlung nach Nummer 1 Buchstabe a die Art der auszuübenden Tätigkeit diese Beschränkung rechtfertigt.

(2) Absatz 1 gilt entsprechend für die in § 39a genannten Personen.

[1)] § 40 neu gef. mWv 1.4.2012 durch G v. 20.12.2011 (BGBl. I S. 2854); Abs. 4 angef. mWv 1.8. 2019 durch G v. 8.7.2019 (BGBl. I S. 1029); Abs. 3 Sätze 2 und 3 geänd. mWv 26.11.2019 durch G v. 20.11.2019 (BGBl. I S. 1626).

[2)] § 41 neu gef. mWv 1.4.2012 durch G v. 20.12.2011 (BGBl. I S. 2854); Abs. 2 angef. mWv 1.8. 2019 durch G v. 8.7.2019 (BGBl. I S. 1029); Abs. 1 Satz 3 einl. Satzteil geänd. mWv 26.11.2019 durch G v. 20.11.2019 (BGBl. I S. 1626).

[3)] **Loseblatt-Textsammlung Arbeitsrecht Nr. 570.**

§ 42[1] Grundsatz der Unentgeltlichkeit. (1) Die Agentur für Arbeit übt die Beratung und Vermittlung unentgeltlich aus.

(2) Die Agentur für Arbeit kann vom Arbeitgeber die Erstattung besonderer, bei einer Arbeitsvermittlung entstehender Aufwendungen (Aufwendungsersatz) verlangen, wenn

1. die Aufwendungen den gewöhnlichen Umfang erheblich übersteigen und
2. sie den Arbeitgeber bei Beginn der Arbeitsvermittlung über die Erstattungspflicht unterrichtet hat.

(3) [1] Die Agentur für Arbeit kann von einem Arbeitgeber, der die Auslandsvermittlung auf Grund zwischenstaatlicher Vereinbarungen oder Vermittlungsabsprachen der Bundesagentur mit ausländischen Arbeitsverwaltungen in Anspruch nimmt, eine Gebühr (Vermittlungsgebühr) erheben. [2] Die Vorschriften des Verwaltungskostengesetzes vom 23. Juni 1970 (BGBl. I S. 821) in der am 14. August 2013 geltenden Fassung sind anzuwenden.

(4) Der Arbeitgeber darf sich den Aufwendungsersatz oder die Vermittlungsgebühr weder ganz noch teilweise von der vermittelten Arbeitnehmerin oder dem vermittelten Arbeitnehmer oder einem Dritten erstatten lassen.

§ 43[2] Anordnungsermächtigung. [1] Die Bundesagentur wird ermächtigt, durch Anordnung die gebührenpflichtigen Tatbestände für die Vermittlungsgebühr zu bestimmen und dabei feste Sätze vorzusehen. [2] Für die Bestimmung der Gebührenhöhe können auch Aufwendungen für Maßnahmen, die geeignet sind, die Eingliederung ausländischer Arbeitnehmerinnen und Arbeitnehmer in die Wirtschaft und in die Gesellschaft zu erleichtern oder die der Überwachung der Einhaltung der zwischenstaatlichen Vereinbarungen oder Absprachen über die Vermittlung dienen, berücksichtigt werden.

Zweiter Abschnitt. Aktivierung und berufliche Eingliederung

§ 44[3] Förderung aus dem Vermittlungsbudget. (1) [1] Ausbildungsuchende, von Arbeitslosigkeit bedrohte Arbeitsuchende und Arbeitslose können aus dem Vermittlungsbudget der Agentur für Arbeit bei der Anbahnung oder Aufnahme einer versicherungspflichtigen Beschäftigung gefördert werden, wenn dies für die berufliche Eingliederung notwendig ist. [2] Sie sollen insbesondere bei der Erreichung der in der Eingliederungsvereinbarung festgelegten Eingliederungsziele unterstützt werden. [3] Die Förderung umfasst die Übernahme der angemessenen Kosten, soweit der Arbeitgeber gleichartige Leistungen nicht oder voraussichtlich nicht erbringen wird.

(2) Nach Absatz 1 kann auch die Anbahnung oder die Aufnahme einer versicherungspflichtigen Beschäftigung mit einer Arbeitszeit von mindestens 15 Stunden wöchentlich in einem anderen Mitgliedstaat der Europäischen Union, einem anderen Vertragsstaat des Abkommens über den Europäischen Wirtschaftsraum oder in der Schweiz gefördert werden.

---

[1] § 42 neu gef. mWv 1.4.2012 durch G v. 20.12.2011 (BGBl. I S. 2854); Abs. 3 Satz 2 geänd. mWv 23.7.2021 durch G v. 16.7.2021 (BGBl. I S. 2970).

[2] 3. Kapitel (§§ 29–135) neu gef. mWv 1.4.2012 durch G v. 20.12.2011 (BGBl. I S. 2854).

[3] § 44 neu gef. mWv 1.4.2012 durch G v. 20.12.2011 (BGBl. I S. 2854); Abs. 4 angef. mWv 1.8.2019 durch G v. 8.7.2019 (BGBl. I S. 1029).

(3) [1] Die Agentur für Arbeit entscheidet über den Umfang der zu erbringenden Leistungen; sie kann Pauschalen festlegen. [2] Leistungen zur Sicherung des Lebensunterhalts sind ausgeschlossen. [3] Die Förderung aus dem Vermittlungsbudget darf die anderen Leistungen nach diesem Buch nicht aufstocken, ersetzen oder umgehen.

(4) Die Absätze 1 bis 3 gelten entsprechend für die in § 39a genannten Personen.

§ 45[1)] Maßnahmen zur Aktivierung und beruflichen Eingliederung.

(1) [1] Ausbildungsuchende, von Arbeitslosigkeit bedrohte Arbeitsuchende und Arbeitslose können bei Teilnahme an Maßnahmen gefördert werden, die ihre berufliche Eingliederung durch

1. Heranführung an den Ausbildungs- und Arbeitsmarkt sowie Feststellung, Verringerung oder Beseitigung von Vermittlungshemmnissen,
2. *(aufgehoben)*
3. Vermittlung in eine versicherungspflichtige Beschäftigung,
4. Heranführung an eine selbständige Tätigkeit oder
5. Stabilisierung einer Beschäftigungsaufnahme

unterstützen (Maßnahmen zur Aktivierung und beruflichen Eingliederung). [2] Für die Aktivierung von Arbeitslosen, deren berufliche Eingliederung auf Grund von schwerwiegenden Vermittlungshemmnissen, insbesondere auf Grund der Dauer ihrer Arbeitslosigkeit, besonders erschwert ist, sollen Maßnahmen gefördert werden, die nach inhaltlicher Ausgestaltung und Dauer den erhöhten Stabilisierungs- und Unterstützungsbedarf der Arbeitslosen berücksichtigen. [3] Versicherungspflichtige Beschäftigungen mit einer Arbeitszeit von mindestens 15 Stunden wöchentlich in einem anderen Mitgliedstaat der Europäischen Union oder einem anderen Vertragsstaat des Abkommens über den Europäischen Wirtschaftsraum sind den versicherungspflichtigen Beschäftigungen nach Satz 1 Nummer 3 gleichgestellt. [4] Die Förderung umfasst die Übernahme der angemessenen Kosten für die Teilnahme, soweit dies für die berufliche Eingliederung notwendig ist. [5] Die Förderung kann auf die Weiterleistung von Arbeitslosengeld beschränkt werden.

(2) [1] Die Dauer der Einzel- oder Gruppenmaßnahmen muss deren Zweck und Inhalt entsprechen. [2] Soweit Maßnahmen oder Teile von Maßnahmen nach Absatz 1 bei oder von einem Arbeitgeber durchgeführt werden, dürfen diese jeweils die Dauer von sechs Wochen nicht überschreiten. [3] Die Vermittlung von beruflichen Kenntnissen in Maßnahmen zur Aktivierung und beruflichen Eingliederung darf die Dauer von acht Wochen nicht überschreiten. [4] Maßnahmen des Dritten Abschnitts sind ausgeschlossen.

(3) Die Agentur für Arbeit kann unter Anwendung des Vergaberechts Träger mit der Durchführung von Maßnahmen nach Absatz 1 beauftragen.

(4) [1] Die Agentur für Arbeit kann der oder dem Berechtigten das Vorliegen der Voraussetzungen für eine Förderung nach Absatz 1 bescheinigen und Maßnahmeziel und -inhalt festlegen (Aktivierungs- und Vermittlungsgutschein).

[1)] § 45 neu gef. mWv 1.4.2012 durch G v. 20.12.2011 (BGBl. I S. 2854); Abs. 8 angef. mWv 1.8.2016 durch G v. 18.7.2016 (BGBl. I S. 1710); Abs. 9 angef. mWv 1.8.2019 durch G v. 8.7.2019 (BGBl. I S. 1029); Abs. 1 Satz 1 Nr. 1 geänd., Nr. 2 aufgeh. mWv 1.1.2021 durch G v. 20.5.2020 (BGBl. I S. 1044); Abs. 6 Satz 4 geänd. mWv 1.1.2022 durch G v. 2.6.2021 (BGBl. I S. 1387); Abs. 6 Sätze 3–5 geänd. mWv 1.1.2022 durch G v. 16.7.2021 (BGBl. I S. 2970).

[2] Der Aktivierungs- und Vermittlungsgutschein kann zeitlich befristet sowie regional beschränkt werden. [3] Der Aktivierungs- und Vermittlungsgutschein berechtigt zur Auswahl

1. eines Trägers, der eine dem Maßnahmeziel und -inhalt entsprechende und nach § 179 zugelassene Maßnahme anbietet,
2. eines Trägers, der eine ausschließlich erfolgsbezogen vergütete Arbeitsvermittlung in versicherungspflichtige Beschäftigung anbietet, oder
3. eines Arbeitgebers, der eine dem Maßnahmeziel und -inhalt entsprechende betriebliche Maßnahme von einer Dauer bis zu sechs Wochen anbietet.

[4] Der ausgewählte Träger nach Satz 3 Nummer 1 und der ausgewählte Arbeitgeber nach Satz 3 Nummer 3 haben der Agentur für Arbeit den Aktivierungs- und Vermittlungsgutschein vor Beginn der Maßnahme vorzulegen. [5] Der ausgewählte Träger nach Satz 3 Nummer 2 hat der Agentur für Arbeit den Aktivierungs- und Vermittlungsgutschein nach erstmaligem Vorliegen der Auszahlungsvoraussetzungen vorzulegen.

(5) Die Agentur für Arbeit soll die Entscheidung über die Ausgabe eines Aktivierungs- und Vermittlungsgutscheins nach Absatz 4 von der Eignung und den persönlichen Verhältnissen der Förderberechtigten oder der örtlichen Verfügbarkeit von Arbeitsmarktdienstleistungen abhängig machen.

(6) [1] Die Vergütung richtet sich nach Art und Umfang der Maßnahme und kann aufwands- oder erfolgsbezogen gestaltet sein; eine Pauschalierung ist zulässig. [2] § 83 Absatz 2 gilt entsprechend. [3] Bei einer erfolgreichen Arbeitsvermittlung in versicherungspflichtige Beschäftigung durch einen Träger nach Absatz 4 Satz 3 Nummer 2 beträgt die Vergütung 2 500 Euro. [4] Bei Langzeitarbeitslosen und Menschen mit Behinderungen nach § 2 Absatz 1 des Neunten Buches[1)] kann die Vergütung auf eine Höhe von bis zu 3 000 Euro festgelegt werden. [5] Die Vergütung nach den Sätzen 3 und 4 wird in Höhe von 1 250 Euro nach einer sechswöchigen und der Restbetrag nach einer sechsmonatigen Dauer des Beschäftigungsverhältnisses gezahlt. [6] Eine erfolgsbezogene Vergütung für die Arbeitsvermittlung in versicherungspflichtige Beschäftigung ist ausgeschlossen, wenn das Beschäftigungsverhältnis

1. von vornherein auf eine Dauer von weniger als drei Monaten begrenzt ist oder
2. bei einem früheren Arbeitgeber begründet wird, bei dem die Arbeitnehmerin oder der Arbeitnehmer während der letzten vier Jahre vor Aufnahme der Beschäftigung mehr als drei Monate lang versicherungspflichtig beschäftigt war; dies gilt nicht, wenn es sich um die befristete Beschäftigung besonders betroffener schwerbehinderter Menschen handelt.

(7) [1] Arbeitslose, die Anspruch auf Arbeitslosengeld haben, dessen Dauer nicht allein auf § 147 Absatz 3 beruht, und nach einer Arbeitslosigkeit von sechs Wochen innerhalb einer Frist von drei Monaten noch nicht vermittelt sind, haben Anspruch auf einen Aktivierungs- und Vermittlungsgutschein nach Absatz 4 Satz 3 Nummer 2. [2] In die Frist werden Zeiten nicht eingerechnet, in denen die oder der Arbeitslose an Maßnahmen zur Aktivierung und beruflichen Eingliederung sowie an Maßnahmen der beruflichen Weiterbildung teilgenommen hat.

[1)] Nr. **9**.

(8) Abweichend von Absatz 2 Satz 2 und Absatz 4 Satz 3 Nummer 3 darf bei Langzeitarbeitslosen oder Arbeitslosen, deren berufliche Eingliederung auf Grund von schwerwiegenden Vermittlungshemmnissen besonders erschwert ist, die Teilnahme an Maßnahmen oder Teilen von Maßnahmen, die bei oder von einem Arbeitgeber durchgeführt werden, jeweils die Dauer von zwölf Wochen nicht überschreiten.

(9) Die Absätze 1 bis 8 gelten entsprechend für die in § 39a genannten Personen.

§ 46[1] Probebeschäftigung und Arbeitshilfe für Menschen mit Behinderungen. (1) Arbeitgebern können die Kosten für eine befristete Probebeschäftigung von Menschen mit Behinderungen sowie schwerbehinderter und ihnen gleichgestellter Menschen im Sinne des § 2 des Neunten Buches[2] bis zu einer Dauer von drei Monaten erstattet werden, wenn dadurch die Möglichkeit einer Teilhabe am Arbeitsleben verbessert wird oder eine vollständige und dauerhafte Teilhabe am Arbeitsleben zu erreichen ist.

(2) Arbeitgeber können Zuschüsse für eine behinderungsgerechte Ausgestaltung von Ausbildungs- oder Arbeitsplätzen erhalten, soweit dies erforderlich ist, um die dauerhafte Teilhabe am Arbeitsleben zu erreichen oder zu sichern und eine entsprechende Verpflichtung des Arbeitgebers nach dem Teil 3 des Neunten Buches nicht besteht.

§ 47[3] Verordnungsermächtigung. Das Bundesministerium für Arbeit und Soziales wird ermächtigt, durch Rechtsverordnung, die nicht der Zustimmung des Bundesrates bedarf, das Nähere über Voraussetzungen, Grenzen, Pauschalierung und Verfahren der Förderung nach den §§ 44 und 45 zu bestimmen.

Dritter Abschnitt. Berufswahl und Berufsausbildung

Erster Unterabschnitt. Übergang von der Schule in die Berufsausbildung

§ 48[4] Berufsorientierungsmaßnahmen. (1) [1] Die Agentur für Arbeit kann Schülerinnen und Schüler allgemeinbildender Schulen durch vertiefte Berufsorientierung und Berufswahlvorbereitung fördern (Berufsorientierungsmaßnahmen), wenn sich Dritte mit mindestens 50 Prozent an der Förderung beteiligen. [2] Die Agentur für Arbeit kann sich auch mit bis zu 50 Prozent an der Förderung von Maßnahmen beteiligen, die von Dritten eingerichtet werden.

(2) Die besonderen Bedürfnisse von Schülerinnen und Schülern mit sonderpädagogischem Förderbedarf und von schwerbehinderten Schülerinnen und Schülern sollen bei der Ausgestaltung der Maßnahmen berücksichtigt werden.

§ 49[3] Berufseinstiegsbegleitung. (1) Die Agentur für Arbeit kann förderungsbedürftige junge Menschen durch Maßnahmen der Berufseinstiegsbegleitung fördern, um sie beim Übergang von der allgemeinbildenden Schule

[1] § 46 neu gef. mWv 1.4.2012 durch G v. 20.12.2011 (BGBl. I S. 2854); Abs. 2 geänd. mWv 1.1. 2018 durch G v. 23.12.2016 (BGBl. I S. 3234); Überschrift neu gef., Abs. 1 und 2 geänd. mWv 1.1. 2022 durch G v. 2.6.2021 (BGBl. I S. 1387).

[2] Nr. **9**.

[3] 3. Kapitel (§§ 29–135) neu gef. mWv 1.4.2012 durch G v. 20.12.2011 (BGBl. I S. 2854).

[4] § 48 neu gef. mWv 1.4.2012 durch G v. 20.12.2011 (BGBl. I S. 2854); Abs. 2 aufgeh., bish. Abs. 3 wird Abs. 2 mWv 1.1.2013 durch G v. 5.12.2012 (BGBl. I S. 2467).

in eine Berufsausbildung zu unterstützen, wenn sich Dritte mit mindestens 50 Prozent an der Förderung beteiligen.

(2) [1] Förderungsfähig sind Maßnahmen zur individuellen Begleitung und Unterstützung förderungsbedürftiger junger Menschen durch Berufseinstiegsbegleiterinnen und Berufseinstiegsbegleiter, um die Eingliederung der jungen Menschen in eine Berufsausbildung zu erreichen (Berufseinstiegsbegleitung). [2] Unterstützt werden sollen insbesondere das Erreichen des Abschlusses einer allgemeinbildenden Schule, die Berufsorientierung und -wahl, die Suche nach einer Ausbildungsstelle und die Stabilisierung des Berufsausbildungsverhältnisses. [3] Hierzu sollen die Berufseinstiegsbegleiterinnen und Berufseinstiegsbegleiter insbesondere mit Verantwortlichen in der allgemeinbildenden Schule, mit Dritten, die junge Menschen in der Region mit ähnlichen Inhalten unterstützen, und mit den Arbeitgebern in der Region eng zusammenarbeiten.

(3) [1] Die Berufseinstiegsbegleitung beginnt in der Regel mit dem Besuch der Vorabgangsklasse der allgemeinbildenden Schule und endet in der Regel ein halbes Jahr nach Beginn einer Berufsausbildung. [2] Die Berufseinstiegsbegleitung endet spätestens 24 Monate nach Beendigung der allgemeinbildenden Schule.

(4) Förderungsbedürftig sind junge Menschen, die voraussichtlich Schwierigkeiten haben werden, den Abschluss der allgemeinbildenden Schule zu erreichen oder den Übergang in eine Berufsausbildung zu bewältigen.

(5) Als Maßnahmekosten werden dem Träger die angemessenen Aufwendungen für die Durchführung der Maßnahme einschließlich der erforderlichen Kosten für die Berufseinstiegsbegleiterinnen und Berufseinstiegsbegleiter erstattet.

§ 50[1)] Anordnungsermächtigung. Die Bundesagentur wird ermächtigt, durch Anordnung das Nähere über Voraussetzungen, Art, Umfang und Verfahren der Förderung zu bestimmen.

Zweiter Unterabschnitt. Berufsvorbereitung

§ 51[2)] Berufsvorbereitende Bildungsmaßnahmen. (1) Die Agentur für Arbeit kann förderungsberechtigte junge Menschen durch berufsvorbereitende Bildungsmaßnahmen fördern, um sie auf die Aufnahme einer Berufsausbildung vorzubereiten oder, wenn die Aufnahme einer Berufsausbildung wegen in ihrer Person liegender Gründe nicht möglich ist, ihnen die berufliche Eingliederung zu erleichtern.

(2) [1] Eine berufsvorbereitende Bildungsmaßnahme ist förderungsfähig, wenn sie

1. nicht den Schulgesetzen der Länder unterliegt und
2. nach Aus- und Fortbildung sowie Berufserfahrung der Leitung und der Lehr- und Fachkräfte, nach Gestaltung des Lehrplans, nach Unterrichtsmethode und Güte der zum Einsatz vorgesehenen Lehr- und Lernmittel eine erfolgreiche berufliche Bildung erwarten lässt.

---

1) 3. Kapitel (§§ 29–135) neu gef. mWv 1.4.2012 durch G v. 20.12.2011 (BGBl. I S. 2854).

2) § 51 neu gef. mWv 1.4.2012 durch G v. 20.12.2011 (BGBl. I S. 2854); Abs. 1 geänd. mWv 1.8.2019 durch G v. 8.7.2019 (BGBl. I S. 1029).

[2] Eine berufsvorbereitende Bildungsmaßnahme, die teilweise im Ausland durchgeführt wird, ist auch für den im Ausland durchgeführten Teil förderungsfähig, wenn dieser Teil im Verhältnis zur Gesamtdauer der berufsvor-

(Fortsetzung nächstes Blatt)

ist die Berufsausbildung, auch unter Berücksichtigung des Einkommens der Ehefrau oder des Ehemanns oder der Lebenspartnerin oder des Lebenspartners im Bewilligungszeitraum, gefährdet, so wird nach Anhörung der Eltern ohne Anrechnung dieses Betrags Berufsausbildungsbeihilfe geleistet. [2] Von der Anhörung der Eltern kann aus wichtigem Grund abgesehen werden.

(2) [1] Ein Anspruch der oder des Auszubildenden auf Unterhaltsleistungen gegen ihre oder seine Eltern geht bis zur Höhe des anzurechnenden Unterhaltsanspruchs zusammen mit dem unterhaltsrechtlichen Auskunftsanspruch mit der Zahlung der Berufsausbildungsbeihilfe auf die Agentur für Arbeit über. [2] Die Agentur für Arbeit hat den Eltern die Förderung anzuzeigen. [3] Der Übergang wird nicht dadurch ausgeschlossen, dass der Anspruch nicht übertragen, nicht verpfändet oder nicht gepfändet werden kann. [4] Ist die Unterhaltsleistung trotz des Rechtsübergangs mit befreiender Wirkung an die Auszubildende oder den Auszubildenden gezahlt worden, hat die oder der Auszubildende diese insoweit zu erstatten.

(3) Für die Vergangenheit können die Eltern der oder des Auszubildenden nur von dem Zeitpunkt an in Anspruch genommen werden, ab dem

1. die Voraussetzungen des bürgerlichen Rechts vorgelegen haben oder
2. sie bei dem Antrag auf Ausbildungsförderung mitgewirkt haben oder von ihm Kenntnis erhalten haben und darüber belehrt worden sind, unter welchen Voraussetzungen dieses Buch eine Inanspruchnahme von Eltern ermöglicht.

(4) Berufsausbildungsbeihilfe wird nicht vorausgeleistet, soweit die Eltern bereit sind, Unterhalt entsprechend einer nach § 1612 Absatz 2 des Bürgerlichen Gesetzbuchs[1)] getroffenen Bestimmung zu leisten.

(5) [1] Die Agentur für Arbeit kann den auf sie übergegangenen Unterhaltsanspruch im Einvernehmen mit der oder dem Unterhaltsberechtigten auf diese oder diesen zur gerichtlichen Geltendmachung rückübertragen und sich den geltend gemachten Unterhaltsanspruch abtreten lassen. [2] Kosten, mit denen die oder der Unterhaltsberechtigte dadurch selbst belastet wird, sind zu übernehmen.

§ 69[2)] Dauer der Förderung. (1) [1] Anspruch auf Berufsausbildungsbeihilfe besteht für die Dauer der Berufsausbildung oder die Dauer der berufsvorbereitenden Bildungsmaßnahme. [2] Über den Anspruch wird bei Berufsausbildung in der Regel für 18 Monate, im Übrigen in der Regel für ein Jahr (Bewilligungszeitraum) entschieden.

(2) Für Fehlzeiten besteht in folgenden Fällen Anspruch auf Berufsausbildungsbeihilfe:

1. bei Krankheit längstens bis zum Ende des dritten auf den Eintritt der Krankheit folgenden Kalendermonats, im Fall einer Berufsausbildung jedoch nur, solange das Berufsausbildungsverhältnis fortbesteht,
2. für Zeiten einer Schwangerschaft oder nach der Entbindung, wenn
   a) bei einer Berufsausbildung die Fehlzeit durch ein Beschäftigungsverbot oder eine Schutzfrist aufgrund der Schwangerschaft oder der Geburt entsteht oder

---

[1)] **Habersack, Deutsche Gesetze Nr. 20.**

[2)] § 69 neu gef. mWv 1.4.2012 durch G v. 20.12.2011 (BGBl. I S. 2854); Abs. 2 Nr. 2 Buchst. a und b geänd. mWv 1.1.2018 durch G v. 23.5.2017 (BGBl. I S. 1228).

b) bei einer berufsvorbereitenden Bildungsmaßnahme die Maßnahme nicht länger als 14 Wochen, im Fall von Früh- oder Mehrlingsgeburten oder, wenn vor Ablauf von acht Wochen nach der Entbindung bei dem Kind eine Behinderung im Sinne von § 2 Absatz 1 des Neunten Buches Sozialgesetzbuch[1)] ärztlich festgestellt wird, nicht länger als 18 Wochen (§ 3 des Mutterschutzgesetzes[2)]) unterbrochen wird,

3. wenn bei einer Berufsausbildung die oder der Auszubildende aus einem sonstigen Grund der Berufsausbildung fernbleibt und die Ausbildungsvergütung weitergezahlt oder an deren Stelle eine Ersatzleistung erbracht wird oder
4. wenn bei einer berufsvorbereitenden Bildungsmaßnahme ein sonstiger wichtiger Grund für das Fernbleiben der oder des Auszubildenden vorliegt.

§ 70[3)] Berufsausbildungsbeihilfe für Arbeitslose. [1] Arbeitslose, die zu Beginn der berufsvorbereitenden Bildungsmaßnahme anderenfalls Anspruch auf Arbeitslosengeld gehabt hätten, der höher ist als der zugrunde zu legende Bedarf für den Lebensunterhalt, haben Anspruch auf Berufsausbildungsbeihilfe in Höhe des Arbeitslosengeldes. [2] In diesem Fall wird Einkommen, das die oder der Arbeitslose aus einer neben der berufsvorbereitenden Bildungsmaßnahme ausgeübten Beschäftigung oder selbständigen Tätigkeit erzielt, in gleicher Weise angerechnet wie bei der Leistung von Arbeitslosengeld.

§ 71[3)] Auszahlung. [1] Monatliche Förderungsbeträge der Berufsausbildungsbeihilfe, die nicht volle Euro ergeben, sind bei Restbeträgen unter 0,50 Euro abzurunden und im Übrigen aufzurunden. [2] Nicht geleistet werden monatliche Förderungsbeträge unter 10 Euro.

§ 72[3)] Anordnungsermächtigung. Die Bundesagentur wird ermächtigt, durch Anordnung das Nähere über Voraussetzungen, Umfang und Verfahren der Förderung zu bestimmen.

Vierter Unterabschnitt. Berufsausbildung

§ 73[4)] Zuschüsse zur Ausbildungsvergütung für Menschen mit Behinderungen und schwerbehinderte Menschen. (1) Arbeitgeber können für die betriebliche Aus- oder Weiterbildung von Menschen mit Behinderungen und schwerbehinderten Menschen im Sinne des § 187 Absatz 1 Nummer 3 Buchstabe e des Neunten Buches[1)] durch Zuschüsse zur Ausbildungsvergütung oder zu einer vergleichbaren Vergütung gefördert werden, wenn die Aus- oder Weiterbildung sonst nicht zu erreichen ist.

(2) [1] Die monatlichen Zuschüsse sollen regelmäßig 60 Prozent, bei schwerbehinderten Menschen 80 Prozent der monatlichen Ausbildungsvergütung für das letzte Ausbildungsjahr oder der vergleichbaren Vergütung einschließlich des darauf entfallenden pauschalierten Arbeitgeberanteils am Gesamtsozialversicherungsbeitrag nicht übersteigen. [2] In begründeten Ausnahmefällen können Zu-

---

[1)] Nr. **9**.

[2)] Nr. **8/40**.

[3)] 3. Kapitel (§§ 29–135) neu gef. mWv 1.4.2012 durch G v. 20.12.2011 (BGBl. I S. 2854).

[4)] § 73 neu gef. mWv 1.4.2012 durch G v. 20.12.2011 (BGBl. I S. 2854); Abs. 1 geänd. mWv 1.1. 2018 durch G v. 23.12.2016 (BGBl. I S. 3234); Überschrift neu gef., Abs. 1 geänd. mWv 1.1.2022 durch G v. 2.6.2021 (BGBl. I S. 1387).

§ 87[1] Kinderbetreuungskosten. Kosten für die Betreuung der aufsichtsbedürftigen Kinder der Arbeitnehmerin oder des Arbeitnehmers können in Höhe von 150 Euro monatlich je Kind übernommen werden.

Fünfter Abschnitt. Aufnahme einer Erwerbstätigkeit

Erster Unterabschnitt. Sozialversicherungspflichtige Beschäftigung

§ 88[2] Eingliederungszuschuss. Arbeitgeber können zur Eingliederung von Arbeitnehmerinnen und Arbeitnehmern, deren Vermittlung wegen in ihrer Person liegender Gründe erschwert ist, einen Zuschuss zum Arbeitsentgelt zum Ausgleich einer Minderleistung erhalten (Eingliederungszuschuss).

§ 89[3] Höhe und Dauer der Förderung. [1] Die Förderhöhe und die Förderdauer richten sich nach dem Umfang der Einschränkung der Arbeitsleistung der Arbeitnehmerin oder des Arbeitnehmers und nach den Anforderungen des jeweiligen Arbeitsplatzes (Minderleistung). [2] Der Eingliederungszuschuss kann bis zu 50 Prozent des zu berücksichtigenden Arbeitsentgelts und die Förderdauer bis zu zwölf Monate betragen. [3] Bei Arbeitnehmerinnen und Arbeitnehmern, die das 50. Lebensjahr vollendet haben, kann die Förderdauer bis zu 36 Monate betragen, wenn die Förderung bis zum 31. Dezember 2023 begonnen hat.

§ 90[4] Eingliederungszuschuss für Menschen mit Behinderungen und schwerbehinderte Menschen. (1) Für Menschen mit Behinderungen und schwerbehinderte Menschen kann der Eingliederungszuschuss bis zu 70 Prozent des zu berücksichtigenden Arbeitsentgelts und die Förderdauer bis zu 24 Monate betragen.

(2) [1] Für schwerbehinderte Menschen im Sinne des § 187 Absatz 1 Nummer 3 Buchstabe a bis d des Neunten Buches[5] und ihnen nach § 2 Absatz 3 des Neunten Buches von den Agenturen für Arbeit gleichgestellte behinderte Menschen, deren Vermittlung wegen in ihrer Person liegender Gründe erschwert ist (besonders betroffene schwerbehinderte Menschen), kann der Eingliederungszuschuss bis zu 70 Prozent des zu berücksichtigenden Arbeitsentgelts und die Förderdauer bis zu 60 Monate betragen. [2] Die Förderdauer kann bei besonders betroffenen schwerbehinderten Menschen, die das 55. Lebensjahr vollendet haben, bis zu 96 Monate betragen.

(3) Bei der Entscheidung über Höhe und Dauer der Förderung von schwerbehinderten und besonders betroffenen schwerbehinderten Menschen ist zu berücksichtigen, ob der schwerbehinderte Mensch ohne gesetzliche Verpflichtung oder über die Beschäftigungspflicht nach dem Teil 3 des Neunten Buches hinaus eingestellt und beschäftigt wird.

---

[1] § 87 neu gef. mWv 1.4.2012 durch G v. 20.12.2011 (BGBl. I S. 2854); geänd. mWv 1.8.2019 und mWv 1.8.2020 durch G v. 8.7.2019 (BGBl. I S. 1025).

[2] 3. Kapitel (§§ 29–135) neu gef. mWv 1.4.2012 durch G v. 20.12.2011 (BGBl. I S. 2854).

[3] § 89 neu gef. mWv 1.4.2012 durch G v. 20.12.2011 (BGBl. I S. 2854); Satz 3 angef. mWv 1.1.2015 durch G v. 10.12.2014 (BGBl. I S. 2082); Satz 3 geänd. mWv 29.11.2019 durch G v. 22.11.2019 (BGBl. I S. 1756).

[4] § 90 neu gef. mWv 1.4.2012 durch G v. 20.12.2011 (BGBl. I S. 2854); Abs. 2 Satz 1, Abs. 3 geänd. mWv 1.1.2018 durch G v. 23.12.2016 (BGBl. I S. 3234); Überschrift neu gef., Abs. 1 geänd. mWv 1.1.2022 durch G v. 2.6.2021 (BGBl. I S. 1387).

[5] Nr. **9**.

(4) [1] Nach Ablauf von zwölf Monaten ist die Höhe des Eingliederungszuschusses um zehn Prozentpunkte jährlich zu vermindern. [2] Sie darf 30 Prozent des zu berücksichtigenden Arbeitsentgelts nicht unterschreiten. [3] Der Eingliederungszuschuss für besonders betroffene schwerbehinderte Menschen ist erst nach Ablauf von 24 Monaten zu vermindern.

§ 91[1)] Zu berücksichtigendes Arbeitsentgelt und Auszahlung des Zuschusses. (1) [1] Für den Eingliederungszuschuss ist zu berücksichtigen

1. das vom Arbeitgeber regelmäßig gezahlte Arbeitsentgelt, soweit es das tarifliche Arbeitsentgelt oder, wenn eine tarifliche Regelung nicht besteht, das für vergleichbare Tätigkeiten ortsübliche Arbeitsentgelt nicht übersteigt und soweit es die Beitragsbemessungsgrenze in der Arbeitsförderung nicht überschreitet, sowie
2. der pauschalierte Anteil des Arbeitgebers am Gesamtsozialversicherungsbeitrag.

[2] Einmalig gezahltes Arbeitsentgelt ist nicht zu berücksichtigen.

(2) [1] Der Eingliederungszuschuss wird zu Beginn der Maßnahme in monatlichen Festbeträgen für die Förderdauer festgelegt. [2] Die monatlichen Festbeträge werden vermindert, wenn sich das zu berücksichtigende Arbeitsentgelt verringert.

(Fortsetzung nächstes Blatt)

1) 3. Kapitel (§§ 29–135) neu gef. mWv 1.4.2012 durch G v. 20.12.2011 (BGBl. I S. 2854).

(2) [1]Bei Teilnahme an einer Maßnahme der beruflichen Weiterbildung, die erst nach dem Bezug des Transferkurzarbeitergeldes endet, können Arbeitnehmerinnen und Arbeitnehmer nach § 81 gefördert werden, wenn

1. die Maßnahme spätestens drei Monate oder bei länger als ein Jahr dauernden Maßnahmen spätestens sechs Monate vor der Ausschöpfung des Anspruchs auf Transferkurzarbeitergeld beginnt und
2. der Arbeitgeber während des Bezugs des Transferkurzarbeitergeldes mindestens 50 Prozent der Lehrgangskosten trägt.

[2]Ein Anspruch auf Arbeitslosengeld bei beruflicher Weiterbildung nach § 144 ruht während der Zeit, für die ein Anspruch auf Transferkurzarbeitergeld zuerkannt ist.

(3) [1]In Betrieben mit weniger als 250 Beschäftigten verringert sich der von dem Arbeitgeber während des Bezugs des Transferkurzarbeitergeldes zu tragende Mindestanteil an den Lehrgangskosten abweichend von Absatz 1 Satz 1 Nummer 3 und Absatz 2 Satz 1 Nummer 2 auf 25 Prozent. [2]Wenn ein Insolvenzereignis im Sinne des § 165 Absatz 1 Satz 2 vorliegt, kann die Agentur für Arbeit abweichend von Satz 1, von Absatz 1 Satz 1 Nummer 3 und von Absatz 2 Satz 1 Nummer 2 eine niedrigere Beteiligung des Arbeitgebers an den Lehrgangskosten festlegen.

Siebter Abschnitt.[1] Teilhabe von Menschen mit Behinderungen am Arbeitsleben

Erster Unterabschnitt. Grundsätze

§ 112[2] Teilhabe am Arbeitsleben. (1) Für Menschen mit Behinderungen können Leistungen zur Förderung der Teilhabe am Arbeitsleben erbracht werden, um ihre Erwerbsfähigkeit zu erhalten, zu verbessern, herzustellen oder wiederherzustellen und ihre Teilhabe am Arbeitsleben zu sichern, soweit Art oder Schwere der Behinderung dies erfordern.

(2) [1]Bei der Auswahl der Leistungen sind Eignung, Neigung, bisherige Tätigkeit sowie Lage und Entwicklung des Arbeitsmarktes angemessen zu berücksichtigen. [2]Soweit erforderlich, ist auch die berufliche Eignung abzuklären oder eine Arbeitserprobung durchzuführen.

§ 113[3] Leistungen zur Teilhabe. (1) Für Menschen mit Behinderungen können erbracht werden

1. allgemeine Leistungen sowie
2. besondere Leistungen zur Teilhabe am Arbeitsleben und diese ergänzende Leistungen.

(2) Besondere Leistungen zur Teilhabe am Arbeitsleben werden nur erbracht, soweit nicht bereits durch die allgemeinen Leistungen eine Teilhabe am Arbeitsleben erreicht werden kann.

---

[1] Überschrift 7. Abschnitt geänd. mWv 1.1.2022 durch G v. 2.6.2021 (BGBl. I S. 1387).

[2] § 112 neu gef. mWv 1.4.2012 durch G v. 20.12.2011 (BGBl. I S. 2854); Abs. 1 geänd. mWv 1.1.2022 durch G v. 2.6.2021 (BGBl. I S. 1387).

[3] § 113 neu gef. mWv 1.4.2012 durch G v. 20.12.2011 (BGBl. I S. 2854); Abs. 1 einl. Satzteil geänd. mWv 1.1.2022 durch G v. 2.6.2021 (BGBl. I S. 1387).

§ 114[1)] Leistungsrahmen. (1) Die allgemeinen und besonderen Leistungen richten sich nach den Vorschriften des Zweiten bis Fünften Abschnitts, soweit nachfolgend nichts Abweichendes bestimmt ist.

(2) Die allgemeinen und besonderen Leistungen zur Teilhabe am Arbeitsleben werden auf Antrag durch ein Persönliches Budget erbracht; § 29 des Neunten Buches[2)] gilt entsprechend.

Zweiter Unterabschnitt. Allgemeine Leistungen

§ 115[3)] Leistungen. Die allgemeinen Leistungen umfassen

1. Leistungen zur Aktivierung und beruflichen Eingliederung,
2. Leistungen zur Förderung der Berufsvorbereitung und Berufsausbildung einschließlich der Berufsausbildungsbeihilfe und der Assistierten Ausbildung,
3. Leistungen zur Förderung der beruflichen Weiterbildung,
4. Leistungen zur Förderung der Aufnahme einer selbständigen Tätigkeit.

§ 116[4)] Besonderheiten. (1) Leistungen zur Aktivierung und beruflichen Eingliederung können auch erbracht werden, wenn Menschen mit Behinderungen nicht arbeitslos sind und durch diese Leistungen eine dauerhafte Teilhabe am Arbeitsleben erreicht werden kann.

(2) Förderungsfähig sind auch berufliche Aus- und Weiterbildungen, die im Rahmen des Berufsbildungsgesetzes[5)] oder der Handwerksordnung[6)] abweichend von den Ausbildungsordnungen für staatlich anerkannte Ausbildungsberufe oder in Sonderformen für Menschen mit Behinderungen durchgeführt werden.

(3) [1] Ein Anspruch auf Berufsausbildungsbeihilfe besteht auch, wenn der Mensch mit Behinderungen während der Berufsausbildung im Haushalt der Eltern oder eines Elternteils wohnt. [2] In diesem Fall wird der jeweils geltende Bedarf nach § 13 Absatz 1 Nummer 1 des Bundesausbildungsförderungsgesetzes[7)] zugrunde gelegt. [3] Für die Unterkunft wird der jeweils geltende Bedarf nach § 13 Absatz 2 Nummer 1 des Bundesausbildungsförderungsgesetzes zugrunde gelegt.

(4) [1] Ein Anspruch auf Berufsausbildungsbeihilfe besteht auch, wenn der Mensch mit Behinderungen, der das 18. Lebensjahr noch nicht vollendet hat, außerhalb des Haushalts der Eltern oder eines Elternteils wohnt, auch wenn die Ausbildungsstätte von der Wohnung der Eltern oder eines Elternteils aus in

---

[1)] § 114 neu gef. mWv 1.4.2012 durch G v. 20.12.2011 (BGBl. I S. 2854); Abs. 2 angef. mWv 1.1. 2022 durch G v. 2.6.2021 (BGBl. I S. 1387).

[2)] Nr. **9**.

[3)] § 115 neu gef. mWv 1.4.2012 durch G v. 20.12.2011 (BGBl. I S. 2854); Nr. 2 geänd. mWv 1.5. 2015 durch G v. 15.4.2015 (BGBl. I S. 583).

[4)] § 116 neu gef. mWv 1.4.2012 durch G v. 20.12.2011 (BGBl. I S. 2854); Abs. 3 Sätze 2 und 3 geänd. mWv 1.8.2016 durch G v. 23.12.2014 (BGBl. I S. 2475); Abs. 6 angef. mWv 1.8.2016 durch G v. 18.7.2016 (BGBl. I S. 1710); Abs. 3 neu gef., Abs. 4 eingef., bish. Abs. 4–6 werden Abs. 5–7 mWv 1.8.2019 durch G v. 8.7.2019 (BGBl. I S. 1025); Abs. 1 und 2, Abs. 3 Satz 1, Abs. 4 Satz 1, Abs. 6 Satz 1 einl. Satzteil und Nr. 3, Abs. 7 geänd. mWv 1.1.2022 durch G v. 2.6.2021 (BGBl. I S. 1387).

[5)] **Loseblatt-Textsammlung Arbeitsrecht Nr. 415.**

[6)] **Sartorius Nr. 815.**

[7)] **Sartorius Nr. 420.**

angemessener Zeit zu erreichen ist. [2] In diesem Fall wird der Bedarf nach Absatz 3 Satz 2 und 3 zugrunde gelegt.

(5) Eine Verlängerung der Ausbildung über das vorgesehene Ausbildungsende hinaus, eine Wiederholung der Ausbildung ganz oder in Teilen oder eine erneute Berufsausbildung wird gefördert, wenn Art oder Schwere der Behinderung es erfordern und ohne die Förderung eine dauerhafte Teilhabe am Arbeitsleben nicht erreicht werden kann.

(6) [1] Berufliche Weiterbildung kann auch gefördert werden, wenn Menschen mit Behinderungen

1. nicht arbeitslos sind,
2. als Arbeitnehmerinnen oder Arbeitnehmer ohne Berufsabschluss noch nicht drei Jahre beruflich tätig gewesen sind oder
3. einer längeren Förderung als Menschen ohne Behinderungen oder einer erneuten Förderung bedürfen, um am Arbeitsleben teilzuhaben oder weiter teilzuhaben.

[2] Förderungsfähig sind auch schulische Ausbildungen, deren Abschluss für die Weiterbildung erforderlich ist.

(7) Ein Gründungszuschuss kann auch geleistet werden, wenn der Mensch mit Behinderungen einen Anspruch von weniger als 150 Tagen oder keinen Anspruch auf Arbeitslosengeld hat.

Dritter Unterabschnitt. Besondere Leistungen

Erster Titel. Allgemeines

§ 117[1)] Grundsatz. (1) [1] Die besonderen Leistungen sind anstelle der allgemeinen Leistungen insbesondere zur Förderung der beruflichen Aus- und Weiterbildung, einschließlich Berufsvorbereitung, sowie der wegen der Behinderung erforderlichen Grundausbildung zu erbringen, wenn

1. Art oder Schwere der Behinderung oder die Sicherung der Teilhabe am Arbeitsleben die Teilnahme an
   a) einer Maßnahme in einer besonderen Einrichtung für Menschen mit Behinderungen oder
   b) einer sonstigen, auf die besonderen Bedürfnisse von Menschen mit Behinderungen ausgerichteten Maßnahme

   unerlässlich machen oder
2. die allgemeinen Leistungen die wegen Art oder Schwere der Behinderung erforderlichen Leistungen nicht oder nicht im erforderlichen Umfang vorsehen.

[2] In besonderen Einrichtungen für Menschen mit Behinderungen können auch Aus- und Weiterbildungen außerhalb des Berufsbildungsgesetzes[2)] und der Handwerksordnung[3)] gefördert werden.

---

1) § 117 neu gef. mWv 1.4.2012 durch G v. 20.12.2011 (BGBl. I S. 2854); Abs. 2 neu gef. mWv 1.1.2018 durch G v. 23.12.2016 (BGBl. I S. 3234); Abs. 2 geänd. mWv 1.1.2020 durch G v. 10.12.2019 (BGBl. I S. 2135); Abs. 1 Satz 1 einl. Satzteil, Nr. 1 Buchst a und b, Satz 2 geänd. mWv 1.1.2022 durch G v. 2.6.2021 (BGBl. I S. 1387).

2) **Loseblatt-Textsammlung Arbeitsrecht Nr. 415.**

3) **Sartorius Nr. 815.**

(2) Leistungen im Eingangsverfahren und Berufsbildungsbereich werden von anerkannten Werkstätten für behinderte Menschen oder anderen Leistungsanbietern nach den §§ 57, 60, 61a und 62 des Neunten Buches[1)] erbracht.

§ 118[2)] Leistungen. Die besonderen Leistungen umfassen

1. das Übergangsgeld,
2. das Ausbildungsgeld, wenn ein Übergangsgeld nicht gezahlt werden kann,
3. die Übernahme der Teilnahmekosten für eine Maßnahme.

Zweiter Titel. Übergangsgeld und Ausbildungsgeld

§ 119[3)] Übergangsgeld. [1] Menschen mit Behinderungen haben Anspruch auf Übergangsgeld, wenn

1. die Voraussetzung der Vorbeschäftigungszeit für das Übergangsgeld erfüllt ist und
2. sie an einer Maßnahme der Berufsausbildung, der Berufsvorbereitung einschließlich einer wegen der Behinderung erforderlichen Grundausbildung, der individuellen betrieblichen Qualifizierung im Rahmen der Unterstützten Beschäftigung nach § 55 des Neunten Buches[1)], einer Maßnahme im Eingangsverfahren oder Berufsbildungsbereich einer Werkstatt für behinderte Menschen oder bei einem anderen Leistungsanbieter nach § 60 des Neunten Buches oder an einer Maßnahme der beruflichen Weiterbildung teilnehmen, für die die besonderen Leistungen erbracht werden.

[2] Im Übrigen gelten die Vorschriften des Kapitels 11 des Teils 1 des Neunten Buches, soweit in diesem Buch nichts Abweichendes bestimmt ist. [3] Besteht bei Teilnahme an einer Maßnahme, für die die allgemeinen Leistungen erbracht werden, kein Anspruch auf Arbeitslosengeld bei beruflicher Weiterbildung, erhalten Menschen mit Behinderungen Übergangsgeld in Höhe des Arbeitslosengeldes, wenn sie bei Teilnahme an einer Maßnahme, für die die besonderen Leistungen erbracht werden, Übergangsgeld erhalten würden.

§ 120[4)] Vorbeschäftigungszeit für das Übergangsgeld. (1) Die Voraussetzung der Vorbeschäftigungszeit für das Übergangsgeld ist erfüllt, wenn der Mensch mit Behinderungen innerhalb der letzten drei Jahre vor Beginn der Teilnahme

1. mindestens zwölf Monate in einem Versicherungspflichtverhältnis gestanden hat oder
2. die Voraussetzungen für einen Anspruch auf Arbeitslosengeld erfüllt und Leistungen beantragt hat.

[1)] Nr. 9.

[2)] § 118 neu gef. mWv 1.4.2012 durch G v. 20.12.2011 (BGBl. I S. 2854); Satz 2 neu gef. mWv 1.1.2018 durch G v. 23.12.2016 (BGBl. I S. 3234); Satz 2 aufgeh. mWv 1.1.2022 durch G v. 2.6.2021 (BGBl. I S. 1387).

[3)] § 119 neu gef. mWv 1.4.2012 durch G v. 20.12.2011 (BGBl. I S. 2854); Satz 1 Nr. 2 und Satz 2 geänd. mWv 1.1.2018 durch G v. 23.12.2016 (BGBl. I S. 3234); Satz 1 Nr. 2 geänd. mWv 1.1.2020 durch G v. 10.12.2019 (BGBl. I S. 2135); Satz 1 einl. Satzteil und Satz 3 geänd. mWv 1.1.2022 durch G v. 2.6.2021 (BGBl. I S. 1387).

[4)] 3. Kapitel (§§ 29–135) neu gef. mWv 1.4.2012 durch G v. 20.12.2011 (BGBl. I S. 2854); Abs. 1 einl. Satzteil und Abs. 2 Satz 1 geänd. mWv 1.1.2022 durch G v. 2.6.2021 (BGBl. I S. 1387).

(2) [1]Der Zeitraum von drei Jahren gilt nicht für Berufsrückkehrende mit Behinderungen. [2]Er verlängert sich um die Dauer einer Beschäftigung als Arbeitnehmerin oder Arbeitnehmer im Ausland, die für die weitere Ausübung des Berufes oder für den beruflichen Aufstieg nützlich und üblich ist, längstens jedoch um zwei Jahre.

§ 121[1)] Übergangsgeld ohne Vorbeschäftigungszeit. [1]Ein Mensch mit Behinderungen kann auch dann Übergangsgeld erhalten, wenn die Voraussetzung der Vorbeschäftigungszeit nicht erfüllt ist, jedoch innerhalb des letzten Jahres vor Beginn der Teilnahme

1. durch den Menschen mit Behinderungen ein Berufsausbildungsabschluss auf Grund einer Zulassung zur Prüfung nach § 43 Absatz 2 des Berufsbildungsgesetzes[2)] oder § 36 Absatz 2 der Handwerksordnung[3)] erworben worden ist oder
2. sein Prüfungszeugnis auf Grund einer Rechtsverordnung nach § 50 Absatz 1 des Berufsbildungsgesetzes oder § 40 Absatz 1 der Handwerksordnung dem Zeugnis über das Bestehen der Abschlussprüfung in einem nach dem Berufsbildungsgesetz oder der Handwerksordnung anerkannten Ausbildungsberuf gleichgestellt worden ist.

[2]Der Zeitraum von einem Jahr verlängert sich um Zeiten, in denen der Mensch mit Behinderungen nach dem Erwerb des Prüfungszeugnisses bei der Agentur für Arbeit arbeitslos gemeldet war.

§ 122[4)] Ausbildungsgeld. (1) Menschen mit Behinderungen haben Anspruch auf Ausbildungsgeld während

1. einer Berufsausbildung oder berufsvorbereitenden Bildungsmaßnahme einschließlich einer Grundausbildung,
2. einer individuellen betrieblichen Qualifizierung im Rahmen der Unterstützten Beschäftigung nach § 55 des Neunten Buches[5)] und
3. einer Maßnahme im Eingangsverfahren oder Berufsbildungsbereich einer Werkstatt für behinderte Menschen oder bei einem anderen Leistungsanbieter nach § 60 des Neunten Buches,

wenn Übergangsgeld nicht gezahlt werden kann.

(2) Für das Ausbildungsgeld gelten die Vorschriften über die Berufsausbildungsbeihilfe entsprechend, soweit nachfolgend nichts Abweichendes bestimmt ist.

§ 123[6)] Ausbildungsgeld bei Berufsausbildung und Unterstützter Beschäftigung. [1]Bei einer Berufsausbildung und bei einer individuellen betrieb-

---

[1)] 3. Kapitel (§§ 29–135) neu gef. mWv 1.4.2012 durch G v. 20.12.2011 (BGBl. I S. 2854); Satz 1 einl. Satzteil, Nr. 1 und Satz 2 geänd. mWv 1.1.2022 durch G v. 2.6.2021 (BGBl. I S. 1387).

[2)] **Loseblatt-Textsammlung Arbeitsrecht Nr. 415.**

[3)] **Sartorius Nr. 815.**

[4)] § 122 neu gef. mWv 1.4.2012 durch G v. 20.12.2011 (BGBl. I S. 2854); Abs. 1 Nr. 2 und 3 geänd. mWv 1.1.2018 durch G v. 23.12.2016 (BGBl. I S. 3234); Abs. 1 einl. Satzteil geänd. mWv 1.1. 2022 durch G v. 2.6.2021 (BGBl. I S. 1387).

[5)] Nr. **9**.

[6)] § 123 neu gef. mWv 1.8.2019, Nr. 2 geänd. mWv 1.8.2020 durch G v. 8.7.2019 (BGBl. I S. 1025); Sätze 2 und 3 angef. mWv 1.1.2020 durch G v. 12.12.2019 (BGBl. I S. 2522); Satz 1 Nr. 2 geänd. mWv 1.1.2022 durch G v. 2.6.2021 (BGBl. I S. 1387).

lichen Qualifizierung im Rahmen der Unterstützten Beschäftigung wird folgender Bedarf zugrunde gelegt:

1. bei Unterbringung im Haushalt der Eltern oder eines Elternteils der jeweils geltende Bedarf nach § 13 Absatz 1 Nummer 1 des Bundesausbildungsförderungsgesetzes[1)] zuzüglich des jeweils geltenden Bedarfs für die Unterkunft nach § 13 Absatz 2 Nummer 1 des Bundesausbildungsförderungsgesetzes,
2. bei Unterbringung in einem Wohnheim, einem Internat oder einer besonderen Einrichtung für Menschen mit Behinderungen 119 Euro monatlich, wenn die Kosten für Unterbringung und Verpflegung von der Agentur für Arbeit oder einem anderen Leistungsträger übernommen werden,
3. bei anderweitiger Unterbringung der jeweils geltende Bedarf nach § 13 Absatz 1 Nummer 1 des Bundesausbildungsförderungsgesetzes zuzüglich des jeweils geltenden Bedarfs für die Unterkunft nach § 13 Absatz 2 Nummer 2 des Bundesausbildungsförderungsgesetzes; § 128 ist mit Ausnahme der Erstattung behinderungsbedingter Mehraufwendungen nicht anzuwenden.

[2] Bei einer Berufsausbildung ist in den Fällen der Nummern 1 und 3 mindestens ein Betrag zugrunde zu legen, der der Ausbildungsvergütung nach § 17 Absatz 2 des Berufsbildungsgesetzes[2)] nach Abzug der Steuern und einer Sozialversicherungspauschale nach § 153 Absatz 1 entspricht. [3] Übersteigt in den Fällen der Nummer 2 die Ausbildungsvergütung nach § 17 Absatz 2 des Berufsbildungsgesetzes nach Abzug der Steuern und einer Sozialversicherungspauschale nach § 153 Absatz 1 den Bedarf zuzüglich der Beträge nach § 2 Absatz 1 und 3 Nummer 2 der Sozialversicherungsentgeltverordnung[3)], so wird die Differenz als Ausgleichsbetrag gezahlt.

§ 124[4)] Ausbildungsgeld bei berufsvorbereitenden Bildungsmaßnahmen und bei Grundausbildung. Bei berufsvorbereitenden Bildungsmaßnahmen und bei Grundausbildung wird folgender Bedarf zugrunde gelegt:

1. bei Unterbringung im Haushalt der Eltern oder eines Elternteils der jeweils geltende Bedarf nach § 12 Absatz 1 Nummer 1 des Bundesausbildungsförderungsgesetzes[1)],
2. bei Unterbringung in einem Wohnheim, einem Internat oder einer besonderen Einrichtung für Menschen mit Behinderungen 119 Euro monatlich, wenn die Kosten für Unterbringung und Verpflegung von der Agentur für Arbeit oder einem anderen Leistungsträger übernommen werden,
3. bei anderweitiger Unterbringung der jeweils geltende Bedarf nach § 12 Absatz 2 Nummer 1 des Bundesausbildungsförderungsgesetzes; § 128 ist mit Ausnahme der Erstattung behinderungsbedingter Mehraufwendungen nicht anzuwenden.

§ 125[5)] Ausbildungsgeld bei Maßnahmen in anerkannten Werkstätten für behinderte Menschen und bei Maßnahmen anderer Leistungsanbieter nach § 60 des Neunten Buches. Bei Maßnahmen im Eingangsverfahren

[1)] **Sartorius Nr. 420.**
[2)] **Loseblatt-Textsammlung Arbeitsrecht Nr. 415.**
[3)] Nr. **4/10.**
[4)] § 124 neu gef. mWv 1.8.2019, Nr. 2 geänd. mWv 1.8.2020 durch G v. 8.7.2019 (BGBl. I S. 1025); Nr. 2 geänd. mWv 1.1.2022 durch G v. 2.6.2021 (BGBl. I S. 1387).
[5)] § 125 neu gef. mWv 1.8.2019, geänd. mWv 1.8.2020 durch G v. 8.7.2019 (BGBl. I S. 1025).

und Berufsbildungsbereich anerkannter Werkstätten für behinderte Menschen und bei vergleichbaren Maßnahmen anderer Leistungsanbieter nach § 60 des Neunten Buches[1] wird ein Ausbildungsgeld in Höhe von 119 Euro monatlich gezahlt.

§ 126[2] Einkommensanrechnung. (1) Das Einkommen, das ein Mensch mit Behinderungen während einer Maßnahme in einer anerkannten Werkstatt für behinderte Menschen oder bei einem anderen Leistungsanbieter nach § 60 des Neunten Buches[1] erzielt, wird nicht auf den Bedarf angerechnet.

(2) Anrechnungsfrei bei der Einkommensanrechnung bleibt im Übrigen das Einkommen

1. des Menschen mit Behinderungen aus Waisenrenten, Waisengeld oder aus Unterhaltsleistungen bis zu 277 Euro monatlich,
2. der Eltern bis zu 3 637 Euro monatlich, des verwitweten Elternteils oder, bei getrennt lebenden Eltern, das Einkommen des Elternteils, bei dem der Mensch mit Behinderungen lebt, ohne Anrechnung des Einkommens des anderen Elternteils, bis zu 2 266 Euro monatlich und
3. der Ehegattin oder des Ehegatten oder der Lebenspartnerin oder des Lebenspartners bis zu 2 266 Euro monatlich.

Dritter Titel. Teilnahmekosten für Maßnahmen

§ 127[3] Teilnahmekosten für Maßnahmen. (1) [1] Teilnahmekosten bestimmen sich nach den §§ 49, 64, 73 und 74 des Neunten Buches[1]. [2] Sie beinhalten auch weitere Aufwendungen, die wegen Art und Schwere der Behinderung unvermeidbar entstehen, sowie Kosten für Unterkunft und Verpflegung bei anderweitiger auswärtiger Unterbringung.

(2) Die Teilnahmekosten nach Absatz 1 können Aufwendungen für erforderliche eingliederungsbegleitende Dienste während der und im Anschluss an die Maßnahme einschließen.

§ 128[4] Kosten für Unterkunft und Verpflegung bei anderweitiger auswärtiger Unterbringung. Sind Menschen mit Behinderungen auswärtig untergebracht, aber nicht in einem Wohnheim, einem Internat oder einer besonderen Einrichtung für Menschen mit Behinderungen mit voller Verpflegung, so wird ein Betrag nach § 86 zuzüglich der behinderungsbedingten Mehraufwendungen erbracht.

---

[1] Nr. **9**.

[2] § 126 neu gef. mWv 1.4.2012 durch G v. 20.12.2011 (BGBl. I S. 2854); Abs. 2 Nr. 1–3 geänd. mWv 1.8.2016 durch G v. 23.12.2014 (BGBl. I S. 2475); Abs. 1 geänd. mWv 1.1.2018 durch G v. 23.12.2016 (BGBl. I S. 3234); Abs. 2 Nr. 1–3 geänd. mWv 1.8.2019 und mWv 1.8.2020, Nr. 2 und 3 geänd. mWv 1.8.2021 durch G v. 8.7.2019 (BGBl. I S. 1025); Abs. 1, Abs. 2 Nr. 1 und 2 geänd. mWv 1.1.2022 durch G v. 2.6.2021 (BGBl. I S. 1387).

[3] § 127 neu gef. mWv 1.4.2012 durch G v. 20.12.2011 (BGBl. I S. 2854); Abs. 1 Satz 1 geänd. mWv 1.1.2018 durch G v. 23.12.2016 (BGBl. I S. 3234); Abs. 1 Satz 2 geänd. mWv 1.8.2019 durch G v. 8.7.2019 (BGBl. I S. 1025).

[4] § 128 neu gef. mWv 1.8.2019 durch G v. 8.7.2019 (BGBl. I S. 1025); geänd. mWv 1.1.2022 durch G v. 2.6.2021 (BGBl. I S. 1387).

Vierter Titel. Anordnungsermächtigung

§ 129[1] **Anordnungsermächtigung.** Die Bundesagentur wird ermächtigt, durch Anordnung das Nähere über Voraussetzungen, Art, Umfang und Ausführung der Leistungen in Übereinstimmung mit den für die anderen Träger der Leistungen zur Teilhabe am Arbeitsleben geltenden Regelungen zu bestimmen.

Achter Abschnitt.[2] Befristete Leistungen und innovative Ansätze

§§ 130, 131a[3] *(aufgehoben)*

§ 131a[4] **Sonderregelungen zur beruflichen Weiterbildung.** (1) *(aufgehoben)*

(2) [1]Abweichend von § 81 Absatz 4 kann die Agentur für Arbeit unter Anwendung des Vergaberechts Träger mit der Durchführung von folgenden Maßnahmen beauftragen, wenn die Maßnahmen vor Ablauf des 31. Dezember 2023 beginnen:

1. Maßnahmen, die zum Erwerb von Grundkompetenzen nach § 81 Absatz 3a führen,
2. Maßnahmen, die zum Erwerb von Grundkompetenzen nach § 81 Absatz 3a und zum Erwerb eines Abschlusses in einem Ausbildungsberuf führen, für den nach bundes- oder landesrechtlichen Vorschriften eine Ausbildungsdauer von mindestens zwei Jahren festgelegt ist, oder
3. Maßnahmen, die eine Weiterbildung in einem Betrieb, die auf den Erwerb eines Berufsabschlusses im Sinne des § 81 Absatz 2 Nummer 1 gerichtet ist, begleitend unterstützen.

[2]Für Maßnahmen nach Nummer 2 gilt § 180 Absatz 4 entsprechend. [3]§ 176 Absatz 2 Satz 2 findet keine Anwendung.

(3) Arbeitnehmerinnen und Arbeitnehmer, die an einer nach § 81 geförderten beruflichen Weiterbildung teilnehmen, die zu einem Abschluss in einem Ausbildungsberuf führt, für den nach bundes- oder landesrechtlichen Vorschriften eine Ausbildungsdauer von mindestens zwei Jahren festgelegt ist, erhalten folgende Prämien, wenn die Maßnahme vor Ablauf des 31. Dezember 2023 beginnt:

1. nach Bestehen einer in diesen Vorschriften geregelten Zwischenprüfung eine Prämie von 1 000 Euro und
2. nach Bestehen der Abschlussprüfung eine Prämie von 1 500 Euro.

§ 131b[5] **Weiterbildungsförderung in der Altenpflege.** [1]Abweichend von § 180 Absatz 4 Satz 1 ist die Dauer einer Vollzeitmaßnahme der beruf-

---

[1] 3. Kapitel (§§ 29–135) neu gef. mWv 1.4.2012 durch G v. 20.12.2011 (BGBl. I S. 2854).

[2] Achter Abschn. Überschrift neu gef. mWv 1.8.2016 durch G v. 18.7.2016 (BGBl. I S. 1710).

[3] § 130 aufgeh. mWv 29.5.2020 durch G v. 20.5.2020 (BGBl. I S. 1044).

§ 131 aufgeh. mWv 1.8.2019 durch G v. 8.7.2019 (BGBl. I S. 1029).

[4] § 131a neu gef. mWv 1.8.2016 durch G v. 18.7.2016 (BGBl. I S. 1710); Abs. 1 aufgeh. mWv 1.1. 2019 durch G v. 18.12.2018 (BGBl. I S. 2651); Abs. 2 Satz 1 einl. Satzteil und Nr. 3, Abs. 3 einl. Satzteil geänd. mWv 29.5.2020 durch G v. 20.5.2020 (BGBl. I S. 1044).

[5] § 131b eingef. mWv 19.3.2013 durch G v. 13.3.2013 (BGBl. I S. 446); Satz 1 geänd. mWv 11.3. 2016 durch G v. 3.3.2016 (BGBl. I S. 369); Satz 1 geänd. mWv 25.7.2017 durch G v. 17.7.2017 (BGBl. I S. 2581).

lichen Weiterbildung in der Altenpflege, die in der Zeit vom 1. April 2013 bis zum 31. Dezember 2019 beginnt, auch dann angemessen, wenn sie nach dem Altenpflegegesetz nicht um mindestens ein Drittel verkürzt werden kann. [2] Insoweit ist § 180 Absatz 4 Satz 2 nicht anzuwenden.

§ 132[1)] *(aufgehoben)*

§ 133[2)] **Saison-Kurzarbeitergeld und ergänzende Leistungen im Gerüstbauerhandwerk.** (1) In Betrieben des Gerüstbauerhandwerks (§ 1 Absatz 3 Nummer 1 der Baubetriebe-Verordnung[3)]) werden bis zum 31. März 2021 Leistungen nach den §§ 101 und 102 nach Maßgabe der folgenden Regelungen erbracht.

(2) Die Schlechtwetterzeit beginnt am 1. November und endet am 31. März.

(3) [1] Ergänzende Leistungen nach § 102 Absatz 2 und 4 werden ausschließlich zur Vermeidung oder Überbrückung witterungsbedingter Arbeitsausfälle erbracht. [2] Zuschuss-Wintergeld wird in Höhe von 1,03 Euro je Ausfallstunde gezahlt.

(4) [1] Anspruch auf Zuschuss-Wintergeld nach § 102 Absatz 2 haben auch Arbeitnehmerinnen und Arbeitnehmer, die zur Vermeidung witterungsbedingter Arbeitsausfälle eine Vorausleistung erbringen, die das Arbeitsentgelt bei witterungsbedingtem Arbeitsausfall in der Schlechtwetterzeit für mindestens 120 Stunden ersetzt, in angemessener Höhe im Verhältnis zum Saison-Kurzarbeitergeld steht und durch Tarifvertrag, Betriebsvereinbarung oder Arbeitsvertrag geregelt ist. [2] Der Anspruch auf Zuschuss-Wintergeld besteht für Zeiten des Bezugs der Vorausleistung, wenn diese niedriger ist als das ohne den witterungsbedingten Arbeitsausfall erzielte Arbeitsentgelt.

§ 134[4)] *(aufgehoben)*

§ 135[5)] **Erprobung innovativer Ansätze.** (1) [1] Die Zentrale der Bundesagentur kann bis zu einem Prozent der im Eingliederungstitel enthaltenen Mittel einsetzen, um innovative Ansätze der aktiven Arbeitsförderung zu erproben. [2] Die einzelnen Projekte dürfen den Höchstbetrag von 2 Millionen Euro jährlich und eine Dauer von 24 Monaten nicht übersteigen.

(2) [1] Die Umsetzung und die Wirkung der Projekte sind zu beobachten und auszuwerten. [2] Über die Ergebnisse der Projekte ist dem Verwaltungsrat nach deren Beendigung ein Bericht vorzulegen. [3] Zu Beginn jedes Jahres übermittelt die Bundesagentur dem Verwaltungsrat eine Übersicht über die laufenden Projekte.

---

1) § 132 aufgeh. mWv 1.8.2019 durch G v. 8.7.2019 (BGBl. I S. 1029).

2) § 133 neu gef. mWv 1.4.2012 durch G v. 20.12.2011 (BGBl. I S. 2854); Abs. 1 geänd. mWv 1.1.2015 durch G v. 10.12.2014 (BGBl. I S. 2082); Abs. 1 geänd. mWv 14.7.2018 durch G v. 10.7.2018 (BGBl. I S. 1117).

3) Nr. **3/80**.

4) § 134 aufgeh. mWv 1.8.2016 durch G v. 18.7.2016 (BGBl. I S. 1710).

5) § 135 neu gef. mWv 1.4.2012 durch G v. 20.12.2011 (BGBl. I S. 2854); Abs. 1 Satz 3 geänd. mWv 1.1.2013 durch G v. 5.12.2012 (BGBl. I S. 2467); Abs. 1 Satz 3 aufgeh. mWv 1.8.2016 durch G v. 18.7.2016 (BGBl. I S. 1710).

Viertes Kapitel.[1] Arbeitslosengeld und Insolvenzgeld

Erster Abschnitt. Arbeitslosengeld

Erster Unterabschnitt. Regelvoraussetzungen

§ 136[1] Anspruch auf Arbeitslosengeld. (1) Arbeitnehmerinnen und Arbeitnehmer haben Anspruch auf Arbeitslosengeld

1. bei Arbeitslosigkeit oder
2. bei beruflicher Weiterbildung.

(2) Wer das für die Regelaltersrente im Sinne des Sechsten Buches[2] erforderliche Lebensjahr vollendet hat, hat vom Beginn des folgenden Monats an keinen Anspruch auf Arbeitslosengeld.

§ 137[1] Anspruchsvoraussetzungen bei Arbeitslosigkeit. (1) Anspruch auf Arbeitslosengeld bei Arbeitslosigkeit hat, wer

1. arbeitslos ist,
2. sich bei der Agentur für Arbeit arbeitslos gemeldet und
3. die Anwartschaftszeit erfüllt hat.

(2) Bis zur Entscheidung über den Anspruch kann die antragstellende Person bestimmen, dass der Anspruch nicht oder zu einem späteren Zeitpunkt entstehen soll.

§ 138[1] Arbeitslosigkeit. (1) Arbeitslos ist, wer Arbeitnehmerin oder Arbeitnehmer ist und

1. nicht in einem Beschäftigungsverhältnis steht (Beschäftigungslosigkeit),
2. sich bemüht, die eigene Beschäftigungslosigkeit zu beenden (Eigenbemühungen), und
3. den Vermittlungsbemühungen der Agentur für Arbeit zur Verfügung steht (Verfügbarkeit).

(2) Eine ehrenamtliche Betätigung schließt Arbeitslosigkeit nicht aus, wenn dadurch die berufliche Eingliederung der oder des Arbeitslosen nicht beeinträchtigt wird.

(3) [1] Die Ausübung einer Beschäftigung, selbständigen Tätigkeit, Tätigkeit als mithelfende Familienangehörige oder mithelfender Familienangehöriger (Erwerbstätigkeit) schließt die Beschäftigungslosigkeit nicht aus, wenn die Arbeits- oder Tätigkeitszeit (Arbeitszeit) weniger als 15 Stunden wöchentlich umfasst; gelegentliche Abweichungen von geringer Dauer bleiben unberücksichtigt. [2] Die Arbeitszeiten mehrerer Erwerbstätigkeiten werden zusammengerechnet.

(4) [1] Im Rahmen der Eigenbemühungen hat die oder der Arbeitslose alle Möglichkeiten zur beruflichen Eingliederung zu nutzen. [2] Hierzu gehören insbesondere

1. die Wahrnehmung der Verpflichtungen aus der Eingliederungsvereinbarung,
2. die Mitwirkung bei der Vermittlung durch Dritte und

---

[1] 4. Kapitel (§§ 136–175) neu gef. mWv 1.4.2012 durch G v. 20.12.2011 (BGBl. I S. 2854).
[2] Nr. **6**.

3. die Inanspruchnahme der Selbstinformationseinrichtungen der Agentur für Arbeit.

(5) Den Vermittlungsbemühungen der Agentur für Arbeit steht zur Verfügung, wer

1. eine versicherungspflichtige, mindestens 15 Stunden wöchentlich umfassende zumutbare Beschäftigung unter den üblichen Bedingungen des für sie oder ihn in Betracht kommenden Arbeitsmarktes ausüben kann und darf,
2. Vorschlägen der Agentur für Arbeit zur beruflichen Eingliederung zeit- und ortsnah Folge leisten kann,
3. bereit ist, jede Beschäftigung im Sinne der Nummer 1 anzunehmen und auszuüben, und
4. bereit ist, an Maßnahmen zur beruflichen Eingliederung in das Erwerbsleben teilzunehmen.

§ 139[1] **Sonderfälle der Verfügbarkeit.** (1) [1]Nimmt eine leistungsberechtigte Person an einer Maßnahme nach § 45 oder an einer Berufsfindung oder Arbeitserprobung im Sinne des Rechts der beruflichen Rehabilitation teil, leistet sie vorübergehend zur Verhütung oder Beseitigung öffentlicher Notstände Dienste, die nicht auf einem Arbeitsverhältnis beruhen, übt sie eine freie Arbeit im Sinne des Artikels 293 Absatz 1 des Einführungsgesetzes zum Strafgesetzbuch[2] oder auf Grund einer Anordnung im Gnadenwege aus oder erbringt sie gemeinnützige Leistungen oder Arbeitsleistungen nach den in Artikel 293 Absatz 3 des Einführungsgesetzes zum Strafgesetzbuch genannten Vorschriften oder auf Grund deren entsprechender Anwendung, so schließt dies die Verfügbarkeit nicht aus. [2]Nimmt eine leistungsberechtigte Person an einem Integrationskurs nach § 43 des Aufenthaltsgesetzes[3] oder an einem Kurs der berufsbezogenen Deutschsprachförderung nach § 45a des Aufenthaltsgesetzes[3] teil, der jeweils für die dauerhafte berufliche Eingliederung notwendig ist, so schließt dies die Verfügbarkeit nicht aus.

(2) [1]Bei Schülerinnen, Schülern, Studentinnen oder Studenten einer Schule, Hochschule oder sonstigen Ausbildungsstätte wird vermutet, dass sie nur versicherungsfreie Beschäftigungen ausüben können. [2]Die Vermutung ist widerlegt, wenn die Schülerin, der Schüler, die Studentin oder der Student darlegt und nachweist, dass der Ausbildungsgang die Ausübung einer versicherungspflichtigen, mindestens 15 Stunden wöchentlich umfassenden Beschäftigung bei ordnungsgemäßer Erfüllung der in den Ausbildungs- und Prüfungsbestimmungen vorgeschriebenen Anforderungen zulässt.

(3) Nimmt eine leistungsberechtigte Person an einer Maßnahme der beruflichen Weiterbildung teil, für die die Voraussetzungen nach § 81 nicht erfüllt sind, schließt dies die Verfügbarkeit nicht aus, wenn

1. die Agentur für Arbeit der Teilnahme zustimmt und
2. die leistungsberechtigte Person ihre Bereitschaft erklärt, die Maßnahme abzubrechen, sobald eine berufliche Eingliederung in Betracht kommt, und zu

---

[1] § 139 neu gef. mWv 1.4.2012 durch G v. 20.12.2011 (BGBl. I S. 2854); Abs. 1 Satz 2 angef. mWv 1.8.2019 durch G v. 8.7.2019 (BGBl. I S. 1029).

[2] **Habersack, Deutsche Gesetze Nr. 85a.**

[3] **Sartorius Nr. 565.**

diesem Zweck die Möglichkeit zum Abbruch mit dem Träger der Maßnahme vereinbart hat.

(4) [1] Ist die leistungsberechtigte Person nur bereit, Teilzeitbeschäftigungen auszuüben, so schließt dies Verfügbarkeit nicht aus, wenn sich die Arbeitsbereitschaft auf Teilzeitbeschäftigungen erstreckt, die versicherungspflichtig sind, mindestens 15 Stunden wöchentlich umfassen und den üblichen Bedingungen des für sie in Betracht kommenden Arbeitsmarktes entsprechen. [2] Eine Einschränkung auf Teilzeitbeschäftigungen aus Anlass eines konkreten Arbeits- oder Maßnahmeangebotes ist nicht zulässig. [3] Die Einschränkung auf Heimarbeit schließt die Verfügbarkeit nicht aus, wenn die Anwartschaftszeit durch eine Beschäftigung als Heimarbeiterin oder Heimarbeiter erfüllt worden ist und die leistungsberechtigte Person bereit und in der Lage ist, Heimarbeit unter den üblichen Bedingungen auf dem für sie in Betracht kommenden Arbeitsmarkt auszuüben.

§ 140[1] Zumutbare Beschäftigungen. (1) Einer arbeitslosen Person sind alle ihrer Arbeitsfähigkeit entsprechenden Beschäftigungen zumutbar, soweit allgemeine oder personenbezogene Gründe der Zumutbarkeit einer Beschäftigung nicht entgegenstehen.

(2) Aus allgemeinen Gründen ist eine Beschäftigung einer arbeitslosen Person insbesondere nicht zumutbar, wenn die Beschäftigung gegen gesetzliche, tarifliche oder in Betriebsvereinbarungen festgelegte Bestimmungen über Arbeitsbedingungen oder gegen Bestimmungen des Arbeitsschutzes verstößt.

(3) [1] Aus personenbezogenen Gründen ist eine Beschäftigung einer arbeitslosen Person insbesondere nicht zumutbar, wenn das daraus erzielbare Arbeitsentgelt erheblich niedriger ist als das der Bemessung des Arbeitslosengeldes zugrunde liegende Arbeitsentgelt. [2] In den ersten drei Monaten der Arbeitslosigkeit ist eine Minderung um mehr als 20 Prozent und in den folgenden drei Monaten um mehr als 30 Prozent dieses Arbeitsentgelts nicht zumutbar. [3] Vom siebten Monat der Arbeitslosigkeit an ist einer arbeitslosen Person eine Beschäftigung nur dann nicht zumutbar, wenn das daraus erzielbare Nettoeinkommen unter Berücksichtigung der mit der Beschäftigung zusammenhängenden Aufwendungen niedriger ist als das Arbeitslosengeld.

(4) [1] Aus personenbezogenen Gründen ist einer arbeitslosen Person eine Beschäftigung auch nicht zumutbar, wenn die täglichen Pendelzeiten zwischen ihrer Wohnung und der Arbeitsstätte im Vergleich zur Arbeitszeit unverhältnismäßig lang sind. [2] Als unverhältnismäßig lang sind im Regelfall Pendelzeiten von insgesamt mehr als zweieinhalb Stunden bei einer Arbeitszeit von mehr als sechs Stunden und Pendelzeiten von mehr als zwei Stunden bei einer Arbeitszeit von sechs Stunden und weniger anzusehen. [3] Sind in einer Region unter vergleichbaren Beschäftigten längere Pendelzeiten üblich, bilden diese den Maßstab. [4] Ein Umzug zur Aufnahme einer Beschäftigung außerhalb des zumutbaren Pendelbereichs ist einer arbeitslosen Person zumutbar, wenn nicht zu erwarten ist, dass sie innerhalb der ersten drei Monate der Arbeitslosigkeit eine Beschäftigung innerhalb des zumutbaren Pendelbereichs aufnehmen wird. [5] Vom vierten Monat der Arbeitslosigkeit an ist einer arbeitslosen Person ein Umzug zur Aufnahme einer Beschäftigung außerhalb des zumutbaren Pendelbereichs in der Regel zumutbar. [6] Die Sätze 4 und 5 sind nicht anzuwenden,

[1] 4. Kapitel (§§ 136–175) neu gef. mWv 1.4.2012 durch G v. 20.12.2011 (BGBl. I S. 2854).

wenn dem Umzug ein wichtiger Grund entgegensteht. [7] Ein wichtiger Grund kann sich insbesondere aus familiären Bindungen ergeben.

(5) Eine Beschäftigung ist nicht schon deshalb unzumutbar, weil sie befristet ist, vorübergehend eine getrennte Haushaltsführung erfordert oder nicht zum Kreis der Beschäftigungen gehört, für die die Arbeitnehmerin oder der Arbeitnehmer ausgebildet ist oder die sie oder er bisher ausgeübt hat.

§ 141[1)] Arbeitslosmeldung. (1) [1] Die oder der Arbeitslose hat sich elektronisch im Fachportal der Bundesagentur oder persönlich bei der zuständigen Agentur für Arbeit arbeitslos zu melden. [2] Das in Satz 1 genannte elektronische Verfahren muss die Voraussetzungen des § 36a Absatz 2 Satz 4 Nummer 1 in Verbindung mit Satz 5 erster Halbsatz des Ersten Buches[2)] erfüllen. [3] Eine Meldung ist auch zulässig, wenn die Arbeitslosigkeit noch nicht eingetreten, der Eintritt der Arbeitslosigkeit aber innerhalb der nächsten drei Monate zu erwarten ist.

(2) Ist die zuständige Agentur für Arbeit am ersten Tag der Beschäftigungslosigkeit der oder des Arbeitslosen nicht dienstbereit, so wirkt eine Meldung an dem nächsten Tag, an dem die Agentur für Arbeit dienstbereit ist, auf den Tag zurück, an dem die Agentur für Arbeit nicht dienstbereit war.

(3) Die Wirkung der Meldung erlischt

1. bei einer mehr als sechswöchigen Unterbrechung der Arbeitslosigkeit,
2. mit der Aufnahme der Beschäftigung, selbständigen Tätigkeit, Tätigkeit als mithelfende Familienangehörige oder als mithelfender Familienangehöriger, wenn die oder der Arbeitslose diese der Agentur für Arbeit nicht unverzüglich mitgeteilt hat.

(4) [1] Die zuständige Agentur für Arbeit soll mit der oder dem Arbeitslosen unverzüglich nach Eintritt der Arbeitslosigkeit ein persönliches Beratungs- und Vermittlungsgespräch führen. [2] Dies ist entbehrlich, wenn das persönliche Beratungs- und Vermittlungsgespräch bereits in zeitlicher Nähe vor Eintritt der Arbeitslosigkeit, in der Regel innerhalb von vier Wochen, vor Eintritt der Arbeitslosigkeit geführt worden ist.

§ 142[3)] Anwartschaftszeit. (1) [1] Die Anwartschaftszeit hat erfüllt, wer in der Rahmenfrist (§ 143) mindestens zwölf Monate in einem Versicherungspflichtverhältnis gestanden hat. [2] Zeiten, die vor dem Tag liegen, an dem der Anspruch auf Arbeitslosengeld wegen des Eintritts einer Sperrzeit erloschen ist, dienen nicht zur Erfüllung der Anwartschaftszeit.

(2) [1] Für Arbeitslose, die die Anwartschaftszeit nach Absatz 1 nicht erfüllen sowie darlegen und nachweisen, dass

---

[1)] § 141 neu gef. mWv 1.4.2012 durch G v. 20.12.2011 (BGBl. I S. 2854); Überschrift neu gef., Abs. 1 Satz 1 geänd., Satz 2 eingef., bish. Satz 2 wird Satz 3, bish. Abs. 2 wird Abs. 3, bish. Abs. 3 wird Abs. 2 und geänd., Abs. 4 angef. mWv 1.1.2022 durch G v. 20.5.2020 (BGBl. I S. 1044).

[2)] Nr. **1**.

[3)] § 142 neu gef. mWv 1.4.2012 durch G v. 20.12.2011 (BGBl. I S. 2854); Abs. 2 Satz 1 Nr. 1 und ausl. Satzteil geänd. mWv 1.8.2012 durch G v. 21.7.2012 (BGBl. I S. 1613); Abs. 2 Satz 1 abschl. Satzteil geänd. mWv 1.1.2015 durch G v. 10.12.2014 (BGBl. I S. 2082); Abs. 2 Satz 1 abschl. Satzteil geänd. mWv 1.1.2016 durch G v. 21.12.2015 (BGBl. I S. 2557); Abs. 2 Satz 1 abschl. Satzteil geänd. mWv 1.8.2016 durch G v. 18.7.2016 (BGBl. I S. 1710); Abs. 2 Satz 1 abschl. Satzteil geänd. mWv 14.7.2018 durch G v. 10.7.2018 (BGBl. I S. 1117); Abs. 2 Satz 1 abschl. Satzteil geänd. mWv 1.1. 2019, Abs. 2 Satz 1 Nr. 1 und 2 geänd. mWv 1.1.2020 durch G v. 18.12.2018 (BGBl. I S. 2651).

1. sich die in der Rahmenfrist zurückgelegten Beschäftigungstage überwiegend aus versicherungspflichtigen Beschäftigungen ergeben, die auf nicht mehr als 14 Wochen im Voraus durch Arbeitsvertrag zeit- oder zweckbefristet sind, und
2. das in den letzten zwölf Monaten vor der Beschäftigungslosigkeit erzielte Arbeitsentgelt das 1,5fache der zum Zeitpunkt der Anspruchsentstehung maßgeblichen Bezugsgröße nach § 18 Absatz 1 des Vierten Buches[1)] nicht übersteigt,

gilt bis zum 31. Dezember 2022, dass die Anwartschaftszeit sechs Monate beträgt. [2] § 27 Absatz 3 Nummer 1 bleibt unberührt.

§ 143[2)] Rahmenfrist. (1) Die Rahmenfrist beträgt 30 Monate und beginnt mit dem Tag vor der Erfüllung aller sonstigen Voraussetzungen für den Anspruch auf Arbeitslosengeld.

(2) Die Rahmenfrist reicht nicht in eine vorangegangene Rahmenfrist hinein, in der die oder der Arbeitslose eine Anwartschaftszeit erfüllt hatte.

(3) [1] In die Rahmenfrist werden Zeiten nicht eingerechnet, in denen die oder der Arbeitslose von einem Rehabilitationsträger Übergangsgeld wegen einer berufsfördernden Maßnahme bezogen hat. [2] In diesem Fall endet die Rahmenfrist spätestens fünf Jahre nach ihrem Beginn.

§ 144[3)] Anspruchsvoraussetzungen bei beruflicher Weiterbildung.

(1) Anspruch auf Arbeitslosengeld hat auch, wer die Voraussetzungen für einen Anspruch auf Arbeitslosengeld bei Arbeitslosigkeit allein wegen einer nach § 81 geförderten beruflichen Weiterbildung nicht erfüllt.

(2) Bei einer Arbeitnehmerin oder einem Arbeitnehmer, die oder der vor Eintritt in die Maßnahme nicht arbeitslos war, gelten die Voraussetzungen eines Anspruchs auf Arbeitslosengeld bei Arbeitslosigkeit als erfüllt, wenn sie oder er

1. bei Eintritt in die Maßnahme einen Anspruch auf Arbeitslosengeld bei Arbeitslosigkeit hätte, der weder ausgeschöpft noch erloschen ist, oder
2. die Anwartschaftszeit im Fall von Arbeitslosigkeit am Tag des Eintritts in die Maßnahme der beruflichen Weiterbildung erfüllt hätte; insoweit gilt der Tag des Eintritts in die Maßnahme als Tag der Arbeitslosmeldung.

Zweiter Unterabschnitt. Sonderformen des Arbeitslosengeldes

§ 145[4)] Minderung der Leistungsfähigkeit. (1) [1] Anspruch auf Arbeitslosengeld hat auch eine Person, die allein deshalb nicht arbeitslos ist, weil sie wegen einer mehr als sechsmonatigen Minderung ihrer Leistungsfähigkeit versicherungspflichtige, mindestens 15 Stunden wöchentlich umfassende Beschäftigungen nicht unter den Bedingungen ausüben kann, die auf dem für sie in Betracht kommenden Arbeitsmarkt ohne Berücksichtigung der Minderung der Leistungsfähigkeit üblich sind, wenn eine verminderte Erwerbsfähigkeit im Sinne der gesetzlichen Rentenversicherung nicht festgestellt worden ist. [2] Die

---

[1)] Nr. 4.

[2)] § 143 neu gef. mWv 1.4.2012 durch G v. 20.12.2011 (BGBl. I S. 2854); Abs. 1 neu gef. mWv 1.1.2020 durch G v. 18.12.2018 (BGBl. I S. 2651).

[3)] § 144 neu gef. mWv 1.4.2012 durch G v. 20.12.2011 (BGBl. I S. 2854); Abs. 2 Nr. 2 geänd. mWv 1.1.2022 durch G v. 20.5.2020 (BGBl. I S. 1044).

[4)] 4. Kapitel (§§ 136–175) neu gef. mWv 1.4.2012 durch G v. 20.12.2011 (BGBl. I S. 2854).

Feststellung, ob eine verminderte Erwerbsfähigkeit vorliegt, trifft der zuständige Träger der gesetzlichen Rentenversicherung. [3] Kann sich die leistungsgeminderte Person wegen gesundheitlicher Einschränkungen nicht persönlich arbeitslos melden, so kann die Meldung durch eine Vertreterin oder einen Vertreter erfolgen. [4] Die leistungsgeminderte Person hat sich unverzüglich persönlich bei der Agentur für Arbeit zu melden, sobald der Grund für die Verhinderung entfallen ist.

(2) [1] Die Agentur für Arbeit hat die leistungsgeminderte Person unverzüglich aufzufordern, innerhalb eines Monats einen Antrag auf Leistungen zur medizinischen Rehabilitation oder zur Teilhabe am Arbeitsleben zu stellen. [2] Stellt sie diesen Antrag fristgemäß, so gilt er im Zeitpunkt des Antrags auf Arbeitslosengeld als gestellt. [3] Stellt die leistungsgeminderte Person den Antrag nicht, ruht der Anspruch auf Arbeitslosengeld vom Tag nach Ablauf der Frist an bis zum Tag, an dem sie einen Antrag auf Leistungen zur medizinischen Rehabilitation oder zur Teilhabe am Arbeitsleben oder einen Antrag auf Rente wegen Erwerbsminderung stellt. [4] Kommt die leistungsgeminderte Person ihren Mitwirkungspflichten gegenüber dem Träger der medizinischen Rehabilitation oder der Teilhabe am Arbeitsleben nicht nach, so ruht der Anspruch auf Arbeitslosengeld von dem Tag nach Unterlassen der Mitwirkung bis zu dem Tag, an dem die Mitwirkung nachgeholt wird. [5] Satz 4 gilt entsprechend, wenn die leistungsgeminderte Person durch ihr Verhalten die Feststellung der Erwerbsminderung verhindert.

(3) [1] Wird der leistungsgeminderten Person von einem Träger der gesetzlichen Rentenversicherung wegen einer Maßnahme zur Rehabilitation Übergangsgeld oder eine Rente wegen Erwerbsminderung zuerkannt, steht der Bundesagentur ein Erstattungsanspruch entsprechend § 103 des Zehnten Buches[1)] zu. [2] Hat der Träger der gesetzlichen Rentenversicherung Leistungen nach Satz 1 mit befreiender Wirkung an die leistungsgeminderte Person oder einen Dritten gezahlt, hat die Empfängerin oder der Empfänger des Arbeitslosengeldes dieses insoweit zu erstatten.

§ 146[2)] Leistungsfortzahlung bei Arbeitsunfähigkeit. (1) [1] Wer während des Bezugs von Arbeitslosengeld infolge Krankheit unverschuldet arbeitsunfähig oder während des Bezugs von Arbeitslosengeld auf Kosten der Krankenkasse stationär behandelt wird, verliert dadurch nicht den Anspruch auf Arbeitslosengeld für die Zeit der Arbeitsunfähigkeit oder stationären Behandlung mit einer Dauer von bis zu sechs Wochen (Leistungsfortzahlung). [2] Als unverschuldet im Sinne des Satzes 1 gilt auch eine Arbeitsunfähigkeit, die infolge einer durch Krankheit erforderlichen Sterilisation durch eine Ärztin oder einen Arzt oder infolge eines nicht rechtswidrigen Abbruchs der Schwangerschaft eintritt. [3] Dasselbe gilt für einen Abbruch der Schwangerschaft, wenn die Schwangerschaft innerhalb von zwölf Wochen nach der Empfängnis durch eine Ärztin oder einen Arzt abgebrochen wird, die Schwangere den Abbruch verlangt und der Ärztin oder dem Arzt durch eine Bescheinigung nachgewiesen hat, dass sie sich mindestens drei Tage vor dem Eingriff von einer anerkannten Beratungsstelle beraten lassen hat.

---

1) Nr. **10**.
2) 4. Kapitel (§§ 136–175) neu gef. mWv 1.4.2012 durch G v. 20.12.2011 (BGBl. I S. 2854).

(2) [1] Eine Leistungsfortzahlung erfolgt auch im Fall einer nach ärztlichem Zeugnis erforderlichen Beaufsichtigung, Betreuung oder Pflege eines erkrankten Kindes der oder des Arbeitslosen mit einer Dauer von bis zu zehn Tagen, bei alleinerziehenden Arbeitslosen mit einer Dauer von bis zu 20 Tagen für jedes Kind in jedem Kalenderjahr, wenn eine andere im Haushalt der oder des Arbeitslosen lebende Person diese Aufgabe nicht übernehmen kann und das Kind das zwölfte Lebensjahr noch nicht vollendet hat oder behindert und auf Hilfe angewiesen ist. [2] Arbeitslosengeld wird jedoch für nicht mehr als 25 Tage, für alleinerziehende Arbeitslose für nicht mehr als 50 Tage in jedem Kalenderjahr fortgezahlt.

(3) Die Vorschriften des Fünften Buches[1)], die bei Fortzahlung des Arbeitsentgelts durch den Arbeitgeber im Krankheitsfall sowie bei Zahlung von Krankengeld im Fall der Erkrankung eines Kindes anzuwenden sind, gelten entsprechend.

Dritter Unterabschnitt. Anspruchsdauer

§ 147[2)] Grundsatz. (1) [1] Die Dauer des Anspruchs auf Arbeitslosengeld richtet sich nach

1. der Dauer der Versicherungspflichtverhältnisse innerhalb der um 30 Monate erweiterten Rahmenfrist und
2. dem Lebensalter, das die oder der Arbeitslose bei der Entstehung des Anspruchs vollendet hat.

[2] Die Vorschriften des Ersten Unterabschnitts zum Ausschluss von Zeiten bei der Erfüllung der Anwartschaftszeit und zur Begrenzung der Rahmenfrist durch eine vorangegangene Rahmenfrist gelten entsprechend.

(2) Die Dauer des Anspruchs auf Arbeitslosengeld beträgt

(Fortsetzung nächstes Blatt)

---

1) Nr. 5.

2) § 147 neu gef. mWv 1.4.2012 durch G v. 20.12.2011 (BGBl. I S. 2854); Abs. 1 Satz 1 Nr. 1 geänd. mWv 1.1.2020 durch G v. 18.12.2018 (BGBl. I S. 2651).

(2) Das Bundesministerium für Arbeit und Soziales kann der Bundesagentur zur Durchführung der Bestimmungen dieses Unterabschnittes und der hierzu erlassenen Rechtsverordnungen sowie der von den Organen der Europäischen Gemeinschaften erlassenen Bestimmungen über den Zugang zum Arbeitsmarkt und der zwischenstaatlichen Vereinbarungen über die Beschäftigung von Arbeitnehmerinnen und Arbeitnehmern Weisungen erteilen.

Zweiter Unterabschnitt. Beratung und Vermittlung durch Dritte

Erster Titel. Berufsberatung

§ 288a[1)] Untersagung der Berufsberatung. (1) [1]Die Agentur für Arbeit hat einer natürlichen oder juristischen Person oder Personengesellschaft, die Berufsberatung betreibt (Berufsberatende), die Ausübung dieser Tätigkeit ganz oder teilweise zu untersagen, sofern dies zum Schutz der Ratsuchenden erforderlich ist. [2]Bei einer juristischen Person oder Personengesellschaft kann auch einer von ihr für die Leitung des Betriebes bestellten Person die Ausübung der Tätigkeit ganz oder teilweise untersagt werden, sofern dies zum Schutz der Ratsuchenden erforderlich ist.

(2) [1]Im Untersagungsverfahren hat die betreffende Person auf Verlangen der Agentur für Arbeit

1. die Auskünfte zu erteilen, die zur Durchführung des Verfahrens erforderlich sind, und
2. die geschäftlichen Unterlagen vorzulegen, aus denen sich die Richtigkeit ihrer Angaben ergibt.

[2]Sie kann die Auskunft auf solche Fragen verweigern, deren Beantwortung sie selbst oder einen in § 383 Abs. 1 Nr. 1 bis 3 der Zivilprozeßordnung[2)] bezeichneten Angehörigen der Gefahr strafrechtlicher Verfolgung oder eines Verfahrens nach dem Gesetz über Ordnungswidrigkeiten[3)] aussetzen würde.

(3) [1]Soweit es zur Durchführung der Überprüfung erforderlich ist, sind die von der Agentur für Arbeit beauftragten Personen befugt, Geschäftsräume der betreffenden Person während der üblichen Geschäftszeiten zu betreten. [2]Die Person hat Maßnahmen nach Satz 1 zu dulden.

(4) Untersagt die Agentur für Arbeit die Ausübung der Berufsberatung, so hat es die weitere Ausübung dieser Tätigkeit nach den Vorschriften des Verwaltungs-Vollstreckungsgesetzes[4)] zu verhindern.

§ 289[5)] Offenbarungspflicht. [1]Berufsberatende, die die Interessen eines Arbeitgebers oder einer Einrichtung wahrnehmen, sind verpflichtet, Ratsuchenden die Identität des Trägers oder der Einrichtung mitzuteilen; sie haben darauf hinzuweisen, dass sich die Interessenwahrnehmung auf die Beratungstätigkeit auswirken kann. [2]Die Offenbarungspflicht besteht auch, wenn Berufsberatende zu einer Einrichtung Verbindungen unterhalten, deren Kenntnis für die Ratsuchenden zur Beurteilung einer Beratung von Bedeutung sein kann.

[1)] § 288a eingef. durch G v. 16.12.1997 (BGBl. I S. 2970); Abs. 1 Satz 1, Abs. 2 Satz 1, Abs. 3 Satz 1 und Abs. 4 geänd. mWv 1.1.2004 durch G v. 23.12.2003 (BGBl. I S. 2848); Abs. 1 Satz 1 geänd. mWv 1.4.2012 durch G v. 20.12.2011 (BGBl. I S. 2854).

[2)] Nr. **50/10.**

[3)] **Habersack, Deutsche Gesetze Nr. 94.**

[4)] Nr. **50/33.**

[5)] § 289 neu gef. mWv 1.4.2012 durch G v. 20.12.2011 (BGBl. I S. 2854).

§ 290[1)] Vergütungen. [1]Für eine Berufsberatung dürfen Vergütungen von Ratsuchenden nur dann verlangt oder entgegengenommen werden, wenn die oder der Berufsberatende nicht zugleich eine Vermittlung von Ausbildungs- oder Arbeitsplätzen betreibt oder eine entsprechende Vermittlung in damit zusammenhängenden Geschäftsräumen betrieben wird. [2]Entgegen Satz 1 geschlossene Vereinbarungen sind unwirksam.

Zweiter Titel. Ausbildungsvermittlung und Arbeitsvermittlung

§ 291[2)] *(aufgehoben)*

§ 292[3)] Auslandsvermittlung, Anwerbung aus dem Ausland. Das Bundesministerium für Arbeit und Soziales kann durch Rechtsverordnung[4)] bestimmen, dass die Vermittlung für eine Beschäftigung im Ausland außerhalb der Europäischen Gemeinschaft oder eines anderen Vertragsstaates des Abkommens über den Europäischen Wirtschaftsraum sowie die Vermittlung und die Anwerbung aus diesem Ausland für eine Beschäftigung im Inland (Auslandsvermittlung) für bestimmte Berufe und Tätigkeiten nur von der Bundesagentur durchgeführt werden dürfen.

§§ 293–295[5)] *(aufgehoben)*

§ 296[6)] Vermittlungsvertrag zwischen Vermittlern und Arbeitsuchenden. (1) [1]Ein Vertrag, nach dem sich ein Vermittler verpflichtet, einer oder einem Arbeitsuchenden eine Arbeitsstelle zu vermitteln, bedarf der schriftlichen Form. [2]In dem Vertrag ist insbesondere die Vergütung des Vermittlers anzugeben. [3]Zu den Leistungen der Vermittlung gehören auch alle Leistungen, die zur Vorbereitung und Durchführung der Vermittlung erforderlich sind, insbesondere die Feststellung der Kenntnisse der oder des Arbeitsuchenden sowie die mit der Vermittlung verbundene Berufsberatung. [4]Der Vermittler hat der oder dem Arbeitsuchenden den Vertragsinhalt in Textform mitzuteilen.

(2) [1]Die oder der Arbeitsuchende ist zur Zahlung der Vergütung nach Absatz 3 nur verpflichtet, wenn infolge der Vermittlung des Vermittlers der Arbeitsvertrag zustande gekommen ist und der Vermittler die Arbeitsuchende oder den Arbeitsuchenden bei grenzüberschreitenden Vermittlungen entsprechend der Regelung des § 299 informiert hat. [2]Der Vermittler darf keine Vorschüsse auf die Vergütungen verlangen oder entgegennehmen.

[1)] § 290 Satz 1 geänd. mWv 1.4.2012 durch G v. 20.12.2011 (BGBl. I S. 2854).

[2)] § 291 aufgeh. mWv 27.3.2002 durch G v. 23.3.2002 (BGBl. I S. 1130).

[3)] § 292 neu gef. mWv 27.3.2002 durch G v. 23.3.2002 (BGBl. I S. 1130); geänd. mWv 1.1.2004 durch G v. 23.12.2003 (BGBl. I S. 2848); geänd. mWv 8.11.2006 durch VO v. 31.10.2006 (BGBl. I S. 2407).

[4)] Siehe die BeschäftigungsVO **(Loseblatt-Textsammlung Arbeitsrecht Nr. 762)**.

[5)] §§ 293–295 aufgeh. mWv 27.3.2002 durch G v. 23.3.2002 (BGBl. I S. 1130).

[6)] § 296 neu gef. mWv 27.3.2002 durch G v. 23.3.2002 (BGBl. I S. 1130); Abs. 4 Satz 2 geänd. mWv 1.1.2004 durch G v. 23.12.2003 (BGBl. I S. 2848); Abs. 3 Satz 1 geänd., Satz 2 aufgeh., bish. Satz 3 wird neuer Satz 2 mWv 1.1.2005 durch G v. 19.11.2004 (BGBl. I S. 2902); Abs. 3 Satz 1 neu gef. mWv 1.1.2008 durch G v. 10.12.2007 (BGBl. I S. 2838); Abs. 4 Satz 1 geänd. mWv 1.1.2011 durch G v. 24.10.2010 (BGBl. I S. 1417); Überschrift neu gef., Abs. 1 Sätze 1, 3 und 4, Abs. 2 Satz 1, Abs. 3 Satz 1 geänd., Abs. 4 Satz 1 neu gef., Satz 2 geänd. mWv 1.4.2012 durch G v. 20.12.2011 (BGBl. I S. 2854); Abs. 2 Satz 1 geänd., Abs. 3 Satz 1 geänd., Satz 2 eingef., bish. Satz 2 wird Satz 3 mWv 1.1.2022 durch G v. 16.7.2021 (BGBl. I S. 2970).

(3) [1] Die Vergütung einschließlich der darauf entfallenden gesetzlichen Umsatzsteuer darf 2 000 Euro nicht übersteigen, soweit nicht ein gültiger Aktivierungs- und Vermittlungsgutschein in einer abweichenden Höhe nach § 45 Absatz 6 Satz 3 und Satz 4 vorgelegt wird oder durch eine Rechtsverordnung nach § 301 für bestimmte Berufe oder Personengruppen etwas anderes bestimmt ist. [2] Für die Vermittlung einer geringfügigen Beschäftigung nach § 8 des Vierten Buches[1)] darf der Vermittler eine Vergütung weder verlangen noch entgegennehmen. [3] Bei der Vermittlung von Personen in Au-pair-Verhältnisse darf die Vergütung 150 Euro nicht übersteigen.

(4) [1] Arbeitsuchende, die dem Vermittler einen Aktivierungs- und Vermittlungsgutschein vorlegen, können die Vergütung abweichend von § 266 des Bürgerlichen Gesetzbuchs[2)] in Teilbeträgen zahlen. [2] Die Vergütung ist nach Vorlage des Aktivierungs- und Vermittlungsgutscheins bis zu dem Zeitpunkt gestundet, in dem die Agentur für Arbeit nach Maßgabe von § 45 Absatz 6 gezahlt hat.

§ 296a[3)] Vergütungen bei Ausbildungsvermittlung. [1] Für die Leistungen zur Ausbildungsvermittlung dürfen nur vom Arbeitgeber Vergütungen verlangt oder entgegengenommen werden. [2] Zu den Leistungen zur Ausbildungsvermittlung gehören auch alle Leistungen, die zur Vorbereitung und Durchführung der Vermittlung erforderlich sind, insbesondere die Feststellung der Kenntnisse der oder des Ausbildungsuchenden sowie die mit der Ausbildungsvermittlung verbundene Berufsberatung.

§ 297[4)] Unwirksamkeit von Vereinbarungen. Unwirksam sind

1. Vereinbarungen zwischen einem Vermittler und einer oder einem Arbeitsuchenden über die Zahlung der Vergütung, wenn deren Höhe die nach § 296 Abs. 3 zulässige Höchstgrenze überschreitet, wenn Vergütungen für Leistungen verlangt oder entgegengenommen werden, die nach § 296 Abs. 1 Satz 3 zu den Leistungen der Vermittlung gehören oder wenn die erforderliche Schriftform nicht eingehalten wird und

1a. Vereinbarungen zwischen einem Vermittler und einer oder einem Arbeitsuchenden über die Zahlung einer Vergütung, wenn eine geringfügige Beschäftigung nach § 8 des Vierten Buches[1)] vermittelt werden soll oder vermittelt wurde,

2. Vereinbarungen zwischen einem Vermittler und einer oder einem Ausbildungsuchenden über die Zahlung einer Vergütung,

3. Vereinbarungen zwischen einem Vermittler und einem Arbeitgeber, wenn der Vermittler eine Vergütung mit einer oder einem Ausbildungsuchenden vereinbart oder von dieser oder diesem entgegennimmt, obwohl dies nicht zulässig ist, und

---

[1)] Nr. 4.

[2)] **Habersack, Deutsche Gesetze Nr. 20.**

[3)] § 296a eingef. mWv 27.3.2002 durch G v. 23.3.2002 (BGBl. I S. 1130); Satz 2 geänd. mWv 1.4. 2012 durch G v. 20.12.2011 (BGBl. I S. 2854).

[4)] § 297 neu gef. mWv 27.3.2002 durch G v. 23.3.2002 (BGBl. I S. 1130); Nr. 1 geänd. mWv 1.1. 2005 durch G v. 19.11.2004 (BGBl. I S. 2902); Nr. 1 geänd. mWv 1.1.2011 durch G v. 24.10.2010 (BGBl. I S. 1417); Nr. 1–3 geänd., Nr. 4 neu gef. mWv 1.4.2012 durch G v. 20.12.2011 (BGBl. I S. 2854); Nr. 1a eingef. mWv 1.1.2022 durch G v. 16.7.2021 (BGBl. I S. 2970).

4. Vereinbarungen, die sicherstellen sollen, dass ein Arbeitgeber oder eine Person, die eine Ausbildung oder Arbeit sucht, sich ausschließlich eines bestimmten Vermittlers bedient.

§ 298[1)] Behandlung von Daten. (1) [1] Vermittler dürfen Daten über zu besetzende Ausbildungs- und Arbeitsplätze und über Ausbildungsuchende sowie Arbeitnehmerinnen und Arbeitnehmer nur verarbeiten, soweit dies für die Verrichtung ihrer Vermittlungstätigkeit erforderlich ist. [2] Sind diese Daten personenbezogen oder Geschäfts- oder Betriebsgeheimnisse, dürfen sie nur verarbeitet werden, soweit die betroffene Person im Einzelfall eingewilligt hat; § 67b Absatz 2 und 3 des Zehnten Buches[2)] gilt entsprechend. [3] Übermittelt der Vermittler diese Daten im Rahmen seiner Vermittlungstätigkeit einer weiteren Person oder Einrichtung, darf diese sie nur zu dem Zweck speichern, verändern, nutzen, übermitteln oder in der Verarbeitung einschränken, zu dem sie ihr befugt übermittelt worden sind.

(2) [1] Von betroffenen Personen zur Verfügung gestellte Unterlagen sind unmittelbar nach Abschluss der Vermittlungstätigkeit zurückzugeben. [2] Die übrigen Geschäftsunterlagen des Vermittlers sind nach Abschluss der Vermittlungstätigkeit drei Jahre aufzubewahren. [3] Die Verwendung der Geschäftsunterlagen ist zur Kontrolle des Vermittlers durch die zuständigen Behörden sowie zur Wahrnehmung berechtigter Interessen des Vermittlers zulässig. [4] Personenbezogene Daten sind nach Ablauf der Aufbewahrungspflicht zu löschen. [5] Betroffene Personen können nach Abschluss der Vermittlungstätigkeit Abweichungen von den Sätzen 1, 3 und 4 gestatten; die Gestattung bedarf der Schriftform.

§ 299[3)] Informationspflicht bei grenzüberschreitender Vermittlung. Bei einer grenzüberschreitenden Vermittlung hat der Vermittler die Arbeitsuchende oder den Arbeitsuchenden vor Abschluss des Arbeitsvertrages in schriftlicher Form und auf seine Kosten in der eigenen Sprache der oder des Arbeitsuchenden oder in einer Sprache, die die oder der Arbeitsuchende versteht, zu informieren über:

1. den Namen und die Anschrift des Arbeitgebers,
2. den vorgesehenen Zeitpunkt des Beginns und die vorgesehene Dauer des Arbeitsverhältnisses,
3. den Arbeitsort oder, falls die Arbeitnehmerin oder der Arbeitnehmer nicht nur an einem bestimmten Arbeitsort tätig sein soll, einen Hinweis, dass die Arbeitnehmerin oder der Arbeitnehmer an verschiedenen Orten beschäftigt werden kann,
4. die zu leistende Tätigkeit,
5. die vertragliche Arbeitszeit,
6. das vertragliche Arbeitsentgelt, einschließlich vorgesehener Abzüge,
7. die Dauer des vertraglichen Erholungsurlaubs,
8. die Fristen für die Kündigung des Arbeitsverhältnisses,

[1)] § 298 Abs. 1 Satz 2 geänd. mWv 23.5.2001 durch G v. 18.5.2001 (BGBl. I S. 904); Abs. 1 Satz 1 geänd., Abs. 2 neu gef. mWv 27.3.2002 durch G v. 23.3.2002 (BGBl. I S. 1130); Abs. 1 Sätze 1 und 2, Abs. 2 Sätze 1 und 5 geänd. mWv 1.4.2012 durch G v. 20.12.2011 (BGBl. I S. 2854); Abs. 1 Sätze 1–3, Abs. 2 Sätze 1 und 5 geänd. mWv 26.11.2019 durch G v. 20.11.2019 (BGBl. I S. 1626).

[2)] Nr. **10**.

[3)] § 299 neu gef. mWv 1.1.2022 durch G v. 16.7.2021 (BGBl. I S. 2970).

9. einen in allgemeiner Form gehaltenen Hinweis auf die Tarifverträge, Betriebs- oder Dienstvereinbarungen, die auf das Arbeitsverhältnis anzuwenden sind und
10. die Möglichkeit, die Beratungsdienste der Sozialpartner und staatlicher Stellen in Anspruch zu nehmen; hierbei sind mindestens beispielhaft die Beratungsstellen nach § 23a des Arbeitnehmer-Entsendegesetzes[1] zu nennen und die jeweils aktuellen Kontaktdaten der erwähnten Beratungsdienste anzugeben.

§ 300[2] *(aufgehoben)*

Dritter Titel.[3] Verordnungsermächtigung

§ 301[4] **Verordnungsermächtigung.** Das Bundesministerium für Arbeit und Soziales wird ermächtigt, durch Rechtsverordnung[5] zu bestimmen, dass für bestimmte Berufe oder Personengruppen Vergütungen vereinbart werden dürfen, die sich nach dem der Arbeitnehmerin oder dem Arbeitnehmer zustehenden Arbeitsentgelt bemessen.

Vierter Titel.[6] Verordnungsermächtigung

§§ 302, 303[6] *(aufgehoben)*

Dritter Abschnitt.[7] (weggefallen)

§§ 304–308[8] *(aufgehoben)*

(Fortsetzung nächstes Blatt)

[1] **Loseblatt-Textsammlung Arbeitsrecht Nr. 506.**
[2] § 300 aufgeh. mWv 27.3.2002 durch G v. 23.3.2002 (BGBl. I S. 1130).
[3] 3. Titel Überschrift neu gef. mWv 27.3.2002 durch G v. 23.3.2002 (BGBl. I S. 1130).
[4] § 301 neu gef. mWv 27.3.2002 durch G v. 23.3.2002 (BGBl. I S. 1130); geänd. mWv 1.1.2004 durch G v. 23.12.2003 (BGBl. I S. 2848); geänd. mWv 8.11.2006 durch VO v. 31.10.2006 (BGBl. I S. 2407); geänd. mWv 1.4.2012 durch G v. 20.12.2011 (BGBl. I S. 2854).
[5] Siehe die Vermittler-VergütungsVO (Nr. **3/72**).
[6] 4. Titel (§§ 302, 303) aufgeh. mWv 27.3.2002 durch G v. 23.3.2002 (BGBl. I S. 1130).
[7] 3. Abschnitt (§§ 304–308) aufgeh. mWv 1.8.2004 durch G v. 23.7.2004 (BGBl. I S. 1842); § 307 aufgeh. mWv 1.1.2004 durch G v. 23.12.2003 (BGBl. I S. 2848).
[8] 3. Abschnitt (§§ 304–308) aufgeh. mWv 1.8.2004 durch G v. 23.7.2004 (BGBl. I S. 1842).

3a. als Arbeitgeber Leistungen zur Förderung nach § 82 Absatz 6 Satz 3 nicht, nicht richtig, nicht vollständig oder nicht rechtzeitig an die Arbeitnehmerinnen und Arbeitnehmer und den Träger der Maßnahme weiterleitet,

4. als Insolvenzverwalterin oder Insolvenzverwalter die Verpflichtung zur Errechnung und Auszahlung des Insolvenzgeldes nach § 320 Abs. 2 Satz 1 nicht erfüllt,

ist der Bundesagentur zum Ersatz des daraus entstandenen Schadens verpflichtet.

Dritter Abschnitt.[1] Verordnungsermächtigung und Anordnungsermächtigung

§ 321a[2] Verordnungsermächtigung. Das Bundesministerium für Arbeit und Soziales wird ermächtigt, durch Rechtsverordnung mit Zustimmung des Bundesrates das Nähere über Art und Umfang der Pflichten nach dem Zweiten bis Vierten Unterabschnitt des Ersten Abschnitts sowie dem Zweiten Abschnitt dieses Kapitels einschließlich des zu beachtenden Verfahrens und der einzuhaltenden Fristen zu bestimmen.

§ 322[3] Anordnungsermächtigung. [1]Die Bundesagentur wird ermächtigt, durch Anordnung Näheres über die Meldepflicht der Arbeitslosen zu bestimmen. [2]Sie kann auch bestimmen, inwieweit Einrichtungen außerhalb der Bundesagentur auf ihren Antrag zur Entgegennahme der Meldung zuzulassen sind.

Neuntes Kapitel. Gemeinsame Vorschriften für Leistungen

Erster Abschnitt. Antrag und Fristen

§ 323[4] Antragserfordernis. (1) [1]Leistungen der Arbeitsförderung werden auf Antrag erbracht. [2]Arbeitslosengeld gilt mit der Arbeitslosmeldung als beantragt, wenn die oder der Arbeitslose keine andere Erklärung abgibt. [3]Leistungen der aktiven Arbeitsförderung können auch von Amts wegen erbracht werden, wenn die Berechtigten zustimmen. [4]Die Zustimmung gilt insoweit als Antrag.

(2) [1]Kurzarbeitergeld, Leistungen zur Förderung der Teilnahme an Transfermaßnahmen und ergänzende Leistungen nach § 102 sind vom Arbeitgeber schriftlich oder elektronisch unter Beifügung einer Stellungnahme der Betriebsvertretung zu beantragen. [2]Der Antrag kann auch von der Betriebsver-

---

[1] 3. Abschnitt Überschrift neu gef. durch G v. 16.12.1997 (BGBl. I S. 2970).

[2] § 321a eingef. durch G v. 16.12.1997 (BGBl. I S. 2970); geänd. mWv 1.1.2004 durch G v. 23.12.2003 (BGBl. I S. 2848); geänd. mWv 8.11.2006 durch VO v. 31.10.2006 (BGBl. I S. 2407).

[3] § 322 geänd. mWv 1.1.2004 durch G v. 23.12.2003 (BGBl. I S. 2848); Satz 1 geänd. mWv 1.4.2012 durch G v. 20.12.2011 (BGBl. I S. 2854).

[4] § 323 Abs. 2 Satz 1 und 3 geänd., Satz 4 neu gef. durch G v. 22.10.1997 (BGBl. I S. 2486); Abs. 2 Sätze 1 und 3 geänd. mWv 1.1.2001 durch G v. 21.12.2000 (BGBl. I S. 1971); Abs. 2 Satz 1 geänd. mWv 1.1.2004 durch G v. 23.12.2003 (BGBl. I S. 2848); Abs. 1 Satz 2 geänd. mWv 1.1.2005 durch G v. 24.12.2003 (BGBl. I S. 2954); Abs. 2 neu gef. mWv 1.11.2006 durch G v. 24.4.2006 (BGBl. I S. 926); Abs. 1 Satz 2, Abs. 2 Sätze 1, 3 und 4 geänd. mWv 1.4.2012 durch G v. 20.12.2011 (BGBl. I S. 2854); Abs. 2 Satz 1 geänd. mWv 5.4.2017 durch G v. 29.3.2017 (BGBl. I S. 626); Abs. 2 Satz 3 eingef., bish. Sätze 3 und 4 werden Sätze 4 und 5 mWv 29.5.2020, Abs. 1 Satz 2 geänd. mWv 1.1.2022 durch G v. 20.5.2020 (BGBl. I S. 1044); Abs. 2 Satz 3 geänd. mWv 1.1.2021 durch G v. 3.12.2020 (BGBl. I S. 2691); Abs. 2 Satz 6 angef. mWv 1.7.2021 durch G v. 2.6.2021 (BGBl. I S. 1387).

tretung gestellt werden. [3] Für den Antrag des Arbeitgebers auf Erstattung der Sozialversicherungsbeiträge und Lehrgangskosten für die Bezieherinnen und Bezieher von Kurzarbeitergeld gilt Satz 1 entsprechend mit der Maßgabe, dass die Erstattung ohne Stellungnahme des Betriebsrates beantragt werden kann. [4] Mit einem Antrag auf Saison-Kurzarbeitergeld oder ergänzende Leistungen nach § 102 sind die Namen, Anschriften und Sozialversicherungsnummern der Arbeitnehmerinnen und Arbeitnehmer mitzuteilen, für die die Leistung beantragt wird. [5] Saison-Kurzarbeitergeld oder ergänzende Leistungen nach § 102 sollen bis zum 15. des Monats beantragt werden, der dem Monat folgt, in dem die Tage liegen, für die die Leistungen beantragt werden. [6] In den Fällen, in denen ein Antrag auf Kurzarbeitergeld, Saison-Kurzarbeitergeld, Erstattung der Sozialversicherungsbeiträge für die Bezieherinnen und Bezieher von Kurzarbeitergeld oder ergänzende Leistungen nach § 102 elektronisch gestellt wird, kann das Verfahren nach § 108 Absatz 1 des Vierten Buches[1)] genutzt werden.

§ 324[2)] Antrag vor Leistung. (1) [1] Leistungen der Arbeitsförderung werden nur erbracht, wenn sie vor Eintritt des leistungsbegründenden Ereignisses beantragt worden sind. [2] Zur Vermeidung unbilliger Härten kann die Agentur für Arbeit eine verspätete Antragstellung zulassen.

(2) [1] Berufsausbildungsbeihilfe, Ausbildungsgeld und Arbeitslosengeld können auch nachträglich beantragt werden. [2] Kurzarbeitergeld, die Erstattung der Sozialversicherungsbeiträge und Lehrgangskosten für die Bezieherinnen und Bezieher von Kurzarbeitergeld und ergänzende Leistungen nach § 102 sind nachträglich zu beantragen.

(3) [1] Insolvenzgeld ist abweichend von Absatz 1 Satz 1 innerhalb einer Ausschlußfrist von zwei Monaten nach dem Insolvenzereignis zu beantragen. [2] Wurde die Frist aus nicht selbst zu vertretenden Gründen versäumt, wird Insolvenzgeld geleistet, wenn der Antrag innerhalb von zwei Monaten nach Wegfall des Hinderungsgrundes gestellt worden ist. [3] Ein selbst zu vertretender Grund liegt vor, wenn sich Arbeitnehmerinnen und Arbeitnehmer nicht mit der erforderlichen Sorgfalt um die Durchsetzung ihrer Ansprüche bemüht haben.

§ 325[3)] Wirkung des Antrages. (1) Berufsausbildungsbeihilfe und Ausbildungsgeld werden rückwirkend längstens vom Beginn des Monats an geleistet, in dem die Leistungen beantragt worden sind.

---

1) Nr. **4**.

2) § 324 Abs. 1 Satz 2 und Abs. 2 Satz 1 geänd. mWv 1.1.2004 durch G v. 23.12.2003 (BGBl. I S. 2848); Abs. 2 geänd. mWv 1.1.2005 durch G v. 24.12.2003 (BGBl. I S. 2954); Abs. 2 Satz 1 geänd. mWv 1.5.2004 durch G v. 23.4.2004 (BGBl. I S. 602); Abs. 2 Satz 1 neu gef. mWv 1.5.2004 und mWv 1.1.2005 durch G v. 19.11.2004 (BGBl. I S. 2902); Abs. 2 neu gef. mWv 1.4.2006 durch G v. 24.4.2006 (BGBl. I S. 926); Abs. 2 Satz 2 geänd., Abs. 3 Sätze 2 und 3 neu gef. mWv 1.4.2012 durch G v. 20.12.2011 (BGBl. I S. 2854); Abs. 2 Satz 2 geänd. mWv 29.5.2020 durch G v. 20.5.2020 (BGBl. I S. 1044); Abs. 2 Satz 2 geänd. mWv 1.1.2021 durch G v. 3.12.2020 (BGBl. I S. 2691).

3) § 325 Abs. 4 geänd. durch G v. 22.10.1997 (BGBl. I S. 2486); neu gef. durch G v. 23.11.1999 (BGBl. I S. 2230); Abs. 2 Satz 2 geänd., Abs. 5 angef. mWv 1.1.2004 durch G v. 23.12.2003 (BGBl. I S. 2848); Abs. 2 Satz 1 und 2 geänd. mWv 1.1.2005 durch G v. 24.12.2003 (BGBl. I S. 2954); Abs. 3 neu gef., Abs. 5 bish. Satz 1 geänd., Satz 2 aufgeh. mWv 1.4.2006, Abs. 4 aufgeh. mWv 1.11.2006 durch G v. 24.4.2006 (BGBl. I S. 926); Abs. 2 Satz 2 und Abs. 3 geänd. mWv 1.4.2012 durch G v. 20.12.2011 (BGBl. I S. 2854); Abs. 3 geänd. mWv 29.5.2020, Abs. 2 Satz 2 geänd. mWv 1.1.2022 durch G v. 20.5.2020 (BGBl. I S. 1044) durch G v. 20.5.2020 (BGBl. I S. 1044); Abs. 3 geänd. mWv 1.1.2021 durch G v. 3.12.2020 (BGBl. I S. 2691).

(2) [1] Arbeitslosengeld wird nicht rückwirkend geleistet. [2] Ist die zuständige Agentur für Arbeit an einem Tag, an dem die oder der Arbeitslose Arbeitslosengeld beantragen will, nicht dienstbereit, so wirkt ein Antrag auf Arbeitslosengeld in gleicher Weise wie eine Arbeitslosmeldung zurück.

(3) Kurzarbeitergeld, die Erstattung von Sozialversicherungsbeiträgen und Lehrgangskosten für Bezieherinnen und Bezieher von Kurzarbeitergeld und ergänzende Leistungen nach § 102 sind für den jeweiligen Kalendermonat

(Fortsetzung nächstes Blatt)

[5] Die versicherte Person ist abgesehen von Satz 3 Nr. 1 nicht verpflichtet, für dieselbe Zeit Beiträge aus der Rente zur Krankenversicherung zu entrichten.

(3) [1] Der Arbeitgeber hat der Bundesagentur die im Falle des § 157 Absatz 3 geleisteten Beiträge zur Kranken- und Rentenversicherung zu ersetzen, soweit er für dieselbe Zeit Beiträge zur Kranken- und Rentenversicherung der Arbeitnehmerin oder des Arbeitnehmers zu entrichten hat. [2] Er wird insoweit von seiner Verpflichtung befreit, Beiträge an die Kranken- und Rentenversicherung zu entrichten. [3] Die Sätze 1 und 2 gelten entsprechend für den Zuschuß nach § 257 des Fünften Buches.

(4) Hat auf Grund des Bezuges von Arbeitslosengeld nach § 157 Absatz 3 eine andere Krankenkasse die Krankenversicherung durchgeführt als diejenige Kasse, die für das Beschäftigungsverhältnis zuständig ist, aus dem die Leistungsempfängerin oder der Leistungsempfänger Arbeitsentgelt bezieht oder zu beanspruchen hat, so erstatten die Krankenkassen einander Beiträge und Leistungen wechselseitig.

(5) Für die Beiträge der Bundesagentur zur sozialen Pflegeversicherung für Versicherungspflichtige nach § 20 Abs. 1 Satz 2 Nr. 2 des Elften Buches[1)] sind die Absätze 1 bis 3 entsprechend anzuwenden.

§ 336[2)] Leistungsrechtliche Bindung. Stellt die Deutsche Rentenversicherung Bund im Verfahren nach § 7a Abs. 1 des Vierten Buches[3)] die Versicherungspflicht nach diesem Buch durch Verwaltungsakt fest, ist die Bundesagentur hinsichtlich der Zeiten, für die der die Versicherungspflicht feststellende Verwaltungsakt wirksam ist, an diese Feststellung leistungsrechtlich gebunden.

§ 336a[4)] Wirkung von Widerspruch und Klage. [1] Die aufschiebende Wirkung von Widerspruch und Klage entfällt

1. bei Entscheidungen, die Arbeitsgenehmigungen-EU aufheben oder ändern,
2. bei Entscheidungen, die die Berufsberatung nach § 288a untersagen,
3. bei Aufforderungen nach § 309, sich bei der Agentur für Arbeit oder einer sonstigen Dienststelle der Bundesagentur persönlich zu melden.

[2] Bei Entscheidungen über die Herabsetzung oder Entziehung laufender Leistungen gelten die Vorschriften des Sozialgerichtsgesetzes[5)] (§ 86a Abs. 2 Nr. 2).

Vierter Abschnitt. Auszahlung von Geldleistungen

§ 337[6)] Auszahlung im Regelfall. (1) *(aufgehoben)*

---

1) Nr. **11**.

2) § 336 neu gef. mWv 1.1.2005 durch G v. 24.12.2003 (BGBl. I S. 2954); geänd. mWv 1.10.2005 durch G v. 9.12.2004 (BGBl. I S. 3242).

3) Nr. **4**.

4) § 336a eingef. mWv 2.1.2002 durch G v. 17.8.2001 (BGBl. I S. 2144); Satz 1 Nr. 4 aufgeh., bish. Nr. 5 wird Nr. 4 mWv 1.1.2003 durch G v. 23.12.2002 (BGBl. I S. 4607); Satz 1 Nr. 1 und 4 geänd., Nr. 5 angef. mWv 1.1.2004 durch G v. 23.12.2003 (BGBl. I S. 2848); Satz 1 Nr. 5 aufgeh. mWv 1.8.2004 durch G v. 23.7.2004 (BGBl. I S. 1842); Satz 1 Nr. 2 neu gef. mWv 18.3.2005 durch G v. 14.3.2005 (BGBl. I S. 721); Satz 1 Nr. 1 aufgeh., bish. Nr. 2–4 werden Nr. 1–3, neue Nr. 3 geänd. mWv 1.4.2012 durch G v. 20.12.2011 (BGBl. I S. 2854).

5) Nr. **50**.

6) § 337 Abs. 1 Satz 3 angef. durch G v. 6.4.1998 (BGBl. I S. 688); Abs. 1 neu gef., Abs. 3 Satz 1 geänd. mWv 1.4.2012 durch G v. 20.12.2011 (BGBl. I S. 2854); Abs. 1 Satz 1 geänd. mWv 9.4.2013 →

(2) Laufende Geldleistungen werden regelmäßig monatlich nachträglich ausgezahlt.

(3) [1] Andere als laufende Geldleistungen werden mit der Entscheidung über den Antrag auf Leistung oder, soweit der oder dem Berechtigten Kosten erst danach entstehen, zum entsprechenden Zeitpunkt ausgezahlt. [2] Insolvenzgeld wird nachträglich für den Zeitraum ausgezahlt, für den es beantragt worden ist. [3] Weiterbildungskosten und Teilnahmekosten werden, soweit sie nicht unmittelbar an den Träger der Maßnahme erbracht werden, monatlich im voraus ausgezahlt.

(4) Zur Vermeidung unbilliger Härten können angemessene Abschlagszahlungen geleistet werden.

Fünfter Abschnitt. Berechnungsgrundsätze

§ 338[1)] Allgemeine Berechnungsgrundsätze. (1) Berechnungen werden auf zwei Dezimalstellen durchgeführt, wenn nichts Abweichendes bestimmt ist.

(2) Bei einer auf Dezimalstellen durchgeführten Berechnung wird die letzte Dezimalstelle um 1 erhöht, wenn sich in der folgenden Dezimalstelle eine der Zahlen 5 bis 9 ergeben würde.

(3) *(aufgehoben)*

(4) Bei einer Berechnung wird eine Multiplikation vor einer Division durchgeführt.

§ 339[2)] Berechnung von Zeiten. [1] Für die Berechnung von Leistungen wird ein Monat mit 30 Tagen und eine Woche mit sieben Tagen berechnet. [2] Bei der Anwendung der Vorschriften über die Erfüllung der für einen Anspruch auf Arbeitslosengeld erforderlichen Anwartschaftszeit sowie der Vorschriften über die Dauer eines Anspruchs auf Arbeitslosengeld nach dem Ersten Abschnitt des Vierten Kapitels dieses Buches entspricht ein Monat 30 Kalendertagen. [3] Satz 2 gilt entsprechend bei der Anwendung der Vorschriften über die Erfüllung der erforderlichen Vorbeschäftigungszeiten sowie der Vorschrift über die Dauer des Anspruchs auf Übergangsgeld im Anschluß an eine abgeschlossene Leistung zur Teilhabe am Arbeitsleben.

Zehntes Kapitel. Finanzierung

Erster Abschnitt. Finanzierungsgrundsatz

§ 340[3)] Aufbringung der Mittel. Die Leistungen der Arbeitsförderung und die sonstigen Ausgaben der Bundesagentur werden durch Beiträge der Ver-

---

(Fortsetzung der Anm. von voriger Seite)
durch G v. 3.4.2013 (BGBl. I S. 610); Abs. 1 aufgeh. mWv 1.12.2021 durch G v. 12.6.2020 (BGBl. I S. 1248).

1) § 338 Abs. 3 geänd. durch G v. 16.12.1997 (BGBl. I S. 2970); Abs. 3 aufgeh. mWv 1.1.2002 durch G v. 10.12.2001 (BGBl. I S. 3443).

2) § 339 Satz 3 Nr. 1 geänd. mWv 1.7.2001 durch G v. 19.6.2001 (BGBl. I S. 1046); Satz 3 Nr. 1 geänd. mWv 1.1.2003 durch G v. 23.12.2002 (BGBl. I S. 4607); Satz 3 geänd. mWv 1.1.2005 durch G v. 24.12.2003 (BGBl. I S. 2954); Satz 2 geänd. mWv 1.4.2012 durch G v. 20.12.2011 (BGBl. I S. 2854).

3) § 340 geänd. mWv 1.1.2004 durch G v. 23.12.2003 (BGBl. I S. 2848).

sicherungspflichtigen, der Arbeitgeber und Dritter (Beitrag zur Arbeitsförderung), Umlagen, Mittel des Bundes und sonstige Einnahmen finanziert.

Zweiter Abschnitt. Beiträge und Verfahren

Erster Unterabschnitt. Beiträge

§ 341[1)] Beitragssatz und Beitragsbemessung. (1) Die Beiträge werden nach einem Prozentsatz (Beitragssatz) von der Beitragsbemessungsgrundlage erhoben.

(2) Der Beitragssatz beträgt 2,6[2)] Prozent.

(3) [1] Beitragsbemessungsgrundlage sind die beitragspflichtigen Einnahmen, die bis zur Beitragsbemessungsgrenze berücksichtigt werden. [2] Für die Berechnung der Beiträge ist die Woche zu sieben, der Monat zu dreißig und das Jahr zu dreihundertsechzig Tagen anzusetzen, soweit dieses Buch nichts anderes bestimmt. [3] Beitragspflichtige Einnahmen sind bis zu einem Betrag von einem Dreihundertsechzigstel der Beitragsbemessungsgrenze für den Kalendertag zu berücksichtigen. [4] Einnahmen, die diesen Betrag übersteigen, bleiben außer Ansatz, soweit dieses Buch nichts Abweichendes bestimmt.

(4) Beitragsbemessungsgrenze ist die Beitragsbemessungsgrenze der allgemeinen Rentenversicherung.

§ 342 Beitragspflichtige Einnahmen Beschäftigter. Beitragspflichtige Einnahme ist bei Personen, die beschäftigt sind, das Arbeitsentgelt, bei Personen, die zur Berufsausbildung beschäftigt sind, jedoch mindestens ein Arbeitsentgelt in Höhe von einem Prozent der Bezugsgröße.

§ 343[3)] *(aufgehoben)*

§ 344[4)] Sonderregelungen für beitragspflichtige Einnahmen Beschäftigter. (1) Für Seeleute gilt als beitragspflichtige Einnahme der Betrag, der nach dem Recht der gesetzlichen Unfallversicherung für die Beitragsberechnung maßgebend ist.

---

1) § 341 Abs. 4 geänd. mWv 1.1.2005 durch G v. 9.12.2004 (BGBl. I S. 3242); Abs. 2 geänd. mWv 1.1.2007 durch G v. 29.6.2006 (BGBl. I S. 1402, geänd. durch G v. 21.12.2006, BGBl. I S. 3286); Abs. 2 geänd. mWv 1.1.2008 durch G v. 22.12.2007 (BGBl. I S. 3245); Abs. 2 geänd. mWv 1.1.2009 durch G v. 20.12.2008 (BGBl. I S. 2860); Abs. 2 geänd. mWv 1.2.2009 und mWv 1.1.2011 durch G v. 2.3.2009 (BGBl. I S. 416); Abs. 2 geänd. mWv 1.1.2019 durch G v. 18.12.2018 (BGBl. I S. 2651).

2) Siehe hierzu § 1 der Beitragssatzverordnung 2019 (BeiSaV 2019) v. 18.12.2018 (BGBl. I S. 2663), geänd. durch VO v. 2.12.2019 (BGBl. I S. 1998), wonach abweichend von § 341 Abs. 2 idF des Art. 1 Nummer 15 G v. 18.12.2018 (BGBl. I S. 2651) die Beiträge zur Arbeitsförderung nach einem Beitragssatz von 2,5 Prozent erhoben werden.

3) § 343 aufgeh. durch G v. 16.12.1997 (BGBl. I S. 2970).

4) § 344 Abs. 1 Satz 1 geänd. durch G v. 16.12.1997 (BGBl. I S. 2970); Abs. 3 geänd. mWv 1.7.2001 durch G v. 19.6.2001 (BGBl. I S. 1046); Abs. 4 angef. mWv 1.4.2003 durch G v. 23.12.2002 (BGBl. I S. 4621); Abs. 4 Satz 2 geänd. mWv 1.7.2006 durch G v. 29.6.2006 (BGBl. I S. 1402); Abs. 1 neu gef. mWv 1.1.2009 durch G v. 19.12.2007 (BGBl. I S. 3024); Abs. 2 neu gef. mWv 1.6.2008 durch G v. 16.5.2008 (BGBl. I S. 842); Abs. 4 neu gef. mWv 22.7.2009 durch G v. 15.7.2009 (BGBl. I S. 1939); Abs. 2 Sätze 1 und 2 geänd. mWv 3.5.2011 durch G v. 28.4.2011 (BGBl. I S. 687); Abs. 4 geänd. mWv 1.4.2012 durch G v. 20.12.2011 (BGBl. I S. 2854); Abs. 4 geänd. mWv 1.7.2019 durch G v. 28.11.2018 (BGBl. I S. 2016); Abs. 3 geänd. mWv 1.1.2022 durch G v. 2.6.2021 (BGBl. I S. 1387).

(2) 1 Für Personen, die unmittelbar nach einem Versicherungspflichtverhältnis einen Freiwilligendienst im Sinne des Jugendfreiwilligendienstegesetzes[1] oder des Bundesfreiwilligendienstgesetzes[2] leisten, gilt als beitragspflichtige Einnahme ein Arbeitsentgelt in Höhe der monatlichen Bezugsgröße. 2 Dies gilt auch, wenn der Jugendfreiwilligendienst oder der Bundesfreiwilligendienst nach einer Unterbrechung, die sechs Monate nicht überschreitet, fortgesetzt wird.

(3) Für Menschen mit Behinderungen, die in einer anerkannten Werkstatt für behinderte Menschen oder Blindenwerkstätte beschäftigt sind, ist als beitragspflichtige Einnahme das tatsächlich erzielte Arbeitsentgelt, mindestens jedoch ein Betrag in Höhe von 20 Prozent der monatlichen Bezugsgröße zugrunde zu legen.

(4) Bei Arbeitnehmerinnen und Arbeitnehmern, die gegen ein monatliches Arbeitsentgelt bis zum oberen Grenzbetrag des Übergangsbereichs (§ 20 Absatz 2 des Vierten Buches[3]) mehr als geringfügig beschäftigt sind, gilt der Betrag der beitragspflichtigen Einnahme nach § 163 Absatz 10 des Sechsten Buches[4] entsprechend[5]

§ 345[6] Beitragspflichtige Einnahmen sonstiger Versicherungspflichtiger. Als beitragspflichtige Einnahme gilt bei Personen,

1. die in Einrichtungen der beruflichen Rehabilitation Leistungen erhalten, die ihnen eine Erwerbstätigkeit ermöglichen sollen, oder die in Einrichtungen der Jugendhilfe für eine Erwerbstätigkeit befähigt werden sollen, ein Arbeitsentgelt in Höhe von einem Fünftel der monatlichen Bezugsgröße,
2. die als Wehrdienstleistende oder als Zivildienstleistende versicherungspflichtig sind (§ 25 Abs. 2 Satz 2, § 26 Abs. 1 Nr. 2), ein Betrag in Höhe von 40 Prozent der monatlichen Bezugsgröße,
3. die als Gefangene versicherungspflichtig sind, ein Arbeitsentgelt in Höhe von 90 Prozent der Bezugsgröße,
4. die als nicht satzungsmäßige Mitglieder geistlicher Genossenschaften oder ähnlicher religiöser Gemeinschaften für den Dienst in einer solchen Genossenschaft oder ähnlichen religiösen Gemeinschaft außerschulisch ausgebildet werden, ein Entgelt in Höhe der gewährten Geld- und Sachbezüge,
5. die als Bezieherinnen oder Bezieher von Krankengeld, Versorgungskrankengeld, Verletztengeld oder Übergangsgeld versicherungspflichtig sind, 80 Prozent des der Leistung zugrunde liegenden Arbeitsentgelts oder Ar-

---

[1] **Loseblatt-Textsammlung Arbeitsrecht Nr. 422.**
[2] **Loseblatt-Textsammlung Arbeitsrecht Nr. 422a.**
[3] Nr. **4**.
[4] Nr. **6**.
[5] Siehe hierzu ua die Bek. des Gesamtsozialversicherungsbeitragssatzes und des Faktors F für das Jahr 2021 v. 11.12.2020 (BAnz AT 17.12.2020 B5).
[6] § 345 Nr. 4 eingef., bish. Nr. 4 und 5 werden Nr. 5 und 6 mWv 1.1.2000 durch G v. 22.12.1999 (BGBl. I S. 2626); Nr. 1 geänd. mWv 1.7.2001 durch G v. 19.6.2001 (BGBl. I S. 1046); Nr. 6 geänd., Nr. 7 angef. mWv 1.1.2003 durch G v. 10.12.2001 (BGBl. I S. 3443); Nr. 6 geänd. mWv 1.1.2004 durch G v. 14.11.2003 (BGBl. I S. 2190); Nr. 2 geänd. mWv 1.2.2006 durch G v. 23.12.2003 (BGBl. I S. 2848); Nr. 7 geänd., Nr. 8 angef. mWv 1.7.2008 durch G v. 28.5.2008 (BGBl. I S. 874); Nr. 5 und 6 geänd. mWv 1.4.2012 durch G v. 20.12.2011 (BGBl. I S. 2854); Nr. 5a und 6a eingef. mWv 1.8.2012 durch G v. 21.7.2012 (BGBl. I S. 1601); Nr. 5b und 6b eingef. mWv 1.1.2015 durch G v. 23.12.2014 (BGBl. I S. 2462); Nr. 6a geänd. mWv 23.7.2015 durch G v. 16.7.2015 (BGBl. I S. 1211); Nr. 8 geänd. mWv 1.1.2017 durch G v. 21.12.2015 (BGBl. I S. 2424).

beitseinkommens, wobei 80 Prozent des beitragspflichtigen Arbeitsentgelts aus einem versicherungspflichtigen Beschäftigungsverhältnis abzuziehen sind; bei gleichzeitigem Bezug von Krankengeld neben einer anderen Leistung ist das dem Krankengeld zugrunde liegende Einkommen nicht zu berücksichtigen,

5a. die Krankengeld nach § 44a des Fünften Buches[1] beziehen, das der Leistung zugrunde liegende Arbeitsentgelt oder Arbeitseinkommen; wird Krankengeld in Höhe der Entgeltersatzleistungen nach diesem Buch gezahlt, gilt Nummer 5,

5b. die Krankengeld nach § 45 Absatz 1 des Fünften Buches oder Verletztengeld nach § 45 Absatz 4 des Siebten Buches[2] in Verbindung mit § 45 Absatz 1 des Fünften Buches beziehen, 80 Prozent des während der Freistellung ausgefallenen, laufenden Arbeitsentgelts oder des der Leistung zugrunde liegenden Arbeitseinkommens,

6. die als Bezieherinnen oder Bezieher von Krankentagegeld versicherungspflichtig sind, ein Arbeitsentgelt in Höhe von 70 Prozent der für die Erhebung der Beiträge zur gesetzlichen Krankenversicherung maßgeblichen Beitragsbemessungsgrenze (§ 223 Abs. 3 Satz 1 des Fünften Buches). Für den Kalendermonat ist ein Zwölftel und für den Kalendertag ein Dreihundertsechzigstel des Arbeitsentgelts zugrunde zu legen,

6a. die von einem privaten Krankenversicherungsunternehmen, von einem Beihilfeträger des Bundes, von einem sonstigen öffentlich-rechtlichen Träger von Kosten in Krankheitsfällen auf Bundesebene, von dem Träger der Heilfürsorge im Bereich des Bundes, von dem Träger der truppenärztlichen Versorgung oder von öffentlich-rechtlichen Trägern von Kosten in Krankheitsfällen auf Landesebene, soweit Landesrecht dies vorsieht, Leistungen für den Ausfall von Arbeitseinkünften im Zusammenhang mit einer nach den §§ 8 und 8a des Transplantationsgesetzes[3] erfolgenden Spende von Organen oder Geweben oder im Zusammenhang mit einer im Sinne von § 9 des Transfusionsgesetzes[4] erfolgenden Spende von Blut zur Separation von Blutstammzellen oder anderen Blutbestandteilen beziehen, das diesen Leistungen zugrunde liegende Arbeitsentgelt oder Arbeitseinkommen,

6b. die als Bezieherinnen oder Bezieher von Pflegeunterstützungsgeld versicherungspflichtig sind, 80 Prozent des während der Freistellung ausgefallenen, laufenden Arbeitsentgelts,

7. die als Bezieherinnen von Mutterschaftsgeld versicherungspflichtig sind, ein Arbeitsentgelt in Höhe des Mutterschaftsgeldes,

8. die als Pflegepersonen versicherungspflichtig sind (§ 26 Abs. 2b), ein Arbeitsentgelt in Höhe von 50 Prozent der monatlichen Bezugsgröße; dabei ist die Bezugsgröße für das Beitrittsgebiet maßgebend, wenn der Tätigkeitsort im Beitrittsgebiet liegt.

§ 345a[5] Pauschalierung der Beiträge. [1] Für die Personen, die als Bezieherinnen oder Bezieher einer Rente wegen voller Erwerbsminderung versiche-

---

[1] Nr. 5.
[2] Nr. 7.
[3] **Aichberger ErgBd. Nr. 40.**
[4] **Aichberger ErgBd. Nr. 45.**
[5] § 345a eingef. mWv 1.1.2003 durch G v. 10.12.2001 (BGBl. I S. 3443); Abs. 1 neu gef. mWv 1.1.2006 durch G v. 19.4.2007 (BGBl. I S. 538); Abs. 2 aufgeh. mWv 1.1.2007 durch G v. 22.12.2007 →

rungspflichtig sind (§ 26 Abs. 2 Nr. 3) wird für jedes Kalenderjahr ein Gesamtbeitrag festgesetzt. [2] Der Gesamtbeitrag beträgt

1. für das Jahr 2003 5 Millionen Euro,
2. für das Jahr 2004 18 Millionen Euro,
3. für das Jahr 2005 36 Millionen Euro,
4. für das Jahr 2006 19 Millionen Euro und
5. für das Jahr 2007 26 Millionen Euro.

[3] Der jährliche Gesamtbeitrag verändert sich im jeweils folgenden Kalenderjahr in dem Verhältnis, in dem

1. die Bezugsgröße der Sozialversicherung,
2. die Zahl der Zugänge an Arbeitslosengeldbezieherinnen und Arbeitslosengeldbeziehern aus dem Bezug einer Rente wegen voller Erwerbsminderung und
3. die durchschnittlich durch Zeiten des Bezuges einer Rente wegen voller Erwerbsminderung erworbene Anspruchsdauer

des vergangenen Kalenderjahres zu den entsprechenden Werten des vorvergangenen Kalenderjahres stehen. [4] Das Bundesministerium für Arbeit und Soziales macht den Gesamtbeitrag eines Kalenderjahres bis zum 1. Juli desselben Jahres im Bundesanzeiger bekannt[1)]

§ 345b[2)] Beitragspflichtige Einnahmen bei einem Versicherungspflichtverhältnis auf Antrag. [1] Für Personen, die ein Versicherungspflichtverhältnis auf Antrag begründen, gilt als beitragspflichtige Einnahme

1. *(aufgehoben)*
2. in Fällen des § 28a Absatz 1 Nummer 2 und 3 ein Arbeitsentgelt in Höhe der monatlichen Bezugsgröße,
3. in Fällen des § 28a Absatz 1 Nummer 4 und 5 ein Arbeitsentgelt in Höhe von 50 Prozent der monatlichen Bezugsgröße.

[2] Abweichend von Satz 1 Nummer 2 gilt in Fällen des § 28a Absatz 1 Nummer 2 bis zum Ablauf von einem Kalenderjahr nach dem Jahr der Aufnahme der selbständigen Tätigkeit als beitragspflichtige Einnahme ein Arbeitsentgelt in Höhe von 50 Prozent der monatlichen Bezugsgröße. [3] Dabei ist die Bezugsgröße für das Beitrittsgebiet maßgebend, wenn der Tätigkeitsort im Beitrittsgebiet liegt.

(Fortsetzung der Anm. von voriger Seite)
(BGBl. I S. 3245); Abs. 2 angef. mWv 1.1.2007 durch G v. 8.4.2008 (BGBl. I S. 681); Abs. 2 aufgeh. mWv 1.1.2008 durch G v. 20.12.2008 (BGBl. I S. 2860); Satz 1, Satz 3 Nr. 2 geänd. mWv 1.4.2012 durch G v. 20.12.2011 (BGBl. I S. 2854).

[1)] Siehe hierzu ua die Bek. des Gesamtbeitrags für die zur Arbeitsförderung versicherungspflichtigen Bezieherinnen und Bezieher einer Rente wegen voller Erwerbsminderung 2021 v. 12.3.2021 (BAnz AT 29.03.2021 B3).

[2)] § 345b eingef. mWv 1.2.2006 durch G v. 23.12.2003 (BGBl. I S. 2848); Überschrift, Satz 1 Nr. 1 und 2 geänd., Satz 2 eingef., bish. Satz 2 wird Satz 3 mWv 1.1.2011 durch G v. 24.10.2010 (BGBl. I S. 1417); Satz 1 Nr. 1 aufgeh. mWv 1.1.2017 durch G v. 21.12.2015 (BGBl. I S. 2424); Satz 1 Nr. 2 geänd., Nr. 3 angef. mWv 1.8.2016 durch G v. 18.7.2016 (BGBl. I S. 1710).

Zweiter Unterabschnitt. Verfahren

§ 346[1] Beitragstragung bei Beschäftigten. (1) [1] Die Beiträge werden von den versicherungspflichtig Beschäftigten und den Arbeitgebern je zur Hälfte getragen. [2] Arbeitgeber im Sinne der Vorschriften dieses Titels sind auch die Auftraggeber von Heimarbeiterinnen und Heimarbeitern sowie Träger außerbetrieblicher Ausbildung.

(1a) Bei versicherungspflichtig Beschäftigten, deren beitragspflichtige Einnahme sich nach § 344 Abs. 4 bestimmt, werden die Beiträge abweichend von Absatz 1 Satz 1 getragen

1. von den Arbeitgebern in Höhe der Hälfte des Betrages, der sich ergibt, wenn der Beitragssatz auf das der Beschäftigung zugrunde liegende Arbeitsentgelt angewendet wird,
2. im Übrigen von den versicherungspflichtig Beschäftigten.

(1b) *(aufgehoben)*

(2) Der Arbeitgeber trägt die Beiträge allein für Menschen mit Behinderungen, die in einer anerkannten Werkstatt für behinderte Menschen, bei einem anderen Leistungsanbieter nach § 60 des Neunten Buches[2] oder in einer Blindenwerkstätte im Sinne des § 226 des Neunten Buches beschäftigt sind und deren monatliches Bruttoarbeitsentgelt ein Fünftel der monatlichen Bezugsgröße nicht übersteigt.

(3) [1] Für Beschäftigte, die wegen Vollendung des für die Regelaltersrente im Sinne des Sechsten Buches[3] erforderlichen Lebensjahres versicherungsfrei sind, tragen die Arbeitgeber die Hälfte des Beitrages, der zu zahlen wäre, wenn die Beschäftigten versicherungspflichtig wären. [2] Für den Beitragsanteil gelten die Vorschriften des Dritten Abschnitts des Vierten Buches[4] und die Bußgeldvorschriften des § 111 Abs. 1 Nr. 2 bis 4, 8 und Abs. 4 des Vierten Buches entsprechend. [3] Die Sätze 1 und 2 sind bis zum 31. Dezember 2021 nicht anzuwenden.

§ 347[5] Beitragstragung bei sonstigen Versicherten. Die Beiträge werden getragen

---

[1] § 346 Abs. 2 Satz 1 Nr. 1 geänd. durch G v. 16.12.1997 (BGBl. I S. 2970); Abs. 2 Satz 1 Nr. 1 neu gef. durch G v. 24.3.1999 (BGBl. I S. 388); Abs. 2 Satz 1 Nr. 1 geänd. mWv 1.1.2002 durch G v. 21.12.2000 (BGBl. I S. 1983); Abs. 2 Nr. 2 neu gef. mWv 1.7.2001 durch G v. 19.6.2001 (BGBl. I S. 1046); Abs. 1 Satz 2 geänd. mWv 1.1.2002 durch G v. 10.12.2001 (BGBl. I S. 3443); Abs. 1a eingef., Abs. 2 Satz 1 Nr. 1 geänd. mWv 1.4.2003 durch G v. 23.12.2002 (BGBl. I S. 4621); Abs. 2 neu gef. mWv 1.8.2003 durch G v. 24.7.2003 (BGBl. I S. 1526); Abs. 3 Satz 1 geänd. mWv 1.1.2008 durch G v. 20.4.2007 (BGBl. I S. 554); Abs. 2 geänd. mWv 14.9.2007 durch G v. 7.9.2007 (BGBl. I S. 2246); Abs. 1b eingef. mWv 1.1.2008 durch G v. 19.12.2007 (BGBl. I S. 3024); Abs. 1 Satz 2 geänd. mWv 1.4.2012 durch G v. 20.12.2011 (BGBl. I S. 2854); Abs. 3 Satz 3 angef. mWv 1.1.2017 durch G v. 8.12.2016 (BGBl. I S. 2838); Abs. 2 geänd. mWv 1.1.2018 durch G v. 23.12.2016 (BGBl. I S. 3234); Abs. 1b aufgeh. mWv 1.1.2020 durch G v. 12.12.2019 (BGBl. I S. 2522); Abs. 2 geänd. mWv 1.1.2022 durch G v. 2.6.2021 (BGBl. I S. 1387).

[2] Nr. 9.

[3] Nr. 6.

[4] Nr. 4.

[5] § 347 Nr. 1 und 4 Buchst. c geänd. durch G v. 16.12.1997 (BGBl. I S. 2970); Nr. 4 Buchst. c geänd. durch G v. 24.3.1999 (BGBl. I S. 388); Nr. 4 eingef., bish. Nr. 4 und 5 werden Nr. 5 und 6 mWv 1.1.2000 durch G v. 22.12.1999 (BGBl. I S. 2626); Nr. 5 Buchst. c geänd. mWv 1.1.2002 durch G v. 21.12.2000 (BGBl. I S. 1983); Nr. 1 geänd. mWv 1.7.2001 durch G v. 19.6.2001 (BGBl. I S. 1046); Nr. 6 geänd., Nr. 7, 8 und 9 angef. mWv 1.1.2003 durch G v. 10.12.2001 (BGBl. I S. 3443); Nr. 5 Buchst. c geänd. mWv 1.4.2003 durch G v. 23.12.2002 (BGBl. I S. 4621); Nr. 8 geänd., Nr. 9 →

1. für Personen, die in Einrichtungen der beruflichen Rehabilitation Leistungen erhalten, die eine Erwerbstätigkeit ermöglichen sollen, oder die in Einrichtungen der Jugendhilfe für eine Erwerbstätigkeit befähigt werden sollen, vom Träger der Einrichtung,
2. für Wehrdienstleistende oder für Zivildienstleistende nach der Hälfte des Beitragssatzes vom Bund,
3. für Gefangene von dem für die Vollzugsanstalt zuständigen Land,
4. für nicht satzungsmäßige Mitglieder geistlicher Genossenschaften oder ähnlicher religiöser Gemeinschaften während der Zeit der außerschulischen Ausbildung für den Dienst in einer solchen Genossenschaft oder ähnlichen religiösen Gemeinschaft von der geistlichen Genossenschaft oder ähnlichen religiösen Gemeinschaft,
5. für Personen, die Krankengeld oder Verletztengeld beziehen, von diesen und den Leistungsträgern je zur Hälfte, soweit sie auf die Leistung entfallen, im übrigen von den Leistungsträgern; die Leistungsträger tragen die Beiträge auch allein, soweit sie folgende Leistungen zahlen:
   a) Versorgungskrankengeld oder Übergangsgeld,
   b) Krankengeld oder Verletztengeld in Höhe der Entgeltersatzleistungen nach diesem Buch oder
   c) eine Leistung, die nach einem monatlichen Arbeitsentgelt bemessen wird, das 450 Euro nicht übersteigt,

5a. für Personen, die Krankengeld nach § 44a des Fünften Buches[1] beziehen, vom Leistungsträger,

6. für Personen, die Krankentagegeld beziehen, von privaten Krankenversicherungsunternehmen,

6a. für Personen, die Leistungen für den Ausfall von Arbeitseinkünften im Zusammenhang mit einer nach den §§ 8 und 8a des Transplantationsgesetzes[2] erfolgenden Spende von Organen oder Geweben oder im Zusammenhang mit einer im Sinne von § 9 des Transfusionsgesetzes[3] erfolgenden Spende von Blut zur Separation von Blutstammzellen oder anderen Blutbestandteilen beziehen, von der Stelle, die die Leistung erbringt; wird die Leistung von mehreren Stellen erbracht, sind die Beiträge entsprechend anteilig zu tragen,

6b. für Personen, die Pflegeunterstützungsgeld beziehen, von den Bezieherinnen oder Beziehern der Leistung zur Hälfte, soweit sie auf die Leistung entfallen, im Übrigen

---

(Fortsetzung der Anm. von voriger Seite)
aufgeh. mWv 1.1.2007 durch G v. 22.12.2007 (BGBl. I S. 3245); Nr. 8 geänd., Nr. 9 angef. mWv 1.1.2007 durch G v. 8.4.2008 (BGBl. I S. 681); Nr. 9 geänd., Nr. 10 angef. mWv 1.7.2008 durch G v. 28.5.2008 (BGBl. I S. 874); Nr. 9 aufgeh. mWv 1.1.2008 durch G v. 20.12.2008 (BGBl. I S. 2860); Nr. 5 einl. Satzteil, Nr. 7 und Nr. 10 einl. Satzteil, Buchst. a, b und c geänd. mWv 1.4.2012 durch G v. 20.12.2011 (BGBl. I S. 2854); Nr. 5a und 6a eingef. mWv 1.8.2012 durch G v. 21.7.2012 (BGBl. I S. 1601); Nr. 5 Buchst. c geänd. mWv 1.1.2013 durch G v. 5.12.2012 (BGBl. I S. 2474); Nr. 6b eingef. mWv 1.1.2015 durch G v. 23.12.2014 (BGBl. I S. 2462); Nr. 6a geänd. mWv 23.7.2015 durch G v. 16.7.2015 (BGBl. I S. 1211); Nr. 10 geänd. mWv 1.1.2017 durch G v. 21.12.2015 (BGBl. I S. 2424).

[1] Nr. **5**.

[2] **Aichberger ErgBd. Nr. 40.**

[3] **Aichberger ErgBd. Nr. 45.**

a) von der Pflegekasse, wenn die oder der Pflegebedürftige in der sozialen Pflegeversicherung versichert ist,

b) vom privaten Versicherungsunternehmen, wenn die oder der Pflegebedürftige in der privaten Pflege-Pflichtversicherung versichert ist,

c) von der Festsetzungsstelle für die Beihilfe oder dem Dienstherrn und der Pflegekasse oder dem privaten Versicherungsunternehmen anteilig, wenn die oder der Pflegebedürftige Anspruch auf Beihilfe oder Heilfürsorge hat und in der sozialen Pflegeversicherung oder bei einem privaten Versicherungsunternehmen versichert ist;

die Beiträge werden von den Stellen, die die Leistung zu erbringen haben, allein getragen, wenn das der Leistung zugrunde liegende Arbeitsentgelt auf den Monat bezogen 450 Euro nicht übersteigt,

7. für Personen, die als Bezieherinnen oder Bezieher einer Rente wegen voller Erwerbsminderung versicherungspflichtig sind, von den Leistungsträgern,
8. für Personen, die als Bezieherinnen von Mutterschaftsgeld versicherungspflichtig sind, von den Leistungsträgern,
9. *(aufgehoben)*
10. für Personen, die als Pflegepersonen versicherungspflichtig sind (§ 26 Absatz 2b) und eine

(Fortsetzung nächstes Blatt)

eine Ausgleichskasse ab. [2] Dies gilt auch, wenn die Umlage gemeinsam von Arbeitgebern sowie Arbeitnehmerinnen und Arbeitnehmern aufgebracht wird; in diesen Fällen gelten § 28e Abs. 1 Satz 1 und § 28g des Vierten Buches[1)] entsprechend. [3] Kosten werden der gemeinsamen Einrichtung oder der Ausgleichskasse nicht erstattet. [4] Die Bundesagentur kann mit der gemeinsamen Einrichtung oder der Ausgleichskasse ein vereinfachtes Abrechnungsverfahren vereinbaren und dabei auf Einzelnachweise verzichten.

(2) [1] Umlagepflichtige Arbeitgeber, auf die die Tarifverträge über die gemeinsamen Einrichtungen oder Ausgleichskassen keine Anwendung finden, führen die Umlagebeträge unmittelbar an die Bundesagentur ab. [2] Sie haben der Bundesagentur die Mehraufwendungen für die Einziehung pauschal zu erstatten.

§ 357[2)] Verordnungsermächtigung. (1) Das Bundesministerium für Arbeit und Soziales wird ermächtigt, durch Rechtsverordnung

1. die Höhe der pauschalierten Verwaltungskosten, die von der Umlage in einzelnen Wirtschaftszweigen aufzubringen sind,
2. den jeweiligen Prozentsatz zur Berechnung der Umlage, eine gemeinsame Tragung der Umlage durch Arbeitgeber sowie Arbeitnehmerinnen und Arbeitnehmer und, bei gemeinsamer Tragung, die jeweiligen Anteile,
3. zur Berechnung der Umlage die umlagepflichtigen Bestandteile der Bruttoarbeitsentgelte in den einzelnen Zweigen des Baugewerbes und weiteren Wirtschaftszweigen, die von saisonbedingtem Arbeitsausfall betroffen sind,
4. die Höhe der Pauschale für die Mehraufwendungen in Fällen, in denen die Arbeitgeber ihre Umlagebeträge nicht über eine gemeinsame Einrichtung oder Ausgleichskasse abführen,
5. die Voraussetzungen zur Entrichtung der Umlagebeträge in längeren Abrechnungsintervallen und
6. das Nähere über die Zahlung und Einziehung der Umlage

festzulegen.

(2) [1] Bei der Festsetzung des jeweiligen Prozentsatzes ist zu berücksichtigen, welche ergänzenden Leistungen nach § 102 in Anspruch genommen werden können. [2] Der jeweilige Prozentsatz ist so festzusetzen, dass das Aufkommen aus der Umlage unter Berücksichtigung von eventuell bestehenden Fehlbeträgen oder Überschüssen für die einzelnen Wirtschaftszweige ausreicht, um den voraussichtlichen Bedarf der Bundesagentur für die Aufwendungen nach § 354 Satz 1 zu decken.

Zweiter Unterabschnitt.[3)] Umlage für das Insolvenzgeld

§ 358[4)] Aufbringung der Mittel. (1) [1] Die Mittel für die Zahlung des Insolvenzgeldes werden durch eine monatliche Umlage von den Arbeitgebern aufgebracht. [2] Der Bund, die Länder, die Gemeinden sowie Körperschaften, Stiftungen und Anstalten des öffentlichen Rechts, über deren Vermögen ein Insolvenzverfahren nicht zulässig ist, und solche juristischen Personen des öffentlichen

---

[1)] Nr. 4.

[2)] § 357 neu gef. mWv 1.4.2006 durch G v. 24.4.2006 (BGBl. I S. 926); Abs. 1 Nr. 2 und Abs. 2 Satz 1 geänd. mWv 1.4.2012 durch G v. 20.12.2011 (BGBl. I S. 2854).

[3)] 2. UAbschnitt (§§ 358–362) neu gef. mWv 1.1.2009 durch G v. 30.10.2008 (BGBl. I S. 2130).

[4)] § 358 neu gef. mWv 1.1.2009 durch G v. 30.10.2008 (BGBl. I S. 2130); Abs. 3 Satz 1 Nr. 1 geänd. mWv 1.4.2012 durch G v. 20.12.2011 (BGBl. I S. 2854).

Rechts, bei denen der Bund, ein Land oder eine Gemeinde kraft Gesetzes die Zahlungsfähigkeit sichert, und private Haushalte werden nicht in die Umlage einbezogen.

(2) [1]Die Umlage ist nach einem Prozentsatz des Arbeitsentgelts (Umlagesatz) zu erheben. [2]Maßgebend ist das Arbeitsentgelt, nach dem die Beiträge zur gesetzlichen Rentenversicherung für die im Betrieb beschäftigten Arbeitnehmerinnen, Arbeitnehmer und Auszubildenden bemessen werden oder im Fall einer Versicherungspflicht in der gesetzlichen Rentenversicherung zu bemessen wären. [3]Für die Zeit des Bezugs von Kurzarbeitergeld, Saisonkurzarbeitergeld oder Transferkurzarbeitergeld bemessen sich die Umlagebeträge nach dem tatsächlich erzielten Arbeitsentgelt bis zur Beitragsbemessungsgrenze der gesetzlichen Rentenversicherung.

(3) [1]Zu den durch die Umlage zu deckenden Aufwendungen gehören

1. das Insolvenzgeld einschließlich des von der Bundesagentur gezahlten Gesamtsozialversicherungsbeitrages,
2. die Verwaltungskosten und
3. die Kosten für den Einzug der Umlage und der Prüfung der Arbeitgeber.

[2]Die Kosten für den Einzug der Umlage und der Prüfung der Arbeitgeber werden pauschaliert.

§ 359[1)] Einzug und Weiterleitung der Umlage. (1) [1]Die Umlage ist zusammen mit dem Gesamtsozialversicherungsbeitrag an die Einzugsstelle zu zahlen. [2]Die für den Gesamtsozialversicherungsbeitrag geltenden Vorschriften des Vierten Buches[2)] finden entsprechende Anwendung, soweit dieses Gesetz nichts anderes bestimmt.

(2) Die Einzugsstelle leitet die Umlage einschließlich der Zinsen und Säumniszuschläge arbeitstäglich an die Bundesagentur weiter.

§ 360[3)] Umlagesatz. Der Umlagesatz beträgt 0,15 Prozent.

§ 361[4)] Verordnungsermächtigung. Das Bundesministerium für Arbeit und Soziales wird ermächtigt, durch Rechtsverordnung mit Zustimmung des Bundesrates

1. im Einvernehmen mit dem Bundesministerium der Finanzen und dem Bundesministerium für Wirtschaft und Energie zum Ausgleich von Überschüssen oder Fehlbeständen unter Berücksichtigung der Beschäftigungs- und Wirtschaftslage zu bestimmen, dass die Umlage jeweils für ein Kalenderjahr nach einem von § 360 abweichenden Umlagesatz erhoben wird; dabei soll ein niedrigerer Umlagesatz angesetzt werden, wenn die Rücklage die durchschnittlichen jährlichen Aufwendungen der vorhergehenden fünf Ka-

(Fortsetzung nächstes Blatt)

[1)] § 359 neu gef. mWv 1.1.2009 durch G v. 30.10.2008 (BGBl. I S. 2130); Abs. 2 geänd. mWv 1.4. 2012 durch G v. 20.12.2011 (BGBl. I S. 2854).

[2)] Nr. 4.

[3)] § 360 neu gef. mWv 1.1.2013 durch G v. 5.12.2012 (BGBl. I S. 2447); geänd. mWv 1.1.2021 und mWv 1.1.2022 durch G v. 3.12.2020 (BGBl. I S. 2691).

[4)] § 361 neu gef. mWv 1.1.2009 durch G v. 30.10.2008 (BGBl. I S. 2130); Satz 1 Nr. 2 geänd. mWv 1.4.2012 durch G v. 20.12.2011 (BGBl. I S. 2854); Satz 1 Nr. 2 geänd. mWv 1.1.2013 durch G v. 12.4. 2012 (BGBl. I S. 579); Satz 1 Nr. 1 neu gef., Sätze 2 und 3 aufgeh. mWv 1.1.2013 durch G v. 5.12.2012 (BGBl. I S. 2447); Nr. 1 geänd. mWv 8.9.2015 durch VO v. 31.8.2015 (BGBl. I S. 1474).

(3) Dem Träger werden als Maßnahmekosten erstattet:

1. die angemessenen Aufwendungen für das zur Durchführung der Maßnahme eingesetzte erforderliche Personal sowie für das erforderliche Leitungs- und Verwaltungspersonal,
2. die angemessenen Sachkosten einschließlich der Kosten für Lehr- und Lernmittel und
3. die erforderlichen Fahrkosten der Teilnehmenden.

(4) Die Berechtigung der Ausländerin oder des Ausländers zur Teilnahme an einem Integrationskurs schließt eine Förderung nach Absatz 1 nicht aus.

(5) Die Leistungen nach dieser Vorschrift sind Leistungen der aktiven Arbeitsförderung im Sinne des § 3 Absatz 1 und 2.

§ 421a[1)] Arbeiten in Maßnahmen des Arbeitsmarktprogramms Flüchtlingsintegrationsmaßnahmen. [1] Arbeiten in Maßnahmen, die durch das Arbeitsmarktprogramm Flüchtlingsintegrationsmaßnahmen bereitgestellt werden, begründen kein Arbeitsverhältnis im Sinne des Arbeitsrechts und kein Beschäftigungsverhältnis im Sinne des Vierten Buches[2)]; die Vorschriften über den Arbeitsschutz und das Bundesurlaubsgesetz[3)] mit Ausnahme der Regelungen über das Urlaubsentgelt sind entsprechend anzuwenden. [2] Für Schäden bei der Ausübung ihrer Tätigkeit haften die Teilnehmerinnen und Teilnehmer an den Maßnahmen wie Arbeitnehmerinnen und Arbeitnehmer.

§ 421b[4)] Erprobung einer zentralen Servicestelle für anerkennungssuchende Fachkräfte im Ausland. [1] Die Bundesagentur berät im Rahmen eines Modellvorhabens Personen, die sich nicht nur vorübergehend im Ausland aufhalten, zu den Möglichkeiten der Anerkennung ausländischer Berufsabschlüsse und damit im Zusammenhang stehenden aufenthaltsrechtlichen Fragen und begleitet sie bei der Durchführung der entsprechenden Verfahren. [2] Das Modellvorhaben ist bis zum 31. Dezember 2023 befristet. [3] § 363 Absatz 1 Satz 2 findet keine Anwendung.

§ 421c[5)] Vorübergehende Sonderregelungen im Zusammenhang mit Kurzarbeit. (1) In der Zeit vom 1. Januar 2021 bis zum Ablauf des 31. Dezember 2021 wird Entgelt aus einer geringfügigen Beschäftigung nach § 8 Absatz 1 Nummer 1 des Vierten Buches[2)], die während des Bezugs von Kurzarbeitergeld aufgenommen worden ist, abweichend von § 106 Absatz 3 dem Ist-Entgelt nicht hinzugerechnet.

(2) [1] Abweichend von § 105 beträgt das Kurzarbeitergeld bis zum 31. Dezember 2021

1. für Arbeitnehmerinnen und Arbeitnehmer, die beim Arbeitslosengeld die Voraussetzungen für den erhöhten Leistungssatz erfüllen würden, ab dem

---

[1)] § 421a eingef. mWv 6.8.2016 durch G v. 31.7.2016 (BGBl. I S. 1939).

[2)] Nr. 4.

[3)] **Loseblatt-Textsammlung Arbeitsrecht Nr. 134.**

[4)] § 421b eingef. mWv 21.8.2019 durch G v. 15.8.2019 (BGBl. I S. 1307).

[5)] § 421c eingef. mWv 28.3.2020 durch G v. 27.3.2020 (BGBl. I S. 575); Satz 2 eingef., bish. Satz 2 wird Satz 3 mWv 1.4.2020 durch G v. 20.5.2020 (BGBl. I S. 1044); bish. Wortlaut wird Abs. 1 und Satz 1 geänd., Abs. 2 angef. mWv 29.5.2020 durch G v. 20.5.2020 (BGBl. I S. 1055); Abs. 1 neu gef., Abs. 2 Satz 1 einl. und ausl. Satzteil geänd. mWv 1.1.2021 durch G v. 3.12.2020 (BGBl. I S. 2691).

vierten Bezugsmonat 77 Prozent und ab dem siebten Bezugsmonat 87 Prozent,
2. für die übrigen Arbeitnehmerinnen und Arbeitnehmer ab dem vierten Bezugsmonat 70 Prozent und ab dem siebten Bezugsmonat 80 Prozent

der Nettoentgeltdifferenz im Anspruchszeitraum, wenn der Anspruch auf Kurzarbeitergeld bis zum 31. März 2021 entstanden ist und wenn die Differenz zwischen Soll- und Ist-Entgelt im jeweiligen Bezugsmonat mindestens 50 Prozent beträgt. [2] Für die Berechnung der Bezugsmonate sind Monate mit Kurzarbeit ab März 2020 zu berücksichtigen.

§ 421d[1)] Vorübergehende Sonderregelungen zum Arbeitslosengeld.

(1) Für Personen, deren Anspruch auf Arbeitslosengeld sich in der Zeit vom 1. Mai 2020 bis zum 31. Dezember 2020 auf einen Tag gemindert hat, verlängert sich die Anspruchsdauer einmalig um drei Monate.

(2) [1] Für Zeiten, in denen die durchschnittliche regelmäßige wöchentliche Arbeitszeit der oder des Arbeitslosen auf Grund einer kollektiv-rechtlichen Beschäftigungssicherungsvereinbarung, die ab dem 1. März 2020 geschlossen oder wirksam geworden ist, vorübergehend vermindert war, gilt ergänzend zu § 151 Absatz 3, dass als Arbeitsentgelt das Arbeitsentgelt zu Grunde zu legen ist, das die oder der Arbeitslose ohne diese Vereinbarung und ohne Mehrarbeit erzielt hätte; insoweit gilt § 150 Absatz 2 Satz 1 Nummer 5 nicht. [2] Satz 1 gilt nur für Zeiten mit Anspruch auf Arbeitsentgelt im Zeitraum vom 1. März 2020 bis zum 31. Dezember 2022. [3] Sind Ansprüche auf Arbeitslosengeld vor dem 10. Dezember 2020 entstanden, so sind die Sätze 1 und 2 anzuwenden, wenn die oder der Arbeitslose dies verlangt und die zur Ermittlung des Bemessungsentgelts erforderlichen Tatsachen nachweist.

(3) [1] Abweichend von § 146 Absatz 2 besteht für das Kalenderjahr 2020 der Anspruch auf Leistungsfortzahlung für jedes Kind längstens für 15 Tage, bei alleinerziehenden Arbeitslosen längstens für 30 Tage; Arbeitslosengeld wird insgesamt für nicht mehr als 35 Tage, für alleinerziehende Arbeitslose für nicht mehr als 70 Tage fortgezahlt; für das Kalenderjahr 2021 besteht der Anspruch auf Leistungsfortzahlung für jedes Kind längstens für 30 Tage, bei alleinerziehenden Arbeitslosen längstens für 60 Tage; Arbeitslosengeld wird insgesamt für nicht mehr als 65 Tage, für alleinerziehende Arbeitslose für nicht mehr als 130 Tage fortgezahlt; für das Kalenderjahr 2022 besteht der Anspruch auf Leistungsfortzahlung für jedes Kind längstens für 30 Tage, bei alleinerziehenden Arbeitslosen längstens für 60 Tage; Arbeitslosengeld wird insgesamt für nicht mehr als 65 Tage, für alleinerziehende Arbeitslose für nicht mehr als 130 Tage fortgezahlt. [2] Satz 1 ist nur anzuwenden, wenn die oder der Arbeitslose dies verlangt und die übrigen Voraussetzungen vorliegen.

§ 421e[2)] Vorübergehende Sonderregelungen im Zusammenhang mit dem Austritt des Vereinigten Königreichs Großbritannien und Nordirland aus der Europäischen Union. (1) Die Mitteilungspflicht der Bundesagentur für Arbeit nach § 172 Absatz 1 ist entsprechend für insolvente Arbeit-

---

1) § 421d eingef. mWv 29.5.2020 durch G v. 20.5.2020 (BGBl. I S. 1055); Überschrift neu gef. mWv 10.12.2020 durch G v. 3.12.2020 (BGBl. I S. 2691); Abs. 3 Satz 1 geänd. mWv 5.1.2021 durch G v. 18.1.2021 (BGBl. I S. 2); Abs. 3 Satz 1 geänd. mWv 5.1.2021 durch G v. 22.4.2021 (BGBl. I S. 802); Abs. 3 Satz 1 geänd. mWv 1.1.2022 durch G v. 22.11.2021 (BGBl. I S. 4906).

2) § 421e eingef. mWv 24.11.2020 durch G v. 12.11.2020 (BGBl. I S. 2416).

geber anzuwenden, die auch im Vereinigten Königreich Großbritannien und Nordirland tätig sind, wenn das Insolvenzereignis vor dem Tag nach dem Ende des Übergangszeitraums gemäß Teil Vier des Abkommens über den Austritt des Vereinigten Königreichs Großbritannien und Nordirland aus der Europäischen Union und der Europäischen Atomgemeinschaft vom 24. Januar 2020 (ABl. L 29 vom 31.1.2020, S. 7) liegt.

(2) Leistungsberechtigten Personen, die

1. laufende Geldleistungen nach diesem Buch bereits vor dem Tag nach dem Ende des Übergangszeitraums gemäß Teil Vier des Abkommens über den Austritt des Vereinigten Königreichs Großbritannien und Nordirland aus der Europäischen Union und der Europäischen Atomgemeinschaft bezogen haben und
2. ihr Konto bei einem Geldinstitut im Vereinigten Königreich Großbritannien und Nordirland bereits vor dem Tag nach dem Ende des Übergangszeitraums gemäß dem Vierten Teil des Abkommens über den Austritt des Vereinigten Königreichs Großbritannien und Nordirland aus der Europäischen Union und der Europäischen Atomgemeinschaft hatten,

werden Geldleistungen abweichend von § 337 Absatz 1 Satz 1 ohne Abzug der dadurch veranlassten Kosten ausgezahlt, solange die leistungsberechtigten Personen die laufende Geldleistung beziehen und weiterhin ihr Konto bei einem Geldinstitut im Vereinigten Königreich Großbritannien und Nordirland haben.

§§ 421f–421u[1] *(aufgehoben bzw. nicht mehr belegt)*

(Fortsetzung nächstes Blatt)

[1] §§ 421f–421u aufgeh. bzw. umbenannt mWv 1.4.2012 durch G v. 20.12.2011 (BGBl. I S. 2854).

3/81. Verordnung über ergänzende Leistungen zum Saison-Kurzarbeitergeld und die Aufbringung der erforderlichen Mittel zur Aufrechterhaltung der Beschäftigung in den Wintermonaten (Winterbeschäftigungs-Verordnung – WinterbeschV)

Vom 26. April 2006
(BGBl. I S. 1086)

FNA 860-3-28

geänd. durch Art. 1 Erste ÄndVO v. 11.12.2006 (BGBl. I S. 2809), Art. 1 Zweite ÄndVO v. 19.3. 2007 (BGBl. I S. 349), Art. 1 Dritte ÄndVO v. 18.12.2008 (BGBl. I S. 2864), Art. 18 Beitreibungsrichtlinie-UmsetzungsG v. 7.12.2011 (BGBl. I S. 2592), Art. 46 G zur Verbesserung der Eingliederungschancen am Arbeitsmarkt v. 20.12.2011 (BGBl. I S. 2854), Art. 1 Vierte ÄndVO v. 30.11. 2012 (BGBl. I S. 2459), Art. 1 Fünfte ÄndVO v. 24.6.2013 (BGBl. I S. 1681) und Sechste ÄndVO v. 29.4.2021 (BGBl. I S. 860, ber. S. 1600)

Auf Grund des § 182 Abs. 3 in Verbindung mit Abs. 4 und des § 357 Abs. 1 des Dritten Buches Sozialgesetzbuch – Arbeitsförderung –[1] (Artikel 1 des Gesetzes vom 24. März 1997, BGBl. I S. 594, 595), die zuletzt durch Artikel 1 Nr. 14 und 30 des Gesetzes vom 24. April 2006 (BGBl. I S. 926) geändert worden sind, verordnet das Bundesministerium für Arbeit und Soziales:

§ 1[2] Leistungen. (1) Gewerbliche Arbeitnehmer von Betrieben
1. des Baugewerbes (§ 1 Abs. 2 der Baubetriebe-Verordnung[3]),
2. des Gerüstbauerhandwerks (§ 1 Abs. 3 Nr. 1 der Baubetriebe-Verordnung),
3. des Dachdeckerhandwerks (§ 1 Abs. 3 Nr. 2 der Baubetriebe-Verordnung),
4. des Garten- und Landschaftsbaus (§ 1 Abs. 4 der Baubetriebe-Verordnung)

erhalten entsprechend bestehenden Vereinbarungen der Tarifvertragsparteien ergänzende Leistungen nach § 102 Absatz 2 bis 4 des Dritten Buches Sozialgesetzbuch[1].

(2) Das Zuschuss-Wintergeld beträgt 2,50 Euro je Stunde.

§ 2 Umlage. Die Mittel für die ergänzenden Leistungen sowie die Verwaltungskosten und sonstigen Kosten, die mit der Gewährung der ergänzenden Leistungen zusammenhängen, werden durch Umlage in den Betrieben nach § 1 Abs. 1 aufgebracht.

§ 3[4] Höhe und Aufbringung der Umlage. (1) Die Umlage beträgt in Betrieben

---

[1] Nr. 3.

[2] § 1 Abs. 2 Satz 1, Abs. 3 Satz 1 geänd. mWv 1.11.2006 durch VO v. 11.12.2006 (BGBl. I S. 2809); Abs. 2 Satz 1 und Abs. 3 Satz 1 geänd. mWv 1.4.2007 durch VO v. 19.3.2007 (BGBl. I S. 349); Abs. 1 ausl. Satzteil, Abs. 2 Satz 1 und Abs. 3 Satz 1 geänd. mWv 1.4.2012 durch G v. 20.12. 2011 (BGBl. I S. 2854); Abs. 1 ausl. Satzteil geänd., Abs. 2 Satz 1 aufgeh., bish. Satz 2 wird einziger Wortlaut, Abs. 3 aufgeh. mWv 8.5.2021 durch VO v. 29.4.2021 (BGBl. I S. 860, ber. S. 1600).

[3] Nr. **3/80**.

[4] § 3 Abs. 1 Nr. 3 geänd., Abs. 2 Satz 2 eingef., bish. Satz 2 wird Satz 3, Abs. 3 neu gef. mWv 1.11. 2006 durch VO v. 11.12.2006 (BGBl. I S. 2809); Abs. 1 Nr. 4 geänd., Abs. 2 neu gef. mWv 1.4.2007 durch VO v. 19.3.2007 (BGBl. I S. 349); Abs. 1 Nr. 1 geänd. mWv 25.12.2008 durch VO v. 18.12. →

1. des Baugewerbes (§ 1 Abs. 2 der Baubetriebe-Verordnung[1]) 2 Prozent,
2. des Gerüstbauerhandwerks (§ 1 Abs. 3 Nr. 1 der Baubetriebe-Verordnung) 1,9 Prozent,
3. des Dachdeckerhandwerks (§ 1 Abs. 3 Nr. 2 der Baubetriebe-Verordnung) 2 Prozent,
4. des Garten- und Landschaftsbaus (§ 1 Abs. 4 der Baubetriebe-Verordnung) 1,85 Prozent

der umlagepflichtigen Bruttoarbeitsentgelte der gewerblichen Arbeitnehmer.

(2) Die Umlage wird in Betrieben

1. nach Absatz 1 Nr. 1 anteilig durch die Arbeitgeber in Höhe von 1,2 Prozent und durch die Arbeitnehmer in Höhe von 0,8 Prozent aufgebracht; der Arbeitgeber hat den gesamten Umlagebetrag abzuführen,
2. nach Absatz 1 Nr. 2 allein durch die Arbeitgeber aufgebracht,
3. nach Absatz 1 Nr. 3 anteilig durch die Arbeitgeber in Höhe von 1,2 Prozent und durch die Arbeitnehmer in Höhe von 0,8 Prozent aufgebracht; der Arbeitgeber hat den gesamten Umlagebetrag abzuführen,
4. nach Absatz 1 Nr. 4 anteilig durch die Arbeitgeber in Höhe von 1,05 Prozent und durch die Arbeitnehmer in Höhe von 0,8 Prozent aufgebracht; der Arbeitgeber hat den gesamten Umlagebetrag abzuführen.

(3) [1] Das umlagepflichtige Bruttoarbeitsentgelt ist der für die Berechnung der Lohnsteuer zugrunde zu legende Bruttoarbeitslohn einschließlich der Sachbezüge, die nicht pauschal nach § 40 des Einkommensteuergesetzes[2] versteuert werden. [2] Bei der Berechnung der umlagepflichtigen Bruttoarbeitsentgelte der Arbeitnehmer werden die nach den §§ 40a, 40b und 52 Abs. 52a des Einkommensteuergesetzes pauschal zu versteuernden Bruttoarbeitsentgelte berücksichtigt. [3] Nicht berücksichtigt werden

1. der Beitrag zu einer Gruppen-Unfallversicherung,
2. die Anteile an der Finanzierung einer tariflichen Zusatzrente im Sinne des § 1 des Betriebsrentengesetzes[3],
3. in Betrieben nach Absatz 1 Nr. 1 das tarifliche 13. Monatseinkommen oder betriebliche Zahlungen mit gleichem Charakter, Urlaubsabgeltungen und Abfindungen wegen einer vom Arbeitgeber veranlassten oder gerichtlich ausgesprochenen Auflösung des Arbeitsverhältnisses und
4. in Betrieben nach Absatz 1 Nr. 2 das 13. Monatseinkommen oder betriebliche Zahlungen mit gleichem Charakter.

[4] Umlagepflichtiges Bruttoarbeitsentgelt ist bei Arbeitnehmern, die nicht dem deutschen Lohnsteuerrecht unterliegen, der Bruttoarbeitslohn einschließlich der

(Fortsetzung nächstes Blatt)

(Fortsetzung der Anm. von voriger Seite)
2008 (BGBl. I S. 2864); Abs. 3 Satz 1 geänd. mWv 1.1.2012 durch G v. 7.12.2011 (BGBl. I S. 2592); Abs. 1 Nr. 3, Abs. 2 Nr. 3 geänd. mWv 1.1.2013 durch VO v. 30.11.2012 (BGBl. I S. 2459); Abs. 1 Nr. 2 geänd. mWv 1.1.2022 durch VO v. 29.4.2021 (BGBl. I S. 860, ber. S. 1600).

[1] **Nr. 3/80.**

[2] **Steuergesetze Nr. 1.**

[3] **Loseblatt-Textsammlung Arbeitsrecht Nr. 180.**

IV. Gemeinsame Vorschriften für die Sozialversicherung

4. Viertes Buch Sozialgesetzbuch – Gemeinsame Vorschriften für die Sozialversicherung – (SGB IV)[1)]

In der Fassung der Bekanntmachung vom 12. November 2009[2)]
(BGBl. I S. 3710, ber. S. 3973 und BGBl. 2011 I S. 363)

FNA 860-4-1

geänd. durch Art. 5 Nr. 3 GKV-WettbewerbsstärkungsG v. 26.3.2007 (BGBl. I S. 378, geänd. durch G v. 5.8.2010, BGBl. I S. 1127; aufgeh. durch G v. 28.7.2011, BGBl. I S. 1622), Art. 1 G zur Änd. des SGB IV und anderer G v. 19.12.2007 (BGBl. I S. 3024), Art. 4 Nr. 1 Buchst. b UnfallversicherungsmodernisierungsG v. 30.10.2008 (BGBl. I S. 2130), Art. 2 G zur Weiterentwicklung der Organisationsstrukturen in der gesetzlichen Krankenversicherung v. 15.12.2008 (BGBl. I S. 2426), Art. 1 Zweites G zur Änd. des SGB IV und anderer G v. 21.12.2008 (BGBl. I S. 2933), Art. 1 G zur Verbesserung der Rahmenbedingungen für die Absicherung flexibler Arbeitszeitregelungen und zur Änd. anderer G v. 21.12.2008 (BGBl. I S. 2940), Art. 1 Nr. 1 Buchst. b und Nr. 9 ELENA-VerfahrensG v. 28.3.2009 (BGBl. I S. 634, aufgeh. durch G v. 23.11.2011, BGBl. I S. 2298), Art. 1 G zur Änd. des SGB IV, zur Errichtung einer Versorgungsausgleichskasse und anderer G v. 15.7.2009 (BGBl. I S. 1939), Art. 2 G zur Änd. krankenversicherungsrechtl. und anderer Vorschriften v. 24.7. 2010 (BGBl. I S. 983), Art. 1 Drittes G zur Änd. des SGB IV und anderer G v. 5.8.2010 (BGBl. I S. 1127), Art. 16 HaushaltsbegleitG 2011 v. 9.12.2010 (BGBl. I S. 1885), Art. 4 GKV-FinanzierungsG v. 22.12.2010 (BGBl. I S. 2309), Art. 8 G zur Einführung eines Bundesfreiwilligendienstes v. 28.4. 2011 (BGBl. I S. 687), Art. 6 Abs. 6 G zur Änd. des BundesversorgungsG und anderer Vorschriften v. 20.6.2011 (BGBl. I S. 1114), Art. 3 G zur Koordinierung der Systeme der sozialen Sicherheit in Europa und zur Änd. anderer G v. 22.6.2011 (BGBl. I S. 1202), Art. 4 G zur Änd. des BeherbergungsstatistikG und des HandelsstatistikG sowie zur Aufhebung von Vorschriften zum Verfahren des elektronischen Entgeltnachweises v. 23.11.2011 (BGBl. I S. 2298), Art. 6 und 7 G zur Verbesserung der Eingliederungschancen am Arbeitsmarkt v. 20.12.2011 (BGBl. I S. 2854), Art. 2 GKV-VersorgungsstrukturG v. 22.12.2011 (BGBl. I S. 2983), Art. 1 Viertes G zur Änd. des Vierten Buches Sozialgesetzbuch und anderer G v. 22.12.2011 (BGBl. I S. 3057, ber. 2012 S. 670), Art. 7 LSV-NeuordnungsG v. 12.4.2012 (BGBl. I S. 579), Art. 12a Zweites G zur Änd. arzneimittelrechtl. und anderer Vorschriften v. 19.10.2012 (BGBl. I S. 2192), Art. 1 G zu Änd. im Bereich der geringfügigen Beschäftigung v. 5.12.2012 (BGBl. I S. 2474), Art. 2b Krebsfrüherkennungs- und -registerG v. 3.4. 2013 (BGBl. I S. 617), Art. 4 Abs. 2 G zur Umsetzung des Seearbeitsübereinkommens 2006 der Internationalen Arbeitsorganisation v. 20.4.2013 (BGBl. I S. 868), Art. 2 G zur Beseitigung sozialer Überforderung bei Beitragsschulden in der Krankenversicherung v. 15.7.2013 (BGBl. I S. 2423), Art. 5 G zur Förderung der elektronischen Verwaltung sowie zur Änd. weiterer Vorschriften v. 25.7. 2013 (BGBl. I S. 2749), Art. 2a Drittes G zur Änd. arzneimittelrechtlicher und anderer Vorschriften v. 7.8.2013 (BGBl. I S. 3108), Art. 6 G über die Gewährung eines Altersgelds für freiwillig aus dem Bundesdienst ausscheidende Beamte, Richter und Soldaten v. 28.8.2013 (BGBl. I S. 3386), Art. 3 und 4 BUK-NeuorganisationsG v. 19.10.2013 (BGBl. I S. 3836, geänd. durch G v. 30.7.2014, BGBl. I S. 1311), Art. 4 GKV-Finanzstruktur- und Qualitäts-WeiterentwicklungsG v. 21.7.2014 (BGBl. I S. 1133), Art. 1 KünstlersozialabgabestabilisierungsG v. 30.7.2014 (BGBl. I S. 1311), Art. 9 TarifautonomiestärkungsG v. 11.8.2014 (BGBl. I S. 1348), Art. 4 G zur besseren Vereinbarkeit von Familie,

---

[1)] Die Änderungen durch G v. 17.7.2017 (BGBl. I S. 2575) treten teilweise erst **mWv 1.1.2025**, die Änderungen durch G v. 15.11.2019 (BGBl. I S. 1602) treten teilweise erst **mWv 1.1.2026**, die Änderungen durch G v. 22.11.2019 (BGBl. I S. 1746, geänd. durch G v. 11.2.2021 (BGBl. I S. 154) treten erst **mWv 1.7.2022**, die Änderungen durch G v. 12.12.2019 (BGBl. I S. 2652) treten erst **mWv 1.1.2024**, die Änderungen durch G v. 12.6.2020 (BGBl. I S. 1248, geänd. durch G v. 11.2. 2021, BGBl. I S. 154) treten teilweise erst **mWv 1.7.2022**, **mWv 1.1.2023**, **mWv 1.8.2023** bzw. **mWv 1.1.2024**, die Änderungen durch G v. 14.10.2020 (BGBl. I S. 2112, geänd. durch G v. 11.2. 2021, BGBl. I S. 154) treten teilweise erst **mWv 1.7.2022** bzw. **mWv 1.1.2024**, die Änderungen durch G v. 23.11.2020 (BGBl. I S. 2474) treten teilweise erst **mWv 1.1.2023**, die Änderungen durch G v. 16.7.2021 (BGBl. I S. 2970) treten erst **mWv 1.4.2022**, die Änderungen durch G v. v. 20.8.2021 (BGBl. I S. 3932) treten erst **mWv 1.1.2025** in Kraft und sind im Text noch nicht berücksichtigt.

[2)] Neubekanntmachung des SGB IV idF der Bek. v. 23.1.2006 (BGBl. I S. 86) in der ab 1.9.2009 geltenden Fassung.

Pflege und Beruf v. 23.12.2014 (BGBl. I S. 2462), Art. 1 Fünftes G zur Änd. des Vierten Buches Sozialgesetzbuch und anderer G v. 15.4.2015 (BGBl. I S. 583, ber. S. 1008), Art. 449 Zehnte ZuständigkeitsanpassungsVO v. 31.8.2015 (BGBl. I S. 1474), Art. 28 G zur Bereinigung des Rechts der Lebenspartner v. 20.11.2015 (BGBl. I S. 2010), Art. 6 G zur Regulierung des Prostitutionsgewerbes v. 21.10.2016 (BGBl. I S. 2372), Art. 1 6. SGB IV-ÄndG v. 11.11.2016 (BGBl. I S. 2500), Art. 5 G zur Änd. des ArbeitnehmerüberlassungsG und anderer G v. 21.2.2017 (BGBl. I S. 258), Art. 2 G zur Stärkung der Bekämpfung der Schwarzarbeit und illegalen Beschäftigung v. 6.3.2017 (BGBl. I S. 399), Art. 160 G zum Abbau verzichtbarer Anordnungen der Schriftform im Verwaltungsrecht des Bundes v. 29.3.2017 (BGBl. I S. 626), Art. 1a Heil- und HilfsmittelversorgungsG v. 4.4. 2017 (BGBl. I S. 778), Art. 29 G zur Neuordnung des Rechts zum Schutz vor der schädlichen Wirkung ionisierender Strahlung v. 27.6.2017 (BGBl. I S. 1966), Art. 7 Zweites BürokratieentlastungsG v. 30.6.2017 (BGBl. I S. 2143), Art. 3 Rentenüberleitungs-AbschlussG v. 17.7.2017 (BGBl. I S. 2575), Art. 11 Abs. 41 eIDAS-DurchführungsG v. 18.7.2017 (BGBl. I S. 2745), Art. 7a G zur Fortschreibung der Vorschriften für Blut- und Gewebezubereitungen und zur Änd. anderer Vorschriften v. 18.7.2017 (BGBl. I S. 2757), Art. 4 RV-Leistungsverbesserungs- und -StabilisierungsG v. 28.11.2018 (BGBl. I S. 2016), Art. 2 Brückenteilzeit-EinführungsG v. 11.12.2018 (BGBl. I S. 2384), Art. 4 QualifizierungschancenG v. 18.12.2018 (BGBl. I S. 2651), Art. 7 Terminservice- und VersorgungsG v. 6.5.2019 (BGBl. I S. 646), Art. 7 G gegen illegale Beschäftigung und Sozialleistungsmissbrauch v. 11.7.2019 (BGBl. I S. 1066), Art. 25 Bundeswehr-EinsatzbereitschaftsstärkungsG v. 4.8. 2019 (BGBl. I S. 1147), Art. 46 FachkräfteeinwanderungsG v. 15.8.2019 (BGBl. I S. 1307), Art. 1, 2 Paketboten-Schutz-G v. 15.11.2019 (BGBl. I S. 1602), Art. 122 Zweites Datenschutz-Anpassungs- und UmsetzungsG EU v. 20.11.2019 (BGBl. I S. 1626), Art. 11 Drittes BürokratieentlastungsG v. 22.11.2019 (BGBl. I S. 1746, geänd. durch G v. 11.2.2021, BGBl. I S. 154), Art. 31 G zur Regelung des Sozialen Entschädigungsrechts v. 12.12.2019 (BGBl. I S. 2652), Art. 7a MDK-ReformG v. 14.12.2019 (BGBl. I S. 2789), Art. 3 Sozialschutz-Paket v. 27.3.2020 (BGBl. I S. 575), Art. 3 Fairer-Kassenwettbewerb-G v. 22.3.2020 (BGBl. I S. 604), Art. 1 Siebtes G zur Änd. des Vierten Buches SGB und anderer G v. 12.6.2020 (BGBl. I S. 1248, geänd. durch G v. 11.2.2021, BGBl. I S. 154), Art. 310 Elfte ZuständigkeitsanpassungsVO v. 19.6.2020 (BGBl. I S. 1328), Art. 2c Viertes G zur Änd. des SeearbeitsG und anderer Gesetze v. 14.10.2020 (BGBl. I S. 2112, geänd. durch G v. 11.2.2021, BGBl. I S. 154), Art. 2a und 2b Sechstes G zur Änd. des G über die internationale Rechtshilfe in Strafsachen v. 23.11.2020 (BGBl. I S. 2474, geänd. durch G v. 22.11.2021, BGBl. I S. 4906)), Art. 7 G zur Digitalisierung von Verwaltungsverfahren bei der Gewährung von Familienleistungen v. 3.12.2020 (BGBl. I S. 2668), Art. 2 Gesetz Digitale Rentenübersicht v. 11.2.2021 (BGBl. I S. 154), Art. 14a MTA-Reform-G v. 24.2.2021 (BGBl. I S. 274), Art. 2 Viertes G zur Änd. des SeefischereiG v. 26.5.2021 (BGBl. I S. 1170), Art. 4 TeilhabestärkungsG v. 2.6.2021 (BGBl. I S. 1387), Art. 2c G zur Umsetzung der RL (EU) 2019/882 v. 16.7.2021 (BGBl. I S. 2970), Art. 24 G zur Ergänzung und Änd. der Regelungen für die gleichberechtigte Teilhabe von Frauen an Führungspositionen in der Privatwirtschaft und im öffentlichen Dienst v. 7.8.2021 (BGBl. I S. 3311), Art. 37 G über die Entschädigung der Soldatinnen und Soldaten und zur Neuordnung des Soldatenversorgungsrechts v. 20.8.2021 (BGBl. I S. 3932) und Art. 4a G zur Änd. des InfektionsschutzG und weiterer Gesetze anlässlich der Aufhebung der Feststellung der epidemischen Lage von nationaler Tragweite v. 22.11.2021 (BGBl. I S. 4906)

Inhaltsübersicht[1) 2)]

Erster Abschnitt. Grundsätze und Begriffsbestimmungen

Erster Titel. Geltungsbereich und Umfang der Versicherung

[1)] Inhaltsübers. geänd. mWv 1.10.2009 durch G v. 15.7.2009 (BGBl. I S. 1939); geänd. mWv 11.8. 2010 durch G v. 5.8.2010 (BGBl. I S. 1127); geänd. mWv 3.12.2011 durch G v. 23.11.2011 (BGBl. I S. 2298); geänd. mWv 1.1.2012 durch G v. 22.12.2011 (BGBl. I S. 3057); geänd. mWv 1.1.2013 durch G v. 12.4.2012 (BGBl. I S. 579); geänd. mWv 1.1.2015 durch G v. 19.10.2013 (BGBl. I S. 3836); geänd. mWv 16.8.2014 und geänd. mWv 1.1.2019 durch G v. 11.8.2014 (BGBl. I S. 1348); geänd. mWv 1.1.2016 und geänd. mWv 1.1.2017 durch G v. 15.4.2015 (BGBl. I S. 583); geänd. mWv 1.1.2017 durch G v. 11.11.2016 (BGBl. I S. 2500); geänd. mWv 11.4.2017 durch G v. 4.4.2017 (BGBl. I S. 778); geänd. mWv 1.7.2019 durch G v. 28.11.2018 (BGBl. I S. 2016); geänd. mWv 11.5. 2019 durch G v. 6.5.2019 (BGBl. I S. 646); geänd. mWv 26.11.2019 durch G v. 20.11.2019 (BGBl. I S. 1626); geänd. mWv 1.1.2018 und mWv 1.1.2020 durch G v. 12.12.2019 (BGBl. I S. 2652); geänd. mWv 28.3.2020 durch G v. 27.3.2020 (BGBl. I S. 575); geänd. mWv 1.7.2020, mWv 1.1.2021, mWv 1.7.2021, mWv 1.1.2022 durch G v. 12.6.2020 (BGBl. I S. 1248, geänd. durch G v. 11.2.2021 BGBl. I S. 154); geänd. mWv 10.12.2020 durch G v. 3.12.2020 (BGBl. I S. 2668); geänd. mWv 31.12.2020 und mWv 18.2.2021 durch G v. 11.2.2021 (BGBl. I S. 154); geänd. mWv 15.12.2020 und mWv 4.3.2021 durch G v. 24.2.2021 (BGBl. I S. 274); geänd. mWv 1.6.2021 durch G v. 26.5. 2021 (BGBl. I S. 1170); geänd. mWv 1.7.2021 durch G v. 2.6.2021 (BGBl. I S. 1387); geänd. mWv 12.8.2021 durch G v. 7.8.2021 (BGBl. I S. 3311).

[2)] Nach Art. 5 Abs. 3 G v. 26.5.2021 (BGBl. I S. 1170) sollen Art. 2 Nr. 1 und 3 des ÄndG am 31.10.2021 außer Kraft treten.

Die Aufhebung einer Änderungsvorschrift nach deren Inkrafttreten hat allerdings keine Auswirkungen auf die wirksam geänderte Stammvorschrift, sodass § 132 derzeit unbefristet gilt. Für eine Außerkraftsetzung der Vorschrift müsste das SGB IV selbst geändert werden, nicht das durch Vollzug erledigte Änderungsgesetz.

Erster Abschnitt. Grundsätze und Begriffsbestimmungen

Erster Titel. Geltungsbereich und Umfang der Versicherung

§ 1[1] Sachlicher Geltungsbereich (1) [1] Die Vorschriften dieses Buches gelten für die gesetzliche Kranken-, Unfall- und Rentenversicherung einschließlich der Alterssicherung der Landwirte sowie die soziale Pflegeversicherung (Versicherungszweige). [2] Die Vorschriften dieses Buches gelten mit Ausnahme des Ersten und Zweiten Titels des Vierten Abschnitts und des Fünften Abschnitts auch für die Arbeitsförderung. [3] Die Bundesagentur für Arbeit gilt im Sinne dieses Buches als Versicherungsträger.

(2) § 18h gilt auch für die Sozialhilfe und die Grundsicherung für Arbeitsuchende; außerdem gelten die §§ 18f, 18g und 19a für die Grundsicherung für Arbeitsuchende.

---

[1] § 1 Abs. 4 aufgeh. mWv 3.12.2011 durch G v. 23.11.2011 (BGBl. I S. 2298).

(3) Regelungen in den Sozialleistungsbereichen dieses Gesetzbuches, die in den Absätzen 1 und 2 genannt sind, bleiben unberührt, soweit sie von den Vorschriften dieses Buches abweichen.

(Fortsetzung nächstes Blatt)

des Zehnten Buches[1)] entsprechend. [2]Beiträge, die nicht mehr beanstandet werden dürfen, gelten als zu Recht entrichtete Pflichtbeiträge. [3]Gleiches gilt für zu Unrecht entrichtete Beiträge nach Ablauf der in § 27 Absatz 2 Satz 1 bestimmten Frist.

(2) Zu Unrecht entrichtete Beiträge sind zu erstatten, es sei denn, dass der Versicherungsträger bis zur Geltendmachung des Erstattungsanspruchs auf Grund dieser Beiträge oder für den Zeitraum, für den die Beiträge zu Unrecht entrichtet worden sind, Leistungen erbracht oder zu erbringen hat; Beiträge, die für Zeiten entrichtet worden sind, die während des Bezugs von Leistungen beitragsfrei sind, sind jedoch zu erstatten.

(3) [1]Der Erstattungsanspruch steht dem zu, der die Beiträge getragen hat. [2]Soweit dem Arbeitgeber Beiträge, die er getragen hat, von einem Dritten ersetzt worden sind, entfällt sein Erstattungsanspruch.

(4) [1]In den Fällen, in denen eine Mehrfachbeschäftigung vorliegt und nicht auszuschließen ist, dass die Voraussetzungen des § 22 Absatz 2 vorliegen, hat die Einzugsstelle nach Eingang der Entgeltmeldungen von Amts wegen die Ermittlung einzuleiten, ob Beiträge zu Unrecht entrichtet wurden. [2]Die Einzugsstelle kann weitere Angaben zur Ermittlung der zugrunde zu legenden Entgelte von den Meldepflichtigen anfordern. [3]Die elektronische Anforderung hat durch gesicherte und verschlüsselte Datenübertragung zu erfolgen. [4]Dies gilt auch für die Rückübermittlung der ermittelten Gesamtentgelte an die Meldepflichtigen. [5]Die Einzugsstelle hat das Verfahren innerhalb von zwei Monaten nach Vorliegen aller insoweit erforderlichen Meldungen abzuschließen. [6]Das Verfahren gilt für Abrechnungszeiträume ab dem 1. Januar 2015. [7]Das Nähere zum Verfahren, zu den zu übermittelnden Daten sowie den Datensätzen regeln die Gemeinsamen Grundsätze nach § 28b Absatz 1.

§ 27 Verzinsung und Verjährung des Erstattungsanspruchs. (1) [1]Der Erstattungsanspruch ist nach Ablauf eines Kalendermonats nach Eingang des vollständigen Erstattungsantrags, beim Fehlen eines Antrags nach der Bekanntgabe der Entscheidung über die Erstattung bis zum Ablauf des Kalendermonats vor der Zahlung mit vier vom Hundert zu verzinsen. [2]Verzinst werden volle Euro-Beträge. [3]Dabei ist der Kalendermonat mit dreißig Tagen zugrunde zu legen.

(2) [1]Der Erstattungsanspruch verjährt in vier Jahren nach Ablauf des Kalenderjahrs, in dem die Beiträge entrichtet worden sind. [2]Beanstandet der Versicherungsträger die Rechtswirksamkeit von Beiträgen, beginnt die Verjährung mit dem Ablauf des Kalenderjahrs der Beanstandung.

(3) [1]Für die Hemmung, die Ablaufhemmung, den Neubeginn und die Wirkung der Verjährung gelten die Vorschriften des Bürgerlichen Gesetzbuchs sinngemäß. [2]Die Verjährung wird auch durch schriftlichen Antrag auf die Erstattung oder durch Erhebung eines Widerspruchs gehemmt. [3]Die Hemmung endet sechs Monate nach Bekanntgabe der Entscheidung über den Antrag oder den Widerspruch.

§ 28 Verrechnung und Aufrechnung des Erstattungsanspruchs. Der für die Erstattung zuständige Leistungsträger kann

---

[1)] Nr. **10**.

1. mit Ermächtigung eines anderen Leistungsträgers dessen Ansprüche gegen den Berechtigten mit dem ihm obliegenden Erstattungsbetrag verrechnen,
2. mit Zustimmung des Berechtigten die zu Unrecht entrichteten Beiträge mit künftigen Beitragsansprüchen aufrechnen.

Dritter Abschnitt. Meldepflichten des Arbeitgebers, Gesamtsozialversicherungsbeitrag

Erster Titel. Meldungen des Arbeitgebers und ihre Weiterleitung

§ 28a[1)] Meldepflicht. (1) [1] Der Arbeitgeber oder ein anderer Meldepflichtiger hat der Einzugsstelle für jeden in der Kranken-, Pflege-, Rentenversicherung oder nach dem Recht der Arbeitsförderung kraft Gesetzes Versicherten

1. bei Beginn der versicherungspflichtigen Beschäftigung,
2. bei Ende der versicherungspflichtigen Beschäftigung,
3. bei Eintritt eines Insolvenzereignisses,
4. (weggefallen)
5. bei Änderungen in der Beitragspflicht,
6. bei Wechsel der Einzugsstelle,
7. bei Anträgen auf Altersrenten oder Auskunftsersuchen des Familiengerichts in Versorgungsausgleichsverfahren,
8. bei Unterbrechung der Entgeltzahlung,
9. bei Auflösung des Arbeitsverhältnisses,
10. auf Anforderung der Einzugsstelle nach § 26 Absatz 4 Satz 2,
11. bei Antrag des geringfügig Beschäftigten nach § 6 Absatz 1b des Sechsten Buches[2)] auf Befreiung von der Versicherungspflicht,

---

[1)] § 28a Abs. 3a eingef. mWv 1.1.2010 durch G v. 30.10.2008 (BGBl. I S. 2130); Abs. 1 Nr. 10 und 11 aufgeh., Abs. 3 Satz 2 Nr. 1 Buchst. f angef., Nr. 2 Buchst. a neu gef., Nr. 3 aufgeh. mWv 1.11.2009 durch G v. 21.12.2008 (BGBl. I S. 2933); Abs. 1 Satz 1 Nr. 10 neu gef., Abs. 4a eingef. mWv 1.1.2012 durch G v. 22.12.2010 (BGBl. I S. 2309); Abs. 1 Satz 2 aufgeh. mWv 3.12.2011 durch G v. 23.11.2011 (BGBl. I S. 2298); Abs. 1 Satz 1 Nr. 10 geänd., Abs. 4a Nr. 4 neu gef., Abs. 5 zweiter Halbs. angef., Abs. 7 Sätze 1 und 2 neu gef., Abs. 10 Satz 1 zweiter Halbs. angef., Abs. 13 Satz 1 geänd. mWv 1.1.2012 durch G v. 22.12.2011 (BGBl. I S. 3057); Abs. 3 Satz 3 geänd. mWv 1.1.2013 durch G v. 12.4.2012 (BGBl. I S. 579); Abs. 1 Nr. 11 neu gef., Abs. 7 Satz 1, Abs. 8 Satz 1 Nr. 4 Buchst. e geänd., Buchst. f angef. mWv 1.1.2013 durch G v. 5.12.2012 (BGBl. I S. 2474); Abs. 3 Satz 2 Nr. 2 einl. Satzteil geänd. mWv 1.7.2013 durch G v. 19.10.2013 (BGBl. I S. 3836); Abs. 1 Nr. 10, Abs. 4a neu gef., Abs. 13 Satz 1 geänd. mWv 1.1.2015 durch G v. 21.7.2014 (BGBl. I S. 1133); Abs. 3 a neu gef., Abs. 13 Satz 2 geänd. mWv 1.7.2015; Abs. 1 Satz 1 Nr. 12 neu gef., Nr. 15 und abschl. Satzteil geänd., Sätze 2–4 angef., Abs. 2a eingef., Abs. 3 Satz 2 Nr. 2 Buchst. c, f–h aufgeh., Nr. 4 einl. Satzteil geänd., Satz 3 aufgeh., Abs. 4a Satz 1, Abs. 7 Satz 2, Abs. 10 Satz 1, Abs. 11 Satz 1 und Satz 3 Nr. 10 geänd. mWv 1.1.2016 durch G v. 15.4.2015 (BGBl. I S. 583); Abs. 4 Satz 1 Nr. 9 geänd., Nr. 10 angef. mWv 1.7.2017 durch G v. 21.10.2016 (BGBl. I S. 2372); Abs. 2a Sätze 3 und 4 angef. mWv 17.11.2016, Abs. 3a Sätze 1 und 2, Abs. 4 und 6a geänd., Abs. 7 Satz 2 eingef., bish. Satz 2 wird Satz 3 und geänd., bish. Satz 3 aufgeh., Abs. 9 neu gef. mWv 1.1.2017 durch G v. 11.11.2016 (BGBl. I S. 2500); Abs. 1 Satz 1 Nr. 15 und 20 geänd. mWv 1.7.2018 durch G v. 17.7.2017 (BGBl. I S. 2575); Abs. 3 Satz 2 Nr. 2 Buchst. c neu gef. mWv 1.7.2019 durch G v. 28.11.2018 (BGBl. I S. 2016); Abs. 4 Satz 1 Nr. 10 geänd., Nr. 11 angef. mWv 18.7.2019 durch G v. 11.7.2019 (BGBl. I S. 1066); Abs. 1 Sätze 3 und 4 aufgeh., Abs. 1a eingef., Abs. 7 Satz 1, Abs. 8 Satz 1 Nr. 4 Buchst. a–c geänd., Abs. 13 aufgeh. mWv 1.7.2020; Abs. 3b eingef. mWv 1.1.2022 durch G v. 12.6.2020 (BGBl. I S. 1248, geänd. durch G v. 11.2.2021 BGBl. I S. 154); Abs. 9a eingef. mWv 1.1.2022 durch G v. 26.5.2021 (BGBl. I S. 1170); Abs. 3 Satz 2 Nr. 1 Buchst. d und e geänd. mWv 1.1.2022 durch G v. 16.7.2021 (BGBl. I S. 2970).

[2)] Nr. **6**.

12. bei einmalig gezahltem Arbeitsentgelt,
13. bei Beginn der Berufsausbildung,
14. bei Ende der Berufsausbildung,
15. bei Wechsel im Zeitraum bis zum 31. Dezember 2024 von einem Beschäftigungsbetrieb im Beitrittsgebiet zu einem Beschäftigungsbetrieb im übrigen Bundesgebiet oder umgekehrt,
16. bei Beginn der Altersteilzeitarbeit,
17. bei Ende der Altersteilzeitarbeit,
18. bei Änderung des Arbeitsentgelts, wenn die in § 8 Absatz 1 Nummer 1 genannte Grenze über- oder unterschritten wird,
19. bei nach § 23b Absatz 2 bis 3 gezahltem Arbeitsentgelt oder
20. bei Wechsel im Zeitraum bis zum 31. Dezember 2024 von einem Wertguthaben, das im Beitrittsgebiet und einem Wertguthaben, das im übrigen Bundesgebiet erzielt wurde,

eine Meldung zu erstatten. [2] Jede Meldung sowie die darin enthaltenen Datensätze sind mit einem eindeutigen Kennzeichen zur Identifizierung zu versehen.

(1a) [1] Meldungen nach diesem Buch erfolgen, soweit nichts Abweichendes geregelt ist, durch elektronische Datenübermittlung (Datenübertragung). [2] Bei der Datenübertragung sind Datenschutz und Datensicherheit nach dem jeweiligen Stand der Technik sicherzustellen und bei Nutzung allgemein zugänglicher Netze Verschlüsselungs- und Authentifizierungsverfahren zu verwenden. [3] Beauftragt ein Arbeitgeber einen Dritten mit der Entgeltabrechnung und der Wahrnehmung der Meldepflichten, haftet der Arbeitgeber weiterhin in vollem Umfang für die Erfüllung der Pflichten nach diesem Buch gegenüber dem jeweils zuständigen Träger der Sozialversicherung oder der berufsständischen Versorgungseinrichtung.

(2) Der Arbeitgeber hat jeden am 31. Dezember des Vorjahres Beschäftigten nach Absatz 1 zu melden (Jahresmeldung).

(2a) [1] Der Arbeitgeber hat für jeden in einem Kalenderjahr Beschäftigten, der in der Unfallversicherung versichert ist, zum 16. Februar des Folgejahres eine besondere Jahresmeldung zur Unfallversicherung zu erstatten. [2] Diese Meldung enthält über die Angaben nach Absatz 3 Satz 1 Nummer 1 bis 3, 6 und 9 hinaus folgende Angaben:

1. die Mitgliedsnummer des Unternehmers;
2. die Betriebsnummer des zuständigen Unfallversicherungsträgers;
3. das in der Unfallversicherung beitragspflichtige Arbeitsentgelt in Euro und seine Zuordnung zur jeweilig anzuwendenden Gefahrtarifstelle.

[3] Arbeitgeber, die Mitglied der landwirtschaftlichen Berufsgenossenschaft sind und für deren Beitragsberechnung der Arbeitswert keine Anwendung findet, haben Meldungen nach Satz 2 Nummer 1 bis 3 nicht zu erstatten. [4] Abweichend von Satz 1 ist die Meldung bei Eintritt eines Insolvenzereignisses, bei einer endgültigen Einstellung des Unternehmens oder bei der Beendigung aller Beschäftigungsverhältnisse mit der nächsten Entgeltabrechnung, spätestens innerhalb von sechs Wochen, abzugeben.

(3) [1] Die Meldungen enthalten für jeden Versicherten insbesondere

1. seine Versicherungsnummer, soweit bekannt,
2. seinen Familien- und Vornamen,

3. sein Geburtsdatum,
4. seine Staatsangehörigkeit,
5. Angaben über seine Tätigkeit nach dem Schlüsselverzeichnis der Bundesagentur für Arbeit,
6. die Betriebsnummer seines Beschäftigungsbetriebes,
7. die Beitragsgruppen,
8. die zuständige Einzugsstelle und
9. den Arbeitgeber.

2 Zusätzlich sind anzugeben

1. bei der Anmeldung
   a) die Anschrift,
   b) der Beginn der Beschäftigung,
   c) sonstige für die Vergabe der Versicherungsnummer erforderliche Angaben,
   d) nach Absatz 1 Satz 1 Nummer 1 die Angabe, ob zum Arbeitgeber eine Beziehung als Ehegatte, Lebenspartner oder Abkömmling besteht,
   e) nach Absatz 1 Satz 1 Nummer 1 die Angabe, ob es sich um eine Tätigkeit als geschäftsführender Gesellschafter einer Gesellschaft mit beschränkter Haftung handelt,
   f) die Angabe der Staatsangehörigkeit,
2. bei allen Entgeltmeldungen
   a) eine Namens-, Anschriften- oder Staatsangehörigkeitsänderung, soweit diese Änderung nicht schon anderweitig gemeldet ist,
   b) das in der Rentenversicherung oder nach dem Recht der Arbeitsförderung beitragspflichtige Arbeitsentgelt in Euro, in den Fällen, in denen kein beitragspflichtiges Arbeitsentgelt in der Rentenversicherung oder nach dem Recht der Arbeitsförderung vorliegt, das beitragspflichtige Arbeitsentgelt in der Krankenversicherung,
   c) in Fällen, in denen die beitragspflichtige Einnahme in der gesetzlichen Rentenversicherung nach § 163 Absatz 10 des Sechsten Buches bemessen wird, das Arbeitsentgelt, das ohne Anwendung dieser Regelung zu berücksichtigen wäre,
   d) der Zeitraum, in dem das angegebene Arbeitsentgelt erzielt wurde,
   e) Wertguthaben, die auf die Zeit nach Eintritt der Erwerbsminderung entfallen,
   f) für geringfügig Beschäftigte zusätzlich die Steuernummer des Arbeitgebers, die Identifikationsnummer nach § 139b der Abgabenordnung[1] des Beschäftigten und die Art der Besteuerung.
3. *(aufgehoben)*
4. bei der Meldung nach Absatz 1 Satz 1 Nummer 19
   a) das Arbeitsentgelt in Euro, für das Beiträge gezahlt worden sind,
   b) im Falle des § 23b Absatz 2 der Kalendermonat und das Jahr der nicht zweckentsprechenden Verwendung des Arbeitsentgelts, im Falle der Zahlungsunfähigkeit des Arbeitgebers jedoch der Kalendermonat und das Jahr der Beitragszahlung.

---

[1] **Steuergesetze Nr. 800.**

(3a) [1]Der Arbeitgeber oder eine Zahlstelle nach § 202 Absatz 2 des Fünften Buches[1)] kann in den Fällen, in denen für eine Meldung keine Versicherungsnummer des Beschäftigten oder Versorgungsempfängers vorliegt, im Verfahren nach Absatz 1 eine Meldung zur Abfrage der Versicherungsnummer an die Datenstelle der Rentenversicherung übermitteln; die weiteren Meldepflichten bleiben davon unberührt. [2]Die Datenstelle der Rentenversicherung übermittelt dem Arbeitgeber oder der Zahlstelle unverzüglich durch Datenübertragung die Versicherungsnummer oder den Hinweis, dass die Vergabe der Versicherungsnummer mit der Anmeldung erfolgt.

(3b) [1]Der Arbeitgeber hat auf elektronische Anforderung der Einzugsstelle mit der nächsten Entgeltabrechnung die notwendigen Angaben zur Einrichtung eines Arbeitgeberkontos elektronisch zu übermitteln. [2]Das Nähere über die Angaben, die Datensätze und das Verfahren regeln die Gemeinsamen Grundsätze nach § 28b Absatz 1.

(4) [1]Arbeitgeber haben den Tag des Beginns eines Beschäftigungsverhältnisses spätestens bei dessen Aufnahme an die Datenstelle der Rentenversicherung nach Satz 2 zu melden, sofern sie Personen in folgenden Wirtschaftsbereichen oder Wirtschaftszweigen beschäftigen:
1. im Baugewerbe,
2. im Gaststätten- und Beherbergungsgewerbe,
3. im Personenbeförderungsgewerbe,
4. im Speditions-, Transport- und damit verbundenen Logistikgewerbe,
5. im Schaustellergewerbe,
6. bei Unternehmen der Forstwirtschaft,
7. im Gebäudereinigungsgewerbe,
8. bei Unternehmen, die sich am Auf- und Abbau von Messen und Ausstellungen beteiligen,
9. in der Fleischwirtschaft,
10. im Prostitutionsgewerbe,
11. im Wach- und Sicherheitsgewerbe.

[2]Die Meldung enthält folgende Angaben über den Beschäftigten:
1. den Familien- und die Vornamen,
2. die Versicherungsnummer, soweit bekannt, ansonsten die zur Vergabe einer Versicherungsnummer notwendigen Angaben (Tag und Ort der Geburt, Anschrift),
3. die Betriebsnummer des Arbeitgebers und
4. den Tag der Beschäftigungsaufnahme.

[3]Die Meldung wird in der Stammsatzdatei nach § 150 Absatz 1 und 2 des Sechsten Buches gespeichert. [4]Die Meldung gilt nicht als Meldung nach Absatz 1 Satz 1 Nummer 1.

(4a) [1]Der Meldepflichtige erstattet die Meldungen nach Absatz 1 Satz 1 Nummer 10 an die zuständige Einzugsstelle. [2]In der Meldung sind insbesondere anzugeben:
1. die Versicherungsnummer des Beschäftigten,

[1)] Nr. **5**.

2. die Betriebsnummer des Beschäftigungsbetriebes,
3. das monatliche laufende und einmalig gezahlte Arbeitsentgelt, von dem Beiträge zur Renten-, Arbeitslosen-, Kranken- und Pflegeversicherung für das der Ermittlung nach § 26 Absatz 4 zugrunde liegende Kalenderjahr berechnet wurden.

(5) Der Meldepflichtige hat der zu meldenden Person den Inhalt der Meldung in Textform mitzuteilen; dies gilt nicht, wenn die Meldung ausschließlich auf Grund einer Veränderung der Daten für die gesetzliche Unfallversicherung erfolgt.

(6) Soweit der Arbeitgeber eines Hausgewerbetreibenden Arbeitgeberpflichten erfüllt, gilt der Hausgewerbetreibende als Beschäftigter.

(6a) Beschäftigt ein Arbeitgeber, der

1. im privaten Bereich nichtgewerbliche Zwecke oder
2. mildtätige, kirchliche, religiöse, wissenschaftliche oder gemeinnützige Zwecke im Sinne des § 10b des Einkommensteuergesetzes[1)]

verfolgt, Personen geringfügig nach § 8, kann er auf Antrag abweichend von Absatz 1 Meldungen auf Vordrucken erstatten, wenn er glaubhaft macht, dass ihm eine Meldung auf maschinell verwertbaren Datenträgern oder durch Datenübertragung nicht möglich ist.

(7) [1] Der Arbeitgeber hat der Einzugsstelle für einen im privaten Haushalt Beschäftigten anstelle einer Meldung nach Absatz 1 unverzüglich eine vereinfachte Meldung (Haushaltsscheck) mit den Angaben nach Absatz 8 Satz 1 zu erstatten, wenn das Arbeitsentgelt nach § 14 Absatz 3 aus dieser Beschäftigung regelmäßig 450 Euro im Monat nicht übersteigt. [2] Der Arbeitgeber kann die Meldung nach Satz 1 auch durch Datenübertragung aus systemgeprüften Programmen oder mit maschinell erstellten Ausfüllhilfen übermitteln. [3] Der Arbeitgeber hat der Einzugsstelle gesondert schriftlich ein Lastschriftmandat zum Einzug des Gesamtsozialversicherungsbeitrags zu erteilen. [4] Die Absätze 2 bis 5 gelten nicht.

(8) [1] Der Haushaltsscheck enthält

1. den Familiennamen, Vornamen, die Anschrift und die Betriebsnummer des Arbeitgebers,
2. den Familiennamen, Vornamen, die Anschrift und die Versicherungsnummer des Beschäftigten; kann die Versicherungsnummer nicht angegeben werden, ist das Geburtsdatum des Beschäftigten einzutragen,
3. die Angabe, ob der Beschäftigte im Zeitraum der Beschäftigung bei mehreren Arbeitgebern beschäftigt ist, und
4. a) bei einer Meldung bei jeder Lohn- oder Gehaltszahlung den Zeitraum der Beschäftigung, das Arbeitsentgelt nach § 14 Absatz 3 für diesen Zeitraum sowie am Ende der Beschäftigung den Zeitpunkt der Beendigung,
   b) bei einer Meldung zu Beginn der Beschäftigung deren Beginn und das monatliche Arbeitsentgelt nach § 14 Absatz 3, die Steuernummer des Arbeitgebers, die Identifikationsnummer nach § 139b der Abgabenordnung des Beschäftigten und die Art der Besteuerung,
   c) bei einer Meldung wegen Änderung des Arbeitsentgelts nach § 14 Absatz 3 den neuen Betrag und den Zeitpunkt der Änderung,

---

[1)] **Steuergesetze Nr. 1.**

d) bei einer Meldung am Ende der Beschäftigung den Zeitpunkt der Beendigung,
e) bei Erklärung des Verzichts auf Versicherungsfreiheit nach § 230 Absatz 8 Satz 2 des Sechsten Buches den Zeitpunkt des Verzichts,
f) bei Antrag auf Befreiung von der Versicherungspflicht nach § 6 Absatz 1b des Sechsten Buches den Tag des Zugangs des Antrags beim Arbeitgeber.

[2] Bei sich anschließenden Meldungen kann von der Angabe der Anschrift des Arbeitgebers und des Beschäftigten abgesehen werden.

(9) [1] Soweit nicht anders geregelt, gelten für versicherungsfrei oder von der Versicherungspflicht befreite geringfügig Beschäftigte die Absätze 1 bis 6 entsprechend. [2] Eine Jahresmeldung nach Absatz 2 ist für geringfügig Beschäftigte nach § 8 Absatz 1 Nummer 2 nicht zu erstatten.

(9a) [1] Für geringfügig Beschäftigte nach § 8 Absatz 1 Nummer 2 hat der Arbeitgeber bei der Meldung nach Absatz 1 Satz 1 Nummer 1 zusätzlich anzugeben, wie diese für die Dauer der Beschäftigung krankenversichert sind. [2] Die Evaluierung der Regelung erfolgt im Rahmen eines Berichts der Bundesregierung über die Wirkung der Maßnahme bis Ende des Jahres 2026

(10) [1] Der Arbeitgeber hat für Beschäftigte, die nach § 6 Absatz 1 Satz 1 Nummer 1 des Sechsten Buches von der Versicherungspflicht befreit und Mitglied einer berufsständischen Versorgungseinrichtung sind, die Meldungen nach den Absätzen 1, 2 und 9 zusätzlich an die Annahmestelle der berufsständischen Versorgungseinrichtungen zu erstatten; dies gilt nicht für Meldungen nach Absatz 1 Satz 1 Nummer 10. [2] Die Datenübermittlung hat durch gesicherte und verschlüsselte Datenübertragung aus systemgeprüften Programmen oder mittels systemgeprüfter maschinell erstellter Ausfüllhilfen zu erfolgen. [3] Zusätzlich zu den Angaben nach Absatz 3 enthalten die Meldungen die Mitgliedsnummer des Beschäftigten bei der Versorgungseinrichtung. [4] Die Absätze 5 bis 6a gelten entsprechend.

(11) [1] Der Arbeitgeber hat für Beschäftigte, die nach § 6 Absatz 1 Satz 1 Nummer 1 des Sechsten Buches von der Versicherungspflicht befreit und Mitglied in einer berufsständischen Versorgungseinrichtung sind, der Annahmestelle der berufsständischen Versorgungseinrichtungen monatliche Meldungen zur Beitragserhebung zu erstatten. [2] Absatz 10 Satz 2 gilt entsprechend. [3] Diese Meldungen enthalten für den Beschäftigten

1. die Mitgliedsnummer bei der Versorgungseinrichtung oder, wenn die Mitgliedsnummer nicht bekannt ist, die Personalnummer beim Arbeitgeber, den Familien- und Vornamen, das Geschlecht und das Geburtsdatum,
2. den Zeitraum, für den das Arbeitsentgelt gezahlt wird,
3. das beitragspflichtige ungekürzte laufende Arbeitsentgelt für den Zahlungszeitraum,
4. das beitragspflichtige ungekürzte einmalig gezahlte Arbeitsentgelt im Monat der Abrechnung,
5. die Anzahl der Sozialversicherungstage im Zahlungszeitraum,
6. den Beitrag, der bei Firmenzahlern für das Arbeitsentgelt nach Nummer 3 und 4 anfällt,
7. die Betriebsnummer der Versorgungseinrichtung,
8. die Betriebsnummer des Beschäftigungsbetriebes,
9. den Arbeitgeber,

10. den Ort des Beschäftigungsbetriebes,
11. den Monat der Abrechnung.

[4] Soweit nicht aus der Entgeltbescheinigung des Beschäftigten zu entnehmen ist, dass die Meldung erfolgt ist und welchen Inhalt sie hatte, gilt Absatz 5.

(12) Der Arbeitgeber hat auch für ausschließlich nach § 2 Absatz 1 Nummer 1 des Siebten Buches[1)] versicherte Beschäftigte mit beitragspflichtigem Entgelt Meldungen nach den Absätzen 1 und 3 Satz 2 Nummer 2 abzugeben.

§ 28b[2)] Inhalte und Verfahren für die Gemeinsamen Grundsätze und die Datenfeldbeschreibung. (1) [1] Der Spitzenverband Bund der Krankenkassen, die Deutsche Rentenversicherung Bund, die Deutsche Rentenversicherung Knappschaft-Bahn-See, die Bundesagentur für Arbeit und die Deutsche Gesetzliche Unfallversicherung e.V. bestimmen in Gemeinsamen Grundsätzen bundeseinheitlich:

1. die Schlüsselzahlen für Personengruppen, Beitragsgruppen und für Abgabegründe der Meldungen,
2. den Aufbau, den Inhalt und die Identifizierung der einzelnen Datensätze für die Übermittlung von Meldungen und Beitragsnachweisen durch den Arbeitgeber an die Sozialversicherungsträger, soweit nichts Abweichendes in diesem Buch geregelt ist,
3. den Aufbau und den Inhalt der einzelnen Datensätze für die Übermittlung von Eingangs- und Weiterleitungsbestätigungen, Fehlermeldungen und sonstigen Meldungen der Sozialversicherungsträger und anderer am Meldeverfahren beteiligter Stellen an die Arbeitgeber in den Verfahren nach Nummer 2,
4. gesondert den Aufbau und den Inhalt der Datensätze für die Kommunikationsdaten, die einheitlich am Beginn und am Ende jedes Dateisystems in den Verfahren nach Nummer 2 bei jeder Datenübertragung vom Arbeitgeber an die Sozialversicherung und bei Meldungen an den Arbeitgeber zu übermitteln sind,
5. gesondert den Aufbau und den Inhalt aller Bestandsprüfungen in den elektronischen Verfahren mit den Arbeitgebern sowie das Verfahren zur Weiterleitung der geänderten Meldung an die Empfänger der Meldung und den Meldepflichtigen.

[2] Satz 1 Nummer 3 bis 5 gilt auch für das Zahlstellenmeldeverfahren nach § 202 des Fünften Buches[3)] und für das Antragsverfahren nach § 2 Absatz 3 des Aufwendungsausgleichsgesetzes[4)]. [3] Die Gemeinsamen Grundsätze bedürfen der

---

[1)] Nr. **7**.

[2)] § 28b Abs. 1 Satz 2 eingef., bish. Satz 2 wird Satz 3 mWv 1.11.2009 durch G v. 21.12.2008 (BGBl. I S. 2933); Abs. 6 Satz 2 eingef., bish. Satz 2 wird Satz 3 mWv 11.8.2010 durch G v. 5.8.2010 (BGBl. I S. 1127); Abs. 6 aufgeh. mWv 3.12.2011 durch G v. 23.11.2011 (BGBl. I S. 2298); Überschr. neu gef., Abs. 1 aufgeh., bish. Abs. 2 wird Abs. 1 und Satz 1 einl. Satzteil geänd., Nr. 2 neu gef., Nr. 3–5 angef., Satz 2 geänd., Abs. 3 aufgeh., bish. Abs. 4 und 5 werden Abs. 2 und 3 und neu gef., Abs. 4 angef. mWv 1.7.2015 durch G v. 15.4.2015 (BGBl. I S. 583, ber. S. 1008); Abs. 1 Satz 1 Nr. 3–5 geänd., Satz 2 eingef., bish. Satz 2 wird Satz 3 mWv 1.1.2017 durch G v. 11.11.2016 (BGBl. I S. 2500); Abs. 1 Satz 1 Nr. 4 geänd. mWv 26.11.2019 durch G v. 20.11.2019 (BGBl. I S. 1626); Abs. 4 aufgeh. mWv 1.7.2020 durch G v. 12.6.2020 (BGBl. I S. 1248).

[3)] Nr. **5**.

[4)] Nr. **5/11**.

Genehmigung des Bundesministeriums für Arbeit und Soziales, das vorher die Bundesvereinigung der Deutschen Arbeitgeberverbände anzuhören hat.

(2) [1] Der Spitzenverband Bund der Krankenkassen, die Deutsche Rentenversicherung Bund, die Deutsche Rentenversicherung Knappschaft-Bahn-See und die Deutsche Gesetzliche Unfallversicherung e.V. bestimmen bundeseinheitlich die Gestaltung des Haushaltsschecks nach § 28a Absatz 7 und das der Einzugsstelle in diesem Verfahren zu erteilende Lastschriftmandat durch Gemeinsame Grundsätze. [2] Die Grundsätze bedürfen der Genehmigung des Bundesministeriums für Arbeit und Soziales, das vorher in Bezug auf die steuerrechtlichen Angaben das Bundesministerium der Finanzen anzuhören hat.

(Fortsetzung nächstes Blatt)

bänden und der Deutschen Rentenversicherung Bund sowie der Bundesagentur für Arbeit geregelt.

§ 28m Sonderregelungen für bestimmte Personengruppen. (1) Der Beschäftigte hat den Gesamtsozialversicherungsbeitrag zu zahlen, wenn sein Arbeitgeber ein ausländischer Staat, eine über- oder zwischenstaatliche Organisation oder eine Person ist, die nicht der inländischen Gerichtsbarkeit untersteht und die Zahlungspflicht nach § 28e Absatz 1 Satz 1 nicht erfüllt.

(2) [1] Heimarbeiter und Hausgewerbetreibende können, falls der Arbeitgeber seiner Verpflichtung nach § 28e bis zum Fälligkeitstage nicht nachkommt, den Gesamtsozialversicherungsbeitrag selbst zahlen. [2] Soweit sie den Gesamtsozialversicherungsbeitrag selbst zahlen, entfallen die Pflichten des Arbeitgebers; § 28f Absatz 1 bleibt unberührt.

(3) Zahlt der Beschäftigte oder der Hausgewerbetreibende den Gesamtsozialversicherungsbeitrag, hat er auch die Meldungen nach § 28a abzugeben; bei den Meldungen hat die Einzugsstelle mitzuwirken.

(4) Der Beschäftigte oder der Hausgewerbetreibende, der den Gesamtsozialversicherungsbeitrag gezahlt hat, hat gegen den Arbeitgeber einen Anspruch auf den vom Arbeitgeber zu tragenden Teil des Gesamtsozialversicherungsbeitrags.

§ 28n[1)] Verordnungsermächtigung. Das Bundesministerium für Arbeit und Soziales wird ermächtigt, durch Rechtsverordnung[2)] mit Zustimmung des Bundesrates zu bestimmen,

1. die Berechnung des Gesamtsozialversicherungsbeitrags und der Beitragsbemessungsgrenzen für kürzere Zeiträume als ein Kalenderjahr,
2. zu welchem Zeitpunkt die Beiträge als eingezahlt gelten, in welcher Reihenfolge eine Schuld getilgt wird und welche Zahlungsmittel verwendet werden dürfen,
3. Näheres über die Weiterleitung und Abrechnung der Beiträge einschließlich Zinsen auf Beiträge und der Säumniszuschläge durch die Einzugsstellen an die Träger der Pflegeversicherung, der Rentenversicherung, den Gesundheitsfonds und die Bundesagentur für Arbeit, insbesondere über Zahlungsweise und das Verfahren nach § 28f Absatz 4, wobei von der arbeitstäglichen Weiterleitung bei Beträgen unter 2 500 Euro abgesehen werden kann,
4. Näheres über die Führung von Entgeltunterlagen und zur Beitragsabrechnung sowie zur Verwendung des Beitragsnachweises.

Dritter Titel. Auskunfts- und Vorlagepflicht, Prüfung, Schadensersatzpflicht und Verzinsung

§ 28o[3)] Auskunfts- und Vorlagepflicht des Beschäftigten. (1) Der Beschäftigte hat dem Arbeitgeber die zur Durchführung des Meldeverfahrens und der Beitragszahlung erforderlichen Angaben zu machen und, soweit erforderlich, Unterlagen vorzulegen; dies gilt bei mehreren Beschäftigungen sowie bei

---

[1)] § 28n Nr. 4 geänd. mWv 1.1.2012 durch G v. 22.12.2011 (BGBl. I S. 3057).
[2)] Siehe die BeitragsverfahrensVO (Nr. **4/40**).
[3)] § 28o Abs. 1 zweiter Halbs. geänd. mWv 1.1.2012 durch G v. 22.12.2010 (BGBl. I S. 2309).

Bezug weiterer in der gesetzlichen Krankenversicherung beitragspflichtiger Einnahmen gegenüber allen beteiligten Arbeitgebern.

(2) [1] Der Beschäftigte hat auf Verlangen den zuständigen Versicherungsträgern unverzüglich Auskunft über die Art und Dauer seiner Beschäftigungen, die hierbei erzielten Arbeitsentgelte, seine Arbeitgeber und die für die Erhebung von Beiträgen notwendigen Tatsachen zu erteilen und alle für die Prüfung der Meldungen und der Beitragszahlung erforderlichen Unterlagen vorzulegen. [2] Satz 1 gilt für den Hausgewerbetreibenden, soweit er den Gesamtsozialversicherungsbeitrag zahlt, entsprechend.

§ 28p[1)] Prüfung bei den Arbeitgebern. (1) [1] Die Träger der Rentenversicherung prüfen bei den Arbeitgebern, ob diese ihre Meldepflichten und ihre sonstigen Pflichten nach diesem Gesetzbuch, die im Zusammenhang mit dem Gesamtsozialversicherungsbeitrag stehen, ordnungsgemäß erfüllen; sie prüfen insbesondere die Richtigkeit der Beitragszahlungen und der Meldungen (§ 28a) mindestens alle vier Jahre. [2] Die Prüfung soll in kürzeren Zeitabständen erfolgen, wenn der Arbeitgeber dies verlangt. [3] Die Einzugsstelle unterrichtet den für den Arbeitgeber zuständigen Träger der Rentenversicherung, wenn sie eine alsbaldige Prüfung bei dem Arbeitgeber für erforderlich hält. [4] Die Prüfung umfasst auch die Entgeltunterlagen der Beschäftigten, für die Beiträge nicht gezahlt wurden. [5] Die Träger der Rentenversicherung erlassen im Rahmen der Prüfung Verwaltungsakte zur Versicherungspflicht und Beitragshöhe in der Kranken-, Pflege- und Rentenversicherung sowie nach dem Recht der Arbeitsförderung einschließlich der Widerspruchsbescheide gegenüber den Arbeitgebern; insoweit gelten § 28h Absatz 2 sowie § 93 in Verbindung mit § 89 Absatz 5 des Zehnten Buches[2)] nicht. [6] Die landwirtschaftliche Krankenkasse nimmt abweichend von Satz 1 die Prüfung für die bei ihr versicherten mitarbeitenden Familienangehörigen vor.

(1a) [1] Die Prüfung nach Absatz 1 umfasst die ordnungsgemäße Erfüllung der Meldepflichten nach dem Künstlersozialversicherungsgesetz[3)] und die rechtzeitige und vollständige Entrichtung der Künstlersozialabgabe durch die Arbeitgeber. [2] Die Prüfung erfolgt

1. mindestens alle vier Jahre bei den Arbeitgebern, die als abgabepflichtige Unternehmer nach § 24 des Künstlersozialversicherungsgesetzes bei der Künstlersozialkasse erfasst wurden,
2. mindestens alle vier Jahre bei den Arbeitgebern mit mehr als 19 Beschäftigten und
3. bei mindestens 40 Prozent der im jeweiligen Kalenderjahr zur Prüfung nach Absatz 1 anstehenden Arbeitgeber mit weniger als 20 Beschäftigten.

[1)] § 28p Abs. 1 Satz 4 geänd., Abs. 6a eingef. mWv 1.1.2012 durch G v. 22.12.2011 (BGBl. I S. 3057); Abs. 1 Satz 6 geänd. mWv 1.1.2013 durch G v. 12.4.2012 (BGBl. I S. 579); Abs. 1a neu gef., Abs. 1b eingef., bish. Abs. 1b wird Abs. 1c mWv 1.1.2015 durch G v. 30.7.2014 (BGBl. I S. 1311); Abs. 8 Satz 4 geänd. mWv 1.1.2016 durch G v. 15.4.2015 (BGBl. I S. 583); Abs. 8 Satz 3 geänd. mWv 1.1.2017 durch G v. 11.11.2016 (BGBl. I S. 2500); Abs. 8 Sätze 1-3 geänd., Satz 4 neu gef., Satz 5 Nr. 1 und abschl. Satzteil geänd, Abs. 9 Nr. 3 neu gef. mWv 26.11.2019 durch G v. 20.11.2019 (BGBl. I S. 1626); Abs. 1a Satz 3 neu gef., Abs. 8 Satz 3 geänd., Sätze 9-12 angef. mWv 1.7.2020 durch G v. 12.6.2020 (BGBl. I S. 1248); Abs. 4 neu gef. mWv 1.1.2022 durch G v. 16.7.2021 (BGBl. I S. 2970).

[2)] Nr. **10**.

[3)] Nr. **30/50**.

[3]Hat ein Arbeitgeber mehrere Beschäftigungsbetriebe, wird er insgesamt geprüft. [4]Das Prüfverfahren kann mit der Aufforderung zur Meldung eingeleitet werden. [5]Die Träger der Deutschen Rentenversicherung erlassen die erforderlichen Verwaltungsakte zur Künstlersozialabgabepflicht, zur Höhe der Künstlersozialabgabe und zur Höhe der Vorauszahlungen nach dem Künstlersozialversicherungsgesetz einschließlich der Widerspruchsbescheide. [6]Die Träger der Rentenversicherung unterrichten die Künstlersozialkasse über Sachverhalte, welche die Melde- und Abgabepflichten der Arbeitgeber nach dem Künstlersozialversicherungsgesetz betreffen. [7]Für die Prüfung der Arbeitgeber durch die Künstlersozialkasse gilt § 35 des Künstlersozialversicherungsgesetzes.

(1b) [1]Die Träger der Rentenversicherung legen im Benehmen mit der Künstlersozialkasse die Kriterien zur Auswahl der nach Absatz 1a Satz 2 Nummer 3 zu prüfenden Arbeitgeber fest. [2]Die Auswahl dient dem Ziel, alle abgabepflichtigen Arbeitgeber zu erfassen. [3]Arbeitgeber mit weniger als 20 Beschäftigten, die nicht nach Absatz 1a Satz 2 Nummer 3 zu prüfen sind, werden durch die Träger der Rentenversicherung im Rahmen der Prüfung nach Absatz 1 im Hinblick auf die Künstlersozialabgabe beraten. [4]Dazu erhalten sie mit der Prüfankündigung Hinweise zur Künstlersozialabgabe. [5]Im Rahmen der Prüfung nach Absatz 1 lässt sich der zuständige Träger der Rentenversicherung durch den Arbeitgeber schriftlich oder elektronisch bestätigen, dass der Arbeitgeber über die Künstlersozialabgabe unterrichtet wurde und abgabepflichtige Sachverhalte melden wird. [6]Bestätigt der Arbeitgeber dies nicht, wird die Prüfung nach Absatz 1a Satz 1 unverzüglich durchgeführt. [7]Erlangt ein Träger der Rentenversicherung im Rahmen einer Prüfung nach Absatz 1 bei Arbeitgebern mit weniger als 20 Beschäftigten, die nicht nach Absatz 1a Satz 2 Nummer 3 geprüft werden, Hinweise auf einen künstlersozialabgabepflichtigen Sachverhalt, muss er diesen nachgehen.

(1c) [1]Die Träger der Rentenversicherung teilen den Trägern der Unfallversicherung die Feststellungen aus der Prüfung bei den Arbeitgebern nach § 166 Absatz 2 des Siebten Buches[1)] mit. [2]Die Träger der Unfallversicherung erlassen die erforderlichen Bescheide.

(2) [1]Im Bereich der Regionalträger richtet sich die örtliche Zuständigkeit nach dem Sitz der Lohn- und Gehaltsabrechnungsstelle des Arbeitgebers. [2]Die Träger der Rentenversicherung stimmen sich darüber ab, welche Arbeitgeber sie prüfen; ein Arbeitgeber ist jeweils nur von einem Träger der Rentenversicherung zu prüfen.

(3) Die Träger der Rentenversicherung unterrichten die Einzugsstellen über Sachverhalte, soweit sie die Zahlungspflicht oder die Meldepflicht des Arbeitgebers betreffen.

(4) [1]Die Deutsche Rentenversicherung Bund führt ein Dateisystem, in dem die Träger der Rentenversicherung ihre elektronischen Akten führen, die im Zusammenhang mit der Durchführung der Prüfungen nach den Absätzen 1, 1a und 1c stehen. [2]Die in diesem Dateisystem gespeicherten Daten dürfen nur für die Prüfung bei den Arbeitgebern durch die jeweils zuständigen Träger der Rentenversicherung verarbeitet werden.

[1)] Nr. **7**.

(5) [1]Die Arbeitgeber sind verpflichtet, angemessene Prüfhilfen zu leisten. [2]Abrechnungsverfahren, die mit Hilfe automatischer Einrichtungen durchgeführt werden, sind in die Prüfung einzubeziehen.

(6) [1]Zu prüfen sind auch steuerberatende Stellen, Rechenzentren und vergleichbare Einrichtungen, die im Auftrag des Arbeitgebers oder einer von ihm beauftragten Person Löhne und Gehälter abrechnen oder Meldungen erstatten. [2]Die örtliche Zuständigkeit richtet sich im Bereich der Regionalträger nach dem Sitz dieser Stellen. [3]Absatz 5 gilt entsprechend.

(6a) [1]Für die Prüfung nach Absatz 1 gilt § 147 Absatz 6 Satz 1 und 2 der Abgabenordnung[1)] entsprechend mit der Maßgabe, dass der Rentenversicherungsträger eine Übermittlung der Daten im Einvernehmen mit dem Arbeitgeber verlangen kann. [2]Die Deutsche Rentenversicherung Bund bestimmt in Grundsätzen bundeseinheitlich das Nähere zum Verfahren der Datenübermittlung und der dafür erforderlichen Datensätze und Datenbausteine. [3]Die Grundsätze bedürfen der Genehmigung des Bundesministeriums für Arbeit und Soziales, das vorher die Bundesvereinigung der Deutschen Arbeitgeberverbände anzuhören hat.

(7) [1]Die Träger der Rentenversicherung haben eine Übersicht über die Ergebnisse ihrer Prüfungen zu führen und bis zum 31. März eines jeden Jahres für das abgelaufene Kalenderjahr den Aufsichtsbehörden vorzulegen. [2]Das Nähere über Inhalt und Form der Übersicht bestimmen einvernehmlich die Aufsichtsbehörden der Träger der Rentenversicherung mit Wirkung für diese.

(8) [1]Die Deutsche Rentenversicherung Bund führt ein Dateisystem, in dem der Name, die Anschrift, die Betriebsnummer, der für den Arbeitgeber zuständige Unfallversicherungsträger und weitere Identifikationsmerkmale eines jeden Arbeitgebers sowie die für die Planung der Prüfungen bei den Arbeitgebern und die für die Übersichten nach Absatz 7 erforderlichen Daten gespeichert sind; die Deutsche Rentenversicherung Bund darf die in diesem Dateisystem gespeicherten Daten nur für die Prüfung bei den Arbeitgebern und zur Ermittlung der nach dem Künstlersozialversicherungsgesetz abgabepflichtigen Unternehmer verarbeiten. [2]In das Dateisystem ist eine Kennzeichnung aufzunehmen, wenn nach § 166 Absatz 2 Satz 2 des Siebten Buches die Prüfung der Arbeitgeber für die Unfallversicherung nicht von den Trägern der Rentenversicherung durchzuführen ist; die Träger der Unfallversicherung haben die erforderlichen Angaben zu übermitteln. [3]Die Datenstelle der Rentenversicherung führt für die Prüfung bei den Arbeitgebern ein Dateisystem, in dem neben der Betriebsnummer eines jeden Arbeitgebers, die Betriebsnummer des für den Arbeitgeber zuständigen Unfallversicherungsträgers, die Unternehmernummer nach § 136a des Siebten Buches des Arbeitgebers, das in der Unfallversicherung beitragspflichtige Entgelt der bei ihm Beschäftigten in Euro, die anzuwendenden Gefahrtarifstellen der bei ihm Beschäftigten, die Versicherungsnummern der bei ihm Beschäftigten einschließlich des Beginns und des Endes von deren Beschäftigung, die Bezeichnung der für jeden Beschäftigten zuständigen Einzugsstelle sowie eine Kennzeichnung des Vorliegens einer geringfügigen Beschäftigung gespeichert sind. [4]Sie darf die Daten der Stammsatzdatei nach § 150 Absatz 1 und 2 des Sechsten Buches[2)] sowie die Daten des Dateisystems nach § 150 Absatz 3 des Sechsten Buches und der Stammdatendatei nach § 101

[1)] **Steuergesetze Nr. 800.**
[2)] Nr. **6**.

für die Prüfung bei den Arbeitgebern speichern, verändern, nutzen, übermitteln oder in der Verarbeitung einschränken; dies gilt für die Daten der Stammsatzdatei auch für Prüfungen nach § 212a des Sechsten Buches. [5] Sie ist verpflichtet, auf Anforderung des prüfenden Trägers der Rentenversicherung

1. die in den Dateisystemen nach den Sätzen 1 und 3 gespeicherten Daten,
2. die in den Versicherungskonten der Träger der Rentenversicherung gespeicherten, auf den Prüfungszeitraum entfallenden Daten der bei dem zu prüfenden Arbeitgeber Beschäftigten,
3. die bei den für den Arbeitgeber zuständigen Einzugsstellen gespeicherten Daten aus den Beitragsnachweisen (§ 28f Absatz 3) für die Zeit nach dem Zeitpunkt, bis zu dem der Arbeitgeber zuletzt geprüft wurde,
4. die bei der Künstlersozialkasse über den Arbeitgeber gespeicherten Daten zur Melde- und Abgabepflicht für den Zeitraum seit der letzten Prüfung sowie
5. die bei den Trägern der Unfallversicherung gespeicherten Daten zur Melde- und Beitragspflicht sowie zur Gefahrtarifstelle für den Zeitraum seit der letzten Prüfung

zu verarbeiten, soweit dies für die Prüfung, ob die Arbeitgeber ihre Meldepflichten und ihre sonstigen Pflichten nach diesem Gesetzbuch, die im Zusammenhang mit dem Gesamtsozialversicherungsbeitrag stehen, sowie ihre Pflichten als zur Abgabe Verpflichtete nach dem Künstlersozialversicherungsgesetz und ihre Pflichten nach dem Siebten Buch zur Meldung und Beitragszahlung ordnungsgemäß erfüllen, erforderlich ist. [6] Die dem prüfenden Träger der Rentenversicherung übermittelten Daten sind unverzüglich nach Abschluss der Prüfung bei der Datenstelle und beim prüfenden Träger der Rentenversicherung zu löschen. [7] Die Träger der Rentenversicherung, die Einzugsstellen, die Künstlersozialkasse und die Bundesagentur für Arbeit sind verpflichtet, der Deutschen Rentenversicherung Bund und der Datenstelle die für die Prüfung bei den Arbeitgebern erforderlichen Daten zu übermitteln. [8] Sind für die Prüfung bei den Arbeitgebern Daten zu übermitteln, so dürfen sie auch durch Abruf im automatisierten Verfahren übermittelt werden, ohne dass es einer Genehmigung nach § 79 Absatz 1 des Zehnten Buches bedarf. [9] Soweit es für die Erfüllung der Aufgaben der gemeinsamen Einrichtung als Einzugsstelle nach § 356 des Dritten Buches[1)] erforderlich ist, wertet die Datenstelle der Rentenversicherung aus den Daten nach Satz 5 das Identifikationsmerkmal zur wirtschaftlichen Tätigkeit des geprüften Arbeitgebers sowie die Angaben über die Tätigkeit nach dem Schlüsselverzeichnis der Bundesagentur für Arbeit der Beschäftigten des geprüften Arbeitgebers aus und übermittelt das Ergebnis der gemeinsamen Einrichtung. [10] Die übermittelten Daten dürfen von der gemeinsamen Einrichtung auch zum Zweck der Erfüllung der Aufgaben nach § 5 des Tarifvertragsgesetzes[2)] genutzt werden. [11] Die Kosten der Auswertung und der Übermittlung der Daten nach Satz 9 hat die gemeinsame Einrichtung der Deutschen Rentenversicherung Bund zu erstatten. [12] Die gemeinsame Einrichtung berichtet dem Bundesministerium für Arbeit und Soziales bis zum 1. Januar 2025 über die Wirksamkeit des Verfahrens nach Satz 9.

[1)] Nr. 3.
[2)] **Loseblatt-Textsammlung Arbeitsrecht Nr. 504.**

(9) Das Bundesministerium für Arbeit und Soziales bestimmt im Einvernehmen mit dem Bundesministerium für Gesundheit durch Rechtsverordnung[1] mit Zustimmung des Bundesrates das Nähere über

1. den Umfang der Pflichten des Arbeitgebers und der in Absatz 6 genannten Stellen bei Abrechnungsverfahren, die mit Hilfe automatischer Einrichtungen durchgeführt werden,
2. die Durchführung der Prüfung sowie die Behebung von Mängeln, die bei der Prüfung festgestellt worden sind, und
3. den Inhalt des Dateisystems nach Absatz 8 Satz 1 hinsichtlich der für die Planung der Prüfungen bei Arbeitgebern und der für die Prüfung bei Einzugsstellen erforderlichen Daten, über den Aufbau und die Aktualisierung dieses Dateisystems sowie über den Umfang der Daten aus diesem Dateisystem, die von den Einzugsstellen und der Bundesagentur für Arbeit nach § 28q Absatz 5 abgerufen werden können.

(10) Arbeitgeber werden wegen der Beschäftigten in privaten Haushalten nicht geprüft.

(11) [1] Sind beim Übergang der Prüfung der Arbeitgeber von Krankenkassen auf die Träger der Rentenversicherung Angestellte übernommen worden, die am 1. Januar 1995 ganz oder überwiegend mit der Prüfung der Arbeitgeber beschäftigt waren, sind die bis zum Zeitpunkt der Übernahme gültigen Tarifverträge oder sonstigen kollektiven Vereinbarungen für die übernommenen Arbeitnehmer bis zum Inkrafttreten neuer Tarifverträge oder sonstiger kollektiver Vereinbarungen maßgebend. [2] Soweit es sich bei einem gemäß Satz 1 übernommenen Beschäftigten um einen Dienstordnungs-Angestellten handelt, tragen der aufnehmende Träger der Rentenversicherung und die abgebende Krankenkasse bei Eintritt des Versorgungsfalles die Versorgungsbezüge anteilig, sofern der Angestellte im Zeitpunkt der Übernahme das 45. Lebensjahr bereits vollendet hatte. [3] § 107b Absatz 2 bis 5 des Beamtenversorgungsgesetzes[2] gilt sinngemäß.

§ 28q[3] Prüfung bei den Einzugsstellen und den Trägern der Rentenversicherung. (1) [1] Die Träger der Rentenversicherung und die Bundesagentur für Arbeit prüfen bei den Einzugsstellen die Durchführung der Aufgaben, für die die Einzugsstellen eine Vergütung nach § 28l Absatz 1 erhalten, mindestens alle vier Jahre. [2] Satz 1 gilt auch im Verhältnis der Deutschen Rentenversicherung Bund zur Künstlersozialkasse. [3] Die Deutsche Rentenversicherung Bund speichert in dem in § 28p Absatz 8 Satz 1 genannten Dateisystem Daten aus dem Bescheid des Trägers der Rentenversicherung nach § 28p Absatz 1 Satz 5, soweit dies für die Prüfung bei den Einzugsstellen nach Satz 1 erforderlich ist. [4] Sie darf diese Daten nur für die Prüfung bei den Einzugsstellen speichern, verändern, nutzen, übermitteln oder in der Verarbeitung einschrän-

[1] Siehe die BeitragsverfahrensVO (Nr. **4/40**).

[2] **Sartorius Nr. 155.**

[3] § 28q Abs. 1a eingef. mWv 1.1.2011, Abs. 5 geänd. mWv 11.8.2010 durch G v. 5.8.2010 (BGBl. I S. 1127); Abs. 3 Satz 3 geänd. mWv 1.1.2013 durch G v. 12.4.2012 (BGBl. I S. 579); Abs. 1 Sätze 5 und 6 angef. mWv 1.1.2016 durch G v. 15.4.2015 (BGBl. I S. 583); Abs. 1 Satz 5 geänd. mWv 1.1. 2017 durch G v. 11.11.2016 (BGBl. I S. 2500); Abs. 1 Sätze 3-5, Abs. 5 Satz 2 geänd. mWv 26.11. 2019 durch G v. 20.11.2019 (BGBl. I S. 1626); Abs. 1a Sätze 1, 3 und 5 geänd. mWv 1.1.2020 durch G v. 12.12.2019 (BGBl. I S. 2652); Abs. 6 angef. mWv 1.1.2022 durch G v. 16.7.2021 (BGBl. I S. 2970).

ken. [5] Die Datenstelle der Rentenversicherung hat auf Anforderung des prüfenden Trägers der Rentenversicherung die in dem Dateisystem nach § 28p Absatz 8 Satz 3 gespeicherten Daten diesem zu übermitteln, soweit dies für die Prüfung nach Satz 1 erforderlich ist. [6] Die Übermittlung darf auch durch Abruf im automatisierten Verfahren erfolgen, ohne dass es einer Genehmigung nach § 79 Absatz 1 des Zehnten Buches[1)] bedarf.

(1a) [1] Die Träger der Rentenversicherung und die Bundesagentur für Arbeit prüfen bei den Einzugsstellen für das Bundesamt für Soziale Sicherung als Verwalter des Gesundheitsfonds im Hinblick auf die Krankenversicherungsbeiträge im Sinne des § 28d Absatz 1 Satz 1 die Geltendmachung der Beitragsansprüche, den Einzug, die Verwaltung, die Weiterleitung und die Abrechnung der Beiträge entsprechend § 28l Absatz 1 Satz 1 Nummer 1 und 2. [2] Absatz 1 Satz 3 und 4 gilt entsprechend. [3] Die mit der Prüfung nach Satz 1 befassten Stellen übermitteln dem Bundesamt für Soziale Sicherung als Verwalter des Gesundheitsfonds die zur Geltendmachung der in § 28r Absatz 1 und 2 bezeichneten Rechte erforderlichen Prüfungsergebnisse. [4] Die durch die Aufgabenübertragung und -wahrnehmung entstehenden Kosten sind den Trägern der Rentenversicherung und der Bundesagentur für Arbeit aus den Einnahmen des Gesundheitsfonds zu erstatten. [5] Die Einzelheiten des Verfahrens und der Vergütung vereinbaren die Träger der Rentenversicherung und die Bundesagentur für Arbeit mit dem Bundesamt für Soziale Sicherung als Verwalter des Gesundheitsfonds.

(2) Die Einzugsstellen haben die für die Prüfung erforderlichen Unterlagen bis zur nächsten Einzugsstellenprüfung aufzubewahren und bei der Prüfung bereitzuhalten.

(3) [1] Die Einzugsstellen sind verpflichtet, bei der Darlegung der Kassen- und Rechnungsführung aufklärend mitzuwirken und bei Verfahren, die mit Hilfe automatischer Einrichtungen durchgeführt werden, angemessene Prüfhilfen zu leisten. [2] Der Spitzenverband Bund der Krankenkassen, die Deutsche Rentenversicherung Bund und die Bundesagentur für Arbeit treffen entsprechende Vereinbarungen. [3] Die Deutsche Rentenversicherung Knappschaft-Bahn-See und die landwirtschaftliche Krankenkasse können dabei ausgenommen werden.

(4) [1] Die Prüfung erstreckt sich auf alle Stellen, die Aufgaben der in Absatz 1 genannten Art für die Einzugsstelle wahrnehmen. [2] Die Absätze 2 und 3 gelten insoweit für diese Stellen entsprechend.

(5) [1] Die Einzugsstellen und die Bundesagentur für Arbeit prüfen gemeinsam bei den Trägern der Rentenversicherung deren Aufgaben nach § 28p mindestens alle vier Jahre. [2] Die Prüfung kann durch Abruf der Arbeitgeberdateisysteme (§ 28p Absatz 8) im automatisierten Verfahren durchgeführt werden. [3] Bei geringfügigen Beschäftigungen gelten die Sätze 1 und 2 nicht für die Deutsche Rentenversicherung Knappschaft-Bahn-See als Einzugsstelle.

(6) [1] Die Deutsche Rentenversicherung Bund führt ein Dateisystem, in dem die Träger der Rentenversicherung ihre elektronischen Akten führen, die im Zusammenhang mit der Durchführung der Prüfungen nach den Absätzen 1 und 1a stehen. [2] Die in diesem Dateisystem gespeicherten Daten dürfen nur für die Prüfungen nach den Absätzen 1 und 1a durch die jeweils zuständigen Träger der Rentenversicherung verarbeitet werden.

[1)] Nr. **10**.

§ 28r Schadensersatzpflicht, Verzinsung. (1) [1] Verletzt ein Organ oder ein Bediensteter der Einzugsstelle schuldhaft eine diesem nach diesem Abschnitt auferlegte Pflicht, haftet die Einzugsstelle dem Träger der Pflegeversicherung, der Rentenversicherung und der Bundesagentur für Arbeit sowie dem Gesundheitsfonds für einen diesen zugefügten Schaden. [2] Die Schadensersatzpflicht wegen entgangener Zinsen beschränkt sich auf den sich aus Absatz 2 ergebenden Umfang.

(2) Werden Beiträge, Zinsen auf Beiträge oder Säumniszuschläge schuldhaft nicht rechtzeitig weitergeleitet, hat die Einzugsstelle Zinsen in Höhe von zwei vom Hundert über dem jeweiligen Basiszinssatz nach § 247 des Bürgerlichen Gesetzbuchs[1] zu zahlen.

(3) [1] Verletzt ein Organ oder ein Bediensteter des Trägers der Rentenversicherung schuldhaft eine diesem nach § 28p auferlegte Pflicht, haftet der Träger der Rentenversicherung dem Gesundheitsfonds, der Krankenkasse, der Pflegekasse und der Bundesagentur für Arbeit für einen diesen zugefügten Schaden;

(Fortsetzung nächstes Blatt)

[1] **Habersack, Deutsche Gesetze Nr. 20.**

(4) [1] Ein Mitglied eines Selbstverwaltungsorgans darf bei der Beratung und Abstimmung nicht anwesend sein, wenn ein Beschluss ihm selbst, einer ihm nahestehenden Person (§ 383 Absatz 1 Nummer 1 bis 3 der Zivilprozessordnung[1)]) oder einer von ihm vertretenen Person einen unmittelbaren Vorteil oder Nachteil bringen kann. [2] Satz 1 gilt nicht, wenn das Mitglied nur als Angehöriger einer Personengruppe beteiligt ist, deren gemeinsame Interessen durch die Angelegenheit berührt werden.

(5) Der Vorstand kann zu Tagesordnungspunkten, bei denen wesentliche Fragen der Gesundheit berührt werden, einen auf den jeweiligen Gebieten der Sozialmedizin und der Sozialversicherung fachlich einschlägig erfahrenen Arzt mit beratender Stimme hinzuziehen.

§ 64[2)] Beschlussfassung. (1) [1] Soweit Gesetz oder sonstiges für den Versicherungsträger maßgebendes Recht nichts Abweichendes bestimmt, sind die Selbstverwaltungsorgane beschlussfähig, wenn sämtliche Mitglieder ordnungsgemäß geladen sind und die Mehrheit der Mitglieder anwesend und stimmberechtigt ist. [2] Ist ein Selbstverwaltungsorgan nicht beschlussfähig, kann der Vorsitzende anordnen, dass in der nächsten Sitzung über den Gegenstand der Abstimmung auch dann beschlossen werden kann, wenn die in Satz 1 bestimmte Mehrheit nicht vorliegt; hierauf ist in der Ladung zur nächsten Sitzung hinzuweisen.

(2) [1] Die Beschlüsse werden, soweit Gesetz oder sonstiges Recht nichts Abweichendes bestimmt, mit der Mehrheit der abgegebenen Stimmen gefasst. [2] Bei Stimmengleichheit wird die Abstimmung nach erneuter Beratung wiederholt; bei erneuter Stimmengleichheit gilt der Antrag als abgelehnt.

(3) [1] Der Vorstand kann in eiligen Fällen ohne Sitzung schriftlich abstimmen. [2] Die Vertreterversammlung kann schriftlich abstimmen, soweit die Satzung es zulässt. [3] Wenn ein Fünftel der Mitglieder des Selbstverwaltungsorgans der schriftlichen Abstimmung widerspricht, ist über die Angelegenheit in der nächsten Sitzung zu beraten und abzustimmen.

(3a) Abweichend von Absatz 3 können die Selbstverwaltungsorgane und besonderen Ausschüsse nach § 36a aus wichtigen Gründen ohne Sitzung schriftlich abstimmen.

(4) [1] Beschlüsse der Bundesvertreterversammlung und des Bundesvorstandes der Deutschen Rentenversicherung Bund in Grundsatz- und Querschnittsaufgaben und in gemeinsamen Angelegenheiten der Träger der Rentenversicherung werden mit der Mehrheit von mindestens zwei Dritteln aller gewichteten Stimmen der satzungsmäßigen Mitgliederzahl getroffen. [2] Bei Beschlüssen der Bundesvertreterversammlung und des Bundesvorstandes werden die Stimmen der Regionalträger mit insgesamt 55 vom Hundert und die der Bundesträger mit insgesamt 45 vom Hundert gewichtet. [3] In der Bundesvertreterversammlung orientiert sich die Gewichtung innerhalb der Regionalträger und innerhalb der Bundesträger jeweils an der Anzahl der Versicherten der einzelnen Träger. [4] Im Bundesvorstand gilt Entsprechendes innerhalb der Bundes-

---

[1)] Nr. **50/10**.

[2)] § 64 Abs. 3a eingef. mWv 28.3.2020 und aufgeh. mWv 1.10.2020 durch G v. 27.3.2020 (BGBl. I S. 575); Abs. 3a eingef. mWv 27.11.2020 durch G v. 23.11.2020 (BGBl. I S. 2474, geänd. durch G v. 22.11.2021, BGBl. I S. 4906).

träger. [5]Das Nähere zur Stimmengewichtung nach Satz 1 bis 4 regelt die Satzung.

§ 65[1)] Getrennte Abstimmung. (1) In den Selbstverwaltungsorganen der Sozialversicherung für Landwirtschaft, Forsten und Gartenbau ist zur Beschlussfassung eine Mehrheit in den Gruppen der Versicherten, der Selbständigen ohne fremde Arbeitskräfte und der Arbeitgeber erforderlich für

1. die Wahl des Geschäftsführers und seines Stellvertreters,
2. die Anstellung, die Beförderung, die Kündigung und die Entlassung der der Dienstordnung unterstehenden Angestellten in einer besoldungsrechtlichen Stellung, die einem Amt der Besoldungsgruppe A 12 der Bundesbesoldungsordnung oder einer höheren Besoldungsgruppe vergleichbar ist,
3. die Einstellung, die Höhergruppierung und die Kündigung von Beschäftigten der Entgeltgruppe 12 oder einer höheren Entgeltgruppe,
4. den Beschluss über den Haushalt,
5. die personelle Besetzung von Ausschüssen,
6. den Beschluss über die Unfallverhütungsvorschriften.

(2) Über einen abgelehnten Antrag ist auf Verlangen der Antragsteller innerhalb von drei Wochen nochmals abzustimmen.

§ 66 Erledigungsausschüsse. (1) [1]Die Selbstverwaltungsorgane können die Erledigung einzelner Aufgaben, mit Ausnahme der Rechtsetzung, Ausschüssen übertragen. [2]Zu Mitgliedern können bis zur Hälfte der Mitglieder einer jeden Gruppe auch Stellvertreter von Mitgliedern des Organs bestellt werden. [3]Die Organe können die Stellvertretung für die Ausschussmitglieder abweichend von § 43 Absatz 2 regeln.

(2) Für die Beratung und Abstimmung gelten die §§ 63 und 64 entsprechend.

Dritter Titel. Haushalts- und Rechnungswesen

§ 67 Aufstellung des Haushaltsplans. (1) Die Versicherungsträger stellen für jedes Kalenderjahr (Haushaltsjahr) einen Haushaltsplan auf, der alle im Haushaltsjahr voraussichtlich zu leistenden Ausgaben und voraussichtlich benötigten Verpflichtungsermächtigungen sowie alle im Haushaltsjahr zu erwartenden Einnahmen enthält.

(2) Im Haushaltsplan sind die Stellen für die Beamten und die dienstordnungsmäßig Angestellten der Versicherungsträger nach Besoldungsgruppen

(Fortsetzung nächstes Blatt)

[1)] § 65 Abs. 1 Nr. 3 neu gef. mWv 11.8.2010 durch G v. 5.8.2010 (BGBl. I S. 1127); Abs. 1 einl. Satzteil geänd. mWv 1.1.2013 durch G v. 12.4.2012 (BGBl. I S. 579).

der gesetzlichen Krankenkassen nach § 94 Absatz 1a Satz 1 des Zehnten Buches[1] oder nach § 219 des Fünften Buches[2] übertragen.

(2) [1] Die Sozialversicherungsträger sind jeweils für die Erarbeitung und die inhaltlich richtige Darstellung der von ihnen zu verantwortenden Fachverfahren im Informationsportal zuständig. [2] Weitere Verfahrensbeteiligte sollen sich am Informationsportal im Rahmen von Vereinbarungen beteiligen, insbesondere über eine anteilige Kostentragung.

(3) Das Nähere über den Aufbau, die Nutzung und die Inhalte des Informationsportals regeln die Verfahrensbeteiligten in Gemeinsamen Grundsätzen, die vom Bundesministerium für Arbeit und Soziales im Einvernehmen mit dem Bundesministerium für Gesundheit zu genehmigen sind.

(4) [1] Die Sozialversicherungsträger tragen die nachgewiesenen Investitions- und laufenden Betriebskosten des Informationsportals gemeinsam. [2] Von diesen Kosten übernehmen:

1. 50 Prozent der Spitzenverband Bund der Krankenkassen, der auch für die Pflegekassen handelt,
2. 30 Prozent die Deutsche Rentenversicherung Bund,
3. 10 Prozent die Bundesagentur für Arbeit und
4. 10 Prozent die Deutsche Gesetzliche Unfallversicherung e.V.

[3] Die Aufteilung der Kosten innerhalb der gesetzlichen Krankenversicherung und der sozialen Pflegeversicherung, der gesetzlichen Rentenversicherung und der gesetzlichen Unfallversicherung regeln die Träger in ihrem jeweiligen Bereich im Rahmen ihrer Selbstverwaltung.

(5) Der Spitzenverband Bund der Krankenkassen hat bis zum 31. Dezember 2018 dem Bundesministerium für Arbeit und Soziales einen Bericht über die Nutzung, Kostenverteilung und mögliche Perspektiven des Informationsportals vorzulegen.

Achter Abschnitt.[3] Elektronisches Antrags- und Bescheinigungsverfahren

§ 106[4] Elektronischer Antrag auf Ausstellung einer Bescheinigung über die anzuwendenden Rechtsvorschriften bei Beschäftigung nach Artikel 11 Absatz 3 Buchstabe b, Absatz 4, 5, Artikel 12 Absatz 1, Artikel 13 Absatz 1 Buchstabe a oder Buchstabe b Ziffer i und Artikel 16 der Verordnung (EG) Nr. 883/2004. (1) [1] Gelten für vorübergehend in einem anderen Mitgliedstaat der Europäischen Union, in einem Vertragsstaat des Abkommens über den Europäischen Wirtschaftsraum oder in der Schweiz Beschäftigte die deutschen Rechtsvorschriften über soziale Sicherheit nach Artikel 12 Absatz 1 der Verordnung (EG) Nr. 883/2004 des Europäischen Parlaments und des Rates vom 29. April 2004 zur Koordinierung der Systeme der sozialen Sicherheit (ABl. L 166 vom 30.4.2004, S. 1, L 200 vom 7.6.2004,

---

[1] Nr. **10**.
[2] Nr. **5**.
[3] 8. Abschnitt (§§ 106–108) eingef. mWv 1.1.2017 durch G v. 11.11.2016 (BGBl. I S. 2500).
[4] § 106 eingef. mWv 1.1.2017, Abs. 1 Satz 1 geänd. mWv 1.1.2019 durch G v. 11.11.2016 (BGBl. I S. 2500); Abs. 1 Satz 2 geänd. mWv 26.11.2019 durch G v. 20.11.2019 (BGBl. I S. 1626); Überschr. neu gef., Abs. 1 Satz 1 geänd., Satz 3 und Abs. 2 neu gef., Abs. 3 und 4 eingef., bish. Abs. 3 wird Abs. 5 und geänd. mWv 1.1.2021 durch G v. 12.6.2020 (BGBl. I S. 1248).

S. 1), die zuletzt durch die Verordnung (EU) Nr. 465/2012 (ABl. L 149 vom 8.6.2012, S. 4) geändert worden ist, so hat der Arbeitgeber einen Antrag auf Ausstellung einer entsprechenden Bescheinigung über die Fortgeltung der deutschen Rechtsvorschriften (A1-Bescheinigung) für diesen Beschäftigten an die zuständige Stelle durch Datenübertragung aus einem systemgeprüften Programm oder mittels einer elektronisch gestützten, systemgeprüften Ausfüllhilfe zu übermitteln. [2] Die zuständige Stelle hat den Antrag elektronisch anzunehmen, zu speichern und zu nutzen. [3] Ist festgestellt, dass die deutschen Rechtsvorschriften über soziale Sicherheit gelten, erfolgt die Übermittlung der Daten der A1-Bescheinigung innerhalb von drei Arbeitstagen an den Arbeitgeber, der diese Bescheinigung der beschäftigten Person unverzüglich zugänglich macht.

(2) In den Fällen, in denen die deutschen Rechtsvorschriften über soziale Sicherheit

1. für Beamte und Beschäftigte des öffentlichen Dienstes nach Artikel 11 Absatz 3 Buchstabe b der Verordnung (EG) Nr. 883/2004 gelten,
2. für beschäftigte Mitglieder von Flug- oder Kabinenbesatzungen nach Artikel 11 Absatz 5 der Verordnung (EG) Nr. 883/2004 gelten oder
3. auf Grund einer Vereinbarung nach Artikel 16 der Verordnung (EG) Nr. 883/2004 gelten sollen,

gilt Absatz 1 entsprechend.

(3) In den Fällen, in denen die deutschen Rechtsvorschriften über soziale Sicherheit für in der Seefahrt beschäftigte Personen nach Artikel 11 Absatz 4 der Verordnung (EG) Nr. 883/2004 über soziale Sicherheit gelten, gilt für das Verfahren Absatz 1 entsprechend.

(4) In den Fällen, in denen für in Deutschland wohnende Personen, die ausschließlich bei einem in Deutschland ansässigen Arbeitgeber beschäftigt sind und ihre Beschäftigung gewöhnlich in mehreren Mitgliedstaaten ausüben, nach Artikel 13 Absatz 1 Buchstabe a oder Buchstabe b Ziffer i der Verordnung (EG) Nr. 883/2004 die deutschen Rechtsvorschriften über soziale Sicherheit gelten, gilt Absatz 1 entsprechend, wenn der Arbeitgeber die Feststellung der anzuwendenden Rechtsvorschriften für eine bei ihm beschäftigte Person beantragt.

(5) Das Nähere zum Verfahren und zu den Inhalten des Antrages und der zu übermittelnden Datensätze nach den Absätzen 1 bis 4 regeln der Spitzenverband Bund der Krankenkassen, die Deutsche Rentenversicherung Bund, die Deutsche Gesetzliche Unfallversicherung e.V. und die Arbeitsgemeinschaft berufsständischer Versorgungseinrichtungen e.V. in Gemeinsamen Grundsätzen, die vom Bundesministerium für Arbeit und Soziales zu genehmigen sind; die Bundesvereinigung der Deutschen Arbeitgeberverbände ist vorher anzuhören.

§ 106a[1)] Elektronischer Antrag auf Ausstellung einer Bescheinigung über die anzuwendenden Rechtsvorschriften bei selbständiger Erwerbstätigkeit nach Artikel 11 Absatz 4 und Artikel 12 Absatz 2 der Verordnung (EG) Nr. 883/2004. (1) [1] Gelten für vorübergehend in einem anderen Mitgliedstaat der Europäischen Union, in einem Vertragsstaat des Abkommens über den Europäischen Wirtschaftsraum oder in der Schweiz

[1)] § 106a eingef. mWv 1.1.2022 durch G v. 12.6.2020 (BGBl. I S. 1248).

selbständig Erwerbstätige die deutschen Rechtsvorschriften über soziale Sicherheit nach Artikel 12 Absatz 2 der Verordnung (EG) Nr. 883/2004, hat die selbständig erwerbstätige Person die Ausstellung einer A1-Bescheinigung bei der zuständigen Stelle elektronisch durch eine Ausfüllhilfe nach § 95a Absatz 1 zu beantragen. 2 Ist festgestellt, dass die deutschen Rechtsvorschriften über soziale Sicherheit gelten, ist die A1-Bescheinigung innerhalb von drei Arbeitstagen der selbständig erwerbstätigen Person elektronisch zugänglich zu machen.

(2) In den Fällen, in denen die deutschen Rechtsvorschriften über soziale Sicherheit für in der Seefahrt selbständig tätige Personen nach Artikel 11 Absatz 4 der Verordnung (EG) Nr. 883/2004 gelten, gilt für das Verfahren Absatz 1 entsprechend.

(3) Das Nähere zu den Inhalten des Antrages nach den Absätzen 1 und 2 regeln der Spitzenverband Bund der Krankenkassen, die Deutsche Rentenversicherung Bund, die Deutsche Gesetzliche Unfallversicherung e.V. und die Arbeitsgemeinschaft berufsständischer Versorgungseinrichtungen e.V. in Gemeinsamen Grundsätzen, die vom Bundesministerium für Arbeit und Soziales zu genehmigen sind; die Bundesvereinigung der Deutschen Arbeitgeberverbände ist vorher anzuhören.

§ 107[1] Elektronische Übermittlung von Bescheinigungen für Entgeltersatzleistungen. (1) 1 Sind zur Gewährung von Krankengeld, Verletztengeld, Übergangsgeld, Pflegeunterstützungsgeld oder Mutterschaftsgeld Angaben über das Beschäftigungsverhältnis notwendig und sind diese dem Leistungsträger aus anderem Grund nicht bekannt, sind sie durch eine Bescheinigung des Arbeitgebers nachzuweisen. 2 Diese Bescheinigung kann der Leistungsträger im Einzelfall vom Arbeitgeber elektronisch durch Datenübertragung anfordern. 3 Der Arbeitgeber hat dem Leistungsträger diese Bescheinigung im Einzelfall durch gesicherte und verschlüsselte Datenübertragung aus systemgeprüften Programmen oder mittels maschinell erstellter Ausfüllhilfen zu übermitteln. 4 Der Leistungsträger hat diese Daten elektronisch anzunehmen, zu speichern und zu nutzen. 5 Die Sätze 3 und 4 gelten nicht für Einzelfälle, in denen ein elektronisches Meldeverfahren nicht wirtschaftlich durchzuführen ist. 6 Den Aufbau der Datensätze, notwendige Schlüsselzahlen und Angaben sowie die Ausnahmen nach Satz 5 bestimmen der Spitzenverband Bund der Krankenkassen, die Deutsche Rentenversicherung Bund, die Bundesagentur für Arbeit und die Deutsche Gesetzliche Unfallversicherung e.V. sowie die Sozialversicherung für Landwirtschaft, Forsten und Gartenbau in Gemeinsamen Grundsätzen. 7 Die Gemeinsamen Grundsätze bedürfen der Genehmigung des Bundesministeriums für Arbeit und Soziales im Einvernehmen mit dem Bundesministerium für Gesundheit und dem Bundesministerium für Ernährung und Landwirtschaft; die Bundesvereinigung der Deutschen Arbeitgeberverbände ist vorher anzuhören. 8 Die Sätze 2 bis 7 gelten nicht für die Gewährung von Krankengeld bei einer Spende von Organen, Geweben oder Blut zur Separation von Blutstammzellen oder anderen Blutbestandteilen nach § 44a des Fünften Buches[2] und von Pflegeunterstützungsgeld nach § 44a Absatz 3 des Elften Buches[3].

[1] § 107 eingef. mWv 1.1.2017 durch G v. 11.11.2016 (BGBl. I S. 2500); Abs. 1 Satz 4 geänd. mWv 26.11.2019 durch G v. 20.11.2019 (BGBl. I S. 1626).

[2] Nr. **5**.

[3] Nr. **11**.

(2) [1] Der Leistungsträger hat dem Arbeitgeber alle notwendigen Angaben zur Berechnung des beitragspflichtigen Arbeitsentgeltes nach § 23c, insbesondere die Dauer und die Höhe der gezahlten Leistung, sowie mögliche Rückmeldungen an den Arbeitgeber durch Datenübertragung zu übermitteln. [2] Die Leistungsträger haben auf Antrag des Arbeitgebers Mitteilungen über die Zeiten, die auf den Anspruch des Beschäftigten auf Entgeltfortzahlung anrechenbar sind, die Versicherungsnummer für Anträge auf Leistungen nach Absatz 1 Satz 1 und die im Zusammenhang mit der Entgeltersatzleistung für die Erstellung einer Meldung nach § 28a notwendigen Informationen durch Datenübertragung zu übermitteln. [3] Der Antrag des Arbeitgebers nach Satz 2 ist durch Datenübertragung zu übermitteln. [4] Das Nähere zu den Angaben und zum Verfahren nach den Sätzen 1 bis 3 und zu den Ausnahmeregelungen regeln die in Absatz 1 Satz 6 genannten Sozialversicherungsträger in Gemeinsamen Grundsätzen; Absatz 1 Satz 7 gilt entsprechend. [5] Private Krankenversicherungsunternehmen können im Fall der Zahlung von Krankentagegeld Meldungen an den Arbeitgeber nach den Sätzen 1 und 2 übermitteln.

§ 108[1)] Elektronische Übermittlung von Anträgen und sonstigen Bescheinigungen an die Sozialversicherungsträger. (1) [1] Arbeitgeber, die Bescheinigungen nach den §§ 312, 312a und 313 des Dritten Buches[2)] elektronisch nach § 313a des Dritten Buches übermitteln oder die Anträge nach § 323 Absatz 2 Satz 1 und 3 des Dritten Buches auf Kurzarbeitergeld, Saison-Kurzarbeitergeld, Erstattung der Sozialversicherungsbeiträge für die Bezieherinnen und Bezieher von Kurzarbeitergeld oder ergänzende Leistungen nach § 102 des Dritten Buches elektronisch stellen, haben diese Meldungen durch gesicherte und verschlüsselte Datenübertragung aus systemgeprüften Programmen oder mittels maschinell erstellter Ausfüllhilfen zu erstatten. [2] In diesen Fällen hat die Bundesagentur für Arbeit alle Rückmeldungen an die Arbeitgeber ebenfalls durch Datenübertragung zu erstatten. [3] Die Bundesagentur für Arbeit bestimmt das Nähere zu den Datensätzen, den notwendigen Schlüsselzahlen und zu den Angaben für die Meldungen und Rückmeldungen sowie zum Verfahren bundeseinheitlich in Grundsätzen. [4] Die Grundsätze bedürfen der Genehmigung des Bundesministeriums für Arbeit und Soziales; die Bundesvereinigung der Deutschen Arbeitgeberverbände ist vorher anzuhören.

(2) [1] Fordert der Träger der Rentenversicherung für Zwecke der gesetzlichen Rentenversicherung Bescheinigungen im Sinne der §§ 18c und 18e und im Sinne von § 98 des Zehnten Buches[3)] von dem Bescheinigungspflichtigen durch gesicherte und verschlüsselte Datenübertragung an, hat dieser die notwendigen Daten für diese Bescheinigungen durch gesicherte und verschlüsselte Datenübertragung an die Datenstelle der Rentenversicherung zu übermitteln. [2] Die Datenstelle der Rentenversicherung hat Anfragen sowie Rückmeldungen an die Bescheinigungspflichtigen durch gesicherte und verschlüsselte Datenübertragung zu übermitteln. [3] Ist eine Bescheinigung nach Satz 1 für eine Beschäftigung oder selbständige Tätigkeit im privaten Haushalt zu erstellen, kann abweichend von Satz 2 ein Formular genutzt werden, das im Fachportal

---

1) § 108 eingef. mWv 1.1.2017, Abs. 3 angef. mWv 1.1.2019 durch G v. 11.11.2016 (BGBl. I S. 2500); Abs. 2 Sätze 1 und 2 neu gef., Sätze 3–5 eingef., bish. Sätze 3 und 4 werden Sätze 6 und 7 mWv 1.7.2020 durch G v. 12.6.2020 (BGBl. I S. 1248); Überschr. neu gef., Abs. 1 Satz 1 geänd. mWv 1.7.2021 durch G v. 2.6.2021 (BGBl. I S. 1387).

2) Nr. **3**.

3) Nr. **10**.

der Deutschen Rentenversicherung zur Verfügung steht. [4]Die Sätze 1 und 3 gelten entsprechend für die landwirtschaftliche Alterskasse. [5]Die Datenstelle der Rentenversicherung nimmt die hierfür erforderlichen Übermittlungen auch für die landwirtschaftliche Alterskasse vor. [6]Die Deutsche Rentenversicherung Bund bestimmt das Nähere zu den Datensätzen, den notwendigen Schlüsselzahlen und zu den Angaben für die Meldungen und Rückmeldungen sowie zum Verfahren und zu Ausnahmeregelungen bundeseinheitlich in Grundsätzen. [7]Die Grundsätze bedürfen der Genehmigung des Bundesministeriums für Arbeit und Soziales; die Bundesvereinigung der Deutschen Arbeitgeberverbände ist vorher anzuhören.

(3) [1]Arbeitgeber, die nach § 98 des Zehnten Buches Auskünfte für Leistungen nach dem Dritten Kapitel des Siebten Buches[1)] erteilen müssen, können dieser Pflicht durch gesicherte und verschlüsselte Datenübertragung aus systemgeprüften Programmen oder mittels maschinell erstellter Ausfüllhilfen nachkommen. [2]In diesen Fällen hat der Träger der Unfallversicherung alle Rückmeldungen an die Arbeitgeber ebenfalls durch Datenübertragung zu erstatten. [3]Die Deutsche Gesetzliche Unfallversicherung e.V. bestimmt das Nähere zu den Datensätzen, den notwendigen Schlüsselzahlen und zu den Angaben für die Meldungen und Rückmeldungen sowie zum Verfahren in Grundsätzen. [4]Die Grundsätze bedürfen der Genehmigung des Bundesministeriums für Arbeit und Soziales; die Bundesvereinigung der Deutschen Arbeitgeberverbände ist vorher anzuhören.

§ 108a[2)] Verfahren zur elektronischen Abfrage und Übermittlung von Entgeltbescheinigungsdaten für Elterngeld. (1) [1]Die Datenstelle der Rentenversicherung fragt im Auftrag der nach § 12 Absatz 1 des Bundeselterngeld- und Elternzeitgesetzes[3)] zuständigen Behörde bei den nach § 9 Absatz 2 Satz 3 des Bundeselterngeld- und Elternzeitgesetzes auskunftspflichtigen Arbeitgebern die für die Antragsbearbeitung erforderlichen Entgeltbescheinigungsdaten im Sinne der Rechtsverordnung nach § 108 Absatz 3 Satz 1 der Gewerbeordnung[4)] durch gesicherte und verschlüsselte Datenübertragung ab und übermittelt die erhobenen Daten an die beauftragende Behörde durch gesicherte und verschlüsselte Datenübertragung. [2]Die von der Datenstelle der Rentenversicherung abgefragten Daten hat der Arbeitgeber unverzüglich, spätestens aber mit der nächsten Entgeltabrechnung durch gesicherte und verschlüsselte Datenübertragung aus systemgeprüften Programmen an die Datenstelle der Rentenversicherung zu übermitteln.

(2) [1]Das Nähere zum Verfahren, den Datensätzen und den Übertragungswegen im Verfahren zwischen den Arbeitgebern und der Datenstelle der Rentenversicherung bestimmt die Deutsche Rentenversicherung Bund bundeseinheitlich in Grundsätzen. [2]Die Grundsätze bedürfen der Genehmigung des Bundesministeriums für Arbeit und Soziales im Einvernehmen mit dem Bundesministerium für Familie, Senioren, Frauen und Jugend; die Bundesvereinigung der Deutschen Arbeitgeberverbände ist vorher anzuhören.

(3) Die für das Verfahren nach Absatz 1 entstehenden Kosten sind der Deutschen Rentenversicherung Bund von den nach § 12 Absatz 1 Bundes-

---

[1)] Nr. **7**.
[2)] § 108a eingef. mWv 10.12.2020 durch G v. 3.12.2020 (BGBl. I S. 2668).
[3)] Nr. **8/25**.
[4)] **Sartorius Nr. 800.**

elterngeld- und Elternzeitgesetz zuständigen Behörden oder den für die Durchführung des Bundeselterngeld- und Elternzeitgesetzes zuständigen Landesregierungen zu erstatten.

(4) Das Nähere zur Auftragserteilung, zum Verfahren der Kostenerstattung sowie zu den Übertragungswegen zwischen der Datenstelle der Rentenversicherung und den nach § 12 Absatz 1 des Bundeselterngeld- und Elternzeitgesetzes zuständigen Behörden regeln die für die Durchführung des Bundeselterngeld- und Elternzeitgesetzes zuständigen Landesregierungen und die Deutsche Rentenversicherung Bund im Einvernehmen mit dem Bundesministerium für Familie, Senioren, Frauen und Jugend und dem Bundesministerium für Arbeit und Soziales in einer Rahmenvereinbarung, die ein bundeseinheitliches Verfahren sicherstellt.

§§ 109, 110 (weggefallen)

Neunter Abschnitt.[1] Aufbewahrung von Unterlagen

§ 110a[2] Aufbewahrungspflicht. (1) Die Behörde bewahrt Unterlagen, die für ihre öffentlich-rechtliche Verwaltungstätigkeit, insbesondere für die Durchführung eines Verwaltungsverfahrens oder für die Feststellung einer Leistung, erforderlich sind, nach den Grundsätzen ordnungsmäßiger Aufbewahrung auf.

(2) [1] Die Behörde kann an Stelle der schriftlichen Unterlagen diese als Wiedergabe auf einem Bildträger oder auf anderen dauerhaften Datenträgern aufbewahren, soweit dies unter Beachtung der Grundsätze der Wirtschaftlichkeit und Sparsamkeit den Grundsätzen ordnungsmäßiger Aufbewahrung entspricht. [2] Nach den Grundsätzen ordnungsmäßiger Aufbewahrung von auf Datenträgern aufbewahrten Unterlagen ist insbesondere sicherzustellen, dass

1. die Wiedergabe auf einem Bildträger oder die Daten auf einem anderen dauerhaften Datenträger
   a) mit der diesen zugrunde gelegten schriftlichen Unterlage bildlich und inhaltlich vollständig übereinstimmen, wenn sie lesbar gemacht werden,
   b) während der Dauer der Aufbewahrungsfrist jederzeit verfügbar sind und unverzüglich bildlich und inhaltlich unverändert lesbar gemacht werden können,
2. die Ausdrucke oder sonstigen Reproduktionen mit der schriftlichen Unterlage bildlich und inhaltlich übereinstimmen und
3. als Unterlage für die Herstellung der Wiedergabe nur dann der Abdruck einer Unterlage verwendet werden darf, wenn die dem Abdruck zugrunde liegende Unterlage bei der Behörde nicht mehr vorhanden ist.

[3] Die Sätze 1 und 2 gelten auch für die Aufbewahrung von Unterlagen, die nur mit Hilfe einer Datenverarbeitungsanlage erstellt worden sind, mit der Maßgabe, dass eine bildliche Übereinstimmung der Wiedergabe auf dem dauerhaften Datenträger mit der erstmals erstellten Unterlage nicht sichergestellt sein muss.

---

[1] Bish. 6. Abschnitt (§§ 110a–110d) wird 7. Abschnitt mWv 1.1.2016 durch G v. 15.4.2015 (BGBl. I S. 583); bish. 7. Abschnitt wird 9. Abschnitt mWv 1.1.2017 durch G v. 11.11.2016 (BGBl. I S. 2500).

[2] § 110a Abs. 2 Satz 2 Nr. 1 Buchst. a geänd. mWv 1.1.2016 durch G v. 15.4.2015 (BGBl. I S. 583).

(3) [1] Können aufzubewahrende Unterlagen nur in der Form einer Wiedergabe auf einem Bildträger oder als Daten auf anderen dauerhaften Datenträgern vorgelegt werden, sind, soweit die Akteneinsicht zu gestatten ist, bei der Behörde auf ihre Kosten diejenigen Hilfsmittel zur Verfügung zu stellen, die erforderlich sind, die Unterlagen lesbar zu machen. [2] Soweit erforderlich, ist die Behörde verpflichtet, die Unterlagen ganz oder teilweise auszudrucken oder ohne Hilfsmittel lesbare Reproduktionen beizubringen; die Behörde kann Ersatz ihrer Aufwendungen in angemessenem Umfang verlangen.

(4) Absatz 2 gilt nicht für Unterlagen, die als Wiedergabe auf einem Bildträger aufbewahrt werden, wenn diese Wiedergabe vor dem 1. Februar 2003 durchgeführt wird.

§ 110b Rückgabe, Vernichtung und Archivierung von Unterlagen.

(1) [1] Unterlagen, die für eine öffentlich-rechtliche Verwaltungstätigkeit einer Behörde nicht mehr erforderlich sind, können nach den Absätzen 2 und 3 zurückgegeben oder vernichtet werden. [2] Die Anbietungs- und Übergabepflichten nach den Vorschriften des Bundesarchivgesetzes und der entsprechenden gesetzlichen Vorschriften der Länder bleiben unberührt. [3] Satz 1 gilt insbesondere für

1. Unterlagen, deren Aufbewahrungsfristen abgelaufen sind,
2. Unterlagen, die nach Maßgabe des § 110a Absatz 2 als Wiedergabe auf einem maschinell verwertbaren dauerhaften Datenträger aufbewahrt werden und
3. der Behörde vom Betroffenen oder von Dritten zur Verfügung gestellte Unterlagen.

(2) Unterlagen, die einem Träger der gesetzlichen Rentenversicherung von Versicherten, Antragstellern oder von anderen Stellen zur Verfügung gestellt worden sind, sind diesen zurückzugeben, soweit sie nicht als Ablichtung oder Abschrift dem Träger auf Anforderung von den genannten Stellen zur Verfügung gestellt worden sind; werden die Unterlagen anderen Stellen zur Verfügung gestellt, sind sie von diesen Stellen auf Anforderung zurückzugeben.

(3) Die übrigen Unterlagen im Sinne von Absatz 1 werden vernichtet, soweit kein Grund zu der Annahme besteht, dass durch die Vernichtung schutzwürdige Interessen des Betroffenen beeinträchtigt werden.

§ 110c[1)] Verwaltungsvereinbarungen, Verordnungsermächtigung.

(1) [1] Die Spitzenverbände der Träger der Sozialversicherung und die Bundesagentur für Arbeit vereinbaren gemeinsam unter besonderer Berücksichtigung der schutzwürdigen Interessen der Betroffenen das Nähere zu den Grundsätzen ordnungsmäßiger Aufbewahrung im Sinne des § 110a, den Voraussetzungen der Rückgabe und Vernichtung von Unterlagen sowie die Aufbewahrungsfristen für Unterlagen. [2] Dies gilt entsprechend für die ergänzenden Vorschriften des E-Government-Gesetzes. [3] Die Vereinbarung kann auf bestimmte Sozialleistungsbereiche beschränkt werden; sie ist von den beteiligten Spitzenverbänden abzuschließen. [4] Die Vereinbarungen bedürfen der Genehmigung der beteiligten Bundesministerien.

[1)] § 110c Abs. 1 Satz 2 eingef., bish. Sätze 2 und 3 werden Sätze 3 und 4 mWv 1.8.2013 durch G v. 25.7.2013 (BGBl. I S. 2749); Abs. 1 Satz 1 geänd. mWv 29.7.2017 durch G v. 18.7.2017 (BGBl. I S. 2745).

(2) Soweit Vereinbarungen nicht getroffen sind, wird die Bundesregierung ermächtigt, durch Rechtsverordnung mit Zustimmung des Bundesrates unter besonderer Berücksichtigung der schutzwürdigen Interessen der Betroffenen

1. das Nähere zu bestimmen über
   a) die Grundsätze ordnungsmäßiger Aufbewahrung im Sinne des § 110a,
   b) die Rückgabe und Vernichtung von Unterlagen,
2. für bestimmte Unterlagen allgemeine Aufbewahrungsfristen festzulegen.

§ 110d[1] *(aufgehoben)*

Zehnter Abschnitt.[2] Bußgeldvorschriften

§ 111[3] **Bußgeldvorschriften.** (1) [1] Ordnungswidrig handelt, wer vorsätzlich oder leichtfertig

1. *(aufgehoben)*

1a. entgegen § 18i Absatz 4 eine Änderung oder Meldung nicht, nicht richtig, nicht vollständig, nicht in der vorgeschriebenen Weise oder nicht rechtzeitig übermittelt,

2. entgegen
   a) § 28a Absatz 1 bis 3 oder 9, oder
   b) § 28a Absatz 4 Satz 1,

   jeweils in Verbindung mit einer Rechtsverordnung nach § 28c Nummer 1, eine Meldung nicht, nicht richtig, nicht vollständig, nicht in der vorgeschriebenen Weise oder nicht rechtzeitig erstattet,

2a. entgegen § 28a Absatz 7 Satz 1 oder 2 eine Meldung nicht, nicht richtig, nicht vollständig oder nicht rechtzeitig erstattet,

2b. entgegen § 28a Absatz 10 Satz 1 oder Absatz 11 Satz 1, jeweils in Verbindung mit einer Rechtsverordnung nach § 28c Nummer 1, eine Meldung nicht, nicht richtig, nicht vollständig oder nicht rechtzeitig erstattet,

2c. entgegen § 28a Absatz 12 in Verbindung mit einer Rechtsverordnung nach § 28c Nummer 1 eine Meldung nicht, nicht richtig, nicht vollständig oder nicht rechtzeitig abgibt,

2d. entgegen § 28e Absatz 3c eine Auskunft nicht, nicht richtig oder nicht vollständig erteilt,

---

[1] § 110d aufgeh. mWv 1.1.2016 durch G v. 15.4.2015 (BGBl. I S. 583).

[2] Bish. 7. Abschnitt (§§ 111–113) wird 8. Abschnitt mWv 1.1.2016 durch G v. 15.4.2015 (BGBl. I S. 583); bish. 8. Abschnitt wird 10. Abschnitt mWv 1.1.2017 durch G v. 11.11.2016 (BGBl. I S. 2500).

[3] § 111 Abs. 1 ber. BGBl. 2009 I S. 3973; Abs. 5 und 6 angef. mWv 1.1.2010 durch G v. 15.12. 2008 (BGBl. I S. 2426); Abs. 1 Nr. 2b und 2c eingef., bish. Nr. 2b wird Nr. 2d, Nr. 8 geänd., Abs. 3 neu gef., Abs. 4 geänd., Abs. 5 und 6 aufgeh. mWv 30.7.2010 durch G v. 24.7.2010 (BGBl. I S. 983); Abs. 1 Satz 1 Nr. 1, Nr. 4 Buchst. b und Nr. 8 geänd., Nr. 9–14 aufgeh., Abs. 4 geänd. mWv 3.12. 2011 durch G v. 23.11.2011 (BGBl. I S. 2298); Abs. 1 Nr. 4 Buchst. b geänd., Nr. 5 und 6 neu gef., Abs. 4 geänd. mWv 1.1.2016 durch G v. 15.4.2015 (BGBl. I S. 583); Abs. 1 Satz 1 Nr. 1a eingef. mWv 1.1.2017 durch G v. 11.11.2016 (BGBl. I S. 2500); Abs. 1 Satz 1 Nr. 2 neu gef. mWv 10.3. 2017 durch G v. 6.3.2017 (BGBl. I S. 399); Abs. 1 Satz 1 Nr. 1 aufgeh., Nr. 2b, 2c und 8 geänd. mWv 26.11.2019 durch G v. 20.11.2019 (BGBl. I S. 1626); Abs. 1 Satz 1 Nr. 3 und 3a geänd., Nr. 3b aufgeh. mWv 1.7.2020 durch G v. 12.6.2020 (BGBl. I S. 1248).

3. entgegen § 28f Absatz 1 Satz 1 eine Entgeltunterlage nicht führt oder nicht aufbewahrt,
3a. entgegen § 28f Absatz 1a eine Entgeltunterlage oder eine Beitragsabrechnung nicht oder nicht richtig gestaltet,
4. entgegen § 28o,
   a) eine Auskunft nicht, nicht richtig, nicht vollständig oder nicht rechtzeitig erteilt oder
   b) die erforderlichen Unterlagen nicht, nicht vollständig oder nicht rechtzeitig vorlegt,
5. entgegen § 99 Absatz 1 Satz 1 einen Lohnnachweis nicht, nicht richtig, nicht vollständig, nicht in der vorgeschriebenen Weise oder nicht rechtzeitig übermittelt,
6. entgegen § 99 Absatz 3, auch in Verbindung mit Absatz 4 Satz 1, eine Meldung nicht, nicht richtig, nicht vollständig oder nicht rechtzeitig erstattet oder
7. (weggefallen)
8. einer Rechtsverordnung nach § 28c Nummer 3 bis 5 oder 7, § 28n Nummer 4 oder § 28p Absatz 9 oder einer vollziehbaren Anordnung auf Grund einer solchen Rechtsverordnung zuwiderhandelt, soweit die Rechtsverordnung für einen bestimmten Tatbestand auf diese Bußgeldvorschrift verweist.

[2] In den Fällen der Nummer 2a findet § 266a Absatz 2 des Strafgesetzbuches[1] keine Anwendung.

(2) Ordnungswidrig handelt, wer als Arbeitgeber einem Beschäftigten oder Hausgewerbetreibenden einen höheren Betrag von dessen Arbeitsentgelt abzieht, als den Teil, den der Beschäftigte oder Hausgewerbetreibende vom Gesamtsozialversicherungsbeitrag zu tragen hat.

(3) Ordnungswidrig handelt, wer
1. entgegen § 40 Absatz 2 einen anderen behindert oder benachteiligt oder
2. entgegen § 77 Absatz 1a Satz 2 eine Versicherung nicht, nicht richtig oder nicht in der vorgeschriebenen Weise abgibt.

(3a) Ordnungswidrig handelt, wer
1. entgegen § 55 Absatz 2 in Verbindung mit einer Rechtsverordnung nach § 56 als Arbeitgeber eine Wahlunterlage nicht, nicht richtig, nicht vollständig oder nicht rechtzeitig ausstellt oder
2. entgegen § 55 Absatz 3 in Verbindung mit einer Rechtsverordnung nach § 56 eine Angabe nicht, nicht richtig, nicht vollständig oder nicht rechtzeitig macht.

(4) Die Ordnungswidrigkeit kann in den Fällen des Absatzes 1 Nummer 2d und 3 und des Absatzes 3 Nummer 2 mit einer Geldbuße bis zu fünfzigtausend Euro, in den Fällen des Absatzes 1 Nummer 2, 2b, 2c und 5 mit einer Geldbuße bis zu fünfundzwanzigtausend Euro, in den übrigen Fällen mit einer Geldbuße bis zu fünftausend Euro geahndet werden.

---

[1] **Habersack, Deutsche Gesetze Nr. 85.**

§ 112[1] Allgemeines über Bußgeldvorschriften. (1) Verwaltungsbehörden im Sinne des § 36 Absatz 1 Nummer 1 des Gesetzes über Ordnungswidrigkeiten[2] sind

1. der Versicherungsträger, soweit das Gesetz nichts anderes bestimmt,
2. die nach Landesrecht zuständige Stelle bei Ordnungswidrigkeiten nach § 111 Absatz 1 Satz 1 Nummer 1 ; mangels einer Regelung im Landesrecht bestimmt die Landesregierung die zuständige Stelle,
3. die Behörden der Zollverwaltung bei Ordnungswidrigkeiten
   a) nach § 111 Absatz 1 Satz 1 Nummer 2 Buchstabe a, soweit sie einen Verstoß im Rahmen der ihnen zugewiesenen Tätigkeiten feststellen,
   b) nach § 111 Absatz 1 Satz 1 Nummer 2 Buchstabe b, soweit sie einen Verstoß im Rahmen ihrer Prüfungstätigkeit nach § 2 des Schwarzarbeitsbekämpfungsgesetzes[3] feststellen,
4. die Einzugsstelle bei Ordnungswidrigkeiten nach § 111 Absatz 1 Satz 1 Nummer 2 Buchstabe a und b, soweit nicht die Zuständigkeit der Behörden der Zollverwaltung nach Nummer 3 gegeben ist, sowie bei Ordnungswidrigkeiten nach § 111 Absatz 1 Satz 1 Nummer 2a, 4, 8 und Absatz 2,

4a. der Träger der Rentenversicherung bei Ordnungswidrigkeiten nach § 111 Absatz 1 Nummer 3 bis 3b sowie bei Ordnungswidrigkeiten nach § 111 Absatz 1 Satz 1 Nummer 2, 4, 8 und Absatz 2, wenn die Prüfung nach § 28p vom Träger der Rentenversicherung durchgeführt oder eine Meldung direkt an sie erstattet wird,

4b. die landwirtschaftliche Krankenkasse bei Ordnungswidrigkeiten nach § 111 Absatz 1 Nummer 3 bis 3b im Falle der Prüfung von mitarbeitenden Familienangehörigen nach § 28p Absatz 1 Satz 6,

4c. *(aufgehoben)*

5. die Aufsichtsbehörde des Versicherungsträgers bei Ordnungswidrigkeiten nach § 111 Absatz 3.

(2) Wird in den Fällen des Absatzes 1 Nummer 1 und 4 gegen den Bußgeldbescheid ein zulässiger Einspruch eingelegt, nimmt die von der Vertreterversammlung bestimmte Stelle die weiteren Aufgaben der Verwaltungsbehörde (§ 69 Absatz 2, 3 und 5 des Gesetzes über Ordnungswidrigkeiten) wahr.

(3) [1]Die Geldbußen fließen in den Fällen des Absatzes 1 Nummer 1, 3 und 4 in die Kasse der Verwaltungsbehörde, die den Bußgeldbescheid erlassen hat; § 66 des Zehnten Buches[4] gilt entsprechend. [2]Diese Kasse trägt abweichend von § 105 Absatz 2 des Gesetzes über Ordnungswidrigkeiten die notwendigen Auslagen; sie ist auch ersatzpflichtig im Sinne des § 110 Absatz 4 des Gesetzes über Ordnungswidrigkeiten.

§ 113[5] Zusammenarbeit mit anderen Behörden. [1]Zur Verfolgung und Ahndung der Ordnungswidrigkeiten nach § 111 arbeiten die Behörden der

---

[1] § 112 Abs. 1 Nr. 5 geänd. mWv 1.1.2010 durch G v. 15.12.2008 (BGBl. I S. 2426); Abs. 1 Nr. 5 geänd. mWv 30.7.2010 durch G v. 24.7.2010 (BGBl. I S. 983); Abs. 1 Nr. 4c aufgeh. mWv 3.12.2011 durch G v. 23.11.2011 (BGBl. I S. 2298); Abs. 1 Nr. 3 und 4 neu gef. mWv 10.3.2017 durch G v. 6.3. 2017 (BGBl. I S. 399).

[2] **Habersack, Deutsche Gesetze Nr. 94.**

[3] **Loseblatt-Textsammlung Arbeitsrecht Nr. 110.**

[4] Nr. **10**.

[5] § 113 Satz 1 geänd. mWv 11.8.2010 durch G v. 5.8.2010 (BGBl. I S. 1127).

Zollverwaltung, die Einzugsstellen und die Träger der Rentenversicherung zusammen, wenn sich im Einzelfall konkrete Anhaltspunkte für Verstöße gegen die in § 2 Absatz 1 des Schwarzarbeitsbekämpfungsgesetzes[1] genannten Vorschriften ergeben. [2] Sie unterrichten sich gegenseitig über die für die Verfolgung und Ahndung der Ordnungswidrigkeiten notwendigen Tatsachen. [3] Ergeben sich Anhaltspunkte für Verstöße gegen die Mitwirkungspflicht nach § 60 Absatz 1 Satz 1 Nummer 2 des Ersten Buches[2] gegenüber einem Träger der Sozialhilfe oder die Meldepflicht nach § 8a des Asylbewerberleistungsgesetzes[3], unterrichten sie die Träger der Sozialhilfe oder die für die Durchführung des Asylbewerberleistungsgesetzes zuständigen Behörden.

Elfter Abschnitt.[4] Übergangsvorschriften

§ 114[5] Einkommen beim Zusammentreffen mit Renten wegen Todes. (1) Wenn der versicherte Ehegatte vor dem 1. Januar 2002 verstorben ist oder die Ehe vor diesem Tag geschlossen wurde und mindestens ein Ehegatte vor dem 2. Januar 1962 geboren ist, sind bei Renten wegen Todes als Einkommen zu berücksichtigen:

1. Erwerbseinkommen,
2. Leistungen, die auf Grund oder in entsprechender Anwendung öffentlich-rechtlicher Vorschriften erbracht werden, um Erwerbseinkommen zu ersetzen (Erwerbsersatzeinkommen), mit Ausnahme von Zusatzleistungen.

(2) Absatz 1 gilt auch für Erziehungsrenten, wenn der geschiedene Ehegatte vor dem 1. Januar 2002 verstorben ist oder die geschiedene Ehe vor diesem Tag geschlossen wurde und mindestens einer der geschiedenen Ehegatten vor dem 2. Januar 1962 geboren ist.

(3) [1] Erwerbsersatzeinkommen im Sinne des Absatzes 1 Nummer 2 sind Leistungen nach § 18a Absatz 3 Satz 1 Nummer 1 bis 8. [2] Als Zusatzleistungen im Sinne des Absatzes 1 Nummer 2 gelten Leistungen der öffentlich-rechtlichen Zusatzversorgungen sowie bei Leistungen nach § 18a Absatz 3 Satz 1 Nummer 2 der Teil, der auf einer Höherversicherung beruht.

(4) [1] Wenn der versicherte Ehegatte vor dem 1. Januar 2002 verstorben ist oder die Ehe vor diesem Tag geschlossen wurde und mindestens ein Ehegatte vor dem 2. Januar 1962 geboren ist, ist das monatliche Einkommen zu kürzen

1. bei Leistungen nach § 18a Absatz 3 Satz 1 Nummer 2, die nach den besonderen Vorschriften für die knappschaftliche Rentenversicherung berechnet sind, um 25 vom Hundert,
2. bei Leistungen nach § 18a Absatz 3 Satz 1 Nummer 5 und 6 um 42,7 vom Hundert bei Leistungsbeginn vor dem Jahre 2011 und um 43,6 vom Hundert bei Leistungsbeginn nach dem Jahre 2010 und

---

[1] **Loseblatt-Textsammlung Arbeitsrecht Nr. 110.**

[2] Nr. **1**.

[3] Nr. **12/50**.

[4] Bish. 8. Abschnitt (§§ 114–120) wird 9. Abschnitt mWv 1.1.2016 durch G v. 15.4.2015 (BGBl. I S. 583); bish. 9. Abschnitt wird 11. Abschnitt mWv 1.1.2017 durch G v. 11.11.2016 (BGBl. I S. 2500).

[5] § 114 Abs. 4 Satz 1 Nr. 2 und 3 geänd. mWv 11.8.2010 durch G v. 5.8.2010 (BGBl. I S. 1127); Abs. 2, Abs. 4 Satz 2 geänd. mWv 1.7.2015 durch G v. 15.4.2015 (BGBl. I S. 583).

3. bei Leistungen nach § 18a Absatz 3 Satz 1 Nummer 7 um 29 vom Hundert bei Leistungsbeginn vor dem Jahre 2011 und um 31 vom Hundert bei Leistungsbeginn nach dem Jahre 2010.

²Dies gilt auch für Erziehungsrenten, wenn der geschiedene Ehegatte vor dem 1. Januar 2002 verstorben ist oder die geschiedene Ehe vor diesem Tag geschlossen wurde und mindestens einer der geschiedenen Ehegatten vor dem 2. Januar 1962 geboren ist.

(5) Bestand am 31. Dezember 2001 Anspruch auf eine Rente wegen Todes, ist das monatliche Einkommen bis zum 30. Juni 2002 zu kürzen

1. bei Arbeitsentgelt um 35 vom Hundert, bei Arbeitseinkommen um 30 vom Hundert, bei Bezügen aus einem öffentlich-rechtlichen Dienst- oder Amtsverhältnis oder aus einem versicherungsfreien Arbeitsverhältnis mit Anwartschaften auf Versorgung nach beamtenrechtlichen Vorschriften oder Grundsätzen und bei Einkommen, das solchen Bezügen vergleichbar ist, jedoch nur um 27,5 vom Hundert,
2. bei Leistungen nach § 18a Absatz 3 Satz 1 Nummer 2, die nach den besonderen Vorschriften für die knappschaftliche Rentenversicherung berechnet sind, um 25 vom Hundert und bei Leistungen nach § 18a Absatz 3 Satz 1 Nummer 7 um 27,5 vom Hundert,
3. bei Leistungen nach § 18a Absatz 3 Satz 1 Nummer 5 und 6 um 37,5 vom Hundert.

§ 115[1] *(aufgehoben)*

§ 116 Übergangsregelungen für bestehende Wertguthaben. (1) Wertguthaben für Beschäftigte, die am 1. Januar 2009 abweichend von § 7d Absatz 1 als Zeitguthaben geführt werden, können als Zeitguthaben oder als Entgeltguthaben geführt werden; dies gilt auch für neu vereinbarte Wertguthabenvereinbarungen auf der Grundlage früherer Vereinbarungen.

(2) § 7c Absatz 1 findet nur auf Wertguthabenvereinbarungen Anwendung, die nach dem 1. Januar 2009 geschlossen worden sind.

(3) Für Wertguthabenvereinbarungen nach § 7b, die vor dem 31. Dezember 2008 geschlossen worden sind und in denen entgegen § 7e Absatz 1 und 2 keine Vorkehrungen für den Fall der Insolvenz des Arbeitgebers vereinbart sind, gilt § 7e Absatz 5 und 6 mit Wirkung ab dem 1. Juni 2009.

§ 116a[2] **Übergangsregelung zur Beitragshaftung.** § 28e Absatz 3b und 3d Satz 1 in der am 30. September 2009 geltenden Fassung finden weiter Anwendung, wenn der Unternehmer mit der Erbringung der Bauleistungen vor dem 1. Oktober 2009 beauftragt worden ist.

§ 117[3] **Verwaltungsausgaben der knappschaftlichen Krankenversicherung der Rentner.** Soweit die Ausgaben der knappschaftlichen Krankenversicherung der Rentner für Versorgungsleistungen der Knappschaftsärzte und Knappschaftszahnärzte die entsprechenden Einnahmen übersteigen, sind sie

---

[1] § 115 aufgeh. mWv 1.11.2020 durch G v. 27.3.2020 (BGBl. I S. 575).

[2] § 116a eingef. mWv 1.10.2009 durch G v. 15.7.2009 (BGBl. I S. 1939).

[3] § 117 Abs. 1 aufgeh., bish. Abs. 2 wird alleiniger Wortlaut und geänd. mWv 11.8.2010 durch G v. 5.8.2010 (BGBl. I S. 1127).

abweichend von § 71 Absatz 2 der knappschaftlichen Rentenversicherung nicht zu erstatten.

§ 118[1] **Übergangsregelung für Tätigkeiten als Notärztin oder Notarzt im Rettungsdienst.** § 23c Absatz 2 gilt nicht für Einnahmen aus einer vor dem 11. April 2017 vereinbarten Tätigkeit als Notärztin oder Notarzt im Rettungsdienst.

§ 119[2] *(aufgehoben)*

§ 120[3] **Übergangsregelung zur Änderung der Wählbarkeitsvoraussetzungen.** [1] § 51 Absatz 6 Nummer 5 und § 59 Absatz 3 in der jeweils bis zum 31. Dezember 2017 geltenden Fassung finden bis zum Ende der Amtsperiode weiterhin Anwendung auf bis dahin bereits gewählte Mitglieder eines Selbstverwaltungsorgans einschließlich ihrer Stellvertreter. [2] Maßgeblich ist der Wahltag im Sinne des § 54 Absatz 3.

§ 121[4] **Übergangsregelung zur Vergütung der Vorstandsmitglieder der gesetzlichen Krankenkassen.** [1] § 35a Absatz 6a Satz 4 und 5 gilt nicht für die Verträge, denen die Aufsichtsbehörde bereits bis zum 10. Mai 2019 zugestimmt hat. [2] Die zur Zukunftssicherung eines Vorstandsmitgliedes vertraglich vereinbarten nicht beitragsorientierten Zusagen, denen die Aufsichtsbehörde bereits bis zum 10. Mai 2019 zugestimmt hat, dürfen auch bei Abschluss eines neuen Vertrages mit diesem Vorstandsmitglied in dem im vorhergehenden Vertrag vereinbarten Durchführungsweg und Umfang fortgeführt werden.

§ 123[5] **Übergangsregelung zur Struktur der Einrichtungen.** § 85 Absatz 3c Satz 2 findet nur Anwendung, soweit Versicherungsträger nach dem 30. Juni 2020 eine Einrichtung gründen oder erwerben, sich an einer Einrichtung beteiligen oder eine Beteiligung an einer Einrichtung erhöhen; die am 30. Juni 2020 bereits bestehenden Einrichtungen dürfen weitergeführt werden.

§ 124[6] **Übergangsregelung für das Verfahren zur elektronischen Abfrage und Übermittlung von Entgeltbescheinigungsdaten für Elterngeld.** [1] Bis zum 31. Dezember 2021 kann die Datenstelle der Rentenversicherung in geeigneten Fällen an Pilotprojekten gemäß § 28 Absatz 4 des Bundeselterngeld- und Elternzeitgesetzes[7] mitwirken. [2] Die hierdurch entstehenden Kosten sind der Deutschen Rentenversicherung Bund zu erstatten. [3] Das Nähere zur Mitwirkung und zum Kostenerstattungsverfahren regelt die Deutsche Rentenversicherung Bund in Einzelvereinbarungen mit den Projektverantwortlichen.

---

[1] § 118 neu gef. mWv 11.4.2017 durch G v. 4.4.2017 (BGBl. I S. 778).
[2] § 119 aufgeh. mWv 26.11.2019 durch G v. 20.11.2019 (BGBl. I S. 1626).
[3] § 120 angef. mWv 1.1.2018 durch G v. 18.7.2017 (BGBl. I S. 2757).
[4] § 121 angef. mWv 11.5.2019 durch G v. 6.5.2019 (BGBl. I S. 646).
[5] § 123 angef. mWv 1.7.2020 durch G v. 12.6.2020 (BGBl. I S. 1248).
[6] § 124 eingef. mWv 10.12.2020 durch G v. 3.12.2020 (BGBl. I S. 2668).
[7] Nr. **8/25**.

§ 125[1] Pilotprojekt zur Meldung der Arbeitsunfähigkeits- und Vorerkrankungszeiten an den Arbeitgeber. (1) [1] Die Krankenkasse kann nach Eingang der Arbeitsunfähigkeitsdaten nach § 295 Absatz 1 Satz 1 Nummer 1 des Fünften Buches[2] eine Meldung zum Abruf für den Arbeitgeber erstellen, die die folgenden Daten enthält:

1. den Namen des Beschäftigten,
2. den Beginn und das Ende der Arbeitsunfähigkeit,
3. das Datum der ärztlichen Feststellung der Arbeitsunfähigkeit,
4. die Kennzeichnung als Erst- oder Folgemeldung und
5. die Angabe, ob Anhaltspunkte dafür vorliegen, dass die Arbeitsunfähigkeit auf einem Arbeitsunfall oder sonstigem Unfall oder auf den Folgen eines Arbeitsunfalls oder sonstigen Unfalls beruht.

[2] In den Fällen, in denen die Krankenkasse die Arbeitsunfähigkeitsdaten nach § 295 Absatz 1 Satz 1 Nummer 1 des Fünften Buches für einen geringfügig beschäftigten Versicherten erhält, kann sie die Daten nach Satz 1 für die nach § 2 Absatz 1 Satz 2 des Gesetzes über den Ausgleich der Arbeitgeberzuwendungen für Entgeltfortzahlung[3] zuständige Deutsche Rentenversicherung Knappschaft-Bahn-See ausschließlich für die Zwecke des Erstattungsverfahrens nach dem Aufwendungsausgleichsgesetz zum Abruf bereitstellen. [3] Arbeitgeber können die Daten nach Satz 1 bei der zuständigen Krankenkasse durch systemgeprüfte Programme abrufen. [4] Beauftragt der Arbeitgeber einen Dritten mit dem Abruf, darf dieser die Daten verarbeiten. [5] Unberührt bleibt die Verpflichtung des behandelnden Arztes, dem Versicherten eine ärztliche Bescheinigung über das Bestehen der Arbeitsunfähigkeit nach § 73 Absatz 2 Satz 1 Nummer 9 des Fünften Buches in Verbindung mit § 5 Absatz 1a Satz 2 des Entgeltfortzahlungsgesetzes[4] auszuhändigen.

(2) [1] Stellt die Krankenkasse auf Grundlage der Angaben zur Diagnose in den Arbeitsunfähigkeitsdaten nach § 295 Absatz 1 Satz 1 Nummer 1 des Fünften Buches und auf der Grundlage von weiteren ihr vorliegenden Daten fest, dass die Entgeltfortzahlung im Krankheitsfall wegen anrechenbarer Vorerkrankungszeiten für einen Arbeitgeber ausläuft, so kann sie dem betroffenen Arbeitgeber eine Meldung mit den Angaben über die für ihn relevanten Vorerkrankungszeiten übermitteln. [2] Satz 1 gilt nicht für geringfügig Beschäftigte.

(3) Die Absätze 1 und 2 gelten nicht für Beschäftigte nach den §§ 8a und 12.

(4) Die Absätze 1 bis 3 gelten entsprechend bei Eingang der Daten nach § 301 Absatz 1 Satz 1 Nummer 3 und 7 des Fünften Buches mit der Maßgabe, dass die Meldung abweichend von Absatz 1 Satz 1 nur die Daten nach Absatz 1 Satz 1 Nummer 1 und den Beginn, die voraussichtliche Dauer und das Ende des stationären Krankenhausaufenthaltes zu enthalten hat.

(4a) [1] Die Absätze 1 bis 4 gelten entsprechend bei Eingang von Arbeitsunfähigkeitsdaten, wenn sie nach § 201 Absatz 2 des Siebten Buches[5] an die Krankenkassen übermittelt werden. [2] Für die Übermittlung der Arbeitsunfähig-

---

[1] § 125 angef. mWv 1.7.2021 und aufgeh. mWv 1.7.2022 durch G v. 12.6.2020 (BGBl. I S. 1248, geänd. durch G v. 11.2.2021, BGBl. I S. 154); Abs. 4a eingef. mWv 1.1.2022 durch G v. 14.10.2020 (BGBl. I S. 2112, geänd. durch G v. 11.2.2021, BGBl. I S. 154).

[2] Nr. **5**.

[3] Nr. **5/11**.

[4] Nr. **5/10**.

[5] Nr. **7**.

keitsdaten an die Krankenkassen werden die Dienste der Telematikinfrastruktur nach dem Fünften Buch genutzt, sobald diese zur Verfügung stehen.

(5) [1] Das Nähere zu den Datensätzen und zum Verfahren regelt der Spitzenverband Bund der Krankenkassen in Grundsätzen. [2] Die Grundsätze bedürfen der Genehmigung durch das Bundesministerium für Arbeit und Soziales im Einvernehmen mit dem Bundesministerium für Gesundheit und dem Bundesministerium für Ernährung und Landwirtschaft; die Bundesvereinigung der Deutschen Arbeitgeberverbände ist vor der Genehmigung anzuhören.

(6) Die teilnehmenden Krankenkassen haben monatlich dem Spitzenverband Bund der Krankenkassen über die Erfahrungen mit dem Meldeverfahren zu berichten.

§ 126[1)] Verzicht auf die elektronisch unterstützte Prüfung bei den Arbeitgebern *(noch nicht in Kraft)*

§ 127[2)] Bericht über die Untersuchung zur strukturierten Übermittlung der Daten für die elektronisch unterstützte Prüfung bei den Arbeitgebern. Die Deutsche Rentenversicherung Bund hat unter Beteiligung der Bundesvereinigung der Deutschen Arbeitgeberverbände dem Bundesministerium für Arbeit und Soziales bis zum 31. Dezember 2021 einen Bericht über die Ergebnisse einer Untersuchung zur strukturierten Übermittlung der notwendigen Daten für die Prüfung nach § 28p Absatz 6a im Bereich der Finanzbuchhaltung vorzulegen.

§ 128[3)] Außerordentliche Hemmung der Verjährung. In den Fällen, in denen eine Prüfung nach § 28p bei einem Arbeitgeber in der Zeit vom 1. Januar 2020 bis zum Ablauf des 31. Dezember 2021 durchzuführen ist, die Prüfung aber auf Grund der Folgen der Ausbreitung des SARS-CoV-2-Virus (COVID-19-Pandemie) nicht durchgeführt werden konnte, ist die Verjährung von Beitragsansprüchen, die in der Zeit vom 1. Januar 2016 bis zum Ablauf des 31. Dezember 2016 fällig geworden sind, bis zum Ablauf des 31. Dezember 2021 und von Beitragsansprüchen, die in der Zeit vom 1. Januar 2017 bis zum Ablauf des 31. Dezember 2017 fällig geworden sind, bis zum Ablauf des 31. Dezember 2022 gehemmt.

§ 129[4)] Übergangsregelung für die Zulassung der Arbeitnehmervereinigungen für die Sozialversicherungswahlen im Jahr 2023. Für die Sozialversicherungswahlen im Jahr 2023 gilt § 48a Absatz 4 in Verbindung mit § 48 Absatz 2 jeweils in der bis zum Ablauf des 17. Februar 2021 geltenden Fassung.

§ 130[5)] Sonstige nicht beitragspflichtige Einnahmen aus ärztlichen Tätigkeiten in Corona-Impfzentren. [1] Einnahmen aus Tätigkeiten als Ärztin oder Arzt in einem Impfzentrum im Sinne der Coronavirus-Impfverordnung oder einem dort angegliederten mobilen Impfteam sind in der Zeit vom

---

1) § 126 angef. mWv 1.1.2023 durch G v. 12.6.2020 (BGBl. I S. 1248).
2) § 127 angef. mWv 1.7.2020 durch G v. 12.6.2020 (BGBl. I S. 1248).
3) § 128 angef. mWv 31.12.2020 durch G v. 11.2.2021 (BGBl. I S. 154).
4) § 129 angef. mWv 18.2.2021 durch G v. 11.2.2021 (BGBl. I S. 154).
5) § 130 angef. mWv 15.12.2020 durch G v. 24.2.2021 (BGBl. I S. 274); Satz 1 geänd. mWv 24.11.2021 durch G v. 22.11.2021 (BGBl. I S. 4906).

15. Dezember 2020 bis zum 30. April 2022 nicht beitragspflichtig. [2] Für Tätigkeiten, bei denen die Einnahmen nach Satz 1 nicht beitragspflichtig sind, bestehen keine Meldepflichten nach diesem Buch.

§ 131[1)] Sonstige nicht beitragspflichtige Einnahmen aus ärztlichen Tätigkeiten in Corona-Testzentren. [1] Einnahmen aus Tätigkeiten als Ärztin oder Arzt in einem Testzentrum im Sinne der Coronavirus-Testverordnung oder einem dort angegliederten mobilen Testteam sind in der Zeit vom 4. März 2021 bis zum 31. Dezember 2021 nicht beitragspflichtig. [2] Für Tätigkeiten, bei denen die Einnahmen nach Satz 1 nicht beitragspflichtig sind, bestehen keine Meldepflichten nach diesem Buch. [3] Satz 1 gilt nicht für Einnahmen aus einer vor dem 4. März 2021 vereinbarten Tätigkeit.

§ 132[2) 3)] Geringfügige Beschäftigung und geringfügige selbständige Tätigkeit. [1] Vom 1. März 2021 bis einschließlich 31. Oktober 2021 gilt § 8 Absatz 1 Nummer 2 mit der Maßgabe, dass die Beschäftigung innerhalb eines Kalenderjahres auf längstens vier Monate oder 102 Arbeitstage nach ihrer Eigenart begrenzt zu sein pflegt oder im Voraus vertraglich begrenzt ist, es sei denn, dass die Beschäftigung berufsmäßig ausgeübt wird und ihr Entgelt 450 Euro im Monat übersteigt. [2] Satz 1 gilt nicht für eine vor dem 1. Juni 2021 begonnene Beschäftigung, die nicht geringfügig nach § 8 Absatz 1 Nummer 2 in der bis zum 31. Mai 2021 geltenden Fassung ist.

§ 133[4)] Übergangsvorschrift zur Besetzung der hauptamtlichen Vorstände und Geschäftsführungen der Versicherungsträger. [1] Ämter, die am 11. August 2021 bestehen, können entgegen § 35a Absatz 4 Satz 2 und entgegen § 36 Absatz 4 Satz 2 bis zu ihrem vorgesehenen Ende wahrgenommen werden. [2] Bei Krankenkassen mit bis zu 500 000 Mitgliedern, deren Vorstand am 11. August 2021 aus zwei Mitgliedern besteht, ist einmalig die Wiederbestellung dieser Vorstandsmitglieder entgegen § 35a Absatz 4 Satz 2 zulässig.

---

1) § 131 angef. mWv 4.3.2021 durch G v. 24.2.2021 (BGBl. I S. 274).

2) § 132 angef. mWv 1.6.2021 durch G v. 26.5.2021 (BGBl. I S. 1170).

3) Nach Art. 5 Abs. 3 G v. 26.5.2021 (BGBl. I S. 1170) sollen Art. 2 Nr. 1 und 3 des ÄndG am 31.10.2021 außer Kraft treten.

Die Aufhebung einer Änderungsvorschrift nach deren Inkrafttreten hat allerdings keine Auswirkungen auf die wirksam geänderte Stammvorschrift, sodass § 132 derzeit unbefristet gilt. Für eine Außerkraftsetzung der Vorschrift müsste das SGB IV selbst geändert werden, nicht das durch Vollzug erledigte Änderungsgesetz.

4) § 133 angef. mWv 12.8.2021 durch G v. 7.8.2021 (BGBl. I S. 3311).

4/21. Richtlinien für die versicherungsrechtliche Beurteilung von geringfügigen Beschäftigungen

Vom 26. Juli 2021

GKV-SPITZENVERBAND, BERLIN
DEUTSCHE RENTENVERSICHERUNG BUND, BERLIN
DEUTSCHE RENTENVERSICHERUNG KNAPPSCHAFT-BAHN-SEE, BOCHUM
BUNDESAGENTUR FÜR ARBEIT, NÜRNBERG

Die Geringfügigkeits-Richtlinien beschreiben die zwei Arten der geringfügigen Beschäftigung. Hierbei handelt es sich um die geringfügig entlohnte Beschäftigung, die wegen der geringen Höhe des Arbeitsentgelts und die kurzfristige Beschäftigung, die aufgrund ihrer kurzen Dauer geringfügig ist.

Die für geringfügig entlohnte Beschäftigungen maßgebende monatliche Arbeitsentgeltgrenze beträgt 450 EUR. Für den Bereich der Kranken-, Pflege- und Rentenversicherung werden geringfügig entlohnte Beschäftigungen und nicht geringfügige Beschäftigungen zusammengerechnet. Hierbei wird allerdings eine geringfügig entlohnte Beschäftigung von der Zusammenrechnung ausgenommen. Für den Bereich der Arbeitslosenversicherung werden geringfügige und nicht geringfügige Beschäftigungen nicht zusammengerechnet.

Arbeitnehmer in einer geringfügig entlohnten Beschäftigung sind grundsätzlich rentenversicherungspflichtig; das heißt, sie werden in der Rentenversicherung kraft Gesetzes an der Beitragszahlung beteiligt. Sie haben aber die Möglichkeit, gegenüber dem Arbeitgeber die Befreiung von der Versicherungspflicht in der Rentenversicherung zu beantragen und somit von der Zahlung ihres Beitragsanteils befreit zu werden. In der Kranken-, Pflege- und Arbeitslosenversicherung sind geringfügig entlohnt Beschäftigte versicherungsfrei bzw. nicht versicherungspflichtig.

Arbeitnehmer in einer kurzfristigen Beschäftigung können drei Monate oder 70 Arbeitstage beschäftigt sein und sind in allen Versicherungszweigen versicherungs-sowie beitragsfrei, sofern keine berufsmäßige Beschäftigung mit einem monatlichen Arbeitsentgelt von mehr als 450 Euro vorliegt.

Der Arbeitgeber eines geringfügig entlohnt Beschäftigten muss unter bestimmten Voraussetzungen Pauschalbeiträge zur Kranken- und Rentenversicherung bzw. gemeinsam mit dem Arbeitnehmer Pflichtbeiträge zur Rentenversicherung zahlen. Die Pauschalbeitragssätze betragen in der Krankenversicherung 13 Prozent und in der Rentenversicherung 15 Prozent des Arbeitsentgelts. Bei Zahlung von Pflichtbeiträgen zur Rentenversicherung beläuft sich der Beitragsanteil des Arbeitgebers ebenfalls auf 15 Prozent des Arbeitsentgelts. Im Falle der Zahlung von Pauschalbeiträgen oder Pflichtbeiträgen zur Rentenversicherung hat der Arbeitgeber im Übrigen die Möglichkeit, eine Pauschsteuer in Höhe von 2 Prozent zu zahlen.

Arbeitnehmer, die der Rentenversicherungspflicht unterliegen, müssen in der Regel 3,6 Prozent des Arbeitsentgelts als Eigenanteil aufbringen, also den Pauschalbeitrag des Arbeitgebers in Höhe von 15 Prozent um die Differenz zum vollen Rentenversicherungsbeitragssatz von 18,6 Prozent aufstocken.

Für geringfügig entlohnte Beschäftigungen im Privathaushalt betragen die Beitragssätze für die vom Arbeitgeber zu tragenden Pauschalbeiträge zur Kranken- und Rentenversicherung jeweils 5 Prozent des Arbeitsentgelts. Hier beläuft sich der Eigenanteil des Arbeitnehmers bei vorliegender Rentenversicherungspflicht somit in der Regel auf 13,6 Prozent des Arbeitsentgelts.

Die Durchführung des Beitrags- und Meldeverfahrens für geringfügig Beschäftigte-einschließlich der in Privathaushalten geringfügig Beschäftigten-obliegt der Deutschen Rentenversicherung Knappschaft-Bahn-See als Träger der Rentenversicherung. Diese Aufgabe wird von der Minijob-Zentrale der Deutschen Rentenversicherung Knappschaft-Bahn-See wahrgenommen. Dies bedeutet, dass die Minijob-Zentrale die Pauschalbeiträge zur Kranken- und Rentenversicherung einzieht. Auch die Pflichtbeiträge zur Rentenversicherung für diejenigen geringfügig Beschäftigten, die der Rentenversicherungspflicht unterliegen, sind an die Minijob-Zentrale zu zahlen. Die Minijob-Zentrale erhält darüber hinaus sämtliche Meldungen für geringfügig entlohnt sowie für kurzfristig Beschäftigte. Im Übrigen führt die Deutsche Rentenversicherung Knappschaft-Bahn-See als Träger der knappschaftlichen Krankenversicherung für die Minijob-Zentrale bei allen geringfügig Beschäftigten das Verfahren zum Ausgleich der Arbeitgeberaufwendungen für Entgeltfortzahlung bei Arbeitsunfähigkeit und Mutterschaft durch, und zwar unabhängig davon, welcher Krankenkasse der geringfügig Beschäftigte angehört.

Seit der letzten Fassung der Geringfügigkeits-Richtlinien vom 21. November 2018 ergeben sich insbesondere folgende Änderungen:

- Erhöhung der Übungsleiter- und der Ehrenamtspauschale nach § 3 Nrn. 26 und 26a EStG[1] von 2.400 Euro bzw. 720 Euro auf 3.000 Euro bzw. 840 Euro für die Zeit ab 1. Januar 2021 (Jahressteuergesetz 2020 vom 21. Dezember 2020, BGBl. I S. 3096); vgl. B 2.2.1.6.
- Klarstellung im Zusammenhang mit der Wirkung des Verzichts auf die Rentenversicherungsfreiheit bzw. der Wirkung der Befreiung von der Rentenversicherungspflicht bei Unterbrechung einer geringfügig entlohnten Beschäftigung wegen Bezugs einer Entgeltersatzleistung (vgl. B 2.2.3.1, B 2.2.3.2.1, B 2.2.3.3 und B 2.2.4.1).
- Berücksichtigung des BSG-Urteils vom 24. November 2020 (B 12 KR 34/19 R) zu den Zeitgrenzen bei einer kurzfristigen Beschäftigung von drei Monaten oder 70 Arbeitstagen, wonach die Anwendung der jeweiligen Zeitgrenze nicht vom wöchentlichen Beschäftigungsumfang abhängt (vgl. B 2.3.1 und B 2.3.2).
- Klarstellung zur Ermittlung der Anzahl der Kalendertage für den Zeitraum einer kurzfristigen Beschäftigung, der nicht ausschließlich aus vollen Monaten, sondern auch aus Teilmonaten besteht (vgl. B 2.3.2).
- Aufnahme von Textfeldern zur Erläuterung der Berechnung der Kalendertage in den jeweiligen Beispielen mit Bezug zur kurzfristigen Beschäftigung (vgl. J).

Die Geringfügigkeits-Richtlinien wurden insbesondere unter Berücksichtigung der vorgenannten Änderungen überarbeitet und lösen die Geringfügigkeits-Richtlinien in der Fassung vom 21. November 2018 ab. Sie gelten spätestens ab

[1] **Steuergesetze Nr. 1.**

1. August 2021. **Die geänderten Textpassagen wurden in Fettschrift kenntlich gemacht.**

Speziell zu den bei geringfügig Beschäftigten in Privathaushalten zu beachtenden Besonderheiten nach dem Haushaltsscheck-Verfahren haben die Spitzenorganisationen der Sozialversicherung ein Gemeinsames Rundschreiben veröffentlicht.

Außerdem wird darauf hingewiesen, dass für den Zeitraum vom Inkrafttreten der Übergangsregelung nach § 132 SGB IV[1)] am 1. Juni 2021 bis 31. Oktober 2021 höhere Zeitgrenzen von vier Monaten bzw. 102 Arbeitstagen für die kurzfristige Beschäftigung gelten, die sich vorübergehend auch auf die Regelung des gelegentlichen unvorhersehbaren Überschreitens der Entgeltgrenze im Rahmen einer geringfügig entlohnten Beschäftigung auswirken. Für entsprechende Beschäftigungszeiträume bis 31. Oktober 2021 sind somit zusätzlich die ergänzenden Ausführungen in der Verlautbarung der Spitzenorganisationen der Sozialversicherung vom 31. Mai 2021 zur vorübergehenden Erhöhung der Zeitgrenzen für kurzfristige Beschäftigungen zu beachten.

Inhaltsverzeichnis

---

1) Nr. 4.

C. Beitragsrecht

A. Gesetzliche Grundlagen

§ 7 SGB IV Beschäftigung. (1) [1] Beschäftigung ist die nichtselbständige Arbeit, insbesondere in einem Arbeitsverhältnis. [2] Anhaltspunkte für eine Beschäftigung sind eine Tätigkeit nach Weisungen und eine Eingliederung in die Arbeitsorganisation des Weisungsgebers.

(1a) [1] Eine Beschäftigung besteht auch in Zeiten der Freistellung von der Arbeitsleistung von mehr als einem Monat, wenn

1. während der Freistellung Arbeitsentgelt aus einem Wertguthaben nach § 7b fällig ist und

---

[1]) Nr. **6**.

2. das monatlich fällige Arbeitsentgelt in der Zeit der Freistellung nicht unangemessen von dem für die vorausgegangenen zwölf Kalendermonate abweicht, in denen Arbeitsentgelt bezogen wurde.

[2] Satz 1 gilt entsprechend, wenn während einer bis zu dreimonatigen Freistellung Arbeitsentgelt aus einer Vereinbarung zur flexiblen Gestaltung der werktäglichen oder wöchentlichen Arbeitszeit oder dem Ausgleich betrieblicher Produktions- und Arbeitszeitzyklen fällig ist. [3] Beginnt ein Beschäftigungsverhältnis mit einer Zeit der Freistellung, gilt Satz 1 Nummer 2 mit der Maßgabe, dass das monatlich fällige Arbeitsentgelt in der Zeit der Freistellung nicht unangemessen von dem für die Zeit der Arbeitsleistung abweichen darf, mit der das Arbeitsentgelt später erzielt werden soll. [4] Eine Beschäftigung gegen Arbeitsentgelt besteht während der Zeit der Freistellung auch, wenn die Arbeitsleistung, mit der das Arbeitsentgelt später erzielt werden soll, wegen einer im Zeitpunkt der Vereinbarung nicht vorhersehbaren vorzeitigen Beendigung des Beschäftigungsverhältnisses nicht mehr erbracht werden kann. [5] …

(2) bis (4) …

§ 8 SGB IV Geringfügige Beschäftigung und geringfügige selbständige Tätigkeit. (1) Eine geringfügige Beschäftigung liegt vor, wenn

1. das Arbeitsentgelt aus dieser Beschäftigung regelmäßig im Monat 450 Euro nicht übersteigt,
2. die Beschäftigung innerhalb eines Kalenderjahres auf längstens drei Monate oder 70 Arbeitstage nach ihrer Eigenart begrenzt zu sein pflegt oder im Voraus vertraglich begrenzt ist, es sei denn, dass die Beschäftigung berufsmäßig ausgeübt wird und ihr Entgelt 450 Euro im Monat übersteigt.

(2) [1] Bei der Anwendung des Absatzes 1 sind mehrere geringfügige Beschäftigungen nach Nummer 1 oder Nummer 2 sowie geringfügige Beschäftigungen nach Nummer 1 mit Ausnahme einer geringfügigen Beschäftigung nach Nummer 1 und nicht geringfügige Beschäftigungen zusammenzurechnen. [2] Eine geringfügige Beschäftigung liegt nicht mehr vor, sobald die Voraussetzungen des Absatzes 1 entfallen. [3] Wird bei der Zusammenrechnung nach Satz 1 festgestellt, dass die Voraussetzungen einer geringfügigen Beschäftigung nicht mehr vorliegen, tritt die Versicherungspflicht erst mit dem Tag ein, an dem die Entscheidung über die Versicherungspflicht nach § 37 des Zehnten Buches[1)] durch die Einzugsstelle nach § 28i Satz 5 oder einen Träger der Rentenversicherung bekannt gegeben wird. [4] Dies gilt nicht, wenn der Arbeitgeber vorsätzlich oder grob fahrlässig versäumt hat, den Sachverhalt für die versicherungsrechtliche Beurteilung der Beschäftigung aufzuklären.

(3) [1] Die Absätze 1 und 2 gelten entsprechend, soweit anstelle einer Beschäftigung eine selbständige Tätigkeit ausgeübt wird. [2] Dies gilt nicht für das Recht der Arbeitsförderung.

§ 8a SGB IV Geringfügige Beschäftigung in Privathaushalten. [1] Werden geringfügige Beschäftigungen ausschließlich in Privathaushalten ausgeübt, gilt § 8. [2] Eine geringfügige Beschäftigung im Privathaushalt liegt vor, wenn diese durch einen privaten Haushalt begründet ist und die Tätigkeit sonst gewöhnlich durch Mitglieder des privaten Haushalts erledigt wird.

---

1) Nr. **10**.

§ 14 SGB IV Arbeitsentgelt. (1) [1]Arbeitsentgelt sind alle laufenden oder einmaligen Einnahmen aus einer Beschäftigung, gleichgültig, ob ein Rechtsanspruch auf die Einnahmen besteht, unter welcher Bezeichnung oder in welcher Form sie geleistet werden und ob sie unmittelbar aus der Beschäftigung oder im Zusammenhang mit ihr erzielt werden. [2]Arbeitsentgelt sind auch Entgeltteile, die durch Entgeltumwandlung nach § 1 Absatz 2 Nummer 3 des Betriebsrentengesetzes[1)] für betriebliche Altersversorgung in den Durchführungswegen Direktzusage oder Unterstützungskasse verwendet werden, soweit sie 4 vom Hundert der jährlichen Beitragsbemessungsgrenze der allgemeinen Rentenversicherung übersteigen.

(2) und (3) …

§ 22 SGB IV Entstehen der Beitragsansprüche, … (1) [1]Die Beitragsansprüche der Versicherungsträger entstehen, sobald ihre im Gesetz oder auf Grund eines Gesetzes bestimmten Voraussetzungen vorliegen. [2]Bei einmalig gezahltem Arbeitsentgelt sowie bei Arbeitsentgelt, das aus Arbeitszeitguthaben abgeleiteten Entgeltguthaben errechnet wird, entstehen die Beitragsansprüche, sobald dieses ausgezahlt worden ist. [3]Satz 2 gilt nicht, soweit das einmalig gezahlte Arbeitsentgelt nur wegen eines Insolvenzereignisses im Sinne des § 165 Absatz 1 des Dritten Buches[2)] vom Arbeitgeber nicht ausgezahlt worden ist oder die Beiträge für aus Arbeitszeitguthaben abgeleiteten Entgeltguthaben schon aus laufendem Arbeitsentgelt gezahlt wurden.

(2) …

§ 28a SGB IV Meldepflicht. (1) [1]Der Arbeitgeber oder ein anderer Meldepflichtiger hat der Einzugsstelle für jeden in der Kranken-, Pflege-, Rentenversicherung oder nach dem Recht der Arbeitsförderung kraft Gesetzes Versicherten

1. bis 10. …

11. bei Antrag des geringfügig Beschäftigten nach § 6 Absatz 1b des Sechsten Buches[3)] auf Befreiung von der Versicherungspflicht,

12. bis 20. …

eine Meldung zu erstatten. [2]Jede Meldung sowie die darin enthaltenen Datensätze sind mit einem eindeutigen Kennzeichen zur Identifizierung zu versehen.

(1a) bis (8) …

(9) [1]Soweit nicht anders geregelt, gelten für versicherungsfrei oder von der Versicherungspflicht befreite geringfügig Beschäftigte die Absätze 1 bis 6 entsprechend. [2]Eine Jahresmeldung nach Absatz 2 ist für geringfügig Beschäftigte nach § 8 Absatz 1 Nummer 2 nicht zu erstatten.

(10) bis (12) …

§ 28h SGB IV Einzugsstellen. (1) …

(2) [1]Die Einzugsstelle entscheidet über die Versicherungspflicht und Beitragshöhe in der Kranken-, Pflege- und Rentenversicherung sowie nach dem Recht der Arbeitsförderung; sie erlässt auch den Widerspruchsbescheid. [2]Soweit die Einzugsstelle die Höhe des Arbeitsentgelts nicht oder nicht ohne

[1)] **Loseblatt-Textsammlung Arbeitsrecht Nr. 180.**

[2)] Nr. 3.

[3)] Nr. 6.

unverhältnismäßig großen Verwaltungsaufwand ermitteln kann, hat sie dieses zu schätzen. [3] Dabei ist für das monatliche Arbeitsentgelt des Beschäftigten das am Beschäftigungsort ortsübliche Arbeitsentgelt zu berücksichtigen. [4] Die nach § 28i Satz 5 zuständige Einzugsstelle prüft die Einhaltung der Arbeitsentgeltgrenzen bei geringfügiger Beschäftigung nach den §§ 8 und 8a und entscheidet bei deren Überschreiten über die Versicherungspflicht in der Kranken-, Pflege- und Rentenversicherung sowie nach dem Recht der Arbeitsförderung; sie erlässt auch den Widerspruchsbescheid.

(3) und (4) …

§ 28i SGB IV Zuständige Einzugsstelle. [1] Zuständige Einzugsstelle für den Gesamtsozialversicherungsbeitrag ist die Krankenkasse, von der die Krankenversicherung durchgeführt wird. [2] Für Beschäftigte, die bei keiner Krankenkasse versichert sind, werden Beiträge zur Rentenversicherung und zur Arbeitsförderung an die Einzugsstelle gezahlt, die der Arbeitgeber in entsprechender Anwendung des § 175 Absatz 3 Satz 2 des Fünften Buches[1)] gewählt hat. [3] Zuständige Einzugsstelle ist in den Fällen des § 28f Absatz 2 die nach § 175 Absatz 3 Satz 3 des Fünften Buches bestimmte Krankenkasse). [4] Zuständige Einzugsstelle ist in den Fällen des § 2 Absatz 3 die Deutsche Rentenversicherung Knappschaft-Bahn-See. [5] Bei geringfügigen Beschäftigungen ist zuständige Einzugsstelle die Deutsche Rentenversicherung Knappschaft-Bahn-See als Träger der Rentenversicherung.

§ 27 SGB SGB III Versicherungsfreie Beschäftigte. (1) …

(2) [1] Versicherungsfrei sind Personen in einer geringfügigen Beschäftigung; abweichend von § 8 Absatz 2 Satz 1 des Vierten Buches[2)] werden geringfügige Beschäftigungen und nicht geringfügige Beschäftigungen nicht zusammengerechnet. [2] Versicherungsfreiheit besteht nicht für Personen, die

1. im Rahmen betrieblicher Berufsbildung, nach dem Jugendfreiwilligendienstegesetz[3)], nach dem Bundesfreiwilligendienstgesetz[4)],
2. wegen eines Arbeitsausfalls mit Entgeltausfall im Sinne der Vorschriften über das Kurzarbeitergeld oder
3. wegen stufenweiser Wiedereingliederung in das Erwerbsleben (§ 74 Fünftes Buch[1)], § 44 Neuntes Buch[5)]) oder aus einem sonstigen der in § 146 Absatz 1 genannten Gründe

nur geringfügig beschäftigt sind.

(3) und (4) …

(5) [1] Versicherungsfrei sind Personen, die während einer Zeit, in der ein Anspruch auf Arbeitslosengeld besteht, eine Beschäftigung ausüben. [2] Satz 1 gilt nicht für Beschäftigungen, die während der Zeit, in der ein Anspruch auf Teilarbeitslosengeld besteht, ausgeübt werden.

§ 138 SGB III Arbeitslosigkeit. (1) Arbeitslos ist, wer Arbeitnehmerin oder Arbeitnehmer ist und

---

[1)] Nr. 5.
[2)] Nr. 4.
[3)] **Loseblatt-Textsammlung Arbeitsrecht Nr. 422.**
[4)] **Loseblatt-Textsammlung Arbeitsrecht Nr. 422a.**
[5)] Nr. 9.

1. nicht in einem Beschäftigungsverhältnis steht (Beschäftigungslosigkeit),
2. und 3. …

(2) …

(3) [1] Die Ausübung einer Beschäftigung, selbständigen Tätigkeit oder Tätigkeit als mithelfende Familienangehörige oder mithelfender Familienangehöriger (Erwerbstätigkeit) schließt die Beschäftigungslosigkeit nicht aus, wenn die Arbeits- oder Tätigkeitszeit (Arbeitszeit) weniger als 15 Stunden wöchentlich umfasst; gelegentliche Abweichungen von geringer Dauer bleiben unberücksichtigt. [2] Die Arbeitszeiten mehrerer Erwerbstätigkeiten werden zusammengerechnet.

(4) und (5) …

§ 436 SGB III Zweites Gesetz für moderne Dienstleistungen am Arbeitsmarkt. [1] Personen, die am 31. März 2003 in einer mehr als geringfügigen Beschäftigung versicherungspflichtig waren, die die Merkmale einer geringfügigen Beschäftigung in der ab 1. April 2003 geltenden Fassung von § 8 des Vierten Buches[1)] erfüllt, bleiben in dieser Beschäftigung versicherungspflichtig. [2] Sie werden auf ihren Antrag von der Versicherungspflicht befreit. [3] Die Befreiung wirkt vom 1. April 2003 an. [4] Sie ist auf diese Beschäftigung beschränkt.

§ 7 SGB V Versicherungsfreiheit bei geringfügiger Beschäftigung.

(1) [1] Wer eine geringfügige Beschäftigung nach §§ 8, 8a des Vierten Buches[1)] ausübt, ist in dieser Beschäftigung versicherungsfrei; dies gilt nicht für eine Beschäftigung

1. im Rahmen betrieblicher Berufsbildung,
2. nach dem Jugendfreiwilligendienstegesetz[2)],
3. nach dem Bundesfreiwilligendienstgesetz.

[2] § 8 Absatz 2 des Vierten Buches ist mit der Maßgabe anzuwenden, dass eine Zusammenrechnung mit einer nicht geringfügigen Beschäftigung nur erfolgt, wenn diese Versicherungspflicht begründet.

(2) [1] Personen, die am 31. März 2003 nur in einer Beschäftigung versicherungspflichtig waren, die die Merkmale einer geringfügigen Beschäftigung nach den §§ 8, 8a des Vierten Buches erfüllt, und die nach dem 31. März 2003 nicht die Voraussetzungen für eine Versicherung nach § 10 erfüllen, bleiben in dieser Beschäftigung versicherungspflichtig. [2] Sie werden auf ihren Antrag von der Versicherungspflicht befreit. [3] § 8 Absatz 2 gilt entsprechend mit der Maßgabe, dass an die Stelle des Zeitpunkts des Beginns der Versicherungspflicht der 1. April 2003 tritt. [4] Die Befreiung ist auf die jeweilige Beschäftigung beschränkt.

§ 8 SGB V Befreiung von der Versicherungspflicht. (1) …

(2) [1] Der Antrag ist innerhalb von drei Monaten nach Beginn der Versicherungspflicht bei der Krankenkasse zu stellen. [2] Die Befreiung wirkt vom Beginn der Versicherungspflicht an, wenn seit diesem Zeitpunkt noch keine Leistungen in Anspruch genommen wurden, sonst vom Beginn des Kalendermonats an,

[1)] Nr. 4.
[2)] **Loseblatt-Textsammlung Arbeitsrecht Nr. 422.**

der auf die Antragstellung folgt. [3]Die Befreiung kann nicht widerrufen werden. [4]Die Befreiung wird nur wirksam, wenn das Mitglied das Bestehen eines anderweitigen Anspruchs auf Absicherung im Krankheitsfall nachweist.

§ 249b SGB V Beitrag des Arbeitgebers bei geringfügiger Beschäftigung. [1]Der Arbeitgeber einer Beschäftigung nach § 8 Absatz 1 Nr. 1 des Vierten Buches[1)] hat für Versicherte, die in dieser Beschäftigung versicherungsfrei oder nicht versicherungspflichtig sind, einen Beitrag in Höhe von 13 vom Hundert des Arbeitsentgelts dieser Beschäftigung zu tragen. [2]Für Beschäftigte in Privathaushalten nach § 8a Satz 1 des Vierten Buches, die in dieser Beschäftigung versicherungsfrei oder nicht versicherungspflichtig sind, hat der Arbeitgeber einen Beitrag in Höhe von 5 vom Hundert des Arbeitsentgelts dieser Beschäftigung zu tragen. [3]Für den Beitrag des Arbeitgebers gelten der Dritte Abschnitt des Vierten Buches sowie § 111 Absatz 1 Nummer 2 bis 4, 8 und Absatz 2 und 4 des Vierten Buches entsprechend.

§ 48 KVLG 1989 Tragung der Beiträge durch Dritte. (1) bis (5) …

(6) Für Beiträge des Arbeitgebers bei geringfügiger Beschäftigung gilt § 249b Fünftes Buch Sozialgesetzbuch[2)] entsprechend.

(7) …

§ 5 SGB VI Versicherungsfreiheit. (1) …

(2) [1]Versicherungsfrei sind Personen, die eine

1. Beschäftigung nach § 8 Absatz 1 Nummer 2 oder § 8a in Verbindung mit § 8 Absatz 1 Nummer 2 des Vierten Buches[1)] oder
2. geringfügige selbständige Tätigkeit nach § 8 Absatz 3 in Verbindung mit § 8 Absatz 1 oder nach § 8 Absatz 3 in Verbindung mit den §§ 8a und 8 Absatz 1 des Vierten Buches

ausüben, in dieser Beschäftigung oder selbständigen Tätigkeit. [2]§ 8 Absatz 2 Viertes Buch ist mit der Maßgabe anzuwenden, dass eine Zusammenrechnung mit einer nicht geringfügigen selbständigen Tätigkeit nur erfolgt, wenn diese versicherungspflichtig ist. [3]Satz 1 Nummer 1 gilt nicht für Personen, die im Rahmen betrieblicher Berufsbildung beschäftigt sind.

(3) und (4) …

§ 6 SGB VI Befreiung von der Versicherungspflicht. (1) und (1a) …

(1b) [1]Personen, die eine geringfügige Beschäftigung nach § 8 Absatz 1 Satz 1 Nummer 1 oder § 8a in Verbindung mit § 8 Absatz 1 Nummer 1 Viertes Buch ausüben, werden auf Antrag von der Versicherungspflicht befreit. [2]Der schriftliche Befreiungsantrag ist dem Arbeitgeber zu übergeben. [3]§ 8 Absatz 2 des Vierten Buches[1)] ist mit der Maßgabe anzuwenden, dass eine Zusammenrechnung mit einer nicht geringfügigen Beschäftigung nur erfolgt, wenn diese versicherungspflichtig ist. [4]Der Antrag kann bei mehreren geringfügigen Beschäftigungen nur einheitlich gestellt werden und ist für die Dauer der Beschäftigungen bindend. [5]Satz 1 gilt nicht für Personen, die im Rahmen betrieblicher Berufsbildung, nach dem Jugendfreiwilligendienstegesetz[3)], nach dem Bundes-

---

[1)] Nr. 4.
[2)] Nr. 5.
[3)] **Loseblatt-Textsammlung Arbeitsrecht Nr. 422.**

freiwilligendienstgesetz[1] oder nach § 1 Satz 1 Nummer 2 bis 4 beschäftigt sind oder von der Möglichkeit einer stufenweisen Wiederaufnahme einer nicht geringfügigen Tätigkeit (§ 74 Fünftes Buch) Gebrauch machen.

(2) …

(3) [1] Über die Befreiung entscheidet der Träger der Rentenversicherung, nachdem in den Fällen

1. des Absatzes 1 Nummer 1 die für die berufsständische Versorgungseinrichtung zuständige oberste Verwaltungsbehörde,
2. des Absatzes 1 Nummer 2 die oberste Verwaltungsbehörde des Landes, in dem der Arbeitgeber seinen Sitz hat,

das Vorliegen der Voraussetzungen bestätigt hat. [2] In den Fällen des Absatzes 1b gilt die Befreiung als erteilt, wenn die nach § 28i Satz 5 des Vierten Buches zuständige Einzugsstelle nicht innerhalb eines Monats nach Eingang der Meldung des Arbeitgebers nach § 28a des Vierten Buches dem Befreiungsantrag des Beschäftigten widerspricht. [3] Die Vorschriften des Zehnten Buches[2] über die Bestandskraft von Verwaltungsakten und über das Rechtsbehelfsverfahren gelten entsprechend.

(4) [1] Die Befreiung wirkt vom Vorliegen der Befreiungsvoraussetzungen an, wenn sie innerhalb von drei Monaten beantragt wird, sonst vom Eingang des Antrags an. [2] In den Fällen des Absatzes 1b wirkt die Befreiung bei Vorliegen der Befreiungsvoraussetzungen nach Eingang der Meldung des Arbeitgebers nach § 28a des Vierten Buches bei der zuständigen Einzugsstelle rückwirkend vom Beginn des Monats an, in dem der Antrag des Beschäftigten dem Arbeitgeber zugegangen ist, wenn der Arbeitgeber den Befreiungsantrag der Einzugsstelle mit der ersten folgenden Entgeltabrechnung, spätestens aber innerhalb von sechs Wochen nach Zugang, gemeldet und die Einzugsstelle innerhalb eines Monats nach Eingang der Meldung des Arbeitgebers nicht widersprochen hat. [3] Erfolgt die Meldung des Arbeitgebers später, wirkt die Befreiung vom Beginn des auf den Ablauf der Widerspruchsfrist nach Absatz 3 folgenden Monats. [4] In den Fällen, in denen bei einer Mehrfachbeschäftigung die Befreiungsvoraussetzungen vorliegen, hat die Einzugsstelle die weiteren Arbeitgeber über den Zeitpunkt der Wirkung der Befreiung unverzüglich durch eine Meldung zu unterrichten.

(5) …

§ 163 SGB VI Sonderregelung für beitragspflichtige Einnahmen Beschäftigter. (1) bis (7) …

(8) Bei Arbeitnehmern, die eine geringfügige Beschäftigung ausüben, ist beitragspflichtige Einnahme das Arbeitsentgelt, mindestens jedoch der Betrag in Höhe von 175 Euro.

(9) und (10) …

§ 168 SGB VI Beitragstragung bei Beschäftigten. (1) Die Beiträge werden getragen

1. und 1a. …

---

[1] **Loseblatt-Textsammlung Arbeitsrecht Nr. 422a.**
[2] Nr. **10**.

1b. bei Personen, die gegen Arbeitsentgelt geringfügig versicherungspflichtig beschäftigt werden, von den Arbeitgebern in Höhe des Betrages, der 15 vom Hundert des der Beschäftigung zugrunde liegenden Arbeitsentgelts entspricht, im Übrigen vom Versicherten,

1c. bei Personen, die gegen Arbeitsentgelt in Privathaushalten geringfügig versicherungspflichtig beschäftigt werden, von den Arbeitgebern in Höhe des Betrages, der 5 vom Hundert des der Beschäftigung zugrunde liegenden Arbeitsentgelts entspricht, im Übrigen vom Versicherten.

1d. bis 7. …

(2) und (3) …

§ 172 SGB VI Arbeitgeberanteil bei Versicherungsfreiheit und Befreiung von der Versicherungspflicht. (1) [1] Für Beschäftigte, die versicherungsfrei sind wegen

1. des Bezugs einer Vollrente wegen Alters nach Ablauf des Monats, in dem die Regelaltersgrenze erreicht wird,
2. des Bezugs einer Versorgung,
3. des Erreichens der Regelaltersgrenze oder
4. einer Beitragserstattung,

tragen die Arbeitgeber die Hälfte des Beitrags, der zu zahlen wäre, wenn die Beschäftigten versicherungspflichtig wären; in der knappschaftlichen Rentenversicherung ist statt der Hälfte des Beitrags der auf Arbeitgeber entfallende Beitragsanteil zu zahlen. [2] Satz 1 findet keine Anwendung auf versicherungsfrei geringfügig Beschäftigte und Beschäftigte nach § 1 Satz 1 Nummer 2.

(2) …

(3) [1] Für Beschäftigte nach § 8 Absatz 1 Nummer 1 Viertes Buch, die in dieser Beschäftigung nach § 6 Absatz 1b oder nach anderen Vorschriften von der Versicherungspflicht befreit sind oder die nach § 5 Absatz 4 versicherungsfrei sind, tragen die Arbeitgeber einen Beitragsanteil in Höhe von 15 vom Hundert des Arbeitsentgelts, das beitragspflichtig wäre, wenn die Beschäftigten versicherungspflichtig wären. [2] Dies gilt nicht für Personen, die während der Dauer eines Studiums als ordentlich Studierende einer Fachschule oder Hochschule ein Praktikum ableisten, das nicht in der Studienordnung oder Prüfungsordnung vorgeschrieben ist.

(3a) Für Beschäftigte in Privathaushalten nach § 8a Satz 1 des Vierten Buches[1)], die in dieser Beschäftigung nach § 6 Absatz 1b oder nach anderen Vorschriften von der Versicherungspflicht befreit sind oder die nach § 5 Absatz 4 versicherungsfrei sind, tragen die Arbeitgeber einen Beitragsanteil in Höhe von 5 vom Hundert des Arbeitsentgelts, das beitragspflichtig wäre, wenn die Beschäftigten versicherungspflichtig wären.

(4) Für den Beitragsanteil des Arbeitgebers gelten die Vorschriften des Dritten Abschnitts des Vierten Buches sowie die Bußgeldvorschriften des § 111 Absatz 1 Nummer 2 bis 4, 8 und Absatz 2 und 4 des Vierten Buches entsprechend.

§ 229 SGB VI Versicherungspflicht. (1) bis (4) …

[1)] Nr. 4.

(5) Personen, die am 31. Dezember 2012 als Beschäftigte nach § 5 Absatz 2 in der bis zum 31. Dezember 2012 geltenden Fassung wegen Verzichts auf die Versicherungsfreiheit in einer geringfügigen Beschäftigung oder mehreren geringfügigen Beschäftigungen versicherungspflichtig waren, bleiben insoweit versicherungspflichtig; § 6 Absatz 1b in der ab 1. Januar 2013 geltenden Fassung gilt für diese Personen bezogen auf die am 31. Dezember 2012 ausgeübte Beschäftigung und weitere Beschäftigungen, auf die sich der Verzicht auf die Versicherungsfreiheit nach § 5 Absatz 2 in der bis zum 31. Dezember 2012 geltenden Fassung erstrecken würde, nicht.

(6) [1] Personen, die am 31. März 2003 in einer Beschäftigung oder selbständigen Tätigkeit ohne einen Verzicht auf die Versicherungsfreiheit (§ 5 Absatz 2 Satz 2 in der bis zum 31. Dezember 2012 geltenden Fassung) versicherungspflichtig waren, die die Merkmale einer geringfügigen Beschäftigung oder selbständigen Tätigkeit in der ab 1. April 2003 geltenden Fassung von § 8 des Vierten Buches[1)] oder die Merkmale einer geringfügigen Beschäftigung oder selbständigen Tätigkeit im Privathaushalt (§ 8a Viertes Buch) erfüllt, bleiben in dieser Beschäftigung oder selbständigen Tätigkeit versicherungspflichtig. [2] Sie werden auf ihren Antrag von der Versicherungspflicht befreit. [3] Die Befreiung wirkt vom 1. April 2003 an, wenn sie bis zum 30. Juni 2003 beantragt wird, sonst vom Eingang des Antrags an. [4] Sie ist auf die jeweilige Beschäftigung oder selbständige Tätigkeit beschränkt. [5] Für Personen, die die Voraussetzungen für die Versicherungspflicht nach § 2 Satz 1 Nummer 10 erfüllen, endet die Befreiung nach Satz 2 am 31. Juli 2004.

(7) bis (9) …

§ 230 SGB VI Versicherungsfreiheit. (1) bis (7) …

(8) [1] Personen, die am 31. Dezember 2012 als Beschäftigte nach § 5 Absatz 2 Satz 1 Nummer 1 in der bis zum 31. Dezember 2012 geltenden Fassung versicherungsfrei waren, bleiben in dieser Beschäftigung versicherungsfrei, solange die Voraussetzungen einer geringfügigen Beschäftigung nach § 8 Absatz 1 Nummer 1 oder § 8a in Verbindung mit § 8 Absatz 1 Nummer 1 des Vierten Buches[1)] in der bis zum 31. Dezember 2012 geltenden Fassung vorliegen. [2] Sie können durch schriftliche Erklärung gegenüber dem Arbeitgeber auf die Versicherungsfreiheit verzichten; der Verzicht kann nur mit Wirkung für die Zukunft und bei mehreren Beschäftigungen nur einheitlich erklärt werden und ist für die Dauer der Beschäftigungen bindend.

(9) …

§ 231 SGB VI Befreiung von der Versicherungspflicht. (1) bis (8) …

(9) § 6 Absatz 1 b gilt bis zum 31. Dezember 2014 nicht für Personen, die am 31. Dezember 2012 in einer mehr als geringfügigen Beschäftigung nach § 8 Absatz 1 Nummer 1 oder § 8a in Verbindung mit § 8 Absatz 1 Nummer 1 des Vierten Buches[1)] versicherungspflichtig waren, die die Merkmale einer geringfügig entlohnten Beschäftigung nach diesen Vorschriften in der ab 1. Januar 2013 geltenden Fassung erfüllt, solange das Arbeitsentgelt aus dieser Beschäftigung 400 Euro monatlich übersteigt.

[1)] Nr. **4**.

§ 276a SGB VI Arbeitgeberanteil bei Versicherungsfreiheit. (1) [1] Für geringfügig Beschäftigte nach § 8 Absatz 1 Nummer 1 des Vierten Buches[1)], die in dieser Beschäftigung nach § 230 Absatz 8 versicherungsfrei sind, tragen die Arbeitgeber einen Beitragsanteil in Höhe von 15 Prozent des Arbeitsentgelts, das beitragspflichtig wäre, wenn die Beschäftigten versicherungspflichtig wären. [2] Für geringfügig Beschäftigte in Privathaushalten nach § 8a Satz 1 des Vierten Buches, die in dieser Beschäftigung nach § 230 Absatz 8 versicherungsfrei sind, tragen die Arbeitgeber einen Beitragsanteil in Höhe von 5 Prozent des Arbeitsentgelts, das beitragspflichtig wäre, wenn die Beschäftigten versicherungspflichtig wären.

(1a) …

(2) Für den Beitragsanteil des Arbeitgebers gelten die Vorschriften des Dritten Abschnitts des Vierten Buches sowie die Bußgeldvorschriften des § 111 Absatz 1 Nummer 2 bis 4, 8 und Absatz 2 und 4 des Vierten Buches entsprechend.

§ 2 BVV Berechnungsvorgang. (1) [1] Beiträge, die der Arbeitgeber und der Beschäftigte je zur Hälfte tragen, werden durch Anwendung des halben Beitragssatzes auf das Arbeitsentgelt und anschließender Verdoppelung des gerundeten Ergebnisses berechnet. [2] Auf Beiträge, die der Arbeitgeber allein trägt, kann Satz 1 entsprechend angewandt werden. [3] Werden Beiträge vom Arbeitgeber und vom Beschäftigten nicht je zur Hälfte getragen, ergibt sich der Beitrag aus der Summe der getrennt berechneten gerundeten Anteile. [4] Beiträge, die vom Beschäftigten allein zu tragen sind, werden durch Anwendung des für diese Beiträge geltenden Beitragssatzes oder Beitragszuschlags auf das Arbeitsentgelt berechnet; Satz 3 zweiter Halbsatz gilt entsprechend. [5] Wird die Mindestbeitragsbemessungsgrundlage des § 163 Absatz 8 des Sechsten Buches Sozialgesetzbuch[2)] nicht überschritten, wird der Beitragssatz auf die Mindestbeitragsbemessungsgrundlage angewandt und der vom Arbeitgeber zu tragende Beitragsanteil berechnet und gerundet; durch Abzug des Arbeitgeberanteils vom Beitrag ergibt sich der Beitragsanteil des Beschäftigten.

(2) …

§ 8 BVV Entgeltunterlagen. (1) [1] Der Arbeitgeber hat in den Entgeltunterlagen folgende Angaben über den Beschäftigten aufzunehmen:

1. bis 8. …
9. die für die Versicherungsfreiheit oder die Befreiung von der Versicherungspflicht maßgebenden Angaben,
10. bis 19. …

(2) Folgende Unterlagen sind zu den Entgeltunterlagen zu nehmen:

1. Unterlagen, aus denen die nach Absatz 1 Satz 1 Nummer 3, 9 und 17 erforderlichen Angaben ersichtlich sind,
2. bis 3a …
4. die Erklärung des geringfügig Beschäftigten gegenüber dem Arbeitgeber, dass auf Versicherungsfreiheit in der Rentenversicherung verzichtet wird,

---

[1)] Nr. 4.
[2)] Nr. 6.

4a. der Antrag auf Befreiung von der Versicherungspflicht nach § 6 Absatz 1b Sechstes Buch Sozialgesetzbuch[1)], auf dem der Tag des Eingangs beim Arbeitgeber dokumentiert ist,

5. bis 6. …

7. die Erklärung des kurzfristig geringfügigen Beschäftigten über weitere kurzfristige Beschäftigungen im Kalenderjahr oder die Erklärung des geringfügig entlohnten Beschäftigten über weitere Beschäftigungen sowie in beiden Fällen die Bestätigung, dass die Aufnahme weiterer Beschäftigungen dem Arbeitgeber anzuzeigen sind,

8. …

9. den Bescheid der zuständigen Einzugsstelle über die Feststellung der Versicherungspflicht nach § 28h Absatz 2 des Vierten Buches Sozialgesetzbuch[2)],

10. bis 12. …

13. die Aufzeichnungen nach § 19 Absatz 1 des Arbeitnehmer-Entsendegesetzes[3)] und nach § 17 Absatz 1 des Mindestlohngesetzes[4)].

14. bis 18. …

19. die schriftliche Erklärung des Verzichts auf die Versicherungsfreiheit nach § 5 Absatz 4 Satz 2 oder § 230 Absatz 9 Satz 2 SGB VI, auf der der Tag des Eingangs beim Arbeitgeber dokumentiert ist.

§ 40a EStG Pauschalierung der Lohnsteuer für Teilzeitbeschäftigte und geringfügig Beschäftigte. (1) …

(2) Der Arbeitgeber kann unter Verzicht auf den Abruf von elektronischen Lohnsteuerabzugsmerkmalen (§ 39e Absatz 4 Satz 2) oder die Vorlage einer Bescheinigung für den Lohnsteuerabzug (§ 39 Absatz 3 oder § 39e Absatz 7 oder Absatz 8) die Lohnsteuer einschließlich Solidaritätszuschlag und Kirchensteuern (einheitliche Pauschsteuer) für das Arbeitsentgelt aus geringfügigen Beschäftigungen im Sinne des § 8 Absatz 1 Nummer 1 oder des § 8a des Vierten Buches Sozialgesetzbuch[2)], für das er Beiträge nach § 168 Absatz 1 Nummer 1b oder 1c (geringfügig versicherungspflichtig Beschäftigte) oder nach § 172 Absatz 3 oder 3a (versicherungsfrei oder von der Versicherungspflicht befreite geringfügig Beschäftigte) oder nach § 276a Absatz 1 (versicherungsfrei geringfügig Beschäftigte) des Sechsten Buches Sozialgesetzbuch[1)] zu entrichten hat, mit einem einheitlichen Pauschsteuersatz in Höhe von insgesamt 2 Prozent des Arbeitsentgelts erheben.

(2a) Hat der Arbeitgeber in den Fällen des Absatzes 2 keine Beiträge nach § 168 Absatz 1 Nummer 1b oder 1c oder nach § 172 Absatz 3 oder 3a oder nach § 276a Absatz 1 des Sechsten Buches Sozialgesetzbuch zu entrichten, kann er unter Verzicht auf den Abruf von elektronischen Lohnsteuerabzugsmerkmalen (§ 39e Absatz 4 Satz 2) oder die Vorlage einer Bescheinigung für den Lohnsteuerabzug (§ 39 Absatz 3 oder § 39e Absatz 7 oder Absatz 8) die Lohnsteuer mit einem Pauschsteuersatz in Höhe von 20 Prozent des Arbeitsentgelts erheben.

---

1) Nr. **6**.
2) Nr. **4**.
3) **Loseblatt-Textsammlung Arbeitsrecht Nr. 506.**
4) **Loseblatt-Textsammlung Arbeitsrecht Nr. 505.**

(3) bis (5) …

(6) [1] Für die Erhebung der einheitlichen Pauschsteuer nach Absatz 2 ist die Deutsche Rentenversicherung Knappschaft-Bahn-See zuständig. [2] Die Regelungen zum Steuerabzug vom Arbeitslohn sind entsprechend anzuwenden. [3] Für die Anmeldung, Abführung und Vollstreckung der einheitlichen Pauschsteuer sowie die Erhebung eines Säumniszuschlags und das Mahnverfahren für die einheitliche Pauschsteuer gelten dabei die Regelungen für die Beiträge nach § 168 Absatz 1 Nummer 1b oder 1c oder nach § 172 Absatz 3 oder 3a oder nach § 276a Absatz 1 des Sechsten Buches Sozialgesetzbuch. [4] Die Deutsche Rentenversicherung Knappschaft-Bahn-See hat die einheitliche Pauschsteuer auf die erhebungsberechtigten Körperschaften aufzuteilen; dabei entfallen aus Vereinfachungsgründen 90 Prozent der einheitlichen Pauschsteuer auf die Lohnsteuer, 5 Prozent auf den Solidaritätszuschlag und 5 Prozent auf die Kirchensteuern. [5] Die erhebungsberechtigten Kirchen haben sich auf eine Aufteilung des Kirchensteueranteils zu verständigen und diesen der Deutschen Rentenversicherung Knappschaft-Bahn-See mitzuteilen. [6] Die Deutsche Rentenversicherung Knappschaft-Bahn-See ist berechtigt, die einheitliche Pauschsteuer nach Absatz 2 zusammen mit den Sozialversicherungsbeiträgen beim Arbeitgeber einzuziehen.

(7) …

B. Versicherungsrecht

1. Allgemeines

Nach § 7 Abs. 1 SGB V[1)], § 27 Abs. 2 SGB III[2)] ist in der Kranken- und Arbeitslosenversicherung versicherungsfrei, wer eine geringfügige Beschäftigung ausübt. Dies gilt in der Rentenversicherung auch für kurzfristige Beschäftigungen. Aus der Krankenversicherungsfreiheit folgt, dass in dieser Beschäftigung auch keine Versicherungspflicht in der Pflegeversicherung besteht.

Arbeitnehmer einer geringfügig entlohnten Beschäftigung können je nach Sachverhalt rentenversicherungspflichtig, rentenversicherungsfrei oder von der Rentenversicherungspflicht befreit sein.

Die besonderen versicherungs- und beitragsrechtlichen Regelungen für geringfügige Beschäftigungen gelten in der Kranken-, Pflege-, Renten- und Arbeitslosenversicherung nicht für Personen, die

- im Rahmen betrieblicher Berufsbildung (z.B. Auszubildende, Teilnehmer an dualen Studiengängen und Praktikanten),
- im Rahmen außerbetrieblicher Berufsausbildung,
- im Rahmen des Gesetzes zur Förderung von Jugendfreiwilligendiensten,
- im Rahmen des Gesetzes über den Bundesfreiwilligendienst,
- als behinderte Menschen in geschützten Einrichtungen,
- in Einrichtungen der Jugendhilfe oder in Berufsbildungswerken oder ähnlichen Einrichtungen für behinderte Menschen, in denen sie für eine Erwerbstätigkeit befähigt werden sollen,

1) Nr. 5.
2) Nr. 3.

- während der individuellen betrieblichen Qualifizierung im Rahmen der Unterstützten Beschäftigung nach § 55 SGB IX[1)],
- aufgrund einer stufenweisen Wiedereingliederung in das Erwerbsleben nach § 74 SGB V bzw. § 44 SGB IX,
- wegen konjunktureller oder saisonaler Kurzarbeit

geringfügig beschäftigt sind.

Für geringfügige Beschäftigungen von Arbeitnehmern, die sich innerhalb der EU-/EWR-Mitgliedstaaten sowie der Schweiz bewegen, gelten die Vorschriften der Verordnung (EG) Nr. 883/2004. Diese Vorschriften regeln, welche Rechtsvorschriften in grenzgrenzüberschreitenden Fällen anzuwenden sind. Sie sehen als obersten Grundsatz vor, dass ein Arbeitnehmer in dem System nur eines Staates versichert ist. Danach unterliegen Arbeitnehmer grundsätzlich den Rechtsvorschriften des Mitgliedsstaates, in dem sie die Beschäftigung ausüben (Artikel 11 Abs. 3 Buchst. a VO (EG) 883/2004); dies gilt auch dann, wenn es sich um eine geringfügige Beschäftigung handelt. Sofern von diesem Grundsatz abgewichen wird, z.B. bei Ausübung einer geringfügigen Beschäftigung in Deutschland und einer weiteren Beschäftigung im Ausland, ist dies durch Vorlage der sogenannten A1-Bescheinigung nachzuweisen (vgl. F). Diese Bescheinigung dokumentiert, dass die ausländischen Rechtsvorschriften der sozialen Sicherheit auch für die Beschäftigung in Deutschland gelten. In diesem Fall finden die Regelungen für geringfügige Beschäftigungen in Deutschland keine Anwendung.

Die Ausführungen zum Vorliegen einer geringfügig entlohnten bzw. kurzfristigen Beschäftigung gelten für den Bereich der Rentenversicherung entsprechend, soweit anstelle einer Beschäftigung eine selbständige Tätigkeit ausgeübt wird, das heißt, es werden einerseits mehrere Beschäftigungen und andererseits mehrere selbständige Tätigkeiten zusammengerechnet, nicht aber Beschäftigungen und selbständige Tätigkeiten.

2. Geringfügige Beschäftigungen

Eine Beschäftigung kann

- nach § 8 Abs. 1 Nr. 1 SGB IV[2)] wegen der geringen Höhe des Arbeitsentgelts (geringfügig entlohnte Beschäftigung)

oder

- nach § 8 Abs. 1 Nr. 2 SGB IV[2)] wegen ihrer kurzen Dauer (kurzfristige Beschäftigung)

geringfügig sein. Es ist daher zu unterscheiden, ob es sich bei der zu beurteilenden Beschäftigung um eine geringfügig entlohnte Beschäftigung oder um eine kurzfristige Beschäftigung handelt.

Die beiden Beschäftigungsarten unterscheiden sich grundsätzlich dadurch, dass eine geringfügig entlohnte Beschäftigung regelmäßig und eine kurzfristige Beschäftigung nicht regelmäßig, sondern nur gelegentlich ausgeübt wird (vgl. 2.4). Die versicherungsrechtliche Beurteilung der Beschäftigung hat unmittelbar bei Beschäftigungsbeginn bzw. bei jeder Änderung der Verhältnisse zu erfolgen.

---

1) Nr. **9**.
2) Nr. **4**.

Die Regelungen über die geringfügige Beschäftigung gelten nach § 8a Satz 1 SGB IV[1] auch für Beschäftigungen in Privathaushalten. Eine Beschäftigung im Privathaushalt liegt nach § 8a Satz 2 SGB IV[1] vor, wenn diese durch einen privaten Haushalt begründet ist und die Tätigkeit sonst gewöhnlich durch Mitglieder des privaten Haushalts erledigt wird (vgl. Gemeinsames Rundschreiben „Haushaltsscheck-Verfahren" der Spitzenorganisationen der Sozialversicherung).

2.1. Einheitliches Beschäftigungsverhältnis

Übt ein Arbeitnehmer bei demselben Arbeitgeber gleichzeitig mehrere Beschäftigungen aus, so ist ohne Rücksicht auf die arbeitsvertragliche Gestaltung sozialversicherungsrechtlich von einem einheitlichen Beschäftigungsverhältnis auszugehen (vgl. Urteil des Bundessozialgerichts – BSG – vom 16. Februar 1983 – 12 RK 26/81 –, USK 8310). Gesetzliche Regelungen, insbesondere im Leistungsrecht der Arbeitsförderung, ändern daran nichts. Zwar hatte der 7. Senat des BSG für das Teilarbeitslosengeld zwischenzeitlich entschieden, dass auch bei demselben Arbeitgeber zwei anspruchsbegründende Teilzeitbeschäftigungen bestehen können, wenn für beide Beschäftigungen formal zwei getrennte Arbeitsverträge vorliegen und der Arbeitnehmer in den jeweiligen Betrieb/Betriebsteil oder die organisatorische Einheit eingegliedert ist, zugleich jedoch darauf hingewiesen, dass der Begriff der Beschäftigung im Leistungs- und Beitragsrecht jeweils funktionsdifferent ausgelegt werden müsse (vgl. Urteile des BSG vom 21. Juni 2001 – B 7 AL 54/00 R –, SozR 3-4300 § 150 Nr. 1vom 6. Februar 2003 – B 7 AL 12/01 R –, BSGE 90, 270 ff). Von dieser leistungsrechtlich möglichen Mehrfachbeschäftigung beim selben Arbeitgeber kann daher nicht auf eine identische Rechtslage bei der Beurteilung von Versicherungspflicht geschlossen werden (vgl. BSG-Urteil vom 27. Juni 2012 – B 12 KR 28/10 R –, USK 2012-180).

2.1.1. Beschäftigungen bei demselben Arbeitgeber

Mehrere Beschäftigungen bei demselben Arbeitgeber werden versicherungsrechtlich als eine Einheit betrachtet. Dabei ist auf den in der Sozialversicherung verwendeten Begriff des Arbeitgebers abzustellen, der einen eigenständigen Inhalt hat. Für die Feststellung, ob ein einheitliches Beschäftigungsverhältnis vorliegt, ist demnach allein zu prüfen, ob Arbeitgeberidentität besteht. Die Art der jeweils ausgeübten Beschäftigung ist dabei unbedeutend; es ist also nicht erforderlich, dass bei einem Arbeitgeber gleiche oder funktionsverwandte Tätigkeiten ausgeübt werden.

Arbeitgeber ist hiernach der andere Partner des Arbeitsverhältnisses, also derjenige, der die Dienstleistung vom Arbeitnehmer kraft des Arbeitsvertrages fordern kann, das heißt, zu dem der Arbeitnehmer in einem Verhältnis persönlicher und regelmäßig auch wirtschaftlicher Abhängigkeit steht. Für die Bestimmung des Arbeitgebers ist danach wesentlich, wer die wirtschaftliche und organisatorische Dispositionsbefugnis über die Arbeitsleistung des Arbeitnehmers hat. Das ist in der Regel derjenige, der Vertragspartei ist. Eine Aufspaltung der Arbeitgeberfunktion durch vertragliche Abreden führt nicht zu einer „Verdopplung" des Arbeitgebers.

Arbeitgeber können natürliche Personen (z.B. Privatperson, eingetragener Kaufmann/eingetragene Kauffrau), juristische Personen des privaten Rechts

[1] Nr. **4**.

(z.B. Gesellschaft mit beschränkter Haftung, eingetragener Verein), juristische Personen des öffentlichen Rechts (z.B. Körperschaft oder Anstalt des öffentlichen Rechts), aber auch Personengesellschaften (z.B. Kommanditgesellschaft, Gesellschaft bürgerlichen Rechts) sein.

Hat ein Arbeitgeber mehrere Betriebe, ist unabhängig davon, in welchen Betrieben oder Betriebsteilen die jeweilige Beschäftigung ausgeübt wird, von einem einheitlichen Beschäftigungsverhältnis auszugehen. Dabei ist unerheblich, ob es sich um organisatorisch selbständige (z.B. Zweigniederlassungen) oder um unselbständige Betriebe (z.B. Betriebsstätte) oder Betriebsteile handelt. Entscheidend ist allein, dass es sich nach den vorgenannten Merkmalen rechtlich um ein und denselben Arbeitgeber, das heißt um ein und dieselbe natürliche oder juristische Person oder Personengesellschaft, handelt (vgl. Beispiele 1a und 1b).

Konzernunternehmen im Sinne des § 18 Aktiengesetz (AktG[1]) gelten in diesem Zusammenhang nicht als ein Arbeitgeber.

Von einem einheitlichen Beschäftigungsverhältnis bei demselben Arbeitgeber ist auch dann auszugehen, wenn neben der Berufung in ein Beamtenverhältnis auch ein privatrechtlicher Arbeitsvertrag geschlossen wird (z.B. Professoren, die gleichzeitig Chefärzte an Universitätskliniken sind).

Vom Begriff des Arbeitgebers zu unterscheiden ist der für die Unfallversicherung maßgebliche Begriff des Unternehmens. Ein Arbeitgeber kann einen Beschäftigten in mehreren Unternehmen im Sinne der Unfallversicherung einsetzen, ohne dass dies an der Einheitlichkeit des Beschäftigungsverhältnisses etwas ändert. Gegebenenfalls ist das Arbeitsentgelt für die Beitragserhebung in der Unfallversicherung anteilig den einzelnen Unternehmen zuzuordnen.

Der Bezug von Vorruhestandsgeld steht einem Beschäftigungsverhältnis gleich (vgl. 2.2.2.5). Eine neben dem Bezug von Vorruhestandsgeld bei demselben Arbeitgeber ausgeübte Beschäftigung mit einem regelmäßigen Arbeitsentgelt von nicht mehr als 450 Euro im Monat erfüllt somit nicht die Voraussetzungen für das Vorliegen einer geringfügig entlohnten Beschäftigung. In diesen Fällen ist von einem einheitlichen Beschäftigungsverhältnis auszugehen.

2.1.2. Beschäftigung und selbständige Tätigkeit bei demselben Arbeitgeber/Auftraggeber

Grundsätzlich besteht rechtlich die Möglichkeit, dass eine natürliche Person für denselben Vertragspartner (Arbeitgeber/Auftraggeber) als abhängig Beschäftigter und daneben selbständig tätig ist. Werden eine abhängige Beschäftigung und eine selbständige Tätigkeit bei demselben Arbeitgeber unabhängig voneinander ausgeübt, liegt eine so genannte gemischte Tätigkeit vor, bei der abhängige Beschäftigung und selbständige Tätigkeit nebeneinander stehen und rechtlich getrennt zu beurteilen sind.

Allerdings gelten aufgrund der weisungsgebundenen Eingliederung im Rahmen einer Beschäftigung und der erforderlichen weisungsfreien Ausgestaltung einer selbständigen Tätigkeit für denselben Vertragspartner strenge Maßstäbe für das tatsächliche Vorliegen einer selbständigen Tätigkeit. Von daher wird in aller Regel von einem einheitlichen Beschäftigungsverhältnis auszugehen sein, in dessen Rahmen der Beschäftigte seine Arbeitsleistung regelmäßig am selben

---

[1] **Habersack, Deutsche Gesetze Nr. 51.**

Betriebsort, für denselben Betriebszweck, unter Einsatz der Betriebsmittel des Arbeitgebers erbringt.

Dementsprechend liegt keine selbständige Tätigkeit, sondern ein einheitliches Beschäftigungsverhältnis regelmäßig dann vor, wenn der vermeintlich selbständige Teil der Tätigkeit nur aufgrund der abhängigen Beschäftigung ausgeübt wird, in diese zeitlich, örtlich, organisatorisch und inhaltlich eingebunden, im Verhältnis zur Beschäftigung nebensächlich ist und daher insgesamt wie ein Teil der abhängigen Beschäftigung erscheint (vgl. Urteil des BSG vom 3. Februar 1994 – 12 RK 18/93 –, USK 9411). Für die Abgrenzung kommt es in erster Linie auf die tatsächlichen Verhältnisse an; die zivilrechtliche Vertragsgestaltung hat-insbesondere bei einem Auseinanderfallen von tatsächlichen und vertraglichen Vereinbarungen-keine ausschlaggebende Bedeutung (vgl. Beispiel 1c).

2.1.3. Beschäftigungen bei verschiedenen Arbeitgebern mit besonderen Verflechtungen

Werden zeitgleich Beschäftigungen bei verschiedenen Arbeitgebern ausgeübt, ist grundsätzlich eine getrennte versicherungsrechtliche Beurteilung vorzunehmen. Dies gilt selbst dann, wenn-bei formalrechtlich unterschiedlichen Arbeitgebern-diese organisatorisch und wirtschaftlich eng verflochten sind und die Dispositionsbefugnis über die Arbeitsleistung des Arbeitnehmers in allen Beschäftigungen ein und derselben Person oder einer einheitlichen Leitung obliegt. Insofern ist die Arbeitgebereigenschaft rechtlich und nicht wirtschaftlich zu beurteilen (vgl. Beispiele 1d bis 1f).

2.1.4. Verbot privatrechtlicher Vereinbarungen zum Nachteil des Arbeitnehmers

Privatrechtliche Vereinbarungen, die zum Nachteil des Sozialleistungsberechtigten von den Vorschriften des Sozialgesetzbuchs abweichen, sind nach § 32 SGB I[1] nichtig. Die Regelung hat im Zusammenhang mit der hier vorzunehmenden Abgrenzung eines einheitlichen Beschäftigungsverhältnisses von mehreren Beschäftigungen-zum sozialversicherungsrechtlichen Schutz von Arbeitnehmerinteressen und zur Abwehr möglicher Manipulationsmöglichkeiten zu Lasten der Solidargemeinschaft-vor allem in den Fällen Bedeutung, in denen die bisher ausgeübte Beschäftigung in Teilen mit dem Ziel ausgelagert wird, in gleichem Umfang und mit gleichem Inhalt entweder als vermeintlich rechtlich selbständige Tätigkeit oder geringfügige Beschäftigung fortgeführt zu werden. Dies gilt insbesondere im Fall der Arbeitnehmerüberlassung, wenn ein Teil des Arbeitsverhältnisses auf ein Leiharbeitsunternehmen übergeht, dieses die Arbeitnehmer „zurück" verleiht und diese dort die gleichen bzw. (berufstypisch) vergleichbare Tätigkeiten unter gleichen Direktiven wie bisher verrichten (vgl. Beispiel 1g).

Einer kritischen Prüfung zu unterziehen sind auch mehrere zeitgleich bestehende Arbeits-/Auftragsverhältnisse mit Ein-Personen-GmbHs bzw. Ein-Personen-Limiteds, deren Leitung zwar rechtlich dem jeweiligen Organ (Geschäftsführer bzw. director) der jeweiligen juristischen Person (Ein-Personen-GmbH bzw. Ein-Personen-Limited) obliegt, hinter dem aber der Geschäftsführer bzw. director als Alleingesellschafter und damit stets ein und dieselbe natürliche Person steht.

---

[1] Nr. **1**.

2.2. Geringfügig entlohnte Beschäftigungen

Eine geringfügig entlohnte Beschäftigung liegt nach § 8 Abs. 1 Nr. 1 SGB IV[1] vor, wenn das Arbeitsentgelt (§ 14 SGB IV[1]) regelmäßig im Monat 450 Euro nicht überschreitet (vgl. Beispiel 2). Die wöchentliche Arbeitszeit und die Anzahl der monatlichen Arbeitseinsätze sind dabei unerheblich. Eine geringfügig entlohnte Beschäftigung ist versicherungsfrei in der Arbeitslosen- und Krankenversicherung und nicht versicherungspflichtig in der Pflegeversicherung. In der Rentenversicherung besteht vom 1. Januar 2013 an grundsätzlich Versicherungspflicht mit folgenden Besonderheiten:

- Arbeitnehmer, die ab 1. Januar 2013 eine geringfügig entlohnte Beschäftigung aufnehmen, haben die Möglichkeit, sich auf Antrag von der Rentenversicherungspflicht befreien zu lassen (§ 6 Abs. 1b SGB VI[2], vgl. 2.2.4).
- Arbeitnehmer, die vor dem 1. Januar 2013 eine nach § 5 Abs. 2 Satz 1 Nr. 1 SGB VI[2] in der bis zum 31. Dezember 2012 geltenden Fassung versicherungsfreie geringfügig entlohnte Beschäftigung aufgenommen haben, bleiben in dieser Beschäftigung versicherungsfrei in der Rentenversicherung, solange die Voraussetzungen einer geringfügig entlohnten Beschäftigung in der bis zum 31. Dezember 2012 geltenden Fassung (Arbeitsentgelt bis regelmäßig 400 Euro im Monat) vorliegen (§ 230 Abs. 8 Satz 1 SGB VI[2]). Sie haben weiterhin die Möglichkeit, den Verzicht auf die Versicherungsfreiheit zu erklären (§ 230 Abs. 8 Satz 2 SGB VI[2]); sie sind dann rentenversicherungspflichtige Arbeitnehmer (vgl. 2.2.3.2).
- Arbeitnehmer, die im Rahmen ihrer vor dem 1. Januar 2013 aufgenommenen geringfügig entlohnten Beschäftigungen nach § 5 Abs. 2 SGB VI[2] in der bis zum 31. Dezember 2012 geltenden Fassung auf die Versicherungsfreiheit in der Rentenversicherung verzichtet haben, bleiben rentenversicherungspflichtig ohne die Möglichkeit der Befreiung von der Rentenversicherungspflicht für die Dauer der Beschäftigung (§ 229 Abs. 5 SGB VI[2], vgl. 2.2.3.3).

Darüber hinaus gelten Übergangsregelungen für alle Zweige der Sozialversicherung bei Beschäftigungsverhältnissen, die grundsätzlich geringfügig entlohnt sind, jedoch aufgrund von Bestandsschutzvorschriften der Versicherungspflicht unterliegen und infolgedessen wie nicht geringfügige versicherungspflichtige (Haupt-)Beschäftigungen bewertet werden (vgl. 7).

Die Arbeitsentgeltgrenze von 450 Euro gilt einheitlich für die alten und neuen Bundesländer. Hierbei handelt es sich um einen Monatswert, der auch dann gilt, wenn die Beschäftigung nicht während des gesamten Kalendermonats besteht (vgl. Urteil des BSG vom 5. Dezember 2017 – B 12 R 10/15 R –, USK 2017-102); Beispiele 3a und 3b.

2.2.1. Ermittlung des Arbeitsentgelts

Bei der Prüfung der Frage, ob das Arbeitsentgelt 450 Euro übersteigt, ist vom regelmäßigen Arbeitsentgelt auszugehen. Das regelmäßige Arbeitsentgelt ermittelt sich abhängig von der Anzahl der Monate, für die eine Beschäftigung gegen Arbeitsentgelt besteht, wobei maximal ein Jahreszeitraum (12 Monate) zugrunde zu legen ist. Sofern die Beschäftigung im Laufe eines Kalendermonats beginnt, kann für den Beginn des Jahreszeitraums auf den 1. Tag dieses Monats

[1] Nr. 4.
[2] Nr. 6.

abgestellt werden (z.B. Beginn der Beschäftigung am 15. Februar, Beginn Jahreszeitraum ab 1. Februar). Dabei darf das regelmäßige monatliche Arbeitsentgelt im Durchschnitt einer Jahresbetrachtung 450 Euro nicht übersteigen (maximal 5.400 Euro pro Jahr bei durchgehender mindestens 12 Monate dauernder Beschäftigung gegen Arbeitsentgelt in jedem Monat). Steht bereits zu Beginn der Beschäftigung fest, dass diese nicht durchgehend für mindestens 12 Monate gegen Arbeitsentgelt besteht, ist die zulässige Arbeitsentgeltgrenze für den Gesamtzeitraum entsprechend zu reduzieren (vgl. Beispiel 7c). Es ist mindestens auf das Arbeitsentgelt abzustellen, auf das der Arbeitnehmer einen Rechtsanspruch hat (z.B. aufgrund eines Tarifvertrags, einer Betriebsvereinbarung oder einer Einzelabsprache); insoweit kommt es auf die Höhe des tatsächlich gezahlten Arbeitsentgelts nicht an. Ein arbeitsrechtlich zulässiger schriftlicher Verzicht auf künftig entstehende Arbeitsentgeltansprüche mindert das zu berücksichtigende Arbeitsentgelt.

Die Ermittlung des regelmäßigen Arbeitsentgelts hat stets bei Beginn der Beschäftigung und erneut bei jeder nicht in der bisherigen Prognose berücksichtigten Veränderung in den Verhältnissen (z.B. Erhöhung oder Reduzierung des Arbeitsentgelts), die nicht nur gelegentlich und unvorhersehbar ist (vgl. 3.1), im Wege einer vorausschauenden Betrachtung zu erfolgen. Die hiernach erforderliche Prognose erfordert keine alle Eventualitäten berücksichtigende genaue Vorhersage, sondern lediglich eine ungefähre Einschätzung, welches Arbeitsentgelt – ggf. nach der bisherigen Übung-mit hinreichender Sicherheit zu erwarten ist. Grundlage der Prognose können dabei lediglich Umstände sein, von denen in diesem Zeitpunkt anzunehmen ist, dass sie das Arbeitsentgelt bestimmen werden. Stimmt diese Prognose infolge nicht sicher voraussehbarer Umstände mit dem späteren Verlauf der Entgeltzahlung nicht überein, bleibt die für die Vergangenheit getroffene Feststellung maßgebend. Stellen Arbeitgeber aus abrechnungstechnischen Gründen stets zu Beginn eines jeden Kalenderjahres eine erneute vorausschauende Jahresbetrachtung zur Ermittlung des regelmäßigen Arbeitsentgelts an, bestehen keine Bedenken. Eine erstmalige vorausschauende Betrachtung für eine im Laufe eines Kalenderjahres aufgenommene Beschäftigung kann demnach zu Beginn des nächsten Kalenderjahres durch eine neue jährliche Betrachtung für dieses Kalenderjahr ersetzt werden. Sofern eine Beschäftigung mit einem Arbeitsentgelt von mehr als 450 Euro im Monat durch die vertragliche Reduzierung der Arbeitszeit auf eine Beschäftigung mit einem Arbeitsentgelt bis zu 450 Euro im Monat umgestellt wird, ist der Beschäftigungsabschnitt ab dem Zeitpunkt der Arbeitszeitreduzierung bzw. für den Zeitraum der Arbeitszeitreduzierung getrennt zu beurteilen (vgl. Beispiel 5). Dies gilt auch bei einer Reduzierung der Arbeitszeit z.B. wegen einer Pflege- oder Elternzeit.

Bestehen beim Übergang von einer versicherungspflichtigen (Haupt-)Beschäftigung in eine geringfügig entlohnte Beschäftigung noch Resturlaubstage aus der (Hauptbeschäftigung, sind diese Urlaubstage mit dem erhöhten Entgeltanspruch aus der vorherigen (Haupt-)Beschäftigung zu vergüten (sogenannte Tirol-Entscheidung des EuGH; vgl. Urteil des BAG vom 10. Februar 2015 – 9 AZR 53/14 (F) –). Dieser erhöhte Urlaubsentgeltanspruch ist bei der Prognose zur Ermittlung des regelmäßigen Arbeitsentgelts zu berücksichtigen.

2.2.1.1. Einmalige Einnahmen

Einmalige Einnahmen, deren Gewährung mit hinreichender Sicherheit (z.B. aufgrund eines für allgemeinverbindlich erklärten Tarifvertrags, einer Betriebsvereinbarung, eines Arbeitsvertrages oder aufgrund Gewohnheitsrechts wegen betrieblicher Übung) mindestens einmal jährlich zu erwarten ist, sind bei der Ermittlung des Arbeitsentgelts zu berücksichtigen (vgl. Urteil des BSG vom 28. Februar 1984 – 12 RK 21/83 –, USK 8401); Beispiel 6.

Einmalige Einnahmen, deren Zahlung dem Grunde und der Höhe nach vom Geschäftsergebnis oder einer individuellen Arbeitsleistung des Vorjahres abhängig ist, bleiben bei der Ermittlung des regelmäßigen Arbeitsentgelts grundsätzlich unberücksichtigt. Fälle dieser Art sind beispielsweise die nachträgliche Zahlung eines (anteiligen) Weihnachtsgeldes in Abhängigkeit vom Geschäftsergebnis des Vorjahres oder die Zahlung einer individuellen Prämie im Rahmen der sogenannten leistungsorientierten Bezahlung.

Die Gewährung einer derartigen (nicht mit hinreichender Sicherheit zu erwartenden) Einmalzahlung ist in dem Monat der Zahlung als gelegentliches und unvorhersehbares Überschreiten der Entgeltgrenze zu werten und steht trotz Überschreitung der für ein Jahr maßgebenden Entgeltgrenze von 5.400 Euro dem Fortbestand einer geringfügig entlohnten Beschäftigung nicht entgegen (vgl. 3.1).

Jubiläumszuwendungen bleiben bei der Ermittlung des regelmäßigen Arbeitsentgelts z.B. außer Betracht, weil es sich um nicht jährlich wiederkehrende Zuwendungen handelt. Hat der Arbeitnehmer auf die Zahlung einer einmaligen Einnahme im Voraus schriftlich verzichtet, dann kann die einmalige Einnahme-ungeachtet der arbeitsrechtlichen Zulässigkeit eines solchen Verzichts-vom Zeitpunkt des Verzichts an bei der Ermittlung des regelmäßigen Arbeitsentgelts nicht berücksichtigt werden. Im Übrigen sind einmalige Einnahmen bei der Ermittlung des Arbeitsentgelts nur insoweit zu berücksichtigen, als sie aus der zu beurteilenden Beschäftigung resultieren. Soweit einmalige Einnahmen aus ruhenden Beschäftigungsverhältnissen (z.B. bei Elternzeit) gezahlt werden, bleiben sie außer Betracht.

2.2.1.2. Schwankendes Arbeitsentgelt

Bei unvorhersehbar schwankender Höhe des Arbeitsentgelts und in den Fällen, in denen im Rahmen einer Dauerbeschäftigung saisonbedingt vorhersehbar unterschiedliche Arbeitsentgelte erzielt werden, ist der regelmäßige Betrag durch Schätzung bzw. durch eine Durchschnittsberechnung zu ermitteln (vgl. Beispiele 7a und 7b). Bei neu eingestellten Arbeitnehmern kann dabei von der Vergütung eines vergleichbaren Arbeitnehmers ausgegangen werden. Im Rahmen der Schätzung ist es auch zulässig, wenn Arbeitgeber bei ihrer Jahresprognose allein die Einhaltung der jährlichen Geringfügigkeitsgrenze von 5.400 Euro unterstellen, ohne die Arbeitseinsätze und damit die zu erwartenden Arbeitsentgelte für die einzelnen Monate im Vorfeld festzulegen. Die Tatsache, dass aufgrund des unvorhersehbaren Jahresverlaufs in einzelnen Monaten auch Arbeitsentgelte oberhalb von 450 Euro erzielt werden, ist unschädlich für das Vorliegen einer geringfügig entlohnten Beschäftigung, solange die jährliche Entgeltgrenze von 5.400 Euro nicht überschritten wird. Dies gilt nicht, wenn eine regelmäßige geringfügig entlohnte Beschäftigung auszuschließen ist, weil deren Umfang erheblichen Schwankungen unterliegt. Das ist dann der Fall, wenn eine in wenigen Monaten eines Jahres ausgeübte mehr als geringfügig entlohnte Beschäftigung nur deshalb geringfügig entlohnt ausgeübt würde, weil die Arbeitszeit und das Arbeitsentgelt in den übrigen Monaten des Jahres lediglich soweit reduziert werden, dass das Jahresarbeitsentgelt 5.400 Euro nicht übersteigt. Dies gilt auch dann, wenn unverhältnismäßige Schwankungen saisonbedingt begründet werden (vgl. Beispiel 7c). In diesen Fällen liegt in den Monaten des Überschreitens der Entgeltgrenze keine geringfügig entlohnte Beschäftigung vor.

Die Feststellung der gewissenhaften Schätzung bleibt für die Vergangenheit auch dann maßgebend, wenn sie infolge nicht sicher voraussehbarer Umstände mit den tatsächlichen Arbeitsentgelten aus der Beschäftigung nicht übereinstimmt (vgl. Urteile des BSG vom 27. September 1961 – 3 RK 12/57 –, SozR Nr. 6 zu § 168 RVOvom 23. November 1966 – 3 RK 56/64 –, USK 6698, und vom 23. April 1974 – 4 RJ 335/72 –, USK 7443).

2.2.1.3. Zeitguthaben aus einer sonstigen flexiblen Arbeitszeitregelung

Soweit in einer geringfügig entlohnten Beschäftigung mit einem Stundenlohnanspruch und schwankender Arbeitszeit im Rahmen einer sonstigen flexiblen Arbeitszeitregelung (vgl. 5.1) ein verstetigtes Arbeitsentgelt gezahlt werden soll, sind für die Ermittlung des regelmäßigen Arbeitsentgelts die sich aus der zu erwartenden Gesamtjahresarbeitszeit abzuleitenden Ansprüche auf Arbeitsentgelt zu berücksichtigen. Hierbei sind zu erwartende Arbeitszeitguthaben einzubeziehen. Demzufolge darf das durchschnittliche monatliche Arbeitsentgelt in einem Jahr unter Berücksichtigung des zum Ende des Jahres in einem Zeitguthaben zu erwartenden Arbeitsentgeltanspruchs die entgeltliche Geringfügigkeitsgrenze nicht übersteigen (vgl. Beispiele 8a und 8b). Diese Feststellung bleibt für die Vergangenheit auch dann maßgebend, wenn sich die erwartete Arbeitszeit infolge nicht sicher voraussehbarer Umstände im Laufe der Beschäftigung als unzutreffend erweist und der Arbeitnehmer vor Ablauf des für die versicherungsrechtliche Beurteilung maßgebenden Jahreszeitraums eine Arbeitsleistung erbracht hat, die einem Anspruch auf Arbeitsentgelt oberhalb der Jahresentgeltgrenze von 5.400 Euro entspricht. In diesen Fällen liegt ab dem Monat keine geringfügig entlohnte Beschäftigung mehr vor, von dem an ein Überschreiten der Jahresentgeltgrenze aufgrund der tatsächlich erbrachten Arbeitsleistung absehbar ist. Eine geringfügig entlohnte Beschäftigung liegt ab dem Zeitpunkt wieder vor, von dem an in einer neu angestellten Jahresbetrachtung davon ausgegangen werden kann, dass das regelmäßige Arbeitsentgelt unter Berücksichtigung des sich aus dem bereits bestehenden und dem zu erwartenden Arbeitszeitguthaben abzuleitenden Arbeitsentgeltanspruchs regelmäßig 450 Euro nicht übersteigt (vgl. Beispiel 8c). Die Regelung, wonach erhebliche Schwankungen des monatlichen Arbeitsentgelts unzulässig sind (vgl. 2.2.1.2), gilt auch für Arbeitszeiten, die bei verstetigtem monatlichen Arbeitsentgelt erheblich schwanken.

Dies gilt in einer Beschäftigung mit Anspruch auf einen festen Monatslohn, in der die vertraglich geschuldete Arbeitszeit über Zeitguthaben flexibel gestaltet werden kann, entsprechend.

2.2.1.4. Wertguthaben aus einer Wertguthabenvereinbarung

Im Rahmen einer Wertguthabenvereinbarung (vgl. 5.2) wird durch den Verzicht auf die Auszahlung erarbeiteten Arbeitsentgelts Wertguthaben für dessen Entsparung in Zeiten einer (längerfristigen) Freistellung von der Arbeitsleistung aufgebaut. Der Auszahlungsverzicht zugunsten eines Wertguthabens begründet hinsichtlich des ins Wertguthaben eingestellten Arbeitsentgelts eine Verschiebung der Beitragsfälligkeit. Vor Klärung der beitragsrechtlichen Konsequenzen für eine Beschäftigung ist aber zunächst deren versicherungsrechtlicher Status festzustellen. Aus diesem Grunde ist vor Abschluss einer Wertguthabenvereinbarung vorrangig zunächst zu prüfen, ob dies im Rahmen einer geringfügig entlohnten oder einer mehr als geringfügig entlohnten Beschäftigung erfolgen soll. Für die Klärung dieser Ausgangsfrage wird das zu erwartende vertraglich vereinbarte Bruttoarbeitsentgelt für die Ermittlung des regelmäßigen Arbeitsentgelts (vgl. 2.2.1) berücksichtigt (vgl. Beispiel 10).

Sofern wegen Nichtüberschreitung der Arbeitsentgeltgrenze von 450 Euro eine geringfügig entlohnte Beschäftigung vorliegt, ist nach Abschluss einer Wertguthabenvereinbarung für weitere klärungsbedürftige Sachverhalte, wie beispielsweise bei der Zusammenrechnung mit weiteren Beschäftigungen (vgl. 2.2.2), das Arbeitsentgelt maßgebend, welches sowohl in der Arbeitsphase als auch in der Freistellungsphase tatsächlich ausgezahlt, gemeldet und verbeitragt wird (vgl. Beispiel 18). Auch für die Prüfung der Angemessenheit der Entsparung eines Wertguthabens nach § 7 Abs. 1a Satz 1 Nr. 2 SGB IV[1)] ist dabei-unabhängig von einem Wechsel des Versicherungsstatus aufgrund der Zusammenrechnung mehrerer Beschäftigungen-dieses Arbeitsentgelt zu Grunde zu legen.

2.2.1.5. Zusätzlich zum laufenden Arbeitsentgelt gewährte steuerfreie Einnahmen

Einmalige Einnahmen oder laufende Zulagen, Zuschläge, Zuschüsse oder ähnliche Einnahmen, die zusätzlich zu Löhnen und Gehältern gewährt werden, sind dann nicht dem Arbeitsentgelt zuzurechnen, wenn sie lohnsteuerfrei sind (§ 17 Abs. 1 Satz 1 Nr. 1 SGB IV[1)], § 1 Abs. 1 Satz 1 Nr. 1 Sozialversicherungsentgeltverordnung – SvEV[2)] –). Sie unterliegen damit auch nicht der Beitragspflicht zur Sozialversicherung. Für die Beurteilung einer zusätzlichen Einnahme als Arbeitsentgelt ist daher vordergründig die lohnsteuerrechtliche Behandlung zu prüfen. Ergibt sich aus den steuerlichen Regelungen, dass eine Zuwendung, die zusätzlich zu Löhnen und Gehältern gewährt wird, steuerfrei ist, so ist sie grundsätzlich auch nicht dem sozialversicherungsrechtlichen Arbeitsentgelt zuzurechnen. Dies setzt voraus, dass der Arbeitgeber die Steuerfreiheit in der Entgeltabrechnung auch tatsächlich berücksichtigt.

Nach § 3b Abs. 1 und 3 Einkommensteuergesetz (EStG[3)]) sind Zuschläge, die für tatsächlich geleistete Sonntags-, Feiertags- und Nachtarbeit (SFN-Zuschläge) neben dem Grundlohn gezahlt werden, steuerfrei, soweit sie bestimmte Vomhundertsätze des Grundlohns nicht übersteigen. Die Steuerfreiheit dieser Bezüge begründet jedoch nicht in vollem Umfang auch Beitragsfreiheit in der Sozialversicherung. SFN-Zuschläge sind dann Arbeitsentgelt und beitragspflichtig, soweit das Arbeitsentgelt, auf dem sie berechnet werden, mehr als 25 Euro für jede Stunde beträgt (§ 1 Abs. 1 Satz 1 Nr. 1 zweiter Halbsatz SvEV). Dem Arbeitsentgelt hinzuzurechnen und damit beitragspflichtig ist nur der Teil der SFN-Zuschläge, der auf einem den Stundengrundlohn von 25 Euro übersteigenden Betrag beruht, jedoch nicht der vollständige SFN-Zuschlag.

In der Regel dürften die in einer geringfügig entlohnten Beschäftigung gewährten SFN-Zuschläge nicht dem Arbeitsentgelt zuzurechnen sein. Sofern hierzu weitergehende Informationen erforderlich sein sollten, weil der Grundlohn in der geringfügig entlohnten Beschäftigung, nach dem der SFN-Zuschlag berechnet wird, mehr als 25 Euro pro Stunde beträgt, wird auf die zu diesem

---

[1)] Nr. **4**.
[2)] Nr. **4/10**.
[3)] **Steuergesetze Nr. 1.**

Thema von den Spitzenorganisationen der Sozialversicherung herausgegebene gemeinsame Verlautbarung vom 22. Juni 2006 sowie die dazu ergänzende Niederschrift zu Punkt 4 der Besprechung der Spitzenorganisationen der Sozialversicherung über Fragen des gemeinsamen Beitragseinzugs vom 21./22. November 2006 verwiesen.

SFN-Zuschläge, die ohne tatsächliche Arbeitsleistung während eines Beschäftigungsverbotes nach dem Mutterschutzgesetz[1] (MuSchG) oder im Fall der Entgeltfortzahlung gewährt werden, erfüllen nicht die Voraussetzungen für die Steuerfreiheit nach § 3b EStG. Die dann als Arbeitsentgelt zu berücksichtigenden Zuschläge wirken sich jedoch nicht auf den Status der geringfügig entlohnten Beschäftigung aus. Dies gilt unabhängig davon, ob ein arbeitsrechtlicher Anspruch darauf besteht. In diesen Fällen sind allerdings auch von dem 450 Euro übersteigenden Betrag die im Rahmen der geringfügig entlohnten Beschäftigung anfallenden Abgaben (Pauschalbeiträge, Umlagen, Steuern) an die Minijob-Zentrale zu zahlen. Diese Ausnahmeregelung findet keine Anwendung für ebenfalls als Arbeitsentgelt zu berücksichtigende SFN-Zuschläge während bezahlter Urlaubs- oder Feiertage, weil die Zahlung aus diesen Anlässen einplanbar und vorhersehbar ist.

2.2.1.6. Steuerfreie Aufwandsentschädigungen

Nach ausdrücklicher Bestimmung des § 1 Abs. 1 Satz 1 Nr. 16 SvEV[2] gehören steuerfreie Aufwandsentschädigungen und die in § 3 Nr. 26 und 26a EStG[3] genannten steuerfreien Einnahmen nicht zum Arbeitsentgelt in der Sozialversicherung und bleiben daher bei der Ermittlung des regelmäßigen Arbeitsentgelts in der Sozialversicherung unberücksichtigt.

Unter die Regelung des § 3 Nr. 26 EStG fallen z.B. die Einnahmen aus nebenberuflichen Tätigkeiten als Übungsleiter, Ausbilder, Erzieher, Betreuer oder vergleichbaren nebenberuflichen Tätigkeiten, aus nebenberuflichen künstlerischen Tätigkeiten oder für die Pflege alter, kranker oder behinderter Menschen bis zur Höhe von insgesamt 3.000 Euro im Kalenderjahr (sogenannte Übungsleiterpauschale).

Nach § 3 Nr. 26a EStG sind unter den dort näher genannten Voraussetzungen Vergütungen für ehrenamtliche Tätigkeiten bis zur Höhe von insgesamt 840 Euro im Kalenderjahr steuerfrei (sogenannte Ehrenamtspauschale). Die Steuerfreiheit ist ausgeschlossen, wenn für die Einnahmen aus der Tätigkeit-ganz oder teilweise-eine Steuerfreiheit nach § 3 Nr. 12 oder 26 EStG gewährt wird.

Die steuerfreien Einnahmen bleiben bei der Prognose des regelmäßigen Arbeitsentgelts in dem Umfang unberücksichtigt, in dem sie in der Summe vom Arbeitgeber im maßgebenden Beschäftigungszeitraum gewährt werden sollen; d.h., unabhängig davon, ob der jeweilige Steuerfreibetrag pro rata (z.B. monatlich 250 Euro bzw. 70 Euro) oder en bloc ausgeschöpft wird (vgl. Beispiel 11). Soweit der Arbeitnehmer die Freibeträge im laufenden Kalenderjahr bereits anderweitig in Anspruch genommen hat bzw. in Anspruch nimmt, muss er diese dem Arbeitgeber anzeigen. In diesem Fall kann der Arbeitgeber den kalenderjährlichen steuerfreien Höchstbetrag von 3.000 Euro bzw. 840 Euro nur entsprechend reduziert ausschöpfen (vgl. Beispiel 12). Sofern der Steuer-

---

[1] Nr. **8/40**.
[2] Nr. **4/10**.
[3] **Steuergesetze Nr. 1.**

freibetrag en bloc berücksichtigt wird, liegt eine beitrags- und meldepflichtige Beschäftigung erst vor, wenn dieser ausgeschöpft ist (vgl. Beispiel 11).

Die Übungsleiterpauschale nach § 3 Nr. 26 EStG und die Ehrenamtspauschale nach § 3 Nr. 26a EStG können auch zusammen in einer Beschäftigung berücksichtigt werden, wenn unterschiedliche Tätigkeiten ausgeübt werden (vgl. Beispiel 13).

Sofern eine Beschäftigung im Laufe eines Kalenderjahres beendet wird und der Steuerfreibetrag noch nicht verbraucht ist, wird durch eine (rückwirkende) volle Ausschöpfung des Steuerfreibetrags die vorherige versicherungsrechtliche Beurteilung einer Beschäftigung nicht berührt.

2.2.1.7. Entgeltumwandlung

Entgeltbestandteile, die für Entgeltumwandlungen nach dem Gesetz zur Verbesserung der betrieblichen Altersversorgung (BetrAVG[1]) zugunsten einer betrieblichen Altersversorgung verwendet werden, sind nicht dem Arbeitsentgelt zuzurechnen, soweit sie vier Prozent der Beitragsbemessungsgrenze der allgemeinen Rentenversicherung nicht übersteigen (§ 1 Abs. 1 Satz 1 Nr. 9 SvEV[2], § 14 Abs. 1 Satz 2 SGB IV[3]). Dies gilt auch für Beiträge, die nach § 40b EStG[4] in der Fassung bis 31. Dezember 2004 im Rahmen einer Entgeltumwandlung zugunsten einer betrieblichen Altersversorgung verwendet werden (§ 1 Abs. 1 Satz 1 Nr. 4 SvEV).

Einen Anspruch auf Entgeltumwandlung haben Arbeitnehmer, die aufgrund ihrer Beschäftigung bei einem Arbeitgeber, gegen den sich der Anspruch auf Entgeltumwandlung richten würde, in der gesetzlichen Rentenversicherung pflichtversichert sind (§ 17 Abs. 1 BetrAVG).

Arbeitnehmer in einer rentenversicherungsfreien bzw. von der Rentenversicherungspflicht befreiten geringfügig entlohnten Beschäftigung können auch ohne einen Anspruch auf Entgeltumwandlung Arbeitsentgeltansprüche zugunsten einer betrieblichen Altersversorgung umwandeln, wenn der Arbeitgeber dieser durch Vereinbarung mit dem Arbeitnehmer zustimmt.

Vor dem Hintergrund, dass Entgeltbestandteile, die für arbeitsrechtlich zulässige Entgeltumwandlungen zugunsten einer betrieblichen Altersversorgung verwendet werden, nicht dem Arbeitsentgelt zuzurechnen sind, liegt eine geringfügig entlohnte Beschäftigung vor, wenn das regelmäßige Arbeitsentgelt nach der Entgeltumwandlung die Arbeitsentgeltgrenze von 450 Euro nicht mehr übersteigt (vgl. Beispiel 14).

Weitergehende Informationen zur Entgeltumwandlung können dem Gemeinsamen Rundschreiben der Spitzenorganisationen der Sozialversicherung „Beitragsrechtliche Beurteilung von Beiträgen und Zuwendungen zum Aufbau betrieblicher Altersversorgung" vom 21. November 2018 entnommen werden.

2.2.2. Zusammenrechnung mehrerer Beschäftigungen

2.2.2.1. Mehrere geringfügig entlohnte Beschäftigungen

Werden Beschäftigungen (hierzu zählen auch nicht in einer Studien- oder Prüfungsordnung vorgeschriebene entgeltliche Praktika) bei verschiedenen Arbeitgebern nebeneinander ausgeübt (gegebenenfalls auch befristet), sind nach

---

[1] **Loseblatt-Textsammlung Arbeitsrecht Nr. 180.**
[2] Nr. **4/10.**
[3] Nr. **4.**
[4] **Steuergesetze Nr. 1.**

§ 8 Abs. 2 Satz 1 SGB IV[1] für die Beurteilung der Frage, ob die unter 2.2 genannte Grenze überschritten wird, die Arbeitsentgelte aus den einzelnen Beschäftigungen zusammenzurechnen (vgl. Beispiele 15a bis 15d). Dies gilt auch dann, wenn neben zwei geringfügig entlohnten Beschäftigungen, die infolge Zusammenrechnung zur Versicherungspflicht führen, eine weitere geringfügig entlohnte Beschäftigung aufgenommen wird.

Endet eine geringfügig entlohnte Beschäftigung im Laufe eines Kalendermonats und beginnt danach erneut eine geringfügig entlohnte Beschäftigung bei einem anderen Arbeitgeber, erfolgt für diesen Kalendermonat keine Zusammenrechnung der Arbeitsentgelte, so dass ein Überschreiten der 450-Euro-Grenze in diesem Kalendermonat unschädlich ist. Anders verhält es sich hingegen, wenn mehrere – für sich gesehen geringfügig entlohnte – Beschäftigungen (auch bei verschiedenen Arbeitgebern) aufeinander folgen, die jeweils in demselben Kalendermonat beginnen und enden. Überschreitet in diesen Fällen das Arbeitsentgelt aus den Beschäftigungen insgesamt die Entgeltgrenze von 450 Euro, ist die später aufgenommene Beschäftigung, die zu einem Überschreiten der Entgeltgrenze in der Zusammenrechnung führt, nicht geringfügig entlohnt (vgl. Beispiel 4c).

Gleiches gilt für die zuerst aufgenommene Beschäftigung, wenn bereits zu ihrem Beginn bekannt ist, dass in demselben Kalendermonat eine weitere befristete geringfügig entlohnte Beschäftigung folgen soll, durch die die Entgeltgrenze überschritten wird.

Eine Zusammenrechnung ist nicht vorzunehmen, wenn eine geringfügig entlohnte Beschäftigung (vgl. 2.2) mit einer kurzfristigen Beschäftigung (vgl. 2.3) zusammentrifft (vgl. Beispiele 16 und 17). Die Zusammenrechnung von Arbeitsentgelten aus mehreren geringfügig entlohnten Beschäftigungen erfolgt auch, wenn diese neben einem in der Studien- oder Prüfungsordnung vorgeschriebenen Zwischenpraktikum ausgeübt werden.

Bei einer geringfügig entlohnten Beschäftigung mit Wertguthabenvereinbarung (vgl. 5.2) ist das Arbeitsentgelt für die Zusammenrechnung zu berücksichtigen, welches sowohl in der Arbeitsphase als auch in der Freistellungsphase tatsächlich ausgezahlt, gemeldet und verbeitragt wird (vgl. Beispiel 18).

2.2.2.2. Geringfügig entlohnte Beschäftigungen neben nicht geringfügiger Beschäftigung

Für den Fall, dass ein Arbeitnehmer neben einer nicht geringfügigen versicherungspflichtigen (Haupt-)Beschäftigung bei anderen Arbeitgebern geringfügig entlohnte Beschäftigungen ausübt, schreibt § 8 Abs. 2 Satz 1 SGB IV[1] in Verb. mit § 7 Abs. 1 Satz 2 SGB V[2] bzw. § 6 Abs. 1b Satz 3 SGB VI[3] für den Bereich der Krankenversicherung und damit auch für den Bereich der Pflegeversicherung sowie für den Bereich der Rentenversicherung vor, dass geringfügig entlohnte Beschäftigungen-mit Ausnahme einer geringfügig entlohnten Beschäftigung-mit einer nicht geringfügigen versicherungspflichtigen Beschäftigung zusammenzurechnen sind. Die Einschränkung „mit Ausnahme einer geringfügig entlohnten Beschäftigung" bedeutet, dass-unabhängig davon, ob neben einer nicht geringfügigen versicherungspflichtigen Beschäftigung eine oder mehrere geringfügig entlohnte Beschäftigungen ausgeübt werden-stets für

[1] Nr. **4**.
[2] Nr. **5**.
[3] Nr. **6**.

eine geringfügig entlohnte Beschäftigung die Zusammenrechnung mit der nicht geringfügigen versicherungspflichtigen Beschäftigung entfällt.

Sofern daher neben einer nicht geringfügigen versicherungspflichtigen Beschäftigung nur *eine* geringfügig entlohnte Beschäftigung ausgeübt wird, findet eine Zusammenrechnung nicht statt, so dass die geringfügig entlohnte Beschäftigung in der Krankenversicherung versicherungsfrei und je nach Sachverhalt in der Rentenversicherung versicherungsfrei, versicherungspflichtig oder von der Versicherungspflicht befreit bleibt. Aus der Krankenversicherungsfreiheit folgt, dass in dieser Beschäftigung auch keine Versicherungspflicht in der Pflegeversicherung besteht (vgl. Beispiel 19).

Werden hingegen neben einer nicht geringfügigen versicherungspflichtigen (Haupt-)Beschäftigung mehrere geringfügig entlohnte Beschäftigungen ausgeübt, dann scheidet für *eine* geringfügig entlohnte Beschäftigung die Zusammenrechnung mit der nicht geringfügigen versicherungspflichtigen Beschäftigung aus. Ausgenommen von der Zusammenrechnung wird dabei diejenige geringfügig entlohnte Beschäftigung, die zeitlich zuerst aufgenommen worden ist, so dass für diese Beschäftigung weiterhin die besonderen versicherungs-, beitrags- und melderechtlichen Regelungen für geringfügig entlohnte Beschäftigungen gelten. Die weiteren geringfügig entlohnten Beschäftigungen sind mit der nicht geringfügigen Beschäftigung zusammenzurechnen, wobei eine Zusammenrechnung nach ausdrücklicher Bestimmung in § 7 Abs. 1 Satz 2 SGB V bzw. § 6 Abs. 1b Satz 3 SGB VI nur dann in Betracht kommt, wenn die nicht geringfügige Beschäftigung Versicherungspflicht begründet. In diesen Fällen besteht dann auch in der zweiten geringfügig entlohnten Beschäftigung bzw. in jeder weiteren geringfügig entlohnten Beschäftigung Versicherungspflicht in der Kranken- und Rentenversicherung. Eine Befreiung von der Rentenversicherungspflicht nach § 6 Abs. 1b Satz 1 SGB VI ist in der zweiten geringfügig entlohnten Beschäftigung bzw. in jeder weiteren geringfügig entlohnten Beschäftigung neben der nicht geringfügigen versicherungspflichtigen Beschäftigung ausgeschlossen. Im Übrigen folgt aus der Krankenversicherungspflicht, dass auch Versicherungspflicht in der Pflegeversicherung besteht (vgl. Beispiel 20).

Sofern die erste geringfügig entlohnte (Neben-)Beschäftigung, z.B. wegen bezahlter Freistellung im Rahmen einer flexiblen Arbeitszeitvereinbarung von mehr als drei Monaten (§ 7 Abs. 1a Satz 2 SGB IV, vgl. 5.3) oder wegen unbezahlter Freistellung von der Arbeitsleistung von mehr als einem Monat (§ 7 Abs. 3 Satz 1 SGB IV), aus sozialversicherungsrechtlicher Sicht endet und abgemeldet (vgl. D 2) werden muss, kann sie ihren Status als erste (Neben-)Beschäftigung verlieren. In diesem Fall muss bei erneuter Arbeitsaufnahme geprüft werden, ob zwischenzeitlich bereits eine (andere) erste geringfügig entlohnte Beschäftigung neben der nicht geringfügig entlohnten versicherungspflichtigen (Haupt-)Beschäftigung vorliegt.

Zu den nicht geringfügigen versicherungspflichtigen (Haupt-)Beschäftigungen gehören u.a.:

- Beschäftigungen, die im Rahmen der Bestandsschutzregelungen nach § 7 Abs. 2 SGB V, § 229 Abs. 6 SGB VI und § 436 SGB III[1] der Versicherungspflicht in der Kranken-, Pflege-, Renten- und Arbeitslosenversicherung unterliegen (vgl. 7).

---

[1] Nr. **3**.

- Beschäftigungen im Rahmen betrieblicher Berufsbildung bzw. Berufsausbildung oder außerbetrieblicher Berufsausbildung. Hierzu gehören unter anderem duale Studiengänge oder Vor- und Nachpraktika, die in einer Studien- oder Prüfungsordnung vorgeschrieben sind; in der Kranken- und Pflegeversicherung allerdings nur dann, wenn Arbeitsentgelt gezahlt wird (vgl. Gemeinsames Rundschreiben der Spitzenorganisationen der Sozialversicherung „Versicherungsrechtliche Beurteilung von beschäftigten Studenten und Praktikanten" vom 23. November 2016). Vorgeschriebene Zwischenpraktika begründen hingegen keine versicherungspflichtige Beschäftigung, so dass hier die Ausführungen unter 2.2.2.1 Anwendung finden.
- Versicherungspflichtige Beschäftigungen, die für die Dauer des Bezuges von Entgeltersatzleistungen nach dem Sozialgesetzbuch (z.B. Kurzarbeitergeld nach den Vorschriften des SGB III, Krankengeld nach den Vorschriften des SGB V, Übergangsgeld nach den Vorschriften des SGB VI) unterbrochen werden. Zeiten des Bezugs von Elterngeld während der Elternzeit nach dem Bundeselterngeld- und Elternzeitgesetz (BEEG[1]) gehören nicht hierzu.
- Zeiten der Ableistung eines freiwilligen sozialen oder ökologischen Jahres bzw. des Bundesfreiwilligendienstes.
- In der Rentenversicherung versicherungspflichtige Beschäftigungen als Werkstudent (Personengruppe 106).

Da die Zusammenrechnung einer nicht geringfügigen Beschäftigung mit geringfügig entlohnten Beschäftigungen nur vorgesehen ist, wenn die nicht geringfügige Beschäftigung Versicherungspflicht begründet, scheidet z.B. eine Zusammenrechnung einer nach § 6 Abs. 1 Nr. 2 SGB V und § 5 Abs. 1 Satz 1 Nr. 1 SGB VI in der Kranken- und Rentenversicherung versicherungsfreien sowie in der Pflegeversicherung nicht versicherungspflichtigen (nicht geringfügigen) Beamtenbeschäftigung mit geringfügig entlohnten Beschäftigungen aus (vgl. Beispiele 21 bis 24). Allerdings sind mehrere neben einer versicherungsfreien Beamtenbeschäftigung ausgeübte geringfügig entlohnte Beschäftigungen zusammenzurechnen (vgl. Beispiel 21). Entsprechendes gilt für den Bereich der Krankenversicherung für bereits wegen Überschreitens der Jahresarbeitsentgeltgrenze nach § 6 Abs. 1 Nr. 1 SGB V versicherungsfreie Arbeitnehmer (vgl. Beispiele 25 und 26) sowie für den Bereich der Rentenversicherung für in einer berufsständischen Beschäftigung von der Versicherungspflicht zugunsten einer berufsständischen Versorgungseinrichtung nach § 6 Abs. 1 Satz 1 Nr. 1 SGB VI befreiten Personen.

In der Arbeitslosenversicherung werden nach § 27 Abs. 2 Satz 1 zweiter Halbsatz SGB III nicht geringfügige versicherungspflichtige (Haupt-)Beschäftigungen und geringfügig entlohnte Beschäftigungen nicht zusammengerechnet, so dass die geringfügig entlohnten Beschäftigungen generell versicherungsfrei bleiben (vgl. Beispiele 20 und 23 bis 26). Im Übrigen werden hierbei auch mehrere geringfügig entlohnte Beschäftigungen, die neben einer nicht geringfügigen versicherungspflichtigen (Haupt-)Beschäftigung ausgeübt werden, nicht zusammengerechnet (vgl. Beispiele 20 und 25 bis 27). Bei Ausübung einer arbeitslosenversicherungsfreien (nicht geringfügigen) Beschäftigung (z.B. als Beamter) werden allerdings mehrere daneben ausgeübte geringfügig entlohnte Beschäftigungen für die Prüfung, ob die Arbeitsentgeltgrenze überschritten wird, zusammengerechnet (vgl. Beispiel 21).

---

[1] Nr. **8/25**.

2.2.2.3. Geringfügig entlohnte Beschäftigungen neben freiwilligem Wehrdienst

Der im Status eines freiwillig Wehrdienstleistenden ausgeübte Dienst stellt sich dem Grunde nach zwar als Beschäftigungsverhältnis im sozialversicherungsrechtlichen Sinne dar. Allerdings sind die freiwillig Wehrdienstleistenden nicht aufgrund der Beschäftigung bzw. des Dienstes (wie Arbeitnehmer) versicherungspflichtig, sondern wegen der in § 58f Soldatengesetz (SG) angeordneten Gleichstellung mit den (bis zum 30. Juni 2011) aufgrund gesetzlicher Pflicht Wehrdienst Leistenden besonderen Versicherungsregelungen unterworfen. Sie gelten einheitlich in der Kranken-, Pflege- und Rentenversicherung nicht als Arbeitnehmer in einer versicherungspflichtigen (Haupt-)Beschäftigung. Der besonderen Regelung des § 1 Satz 2 erster Halbsatz SGB VI[1] in der Rentenversicherung kommt in diesem Zusammenhang mit Blick auf die anzustrebende Gleichbehandlung in den Versicherungszweigen keine ausschlaggebende Bedeutung zu. Mehrere daneben ausgeübte geringfügig entlohnte Beschäftigungen sind für die Prüfung, ob die Arbeitsentgeltgrenze überschritten wird, zusammenzurechnen (vgl. 2.2.2.1).

2.2.2.4. Geringfügig entlohnte Beschäftigungen neben Elternzeit oder Leistungsbezug nach dem Zweiten und Dritten Buch Sozialgesetzbuch

Personen, die sich in der Elternzeit befinden, stehen nicht in einer versicherungspflichtigen (Haupt-)Beschäftigung, so dass mehrere daneben ausgeübte geringfügig entlohnte Beschäftigungen für die Prüfung, ob die Arbeitsentgeltgrenze überschritten wird, zusammenzurechnen sind (vgl. 2.2.2.1). Hat in einer weiteren geringfügig entlohnten Beschäftigung aufgrund der der Elternzeit vorausgegangenen (Haupt-)Beschäftigung Versicherungspflicht in der Kranken-, Pflege- und Rentenversicherung bestanden, entfällt diese in der Kranken- und Pflegeversicherung durch Wegfall der versicherungspflichtigen (Haupt-)Beschäftigung, es sei denn, durch die Zusammenrechnung der geringfügig entlohnten Beschäftigungen wird die Arbeitsentgeltgrenze von 450 Euro überschritten. In der Rentenversicherung bleibt die Versicherungspflicht auch bei einer geringfügig entlohnten Beschäftigung bestehen, sofern vom Befreiungsrecht kein Gebrauch gemacht wurde.

Entsprechendes gilt bei Bezug von Leistungen zur Sicherung des Lebensunterhaltes nach dem Zweiten Buch Sozialgesetzbuch und Leistungen wegen Beschäftigungslosigkeit nach dem Dritten Buch Sozialgesetzbuch.

2.2.2.5. Geringfügig entlohnte Beschäftigungen neben dem Bezug von Vorruhestandsgeld

Übt ein nach § 5 Abs. 3 SGB V[2], § 20 Abs. 2 SGB XI[3] und § 3 Satz 1 Nr. 4 SGB VI[1] in der Kranken-, Pflege- und Rentenversicherung versicherungspflichtiger Bezieher von Vorruhestandsgeld bei einem anderen Arbeitgeber (zur Beschäftigung beim Vorruhestandsgeld gewährenden Arbeitgeber vgl. 2.1.1) eine geringfügig entlohnte Beschäftigung aus, findet keine Zusammenrechnung mit dem Vorruhestandsgeld statt, so dass die geringfügig entlohnte Beschäftigung in der Krankenversicherung versicherungsfrei und je nach Sachverhalt in der Rentenversicherung versicherungsfrei, versicherungspflichtig oder von der

[1] Nr. **6**.
[2] Nr. **5**.
[3] Nr. **11**.

Versicherungspflicht befreit bleibt. Aus der Krankenversicherungsfreiheit folgt, dass in dieser Beschäftigung auch keine Versicherungspflicht in der Pflegeversicherung besteht. Werden hingegen neben dem Bezug von Vorruhestandsgeld mehrere geringfügig entlohnte Beschäftigungen ausgeübt, dann scheidet für eine geringfügig entlohnte Beschäftigung die Zusammenrechnung mit dem Vorruhestandsgeld aus. Ausgenommen von der Zusammenrechnung wird dabei diejenige geringfügig entlohnte Beschäftigung, die zeitlich zuerst aufgenommen worden ist, so dass für diese Beschäftigung weiterhin die besonderen versicherungs-, beitrags- und melderechtlichen Regelungen für geringfügig entlohnte Beschäftigungen gelten. Die weiteren geringfügig entlohnten Beschäftigungen sind nach § 8 Abs. 2 Satz 1 SGB IV[1] in Verb. mit § 7 Abs. 1 Satz 2 SGB V bzw. § 6 Abs. 1b Satz 3 SGB VI mit dem Vorruhestandsgeld zusammenzurechnen. Dem steht nicht entgegen, dass für Bezieher von Vorruhestandsgeld nur für den Bereich der Kranken- und Pflegeversicherung der Rechtsstatus des „Beschäftigten" fingiert wird, während die Bezieher von Vorruhestandsgeld für den Bereich der Rentenversicherung den sonstigen Versicherten zugerechnet werden.

Die Gleichbehandlung von Arbeitnehmern und Beziehern von Vorruhestandsgeld im Beitrags- und Melderecht der Kranken-, Pflege- und Rentenversicherung sowie die Gleichstellung der Pflichtbeiträge für Bezieher von Vorruhestandsgeld mit Pflichtbeiträgen für eine versicherungspflichtige Beschäftigung im Rentenrecht (§ 55 Abs. 2 SGB VI) gebieten es, die Bezieher von Vorruhestandsgeld im Zusammenhang mit § 8 Abs. 2 Satz 1 SGB IV einheitlich als Beschäftigte zu werten mit der Folge, dass die in dieser Vorschrift vorgeschriebene Zusammenrechnung von geringfügig entlohnten Beschäftigungen mit einer nicht geringfügigen Beschäftigung für Bezieher von Vorruhestandsgeld entsprechend gilt. Dies bedeutet, dass versicherungspflichtige Bezieher von Vorruhestandsgeld in einer daneben ausgeübten zweiten sowie weiteren geringfügig entlohnten Beschäftigungen der Versicherungspflicht in der Kranken-, Pflege- und Rentenversicherung unterliegen. Hierbei ist jedoch zu beachten, dass die Versicherungspflicht in der Kranken- und Rentenversicherung aufgrund des Bezuges von Vorruhestandsgeld nur besteht, solange dass insgesamt neben dem Vorruhestandsgeld erzielte Arbeitsentgelt die Grenze von 450 Euro nicht übersteigt. Endet die Versicherungspflicht aufgrund des Vorruhestandsgeldbezuges, werden die Arbeitsentgelte aus den geringfügig entlohnten Beschäftigungen für die Prüfung, ob die Arbeitsentgeltgrenze überschritten wird, zusammengerechnet (vgl. 2.2.2.1).

2.2.2.6. Geringfügig entlohnte Beschäftigungen neben dem Bezug von Ausgleichsgeld nach dem FELEG

Der Bezug von Ausgleichsgeld nach dem Gesetz zur Förderung der Einstellung der landwirtschaftlichen Erwerbstätigkeit (FELEG[2]) gilt als Bezug von Arbeitsentgelt. Daher gelten die Ausführungen unter 2.2.2.5 entsprechend. Sind aber Bezieher von Ausgleichsgeld in der landwirtschaftlichen Krankenversicherung als Rentner versichert, werden sie aufgrund einer daneben ausgeübten Beschäftigung in der Krankenversicherung wie beschäftigte Rentner behandelt.

---

[1] Nr. **4**.
[2] Nr. **30/40**.

2.2.2.7. Geringfügig entlohnte Beschäftigungen von behinderten Menschen oder ähnlichen Personen

In der Kranken-, Pflege- und Rentenversicherung versicherungspflichtige Jugendliche bzw. behinderte Menschen in Einrichtungen der Jugendhilfe bzw. in Einrichtungen für behinderte Menschen sind für die Anwendung von § 8 Abs. 2 Satz 1 SGB IV[1)] einheitlich in der Kranken-, Pflege- und Rentenversicherung nicht als Arbeitnehmer in einer (Haupt-)Beschäftigung zu behandeln. Der besonderen Regelung des § 1 Satz 4 SGB VI[2)] in der Rentenversicherung kommt in diesem Zusammenhang mit Blick auf die anzustrebende Gleichbehandlung in den Versicherungszweigen keine ausschlaggebende Bedeutung zu. Mehrere daneben ausgeübte geringfügig entlohnte Beschäftigungen sind für die Prüfung, ob die Arbeitsentgeltgrenze überschritten wird, zusammenzurechnen (vgl. 2.2.2.1).

2.2.2.8. Jahresarbeitsentgeltgrenze in der Krankenversicherung

In der Krankenversicherung unterliegen Arbeitnehmer nur dann der Versicherungspflicht, wenn ihr regelmäßiges Jahresarbeitsentgelt die Jahresarbeitsentgeltgrenze nicht übersteigt.

Ein Überschreiten der Jahresarbeitsentgeltgrenze kann auch durch Zusammenrechnung einer nicht geringfügigen versicherungspflichtigen (Haupt-)Beschäftigung mit einer bei einem anderen Arbeitgeber ausgeübten zweiten oder weiteren für sich gesehen geringfügig entlohnten und damit versicherungspflichtigen Beschäftigung eintreten. Arbeitnehmer, die neben einer nicht geringfügigen versicherungspflichtigen Beschäftigung und einer geringfügig entlohnten Beschäftigung eine weitere geringfügig entlohnte Beschäftigung aufnehmen und deren regelmäßiges Jahresarbeitsentgelt dadurch die Jahresarbeitsentgeltgrenze überschreitet, werden auch in der weiteren geringfügig entlohnten Beschäftigung zunächst krankenversicherungspflichtig. Die Krankenversicherungspflicht endet in beiden Beschäftigungen mit Ablauf des Kalenderjahres, in dem die Jahresarbeitsentgeltgrenze überschritten wird, vorausgesetzt, dass das regelmäßige Jahresarbeitsentgelt aus der Mehrfachbeschäftigung auch die vom Beginn des nächsten Kalenderjahres an geltende Jahresarbeitsentgeltgrenze übersteigt. (vgl. Beispiel 27).

2.2.3. Geringfügig entlohnte Beschäftigungen in der Rentenversicherung, die vor dem 1. Januar 2013 aufgenommen wurden

Arbeitnehmer, die bereits am 31. Dezember 2012 geringfügig entlohnt beschäftigt waren, bleiben über den 31. Dezember 2012 hinaus entweder weiterhin rentenversicherungsfrei (vgl. 2.2.3.1) mit der Möglichkeit auf die Versicherungsfreiheit zu verzichten (vgl. 2.2.3.2) oder sind aufgrund eines bereits bis 31. Dezember 2012 erklärten Verzichts auf die Versicherungsfreiheit über den 31. Dezember 2012 hinaus weiterhin rentenversicherungspflichtig (vgl. 2.2.3.3). Diese Regelungen sind zeitlich nicht befristet.

2.2.3.1. Rentenversicherungsfreie geringfügig entlohnt Beschäftigte

Die Rentenversicherungsfreiheit für vor dem 1. Januar 2013 aufgenommene geringfügig entlohnte Beschäftigungen bleibt nach § 230 Abs. 8 Satz 1 SGB VI[2)] über den 31. Dezember 2012 hinaus bestehen, solange das Arbeitsentgelt

[1)] Nr. **4**.
[2)] Nr. **6**.

regelmäßig im Monat die bis zum 31. Dezember 2012 maßgebende Arbeitsentgeltgrenze von 400 Euro nicht übersteigt (vgl. Beispiele 2, 15a bis 15e, 17, 19, 20, 24, 25 und 27). Übersteigt das Arbeitsentgelt regelmäßig im Monat 400 Euro (mit Ausnahme einer vorübergehenden unvorhersehbaren Überschreitung, vgl. 3.1), greift die Bestandsschutzregelung dauerhaft nicht mehr mit der Folge, dass die Beschäftigung nach § 1 Satz 1 Nr. 1 SGB VI rentenversicherungspflichtig wird. Der Zeitpunkt der Erhöhung des Arbeitsentgelts bestimmt sich analog der Ausführungen unter 2.2.1 und 3.1. Sollte das Arbeitsentgelt nach der Erhöhung regelmäßig im Monat 450 Euro nicht übersteigen, liegt weiterhin eine geringfügig entlohnte Beschäftigung vor, in der Rentenversicherungspflicht eintritt, von der sich der Arbeitnehmer jedoch befreien lassen kann (vgl. 2.2.4).

Die Bestandsschutzregelung verliert erst mit der Aufgabe der geringfügig entlohnten Beschäftigung ihre Wirkung. Nimmt der Arbeitnehmer danach erneut eine geringfügig entlohnte Beschäftigung bei einem anderen Arbeitgeber auf, unterliegt er in dieser Beschäftigung aufgrund der ab 1. Januar 2013 geltenden Neuregelung für geringfügig entlohnte Beschäftigungen der Versicherungspflicht in der Rentenversicherung, von der er sich befreien lassen kann (vgl. 2.2.4). Folgt hingegen eine erneute geringfügig entlohnte Beschäftigung mit einem regelmäßigen Arbeitsentgelt bis 400 Euro im Monat bei demselben Arbeitgeber, ist von der widerlegbaren Vermutung auszugehen, dass es sich immer noch um dieselbe Beschäftigung handelt, für die die Rentenversicherungsfreiheit aufgrund der Bestandsschutzregelung weiterhin gilt, wenn zwischen dem Ende der ersten Beschäftigung und dem Beginn der neuen Beschäftigung weniger als zwei Monate liegen (Beispiel 54). Von derselben Beschäftigung ist ebenfalls auszugehen, wenn die Beschäftigung nur deshalb abgemeldet wird, weil das Arbeitsverhältnis länger als einen Monat ohne Anspruch auf Arbeitsentgelt fortbesteht (§ 7 Abs. 3 Satz 1 SGB IV[1)]). **Zudem wird eine Beschäftigung nicht deshalb beendet, weil sie wegen Bezuges einer Entgeltersatzleistung (z.B. Verletztengeld, Übergangsgeld oder Versorgungskrankengeld) oder wegen Elternzeit unterbrochen wird.** Eine Beschäftigung mit steuerfreier Berücksichtigung der Übungsleiter- oder Ehrenamtspauschale gilt auch dann als durchgehend bestanden, wenn der Arbeitgeber die Steuerfreibeträge en bloc ausschöpft und deshalb die beitrags- und melderechtliche Beschäftigung immer wieder an- und abzumelden ist (vgl. 2.2.1.6).

Die Ausführungen gelten unabhängig davon, ob die Bestandsschutzregelung für eine oder mehrere vor dem 1. Januar 2013 aufgenommene geringfügig entlohnte Beschäftigungen mit einem Arbeitsentgelt bis insgesamt 400 Euro anzuwenden ist.

Tritt zur bestandsgeschützten rentenversicherungsfreien geringfügig entlohnten Beschäftigung nach dem 31. Dezember 2012 eine weitere geringfügig entlohnte Beschäftigung hinzu, und wird die Arbeitsentgeltgrenze von 400 Euro insgesamt nicht überschritten, bleibt die vor dem 1. Januar 2013 aufgenommene geringfügig entlohnte Beschäftigung rentenversicherungsfrei. In der hinzugetretenen geringfügig entlohnten Beschäftigung tritt Rentenversicherungspflicht ein, soweit sich der Arbeitnehmer nicht von dieser befreien lässt (Beispiel 15b). Übersteigt das Arbeitsentgelt insgesamt 400 Euro, findet die Be-

[1)] Nr. 4.

standsschutzregelung keine Anwendung mehr (vgl. Beispiel 15c). Bei einem Gesamtarbeitsentgelt bis zu 450 Euro sind alle geringfügig entlohnten Beschäftigungen nach dem ab 1. Januar 2013 geltenden Recht zu beurteilen (vgl. 2.2.4).

2.2.3.2. Verzicht auf die Rentenversicherungsfreiheit

Arbeitnehmer, die am 31. Dezember 2012 geringfügig entlohnt beschäftigt waren und weiterhin ein Arbeitsentgelt erzielen, das die bis zum 31. Dezember 2012 maßgebende Arbeitsentgeltgrenze von 400 Euro nicht übersteigt, sind nach § 230 Abs. 8 Satz 1 SGB VI[1] rentenversicherungsfrei und können wie nach dem bis 31. Dezember 2012 maßgebenden Recht ab 1. Januar 2013 nach § 230 Abs. 8 Satz 2 SGB VI[1] weiterhin zum Erwerb voller Leistungsansprüche auf diese Versicherungsfreiheit in der Rentenversicherung verzichten. Dabei ist unerheblich, ob die versicherungsfreie geringfügig entlohnte Beschäftigung als einzige Beschäftigung oder -als zeitlich erste geringfügig entlohnte Beschäftigung-neben einer nicht geringfügigen versicherungspflichtigen (Haupt-)Beschäftigung ausgeübt wird. Der Verzicht muss schriftlich gegenüber dem Arbeitgeber erklärt werden (vgl. Beispiele 28, 31 bis 33). Die Verzichtserklärung ist zu den Entgeltunterlagen zu nehmen (vgl. F). Das Muster einer Verzichtserklärung ist als Anlage 3 Bestandteil der Geringfügigkeits-Richtlinien.

2.2.3.2.1. Wirkung des Verzichts auf die Rentenversicherungsfreiheit

Der Verzicht auf die Rentenversicherungsfreiheit entfaltet Rechtswirkung nur für die Zukunft, das heißt, die Rentenversicherungspflicht beginnt mit dem Tag, der auf den Tag des Eingangs der schriftlichen Verzichtserklärung beim Arbeitgeber folgt, es sei denn, dass der Arbeitnehmer einen späteren Zeitpunkt für den Beginn der Rentenversicherungspflicht bestimmt (vgl. Beispiel 28). Der Arbeitgeber hat die Verzichtserklärung nach § 8 Abs. 2 Nr. 4 Beitragsverfahrensverordnung (BVV[2]) zu den Entgeltunterlagen des Arbeitnehmers (vgl. F) zu nehmen. Auf die Rentenversicherungsfreiheit können auch Praktikanten verzichten, die ein nicht in der Studien- oder Prüfungsordnung vorgeschriebenes, vor dem 1. Januar 2013 begonnenes, geringfügig entlohntes Praktikum absolvieren.

Der Verzicht auf die Rentenversicherungsfreiheit gilt für die gesamte Dauer der geringfügig entlohnten Beschäftigung und kann nicht widerrufen werden. Die Verzichtserklärung verliert erst mit der Aufgabe der geringfügig entlohnten Beschäftigung ihre Wirkung. Nimmt der Arbeitnehmer danach erneut eine geringfügig entlohnte Beschäftigung bei einem anderen Arbeitgeber nach dem 31. Dezember 2012 auf, unterliegt er in dieser Beschäftigung aufgrund der ab 1. Januar 2013 geltenden Neuregelung für geringfügig entlohnte Beschäftigungen der Versicherungspflicht in der Rentenversicherung, von der er sich befreien lassen kann (vgl. 2.2.4). Folgt hingegen eine erneute geringfügig entlohnte Beschäftigung bei demselben Arbeitgeber, ist von der widerlegbaren Vermutung auszugehen, dass es sich immer noch um dieselbe Beschäftigung handelt, für die der Verzicht auf die Rentenversicherungsfreiheit erklärt wurde, wenn zwischen dem Ende der ersten (gegebenenfalls auch befristeten) Beschäftigung und dem Beginn der neuen Beschäftigung weniger als zwei Monate liegen (vgl. Beispiel 54). In diesem Fall verliert der Verzicht auf die Versiche-

---

[1] Nr. **6**.
[2] Nr. **4/40**.

rungsfreiheit nicht seine Wirkung und muss infolgedessen nicht erneut schriftlich erklärt werden. Die Befreiung von der Rentenversicherungspflicht nach § 6 Abs. 1b SGB VI[1] ist in diesen Fällen nicht möglich (vgl. 2.2.4.5 und Beispiel 35). Von derselben Beschäftigung ist ebenfalls auszugehen, wenn die Beschäftigung nur deshalb abgemeldet wird, weil das Arbeitsverhältnis länger als einen Monat ohne Anspruch auf Arbeitsentgelt fortbesteht (§ 7 Abs. 3 Satz 1 SGB IV[2]). **Zudem wird eine Beschäftigung nicht deshalb beendet, weil sie wegen Bezuges einer Entgeltersatzleistung (z.B. Verletztengeld, Übergangsgeld oder Versorgungskrankengeld) oder wegen Elternzeit unterbrochen wird.** Eine Beschäftigung mit steuerfreier Berücksichtigung der Übungsleiter- oder Ehrenamtspauschale gilt auch dann als durchgehend bestanden, wenn der Arbeitgeber die Steuerfreibeträge en bloc ausschöpft und deshalb die beitrags- und melderechtliche Beschäftigung immer wieder an- und abzumelden ist (vgl. 2.2.1.6).

2.2.3.2.2. Altersrentner und Versorgungsbezieher

Bezieher einer Vollrente wegen Alters sind seit dem 1. Januar 2017 erst nach Ablauf des Kalendermonats, in dem sie die Regelaltersgrenze erreicht haben nach § 5 Abs. 4 Satz 1 Nr. 1 SGB VI[1] rentenversicherungsfrei, so dass ab diesem Zeitpunkt grundsätzlich keine Rentenanwartschaftszeiten mehr erworben werden können. Gleiches gilt für Bezieher einer Versorgung nach Erreichen einer Altersgrenze z.B. nach beamtenrechtlichen Vorschriften, die nach § 5 Abs. 4 Satz 1 Nr. 2 SGB VI mit Beginn dieser Leistung rentenversicherungsfrei sind. Der Verzicht auf die Versicherungsfreiheit in einer geringfügig entlohnten Beschäftigung endet in diesen Fällen mit dem Eintritt der Versicherungsfreiheit wegen des Renten- bzw. Versorgungsbezugs. Diese Beschäftigten können allerdings nach § 5 Abs. 4 Satz 2 SGB VI durch schriftliche Erklärung gegenüber dem Arbeitgeber seit dem 1. Januar 2017 auf die Versicherungsfreiheit aufgrund des Renten- bzw. Versorgungsbezuges in der Rentenversicherung verzichten. Der Verzicht kann nur mit Wirkung für die Zukunft erklärt werden und ist für die Dauer der Beschäftigung gültig. Er erstreckt sich nicht auf weitere Beschäftigungen.

Darüber hinaus können Beschäftigte, die nach dem am 31. Dezember 2016 geltenden Recht aufgrund des Bezugs einer Altersvollrente vor Erreichen der Regelaltersgrenze rentenversicherungsfrei beschäftigt waren und in dieser Beschäftigung nach § 230 Abs. 9 Satz 1 SGB VI weiterhin rentenversicherungsfrei sind, nach § 230 Abs. 9 Satz 2 SGB VI auf diese Versicherungsfreiheit verzichten. Auch dieser Verzicht kann nur mit Wirkung für die Zukunft erklärt werden und erstreckt sich nicht auf weitere Beschäftigungen. Zudem gilt er in einer über das Erreichen der Regelaltersgrenze fortbestehenden Beschäftigung unverändert fort.

Die Verzichtserklärung ist zu den Entgeltunterlagen zu nehmen (vgl. F).

Weitere Informationen enthält die Niederschrift zu Punkt 3 der Besprechung der Spitzenorganisationen der Sozialversicherung über Fragen des gemeinsamen Beitragseinzugs am 23. November 2016.

---

[1] Nr. **6**.
[2] Nr. **4**.

2.2.3.2.3. Mitglieder berufsständischer Versorgungseinrichtungen

Arbeitnehmer, die aufgrund einer vor dem 1. Januar 2013 aufgenommenen geringfügig entlohnten, berufsständischen Beschäftigung Pflichtmitglied in einer berufsständischen Versorgungseinrichtung sind und auf die Versicherungsfreiheit nach § 230 Abs. 8 Satz 2 SGB VI[1)] verzichten, können sich in dieser Beschäftigung nach § 6 Abs. 1 Satz 1 Nr. 1 SGB VI von der Rentenversicherungspflicht befreien lassen (vgl. Beispiel 33, Variante a).

2.2.3.2.4. Mehrere geringfügig entlohnte Beschäftigungen

Arbeitnehmer, die mehrere vor dem 1. Januar 2013 aufgenommene geringfügig entlohnte Beschäftigungen nebeneinander ausüben und nach Zusammenrechnung der monatlichen Arbeitsentgelte aus den einzelnen Beschäftigungen nach § 230 Abs. 8 Satz 1 SGB VI[1)] rentenversicherungsfrei sind, weil sie die maßgebende Arbeitsentgeltgrenze von 400 Euro nicht überschreiten, können nach Satz 2 der vorgenannten Vorschrift nur einheitlich auf die Rentenversicherungsfreiheit verzichten; das heißt, die einem Arbeitgeber gegenüber abgegebene Verzichtserklärung wirkt zugleich für alle anderen Beschäftigungen. Die Verzichtserklärung gilt sodann für die Dauer aller im Zeitpunkt ihrer Abgabe bestehenden und anschließend vor dem 1. Januar 2013 aufgenommenen Beschäftigungsverhältnisse. Sie verliert ihre Wirkung erst dann, wenn keine geringfügig entlohnte Beschäftigung mehr ausgeübt wird. Der Arbeitnehmer hat alle weiteren Arbeitgeber über den Verzicht zu informieren. Verzichtet der Arbeitnehmer erst in einer weiteren, vor dem 1. Januar 2013 aufgenommenen, geringfügig entlohnten Beschäftigung auf die Versicherungsfreiheit in der Rentenversicherung, beginnt die Rentenversicherungspflicht für eine bereits bestehende geringfügig entlohnte Beschäftigung, für die bisher kein Verzicht ausgesprochen wurde, zeitgleich mit der Rentenversicherungspflicht in der zuletzt aufgenommenen Beschäftigung.

2.2.3.2.5. Nachträgliche Feststellung des Verzichts auf die Rentenversicherungsfreiheit für eine weitere geringfügig entlohnte Beschäftigung

Wird im Nachhinein festgestellt, dass der Arbeitnehmer in einer geringfügig entlohnten Beschäftigung auf die Rentenversicherungsfreiheit verzichtet, den Arbeitgeber einer weiteren Beschäftigung hierüber jedoch nicht informiert hat, wird der Verzicht auf die Rentenversicherungsfreiheit in der weiteren Beschäftigung in Anlehnung an § 8 Abs. 2 Satz 3 SGB IV[2)] mit der Bekanntgabe der Feststellung durch die Einzugsstelle oder durch den Rentenversicherungsträger wirksam. Dies gilt nach § 8 Abs. 2 Satz 4 SGB IV nicht, wenn der Arbeitgeber der weiteren geringfügig entlohnten Beschäftigung vorsätzlich oder grob fahrlässig versäumt hat, den Sachverhalt für die versicherungsrechtliche Beurteilung aufzuklären (vgl. 6). Für die Anwendung dieser Regelung ist Voraussetzung, dass beide geringfügig entlohnten Beschäftigungen vor dem 1. Januar 2013 begonnen haben.

2.2.3.2.6. Verzicht im Rahmen einer Wertguthabenvereinbarung

Eine flexible Arbeitszeitregelung im Rahmen einer Wertguthabenvereinbarung (vgl. 5.2) besteht aus einer Arbeitsphase und einer Freistellungsphase. Die im Rahmen einer vor dem 1. Januar 2013 aufgenommenen geringfügig entlohnten Beschäftigung in der Arbeitsphase abgegebene Erklärung des Ver-

---

[1)] Nr. **6**.
[2)] Nr. **4**.

zichts auf die Rentenversicherungsfreiheit bleibt deshalb auch in der Freistellungsphase gültig. Die Abgabe der Erklärung ist zu jeder Zeit, also auch dann möglich, wenn sich der Beschäftigte in der Freistellungsphase befindet. Bei Beendigung der Beschäftigung und der Übertragung des Wertguthabens auf einen neuen Arbeitgeber bzw. die Deutsche Rentenversicherung Bund verliert die Verzichtserklärung ihre Wirkung.

2.2.3.3. Fortbestand der Rentenversicherungspflicht bei einem Verzicht auf die Rentenversicherungsfreiheit bis 31. Dezember 2012

Personen, die am 31. Dezember 2012 in einer oder mehreren geringfügig entlohnten Beschäftigungen wegen Verzichts auf die Rentenversicherungsfreiheit nach der bis zum 31. Dezember 2012 maßgebenden Rechtslage der Rentenversicherungspflicht unterlagen, bleiben nach § 229 Abs. 5 erster Halbsatz SGB VI[1] über den 31. Dezember 2012 hinaus rentenversicherungspflichtig. Rentenversicherungspflicht besteht auch in allen weiteren ab 1. Januar 2013 aufgenommenen geringfügig entlohnten Beschäftigungen, solange die Arbeitsentgelte zusammen die ab 1. Januar 2013 maßgebende Arbeitsentgeltgrenze von 450 Euro nicht überschreiten, da nach § 229 Abs. 5 zweiter Halbsatz SGB VI in diesen Fällen eine Befreiung von der Rentenversicherungspflicht nach § 6 Abs. 1b SGB VI nicht möglich ist (vgl. 2.2.4.5, Beispiel 35).

Die Verzichtserklärung verliert erst mit der Aufgabe der geringfügig entlohnten Beschäftigung(en) ihre Wirkung. Nimmt der Arbeitnehmer danach erneut eine geringfügig entlohnte Beschäftigung bei einem anderen Arbeitgeber auf, unterliegt er in dieser Beschäftigung aufgrund der ab 1. Januar 2013 geltenden Neuregelung für geringfügig entlohnte Beschäftigungen der Versicherungspflicht in der Rentenversicherung, von der er sich befreien lassen kann (vgl. 2.2.4). Folgt hingegen eine erneute geringfügig entlohnte Beschäftigung bei demselben Arbeitgeber, ist von der widerlegbaren Vermutung auszugehen, dass es sich immer noch um dieselbe Beschäftigung handelt, für die der Verzicht auf die Rentenversicherungsfreiheit erklärt wurde, wenn zwischen dem Ende der ersten (gegebenenfalls auch befristeten) Beschäftigung und dem Beginn der neuen Beschäftigung weniger als zwei Monate liegen (Beispiel 54). In diesem Fall verliert der Verzicht auf die Versicherungsfreiheit nicht seine Wirkung und muss infolgedessen nicht erneut schriftlich erklärt werden. Die Befreiung von der Rentenversicherungspflicht nach § 6 Abs. 1b SGB VI ist in diesen Fällen nicht möglich (vgl. 2.2.4.5 und Beispiel 35). Von derselben Beschäftigung ist ebenfalls auszugehen, wenn die Beschäftigung nur deshalb abgemeldet wird, weil das Arbeitsverhältnis länger als einen Monat ohne Anspruch auf Arbeitsentgelt fortbesteht (§ 7 Abs. 3 Satz 1 SGB IV[2]). **Zudem wird eine Beschäftigung nicht deshalb beendet, weil sie wegen Bezuges einer Entgeltersatzleistung (z.B. Verletztengeld, Übergangsgeld oder Versorgungskrankengeld) oder wegen Elternzeit unterbrochen wird.**

2.2.4. Geringfügig entlohnte Beschäftigungen in der Rentenversicherung, die nach dem 31. Dezember 2012 aufgenommen wurden

Arbeitnehmer, die nach dem 31. Dezember 2012 eine geringfügig entlohnte Beschäftigung aufnehmen, sind nach § 1 Satz 1 Nr. 1 SGB VI[1] versicherungspflichtig in der Rentenversicherung. Nach § 6 Abs. 1b SGB VI[1] können sie

---

[1] Nr. 6.
[2] Nr. 4.

sich auf Antrag von der Rentenversicherungspflicht befreien lassen (vgl. Beispiele 2, 15d, 34, 36). Der schriftliche Befreiungsantrag ist dem Arbeitgeber zu übergeben. Das Muster eines Befreiungsantrags ist als Anlage 2 Bestandteil der Geringfügigkeits-Richtlinien.

2.2.4.1. Wirkung der Befreiung von der Rentenversicherungspflicht

Die Befreiung von der Rentenversicherungspflicht wirkt nach § 6 Abs. 4 Satz 2 SGB VI[1)] grundsätzlich ab Beginn des Kalendermonats des Eingangs des Befreiungsantrags beim Arbeitgeber, frühestens ab Beschäftigungsbeginn. Voraussetzung ist, dass der Arbeitgeber der Minijob-Zentrale (vgl. E) die Befreiung mit der nächsten Entgeltabrechnung, spätestens innerhalb von sechs Wochen (42 Kalendertagen) nach Eingang des Befreiungsantrages mit der Anmeldung zur Sozialversicherung (aufgrund der Aufnahme der Beschäftigung oder aufgrund des Beitragsgruppenwechsels, vgl. D) anzeigt. Anderenfalls beginnt nach § 6 Abs. 4 Satz 3 SGB VI die Befreiung erst nach Ablauf des Kalendermonats, der dem Kalendermonat des Eingangs der Meldung bei der Minijob-Zentrale folgt (Beispiel 36).

Die Minijob-Zentrale kann dem Befreiungsantrag des Beschäftigten innerhalb eines Monats nach Eingang der Meldung zur Sozialversicherung (vgl. D) des Arbeitgebers widersprechen.

Der Arbeitgeber hat den Tag des Eingangs des Befreiungsantrags zu dokumentieren und den Antrag nach § 8 Abs. 2 Nr. 4a BVV[2)] zu den Entgeltunterlagen des Arbeitnehmers (vgl. F) zu nehmen.

Die Befreiung von der Rentenversicherungspflicht gilt für die gesamte Dauer der geringfügig entlohnten Beschäftigung und kann nicht widerrufen werden. Der Befreiungsantrag verliert seine Wirkung, wenn das Arbeitsentgelt regelmäßig im Monat 450 Euro (mit Ausnahme einer vorübergehenden unvorhersehbaren Überschreitung, vgl. 3.1) überschreitet (vgl. Beispiel 51c), ansonsten erst mit Aufgabe der geringfügig entlohnten Beschäftigung. Nimmt der Arbeitnehmer danach erneut eine geringfügig entlohnte Beschäftigung bei einem anderen Arbeitgeber auf, unterliegt er in dieser Beschäftigung der Versicherungspflicht in der Rentenversicherung und muss, sofern der Erwerb vollwertiger Rentenanwartschaftszeiten nicht gewünscht wird, erneut einen Antrag auf Befreiung von der Rentenversicherungspflicht stellen. Dies gilt auch dann, wenn sich die neue Beschäftigung nahtlos an die bisherige Beschäftigung anschließt. Folgt hingegen eine erneute geringfügig entlohnte Beschäftigung bei demselben Arbeitgeber, ist von der widerlegbaren Vermutung auszugehen, dass es sich immer noch um dieselbe Beschäftigung handelt, in der die Befreiung von der Rentenversicherungspflicht besteht, wenn zwischen dem Ende der ersten (gegebenenfalls auch befristeten) Beschäftigung und dem Beginn der neuen Beschäftigung weniger als zwei Monate liegen (Beispiel 54). In diesem Fall verliert die Befreiung nicht ihre Wirkung und muss infolgedessen nicht erneut schriftlich beantragt werden. Von derselben Beschäftigung ist ebenfalls auszugehen, wenn die Beschäftigung nur deshalb abgemeldet wird, weil das Arbeitsverhältnis länger als einen Monat ohne Anspruch auf Arbeitsentgelt fortbesteht (§ 7 Abs. 3 Satz 1 SGB IV[3)]). **Zudem wird eine Beschäftigung nicht deshalb beendet, weil sie wegen Bezuges einer Entgeltersatzleis-**

---

1) Nr. **6**.
2) Nr. **4/40**.
3) Nr. **4**.

tung (z.B. Verletztengeld, Übergangsgeld oder Versorgungskrankengeld) oder wegen Elternzeit unterbrochen wird. Eine Beschäftigung mit steuerfreier Berücksichtigung der Übungsleiter- oder Ehrenamtspauschale gilt auch dann als durchgehend bestanden, wenn der Arbeitgeber die Steuerfreibeträge en bloc ausschöpft und deshalb die beitrags- und melderechtliche Beschäftigung immer wieder an- und abzumelden ist (vgl. 2.2.1.6).

2.2.4.2. Altersrentner und Versorgungsbezieher

Bezieher einer Vollrente wegen Alters sind seit dem 1. Januar 2017 nach Ablauf des Kalendermonats, in dem sie die Regelaltersgrenze erreicht haben, nach § 5 Abs. 4 Satz 1 Nr. 1 SGB VI[1)] rentenversicherungsfrei, so dass sie bei Ausübung einer geringfügig entlohnten Beschäftigung ab diesem Zeitpunkt grundsätzlich nicht der Rentenversicherungspflicht unterliegen und infolgedessen auch keine Befreiung von der Rentenversicherungspflicht erfolgen kann. Gleiches gilt für Bezieher einer Versorgung nach Erreichen einer Altersgrenze z.B. nach beamtenrechtlichen Vorschriften, die nach § 5 Abs. 4 Satz 1 Nr. 2 SGB VI mit Beginn dieser Leistung rentenversicherungsfrei sind. Diese Beschäftigten können allerdings nach § 5 Abs. 4 Satz 2 SGB VI durch schriftliche Erklärung gegenüber dem Arbeitgeber seit dem 1. Januar 2017 auf die Versicherungsfreiheit aufgrund des Renten- bzw. Versorgungsbezuges in der Rentenversicherung verzichten. Der Verzicht kann nur mit Wirkung für die Zukunft erklärt werden und ist für die Dauer der Beschäftigung gültig. Er erstreckt sich nicht auf weitere Beschäftigungen.

Darüber hinaus können Beschäftigte, die nach dem am 31. Dezember 2016 geltenden Recht aufgrund des Bezugs einer Altersvollrente vor Erreichen der Regelaltersgrenze rentenversicherungsfrei beschäftigt waren und in dieser Beschäftigung nach § 230 Abs. 9 Satz 1 SGB VI weiterhin rentenversicherungsfrei sind, nach § 230 Abs. 9 Satz 2 SGB VI auf diese Versicherungsfreiheit verzichten. Auch dieser Verzicht kann nur mit Wirkung für die Zukunft erklärt werden und erstreckt sich nicht auf weitere Beschäftigungen. Zudem gilt er in einer über das Erreichen der Regelaltersgrenze fortbestehenden Beschäftigung unverändert fort.

Die Verzichtserklärung ist zu den Entgeltunterlagen zu nehmen (vgl. F).

Weitere Informationen enthält die Niederschrift zu Punkt 3 der Besprechung der Spitzenorganisationen der Sozialversicherung über Fragen des gemeinsamen Beitragseinzugs am 23. November 2016.

Bestand in einer geringfügig entlohnten Beschäftigung vor Eintritt der Rentenversicherungsfreiheit als Renten- bzw. Versorgungsbezieher eine Befreiung von der Rentenversicherungspflicht nach § 6 Abs. 1b SGB VI, kann wegen der Bindungswirkung dieser Befreiung für die Dauer der Beschäftigung nicht nach § 5 Abs. 4 Satz 2 SGB VI bzw. § 230 Abs. 9 Satz 2 SGB VI auf die Rentenversicherungsfreiheit aufgrund des Renten- bzw. Versorgungsbezuges verzichtet werden, so dass in diesen Fällen keine Rentenversicherungspflicht eintreten kann.

2.2.4.3. Mitglieder berufsständischer Versorgungseinrichtungen

Arbeitnehmer, die Pflichtmitglied in einer berufsständischen Versorgungseinrichtung sind und nach dem 31. Dezember 2012 eine geringfügig entlohnte, berufsständische Beschäftigung aufnehmen, unterliegen in dieser Beschäftigung

[1)] Nr. **6**.

der Rentenversicherungspflicht, von der sie sich nach § 6 Abs. 1 Satz 1 Nr. 1 SGB VI[1] oder § 6 Abs. 1b SGB VI auf Antrag befreien lassen können (vgl. Beispiele 33, Variante b und 34).

Die Befreiung von der Rentenversicherungspflicht für Mitglieder berufsständischer Versorgungseinrichtungen ist ausschließlich auf die jeweilige konkrete Beschäftigung bei einem Arbeitgeber beschränkt (BSG vom 31. Oktober 2012 – B 12 R 3/11 R, USK 2012-143, und B 12 R 5/10 R, USK 2012-181). Bei einem Beschäftigungswechsel oder der Aufnahme einer weiteren Beschäftigung ist stets ein neues Befreiungsverfahren durchzuführen (vgl. Beispiel 31, Variante b).

2.2.4.4. Mehrere geringfügig entlohnte Beschäftigungen

Der Antrag auf Befreiung von der Rentenversicherungspflicht kann bei mehreren geringfügig entlohnten Beschäftigungen, deren Arbeitsentgelt zusammen die Arbeitsentgeltgrenze von 450 Euro nicht übersteigt, nur einheitlich gestellt werden; das heißt, der einem Arbeitgeber gegenüber abgegebene Befreiungsantrag wirkt zugleich für alle anderen Beschäftigungen. Der Befreiungsantrag gilt sodann für die Dauer aller im Zeitpunkt seiner Abgabe bestehenden und – im Sinne von § 6 Abs. 1b SGB VI[1] – auch danach aufgenommenen geringfügig entlohnten Beschäftigungen. Er verliert seine Wirkung erst dann, wenn keine geringfügig entlohnte Beschäftigung mehr ausgeübt wird. Die Minijob-Zentrale (vgl. E) informiert nach § 6 Abs. 4 Satz 4 SGB VI alle weiteren Arbeitgeber über den Zeitpunkt der Wirkung der Befreiung, unabhängig davon, ob die Befreiung in der ersten oder weiteren Beschäftigung beantragt wurde. Die Befreiung wirkt sich nicht auf bestandsgeschützte geringfügig entlohnte Beschäftigungen nach § 230 Abs. 8 Satz 1 SGB VI (vgl. 2.2.3.1) aus, wenn das insgesamt erzielte Arbeitsentgelt 400 Euro im Monat nicht übersteigt. In diesen Beschäftigungen besteht die bisherige Rentenversicherungsfreiheit fort.

2.2.4.5. Ausschluss der Befreiung von der Rentenversicherungspflicht

Arbeitnehmer, die vor dem 1. Januar 2013 eine geringfügig entlohnte Beschäftigung aufgenommen und auf die Versicherungsfreiheit in der Rentenversicherung verzichtet haben (vgl. 2.2.3.2 und 2.2.3.3), können sich nicht nach § 6 Abs. 1b SGB VI[1] von der Rentenversicherungspflicht befreien lassen (vgl. Beispiel 35). Die zuvor ausgesprochene Verzichtserklärung behält ihre Wirkung für die Dauer aller im Zeitpunkt ihrer Abgabe bestehenden und danach aufgenommenen geringfügig entlohnten Beschäftigungsverhältnisse. Sie verliert ihre Wirkung erst, wenn keine geringfügig entlohnte Beschäftigung mehr ausgeübt wird. Dies gilt unabhängig davon, ob der Verzicht auf die Rentenversicherungsfreiheit vor dem 1. Januar 2013 oder nach dem 31. Dezember 2012 erklärt wurde.

2.2.4.6. Nachträgliche Feststellung der unzulässigen Befreiung von der Rentenversicherungspflicht

Hat die Minijob-Zentrale (vgl. E) der Befreiung von der Rentenversicherungspflicht nicht innerhalb eines Monats nach Eingang der Meldung durch den Arbeitgeber widersprochen, erlangt die Befreiung nach § 6 Abs. 3 SGB VI[1] Bestandskraft. Stellt sich im Nachhinein heraus, dass die Befreiung von der Rentenversicherungspflicht unzulässig war, kann eine Korrektur nur unter

[1] Nr. **6**.

Beachtung der Vorschriften über die Rücknahme von Verwaltungsakten nach dem SGB X[1] erfolgen.

2.2.5. Geringfügig entlohnte Beschäftigungen in Privathaushalten

Die Ausführungen unter 2.2.3 und 2.2.4 gelten für geringfügig entlohnte Beschäftigungen in Privathaushalten gleichermaßen.

2.3. Kurzfristige Beschäftigungen

Eine kurzfristige Beschäftigung liegt nach § 8 Abs. 1 Nr. 2 SGB IV[2] vor, wenn die Beschäftigung für eine Zeitdauer ausgeübt wird, die im Laufe eines Kalenderjahres auf nicht mehr als

drei Monate

oder

insgesamt 70 Arbeitstage

nach ihrer Eigenart begrenzt zu sein pflegt oder im Voraus vertraglich begrenzt ist (vgl. Beispiele 38 und 39); dies kann auch dann gelten, wenn die kurzfristige Beschäftigung die Voraussetzungen einer geringfügig entlohnten Beschäftigung (vgl. 2.2) erfüllt. Die Voraussetzungen einer kurzfristigen Beschäftigung sind mithin nur gegeben, wenn die Beschäftigung von vornherein auf nicht mehr als drei Monate (Kalender- und Zeitmonate) oder 70 Arbeitstage (auch kalenderjahrüberschreitend) befristet ist (vgl. Beispiele 7c und 37). Hierbei sind alle Tage zu berücksichtigen, für die ein Anspruch auf Arbeitsentgelt besteht; dazu gehören z.B. auch Tage, an denen bezahlter Urlaub gewährt **(vgl. Urteil des BSG vom 24. November 2020 – B 12 KR 34/19 R –, USK 2020-57)** oder Bereitschaftsdienst geleistet wird. Eine kurzfristige Beschäftigung liegt allerdings nicht mehr vor, wenn die Beschäftigung berufsmäßig ausgeübt wird (vgl. 2.3.3) und das Arbeitsentgelt aus dieser Beschäftigung 450 Euro überschreitet. Eine zeitliche Beschränkung der Beschäftigung nach ihrer Eigenart ist gegeben, wenn sie sich vorausschauend aus der Art, dem Wesen oder dem Umfang der zu verrichtenden Arbeit ergibt.

Eine kurzfristige Beschäftigung liegt nur dann vor, wenn sie nicht regelmäßig, sondern gelegentlich ausgeübt wird. Hierzu gehören auch Beschäftigungen, die z.B. durch eine längstens für ein Jahr befristete Rahmenvereinbarung mit Arbeitseinsätzen von maximal 70 Arbeitstagen **oder** 90 Kalendertagen (vgl. 2.3.**2**) befristet sind. Das BSG führt in seinem Urteil vom 5. Dezember 2017 (B 12 KR 16/15 R –, USK 2017-101) zwar aus, dass auch eine auf nicht mehr als ein Jahr befristete Beschäftigung bereits regelmäßig sein kann. Dieser Auffassung wird jedoch in Bezug auf bis zu einem Jahr bestehende Rahmenvereinbarungen nicht gefolgt. Bei Rahmenvereinbarungen mit sich wiederholenden Arbeitseinsätzen über mehrere Jahre liegt eine gelegentliche kurzfristige Beschäftigung vor, wenn die einzelnen Arbeitseinsätze ohne Bestehen einer Abrufbereitschaft unvorhersehbar zu unterschiedlichen Anlässen ohne erkennbaren Rhythmus an maximal 70 Arbeitstagen im Kalenderjahr erfolgen und der Betrieb des Arbeitgebers nicht strukturell auf den Einsatz solcher Arbeitskräfte ausgerichtet ist. In diesen Fällen sind die Arbeitseinsätze von vornherein nicht vorhersehbar und folgen keinem bestimmten Muster oder Rhythmus; das heißt, die Arbeitseinsätze erfolgen in unterschiedlichen Monaten, zu unterschiedlichen Anlässen sowie von der Anzahl der jeweiligen Ar-

[1] Nr. **10**.
[2] Nr. **4**.

beitstage her ohne erkennbares Schema und der Arbeitgeber muss zur Sicherstellung des Betriebsablaufs nicht regelmäßig auf Aushilfskräfte zurückgreifen (vgl. Urteile des BSG vom 23. Juni 1971 – 3 RK 24/71 –, USK 7195, vom 25. November 1976-12/3 RJ 1/75, USK 76178, und vom 7. Mai 2014 – B 12 R 5/12 R –, USK 2014- 47); Beispiel 41.

Eine kurzfristige Beschäftigung liegt hingegen nicht vor, wenn die Beschäftigung bei vorausschauender Betrachtung von vornherein auf ständige Wiederholung gerichtet ist und über mehrere Jahre hinweg ausgeübt werden soll, also eine hinreichende Vorhersehbarkeit von Dauer und Zeitpunkt der einzelnen Arbeitseinsätze besteht. In diesem Fall handelt es sich um eine regelmäßige Beschäftigung. Die Regelmäßigkeit ergibt sich bereits daraus, dass die Arbeit nicht unvorhersehbar in wechselnder Häufigkeit und zu verschiedenen Zeiten übernommen wird (vgl. Urteil des BSG vom 1. Februar 1979 – 12 RK 7/77 –, USK 7929) oder dass auf Grund einer Rahmenvereinbarung eine auf Dauer angelegte Rechtsbeziehung mit einander in kurzem Abstand folgenden Beschäftigungen angenommen werden kann (vgl. Urteil des BSG vom 28. April 1982 – 12 KR 1/80 –, USK 8261). Für das Vorliegen einer regelmäßigen Beschäftigung kommt es dabei nicht darauf an, ob die jeweiligen Arbeitseinsätze im Rahmen eines Dauerarbeitsverhältnisses von vornherein feststehen oder von Mal zu Mal vereinbart werden. Das Merkmal der Regelmäßigkeit kann vielmehr auch erfüllt sein, wenn der Beschäftigte zu den sich wiederholenden Arbeitseinsätzen auf Abruf bereitsteht, ohne verpflichtet zu sein, jeder Aufforderung zur Arbeitsleistung Folge zu leisten (vgl. Urteile des BSG 11. Mai 1993 – 12 RK 23/91 –, USK 9353, vom 23. Mai 1995 – 12 RK 60/93 –, USK 9530, und vom 5. Dezember 2017 – B 12 KR 16/15 R –, USK 2017-101); Beispiel **42**.

Allerdings ist in den vorgenannten Fällen zu prüfen, ob die Beschäftigung die Voraussetzungen einer geringfügig entlohnten Beschäftigung (vgl. 2.2) erfüllt.

2.3.1. Drei Monate oder 70 Arbeitstage

Die Zeitgrenze von drei Monaten und die Zeitgrenze von 70 Arbeitstagen sind gleichwertige Alternativen zur Begründung einer kurzfristigen Beschäftigung; eine Anwendung der jeweiligen Zeitgrenze in Abhängigkeit von der Anzahl der wöchentlichen Arbeitstage erfolgt nicht (vgl. Urteil des BSG vom 24. November 2020 – B 12 KR 34/19 R –, USK 2020-57). Die zeitlichen Voraussetzungen für eine kurzfristige Beschäftigung sind demzufolge unabhängig von der arbeitszeitlichen Ausgestaltung der Beschäftigung immer erfüllt, wenn die Beschäftigung entweder auf längstens drei Monate oder bei einem darüber hinaus gehenden Zeitraum auf längstens 70 Arbeitstage befristet ist (vgl. Beispiele 3b und 38).

Ein Nachtdienst, der sich über zwei Kalendertage erstreckt, gilt als ein Arbeitstag (vgl. hierzu auch Urteil des BFH vom 28. Januar 1994 – VI R 51/93 –, USK 9417). Werden an einem Kalendertag mehrere kurzfristige Beschäftigungen ausgeübt, gilt dieser Kalendertag ebenfalls als ein Arbeitstag.

2.3.2. Zusammenrechnung mehrerer kurzfristiger Beschäftigungen

Bei der Prüfung, ob die Zeiträume von drei Monaten oder 70 Arbeitstagen überschritten werden, sind die Zeiten mehrerer aufeinanderfolgender kurzfristiger Beschäftigungen zusammenzurechnen, unabhängig davon, ob sie geringfügig entlohnt oder mehr als geringfügig entlohnt sind. Zu berücksichtigen sind die Zeiträume der Beschäftigung, die vom Arbeitgeber unter Angabe der Personengruppe 110 gemeldet wurden (vgl. D 4). Dies gilt auch dann, wenn die einzelnen Beschäftigungen bei verschiedenen Arbeitgebern ausgeübt werden. Es ist jeweils bei Beginn einer neuen Beschäftigung zu prüfen, ob diese zusammen mit den schon im laufenden Kalenderjahr ausgeübten kurzfristigen Beschäftigungen die nach 2.3 maßgebenden Zeitgrenzen überschreitet.

Bei einer Zusammenrechnung von mehreren Beschäftigungszeiten treten an die Stelle des Dreimonatszeitraums 90 Kalendertage. Hierbei werden volle Kalendermonate mit 30 Kalendertagen und Teilmonate mit den tatsächlichen Kalendertagen berücksichtigt (vgl. Beispiele 40, 43, 45, 48 und 49). Umfasst ein Zeitraum keinen Kalendermonat, aber einen Zeitmonat, ist dieser ebenfalls mit 30 Kalendertagen zu berücksichtigen (vgl. Beispiel 44, 45 und 48). **Kalendermonate sind somit immer vorrangig vor Zeitmonaten zu berücksichtigen (vgl. Beispiele 16, 43, 44, 45, 48 und 49). Sofern eine Beschäftigung im Rahmen der 70-Arbeitstage-Regelung zu beurteilen ist, sind die Arbeitstage aus allen im laufenden Kalenderjahr zu berücksichtigenden Beschäftigungszeiträumen zusammenzurechnen (vgl. Beispiel 4d).** Diese Ausführungen gelten gleichermaßen bei einer Rahmenvereinbarung mit mehreren Beschäftigungszeiträumen, so dass in den einzelnen Beschäftigungszeiträumen einheitlich entweder 90 Kalendertage oder 70 Arbeitstage maßgebend sind.

Werden Arbeitnehmer wiederholt von ein- und demselben Arbeitgeber beschäftigt, ohne dass eine regelmäßige Beschäftigung besteht (vgl. 2.3), liegt eine kurzfristige Beschäftigung so lange vor, als im laufenden Kalenderjahr die Zeitgrenze von drei Monaten bzw. 90 Kalendertagen (vgl. 2.3.1) oder **die Zeitgrenze von** 70 Arbeitstagen nicht überschritten wird (vgl. Beispiel 41).

Beschäftigungen, die im Vorjahr begonnen haben, werden nur mit der im laufenden Kalenderjahr liegenden Beschäftigungszeit berücksichtigt. Wird durch eine Zusammenrechnung mehrerer kurzfristiger Beschäftigungen die **Zeitgrenze** von drei Monaten **bzw. 90 Kalendertagen** oder **die Zeitgrenze von** 70 Arbeitstagen überschritten, handelt es sich um eine regelmäßig ausgeübte Beschäftigung (vgl. Beispiel 43); in diesen Fällen ist zu prüfen, ob eine geringfügig entlohnte Beschäftigung (vgl. 2.2) vorliegt (vgl. Beispiele 44 und 45). Im Ausland ausgeübte Beschäftigungen werden bei der Zusammenrechnung nicht berücksichtigt.

Die vorstehenden Ausführungen gelten auch für Beschäftigungen, die über den Jahreswechsel hinausgehen. Das heißt, beginnt eine für sich betrachtet kurzfristige Beschäftigung in einem Kalenderjahr, in dem die in das laufende Kalenderjahr fallende Beschäftigungszeit zusammen mit den Vorbeschäftigungen die Dauer von drei Monaten bzw. **90 Kalendertagen oder** 70 Arbeitstagen überschreitet, liegt für die gesamte Dauer der zu beurteilenden Beschäftigung keine Kurzfristigkeit vor, und zwar auch insoweit, als die zu beurteilende Beschäftigung in das neue Kalenderjahr hineinreicht (vgl. Beispiel 46). Wird die Dauer von drei Monaten bzw. **90 Kalendertagen oder** 70 Arbeitstagen in einer für sich betrachtet kalenderjahrüberschreitenden kurzfristigen Beschäftigung bei ihrem Beginn zusammen mit Vorbeschäftigungen im laufenden Kalenderjahr hingegen nicht überschritten, weil lediglich die in das laufende Kalenderjahr fallende Beschäftigungszeit der zu beurteilenden Beschäftigung bei der Zusammenrechnung zu berücksichtigen ist, ist die Beschäftigung für die gesamte Dauer kurzfristig (vgl. Beispiel 47). Eine nach Kalenderjahren getrennte versicherungsrechtliche Beurteilung dieser Beschäftigungen erfolgt nicht.

2.3.3. Prüfung der Berufsmäßigkeit

Die Berufsmäßigkeit der Beschäftigung ist nicht zu prüfen, wenn die Beschäftigung bereits infolge Überschreitens der Zeitgrenze von drei Monaten **oder** 70 Arbeitstagen (vgl. 2.3 und 2.3.2) als nicht geringfügig anzusehen ist.

Werden die Zeitgrenzen nicht überschritten, erfüllt eine kurzfristige Beschäftigung jedoch dann nicht die Voraussetzungen einer geringfügigen Beschäftigung, wenn die Beschäftigung berufsmäßig ausgeübt wird und ihr Arbeitsentgelt 450 Euro im Monat übersteigt. Die Prüfung der Berufsmäßigkeit ist mithin nicht erforderlich, wenn das aufgrund dieser Beschäftigung erzielte Arbeitsentgelt die Arbeitsentgeltgrenze von 450 Euro im Monat nicht überschreitet. Die Arbeitsentgeltgrenze von 450 Euro ist ein Monatswert, der auch dann gilt, wenn die Beschäftigung nicht während des gesamten Kalendermonats besteht (vgl. Urteil des BSG vom 5. Dezember 2017 – B 12 R 10/15 R –, USK 2017-102).

Die Prüfung, ob das Arbeitsentgelt 450 Euro im Monat übersteigt, erfolgt für den gesamten Beschäftigungszeitraum im Rahmen einer Prognose. Beläuft sich das in diesem Gesamtzeitraum mit hinreichender Sicherheit zu erwartende Arbeitsentgelt im Kalendermonatsdurchschnitt auf mehr als 450 Euro, ist zu prüfen, ob die Beschäftigung berufsmäßig ausgeübt wird (vgl. Beispiel 4b). Bei einer Rahmenvereinbarung mit mehreren Beschäftigungszeiträumen sind die zu erwartenden Arbeitsentgelte aus allen Kalendermonaten, in denen Arbeitsentgelt bezogen wird, zu berücksichtigen (vgl. Beispiel 4d). Das Arbeitsentgelt aus einer parallel laufenden kurzfristigen Beschäftigung ist ebenfalls zu berücksichtigen. Unberücksichtigt bleibt hingegen grundsätzlich das Arbeitsentgelt aus einer zuvor beendeten Beschäftigung. Dies gilt jedoch nicht, wenn mehrere-für sich gesehen kurzfristige – Beschäftigungen (auch bei verschiedenen Arbeitgebern) aufeinander folgen, die jeweils in demselben Kalendermonat beginnen und enden. Überschreitet in diesen Fällen das Arbeitsentgelt aus den Beschäftigungen insgesamt die Entgeltgrenze von 450 Euro, ist für die später aufgenommene Beschäftigung Berufsmäßigkeit zu prüfen (vgl. Beispiel 4c). Gleiches gilt für die zuerst aufgenommene Beschäftigung, wenn bereits zu ihrem Beginn bekannt ist, dass in demselben Kalendermonat eine weitere befristete kurzfristige Beschäftigung folgen soll, durch die die Entgeltgrenze überschritten wird.

Berufsmäßig wird eine Beschäftigung dann ausgeübt, wenn sie für die in Betracht kommende Person nicht von untergeordneter wirtschaftlicher Bedeutung ist (vgl. Urteil des BSG vom 28. Oktober 1960 – 3 RK 31/56 –, SozR Nr. 1 zu § 166).

Aufgrund ständiger Rechtsprechung des Bundessozialgerichts lassen sich beim Vorliegen bestimmter Fallgestaltungen, die die Lebenswirklichkeit abbilden, Rückschlüsse auf das Vorliegen einer berufsmäßigen Beschäftigung auch ohne konkrete Prüfung der Einkommensverhältnisse ziehen. Die Bestimmung von Berufsmäßigkeit geht u.a. einher mit der Frage, ob der Arbeitnehmer zum Personenkreis der berufsmäßig Erwerbstätigen zu zählen ist. Aus diesem Grund können Arbeitgeber in bestimmten Fällen davon ausgehen, dass eine dem Grunde nach kurzfristige Beschäftigung wegen Berufsmäßigkeit ausgeschlossen ist oder nicht. Während Berufsmäßigkeit beispielsweise neben einer versicherungspflichtigen (Haupt-)Beschäftigung regelmäßig ausgeschlossen werden kann (vgl. 2.3.3.1), kann sie sich aber aufgrund des Erwerbsverhaltens des Arbeitnehmers ergeben (vgl. 2.3.3.2 und 2.3.3.3) oder bereits im Status der Person des Arbeitnehmers begründet sein (vgl. 2.3.3.4 und 2.3.3.5). Die folgenden Ausführungen dienen hierbei als Orientierung.

2.3.3.1. Beschäftigungen, die neben einer (Haupt-)Beschäftigung bzw. vergleichbaren Tätigkeiten ausgeübt werden

Für kurzfristige Beschäftigungen, die neben einer (Haupt-)Beschäftigung (vgl. Beispiele 39 und 40), neben dem freiwilligen Wehrdienst oder neben dem Bezug von Vorruhestandsgeld ausgeübt werden, kann angenommen werden, dass sie von untergeordneter wirtschaftlicher Bedeutung und deshalb grundsätzlich nicht berufsmäßig sind. Dies gilt auch für neben einer selbständigen Tätigkeit ausgeübte kurzfristige Beschäftigungen. Für neben einem freiwilligen sozialen oder ökologischen Jahr, neben dem Bundesfreiwilligendienst, neben einem dem freiwilligen sozialen oder ökologischen Jahr vergleichbaren Freiwilligendienst (wie beispielsweise dem entwicklungspolitischen Freiwilligendienst „WELTWÄRTS" oder dem „Incoming-Freiwilligendienst") ausgeübte kurzfristige Beschäftigungen ist ebenfalls regelmäßig anzunehmen, dass sie nicht berufsmäßig ausgeübt werden.

2.3.3.2. Beschäftigungen, die nur gelegentlich ausgeübt werden

Beschäftigungen, die nur gelegentlich ausgeübt werden, sind grundsätzlich von untergeordneter wirtschaftlicher Bedeutung und daher als nicht berufsmäßig anzusehen. Es handelt sich um Beschäftigungen, für die bei ihrer Aufnahme keine Anhaltspunkte dafür vorliegen, dass der ersten Beschäftigung innerhalb absehbarer Zeit eine weitere folgen wird (vgl. Urteil des BSG vom 11. Juni 1980 – 12 RK 30/79 –, USK 80106). Dies wird z.B. für Beschäftigungen zwischen dem Schulabschluss und beabsichtigter Fachschulausbildung bzw. beabsichtigtem Studium angenommen, weil diese Aushilfen noch nicht zum Personenkreis der Erwerbstätigen gehören. Aber auch Beschäftigungen von Schülern, die in der Regel während der Schulferien ausgeübt werden, sind von untergeordneter wirtschaftlicher Bedeutung.

Kurzfristige Beschäftigungen zwischen Schulentlassung und Aufnahme einer betrieblichen Berufsbildung oder eines dualen Studiengangs, eines freiwilligen sozialen oder ökologischen Jahres, eines Bundesfreiwilligendienstes, eines dem freiwilligen sozialen oder ökologischen Jahr vergleichbaren Freiwilligendienstes (wie beispielsweise dem entwicklungspolitischen Freiwilligendienst „WELTWÄRTS" oder dem „Incoming-Freiwilligendienst") oder eines freiwilligen Wehrdienstes werden dagegen berufsmäßig ausgeübt. Dies gilt auch, wenn nach der Ableistung des freiwilligen Dienstes voraussichtlich ein Studium aufgenommen wird. Für befristete Beschäftigungen, die zwischen einem Freiwilligendienst und dem beabsichtigten Studium ausgeübt werden, kann sich Berufsmäßigkeit unter den Voraussetzungen nach Ziffer 2.3.3.3 ergeben.

2.3.3.3. Beschäftigungen, die nicht nur gelegentlich ausgeübt werden

Folgt eine kurzfristige Beschäftigung auf bereits ausgeübte Beschäftigungen, ist Berufsmäßigkeit ohne weitere Prüfung anzunehmen, wenn die Beschäftigungszeiten im Laufe eines Kalenderjahres insgesamt mehr als drei Monate oder 70 Arbeitstage betragen. Dabei werden alle Beschäftigungen-mit Ausnahme geringfügig entlohnter Beschäftigungen und kurzfristiger Beschäftigungen mit einem Arbeitsentgelt bis 450 Euro im Monat-berücksichtigt (vgl. Beispiel 48).

Außerdem stehen Zeiten der Meldung als Ausbildung- oder Arbeitsuchender (§ 15 Sätze 1 und 2 SGB III[1)]) mit Beschäftigungslosigkeit den Beschäftigungszeiten gleich (BSG-Urteil vom 27. September 1972 – 12/3 RK 49/71 –, USK 72149).

Bei Personen, die aus dem Berufsleben ausgeschieden sind und infolgedessen nicht mehr zum Personenkreis der berufsmäßig Erwerbstätigen zählen bzw. dem Arbeitsmarkt nicht mehr dauerhaft zur Verfügung stehen, können für die Prüfung der Berufsmäßigkeit mehr als geringfügige Beschäftigungszeiten nur nach dem Ausscheiden angerechnet werden (vgl. Beispiel 49). Hierzu gehören z.B. Bezieher einer Vollrente wegen Alters (keine Altersteilrentner) oder Hausfrauen und Hausmänner. Gleiches gilt auch für Studenten, die noch nicht zum Personenkreis der Erwerbstätigen zählen bzw. dem Arbeitsmarkt noch nicht dauerhaft zur Verfügung stehen. Hier werden für die Prüfung der Berufsmäßigkeit mehr als geringfügige Beschäftigungszeiten nur ab Studienbeginn berücksichtigt.

2.3.3.4. Kurzfristige Beschäftigungen neben Elternzeit oder unbezahltem Urlaub

Arbeitnehmer, deren Beschäftigungsverhältnis wegen Elternzeit oder wegen eines unbezahlten Urlaubs unterbrochen wird und die während dieser Zeit eine auf drei Monate **oder** 70 Arbeitstage befristete Beschäftigung ausüben und deren Verdienst die Arbeitsentgeltgrenze von 450 Euro im Monat übersteigt, üben diese Beschäftigung berufsmäßig aus (vgl. Beispiel 4b). Dabei spielt es keine Rolle, ob die befristete Beschäftigung beim bisherigen Arbeitgeber oder bei einem anderen Arbeitgeber ausgeübt wird.

2.3.3.5. Beschäftigungslose

Üben Personen, die beschäftigungslos und bei der Arbeitsagentur für eine mehr als kurzfristige Beschäftigung als Ausbildung- oder Arbeitsuchende gemeldet sind (mit und ohne Leistungsbezug), eine Beschäftigung aus, sind sie zum Personenkreis der Erwerbstätigen zu zählen, die eine Beschäftigung berufsmäßig und daher ohne Rücksicht auf die Beschäftigungsdauer nicht kurzfristig ausüben; es sei denn, die Arbeitsentgeltgrenze von 450 Euro im Monat wird nicht überschritten (vgl. Beispiele 4a, 4c und 4d). Durch die Meldung bei der Arbeitsagentur scheiden diese Personen nicht aus dem Kreis der berufsmäßig Beschäftigten aus. Vielmehr beruht ihre wirtschaftliche Stellung nach wie vor auf dem durch Erwerbstätigkeit als Beschäftigte zu erzielenden Verdienst (vgl. Urteile des BSG vom 27. September 1972 – 12/3 RK 49/71 –, USK 72149 und vom 11. Mai 1993 – 12 RK 23/91 –, USK 9353). Personen, die sich lediglich während ihrer Schulausbildung zur Erlangung eines Ausbildungsplatzes bei der Agentur für Arbeit ausbildungsuchend melden, gelten für die Dauer ihrer Schulausbildung nicht als berufsmäßig.

2.3.3.6. Berücksichtigung von Zeiten im Ausland

Für die Prüfung der Berufsmäßigkeit sind auch Beschäftigungszeiten im Ausland zu berücksichtigen, wobei allerdings die Höhe des im Ausland erzielten Arbeitsentgelts unerheblich ist. Folglich werden in diesem Zusammenhang auch Beschäftigungszeiten in anderen Staaten mit einem Arbeitsentgelt bis zu 450 EUR im Monat angerechnet. Dem liegt die Ansicht zugrunde, dass die Berufsmäßigkeit einer Beschäftigung nicht allein vom Erwerbsverhalten in

---

[1)] Nr. 3.

Deutschland bestimmt wird, sondern vom allgemeinen Erwerbsleben des Beschäftigten.

2.4. Abgrenzung der geringfügig entlohnten Beschäftigung von der kurzfristigen Beschäftigung

Während die geringfügig entlohnte Beschäftigung (vgl. 2.2) grundsätzlich auf Dauer bzw. regelmäßige Wiederkehr angelegt ist, sieht die kurzfristige Beschäftigung (vgl. 2.3) hingegen als Grundvoraussetzung einen befristeten Arbeitseinsatz vor. Die beiden Beschäftigungsarten unterscheiden sich somit in erster Linie dadurch, dass eine geringfügig entlohnte Beschäftigung regelmäßig und eine kurzfristige Beschäftigung nur gelegentlich ausgeübt wird. Eine auf längstens drei Monate oder 70 Arbeitstage innerhalb eines Kalenderjahres befristete Beschäftigung mit einem Arbeitsentgelt, welches die Arbeitsentgeltgrenze von 450 Euro im Monat nicht überschreitet, kann sowohl als kurzfristige als auch als geringfügig entlohnte Beschäftigung behandelt werden. Eine geringfügig entlohnte und eine kurzfristige Beschäftigung schließen sich somit nicht zwangsläufig gegenseitig aus.

Sofern im unmittelbaren Anschluss an eine geringfügig entlohnte (Dauer-)Beschäftigung bei demselben Arbeitgeber eine auf längstens drei Monate **oder 70 Arbeitstage** befristete Beschäftigung vereinbart wird, ist von der widerlegbaren Vermutung auszugehen, dass es sich um die Fortsetzung der bisherigen (Dauer-)Beschäftigung handelt. Hieraus folgt, dass bei einem Arbeitsentgelt von mehr als 450 Euro im Monat vom Zeitpunkt der Vereinbarung der befristeten Beschäftigung an die Arbeitsentgeltgrenze überschritten wird und damit Versicherungspflicht eintritt; bei einem monatlichen Arbeitsentgelt bis 450 Euro liegt durchgehend eine geringfügig entlohnte Beschäftigung vor. Dies gilt umso mehr, wenn sich an die befristete Beschäftigung wiederum unmittelbar eine (für sich betrachtet) geringfügig entlohnte Beschäftigung anschließt. Versicherungsfreiheit wegen Vorliegens einer kurzfristigen Beschäftigung kommt in Fällen der hier in Rede stehenden Art nur dann in Betracht, wenn es sich bei den einzelnen Beschäftigungen um Beschäftigungsverhältnisse handelt, die sich nach dem Inhalt des Arbeitsvertrages in wesentlichen Punkten (Arbeitszeit, Aufgabenstellung, Eingliederung in einen anderen Betriebsteil, Höhe des Arbeitslohns) voneinander unterscheiden. Gleiches gilt, wenn zwischen dem Ende der geringfügig entlohnten Beschäftigung und dem Beginn der kurzfristigen Beschäftigung bei demselben Arbeitgeber mindestens zwei Monate liegen (Beispiel 54).

Die Ausführungen gelten gleichermaßen, wenn eine kurzfristige Beschäftigung auf eine nicht geringfügige (Haupt-)Beschäftigung folgt.

3. Überschreiten der Arbeitsentgelt- und Zeitgrenzen

3.1. Geringfügig entlohnte Beschäftigungen

Überschreitet das Arbeitsentgelt regelmäßig 450 Euro im Monat, so liegt vom Tage des Überschreitens an keine geringfügige Beschäftigung mehr vor (vgl. Beispiel 50). Für die zurückliegende Zeit verbleibt es bei der geringfügig entlohnten Beschäftigung. Ein nur gelegentliches und nicht vorhersehbares Überschreiten der Arbeitsentgeltgrenze führt nicht zur Beendigung der geringfügig entlohnten Beschäftigung; als gelegentlich ist dabei ein Zeitraum bis zu drei Monaten innerhalb eines Zeitjahres anzusehen. Der Jahreszeitraum ist in der Weise zu ermitteln, dass vom letzten Tag des zu beurteilenden Beschäftigungsmonats ein Jahr zurückgerechnet wird. Als Monat gilt der Entgeltabrechnungszeitraum (Kalendermonat). Monate, in denen die monatliche Arbeitsentgeltgrenze von 450 Euro vorhersehbar überschritten wird (z.B. aufgrund saisonaler Mehrarbeit, vgl. Beispiel 7b), sind hierbei unberücksichtigt zu lassen. Das Zeitjahr entspricht einem Zeitraum von 12 Monaten, welcher mit dem Kalendermonat endet, für den aktuell die Beurteilung des Versicherungsstatus wegen nicht vorhersehbaren Überschreitens erfolgen soll (vgl. Beispiele 51a und 51b). Wird die monatliche Arbeitsentgeltgrenze innerhalb des maßgebenden Zeitjahres in mehr als drei Monaten überschritten, ist das Überschreiten nicht mehr gelegentlich und begründet eine nicht geringfügige Beschäftigung; es sei denn, die in dem vom Arbeitgeber gewählten Jahreszeitraum für die Ermittlung des regelmäßigen Arbeitsentgelts (vgl. 2.2.1) geltende Arbeitsentgeltgrenze von 5.400 Euro wird nicht überschritten. Die nicht geringfügige Beschäftigung besteht dann für die Dauer des nicht vorhersehbaren Überschreitens der Arbeitsentgeltgrenze. Eine geringfügig entlohnte Beschäftigung liegt ab dem Zeitpunkt wieder vor, von dem an ein unvorhersehbares Überschreiten nicht mehr gegeben ist und das regelmäßige monatliche Arbeitsentgelt im Durchschnitt einer neu angestellten Jahresbetrachtung (vgl. 2.2.1) 450 Euro nicht übersteigt (vgl. Beispiel 51c). Die Ausführungen gelten gleichermaßen für mehrere geringfügig entlohnte Beschäftigungen, die bei verschiedenen Arbeitgebern bis zu einem Gesamtentgelt bis regelmäßig 450 Euro im Monat ausgeübt werden (vgl. 2.2.2.1) und für geringfügig entlohnte Beschäftigungen mit Zeitguthaben aufgrund einer sonstigen flexiblen Arbeitszeitregelung (vgl. 2.2.1.3).

Bei geringfügig entlohnten Beschäftigungen mit unvorhersehbar schwankendem Arbeitsentgelt, in denen der Arbeitgeber bereits im Vorfeld im Rahmen seiner Jahresprognose für die Ermittlung des regelmäßigen monatlichen Arbeitsentgelts unvorhersehbare Überschreitungen der monatlichen Entgeltgrenze von 450 Euro einkalkuliert hat (vgl. 2.2.1.2), darf der Jahreswert von 5.400 Euro nicht überschritten werden (vgl. Beispiel 7a). Die vorherigen Ausführungen zum gelegentlichen unvorhersehbaren Überschreiten der Entgeltgrenze finden hier keine Anwendung.

In den Fällen, in denen die Arbeitsentgeltgrenze von 450 Euro infolge einer rückwirkenden Erhöhung des Arbeitsentgelts überschritten wird, liegt eine nicht geringfügige Beschäftigung von dem Tage an vor, an dem der Anspruch auf das erhöhte Arbeitsentgelt entstanden ist (z.B. Tag des Abschlusses eines Tarifvertrags); für die zurückliegende Zeit verbleibt es bei der geringfügig entlohnten Beschäftigung. Allerdings sind in diesen Fällen für das nachgezahlte Arbeitsentgelt (auch von dem 450 Euro übersteigenden Betrag) die Sozialversicherungsbeiträge (vgl. C) und, sofern sie anfallen, auch die Umlagen zum Ausgleich der Arbeitgeberaufwendung für Entgeltfortzahlung (vgl. G), die Umlage für das Insolvenzgeld (vgl. H) sowie die einheitliche Pauschsteuer (vgl. I) zu zahlen (vgl. Beispiel 52). Es bestehen keine Bedenken, wenn Arbeitgeber die Beschäftigung aus abrechnungstechnischen Gründen bereits zu Beginn des Kalendermonats, in dem der Anspruch auf das erhöhte Arbeitsentgelt entstanden ist, umstellen.

3.2. Kurzfristige Beschäftigungen

Überschreitet eine Beschäftigung, die als kurzfristige Beschäftigung angesehen wird, entgegen der ursprünglichen Erwartung die unter 2.3 angegebene Zeitdauer, so liegt vom Tage des Überschreitens an keine kurzfristige Beschäftigung mehr vor (vgl. Beispiel 38). Allerdings können die Merkmale für eine geringfügig entlohnte Beschäftigung (vgl. 2.2) erfüllt sein (vgl. Beispiel 44).

Stellt sich im Laufe der Beschäftigung heraus, dass sie länger dauern wird, liegt eine kurzfristige Beschäftigung bereits ab dem Tage nicht mehr vor, an dem das Überschreiten der Zeitdauer erkennbar wird, also nicht erst nach Ablauf der drei Monate **oder** 70 Arbeitstage; für die zurückliegende Zeit verbleibt es bei der kurzfristigen Beschäftigung (vgl. Beispiele 38 und 40).

Sofern eine zunächst auf ein Jahr oder weniger befristete Rahmenvereinbarung mit Arbeitseinsätzen bis zu maximal 70 Arbeitstagen auf eine Dauer von über einem Jahr verlängert oder unmittelbar im Anschluss eine neue Rahmenvereinbarung bei demselben Arbeitgeber abgeschlossen wird, ist abhängig von der Ausgestaltung der Beschäftigung zu prüfen, ob die Voraussetzungen für eine gelegentliche Beschäftigung aufgrund einer Rahmenvereinbarung mit sich wiederholenden Arbeitseinsätzen über mehrere Jahre hinweg vorliegen (vgl. 2.3). In diesem Fall besteht die kurzfristige Beschäftigung fort. Anderenfalls liegt vom Zeitpunkt der Vereinbarung der Verlängerung an bzw. ab Beginn der neuen Rahmenvereinbarung eine regelmäßige Beschäftigung vor. In diesen Fällen ist allerdings zu prüfen, ob die Merkmale einer geringfügig entlohnten Beschäftigung vorliegen. Darüber hinaus sind die Voraussetzungen für eine (erneute) kurzfristige Beschäftigung aufgrund einer längstens für ein Jahr befristeten Rahmenvereinbarung mit Arbeitseinsätzen bis zu maximal 70 Arbeitstagen bei demselben Arbeitgeber erfüllt, wenn zwischen den beiden Rahmenvereinbarungen mindestens zwei Monaten liegen.

4. Besonderheiten in der Arbeitslosenversicherung

Die Arbeitslosenversicherungsfreiheit geringfügiger Beschäftigungen ergibt sich aus § 27 Abs. 2 SGB III[1)]. Darüber hinaus besteht nach § 27 Abs. 5 Satz 1 SGB III für solche Arbeitnehmer Versicherungsfreiheit in der Arbeitslosenversicherung, die neben dem Anspruch auf Arbeitslosengeld eine Beschäftigung ausüben. Ein Anspruch auf Arbeitslosengeld besteht allerdings nur dann, wenn unter anderem Arbeitslosigkeit im Sinne von § 138 Abs. 1 SGB III vorliegt. Dies setzt nach § 138 Abs. 3 SGB III voraus, dass der Arbeitnehmer in keinem oder nur in einem Beschäftigungsverhältnis mit einer Arbeitszeit von weniger als 15 Stunden in der Woche steht. Somit liegt nur bei einer neben dem Anspruch auf Arbeitslosengeldbezug bestehenden Beschäftigung mit einer Arbeitszeit von unter 15 Stunden in der Woche Arbeitslosenversicherungsfreiheit vor (vgl. Beispiele 4a und 4d).

Die Versicherungsfreiheit nach § 27 Abs. 5 Satz 1 SGB III gilt nicht für Bezieher von Teilarbeitslosengeld; sie sind nur dann arbeitslosenversicherungsfrei, wenn sie eine geringfügig entlohnte Beschäftigung oder eine kurzfristige Beschäftigung mit einem Arbeitsentgelt von nicht mehr als 450 Euro im Monat (vgl. 2.3.3.5) ausüben.

5. Flexible Arbeitszeitregelungen

Sozialversicherungsrechtlich relevante flexible Arbeitszeitregelungen sind auch für geringfügig Beschäftigte uneingeschränkt möglich. Dabei ist zwischen

- sonstigen flexiblen Arbeitszeitregelungen (z.B. Gleitzeit- oder Jahreszeitkonten)

[1)] Nr. 3.

und

- Wertguthabenvereinbarungen (z.B. Langzeit- oder Lebensarbeitszeitkonten)

zu unterscheiden.

Während eine Beschäftigung ohne Anspruch auf Arbeitsentgelt nach § 7 Abs. 3 Satz 1 SGB IV[1)] für längstens einen Monat als Beschäftigung gegen Arbeitsentgelt fortbesteht, sind sozialversicherungsrechtliche Beschäftigungen gegen Arbeitsentgelt für bezahlte Freistellungen von der Arbeitsleistung im Rahmen flexibler Arbeitszeitregelungen auch für Zeiträume von mehr als einem Monat möglich. Für Zeiten der Freistellung von der Arbeitsleistung im Rahmen sonstiger flexibler Arbeitszeitregelungen kann eine Beschäftigung nach § 7 Abs. 1a Satz 2 SGB IV[1)] jedoch nur für längstens drei Monate begründet werden, während bei Freistellungen von der Arbeitsleistung auf der Grundlage einer Wertguthabenvereinbarung (§ 7b SGB IV[1)]) auch für Zeiten von mehr als drei Monaten eine Beschäftigung gegen Arbeitsentgelt besteht (§ 7 Abs. 1a Satz 1 SGB IV[1)]).

5.1. Freistellungen im Rahmen sonstiger flexibler Arbeitszeitregelungen

Sonstige flexible Arbeitszeitregelungen verfolgen im Unterschied zu Wertguthabenvereinbarungen nicht das Ziel der (längerfristigen) Freistellung von der Arbeitsleistung unter Verwendung eines-aufgrund Verzichts auf die Auszahlung erarbeiteten Arbeitsentgelts aufgebauten – Wertguthabens. Vielmehr erfolgt bei diesen Arbeitszeitregelungen bei schwankender Arbeitszeit regelmäßig ein Ausgleich in einem Arbeitszeitkonto.

Für diese Arbeitszeitregelungen zur flexiblen Gestaltung der werktäglichen oder wöchentlichen Arbeitszeit oder zum Ausgleich betrieblicher Produktions- und Arbeitszeitzyklen unter Verstetigung des regelmäßigen Arbeitsentgelts besteht bei Abweichungen der tatsächlichen Arbeitszeit von der vertraglich geschuldeten (Kern-)Arbeitszeit auch in Zeiten der vollständigen Verringerung der Arbeitszeit (Freistellung) unter Fortzahlung eines verstetigten Arbeitsentgelts bis zu drei Monaten die Beschäftigung nach § 7 Abs. 1a Satz 2 SGB IV[1)] fort. Der Beitragspflicht unterliegt ausschließlich das ausgezahlte vertraglich geschuldete verstetigte Arbeitsentgelt, unabhängig von der im Rahmen einer geringeren oder höheren Arbeitszeit tatsächlich erbrachten Arbeitsleistung. Einer Verschiebung der Fälligkeit von Sozialversicherungsbeiträgen auf den Zeitpunkt der Inanspruchnahme des Zeitguthabens – wie bei Wertguthabenvereinbarungen (vgl. 5.2) – bedarf es in diesen Fällen daher nicht. Für die beitragsrechtliche Behandlung der in entsprechenden Beschäftigungen mit einem Stundenlohnanspruch aus einem Arbeitszeitkonto beanspruchten Arbeitsentgelte wurde das Zuflussprinzip eingeführt (§ 22 Abs. 1 Satz 2 SGB IV). Hiernach hängt die Fälligkeit der Beiträge für Arbeitsentgelte aus einem Stundenlohnanspruch, die während des Abbaus eines Arbeitszeitkontos einer sonstigen flexiblen Arbeitszeitregelung ausgezahlt werden, vom Zufluss des Arbeitsentgelts ab.

Die sonstigen flexiblen Arbeitszeitregelungen für geringfügig Beschäftigte müssen neben dem Aufbau von Zeitguthaben auch deren tatsächlichen Abbau ermöglichen. Ist der Abbau eines Zeitguthabens von vornherein nicht beabsichtigt, ist die Arbeitszeitvereinbarung sozialversicherungsrechtlich irrelevant

[1)] Nr. 4.

(§ 32 SGB I[1]). In diesen Fällen wäre-unabhängig von der Führung eines Arbeitszeitkontos-vom Beginn der Beschäftigung an der versicherungs- und beitragsrechtlichen Beurteilung das tatsächlich erarbeitete Arbeitsentgelt zu Grunde zu legen (vgl. Beispiel 9).

5.2. Freistellungen im Rahmen von Wertguthabenvereinbarungen

Wertguthabenvereinbarungen sollen (längerfristige) Freistellungen von der Arbeitsleistung unter Verwendung eines – aufgrund Verzichts auf die Auszahlung erarbeiteten Arbeitsentgelts aufgebauten – Wertguthabens ermöglichen. Eine Freistellung im Rahmen einer Wertguthabenvereinbarung dient vorrangig dem Zweck, auch in Zeiten von mehr als einem Monat aufgrund der gesetzlichen Beschäftigungsfiktion (§ 7 Abs. 1a Satz 1 SGB IV[2]) den Versicherungsschutz in der Kranken-, Pflege-, Renten- und Arbeitslosenversicherung aufrecht zu erhalten. Dies ist in einer geringfügigen entlohnten Beschäftigung grundsätzlich nicht möglich. Im Rahmen der nunmehr zulässigen Wertguthabenvereinbarung in einer geringfügigen Beschäftigung (§ 7b Nr. 5 SGB IV) besteht in Zeiten der Freistellung von der Arbeitsleistung und der Fortzahlung des Arbeitsentgelts aus einem Wertguthaben lediglich die geringfügig entlohnte Beschäftigung fort.

Soweit Wertguthaben in einer geringfügigen Beschäftigung aufgebaut wurde, kann dessen Entsparung lediglich in geringfügig entlohntem Umfang erfolgen. Es fehlt zwar an einer klarstellenden entsprechenden gesetzlichen Regelung. Allerdings schließen Sinn und Zweck von Wertguthabenvereinbarungen aus, dass aus einer während der Arbeitsphase in der Kranken- und Arbeitslosenversicherung versicherungsfreien sowie in der Pflegeversicherung nicht versicherungspflichtigen und gegebenenfalls in der Rentenversicherung von der Versicherungspflicht befreiten geringfügigen Beschäftigung ein sozialversicherungsrechtlicher Schutz in einer während der Freistellungsphase versicherungspflichtigen Beschäftigung begründet werden kann.

Für die Prüfung der Angemessenheit der Entsparung des Wertguthabens nach § 7 Abs. 1a Satz 1 Nr. 2 SGB IV gilt-wie bei einer versicherungspflichtigen Beschäftigung-als Höchstgrenze zwar ebenfalls 130 Prozent des durchschnittlich gezahlten Arbeitsentgelts der unmittelbar vorangegangenen zwölf Kalendermonate der Arbeitsphase, allerdings können bei der Entsparung eines Wertguthabens aus einer geringfügig entlohnten Beschäftigung nicht mehr als 450 Euro monatlich aus dem Wertguthaben entnommen werden. Wird das Wertguthaben mit einem monatlichen Arbeitsentgelt von mehr als 450 Euro entspart, bleibt die Beschäftigung dennoch auch in der Freistellungsphase geringfügig entlohnt und die bei geringfügig entlohnter Beschäftigung anfallenden Beiträge sind auf das tatsächlich ausgezahlte Arbeitsentgelt zu zahlen. Da in vorgenannten Fällen keine versicherungspflichtige (Haupt-)Beschäftigung begründet wird, ist bei der Zusammenrechnung mit weiteren geringfügig entlohnten Beschäftigungen (vgl. 2.2.2.1) auch das tatsächlich entsparte Arbeitsentgelt zu berücksichtigen, in dessen Folge die Beschäftigungen mehr als geringfügig entlohnt und somit versicherungspflichtig zu beurteilen sind.

Nach § 7b Nr. 5 SGB IV kann ein Wertguthaben aus einer nicht geringfügigen Beschäftigung während der Freistellung von der Arbeitsleistung zudem

[1] Nr. **1**.
[2] Nr. **4**.

nicht im Rahmen einer geringfügig entlohnten Beschäftigung entspart werden. Demzufolge muss jedoch die Umwandlung einer nicht geringfügigen Beschäftigung bereits in der Ansparphase in eine geringfügig entlohnte Beschäftigung durch eine Wertguthabenvereinbarung erst recht unzulässig sein (§ 32 SGB I[1)]). Soweit geringfügig Beschäftigten der Abschluss von Wertguthabenvereinbarungen ermöglicht wurde, der auch in Zeiten der Freistellung von der Arbeitsleistung nicht mit einem besonderen Versicherungsschutz verbunden ist, kann dies nicht dazu führen, dass durch eine Wertguthabenvereinbarung eine versicherungspflichtige Beschäftigung (bereits in der Ansparphase des Wertguthabens) versicherungsfrei wird (vgl. Beispiel 10). Wurde eine entsprechende Wertguthabenvereinbarung geschlossen, ist sie sozialversicherungsrechtlich nicht relevant. Da in diesen Fällen eine Wertguthabenvereinbarung nach § 7b SGB IV nicht vorliegt, finden auch die besonderen beitragsrechtlichen Regelungen zur Verschiebung der Beitragsfälligkeit nach § 23b Abs. 1 SGB IV keine Anwendung. Demzufolge ist das Arbeitsentgelt für die versicherungs- und beitragsrechtliche Beurteilung maßgebend, welches erarbeitet wurde. Die nur teilweise Auszahlung des Arbeitsentgelts im Rahmen des Aufbaus eines „Arbeitsentgeltkontos" ist dabei unerheblich. Bei den später aus diesem Konto ausgezahlten Beträgen handelt es sich nicht um sozialversicherungsrechtlich relevantes Arbeitsentgelt.

Da kurzfristige Beschäftigungen im Voraus auf einen kurzen Zeitraum begrenzt werden (vgl. 2.3), sind hier Wertguthabenvereinbarungen für eine (längerfristige) Freistellung von der Arbeitsleistung nicht möglich.

5.3. Auswirkungen bei Freistellungen von der Arbeitsleistung von mehr als drei Monaten

Bei Freistellungen von der Arbeitsleistung im Rahmen sonstiger flexibler Arbeitszeitregelungen von mehr als drei Monaten, ist wegen Beendigung des versicherungsrechtlichen Beschäftigungsverhältnisses nach Ablauf des dritten Monats (Abmeldung zum Ende des dritten Monats, vgl. D 2) das darüber hinaus ausgezahlte Arbeitsentgelt wie einmalig gezahltes Arbeitsentgelt zu behandeln und dem letzten Entgeltabrechnungszeitraum zuzuordnen (§ 23a SGB IV[2)]); vgl. Beispiel 8b. Gleiches gilt für Zeitguthaben, welches nicht durch Freizeit ausgeglichen, sondern in Arbeitsentgelt abgegolten wird.

Auswirkungen auf die versicherungsrechtliche Beurteilung für abgelaufene Beschäftigungszeiträume ergeben sich hierdurch nicht, vorausgesetzt es liegt keine nichtige Vereinbarung vor (vgl. 5.1). Der Arbeitgeber hat allerdings für die Zeit ab der auf die Arbeitsunterbrechung folgenden ersten Arbeitsaufnahme das regelmäßige Arbeitsentgelt (vgl. 2.2.1.3) vorausschauend neu zu bestimmen.

Bei einer Wertguthabenvereinbarung besteht die Beschäftigung auch bei einer Freistellung von mehr als drei Monaten fort, wenn aus dem Wertguthaben während der Freistellung ein angemessenes Arbeitsentgelt (§ 7 Abs. 1a Satz 1 Nr. 2 SGB IV) bezogen wird, welches mindestens 70 Prozent des durchschnittlich gezahlten Arbeitsentgelts der unmittelbar vorangegangenen zwölf Kalendermonate der Arbeitsphase entspricht.

---

1) Nr. **1**.
2) Nr. **4**.

5.4. Besondere Regelungen zum Versicherungs-, Beitrags- und Melderecht

Freistellungen im Rahmen einer Wertguthabenvereinbarung sind an viele Bedingungen (z.B. über Aufzeichnungspflichten, Wertguthabenanlage und Insolvenzsicherung) geknüpft, auf die an dieser Stelle nicht im Detail eingegangen wird. Weitergehende Ausführungen hierzu, zur Abgrenzung der Wertguthabenvereinbarung von sonstigen flexiblen Arbeitszeitregelungen sowie zu den Auswirkungen flexibler Arbeitszeitregelungen auf das Versicherungs-, Beitrags- und Melderecht können dem Rundschreiben der Spitzenorganisationen der Sozialversicherung zur sozialrechtlichen Absicherung flexibler Arbeitszeitregelungen entnommen werden.

6. Feststellung von Mehrfachbeschäftigungen

6.1. Pflichten des Arbeitgebers

Der Arbeitgeber hat nach § 28a SGB IV[1] jeden versicherungspflichtigen und jeden geringfügig Beschäftigten zu melden und nach § 28e SGB IV den Gesamtsozialversicherungsbeitrag zu zahlen. Hieraus erwächst für den Arbeitgeber die Verpflichtung, das Versicherungsverhältnis des jeweiligen Arbeitnehmers zu beurteilen, Beiträge zu berechnen und gegebenenfalls vom Arbeitsentgelt einzubehalten und an die Einzugsstelle abzuführen. Ungeachtet dessen hat der Arbeitgeber nach § 8 Abs. 1 Satz 1 Nr. 9 BVV[2] die für die Versicherungsfreiheit oder die Befreiung von der Versicherungspflicht maßgebenden Angaben über den Beschäftigten-z.B. bei geringfügig Beschäftigten-zu den Entgeltunterlagen zu nehmen. Insbesondere für geringfügig Beschäftigte sieht § 8 Abs. 2 Nr. 7 BVV zwingend vor, dass die Erklärung des kurzfristig geringfügig Beschäftigten über weitere kurzfristige Beschäftigungen im Kalenderjahr oder die Erklärung des geringfügig entlohnten Beschäftigten über weitere Beschäftigungen sowie in beiden Fällen die Bestätigung, dass die Aufnahme weiterer Beschäftigungen dem Arbeitgeber anzuzeigen sind, zu den Entgeltunterlagen (vgl. F) zu nehmen ist.

Verstöße gegen das Beitrags- und Meldeverfahren können nach § 111 Abs. 4 SGB IV als Ordnungswidrigkeit mit einem Bußgeld bis zu 50.000 Euro geahndet werden.

6.2. Mitwirkungspflichten des Arbeitnehmers

Andererseits ist der Arbeitnehmer nach § 28o Abs. 1 SGB IV[1] verpflichtet, dem Arbeitgeber, bei mehreren Beschäftigungen allen beteiligten Arbeitgebern, die zur Durchführung des Meldeverfahrens und der Beitragszahlung erforderlichen Angaben zu machen und, soweit erforderlich, Unterlagen vorzulegen. Hierzu gehört auch, dass der Arbeitnehmer seine Arbeitgeber über eventuelle Vorbeschäftigungen oder über aktuelle weitere Beschäftigungen bei anderen Arbeitgebern informiert, damit der jeweilige Arbeitgeber die Kurzfristigkeit einer Beschäftigung beurteilen oder aber prüfen kann, ob eine geringfügig entlohnte Beschäftigung mit anderen geringfügig entlohnten Beschäftigungen oder mit einer nicht geringfügigen versicherungspflichtigen Beschäftigung zusammenzurechnen ist (vgl. Ausführungen zur zwingenden Erklärung des Arbeitnehmers unter 6.1). In diesem Zusammenhang wird dem Arbeitgeber

[1] Nr. 4.
[2] Nr. 4/40.

empfohlen, die notwendigen Angaben zur versicherungsrechtlichen Beurteilung der Beschäftigung mittels eines Einstellungsbogens beim Arbeitnehmer zu erfragen.

6.3. Beginn der Versicherungspflicht

Sofern ein Sozialversicherungsträger im Nachhinein (z.B. durch Datenabgleich bei der Minijob-Zentrale oder bei der Datenstelle der Träger der Rentenversicherung oder im Rahmen einer Betriebsprüfung) feststellt, dass mehrere kurzfristige Beschäftigungen oder mehrere geringfügig entlohnte Beschäftigungen oder -abgesehen von *einer* geringfügig entlohnten Beschäftigung- eine geringfügig entlohnte Beschäftigung mit einer nicht geringfügigen versicherungspflichtigen Beschäftigung zusammenzurechnen sind und damit keine geringfügige Beschäftigung mehr vorliegt, tritt die Versicherungspflicht nach § 8 Abs. 2 Satz 3 SGB IV[1)] aufgrund der dann nicht geringfügigen Beschäftigung mit der Bekanntgabe dieser Feststellung durch die Einzugsstelle (vgl. E) oder durch einen Rentenversicherungsträger ein (vgl. Beispiel 53).

Dass die vorgenannte Amnestieregelung nicht gilt, wenn der Arbeitgeber vorsätzlich oder grob fahrlässig versäumt hat, den Sachverhalt für die versicherungsrechtliche Beurteilung aufzuklären, hat der Gesetzgeber in § 8 Abs. 2 Satz 4 SGB IV klargestellt. Vorsatz ist das Wissen und Wollen des rechtswidrigen Erfolgs. Grobe Fahrlässigkeit liegt vor, wenn die Beteiligten die verkehrsübliche Sorgfalt in besonders grobem Maße verletzt haben, also einfachste, jedem einleuchtende Überlegungen nicht angestellt wurden. Von einem Vorsatz ist z.B. dann auszugeben, wenn der Arbeitgeber Hinweise des Beschäftigten oder anderer Personen, die zwangsläufig zu einer anderen versicherungsrechtlichen Beurteilung der Beschäftigung hätten führen müssen, bewusst ignoriert hat. Vorsätzlich werden Sozialversicherungsbeiträge schon dann vorenthalten, wenn der Beitragsschuldner die Beitragspflicht für möglich hielt, die Nichtabführung des Beitrags aber billigend in Kauf nahm. Grobe Fahrlässigkeit liegt z.B. dann vor, wenn der Arbeitgeber nichts unternommen hat, um den Sachverhalt zu ermitteln.

Zuständige Einzugsstelle (vgl. E) im oben genannten Sinne ist die Minijob-Zentrale der Deutschen Rentenversicherung Knappschaft-Bahn-See (§ 8 Abs. 2 Satz 3 in Verbindung mit § 28i Satz 5 SGB IV). Ein Rentenversicherungsträger ist zuständig, wenn eine unterbliebene Zusammenrechnung im Rahmen einer Betriebsprüfung festgestellt wird. Die Minijob-Zentrale bzw. der zuständige Rentenversicherungsträger wird dem Arbeitgeber im Übrigen in dem Bescheid über die festgestellte Versicherungspflicht definitiv den Tag des Beginns der Versicherungspflicht mitteilen und den bzw. die Arbeitgeber auffordern, die entsprechenden Meldungen vorzunehmen. Dieser ist zu den Entgeltunterlagen zu nehmen (vgl. F).

Die Ausführungen gelten sinngemäß auch bei der Prüfung der Berufsmäßigkeit unter der Voraussetzung, dass die Versicherungspflicht durch Zusammenrechnung von Beschäftigungszeiten ausgelöst wurde (vgl. 2.3.3.3). Liegen die Gründe für das Vorliegen von Berufsmäßigkeit im Status des Arbeitnehmers (z.B. weil er arbeitsuchend und beschäftigungslos ist), findet § 8 Abs. 2 Satz 3 SGB IV keine Anwendung.

[1)] Nr. **4**.

7. Fortbestand der Versicherungspflicht und Befreiung von der Versicherungspflicht in Übergangsfällen ab 1. April 2003

In der Kranken-, Pflege-, Renten- und Arbeitslosenversicherung sind durch § 7 Abs. 2 SGB V[1], § 229 Abs. 6 SGB VI[2] und § 436 SGB III[3] Bestandsschutzregelungen für diejenigen Arbeitnehmer vorgesehen worden, die bis zum 31. März 2003 aufgrund ihrer Beschäftigung einen Versicherungsschutz hatten, diesen aber bei Anwendung des vom 1. April 2003 an geltenden Rechts verloren hätten. Betroffen hiervon waren in erster Linie Arbeitnehmer, die wegen Erreichens der Zeitgrenze von 15 Wochenstunden oder wegen Überschreitens der Arbeitsentgeltgrenze von 325 Euro versicherungspflichtig waren und deren Arbeitsentgelt vom 1. April 2003 an nicht mehr als 400 Euro betrug. Diese Arbeitnehmer blieben-in der Krankenversicherung und damit auch in der Pflegeversicherung allerdings nur unter bestimmten Voraussetzungen-weiterhin versicherungspflichtig; sie hatten jedoch die Möglichkeit, sich von dieser Versicherungspflicht befreien zu lassen.

Der Sinn und Zweck der Bestandsschutzregelungen bestand darin, denjenigen Arbeitnehmern einen dauerhaften Versicherungsschutz zu gewähren, die diesen (bewusst) begründet haben. Folglich musste der Fortbestand der Versicherungspflicht unabhängig davon eingeräumt werden, ob der Arbeitnehmer nach dem bis zum 31. März 2003 geltenden Recht der Versicherungspflicht unterlag, weil er die maßgebenden Zeit- und Arbeitsentgeltgrenzen aufgrund nur einer Beschäftigung oder aufgrund mehrerer Beschäftigungen überschritten hatte.

Weitere Informationen können den Geringfügigkeits-Richtlinien in der Fassung vom 20. Dezember 2012 entnommen werden.

C. Beitragsrecht

1. Allgemeines

Für geringfügig entlohnte Beschäftigungen hat der Arbeitgeber unter bestimmten Voraussetzungen Pauschalbeiträge zur Kranken- und Rentenversicherung zu zahlen. Zur Pflege- und Arbeitslosenversicherung fallen solche Pauschalbeiträge nicht an. Auch für kurzfristige Beschäftigungen sind keine Pauschalbeiträge zu zahlen, und zwar auch dann nicht, wenn die kurzfristige Beschäftigung gleichzeitig die Voraussetzungen einer geringfügig entlohnten Beschäftigung erfüllt.

Arbeitnehmer unterliegen grundsätzlich der Rentenversicherungspflicht und werden an der Beitragstragung beteiligt.

Werden neben einer nicht geringfügigen versicherungspflichtigen (Haupt-) Beschäftigung mehrere geringfügig entlohnte Beschäftigungen ausgeübt, sind die Beiträge zur Kranken- und Rentenversicherung auch für diejenige geringfügig entlohnte Beschäftigung zu zahlen, die nicht mit der mehr als geringfügigen versicherungspflichtigen (Haupt-)Beschäftigung zusammengerechnet wird und damit wegen geringfügiger Entlohnung in der Krankenversicherung versicherungsfrei und in der Rentenversicherung je nach Sachverhalt versicherungsfrei, versicherungspflichtig oder von der Versicherungspflicht befreit sind

[1] Nr. **5**.
[2] Nr. **6**.
[3] Nr. **3**.

(vgl. B 2.2.2.2). Soweit geringfügig entlohnte Beschäftigungen durch Zusammenrechnung mit versicherungspflichtigen Beschäftigungen nicht mehr geringfügig entlohnt sind und deshalb der Versicherungspflicht in der Kranken-, Pflege- und Rentenversicherung unterliegen, besteht zu diesen Versicherungszweigen auch Beitragspflicht nach den allgemeinen, für nicht geringfügige versicherungspflichtige Arbeitnehmer geltenden, beitragsrechtlichen Regelungen. Überschreiten die Arbeitsentgelte aus den einzelnen Beschäftigungen insgesamt die jeweiligen Beitragsbemessungsgrenzen, sind die Beiträge nach § 22 Abs. 2 Satz 1 SGB IV[1)] von den Arbeitgebern anteilmäßig entsprechend der Höhe der Arbeitsentgelte zu zahlen (vgl. gemeinsame Grundsätze der Spitzenorganisationen der Sozialversicherung zur Beitragsberechnung nach § 22 Abs. 2 SGB IV bei Arbeitnehmern mit mehreren versicherungspflichtigen Beschäftigungen).

Die Beiträge sind auch für Zeiten der entgeltlichen Freistellung von der Arbeitsleistung im Rahmen sonstiger flexibler Arbeitszeitregelungen (vgl. B 5.1) bis zu drei Monaten und für Zeiten der Freistellung von der Arbeitsleistung im Rahmen von Wertguthabenvereinbarungen (vgl. B 5.2) zu zahlen. Sofern Zeitguthaben nicht durch Freizeit ausgeglichen, sondern in Arbeitsentgelt abgegolten werden, erfolgt dessen Verbeitragung wie einmalig gezahltes Arbeitsentgelt (§ 23a SGB IV). Gleiches gilt für die in Zeiten der Freistellung von der Arbeitsleistung im Rahmen einer sonstigen flexiblen Arbeitszeitregelung nach Ablauf des dritten Monats gewährten Bezüge, die als einmalig gezahltes Arbeitsentgelt dem letzten Entgeltabrechnungszeitraum zuzuordnen sind (vgl. B 5.3 und Beispiel 8b). Die Abwälzung der vom Arbeitgeber zu zahlenden Pauschalbeiträge auf den Arbeitnehmer stellt eine Ordnungswidrigkeit dar und kann mit einer Geldbuße bis zu 5.000 Euro geahndet werden (§ 249b Satz 3 SGB V[2)] und § 172 Abs. 4 SGB VI[3)] oder § 276a Abs. 2 SGB VI in Verb. mit § 111 Absätze 2 und 4 SGB IV). Dies gilt selbst dann, wenn die Abwälzung der Pauschalbeiträge mit Duldung des Arbeitnehmers erfolgt, weil solche Vereinbarungen gegen geltendes Recht verstoßen und deshalb nach § 32 SGB I[4)] nichtig sind.

2. Pauschalbeiträge zur Krankenversicherung

Nach § 249b Satz 1 SGB V[2)] hat der Arbeitgeber einer geringfügig entlohnten Beschäftigung für Versicherte, die in dieser Beschäftigung versicherungsfrei oder nicht versicherungspflichtig sind, einen Pauschalbeitrag zur Krankenversicherung in Höhe von 13 Prozent des Arbeitsentgelts aus dieser Beschäftigung zu zahlen. Der Zusatzbeitrag nach § 242 SGB V[2)] fällt nicht an. Wird die geringfügig entlohnte Beschäftigung ausschließlich im Privathaushalt (§ 8a SGB IV[1)]) ausgeübt, beträgt der Pauschalbeitrag nach § 249b Satz 2 SGB V[2)] 5 Prozent des Arbeitsentgelts. Die Zahlung des Pauschalbeitrags setzt voraus, dass der geringfügig Beschäftigte nach dem Fünften Buch Sozialgesetzbuch in der gesetzlichen Krankenversicherung versichert ist. Die Regelung des § 249b SGB V[2)] gilt in der landwirtschaftlichen Krankenversicherung entspre-

---

[1)] Nr. **4**.
[2)] Nr. **5**.
[3)] Nr. **6**.
[4)] Nr. **1**.

chend (§ 48 Abs. 6 Zweites Gesetz über die Krankenversicherung der Landwirte – KVLG 1989[1] –).

2.1. Versicherung in der gesetzlichen Krankenversicherung

Der Pauschalbeitrag zur Krankenversicherung fällt nur an, wenn der geringfügig Beschäftigte in der gesetzlichen Krankenversicherung versichert ist. Dabei ist unerheblich, ob es sich bei dieser Versicherung um eine Pflichtversicherung (z.B. als Rentner oder als Leistungsbezieher nach dem Zweiten oder Dritten Buch Sozialgesetzbuch), eine freiwillige Versicherung oder eine Familienversicherung handelt (vgl. Beispiele 2, 3a, 3b, 5, 7a bis 7c, 8a bis 8c, 11, 13, 14, 16, 18, 19, 20, 22, 24, 25, 27, 31, 32, 33, 34, 36, 44, 51a bis 51c und 52). Es spielt auch keine Rolle, ob und inwieweit aufgrund der Pflichtversicherung oder der freiwilligen Versicherung bereits Beiträge zur Krankenversicherung gezahlt werden.

Im Übrigen ist der Pauschalbeitrag nur für solche Zeiten zu zahlen, für die tatsächlich eine Versicherung in der gesetzlichen Krankenversicherung besteht. Endet z.B. die Familienversicherung, weil der Stammversicherte aus der Versicherung ausscheidet, entfällt die Zahlung des Pauschalbeitrags. Zeiten eines nachgehenden Anspruchs nach § 19 SGB V[2] sowie die Gewährung von Krankenbehandlung für nicht Versicherungspflichtige nach § 264 SGB V (Kostenerstattungsfälle) gelten nicht als Versicherungszeiten im Sinne des § 249b SGB V.

Für geringfügig Beschäftigte, die privat krankenversichert sind, fällt kein Pauschalbeitrag an (vgl. Beispiele 15a bis 15e, 17, 23, 28, 29, 30, 35 und 54).

2.2. Versicherungsfreie oder nicht versicherungspflichtige geringfügig Beschäftigte

Der Pauschalbeitrag zur Krankenversicherung kommt nicht nur für geringfügig entlohnte Beschäftigte in Betracht, die nach § 7 SGB V[2] krankenversicherungsfrei sind, sondern fällt auch für solche geringfügig entlohnte Arbeitnehmer an, die z.B. aus einem der in § 6 SGB V genannten Gründe krankenversicherungsfrei sind. Der Pauschalbeitrag ist mithin z.B. auch für nach § 6 Abs. 1 Nr. 1 SGB V wegen Überschreitens der Jahresarbeitsentgeltgrenze krankenversicherungsfreie Arbeitnehmer (vgl. Urteil des BSG vom 25. Januar 2006 – B 12 KR 27/04 R –, USK 2006-3; Beispiele 25 bis 27), für nach § 6 Abs. 1 Nr. 2 SGB V krankenversicherungsfreie Beamte (vgl. Beispiele 22 und 24) sowie für nach § 6 Abs. 1 Nr. 3 SGB V krankenversicherungsfreie Werkstudenten zu zahlen, die eine geringfügig entlohnte Beschäftigung ausüben und gesetzlich krankenversichert sind.

Darüber hinaus kommt der Pauschalbeitrag zur Krankenversicherung für (freiwillig krankenversicherte) hauptberuflich selbständig Erwerbstätige im Sinne des § 5 Abs. 5 SGB V in Betracht, die neben ihrer selbständigen Tätigkeit eine geringfügig entlohnte Beschäftigung ausüben.

Der Pauschalbeitrag zur Krankenversicherung fällt auch für Personen an, für die in den unter B 7 aufgeführten Übergangsfällen aufgrund eines Anspruchs im Rahmen der Familienversicherung keine Versicherungspflicht in der Krankenversicherung fortbesteht mit der Folge, dass Krankenversicherungsfreiheit eintritt.

---

[1] Nr. **30/22**.
[2] Nr. **5**.

2.3. Versicherung in der landwirtschaftlichen Krankenversicherung

In der berufsständischen landwirtschaftlichen Krankenversicherung ist die Frage, ob ein entgeltliches Beschäftigungsverhältnis ausgeübt wird, kein Kriterium für die Begründung von Versicherungspflicht; infolgedessen enthält das KVLG 1989[1] keine dem § 7 SGB V[2] entsprechende Regelungen.

Sofern eine bei der landwirtschaftlichen Krankenkasse aufgrund eines anderen Tatbestandes versicherte Person eine geringfügige Beschäftigung im Sinne des § 8 Abs. 1 Nr. 1 SGB IV[3] ausübt, die krankenversicherungsfrei oder nicht krankenversicherungspflichtig ist (vgl. 2.2), hat der Arbeitgeber den pauschalen Krankenversicherungsbeitrag in Höhe von 13 Prozent des Arbeitsentgelts aus der geringfügigen Beschäftigung an die Minijob-Zentrale zu zahlen (§ 48 Abs. 6 KVLG 1989 in Verb. mit § 249b SGB V).

Die Zahlung dieses pauschalen Krankenversicherungsbeitrags kommt insbesondere für versicherungspflichtige landwirtschaftliche Unternehmer (Nebenerwerbslandwirte, die wegen § 5 Abs. 5 SGB V nicht als Arbeitnehmer nach § 5 Abs. 1 Nr. 1 SGB V versicherungspflichtig sind, oder Vollerwerbslandwirte), mitarbeitende Familienangehörige, Altenteiler, Studenten, Leistungsbezieher nach dem Zweiten oder Dritten Buch Sozialgesetzbuch, für freiwillig Versicherte und bisher Nichtversicherte (Rückkehrer) sowie für Familienversicherte in Betracht.

2.4. Vorgeschriebene Praktika

Praktikanten, die ein in einer Studien- oder Prüfungsordnung vorgeschriebenes Vor- oder Nachpraktikum gegen Arbeitsentgelt ableisten, unterliegen als zur Berufsausbildung Beschäftigte der Krankenversicherungspflicht, für die unabhängig von der Höhe des gezahlten Arbeitsentgelts die Versicherungsfreiheit aufgrund einer geringfügigen Beschäftigung nach § 7 Abs. 1 Satz 1 Nr. 1 SGB V[2] ausgeschlossen ist (vgl. B 1) und infolge dessen keine Pauschalbeiträge, sondern individuelle Beiträge zur Krankenversicherung (nach den allgemeinen, für nicht geringfügige versicherungspflichtige Arbeitnehmer geltenden, beitragsrechtlichen Regelungen) anfallen. Pauschalbeitragspflicht besteht jedoch für eine daneben ausgeübte geringfügig entlohnte Beschäftigung, da nach § 8 Abs. 2 Satz 1 SGB IV[3] in Verb. mit § 7 Abs. 1 Satz 2 SGB V eine versicherungspflichtige Beschäftigung nicht mit einer (ersten) geringfügig entlohnten Beschäftigung zusammenzurechnen ist (vgl. B 2.2.2.2).

Vorgeschriebene Vor- und Nachpraktika ohne Entgeltzahlung begründen in der Krankenversicherung keine Versicherungspflicht aufgrund einer Beschäftigung, so dass hierfür auch keine Krankenversicherungsbeiträge aufgrund einer Beschäftigung zu zahlen sind. Neben dem vorgeschriebenen Vor- und Nachpraktikum ohne Arbeitsentgelt ausgeübte geringfügig entlohnte Beschäftigungen begründen Pauschalbeitragspflicht, solange das (auch aus mehreren geringfügig entlohnten Beschäftigungen insgesamt) erzielte Arbeitsentgelt die zulässige Entgeltgrenze von 450 Euro nicht übersteigt (vgl. B 2.2.2.1). Anderenfalls fallen für diese Beschäftigungen individuelle Beiträge zur Krankenversicherung (nach den allgemeinen, für nicht geringfügige versicherungspflichtige Arbeitnehmer geltenden, beitragsrechtlichen Regelungen) an.

---

[1] Nr. **30/22**.
[2] Nr. **5**.
[3] Nr. **4**.

Für vorgeschriebene Zwischenpraktika sind generell keine Beiträge zur Krankenversicherung zu zahlen. Auch erfolgt keine Zusammenrechnung mit geringfügig entlohnten Beschäftigungen. Vielmehr fallen für alle neben dem vorgeschriebenen Zwischenpraktikum ausgeübten geringfügig entlohnten Beschäftigungen Pauschalbeiträge zur Krankenversicherung an, solange die insgesamt aus den geringfügig entlohnten Nebenbeschäftigungen erzielten Arbeitsentgelte die zulässige Arbeitsentgeltgrenze von 450 Euro nicht übersteigen (vgl. B 2.2.2.1). Anderenfalls sind für alle geringfügig entlohnten Beschäftigungen individuelle Beiträge zur Krankenversicherung (nach den allgemeinen, für nicht geringfügige versicherungspflichtige Arbeitnehmer geltenden, beitragsrechtlichen Regelungen) zu zahlen.

2.5. Nicht vorgeschriebene Praktika

Für nicht in der Studien- oder Prüfungsordnung vorgeschriebene Praktika sind keine Besonderheiten zu beachten. Hier fallen Pauschalbeiträge zur Krankenversicherung an, wenn das Praktikum die Kriterien einer geringfügig entlohnten Beschäftigung erfüllt (vgl. B 2.2).

2.6. Arbeitnehmer aus einem anderen EU-/EWR-Mitgliedstaat sowie der Schweiz oder dem sonstigen Ausland

Ausländische Arbeitnehmer, die ausschließlich eine geringfügige Beschäftigung in Deutschland ausüben, unterliegen grundsätzlich den deutschen Rechtsvorschriften über soziale Sicherheit, ungeachtet ihrer Staatsangehörigkeit, ihres Wohnsitzes oder des Firmensitzes des Arbeitgebers. Es sind somit versicherungs- und beitragsrechtlich keine Besonderheiten zu beachten, selbst wenn der Arbeitnehmer im Ausland wohnt, nicht die deutsche Staatsangehörigkeit besitzt und/oder der Arbeitgeber seinen Sitz oder seine Niederlassung außerhalb Deutschlands hat.

Da die geringfügige Beschäftigung selbst krankenversicherungsfrei ist, begründet sie keine Mitgliedschaft in der gesetzlichen Krankenversicherung. Allerdings kommt für diese Personen, sofern sie nicht **anderweitig in Deutschland (z.B. als Student in der Krankenversicherung der Studenten nach § 5 Abs. 1 Nr. 9 SGB V[1]), als Rentner in der Krankenversicherung der Rentner nach § 5 Abs. 1 Nr. 11 SGB V, im Rahmen der obligatorischen Anschlussversicherung nach § 188 Abs. 4 SGB V, als freiwillig Krankenversicherter nach § 9 Abs. 1 Satz 1 Nr. 1 oder 2 SGB V oder als Familienversicherter** nach § 10 SGB V) **gesetzlich krankenversichert** sind, eine Versicherungspflicht nach § 5 Abs. 1 Nr. 13 SGB V (sogenannte Auffang-Versicherungspflicht) in Betracht. Ausgenommen von der Auffang-Versicherungspflicht sind nur Arbeitnehmer, die zuletzt privat krankenversichert waren. Dies kann bei Arbeitnehmern aus einem EU-/EWR-Mitgliedstaat sowie der Schweiz auch eine in ihrem Heimatland bestehende oder zuletzt bestandene private Krankenversicherung sein. Die private Krankenversicherung ist entsprechend nachzuweisen (vgl. F). Sofern der Arbeitnehmer in Deutschland gesetzlich krankenversichert ist bzw. die Voraussetzungen hierfür erfüllt, fallen Pauschalbeiträge zur Krankenversicherung an.

Die Ausübung einer geringfügigen Beschäftigung führt bei grenzüberschreitenden Sachverhalten mit Dänemark, Luxemburg und Österreich zu Ausnahmen hinsichtlich der Absicherung im Krank-

[1] Nr. 5.

heitsfall. Für Personen, die in Deutschland oder im Ausland wohnen und zulasten eines Versicherungsträgers in den vorgenannten Staaten krankenversichert sind sowie in Deutschland mit Sachleistungsanspruch betreut werden, gelten nach Artikel 11 Abs. 3 Buchst. a) VO (EG) 883/04 bei Aufnahme einer geringfügig entlohnten Beschäftigung in Deutschland die deutschen Rechtsvorschriften über die soziale Sicherheit. Da diese Personen im Bereich der Kranken- und Pflegeversicherung aber weiterhin beim Versicherungsträger des anderen Mitgliedstaats krankenversichert bleiben und die deutsche Krankenkasse die Krankenversicherung nur im Auftrag durchführt, besteht keine Versicherungszeit im Sinne von § 249b SGB V, so dass keine Pauschalbeiträge zur Krankenversicherung zu zahlen sind.

Bei Arbeitnehmern, die eine geringfügige Beschäftigung in Deutschland ausüben und daneben in einem anderen EU-/EWR-Mitgliedstaat sowie der Schweiz erwerbstätig sind, können die Rechtsvorschriften über soziale Sicherheit eines anderen Mitgliedstaates gelten. Dies ist durch Vorlage der sogenannten A1-Bescheinigung nachzuweisen (vgl. F). In diesem Fall finden die Regelungen für geringfügige Beschäftigungen in Deutschland keine Anwendung, so dass keine Pauschalbeiträge zur Krankenversicherung (und auch keine anderen Abgaben) zu zahlen sind. Sämtliche dem Arbeitgeber obliegenden Melde- und Beitragspflichten richten sich dann nach dem Recht des zuständigen Mitgliedstaates.

3. Beiträge zur Rentenversicherung

3.1. Pauschalbeiträge zur Rentenversicherung

Für geringfügig entlohnte Beschäftige, die

- in der geringfügigen Beschäftigung nach § 230 Abs. 8 Satz 1 SGB VI[1] rentenversicherungsfrei (vgl. Beispiele 2, 15a bis 15e, 17, 19, 20, 24, 25, 27),
- nach § 6 Abs. 1b SGB VI (vgl. B 2.2.4), § 6 Abs. 1 Satz 1 Nr. 2 oder 3 SGB VI, § 229 Abs. 6 SGB VI (vgl. B 7) oder § 231 und § 231a SGB VI von der Rentenversicherungspflicht befreit (vgl. Beispiele 2, 15d, 15e, 34, 36, 51a bis 51c und 54),
- als Bezieher einer Vollrente wegen Alters nach Erreichen der Regelaltersgrenze oder in Bestandsfällen vor Erreichen der Regelaltersgrenze rentenversicherungsfrei (§ 5 Abs. 4 Satz 1 Nr. 1 SGB VI, § 230 Abs. 9 Satz 1 SGB VI),
- als Bezieher einer Versorgung nach Erreichen einer Altersgrenze (Ruhestandsbeamte und gleichgestellte Personen sowie Bezieher einer berufsständischen Altersversorgung) rentenversicherungsfrei (§ 5 Abs. 4 Satz 1 Nr. 2 SGB VI) oder
- die bis zum Erreichen der Regelaltersgrenze nicht versichert waren oder nach Erreichen der Regelaltersgrenze aus ihrer Versicherung eine Beitragserstattung erhalten haben und daher nach Erreichen der Regelaltersgrenze rentenversicherungsfrei (§ 5 Abs. 4 Satz 1 Nr. 3 SGB VI)

sind, hat der Arbeitgeber Pauschalbeiträge zur Rentenversicherung in Höhe von 15 Prozent des Arbeitsentgelts zu zahlen (§ 172 Abs. 3 Satz 1 und § 276a Abs. 1 Satz 1 SGB VI).

---

[1] Nr. **6**.

Dies gilt auch für Versicherte der knappschaftlichen Rentenversicherung. Wird die geringfügig entlohnte Beschäftigung ausschließlich im Privathaushalt (§ 8a SGB IV[1)]) ausgeübt, beträgt der Pauschalbeitrag nach § 172 Abs. 3a und § 276a Abs. 1 Satz 2 SGB VI fünf Prozent des Arbeitsentgelts.

Für Beamte, die neben ihrer Beamtenbeschäftigung eine geringfügig entlohnte Beschäftigung ausüben, auf die die Gewährleistung einer Versorgungsanwartschaft erstreckt worden ist, ist kein Pauschalbeitrag zur Rentenversicherung zu zahlen.

3.2. Pflichtbeiträge zur Rentenversicherung

Seit 1. Januar 2013 sind geringfügig entlohnte Beschäftigte in der Rentenversicherung grundsätzlich versicherungspflichtig. Die Rentenversicherungspflicht nach § 1 Satz 1 Nr. 1 SGB VI[2)] ergibt sich für

- Arbeitnehmer, die nach dem 31. Dezember 2012 eine geringfügig entlohnte Beschäftigung aufnehmen und nicht von ihrem Befreiungsrecht nach § 6 Abs. 1b SGB VI[2)] Gebrauch machen (vgl. B 2.2.4); Beispiele 2, 3a, 3b, 4c, 5, 7a bis 7c, 8a bis 8c, 11, 13, 14, 15b, 15c, 16, 18, 23, 26, 32, 44, 51c und 54,
- Arbeitnehmer, die vor dem 1. Januar 2013 eine geringfügig entlohnte Beschäftigung aufgenommen und auf die Versicherungsfreiheit in der Rentenversicherung verzichtet haben (§ 229 Abs. 5 SGB VI[2)], vgl. B 2.2.3.3); Beispiele 32 und 35, sowie
- Arbeitnehmer, die am 31. Dezember 2012 in einer geringfügig entlohnten Beschäftigung nach § 230 Abs. 8 Satz 1 SGB VI[2)] rentenversicherungsfrei waren und nach § 230 Abs. 8 Satz 2 SGB VI[2)] auf die Rentenversicherungsfreiheit verzichten (vgl. B 2.2.3.2); Beispiel 28.

Entscheidend ist hier, dass – gegebenenfalls auch unter Beachtung von Zusammenrechnungsregelungen (vgl. B 2.2.2) – eine geringfügig entlohnte Beschäftigung vorliegt. In diesen Fällen sind Rentenversicherungsbeiträge unter Zugrundelegung des Beitragssatzes von derzeit 18,6 Prozent zu zahlen (vgl. Beispiele 28 bis 30). Allerdings gelten im Vergleich zu nicht geringfügigen versicherungspflichtigen Beschäftigungen abweichende Regelungen zur Beitragslastverteilung (vgl. 3.2.2). Für die Beitragsberechnung gilt in diesen Fällen die Regelung des § 2 Abs. 1 Satz 3 BVV[3)]. Danach ergibt sich der für den Arbeitnehmer insgesamt zu zahlende Rentenversicherungsbeitrag durch Addition der getrennt berechneten gerundeten Beitragsanteile.

Für Beamte, die neben ihrer Beamtenbeschäftigung eine rentenversicherungspflichtige geringfügig entlohnte Beschäftigung ausüben, auf die die Gewährleistung einer Versorgungsanwartschaft erstreckt worden ist, ist kein Beitrag zur Rentenversicherung zu zahlen.

Übt ein Arbeitnehmer neben der rentenversicherungspflichtigen geringfügigen Beschäftigung eine rentenversicherungspflichtige mehr als geringfügige Beschäftigung aus und übersteigt das Entgelt aus beiden Beschäftigungen die maßgebende Beitragsbemessungsgrenze, findet für die Bemessung der Rentenversicherungsbeiträge eine Aufteilung der beitragspflichtigen Einnahmen gemäß § 22 Abs. 2 SGB IV[1)] statt. Ist der geringfügig Beschäftigte hingegen von

---

1) Nr. **4**.
2) Nr. **6**.
3) Nr. **4/40**.

der Rentenversicherungspflicht befreit (vgl. B 2.2.4) oder rentenversicherungsfrei (vgl. B 2.2.3.1), handelt es sich nicht um einen Anwendungsfall nach vorgenannter Regelung, da beitragspflichtige Einnahmen nicht aus mehreren Versicherungsverhältnissen (ein Versicherungsverhältnis begründet in diesem Fall nur die mehr als geringfügige Beschäftigung) zusammentreffen.

3.2.1. Mindestbeitragsbemessungsgrundlage

Für die Berechnung der Pflichtbeiträge ist als Mindestbeitragsbemessungsgrundlage nach § 163 Abs. 8 SGB VI[1)] ein Betrag in Höhe von 175 Euro pro Kalendermonat zugrunde zu legen. Für Personen, die mehrere geringfügig entlohnte Beschäftigungen ausüben, sind die Arbeitsentgelte für die Prüfung der Mindestbeitragsbemessungsgrundlage aus allen Beschäftigungen zusammenzurechnen. Dies gilt nicht für Arbeitsentgelte aus einer nach § 230 Abs. 8 Satz 1 SGB VI weiterhin rentenversicherungsfreien geringfügig entlohnten Beschäftigung. Die Mindestbeitragsbemessungsgrundlage von 175 Euro ist ab dem 1. Januar 2013 auch für versicherungspflichtig geringfügig entlohnte Beschäftigungen anzuwenden, die vor dem 1. Januar 2013 aufgenommen wurden.

Bei mehreren Beschäftigungen mit einem Gesamtarbeitsentgelt unterhalb von 175 Euro im Kalendermonat ermittelt sich die Mindestbeitragsbemessungsgrundlage für die einzelne Beschäftigung für einen vollen Beitragsmonat (Kalendermonat) wie folgt:

$$\frac{\text{Einzelarbeitsentgelt} \times \text{175 Euro}}{\text{Gesamtarbeitsentgelt}} = \text{anteilige Mindestbeitragsbemessungsgrundlage für Einzelarbeitsentgelt}$$

Sofern das Beschäftigungsverhältnis im Laufe eines Kalendermonats beginnt oder endet, kommt ein anteiliger Mindestbeitrag in Betracht (vgl. Beispiele 29 und 30). Entsprechendes gilt im Falle von Arbeitsunterbrechungen (z.B. wegen Ablaufs der Entgeltfortzahlung bei Arbeitsunfähigkeit). Die anteilige Mindestbeitragsbemessungsgrundlage ist wie folgt zu ermitteln:

$$\frac{\text{175 Euro} \times \text{Kalendertage}}{30} = \text{anteilige Mindestbeitragsbemessungsgrundlage}$$

Dagegen führt ein unbezahlter Urlaub von nicht mehr als einem Monat nicht zu einer Kürzung der Mindestbeitragsbemessungsgrundlage, weil die Beschäftigung nach § 7 Abs. 3 Satz 1 SGB IV[2)] als gegen Arbeitsentgelt fortbestehend gilt. Dauert der unbezahlte Urlaub länger als einen Monat, ist die Mindestbeitragsbemessungsgrundlage allerdings entsprechend zu kürzen (vgl. Beispiel 30). Für Kalendermonate, in denen tatsächliches Arbeitsentgelt nicht erzielt wird, ist allerdings kein Mindestbeitrag zu zahlen.

Sofern neben der geringfügig entlohnten Beschäftigung eine rentenversicherungspflichtige (Haupt-)Beschäftigung besteht, ist die Mindestbeitragsbemessungsgrundlage nicht zu prüfen. In diesem Fall wird unterstellt, dass die beitragspflichtigen Einnahmen in der Rentenversicherung mindestens 175 Euro im Monat betragen. Gleiches gilt, wenn der geringfügig entlohnte Beschäftigte bereits aufgrund anderer Tatbestände nach den §§ 1 bis 4 SGB VI der Rentenversicherungspflicht unterliegt.

---

1) Nr. **6**.
2) Nr. **4**.

3.2.2. Verteilung der Beitragslast

Für die Pflichtbeiträge erfolgt keine hälftige Beitragslastverteilung. Der Arbeitgeber hat nach § 168 Abs. 1 Nr. 1b oder 1c SGB VI[1)] vielmehr einen Betrag in Höhe von 15 Prozent bzw. 5 Prozent des der Beschäftigung zugrunde liegenden Arbeitsentgelts als Beitrag zu tragen; den Restbeitrag, also derzeit 3,6 Prozent bzw. 13,6 Prozent, hat der geringfügig Beschäftigte aufzubringen (vgl. Beispiele 28 bis 30). Da andererseits aber mindestens ein Beitrag in Höhe von 32,55 Euro zu zahlen ist, bedeutet dies, dass der geringfügig Beschäftigte bei monatlichen Arbeitsentgelten unter 175 Euro den vom Arbeitgeber in Höhe von 15 Prozent bzw. 5 Prozent zu tragenden Beitragsanteil auf 32,55 Euro aufstocken muss. Ein Mindestbeitrag fällt in einer geringfügig entlohnten Beschäftigung allerdings dann nicht an, wenn diese neben einer weiteren geringfügig entlohnten Beschäftigung bzw. einer versicherungspflichtigen (Haupt-)Beschäftigung ausgeübt wird und das insgesamt erzielte Arbeitsentgelt die Mindestbeitragsbemessungsgrundlage (vgl. 3.2.1) übersteigt. Der Aufstockungsbetrag wird nach § 2 Abs. 1 Satz 5 BVV[2)] ermittelt, indem der gerundete Arbeitgeberbeitragsanteil vom Mindestbeitrag abgezogen wird (vgl. Beispiele 29 und 30). Im Übrigen ist der Beitragsanteil des Arbeitnehmers vom Arbeitsentgelt einzubehalten; reicht das Arbeitsentgelt hierfür nicht aus, hat der Arbeitnehmer dem Arbeitgeber den Restbetrag zu erstatten.

Die Regelung des § 168 Abs. 1 Nrn. 1b und 1c SGB VI gilt auch für Mitglieder berufsständischer Versorgungseinrichtungen, die in ihrer geringfügig entlohnten Beschäftigung nach § 6 Abs. 1 Satz 1 Nr. 1 SGB VI von der Rentenversicherungspflicht befreit sind. Die Rentenversicherungsbeiträge werden in diesen Fällen nach § 172a SGB VI an die berufsständische Versorgungseinrichtung gezahlt (vgl. Beispiele 31 und 33).

3.3. Praktikanten

3.3.1. Vorgeschriebene Praktika

Personen in vorgeschriebenen Vor- und Nachpraktika sind zur Berufsausbildung beschäftigt, so dass für sie die besonderen beitragsrechtlichen Regelungen für geringfügig Beschäftigte nicht gelten (vgl. B 1). Sie stehen vielmehr in einer sogenannten (Haupt-)Beschäftigung.

Beiträge zur Rentenversicherung sind aber für eine neben dem vorgeschriebenen Vor- oder Nachpraktikum ausgeübte geringfügig entlohnte Beschäftigung zu zahlen, da nach § 8 Abs. 2 Satz 1 SGB IV[3)] in Verb. mit § 6 Abs. 1b Satz 3 SGB VI[1)] eine versicherungspflichtige (Haupt-)Beschäftigung (vorgeschriebenes Vor- oder Nachpraktikum) nicht mit einer (ersten) geringfügig entlohnten (Neben-)Beschäftigung zusammenzurechnen ist (vgl. B 2.2.2.2). Werden weitere geringfügig entlohnte Beschäftigungen neben dem vorgeschriebenen Vor- oder Nachpraktikum ausgeübt, sind für diese dagegen Rentenversicherungsbeiträge nach den allgemeinen, für mehr als geringfügige versicherungspflichtige Arbeitnehmer geltenden, beitragsrechtlichen Regelungen zu zahlen.

Für vorgeschriebene Zwischenpraktika besteht nach § 5 Abs. 3 SGB VI Rentenversicherungsfreiheit, so dass Beiträge auch bei einem regelmäßigen

[1)] Nr. **6**.
[2)] Nr. **4/40**.
[3)] Nr. **4**.

Arbeitsentgelt bis 450 Euro im Monat nicht zu zahlen sind. Für geringfügig entlohnte Beschäftigungen, die neben einem vorgeschriebenen Zwischenpraktikum (rentenversicherungsfreie Beschäftigung) ausgeübt werden, sind Rentenversicherungsbeiträge aufgrund einer geringfügig entlohnten Beschäftigung zu zahlen, wenn das (auch aus mehreren geringfügig entlohnten Beschäftigungen insgesamt) erzielte Arbeitsentgelt in der Summe 450 Euro im Monat nicht überschreitet (vgl. B 2.2.2.1). Anderenfalls fallen Rentenversicherungsbeiträge nach den allgemeinen, für mehr als geringfügige versicherungspflichtige Arbeitnehmer geltenden, beitragsrechtlichen Regelungen an.

3.3.2. Nicht vorgeschriebene Praktika

Werden nicht vorgeschriebene Vor- oder Nachpraktika geringfügig entlohnt ausgeübt, gelten die beitragsrechtlichen Regelungen für geringfügig entlohnte Beschäftigungen (vgl. 3.1 und 3.2). Beiträge zur Rentenversicherung aufgrund einer geringfügig entlohnten Beschäftigung sind daher zu zahlen, wenn das (auch aus mehreren geringfügig entlohnten Beschäftigungen insgesamt) erzielte Arbeitsentgelt die zulässige Arbeitsentgeltgrenze von 450 Euro nicht übersteigt (vgl. B 2.2.2.1).

Nach § 172 Abs. 3 Satz 2 SGB VI[1)] gilt die Regelung über den Pauschalbeitrag zur Rentenversicherung (vgl. 3.1) nicht für Studierende, die während der Dauer eines Studiums als ordentlich Studierende einer Fachschule oder Hochschule ein Praktikum ableisten (Zwischenpraktikum), das nicht in ihrer Studien- oder Prüfungsordnung vorgeschrieben ist und die Kriterien für eine rentenversicherungsfreie (vgl. B 2.2.3.1) oder von der Rentenversicherungspflicht befreite (vgl. B 2.2.4) geringfügig entlohnte Beschäftigung erfüllt. Für diese Praktikanten sind Pauschalbeiträge daher nicht zu zahlen. Für eine neben einem solchem Praktikum ausgeübte geringfügig entlohnte Beschäftigung hat der Arbeitgeber Beiträge zur Rentenversicherung zu zahlen, sofern die Arbeitsentgelte (unter Berücksichtigung des Arbeitsentgelts aus dem geringfügig entlohnten freiwilligen Zwischenpraktikum) in der Summe 450 Euro im Monat nicht überschreiten.

Sofern das nicht in der Studien- oder Prüfungsordnung vorgeschriebene geringfügig entlohnte Zwischenpraktikum rentenversicherungspflichtig ist, weil der Praktikant entweder bei Beschäftigungsaufnahme vor dem 1. Januar 2013 auf die Rentenversicherungsfreiheit verzichtet (vgl. B 2.2.3.2) oder bei Beschäftigungsaufnahme nach dem 31. Dezember 2012 nicht von seinem Befreiungsrecht nach § 6 Abs. 1b SGB VI Gebrauch gemacht hat, sind Pflichtbeiträge zur Rentenversicherung zu zahlen, die zusammen vom Arbeitgeber und Praktikanten zu tragen sind (vgl. 3.2.2).

4. Beiträge für das Wertguthaben aufgrund einer Wertguthabenvereinbarung

Das Wertguthaben aufgrund einer Wertguthabenvereinbarung wird in der Arbeitsphase aus dem Entgeltguthaben und die darauf entfallenden, vom Arbeitgeber zu zahlenden, Beiträge gebildet. In der Arbeitsphase

- sind beim Vorliegen einer geringfügig entlohnten Beschäftigung, die in der Krankenversicherung versicherungsfrei bzw. in der Rentenversicherung versicherungsfrei, versicherungspflichtig oder von der Versicherungspflicht be-

---

1) Nr. **6**.

freit ist, die vom Arbeitgeber zu zahlenden Pauschalbeiträge zur Krankenversicherung, wenn der Arbeitnehmer gesetzlich krankenversichert ist (vgl. 2.1), und Pauschalbeiträge bzw. Beitragsanteile zur Rentenversicherung (vgl. 3)

oder

- beim Vorliegen einer (für sich gesehen) geringfügig entlohnten Beschäftigung, die wegen Zusammenrechnung mit einer weiteren geringfügig entlohnten Beschäftigung bzw. einer nicht geringfügigen versicherungspflichtigen (Haupt-)Beschäftigung (vgl. B 2.2.2.1 und B 2.2.2.2) versicherungspflichtig ist, die vom Arbeitgeber zu tragenden Beitragsanteile an den zu zahlenden Pflichtbeiträgen zur Kranken-, Renten-, Arbeitslosen- und Pflegeversicherung

ins Wertguthaben zu stellen.

Die im Rahmen einer (für sich gesehen) geringfügig entlohnten Beschäftigung in der Ansparphase vom Arbeitgeber zu zahlenden Beiträge fließen – unabhängig vom jeweiligen Versicherungsstatus – in dasselbe Wertguthaben ein. Eine getrennte Wertguthabenführung innerhalb der Beschäftigung, die von geringfügiger Entlohnung in mehr als geringfügige Entlohnung oder umgekehrt und damit den Versicherungsstatus wechselt, ist ausgeschlossen. In der Freistellungsphase sind je nach Versicherungsstatus in der (für sich gesehen) geringfügig entlohnten Beschäftigung aus dem Wertguthaben entweder Beiträge im Rahmen einer geringfügig entlohnten Beschäftigung oder Beiträge im Rahmen einer mehr als geringfügig entlohnten Beschäftigung zu zahlen (vgl. B 2.2.2.1 und B 2.2.2.2).

Die beitragsrechtliche Behandlung des aus dem Wertguthaben einer (für sich gesehen) geringfügig entlohnten Beschäftigung bezogenen Arbeitsentgelts richtet sich allein nach dem Versicherungsstatus während der Entsparung. Dieser wird von den tatsächlichen Verhältnissen während der Entsparung bestimmt. Liegt während der Entsparung eine geringfügig entlohnte Beschäftigung vor, weil keine Zusammenrechnung mit einer (Haupt-)Beschäftigung oder weiteren geringfügig entlohnten Beschäftigungen erfolgt, kann Versicherungspflicht aufgrund einer mehr als geringfügigen Beschäftigung nicht dadurch eintreten, dass das zu entsparende Wertguthaben während der Ansparphase aufgrund von Zusammenrechnungen versicherungspflichtig aufgebaut wurde (vgl. B 5.2). Lag in der Ansparphase eine geringfügig entlohnte Beschäftigung vor und ergab sich lediglich in der Entsparphase aufgrund von Zusammenrechnungen Versicherungspflicht für eine mehr als geringfügig entlohnte Beschäftigung, sind aus dem im Rahmen der geringfügig entlohnten Beschäftigung angesparten Wertguthaben Pflichtbeiträge zu zahlen. Ein Entnahmerecht des Arbeitgebers für die Differenz zwischen dem ins Wertguthaben eingestellten Pauschalbeitrag zum tatsächlich zu zahlenden Arbeitgeberbeitragsanteil am Gesamtsozialversicherungsbeitrag besteht nicht.

Die vorgenannten Grundsätze gelten im Störfall entsprechend. Im Regelfall (durchgehend geringfügig entlohnte Beschäftigung) werden bei Eintritt eines Störfalls die sich im Wertguthaben befindlichen Pauschalbeiträge zur Kranken- und Rentenversicherung unmittelbar fällig und sind vom Arbeitgeber zu zahlen. Die Zahlung der Pauschalbeiträge zur Krankenversicherung erfolgt somit unabhängig davon, ob der Arbeitnehmer zum Zeitpunkt des Störfalls gesetzlich krankenversichert ist. Im Störfall sind Pauschalbeiträge auf die vollen Entgelte im Wertguthaben zu zahlen, für die Beiträge eingestellt worden sind, so dass eine besondere Bildung der SV-Luft für die Ermittlung der Beitragsbemessungsgrundlagen nicht erforderlich ist.

In den Fällen, in denen während des Wertguthabenauf- bzw.-abbaus der Versicherungsstatus in einer (für sich gesehen) durchgehend geringfügig entlohnten Beschäftigung aufgrund einer Zusammenrechnung mit einer (Haupt-) Beschäftigung oder weiteren geringfügig entlohnten Beschäftigungen wechselt, richtet sich die Verbeitragung des Wertguthabens im Störfall aus verwaltungspraktikablen Gründen allein nach dem aktuellen Versicherungsstatus. Dabei ist unerheblich, ob während der Ansparphase aufgrund des jeweiligen Versicherungsstatus in der (für sich gesehen) geringfügig entlohnten Beschäftigung Pauschal- oder Pflichtbeiträge ins Wertguthaben eingestellt worden sind. Andernfalls wäre eine getrennte Wertguthabenführung (Wertguthaben aus einer mehr als geringfügigen Beschäftigung und Wertguthaben aus einer geringfügig entlohnten Beschäftigung) und die Bildung der SV-Luft (insbesondere für die Arbeitslosenversicherung) erforderlich.

5. Berechnung und Abführung der Beiträge

Die Beiträge zur Kranken- und Rentenversicherung sind aus dem tatsächlich erzielten Arbeitsentgelt zu berechnen, also gegebenenfalls auch aus einem 450 Euro übersteigenden Betrag, z.B. bei schwankenden Arbeitsentgelten, bei unvorhersehbarem Überschreiten (vgl. Beispiele 51a und 51b) oder bei Einmalzahlungen. Bei einer rentenversicherungspflichtigen geringfügig entlohnten Beschäftigung sind die Rentenversicherungsbeiträge – bei mehreren Beschäftigungen insgesamt – mindestens aus der Mindestbeitragsbemessungsgrundlage von 175 Euro zu berechnen (vgl. 3.2.1).

Sofern eine geringfügig entlohnte Beschäftigung im Laufe eines Monats beginnt oder endet oder die Krankenversicherung nur für Teile eines Monats besteht, sind die Beiträge nur für den entsprechenden Teilmonat zu zahlen. Entsprechendes gilt im Falle von Arbeitsunterbrechungen (z.B. wegen Ablaufs der Entgeltfortzahlung bei Arbeitsunfähigkeit). Dies bedeutet, dass wie bei sozialversicherungspflichtigen mehr als geringfügig entlohnten Beschäftigungen auch für geringfügig entlohnte Beschäftigungen der allgemeine Beitragsberechnungsgrundsatz gilt, wonach Beiträge nach dem Beitragssatz von der Beitragsbemessungsgrundlage (Arbeitsentgelt) bis zur jeweiligen (abhängig von den maßgebenden Sozialversicherungstagen) anteiligen Beitragsbemessungsgrenze zu erheben sind.

Der Beitragsanteil des Arbeitnehmers in einer rentenversicherungspflichtigen geringfügig entlohnten Beschäftigung gehört wie der Arbeitgeberbeitragsanteil zum Gesamtsozialversicherungsbeitrag. Dies gilt auch für die Pauschalbeiträge zur Kranken- und Rentenversicherung (§ 249b Satz 3 SGB V[1]) und § 172 Abs. 4 bzw. § 276a Abs. 2 SGB VI[2])).

Die aufgrund einer geringfügig entlohnten Beschäftigung zu zahlenden Beiträge sind der Minijob-Zentrale im Beitragsnachweis anzuzeigen, und zwar

unter 6000	Pauschalbeitrag zur Krankenversicherung,
unter 0100	voller Beitrag zur Rentenversicherung (bei Rentenversicherungspflicht),

[1]) Nr. **5**.
[2]) Nr. **6**.

unter 0500 Pauschalbeitrag zur Rentenversicherung (bei Versicherungsfreiheit oder Befreiung von der Rentenversicherungspflicht nach § 6 Abs. 1b SGB VI).

Soweit in Übergangsfällen (vgl. B 7), infolge der Zusammenrechnung mehrerer geringfügig entlohnter Beschäftigungen (vgl. B 2.2.2.1) oder infolge der Zusammenrechnung einer geringfügig entlohnten Beschäftigung mit einer nicht geringfügigen versicherungspflichtigen Beschäftigung (vgl. B 2.2.2.2) Pflichtbeiträge (nach den allgemeinen, für nicht geringfügige versicherungspflichtige Arbeitnehmer geltenden, beitragsrechtlichen Regelungen) anfallen, sind diese an die zuständige Krankenkasse in ihrer Funktion als Einzugsstelle abzuführen (vgl. E).

Die Rentenversicherungsbeiträge für Mitglieder berufsständischer Versorgungseinrichtungen, die in ihrer geringfügig entlohnten Beschäftigung nach § 6 Abs. 1 Satz 1 Nr. 1 SGB VI von der Rentenversicherungspflicht befreit sind, erhält die berufsständische Versorgungseinrichtung. Die Zahlung der Rentenversicherungsbeiträge an die berufsständische Versorgungseinrichtung kommt nur für berufsständische geringfügig entlohnte Beschäftigte in Frage, die entweder aufgrund einer nach dem 31. Dezember 2012 aufgenommenen Beschäftigung kraft Gesetzes oder aufgrund einer vor dem 1. Januar 2013 aufgenommenen Beschäftigung wegen Verzichts auf die Rentenversicherungsfreiheit (vgl. B 2.2.3.2.3 und B 2.2.4.3) dem Grunde nach rentenversicherungspflichtig sind. Sofern es sich bei der geringfügig entlohnten Beschäftigung nicht um eine von der Befreiung nach § 6 Abs. 1 Satz 1 Nr. 1 SGB VI erfasste (berufsfremde) rentenversicherungspflichtige Beschäftigung handelt, erhält hingegen die Deutsche Rentenversicherung über die Minijob-Zentrale (vgl. E) die Rentenversicherungsbeiträge.

D. Meldungen

1. Allgemeines

Für geringfügig Beschäftigte gilt das Meldeverfahren nach der Datenerfassungs- und -übermittlungsverordnung (DEÜV[1)]). Dies bedeutet, dass nicht nur An- und Abmeldungen, sondern grundsätzlich auch alle anderen Meldungen zu erstatten sind. Meldungen und Beitragsnachweise müssen durch Datenübertragung aus systemgeprüften Programmen oder mittels maschinell erstellter Ausfüllhilfen übermittelt werden. Geringfügig Beschäftigte in Privathaushalten können auch per Beleg in einem vereinfachten Verfahren, dem sogenannten Haushaltsscheck-Verfahren, gemeldet werden.

Arbeitgeber, die im privaten Bereich nichtgewerbliche Zwecke oder mildtätige, kirchliche, religiöse, wissenschaftliche bzw. gemeinnützige Zwecke im Sinne des § 10b EStG[2)] verfolgen, und einen Arbeitnehmer geringfügig beschäftigen, können auf Antrag bei der Minijob-Zentrale Meldungen auf Vordrucken erstatten, wenn sie glaubhaft machen, dass ihnen eine Meldung auf maschinell verwertbaren Datenträgern oder durch Datenübertragung nicht möglich ist (§ 28a Abs. 6a SGB IV[3)]).

[1)] Nr. **10/10**.
[2)] **Steuergesetze Nr. 1.**
[3)] Nr. **4**.

In einigen Fällen kann es vorkommen, dass der Arbeitgeber für ein und dieselbe Beschäftigung Meldungen mit unterschiedlichen Beitragsgruppenschlüsseln an die Minijob-Zentrale einerseits und an die zuständige Krankenkasse andererseits zu erstatten hat (vgl. E).

Seit dem 1. Januar 2016 müssen Arbeitgeber für jeden in der Unfallversicherung versicherten Beschäftigten eine besondere UV-Jahresmeldung erstatten (vgl. 5). Zudem sind Arbeitgeber bestimmter Wirtschaftszweige verpflichtet, zusätzlich zu den üblichen DEÜV-Meldungen eine Sofortmeldung zu übermitteln (vgl. 6).

2. Geringfügig entlohnte Beschäftigungen

Bei den geringfügig entlohnten Beschäftigungen (Personengruppenschlüssel „109“) ist die Beitragsgruppe zur Krankenversicherung mit „6“ und die Beitragsgruppe zur Rentenversicherung bei Versicherungsfreiheit nach § 230 Abs. 8 Satz 1 SGB VI[1] oder Befreiung von der Versicherungspflicht nach § 6 Abs. 1b SGB VI mit „5“ bzw. bei Versicherungspflicht mit „1“ zu verschlüsseln. Die Beitragsgruppen zur Arbeitslosen- und Pflegeversicherung sind mit „0“ anzugeben.

Eine vom Arbeitnehmer im laufenden Beschäftigungsverhältnis beantragte Befreiung von der Rentenversicherungspflicht nach § 6 Abs. 1b SGB VI, die nicht bereits ab Beschäftigungsbeginn wirkt, wird melderechtlich über einen Wechsel der Beitragsgruppe in der Rentenversicherung von „1“ (Rentenversicherungspflicht) in „5“ (Befreiung von der Rentenversicherungspflicht) angezeigt. In diesen Fällen hat eine Abmeldung mit Abgabegrund „32“ zum Ende des Zeitraums der Rentenversicherungspflicht sowie eine Anmeldung mit Abgabegrund „12“ ab Beginn des Zeitraums der Befreiung von der Rentenversicherungspflicht (erster Tag des Kalendermonats) zu erfolgen. Der Tag des Eingangs des Befreiungsantrags beim Arbeitgeber wird in der Meldung nicht angegeben; er bestimmt in Verbindung mit dem Eingang der Meldung des Arbeitgebers bei der Minijob-Zentrale lediglich den Zeitpunkt, zu dem die Befreiung wirksam wird (vgl. Beispiel 36).

Ein vom Arbeitnehmer erklärter Verzicht auf die Rentenversicherungsfreiheit in der laufenden geringfügig entlohnten Beschäftigung (vgl. B 2.2.3.2) wird melderechtlich ebenfalls über einen Wechsel der Beitragsgruppe angezeigt. In diesen Fällen wechselt die Beitragsgruppe in der Rentenversicherung von „5“ (Rentenversicherungsfreiheit) in „1“ (Rentenversicherungspflicht). Hier erfolgt die Abmeldung mit Abgabegrund „32“ zum Ende des Zeitraums der Rentenversicherungsfreiheit sowie die Anmeldung mit Abgabegrund „12“ ab Beginn des Zeitraums der Rentenversicherungspflicht.

Meldet der Arbeitgeber den Eingang des Antrags auf Befreiung von der Rentenversicherungspflicht nach § 6 Abs. 1b SGB VI der Minijob-Zentrale nicht spätestens innerhalb von sechs Wochen nach Eingang des schriftlichen Befreiungsantrages des Arbeitnehmers (vgl. B 2.2.4.1), wirkt die Befreiung von der Rentenversicherungspflicht erst nach Ablauf des Kalendermonats, der dem Kalendermonat des Eingangs der die Befreiung anzeigenden Meldung bei der Minijob-Zentrale folgt. Auch in diesen Fällen sind die Daten zur Befreiung von der Versicherungspflicht in der Rentenversicherung ausschließlich mit der Meldung zur Sozialversicherung zu übermitteln (Abmeldung mit Abgabegrund

[1] Nr. **6**.

„32", Anmeldung mit Abgabegrund „12"). Sollte dem Arbeitgeber die Übermittlung der Meldung(en) für den in der Zukunft liegenden Entgeltabrechnungszeitraum nicht möglich sein, weil das Arbeitsentgelt noch nicht bekannt ist oder die verwendete Entgeltabrechnungssoftware Meldungen in der Zukunft nicht vorsieht, muss er der Minijob-Zentrale den Eingang des Befreiungsantrags zunächst in schriftlicher Form anzeigen (vgl. Beispiel 36, Variante c). Hierfür bietet die Minijob-Zentrale im Download-Bereich unter www.minijobzentrale.de die sogenannte „Vorabmeldung zur verfristeten Anzeige des Eingangs eines Befreiungsantrags von der Versicherungspflicht in der Rentenversicherung" an. Eine Kopie der Meldung ist zu den Entgeltunterlagen zu nehmen (vgl. F). Die erforderlichen DEÜV-Meldungen sind im Nachgang zu übermitteln.

Sofern Arbeitnehmer in einer bisher nach § 230 Abs. 8 Satz 1 SGB VI rentenversicherungsfreien Beschäftigung (vgl. B 2.2.3.1) aufgrund der Erhöhung des regelmäßigen Arbeitsentgelts auf mehr als 400 Euro, aber nicht mehr als 450 Euro, im Monat in der weiterhin geringfügig entlohnten Beschäftigung dem Grunde nach rentenversicherungspflichtig werden, aber mit Wirkung ab dem Monat der Erhöhung des Arbeitsentgelts von ihrem Recht auf Befreiung von der Rentenversicherungspflicht (vgl. B 2.2.4) Gebrauch machen, ist der Eingang des Befreiungsantrags mit einer Abmeldung mit Abgabegrund „33" zum Ende des Zeitraums der Rentenversicherungsfreiheit nach § 230 Abs. 8 Satz 1 SGB VI sowie eine Anmeldung mit dem Abgabegrund „13" ab dem Beginn des Zeitraums der Befreiung von der Rentenversicherungspflicht nach § 6 Abs. 1b SGB VI (erster des Kalendermonats) zu melden. Die Beitragsgruppe „5" in der Rentenversicherung bleibt unverändert (vgl. Beispiele 15d und 15e).

Die vorherigen Ausführungen gelten in einer bisher nach § 230 Abs. 8 Satz 1 SGB VI rentenversicherungsfreien Beschäftigung analog, wenn das regelmäßige (Gesamt-)Arbeitsentgelt durch Hinzutritt einer weiteren geringfügig entlohnten Beschäftigung auf mehr als 400 Euro, aber nicht mehr als 450 Euro erhöht wird. Dies setzt voraus, dass der Arbeitnehmer nicht bereits in der hinzugetretenen Beschäftigung einen Befreiungsantrag gestellt hat, der der Minijob-Zentrale gemeldet wurde und sich somit auch auf die Bestandsbeschäftigung auswirkt. Die Minijob-Zentrale informiert in diesem Fall den bisherigen Arbeitgeber über die Wirkung der Befreiung auf die bei ihm bestehende geringfügig entlohnte Beschäftigung.

Sofern für eine geringfügig entlohnte Beschäftigung weder Pauschalbeiträge zur Krankenversicherung (wegen einer privaten Krankenversicherung, vgl. C 1.1) noch Beiträge zur Rentenversicherung (z.B. wegen Beitragszahlung an eine berufsständische Versorgungseinrichtung, vgl. C 1.2.2) anfallen, sind Meldungen zur Sozialversicherung mit dem Personengruppenschlüssel „190" und dem Beitragsgruppenschlüssel „0000" zu erstatten, sofern es sich um Beschäftigte handelt, die ausschließlich in der gesetzlichen Unfallversicherung versichert sind. Anderenfalls fallen keine Meldungen an.

Als beitragspflichtiges Arbeitsentgelt ist in den Meldungen das Arbeitsentgelt einzutragen, von dem Rentenversicherungsbeiträge gezahlt worden sind, wobei bei einer rentenversicherungspflichtigen Beschäftigung die Mindestbeitragsbemessungsgrundlage von monatlich 175 Euro zu beachten ist (vgl. C 3.2.1).

Der Wechsel von einer geringfügig entlohnten Beschäftigung zu einer nicht geringfügig entlohnten Beschäftigung oder umgekehrt bei demselben Arbeitgeber ist mit den Abgabegründen „31" und „11" (Wechsel der Einzugsstelle) zu melden. Dies gilt z.B. auch in den Fällen, in denen während der Elternzeit eine geringfügig entlohnte Beschäftigung beim bisherigen Arbeitgeber ausgeübt wird.

Bei Unterbrechungen der Entgeltzahlung von länger als einem Monat (z.B. unbezahlter Urlaub oder im Falle der Arbeitsunfähigkeit nach einem Monat nach Ablauf der Entgeltfortzahlung) ist eine Abmeldung zum Ablauf des (Zeit-) Monats mit Abgabegrund „34" (§ 7 Abs. 3 Satz 1 SGB IV[1] findet auch auf geringfügig Beschäftigte Anwendung, vgl. Beispiel 30) zu erstatten. Der Meldegrund „34" gilt auch für Beschäftigungen, in denen der Arbeitgeber steuerfreie Aufwandsentschädigungen bei durchgehendem Arbeitsverhältnis en bloc ausschöpft (vgl. B. 2.2.1.6) und die Beschäftigung deshalb immer wieder an- und abgemeldet werden muss; eine Abmeldung hat in diesen Fällen regelmäßig zum 31.01. des Folgejahres zu erfolgen, weil Arbeitsentgelt im Sinne der Sozialversicherung bis zum 31.12. gezahlt wird. Bei einer Freistellung von der Arbeitsleistung gegen Entgeltzahlung von mehr als drei Monaten im Rahmen einer sonstigen flexiblen Arbeitszeitregelung (§ 7 Abs. 1a Satz 2 SGB IV) ist die Abmeldung mit Abmeldegrund „30" (vgl. B 5.3 und Beispiel 8b) vorzunehmen. Bei Bezug von Verletztengeld, Übergangsgeld oder Versorgungskrankengeld erfolgt eine Unterbrechungsmeldung zum Ende des Zeitraums der Arbeitsentgeltzahlung mit Abgabegrund „51".

3. Geringfügig entlohnte Beschäftigungen neben versicherungspflichtiger Beschäftigung

Wird die geringfügig entlohnte Beschäftigung neben einer versicherungspflichtigen Beschäftigung ausgeübt, ist für die erste geringfügig entlohnte Beschäftigung grundsätzlich der Personengruppenschlüssel „109" zu verwenden. Für die zweite und jede weitere für sich gesehen geringfügig entlohnte Beschäftigung neben einer versicherungspflichtigen Beschäftigung ist der Personengruppenschlüssel „101" oder – falls ein Beschäftigungsverhältnis Besonderheiten aufweist – ein anderer Personengruppenschlüssel maßgebend.

4. Kurzfristige Beschäftigungen

Auch für kurzfristig Beschäftigte (Personengruppenschlüssel „110") sind grundsätzlich die gleichen Meldungen zu erstatten wie für versicherungspflichtig Beschäftigte. Eine Jahresmeldung hat nicht zu erfolgen (§ 28a Abs. 9 Satz 2 SGB IV[1]). Allerdings ist seit dem 1. Januar 2016 für jeden in der Unfallversicherung versicherten Beschäftigten eine besondere Jahresmeldung zur Unfallversicherung abzugeben (vgl. 5). Kurzfristige Beschäftigungen können entweder durch eine gesonderte An- und Abmeldung mit den Abgabegründen „10" und „30" oder mit einer gleichzeitigen An- und Abmeldung mit dem Abgabegrund „40" vorgenommen werden. Hierbei ist zu beachten, dass sämtliche Beitragsgruppen bei kurzfristig Beschäftigten mit „0" zu verschlüsseln sind, das beitragspflichtige Bruttoarbeitsentgelt ist mit 0 Euro anzugeben.

Bei Rahmenvereinbarungen bestehen keine Bedenken, wenn – auch bei Zeiträumen von mehr als einem Monat zwischen den Beschäftigungen – eine Anmeldung mit Abgabegrund „10" zum Beginn der Rahmenvereinbarung und eine Abmeldung mit Abgabegrund „30" zum Ende der Rahmenverein-

[1] Nr. 4.

barung erfolgt. **Ab- und Anmeldungen mit den Abgabegründen „34“ und „13“ sind grundsätzlich ausgeschlossen.**

5. Angaben zur Unfallversicherung

Das Recht der Unfallversicherung sieht keine Versicherungsfreiheit geringfügig Beschäftigter vor. Die Arbeitsentgelte der Beschäftigten zählen demnach zum beitragspflichtigen Arbeitsentgelt in der Unfallversicherung. Während die Daten zur Unfallversicherung bis zum 31. Dezember 2015 noch in den originären Entgeltmeldungen nach der DEÜV[1)] enthalten waren, sind die unfallversicherungsrelevanten Daten seit dem 1. Januar 2016 nach § 28a Abs. 2a SGB IV[2)] in einer gesonderten UV-Jahresmeldung mit dem Meldegrund „92“ bis zum 16. Februar des Folgejahres für das Vorjahr zu melden. Nähere Informationen können dem Gemeinsamen Rundschreiben „Meldeverfahren zur Sozialversicherung“ der Spitzenorganisationen der Sozialversicherung entnommen werden.

6. Sofortmeldung

Nach § 28a Abs. 4 SGB IV[2)] besteht für Wirtschaftsbereiche, in denen ein erhöhtes Risiko für Schwarzarbeit und illegale Beschäftigung gegeben ist, die Verpflichtung zur Abgabe einer Sofortmeldung. Diese ist spätestens zum Zeitpunkt der Aufnahme einer Beschäftigung zu erstatten. Dies gilt auch für geringfügige Beschäftigungen.

Die Pflicht zur Abgabe von Sofortmeldungen umfasst alle Arbeitgeber, die folgenden Wirtschaftsbereichen oder Wirtschaftszweigen zuzuordnen sind:

- Baugewerbe
- Gaststätten- und Beherbergungsgewerbe
- Personenbeförderungsgewerbe
- Speditions-, Transport- und damit verbundenen Logistikgewerbe
- Schaustellergewerbe
- Unternehmen der Forstwirtschaft
- Gebäudereinigungsgewerbe
- Unternehmen, die sich am Auf- und Abbau von Messen und Ausstellungen beteiligen
- Fleischwirtschaft
- Prostitutionsgewerbe
- **Wach- und Sicherheitsgewerbe**

Zeitarbeitsunternehmen sind nicht zur Abgabe einer Sofortmeldung verpflichtet, weil derartige Unternehmen als Arbeitgeber nicht nur in einer Wirtschaftsbranche tätig sind, die von der Verpflichtung zur Abgabe einer Sofortmeldung erfasst ist.

Die Sofortmeldung wurde in das bestehende DEÜV-Meldeverfahren integriert. Hierfür wurde der Meldegrund 20 eingeführt, welcher aus den Entgeltabrechnungsprogrammen sowie mit maschinellen Ausfüllhilfen erzeugt werden kann. Anders als die Anmeldung zur Sozialversicherung, die weiterhin mit Meldegrund 10 gegenüber der Einzugsstelle zu erfolgen hat, wird die Sofort-

---

1) Nr. **10/10**.
2) Nr. **4**.

meldung direkt der Datenstelle der Träger der Rentenversicherung (DSRV) übermittelt.

Eine Sofortmeldung ist immer dann zu erstellen, wenn eine Anmeldung mit Abgabegrund 10 bei einer Einzugsstelle erforderlich wird.

7. Geringfügig Beschäftigte in Privathaushalten

Geringfügig Beschäftigte in Privathaushalten sind im Rahmen des Haushaltsscheck-Verfahrens bei der Minijob-Zentrale zu melden. Näheres hierzu regelt das Gemeinsame Rundschreiben „Haushaltsscheck-Verfahren" der Spitzenorganisationen der Sozialversicherung.

8. Meldungen gegenüber der zuständigen Krankenkasse

Die Minijob-Zentrale ist für die Entgegennahme der Datenmeldungen für geringfügige Beschäftigungen zuständig.

Soweit in Übergangsfällen (vgl. B 7), infolge der Zusammenrechnung mehrerer geringfügig entlohnter Beschäftigungen (vgl. B 2.2.2.1) oder infolge der Zusammenrechnung einer geringfügig entlohnten Beschäftigung mit einer nicht geringfügigen versicherungspflichtigen Beschäftigung (vgl. B 2.2.2.2) individuelle Beiträge (nach den allgemeinen für nicht geringfügige versicherungspflichtige Arbeitnehmer geltenden beitragsrechtlichen Regelungen) anfallen und diese an die zuständige Krankenkasse abzuführen sind (vgl. E), müssen gegenüber dieser Krankenkasse auch die entsprechenden Meldungen abgegeben werden (vgl. Beispiel 25).

E. Zuständige Einzugsstelle

[Zuständige Einzugsstelle]

Zuständige Einzugsstelle für geringfügig Beschäftigte (auch für geringfügig Beschäftigte im Privathaushalt) ist allein die Minijob-Zentrale der Deutschen Rentenversicherung Knappschaft-Bahn-See in 45115 Essen. Sie nimmt die vom Arbeitgeber zu zahlenden Beiträge für geringfügig entlohnte Beschäftigte entgegen. Mithin sind auch sämtliche Meldungen für geringfügig entlohnte Beschäftigte gegenüber der Minijob-Zentrale zu erstatten. Entsprechendes gilt für die Meldungen für kurzfristig Beschäftigte.

In den Fällen, in denen in der geringfügig entlohnten Beschäftigung aufgrund der Zusammenrechnung mit einer nicht geringfügigen versicherungspflichtigen Beschäftigung Versicherungspflicht besteht, sind Meldungen und Beiträge aus der versicherungspflichtigen Beschäftigung an die Krankenkasse zu entrichten, bei der der geringfügig Beschäftigte krankenversichert ist oder – bei privat Krankenversicherten – zuletzt krankenversichert war. Sofern für ein und dieselbe Beschäftigung in einem Versicherungszweig eine geringfügig entlohnte Beschäftigung vorliegt und die darauf entfallenden Pauschalbeiträge (oder auch Pflichtbeiträge zur Rentenversicherung) zu zahlen sind, während in (einem) anderen Versicherungszweig(en) eine mehr als geringfügig entlohnte Beschäftigung besteht und individuelle Beiträge (nach den allgemeinen, für nicht geringfügige versicherungspflichtige Arbeitnehmer geltenden, beitragsrechtlichen Regelungen) anfallen, dürfen nur die aufgrund der geringfügig entlohnten Beschäftigung anfallenden Beiträge an die Minijob-Zentrale abgeführt werden; die individuellen Beiträge erhält die zuständige Krankenkasse. Hierbei handelt es sich allerdings nur um wenige Ausnahmefälle, die z.B. eintreten können, wenn

- in Übergangsfällen (vgl. B 7) wegen Bestehens einer Familienversicherung kraft Gesetzes mit Wirkung vom 1. April 2003 in der Krankenversicherung Versicherungsfreiheit eintrat und damit einhergehend keine Versicherungspflicht in der Pflegeversicherung bestand sowie in der Renten- und Arbeitslosenversicherung die Versicherungspflicht fortbestand und kein Antrag auf Befreiung von der Versicherungspflicht oder nur in der Renten- oder nur in der Arbeitslosenversicherung ein solcher Antrag gestellt wurde,
- in Übergangsfällen (vgl. B 7) die Versicherungspflicht in allen vier Versicherungszweigen fortbestand und ein Antrag auf Befreiung von der Versicherungspflicht nicht in allen Versicherungszweigen gestellt wurde,
- ein freiwillig krankenversicherter Beamter neben seinem Beamtenverhältnis mehr als eine weitere Beschäftigung ausübt, von denen eine Beschäftigung geringfügig entlohnt ist (vgl. B 2.2.2.2) oder ein freiwillig oder privat krankenversicherter Arbeitnehmer neben seiner wegen Überschreitens der Jahresarbeitsentgeltgrenze krankenversicherungsfreien, aber renten- und arbeitslosenversicherungspflichtigen (Haupt-)Beschäftigung mehr als eine weitere Beschäftigung ausübt, von denen eine Beschäftigung geringfügig entlohnt ist (vgl. B 2.2.2.2).

In den vorgenannten Fällen hat der Arbeitgeber für ein und dieselbe Beschäftigung Meldungen mit unterschiedlichen Beitragsgruppenschlüsseln an die Minijob-Zentrale einerseits und an die zuständige Krankenkasse andererseits zu erstatten. In beiden Meldungen ist der gleiche Personengruppenschlüssel zu verwenden, wobei sich die Verschlüsselung am Recht der Rentenversicherung orientiert. Die Minijob-Zentrale erhält eine Meldung hinsichtlich der Pauschalbeiträge, während gegenüber der zuständigen Krankenkasse eine Meldung hinsichtlich der individuellen Beiträge abzugeben ist (vgl. Beispiel 25). Demzufolge müssen für eine solche Beschäftigung auch die Pauschalbeiträge gegenüber der Minijob-Zentrale sowie die individuellen Beiträge gegenüber der zuständigen Einzugsstelle in getrennten Beitragsnachweisen nachgewiesen werden.

F. Entgeltunterlagen

[Entgeltunterlagen]

Die Verpflichtung des Arbeitgebers nach § 28f Abs. 1 Satz 1 SGB IV[1] in Verbindung mit § 8 BVV[2] Entgeltunterlagen zu führen, gilt uneingeschränkt auch für geringfügig Beschäftigte. Er hat die für die Versicherungsfreiheit maßgebenden Angaben in den Entgeltunterlagen aufzuzeichnen und Nachweise, aus denen die erforderlichen Angaben ersichtlich sind, zu den Entgeltunterlagen zu nehmen. Hierzu gehören insbesondere Angaben bzw. Unterlagen über

- das monatliche Arbeitsentgelt,
- die Beschäftigungsdauer,

[1] Nr. 4.
[2] Nr. 4/40.

- die regelmäßige wöchentliche Arbeitszeit und die tatsächlich geleisteten Arbeitsstunden[1] und
- die Aufzeichnungen nach § 17 Abs. 1 des Mindestlohngesetzes[2] über Beginn, Ende und Dauer der täglichen Arbeitszeit der geringfügig Beschäftigten sowie

Dokumente, wie

- die Erklärung des geringfügig entlohnten Beschäftigten über das Vorliegen weiterer Beschäftigungen sowie die Bestätigung, dass dem Arbeitgeber die Aufnahme weiterer Beschäftigungen angezeigt wird (vgl. B 6.1),
- den Bescheid der Minijob-Zentrale/des Rentenversicherungsträgers über die Feststellung von Sozialversicherungspflicht (vgl. B 6.3),
- die schriftliche Erklärung des Beschäftigten über den Verzicht auf die Rentenversicherungsfreiheit nach § 5 Abs. 2 Satz 2 SGB VI[3] in der bis zum 31. Dezember 2012 geltenden Fassung bzw. nach § 230 Abs. 8 Satz 2 SGB VI (vgl. B 2.2.3.2 und B 2.2.3.3),
- den Antrag auf Befreiung von der Versicherungspflicht nach § 6 Abs. 1b SGB VI, auf dem der Tag des Eingangs beim Arbeitgeber dokumentiert ist (vgl. B 2.2.4.1),
- die schriftliche Meldung an die Minijob-Zentrale über den Eingang eines Antrags auf Befreiung von der Rentenversicherungspflicht nach § 6 Abs. 1b SGB VI bei verspäteter Meldung bzw. Bestandsbeschäftigungen (vgl. D 2),
- den Bescheid der zuständigen Einzugsstelle über die Feststellung des Bestehens oder Nichtbestehens von Versicherungspflicht,
- die Bescheinigung A1 für Aushilfsbeschäftigungen von Saisonarbeitskräften aus einem EU/EWR-Mitgliedstaat sowie der Schweiz (vgl. B 1 und C 2.6),
- die Erklärung des Beschäftigten über die Befreiung von der Versicherungspflicht (vgl. B 7) bzw. der Nachweis der Krankenkasse über eine bestehende Familienversicherung,
- die schriftliche Erklärung des Verzichts auf die Versicherungsfreiheit nach § 5 Abs. 4 Satz 2 SGB VI oder § 230 Abs. 9 Satz 2 SGB VI, auf der der Tag des Eingangs beim Arbeitgeber dokumentiert ist (vgl. B 2.2.3.2.2 und B 2.2.4.2) und
- den Nachweis über eine bestehende private Krankenversicherung im In- oder Ausland **oder den Nachweis über die bestehende Krankenversicherung in Dänemark, Luxemburg oder Österreich** zur Bestätigung der Nichtzahlung von Pauschalbeiträgen zur Krankenversicherung bei einer geringfügig entlohnten Beschäftigung (vgl. C 2.1 und C 2.6).

Bei kurzfristig Beschäftigten sind zusätzlich Nachweise oder Erklärungen über

- eventuelle weitere kurzfristige Beschäftigungen im Kalenderjahr vor Beginn der zu beurteilenden Beschäftigung sowie die Bestätigung, dass dem Arbeitgeber die Aufnahme weiterer Beschäftigungen angezeigt wird (vgl. B 6.1),

---

[1] **Amtl. Anm.:** Stundenaufzeichnungen sind u.a. erforderlich für den Betriebsprüfdienst der Rentenversicherung zur Überprüfbarkeit von Entscheidungen des Arbeitgebers über die Versicherungsfreiheit zur Arbeitslosenversicherung (vgl. B 4), von beitragsrechtlichen Beurteilungen zu Sonntags-, Feiertags- und Nachtarbeitszuschlägen und der Anwendung des Entstehungsprinzips bei allgemein verbindlichen Tarifverträgen.

[2] **Loseblatt-Textsammlung Arbeitsrecht Nr. 505.**

[3] Nr. **6.**

- den Status (z.B. Hausfrau, Schüler, Student, freiwillig Wehrdienstleistender, Bundesfreiwilligendienstleistender, beschäftigungsloser Ausbildung- oder Arbeitsuchender, Rentner) des Beschäftigten

den Entgeltunterlagen beizufügen.

G. Verfahren zum Ausgleich der Arbeitgeberaufwendungen

[Verfahren zum Ausgleich der Arbeitgeberaufwendungen]

Als Ausgleich für die Verpflichtung zur Entgeltfortzahlung bei Arbeitsunfähigkeit hat der Gesetzgeber für kleine bis mittlere Betriebe – bei Mutterschaftsleistungen für alle Betriebe – eine Erstattung der Arbeitgeberaufwendungen vorgesehen (§ 1 Aufwendungsausgleichsgesetz – AAG[1]). Für geringfügige Beschäftigungen ist die Deutsche Rentenversicherung Knappschaft-Bahn-See als Träger der knappschaftlichen Krankenversicherung grundsätzlich die zuständige Stelle für den Ausgleich dieser Arbeitgeberaufwendungen, unabhängig davon, ob und bei welcher Krankenkasse eine Krankenversicherung durchgeführt wird. **Dies gilt auch für Übergangsfälle (vgl. B 7 und D 8), bei denen für dieselbe geringfügig entlohnte Beschäftigung sowohl eine Meldung bei der Minijob-Zentrale als auch eine Meldung bei der zuständigen Krankenkasse erfolgt (vgl. Beispiel 25).** Nähere Einzelheiten zum Ausgleichsverfahren sind in den **grundsätzlichen Hinweisen zum Ausgleichsverfahren der Arbeitgeberaufwendungen bei Arbeitsunfähigkeit (U1-Verfahren) und für Mutterschaftsleistungen (U2-Verfahren) des GKV-Spitzenverbandes** geregelt.

Die Mittel zur Durchführung des Ausgleichs der Arbeitgeberaufwendungen werden durch gesonderte Umlagen (für U1 und U2) von den am Ausgleich beteiligten Arbeitgebern aufgebracht. Der Umlagesatz für die U1 wird für die Entgeltzahlung bei Arbeitsunfähigkeit erhoben; für eine kurzfristige Beschäftigung fällt er nur dann an, wenn die Beschäftigung länger als vier Wochen dauert. Der Umlagesatz für die U2 wird für Mutterschaftsleistungen erhoben; kurzfristige Beschäftigungen sind hier uneingeschränkt umlagepflichtig. **Die Höhe des jeweiligen Umlagesatzes für die U1 und die U2 kann der Anlage 1 entnommen werden**. Die Mindestbeitragsbemessungsgrundlage nach § 163 Abs. 8 SGB VI[2] (vgl. C 3.2.1) findet keine Anwendung. Der Erstattungssatz beträgt im U1-Verfahren 80 Prozent und im U2-Verfahren 100 Prozent der erstattungsfähigen Aufwendungen.

H. Umlage für das Insolvenzgeld

1. Allgemeines

Die Mittel für die Zahlung des Insolvenzgeldes werden nach § 358 Abs. 1 SGB III[3] durch eine monatliche Umlage von den Arbeitgebern aufgebracht. Die Insolvenzgeldumlage wird von den Einzugsstellen zusammen mit dem Gesamtsozialversicherungsbeitrag eingezogen und arbeitstäglich an die Bundesagentur für Arbeit (BA) weitergeleitet. Die für den Gesamtsozialversicherungs-

---

[1] Nr. **5/11**.
[2] Nr. **6**.
[3] Nr. **3**.

beitrag geltenden Vorschriften des SGB IV[1)] finden für den Einzug der Umlage entsprechende Anwendung.

Die Umlagepflicht des Arbeitgebers ergibt sich kraft Gesetz und ist nicht von einem rechtsbegründenden Verwaltungsakt der Einzugsstelle abhängig. Von der Zahlung der Insolvenzgeldumlage sind nach § 358 Abs. 1 Satz 2 SGB III nur Arbeitgeber der öffentlichen Hand und Privathaushalte sowie Wohnungseigentümergemeinschaften ausgenommen. Die Einzugsstellen treffen in Zweifelsfällen die Entscheidung über die Umlagepflicht der Arbeitgeber.

Nähere Einzelheiten sind im gemeinsamen Rundschreiben der Spitzenorganisationen der Sozialversicherung zur Insolvenzgeldumlage geregelt.

2. Bemessungsgrundlagen

Nach § 358 Abs. 2 SGB III[2)] ist die Umlage nach einem Prozentsatz des Arbeitsentgelts (Umlagesatz) zu erheben. Die Höhe des Umlagesatzes (§§ 360, 361 SGB III) kann der Anlage 1 entnommen werden.

Für geringfügig entlohnte Beschäftigungen (vgl. B 2.2) und kurzfristige Beschäftigungen (vgl. B 2.3) ist für die Berechnung der Insolvenzgeldumlage das Arbeitsentgelt maßgebend, nach dem die Rentenversicherungsbeiträge im Falle des Bestehens von Rentenversicherungspflicht zu bemessen wären. Maßgebend ist somit das tatsächliche Arbeitsentgelt im Sinne von § 14 SGB IV[1)], also bei schwankendem Arbeitsentgelt im Rahmen einer geringfügig entlohnten Beschäftigung auch der die 450-Euro-Grenze überschreitende Betrag. Die Mindestbeitragsbemessungsgrundlage nach § 163 Abs. 8 SGB VI[3)] (vgl. C 3.2.1) findet keine Anwendung.

3. Einzug und Nachweis der Insolvenzgeldumlage

Für geringfügige Beschäftigungen zieht die Minijob-Zentrale die Insolvenzgeldumlage ein. Dies gilt auch für nach § 6 Abs. 1 Satz 1 Nr. 1 SGB VI[3)] von der Rentenversicherungspflicht befreite Mitglieder berufsständischer Versorgungswerke, für die keine Rentenversicherungsbeiträge und wegen einer privaten Krankenversicherung auch keine Pauschalbeiträge an die Minijob-Zentrale zu zahlen sind (vgl. B 2.2.3.2.3, C 2 und C 5). **Darüber hinaus zieht die Minijob-Zentrale die Insolvenzgeldumlage auch für Übergangsfälle (vgl. B 7 und D 8) ein, bei denen für dieselbe geringfügig entlohnte Beschäftigung sowohl eine Meldung bei der Minijob-Zentrale als auch eine Meldung bei der zuständigen Krankenkasse erfolgt (vgl. Beispiel 25).**

Die Umlagebeträge sind im Beitragsnachweisdatensatz unter dem Beitragsgruppenschlüssel 0050 anzugeben.

[1)] Nr. **4**.
[2)] Nr. **3**.
[3)] Nr. **6**.

I. Steuerliche Behandlung von geringfügig entlohnten Beschäftigungen

1. Besteuerung des Arbeitsentgelts aus geringfügig entlohnten Beschäftigungen

Das Arbeitsentgelt aus einer geringfügig entlohnten Beschäftigung im Sinne des § 8 Abs. 1 Nr. 1 oder des § 8a SGB IV[1] ist stets steuerpflichtig. Die Lohnsteuer vom Arbeitsentgelt ist pauschal oder nach den individuellen Lohnsteuerabzugsmerkmalen zu erheben.

2. Lohnsteuerpauschalierung

Für die Lohnsteuerpauschalierung ist zu unterscheiden zwischen der einheitlichen Pauschsteuer in Höhe von 2 Prozent (§ 40a Abs. 2 EStG[2]) und der pauschalen Lohnsteuer in Höhe von 20 Prozent des Arbeitsentgelts (§ 40a Abs. 2a EStG[2]). In beiden Fällen der Lohnsteuerpauschalierung ist Voraussetzung, dass eine geringfügig entlohnte Beschäftigung im Sinne des § 8 Abs. 1 Nr. 1 oder des § 8a SGB IV[1] vorliegt. Das Steuerrecht knüpft damit an die Voraussetzungen des Vierten Buchs Sozialgesetzbuch an.

2.1. Einheitliche Pauschsteuer in Höhe von 2 Prozent

Der Arbeitgeber kann die Lohnsteuer entweder nach den individuellen Lohnsteuerabzugsmerkmalen oder pauschal einschließlich Solidaritätszuschlag und Kirchensteuer für das Arbeitsentgelt aus einer geringfügigen Beschäftigung im Sinne des § 8 Abs. 1 Nr. 1 SGB IV[1] (geringfügig entlohnte Beschäftigung) oder des § 8a SGB IV (geringfügig entlohnte Beschäftigung in Privathaushalten), für das er Beiträge zur gesetzlichen Rentenversicherung in Höhe von 15 Prozent oder 5 Prozent nach § 168 Abs. 1 Nr. 1b oder 1c SGB VI[3] (geringfügig versicherungspflichtig Beschäftigte) oder nach § 172 Abs. 3 oder 3a SGB VI (versicherungsfrei oder von der Versicherungspflicht befreite geringfügig Beschäftigte) oder nach § 276a Abs. 1 SGB VI (versicherungsfrei geringfügig Beschäftigte) zu entrichten hat, mit einem einheitlichen Pauschsteuersatz in Höhe von insgesamt 2 Prozent des Arbeitsentgelts erheben (einheitliche Pauschsteuer, § 40a Abs. 2 EStG[2]). Diese Regelung gilt auch für nach § 6 Abs. 1 Satz 1 Nr. 1 SGB VI von der Rentenversicherungspflicht befreite Mitglieder berufsständischer Versorgungseinrichtungen, die die Rentenversicherungsbeiträge für eine nicht berufsfremde geringfügig entlohnte Beschäftigung an die berufsständische Versorgungseinrichtung zahlen. In dieser einheitlichen Pauschsteuer sind neben der Lohnsteuer auch der Solidaritätszuschlag und die Kirchensteuer enthalten. Der einheitliche Pauschsteuersatz von 2 Prozent ist auch anzuwenden, wenn der Arbeitnehmer keiner erhebungsberechtigten Religionsgemeinschaft angehört.

Bei Wertguthabenvereinbarungen (vgl. B 2.2.1.4 und 5.2) entfällt die einheitliche Pauschsteuer immer auf das Arbeitsentgelt, welches in der Arbeits- oder der Freistellungsphase zur Auszahlung gelangt. Eine Einstellung der einheitlichen Pauschsteuer ins Wertguthaben während der Arbeitsphase erfolgt nicht.

---

[1] Nr. **4**.
[2] **Steuergesetze Nr. 1.**
[3] Nr. **6**.

2.2. Pauschaler Lohnsteuersatz in Höhe von 20 Prozent

Hat der Arbeitgeber für das Arbeitsentgelt aus einer geringfügig entlohnten Beschäftigung im Sinne des § 8 Abs. 1 Nr. 1 oder des § 8a SGB IV[1] den (pauschalen) Beitrag zur gesetzlichen Rentenversicherung in Höhe von 15 Prozent oder 5 Prozent nicht zu entrichten, kann er die pauschale Lohnsteuer mit einem Steuersatz in Höhe von 20 Prozent des Arbeitsentgelts erheben. Hinzu kommen der Solidaritätszuschlag (5,5 Prozent der Lohnsteuer) und die Kirchensteuer nach dem jeweiligen Landesrecht.

3. Besteuerung nach individuellen Lohnsteuerabzugsmerkmalen

Wählt der Arbeitgeber für eine geringfügig entlohnte Beschäftigung im Sinne des § 8 Abs. 1 Nr. 1 oder des § 8a SGB IV[1] nicht die pauschale Lohnsteuererhebung, ist die Lohnsteuer vom Arbeitsentgelt nach Maßgabe der individuellen Lohnsteuerabzugsmerkmale zu erheben. Die Höhe des Lohnsteuerabzugs hängt dann von der Lohnsteuerklasse ab. Bei den Lohnsteuerklassen I (Alleinstehende), II (bestimmte Alleinerziehende mit Kind) oder III und IV (verheiratete Arbeitnehmer/innen) fällt für das Arbeitsentgelt aus einer geringfügig entlohnten Beschäftigung keine Lohnsteuer an; etwas anderes gilt bei der Lohnsteuerklasse V oder VI.

4. Anmeldung und Abführung der Lohnsteuer

4.1. Einheitliche Pauschsteuer

Für den Einzug der einheitlichen Pauschsteuer in Höhe von 2 Prozent des Arbeitsentgelts ist stets die Minijob-Zentrale zuständig. Das gilt sowohl für Beschäftigte im Privathaushalt als auch für Beschäftigte bei anderen Arbeitgebern. Bei geringfügiger Beschäftigung in Privathaushalten – ausgenommen davon sind Beschäftigungen, die wegen Bestandsschutzes Versicherungspflicht begründen (vgl. B 7) – ist ausschließlich der Haushaltsscheck zu verwenden. In diesem Haushaltsscheck gibt der Arbeitgeber das Arbeitsentgelt an und teilt darüber hinaus mit, ob die Lohnsteuer mit der einheitlichen Pauschsteuer erhoben werden soll. Die Minijob-Zentrale berechnet die einheitliche Pauschsteuer und zieht sie zusammen mit den übrigen Abgaben jeweils im Juli (für den Zeitraum vom 1. Januar bis zum 30. Juni) und im Januar (für den Zeitraum vom 1. Juli bis zum 31. Dezember) vom Arbeitgeber ein.

Andere Arbeitgeber (außerhalb des Haushaltsscheck-Verfahrens) berechnen die einheitliche Pauschsteuer selbst und teilen der Minijob-Zentrale den Betrag im Beitragsnachweis-Verfahren mit.

4.2. Pauschale Lohnsteuer in Höhe von 20 Prozent und Lohnsteuer nach den individuellen Lohnsteuerabzugsmerkmalen

Für die Fälle der Lohnsteuerpauschalierung in Höhe von 20 Prozent des Arbeitsentgelts oder der Besteuerung nach Maßgabe der individuellen Lohnsteuerabzugsmerkmale ist stets das so genannte Betriebsstättenfinanzamt zuständig. Dies ist für den Privathaushalt als Arbeitgeber regelmäßig das für die Veranlagung zur Einkommensteuer zuständige Wohnsitzfinanzamt und für andere Arbeitgeber das Finanzamt, in dessen Bezirk sich der Betrieb befindet.

Die Lohnsteuer ist in der Lohnsteuer-Anmeldung anzugeben und an das Betriebsstättenfinanzamt abzuführen; gegebenenfalls ist eine so genannte Null-

---

[1] Nr. 4.

meldung abzugeben. Der Arbeitgeber braucht keine weiteren Lohnsteuer-Anmeldungen abzugeben, wenn er dem Betriebsstättenfinanzamt mitteilt, dass er im Lohnsteuer-Anmeldungszeitraum keine Lohnsteuer einzubehalten oder zu übernehmen hat, weil der Arbeitslohn nicht steuerbelastet ist (zur Lohnsteuer-Anmeldung wird auf § 41a EStG[1] bzw. 41a.1 Lohnsteuer-Richtlinien – LStR – verwiesen).

J. Beispiele:

[Beispiele]

Beispiel 1a(zu B 2.1.1):

Der freiberuflich selbständige Zahnarzt (Einzelunternehmer) beschäftigt eine Arbeitnehmerin mit Hilfsarbeiten in seinen Praxisräumen und mit Reinigungsarbeiten in seiner Wohnung.

Es ist von einem einheitlichen Beschäftigungsverhältnis auszugehen, da Arbeitgeberidentität besteht (der Zahnarzt als Arbeitgeber ist eine natürliche Person, die nicht für den Arbeitsbereich in der Praxis und den Arbeitsbereich im Haushalt getrennt betrachtet werden kann); unbedeutend ist, dass sich die einzelnen Beschäftigungen klar abgrenzen lassen.

Beispiel 1b(zu B 2.1.1):

Die Auto GmbH, die ihrem Geschäftszweck nach eine Kfz-Werkstatt und eine Autovermietung betreibt (zwei organisatorisch selbständige Betriebe), beschäftigt einen Arbeitnehmer vormittags in der Kfz-Werkstatt und nachmittags in der Autovermietung.

Der Arbeitnehmer steht in einem einheitlichen Beschäftigungsverhältnis zur Auto GmbH.

Beispiel 1c(zu B 2.1.2):

Der Arbeitgeber betreibt eine Kiesgrube, in der ein Arbeitnehmer als Baggerfahrer und ergänzend auf Selbständigenbasis als Maschinist für Wartungs- und Reparaturarbeiten an Anlagen des Betriebs tätig ist. Für seine Leistungen als Maschinist erstellt der Arbeitnehmer eigenständig Rechnungen, für die Arbeiten an den Anlagen setzt er nur zum Teil eigenes Handwerkszeug ein, die Tätigkeit wird zu vom Arbeitgeber/Auftraggeber vorgegebenen (wenngleich auch arbeitnehmerunüblichen) Zeiten ausgeübt, eine Gewerbeanmeldung liegt vor.

Er ist im Ergebnis betriebsorganisatorisch und -technisch in dem vom Arbeitgeber zumindest übergeordnet vorgegebenen Betriebsablauf integriert und auch hinsichtlich Art, Ort und Zeit der Tätigkeit Weisungen unterworfen. Von einem einheitlichen Beschäftigungsverhältnis ist auszugehen.

Beispiel 1d(zu B 2.1.3):

Herr A ist Geschäftsführer und Mehrheitsgesellschafter bei der GmbH X und der GmbH Y. Der Arbeitnehmer Z wird bei der GmbH X im Rahmen einer mehr als geringfügigen (Haupt-) Beschäftigung eingesetzt und bei der GmbH Y im Rahmen einer geringfügigen Beschäftigung. Die ausgeübten Tätigkeiten sind – vom Umfang abgesehen – identisch. Das Direktionsrecht über beide Beschäftigungen übt Herr A aus.

Da es sich um mehrere Beschäftigungen bei rechtlich verschiedenen Arbeitgebern handelt, ist eine getrennte versicherungsrechtliche Beurteilung vorzunehmen.

Beispiel 1e(zu B 2.1.3):

In der X Kommanditgesellschaft (KG) werden versicherungspflichtige Arbeitnehmer beschäftigt. In dieser KG ist die natürliche Person Herr A Komplementär, der mit über 60 % an der KG beteiligt ist. Kommanditist mit einer Beteiligung von 40 % ist Herr B. Auf dem Betriebsgelände der KG befindet sich auch die Y KG. In dieser KG ist Herr A mit 70 % der Gesellschaftsanteile ebenfalls Komplementär. Die versicherungspflichtigen Arbeitnehmer der X KG sind gleichzeitig in der Y KG als geringfügig Beschäftigte tätig.

In einer KG erfolgt die Vertretung grundsätzlich durch natürliche Personen; hier also durch den Komplementär Herrn A. In beiden Gesellschaften handelt es sich demnach bei dem Komplementär um dieselbe natürliche Person (Herr A). Da es sich allerdings um Beschäftigungen bei rechtlich verschiedenen Arbeitgebern handelt, ist eine getrennte versicherungsrechtliche Beurteilung vorzunehmen.

---

[1] **Steuergesetze Nr. 1.**

Beispiel 1f(zu B 2.1.3):

Der Muster e.V. hält 100 % der Kapitalanteile an der Y GmbH. Herr B ist als Geschäftsführer der Y GmbH gleichzeitig auch Geschäftsführer des Muster e.V. und dem Vorstand verantwortlich. Mitarbeiter, die hauptberuflich beim Muster e.V. beschäftigt sind, üben daneben bei der Y GmbH geringfügige Beschäftigungen aus.

Da es sich um mehrere Beschäftigungen bei rechtlich verschiedenen Arbeitgebern handelt, ist eine getrennte versicherungsrechtliche Beurteilung vorzunehmen.

Beispiel 1g(zu B 2.1.4):

Die Z GmbH beschäftigt mehrere Arbeitnehmer als Verkäufer in ihren Supermärkten. Für die Regalauffüllung mit neuen Waren aus Sonderaktionen lässt sie sich diese Arbeitnehmer über ein Leiharbeitsunternehmen im Rahmen geringfügiger Beschäftigungen verleihen.

Die Beschäftigungen werden im Rahmen einheitlicher Beschäftigungsverhältnisse ausgeübt, da die berufstypische Mehrarbeit der Arbeitnehmer für die Z GmbH über ein Verleihunternehmen eine zum Nachteil des sozialversicherungsrechtlichen Schutzes der Arbeitnehmer führende Vertragsgestaltung darstellt.

Beispiel 2(zu B 2.2, B 2.2.3.1, C 2.1, C 3.1 und C 3.2):

Eine familienversicherte Raumpflegerin arbeitet gegen ein monatliches Arbeitsentgelt von 350 Euro und nimmt

a) bis 31.12.2012,

b) ab 01.01.2013

eine Beschäftigung auf.

Zu a):

Die Raumpflegerin ist geringfügig entlohnt beschäftigt, weil das Arbeitsentgelt 450 Euro nicht übersteigt. Es besteht Versicherungsfreiheit in der Kranken-, Renten- und Arbeitslosenversicherung sowie keine Versicherungspflicht in der Pflegeversicherung. Der Arbeitgeber hat Pauschalbeiträge zur Kranken- und Rentenversicherung zu zahlen. Die Versicherungsfreiheit in der Rentenversicherung bleibt über den 31.12.2012 hinaus bestehen, solange das Arbeitsentgelt 400 Euro nicht übersteigt.

Personengruppenschlüssel:	109
Beitragsgruppenschlüssel:	6-5-0-0

Zu b):

Die Raumpflegerin ist geringfügig entlohnt beschäftigt, weil das Arbeitsentgelt 450 Euro nicht übersteigt. Es besteht Versicherungsfreiheit in der Kranken- und Arbeitslosenversicherung sowie keine Versicherungspflicht in der Pflegeversicherung. In der Rentenversicherung liegt Versicherungspflicht vor. Der Arbeitgeber hat Pauschalbeiträge zur Krankenversicherung und gemeinsam mit der Arbeitnehmerin Pflichtbeiträge zur Rentenversicherung zu zahlen.

Personengruppenschlüssel:	109
Beitragsgruppenschlüssel:	6-1-0-0

In der Rentenversicherung kann die Arbeitnehmerin schriftlich gegenüber dem Arbeitgeber die Befreiung von der Rentenversicherungspflicht beantragen mit der Folge, dass er nicht an der Beitragszahlung zur Rentenversicherung beteiligt wird. Bei einer wirksamen Befreiung von der Rentenversicherungspflicht ab Beschäftigungsbeginn sind in der Rentenversicherung lediglich Pauschalbeiträge vom Arbeitgeber zu zahlen.

Personengruppenschlüssel:	109
Beitragsgruppenschlüssel:	6-5-0-0

Beispiel 3a(zu B 2.2, C 2.1 und C 3.2):

Eine Verkäuferin nimmt am 15.04. eine Beschäftigung gegen ein monatliches Arbeitsentgelt von 450 Euro auf, welches auch bereits im Monat der Beschäftigungsaufnahme in voller Höhe gezahlt wird.

Obwohl die Beschäftigung im Laufe des Monats April beginnt, gilt die Arbeitsentgeltgrenze von 450 Euro auch in diesem Monat. Die Verkäuferin ist geringfügig entlohnt beschäftigt, weil das Arbeitsentgelt 450 Euro nicht übersteigt. Es besteht Versicherungsfreiheit in der Kranken- und Arbeitslosenversicherung sowie keine Versicherungspflicht in der Pflegeversicherung. In der Rentenversicherung liegt Versicherungspflicht vor, von der sich der Arbeitnehmer auf Antrag befreien lassen kann. Der Arbeitgeber hat Pauschalbeiträge zur Krankenversicherung und gemeinsam mit der Arbeitnehmerin Pflichtbeiträge zur Rentenversicherung zu zahlen.

Personengruppenschlüssel: 109
Beitragsgruppenschlüssel: 6-1-0-0

Beispiel 3b(zu B 2.2, B 2.3.1, C 2.1 und C 3.2):

Eine familienversicherte Abiturientin mit Studienabsicht arbeitet als Bürokraft für die Zeit vom 01.06. bis 13.09. an 70 Arbeitstagen (5-Tage-Woche) gegen ein Arbeitsentgelt von 1.400 Euro. Während des Studiums nimmt sie bei demselben Arbeitgeber im laufenden Kalenderjahr erneut vom 15.12. bis 23.12. gegen ein Arbeitsentgelt von 450 Euro eine Beschäftigung auf.

Die Beschäftigung vom 01.06. bis 13.09. ist eine kurzfristige Beschäftigung, weil sie auf längstens 70 Arbeitstage begrenzt ist und nicht berufsmäßig ausgeübt wird. Die Tatsache, dass die Beschäftigung länger als drei Monate dauert, ist unerheblich, weil beide Zeitgrenzen unabhängig voneinander eine kurzfristige Beschäftigung begründen. Für die Zeit ab 15.12. liegt keine kurzfristige Beschäftigung vor, weil die Studentin unter Berücksichtigung der Vorbeschäftigungszeit mehr als drei Monate bzw. 70 Arbeitstage im Kalenderjahr beschäftigt ist. Die Beschäftigung ab 15.12. ist aber geringfügig entlohnt, weil das Arbeitsentgelt 450 Euro nicht übersteigt. Für den ersten Zeitraum besteht Versicherungsfreiheit in der Kranken-, Renten- und Arbeitslosenversicherung sowie keine Versicherungspflicht in der Pflegeversicherung, für den zweiten Zeitraum liegt Versicherungsfreiheit in der Kranken- und Arbeitslosenversicherung sowie keine Versicherungspflicht in der Pflegeversicherung vor. In der Rentenversicherung ergibt sich Versicherungspflicht, von der sich der Arbeitnehmer auf Antrag befreien lassen kann. Der Arbeitgeber hat Pauschalbeiträge zur Krankenversicherung und gemeinsam mit der Arbeitnehmerin Pflichtbeiträge zur Rentenversicherung zu zahlen.

Vom 01.06. bis 13.09.
Personengruppenschlüssel: 110
Beitragsgruppenschlüssel: 0-0-0-0

Vom 15.12. bis 23.12.
Personengruppenschlüssel: 109
Beitragsgruppenschlüssel: 6-1-0-0

Beispiel 4a(zu B 2.3.3.5 und B 4):

Ein Bezieher von Arbeitslosengeld wird als Kellner für die Zeit vom 01.08. bis 20.08. gegen ein Arbeitsentgelt von 500 Euro bei einer wöchentlichen Arbeitszeit von 14 Stunden befristet beschäftigt.

Da der Arbeitnehmer als Bezieher von Arbeitslosengeld als berufsmäßig Beschäftigter anzusehen ist und das Arbeitsentgelt für den Beschäftigungszeitraum (500 Euro) die Arbeitsentgeltgrenze von 450 Euro übersteigt, liegt keine geringfügige Beschäftigung vor. Es besteht Versicherungspflicht in der Kranken-, Renten- und Pflegeversicherung. In der Arbeitslosenversicherung liegt Versicherungsfreiheit vor, weil ein Anspruch auf Arbeitslosengeld besteht und der Arbeitnehmer diesen Anspruch wegen der wöchentlichen Arbeitszeit unter 15 Stunden auch nicht verliert.

Personengruppenschlüssel: 101
Beitragsgruppenschlüssel: 3-1-0-1

Beispiel 4b(zu B 2.3.3 und B 2.3.3.4):

Eine Krankenschwester übernimmt während der Elternzeit für die Zeit vom 20.08. bis 22.09. eine Aushilfsbeschäftigung im Pflegedienst. Sie verdient 450 Euro im August und 900 Euro im September. Die wöchentliche Arbeitszeit beläuft sich auf 18 Stunden.

Da die Arbeitnehmerin während der Elternzeit als berufsmäßig Beschäftigte anzusehen ist und das durchschnittlich pro Kalendermonat im Beschäftigungszeitraum gezahlte Arbeitsentgelt mit 675 Euro (450 Euro + 900 Euro = 1.350 Euro: 2) die Arbeitsentgeltgrenze von 450 Euro übersteigt, liegt keine geringfügige Beschäftigung vor. Es besteht Versicherungspflicht in der Kranken-, Renten-, Arbeitslosen- und Pflegeversicherung.

Personengruppenschlüssel: 101
Beitragsgruppenschlüssel: 3-1-1-1

Beispiel 4c(zu B 2.2.2.1, B 2.3.3 und B 2.3.3.5):

Ein Schulentlassener, der ausbildungsuchend gemeldet ist, arbeitet als Inventuraushilfe befristet vom 16.04. bis 30.04. gegen ein Arbeitsentgelt von 260 Euro. Er gibt an, unmittelbar zuvor bei einem anderen Arbeitgeber vom 01.04. bis 15.04. gegen ein Arbeitsentgelt von 210 Euro kurzfristig beschäftigt gewesen zu sein.

Da der Arbeitnehmer ausbildungsuchend gemeldet ist, ist er als berufsmäßig Beschäftigter anzusehen. Eine kurzfristige Beschäftigung liegt somit nicht vor, weil das im Monat April erzielte Gesamtentgelt mit 470 Euro (260 Euro + 210 Euro) die monatliche Entgeltgrenze von 450 Euro überschreitet. Das Arbeitsentgelt aus der zuvor kurzfristigen Beschäftigung bei einem anderen Arbeitgeber ist für die Prüfung der Berufsmäßigkeit zu berücksichtigen, weil beide Beschäftigungen in demselben Kalendermonat April beginnen und enden. Die Inventuraushilfe ist **aber für die vom 16.04. bis 30.04. zu beurteilende Beschäftigung** geringfügig entlohnt beschäftigt, weil das Arbeitsentgelt in dieser Beschäftigung 450 Euro nicht übersteigt. **Das bis zum 15.04. in der zuvor bei dem anderen Arbeitgeber ausgeübten kurzfristigen Beschäftigung erzielte Arbeitsentgelt ist dabei unberücksichtigt zu lassen, weil es sich nicht um eine Beschäftigung derselben Art handelt**. Es besteht Versicherungsfreiheit in der Kranken- und Arbeitslosenversicherung sowie keine Versicherungspflicht in der Pflegeversicherung. In der Rentenversicherung liegt Versicherungspflicht vor, von der sich der Arbeitnehmer auf Antrag befreien lassen kann. Der Arbeitgeber hat Pauschalbeiträge zur Krankenversicherung und gemeinsam mit dem Arbeitnehmer Pflichtbeiträge zur Rentenversicherung zu zahlen.

Personengruppenschlüssel:	109
Beitragsgruppenschlüssel:	6-1-0-0

Beispiel 4d(zu B 2.3.2, B 2.3.3, B 2.3.3.5 und B 4):

Ein Bezieher von Arbeitslosengeld arbeitet

a) vom 16.04. bis 15.10. befristet bei Arbeitgeber A einmal die Woche (8 Stunden) gegen ein Arbeitsentgelt von 360 Euro im Monat (insgesamt 26 Arbeitstage) und

b) vom 10.07. bis 18.12. befristet bei Arbeitgeber B einmal die Woche (6 Stunden) gegen ein Arbeitsentgelt von 300 Euro im Monat (insgesamt 24 Arbeitstage).

Da der Arbeitnehmer Arbeitslosengeld bezieht, ist er als berufsmäßig Beschäftigter anzusehen. Die Beschäftigung beim Arbeitgeber A ist zunächst als kurzfristige Beschäftigung zu beurteilen, da die Aufnahme der späteren Beschäftigung bei Arbeitgeber B noch nicht absehbar ist und das Arbeitsentgelt die monatliche Entgeltgrenze von 450 Euro nicht überschreitet sowie die Zeitgrenze von 70 Arbeitstagen im Kalenderjahr **mit 26 Arbeitstagen** nicht überschritten wird. Mit Aufnahme der Beschäftigung beim Arbeitgeber B übersteigt das aus beiden Beschäftigungen erzielte Arbeitsentgelt mit insgesamt 660 Euro in den Kalendermonaten Juli bis Oktober die monatliche Entgeltgrenze von 450 Euro, so dass die Beschäftigungen in der Zeit vom 10.07. bis 15.10. nicht geringfügig, sondern berufsmäßig mit einem Arbeitsentgelt von insgesamt mehr als 450 EUR im Monat ausübt werden. Die ab 16.10. allein beim Arbeitgeber B ausgeübte Beschäftigung ist kurzfristig, weil das Arbeitsentgelt 450 Euro im Monat nicht übersteigt und die Zeitgrenze von 70 Arbeitstagen im Kalenderjahr (auch unter Berücksichtigung von Beschäftigung A) nicht überschritten wird.

In der Beschäftigung bei Arbeitgeber A besteht vom 16.04. bis 09.07. Versicherungsfreiheit in der Kranken-, Renten- und Arbeitslosenversicherung sowie keine Versicherungspflicht in der Pflegeversicherung. Vom 10.07. bis 15.10. besteht in den Beschäftigungen beim Arbeitgeber A und beim Arbeitgeber B Versicherungspflicht in der Kranken-, Renten- und Pflegeversicherung. In der Arbeitslosenversicherung liegt Versicherungsfreiheit vor, weil ein Anspruch auf Arbeitslosengeld besteht und der Arbeitnehmer diesen Anspruch wegen der wöchentlichen Arbeitszeit unter 15 Stunden auch nicht verliert. In der Beschäftigung beim Arbeitgeber B besteht ab 16.10. Versicherungsfreiheit in der Kranken-, Renten- und Arbeitslosenversicherung sowie keine Versicherungspflicht in der Pflegeversicherung.

Arbeitgeber A vom 16.04. bis 09.07.

Personengruppenschlüssel:	110
Beitragsgruppenschlüssel:	0-0-0-0

Arbeitgeber A und B vom 10.07. bis 15.10.

Personengruppenschlüssel:	101
Beitragsgruppenschlüssel:	1-1-0-1

Arbeitgeber B vom 16.10. bis 18.12.	
Personengruppenschlüssel:	110
Beitragsgruppenschlüssel:	0-0-0-0

Beispiel 5(zu B 2.2.1, C 2.1 und C 3.2):

Eine Bürohilfe arbeitet gegen ein monatliches Arbeitsentgelt von 900 Euro. Am 15.04. wird mit Wirkung ab 01.05. die Arbeitszeit dauerhaft reduziert, was eine Minderung des monatlichen Arbeitsentgelts auf 420 Euro zur Folge hat.

Die Versicherungspflicht in der Kranken-, Renten-, Arbeitslosen- und Pflegeversicherung für die mehr als geringfügig entlohnte Beschäftigung endet am 30.04. Vom 01.05. an beträgt das Arbeitsentgelt regelmäßig nicht mehr als 450 Euro im Monat, so dass die Bürohilfe geringfügig entlohnt beschäftigt ist. Von diesem Zeitpunkt an besteht Versicherungsfreiheit in der Kranken- und Arbeitslosenversicherung sowie keine Versicherungspflicht in der Pflegeversicherung. In der Rentenversicherung liegt Versicherungspflicht vor, von der sich die Arbeitnehmerin auf Antrag befreien lassen kann. Der Arbeitgeber hat ab 01.05. Pauschalbeiträge zur Krankenversicherung und gemeinsam mit der Arbeitnehmerin Pflichtbeiträge zur Rentenversicherung zu zahlen.

Ab 01.05.:	
Personengruppenschlüssel:	109
Beitragsgruppenschlüssel:	6-1-0-0

Beispiel 6(zu B 2.2.1.1):

Eine Raumpflegerin arbeitet gegen ein monatliches Arbeitsentgelt von 440 Euro. Außerdem erhält sie jeweils im Dezember ein ihr vertraglich zugesichertes Weihnachtsgeld in Höhe von 240 Euro.

Das für die versicherungsrechtliche Beurteilung maßgebende Arbeitsentgelt ist wie folgt zu ermitteln:

Laufendes Arbeitsentgelt (440 Euro × 12 =)	5.280 Euro
Weihnachtsgeld	240 Euro
zusammen	5.520 Euro

Ein Zwölftel dieses Betrages beläuft sich auf (5.520 Euro: 12 =) 460 Euro und übersteigt die Arbeitsentgeltgrenze von 450 Euro, so dass die Raumpflegerin mehr als geringfügig entlohnt versicherungspflichtig in der Kranken-, Renten-, Arbeitslosen- und Pflegeversicherung beschäftigt ist.

Personengruppenschlüssel:	101
Beitragsgruppenschlüssel:	1-1-1-1

Beispiel 7a(zu B 2.2.1.2, B 3.1, C 2.1 und C 3.2):

Eine Raumpflegerin arbeitet zu einem Stundenlohn in Höhe von 11 Euro. Sie soll zwischen 8 und 12 Stunden in der Woche eingesetzt werden. Die genaue Anzahl und der konkrete Umfang der regelmäßigen Arbeitseinsätze stehen nicht fest.

Der Arbeitgeber geht in seiner Jahresprognose davon aus, dass das Arbeitsentgelt der Raumpflegerin im Jahr 5.400 Euro nicht übersteigt, so dass sie geringfügig entlohnt beschäftigt beurteilt werden kann. In der Kranken- und Arbeitslosenversicherung besteht Versicherungsfreiheit und in der Pflegeversicherung keine Versicherungspflicht. In der Rentenversicherung liegt Versicherungspflicht vor, von der sich die Arbeitnehmerin auf Antrag befreien lassen kann. Der Arbeitgeber hat Pauschalbeiträge zur Krankenversicherung und gemeinsam mit der Arbeitnehmerin Pflichtbeiträge zur Rentenversicherung zu zahlen.

Personengruppenschlüssel:	109
Beitragsgruppenschlüssel:	6-1-0-0

Beispiel 7b(zu B 2.2.1.2, B 3.1, C 2.1 und C 3.2):

Ein Kellner im Eiscafé erzielt in den Monaten April bis September monatlich 560 Euro und in den Monaten Oktober bis März monatlich 340 Euro.

Das für die versicherungsrechtliche Beurteilung maßgebende Arbeitsentgelt ist wie folgt zu ermitteln:

April bis September	(6 × 560 Euro =)	3.360 Euro
Oktober bis März	(6 × 340 Euro =)	2.040 Euro
zusammen		5.400 Euro

Ein Zwölftel dieses Betrages beläuft sich auf (5.400 Euro: 12 =) 450 Euro und übersteigt die Arbeitsentgeltgrenze von 450 Euro nicht, so dass der Kellner geringfügig entlohnt beschäftigt ist. Es besteht Versicherungsfreiheit in der Kranken- und Arbeitslosenversicherung sowie keine Versicherungspflicht in der Pflegeversicherung. In der Rentenversicherung liegt Versicherungspflicht vor, von der sich der Arbeitnehmer auf Antrag befreien lassen kann. Der Arbeitgeber hat Pauschalbeiträge zur Krankenversicherung und gemeinsam mit dem Arbeitnehmer Pflichtbeiträge zur Rentenversicherung zu zahlen.

Personengruppenschlüssel:	109
Beitragsgruppenschlüssel:	6-1-0-0

Beispiel 7c(zu B 2.2.1, B 2.2.1.2, B 2.3, C 2.1 und C 3.2):

Ein Abiturient überbrückt die Zeit bis zum nächstmöglichen Studienbeginn im Wintersemester mit einer Aushilfsbeschäftigung als Kellner in einem Ausflugslokal.

Die Beschäftigung ist von vornherein für die Zeit vom 01.06. bis 31.12. bei einem Arbeitseinsatz von mehr als 70 Arbeitstagen befristet. Das Arbeitsentgelt wird wie folgt gezahlt:

Juni bis August	=	970 Euro monatlich
September bis Dezember	=	60 Euro monatlich

Die Beschäftigung ist nicht kurzfristig, weil zu ihrem Beginn feststeht, dass sie länger als drei Monate bzw. 70 Arbeitstage dauern wird. Es handelt sich auch nicht um eine geringfügig entlohnte Beschäftigung mit schwankendem Arbeitsentgelt. Der Charakter der regelmäßigen geringfügig entlohnten Beschäftigung ist nicht gegeben, weil der Beschäftigungsumfang einer erheblichen Schwankung unterliegt. Der Schwerpunkt der Beschäftigung liegt in den Monaten Juni bis August. Die Schwankungen in der Arbeitszeit verändern den Charakter der Beschäftigung derart, dass es sich nicht durchgehend um dieselbe regelmäßige Beschäftigung handelt, die einheitlich zu beurteilen ist. Die Beschäftigung ist in den Monaten Juni bis August nicht geringfügig entlohnt und in den Monaten September bis Dezember geringfügig entlohnt. Dabei ist unerheblich, dass der Gesamtverdienst im Zeitraum vom 01.06. bis 31.12. die zulässige anteilige Entgeltgrenze von 3.150 Euro nicht übersteigt.

Bis 31.08.:

Personengruppenschlüssel:	101
Beitragsgruppenschlüssel:	1-1-1-1

Ab 01.09.:

Personengruppenschlüssel:	109
Beitragsgruppenschlüssel:	6-1-0-0

Beispiel 8a(zu B 2.2.1.3, C 2.1 und C 3.2):

Einstellung eines Hausmeisters zum 01.04. auf Stundenlohnbasis (10 Euro pro Stunde). Es wird ein verstetigtes Arbeitsentgelt von 420 Euro im Monat vereinbart. Dies entspricht einer monatlichen Arbeitszeit von 42 Stunden (Jahresarbeitszeit = 504 Stunden). Der Arbeitseinsatz soll flexibel erfolgen und die wöchentliche Arbeitszeit demnach schwanken. Der Arbeitgeber schließt mit dem Hausmeister daher eine Gleitzeitvereinbarung über die Einrichtung eines Arbeitszeitkontos ab, die es dem Hausmeister ermöglicht, monatliche Überstunden auf- und abzubauen.

Soweit der Arbeitgeber in der vorausschauenden Betrachtung davon ausgeht, dass das Arbeitszeitkonto zum Ende des maßgebenden Zeitjahres (31.03. des Folgejahres) maximal 36 Stunden Restguthaben enthalten wird, ist der Hausmeister geringfügig entlohnt beschäftigt, weil das durchschnittliche Arbeitsentgelt 450 Euro nicht übersteigt (504 + 36 = 540 Stunden: 12 Monate × 10 Euro = 450 Euro). Der Arbeitgeber hat von dem verstetigten Arbeitsentgelt Pauschalbeiträge zur Krankenversicherung und gemeinsam mit dem Arbeitnehmer Pflichtbeiträge zur Rentenversicherung zu zahlen. Der Arbeitnehmer kann die Befreiung von der Rentenversicherungspflicht beantragen.

Personengruppenschlüssel:	109
Beitragsgruppenschlüssel:	6-1-0-0

Beispiel 8b(zu B 2.2.1.3, B 5.3, C 1, C 2.1, C 3.2 und D 2):

Fortsetzung von Beispiel 8a

In der Zeit ab 15.08. erfolgt eine Freistellung von der Arbeitsleistung, die Arbeit wird danach erst am 01.12. wieder aufgenommen. Das verstetigte Arbeitsentgelt von 420 Euro wird entsprechend der Vereinbarung auch in den Monaten September, Oktober und November in voller Höhe gezahlt. Im Arbeitszeitkonto befindet sich zum 01.12. kein Restguthaben.

Die sozialversicherungsrechtliche Beschäftigung besteht längstens für drei Monate der Freistellung und endet am 14.11. Das darüber hinaus in der Freistellungsphase vom 15.11. bis 30.11. gezahlte Arbeitsentgelt ist wie eine Einmalzahlung dem Entgeltabrechnungszeitraum bis 14.11. zuzuordnen und entsprechend zu verbeitragen.

Abmeldung zum 14.11.:

Personengruppenschlüssel:	109
Beitragsgruppenschlüssel:	6-1-0-0
Grund der Abgabe:	30
Rentenversicherungspflichtiges Arbeitsentgelt:	003360

Für die Zeit ab 01.12. hat der Arbeitgeber das regelmäßige Arbeitsentgelt neu zu bestimmen und, sofern eine geringfügig entlohnte Beschäftigung vorliegt, folgende Anmeldung vorzunehmen:

Personengruppenschlüssel:	109
Beitragsgruppenschlüssel:	6-1-0-0
Grund der Abgabe:	10

Beispiel 8c(zu B 2.2.1.3, C 2.1 und C 3.2):

Fortsetzung von Beispiel 8a

In der Zeit vom 01.04. bis 31.12. wird ein Arbeitszeitguthaben von 128 Stunden aufgebaut. Im folgenden Januar arbeitet der Hausmeister 44 Stunden, demzufolge sich das Arbeitszeitguthaben um weitere 2 Stunden erhöht.

Der Hausmeister hat demnach vom 01.04. bis 31.01. 550 Stunden (42 Stunden × 9 Monate = 378 Stunden + 128 Stunden Zeitguthaben + 44 Stunden Arbeitszeit im Januar) gearbeitet und die maximal zulässige Arbeitszeit von 540 Stunden im maßgebenden Jahreszeitraum (01.04. bis 31.03.) bereits im Januar um 10 Stunden überschritten. Ab 01.01. besteht Versicherungspflicht in der Kranken-, Renten-, Arbeitslosen- und Pflegeversicherung. Pflichtbeiträge sind vom monatlichen Arbeitsentgelt in Höhe von 420 Euro zu zahlen.

Eine geringfügig entlohnte Beschäftigung liegt ab dem Zeitpunkt wieder vor, von dem an in einer neu angestellten Jahresbetrachtung davon ausgegangen werden kann, dass das regelmäßige Arbeitsentgelt unter Berücksichtigung des sich aus dem bereits bestehenden und dem zu erwartenden Arbeitszeitguthaben abzuleitenden Arbeitsentgeltanspruchs 450 Euro nicht übersteigt.

Abmeldung zum 31.12.:

Personengruppenschlüssel:	109
Beitragsgruppenschlüssel:	6-1-0-0
Grund der Abgabe:	31
Rentenversicherungspflichtiges Arbeitsentgelt:	003780

Anmeldung zum 01.01.:

Personengruppenschlüssel:	101
Beitragsgruppenschlüssel:	1-1-1-1
Grund der Abgabe:	11

Beispiel 9(zu B 5.1):

Die Reinigungskraft eines Gebäudereinigungsunternehmens ist mit einem monatlichen Arbeitsentgelt in Höhe von 450 Euro für drei Jahre befristet geringfügig entlohnt beschäftigt. Die Arbeitszeit kann über ein Arbeitszeitkonto flexibel gestaltet werden. Zusätzlich erklärt sich die Reinigungskraft bereit, Urlaubs- und Krankheitsvertretungen zu übernehmen, die ihrem Arbeitszeitkonto gut geschrieben werden. Das Arbeitszeitguthaben soll am Ende der Beschäftigung in Arbeitsentgelt abgegolten werden.

Da bereits von vornherein feststeht, dass die aufgrund der Urlaubs- und Krankheitsvertretungen aufgebauten Arbeitszeitguthaben nicht bis zum Ende der Beschäftigung abgebaut werden, hat die versicherungs- und beitragsrechtliche Beurteilung unter Berücksichtigung der zu erwartenden Vertretungsarbeit zu erfolgen. Die sonstige flexible Arbeitszeitregelung ist dabei irrelevant.

Beispiel 10(zu B 2.2.1.4 und B 5.2):

Eine Verkäuferin ist gegen ein monatliches Arbeitsentgelt von 850 Euro beschäftigt. Im Laufe der Beschäftigung verzichtet die Verkäuferin im Rahmen einer Wertguthabenvereinbarung auf die Auszahlung von monatlich 400 Euro. Diese sollen monatlich als Wertguthaben für eine spätere Freistellung angespart werden.

Die Verkäuferin ist weiterhin versicherungspflichtig in der Kranken-, Renten-, Arbeitslosen- und Pflegeversicherung, weil das Bruttoarbeitsentgelt 450 Euro übersteigt. Die Umwandlung einer versicherungspflichtigen Beschäftigung in eine versicherungsfreie Beschäftigung durch eine Wertguthabenvereinbarung ist unzulässig. Die besonderen Regelungen zu Wertguthabenvereinbarungen finden keine Anwendung. Auf Basis des monatlich erarbeiteten Arbeitsentgeltanspruchs von 850 Euro besteht Beitragspflicht. Eine sozialversicherungsrechtlich relevante Entsparung des „Wertguthabens" ist nicht möglich. Die versicherungspflichtige Beschäftigung endet vor Beginn der Freistellung der Verkäuferin von der Arbeitsleistung und der Auszahlung des „Wertguthabens".

Personengruppenschlüssel:	101
Beitragsgruppenschlüssel:	1-1-1-1

Beispiel 11(zu B 2.2.1.6, C 2.1 und C 3.2):

Eine familienversicherte Hausfrau nimmt am 01.04. im Rahmen einer abhängigen Beschäftigung eine nebenberufliche Lehrtätigkeit auf. Sie arbeitet gegen ein monatliches Arbeitsentgelt von **750** Euro. Der Arbeitgeber beabsichtigt, auf das Arbeitsentgelt den als Aufwandsentschädigung vorgesehenen Steuerfreibetrag von jährlich **3.000** Euro (Übungsleiterpauschale) anzuwenden, da der Steuerfreibetrag von der Arbeitnehmerin auch nicht für andere Zwecke genutzt wird und bei Beschäftigungsbeginn in voller Höhe zur Verfügung steht. Der Steuerfreibetrag soll en bloc ausgeschöpft werden.

Das regelmäßige Arbeitsentgelt ist für jedes Kalenderjahr gesondert zu ermitteln, also vom 01.04. bis 31.12. und erneut ab 01.01. des Folgejahres.

01.04. bis 31.12.:

Verdienst (**750** Euro × 9 =)	**6.750** Euro
./. Steuerfreibetrag	**3.000** Euro
Sozialversicherungsrechtliches Arbeitsentgelt	**3.750** Euro

Ein Neuntel dieses Betrages beläuft sich auf (**3.750** Euro: 9) **416,67** Euro und übersteigt die Arbeitsentgeltgrenze von 450 Euro nicht, so dass vom 01.04. bis 31.12. eine geringfügig entlohnte Beschäftigung vorliegt. Es besteht Versicherungsfreiheit in der Kranken- und Arbeitslosenversicherung sowie keine Versicherungspflicht in der Pflegeversicherung. In der Rentenversicherung liegt Versicherungspflicht vor, von der sich die Arbeitnehmerin auf Antrag befreien lassen kann. Der Arbeitgeber hat Pauschalbeiträge zur Krankenversicherung und gemeinsam mit der Arbeitnehmerin Pflichtbeiträge zur Rentenversicherung zu zahlen. Die geringfügig entlohnte Beschäftigung ist erst nach Ausschöpfung des Steuerfreibetrages ab dem Monat **August** zu melden und zu verbeitragen. Die Monate April bis **Juli** sind voll (jeweils **750** Euro) mit Steuerfreibeträgen belegt.

Ab 01.08.:

Personengruppenschlüssel:	109
Beitragsgruppenschlüssel:	6-1-0-0

Ab 01.01. des Folgejahres:

Verdienst (**750** Euro × 12 =)	**9.000** Euro
./. Steuerfreibetrag	**3.000** Euro
Sozialversicherungsrechtliches Arbeitsentgelt	6.000 Euro

Ein Zwölftel dieses Betrages beläuft sich auf (6.000 Euro: 12) 500 Euro und übersteigt die Arbeitsentgeltgrenze von 450 Euro, so dass die nebenberufliche Lehrkraft ab 01.01. mehr als geringfügig entlohnt versicherungspflichtig in der Kranken-, Renten-, Arbeitslosen- und Pflegeversicherung beschäftigt ist. Die mehr als geringfügig entlohnte Beschäftigung ist erst nach Ausschöpfung des Steuerfreibetrages ab dem Monat **Mai** zu melden und zu verbeitragen. Die Monate Januar bis **April** sind voll (jeweils **750** Euro) mit Steuerfreibeträgen belegt.

Ab 01.05.:

Personengruppenschlüssel:	101
Beitragsgruppenschlüssel:	1-1-1-1

Beispiel 12(zu B 2.2.1.6):

Eine privat krankenversicherte Hausfrau nimmt vom 01.03. bis 31.10. im Rahmen einer abhängigen Beschäftigung eine nebenberufliche Lehrtätigkeit auf **(mehr als 70 Arbeitstage)**. Sie arbeitet gegen ein monatliches Arbeitsentgelt von **825** Euro. Der Arbeitgeber beabsichtigt, auf das Arbeitsentgelt den als Aufwandsentschädigung vorgesehenen Steuerfreibetrag von jährlich **3.000** Euro (Übungsleiterpauschale) in Höhe von **2.600** Euro anzuwenden, da im Kalenderjahr des Beschäftigungsbeginns der Steuerfreibetrag von der Arbeitnehmerin bereits in Höhe von 400 Euro in Anspruch genommen wurde. Der Steuerfreibetrag soll pro rata ausgeschöpft werden.

Das regelmäßige Arbeitsentgelt vom 01.03. bis 31.10. ermittelt sich wie folgt:

Verdienst (**825** Euro × 8 =)	**6.600** Euro
./. Steuerfreibetrag (**3.000** Euro ./. 400 Euro)	**2.600** Euro
Sozialversicherungsrechtliches Arbeitsentgelt	4.000 Euro

Ein Achtel dieses Betrages beläuft sich auf (4.000 Euro: 8) 500 Euro und übersteigt die Arbeitsentgeltgrenze von 450 Euro, so dass die nebenberufliche Lehrkraft mehr als geringfügig entlohnt versicherungspflichtig in der Kranken-, Renten-, Arbeitslosen- und Pflegeversicherung beschäftigt ist. Die Beschäftigung ist vom 01.03. bis 31.10. zu melden und zu verbeitragen.

Personengruppenschlüssel: 101

Beitragsgruppenschlüssel: 1-1-1-1

Beispiel 13(zu B 2.2.1.6, C 2.1 und C 3.2):

Ein gesetzlich krankenversicherter Hausmann ist im Sportverein als Übungsleiter gegen ein monatliches Arbeitsentgelt von **690** Euro tätig. Gleichzeitig nimmt er im selben Sportverein die Position des Kassenwarts wahr, für die er monatlich **80** Euro erhält. Es handelt sich um ein einheitliches Beschäftigungsverhältnis bei demselben Arbeitgeber. Der Arbeitgeber beabsichtigt, auf das Arbeitsentgelt die als Aufwandsentschädigung vorgesehenen Steuerfreibeträge von jährlich **3.000** Euro (Übungsleiterpauschale) und **840** Euro (Ehrenamtspauschale) anzuwenden. Die Steuerfreibeträge sollen pro rata ausgeschöpft werden.

Das regelmäßige Arbeitsentgelt für die Zeit von Januar bis Dezember ermittelt sich wie folgt:

Verdienst (**690** Euro + **80** Euro = **770** Euro × 12 =)	**9.240** Euro
./. Steuerfreibetrag „Übungsleiterpauschale“	**3.000** Euro
./. Steuerfreibetrag „Ehrenamtspauschale“	**840** Euro
Sozialversicherungsrechtliches Arbeitsentgelt	5.400 Euro

Die Beschäftigung ist geringfügig entlohnt, weil das Arbeitsentgelt unter Berücksichtigung der steuerfreien Aufwandsentschädigungen 450 Euro (5.400 Euro: 12) nicht übersteigt. Es besteht Versicherungsfreiheit in der Kranken- und Arbeitslosenversicherung sowie keine Versicherungspflicht in der Pflegeversicherung. In der Rentenversicherung liegt Versicherungspflicht vor, von der sich der Arbeitnehmer auf Antrag befreien lassen kann. Der Arbeitgeber hat Pauschalbeiträge zur Krankenversicherung und gemeinsam mit dem Arbeitnehmer Pflichtbeiträge zur Rentenversicherung zu zahlen. Die Beschäftigung ist ganzjährig zu melden und zu verbeitragen.

Personengruppenschlüssel: 109

Beitragsgruppenschlüssel: 6-1-0-0

Beispiel 14(zu B 2.2.1.7, C 2.1 und C 3.2):

Eine Bürohilfe vereinbart mit dem Arbeitgeber, dass der Arbeitgeber den Bruttoentgeltanspruch in Höhe von 560 Euro ab Beschäftigungsbeginn im Juni um 120 Euro mindert und in diesem Umfang eine Versorgungszusage zu Gunsten einer betrieblichen Altersversorgung abgibt.

Die Bürohilfe ist geringfügig entlohnt beschäftigt, weil das Arbeitsentgelt von 440 Euro (560 ./. 120) nach der Entgeltumwandlung 450 Euro nicht übersteigt. Es besteht Versicherungsfreiheit in der Kranken- und Arbeitslosenversicherung sowie keine Versicherungspflicht in der Pflegeversicherung. In der Rentenversicherung liegt Versicherungspflicht vor, von der sich die Arbeitnehmerin auf Antrag befreien lassen kann. Der Arbeitgeber hat Pauschalbeiträge zur Krankenversicherung und gemeinsam mit der Arbeitnehmerin Pflichtbeiträge zur Rentenversicherung zu zahlen.

Personengruppenschlüssel: 109

Beitragsgruppenschlüssel: 6-1-0-0

Beispiel 15a(zu B 2.2.2.1, B 2.2.3.1, C 2.1 und C 3.1):

Eine privat krankenversicherte Raumpflegerin arbeitet ab 01.07.2012

beim Arbeitgeber A (Privathaushalt) gegen ein monatliches Arbeitsentgelt
von 170 Euro

beim Arbeitgeber B gegen ein monatliches Arbeitsentgelt von 150 Euro

Die Raumpflegerin ist geringfügig entlohnt beschäftigt, weil das Arbeitsentgelt aus beiden Beschäftigungen insgesamt 450 Euro nicht übersteigt. Es besteht Versicherungsfreiheit in der Kranken-, Renten- und Arbeitslosenversicherung sowie keine Versicherungspflicht in der Pflegeversicherung. Die Arbeitgeber haben Pauschalbeiträge zur Rentenversicherung zu zahlen. Für den Arbeitgeber A findet das Haushaltsscheck-Verfahren Anwendung. Die Versicherungsfreiheit in der Rentenversicherung bleibt über den 31.12.2012 hinaus bestehen, solange das insgesamt erzielte Arbeitsentgelt 400 Euro nicht übersteigt.

Personengruppenschlüssel:	109
Beitragsgruppenschlüssel:	0-5-0-0

Beispiel 15b(zu B 2.2.2.1, B 2.2.3.1, C 2.1, C 3.1 und C 3.2):

Eine privat krankenversicherte Raumpflegerin arbeitet
ab 01.07.2012 beim Arbeitgeber A gegen ein monatliches Arbeitsentgelt
von 170 Euro

ab 01.02.2013 beim Arbeitgeber B gegen ein monatliches Arbeitsentgelt
von 150 Euro

Die Raumpflegerin ist geringfügig entlohnt beschäftigt, weil das Arbeitsentgelt aus beiden Beschäftigungen insgesamt 450 Euro nicht übersteigt. In beiden Beschäftigungen besteht Versicherungsfreiheit in der Kranken- und Arbeitslosenversicherung sowie keine Versicherungspflicht in der Pflegeversicherung. Die Beschäftigung beim Arbeitgeber A ist rentenversicherungsfrei, weil es sich um eine bestandsgeschützte Beschäftigung handelt und das insgesamt erzielte Arbeitsentgelt 400 Euro nicht übersteigt. In der Beschäftigung beim Arbeitgeber B liegt Rentenversicherungspflicht vor, von der sich die Arbeitnehmerin befreien lassen kann.

Der Arbeitgeber A hat Pauschalbeiträge zur Rentenversicherung und der Arbeitgeber B gemeinsam mit der Arbeitnehmerin Pflichtbeiträge zur Rentenversicherung zu zahlen.

Arbeitgeber A ab 01.07.2012:

Personengruppenschlüssel:	109
Beitragsgruppenschlüssel:	0-5-0-0

Arbeitgeber B ab 01.02.2013:

Personengruppenschlüssel:	109
Beitragsgruppenschlüssel:	0-1-0-0

Beispiel 15c(zu B 2.2.2.1, B 2.2.3.1, C 2.1, C 3.1 und C 3.2):

Eine privat krankenversicherte Raumpflegerin arbeitet
ab 01.07.2012 beim Arbeitgeber A gegen ein monatliches Arbeitsentgelt
von 250 Euro

ab 01.02.2013 beim Arbeitgeber B gegen ein monatliches Arbeitsentgelt
von 200 Euro

Die Raumpflegerin ist geringfügig entlohnt beschäftigt, weil das Arbeitsentgelt aus beiden Beschäftigungen insgesamt 450 Euro nicht übersteigt. Es besteht Versicherungsfreiheit in der Kranken- und Arbeitslosenversicherung sowie keine Versicherungspflicht in der Pflegeversicherung. In der bestandsgeschützten Beschäftigung beim Arbeitgeber A besteht bis 31.01.2013 Rentenversicherungsfreiheit. Ab 01.02.2013 wirkt die Bestandschutzregelung für Beschäftigung A nicht mehr, weil aufgrund des Hinzutritts der Beschäftigung beim Arbeitgeber B das insgesamt erzielte Arbeitsentgelt 400 Euro übersteigt. Für beide Beschäftigungen ergibt sich ab 01.02.2013 Rentenversicherungspflicht, von der sich die Arbeitnehmerin befreien lassen kann. Der Arbeitgeber A hat bis 31.01.2013 Pauschalbeiträge zur Rentenversicherung zu zahlen. Ab 01.02.2013 zahlen beide Arbeitgeber gemeinsam mit der Arbeitnehmerin Pflichtbeiträge zur Rentenversicherung.

Arbeitgeber A bis 31.01.2013:

Personengruppenschlüssel: 109
Beitragsgruppenschlüssel: 0-5-0-0

Arbeitgeber A und B ab 01.02.
2013:
Personengruppenschlüssel: 109
Beitragsgruppenschlüssel: 0-1-0-0

Beispiel 15d(zu B 2.2.2.1, B 2.2.3.1, B 2.2.4, C 2.1, C 3.1 und D 2):

Eine privat krankenversicherte Raumpflegerin arbeitet
ab 01.07.2012 beim Arbeitgeber A gegen ein monatliches Arbeitsentgelt
von 250 Euro

ab 01.02.2013 beim Arbeitgeber B gegen ein monatliches Arbeitsentgelt
von 200 Euro

(Der Antrag auf Befreiung von der Rentenversicherungspflicht wird wirksam ab Beschäftigungsbeginn gestellt)

Die Raumpflegerin ist geringfügig entlohnt beschäftigt, weil das Arbeitsentgelt aus beiden Beschäftigungen insgesamt 450 Euro nicht übersteigt. Es besteht Versicherungsfreiheit in der Kranken- und Arbeitslosenversicherung sowie keine Versicherungspflicht in der Pflegeversicherung. In der bestandsgeschützten Beschäftigung beim Arbeitgeber A besteht bis 31.01.2013 Rentenversicherungsfreiheit. Ab 01.02.2013 wirkt die Bestandschutzregelung für Beschäftigung A nicht mehr, weil aufgrund des Hinzutritts der Beschäftigung beim Arbeitgeber B das insgesamt erzielten Arbeitsentgelt 400 Euro übersteigt. Für beide Beschäftigungen ergibt sich ab 01.02.2013 grundsätzlich Rentenversicherungspflicht, von der sich die Arbeitnehmerin jedoch hat befreien lassen. Die beim Arbeitgeber B beantragte Befreiung von der Rentenversicherungspflicht ab 01.02.2013 wirkt sich auch auf die Beschäftigung beim Arbeitgeber A aus. Beim Arbeitgeber A muss daher kein gesonderter Befreiungsantrag gestellt werden, der der Minijob-Zentrale zu melden wäre. Der Arbeitgeber A hat durchgehend ab 01.07.2012 und der Arbeitgeber B ab 01.02.2013 Pauschalbeiträge zur Rentenversicherung zu zahlen.

Arbeitgeber A ab 01.07.2012:
Personengruppenschlüssel: 109
Beitragsgruppenschlüssel: 0-5-0-0

Arbeitgeber B ab 01.02.2013:
Personengruppenschlüssel: 109
Beitragsgruppenschlüssel: 0-5-0-0

Beispiel 15e(zu B 2.2.3.1, C 2.1, C 3.1 und D 2):

Eine privat krankenversicherte Raumpflegerin arbeitet ab 01.07.2012 gegen ein monatliches Arbeitsentgelt von 390 Euro, welches ab 01.04.2013 auf 430 Euro abgehoben wird. Der Antrag auf Befreiung von der Rentenversicherungspflicht wird wirksam ab dem Zeitpunkt der Entgelterhöhung gestellt.

Die Raumpflegerin ist geringfügig entlohnt beschäftigt, weil das Arbeitsentgelt 450 Euro nicht übersteigt. Es besteht Versicherungsfreiheit in der Kranken- und Arbeitslosenversicherung sowie keine Versicherungspflicht in der Pflegeversicherung. Bis 31.03.2013 ist die Arbeitnehmerin rentenversicherungsfrei, weil das Arbeitsentgelt 400 Euro nicht übersteigt. Ab 01.04.2013 tritt grundsätzlich Rentenversicherungspflicht ein, von der sich die Arbeitnehmerin jedoch hat befreien lassen. Der Arbeitgeber meldet der Minijob-Zentrale den Eingang des Befreiungsantrags und damit das Ende der bisherigen Rentenversicherungsfreiheit sowie den Beginn der Befreiung von der Rentenversicherungspflicht durch eine Ab- und Anmeldung aus sonstigen Gründen (bzw. nutzt alternativ die Mustermeldung der Minijob-Zentrale). Der Beitragsgruppenschlüssel bleibt unverändert. Der Arbeitgeber hat durchgehend ab 01.07.2012 Pauschalbeiträge zur Rentenversicherung zu zahlen.

Bis 31.03.2013:
Personengruppenschlüssel: 109
Beitragsgruppenschlüssel: 0-5-0-0

Grund der Abgabe:	33

Ab 01.04.2013:

Personengruppenschlüssel:	109
Beitragsgruppenschlüssel:	0-5-0-0
Grund der Abgabe:	13

Beispiel 16(zu B 2.2.2.1, B 2.3.2, C 2.1 und C 3.2):

Eine familienversicherte Raumpflegerin arbeitet befristet beim Arbeitgeber A vom 02.05. bis 28.06. (Sechs-Tage-Woche)	**57** Kalendertage/**49 Arbeitstage**
gegen ein monatliches Arbeitsentgelt von	**1.200** Euro
beim Arbeitgeber B vom 02.05. bis 03.08.	**93** Kalendertage/**79 Arbeitstage**
(1,5 Stunden pro Tag bei einer Sechs-Tage-Woche)	
gegen ein monatliches Arbeitsentgelt von	**420** Euro

Berechnung der Kalendertage			
Arbeitgeber A:	**Zeitmonat vom 02.05. bis 01.06.**	**=**	**30 Kalendertage**
	Teilmonat vom 02.06. bis 28.06.	**=**	**27 Kalendertage**
Arbeitgeber B:	**Teilmonat vom 02.05. bis 31.05.**	**=**	**30 Kalendertage**
	Kalendermonate Juni und Juli	**=**	**60 Kalendertage**
	Teilmonat 01.08. bis 03.08.	**=**	**3 Kalendertage**

Die Beschäftigung beim Arbeitgeber A ist wegen ihrer Dauer **(längstens drei Monate oder 70 Arbeitstage) kurzfristig.** Die Beschäftigung beim Arbeitgeber B **ist nicht kurzfristig, weil sie länger als drei Monate oder 70 Arbeitstage ausgeübt wird, aber** wegen der Höhe des Arbeitsentgelts geringfügig **entlohnt.** Mithin besteht in Beschäftigung A Versicherungsfreiheit in der Kranken-, Renten- und Arbeitslosenversicherung sowie keine Versicherungspflicht in der Pflegeversicherung und in Beschäftigung B Versicherungsfreiheit in der Kranken- und Arbeitslosenversicherung sowie keine Versicherungspflicht in der Pflegeversicherung und Versicherungspflicht in der Rentenversicherung. Eine Zusammenrechnung der beiden Beschäftigungen kann nicht vorgenommen werden, da es sich bei der Beschäftigung beim Arbeitgeber A um eine kurzfristige Beschäftigung und bei der Beschäftigung beim Arbeitgeber B um eine geringfügig entlohnte Beschäftigung handelt. Der Arbeitgeber B hat Pauschalbeiträge zur Krankenversicherung und gemeinsam mit der Arbeitnehmerin Pflichtbeiträge zur Rentenversicherung zu zahlen.

Arbeitgeber A	Personengruppenschlüssel:	110
	Beitragsgruppenschlüssel:	0-0-0-0
Arbeitgeber B	Personengruppenschlüssel:	109
	Beitragsgruppenschlüssel:	6-1-0-0

Beispiel 17(zu B 2.2.2.1, B 2.2.3.1, C 2.1 und C 3.1):
Eine privat krankenversicherte Verkäuferin arbeitet seit dem 01.04.2012 beim Arbeitgeber A gegen ein monatliches Arbeitsentgelt von 350 Euro (Dauerbeschäftigung). Am 01.03.2015 nimmt sie zusätzlich eine bis zum 20.04.2015 befristete Beschäftigung beim Arbeitgeber B auf; dort arbeitet sie als Verkäuferin gegen ein monatliches Arbeitsentgelt von 200 Euro.
Die Verkäuferin bleibt auch in der Zeit vom 01.03. bis zum 20.04.2015 weiterhin versicherungsfrei in der Kranken-, Renten- und Arbeitslosenversicherung, weil es sich bei der Beschäftigung beim Arbeitgeber A um eine (vor dem 01.01.2013 aufgenommene) geringfügig entlohnte und bei der Beschäftigung beim Arbeitgeber B um eine kurzfristige Beschäftigung handelt und keine Zusammenrechnung vorzunehmen ist. Aus der Krankenversicherungsfreiheit folgt, dass in der Beschäftigung A auch keine Versicherungspflicht in der Pflegeversicherung besteht. Der Arbeitgeber A hat den Pauschalbeitrag zur Rentenversicherung zu zahlen. Die Versicherungsfreiheit in der Rentenversicherung bleibt in der Beschäftigung beim Arbeitgeber A über den 31.12.2012 hinaus bestehen, solange das Arbeitsentgelt 400 Euro nicht übersteigt

Arbeitgeber A	Personengruppenschlüssel:	109
	Beitragsgruppenschlüssel:	0-5-0-0
Arbeitgeber B	Personengruppenschlüssel:	110
	Beitragsgruppenschlüssel:	0-0-0-0

Beispiel 18(zu B 2.2.1.4, B 2.2.2.1, C 2.1 und C 3.2):

Eine gesetzlich krankenversicherte Verkäuferin arbeitet

beim Arbeitgeber A seit dem 01.07. gegen ein monatliches Arbeitsentgelt von 450 Euro

in Wertguthaben angelegtes Arbeitsentgelt 200 Euro

beim Arbeitgeber B seit dem 01.11. gegen ein monatliches Arbeitsentgelt von 150 Euro

Maßgebend für die Ermittlung des regelmäßigen Arbeitsentgelts bei Beschäftigung A ist der ausgezahlte Betrag von 250 Euro. Die Verkäuferin ist geringfügig entlohnt beschäftigt, weil das Arbeitsentgelt aus beiden Beschäftigungen insgesamt 450 Euro nicht übersteigt. Es besteht Versicherungsfreiheit in der Kranken- und Arbeitslosenversicherung sowie keine Versicherungspflicht in der Pflegeversicherung. In der Rentenversicherung besteht Versicherungspflicht, von der sich die Arbeitnehmerin befreien lassen kann. Die Arbeitgeber haben Pauschalbeiträge zur Krankenversicherung und gemeinsam mit der Arbeitnehmerin Pflichtbeiträge zur Rentenversicherung zu zahlen.

Personengruppenschlüssel:	109
Beitragsgruppenschlüssel:	6-1-0-0

Beispiel 19(zu B 2.2.2.2, B 2.2.3.1, C 2.1 und C 3.1):

Eine Verkäuferin arbeitet regelmäßig

beim Arbeitgeber A gegen ein monatliches Arbeitsentgelt von 1.800 Euro

beim Arbeitgeber B seit dem 01.09.2012 gegen ein monatliches Arbeitsentgelt von 300 Euro

Die Verkäuferin unterliegt in der (Haupt-)Beschäftigung beim Arbeitgeber A der Versicherungspflicht in der Kranken-, Renten-, Arbeitslosen- und Pflegeversicherung. Die Beschäftigung beim Arbeitgeber B ist geringfügig entlohnt, weil das Arbeitsentgelt 450 Euro nicht übersteigt und versicherungsfrei in der Kranken- und Arbeitslosenversicherung sowie nicht versicherungspflichtig in der Pflegeversicherung. In der Rentenversicherung besteht in der Beschäftigung beim Arbeitgeber B über den 31.12.2012 hinaus Versicherungsfreiheit, solange das Arbeitsentgelt 400 Euro nicht übersteigt. Eine Zusammenrechnung der geringfügig entlohnten Beschäftigung mit der versicherungspflichtigen (Haupt-)Beschäftigung findet nicht statt. Der Arbeitgeber B hat Pauschalbeiträge zur Kranken- und Rentenversicherung zu zahlen.

Arbeitgeber A	Personengruppenschlüssel:	101
	Beitragsgruppenschlüssel:	1-1-1-1
Arbeitgeber B	Personengruppenschlüssel:	109
	Beitragsgruppenschlüssel:	6-5-0-0

Beispiel 20(zu B 2.2.2.2, B 2.2.3.1, C 2.1 und C 3.1):

Eine Raumpflegerin arbeitet regelmäßig seit Jahren

beim Arbeitgeber A gegen ein monatliches Arbeitsentgelt von 600 Euro

seit 01.06.2012 beim Arbeitgeber B gegen ein monatliches Arbeitsentgelt von 230 Euro

seit 01.02.2013 beim Arbeitgeber C gegen ein monatliches Arbeitsentgelt von 200 Euro

Die Raumpflegerin unterliegt in der (Haupt-)Beschäftigung beim Arbeitgeber A der Versicherungspflicht in der Kranken-, Renten-, Arbeitslosen- und Pflegeversicherung. Bei den beiden übrigen Beschäftigungen handelt es sich jeweils um geringfügig entlohnte Beschäftigungen, weil das Arbeitsentgelt aus den einzelnen Beschäftigungen 450 Euro nicht übersteigt. Da die Beschäftigung beim Arbeitgeber B zeitlich zuerst aufgenommen wird, wird sie nicht mit der versicherungspflichtigen (Haupt-)Beschäftigung beim Arbeitgeber A zusammengerechnet und bleibt in der Kranken- und Rentenversicherung versicherungsfrei sowie nicht versicherungspflichtig in der Pflegeversicherung. Die Versicherungsfreiheit in der Rentenversicherung bleibt in der Beschäftigung B über den 31.12.2012 hinaus bestehen, solange das Arbeitsentgelt 400 Euro nicht übersteigt. Die Beschäftigung beim Arbeitgeber C ist hingegen mit der versicherungspflichtigen (Haupt-) Beschäftigung beim Arbeitgeber A zusammenzurechnen mit der Folge, dass sie als mehr als geringfügige Beschäftigung Versicherungspflicht in der Kranken-, Renten- und Pflegeversicherung begründet. In der Arbeitslosenversicherung besteht in den Beschäftigungen beim Arbeitgeber B und beim Arbeitgeber C Versicherungsfreiheit, weil das Arbeitsentgelt aus diesen Beschäftigungen jeweils 450 Euro nicht überschreitet und geringfügig entlohnte Beschäftigungen mit versicherungspflichtigen (Haupt-)Beschäftigungen nicht zusammengerechnet werden. Der Arbeitgeber B hat Pauschalbeiträge zur Kranken- und Rentenversicherung zu zahlen.

Arbeitgeber A	Personengruppenschlüssel:	101
	Beitragsgruppenschlüssel:	1-1-1-1
Arbeitgeber B	Personengruppenschlüssel:	109
	Beitragsgruppenschlüssel:	6-5-0-0
Arbeitgeber C	Personengruppenschlüssel:	101
	Beitragsgruppenschlüssel:	1-1-0-1

Beispiel 21(zu B 2.2.2.2):

Ein privat krankenversicherter Beamter übt neben seiner Beamtenbeschäftigung beim Arbeitgeber A weitere Beschäftigungen bei den Arbeitgebern B und C aus. Beim Arbeitgeber B arbeitet er als Programmierer gegen ein monatliches Arbeitsentgelt von 280 Euro; beim Arbeitgeber C arbeitet er als Buchhalter gegen ein monatliches Arbeitsentgelt von 200 Euro.

Die Beamtentätigkeit beim Arbeitgeber A ist keine versicherungspflichtige (Haupt-)Beschäftigung, so dass sie nicht mit den weiteren Beschäftigungen zusammengerechnet wird. Der Beamte ist aufgrund der Beschäftigungen bei den Arbeitgebern B und C in der Krankenversicherung generell versicherungsfrei und damit in der Pflegeversicherung nicht versicherungspflichtig. In der Renten- und Arbeitslosenversicherung besteht für den Beamten aufgrund der Beschäftigungen bei den Arbeitgebern B und C Versicherungspflicht, weil das Arbeitsentgelt aus diesen Beschäftigungen 450 Euro übersteigt.

Arbeitgeber B/C	Personengruppenschlüssel:	101
	Beitragsgruppenschlüssel:	0-1-1-0

Beispiel 22(zu B 2.2.2.2 und C 2.1):

Ein freiwillig krankenversicherter Beamter übt neben seiner Beamtenbeschäftigung beim Arbeitgeber A seit 01.02. weitere Beschäftigungen bei den Arbeitgebern B und C aus. Beim Arbeitgeber B arbeitet er als Programmierer gegen ein monatliches Arbeitsentgelt von 250 Euro; beim Arbeitgeber C arbeitet er als Buchhalter gegen ein monatliches Arbeitsentgelt von 150 Euro. Der Arbeitnehmer beantragt mit Wirkung ab 01.02. die Befreiung von der Rentenversicherungspflicht aufgrund der geringfügig entlohnten Beschäftigungen.

Die Beamtentätigkeit beim Arbeitgeber A ist keine versicherungspflichtige (Haupt-)Beschäftigung, so dass sie nicht mit den weiteren Beschäftigungen zusammengerechnet wird. Bei den Beschäftigungen bei den Arbeitgebern B und C handelt es sich um geringfügig entlohnte Beschäftigungen, weil das Arbeitsentgelt insgesamt 450 Euro nicht übersteigt. Die Beschäftigungen sind versicherungsfrei in der Kranken- und Arbeitslosenversicherung sowie nicht versicherungspflichtig in der Pflegeversicherung. Aufgrund des Antrags auf Befreiung von der Rentenversicherungspflicht ist der Arbeitnehmer in den Beschäftigungen B und C von der Rentenversicherungspflicht befreit. Die Arbeitgeber B und C haben Pauschalbeiträge zur Kranken- und Rentenversicherung zu zahlen.

Arbeitgeber B/C	Personengruppenschlüssel:	109
	Beitragsgruppenschlüssel:	6-5-0-0

Beispiel 23(zu B 2.2.2.2, C 2.1 und C 3.2):

Ein privat krankenversicherter Beamter übt neben seiner Beamtenbeschäftigung beim Arbeitgeber A weitere Beschäftigungen bei den Arbeitgebern B und C aus. Beim Arbeitgeber B arbeitet er als Buchhalter gegen ein monatliches Arbeitsentgelt von 500 Euro; beim Arbeitgeber C arbeitet er seit dem 01.03. als Taxifahrer gegen ein monatliches Arbeitsentgelt von 200 Euro.

Die Beamtentätigkeit beim Arbeitgeber A ist keine versicherungspflichtige (Haupt-)Beschäftigung, so dass sie nicht mit den weiteren Beschäftigungen zusammengerechnet wird. Der Beamte ist aufgrund der Beschäftigungen bei den Arbeitgebern B und C in der Krankenversicherung generell versicherungsfrei und damit in der Pflegeversicherung nicht versicherungspflichtig. In der Beschäftigung beim Arbeitgeber B unterliegt der Beamte der Versicherungspflicht in der Renten- und Arbeitslosenversicherung, weil das Arbeitsentgelt 450 Euro übersteigt. Die Beschäftigung beim Arbeitgeber C ist als (erste) geringfügig entlohnte Beschäftigung neben der versicherungspflichtigen (Haupt-)Beschäftigung beim Arbeit geber B in der Rentenversicherung versicherungspflichtig mit der Möglichkeit der Befreiung von der Rentenversicherungspflicht, weil das monatliche Arbeitsentgelt 450 Euro nicht übersteigt. In der Arbeitslosenversicherung besteht in der Beschäftigung beim Arbeitgeber C Versicherungsfreiheit, weil geringfügig entlohnte Beschäftigungen mit versicherungspflichtigen Beschäftigungen nicht zusammengerechnet werden.

Arbeitgeber B	Personengruppenschlüssel:	101
	Beitragsgruppenschlüssel:	0-1-1-0
Arbeitgeber C	Personengruppenschlüssel:	109
	Beitragsgruppenschlüssel:	0-1-0-0

Beispiel 24(zu B 2.2.2.2, B 2.2.3.1, C 2.1 und C 3.1):

Ein freiwillig krankenversicherter Beamter übt neben seiner Beamtenbeschäftigung beim Arbeitgeber A weitere Beschäftigungen bei den Arbeitgebern B und C aus. Beim Arbeitgeber B arbeitet er als Buchhalter gegen ein monatliches Arbeitsentgelt von 500 Euro; beim Arbeitgeber C arbeitet er seit 01.03.2012 als Taxifahrer gegen ein monatliches Arbeitsentgelt von 200 Euro.

Die Beamtentätigkeit beim Arbeitgeber A ist keine versicherungspflichtige (Haupt-)Beschäftigung, so dass sie nicht mit den weiteren Beschäftigungen zusammengerechnet wird. Der Beamte ist aufgrund der Beschäftigungen bei den Arbeitgebern B und C in der Krankenversicherung versicherungsfrei und damit in der Pflegeversicherung nicht versicherungspflichtig. In der Beschäftigung beim Arbeitgeber B unterliegt der Beamte der Versicherungspflicht in der Renten- und Arbeitslosenversicherung, weil das Arbeitsentgelt 450 Euro übersteigt. Die Beschäftigung beim Arbeitgeber C bleibt als (erste) geringfügig entlohnte Beschäftigung neben der versicherungspflichtigen (Haupt-)Beschäftigung beim Arbeitgeber B in der Rentenversicherung versicherungsfrei, weil die Beschäftigung bereits vor dem 01.01.2013 bestanden hat und das monatliche Arbeitsentgelt 400 Euro nicht übersteigt. In der Arbeitslosenversicherung besteht in der Beschäftigung beim Arbeitgeber C ebenfalls Versicherungsfreiheit, weil geringfügig entlohnte Beschäftigungen mit versicherungspflichtigen Beschäftigungen nicht zusammengerechnet werden. Der Arbeitgeber B hat individuelle Beiträge zur Renten- und Arbeitslosenversicherung zu zahlen; Pauschalbeiträge zur Krankenversicherung fallen nicht an, weil es sich nicht um eine geringfügig entlohnte Beschäftigung handelt. Der Arbeitgeber C hat Pauschalbeiträge zur Kranken- und Rentenversicherung zu zahlen.

Arbeitgeber B	Personengruppenschlüssel:	101
	Beitragsgruppenschlüssel:	0-1-1-0
Arbeitgeber C	Personengruppenschlüssel:	109
	Beitragsgruppenschlüssel:	6-5-0-0

Beispiel 25(zu B 2.2.2.2, B 2.2.3.1, C 2.1, C 3.1, D 8, E, G und H 3):

Ein Programmierer arbeitet beim Arbeitgeber A gegen ein monatliches Arbeitsentgelt von 4.400 Euro. Er ist wegen Überschreitens der Jahresarbeitsentgeltgrenze krankenversicherungsfrei und in der gesetzlichen Krankenversicherung freiwillig versichert. Die Beiträge zur Krankenversicherung werden vom Arbeitgeber im Rahmen des Gesamtsozialversicherungsbeitrags überwiesen (Firmenzahler). Am 01.07.2012 nimmt er eine zweite Beschäftigung als Programmierer beim Arbeitgeber B gegen ein monatliches Arbeitsentgelt von 200 Euro und am 01.09.2012 eine weitere Beschäftigung als Programmierer beim Arbeitgeber C gegen ein monatliches Arbeitsentgelt von 150 Euro auf.

Der Programmierer unterliegt aufgrund der (Haupt-)Beschäftigung beim Arbeitgeber A der Versicherungspflicht in der Renten- und Arbeitslosenversicherung. Bei den beiden übrigen Beschäftigungen handelt es sich jeweils um geringfügig entlohnte Beschäftigungen, weil das Arbeitsentgelt aus den einzelnen Beschäftigungen (auch insgesamt) 450 Euro nicht übersteigt. Da die Beschäftigung beim Arbeitgeber B zuerst aufgenommen wird, wird sie nicht mit der rentenversicherungspflichtigen (Haupt-)Beschäftigung zusammengerechnet. Sie bleibt in der Rentenversicherung versicherungsfrei, weil die Beschäftigung bereits vor dem 01.01.2013 bestanden hat und das monatliche Arbeitsentgelt 400 Euro nicht übersteigt; der Arbeitgeber B hat Pauschalbeiträge zur Rentenversicherung zu zahlen. Die Beschäftigung beim Arbeitgeber C ist hingegen mit der rentenversicherungspflichtigen (Haupt-)Beschäftigung beim Arbeitgeber A zusammenzurechnen mit der Folge, dass sie Versicherungspflicht in der Rentenversicherung begründet. In der Arbeitslosenversicherung besteht in den Beschäftigungen bei den Arbeitgebern B und C Versicherungsfreiheit, weil das Arbeitsentgelt aus diesen Beschäftigungen jeweils 450 Euro nicht überschreitet und geringfügig entlohnte Beschäftigungen mit versicherungspflichtigen Beschäftigungen nicht zusammengerechnet werden. Eine Zusammenrechnung der zweiten geringfügig entlohnten Beschäftigung mit der (Haupt-)Beschäftigung beim Arbeitgeber A kommt für den Bereich der Krankenversicherung und damit auch für den Bereich der Pflegeversicherung nicht in Betracht, weil die (Haupt-)Beschäftigung keine Versicherungspflicht begründet. Da das Arbeitsentgelt aus den beiden geringfügig entlohnten Beschäftigungen insgesamt 450 Euro nicht übersteigt, haben die Arbeitgeber B und C Pauschalbeiträge zur Krankenversicherung zu zahlen. **Vom Arbeitgeber C sind die Umlagen U1 und U2 sowie die Insolvenzgeldumlage an die Minijob-Zentrale zu zahlen.**

Arbeitgeber A	Personengruppenschlüssel:	101
	Beitragsgruppenschlüssel:	9-1-1-1
Arbeitgeber B	Personengruppenschlüssel:	109
	Beitragsgruppenschlüssel:	6-5-0-0
Arbeitgeber C	a) an zuständige Krankenkasse	
	Personengruppenschlüssel:	101
	Beitragsgruppenschlüssel:	0-1-0-0
	b) an Minijob-Zentrale	
	Personengruppenschlüssel:	101
	Beitragsgruppenschlüssel:	6-0-0-0

Beispiel 26(zu B 2.2.2.2, C 3.2):

Ein Programmierer arbeitet beim Arbeitgeber A gegen ein monatliches Arbeitsentgelt von 4.400 Euro. Er ist wegen Überschreitens der Jahresarbeitsentgeltgrenze krankenversicherungsfrei und in der gesetzlichen Krankenversicherung als Selbstzahler freiwillig versichert. Am 01.07. nimmt er eine zweite Beschäftigung als Programmierer beim Arbeitgeber B gegen ein monatliches Arbeitsentgelt von 300 Euro und am 01.09. eine weitere Beschäftigung als Programmierer beim Arbeitgeber C gegen ein monatliches Arbeitsentgelt von 200 Euro auf.

Der Programmierer unterliegt aufgrund der (Haupt-)Beschäftigung beim Arbeitgeber A der Versicherungspflicht in der Renten- und Arbeitslosenversicherung. Bei den beiden übrigen Beschäftigungen handelt es sich jeweils um geringfügig entlohnte Beschäftigungen, weil das Arbeitsentgelt aus den einzelnen Beschäftigungen 450 Euro nicht übersteigt. Da die Beschäftigung beim Arbeitgeber B zuerst aufgenommen wird, wird sie nicht mit der rentenversicherungspflichtigen (Haupt-)Beschäftigung zusammengerechnet und bleibt in der Rentenversicherung als geringfügig entlohnte Beschäftigung versicherungspflichtig mit der Möglichkeit der Befreiung von der Rentenversicherungspflicht; ohne diese Befreiung hat der Arbeitgeber B gemeinsam mit dem Arbeitnehmer Pflichtbeiträge zur Rentenversicherung zu zahlen. Die Beschäftigung beim Arbeitgeber C ist hingegen mit der rentenversicherungspflichtigen (Haupt-)Beschäftigung zusammenzurechnen mit der Folge, dass sie aus diesem Grunde Versicherungspflicht in der Rentenversicherung begründet. In der Arbeitslosenversicherung besteht in den Beschäftigungen bei den Arbeitgebern B und C Versicherungsfreiheit, weil das Arbeitsentgelt aus diesen Beschäftigungen jeweils 450 Euro nicht überschreitet und geringfügig entlohnte Beschäftigungen mit versicherungspflichtigen Beschäftigungen nicht zusammengerechnet werden. Eine Zusammenrechnung der zweiten geringfügig entlohnten Beschäftigung bei Arbeitgeber C mit der (Haupt-)Beschäftigung beim Arbeitgeber A kommt für den Bereich der Krankenversicherung und damit auch für den Bereich der Pflegeversicherung nicht in Betracht, weil die (Haupt-)Beschäftigung keine Versicherungspflicht begründet. Da das Arbeitsentgelt aus den beiden geringfügig entlohnten Beschäftigungen insgesamt 450 Euro übersteigt, sind vom Arbeitgeber B und C keine Pauschalbeiträge zur Krankenversicherung zu zahlen. Da der Programmierer in der gesetzlichen Krankenversicherung freiwillig versichert und deshalb versicherungspflichtig in der Pflegeversicherung ist, haben die Arbeitgeber B und C jedoch anteilige Beitragszuschüsse zur Kranken- und Pflegeversicherung zu zahlen.

Ab 01.09.:

Arbeitgeber A	Personengruppenschlüssel:	101
	Beitragsgruppenschlüssel:	0-1-1-1
Arbeitgeber B	a) an die zuständige Krankenkasse	
	Personengruppenschlüssel:	109
	Beitragsgruppenschlüssel:	0-0-0-1
	b) an die Minijob-Zentrale	
	Personengruppenschlüssel:	109
	Beitragsgruppenschlüssel:	0-1-0-0
Arbeitgeber C	Personengruppenschlüssel:	101
	Beitragsgruppenschlüssel:	0-1-0-1

Beispiel 27(zu B 2.2.2.2, B 2.2.2.8, B 2.2.3.1, C 2.1 und C 3.1):

Ein Programmierer arbeitet beim Arbeitgeber A gegen ein monatliches Arbeitsentgelt von 4.100 Euro. Am 01.06.2012 nimmt er eine zweite Beschäftigung als Programmierer beim Arbeitgeber B gegen ein monatliches Arbeitsentgelt von 150 Euro und am 01.08.2012 eine weitere Beschäftigung als Programmierer beim Arbeitgeber C gegen ein monatliches Arbeitsentgelt von 270 Euro auf.

Der Programmierer unterliegt aufgrund der (Haupt-)Beschäftigung beim Arbeitgeber A der Versicherungspflicht in der Kranken-, Renten-, Arbeitslosen- und Pflegeversicherung. Bei den beiden übrigen Beschäftigungen handelt es sich jeweils um geringfügig entlohnte Beschäftigungen, weil das Arbeitsentgelt aus den einzelnen Beschäftigungen 450 Euro nicht übersteigt. Da die Beschäftigung beim Arbeitgeber B zuerst aufgenommen wird, wird sie nicht mit der versicherungspflichtigen (Haupt-)Beschäftigung zusammengerechnet und bleibt in der Kranken- und Rentenversicherung versicherungsfrei sowie nicht versicherungspflichtig in der Pflegeversicherung. Die Versicherungsfreiheit in der Rentenversicherung bleibt über den 31.12.2012 hinaus bestehen, solange das Arbeitsentgelt 400 Euro nicht übersteigt. Der Arbeitgeber B hat Pauschalbeiträge zur Kranken- und Rentenversicherung zu zahlen. Die Beschäftigung beim Arbeitgeber C ist hingegen mit der versicherungspflichtigen (Haupt-)Beschäftigung zusammenzurechnen mit der Folge, dass sie Versicherungspflicht in der Kranken-, Renten- und Pflegeversicherung begründet. Im Übrigen scheidet der Programmierer zum 31.12.2012 aus der Krankenversicherungspflicht aus, weil die Arbeitsentgelte aus den Beschäftigungen bei den Arbeitgebern A und C insgesamt die Jahresarbeitsentgeltgrenze überschreiten und voraussichtlich die Jahresarbeitsentgeltgrenze für das Jahr 2013 überschreiten werden. Vom 01.01.2013 an besteht Versicherungsfreiheit in der Krankenversicherung und damit auch keine Versicherungspflicht mehr in der Pflegeversicherung aufgrund einer Beschäftigung. Der Programmierer ist vom 01.01.2013 an in der gesetzlichen Krankenversicherung als Selbstzahler freiwillig versichert und in dieser Eigenschaft versicherungspflichtig in der Pflegeversicherung, vorausgesetzt er entscheidet sich nicht für eine private Krankenversicherung. Die Beiträge zur Kranken- und Pflegeversicherung sind aus den Beschäftigungen bei den Arbeitgebern A und C vom 01.08.2012 an anteilig entsprechend der Höhe der Arbeitsentgelte zu zahlen; vom 01.01.2013 an sind anteilige Beitragszuschüsse zur Kranken- und Pflegeversicherung zu zahlen. In der Arbeitslosenversicherung besteht in den Beschäftigungen bei den Arbeitgebern B und C Versicherungsfreiheit, weil das Arbeitsentgelt aus diesen Beschäftigungen jeweils 450 Euro nicht überschreitet und geringfügig entlohnte Beschäftigungen mit versicherungspflichtigen Beschäftigungen nicht zusammengerechnet werden.

Bis 31.12.2012:

Arbeitgeber A	Personengruppenschlüssel:	101

	Beitragsgruppenschlüssel:	1-1-1-1
Arbeitgeber B	Personengruppenschlüssel:	109
	Beitragsgruppenschlüssel:	6-5-0-0
Arbeitgeber C	Personengruppenschlüssel:	101
	Beitragsgruppenschlüssel:	1-1-0-1

Ab 01.01.2013:

Arbeitgeber A	Personengruppenschlüssel:	101
	Beitragsgruppenschlüssel:	0-1-1-1
Arbeitgeber B	Personengruppenschlüssel:	109
	Beitragsgruppenschlüssel:	6-5-0-0
Arbeitgeber C	Personengruppenschlüssel:	101
	Beitragsgruppenschlüssel:	0-1-0-1

Beispiel 28(zu B 2.2.3.2, B 2.2.3.2.1, C 2.1, C 3.2 und C 3.2.2):

Eine privat krankenversicherte Raumpflegerin nimmt am 01.07.2012 eine Beschäftigung auf; sie arbeitet gegen ein monatliches Arbeitsentgelt von 200 Euro. Am 30.04.2013 gibt sie bei ihrem Arbeitgeber eine schriftliche Erklärung ab, dass sie ab sofort auf die Rentenversicherungsfreiheit verzichtet.

Die Raumpflegerin ist in der Kranken- und Arbeitslosenversicherung versicherungsfrei sowie nicht versicherungspflichtig in der Pflegeversicherung, weil das monatliche Arbeitsentgelt 450 Euro nicht übersteigt. Ein Pauschalbeitrag zur Krankenversicherung fällt nicht an, weil die Raumpflegerin privat krankenversichert ist. In der Rentenversicherung besteht durch den Verzicht auf die Versicherungsfreiheit vom 01.05.2013 an (Tag nach Eingang der Erklärung beim Arbeitgeber) Versicherungspflicht.

Es sind folgende Beiträge zur Rentenversicherung zu zahlen:

Arbeitgeber	(15 % von 200 Euro =)	30,00 Euro
Arbeitnehmer	(3,6 % von 200 Euro =)	7,20 Euro

Personengruppenschlüssel:	109
Beitragsgruppenschlüssel:	0-1-0-0

Beispiel 29(zu C 2.1, C 3.2.1 und C 3.2.2):

Eine privat krankenversicherte Haushaltshilfe arbeitet in einem privaten Haushalt gegen ein monatliches Arbeitsentgelt von 90 Euro; sie unterliegt der Rentenversicherungspflicht. Das Beschäftigungsverhältnis endet am 20.06.; für den Monat Juni erhält sie ein Arbeitsentgelt von 60 Euro.

Für den Monat Juni ergibt sich für die Berechnung der Rentenversicherungsbeiträge eine monatliche Mindestbeitragsbemessungsgrundlage von (175 Euro × 20: 30 =) 116,67 Euro, so dass der Mindestbeitrag 21,70 Euro beträgt. Dieser Mindestbeitrag ist wie folgt aufzubringen:

Mindestbeitrag	(18,6 % von 116,67 Euro =)	21,70 Euro
./. Arbeitgeberbeitragsanteil	(5 % von 60,00 Euro =)	3,00 Euro
Arbeitnehmerbeitragsanteil		18,70 Euro

Personengruppenschlüssel:	209
Beitragsgruppenschlüssel:	0-1-0-0

Beispiel 30(zu C 2.1, C 3.2, C 3.2.1, C 3.2.2 und D 2):

Eine privat krankenversicherte Raumpflegerin arbeitet gegen ein monatliches Arbeitsentgelt von 100 Euro; sie unterliegt der Rentenversicherungspflicht. Vom 19.07. bis zum 22.08. nimmt die Raumpflegerin unbezahlten Urlaub und erzielt im Juli ein Arbeitsentgelt in Höhe von 65 Euro und im August ein Arbeitsentgelt in Höhe von 25 Euro.

Die monatliche Mindestbeitragsbemessungsgrundlage für Juli beträgt 175 Euro (30 SV-Tage); die Beiträge zur Rentenversicherung sind wie folgt aufzubringen:

Mindestbeitrag	(18,6 % von 175,00 Euro =)	32,55 Euro
./. Arbeitgeberbeitragsanteil	(15 % von 65,00 Euro =)	9,75 Euro
Arbeitnehmerbeitragsanteil		22,80 Euro

Die monatliche Mindestbeitragsbemessungsgrundlage für August beträgt 157,50 Euro (27 SV-Tage vom 01.08. bis zum 18.08. und vom 23.08. bis zum 31.08.); die Beiträge zur Rentenversicherung sind wie folgt aufzubringen:

Mindestbeitrag	(18,6 % von 157,50 Euro =)	29,31 Euro
./. Arbeitgeberbeitragsanteil	(15 % von 25,00 Euro =)	3,75 Euro
Arbeitnehmerbeitragsanteil		25,56 Euro

Personengruppenschlüssel:	109
Beitragsgruppenschlüssel:	0-1-0-0

Beispiel 31(zu B 2.2.3.2, B 2.2.4.3, C 2.1 und C 3.2.2):

Ein Apotheker arbeitet beim Arbeitgeber A gegen ein monatliches Arbeitsentgelt von 2.800 Euro. Er ist als Mitglied einer berufsständischen Versorgungseinrichtung von der Rentenversicherungspflicht befreit.

a) Am 01.09.2012 nimmt er eine weitere Beschäftigung als Apotheker beim Arbeitgeber B auf; dort arbeitet er gegen ein monatliches Arbeitsentgelt von 200 Euro und hat mit Wirkung ab Beginn der Beschäftigung gegenüber seinem Arbeitgeber B den Verzicht auf die Rentenversicherungsfreiheit erklärt.

b) Am 01.09.2013 nimmt er eine weitere Beschäftigung als Apotheker beim Arbeitgeber B gegen ein monatliches Arbeitsentgelt von 300 Euro auf. Im Anschluss beantragt er die Befreiung von der Rentenversicherungspflicht nach § 6 Abs. 1 Satz 1 Nr. 1 SGB VI[1] und wird zum 01.09. 2013 von der Rentenversicherungspflicht befreit.

Zu a) und b):

Der Apotheker ist aufgrund der Beschäftigung beim Arbeitgeber A versicherungspflichtig in der Kranken-, Arbeitslosen- und Pflegeversicherung. Die Beschäftigung beim Arbeitgeber B ist geringfügig entlohnt, weil das monatliche Arbeitsentgelt 450 Euro nicht übersteigt und versicherungsfrei in der Kranken- und Arbeitslosenversicherung sowie nicht versicherungspflichtig in der Pflegeversicherung. In Beschäftigung B bei Variante a) besteht die im Jahr 2012 wegen Verzicht auf die Rentenversicherungsfreiheit begründete Rentenversicherungspflicht dem Grunde nach über den 31.12.2012 hinaus fort. Bei Variante b) besteht dem Grunde nach Rentenversicherungspflicht kraft Gesetzes. Es sind aufgrund der Beschäftigung beim Arbeitgeber A individuelle Beiträge zur Kranken-, Arbeitslosen- und Pflegeversicherung und aufgrund der Beschäftigung beim Arbeitgeber B Pauschalbeiträge zur Krankenversicherung zu zahlen. Im Übrigen sind Rentenversicherungsbeiträge wegen der Befreiung von der Rentenversicherungspflicht nach § 6 Abs. 1 Satz 1 Nr. 1 SGB VI für die Beschäftigungen A und B zur berufsständischen Versorgungseinrichtung zu leisten.

Arbeitgeber A	Personengruppenschlüssel:	101
	Beitragsgruppenschlüssel:	1-0-1-1
Arbeitgeber B	Personengruppenschlüssel:	109

[1] Nr. **6**.

	Beitragsgruppenschlüssel:	6-0-0-0

Beispiel 32(zu B 2.2.3.2, C 2.1 und C 3.2):
Ein Architekt arbeitet beim Arbeitgeber A gegen ein monatliches Arbeitsentgelt von 2.600 Euro. Er ist als Mitglied einer berufsständischen Versorgungseinrichtung von der Rentenversicherungspflicht befreit.

a) Am 01.07.2012 nimmt er eine weitere Beschäftigung als Buchhalter beim Arbeitgeber B auf; dort arbeitet er gegen ein monatliches Arbeitsentgelt von 180 Euro und hat mit Wirkung ab Beginn der Beschäftigung gegenüber seinem Arbeitgeber B den Verzicht auf die Rentenversicherungsfreiheit erklärt.

b) Am 01.07.2013 nimmt er eine weitere Beschäftigung als Buchhalter beim Arbeitgeber B auf; dort arbeitet er gegen ein monatliches Arbeitsentgelt von 180 Euro.

Zu a) und b):

Der Architekt ist aufgrund der Beschäftigung beim Arbeitgeber A versicherungspflichtig in der Kranken-, Arbeitslosen- und Pflegeversicherung. Die Beschäftigung beim Arbeitgeber B ist geringfügig entlohnt, weil das monatliche Arbeitsentgelt 450 Euro nicht übersteigt und versicherungsfrei in der Kranken- und Arbeitslosenversicherung sowie nicht versicherungspflichtig in der Pflegeversicherung. Die Befreiung von der Rentenversicherungspflicht aufgrund der Mitgliedschaft in einem berufsständischen Versorgungswerk findet nur auf die Beschäftigung beim Arbeitgeber A Anwendung. In Beschäftigung B bei Variante a) besteht die im Jahr 2012 wegen Verzicht auf die Rentenversicherungsfreiheit begründete Rentenversicherungspflicht über den 31.12.2012 hinaus fort. Bei Variante B ergibt sich Rentenversicherungspflicht kraft Gesetzes. Es sind aufgrund der Beschäftigung beim Arbeitgeber A individuelle Beiträge zur Kranken-, Arbeitslosen- und Pflegeversicherung und aufgrund der Beschäftigung beim Arbeitgeber B Pauschalbeiträge zur Krankenversicherung sowie Pflichtbeiträge zur Rentenversicherung für eine geringfügig entlohnte Beschäftigung zu zahlen. Bei Variante b) kann der Arbeitnehmer in der Beschäftigung beim Arbeitgeber B die Befreiung von der Rentenversicherungspflicht nach § 6 Abs. 1b SGB VI beantragen mit der Folge, dass nur der Arbeitgeber den Pauschalbeitrag zur Rentenversicherung zahlen muss.

Arbeitgeber A	Personengruppenschlüssel:	101
	Beitragsgruppenschlüssel:	1-0-1-1
Arbeitgeber B	Personengruppenschlüssel:	109
	Beitragsgruppenschlüssel:	6-1-0-0

Optional für b) bei Befreiung von der Rentenversicherungspflicht:

Arbeitgeber B	Personengruppenschlüssel:	109
	Beitragsgruppenschlüssel:	6-5-0-0

Beispiel 33(zu B 2.2.3.2, B 2.2.3.2.3, B 2.2.4.3, C 2.1 und C 3.2.2):
Ein familienversicherter Rechtsanwalt nimmt eine geringfügig entlohnte Beschäftigung gegen ein monatliches Arbeitsentgelt von 400 Euro in einer Rechtsanwaltskanzlei auf. Er ist Pflichtmitglied in einer berufsständischen Versorgungseinrichtung.

a) Die Beschäftigung beginnt am 01.07.2012 und der Arbeitnehmer erklärt gegenüber seinem Arbeitgeber mit Wirkung ab 01.05.2013 den Verzicht auf die Rentenversicherungsfreiheit. Im Anschluss beantragt er die Befreiung von der Rentenversicherungspflicht nach § 6 Abs. 1 Satz 1 Nr. 1 SGB VI und wird zum 01.05.2013 von der Rentenversicherungspflicht befreit.

b) Die Beschäftigung beginnt am 01.05.2013. Der Arbeitnehmer beantragt die Befreiung von der Rentenversicherungspflicht nach § 6 Abs. 1 Satz 1 Nr. 1 SGB VI und wird zum 01.05.2013 von der Rentenversicherungspflicht befreit.

Zu a) und b):

Die Beschäftigung ist geringfügig entlohnt, weil das monatliche Arbeitsentgelt 450 Euro nicht übersteigt und versicherungsfrei in der Kranken- und Arbeitslosenversicherung sowie nicht versicherungspflichtig in der Pflegeversicherung. In der bestandsgeschützten Beschäftigung bei Variante a) kann der Arbeitnehmer den Verzicht auf die Rentenversicherungsfreiheit erklären, weil das Arbeitsentgelt 400 Euro nicht übersteigt, so dass er dem Grunde nach der Rentenversicherungspflicht unterliegt. Für die Beschäftigung bei Variante b) besteht kraft Gesetzes Rentenversicherungspflicht. Die Befreiung von der Rentenversicherungspflicht nach § 6 Abs. 1 Satz 1 Nr. 1 SGB VI findet auf die Beschäftigung bei beiden Varianten Anwendung. Es sind Pauschalbeiträge zur

Krankenversicherung zu zahlen und Rentenversicherungsbeiträge zur berufsständischen Versorgungseinrichtung zu leisten.

Personengruppenschlüssel: 109

Beitragsgruppenschlüssel: 6-0-0-0

Beispiel 34(zu B 2.2.4, B 2.2.4.3, C 2.1 und C 3.1):

Ein familienversicherter Rechtsanwalt nimmt eine geringfügig entlohnte Beschäftigung gegen ein monatliches Arbeitsentgelt von 450 Euro in einer Rechtsanwaltskanzlei auf. Er ist Pflichtmitglied in einer berufsständischen Versorgungseinrichtung. Die Beschäftigung beginnt am 01.06. Der Arbeitnehmer beantragt mit Wirkung ab Beschäftigungsbeginn die Befreiung von der Rentenversicherungspflicht nach § 6 Abs. 1b SGB VI.

Die Beschäftigung ist als geringfügig entlohnte Beschäftigung in der Kranken- und Arbeitslosenversicherung versicherungsfrei sowie nicht versicherungspflichtig in der Pflegeversicherung, weil das monatliche Arbeitsentgelt 450 Euro nicht übersteigt. In der Rentenversicherung besteht grundsätzlich kraft Gesetzes Versicherungspflicht, von der der Arbeitnehmer im Rahmen der geringfügig entlohnten Beschäftigung befreit ist. Es sind Pauschalbeiträge zur Kranken- und Rentenversicherung zu zahlen.

Personengruppenschlüssel: 109

Beitragsgruppenschlüssel: 6-5-0-0

Beispiel 35(zu B 2.2.3.2.1, B 2.2.3.3, B 2.2.4.5, C 2.1 und C 3.2):

Eine privat krankenversicherte Verkäuferin übt seit 2011 eine geringfügig entlohnte Beschäftigung aus, in der sie auf die Versicherungsfreiheit in der Rentenversicherung verzichtet hat. Im Januar 2013 beantragt sie die Befreiung von der Rentenversicherungspflicht nach § 6 Abs. 1b SGB VI.

Die Verkäuferin bleibt in der geringfügig entlohnten Beschäftigung rentenversicherungspflichtig, weil der einmal ausgesprochene Verzicht auf die Rentenversicherungsfreiheit für die Dauer der Beschäftigung wirkt und nicht rückgängig gemacht werden kann. Dem Befreiungsantrag darf nicht entsprochen werden.

Personengruppenschlüssel: 109

Beitragsgruppenschlüssel: 0-1-0-0

Beispiel 36(zu B 2.2.4, B 2.2.4.1, C 2.1, C 3.1 und D 2):

Ein familienversicherter Pförtner nimmt am 03.05. eine geringfügig entlohnte Beschäftigung gegen ein monatliches Arbeitsentgelt von 440 Euro auf. Der Arbeitnehmer beantragt schriftlich gegenüber dem Arbeitgeber die Befreiung von der Rentenversicherungspflicht nach § 6 Abs. 1b SGB VI.

a) Der Antrag geht am 05.05. beim Arbeitgeber ein. Der Arbeitgeber berücksichtigt den Befreiungsantrag fristgerecht mit der Anmeldung der Beschäftigung an die Minijob-Zentrale.

b) Der Antrag geht am 02.06. beim Arbeitgeber ein. Der Arbeitgeber berücksichtigt den Befreiungsantrag fristgerecht mit der Anmeldung der Beschäftigung an die Minijob-Zentrale.

c) Der Antrag geht am 05.05. beim Arbeitgeber ein. Der Arbeitgeber berücksichtigt den Befreiungsantrag erst mit der Anmeldung Ende Juni zur Minijob-Zentrale.

Die Befreiung von der Rentenversicherungspflicht wirkt bei a) ab 03.05. und bei b) ab 01.06. jeweils ab Beginn des Monats, in dem der Antrag dem Arbeitgeber zugegangen ist. Im Fall c) hat der Arbeitgeber den Eingang des Antrags auf Befreiung von der Rentenversicherungspflicht nicht innerhalb von sechs Wochen (42 Tagen) nach dem Eingang des Antrags bei der Minijob-Zentrale gemeldet. In diesem Fall wirkt die Befreiung erst nach Ablauf des Kalendermonats, der dem Kalendermonat des Eingangs der Meldung bei der Minijob-Zentrale folgt, also ab 01.08. Entscheidend im Fall c) ist aber, dass der Arbeitgeber der Minijob-Zentrale den in der Zukunft liegenden Beginn der Befreiung bereits Ende Juni mit der Meldung zur Sozialversicherung anzeigt.

Zu a):

Ab 03.05.

Personengruppenschlüssel: 109

Beitragsgruppenschlüssel: 6-5-0-0

Grund der Abgabe: 10

Zu b):

Bis 31.05.

Personengruppenschlüssel:	109
Beitragsgruppenschlüssel:	6-1-0-0
Grund der Abgabe:	32

Ab 01.06.

Personengruppenschlüssel:	109
Beitragsgruppenschlüssel:	6-5-0-0
Grund der Abgabe:	12

Zu c):
Bis 31.07.

Personengruppenschlüssel:	109
Beitragsgruppenschlüssel:	6-1-0-0
Grund der Abgabe:	32

Ab 01.08.

Personengruppenschlüssel:	109
Beitragsgruppenschlüssel:	6-5-0-0
Grund der Abgabe:	12

Beispiel 37(zu B 2.3):
Eine Verkäuferin nimmt am 15.11. eine bis zum 15.03. des Folgejahres befristete Beschäftigung (**88 Arbeitstage**) gegen ein monatliches Arbeitsentgelt von 1.500 Euro auf.
Die Verkäuferin ist versicherungspflichtig, weil die Beschäftigung von vornherein auf mehr als drei Monate **oder 70 Arbeitstage** befristet und deshalb nicht kurzfristig ist. Dem steht nicht entgegen, dass die Beschäftigungszeit in den beiden Kalenderjahren jeweils drei Monate **oder 70 Arbeitstage** nicht überschreitet.

Personengruppenschlüssel:	101
Beitragsgruppenschlüssel:	1-1-1-1

Beispiel 38(zu B 2.3, B 2.3.1 und B 3.2):

a) Eine Hausfrau nimmt am 01.05. eine Beschäftigung als Aushilfsverkäuferin (**26 Arbeitstage pro Monat**) gegen ein monatliches Arbeitsentgelt von 1.800 Euro auf. Sie vertritt nacheinander drei Verkäuferinnen während des Urlaubs. Da die Urlaubsvertretung am 15.07. beendet sein soll, wird zunächst eine kurzfristige Beschäftigung angenommen, die **auf längstens drei Monate befristet und** versicherungsfrei in der Kranken-, Renten- und Arbeitslosenversicherung sowie nicht versicherungspflichtig in der Pflegeversicherung **ist**.
Die zuletzt vertretene Verkäuferin teilt ihrem Arbeitgeber jedoch am 15.07. mit, dass sie die Arbeit nicht am 16.07., sondern erst am 01.08. aufnehmen werde. Damit verlängert sich die Urlaubsvertretung bis zum 31.07 Da aber auch durch diese Verlängerung die Beschäftigung nicht über drei Monate ausgedehnt wird, gilt sie weiterhin als kurzfristige Beschäftigung und bleibt daher versicherungsfrei in der Kranken-, Renten- und Arbeitslosenversicherung sowie nicht versicherungspflichtig in der Pflegeversicherung. **Die Tatsache, dass die Beschäftigung mit 78 Arbeitstagen länger als 70 Arbeitstage dauert, ist unerheblich, weil die Zeitdauer von drei Monaten nicht überschritten wird.**

b) Es liegt der gleiche Sachverhalt wie zu a vor mit der Abweichung, dass die vertretene Verkäuferin am 01.08. mitteilt, ihre Beschäftigung erst am 05.08. wieder aufzunehmen, so dass die Urlaubsvertretung bis zum 04.08. verlängert wird. Diese Beschäftigung ist vom 01.08. an nicht mehr als kurzfristige Beschäftigung anzusehen und unterliegt daher von diesem Zeitpunkt an der Versicherungspflicht in der Kranken-, Renten-, Arbeitslosen- und Pflegeversicherung, **weil sie länger als drei Monate oder 70 Arbeitstage ausgeübt wird**.

c) Es liegt der gleiche Sachverhalt wie zu a vor mit der Abweichung, dass die vertretene Verkäuferin ihrem Arbeitgeber bereits am 15.07. mitteilt, dass sie ihre Beschäftigung erst am 05.08. aufnehmen werde. In diesem Falle gilt die Urlaubsvertretung schon vom 15.07. an nicht mehr als kurzfristige Beschäftigung, so dass von diesem Zeitpunkt an Versicherungspflicht in der

Kranken-, Renten-, Arbeitslosen- und Pflegeversicherung besteht, **weil sie länger als drei Monate oder 70 Arbeitstage ausgeübt wird**.

d) Es liegt der gleiche Sachverhalt wie zu a vor mit der Abweichung, dass die vertretene Verkäuferin ihrem Arbeitgeber am 15.07. mitteilt, sie sei **auf unbestimmte Zeit** arbeitsunfähig geworden. Die Aushilfsverkäuferin erklärt sich am selben Tage bereit, die Vertretung für die Dauer der Arbeitsunfähigkeit weiter zu übernehmen. Da nunmehr das Ende dieser Beschäftigung ungewiss ist, liegt bereits vom 15.07. an keine kurzfristige Beschäftigung mehr vor; so dass ab diesem Zeitpunkt Versicherungspflicht in der Kranken-, Renten-, Arbeitslosen- und Pflegeversicherung besteht. Das gilt auch dann, wenn die Beschäftigung tatsächlich schon vor dem 01.08. beendet wird.

Zu a und b:

Personengruppenschlüssel:	110
Beitragsgruppenschlüssel:	0-0-0-0

Zu b (ab 01.08.), c und d (jeweils ab 15.07.):

Personengruppenschlüssel:	101
Beitragsgruppenschlüssel:	1-1-1-1

Beispiel 39(zu B 2.3 und B 2.3.3.1):

Ein Kraftfahrer übt beim Arbeitgeber A eine Dauerbeschäftigung gegen ein monatliches Arbeitsentgelt von 2.300 Euro aus. Am 01.07. nimmt er zusätzlich eine Beschäftigung beim Arbeitgeber B als Kellner auf, die von vornherein bis zum 30.09. befristet ist; in dieser Beschäftigung erzielt er ein monatliches Arbeitsentgelt von 500 Euro.

Die Beschäftigung beim Arbeitgeber A unterliegt der Versicherungspflicht in der Kranken-, Renten-, Arbeitslosen- und Pflegeversicherung, weil es sich nicht um eine geringfügige Beschäftigung handelt. Dagegen bleibt die Beschäftigung beim Arbeitgeber B wegen Kurzfristigkeit versicherungsfrei in der Kranken-, Renten- und Arbeitslosenversicherung sowie nicht versicherungspflichtig in der Pflegeversicherung, weil sie von vornherein auf nicht mehr als drei Monate befristet ist und auch nicht berufsmäßig ausgeübt wird.

Arbeitgeber A	Personengruppenschlüssel:	101
	Beitragsgruppenschlüssel:	1-1-1-1
Arbeitgeber B	Personengruppenschlüssel:	110
	Beitragsgruppenschlüssel:	0-0-0-0

Beispiel 40(zu B 2.3, B 2.3.2, B 2.3.3.1 und B 3.2):

Ein Verkäufer übt seit Jahren beim Arbeitgeber A eine Beschäftigung gegen ein monatliches Arbeitsentgelt von 2.200 Euro aus. Am 01.08. nimmt er zusätzlich eine Beschäftigung beim Arbeitgeber B als Taxifahrer auf, die von vornherein bis zum 20.09. befristet ist; in dieser Beschäftigung erzielt er ein monatliches Arbeitsentgelt von 650 Euro. Neben seiner Beschäftigung beim Arbeitgeber A war der Verkäufer im laufenden Kalenderjahr wie folgt beschäftigt:

a)	vom 10.01. bis 31.01. (Sechs-Tage-Woche; Personengruppenschlüssel 110)	=	22 Kalendertage/**18Arbeitstage**
b)	vom 01.04. bis 30.04. (Sechs-Tage-Woche; Personengruppenschlüssel 110)	=	30 Kalendertage/**25 Arbeitstage**
c)	vom 01.08. bis 20.09. (Sechs-Tage-Woche)	=	50 Kalendertage/**42 Arbeitstage**
zusammen		=	102 Kalendertage/**85 Arbeitstage**

Berechnung der Kalendertage

Zeitraum c):	**Kalendermonat August**	**= 30 Kalendertage**
	Teilmonat 01.09. bis 20.09.	**= 20 Kalendertage**

Die Beschäftigung beim Arbeitgeber A unterliegt der Versicherungspflicht in der Kranken-, Renten-, Arbeitslosen- und Pflegeversicherung, weil es sich nicht um eine geringfügige Beschäftigung handelt. Das Gleiche gilt für die Beschäftigung beim Arbeitgeber B, weil zu ihrem Beginn feststeht, dass sie zusammen mit den – neben der Beschäftigung beim Arbeitgeber A – im laufenden Kalenderjahr bereits verrichteten Beschäftigungen die Zeitdauer von drei Monaten (90 Kalendertagen) **oder 70 Arbeitstagen** überschreitet. Stehen bereits bei Aufnahme der ersten Beschäftigung (10.01.) die gesamten folgenden Beschäftigungszeiten fest, so unterliegen alle Beschäftigungen der Versicherungspflicht in der Kranken-, Renten-, Arbeitslosen- und Pflegeversicherung.

Arbeitgeber A	Personengruppenschlüssel:	101
	Beitragsgruppenschlüssel:	1-1-1-1
Arbeitgeber B	Personengruppenschlüssel:	101
	Beitragsgruppenschlüssel:	1-1-1-1

Beispiel 41(zu B 2.3):

Ein Rentner erklärt gegenüber einem Gastronomiebetrieb unbefristet die grundsätzliche Bereitschaft, bei unerwarteten Personalausfällen und unerwartetem Personalbedarf als Aushilfskellner einzuspringen. Eine vertragliche Absprache über die Anzahl der Arbeitseinsätze oder eine Rufbereitschaft wird nicht getroffen. Der Gastronomiebetrieb verfügt über ausreichendes Stammpersonal und ist nicht strukturell auf den Einsatz von Aushilfskräften ausgerichtet.

Die Beschäftigung wird gelegentlich ausgeübt, weil die einzelnen Arbeitseinsätze ohne Bestehen einer Abrufvereinbarung unvorhersehbar zu unterschiedlichen Anlässen ohne erkennbaren Rhythmus erfolgen. Der Rentner ist kurzfristig beschäftigt und somit versicherungsfrei in der Kranken-, Renten- und Arbeitslosenversicherung sowie nicht versicherungspflichtig in der Pflegeversicherung, solange die Zeitdauer von 70 Arbeitstagen im Laufe eines Kalenderjahres nicht überschritten wird.

Personengruppenschlüssel:	110
Beitragsgruppenschlüssel:	0-0-0-0

Beispiel 42(zu B 2.3):

Eine Hausfrau arbeitet als Bankkauffrau unbefristet bei einem Geldinstitut jeweils an den letzten fünf Arbeitstagen im Kalendermonat gegen ein monatliches Arbeitsentgelt von 750 Euro.

Die Tatsache, dass die Bankkauffrau aufgrund der vorhersehbaren Einsätze über einen Zeitraum von mehreren Jahren eine regelmäßige Beschäftigung ausübt, schließt das Vorliegen einer kurzfristigen Beschäftigung aus. Dabei ist unerheblich, dass die für die Kurzfristigkeit einer Beschäftigung maßgebende Zeitdauer von 70 Arbeitstagen im Laufe eines Jahres nicht überschritten wird. Die Bankkauffrau ist versicherungspflichtig in der Kranken-, Renten-, Arbeitslosen- und Pflegeversicherung, weil das Arbeitsentgelt 450 Euro übersteigt und auch keine geringfügig entlohnte Beschäftigung vorliegt.

Personengruppenschlüssel:	101
Beitragsgruppenschlüssel:	1-1-1-1

Beispiel 43(zu B 2.3.1 und B 2.3.2):

Eine Hausfrau nimmt am 02.05. eine Beschäftigung als Aushilfsverkäuferin (Urlaubsvertretung) auf, die von vornherein bis zum 08.07. befristet ist und wöchentlich sechs Arbeitstage umfassen soll. Die Hausfrau war im laufenden Kalenderjahr wie folgt beschäftigt:

a)	vom 02.01. bis 25.01. (Fünf-Tage-Woche; Personengruppenschlüssel 110)	= 24 Kalendertage/**17 Arbeitstage**
b)	vom 31.03. bis 15.04. (Sechs-Tage-Woche; Personengruppenschlüssel 110)	= 16 Kalendertage/**13 Arbeitstage**
c)	vom 02.05. bis 08.07.	

(Sechs-Tage-Woche)	=	68 Kalendertage/**58 Arbeitstage**
zusammen	=	108 Kalendertage/**88 Arbeitstage**

Berechnung der Kalendertage

Zeitraum c):	**Teilmonat vom 02.05. bis 31.05.**	**= 30 Kalendertage**
	Kalendermonat Juni	**= 30 Kalendertage**
	Teilmonat vom 01.07. bis 08.07	**= 8 Kalendertage**

Die Beschäftigung zu c ist versicherungspflichtig in der Kranken-, Renten-, Arbeitslosen- und Pflegeversicherung, weil zu ihrem Beginn feststeht, dass sie zusammen mit den im laufenden Kalenderjahr bereits verrichteten Beschäftigungen die Zeitdauer von drei Monaten (90 Kalendertagen) **oder 70 Arbeitstagen** überschreitet. Stehen bereits bei Aufnahme der ersten Beschäftigung (am 02.01.) die gesamten folgenden Beschäftigungszeiten fest, so unterliegen alle Beschäftigungen der Versicherungspflicht in der Kranken-, Renten-, Arbeitslosen- und Pflegeversicherung.

Personengruppenschlüssel: 101

Beitragsgruppenschlüssel: 1-1-1-1

Beispiel 44(zu B 2.3.2, B 3.2, C 2.1 und C 3.2):

Eine familienversicherte Verkäuferin arbeitet befristet

a) vom 02.05. bis 28.06. (Sechs-Tage-Woche) 57 Kalendertage/**49 Arbeitstage**
gegen ein monatliches Arbeitsentgelt von (Personengruppenschlüssel 110) **960** Euro

b) vom 03.08. bis 30.09. (Sechs-Tage-Woche) 59 Kalendertage/**50 Arbeitstage**
gegen ein monatliches Arbeitsentgelt von **420 Euro**

Berechnung der Kalendertage

Zeitraum a):	**Zeitmonat vom 02.05. bis 01.06.**	**=**	**30 Kalendertage**
	Teilmonat vom 02.06. bis 28.06.	**=**	**27 Kalendertage**
Zeitraum b):	**Teilmonat vom 03.08. bis 31.08**	**=**	**29 Kalendertage**
	Kalendermonat September	**=**	**30 Kalendertage**

Die zweite Beschäftigung ist keine kurzfristige Beschäftigung, weil zu ihrem Beginn feststeht, dass sie zusammen mit der ersten Beschäftigung die Zeitdauer von drei Monaten (90 Kalendertagen) **oder 70 Arbeitstagen** überschreitet. Es handelt sich aber um eine geringfügig entlohnte Beschäftigung, weil das monatliche Arbeitsentgelt 450 Euro nicht übersteigt. In der zweiten Beschäftigung besteht somit Versicherungsfreiheit in der Kranken- und Arbeitslosenversicherung sowie keine Versicherungspflicht in der Pflegeversicherung. In der Rentenversicherung liegt Versicherungspflicht vor, von der sich die Verkäuferin auf Antrag befreien lassen kann. Der Arbeitgeber hat Pauschalbeiträge zur Krankenversicherung und gemeinsam mit der Arbeitnehmerin Pflichtbeiträge zur Rentenversicherung zu zahlen.

Personengruppenschlüssel: 109

Beitragsgruppenschlüssel: 6-1-0-0

Beispiel 45(zu B 2.3.2):

Eine (bis zum 02.08.) familienversicherte Verkäuferin arbeitet befristet

vom 02.05. bis 28.06. (Sechs-Tage-Woche) 57 Kalendertage/**49 Arbeitstage**
beim Arbeitgeber A
gegen ein monatliches Arbeitsentgelt von **400** Euro

vom 03.08. bis 30.09. (Sechs-Tage-Woche) 59 Kalendertage/**50 Arbeitstage**
beim Arbeitgeber B
gegen ein monatliches Arbeitsentgelt von **850** Euro

Berechnung der Kalendertage

Arbeitgeber A:	**Zeitmonat vom 02.05. bis 01.06.**	**=**	**30 Kalendertage**
	Teilmonat vom 02.06. bis 28.06.	**=**	**27 Kalendertage**
Arbeitgeber B:	**Teilmonat vom 03.08. bis 31.08.**	**=**	**29 Kalendertage**
	Kalendermonat September	**=**	**30 Kalendertage**

Die Beschäftigung beim Arbeitgeber A ist eine kurzfristige Beschäftigung, weil die Zeitdauer von drei Monaten (90 Kalendertagen) nicht überschritten wird. Die Beschäftigung beim Arbeitgeber B ist keine kurzfristige Beschäftigung, weil zu ihrem Beginn feststeht, dass sie zusammen mit der Beschäftigung beim Arbeitgeber A die Zeitdauer von drei Monaten (90 Kalendertagen) **oder 70 Arbeitstagen** überschreitet. Sie ist auch keine geringfügig entlohnte Beschäftigung, weil das monatliche Arbeitsentgelt mehr als 450 Euro beträgt, so dass die Beschäftigung beim Arbeitgeber B versicherungspflichtig in der Kranken-, Renten-, Arbeitslosen- und Pflegeversicherung ist.

Arbeitgeber A	Personengruppenschlüssel:	110
	Beitragsgruppenschlüssel:	0-0-0-0
Arbeitgeber B	Personengruppenschlüssel:	101
	Beitragsgruppenschlüssel:	1-1-1-1

Beispiel 46(zu B 2.3.2):

Eine Hausfrau nimmt am 01.12. eine Beschäftigung als Aushilfsverkäuferin gegen ein monatliches Arbeitsentgelt von 1.000 Euro auf. Die Beschäftigung ist von vornherein bis zum 28.02. des Folgejahres befristet. Die Hausfrau hat im laufenden Kalenderjahr bereits vom 01.06. bis zum 31.08. **(mehr als 70 Arbeitstage)** eine **kurzfristige** Beschäftigung ausgeübt.

Die am 01.12. aufgenommene Beschäftigung ist nicht kurzfristig und daher versicherungspflichtig in der Kranken-, Renten-, Arbeitslosen- und Pflegeversicherung, weil zu ihrem Beginn feststeht, dass die Beschäftigungsdauer im laufenden Kalenderjahr unter Berücksichtigung der Vorbeschäftigung mehr als drei Monate **oder 70 Arbeitstage** beträgt. Die Beschäftigung bleibt auch über den Jahreswechsel hinaus weiterhin versicherungspflichtig, weil bei kalenderjahrüberschreitenden Beschäftigungen eine getrennte versicherungsrechtliche Beurteilung nicht in Betracht kommt.

Personengruppenschlüssel:	101
Beitragsgruppenschlüssel:	1-1-1-1

Beispiel 47(zu B 2.3.2):

Eine Hausfrau nimmt am 01.12. eine Beschäftigung als Aushilfsverkäuferin gegen ein monatliches Arbeitsentgelt von 900 Euro auf. Die Beschäftigung ist von vornherein bis zum 28.02. des Folgejahres befristet. Die Hausfrau hat im laufenden Kalenderjahr bereits vom 01.07. bis zum 31.08. eine Beschäftigung ausgeübt.

Die am 01.12. aufgenommene Beschäftigung ist kurzfristig und damit versicherungsfrei in der Kranken-, Renten- und Arbeitslosenversicherung sowie nicht versicherungspflichtig in der Pflegeversicherung, weil zu ihrem Beginn feststeht, dass die Beschäftigungsdauer im laufenden Kalenderjahr unter Berücksichtigung der Vorbeschäftigung nicht mehr als drei Monate beträgt. Die Beschäftigung bleibt auch über den Jahreswechsel hinaus weiterhin versicherungsfrei bzw. nicht versicherungspflichtig, weil sie auf nicht mehr als drei Monate befristet ist.

Personengruppenschlüssel:	110
Beitragsgruppenschlüssel:	0-0-0-0

Beispiel 48(zu B 2.3.2 und B 2.3.3.3):

Eine Hausfrau nimmt am 13.08. eine Beschäftigung als Aushilfsverkäuferin gegen ein monatliches Arbeitsentgelt von 1.400 Euro auf. Die Beschäftigung ist von vornherein bis zum 20.09. befristet. Im laufenden Kalenderjahr war die Hausfrau wie folgt beschäftigt (das Arbeitsentgelt beträgt jeweils mehr als 450 Euro bei einer Fünf-Tage-Woche):

a)	vom 02.03. bis 15.06.	
	(Personengruppenschlüssel 101)	= 105 Kalendertage/**75 Arbeitstage**
b)	vom 13.08 bis 20.09.	= <u>38 Kalendertage/**27 Arbeitstage**</u>
zusammen		= 143 Kalendertage/**102 Arbeitstage**

<u>Berechnung der Kalendertage</u>

Zeitraum a):	**Teilmonat vom 02.03. bis 31.03.**	**=**	**30 Kalendertage**
	Kalendermonate April und Mai	**=**	**60 Kalendertage**
	Teilmonat vom 01.06. bis 15.06.	**=**	**15 Kalendertage**
Zeitraum b):	**Zeitmonat vom 13.08. bis 12.09.**	**=**	**30 Kalendertage**
	Teilmonat vom 13.09. bis 20.09.	**=**	**8 Kalendertage**

Eine Zusammenrechnung der beiden Beschäftigungszeiten scheidet aus, da hier nur kurzfristige Beschäftigungen (das heißt, Beschäftigungen mit einer Dauer von nicht mehr als drei Monaten oder 70 Arbeitstagen) zusammengerechnet werden können. Für die Prüfung der Berufsmäßigkeit sind die Beschäftigungen jedoch in jedem Falle zusammenzurechnen, weil die Arbeitsentgelte jeweils mehr als 450 Euro betragen. Da die Beschäftigungszeiten im laufenden Kalenderjahr insgesamt 143 Kalendertage, also mehr als drei Monate, **und mit 102 Arbeitstagen auch mehr als 70 Arbeitstage** betragen, wird die Beschäftigung berufsmäßig ausgeübt; es besteht deshalb Versicherungspflicht in der Kranken-, Renten-, Arbeitslosen- und Pflegeversicherung.

Personengruppenschlüssel: 101

Beitragsgruppenschlüssel: 1-1-1-1

Beispiel 49(zu B 2.3.2 und B 2.3.3.3):

Eine Verkäuferin hatte ihre langjährige Beschäftigung (das Arbeitsentgelt betrug zuletzt 1.800 Euro) wegen Altersvollrentenbezuges zum 30.06. aufgegeben. Am 01.08. nimmt sie eine Beschäftigung als Aushilfsverkäuferin auf, die von vornherein bis zum 30.09. befristet ist. Im laufenden Kalenderjahr war die Verkäuferin neben ihrer (Haupt-)Beschäftigung wie folgt beschäftigt (das Arbeitsentgelt beträgt jeweils mehr als 450 Euro bei einer Fünf-Tage-Woche):

a) vom 12.01. bis 10.02.
(Personengruppenschlüssel 110) = 30 Kalendertage

b) vom 02.03. bis 15.06.
(Personengruppenschlüssel 101) = 105 Kalendertage

c) vom 01.08. bis 30.09. = 60 Kalendertage

<u>**Berechnung der Kalendertage**</u>

Zeitraum a):	**Teilmonat vom 12.01. bis 31.01.**	**=**	**20 Kalendertage**
	Teilmonat vom 01.02. bis 10.02.	**=**	**10 Kalendertage**
Zeitraum b):	**Teilmonat vom 02.03. bis 31.03.**	**=**	**30 Kalendertage**
	Kalendermonate April und Mai	**=**	**60 Kalendertage**
	Teilmonat 01.06. bis 15.06.	**=**	**15 Kalendertage**
Zeitraum c):	**Kalendermonate Aug. und Sept.**	**=**	**60 Kalendertage**

<u>Prüfung nach B 2.3.2:</u>

Für eine Zusammenrechnung der Beschäftigungszeiten scheiden die (Haupt-)Beschäftigung und die Beschäftigung b aus, da hiernach nur geringfügige (das heißt, Beschäftigungen mit einer Dauer von nicht mehr als drei Monaten **oder** 70 Arbeitstagen) zusammengerechnet werden können. Die jeweils für sich betrachteten kurzfristigen Beschäftigungen a und c sind hingegen zusammenrechnen und übersteigen die zulässige Zeitdauer von drei Monaten (90 Kalendertagen) innerhalb des Kalenderjahres nicht. **Die Zeitdauer von 70 Arbeitstagen ist in diesem Fall nicht zusätzlich zu prüfen. Die am 01.08. aufgenommene Beschäftigung ist kurzfristig und damit versicherungsfrei in der Kranken-, Renten- und Arbeitslosenversicherung sowie nicht versicherungspflichtig in der Pflegeversicherung.**

Personengruppenschlüssel: 110

Beitragsgruppenschlüssel: 0-0-0-0

Prüfung nach B 2.3.3.3:

Bei der Prüfung der Berufsmäßigkeit bleiben die bis zum 30.06. ausgeübten Beschäftigungen außer Betracht. Die am 01.08. aufgenommene Beschäftigung wird mithin nicht berufsmäßig ausgeübt.

Die am 01.08. aufgenommene Beschäftigung ist kurzfristig, weil die Grenze von drei Monaten (90 Kalendertagen) nicht überschritten wird und sie auch nicht berufsmäßig ausgeübt wird. Sie ist daher versicherungsfrei in der Kranken-, Renten- und Arbeitslosenversicherung. Aus der Krankenversicherungsfreiheit folgt, dass in der Pflegeversicherung keine Versicherungspflicht besteht.

Personengruppenschlüssel: 110

Beitragsgruppenschlüssel: 0-0-0-0

Beispiel 50(zu B 3.1):

Eine Raumpflegerin arbeitet gegen ein monatliches Arbeitsentgelt von 440 Euro. Am 15.05. wird eine Erhöhung des Arbeitsentgelts auf 460 Euro mit Wirkung vom 01.06. vereinbart.

Da das Arbeitsentgelt vom 01.06. an 450 Euro überschreitet, endet die Versicherungsfreiheit in der Kranken- und Arbeitslosenversicherung sowie das Nichtbestehen von Versicherungspflicht in der Pflegeversicherung am 31.05. In der Rentenversicherung besteht bis 31.05. Versicherungspflicht aufgrund einer geringfügig entlohnten Beschäftigung, sofern die Arbeitnehmerin nicht von ihrem Recht auf Befreiung von der Rentenversicherungspflicht Gebrauch gemacht hat. Ab 01.06. besteht Versicherungspflicht in der Kranken-, Pflege-, Renten- und Arbeitslosenversicherung aufgrund einer mehr als geringfügigen Beschäftigung.

Ab 01.06.:

Personengruppenschlüssel: 101

Beitragsgruppenschlüssel: 1-1-1-1

Beispiel 51a(zu B 3.1, C 2.1, C 3.1 und C 5):

Eine familienversicherte Raumpflegerin arbeitet seit dem 01.01.2017 gegen ein monatliches Arbeitsentgelt von 420 Euro. Sie hat sich in der geringfügig entlohnten Beschäftigung von der Rentenversicherungspflicht befreien lassen. Ende Juli 2018 bittet der Arbeitgeber sie wider Erwarten, vom 01.08. bis zum 30.09.2018 zusätzlich die Krankheitsvertretung für eine Vollzeitkraft zu übernehmen. Dadurch erhöht sich das Arbeitsentgelt in den Monaten August und September 2018 auf monatlich 2.000 Euro.

Aufgrund der Krankheitsvertretung übersteigt das regelmäßige monatliche Arbeitsentgelt im Durchschnitt der Jahresbetrachtung (01.01.2018 bis 31.12.2018) die für die Annahme einer geringfügig entlohnten Beschäftigung maßgebende Entgeltgrenze von 450 Euro. Die Raumpflegerin bleibt dennoch auch für die Zeit vom 01.08. bis zum 30.09.2018 weiterhin geringfügig entlohnt beschäftigt, da es sich innerhalb des maßgebenden Zeitraums (01.10.2017 bis 30.09.2018) nur um ein gelegentliches (maximal dreimaliges) und nicht vorhersehbares Überschreiten der Arbeitsentgeltgrenze handelt. Der Arbeitgeber hat (auch in der Zeit vom 01.08. bis zum 30.09.18) weiterhin Pauschalbeiträge zur Kranken- und Rentenversicherung aufgrund der durchgehend geringfügig entlohnten Beschäftigung zu zahlen. Die Befreiung von der Rentenversicherungspflicht wirkt fort.

Personengruppenschlüssel: 109

Beitragsgruppenschlüssel: 6-5-0-0

Beispiel 51b(zu B 3.1, C 2.1, C 3.1 und C 5):

Fortsetzung von Beispiel 51a

Der Arbeitgeber bittet die Raumpflegerin Ende Oktober 2018 erneut wider Erwarten, vom 01.11. bis zum 30.11.2018 zusätzlich die Krankheitsvertretung für eine Vollzeitkraft zu übernehmen. Dadurch erhöht sich das Arbeitsentgelt im Monat November 2018 auf 2.000 Euro. Ab 01.12.2018 werden wieder laufend 420 Euro monatlich gezahlt.

Aufgrund der Krankheitsvertretung übersteigt das regelmäßige monatliche Arbeitsentgelt im Durchschnitt der Jahresbetrachtung (01.01.2018 bis 31.12.2018) die für die Annahme einer geringfügig entlohnten Beschäftigung maßgebende Entgeltgrenze von 450 Euro. Die Raumpflegerin bleibt dennoch auch für die Zeit vom 01.11. bis zum 30.11.2018 weiterhin geringfügig entlohnt beschäftigt, da es sich innerhalb des maßgebenden Zeitraums (01.12.2017 bis 30.11.2018) nur um ein gelegentliches (maximal dreimaliges) und nicht vorhersehbares Überschreiten der Arbeitsentgeltgrenze handelt. Der Arbeitgeber hat (auch in der Zeit vom 01.11. bis zum 30.11.2018) weiterhin Pauschalbeiträge zur Kranken- und Rentenversicherung aufgrund der durchgehend geringfügig entlohnten Beschäftigung zu zahlen. Die Befreiung von der Rentenversicherungspflicht wirkt fort.

Personengruppenschlüssel: 109

Beitragsgruppenschlüssel: 6-5-0-0

Beispiel 51c(zu B 2.2.4.1, B 3.1, C 2.1, C 3.1 und C 3.2):

Fortsetzung von Beispiel 51b

Der Arbeitgeber bittet die Raumpflegerin Ende Juni 2019 erneut wider Erwarten, vom 01.07. bis zum 31.07.2019 zusätzlich die Krankheitsvertretung für eine Vollzeitkraft zu übernehmen. Dadurch erhöht sich das Arbeitsentgelt im Monat Juli 2019 auf 2.000 Euro. Ab 01.08.2019 werden wieder laufend 420 Euro monatlich gezahlt.

Die Raumpflegerin wird vom 01.07. bis 31.07.2019 versicherungspflichtig in der Kranken-, Renten-, Arbeitslosen- und Pflegeversicherung, weil das regelmäßige monatliche Arbeitsentgelt unter Berücksichtigung der Krankheitsvertretung im Durchschnitt der Jahresbetrachtung (01.01. 2019 bis 31.12.2019) die maßgebende Entgeltgrenze von 450 Euro übersteigt und innerhalb des maßgebenden Zeitraums (01.08.2018 bis 31.07.2019) bereits in den Monaten August, September und November 2018 ein nicht vorhersehbares Überschreiten der Arbeitsentgeltgrenze vorgelegen hat. Im Monat Juli 2019 liegt somit kein gelegentliches Überschreiten der Arbeitsentgeltgrenze mehr vor. Ab 01.08.2019 liegt wieder eine geringfügig entlohnte Beschäftigung vor, weil das regelmäßige monatliche Arbeitsentgelt im Durchschnitt einer von diesem Zeitpunkt an (aufgrund der dauerhaften Reduzierung bzw. Weiterzahlung des vertraglich vereinbarten Arbeitsentgelts auf 420 Euro) neu angestellten Jahresbetrachtung 450 Euro nicht übersteigt. In der Rentenversicherung ergibt sich ab diesem Zeitpunkt allerdings Versicherungspflicht, weil die Befreiung von der Rentenversicherungspflicht aufgrund der zwischenzeitlich mehr als geringfügig entlohnten Beschäftigung dauerhaft außer Kraft gesetzt worden ist. Die Arbeitnehmerin kann sich aber erneut von der Rentenversicherungspflicht befreien lassen.

Bis 30.06.2019:

Personengruppenschlüssel: 109

Beitragsgruppenschlüssel: 6-5-0-0

Vom 01.07.2019 bis 31.07.2019:

Personengruppenschlüssel: 101

Beitragsgruppenschlüssel: 1-1-1-1

Ab 01.08.2019

Personengruppenschlüssel: 109

Beitragsgruppenschlüssel: 6-1-0-0

Beispiel 52(zu B 3.1, C 2.1):

Eine familienversicherte Raumpflegerin arbeitet gegen ein monatliches Arbeitsentgelt von 440 Euro. Durch Tarifvertrag vom 15.08. wird das Arbeitsentgelt rückwirkend vom 01.07. an auf 470 Euro erhöht.

Infolge der rückwirkenden Erhöhung des Arbeitsentgelts wird die Arbeitsentgeltgrenze zwar vom 01.07. an überschritten; Versicherungspflicht in der Kranken-, Renten-, Arbeitslosen- und Pflegeversicherung tritt jedoch erst mit dem 15.08. ein, weil an diesem Tage der Anspruch auf das erhöhte Arbeitsentgelt entstanden ist. Für die Zeit bis zum 14.08. verbleibt es bei der geringfügig entlohnten Beschäftigung, für die allerdings die Beiträge zur Kranken- und Rentenversicherung von dem Arbeitsentgelterhöhungsbetrag nachzuzahlen sind.

Bis 14.08.:

Personengruppenschlüssel: 109

Beitragsgruppenschlüssel: 6-1-0-0

Ab 15.08.:

Personengruppenschlüssel: 101

Beitragsgruppenschlüssel: 1-1-1-1

Beispiel 53(zu B 6.3):

Eine Raumpflegerin arbeitet beim Arbeitgeber A gegen ein monatliches Arbeitsentgelt von 250 Euro und wird als geringfügig entlohnte Beschäftigte bei der Minijob-Zentrale gemeldet.

Am 01.08. nimmt sie zusätzlich eine Beschäftigung als Raumpflegerin gegen ein monatliches Arbeitsentgelt von 300 Euro beim Arbeitgeber B auf. Die Raumpflegerin hat die Frage des Arbeitgebers B nach dem Vorliegen einer weiteren Beschäftigung verneint. Arbeitgeber B meldet die Arbeitnehmerin somit ebenfalls im Rahmen einer geringfügig entlohnten Beschäftigung bei der Minijob-Zentrale an.

Die Minijob-Zentrale stellt im Oktober desselben Jahres fest, dass die Raumpflegerin in beiden Beschäftigungen wegen Überschreitung der Arbeitsentgeltgrenze von 450 Euro nicht geringfügig beschäftigt ist. Die Minijob-Zentrale informiert die Arbeitgeber A und B mit Schreiben vom 15.10. darüber, dass die Arbeitnehmerin zum 17.10. als geringfügig Beschäftigte bei der Minijob-Zentrale ab- und ab 18.10. als versicherungspflichtig (mehr als geringfügig) Beschäftigte bei der zuständigen Krankenkasse anzumelden ist.

Beispiel 54(zu B 2.2.3.1, B 2.2.3.2.1, B 2.2.3.3, B 2.2.4.1, B. 2.4, C 2.1, C 3.1 und C 3.2):
Ein privat krankenversicherter Beamter nimmt

a) am 01.10. eine geringfügig entlohnte Beschäftigung auf. Bei demselben Arbeitgeber war er zuletzt bis zum 31.07.

b) am 15.09. eine geringfügig entlohnte Beschäftigung auf. Bei demselben Arbeitgeber war er zuletzt bis zum 16.07.

geringfügig entlohnt beschäftigt und von der Rentenversicherungspflicht nach § 6 Abs. 1b SGB VI befreit.

Zu a):

In der Rentenversicherung liegt Versicherungspflicht vor, von der sich der Arbeitnehmer auf Antrag befreien lassen kann. Die Befreiung von der Rentenversicherungspflicht aufgrund der bis zum 31.07. bei demselben Arbeitgeber bestandenen geringfügig entlohnten Beschäftigung wirkt nicht fort, weil wegen der Dauer der Unterbrechung zwischen beiden Beschäftigungen von mindestens zwei Monaten (01.08. bis 30.09.) eine neue Beschäftigung angenommen wird. Der Arbeitgeber hat gemeinsam mit dem Arbeitnehmer Pflichtbeiträge zur Rentenversicherung zu zahlen.

Personengruppenschlüssel:	109
Beitragsgruppenschlüssel:	0-1-0-0

Zu b):

In der Rentenversicherung liegt keine Versicherungspflicht vor, weil die Befreiung von der Rentenversicherungspflicht aufgrund der bis zum 16.07. bei demselben Arbeitgeber ausgeübten geringfügig entlohnten Beschäftigung weiterhin wirkt. Da die Beschäftigung bei demselben Arbeitgeber nicht mindestens für zwei Monate (17.07. – 16.09.) unterbrochen wurde, wird unterstellt, dass es sich immer noch um dieselbe geringfügig entlohnte Beschäftigung handelt, für die seinerzeit die Befreiung von der Rentenversicherungspflicht erfolgt ist. Der Arbeitgeber hat den Pauschalbeitrag zur Rentenversicherung zu zahlen.

Personengruppenschlüssel:	109
Beitragsgruppenschlüssel:	0-5-0-0

Anlage 1

Übersicht über die Entwicklung der Entgeltgrenze für geringfügig entlohnte Beschäftigungen und die darauf entfallenden Abgaben (Stand: 26. Juli 2021)

<table>
<tr><th rowspan="2">Zeitraum</th><th rowspan="2">Entgelt-grenze</th><th colspan="2">Pauschal-beiträge AG</th><th rowspan="2">Beitrags-anteil AN bei RV-Pflicht[1]</th><th colspan="3">Umlagen</th><th rowspan="2">Einheit-liche Pausch-steuer</th></tr>
<tr><th>KV</th><th>RV</th><th>U1</th><th>U2</th><th>INSGU</th></tr>
<tr><td>– 31.03.03</td><td>325 €</td><td>10 %</td><td>12 %</td><td></td><td colspan="2">individuell</td><td></td><td>–</td></tr>
<tr><td>01.04.03 – 31.12.04</td><td rowspan="8">400 €</td><td rowspan="2">11 %</td><td rowspan="2">12 %</td><td rowspan="2">7,5 %</td><td>1,2 %</td><td>0,1 %</td><td rowspan="4">Einzug durch die UV-Träger</td><td rowspan="18">2 %</td></tr>
<tr><td>01.01.05 – 30.06.06</td><td rowspan="3">0,1 %</td><td rowspan="3">0 %</td></tr>
<tr><td>01.07.06 – 31.12.06</td><td rowspan="16">13 %</td><td rowspan="16">15 %</td><td>4,5 %</td></tr>
<tr><td>01.01.07 – 31.12.08</td><td rowspan="4">4,9 %</td></tr>
<tr><td>01.01.09 – 31.12.09</td><td rowspan="3">0,6 %</td><td rowspan="2">0,07 %</td><td>0,1 %</td></tr>
<tr><td>01.01.10 – 31.12.10</td><td>0,41 %</td></tr>
<tr><td>01.01.11 – 31.12.11</td><td rowspan="3">0,14 %</td><td>0 %</td></tr>
<tr><td>01.01.12 – 31.12.12</td><td>4,6 %</td><td rowspan="3">0,7 %</td><td>0,04 %</td></tr>
<tr><td>01.01.13 – 31.12.14</td><td rowspan="10">450 €</td><td>3,9 %</td><td rowspan="3">0,15 %</td></tr>
<tr><td>01.01.15 – 31.08.15</td><td rowspan="4">3,7 %</td><td>0,24</td></tr>
<tr><td>01.09.15 – 31.12.15</td><td rowspan="2">1,0 %</td><td rowspan="3">0,3 %</td></tr>
<tr><td>01.01.16 – 31.12.16</td><td>0,12 %</td></tr>
<tr><td>01.01.17 – 31.12.17</td><td rowspan="4">0,9 %</td><td>0,09 %</td></tr>
<tr><td>01.01.18 – 31.12.18</td><td rowspan="5">3,6 %</td><td rowspan="2">0,24 %</td><td rowspan="4">0,06 %</td></tr>
<tr><td>01.01.19 – 31.05.19</td></tr>
<tr><td>01.06.19 – 30.09.20</td><td>0,19</td></tr>
<tr><td>01.10.20 – 31.12.20</td><td rowspan="2">1,0</td><td rowspan="2">0,39</td></tr>
<tr><td>01.01.21 –</td><td>0,12</td></tr>
</table>

[1] **Amtl. Anm.:** Rentenversicherungspflicht aufgrund des Verzichts auf die Versicherungsfreiheit für Beschäftigungen, die vor dem 1. Januar 2013 begonnen haben bzw. kraft Gesetzes für Beschäftigungen, die nach dem 31. Dezember 2012 aufgenommen wurden.

Anlage 2

Antrag auf Befreiung von der Rentenversicherungspflicht bei einer geringfügig entlohnten Beschäftigung nach § 6 Abs. 1b SGB VI

Arbeitnehmer

Name: ______________________________

Vorname: ______________________________

Rentenversicherungsnummer: |_|_|_|_|_|_|_|_|_|_|_|_|

Hiermit beantrage ich die Befreiung von der Versicherungspflicht in der Rentenversicherung im Rahmen meiner geringfügig entlohnten Beschäftigung und verzichte damit auf den Erwerb von Pflichtbeitragszeiten. Ich habe die Hinweise auf dem Merkblatt „Aufklärung über die möglichen Folgen einer Befreiung von der Rentenversicherungspflicht" zur Kenntnis genommen.

Mir ist bekannt, dass der Befreiungsantrag für alle von mir zeitgleich ausgeübten geringfügig entlohnten Beschäftigungen gilt und für die Dauer der Beschäftigungen bindend ist; eine Rücknahme ist nicht möglich. Ich verpflichte mich, alle weiteren Arbeitgeber, bei denen ich eine geringfügig entlohnte Beschäftigung ausübe, über diesen Befreiungsantrag zu informieren.

______________________________ ______________________________

(Ort, Datum) (Unterschrift des Arbeitnehmers bzw. bei Minderjährigen Unterschrift des gesetzlichen Vertreters)

Arbeitgeber

Name: ______________________________

Betriebsnummer: |_|_|_|_|_|_|_|_|

Der Befreiungsantrag ist am |_|_|_|_|_|_|_|_| bei mir eingegangen.
T T M M J J J J

Die Befreiung wirkt ab |_|_|_|_|_|_|_|_|.
T T M M J J J J

______________________________ ______________________________

(Ort, Datum) (Unterschrift des Arbeitgebers)

Hinweis für den Arbeitgeber:
Der Befreiungsantrag ist nach § 8 Abs. 2 Nr. 4a Beitragsverfahrensverordnung (BVV) zu den Entgeltunterlagen zu nehmen.

Merkblatt zur Aufklärung über die möglichen Folgen einer Befreiung von der Rentenversicherungspflicht

Allgemeines

Seit dem 1. Januar 2013 unterliegen Arbeitnehmer, die eine geringfügig entlohnte Beschäftigung (450-Euro-Minijob) ausüben, grundsätzlich der Versicherungs- und vollen Beitragspflicht in der gesetzlichen Rentenversicherung. Der vom Arbeitnehmer zu tragende Anteil am Rentenversicherungsbeitrag beläuft sich auf 3,6 Prozent (bzw. 13,6 Prozent bei geringfügig entlohnten Beschäftigungen in Privathaushalten) des Arbeitsentgelts. Er ergibt sich aus der Differenz zwischen dem Pauschalbeitrag des Arbeitgebers (15 Prozent bei geringfügig entlohnten Beschäftigungen im gewerblichen Bereich/ bzw. 5 Prozent bei solchen in Privathaushalten) und dem vollen Beitrag zur Rentenversicherung in Höhe von 18,6 Prozent. Zu beachten ist, dass der volle Rentenversicherungsbeitrag mindestens von einem Arbeitsentgelt in Höhe von 175 Euro zu zahlen ist.

Vorteile der vollen Beitragszahlung zur Rentenversicherung

Die Vorteile der Versicherungspflicht für den Arbeitnehmer ergeben sich aus dem Erwerb von Pflichtbeitragszeiten in der Rentenversicherung. Das bedeutet, dass die Beschäftigungszeit in vollem Umfang für die Erfüllung der verschiedenen Wartezeiten (Mindestversicherungszeiten) berücksichtigt wird. Pflichtbeitragszeiten sind beispielsweise Voraussetzung für

- einen früheren Rentenbeginn,
- Ansprüche auf Leistungen zur Rehabilitation (sowohl im medizinischen Bereich als auch im Arbeitsleben),
- den Anspruch auf Übergangsgeld bei Rehabilitationsmaßnahmen der gesetzlichen Rentenversicherung,
- die Begründung oder Aufrechterhaltung des Anspruchs auf eine Rente wegen Erwerbsminderung,
- den Anspruch auf Entgeltumwandlung für eine betriebliche Altersversorgung und
- die Erfüllung der Zugangsvoraussetzungen für eine private Altersvorsorge mit staatlicher Förderung (zum Beispiel die sogenannte Riester-Rente) für den Arbeitnehmer und gegebenenfalls sogar den Ehepartner.

Darüber hinaus wird das Arbeitsentgelt nicht nur anteilig, sondern in voller Höhe bei der Berechnung der Rente berücksichtigt.

Antrag auf Befreiung von der Rentenversicherungspflicht

Ist die Versicherungspflicht nicht gewollt, kann sich der Arbeitnehmer von ihr befreien lassen. Hierzu muss er seinem Arbeitgeber - möglichst mit dem beiliegenden Formular - schriftlich mitteilen, dass er die Befreiung von der Versicherungspflicht in der Rentenversicherung wünscht. Übt der Arbeitnehmer mehrere geringfügig entlohnte Beschäftigungen aus, kann der Antrag auf Befreiung nur einheitlich für alle zeitgleich ausgeübten geringfügigen Beschäftigungen gestellt werden. Über den Befreiungsantrag hat der Arbeitnehmer alle weiteren - auch zukünftige - Arbeitgeber zu informieren, bei denen er eine geringfügig entlohnte Beschäftigung ausübt. Die Befreiung von der Versicherungspflicht ist für die Dauer der Beschäftigung(en) bindend; sie kann nicht widerrufen werden.

Die Befreiung wirkt grundsätzlich ab Beginn des Kalendermonats des Eingangs beim Arbeitgeber, frühestens ab Beschäftigungsbeginn. Voraussetzung ist, dass der Arbeitgeber der Minijob-Zentrale die Befreiung bis zur nächsten Entgeltabrechnung, spätestens innerhalb von 6 Wochen nach Eingang des Befreiungsantrages bei ihm meldet. Anderenfalls beginnt die Befreiung erst nach Ablauf des Kalendermonats, der dem Kalendermonat des Eingangs der Meldung bei der Minijob-Zentrale folgt.

Konsequenzen aus der Befreiung von der Rentenversicherungspflicht

Geringfügig entlohnt Beschäftigte, die die Befreiung von der Rentenversicherungspflicht beantragen, verzichten freiwillig auf die oben genannten Vorteile. Durch die Befreiung zahlt lediglich der Arbeitgeber den Pauschalbeitrag in Höhe von 15 Prozent (bzw. 5 Prozent bei Beschäftigungen in Privathaushalten) des Arbeitsentgelts. Die Zahlung eines Eigenanteils durch den Arbeitnehmer entfällt hierbei. Dies hat zur Folge, dass der Arbeitnehmer nur anteilig Monate für die Erfüllung der verschiedenen Wartezeiten erwirbt und auch das erzielte Arbeitsentgelt bei der Berechnung der Rente nur anteilig berücksichtigt wird.

Hinweis: Bevor sich ein Arbeitnehmer für die Befreiung von der Rentenversicherungspflicht entscheidet, wird eine individuelle Beratung bezüglich der rentenrechtlichen Auswirkungen der Befreiung bei einer Auskunfts- und Beratungsstelle der Deutschen Rentenversicherung empfohlen. Das Servicetelefon der Deutschen Rentenversicherung ist kostenlos unter der 0800 10004800 zu erreichen.

Anlage 3

Erklärung des Verzichts auf die Rentenversicherungsfreiheit nach § 230 Abs. 8 Satz 2 SGB VI

> **Achtung:** Gilt nur für geringfügig entlohnte Beschäftigungen, die vor dem 1. Januar 2013 aufgenommen wurden und in denen das regelmäßiges Arbeitsentgelt 400 Euro im Monat nicht übersteigt!

Arbeitnehmer

Name: ____________________

Vorname: ____________________

Rentenversicherungsnummer: |_|_|_|_|_|_|_|_|_|_|_|_|

Hiermit erkläre ich den Verzicht auf die Versicherungsfreiheit in der Rentenversicherung im Rahmen meiner geringfügig entlohnten Beschäftigung und bin bereit, den Arbeitgeberanteil von 15 Prozent bis zum vollen Pflichtbeitrag aufzustocken.

Mir ist bekannt, dass diese Erklärung für alle von mir zeitgleich ausgeübten geringfügig entlohnten Beschäftigungen gilt und für die Dauer der Beschäftigungen bindend ist; eine Rücknahme ist nicht möglich. Dies gilt auch für alle geringfügig entlohnten Beschäftigungen, die ich zukünftig noch zusätzlich aufnehmen werde. Die Erklärung erlischt erst dann, wenn die letzte Beschäftigung, für die diese Erklärung gültig ist, beendet wird.

Die Verzichtserklärung gilt ☐ ab sofort

☐ ab |_|_|_|_|_|_|_|_|
T T M M J J J J

____________________ (Ort, Datum)

____________________ (Unterschrift des Arbeitnehmers bzw. bei Minderjährigen Unterschrift des gesetzlichen Vertreters)

Arbeitgeber

Name: ____________________

Betriebsnummer: |_|_|_|_|_|_|_|_|

Die Verzichtserklärung ist am |_|_|_|_|_|_|_|_| bei mir eingegangen.
T T M M J J J J

Der Verzicht wirkt ab |_|_|_|_|_|_|_|_| (frühestens Tag nach Eingang der Erklärung)
T T M M J J J J

____________________ (Ort, Datum)

____________________ (Unterschrift des Arbeitgebers)

Hinweis für den Arbeitgeber:
Die Verzichtserklärung ist nach § 8 Abs. 2 Nr. 4 Beitragsverfahrensverordnung (BVV) zu den Entgeltunterlagen zu nehmen.

Merkblatt zur Aufklärung über die Vorteile eines Verzichts auf die Rentenversicherungsfreiheit

Allgemeines

Arbeitnehmer, deren geringfügig entlohnte Beschäftigung über den 31. Dezember 2012 hinaus besteht, sind versicherungsfrei in der Rentenversicherung, solange ihr monatliches Arbeitsentgelt die Grenze von 400 Euro nicht überschreitet. Sie können wie Arbeitnehmer, die erst seit dem 1. Januar 2013 geringfügig entlohnt beschäftigt sind, rentenversicherungspflichtig werden, wenn sie auf die Rentenversicherungsfreiheit verzichten. In diesem Fall beläuft sich der vom Arbeitnehmer zu tragende Anteil am Rentenversicherungsbeitrag auf 3,6 Prozent (bzw. 13,6 Prozent bei geringfügig entlohnten Beschäftigungen in Privathaushalten) des Arbeitsentgelts. Er ergibt sich aus der Differenz zwischen dem Pauschalbeitrag des Arbeitgebers (15 Prozent bei geringfügig entlohnten Beschäftigungen im gewerblichen Bereich/ bzw. 5 Prozent bei solchen in Privathaushalten) und dem vollen Beitrag zur Rentenversicherung in Höhe von 18,6 Prozent. Zu beachten ist, dass der volle Rentenversicherungsbeitrag mindestens von einem Arbeitsentgelt in Höhe von 175 Euro zu zahlen ist.

Vorteile der vollen Beitragszahlung zur Rentenversicherung

Die Vorteile der Versicherungspflicht für den Arbeitnehmer ergeben sich aus dem Erwerb von Pflichtbeitragszeiten in der Rentenversicherung. Das bedeutet, dass die Beschäftigungszeit in vollem Umfang für die Erfüllung der verschiedenen Wartezeiten (Mindestversicherungszeiten) berücksichtigt wird. Pflichtbeitragszeiten sind beispielsweise Voraussetzung für

- einen früheren Rentenbeginn,
- Ansprüche auf Leistungen zur Rehabilitation (sowohl im medizinischen Bereich als auch im Arbeitsleben),
- den Anspruch auf Übergangsgeld bei Rehabilitationsmaßnahmen der gesetzlichen Rentenversicherung,
- die Begründung oder Aufrechterhaltung des Anspruchs auf eine Rente wegen Erwerbsminderung,
- den Anspruch auf Entgeltumwandlung für eine betriebliche Altersversorgung und
- die Erfüllung der Zugangsvoraussetzungen für eine private Altersvorsorge mit staatlicher Förderung (zum Beispiel die sogenannte Riester-Rente) für den Arbeitnehmer und gegebenenfalls sogar den Ehepartner.

Darüber hinaus wird das Arbeitsentgelt nicht nur anteilig, sondern in voller Höhe bei der Berechnung der Rente berücksichtigt.

Erklärung des Verzichts auf die Rentenversicherungsfreiheit

Möchte der geringfügig Beschäftigte Ansprüche wie ein rentenversicherungspflichtiger Arbeitnehmer erwerben, muss er - möglichst mit dem beiliegenden Formular - schriftlich gegenüber seinem Arbeitgeber den Verzicht auf die Rentenversicherungsfreiheit erklären. Übt der Arbeitnehmer mehrere geringfügig entlohnte Beschäftigungen aus, kann der Verzicht auf die Rentenversicherungsfreiheit nur einheitlich für alle zeitgleich ausgeübten geringfügigen Beschäftigungen erklärt werden. Über die Erklärung hat der Arbeitnehmer alle weiteren - auch zukünftige - Arbeitgeber zu informieren, bei denen er eine geringfügig entlohnte Beschäftigung ausübt. Die Erklärung des Verzichts auf die Rentenversicherungsfreiheit ist für die Dauer der Beschäftigung(en) bindend; sie kann nicht widerrufen werden.

Die Befreiung wirkt frühestens von dem Tag nach Eingang der Erklärung bei dem Arbeitgeber, sofern der Arbeitnehmer keinen späteren Termin wünscht.

Individuelle Beratung durch die Rentenversicherungsträger

Bevor ein Arbeitnehmer sich für einen Verzicht auf die Rentenversicherungsfreiheit entscheidet, kann er sich individuell bezüglich der rentenrechtlichen Auswirkungen der Verzichtserklärung bei einer Auskunfts- und Beratungsstelle der Deutschen Rentenversicherung beraten lassen. Das Servicetelefon der Deutschen Rentenversicherung ist kostenlos unter der 0800 10004800 zu erreichen.

4/40. Verordnung über die Berechnung, Zahlung, Weiterleitung, Abrechnung und Prüfung des Gesamtsozialversicherungsbeitrages (Beitragsverfahrensverordnung – BVV)[1]

Vom 3. Mai 2006

(BGBl. I S. 1138)

FNA 860-4-1-15

geänd. durch Art. 27 GKV-WettbewerbsstärkungsG v. 26.3.2007 (BGBl. I S. 378), Art. 4 Drittes G zur Änd. des KünstlersozialversicherungsG und and. G v. 12.6.2007 (BGBl. I S. 1034), Art. 16 G zur Änd. des SGB IV und and. G v. 19.12.2007 (BGBl. I S. 3024), Art. 11 Abs. 4 Unfallversicherungs-modernisierungsG v. 30.10.2008 (BGBl. I S. 2130), Art. 5a G zur Weiterentwicklung der Organisationsstrukturen in der gesetzl. Krankenversicherung v. 15.12.2008 (BGBl. I S. 2426), Art. 13 Zweites G zur Änd. des SGB IV und anderer G v. 21.12.2008 (BGBl. I S. 2933), Art. 5 G zur Verbesserung der Rahmenbedingungen für die Absicherung flexibler Arbeitszeitregelungen und zur Änd. anderer G v. 21.12.2008 (BGBl. I S. 2940), Art. 9 G zur Änd. des SGB IV, zur Errichtung einer Versorgungsausgleichskasse und anderer G v. 15.7.2009 (BGBl. I S. 1939), Art. 10 Drittes G zur Änd. des SGB IV und and. G v. 5.8.2010 (BGBl. I S. 1127), Art. 12 GKV-FinanzierungsG v. 22.12.2010 (BGBl. I S. 2309), Art. 15 Viertes G zur Änd. des Vierten Buches Sozialgesetzbuch und anderer Gesetze v. 22.12.2011 (BGBl. I S. 3057), Art. 9 G zu Änd. im Bereich der geringfügigen Beschäftigung v. 5.12.2012 (BGBl. I S. 2474), Art. 14 GKV-Finanzstruktur- und Qualitäts-WeiterentwicklungsG v. 21.7.2014 (BGBl. I S. 1133), Art. 5 KünstlersozialabgabestabilisierungsG v. 30.7.2014 (BGBl. I S. 1311), Art. 13 TarifautonomiestärkungsG v. 11.8.2014 (BGBl. I S. 1348), Art. 9 G zur besseren Vereinbarkeit von Familie, Pflege und Beruf v. 23.12.2014 (BGBl. I S. 2462), Art. 11 Fünftes G zur Änd. des Vierten Buches Sozialgesetzbuch und anderer G v. 15.4.2015 (BGBl. I S. 583), Art. 17 6. SGB IV-ÄndG v. 11.11.2016 (BGBl. I S. 2500), Art. 8 FlexirentenG v. 8.12.2016 (BGBl. I S. 2838), Art. 7 EM-LeistungsverbesserungsG v. 17.7.2017 (BGBl. I S. 2509), Art. 2 VO zur Änd. der SozialversicherungsentgeltverordnungVO und anderer Verordnungen v. 7.12.2017 (BGBl. I S. 3906), Art. 5 RV-Leistungsverbesserungs- und -stabilisierungsG v. 28.11.2018 (BGBl. I S. 2016), Art. 12a GKV-VersichertenentlastungsG v. 11.12.2018 (BGBl. I S. 2387), Art. 57 Abs. 24 G zur Regelung des Sozialen Entschädigungsrechts v. 12.12.2019 (BGBl. I S. 2652), Art. 25 Siebtes G zur Änd. des Vierten Buches SGB und anderer G v. 12.6.2020 (BGBl. I S. 1248), Art. 12a G Digitale Rentenübersicht v. 11.2.2021 (BGBl. I S. 154), Art. 3 Viertes G zur Änd. des SeefischereiG v. 26.5.2021 (BGBl. I S. 1170) und Art. 2g G zur Umsetzung der RL (EU) 2019/882 v. 16.7.2021 (BGBl. I S. 2970)

Auf Grund der §§ 28n und 28p Abs. 9 des Vierten Buches Sozialgesetzbuch – Gemeinsame Vorschriften für die Sozialversicherung –[2] in der Fassung der Bekanntmachung vom 23. Januar 2006 (BGBl. I S. 86, 466), in Verbindung mit § 1 des Zuständigkeitsanpassungsgesetzes vom 16. August 2002 (BGBl. I S. 3165) und dem Organisationserlass vom 22. November 2005 (BGBl. I S. 3197), verordnet das Bundesministerium für Arbeit und Soziales:

---

[1] Die Änderungen durch G v. 12.6.2020 (BGBl. I S. 1248) treten teilweise erst **mWv 1.1.2023**, die Änderungen durch G v. 11.2.2021 (BGBl. I S. 154) treten erst **mWv 1.1.2023**, die Änderungen durch G v. 16.7.2021 (BGBl. I S. 2970) treten erst **mWv 1.4.2022** in Kraft und sind im Text noch nicht berücksichtigt.

[2] Nr. 4.

Erster Abschnitt. Berechnung des Gesamtsozialversicherungsbeitrages und der Beitragsbemessungsgrenzen

§ 1 Berechnungsgrundsätze. (1) [1]Der Gesamtsozialversicherungsbeitrag und die Beitragsbemessungsgrenzen werden je Kalendermonat für die Kalendertage berechnet, an denen eine versicherungspflichtige Beschäftigung besteht (Sozialversicherungstage); ein voller Kalendermonat wird mit 30 Sozialversicherungstagen angesetzt. [2]Berechnungsbasis ist das aus der Beschäftigung erzielte Arbeitsentgelt bis zur monatlichen Beitragsbemessungsgrenze.

(2) [1]Die Rechengänge werden ohne Rundung der einzelnen Zwischenergebnisse durchgeführt. [2]Das Gesamtergebnis wird auf zwei Dezimalstellen berechnet; die zweite Dezimalstelle wird um 1 erhöht, wenn sich in der dritten Dezimalstelle eine der Zahlen 5 bis 9 ergibt.

§ 2[1)] Berechnungsvorgang. (1) [1]Beiträge, die der Arbeitgeber und der Beschäftigte je zur Hälfte tragen, werden durch Anwendung des halben Beitragssatzes auf das Arbeitsentgelt und anschließender Verdoppelung des gerundeten Ergebnisses berechnet. [2]Auf Beiträge, die der Arbeitgeber allein trägt, kann Satz 1 entsprechend angewandt werden. [3]Werden Beiträge vom Arbeitgeber und vom Beschäftigten nicht je zur Hälfte getragen, ergibt sich der Beitrag aus der Summe der getrennt berechneten gerundeten Anteile. [4]Beiträge, die vom Beschäftigten allein zu tragen sind, werden durch Anwendung des für diese Beiträge geltenden Beitragssatzes oder Beitragszuschlags auf das Arbeitsentgelt berechnet; Satz 3 zweiter Halbsatz gilt entsprechend. [5]Wird die Mindestbeitragsbemessungsgrundlage des § 163 Abs. 8 des Sechsten Buches Sozialgesetzbuch[2)] nicht überschritten, wird der Beitragssatz auf die Mindestbeitragsbemessungsgrundlage angewandt und der vom Arbeitgeber zu tragende Beitragsanteil berechnet und gerundet; durch Abzug des Arbeitgeberanteils vom Beitrag ergibt sich der Beitragsanteil des Beschäftigten.

(2) [1]In den Fällen des Übergangsbereichs wird der vom Arbeitgeber zu zahlende Beitrag durch Anwendung des halben Beitragssatzes auf die beitragspflichtige Einnahme und anschließender Verdoppelung des gerundeten Ergebnisses berechnet. [2]Der vom Arbeitgeber zu tragende Beitragsanteil wird durch Anwendung des halben sich aus der Summe des Beitragssatzes zur gesetzlichen Rentenversicherung, der gesetzlichen Pflegeversicherung, zur Arbeitsförderung und der gesetzlichen Krankenversicherung zuzüglich des kassenindividuellen Zusatzbeitragssatzes ergebenden Beitragssatzes auf das der Beschäftigung zugrunde liegende Arbeitsentgelt berechnet und gerundet. [3]Der Abzug des Arbeitgeberanteils von dem nach Satz 1 errechneten Beitrag ergibt den Beitragsanteil des Beschäftigten. [4]Bei Entgelten bis zu 450 Euro ergibt sich die beitragspflichtige Einnahme durch Anwendung des Faktors F (§ 163 Abs. 10 des Sechsten Buches Sozialgesetzbuch) auf das der Beschäftigung zugrunde liegende Arbeitsentgelt. [5]Vom Beschäftigten allein zu tragende Beitragsanteile werden

---

[1)] § 2 Abs. 2 Satz 2 neu gef. mWv 22.7.2009 durch G v. 15.7.2009 (BGBl. I S. 1939); Abs. 2 Satz 4 geänd. mWv 1.1.2013 durch G v. 5.12.2012 (BGBl. I S. 2474); Abs. 2 Satz 1 geänd. mWv 1.7.2019 durch G v. 28.11.2018 (BGBl. I S. 2016); Abs. 2 Satz 2 geänd. mWv 1.1.2019 durch G v. 11.12.2018 (BGBl. I S. 2387).

[2)] Nr. **6**.

durch Anwendung des maßgebenden Beitragssatzes oder Beitragszuschlags auf die beitragspflichtige Einnahme berechnet und gerundet.

Zweiter Abschnitt. Zahlungen des Arbeitgebers

§ 3 Tag der Zahlung, Zahlungsmittel. (1) [1] Die Zahlungen der Arbeitgeber oder sonstiger Zahlungspflichtiger sind an die zuständige Einzugsstelle zu leisten. [2] Als Tag der Zahlung gilt

1. bei Barzahlung der Tag des Geldeingangs,
2. bei Zahlung durch Scheck, bei Überweisung oder Einzahlung auf ein Konto der Einzugsstelle der Tag der Wertstellung zugunsten der Einzugsstelle, bei rückwirkender Wertstellung das Datum des elektronischen Kontoauszuges des Geldinstituts der Einzugsstelle,
3. bei Vorliegen einer Einzugsermächtigung der Tag der Fälligkeit.

[3] Abweichend von Satz 1 und 2 tritt in den Fällen des § 28f Abs. 4 des Vierten Buches Sozialgesetzbuch[1)] an die Stelle der Einzugsstelle die beauftragte Stelle.

(2) Zahlungen in fremder Währung und durch Wechsel sind nicht zugelassen.

(3) [1] Die nach § 28e Abs. 1 Satz 2 des Vierten Buches Sozialgesetzbuch als gezahlt geltenden Beiträge sind auf einem bei den von der Beitragszahlung freigestellten Leistungsträgern zu führenden Sachbuchkonto bei den

1. Kranken- und Pflegekassen am Tag der Fälligkeit nach der Satzung,
2. Trägern der Rentenversicherung und der Bundesagentur für Arbeit am Tag der Fälligkeit in Einnahme zu buchen.

[2] Ist eine Krankenkasse der Arbeitgeber, ist der für die Pflegekasse bestimmte Anteil am Gesamtsozialversicherungsbeitrag auf dem entsprechenden Sachbuchkonto der Pflegekasse zu buchen.

§ 4[2)] Reihenfolge der Tilgung. [1] Schuldet der Arbeitgeber oder ein sonstiger Zahlungspflichtiger Auslagen der Einzugsstelle, Gebühren, insbesondere Mahn- und Vollstreckungsgebühren sowie wie Gebühren zu behandelnde Entgelte für Rücklastschriften, Gesamtsozialversicherungsbeiträge zuzüglich der Zusatzbeiträge nach § 242 des Fünften Buches Sozialgesetzbuch[3)], Säumniszuschläge, Zinsen, Geldbußen oder Zwangsgelder, kann er bei der Zahlung bestimmen, welche Schuld getilgt werden soll; der Arbeitgeber kann hinsichtlich der Beiträge bestimmen, dass vorrangig die Arbeitnehmeranteile getilgt werden sollen. [2] Trifft der Arbeitgeber keine Bestimmung, werden die Schulden in der genannten Reihenfolge getilgt. [3] Innerhalb der gleichen Schuldenart werden die einzelnen Schulden nach ihrer Fälligkeit, bei gleichzeitiger Fälligkeit anteilmäßig getilgt.

[1)] Nr. 4.

[2)] § 4 Satz 1 geänd. mWv 1.1.2015 durch G v. 21.7.2014 (BGBl. I S. 1133); Satz 1 geänd. mWv 1.1.2017 durch G v. 11.11.2016 (BGBl. I S. 2500).

[3)] Nr. 5.

Dritter Abschnitt. Weiterleitung und Abrechnung durch die Einzugsstelle

§ 5[1] Weiterleitung. (1) [1]Die Einzugsstelle erteilt an jedem Arbeitstag Aufträge zur Überweisung der nach § 28k Abs. 1 des Vierten Buches Sozialgesetzbuch[2] weiterzuleitenden Beiträge. [2]Die Einzugsstelle ist verpflichtet,

1. die vertraglichen Vereinbarungen mit ihrem Geldinstitut so zu gestalten, dass die Beiträge dem Konto der Einzugsstelle an dem Tag gutgeschrieben werden, an dem sie dem Geldinstitut gutgeschrieben werden,
2. die Beiträge am Tag der Gutschrift auf ihrem Konto an die Träger der Rentenversicherung, Pflegeversicherung, den Gesundheitsfonds und die Bundesagentur für Arbeit durch Überweisung weiterzuleiten,
3. die Buchungen auf ihrem Konto bei dem Geldinstitut elektronisch so abzufragen, dass die dort gutgeschriebenen Beiträge taggleich vor Bankannahmeschluss weitergeleitet werden können.

[3]Werden die Beiträge vom Arbeitgeber im Wege des Lastschriftverfahrens eingezogen oder durch Scheck gezahlt, sind die Beiträge am Tag der Wertstellung auf dem Konto der Einzugsstelle in die Beiträge nach Satz 2 Nr. 3 einzubeziehen. [4]Einzugsstellen mit dezentralem Beitragseinzug leiten die Beiträge zentral weiter; als Tag der Gutschrift im Sinne des Satzes 2 gilt der Tag der Gutschrift bei der Nebenstelle, als Tag der Wertstellung im Sinne des Satzes 3 gilt der Tag der Wertstellung bei der Nebenstelle. [5]Ergibt sich am Monatsende eine Unter- oder Überzahlung, ist diese innerhalb einer Woche auszugleichen. [6]Die Einzugsstelle kann mit den Zahlungsempfängern ein Verfahren über die Avise zu erwartender Zahlungen vereinbaren.

(2) Die Einzugsstelle hat für die Weiterleitung der Beiträge zur sozialen Pflegeversicherung ein von Absatz 1 Satz 1 abweichendes Verfahren anzuwenden, wenn es für die Pflegekasse wirtschaftlicher als das Überweisungsverfahren ist.

(3) [1]Der Zahlungsempfänger kann bestimmen, auf welches seiner Konten die Einzugsstelle zu überweisen hat. [2]Die Bundesagentur für Arbeit bestimmt, an welche ihrer Dienststellen weiterzuleiten ist. [3]Auf Verlangen des Zahlungsempfängers sind die Überweisungen beschleunigt, z.B. durch Blitzgiro oder telegrafisch, vorzunehmen; die anfallenden Gebühren behalten die Einzugsstellen ein.

(4) In den Fällen des § 28f Abs. 4 des Vierten Buches Sozialgesetzbuch tritt an die Stelle der Einzugsstelle im Sinne der Absätze 1 bis 3 die beauftragte Stelle.

§ 6[3] Abrechnung. (1) Die Einzugsstelle hat dem Zahlungsempfänger bis zum Zwanzigsten des Monats eine Abrechnung für den Vormonat einzureichen.

(2) Für die Abrechnung ist der von den Spitzenverbänden der Pflegekassen, dem Bundesamt für Soziale Sicherung als Träger des Gesundheitsfonds, dem

---

[1] § 5 Abs. 1 Satz 2 Nr. 2 geänd. mWv 1.7.2008 durch G v. 26.3.2007 (BGBl. I S. 378).

[2] Nr. **4**.

[3] § 6 Abs. 2 geänd. mWv 1.7.2008 durch G v. 26.3.2007 (BGBl. I S. 378); Abs. 2 geänd. mWv 1.1. 2020 durch G v. 12.12.2019 (BGBl. I S. 2652).

Spitzenverband Bund der Krankenkassen, den Trägern der allgemeinen Rentenversicherung, der Deutschen Rentenversicherung Knappschaft-Bahn-See als Träger der knappschaftlichen Rentenversicherung und der Bundesagentur für Arbeit vereinbarte Datensatz (Monatsabrechnung) zu verwenden.

§ 6a[1] **Weiterleitung und Abrechnung sonstiger Beiträge.** (1) Die §§ 5 und 6 gelten entsprechend für Beitragszahlungen und Beitragsweiterleitungen nach § 252 Abs. 2 des Fünften Buches Sozialgesetzbuch[2].

(2) [1] Die Krankenkasse hat dem Bundesamt für Soziale Sicherung als Verwalter des Gesundheitsfonds die für die Erstellung der Abrechnung nach Absatz 1 erforderlichen Datengrundlagen auf Anforderung vorzulegen. [2] Das Bundesamt für Soziale Sicherung bestimmt das Nähere über die Datenlieferungen nach Anhörung des Spitzenverbandes Bund der Krankenkassen.

Vierter Abschnitt. Prüfung beim Arbeitgeber

§ 7[3] **Grundsätze.** (1) [1] Die Prüfung nach § 28p des Vierten Buches Sozialgesetzbuch[4] erfolgt grundsätzlich nach vorheriger Ankündigung durch die Versicherungsträger. [2] Die Ankündigung soll möglichst einen Monat, sie muss jedoch spätestens 14 Tage vor der Prüfung erfolgen. [3] Mit Zustimmung des Arbeitgebers kann von Satz 2 abgewichen werden. [4] In den Fällen des § 98 Abs. 1 Satz 4 des Zehnten Buches Sozialgesetzbuch[5] kann die Prüfung ohne Ankündigung durchgeführt werden. [5] Der Prüfer oder die Prüferin des Versicherungsträgers hat sich auszuweisen.

(2) [1] Für die Prüfung dürfen auf Kosten des Versicherungsträgers schriftliche Unterlagen des Arbeitgebers vervielfältigt und elektronische Unterlagen gespeichert werden, soweit es für die Aufgabenerfüllung erforderlich ist. [2] Der Arbeitgeber oder der Auftragnehmer nach § 28p Abs. 6 des Vierten Buches Sozialgesetzbuch hat einen zur Durchführung der Prüfung geeigneten Raum oder Arbeitsplatz sowie die erforderlichen Hilfsmittel kostenlos zur Verfügung zu stellen; Kosten oder Verdienstausfall, die durch die Prüfung entstehen, werden nicht erstattet.

(3) *(aufgehoben)*

(4) [1] Das Ergebnis der Prüfung ist dem Arbeitgeber innerhalb von zwei Monaten nach Abschluss der Prüfung mitzuteilen; auf Wunsch des Arbeitgebers kann dies durch Datenübertragung erfolgen. [2] Der Arbeitgeber soll durch den Prüfbescheid oder das Abschlussgespräch zur Prüfung Hinweise zu den beanstandeten Sachverhalten erhalten, um in den weiteren Verfahren fehlerhafte Angaben zu vermeiden. [3] Die Mitteilung ist vom Arbeitgeber bis zur nächsten

---

[1] § 6a eingef. mWv 1.1.2009 durch G v. 15.12.2008 (BGBl. I S. 2426); Abs. 2 Sätze 1 und 2 geänd. mWv 1.1.2020 durch G v. 12.12.2019 (BGBl. I S. 2652).

[2] Nr. **5**.

[3] § 7 Abs. 4 Satz 4 angef. mWv 15.6.2007 durch G v. 12.6.2007 (BGBl. I S. 1034); Abs. 4 Sätze 5 und 6 angef. mWv 1.1.2010 durch G v. 30.10.2008 (BGBl. I S. 2130); Abs. 3 und Abs. 4 Satz 3 aufgeh., bish. Sätze 4–6 werden Sätze 3–5 mWv 1.1.2011 durch G v. 5.8.2010 (BGBl. I S. 1127); Abs. 4 Satz 3 geänd. mWv 1.1.2015 durch G v. 30.7.2014 (BGBl. I S. 1311); Abs. 4 Satz 2 eingef., bish. Sätze 2–5 werden Sätze 3–6, neuer Satz 5 geänd. mWv 1.1.2016 durch G v. 15.4.2015 (BGBl. I S. 583); Abs. 4 Sätze 1 und 2 neu gef. mWv 1.1.2017 durch G v. 11.11.2016 (BGBl. I S. 2500); Abs. 4 Satz 2 geänd. mWv 1.7.2020 durch G v. 12.6.2020 (BGBl. I S. 1248).

[4] Nr. **4**.

[5] Nr. **10**.

Prüfung aufzubewahren. [4]In den Fällen des § 28p Abs. 1a Satz 6 des Vierten Buches Sozialgesetzbuch sind der Künstlersozialkasse die Prüfberichte und Prüfbescheide zu übersenden. [5]Für das Ergebnis der Prüfung nach § 166 Abs. 2 des Siebten Buches[1)] gelten die Sätze 1 bis 3 entsprechend. [6]Die Feststellungen zu den Arbeitsentgelten, die bei der Berechnung der Beiträge nach dem Siebten Buch Sozialgesetzbuch zu berücksichtigen sind, und deren Zuordnung zu den Gefahrtarifstellen sind den zuständigen Unfallversicherungsträgern zu übersenden.

§ 8[2)] Entgeltunterlagen. (1) [1]Der Arbeitgeber hat in den Entgeltunterlagen folgende Angaben über den Beschäftigten aufzunehmen:

1. den Familien- und Vornamen und gegebenenfalls das betriebliche Ordnungsmerkmal,
2. das Geburtsdatum,
3. bei Ausländern aus Staaten außerhalb des Europäischen Wirtschaftsraums die Staatsangehörigkeit und den Aufenthaltstitel,
4. die Anschrift,
5. den Beginn und das Ende der Beschäftigung,
6. den Beginn und das Ende der Altersteilzeitarbeit,
7. das Wertguthaben aus flexibler Arbeitszeit einschließlich der Änderungen (Zu- und Abgänge), den Abrechnungsmonat der ersten Gutschrift sowie den Abrechnungsmonat für jede Änderung und einen Nachweis über die getroffenen Vorkehrungen zum Insolvenzschutz; bei auf Dritte übertragenen Wertguthaben sind diese beim Dritten zu kennzeichnen,
8. die Beschäftigungsart,
9. die für die Versicherungsfreiheit oder die Befreiung von der Versicherungspflicht maßgebenden Angaben,
10. das Arbeitsentgelt nach § 14 des Vierten Buches Sozialgesetzbuch[3)], seine Zusammensetzung und zeitliche Zuordnung, ausgenommen sind Sachbezüge und Belegschaftsrabatte, soweit für sie eine Aufzeichnungspflicht nach dem Einkommensteuergesetz[4)] nicht besteht,

---

[1)] Nr. 7.

[2)] § 8 Abs. 1 Nr. 7 geänd., Abs. 2 Nr. 10 aufgeh., bish. Nr. 11–13 werden Nr. 10–12 mWv 1.1.2009 durch G v. 21.12.2008 (BGBl. I S. 2940); Abs. 1 Satz 1 Nr. 7 geänd., Abs. 2 Nr. 10 neu gef. mWv 22.7.2009 durch G v. 15.7.2009 (BGBl. I S. 1939); Abs. 2 Nr. 7 neu gef. mWv 1.1.2011 durch G v. 5.8.2010 (BGBl. I S. 1127); Abs. 2 Nr. 3a eingef. mWv 1.1.2012 durch G v. 22.12.2010 (BGBl. I S. 2309); Abs. 2 Nr. 12 geänd., Nr. 13 angef. mWv 1.1.2012 durch G v. 22.12.2011 (BGBl. I S. 3057); Abs. 2 Nr. 4a und 5a eingef. mWv 1.1.2013 durch G v. 5.12.2012 (BGBl. I S. 2474); Abs. 2 Nr. 13 geänd. mWv 16.8.2014 durch G v. 11.8.2014 (BGBl. I S. 1348); Abs. 2 Nr. 13 geänd., Nr. 14 und 15 angef. mWv 1.1.2015 durch G v. 23.12.2014 (BGBl. I S. 2462); Abs. 1 Satz 1 Nr. 11a eingef., Abs. 2 Nr. 6 und 15 geänd., Nr. 16 angef. mWv 1.1.2016 durch G v. 15.4.2015 (BGBl. I S. 583); Abs. 1 Satz 1 Nr. 18 geänd., Nr. 19 angef., Abs. 2 Nr. 16 geänd., Nr. 17 und 18 angef. mWv 1.1.2017 durch G v. 11.11.2016 (BGBl. I S. 2500); Abs. 2 Nr. 18 geänd., Nr. 19 angef. mWv 1.1.2017 durch G v. 8.12.2016 (BGBl. I S. 2838); Abs. 2 Nr. 19 geänd. mWv 22.7.2017 durch G v. 17.7.2017 (BGBl. I S. 2509); Abs. 2 Nr. 5 und 5a aufgeh. mWv 1.7.2019 durch G v. 28.11.2018 (BGBl. I S. 2016); Abs. 2 Nr. 18a eingef. mWv 1.7.2020, Abs. 2 Nr. 2 aufgeh. mWv 1.1.2021, Abs. 2 Satz 1 einl. Satzteil neu gef., Satz 2 und Abs. 3 angef., mWv 1.1.2022 durch G v. 12.6.2020 (BGBl. I S. 1248) durch G v. 12.6.2020 (BGBl. I S. 1248); Abs. 2 Nr. 7a eingef. mWv 1.1.2022 durch G v. 26.5.2021 (BGBl. I S. 1170).

[3)] Nr. 4.

[4)] **Steuergesetze Nr. 1.**

11. das beitragspflichtige Arbeitsentgelt bis zur Beitragsbemessungsgrenze der Rentenversicherung, seine Zusammensetzung und zeitliche Zuordnung,
11a. das in der Unfallversicherung beitragspflichtige Arbeitsentgelt, die anzuwendende Gefahrtarifstelle und die jeweilige zeitliche Zuordnung,
12. den Betrag nach § 3 Abs. 1 Nr. 1 Buchstabe b des Altersteilzeitgesetzes[1)],
13. den Beitragsgruppenschlüssel,
14. die Einzugsstelle für den Gesamtsozialversicherungsbeitrag,
15. den vom Beschäftigten zu tragenden Anteil am Gesamtsozialversicherungsbeitrag, nach Beitragsgruppen getrennt,
16. die für die Erstattung von Meldungen erforderlichen Daten, soweit sie in den Nummern 1 bis 14 nicht enthalten sind,
17. bei Entsendung Eigenart und zeitliche Begrenzung der Beschäftigung,
18. gezahltes Kurzarbeitergeld und die hierauf entfallenden beitragspflichtigen Einnahmen,
19. Wertguthaben aus flexibler Arbeitszeit bis zum 31. Dezember 2009, für die noch Beiträge zur gesetzlichen Unfallversicherung zu entrichten sind.

[2]Bestehen die Entgeltunterlagen aus mehreren Teilen, sind diese Teile durch ein betriebliches Ordnungsmerkmal zu verbinden. [3]Die Angaben nach Satz 1 Nr. 10 bis 15 und 18 sind für jeden Entgeltabrechnungszeitraum erforderlich. [4]Die Beträge nach Satz 1 Nr. 11 und 12 sind für die Meldungen zu summieren. [5]Berichtigungen zu den Angaben nach Satz 1 Nr. 10 bis 15 und 18 oder Stornierungen sind besonders kenntlich zu machen. [6]Die Angaben nach Satz 1 Nr. 8, 9 und 14 können verschlüsselt werden.

(2) [1]Folgende dem Arbeitgeber elektronisch zur Verfügung zu stellende Unterlagen sind in elektronischer Form zu den Entgeltunterlagen zu nehmen;[2)]
1. Unterlagen, aus denen die nach Absatz 1 Satz 1 Nr. 3, 9 und 17 erforderlichen Angaben ersichtlich sind,
2. *(aufgehoben)*
3. die Daten der erstatteten Meldungen,
3a. die Daten der von den Krankenkassen übermittelten Meldungen, die Auswirkungen auf die Beitragsberechnung des Arbeitgebers haben,
4. die Erklärung des geringfügig Beschäftigten gegenüber dem Arbeitgeber, dass auf Versicherungsfreiheit in der Rentenversicherung verzichtet wird,
4a. der Antrag auf Befreiung von der Versicherungspflicht nach § 6 Abs. 1b des Sechsten Buches Sozialgesetzbuch[3)], auf dem der Tag des Eingangs beim Arbeitgeber dokumentiert ist,
5. *(aufgehoben)*
5a. *(aufgehoben)*
6. die Niederschrift nach § 2 des Nachweisgesetzes[4)] sowie für Seefahrtbetriebe der Heuervertrag nach § 28 des Seearbeitsgesetzes[5)],
7. die Erklärung des kurzfristig geringfügigen Beschäftigten über weitere kurzfristige Beschäftigungen im Kalenderjahr oder die Erklärung des ge-

---

[1)] Nr. **3/30**.
[2)] Satzzeichen amtlich.
[3)] Nr. **6**.
[4)] **Loseblatt-Textsammlung Arbeitsrecht Nr. 90.**
[5)] Nr. **40/20**.

ringfügig entlohnten Beschäftigten über weitere Beschäftigungen sowie in beiden Fällen die Bestätigung, dass die Aufnahme weiterer Beschäftigungen dem Arbeitgeber anzuzeigen sind,

7a. der Nachweis eines Krankenversicherungsschutzes nach § 28a Absatz 9a des Vierten Buches Sozialgesetzbuch,

8. eine Kopie des Antrags nach § 7a Abs. 1 des Vierten Buches Sozialgesetzbuch mit den von der Deutschen Rentenversicherung Bund für ihre Entscheidung benötigten Unterlagen sowie deren Bescheid nach § 7a Abs. 2 des Vierten Buches Sozialgesetzbuch,

9. den Bescheid der zuständigen Einzugsstelle über die Feststellung der Versicherungspflicht nach § 28h Abs. 2 des Vierten Buches Sozialgesetzbuch,

10. die Entscheidung der Finanzbehörden, dass die vom Arbeitgeber getragenen oder übernommenen Studiengebühren für ein Studium des Beschäftigten steuerrechtlich kein Arbeitslohn sind,

11. den Nachweis der Elterneigenschaft nach § 55 Abs. 3 des Elften Buches Sozialgesetzbuch[1)],

12. die Erklärung über den Auszahlungsverzicht von zustehenden Entgeltansprüchen,

13. die Aufzeichnungen nach § 19 Absatz 1 des Arbeitnehmer-Entsendegesetzes[2)] und nach § 17 Absatz 1 des Mindestlohngesetzes[3)],

14. die Bescheinigung nach § 44a Absatz 5 des Elften Buches Sozialgesetzbuch, wenn die Beschäftigung wegen Bezugs von Pflegeunterstützungsgeld unterbrochen wird,

15. die Erklärung des oder der Beschäftigten zur Inanspruchnahme einer Pflegezeit im Sinne des § 3 des Pflegezeitgesetzes[4)],

16. für Seefahrtbetriebe die Besatzungslisten sowie Seetagebücher nach § 22 des Seearbeitsgesetzes[5)], für Binnenschiffe die Schiffsatteste und für Schiffe der Rheinschifffahrt die Rheinschifffahrtszugehörigkeitsurkunde,

17. Veranlagungs-, Änderungs- und Nachtragsbescheide der Träger der gesetzlichen Unfallversicherung,

18. die Daten der übermittelten Bescheinigungen nach § 106 des Vierten Buches Sozialgesetzbuch,

18a. bei einem Antrag auf Abschluss einer Ausnahmevereinbarung eine Erklärung, in welcher der Beschäftigte bestätigt, dass der Abschluss einer Ausnahmevereinbarung zur Geltung der deutschen Rechtsvorschriften nach Artikel 16 der Verordnung (EG) Nr. 883/2004 des Europäischen Parlaments und des Rates vom 29. April 2004 in seinem Interesse liegt,

19. die schriftliche Erklärung des Verzichts auf die Versicherungsfreiheit nach § 5 Absatz 4 Satz 2 oder § 230 Absatz 9 Satz 2 des Sechsten Buches Sozialgesetzbuch, auf der der Tag des Eingangs beim Arbeitgeber dokumentiert ist.

[2] In den Fällen des § 126 des Vierten Buches Sozialgesetzbuch kann weiterhin eine Prüfung von schriftlichen Unterlagen erfolgen.

---

1) Nr. **11**.
2) **Loseblatt-Textsammlung Arbeitsrecht Nr. 506.**
3) **Loseblatt-Textsammlung Arbeitsrecht Nr. 505.**
4) Nr. **11/10**.
5) Nr. **40/20**.

(3) [1]Die in Absatz 2 genannten Entgeltunterlagen, soweit sie nicht elektronisch aus der Abrechnung des Arbeitgebers entnommen werden können, sind dem Arbeitgeber von den zuständigen Stellen oder dem Beschäftigten in elektronischer Form zur Verfügung zu stellen. [2]Bis zum 31. Dezember 2026 kann sich der Arbeitgeber von der Führung elektronischer Unterlagen auf Antrag bei dem für ihn zuständigen Prüfdienst der Deutschen Rentenversicherung nach § 28p des Vierten Buches Sozialgesetzbuch befreien lassen.

§ 9[1)] Beitragsabrechnung. (1) [1]Der Arbeitgeber hat zur Prüfung der Vollständigkeit der Entgeltabrechnung für jeden Abrechnungszeitraum ein Verzeichnis aller Beschäftigten in der Sortierfolge der Entgeltunterlagen mit den folgenden Angaben und nach Einzugsstellen getrennt elektronisch zu erfassen und lesbar zur Verfügung zu stellen; für die Beitragsgrundlage der Unfallversicherung erfolgt diese Erfassung nach Mitgliedsnummern:

1. dem Familien- und Vornamen und gegebenenfalls dem betrieblichen Ordnungsmerkmal,
2. dem beitragspflichtigen Arbeitsentgelt bis zur Beitragsbemessungsgrenze der Rentenversicherung,
2a. dem in der gesetzlichen Unfallversicherung beitragspflichtigen Arbeitsentgelt mit Arbeitsstunden in der angewendeten Gefahrtarifstelle bis zum gültigen Höchstjahresarbeitsverdienst des zuständigen Unfallversicherungsträgers,
3. dem Betrag nach § 3 Absatz 1 Nummer 1 Buchstabe b des Altersteilzeitgesetzes[2)],
4. dem Beitragsgruppenschlüssel,
5. den Sozialversicherungstagen,
6. dem Gesamtsozialversicherungsbeitrag, nach Arbeitgeber- und Arbeitnehmeranteilen je Beitragsgruppe getrennt,
6a. der Summe der in der gesetzlichen Unfallversicherung beitragspflichtigen Arbeitsentgelte mit Arbeitsstunden je Gefahrtarifstelle und Anzahl der Versicherten getrennt,
7. dem gezahlten Kurzarbeitergeld und den hierauf entfallenden beitragspflichtigen Einnahmen,
8. den beitragspflichtigen Sonn-, Feiertags- und Nachtzuschlägen,
9. den Umlagesätzen nach dem Aufwendungsausgleichsgesetz[3)] und dem umlagepflichtigen Arbeitsentgelt,
10. den Parametern zur Berechnung der voraussichtlichen Höhe der Beitragsschuld.

[2]Die Beträge nach Satz 1 Nummer 7 sind zu summieren und die hierauf entfallenden Beiträge zur Kranken-, Pflege- und Rentenversicherung anzugeben; die Beträge nach Satz 1 Nummer 6 sind nach Beitragsgruppen zu summieren; die Beträge nach Satz 1 Nummer 6a sind nach Gefahrtarifstellen zu

---

[1)] § 9 Abs. 5 angef. mWv 1.1.2008 durch G v. 19.12.2007 (BGBl. I S. 3024); Abs. 1 Satz 1 Nr. 2a eingef., Abs. 5 Sätze 5–7 angef. mWv 1.1.2016 durch G v. 15.4.2015 (BGBl. I S. 583); Abs. 2 Satz 1 geänd. mWv 1.7.2019 durch G v. 28.11.2018 (BGBl. I S. 2016); Abs. 1 neu gef., Abs. 5 Sätze 1 und 2 aufgeh., bish. Sätze 3–7 werden Sätze 1–5 und neuer Satz 3 neu gef. mWv 1.1.2022 durch G v. 12.6. 2020 (BGBl. I S. 1248).

[2)] Nr. **3/30**.

[3)] Nr. **5/11**.

summieren; aus den Einzelsummen ist die Gesamtsumme aller Beiträge zu bilden. [3] Berichtigungen oder Stornierungen sind besonders zu kennzeichnen.

(2) [1] Im Beitragsnachweis nach Absatz 1 sind Beschäftigte mit den Angaben nach Absatz 1 Satz 1 Nr. 1 und dem erzielten Arbeitsentgelt nach § 14 des Vierten Buches Sozialgesetzbuch[1)] gesondert zu erfassen, für die Beiträge nicht oder nach den Vorschriften des Übergangsbereichs (§ 20 Abs. 2 des Vierten Buches Sozialgesetzbuch) gezahlt werden. [2] Sind Beitragsnachweise für mehrere Einzugsstellen zu erstellen, hat die Erfassung nach Satz 1 gesondert zu erfolgen.

(3) Berechnet die Einzugsstelle die Beiträge, hat ihr der Arbeitgeber die für die Berechnung der Beiträge notwendigen Angaben mitzuteilen.

(4) Im Beitragsnachweis sind die als gezahlt geltenden Beiträge nach § 28e Abs. 1 Satz 2 des Vierten Buches Sozialgesetzbuch nicht aufzunehmen.

(5) [1] Werden Entgeltunterlagen auf Datenträgern geführt, sind die Daten in der Aufbewahrungsfrist jederzeit verfügbar und unverzüglich lesbar vorzuhalten. [2] § 147 Abs. 5 und 6 der Abgabenordnung[2)] gilt entsprechend. [3] Die Daten der Entgeltunterlagen nach § 8 und der Absätze 1 bis 4 sind in der Aufbewahrungsfrist jederzeit verfügbar und unverzüglich lesbar vorzuhalten. [4] Das ihm im Meldeverfahren nach dem Vierten Buch Sozialgesetzbuch ausgestellte Zertifikat kann dafür verwendet werden. [5] Nach vollständiger Übernahme in elektronischer Form können die schriftlichen Entgeltunterlagen vernichtet werden.

§ 9a[3)] Gemeinsame Grundsätze. [1] Der Spitzenverband Bund der Krankenkassen, die Deutsche Rentenversicherung Bund, die Deutsche Rentenversicherung Knappschaft-Bahn-See, die Bundesagentur für Arbeit und die Deutsche Gesetzliche Unfallversicherung e.V. bestimmen in Gemeinsamen Grundsätzen bundeseinheitlich die Art und den Umfang der Speicherung, die Datensätze und das Weitere zum Verfahren für die Entgeltunterlagen nach § 8 und für die Beitragsabrechnung nach § 9. [2] Die Gemeinsamen Grundsätze bedürfen der Genehmigung des Bundesministeriums für Arbeit und Soziales, das vorher die Bundesvereinigung der Deutschen Arbeitgeberverbände anzuhören hat.

§ 10[4)] Mitwirkung. (1) [1] Der Arbeitgeber hat die Aufzeichnungen nach den §§ 8 und 9 so zu führen, dass bei einer Prüfung innerhalb angemessener Zeit ein Überblick über die formelle und sachliche Richtigkeit der Entgeltabrechnung des Arbeitgebers gewährleistet ist. [2] Der Arbeitgeber muss die dafür erforderlichen Darstellungsprogramme sowie Maschinenzeiten und sonstigen Hilfsmittel, z.B. Personal, Bildschirme, Lesegeräte, bereitstellen. [3] Die Angaben sind vollständig, richtig, in zeitlicher Folge und geordnet vorzunehmen. [4] Auf Verlangen sind Fälle, die manuell abgerechnet worden sind oder in denen das beitragspflichtige Arbeitsentgelt manuell vorgegeben worden ist, vorzulegen.

(2) [1] Der Arbeitgeber ist verpflichtet, Bescheide und Prüfberichte der Finanzbehörden vorzulegen. [2] Für die Prüfung gilt verpflichtend, diese Unterlagen einzusehen und eine versicherungs- und beitragsrechtliche Auswertung vorzunehmen. [3] § 31 Abs. 2 der Abgabenordnung[2)] bleibt unberührt.

---

1) Nr. 4.

2) **Steuergesetze Nr. 800.**

3) § 9a eingef. mWv 1.1.2021 durch G v. 12.6.2020 (BGBl. I S. 1248).

4) § 10 Abs. 2 Satz 3 aufgeh., bish. Satz 4 wird Satz 3 mWv 1.1.2011 durch G v. 5.8.2010 (BGBl. I S. 1127); Abs. 5 aufgeh. mWv 1.1.2016 durch G v. 15.4.2015 (BGBl. I S. 583).

(3) [1] Bei Abrechnungsverfahren, die mit Hilfe automatischer Einrichtungen durchgeführt werden, hat der Arbeitgeber ein ordnungsmäßiges Verfahren zu gewährleisten. [2] Eine Prüfung einzelner Geschäftsvorfälle wie auch des Abrechnungsverfahrens insgesamt muss möglich sein.

(4) [1] Das Abrechnungsverfahren ist einschließlich der Änderungen seit der letzten Prüfung zu dokumentieren. [2] Aus der dazu erforderlichen Verfahrensdokumentation müssen Aufbau und Ablauf des Abrechnungsverfahrens vollständig ersichtlich sein, insbesondere

1. die Verarbeitungsregeln einschließlich Kontrollen und Abstimmverfahren,
2. die Fehlerbehandlung,
3. die Sicherung der ordnungsgemäßen Programmanwendung und
4. die Organisation der manuellen Vor- oder Nachbehandlung von Daten.

[3] Änderungen des Abrechnungsverfahrens sind in der Dokumentation so zu vermerken, dass die zeitliche Abgrenzung einzelner Verfahrensversionen ersichtlich ist.

(5) *(aufgehoben)*

(6) [1] Der Arbeitgeber hat unverzüglich die bei der Prüfung festgestellten Mängel zu beheben und Vorkehrungen zu treffen, dass die festgestellten Mängel sich nicht wiederholen. [2] Dem Arbeitgeber kann dafür eine Frist gesetzt und darüber hinaus die Auflage erteilt werden, dem prüfenden Sozialversicherungsträger die ordnungsmäßige Mängelbeseitigung und die getroffenen Vorkehrungen nachzuweisen.

§ 11 Umfang. (1) [1] Die Prüfung der Aufzeichnungen nach den §§ 8 und 9 kann auf Stichproben beschränkt werden. [2] Die für eine Prüfung verlangten Unterlagen nach § 8 Abs. 2 und § 9 sind unverzüglich vorzulegen oder als lesbare Reproduktionen herzustellen.

(Fortsetzung nächstes Blatt)

5. Sozialgesetzbuch (SGB) Fünftes Buch (V) – Gesetzliche Krankenversicherung –[1) 2) 3) 4)]

Vom 20. Dezember 1988
(BGBl. I S. 2477)

FNA 860-5

geänd. durch Art. 2 G zur Änd. des KünstlersozialversicherungsG v. 20.12.1988 (BGBl. I S. 2606), Art. 2 G zur Einführung eines Sozialversicherungsausweises und zur Änd. anderer SozialG v. 6.10. 1989 (BGBl. I S. 1822), Art. 4 RentenreformG 1992 v. 18.12.1989 (BGBl. I S. 2261), Art. 25 Abs. 4 G zu dem Vertrag vom 18. Mai 1990 über die Schaffung einer Währungs-, Wirtschafts- und Sozialunion zwischen der Bundesrepublik Deutschland und der Deutschen Demokratischen Republik v. 25.6.1990 (BGBl. II S. 518), Art. 2 KOV-AnpassungsG 1990 v. 26.6.1990 (BGBl. I S. 1211), Art. 12 Abs. 8 G zur Neuregelung des Ausländerrechts v. 9.7.1990 (BGBl. I S. 1354), Einigungsvertrag v. 31.8.1990 (BGBl. II S. 889, 1048), Art. 1 Erstes ÄndG v. 22.3.1991 (BGBl. I S. 792), Art. 6 Renten-ÜberleitungsG v. 25.7.1991 (BGBl. I S. 1606), Art. 3 G zur Änd. des Zweites G zur Änd. des BundeserziehungsgeldG und anderer Vorschriften v. 6.12.1991 (BGBl. I S. 2142), Zweites ÄndG v. 20.12.1991 (BGBl. I S. 2325), Art. 2 Schwangeren- und FamilienhilfeG v. 27.7.1992 (BGBl. I S. 1398), Art. 1 und 2 GesundheitsstrukturG v. 21.12.1992 (BGBl. I S. 2266), Art. 61 Fünfte Zuständigkeitsanpassungs-VO v. 26.2.1993 (BGBl. I S. 278), Art. 104 EWR-AusführungsG v. 27.4. 1993 (BGBl. I S. 512), Art. 2 G zu dem Europa-Abkommen vom 16. Dezember 1991 zur Gründung einer Assoziation zwischen den Europäischen Gemeinschaften sowie ihren Mitgliedstaaten und der Republik Polen v. 26.8.1993 (BGBl. II S. 1316), Art. 2 G zu dem Europa-Abkommen vom 16. Dezember 1991 zur Gründung einer Assoziation zwischen den Europäischen Gemeinschaften sowie ihren Mitgliedstaaten und der Republik Ungarn v. 26.8.1993 (BGBl. II S. 1472), Art. 3 Abs. 12 FÖJ-FörderungsG v. 17.12.1993 (BGBl. I S. 2118), Art. 6 Abs. 101 EisenbahnneuordnungsG v. 27.12. 1993 (BGBl. I S. 2378), Art. 4 PflegeversicherungsG v. 26.5.1994 (BGBl. I S. 1014), § 16 Abs. 6 Masseur- und PhysiotherapeutenG v. 26.5.1994 (BGBl. I S. 1084), Art. 3 Zweites G zur Änd. des Sozialgesetzbuchs v. 13.6.1994 (BGBl. I S. 1229), Art. 8 § 20 Gesundheitseinrichtungen-NeuordnungsG v. 24.6.1994 (BGBl. I S. 1416), Art. 4 AgrarsozialreformG 1995 v. 29.7.1994 (BGBl. I S. 1890), Art. 1 Drittes SGB V-ÄndG v. 10.5.1995 (BGBl. I S. 678), Art. 18 G zur Änd. wehrpflichtrechtlicher, soldatenrechtlicher, beamtenrechtlicher und anderer Vorschriften v. 24.7.1995 (BGBl. I S. 962), Art. 4 Schwangeren- und FamilienhilfeÄndG v. 21.8.1995 (BGBl. I S. 1050), Art. 1 Viertes SGB V-ÄndG v. 4.12.1995 (BGBl. I S. 1558), Art. 14 WehrrechtsänderungsG v. 15.12.1995 (BGBl. I S. 1726), Art. 2 Nr. 10 Zweites G zur Änd. des ArbeitsförderungsG im Bereich des Baugewerbes v. 15.12.1995 (BGBl. I S. 1809), Art. 1 Fünftes SGB V-ÄndG v. 18.12.1995 (BGBl. I S. 1986), Art. 1

[1)] Verkündet als Art. 1 Gesetz zur Strukturreform im Gesundheitswesen (Gesundheits-Reformgesetz – GRG) v. 20.12.1988 (BGBl. I S. 2477); Inkrafttreten gem. Art. 79 Abs. 1 dieses G am 1.1.1989, mit Ausnahme der in Abs. 2 bis 5 dieses Artikels genannten Abweichungen.

[2)] Zu **Abweichungen** von den §§ 35c, 39 und 129 **infolge der SARS-CoV-2-Epidemie** beachte die Maßgaben in § 1 der SARS-CoV-2-Arzneimittelversorgungsverordnung v. 20.4.2020 (BAnz AT 21.04.2020 V1), zuletzt geänd. durch G v. 28.5.2021 (BGBl. I S. 1174).

[3)] Für das Gebiet der ehem. DDR beachte die Überleitungsregelungen der §§ 309 bis 311.

[4)] Die Änderungen durch G v. 9.8.2019 (BGBl. I S. 1202) treten teilweise erst **mWv 16.8.2022**, die Änderungen durch G v. 9.12.2019 (BGBl. I S. 2562) treten teilweise erst **mWv 31.3.2022**, die Änderungen durch G v. 12.12.2019 (BGBl. I S. 2652) treten teilweise erst **mWv 1.1.2024**, die Änderungen durch G v. 16.3.2020 (BGBl. I S. 497) treten erst **mWv 1.3.2022**, die Änderungen durch G v. 23.10.2020 (BGBl. I S. 2220) treten teilweise erst **mWv 31.10.2023**, die Änderungen durch G v. 22.12.2020 (BGBl. I S. 3299, geänd. durch G v. 22.11.2021 (BGBl. I S. 4906) treten teilweise erst **mWv 1.1.2023**, die Änderungen durch G v. 28.3.2021 (BGBl. I S. 591) treten erst **mit unbestimmten Inkrafttreten**, die Änderungen durch G v. 4.5.2021 (BGBl. I S. 882) treten erst **mWv 1.1.2023**, die Änderungen durch G v. 3.6.2021 (BGBl. I S. 1309) treten teilweise erst **mWv 1.1.2024**, die Änderungen durch G v. 20.8.2021 (BGBl. I S. 3932) treten erst **mWv 1.1.2025**, die Änderungen durch G v. 27.9.2021 (BGBl. I S. 4530) treten teilweise erst **mWv 28.1.2022**, die Änderungen durch G v. 22.11.2021 (BGBl. I S. 4906) treten teilweise erst **mWv 1.1.2023** in Kraft und sind insoweit im Text noch nicht berücksichtigt.

Sechstes SGB V-ÄndG v. 18.12.1995 (BGBl. I S. 1987), Art. 3 Erstes SGB XI-ÄndG v. 14.6.1996 (BGBl. I S. 830), Art. 4 Unfallversicherungs-EinordnungsG v. 7.8.1996 (BGBl. I S. 1254), Art. 1 Siebtes SGB V-ÄndG v. 28.10.1996 (BGBl. I S. 1558), Art. 1 Achtes SGB V-ÄndG v. 28.10.1996 (BGBl. I S. 1559), Art. 2 BeitragsentlastungsG v. 1.11.1996 (BGBl. I S. 1631), Art. 2 G zur sozialrechtlichen Behandlung von einmalig gezahltem Arbeitsentgelt v. 12.12.1996 (BGBl. I S. 1859), Art. 5 Arbeitsförderungs-ReformG v. 24.3.1997 (BGBl. I S. 594), Art. 1 Erstes GKV-NeuordnungsG v. 23.6.1997 (BGBl. I S. 1518), Art. 1 und 2 Zweites GKV-NeuordnungsG v. 23.6.1997 (BGBl. I S. 1520), Art. 39 Sechste Zuständigkeitsanpassungs-VO v. 21.9.1997 (BGBl. I S. 2390), § 22 TransplantationsG v. 5.11.1997 (BGBl. I S. 2631), Art. 4 Erstes SGB III-ÄndG v. 16.12.1997 (BGBl. I S. 2970), Art. 5 RentenreformG 1999 v. 16.12.1997 (BGBl. I S. 2998 geänd. durch G v. 19.12.1998, BGBl. I S. 3843, und geänd. durch G v. 20.12.2000, BGBl. I S. 1827), Art. 2 Abs. 26 BegleitG zum TelekommunikationsG v. 17.12.1997 (BGBl. I S. 3108), Art. 1 GKV-FinanzstärkungsG v. 24.3.1998 (BGBl. I S. 526), Art. 3 G zur sozialrechtlichen Absicherung flexibler Arbeitszeitregelungen v. 6.4. 1998 (BGBl. I S. 688), Art. 1 Neuntes SGB V-ÄndG v. 8.5.1998 (BGBl. I S. 907, geänd. durch G v. 19.12.1998, BGBl. I S. 3857), Art. 2 G über die Berufe des Psychologischen Psychotherapeuten und des Kinder- und Jugendlichenpsychotherapeuten, zur Änd. des SGB V und anderer G v. 16.6.1998 (BGBl. I S. 1311, geänd. durch G v. 19.12.1998, BGBl. I S. 3853), Art. 3 Erstes G zur Änd. des MedizinprodukteG v. 6.8.1998 (BGBl. I S. 2005), Art. 1 GKV-SolidaritätsstärkungsG v. 19.12.1998 (BGBl. I S. 3853), Art. 3 G zur Neuregelung der geringfügigen Beschäftigungsverhältnisse v. 24.3. 1999 (BGBl. I S. 388), Art. 2 Zweites SGB III-ÄndG v. 21.7.1999 (BGBl. I S. 1648), Art. 21 HaushaltssanierungsG v. 22.12.1999 (BGBl. I S. 2534), Art. 1 GKV-GesundheitsreformG 2000 v. 22.12. 1999 (BGBl. I S. 2626, geänd. durch G v. 15.12.2002, BGBl. I S. 684), Art. 1 G zur Rechtsangleichung in der gesetzlichen Krankenversicherung v. 22.12.1999 (BGBl. I S. 2657), Entscheidung des Bundesverfassungsgerichts v. 24.5.2000 (BGBl. I S. 1082), Entscheidung des Bundesverfassungsgerichts (zu § 5 Abs. 1 Nr. 11 erster Halbsatz des Fünften Buches Sozialgesetzbuch und Artikel 56 Abs. 3 erster Halbsatz des Gesundheits-ReformG) v. 7.8.2000 (BGBl. I S. 1300), Art. 19 G zur Änderung des Begriffs „Erziehungsurlaub" v. 30.11.2000 (BGBl. I S. 1638), Art. 14 G zur Änderung des SoldatenG und anderer Vorschriften v. 19.12.2000 (BGBl. I S. 1815), Art. 5 G zur Reform der Renten wegen verminderter Erwerbsfähigkeit v. 20.12.2000 (BGBl. I S. 1827), Art. 2 Einmalzahlungs-NeuregelungsG v. 21.12.2000 (BGBl. I S. 1971), Art. 3 § 52 G zur Beendigung der Diskriminierung gleichgeschlechtlicher Gemeinschaften: Lebenspartnerschaften v. 16.2.2001 (BGBl. I S. 266), Art. 4 AltersvermögensergänzungsG v. 21.3.2001 (BGBl. I S. 403), Art. 2 und 6 Zweites G zur Änderung des KünstlersozialversicherungsG und anderer G v. 13.6.2001 (BGBl. I S. 1027), Art. 5 SGB IX v. 19.6.2001 (BGBl. I S. 1046), Art. 1 G zur Neuregelung der Krankenkassenwahlrechte v. 27.7.2001 (BGBl. I S. 1946), Art. 1 Festbetrags-AnpassungsG v. 27.7.2001 (BGBl. I S. 1948), Art. 4 Sechstes SGG-ÄnderungsG v. 17.8.2001 (BGBl. I S. 2144), Art. 1 Achtes Euro-EinführungsG v. 23.10.2001 (BGBl. I S. 2702), Art. 216 Siebente ZuständigkeitsanpassungsVO v. 29.10.2001 (BGBl. I S. 2785), Art. 3 G zur Reform der arbeitsmarktpolitischen Instrumente (Job-AQTIV-G) v. 10.12.2001 (BGBl. I S. 3443), Art. 1 G zur Reform des Risikostrukturausgleichs in der gesetzlichen Krankenversicherung v. 10.12.2001 (BGBl. I S. 3465), Art. 1 G zur Einführung des Wohnortprinzips bei Honorarvereinbarungen für Ärzte und Zahnärzte v. 11.12.2001 (BGBl. I S. 3526), Art. 12 Zweites MedizinprodukteG-ÄndG v. 13.12.2001 (BGBl. I S. 3586), Art. 2 Pflegeleistungs-ErgänzungsG v. 14.12.2001 (BGBl. I S. 3728), Art. 1 Arzneimittelbudget-AblösungsG v. 19.12.2001 (BGBl. I S. 3773), Art. 1 Arzneimittelausgaben-BegrenzungsG v. 15.2.2002 (BGBl. I S. 684), Art. 1 Zehntes SGB V-ÄndG v. 23.3.2002 (BGBl. I S. 1169), Art. 1 FallpauschalenG v. 23.4.2002 (BGBl. I S. 1412), Art. 47b G zur Gleichstellung behinderter Menschen und zur Änd. anderer G v. 27.4.2002 (BGBl. I S. 1467), Art. 10 Nr. 6 ZuwanderungsG v. 20.6.2002 (BGBl. I S. 1946, nichtig gem. Urt. des BVerfG v. 18.12.2002 - 2 BvF 1/02 -), Art. 7 Hüttenknappschaftliches Zusatzversicherungs-NeuregelungsG v. 21.6.2002 (BGBl. I S. 2167), Art. 4 G zur Erleichterung der Bekämpfung von illegaler Beschäftigung und Schwarzarbeit v. 23.7.2002 (BGBl. I S. 2787), Art. 1 G zur Sicherung der Betreuung und Pflege schwerstkranker Kinder v. 26.7.2002 (BGBl. I S. 2872), Art. 1 G zur Verbesserung des Zuschusses zu ambulanten medizinischen Vorsorgeleistungen v. 26.7.2002 (BGBl. I S. 2873), Art. 1 Elftes SGB V-ÄndG v. 26.7.2002 (BGBl. I S. 2874), Art. 3 G zur Änd. des ApothekenG v. 21.8.2002 (BGBl. I S. 3352), Art. 2 Erstes G für moderne Dienstleistungen am Arbeitsmarkt v. 23.12.2002 (BGBl. I S. 4607), Art. 3 Zweites G für moderne Dienstleistungen am Arbeitsmarkt v. 23.12.2002 (BGBl. I S. 4621), Art. 1 BeitragssatzsicherungsG v. 23.12.2002 (BGBl. I S. 4637), Art. 2 G zur Änd. von Fristen und Bezeichnungen im SGB IX und zur Änd and. G v. 3.4. 2003 (BGBl. I S. 462), Art. 1 Zwölftes SGB V-ÄndG v. 12.6.2003 (BGBl. I S. 844), Art. 5b FallpauschalenÄndG v. 17.7.2003 (BGBl. I S. 1461), Art. 3 G zur Änd. des Sozialgesetzbuches und anderer G v. 24.7.2003 (BGBl. I S. 1526), Art. 1 und 2 GKV-ModernisierungsG v. 14.11.2003 (BGBl. I S. 2190, geänd. durch G v. 30.7.2004, BGBl. I S. 2014 und geänd. durch G v. 15.12.2004, BGBl. I S. 3445), Art. 204 Achte ZuständigkeitsanpassungsVO v. 25.11.2003 (BGBl. I S. 2304), Art. 4

Drittes G für moderne Dienstleistungen am Arbeitsmarkt v. 23.12.2003 (BGBl. I S. 2848), Art. 5 Viertes G für moderne Dienstleistungen am Arbeitsmarkt v. 24.12.2003 (BGBl. I S. 2954, geänd. durch G v. 30.7.2004, BGBl. I S. 2014), Art. 5 Zweites G zur Änd. des SGB VI und anderer G v. 27.12.2003 (BGBl. I S. 3013), Art. 2 Drittes G zur Änd des SGB VI und anderer G v. 27.12.2003 (BGBl. I S. 3019), Art. 4 G zur Einordnung des Sozialhilferechts in das SGB v. 27.12.2003 (BGBl. I S. 3022), Art. 3 RV-NachhaltigkeitsG v. 21.7.2004 (BGBl. I S. 1791), Art. 10 Nr. 6 ZuwanderungsG v. 30.7.2004 (BGBl. I S. 1950), Art. 4 Kommunales OptionsG v. 30.7.2004 (BGBl. I S. 2014), Art. 5 G zur Organisationsreform in der gesetzl. Rentenversicherung v. 9.12.2004 (BGBl. I S. 3242), Art. 5 Zweites FallpauschalenÄndG v. 15.12.2004 (BGBl. I S. 3429), Art. 2 G zur Anpassung der Finanzierung von Zahnersatz v. 15.12.2004 (BGBl. I S. 3445), Art. 6 Nr. 1 G zur Änd. des AufenthaltsG und weiterer G v. 14.3.2005 (BGBl. I S. 721), Art. 4 VerwaltungsvereinfachungsG v. 21.3.2005 (BGBl. I S. 818), Art. 20 Streitkräftereserve-NeuordnungsG v. 22.4.2005 (BGBl. I S. 1106), Art. 9 G zur Reform des Reisekostenrechts v. 26.5.2005 (BGBl. I S. 1418), Art. 1 G zur Organisationsstruktur der Telematik im Gesundheitswesen v. 22.6.2005 (BGBl. I S. 1720, ber. S. 2566), Art. 3a Vierzehntes G zur Änd. des ArzneimittelG v. 29.8.2005 (BGBl. I S. 2570), Art. 2a Fünftes G zur Änd. des SGB III und anderer G v. 22.12.2005 (BGBl. I S. 3676), Art. 2 Nr. 3 G über den Ausgleich von Arbeitgeberaufwendungen und zur Änd. weiterer G v. 22.12.2005 (BGBl. I S. 3686), Art. 4 G zur Förderung ganzjähriger Beschäftigung v. 24.4.2006 (BGBl. I S. 926), Art. 1 G zur Verbesserung der Wirtschaftlichkeit in der Arzneimittelversorgung v. 26.4.2006 (BGBl. I S. 984), Art. 10 HaushaltsbegleitG 2006 v. 29.6.2006 (BGBl. I S. 1402), Art. 3a G zur Fortentwicklung der Grundsicherung für Arbeitsuchende v. 20.7.2006 (BGBl. I S. 1706), Art. 20 Föderalismusreform-BegleitG v. 5.9.2006 (BGBl. I S. 2098), Art. 256 Neunte ZuständigkeitsanpassungsVO v. 31.10.2006 (BGBl. I S. 2407), Art. 4 G zur Änd. des BetriebsrentenG und anderer G v. 2.12.2006 (BGBl. I S. 2742), Art. 2 Abs. 19 G zur Einführung des Elterngeldes v. 5.12.2006 (BGBl. I S. 2748), Art. 1 VertragsarztrechtsÄndG v. 22.12. 2006 (BGBl. I S. 3439), Art. 1 und 2 GKV-WettbewerbsstärkungsG v. 26.3.2007 (BGBl. I S. 378, geänd. durch G v. 14.6.2007, BGBl. I S. 1066, G v. 19.12.2007, BGBl. I S. 3024 und G v. 15.12.2008, BGBl. I S. 2426), Art. 5 RV-AltersgrenzenanpassungsG v. 20.4.2007 (BGBl. I S. 554), Art. 5 und 6 G zur Änd. medizinprodukterechtl. und and. Vorschriften v. 14.6.2007 (BGBl. I S. 1066), Art. 6 Abs. 3 GewebeG v. 20.7.2007 (BGBl. I S. 1574), Art. 6 Abs. 11 G zur Umsetzung aufenthalts- und asylrechtlicher Richtlinien der EU v. 19.8.2007 (BGBl. I S. 1970), Art. 28 Abs. 4 Zweites G zum Abbau bürokratischer Hemmnisse insbesondere in der mittelständischen Wirtschaft v. 7.9.2007 (BGBl. I S. 2246), Art. 9 Abs. 21 G zur Reform des Versicherungsvertragsrechts v. 23.11.2007 (BGBl. I S. 2631), Art. 38 G zur Umsetzung der Richtline 2005/36/EG des Europäischen Parlaments und des Rates über die Anerkennung von Berufsqualifikationen der Heilberufe v. 2.12.2007 (BGBl. I S. 2686), § 22 Abs. 7 Einsatz-WeiterverwendungsG v. 12.12.2007 (BGBl. I S. 2861), Art. 5 G zur Änd. des SGB IV und anderer G v. 19.12.2007 (BGBl. I S. 3024), Art. 2 Abs. 11 G zur Förderung von Jugendfreiwilligendiensten v. 16.5.2008 (BGBl. I S. 842), Art. 6 Pflege-WeiterentwicklungsG v. 28.5.2008 (BGBl. I S. 874), Art. 4 KinderförderungsG v. 10.12.2008 (BGBl. I S. 2403), Art. 1 G zur Weiterentwicklung der Organisationsstrukturen in der gesetzlichen Krankenversicherung v. 15.12. 2008 (BGBl. I S. 2426), Art. 4a G zur Neuausrichtung der arbeitsmarktpolitischen Instrumente v. 21.12.2008 (BGBl. I S. 2917), Art. 6 Nr. 1 G zur Verbesserung der Rahmenbedingungen für die Absicherung flexibler Arbeitszeitregelungen und zur Änd. anderer G v. 21.12.2008 (BGBl. I S. 2940), Art. 13 G zur Sicherung von Beschäftigung und Stabilität in Deutschland v. 2.3.2009 (BGBl. I S. 416), Art. 3 KrankenhausfinanzierungsreformG v. 17.3.2009 (BGBl. I S. 534), Art. 3 G zur Änd. des SGB IV, zur Errichtung einer Versorgungsausgleichskasse und anderer G v. 15.7.2009 (BGBl. I S. 1939), Art. 15 und 15a G zur Änd. arzneimittelrechtl. und anderer Vorschriften v. 17.7.2009 (BGBl. I S. 1990), Art. 1 G zur Regelung des Assistenzpflegebedarfs im Krankenhaus v. 30.7.2009 (BGBl. I S. 2495), Art. 4 Sozialversicherungs-StabilisierungsG v. 14.4.2010 (BGBl. I S. 410), Art. 1 G zur Änd. krankenversicherungsrechtl. und and. Vorschriften v. 24.7.2010 (BGBl. I S. 983), Art. 18 HaushaltsbegleitG 2011 v. 9.12.2010 (BGBl. I S. 1885), Art. 1 ArzneimittelmarktneuordnungsG v. 22.12.2010 (BGBl. I S. 2262), Art. 1 und 2 GKV-FinanzierungsG v. 22.12.2010 (BGBl. I S. 2309), Art. 12 Abs. 3 G zur Ermittlung von Regelbedarfen und zur Änd. des SGB II und XII v. 24.3.2011 (BGBl. I S. 453), Art. 9 G zur Einführung eines Bundesfreiwilligendienstes v. 28.4.2011 (BGBl. I S. 687), Art. 4 G zur Koordinierung der Systeme der sozialen Sicherheit in Europa und zur Änd. anderer G v. 22.6.2011 (BGBl. I S. 1202), Art. 3 G zur Änd. des InfektionsschutzG und weiterer G v. 28.7.2011 (BGBl. I S. 1622), Art. 8 G zur Verbesserung der Eingliederungschancen am Arbeitsmarkt v. 20.12.2011 (BGBl. I S. 2854), Art. 1 GKV-VersorgungsstrukturG v. 22.12.2011 (BGBl. I S. 2983, geänd. durch G v. 12.4.2012, BGBl. I S. 579), Art. 2 Abs. 116 G zur Änd. von Vorschriften über Verkündung und Bekanntmachungen sowie der ZPO, des EGZPO und der AO v. 22.12.2011 (BGBl. I S. 3044), Art. 3 Viertes G zur Änd. des Vierten Buches Sozialgesetzbuch und anderer G v. 22.12.2011 (BGBl. I S. 3057), Art. 8 LSV-NeuordnungsG v. 12.4.2012 (BGBl. I S. 579, geänd. durch G v. 23.10.2012, BGBl. I S. 2246), Art. 2 G zur Regelung der Entscheidungslösung im TransplantationsG v. 12.7.2012

(BGBl. I S. 1504), Art. 2 G zur Änd. des TransplantationsG v. 21.7.2012 (BGBl. I S. 1601), Art. 4 Psych-EntgeltG v. 21.7.2012 (BGBl. I S. 1613), Art. 12b Zweites G zur Änd. arzneimittelrechtl. und and. Vorschriften v. 19.10.2012 (BGBl. I S. 2192), Art. 3 Pflege-Neuausrichtungs-G v. 23.10.2012 (BGBl. I S. 2246), Art. 3 G zu Änd. im Bereich der geringfügigen Beschäftigung v. 5.12.2012 (BGBl. I S. 2474), Art. 3 Haushaltsbegleitgesetz 2013 v. 20.12.2012 (BGBl. I S. 2781), Art. 1 G zur Regelung des Assistenzpflegebedarfs in stationären Vorsorge- oder Rehabilitationseinrichtungen v. 20.12.2012 (BGBl. I S. 2789), Art. 4 G zur zusätzlichen Förderung von Kindern unter drei Jahren in Tageseinrichtungen und in Kindertagespflege v. 15.2.2013 (BGBl. I S. 250), Art. 2 Abs. 2 BetreuungsgeldG v. 15.2.2013 (BGBl. I S. 254), Art. 2 G zur Verbesserung der Rechte von Patientinnen und Patienten v. 20.2.2013 (BGBl. I S. 277), Art. 1 Krebsfrüherkennungs- und -registerG v. 3.4.2013 (BGBl. I S. 617), Art. 2 Abs. 13 15. G zur Änd. des SoldatenG v. 8.4.2013 (BGBl. I S. 730), Art. 4 Abs. 3 G zur Umsetzung des Seearbeitsübereinkommens 2006 der Internationalen Arbeitsorganisation v. 20.4.2013 (BGBl. I S. 868), Art. 3 Achtes G zur Änd. des G gegen Wettbewerbsbeschränkungen v. 26.6.2013 (BGBl. I S. 1738), Art. 1 G zur Beseitigung sozialer Überforderung bei Beitragsschulden in der Krankenversicherung v. 15.7.2013 (BGBl. I S. 2423), Art. 3 Drittes G zur Änd. arzneimittelrechtlicher und anderer Vorschriften v. 7.8.2013 (BGBl. I S. 3108), Art. 1 13. SGB V-ÄndG v. 22.12.2013 (BGBl. I S. 4382), Art. 1 14. SGB V-ÄndG v. 27.3.2014 (BGBl. I S. 261), Art. 1 GKV-Finanzstruktur- und Qualitäts-WeiterentwicklungsG v. 21.7.2014 (BGBl. I S. 1133), Art. 1 HaushaltsbegleitG 2014 v. 11.8.2014 (BGBl. I S. 1346), Art. 5 G zur Änd. des FreizügigkeitsG/EU und weiterer Vorschriften v. 2.12.2014 (BGBl. I S. 1922), Art. 2a Erstes PflegestärkungsG v. 17.12.2014 (BGBl. I S. 2222), Art. 5 G zur besseren Vereinbarkeit von Familie, Pflege und Beruf v. 23.12.2014 (BGBl. I S. 2462), Art. 2 Abs. 21 G zur Modernisierung der Finanzaufsicht über Versicherungen v. 1.4.2015 (BGBl. I S. 434), Art. 2 Fünftes G zur Änd. des Vierten Buches Sozialgesetzbuch und anderer G v. 15.4.2015 (BGBl. I S. 583), Art. 1 und 2 GKV-VersorgungsstärkungsG v. 16.7.2015 (BGBl. I S. 1211), Art. 1 und 2 PräventionsG v. 17.7.2015 (BGBl. I S. 1368, ber. S. 1781), Art. 11 AsylverfahrensbeschleunigungsG v. 20.10.2015 (BGBl. I S. 1722), Art. 1, Art. 2 Hospiz- und PalliativG v. 1.12.2015 (BGBl. I S. 2114), Art. 6 KrankenhausstrukturG v. 10.12.2015 (BGBl. I S. 2229), Art. 1, Art. 1a G für sichere digitale Kommunikation und Anwendungen im Gesundheitswesen sowie zur Änd. weiterer G v. 21.12.2015 (BGBl. I S. 2408), Art. 4 Zweites PflegestärkungsG v. 21.12.2015 (BGBl. I S. 2424), Art. 2 Abs. 12 VergaberechtsmodernisierungsG v. 17.2.2016 (BGBl. I S. 203), Art. 3 G zur Bekämpfung von Korruption im Gesundheitswesen v. 30.5.2016 (BGBl. I S. 1254), Art. 2a Arbeitslosenversicherungsschutz- und WeiterbildungsstärkungsG v. 18.7.2016 (BGBl. I S. 1710), Art. 3 Abs. 1 Neuntes G zur Änd. des SGB II – Rechtsvereinfachung – sowie zur vorübergehenden Aussetzung der Insolvenzantragspflicht v. 26.7.2016 (BGBl. I S. 1824), Art. 1a Zweites G zur Änd. des BuchpreisbindungsG v. 31.7.2016 (BGBl. I S. 1937), Art. 2 G zur Errichtung eines Transplantationsregisters und zur Änd. weiterer G v. 11.10.2016 (BGBl. I S. 2233), Art. 3 6. SGB IV-ÄndG v. 11.11.2016 (BGBl. I S. 2500), Art. 5 FlexirentenG v. 8.12.2016 (BGBl. I S. 2838), Art. 5 G zur Weiterentwicklung der Versorgung und der Vergütung für psychiatrische und psychosomatische Leistungen v. 19.12.2016 (BGBl. I S. 2986), Art. 13 Drittes PflegestärkungsG v. 23.12.2016 (BGBl. I S. 3191), Art. 6 BundesteilhabeG v. 23.12.2016 (BGBl. I S. 3234), Art. 1 GKV-SelbstverwaltungsstärkungsG v. 21.2.2017 (BGBl. I S. 265), Art. 4 G zur Änd. betäubungsmittelrechtlicher und anderer Vorschriften v. 6.3.2017 (BGBl. I S. 403), Art. 161 G zum Abbau verzichtbarer Anordnungen der Schriftform im Verwaltungsrecht des Bundes v. 29.3.2017 (BGBl. I S. 626), Art. 1 Heil- und HilfsmittelversorgungsG v. 4.4.2017 (BGBl. I S. 778), Art. 1, Art. 2 GKV-ArzneimittelversorgungsstärkungsG v. 4.5.2017 (BGBl. I S. 1050), Art. 5, Art. 7 G zur Neuregelung des Mutterschutzrechts v. 23.5.2017 (BGBl. I S. 1228), Art. 4 G zur Umsetzung der RL (EU) 2016/1148 des Europäischen Parlaments und des Rates vom 6. Juli 2016 über Maßnahmen zur Gewährleistung eines hohen gemeinsamen Sicherheitsniveaus von Netz- und Informationssystemen in der Union v. 23.6.2017 (BGBl. I S. 1885), Art. 30 G zur Neuordnung des Rechts zum Schutz vor der schädlichen Wirkung ionisierender Strahlung v. 27.6.2017 (BGBl. I S. 1966), Art. 3 PflegeberufereformG v. 17.7.2017 (BGBl. I S. 2581), Art. 8a, Art. 8b G zur Modernisierung der epidemiologischen Überwachung übertragbarer Krankheiten v. 17.7.2017 (BGBl. I S. 2615), Art. 11 Abs. 43 eIDAS-DurchführungsG v. 18.7.2017 (BGBl. I S. 2745), Art. 8 G zur Fortschreibung der Vorschriften für Blut- und Gewebezubereitungen und zur Änd. anderer Vorschriften v. 18.7.2017 (BGBl. I S. 2757), Art. 4 BetriebsrentenstärkungsG v. 17.8.2017 (BGBl. I S. 3214), Art. 6 Abs. 2 RV-Leistungsverbesserungs- und -stabilisierungsG v. 28.11.2018 (BGBl. I S. 2016), Art. 1, Art. 2 GKV-VersichertenentlastungsG v. 11.12.2018 (BGBl. I S. 2387, geänd. S. 2394, 2422), Art. 7 Pflegepersonal-StärkungsG v. 11.12.2018 (BGBl. I S. 2394), Art. 3 G zur Verbesserung der Information über einen Schwangerschaftsabbruch v. 22.3.2019 (BGBl. I S. 350), Art. 1, Art. 2 Terminservice- und VersorgungsG v. 6.5.2019 (BGBl. I S. 646), Art. 12 G für mehr Sicherheit in der Arzneimittelversorgung v. 9.8.2019 (BGBl. I S. 1202, geänd. durch G v. 12.12.2019, BGBl. I S. 2494 und ber. 2020 S. 318), Art. 2 G zur Reform der Psychotherapeutenausbildung v. 15.11.2019 (BGBl. I S. 1604), Art. 123 Zweites Datenschutz-

Anpassungs- und UmsetzungsG EU v. 20.11.2019 (BGBl. I S. 1626), Art. 2 und 3 HebammenreformG v. 22.11.2019 (BGBl. I S. 1759), Art. 2, 3 Implantateregister-ErrichtungsG v. 12.12.2019 (BGBl. I S. 2494), Art. 5 G zur Modernisierung und Stärkung der beruflichen Bildung v. 12.12.2019 (BGBl. I S. 2522), Art. 1 Digitale-Versorgung-G v. 9.12.2019 (BGBl. I S. 2562), Art. 32 G zur Regelung des Sozialen Entschädigungsrechts v. 12.12.2019 (BGBl. I S. 2652, geänd. durch G v. 3.6. 2021, BGBl. I S. 1309), Art. 1 und 2 MDK-ReformG v. 14.12.2019 (BGBl. I S. 2789), Art. 1 GKV-BetriebsrentenfreibetragsG v. 21.12.2019 (BGBl. I S. 2913), Art. 2 MasernschutzG v. 10.2.2020 (BGBl. I S. 148), Art. 1b G zur Einführung einer Wohnungslosenberichterstattung sowie einer Statistik untergebrachter wohnungsloser Personen und zur Änd. weiterer G v. 4.3.2020 (BGBl. I S. 437), Art. 2 G zur Stärkung der Entscheidungsbereitschaft bei der Organspende v. 16.3.2020 (BGBl. I S. 497, geänd. durch G v. 11.7.2021 (BGBl. I S. 2754)), Art. 3 und 6 COVID-19-KrankenhausentlastungsG v. 27.3.2020 (BGBl. I S. 580), Art. 5 G zum Schutz der Bevölkerung bei einer epidemischen Lage von nationaler Tragweite v. 27.3.2020 (BGBl. I S. 587), Art. 5 Fairer-Kassenwettbewerb-G v. 22.3.2020 (BGBl. I S. 604), Art. 4 und 16a Abs. 5 Medizinprodukte-EU-AnpassungsG v. 28.4.2020 (BGBl. I S. 960, geänd. S. 1018, 1034), Art. 4, 15 Abs. 4 und 18 Abs. 9 Zweites G zum Schutz der Bevölkerung bei einer epidemischen Lage von nationaler Tragweite v. 19.5.2020 (BGBl. I S. 1018), Art. 5 Siebtes G zur Änd. des Vierten Buches SGB und anderer G v. 12.6.2020 (BGBl. I S. 1248), Art. 311 Elfte ZuständigkeitsanpassungsVO v. 19.6.2020 (BGBl. I S. 1328), Art. 1 Patientendaten-Schutz-G v. 14.10.2020 (BGBl. I S. 2115), Art. 3, 4 KrankenhauszukunftsG v. 23.10.2020 (BGBl. I S. 2208), Art. 1, 2 Intensivpflege- und RehabilitationsstärkungsG v. 23.10.2020 (BGBl. I S. 2220), Art. 4 Drittes G zum Schutz der Bevölkerung bei einer epidemischen Lage von nationaler Tragweite v. 18.11.2020 (BGBl. I S. 2397), Art. 8 G zur Digitalisierung von Verwaltungsverfahren bei der Gewährung von Familienleistungen v. 3.12.2020 (BGBl. I S. 2668), Art. 1 G zur Stärkung der Vor-Ort-Apotheken v. 9.12.2020 (BGBl. I S. 2870), Art. 1 und 1a Gesundheitsversorgungs- und PflegeverbesserungsG v. 22.12.2020 (BGBl. I S. 3299, geänd. durch G v. 22.11.2021, BGBl. I S. 4906), Art. 7, 8 und 9 GWB-DigitalisierungsG v. 18.1.2021 (BGBl. I S. 2), Art. 12d G Digitale Rentenübersicht v. 11.2.2021 (BGBl. I S. 154), Art. 3 G zur Umsetzung der VO des Europäischen Parlaments und des Rates über europäische Unternehmensstatistiken zur Aufh. von zehn Rechtsakten im Bereich Unternehmensstatistiken und zur Änd. anderer Statistikgesetze v. 22.2.2021 (BGBl. I S. 266), Art. 3 Covid-19-G zur Fortgeltung der die epidemische Lage von nationaler Tragweite betreffenden Regelungen v. 29.3.2021 (BGBl. I S. 370), Art. 11 RegistermodernisierungsG v. 28.3.2021 (BGBl. I S. 591), Art. 3 Viertes G zum Schutz der Bevölkerung bei einer epidemischen Lage von nationaler Tragweite v. 22.4.2021 (BGBl. I S. 802), Art. 15 Abs. 30 Vormundschafts- und Betreuungsrechts-ReformG v. 4.5.2021 (BGBl. I S. 882), Art. 4 G zur Änd. des Medizinprodukterecht-DurchführungsG und weiterer G v. 12.5.2021 (BGBl. I S. 1087), Art. 2a Zweites G zur Änd. des InfektionsschutzG und weiterer G v. 28.5.2021 (BGBl. I S. 1174), Art. 1, 1a Digitale-Versorgung-und-Pflege-Modernisierungs-G v. 3.6.2021 (BGBl. I S. 1309), Art. 5 TeilhabestärkungsG v. 2.6.2021 (BGBl. I S. 1387), Art. 3 Kinder- und JugendstärkungsG v. 3.6.2021 (BGBl. I S. 1444), Art. 4 G zur Regelung des Datenschutzes und des Schutzes der Privatsphäre in der Telekommunikation und bei Telemedien v. 23.6.2021 (BGBl. I S. 1982), Art. 1 GesundheitsversorgungsweiterentwicklungsG v. 11.7.2021 (BGBl. I S. 2754), Art. 3 G zur Zusammenführung von Krebsregisterdaten v. 18.8.2021 (BGBl. I S. 3890), Art. 38 G über die Entschädigung der Soldatinnen und Soldaten und zur Neuordnung des Soldatenversorgungsrechts v. 20.8.2021 (BGBl. I S. 3932), Art. 7a, 7b, 8 Abs. 9 G zum Erlass eines Tierarzneimittelgesetzes und zur Anpassung arzneimittelrechtlicher und anderer Vorschriften v. 27.9. 2021 (BGBl. I S. 4530) und Art. 5 und 6 G zur Änd. des InfektionsschutzG und weiterer Gesetze anlässlich der Aufhebung der Feststellung der epidemischen Lage von nationaler Tragweite v. 22.11. 2021 (BGBl. I S. 4906)

Erstes Kapitel. Allgemeine Vorschriften

§ 1[1] Solidarität und Eigenverantwortung. [1]Die Krankenversicherung als Solidargemeinschaft hat die Aufgabe, die Gesundheit der Versicherten zu erhalten, wiederherzustellen oder ihren Gesundheitszustand zu bessern. [2]Das umfasst auch die Förderung der gesundheitlichen Eigenkompetenz und Eigenverantwortung der Versicherten. [3]Die Versicherten sind für ihre Gesundheit mit verantwortlich; sie sollen durch eine gesundheitsbewußte Lebensführung,

[1] § 1 Satz 2 eingef., bish. Sätze 2 und 3 werden Sätze 3 und 4 mWv 25.7.2015 durch G v. 17.7. 2015 (BGBl. I S. 1368); Satz 4 neu gef. mWv 10.6.2021 durch G v. 3.6.2021 (BGBl. I S. 1444).

durch frühzeitige Beteiligung an gesundheitlichen Vorsorgemaßnahmen sowie durch aktive Mitwirkung an Krankenbehandlung und Rehabilitation dazu beitragen, den Eintritt von Krankheit und Behinderung zu vermeiden oder ihre Folgen zu überwinden. [4] Die Krankenkassen haben den Versicherten dabei durch Aufklärung, Beratung und Leistungen zu helfen und unter Berücksichtigung von geschlechts-, alters- und behinderungsspezifischen Besonderheiten auf gesunde Lebensverhältnisse hinzuwirken.

§ 2[1)] Leistungen. (1) [1] Die Krankenkassen stellen den Versicherten die im Dritten Kapitel genannten Leistungen unter Beachtung des Wirtschaftlichkeitsgebots (§ 12) zur Verfügung, soweit diese Leistungen nicht der Eigenverantwortung der Versicherten zugerechnet werden. [2] Behandlungsmethoden, Arznei- und Heilmittel der besonderen Therapierichtungen sind nicht ausgeschlossen. [3] Qualität und Wirksamkeit der Leistungen haben dem allgemein anerkannten Stand der medizinischen Erkenntnisse zu entsprechen und den medizinischen Fortschritt zu berücksichtigen.

(1a) [1] Versicherte mit einer lebensbedrohlichen oder regelmäßig tödlichen Erkrankung oder mit einer zumindest wertungsmäßig vergleichbaren Erkrankung, für die eine allgemein anerkannte, dem medizinischen Standard entsprechende Leistung nicht zur Verfügung steht, können auch eine von Absatz 1 Satz 3 abweichende Leistung beanspruchen, wenn eine nicht ganz entfernt liegende Aussicht auf Heilung oder auf eine spürbare positive Einwirkung auf den Krankheitsverlauf besteht. [2] Die Krankenkasse erteilt für Leistungen nach Satz 1 vor Beginn der Behandlung eine Kostenübernahmeerklärung, wenn Versicherte oder behandelnde Leistungserbringer dies beantragen. [3] Mit der Kostenübernahmeerklärung wird die Abrechnungsmöglichkeit der Leistung nach Satz 1 festgestellt.

(Fortsetzung nächstes Blatt)

[1)] § 2 Abs. 2 Satz 1 geänd. mWv 1.7.2001 durch G v. 19.6.2001 (BGBl. I S. 1046); Abs. 2 Satz 2 eingef., bish. Satz 2 wird Satz 3 mWv 1.7.2004 durch G v. 27.12.2003 (BGBl. I S. 3022); Abs. 1a eingef. mWv 1.1.2012 durch G v. 22.12.2011 (BGBl. I S. 2983); Abs. 2 Satz 2 neu gef. mWv 1.1. 2018 durch G v. 23.12.2016 (BGBl. I S. 3234).

(2) [1] Der Spitzenverband Bund der Krankenkassen setzt für die Versorgung mit den nach Absatz 1 bestimmten Hilfsmitteln einheitliche Festbeträge fest. [2] Absatz 1 Satz 3 gilt entsprechend. [3] Die Hersteller und Leistungserbringer sind verpflichtet, dem Spitzenverband Bund der Krankenkassen auf Verlangen die zur Wahrnehmung der Aufgaben nach Satz 1 und nach Absatz 1 Satz 1 und 2 erforderlichen Informationen und Auskünfte, insbesondere auch zu den Abgabepreisen der Hilfsmittel, zu erteilen.

(3) § 35 Abs. 5 und 7 gilt entsprechend.

§ 37[1)] Häusliche Krankenpflege. (1) [1] Versicherte erhalten in ihrem Haushalt, ihrer Familie oder sonst an einem geeigneten Ort, insbesondere in betreuten Wohnformen, Schulen und Kindergärten, bei besonders hohem Pflegebedarf auch in Werkstätten für behinderte Menschen neben der ärztlichen Behandlung häusliche Krankenpflege durch geeignete Pflegekräfte, wenn Krankenhausbehandlung geboten, aber nicht ausführbar ist, oder wenn sie durch die häusliche Krankenpflege vermieden oder verkürzt wird. [2] § 10 der Werkstättenverordnung[2)] bleibt unberührt. [3] Die häusliche Krankenpflege umfaßt die im Einzelfall erforderliche Grund- und Behandlungspflege sowie hauswirtschaftliche Versorgung. [4] Der Anspruch besteht bis zu vier Wochen je Krankheitsfall. [5] In begründeten Ausnahmefällen kann die Krankenkasse die häusliche Krankenpflege für einen längeren Zeitraum bewilligen, wenn der Medizinische Dienst (§ 275) festgestellt hat, daß dies aus den in Satz 1 genannten Gründen erforderlich ist.

(1a) [1] Versicherte erhalten an geeigneten Orten im Sinne von Absatz 1 Satz 1 wegen schwerer Krankheit oder wegen akuter Verschlimmerung einer Krankheit, insbesondere nach einem Krankenhausaufenthalt, nach einer ambulanten Operation oder nach einer ambulanten Krankenhausbehandlung, soweit keine Pflegebedürftigkeit mit Pflegegrad 2, 3, 4 oder 5 im Sinne des Elften Buches[3)] vorliegt, die erforderliche Grundpflege und hauswirtschaftliche Versorgung. [2] Absatz 1 Satz 4 und 5 gilt entsprechend.

(2) [1] Versicherte erhalten in ihrem Haushalt, ihrer Familie oder sonst an einem geeigneten Ort, insbesondere in betreuten Wohnformen, Schulen und Kindergärten, bei besonders hohem Pflegebedarf auch in Werkstätten für behinderte Menschen als häusliche Krankenpflege Behandlungspflege, wenn diese zur Sicherung des Ziels der ärztlichen Behandlung erforderlich ist. [2] § 10 der Werkstättenverordnung bleibt unberührt. [3] Der Anspruch nach Satz 1 besteht über die dort genannten Fälle hinaus ausnahmsweise auch für solche Versicherte in zugelassenen Pflegeeinrichtungen im Sinne des § 43 des Elften Buches, die auf Dauer, voraus-

[1)] § 37 Abs. 2 neu gef. durch G v. 26.6.1990 (BGBl. I S. 1211); Satz 4 angef. mWv 1.4.1995 durch G v. 26.5.1994 (BGBl. I S. 1014); Abs. 2 Satz 1 zweiter Halbsatz und Satz 5 sowie Abs. 5 angef. mWv 1.1.2004 durch G v. 14.11.2003 (BGBl. I S. 2190); Abs. 1 Satz 1 geänd., Satz 2 eingef., bish. Sätze 2 bis 4 werden Sätze 3 bis 5, Abs. 2 Sätze 1 und 2 neu gef., Satz 3 eingef., bish. Sätze 3 bis 5 geänd., Abs. 6 angef. mWv 1.4.2007 durch G v. 26.3.2007 (BGBl. I S. 378); Abs. 2 Satz 4 eingef., bish. Sätze 3 bis 5 werden Sätze 5 bis 7 mWv 1.4.2007 durch G v. 14.6.2007 (BGBl. I S. 1066); Abs. 2a eingef. mWv 8.12.2015 durch G v. 1.12.2015 (BGBl. I S. 2114); Abs. 1a eingef. mWv 1.1.2016 durch G v. 10.12.2015 (BGBl. I S. 2229); Abs. 2 Sätze 1 und 6 geänd., Abs. 6 Satz 2 aufgeh. mWv 1.1.2017 durch G v. 21.12.2015 (BGBl. I S. 2424); Abs. 1a Satz 1 geänd., Abs. 2 Satz 8 angef. mWv 1.1.2017 durch G v. 23.12.2016 (BGBl. I S. 3191); Abs. 7 angef. mWv 11.4.2017 durch G v. 4.4.2017 (BGBl. I S. 778); Abs. 2a eingef., bish. Abs. 2a wird Abs. 2b mWv 1.1.2019 durch G v. 11.12.2018 (BGBl. I S. 2394); Abs. 2 Satz 3 geänd. mWv 29.10.2020 durch G v. 23.10.2020 (BGBl. I S. 2220); Abs. 8-10 angef. mWv 20.7.2021, Abs. 2a Satz 1 neu gef., Satz 2 eingef., bish. Sätze 2 und 3 werden Sätze 3 und 4 mWv 1.1.2022 durch G v. 11.7.2021 (BGBl. I S. 2754).

[2)] Nr. **9/12**.

[3)] Nr. **11**.

sichtlich für mindestens sechs Monate, einen besonders hohen Bedarf an medizinischer Behandlungspflege haben; § 37c Absatz 3 gilt entsprechend. [4] Die Satzung kann bestimmen, dass die Krankenkasse zusätzlich zur Behandlungspflege nach Satz 1 als häusliche Krankenpflege auch Grundpflege und hauswirtschaftliche Versorgung erbringt. [5] Die Satzung kann dabei Dauer und Umfang der Grundpflege und der hauswirtschaftlichen Versorgung nach Satz 4 bestimmen. [6] Leistungen nach den Sätzen 4 und 5 sind nach Eintritt von Pflegebedürftigkeit mit mindestens Pflegegrad 2 im Sinne des Elften Buches nicht zulässig. [7] Versicherte, die nicht auf Dauer in Einrichtungen nach § 71 Abs. 2 oder 4 des Elften Buches aufgenommen sind, erhalten Leistungen nach Satz 1 und den Sätzen 4 bis 6 auch dann, wenn ihr Haushalt nicht mehr besteht und ihnen nur zur Durchführung der Behandlungspflege vorübergehender Aufenthalt in einer Einrichtung oder in einer anderen geeigneten Unterkunft zur Verfügung gestellt wird. [8] Versicherte erhalten in stationären Einrichtungen im Sinne des § 43a des Elften Buches Leistungen nach Satz 1, wenn der Bedarf an Behandlungspflege eine ständige Überwachung und Versorgung durch eine qualifizierte Pflegefachkraft erfordert.

(2a) [1] Die gesetzliche Krankenversicherung beteiligt sich an den Kosten der medizinischen Behandlungspflege in vollstationären Pflegeeinrichtungen mit einem jährlichen Pauschalbetrag in Höhe von 640 Millionen Euro, der an den Ausgleichsfonds der sozialen Pflegeversicherung zu leisten ist. [2] Die Zahlung erfolgt anteilig quartalsweise. [3] Der Spitzenverband Bund der Krankenkassen erhebt hierzu von den Krankenkassen eine Umlage gemäß dem Anteil der Versicherten der Krankenkassen an der Gesamtzahl der Versicherten aller Krankenkassen. [4] Das Nähere zum Umlageverfahren und zur Zahlung an die Pflegeversicherung bestimmt der Spitzenverband Bund der Krankenkassen.

(2b) [1] Die häusliche Krankenpflege nach den Absätzen 1 und 2 umfasst auch die ambulante Palliativversorgung. [2] Für Leistungen der ambulanten Palliativversorgung ist regelmäßig ein begründeter Ausnahmefall im Sinne von Absatz 1 Satz 5 anzunehmen. [3] § 37b Absatz 4 gilt für die häusliche Krankenpflege zur ambulanten Palliativversorgung entsprechend.

(3) Der Anspruch auf häusliche Krankenpflege besteht nur, soweit eine im Haushalt lebende Person den Kranken in dem erforderlichen Umfang nicht pflegen und versorgen kann.

(4) Kann die Krankenkasse keine Kraft für die häusliche Krankenpflege stellen oder besteht Grund, davon abzusehen, sind den Versicherten die Kosten für eine selbstbeschaffte Kraft in angemessener Höhe zu erstatten.

(5) Versicherte, die das 18. Lebensjahr vollendet haben, leisten als Zuzahlung den sich nach § 61 Satz 3 ergebenden Betrag, begrenzt auf die für die ersten 28 Kalendertage der Leistungsinanspruchnahme je Kalenderjahr anfallenden Kosten an die Krankenkasse.

(6) Der Gemeinsame Bundesausschuss legt in Richtlinien nach § 92 fest, an welchen Orten und in welchen Fällen Leistungen nach den Absätzen 1 und 2 auch außerhalb des Haushalts und der Familie des Versicherten erbracht werden können.

(7) [1] Der Gemeinsame Bundesausschuss regelt in Richtlinien nach § 92 unter Berücksichtigung bestehender Therapieangebote das Nähere zur Versorgung von chronischen und schwer heilenden Wunden. [2] Die Versorgung von chronischen und schwer heilenden Wunden kann auch in spezialisierten Einrich-

(Fortsetzung nächstes Blatt)

(4) [1] Versicherte haben Anspruch auf individuelle Beratung und Hilfestellung durch die Krankenkasse, welche Leistungen und unterstützende Angebote zur Wiederherstellung der Arbeitsfähigkeit erforderlich sind. [2] Maßnahmen nach Satz 1 und die dazu erforderliche Verarbeitung personenbezogener Daten dürfen nur mit schriftlicher oder elektronischer Einwilligung und nach vorheriger schriftlicher oder elektronischer Information des Versicherten erfolgen. [3] Die Einwilligung kann jederzeit schriftlich oder elektronisch widerrufen werden. [4] Die Krankenkassen dürfen ihre Aufgaben nach Satz 1 an die in § 35 des Ersten Buches[1)] genannten Stellen übertragen.

§ 44a[2)] Krankengeld bei Spende von Organen, Geweben oder Blut zur Separation von Blutstammzellen oder anderen Blutbestandteilen.

[1] Spender von Organen, Geweben oder Blut zur Separation von Blutstammzellen oder anderen Blutbestandteilen nach § 27 Absatz 1a Satz 1 haben Anspruch auf Krankengeld, wenn die Spende an Versicherte sie arbeitsunfähig macht. [2] Das Krankengeld wird den Spendern von der Krankenkasse der Empfänger in Höhe des vor Beginn der Arbeitsunfähigkeit regelmäßig erzielten Nettoarbeitsentgelts oder Arbeitseinkommens bis zur Höhe des Betrages der kalendertäglichen Beitragsbemessungsgrenze geleistet. [3] Für nach dem Künstlersozialversicherungsgesetz[3)] versicherungspflichtige Spender ist das ausgefallene Arbeitseinkommen im Sinne von Satz 2 aus demjenigen Arbeitseinkommen zu berechnen, das der Beitragsbemessung für die letzten zwölf Kalendermonate vor Beginn der Arbeitsunfähigkeit im Hinblick auf die Spende zugrunde gelegen hat. [4] § 44 Absatz 3, § 47 Absatz 2 bis 4, die §§ 47b, 49 und 50 gelten entsprechend; Ansprüche nach § 44 sind gegenüber Ansprüchen nach dieser Vorschrift ausgeschlossen. [5] Ansprüche nach dieser Vorschrift haben auch nicht gesetzlich krankenversicherte Personen.

§ 44b[4)] Krankengeld für eine bei stationärer Behandlung mitaufgenommene Begleitperson aus dem engsten persönlichen Umfeld.

(1) [1] Ab dem 1. November 2022 haben Versicherte Anspruch auf Krankengeld, wenn sie

1. zur Begleitung eines Versicherten bei einer stationären Krankenhausbehandlung nach § 39 mitaufgenommen werden,
   a) der die Begleitung aus medizinischen Gründen benötigt,
   b) bei dem die Voraussetzungen des § 2 Absatz 1 des Neunten Buches[5)] vorliegen,
   c) der Leistungen nach Teil 2 des Neunten Buches, § 35a des Achten Buches[6)] oder § 27d Absatz 1 Nummer 3 des Bundesversorgungsgesetzes[7)] erhält und
   d) der keine Leistungen nach § 113 Absatz 6 des Neunten Buches in Anspruch nimmt,

---

[1)] Nr. **1**.

[2)] § 44a eingef. mWv 1.8.2012 durch G v. 21.7.2012 (BGBl. I S. 1601); Überschrift und Satz 1 neu gef. mWv 23.7.2015 durch G v. 16.7.2015 (BGBl. I S. 1211).

[3)] Nr. **30/50**.

[4)] § 44b eingef. mWv 5.10.2021 durch G v. 27.9.2021 (BGBl. I S. 4530).

[5)] Nr. **9**.

[6)] Nr. **8**.

[7)] Nr. **20/10**.

2. im Verhältnis zu dem begleiteten Versicherten
   a) ein naher Angehöriger im Sinne von § 7 Absatz 3 des Pflegezeitgesetzes[1] sind oder
   b) eine Person aus dem engsten persönlichen Umfeld sind,
3. gegenüber dem begleiteten Versicherten keine Leistungen der Eingliederungshilfe gegen Entgelt nach Teil 2 des Neunten Buches, § 35a des Achten Buches oder § 27d Absatz 1 Nummer 3 des Bundesversorgungsgesetzes erbringen und
4. ihnen durch die Begleitung ein Verdienstausfall entsteht.

[2] Der Anspruch besteht für die Dauer der Mitaufnahme. [3] Der Mitaufnahme steht die ganztägige Begleitung gleich.

(2) [1] Der Gemeinsame Bundesausschuss bestimmt in einer Richtlinie nach § 92 bis zum 1. August 2022 Kriterien zur Abgrenzung des Personenkreises, der die Begleitung aus medizinischen Gründen benötigt. [2] Vor der Entscheidung ist den für die Wahrnehmung der Interessen von Menschen mit Behinderungen maßgeblichen Organisationen, der Bundesarbeitsgemeinschaft der überörtlichen Träger der Sozialhilfe und der Eingliederungshilfe sowie der Bundesarbeitsgemeinschaft der Landesjugendämter Gelegenheit zur Stellungnahme zu geben. [3] Die Stellungnahmen sind in die Entscheidung einzubeziehen.

(3) Der Anspruch auf Krankengeld bei Erkrankung des Kindes nach § 45 bleibt unberührt.

(4) [1] § 45 Absatz 3 gilt entsprechend. [2] Den Anspruch auf unbezahlte Freistellung von der Arbeitsleistung haben auch Arbeitnehmer, die nicht Versicherte mit Anspruch auf Krankengeld nach Absatz 1 sind.

§ 45[2] Krankengeld bei Erkrankung des Kindes. (1) [1] Versicherte haben Anspruch auf Krankengeld, wenn es nach ärztlichem Zeugnis erforderlich ist, daß sie zur Beaufsichtigung, Betreuung oder Pflege ihres erkrankten und versicherten Kindes der Arbeit fernbleiben, eine andere in ihrem Haushalt lebende Person das Kind nicht beaufsichtigen, betreuen oder pflegen kann und das Kind das zwölfte Lebensjahr noch nicht vollendet hat oder behindert und auf Hilfe angewiesen ist. [2] § 10 Abs. 4 und § 44 Absatz 2 gelten.

(2) [1] Anspruch auf Krankengeld nach Absatz 1 besteht in jedem Kalenderjahr für jedes Kind längstens für 10 Arbeitstage, für alleinerziehende Versicherte längstens für 20 Arbeitstage. [2] Der Anspruch nach Satz 1 besteht für Versicherte für nicht mehr als 25 Arbeitstage, für alleinerziehende Versicherte für nicht mehr als 50 Arbeitstage je Kalenderjahr. [3] Das Krankengeld nach Absatz 1 beträgt 90 Prozent des ausgefallenen Nettoarbeitsentgelts aus beitragspflichtigem Arbeitsentgelt der Versicherten, bei Bezug von beitragspflichtigem ein-

---

[1] Nr. **11/10**.

[2] § 45 Abs. 1 Satz 1 geänd., Abs. 2 neu gef. durch G v. 20.12.1991 (BGBl. I S. 2325); Abs. 1 Satz 1 geänd. mWv 1.7.2001 durch G v. 19.6.2001 (BGBl. I S. 1046); Abs. 4 und 5 angef. mWv 1.8.2002 durch G v. 26.7.2002 (BGBl. I S. 2872); Abs. 1 Satz 2 geänd. mWv 1.8.2009 durch G v. 17.7.2009 (BGBl. I S. 1990); Abs. 2 Sätze 3–5 angef., Abs. 4 Satz 3 neu gef. mWv 1.1.2015 durch G v. 23.12. 2014 (BGBl. I S. 2462); Abs. 2a eingef. mWv 29.10.2020 und Abs. 2a aufgeh. mWv 1.1.2021 durch G v. 23.10.2020 (BGBl. I S. 2208); Abs. 2a und 2b eingef. mWv 5.1.2021 und aufgeh. mWv 1.1.2022 durch G v. 18.1.2021 (BGBl. I S. 2); Abs. 2a Sätze 1–3 geänd. mWv 5.1.2021 durch G v. 22.4.2021 (BGBl. I S. 802); Abs. 2a und 2b eingef. mWv 1.1.2022 durch G v. 22.11.2021 (BGBl. I S. 4906).

malig gezahltem Arbeitsentgelt (§ 23a des Vierten Buches[1]) in den der Freistellung von Arbeitsleistung nach Absatz 3 vorangegangenen zwölf Kalendermonaten 100 Prozent des ausgefallenen Nettoarbeitsentgelts aus beitragspflichtigem Arbeitsentgelt; es darf 70 Prozent der Beitragsbemessungsgrenze nach § 223 Absatz 3 nicht überschreiten. [4] Erfolgt die Berechnung des Krankengeldes nach Absatz 1 aus Arbeitseinkommen, beträgt dies 70 Prozent des erzielten regelmäßigen Arbeitseinkommens, soweit es der Beitragsberechnung unterliegt. [5] § 47 Absatz 1 Satz 6 bis 8 und Absatz 4 Satz 3 bis 5 gilt entsprechend.

(2a) [1] Abweichend von Absatz 2 Satz 1 besteht der Anspruch auf Krankengeld nach Absatz 1 für das Jahr 2022 für jedes Kind längstens für 30 Arbeitstage, für alleinerziehende Versicherte längstens für 60 Arbeitstage. [2] Der Anspruch nach Satz 1 besteht für Versicherte für nicht mehr als 65 Arbeitstage, für alleinerziehende Versicherte für nicht mehr als 130 Arbeitstage. [3] Der Anspruch nach Absatz 1 besteht bis zum Ablauf des 19. März 2022 auch dann, wenn Einrichtungen zur Betreuung von Kindern, Schulen oder Einrichtungen für Menschen mit Behinderung zur Verhinderung der Verbreitung von Infektionen oder übertragbaren Krankheiten auf Grund des § 56 Absatz 1a des Infektionsschutzgesetzes[2] vorübergehend geschlossen werden oder deren Betreten, auch auf Grund einer Absonderung, untersagt wird, oder wenn von der zuständigen Behörde aus Gründen des Infektionsschutzes Schul- oder Betriebsferien angeordnet oder verlängert werden oder die Präsenzpflicht in einer Schule aufgehoben wird oder der Zugang zum Kinderbetreuungsangebot eingeschränkt wird, oder das Kind auf Grund einer behördlichen Empfehlung die Einrichtung nicht besucht. [4] Die Schließung der Schule, der Einrichtung zur Betreuung von Kindern oder der Einrichtung für Menschen mit Behinderung, das Betretungsverbot, die Verlängerung der Schul- oder Betriebsferien, die Aussetzung der Präsenzpflicht in einer Schule, die Einschränkung des Zugangs zum Kinderbetreuungsangebot oder das Vorliegen einer behördlichen Empfehlung, vom Besuch der Einrichtung abzusehen, ist der Krankenkasse auf geeignete Weise nachzuweisen; die Krankenkasse kann die Vorlage einer Bescheinigung der Einrichtung oder der Schule verlangen.

(2b) Für die Zeit des Bezugs von Krankengeld nach Absatz 1 in Verbindung mit Absatz 2a Satz 3 ruht für beide Elternteile der Anspruch nach § 56 Absatz 1a des Infektionsschutzgesetzes[2].

(3) [1] Versicherte mit Anspruch auf Krankengeld nach Absatz 1 haben für die Dauer dieses Anspruchs gegen ihren Arbeitgeber Anspruch auf unbezahlte Freistellung von der Arbeitsleistung, soweit nicht aus dem gleichen Grund Anspruch auf bezahlte Freistellung besteht. [2] Wird der Freistellungsanspruch nach Satz 1 geltend gemacht, bevor die Krankenkasse ihre Leistungsverpflichtung nach Absatz 1 anerkannt hat, und sind die Voraussetzungen dafür nicht erfüllt, ist der Arbeitgeber berechtigt, die gewährte Freistellung von der Arbeitsleistung auf einen späteren Freistellungsanspruch zur Beaufsichtigung, Betreuung oder Pflege eines erkrankten Kindes anzurechnen. [3] Der Freistellungsanspruch nach Satz 1 kann nicht durch Vertrag ausgeschlossen oder beschränkt werden.

(4) [1] Versicherte haben ferner Anspruch auf Krankengeld, wenn sie zur Beaufsichtigung, Betreuung oder Pflege ihres erkrankten und versicherten Kindes

[1] Nr. **4**.
[2] Nr. **20/30**.

der Arbeit fernbleiben, sofern das Kind das zwölfte Lebensjahr noch nicht vollendet hat oder behindert und auf Hilfe angewiesen ist und nach ärztlichem Zeugnis an einer Erkrankung leidet,

a) die progredient verläuft und bereits ein weit fortgeschrittenes Stadium erreicht hat,

(Fortsetzung nächstes Blatt)

§ 105[1)] Förderung der vertragsärztlichen Versorgung. (1) Die Kassenärztlichen Vereinigungen haben mit Unterstützung der Kassenärztlichen Bundesvereinigungen entsprechend den Bedarfsplänen alle geeigneten finanziellen und sonstigen Maßnahmen zu ergreifen, um die Sicherstellung der vertragsärztlichen Versorgung zu gewährleisten, zu verbessern oder zu fördern.

(1a) [1] Die Kassenärztliche Vereinigung hat zur Finanzierung von Fördermaßnahmen zur Sicherstellung der vertragsärztlichen Versorgung einen Strukturfonds zu bilden, für den sie mindestens 0,1 Prozent und höchstens 0,2 Prozent der nach § 87a Absatz 3 Satz 1 vereinbarten morbiditätsbedingten Gesamtvergütungen zur Verfügung stellt. [2] Die Landesverbände der Krankenkassen und die Ersatzkassen haben zusätzlich einen Betrag in gleicher Höhe in den Strukturfonds zu entrichten. [3] Mittel des Strukturfonds sollen insbesondere für folgende Maßnahmen verwendet werden:

1. Zuschüsse zu den Investitionskosten bei der Neuniederlassung, bei Praxisübernahmen oder bei der Gründung von Zweigpraxen,
2. Zuschläge zur Vergütung und zur Ausbildung,
3. Vergabe von Stipendien,
4. Förderung von Eigeneinrichtungen nach Absatz 1c und von lokalen Gesundheitszentren für die medizinische Grundversorgung,
5. Förderung der Erteilung von Sonderbedarfszulassungen,
6. Förderung des freiwilligen Verzichts auf die Zulassung als Vertragsarzt, insbesondere bei Verzicht auf einen Nachbesetzungsantrag nach § 103 Absatz 3a Satz 1, und Entschädigungszahlungen nach § 103 Absatz 3a Satz 13,
7. Förderung des Betriebs der Terminservicestellen,
8. Förderung telemedizinischer Versorgungsformen und telemedizinischer Kooperationen der Leistungserbringer.

[4] Es ist sicherzustellen, dass die für den Strukturfonds bereitgestellten Mittel vollständig zur Förderung der Sicherstellung der vertragsärztlichen Versorgung verwendet werden. [5] Die Kassenärztliche Vereinigung erstellt jährlich einen im Internet zu veröffentlichenden Bericht über die Verwendung der Mittel des Strukturfonds. [6] Auch die Kassenzahnärztliche Vereinigung kann zur Finanzierung von Fördermaßnahmen zur Sicherstellung der vertragszahnärztlichen Versorgung einen Strukturfonds bilden, für den sie bis zu 0,2 Prozent der nach § 85 vereinbarten Gesamtvergütungen zur Verfügung stellt. [7] Die Sätze 2, 3 Nummer 1 bis 4 und 8

[1)] § 105 Überschrift sowie Abs. 1 Satz 1, Abs. 2 Satz 2 und Abs. 3 geänd. durch G v. 21.12.1992 (BGBl. I S. 2266); Abs. 1 Satz 1 zweiter Halbsatz und Abs. 4 angef. mWv 1.1.2004 durch G v. 14.11.2003 (BGBl. I S. 2190); Abs. 1 Satz 1 zweiter Halbs. geänd. mWv 1.1.2007 durch G v. 22.12.2006 (BGBl. I S. 3439); Abs. 4 Sätze 3 und 4 neu gef. mWv 1.1.2007, Abs. 4 Satz 2 geänd. mWv 1.4.2007, Abs. 1 Satz 2 geänd. mWv 1.7.2008, Abs. 5 angef. mWv 1.1.2010 durch G v. 26.3.2007 (BGBl. I S. 378); Abs. 5 aufgeh. mWv 1.1.2011 durch G v. 22.12.2010 (BGBl. I S. 2309); Abs. 1 Satz 3 angef., Abs. 1a eingef., Abs. 3 Satz 1 geänd., Satz 2 angef., Abs. 4 Sätze 3 und 4 aufgeh., bish. Satz 5 wird Satz 3, Abs. 5 angef. mWv 1.1.2012 durch G v. 22.12.2011 (BGBl. I S. 2983); Abs. 1a Satz 1 geänd. mWv 23.7.2015 durch G v. 16.7.2015 (BGBl. I S. 1211); Abs. 1 Satz 1 geänd., Sätze 2 und 3 aufgeh., Abs. 1a Sätze 1 und 2 geänd., Satz 3 neu gef., Sätze 4 und 5 angef., Abs. 1b–1d eingef., Abs. 3 aufgeh., Abs. 4 Satz 1 neu gef., Satz 2 eingef., bish. Sätze 2 und 3 werden Sätze 3 und 4 mWv 11.5.2019 durch G v. 6.5.2019 (BGBl. I S. 646); Abs. 3 neu gef. mWv 28.3.2020 und aufgeh. mWv 1.1.2021 durch G v. 27.3.2020 (BGBl. I S. 580); Abs. 1a Sätze 6 und 7, Abs. 1c Satz 5 angef., Abs. 4 Sätze 1–4 geänd. mWv 29.10.2020 durch G v. 23.10.2020 (BGBl. I S. 2220); Abs. 1a Satz 8 angef., Abs. 3 neu gef. mWv 1.1.2021 durch G v. 22.12.2020 (BGBl. I S. 3299); Abs. 1a Satz 3 Nr. 7 geänd., Nr. 8 angef., Satz 7 geänd. mWv 9.6.2021 durch G v. 3.6.2021 (BGBl. I S. 1309); Abs. 3 Satz 1 geänd. mWv 1.1.2022 durch G v. 22.11.2021 (BGBl. I S. 4906).

sowie die Sätze 4 und 5 gelten in diesem Fall entsprechend. [8] Die Kassenzahnärztliche Vereinigung kann in den Jahren 2021 und 2022 aus Mitteln des Strukturfonds eine Förderung von in den Jahren 2019 bis 2021 neu niedergelassenen Praxen vorsehen.

(1b) Die Kassenärztlichen Vereinigungen, die Landesverbände der Krankenkassen und die Ersatzkassen gemeinsam und einheitlich können vereinbaren, über die Mittel nach Absatz 1a hinaus einen zusätzlichen Betrag zweckgebunden zur Förderung der Sicherstellung der Strukturen des Notdienstes bereitzustellen.

(1c) [1] Die Kassenärztlichen Vereinigungen können eigene Einrichtungen betreiben, die der unmittelbaren medizinischen Versorgung von Versicherten dienen, oder sich an solchen Einrichtungen beteiligen. [2] Die Kassenärztlichen Vereinigungen können die Einrichtungen auch durch Kooperationen untereinander und gemeinsam mit Krankenhäusern sowie in Form von mobilen oder telemedizinischen Versorgungsangebotsformen betreiben. [3] In Gebieten, in denen der Landesausschuss der Ärzte und Krankenkassen nach § 100 Absatz 1 Satz 1 eine ärztliche Unterversorgung festgestellt hat, sind die Kassenärztlichen Vereinigungen nach Ablauf der Frist nach § 100 Absatz 1 Satz 2, spätestens jedoch nach sechs Monaten, zum Betreiben von Einrichtungen verpflichtet. [4] Für die Vergütung der ärztlichen Leistungen, die in diesen Einrichtungen erbracht werden, sind die Regelungen der §§ 87 bis 87c anzuwenden. [5] Für die Vergütung der zahnärztlichen Leistungen, die in diesen Einrichtungen erbracht werden, sind die Regelungen der §§ 57, 87 und 87e anzuwenden.

(1d) Die Kassenärztlichen Vereinigungen wirken, sofern Landesrecht dies bestimmt, an der Umsetzung der von Studienplatzbewerbern im Zusammenhang mit der Vergabe des Studienplatzes eingegangenen Verpflichtungen mit.

(2) [1] Die Kassenärztlichen Vereinigungen haben darauf hinzuwirken, daß medizinisch-technische Leistungen, die der Arzt zur Unterstützung seiner Maßnahmen benötigt, wirtschaftlich erbracht werden. [2] Die Kassenärztlichen Vereinigungen sollen ermöglichen, solche Leistungen im Rahmen der vertragsärztlichen Versorgung von Gemeinschaftseinrichtungen der niedergelassenen Ärzte zu beziehen, wenn eine solche Erbringung medizinischen Erfordernissen genügt.

(3) [1] Die Krankenkassen haben der Kassenärztlichen Vereinigung die zusätzlichen Kosten für außerordentliche Maßnahmen, die zur Sicherstellung der medizinischen Versorgung während des Bestehens einer epidemischen Lage von nationaler Tragweite nach § 5 Absatz 1 des Infektionsschutzgesetzes[1)] und bis zum letzten Tag des vierten Monats nach deren Ende erforderlich sind, zu erstatten. [2] Die Erstattung ist ausgeschlossen, soweit die Finanzierung der betreffenden Maßnahme durch ein Gesetz oder auf Grund eines Gesetzes anderweitig vorgesehen ist. Zum Zweck der Abrechnung der Erstattung nach Satz 1 übermittelt die Kassenärztliche Vereinigung den Krankenkassen rechnungsbegründende Unterlagen, aus denen sich die Art und die Höhe der zu erstattenden Kosten im Einzelnen ergeben.

(4) [1] Hat der Landesausschuss der Ärzte und Krankenkassen oder der Landesausschuss der Zahnärzte und Krankenkassen eine Feststellung nach § 100 Absatz 1 oder Absatz 3 getroffen, sind von der Kassenärztlichen Vereinigung oder der Kassenzahnärztlichen Vereinigung in diesen Gebieten Sicherstellungs-

(Fortsetzung nächstes Blatt)

[1)] **Sartorius ErgBd. Nr. 285.**

berücksichtigen. [4] Der Spitzenverband Bund der Krankenkassen prüft auf Grundlage der jährlichen Rechnungsergebnisse der Krankenkassen für jedes Jahr, erstmals für das Jahr 2022, ob die Ausgaben der Krankenkassen den Betrag nach Satz 1 erreichen. [5] Unterschreiten die Ausgaben einer Krankenkasse den Betrag nach Satz 1, berechnet der Spitzenverband Bund der Krankenkassen die Höhe des nach Satz 2 zu zahlenden Betrages und macht diesen Betrag durch Bescheid geltend. [6] Der Spitzenverband Bund der Krankenkassen kann abweichend von Satz 2 ausnahmsweise mit einer Krankenkasse, die einen oder mehrere Qualitätsverträge mit Vereinbarungen über erfolgsabhängige Zahlungen nachweist, einen längeren Abrechnungszeitraum von bis zu drei Jahren vereinbaren. [7] Der Spitzenverband Bund der Krankenkassen bestimmt das Nähere zum Verfahren für eine solche Verlängerung des Abrechnungszeitraums und legt angemessene Pauschalen nach Satz 3 für die Vertragsvorbereitung fest, die den unterschiedlichen Aufwand der Krankenkassen insbesondere für Erarbeitung und Verhandlung der Vertragsinhalte berücksichtigen. [8] Die Regelungen nach Satz 7 hat der Spitzenverband Bund der Krankenkassen bis zum 31. Oktober 2021 zu beschließen und dem Bundesministerium für Gesundheit zur Zustimmung vorzulegen. [9] Der Spitzenverband Bund der Krankenkassen übermittelt dem Bundesamt für Soziale Sicherung jährlich zum 31. Dezember eine Aufstellung der in diesem Jahr rechtskräftig festgestellten Beträge.

§ 111[1)] Versorgungsverträge mit Vorsorge- oder Rehabilitationseinrichtungen, Verordnungsermächtigung. (1) Die Krankenkassen dürfen medizinische Leistungen zur Vorsorge (§ 23 Abs. 4) oder Leistungen zur medizinischen Rehabilitation einschließlich der Anschlußheilbehandlung (§ 40), die eine stationäre Behandlung, aber keine Krankenhausbehandlung erfordern, nur in Vorsorge- oder Rehabilitationseinrichtungen erbringen lassen, mit denen ein Versorgungsvertrag nach Absatz 2 besteht; für pflegende Angehörige dürfen die Krankenkassen diese Leistungen auch in Vorsorge- und Rehabilitationseinrichtungen erbringen lassen, mit denen ein Vertrag nach § 111a besteht.

(2) [1] Die Landesverbände der Krankenkassen und die Ersatzkassen gemeinsam schließen mit Wirkung für ihre Mitgliedskassen einheitliche Versorgungsverträge über die Durchführung der in Absatz 1 genannten Leistungen mit Vorsorge- oder Rehabilitationseinrichtungen, die

1. die Anforderungen des § 107 Abs. 2 erfüllen und
2. für eine bedarfsgerechte, leistungsfähige und wirtschaftliche Versorgung der Versicherten ihrer Mitgliedskassen mit stationären medizinischen Leistungen zur Vorsorge oder Leistungen zur medizinischen Rehabilitation einschließlich der Anschlußheilbehandlung notwendig sind.

[1)] § 111 Abs. 2 Satz 1 und Abs. 4 Satz 3 geänd. mWv 1.1.1993 durch G v. 21.12.1992 (BGBl. I S. 2266); Abs. 1, Abs. 2 Satz 1 Nr. 2 geänd. mWv 1.7.2001 durch G v. 19.6.2001 (BGBl. I S. 1046); Abs. 2 Sätze 1 und 3, Abs. 3 Satz 2 und Abs. 4 Satz 2 geänd. mWv 1.7.2008 durch G v. 26.3.2007 (BGBl. I S. 378); Abs. 5 Sätze 2 und 3 angef. mWv 4.8.2011 durch G v. 28.7.2011 (BGBl. I S. 1622); Abs. 1 zweiter Halbs. angef. mWv 30.10.2012 durch G v. 23.10.2012 (BGBl. I S. 2246); Abs. 2 Satz 4 angef., Abs. 5 Sätze 2–4 eingef., bish. Sätze 2 und 3 werden Sätze 5 und 6, Abs. 7 angef. mWv 29.10. 2020 durch G v. 23.10.2020 (BGBl. I S. 2220); Überschr. geänd., Abs. 5 Sätze 5 und 6 eingef., bish. Sätze 5 und 6 werden Sätze 7 und 8 mWv 1.1.2021 durch G v. 22.12.2020 (BGBl. I S. 3299); Abs. 2 Satz 4 neu gef., Abs. 3 Satz 3 angef., Abs. 7 Satz 1 Nr. 2 geänd. mWv 20.7.2021 durch G v. 11.7.2021 (BGBl. I S. 2754); Abs. 5 Satz 6 geänd. mWv 1.1.2022 durch G v. 22.11.2021 (BGBl. I S. 4906).

[2] § 109 Abs. 1 Satz 1 gilt entsprechend. [3] Die Landesverbände der Krankenkassen eines anderen Bundeslandes und die Ersatzkassen können einem nach Satz 1 geschlossenen Versorgungsvertrag beitreten, soweit für die Behandlung der Versicherten ihrer Mitgliedskassen in der Vorsorge- oder Rehabilitationseinrichtung ein Bedarf besteht. [4] Absatz 5 Satz 7 und 8 gilt entsprechend.

(3) [1] Bei Vorsorge- oder Rehabilitationseinrichtungen, die vor dem 1. Januar 1989 stationäre medizinische Leistungen für die Krankenkassen erbracht haben, gilt ein Versorgungsvertrag in dem Umfang der in den Jahren 1986 bis 1988 erbrachten Leistungen als abgeschlossen. [2] Satz 1 gilt nicht, wenn die Einrichtung die Anforderungen nach Absatz 2 Satz 1 nicht erfüllt und die zuständigen Landesverbände der Krankenkassen und die Ersatzkassen gemeinsam dies bis zum 30. Juni 1989 gegenüber dem Träger der Einrichtung schriftlich geltend machen. [3] Satz 1 gilt bis zum 31. Dezember 2025.

(4) [1] Mit dem Versorgungsvertrag wird die Vorsorge- oder Rehabilitationseinrichtung für die Dauer des Vertrages zur Versorgung der Versicherten mit stationären medizinischen Leistungen zur Vorsorge oder Rehabilitation zugelassen. [2] Der Versorgungsvertrag kann von den Landesverbänden der Krankenkassen und den Ersatzkassen gemeinsam mit einer Frist von einem Jahr gekündigt werden, wenn die Voraussetzungen für seinen Abschluß nach Absatz 2 Satz 1 nicht mehr gegeben sind. [3] Mit der für die Krankenhausplanung zuständigen Landesbehörde ist Einvernehmen über Abschluß und Kündigung des Versorgungsvertrags anzustreben.

(5) [1] Die Vergütungen für die in Absatz 1 genannten Leistungen werden zwischen den Krankenkassen und den Trägern der zugelassenen Vorsorge- oder Rehabilitationseinrichtungen vereinbart. [2] Für Vereinbarungen nach Satz 1 gilt § 71 nicht. [3] Die Bezahlung von Gehältern bis zur Höhe tarifvertraglicher Vergütungen sowie entsprechender Vergütungen nach kirchlichen Arbeitsrechtsregelungen kann nicht als unwirtschaftlich abgelehnt werden. [4] Auf Verlangen der Krankenkasse ist die Zahlung dieser Vergütungen nachzuweisen. [5] Die Vertragsparteien haben die Vereinbarungen für den Zeitraum vom 1. Oktober 2020 bis zum 31. März 2021[1)] an die durch die COVID-19-Pandemie bedingte besondere Situation der Vorsorge- oder Rehabilitationseinrichtungen anzupassen, um die Leistungsfähigkeit der Einrichtungen bei wirtschaftlicher Betriebsführung zu gewährleisten. [6] Das Bundesministerium für Gesundheit kann durch Rechtsverordnung mit Zustimmung des Bundesrates die in Satz 5 genannte Frist bis zum 19. März 2022 verlängern. [7] Kommt eine Vereinbarung innerhalb von zwei Monaten, nachdem eine Vertragspartei nach Satz 1 schriftlich zur Aufnahme von Verhandlungen aufgefordert hat, nicht oder teilweise nicht zustande, wird ihr Inhalt auf Antrag einer Vertragspartei durch die Landesschiedsstelle nach § 111b festgesetzt. [8] Die Landesschiedsstelle ist dabei an die für die Vertragsparteien geltenden Rechtsvorschriften gebunden.

(6) Soweit eine wirtschaftlich und organisatorisch selbständige, gebietsärztlich geleitete Vorsorge- oder Rehabilitationseinrichtung an einem zugelassenen Krankenhaus die Anforderungen des Absatzes 2 Satz 1 erfüllt, gelten im übrigen die Absätze 1 bis 5.

[1)] Die in § 111 Absatz 5 Satz 5 genannte Frist wird bis zum 31. Dezember 2021 verlängert, siehe die VO zur Verlängerung des Zeitraums für Vereinbarungen zur wirtschaftlichen Sicherung der Vorsorge- und Rehabilitationseinrichtungen v. 7.6.2021 (BGBl. I S. 1710), geänd. durch G v. 22.11.2021 (BGBl. I S. 4906)

(7) [1] Der Spitzenverband Bund der Krankenkassen und die für die Erbringer von Leistungen zur medizinischen Rehabilitation maßgeblichen Verbände auf Bundesebene vereinbaren unter Berücksichtigung der Richtlinien nach § 92 Absatz 1 Satz 2 Nummer 8 in Rahmenempfehlungen

1. das Nähere zu Inhalt, Umfang und Qualität der Leistungen nach Absatz 1,
2. Grundsätze einer leistungsgerechten Vergütung und ihrer Strukturen sowie bis zum 15. Juli 2021 Grundsätze für Vereinbarungen nach Absatz 5 Satz 5 und
3. die Anforderungen an das Nachweisverfahren nach Absatz 5 Satz 4.

[2] Vereinbarungen nach § 137d Absatz 1 bleiben unberührt. [3] Die Inhalte der Rahmenempfehlungen sind den Versorgungsverträgen nach Absatz 2 und den Vergütungsverträgen nach Absatz 5 zugrunde zu legen. [4] Kommen Rahmenempfehlungen ganz oder teilweise nicht zustande, können die Rahmenempfehlungspartner die Schiedsstelle nach § 111b Absatz 6 anrufen. [5] Sie setzt innerhalb von drei Monaten den Rahmenempfehlungsinhalt fest.

§ 111a[1)] Versorgungsverträge mit Einrichtungen des Müttergenesungswerks oder gleichartigen Einrichtungen. (1) [1] Die Krankenkassen dürfen stationäre medizinische Leistungen zur Vorsorge für Mütter und Väter (§ 24) oder Rehabilitation für Mütter und Väter (§ 41) nur in Einrichtungen des Müttergenesungswerks oder gleichartigen Einrichtungen oder für Vater-Kind-Maßnahmen geeigneten Einrichtungen erbringen lassen, mit denen ein Versorgungsvertrag besteht. [2] § 111 Absatz 2, 4 Satz 1 und 2, Absatz 5 und 7 sowie § 111b gelten entsprechend.

(2) [1] Bei Einrichtungen des Müttergenesungswerks oder gleichartigen Einrichtungen, die vor dem 1. August 2002 stationäre medizinische Leistungen für die Krankenkassen erbracht haben, gilt ein Versorgungsvertrag in dem Umfang der im Jahr 2001 erbrachten Leistungen als abgeschlossen. [2] Satz 1 gilt nicht, wenn die Einrichtung die Anforderungen nach § 111 Abs. 2 Satz 1 nicht erfüllt und die zuständigen Landesverbände der Krankenkassen und die Ersatzkassen gemeinsam dies bis zum 1. Januar 2004 gegenüber dem Träger der Einrichtung schriftlich geltend machen. [3] Satz 1 gilt bis zum 31. Dezember 2025.

§ 111b[2)] Landesschiedsstelle für Versorgungs- und Vergütungsvereinbarungen zwischen Krankenkassen und Trägern von Vorsorge- oder Rehabilitationseinrichtungen und Bundesschiedsstelle für Rahmenempfehlungen, Verordnungsermächtigung. (1) [1] Die Landesverbände der Krankenkassen und die Ersatzkassen gemeinsam und die für die Wahrnehmung der Interessen der Vorsorge- und Rehabilitationseinrichtungen auf Landesebene maßgeblichen Verbände bilden miteinander für jedes Land eine Schiedsstelle. [2] Diese entscheidet in den Angelegenheiten, die ihr nach diesem Buch zugewiesen sind.

(2) [1] Die Schiedsstelle besteht aus einem unparteiischen Vorsitzenden und zwei weiteren unparteiischen Mitgliedern sowie aus Vertretern der jeweiligen Ver-

---

[1)] § 111a eingef. mWv 1.8.2002 durch G v. 26.7.2002 (BGBl. I S. 2874); Abs. 2 Satz 2 geänd. mWv 1.7.2008 durch G v. 26.3.2007 (BGBl. I S. 378); Abs. 1 Satz 2 neu gef. mWv 29.10.2020 durch G v. 23.10.2020 (BGBl. I S. 2220); Abs. 2 Satz 3 angef. mWv 20.7.2021 durch G v. 11.7.2021 (BGBl. I S. 2754).

[2)] § 111b eingef. mWv 4.8.2011 durch G v. 28.7.2011 (BGBl. I S. 1622); Abs. 1 Satz 1, Abs. 2 Satz 1 geänd. mWv 1.1.2012 durch G v. 22.12.2011 (BGBl. I S. 2983); Überschrift neu gef., Abs. 6 angef. mWv 29.10.2020 durch G v. 23.10.2020 (BGBl. I S. 2220).

tragsparteien nach § 111 Absatz 5 Satz 1 oder im Falle ambulanter Rehabilitationseinrichtungen nach § 111c Absatz 3 Satz 1 in gleicher Zahl; für den Vorsitzenden und die unparteiischen Mitglieder können Stellvertreter bestellt werden. [2] Der Vorsitzende und die unparteiischen Mitglieder werden von den beteiligten Verbänden nach Absatz 1 gemeinsam bestellt. [3] Kommt eine Einigung nicht zustande, werden sie von den zuständigen Landesbehörden bestellt.

(3) [1] Die Mitglieder der Schiedsstelle führen ihr Amt als Ehrenamt. [2] Sie sind an Weisungen nicht gebunden. [3] Jedes Mitglied hat eine Stimme. [4] Die Entscheidungen werden von der Mehrheit der Mitglieder getroffen. [5] Ergibt sich keine Mehrheit, gibt die Stimme des Vorsitzenden den Ausschlag.

(4) Die Rechtsaufsicht über die Schiedsstelle führt die zuständige Landesbehörde.

(5) [1] Die Landesregierungen werden ermächtigt, durch Rechtsverordnung das Nähere über die Zahl, die Bestellung, die Amtsdauer und die Amtsführung, die Erstattung der baren Auslagen und die Entschädigung für Zeitaufwand der Mitglieder der Schiedsstelle, die Geschäftsführung, das Verfahren, die Erhebung und die Höhe der Gebühren sowie über die Verteilung der Kosten zu bestimmen. [2] Sie können diese Ermächtigung durch Rechtsverordnung auf oberste Landesbehörden übertragen.

(6) [1] Der Spitzenverband Bund der Krankenkassen und die für die Erbringer von Leistungen zur medizinischen Rehabilitation maßgeblichen Verbände auf Bundesebene bilden erstmals bis zum 1. Mai 2021 eine gemeinsame Schiedsstelle, die in Angelegenheiten nach § 111 Absatz 7, § 111a Absatz 1 Satz 2 in Verbindung mit § 111 Absatz 7 sowie nach § 111c Absatz 5 entscheidet. [2] Die Schiedsstelle besteht aus einem unparteiischen Vorsitzenden und zwei weiteren unparteiischen Mitgliedern sowie aus Vertretern der jeweiligen Rahmenempfehlungspartner nach § 111 Absatz 7 Satz 1 oder § 111c Absatz 5 Satz 1 in gleicher Zahl; für den Vorsitzenden und die unparteiischen Mitglieder können Stellvertreter bestellt werden. [3] Die Amtsdauer beträgt vier Jahre. [4] Die jeweiligen Rahmenempfehlungspartner sollen sich über den Vorsitzenden und die zwei weiteren unparteiischen Mitglieder sowie deren Stellvertreter einigen. [5] Kommt eine Einigung nicht zustande, erfolgt eine Bestellung des unparteiischen Vorsitzenden, der weiteren unparteiischen Mitglieder und von deren Stellvertretern durch das Bundesministerium für Gesundheit, nachdem es den Rahmenempfehlungspartnern eine Frist zur Einigung gesetzt hat und diese Frist abgelaufen ist. [6] Das Bundesministerium für Gesundheit kann durch Rechtsverordnung mit Zustimmung des Bundesrates das Nähere über die Zahl und die Bestellung der Mitglieder, die Erstattung der baren Auslagen und die Entschädigung für den Zeitaufwand der Mitglieder, das Verfahren sowie über die Verteilung der Kosten regeln. [7] § 129 Absatz 9 und 10 Satz 1 gilt entsprechend.

§ 111c[1)] Versorgungsverträge mit Rehabilitationseinrichtungen, Verordnungsermächtigung. (1) [1] Die Landesverbände der Krankenkassen und die Ersatzkassen gemeinsam schließen mit Wirkung für ihre Mitgliedskassen einheit-

[1)] § 111c eingef. mWv 1.1.2012 durch G v. 22.12.2011 (BGBl. I S. 2983); Abs. 3 Sätze 2–4 eingef., bish. Sätze 2 und 3 werden Sätze 5 und 6, Abs. 5 angef. mWv 29.10.2020 durch G v. 23.10.2020 (BGBl. I S. 2220); Überschr. geänd., Abs. 3 Sätze 5 und 6 eingef., bish. Sätze 5 und 6 werden Sätze 7 und 8 mWv 1.1.2021 durch G v. 22.12.2020 (BGBl. I S. 3299); Abs. 1 Satz 2, Abs. 4 Satz 3 angef., Abs. 5 Satz 1 Nr. 2 geänd. mWv 20.7.2021 durch G v. 11.7.2021 (BGBl. I S. 2754); Abs. 3 Satz 6 geänd. mWv 1.1.2022 durch G v. 22.11.2021 (BGBl. I S. 4906).

liche Versorgungsverträge über die Durchführung der in § 40 Absatz 1 genannten ambulanten Leistungen zur medizinischen Rehabilitation mit Rehabilitationseinrichtungen,

1. für die ein Versorgungsvertrag nach § 111 Absatz 2 besteht und
2. die für eine bedarfsgerechte, leistungsfähige und wirtschaftliche Versorgung der Versicherten ihrer Mitgliedskassen mit ambulanten Leistungen zur medizinischen Rehabilitation einschließlich der Anschlussrehabilitation notwendig sind. Soweit es für die Erbringung wohnortnaher ambulanter Leistungen zur medizinischen Rehabilitation erforderlich ist, können Verträge nach Satz 1 auch mit Einrichtungen geschlossen werden, die die in Satz 1 genannten Voraussetzungen erfüllen, ohne dass für sie ein Versorgungsvertrag nach § 111 besteht.

[2] Absatz 3 Satz 7 und 8 gilt entsprechend.

(2) [1] § 109 Absatz 1 Satz 1 gilt entsprechend. [2] Die Landesverbände der Krankenkassen eines anderen Bundeslandes und die Ersatzkassen können einem nach Absatz 1 geschlossenen Versorgungsvertrag beitreten, soweit für die Behandlung der Versicherten ihrer Mitgliedskassen in der Rehabilitationseinrichtung ein Bedarf besteht. [3] Mit dem Versorgungsvertrag wird die Rehabilitationseinrichtung für die Dauer des Vertrages zur Versorgung der Versicherten mit ambulanten medizinischen Leistungen zur Rehabilitation zugelassen. [4] Der Versorgungsvertrag kann von den Landesverbänden der Krankenkassen und den Ersatzkassen gemeinsam mit einer Frist von einem Jahr gekündigt werden, wenn die Voraussetzungen für seinen Abschluss nach Absatz 1 nicht mehr gegeben sind. [5] Mit der für die Krankenhausplanung zuständigen Landesbehörde ist Einvernehmen über Abschluss und Kündigung des Versorgungsvertrags anzustreben.

(3) [1] Die Vergütungen für die in § 40 Absatz 1 genannten Leistungen werden zwischen den Krankenkassen und den Trägern der zugelassenen Rehabilitationseinrichtungen vereinbart. [2] Für Vereinbarungen nach Satz 1 gilt § 71 nicht. [3] Die Bezahlung von Gehältern bis zur Höhe tarifvertraglicher Vergütungen sowie entsprechender Vergütungen nach kirchlichen Arbeitsrechtsregelungen kann nicht als unwirtschaftlich abgelehnt werden. [4] Auf Verlangen der Krankenkasse ist die Zahlung dieser Vergütungen nachzuweisen. [5] Die Vertragsparteien haben die Vereinbarungen für den Zeitraum vom 1. Oktober 2020 bis zum 31. März 2021[1)] an die durch die COVID-19-Pandemie bedingte besondere Situation der Rehabilitationseinrichtungen anzupassen, um die Leistungsfähigkeit der Einrichtungen bei wirtschaftlicher Betriebsführung zu gewährleisten. [6] Das Bundesministerium für Gesundheit kann durch Rechtsverordnung mit Zustimmung des Bundesrats die in Satz 5 genannte Frist bis zum 19. März 2022 verlängern. [7] Kommt eine Vereinbarung innerhalb von zwei Monaten, nachdem eine Vertragspartei nach Satz 1 schriftlich zur Aufnahme von Verhandlungen aufgefordert hat, nicht oder teilweise nicht zustande, wird ihr Inhalt auf Antrag einer Vertragspartei durch die Landesschiedsstelle nach § 111b festgesetzt. [8] Diese ist dabei an die für die Vertragsparteien geltenden Rechtsvorschriften gebunden.

(4) [1] Bei Einrichtungen, die vor dem 1. Januar 2012 ambulante Leistungen zur medizinischen Rehabilitation erbracht haben, gilt ein Versorgungsvertrag nach

---

[1)] Die in § 111c Absatz 3 Satz 5 genannte Frist wurde bis zum 31. Dezember 2021 verlängert, siehe die VO zur Verlängerung des Zeitraums für Vereinbarungen zur wirtschaftlichen Sicherung der Vorsorge- und Rehabilitationseinrichtungen v. 7.6.2021 (BGBl. I S. 1710), geänd. durch G v. 22.11.2021 (BGBl. I S. 4906)

§ 111c in dem Umfang der bis dahin erbrachten Leistungen als abgeschlossen. [2] Satz 1 gilt nicht, wenn die Einrichtung die Anforderungen nach Absatz 1 nicht erfüllt und die zuständigen Landesverbände der Krankenkassen und die Ersatzkassen gemeinsam dies bis zum 31. Dezember 2012 gegenüber dem Träger der Einrichtung schriftlich geltend machen. [3] Satz 1 gilt bis zum 31. Dezember 2025.

(5) [1] Der Spitzenverband Bund der Krankenkassen und die für die Erbringer von Leistungen zur medizinischen Rehabilitation maßgeblichen Verbände auf Bundesebene vereinbaren unter Berücksichtigung der Richtlinien nach § 92 Absatz 1 Satz 2 Nummer 8 in Rahmenempfehlungen

1. das Nähere zu Inhalt, Umfang und Qualität der Leistungen nach § 40 Absatz 1,
2. Grundsätze einer leistungsgerechten Vergütung und ihrer Strukturen sowie bis zum 15. Juli 2021 Grundsätze für Vereinbarungen nach Absatz 3 Satz 5 und
3. die Anforderungen an das Nachweisverfahren nach Absatz 3 Satz 4.

[2] Vereinbarungen nach § 137d Absatz 1 bleiben unberührt. [3] Die Inhalte der Rahmenempfehlungen sind den Versorgungsverträgen nach Absatz 1 und den Vergütungsverträgen nach Absatz 3 zugrunde zu legen. [4] Kommen Rahmenempfehlungen ganz oder teilweise nicht zustande, können die Rahmenempfehlungspartner die Schiedsstelle nach § 111b Absatz 6 anrufen. [5] Sie setzt innerhalb von drei Monaten den Rahmenempfehlungsinhalt fest.

§ 111d[1)] Ausgleichszahlungen an Vorsorge- und Rehabilitationseinrichtungen aufgrund von Einnahmeausfällen durch das neuartige Coronavirus SARS-CoV-2, Verordnungsermächtigung. (1) Vorsorge- und Rehabilitationseinrichtungen mit einem Versorgungsvertrag nach § 111 Absatz 2 oder nach § 111a Absatz 1 erhalten für die Ausfälle der Einnahmen, die zwischen dem 16. März und dem 30. September 2020 sowie seit dem 18. November 2020 dadurch entstehen, dass Betten nicht so belegt werden können, wie es vor dem Auftreten der SARS-CoV-2-Pandemie geplant war, Ausgleichszahlungen aus der Liquiditätsreserve des Gesundheitsfonds.

(2) [1] Die Vorsorge- und Rehabilitationseinrichtungen ermitteln die Höhe der Ausgleichszahlungen nach Absatz 1, indem sie täglich, erstmals für den 16. März 2020, von der Zahl der im Jahresdurchschnitt 2019 pro Tag stationär behandelten Patientinnen und Patienten der Krankenkassen (Referenzwert) die Zahl der am jeweiligen Tag stationär behandelten Patientinnen und Patienten der Krankenkassen sowie die Zahl der nach § 22 des Krankenhausfinanzierungsgesetzes[2)] behandelten oder nach § 149 des Elften Buches[3)] oder § 39c zur

(Fortsetzung nächstes Blatt)

[1)] § 111d eingef. mWv 28.3.2020 durch G v. 27.3.2020 (BGBl. I S. 580); Abs. 1 und Abs. 2 Satz 4 geänd., Abs. 3 Satz 2 angef., Abs. 8 neu gef., Abs. 9 angef. mWv 19.11.2020 durch G v. 18.11.2020 (BGBl. I S. 2397).

[2)] Nr. **5/20**.

[3)] Nr. **11**.

Gesichtspunkten für eine Heilmittelversorgung mit erweiterter Versorgungsverantwortung geeignet sind,
2. Möglichkeiten der Heilmittelerbringer, bei der Leistungserbringung von den Vorgaben der Richtlinien des Gemeinsamen Bundesausschusses nach § 92 Absatz 1 Satz 2 Nummer 6 abzuweichen,
3. einheitliche Regelungen zur Abrechnung, soweit diese von dem Vertrag nach § 125 Absatz 1 abweichen,
4. Möglichkeiten zur Bestimmung der Dauer der einzelnen Behandlungseinheiten durch den Leistungserbringer sowie Regelungen zu der daraus resultierenden Preisstruktur,
5. Richtwerte zur Versorgungsgestaltung durch die Heilmittelerbringer, die der Spitzenverband Bund der Krankenkassen quartalsweise im Rahmen von § 84 Absatz 7 in Verbindung mit § 84 Absatz 5 zu veröffentlichen hat,
6. Maßnahmen zur Vermeidung einer unverhältnismäßigen Mengenausweitung in der Anzahl der Behandlungseinheiten je Versicherten, die medizinisch nicht begründet sind; diese Maßnahmen können auch Vergütungsabschläge vorsehen, sofern eine durchschnittliche Anzahl an Behandlungseinheiten deutlich überschritten ist, sowie
7. Vorgaben zur Information des Arztes durch den Heilmittelerbringer über die erfolgte Behandlung sowie zur Notwendigkeit eines erneuten Arztkontaktes.

(3) Kommt ein Vertrag nach Absatz 1 ganz oder teilweise nicht bis zum 30. September 2021 zustande, wird der Inhalt des Vertrages innerhalb von drei Monaten durch die Schiedsstelle nach § 125 Absatz 6 festgesetzt.

(4) Der Spitzenverband Bund der Krankenkassen hat die Verträge nach Absatz 1 zu veröffentlichen und dem Gemeinsamen Bundesausschuss zu übermitteln.

(5) Der Spitzenverband Bund der Krankenkassen hat aus den nach § 84 Absatz 7 in Verbindung mit § 84 Absatz 5 zu übermittelnden Daten auch entsprechende Schnellinformationen für die Versorgungsform der erweiterten Versorgungsverantwortung sowie die nach Absatz 2 vereinbarten Richtwerte zur Versorgungsgestaltung zu erstellen und zu veröffentlichen.

(6) [1] Unter Berücksichtigung der nach § 84 Absatz 7 in Verbindung mit § 84 Absatz 5 erhobenen und der nach Absatz 5 veröffentlichten Daten evaluieren die Vertragspartner nach Absatz 1 insbesondere die mit der Versorgungsform verbundenen Auswirkungen auf das Versorgungsgeschehen im Bereich der Heilmittel, der Mengenentwicklung, der finanziellen Auswirkungen auf die Krankenkassen sowie die Auswirkungen auf die Behandlungs- und Ergebnisqualität innerhalb der ersten vier Jahre nach Abschluss der Verträge nach Absatz 1. [2] Die Evaluierung hat durch einen durch die Vertragspartner gemeinsam zu beauftragenden unabhängigen Dritten zu erfolgen. [3] Dem Bundesministerium für Gesundheit ist jährlich über die Ergebnisse Bericht zu erstatten.

§ 125b[1)] Bundesweit geltende Preise, Verordnungsermächtigung.

(1) [1] Die Verträge nach § 125 Absatz 2 in der bis zum 10. Mai 2019 geltenden Fassung gelten unabhängig von der vereinbarten Laufzeit nur bis zum Inkrafttreten des Vertrages nach § 125 Absatz 1 des jeweiligen Heilmittelbereichs oder bis zur

[1)] § 125b eingef. mWv 11.5.2019 durch G v. 6.5.2019 (BGBl. I S. 646); Überschr. geänd., Abs. 2a eingef. mWv 1.1.2021 durch G v. 22.12.2020 (BGBl. I S. 3299); Abs. 2a Satz 1 geänd. mWv 1.1.2022 durch G v. 22.11.2021 (BGBl. I S. 4906).

Entscheidung durch die Schiedsstelle mit der Maßgabe fort, dass ab dem 1. Juli 2019 die nach Absatz 2 zu bildenden Preise gelten. [2] Einer Kündigung dieser Verträge bedarf es nicht.

(2) [1] Ab dem 1. Juli 2019 gilt für jedes Bundesland und jede Kassenart der jeweils höchste Preis, der für die jeweilige Leistungsposition in einer Region des Bundesgebietes vereinbart worden ist. [2] Der Spitzenverband Bund der Krankenkassen hat sich mit den für die Wahrnehmung der Interessen der Heilmittelerbringer maßgeblichen Spitzenorganisationen auf Bundesebene auf die bundesweit geltenden Preise zu verständigen. [3] § 71 findet keine Anwendung. [4] Der Spitzenverband Bund der Krankenkassen hat die nach diesem Absatz festgesetzten Preise bis zum 30. Juni 2019 zu veröffentlichen. [5] Erfolgt keine Veröffentlichung der Preise bis zum Ablauf der in Satz 4 genannten Frist, kann das Bundesministerium für Gesundheit die Preise festsetzen; es kann dazu die Übermittlung aller bis zu diesem Zeitpunkt vereinbarten Preise oder der bereits abgeschlossenen Vergütungsvereinbarungen vom Spitzenverband Bund der Krankenkassen verlangen. [6] Die Preise gelten mindestens bis zum 30. Juni 2020. [7] Einer gesonderten Kündigung bedarf es nicht.

(2a) [1] Das Bundesministerium für Gesundheit wird ermächtigt, durch Rechtsverordnung[1)] ohne Zustimmung des Bundesrates zu bestimmen, dass nach § 124 Absatz 2 in Verbindung mit Absatz 1 zugelassene Leistungserbringer zur pauschalen Abgeltung der ihnen infolge der COVID-19-Pandemie entstehenden Kosten für erhöhte Hygienemaßnahmen für jede Heilmittelverordnung, die sie längstens bis zum Ablauf des 25. November 2022 abrechnen, einen zusätzlichen Betrag in Höhe von 1,50 Euro gegenüber den Krankenkassen geltend machen können. [2] Die Vertragsparteien nach § 125 Absatz 1 Satz 1 können in ihren Verträgen davon abweichende Vereinbarungen treffen.

(3) [1] Die Rahmenempfehlungen nach § 125 Absatz 1 in der bis zum 10. Mai 2019 geltenden Fassung gelten unabhängig von der vereinbarten Laufzeit nur bis zum Inkrafttreten des jeweiligen Vertrages nach § 125 Absatz 1 oder bis zur Entscheidung durch die Schiedsstelle. [2] Einer Kündigung der Rahmenempfehlungen bedarf es nicht.

Sechster Abschnitt. Beziehungen zu Leistungserbringern von Hilfsmitteln

§ 126[2)] Versorgung durch Vertragspartner. (1) [1] Hilfsmittel dürfen an Versicherte nur auf der Grundlage von Verträgen nach § 127 Absatz 1 und 3 abgegeben werden. [2] Vertragspartner der Krankenkassen können nur Leistungserbringer sein, die die Voraussetzungen für eine ausreichende, zweckmäßige und funktionsgerechte Herstellung, Abgabe und Anpassung der Hilfsmittel erfüllen. [3] Der Spitzenverband Bund der Krankenkassen gibt Empfehlungen für eine einheitliche Anwendung der Anforderungen nach Satz 2, einschließlich der Fortbildung der Leistungserbringer, ab.

[1)] Siehe hierzu ua die Hygienepauschaleverordnung v. 1.4.2021 (BAnz AT 06.04.2021 V1), zuletzt geänd. durch G v. 22.11.2021 (BGBl. I S. 4906).

[2)] § 126 neu gef. mWv 1.4.2007, Abs. 1 Satz 3 geänd. mWv 1.7.2008 durch G v. 26.3.2007 (BGBl. I S. 378); Abs. 1 Satz 2 geänd., Abs. 1a eingef., Abs. 2 neu gef. mWv 1.1.2009 durch G v. 15.12.2008 (BGBl. I S. 2426); Abs. 2 aufgeh. mWv 1.1.2012 durch G v. 22.12.2011 (BGBl. I S. 2983); Abs. 1a und 2 neu gef. mWv 11.4.2017 durch G v. 4.4.2017 (BGBl. I S. 778); Abs. 1 Satz 1 geänd. mWv 11.5.2019 durch G v. 6.5.2019 (BGBl. I S. 646); Abs. 1a Satz 7 geänd. mWv 26.11.2019 durch G v. 20.11.2019 (BGBl. I S. 1626).

durch die Arbeitsgemeinschaften oder den Dritten wirtschaftlicher ist, es im wohlverstandenen Interesse der Betroffenen liegt und Rechte der Versicherten nicht beeinträchtigt werden. [2] Wesentliche Aufgaben zur Versorgung der Versicherten dürfen nicht in Auftrag gegeben werden. [3] § 88 Abs. 3 und 4 und die §§ 89, 90 bis 92 und 97 des Zehnten Buches[1)] gelten entsprechend.

Vierter Abschnitt. Meldungen

§ 198 Meldepflicht des Arbeitgebers für versicherungspflichtig Beschäftigte. Der Arbeitgeber hat die versicherungspflichtig Beschäftigten nach den §§ 28a bis 28c des Vierten Buches[2)] an die zuständige Krankenkasse zu melden.

§ 199 Meldepflichten bei unständiger Beschäftigung. (1) [1] Unständig Beschäftigte haben der nach § 179 Abs. 1 zuständigen Krankenkasse Beginn und Ende der berufsmäßigen Ausübung von unständigen Beschäftigungen unverzüglich zu melden. [2] Der Arbeitgeber hat die unständig Beschäftigten auf ihre Meldepflicht hinzuweisen.

(2) [1] Gesamtbetriebe, in denen regelmäßig unständig Beschäftigte beschäftigt werden, haben die sich aus diesem Buch ergebenden Pflichten der Arbeitgeber zu übernehmen. [2] Welche Einrichtungen als Gesamtbetriebe gelten, richtet sich nach Landesrecht.

§ 199a[3)] Informationspflichten bei krankenversicherten Studenten.

(1) [1] Die staatlichen oder staatlich anerkannten Hochschulen sowie die Stiftung für Hochschulzulassung haben Studienbewerber und Studenten über die Versicherungspflicht in der gesetzlichen Krankenversicherung, die Befreiungsmöglichkeiten und das zur Durchführung des Versicherungsverhältnisses einzuhaltende Verfahren in geeigneter Form zu informieren. [2] Inhalt und Ausgestaltung dieser Informationen werden durch den Spitzenverband Bund der Krankenkassen festgelegt.

(2) [1] Jeder Studieninteressierte hat gegenüber der staatlichen oder staatlich anerkannten Hochschule vor der Einschreibung nachzuweisen, dass er in der gesetzlichen Krankenversicherung versichert ist oder mit Beginn des Semesters, frühestens mit dem Tag der Einschreibung sein wird, oder dass er nicht gesetzlich versichert ist, weil er versicherungsfrei, von der Versicherungspflicht befreit oder nicht versicherungspflichtig ist. [2] Der Studieninteressierte fordert bei der Krankenkasse an, dass die Krankenkasse den Nachweis über seinen Versichertenstatus nach Satz 1 an die staatliche oder staatlich anerkannte Hochschule meldet. [3] Die Meldung enthält neben dem Versichertenstatus nach Satz 1 auch Angaben über Name, Geschlecht, Anschrift und Geburtsdatum des Studieninteressierten sowie dessen Krankenversichertennummer, soweit diese zum Zeitpunkt der Meldung vorliegt und für das weitere Verfahren erforderlich ist. [4] Für die Ausstellung der Versicherungsbescheinigung und die Abgabe der Meldung des Versicherungsstatus sind zuständig:

[1)] Nr. **10**.
[2)] Nr. **4**.
[3)] § 199a eingef. mWv 1.1.2020 durch G v. 14.12.2019 (BGBl. I S. 2789); Abs. 2 Satz 3 geänd. mWv 20.7.2021 durch G v. 11.7.2021 (BGBl. I S. 2754).

1. für einen bereits bei einer Krankenkasse Versicherten die Krankenkasse, bei der er versichert ist oder mit Beginn des Semesters, frühestens mit dem Tag der Einschreibung sein wird,
2. für einen nach § 6 versicherungsfreien oder für einen nicht versicherungspflichtigen Studenten die Krankenkasse, bei der zuletzt eine Versicherung bestand,
3. für einen Studenten, der nach § 8 Absatz 1 Satz 1 Nummer 5 von der Versicherungspflicht befreit worden ist, die Krankenkasse, die die Befreiung vorgenommen hat,
4. im Übrigen eine der Krankenkassen, die bei Versicherungspflicht gewählt werden könnte.

(3) Ist der Student gesetzlich versichert, meldet die staatliche oder staatlich anerkannte Hochschule der zuständigen Krankenkasse unverzüglich

1. nach Eingang der Meldung der Krankenkasse zum Versicherungsstatus oder der Vorlage einer Versicherungsbescheinigung nach Absatz 2 das Datum der Einschreibung des Studenten und den Beginn des Semesters,
2. den Ablauf des Semesters, in dem oder mit Wirkung zu dessen Ablauf der Student exmatrikuliert wurde oder das der Aufnahme eines Promotionsstudiums bei fortgesetzter Einschreibung unmittelbar vorangeht.

(4) [1] Bei einem Krankenkassenwechsel eines Studenten meldet die gewählte Krankenkasse der Hochschule unverzüglich den Beginn der Versicherung bei der gewählten Krankenkasse. [2] Die Hochschule meldet der gewählten Krankenkasse unverzüglich nach Eingang der Meldung das Datum der Einschreibung und den Beginn des Semesters.

(5) Bei versicherungspflichtigen Studenten nach § 5 Absatz 1 Nummer 9 hat die Krankenkasse den Hochschulen darüber hinaus unverzüglich zu melden:

1. den Verzug mit der Zahlung der Beiträge und
2. die Begleichung der rückständigen Beiträge.

(6) [1] Die Meldungen der Hochschulen nach den Absätzen 2 bis 4 sind durch gesicherte und verschlüsselte Datenübertragung zu erstatten. [2] Nimmt die staatliche oder staatlich anerkannte Hochschule noch nicht an der Datenübertragung teil, tritt an die Stelle der maschinellen Meldungen nach den Absätzen 2 bis 5 eine Meldung in Textform. [3] Zur Teilnahme am elektronischen Meldeverfahren haben die staatlichen oder staatlich anerkannten Hochschulen eine Absendernummer nach § 18n des Vierten Buches[1)] beim Spitzenverband Bund der Krankenkassen zu beantragen. [4] Die gesonderte Absendernummer und alle Angaben, die zur Vergabe der Absendernummer notwendig sind, werden in einer elektronischen Hochschuldatei beim Spitzenverband Bund der Krankenkassen verarbeitet. [5] Die Krankenkassen dürfen die Hochschuldatei und deren Inhalte verarbeiten, soweit dies für die Durchführung des Meldeverfahrens erforderlich ist.

(7) [1] Das Nähere zu den Datensätzen, den Verfahren und die zu übermittelnden Daten für die Anträge und Meldungen sowie Bescheinigungen regeln der Spitzenverband Bund der Krankenkassen und die Hochschulrektorenkonferenz in Gemeinsamen Grundsätzen. [2] § 95 des Vierten Buches ist anzuwenden. [3] Die Gemeinsamen Grundsätze bedürfen der Genehmigung des Bundesministeri-

[1)] Nr. **4**.

ums für Gesundheit, das vorher den Verband der Privaten Hochschulen e.V. anzuhören hat.

§ 200[1] **Meldepflichten bei sonstigen versicherungspflichtigen Personen.** (1) [1] Eine Meldung nach § 28a Abs. 1 bis 3 des Vierten Buches[2] hat zu erstatten

1. für Personen, die in Einrichtungen der Jugendhilfe für eine Erwerbstätigkeit befähigt werden sollen oder in Werkstätten für behinderte Menschen, Blindenwerkstätten, Anstalten, Heimen oder gleichartigen Einrichtungen tätig sind, der Träger dieser Einrichtung,
2. für Personen, die an Leistungen zur Teilhabe am Arbeitsleben teilnehmen, der zuständige Rehabilitationsträger,
3. für Personen, die Vorruhestandsgeld beziehen, der zur Zahlung des Vorruhestandsgeldes Verpflichtete.

[2] § 28a Abs. 5 sowie die §§ 28b und 28c des Vierten Buches gelten entsprechend.

(2) [1] Auszubildende des Zweiten Bildungswegs nach § 5 Absatz 1 Nummer 10 zweiter Halbsatz haben ihrer Ausbildungsstätte eine Versicherungsbescheinigung vorzulegen, in der anzugeben ist, ob sie als Auszubildende gesetzlich versichert oder versicherungsfrei, von der Versicherungspflicht befreit oder nicht versicherungspflichtig sind. [2] Die Versicherungsbescheinigung ist in Textform auszustellen. [3] Die für die Ausstellung der Versicherungsbescheinigung zuständige Krankenkasse ergibt sich in entsprechender Anwendung von § 199a Absatz 2 Satz 4.

(3) [1] Die Ausbildungsstätten von versicherungspflichtigen Auszubildenden des Zweiten Bildungswegs nach § 5 Absatz 1 Nummer 10 zweiter Halbsatz haben der zuständigen Krankenkasse den Beginn der Ausbildung in einem förderungsfähigen Teil eines Ausbildungsabschnitts nach dem Bundesausbildungsförderungsgesetz[3] sowie das Ende der Ausbildung unverzüglich mitzuteilen. [2] Das Weitere zu Inhalt, Form und Verfahren der Mitteilung legt der Spitzenverband Bund der Krankenkassen fest.

§ 201[4] **Meldepflichten bei Rentenantragstellung und Rentenbezug.**

(1) [1] Wer eine Rente der gesetzlichen Rentenversicherung beantragt, hat mit dem Antrag eine Meldung für die zuständige Krankenkasse einzureichen. [2] Der Rentenversicherungsträger hat die Meldung unverzüglich an die zuständige Krankenkasse weiterzugeben.

---

[1] § 200 Abs. 2 Satz 2 geänd. mWv 1.1.1992 durch G v. 20.12.1991 (BGBl. I S. 2325); Satz 1 und 2 geänd. durch G v. 10.5.1995 (BGBl. I S. 678); Abs. 1 Satz 1 Nrn. 1und 2 geänd. mWv 1.7.2001 durch G v. 19.6.2001 (BGBl. I S. 1046); Abs. 2 Satz 2 geänd. mWv 28.11.2003 durch VO v. 25.11.2003 (BGBl. I S. 2304); Abs. 2 Satz 2 geänd. mWv 8.11.2006 durch VO v. 31.10.2006 (BGBl. I S. 2407); Abs. 2 neu gef., Abs. 3 angef. mWv 1.1.2020 durch G v. 14.12.2019 (BGBl. I S. 2789).

[2] Nr. **4**.

[3] **Sartorius Nr. 420.**

[4] § 201 Abs. 4 Nr. 4 geänd. mWv 1.1.1992 durch G v. 18.12.1989 (BGBl. I S. 2261); Abs. 2 neu gef., Abs. 6 angef. mWv 1.1.1996 durch G v. 10.5.1995 (BGBl. I S. 678); Abs. 6 Satz 2 geänd. mWv 1.10.2005 durch G v. 9.12.2004 (BGBl. I S. 3242); Abs. 6 Satz 3 geänd. mWv 8.11.2006 durch VO v. 31.10.2006 (BGBl. I S. 2407); Abs. 4 Nr. 1a eingef., Abs. 6 Satz 2 geänd. mWv 1.1.2011 durch G v. 22.12.2010 (BGBl. I S. 2309); Abs. 6 Satz 3 aufgeh. mWv 1.1.2012 durch G v. 22.12.2011 (BGBl. I S. 2983); Abs. 4 Nr. 1a aufgeh. mWv 1.1.2015 durch G v. 21.7.2014 (BGBl. I S. 1133); Abs. 6 Satz 2 geänd. mWv 1.1.2020 durch G v. 12.12.2019 (BGBl. I S. 2652).

(2) Wählen versicherungspflichtige Rentner oder Hinterbliebene eine andere Krankenkasse, hat die gewählte Krankenkasse dies der bisherigen Krankenkasse und dem zuständigen Rentenversicherungsträger unverzüglich mitzuteilen.

(3) [1] Nehmen versicherungspflichtige Rentner oder Hinterbliebene eine versicherungspflichtige Beschäftigung auf, für die eine andere als die bisherige Krankenkasse zuständig ist, hat die für das versicherungspflichtige Beschäftigungsverhältnis zuständige Krankenkasse dies der bisher zuständigen Krankenkasse und dem Rentenversicherungsträger mitzuteilen. [2] Satz 1 gilt entsprechend, wenn das versicherungspflichtige Beschäftigungsverhältnis endet.

(4) Der Rentenversicherungsträger hat der zuständigen Krankenkasse unverzüglich mitzuteilen

1. Beginn und Höhe einer Rente der gesetzlichen Rentenversicherung, den Monat, für den die Rente erstmalig laufend gezahlt wird,
2. den Tag der Rücknahme des Rentenantrags,
3. bei Ablehnung des Rentenantrags den Tag, an dem über den Rentenantrag verbindlich entschieden worden ist,
4. Ende, Entzug, Wegfall und sonstige Nichtleistung der Rente sowie
5. Beginn und Ende der Beitragszahlung aus der Rente.

(5) [1] Wird der Bezieher einer Rente der gesetzlichen Rentenversicherung versicherungspflichtig, hat die Krankenkasse dies dem Rentenversicherungsträger unverzüglich mitzuteilen. [2] Satz 1 gilt entsprechend, wenn die Versicherungspflicht aus einem anderen Grund als den in Absatz 4 Nr. 4 genannten Gründen endet.

(6) [1] Die Meldungen sind auf maschinell verwertbaren Datenträgern oder durch Datenübertragung zu erstatten. [2] Der Spitzenverband Bund der Krankenkassen vereinbart mit der Deutschen Rentenversicherung Bund das Nähere über das Verfahren im Benehmen mit dem Bundesamt für Soziale Sicherung.

§ 202[1)] Meldepflichten bei Versorgungsbezügen. (1) [1] Die Zahlstelle hat bei der erstmaligen Bewilligung von Versorgungsbezügen sowie bei Mitteilung über die Beendigung der Mitgliedschaft eines Versorgungsempfängers und in den Fällen des § 5 Absatz 1 Nummer 11b die zuständige Krankenkasse des Versorgungsempfängers zu ermitteln und dieser Beginn, Höhe, Veränderungen und Ende der Versorgungsbezüge und in den Fällen des § 5 Absatz 1 Nummer 11b den Tag der Antragstellung sowie in den Fällen von Versorgungsbezügen nach § 229 Absatz 1 Satz 1 Nummer 5 erster Halbsatz deren Vorliegen unverzüglich mitzuteilen. [2] Bei den am 1. Januar 1989 vorhandenen Versorgungsempfängern hat die Ermittlung der Krankenkasse innerhalb von sechs Monaten zu erfolgen. [3] Der Versorgungsempfänger hat der Zahlstelle seine Krankenkasse anzugeben und einen Kassenwechsel sowie die Aufnahme einer versicherungspflichtigen Beschäftigung anzuzeigen. [4] Die Krankenkasse hat der

[1)] § 202 Satz 4 geänd. durch G v. 13.6.1994 (BGBl. I S. 1229); Abs. 2 und 3 angef. mWv 1.1.2009, Abs. 2 Satz 1 geänd. mWv 1.1.2011 durch G v. 19.12.2007 (BGBl. I S. 3024); Abs. 1 Satz 4 neu gef., Satz 5 aufgeh., Abs. 2 Sätze 2 und 3 eingef., bish. Satz 2 wird Satz 4, Abs. 3 aufgeh. mWv 1.7.2015 durch G v. 15.4.2015 (BGBl. I S. 583); Abs. 1 Satz 1 geänd. mWv 1.1.2017 durch G v. 21.12.2015 (BGBl. I S. 2408); Abs. 1 Satz 4 neu gef., Abs. 3 angef. mWv 1.1.2017 durch G v. 11.11.2016 (BGBl. I S. 2500); Abs. 2 Sätze 1 und 2, Abs. 3 Satz 3 geänd., Abs. 3 Satz 4 neu gef. mWv 26.11.2019 durch G v. 20.11.2019 (BGBl. I S. 1626); Abs. 1 Satz 1 geänd., Satz 5 angef. mWv 1.1.2020 durch G v. 21.12.2019 (BGBl. I S. 2913).

Zahlstelle von Versorgungsbezügen und dem Bezieher von Versorgungsbezügen unverzüglich die Beitragspflicht des Versorgungsempfängers und, soweit die Summe der beitragspflichtigen Einnahmen nach § 237 Satz 1 Nummer 1 und 2 die Beitragsbemessungsgrenze überschreitet, deren Umfang mitzuteilen. [5]Die Krankenkasse hat der Zahlstelle im Falle des Mehrfachbezugs von Versorgungsbezügen nach § 229 Absatz 1 Satz 1 Nummer 5 erster Halbsatz zusätzlich mitzuteilen, ob und in welcher Höhe der Freibetrag nach § 226 Absatz 2 Satz 2 anzuwenden ist.

(2) [1]Die Zahlstelle hat der zuständigen Krankenkasse die Meldung durch gesicherte und verschlüsselte Datenübertragung aus systemgeprüften Programmen oder mittels maschineller Ausfüllhilfen zu erstatten. [2]Die Krankenkasse hat nach inhaltlicher Prüfung alle fehlerfreien Angaben elektronisch zu verarbeiten. [3]Alle Rückmeldungen der Krankenkasse an die Zahlstelle erfolgen arbeitstäglich durch Datenübertragung. [4]Den Aufbau des Datensatzes, notwendige Schlüsselzahlen und Angaben legt der Spitzenverband Bund der Krankenkassen in Grundsätzen fest, die vom Bundesministerium für Arbeit und Soziales im Einvernehmen mit dem Bundesministerium für Gesundheit zu genehmigen sind; die Bundesvereinigung der Deutschen Arbeitgeberverbände ist anzuhören.

(3) [1]Die Zahlstellen haben für die Durchführung der Meldeverfahren nach diesem Gesetzbuch eine Zahlstellennummer beim Spitzenverband Bund der Krankenkassen elektronisch zu beantragen. [2]Die Zahlstellennummern und alle Angaben, die zur Vergabe der Zahlstellennummer notwendig sind, werden in einer gesonderten elektronischen Datei beim Spitzenverband Bund der Krankenkassen gespeichert. [3]Die Sozialversicherungsträger, ihre Verbände und ihre Arbeitsgemeinschaften, die Künstlersozialkasse, die Behörden der Zollverwaltung, soweit sie Aufgaben nach § 2 des Schwarzarbeitsbekämpfungsgesetzes[1)] oder nach § 66 des Zehnten Buches[2)] wahrnehmen, sowie die zuständigen Aufsichtsbehörden und die Arbeitgeber dürfen die ihnen von den Zahlstellen zur Erfüllung einer gesetzlichen Aufgabe nach diesem Buch übermittelten Zahlstellennummern verarbeiten, soweit dies für die Erfüllung einer gesetzlichen Aufgabe nach diesem Gesetzbuch erforderlich ist. [4]Andere Behörden, Gerichte oder Dritte dürfen die Zahlstellennummern verarbeiten, sofern sie nach anderen gesetzlichen Vorschriften zu deren Erhebung befugt sind und soweit dies für die Erfüllung einer gesetzlichen Aufgabe einer der in Satz 3 genannten Stellen erforderlich ist. [5]Das Nähere zum Verfahren und den Aufbau der Zahlstellennummer regeln die Grundsätze nach Absatz 2 Satz 4.

§ 203[3)] Meldepflichten bei Leistung von Mutterschaftsgeld, Elterngeld oder Erziehungsgeld. (1) Die zuständige Krankenkasse übermittelt der nach § 12 Absatz 1 des Bundeselterngeld- und Elternzeitgesetzes[4)] zuständigen Behörde unverzüglich auf deren Aufforderung hin die Angaben zum Zeitraum und zur Höhe des bewilligten Mutterschaftsgeldes, wenn

1. die Empfängerin des Mutterschaftsgeldes Elterngeld für den Zeitpunkt ab der Geburt des Kindes beantragt hat sowie in diese Datenübermittlung

---

1) **Loseblatt-Textsammlung Arbeitsrecht Nr. 110.**
2) Nr. **10.**
3) § 203 neu gef. mWv 1.1.2022 durch G v. 3.12.2020 (BGBl. I S. 2668).
4) Nr. **8/25.**

gegenüber der für die Antragsbearbeitung zuständigen Behörde eingewilligt hat und

2. die zuständige Krankenkasse über die nach Nummer 1 erteilte Einwilligung im Rahmen der Aufforderung zur Datenübermittlung informiert wird.

(2) Die nach § 12 Absatz 1 des Bundeselterngeld- und Elternzeitgesetzes oder die nach dem jeweiligen Landesrecht zuständigen Behörden haben der zuständigen Krankenkasse Beginn und Ende der Zahlung des Elterngeldes oder des Erziehungsgeldes unverzüglich zu übermitteln.

(3) Die Aufforderung nach Absatz 1 einschließlich der Information über die Erteilung der Einwilligung und die Übermittlung der Daten nach Absatz 1 oder Absatz 2 müssen elektronisch durch eine gesicherte und verschlüsselte Datenübertragung erfolgen.

(4) Der Spitzenverband Bund der Krankenkassen legt in Grundsätzen, die der Genehmigung des Bundesministeriums für Gesundheit im Einvernehmen mit dem Bundesministerium für Familie, Senioren, Frauen und Jugend bedürfen, fest:

1. den Übertragungsweg und
2. die Einzelheiten des Übertragungsverfahrens, wie den Aufbau der Datensätze für
   a) die elektronischen Aufforderungen einschließlich der elektronischen Information über die Erteilung der Einwilligung durch die nach § 12 Absatz 1 des Bundeselterngeld- und Elternzeitgesetzes zuständigen Behörden nach Absatz 1,
   b) die elektronischen Übermittlungen der Krankenkassen nach Absatz 1 und
   c) die elektronischen Übermittlungen der nach § 12 Absatz 1 des Bundeselterngeld- und Elternzeitgesetzes zuständigen Behörden oder der nach dem jeweiligen Landesrecht zuständigen Behörden nach Absatz 2.

§ 203a[1)] Meldepflicht bei Bezug von Arbeitslosengeld, Arbeitslosengeld II oder Unterhaltsgeld. Die Agenturen für Arbeit oder in den Fällen des § 6a des Zweiten Buches[2)] die zugelassenen kommunalen Träger erstatten die Meldungen hinsichtlich der nach § 5 Abs. 1 Nr. 2 und Nr. 2a Versicherten entsprechend §§ 28a bis 28c des Vierten Buches[3)].

§ 204[4)] Meldepflichten bei Einberufung zum Wehrdienst oder Zivildienst. (1) [1] Bei Einberufung zu einem Wehrdienst hat bei versicherungspflichtig Beschäftigten der Arbeitgeber und bei Arbeitslosen die Agentur für Arbeit den Beginn des Wehrdienstes sowie das Ende des Grundwehrdienstes und einer Wehrübung oder einer Dienstleistung oder Übung nach dem Vierten Abschnitt

---

1) § 203a eingef. mWv 1.1.1998 durch G v. 25.3.1997 (BGBl. I S. 594, 692); geänd. mWv 1.1.2004 durch G v. 23.12.2003 (BGBl. I S. 2848); Überschrift und Text geänd. mWv 1.1.2005 durch G v. 24.12.2003 (BGBl. I S. 2954); geänd. mWv 6.8.2004 durch G v. 30.7.2004 (BGBl. I S. 2014).

2) Nr. **2**.

3) Nr. **4**.

4) § 204 Abs. 1 Satz 1 geänd. durch G v. 24.7.1995 (BGBl. I S. 962); Abs. 1 Satz 1 geänd. mWv 24.12.2000 durch G v. 19.12.2000 (BGBl. I S. 1815); Abs. 1 Satz 2, Abs. 2 Satz 2 geänd. mWv 7.11. 2001 durch VO v. 29.10.2001 (BGBl. I S. 2785); Abs. 1 Satz 1 geänd. mWv 1.1.2004 durch G v. 23.12.2003 (BGBl. I S. 2848); Abs. 1 Sätze 1 und 2 geänd. mWv 30.4.2005 durch G v. 22.4.2005 (BGBl. I S. 1106).

des Soldatengesetzes[1] der zuständigen Krankenkasse unverzüglich zu melden. [2]Das Ende eines Wehrdienstes nach § 4 Abs. 1 Nr. 6 des Wehrpflichtgesetzes[2] hat das Bundesministerium der Verteidigung oder die von ihm bestimmte Stelle zu melden. [3]Sonstige Versicherte haben die Meldungen nach Satz 1 selbst zu erstatten.

(2) [1]Absatz 1 gilt für den Zivildienst entsprechend. [2]An die Stelle des Bundesministeriums der Verteidigung tritt das Bundesamt für den Zivildienst.

§ 205 Meldepflichten bestimmter Versicherungspflichtiger. Versicherungspflichtige, die eine Rente der gesetzlichen Rentenversicherung oder der Rente vergleichbare Einnahmen (Versorgungsbezüge) beziehen, haben ihrer Krankenkasse unverzüglich zu melden

1. Beginn und Höhe der Rente,
2. Beginn, Höhe, Veränderungen und die Zahlstelle der Versorgungsbezüge sowie
3. Beginn, Höhe und Veränderungen des Arbeitseinkommens.

§ 206 Auskunfts- und Mitteilungspflichten der Versicherten. (1) [1]Wer versichert ist oder als Versicherter in Betracht kommt, hat der Krankenkasse, soweit er nicht nach § 28o des Vierten Buches[3] auskunftspflichtig ist,

1. auf Verlangen über alle für die Feststellung der Versicherungs- und Beitragspflicht und für die Durchführung der der Krankenkasse übertragenen Aufgaben erforderlichen Tatsachen unverzüglich Auskunft zu erteilen,
2. Änderungen in den Verhältnissen, die für die Feststellung der Versicherungs- und Beitragspflicht erheblich sind und nicht durch Dritte gemeldet werden, unverzüglich mitzuteilen.

(Fortsetzung nächstes Blatt)

[1] Auszugsweise abgedruckt unter Nr. **20/20**.
[2] **Sartorius Nr. 620.**
[3] Nr. **4**.

Krankenkasse zu der Anzahl der Versicherten aller Krankenkassen; maßgebend sind die Verhältnisse am 1. Juli des Vorjahres.

(3) [1] Der Überweisungsbetrag nach Absatz 2 Satz 1 reduziert sich

1. in den Jahren 2016 bis 2024 um den auf die landwirtschaftliche Krankenkasse entfallenden Anteil an der Finanzierung des Innovationsfonds nach § 92a Absatz 3 und 4 und
2. ab dem Jahr 2016 um den auf die landwirtschaftliche Krankenkasse entfallenden Anteil an der Finanzierung des Strukturfonds nach Maßgabe der §§ 12 bis 14 des Krankenhausfinanzierungsgesetzes[1)].

[2] Absatz 2 Satz 2 gilt entsprechend. [3] Der Anteil nach Satz 1 Nummer 1 wird dem Innovationsfonds und der Anteil nach Satz 1 Nummer 2 dem Strukturfonds zugeführt. [4] Die auf die landwirtschaftliche Krankenkasse nach Satz 1 Nummer 1 und 2 entfallenden Anteile an den Mitteln für den Innovationsfonds nach § 92a und den Strukturfonds nach den §§ 12 und 12a des Krankenhausfinanzierungsgesetzes werden nach Vorliegen der Geschäfts- und Rechnungsergebnisse des Gesundheitsfonds für das abgelaufene Kalenderjahr festgesetzt und mit der landwirtschaftlichen Krankenkasse abgerechnet. [5] Solange ein Anteil nach Satz 4 noch nicht feststeht, kann das Bundesversicherungsamt einen vorläufigen Betrag festsetzen. [6] Das Nähere zur Festsetzung des Betrags und zur Abrechnung mit der landwirtschaftlichen Krankenkasse bestimmt das Bundesversicherungsamt.

§ 221a[2)] Ergänzende Bundeszuschüsse an den Gesundheitsfonds in den Jahren 2021 und 2022, Verordnungsermächtigung. (1) [1] Unbeschadet des § 221 Absatz 1 leistet der Bund im Jahr 2021 zur Stabilisierung des durchschnittlichen Zusatzbeitragssatzes gemäß § 242a im Jahr 2021 einen ergänzenden Bundeszuschuss in Höhe von 5 Milliarden Euro an den Gesundheitsfonds. [2] Der Gesundheitsfonds überweist von den ihm zufließenden Leistungen nach Satz 1 der landwirtschaftlichen Krankenkasse einen Betrag von 30 Millionen Euro.

(2) [1] Der Bund leistet bis zum 1. April 2021 unbeschadet der Bundeszuschüsse nach Absatz 1 und nach § 221 Absatz 1 einen ergänzenden Bundeszuschuss in Höhe von 300 Millionen Euro an die Liquiditätsreserve des Gesundheitsfonds als Beitrag zum Ausgleich für die Mehrausgaben der gesetzlichen Krankenversicherung in Folge der Regelung zum Kinderkrankengeld nach § 45 Absatz 2a. [2] Überschreiten die in Satz 1 genannten Mehrausgaben im Jahr 2021 einen Betrag von 300 Millionen Euro, leistet der Bund zum 1. Juli 2022 einen weiteren ergänzenden Bundeszuschuss an die Liquiditätsreserve des Gesundheitsfonds in Höhe des Betrags, um den die in Satz 1 genannten Mehrausgaben den Betrag von 300 Millionen Euro überschreiten. [3] Der nach Satz 2 zu leistende Betrag wird aus der Differenz zwischen den Ausgaben aller gesetzlichen Krankenkassen für das Kinderkrankengeld ausweislich der Jahresrechnungsergebnisse (Statistik KJ 1) für das Jahr 2021 und für das Jahr 2019 einschließlich der jeweils darauf zu entrichtenden Beiträge zur Renten-, Arbeits-

---

[1)] Nr. **5/20**.

[2)] § 221a eingef. mWv 26.11.2020 durch G v. 22.12.2020 (BGBl. I S. 3299); Überschrift geänd., Abs. 2 angef. mWv 5.1.2021 durch G v. 18.1.2021 (BGBl. I S. 2); Überschrift geänd., Abs. 3 angef. mWv 20.7.2021 durch G v. 11.7.2021 (BGBl. I S. 2754); Abs. 4 angef. mWv 1.1.2022 durch G v. 22.11.2021 (BGBl. I S. 4906).

losen- und sozialen Pflegeversicherung in Höhe von 24,05 Prozent abzüglich der bereits geleisteten 300 Millionen Euro ermittelt. [4]Der Bund leistet zum 1. Oktober 2021 eine Abschlagszahlung an die Liquiditätsreserve des Gesundheitsfonds auf den nach Satz 2 zu entrichtenden ergänzenden Bundeszuschuss in Höhe eines Betrags, der unter entsprechender Anwendung der Berechnung nach Satz 3 auf der Grundlage der vorläufigen Rechnungsergebnisse des ersten Halbjahres 2021 bestimmt wird. [5]Das Bundesministerium für Gesundheit ermittelt die Überschreitungsbeträge nach den Sätzen 3 und 4 und meldet diese unverzüglich an das Bundesministerium der Finanzen.

(3) [1]Unbeschadet des § 221 Absatz 1 leistet der Bund im Jahr 2022 zur Stabilisierung des durchschnittlichen Zusatzbeitragssatzes gemäß § 242a im Jahr 2022 einen ergänzenden Bundeszuschuss in Höhe von 7 Milliarden Euro in monatlich zu überweisenden Teilbeträgen an den Gesundheitsfonds. [2]Der Gesundheitsfonds überweist von den ihm zufließenden Leistungen nach Satz 1 der landwirtschaftlichen Krankenkasse einen Betrag von 42 Millionen Euro. [3]Das Bundesministerium für Gesundheit wird befristet bis zum 31. Dezember 2021 ermächtigt, im Einvernehmen mit dem Bundesministerium der Finanzen und mit Zustimmung des Deutschen Bundestages durch Rechtsverordnung ohne Zustimmung des Bundesrats einen von Satz 1 abweichenden ergänzenden Bundeszuschuss für das Jahr 2022 einschließlich eines vom Gesundheitsfonds an die landwirtschaftliche Krankenversicherung zu überweisenden Betrags festzusetzen. [4]Der in der Rechtsverordnung nach Satz 3 festzusetzende ergänzende Bundeszuschuss ist auf den Betrag festzusetzen, der erforderlich ist, um den durchschnittlichen Zusatzbeitragssatz nach § 242a im Jahr 2022 bei 1,3 Prozent zu stabilisieren; der vom Gesundheitsfonds an die landwirtschaftliche Krankenversicherung zu überweisende Betrag ist in der Rechtsverordnung nach Satz 3 entsprechend des Verhältnisses des der landwirtschaftlichen Krankenversicherung nach Satz 2 vom Gesundheitsfonds zu überweisenden Betrags zum ergänzenden Bundeszuschuss nach Satz 1 festzusetzen.

(4) [1]Der Bund leistet bis zum 1. April 2022 unbeschadet der Bundeszuschüsse nach Absatz 3 und nach § 221 Absatz 1 für das Jahr 2022 einen ergänzenden Bundeszuschuss in Höhe von 300 Millionen Euro an die Liquiditätsreserve des Gesundheitsfonds als Beitrag zum Ausgleich für die Mehrausgaben der gesetzlichen Krankenversicherung infolge der Regelung zum Kinderkrankengeld nach § 45 Absatz 2a. [2]Überschreiten die in Satz 1 genannten Mehrausgaben im Jahr 2022 einen Betrag von 300 Millionen Euro, leistet der Bund zum 1. Juli 2023 einen weiteren ergänzenden Bundeszuschuss an die Liquiditätsreserve des Gesundheitsfonds in Höhe des Betrags, um den die in Satz 1 genannten Mehrausgaben den Betrag von 300 Millionen Euro überschreiten. [3]Der nach Satz 2 zu leistende Betrag wird aus der Differenz zwischen den Ausgaben aller gesetzlichen Krankenkassen für das Kinderkrankengeld ausweislich der Jahresrechnungsergebnisse (Statistik KJ 1) für das Jahr 2022 und für das Jahr 2019 einschließlich der jeweils darauf zu entrichtenden Beiträge zur Renten-, Arbeitslosen- und sozialen Pflegeversicherung in Höhe von 24,05 Prozent abzüglich der bereits geleisteten 300 Millionen Euro ermittelt. [4]Das Bundesministerium für Gesundheit ermittelt den Überschreitungsbetrag nach den Sätzen 2 und 3 und meldet diesen unverzüglich an das Bundesministerium der Finanzen.

§ 221b[1] *(aufgehoben)*

§ 222[2] *(aufgehoben)*

§ 223[3] [4] **Beitragspflicht, beitragspflichtige Einnahmen, Beitragsbemessungsgrenze.** (1) Die Beiträge sind für jeden Kalendertag der Mitgliedschaft zu zahlen, soweit dieses Buch nichts Abweichendes bestimmt.

(2) [1] Die Beiträge werden nach den beitragspflichtigen Einnahmen der Mitglieder bemessen. [2] Für die Berechnung ist die Woche zu sieben, der Monat zu dreißig und das Jahr zu dreihundertsechzig Tagen anzusetzen.

(3) [1] Beitragspflichtige Einnahmen sind bis zu einem Betrag von einem Dreihundertsechzigstel der Jahresarbeitsentgeltgrenze nach § 6 Abs. 7 für den Kalendertag zu berücksichtigen (Beitragsbemessungsgrenze). [2] Einnahmen, die diesen Betrag übersteigen, bleiben außer Ansatz, soweit dieses Buch nichts Abweichendes bestimmt.

§ 224[5] **Beitragsfreiheit bei Krankengeld, Mutterschaftsgeld oder Elterngeld.** (1) [1] Beitragsfrei ist ein Mitglied für die Dauer des Anspruchs auf

(Fortsetzung nächstes Blatt)

---

[1] § 221b aufgeh. mWv 1.1.2015 durch G v. 21.7.2014 (BGBl. I S. 1133).
[2] § 222 aufgeh. mWv 1.1.2012 durch G v. 22.12.2011 (BGBl. I S. 2983).
[3] § 223 Abs. 3 Satz 1 geänd. mWv 1.1.2003 durch G v. 23.12.2002 (BGBl. I S. 4637).
[4] Zur Beitragsbemessungsgrenze siehe ua die Sozialversicherungswerte (Nr. **4/11**).
[5] § 224 bish. Text wird Abs. 1, Abs. 2 angef. mWv 1.1.1992 durch G v. 18.12.1989 (BGBl. I S. 2261); Überschrift und Abs. 1 Satz 1 geänd. mWv 1.1.2007 durch G v. 5.12.2006 (BGBl. I S. 2748); Abs. 1 Satz 1 geänd. mWv 1.8.2013 durch G v. 15.2.2013 (BGBl. I S. 254); Überschrift neu gef., Abs. 1 Satz 1 geänd., Satz 3 angef. mWv 1.1.2019 durch G v. 11.12.2018 (BGBl. I S. 2387).

6. die Datenverarbeitungsvorgänge bei der Übermittlung von Daten in die elektronische Patientenakte und bei der Erhebung und Verarbeitung von Daten aus der elektronischen Patientenakte durch zugriffsberechtigte Personen,
7. die Benennung der Verantwortlichen für die Daten im Hinblick auf die verschiedenen Datenverarbeitungsvorgänge,
8. die Pflichten der datenschutzrechtlich Verantwortlichen und die Rechte des Versicherten gegenüber den datenschutzrechtlich Verantwortlichen nach der Verordnung (EU) 2016/679,
9. die Maßnahmen zur Datensicherheit und
10. die Aufgaben der koordinierenden Stelle gemäß § 307 Absatz 5 Satz 2 und 3.

[2] Für Informationen nach Satz 1, die die elektronische Patientenakte betreffen, hat die Gesellschaft für Telematik das hierzu durch den Spitzenverband Bund der Krankenkassen im Einvernehmen mit der oder dem Bundesbeauftragten für den Datenschutz und die Informationsfreiheit nach § 343 erstellte Informationsmaterial zu nutzen.

§ 315[1)] Verbindlichkeit der Beschlüsse der Gesellschaft für Telematik.

(1) [1] Die Beschlüsse der Gesellschaft für Telematik zu den Regelungen, dem Aufbau und dem Betrieb der Telematikinfrastruktur sind für die Leistungserbringer und die Krankenkassen sowie ihre Verbände nach diesem Buch verbindlich. [2] Beschlüsse der Gesellschaft für Telematik über die Zuständigkeit für die Bereitstellung von Komponenten zur Authentifizierung von Leistungserbringerinstitutionen gelten auch für die Apothekerkammern der Länder, soweit diese Zuständigkeit nicht durch Bundes- oder Landesrecht geregelt ist.

(2) Vor der Beschlussfassung hat die Gesellschaft für Telematik der oder dem Bundesbeauftragten für den Datenschutz und die Informationsfreiheit und dem Bundesamt für Sicherheit in der Informationstechnik Gelegenheit zur Stellungnahme zu geben, sofern Belange des Datenschutzes oder der Datensicherheit berührt sind.

§ 316[2)] Finanzierung der Gesellschaft für Telematik; Verordnungsermächtigung. (1) [1] Zur Finanzierung der Gesellschaft für Telematik zahlt der Spitzenverband Bund der Krankenkassen an die Gesellschaft für Telematik jährlich einen Betrag in Höhe von 1,50 Euro je Mitglied der gesetzlichen Krankenversicherung. [2] Das Bundesministerium für Gesundheit kann entsprechend dem Mittelbedarf der Gesellschaft für Telematik unter Beachtung des Gebotes der Wirtschaftlichkeit durch Rechtsverordnung ohne Zustimmung des Bundesrates einen von Satz 1 abweichenden Betrag je Mitglied der gesetzlichen Krankenversicherung festsetzen[3)].

(2) Die Zahlungen nach Absatz 1 sind quartalsweise, spätestens drei Wochen vor Beginn des jeweiligen Quartals, zu leisten.

[1)] 11. Kapitel 2. Abschn. 1. Titel (§§ 310–316) eingef. mWv 20.10.2020 durch G v. 14.10.2020 (BGBl. I S. 2115).

[2)] § 316 eingef. mWv 20.10.2020 durch G v. 14.10.2020 (BGBl. I S. 2115); Abs. 1 Satz 1 geänd. mWv 1.1.2022, Abs. 2 Satz 2 aufgeh. mWv 9.6.2021 durch G v. 3.6.2021 (BGBl. I S. 1309).

[3)] Siehe hierzu ua die VO zur Anpassung des Betrags zur Finanzierung der Gesellschaft für Telematik 2022 v. 26.11.2021 (BAnz AT 30.11.2021 V1).

Zweiter Titel.[1] Beirat der Gesellschaft für Telematik

§ 317[1] Beirat der Gesellschaft für Telematik. (1) [1]Die Gesellschaft für Telematik hat einen Beirat einzurichten. [2]Der Beirat hat eine Vorsitzende oder einen Vorsitzenden. [3]Der Beirat besteht aus

1. vier Vertretern der Länder,
2. vier Vertretern der Organisationen, die für die Wahrnehmung der Interessen der Patienten, der Pflegebedürftigen und der Selbsthilfe chronisch Kranker und behinderter Menschen maßgeblich sind,
3. drei Vertretern der für die Wahrnehmung der Interessen der Industrie maßgeblichen Bundesverbände aus dem Bereich der Informationstechnologie im Gesundheitswesen,
4. drei Vertretern der Wissenschaft,
5. einem Vertreter der Spitzenorganisation, die für die Wahrnehmung der Interessen der an der hausarztzentrierten Versorgung teilnehmenden Vertragsärzte maßgeblich ist,
6. einem Vertreter aus dem Bereich der Hochschulmedizin,
7. je einem Vertreter der Vereinigungen der Träger der Pflegeeinrichtungen auf Bundesebene und der Verbände der Pflegeberufe auf Bundesebene,
8. der oder dem Bundesbeauftragten für den Datenschutz und die Informationsfreiheit,
9. der oder dem Beauftragten der Bundesregierung für die Belange der Patientinnen und Patienten.

(2) [1]Die Mitglieder nach Absatz 1 Satz 3 Nummer 1 werden von den Ländern benannt. [2]Die Mitglieder nach Absatz 1 Satz 3 Nummer 2 bis 5 und 7 werden von der Gesellschafterversammlung der Gesellschaft für Telematik benannt. [3]Der Vertreter nach Absatz 1 Satz 3 Nummer 6 wird durch das Bundesministerium für Gesundheit im Einvernehmen mit dem Bundesministerium für Bildung und Forschung benannt.

(3) Die Gesellschafterversammlung der Gesellschaft für Telematik kann Vertreter weiterer Gruppen und Bundesbehörden sowie bis zu fünf unabhängige Experten als Mitglieder des Beirats berufen.

(4) [1]Jeweils ein Vertreter für jeden Gesellschafter sowie die Geschäftsführung der Gesellschaft für Telematik können an den Sitzungen des Beirats teilnehmen. [2]Die oder der Vorsitzende des Beirats oder bei deren oder dessen Verhinderung die zur Stellvertretung berechtigte Person kann an den Gesellschafterversammlungen der Gesellschaft für Telematik teilnehmen.

(5) Der Beirat gibt sich eine Geschäftsordnung.

§ 318[1] Aufgaben des Beirats. (1) [1]Der Beirat hat die Gesellschaft für Telematik in fachlichen Belangen zu beraten. [2]Er vertritt die Interessen der im Beirat Vertretenen gegenüber der Gesellschaft für Telematik und fördert den fachlichen Austausch zwischen der Gesellschaft für Telematik und den im Beirat Vertretenen.

(2) [1]Der Beirat ist vor der Beschlussfassung der Gesellschafterversammlung der Gesellschaft für Telematik zu Angelegenheiten von grundsätzlicher Bedeu-

[1] 11. Kapitel 2. Abschn. 2. Titel (§§ 317, 318) eingef. mWv 20.10.2020 durch G v. 14.10.2020 (BGBl. I S. 2115).

§ 408[1] Bestandsbereinigung bei der freiwilligen Versicherung.

(1) Die Krankenkassen haben ihren Mitgliederbestand für den Zeitraum vom 1. August 2013 bis zum 1. Januar 2019 nach Maßgabe der folgenden Absätze zu überprüfen und ihn bis zum 15. Juni 2019 zu bereinigen.

(2) Mitgliedschaften, die nach dem Ausscheiden aus der Versicherungspflicht oder nach dem Ende der Familienversicherung als freiwillige Mitgliedschaften fortgesetzt wurden, sowie davon abgeleitete Familienversicherungen sind mit Wirkung ab dem Tag ihrer Begründung aufzuheben, wenn seit diesem Zeitpunkt die Krankenkasse keinen Kontakt zum Mitglied herstellen konnte, für die Mitgliedschaft keine Beiträge geleistet wurden und das Mitglied und familienversicherte Angehörige keine Leistungen in Anspruch genommen haben.

(3) [1] Für das Verfahren nach Absatz 4 und die Prüfung nach Absatz 5 melden die Krankenkassen dem Bundesamt für Soziale Sicherung und den mit der Prüfung nach § 274 befassten Stellen versichertenbezogen und je Berichtsjahr

1. die Versichertentage der Mitgliedschaften und der davon abgeleiteten Familienversicherungen, die nach Absatz 2 aufgehoben wurden, und
2. die Versichertentage der Mitgliedschaften und der davon abgeleiteten Familienversicherungen, die seit der letzten Datenmeldung nach § 30 Absatz 4 Satz 2 zweiter Halbsatz der Risikostruktur-Ausgleichsverordnung[2] in der bis zum 31. März 2020 geltenden Fassung des betreffenden Berichtsjahres aufgehoben wurden und die die Kriterien des Absatzes 2 erfüllen.

[2] Für die Prüfung nach Absatz 5 melden die Krankenkassen den mit der Prüfung nach § 274 befassten Stellen außerdem die Mitgliedschaften und die davon abgeleiteten Familienversicherungen je Berichtsjahr, die die Kriterien des Absatzes 2 insoweit erfüllen, als die Mitglieder keine Beiträge geleistet und die Mitglieder und ihre familienversicherten Angehörigen keine Leistungen in Anspruch genommen haben. [3] Die Datenmeldungen haben bis zum 15. Juni 2019 zu erfolgen. [4] § 268 Absatz 3 Satz 3, 4, 7 und 9 in der bis zum 31. März 2020 geltenden Fassung gilt für die nach den Sätzen 1 und 2 zu meldenden Daten entsprechend. [5] Die Herstellung des Versichertenbezugs ist zulässig, sofern dies für die Prüfung nach Absatz 5 erforderlich ist. [6] Das Nähere zum Verfahren der Datenmeldung nach Satz 1 für das Verfahren nach Absatz 4 bestimmt das Bundesamt für Soziale Sicherung nach Anhörung des Spitzenverbandes Bund der Krankenkassen. [7] Das Nähere zum Verfahren der Datenmeldung nach den Sätzen 1 und 2 für die Prüfung nach Absatz 5 regelt das Bundesamt für Soziale Sicherung nach Anhörung der mit der Prüfung nach § 274 befassten Stellen und des Spitzenverbandes Bund der Krankenkassen.

(4) [1] Für Ausgleichsjahre, für die der korrigierte Jahresausgleich bereits durchgeführt oder die Datenmeldung nach § 30 Absatz 4 Satz 2 zweiter Halbsatz der Risikostruktur-Ausgleichsverordnung in der bis zum 31. März 2020 geltenden Fassung durch die Krankenkassen bereits abgegeben wurde, ermittelt das Bundesamt für Soziale Sicherung einen Bereinigungsbetrag und macht diesen durch Bescheid geltend. [2] § 6 der Risikostruktur-Ausgleichsverordnung gilt entsprechend. [3] Die Einnahmen nach diesem Absatz fließen in den Gesundheitsfonds und werden im nächsten Jahresausgleich bei der Ermittlung nach § 18 Absatz 2 der Risikostruktur-Ausgleichsverordnung zu dem Wert nach

[1] 15. Kapitel (§§ 403–416) neu gef. mWv 9.6.2021 durch G v. 3.6.2021 (BGBl. I S. 1309).
[2] Nr. **5c**.

§ 17 Absatz 2 der Risikostruktur-Ausgleichsverordnung hinzugerechnet. [4]Klagen bei Streitigkeiten nach diesem Absatz haben keine aufschiebende Wirkung.

(5) [1]Die mit der Prüfung nach § 274 befassten Stellen überprüfen nach Abschluss der Bestandsbereinigung in einer Sonderprüfung, ob die Vorgaben nach den Absätzen 1 und 2 eingehalten worden sind, und teilen dem Bundesamt für Soziale Sicherung und der Krankenkasse das Ergebnis ihrer Prüfung mit. [2]Das Bundesamt für Soziale Sicherung ermittelt auf Grundlage dieser Mitteilung einen Korrekturbetrag, der mit einem Aufschlag in Höhe von 25 Prozent zu versehen ist, und macht diesen durch Bescheid geltend. [3]Absatz 4 Satz 2 bis 4 gilt entsprechend. [4]Die Prüfung ist spätestens bis zum 31. Dezember 2020 durchzuführen. [5]Die Krankenkassen sind verpflichtet, die Daten nach § 7 Absatz 2 Satz 3 der Risikostruktur-Ausgleichsverordnung für das Berichtsjahr 2013 bis zum 31. Dezember 2020 aufzubewahren.

§ 409[1)] Übergangsregelung zur Neuregelung der Verjährungsfrist für die Ansprüche von Krankenhäusern und Krankenkassen. Die Geltendmachung von Ansprüchen der Krankenkassen auf Rückzahlung von geleisteten Vergütungen ist ausgeschlossen, soweit diese vor dem 1. Januar 2017 entstanden sind und bis zum 9. November 2018 nicht gerichtlich geltend gemacht wurden.

§ 410[1)] Übergangsregelung zur Vergütung der Vorstandsmitglieder der Kassenärztlichen Bundesvereinigungen, der unparteiischen Mitglieder des Beschlussgremiums des Gemeinsamen Bundesausschusses, der Vorstandsmitglieder des Spitzenverbandes Bund der Krankenkassen und des Geschäftsführers des Medizinischen Dienstes des Spitzenverbandes Bund der Krankenkassen sowie von dessen Stellvertreter.

(1) [1]§ 79 Absatz 6 Satz 5, § 91 Absatz 2 Satz 15, § 217b Absatz 2 Satz 8 und § 282 Absatz 2d Satz 6 in der jeweils bis zum 31. Dezember 2019 gültigen Fassung gelten auch für die Verträge, denen die Aufsichtsbehörde bereits bis zum 10. Mai 2019 zugestimmt hat, sofern diesen Verträgen nicht bereits eine Zusage über konkrete Vergütungserhöhungen zu entnehmen ist. [2]§ 79 Absatz 6 Satz 6 bis 9, § 91 Absatz 2 Satz 16 bis 19, § 217b Absatz 2 Satz 9 bis 12 und § 282 Absatz 2d Satz 7 bis 10 in der jeweils bis zum 31. Dezember 2019 gültigen Fassung gelten nicht für die Verträge, denen die Aufsichtsbehörde bereits bis zum 10. Mai 2019 zugestimmt hat. [3]Die zur Zukunftssicherung vertraglich vereinbarten nicht beitragsorientierten Zusagen, denen die Aufsichtsbehörde bereits bis zum 10. Mai 2019 zugestimmt hat, dürfen auch bei Abschluss eines neuen Vertrages mit derselben Person in dem im vorhergehenden Vertrag vereinbarten Durchführungsweg und Umfang fortgeführt werden.

(2) [1]Abweichend von § 79 Absatz 6 Satz 6, § 91 Absatz 2 Satz 16, § 217b Absatz 2 Satz 9 und § 282 Absatz 4 Satz 6 kann bis zum 31. Dezember 2027 keine höhere Vergütung vereinbart werden. [2]Zu Beginn der darauffolgenden Amtszeiten kann bei der Erhöhung der Grundvergütung nur die Entwicklung des Verbraucherpreisindexes ab dem 1. Januar 2028 berücksichtigt werden.

---

1) 15. Kapitel (§§ 403–416) neu gef. mWv 9.6.2021 durch G v. 3.6.2021 (BGBl. I S. 1309).

§ 411[1]) Übergangsregelung für die Medizinischen Dienste der Krankenversicherung und den Medizinischen Dienst des Spitzenverbandes Bund der Krankenkassen. (1) [1] Für die Medizinischen Dienste der Krankenversicherung gelten die §§ 275 bis 283 in der bis zum 31. Dezember 2019 gültigen Fassung mit Ausnahme des § 275 Absatz 1c und 5, § 276 Absatz 2 und 4 und § 281 Absatz 2 bis zu dem nach § 412 Absatz 1 Satz 4 bekannt zu machenden Datum fort. [2] Bis zu diesem Zeitpunkt nehmen die am 31. Dezember 2019 bestehenden Organe der Medizinischen Dienste der Krankenversicherung nach diesen Vorschriften die Aufgaben des Medizinischen Dienstes wahr. [3] Die §§ 275 bis 283a in der ab dem 1. Januar 2020 geltenden Fassung finden mit Ausnahme des § 275 Absatz 3b und 5, der §§ 275c, 275d, 276 Absatz 2 und 4 und des § 280 Absatz 3 bis zu dem nach § 412 Absatz 1 Satz 4 bekannt zu machenden Datum keine Anwendung. [4] Bis zu dem nach § 412 Absatz 1 Satz 4 bekannt zu machenden Datum findet für die Aufgaben des Medizinischen Dienstes nach den §§ 275c und 275d die Regelung des § 281 Absatz 1 in der bis zum 31. Dezember 2019 geltenden Fassung entsprechende Anwendung.

(2) [1] Für den Medizinischen Dienst des Spitzenverbandes Bund der Krankenkassen sowie für den Spitzenverband Bund der Krankenkassen gelten die §§ 275 bis 283 und § 326 Absatz 2 Satz 1 in der jeweils bis zum 31. Dezember 2019 geltenden Fassung mit Ausnahme des § 275 Absatz 5 bis zum 31. Dezember 2021 fort; nach diesen Vorschriften nehmen ihre am 31. Dezember 2019 bestehenden Organe ihre Aufgaben bis zu diesem Zeitpunkt wahr. [2] Die §§ 275 bis 283a in der am 1. Januar 2020 geltenden Fassung sind für den Medizinischen Dienst des Spitzenverbandes Bund der Krankenkassen mit Ausnahme des § 275 Absatz 5, der §§ 275c und 281 Absatz 2 Satz 5 bis zum 31. Dezember 2021 nicht anwendbar. [3] § 283 Absatz 2 Satz 1 Nummer 3 und 5 zweite Alternative in der am 1. Januar 2020 geltenden Fassung ist mit der Maßgabe anwendbar, dass der Medizinische Dienst des Spitzenverbandes Bund der Krankenkassen die Richtlinie nach § 283 Absatz 2 Satz 1 Nummer 3 bis zum 28. Februar 2021 und die Richtlinie nach § 283 Absatz 2 Satz 1 Nummer 5 zweite Alternative bis zum 31. Dezember 2020 erlässt. [4] Diese Richtlinien bedürfen der Genehmigung des Bundesministeriums für Gesundheit.

(3) [1] § 283 Absatz 2 Satz 1 Nummer 4 in der am 1. Januar 2020 geltenden Fassung ist mit der Maßgabe anwendbar, dass der Medizinische Dienst des Spitzenverbandes Bund der Krankenkassen die Richtlinie nach § 283 Absatz 2 Satz 1 Nummer 4 bis zum 31. Dezember 2021 erlässt. [2] In der Richtlinie ist eine bundeseinheitliche Methodik und Vorgehensweise nach angemessenen und anerkannten Methoden der Personalbedarfsermittlung vorzugeben. [3] Hierfür sind geeignete Gruppen der Aufgaben der Medizinischen Dienste (Begutachtungsaufträge) zu definieren. [4] Die für den Erlass der Richtlinie nach Satz 1 erforderlichen Daten sind von allen Medizinischen Diensten unter Koordinierung des Medizinischen Dienstes des Spitzenverbandes Bund der Krankenkassen nach einer bundeseinheitlichen Methodik und Vorgehensweise spätestens ab dem 1. März 2021 zu erheben und für alle Medizinischen Dienste einheitlich durch den Medizinischen Dienst des Spitzenverbandes Bund der Krankenkassen unter fachlicher Beteiligung der Medizinischen Dienste anonymisiert

---

[1]) 15. Kapitel (§§ 403–416) neu gef. mWv 9.6.2021 und § 411 Abs. 1 Satz 3 geänd. mWv. 1.1.2022 durch G v. 3.6.2021 (BGBl. I S. 1309).

auszuwerten. [5] Die Richtlinie hat mindestens aufgabenbezogene Richtwerte für die Aufgabengruppen der Begutachtungen von Krankenhausleistungen nach § 275c, Arbeitsunfähigkeit nach § 275 Absatz 1 Satz 1 Nummer 3 Buchstabe b sowie von Rehabilitations- und Vorsorgeleistungen nach § 275 Absatz 2 Nummer 1 einzubeziehen. [6] Sie bedarf der Genehmigung des Bundesministeriums für Gesundheit.

(4) [1] Endet die Amtszeit eines bestehenden Verwaltungsrates eines Medizinischen Dienstes der Krankenversicherung vor dem Zeitpunkt des § 412 Absatz 1 Satz 4, verlängert sie sich bis zu diesem Zeitpunkt. [2] Die Verwaltungsräte der Medizinischen Dienste der Krankenversicherung werden mit Wirkung zum Zeitpunkt des § 412 Absatz 1 Satz 4 aufgelöst, der Verwaltungsrat des Medizinischen Dienstes des Spitzenverbandes Bund der Krankenkassen wird mit Wirkung zum Zeitpunkt des § 412 Absatz 5 Satz 9 in Verbindung mit Absatz 1 Satz 4 aufgelöst.

§ 412[1)] Errichtung der Medizinischen Dienste und des Medizinischen Dienstes Bund. (1) [1] Die für die Sozialversicherung zuständige oberste Verwaltungsbehörde des Landes hat die Vertreter des Verwaltungsrates nach § 279 Absatz 5 bis zum 31. Dezember 2020 gemäß den Vorgaben des § 279 Absatz 3, 5 und 6 zu benennen; die Verwaltungsräte oder Vertreterversammlungen der in § 279 Absatz 4 Satz 1 genannten Krankenkassenverbände und Krankenkassen haben bis zum 31. Dezember 2020 ihre Vertreter gemäß den Vorgaben des § 279 Absatz 3, 4 und 6 zu wählen. [2] Der gemäß Satz 1 besetzte Verwaltungsrat hat bis zum 31. März 2021 die Satzung nach § 279 Absatz 2 Satz 1 Nummer 1 und Satz 2 zu beschließen. [3] Die für die Sozialversicherung zuständige oberste Verwaltungsbehörde des Landes hat über die Genehmigung der Satzung bis zum 30. Juni 2021 zu entscheiden und das Datum der Genehmigung öffentlich bekannt zu machen. [4] Sie hat das Datum des Ablaufs des Monats, in dem die Genehmigung erteilt wurde, öffentlich bekannt zu machen. [5] Die oder der amtierende Vorsitzende des Verwaltungsrates des Medizinischen Dienstes der Krankenversicherung lädt zur konstituierenden Sitzung ein und regelt das Nähere. [6] In der konstituierenden Sitzung des Verwaltungsrates des Medizinischen Dienstes sind die oder der Vorsitzende und die oder der stellvertretende Vorsitzende zu wählen. [7] Der jeweils amtierende Geschäftsführer des Medizinischen Dienstes der Krankenversicherung und sein Stellvertreter gelten bis zum 31. Dezember 2021 als durch den neu konstituierten Verwaltungsrat gewählter Vorstand.

(2) [1] Die Medizinischen Dienste, die als eingetragene Vereine organisiert sind, werden im Zeitpunkt des Absatzes 1 Satz 4 als Körperschaften des öffentlichen Rechts neu konstituiert. [2] Die jeweiligen eingetragenen Vereine erlöschen mit Wirkung zum Zeitpunkt des Absatzes 1 Satz 4.

(3) [1] Die Rechte und Pflichten einschließlich des Vermögens der Medizinischen Dienste nach Absatz 2 gehen im Zeitpunkt des nach Absatz 1 Satz 4 bekannt gemachten Datums auf die in den jeweiligen Bezirken als Körperschaften des öffentlichen Rechts errichteten Medizinischen Dienste über. [2] Die Körperschaften des öffentlichen Rechts treten in diesem Zeitpunkt in die Rechte und Pflichten der eingetragenen Vereine aus den Arbeits- und Aus-

---

[1)] § 412 neu gef. mWv 9.6.2021 durch G v. 3.6.2021 (BGBl. I S. 1309); Abs. 3 Satz 4 neu gef. mWv 20.7.2021 durch G v. 11.7.2021 (BGBl. I S. 2754).

bildungsverhältnissen mit den bei ihnen beschäftigten Personen ein. [3]Die Arbeitsbedingungen der einzelnen Arbeitnehmer und Auszubildenden dürfen bis zum 31. Dezember 2022 nicht verschlechtert werden. [4]Die Arbeits- oder Ausbildungsverhältnisse können bis zum 31. Dezember 2022 nur aus einem in der Person oder im Verhalten des Arbeitsnehmers oder Auszubildenden liegenden wichtigen Grund gekündigt werden. [5]Die bestehenden Tarifverträge gelten fort. [6]Der bei dem jeweiligen Medizinischen Dienst bestehende Betriebsrat

(Fortsetzung nächstes Blatt)

5/20. Gesetz zur wirtschaftlichen Sicherung der Krankenhäuser und zur Regelung der Krankenhauspflegesätze (Krankenhausfinanzierungsgesetz – KHG)[1)]

In der Fassung der Bekanntmachung vom 10. April 1991[2)]
(BGBl. I S. 886)

FNA 2126-9

geänd. durch Art. 10 Zweites SGB V-ÄndG v. 20.12.1991 (BGBl. I S. 2325), Art. 11 GesundheitsstrukturG v. 21.12.1992 (BGBl. I S. 2266), § 13 Abs. 9 MTA-G v. 2.8.1993 (BGBl. I S. 1402), Art. 17 Pflege-VersicherungsG v. 26.5.1994 (BGBl. I S. 1014), § 16 Abs. 5 Masseur- und PhysiotherapeutenG v. 26.5.1994 (BGBl. I S. 1084), Art. 3 BeitragsentlastungsG v. 1.11.1996 (BGBl. I S. 1631), Art. 8 Zweites GKV-NeuordnungsG v. 23.6.1997 (BGBl. I S. 1520), Art. 9 PsychotherapeutenG- und SGB V-ÄndG v. 16.6.1998 (BGBl. I S. 1311), Art. 4 GKV-GesundheitsreformG 2000 v. 22.12.1999 (BGBl. I S. 2626), Art. 2 § 6 SeuchenrechtsneuordnungsG v. 20.7.2000 (BGBl. I S. 1045), Art. 1 DRG-SystemzuschlagsG v. 27.4.2001 (BGBl. I S. 772), Art. 2, 3 FallpauschalenG v. 23.4.2002 (BGBl. I S. 1412), Art. 1a Zwölftes SGB V-ÄndG v. 12.6.2003 (BGBl. I S. 844), Art. 2 G über die Berufe in der Krankenpflege und zur Änd. anderer Gesetze v. 16.7.2003 (BGBl. I S. 1442), Art. 1 FallpauschalenÄndG v. 17.7. 2003 (BGBl. I S. 1461), Art. 13 GKV-ModernisierungsG v. 14.11.2003 (BGBl. I S. 2190), Art. 38 Achte ZuständigkeitsanpassungsVO v. 25.11.2003 (BGBl. I S. 2304), Art. 5 G zur Änd. der BundesärzteO und anderer Gesetze v. 21.7.2004 (BGBl. I S. 1776), Art. 16 G zur Organisationsreform in der gesetzlichen Rentenversicherung v. 9.12.2004 (BGBl. I S. 3242), Art. 1 Zweites FallpauschalenÄndG v. 15.12.2004 (BGBl. I S. 3429), Art. 2 G zur Organisationsstruktur der Telematik im Gesundheitswesen v. 22.6.2005 (BGBl. I S. 1720), Art. 25 G über die Bereinigung von Bundesrecht im Zuständigkeitsbereich des BMAS und des BMG v. 14.8.2006 (BGBl. I S. 1869), Art. 4 Föderalismusreform-BegleitG v. 5.9.2006 (BGBl. I S. 2098), Art. 56 Neunte ZuständigkeitsanpassungsVO v. 31.10.2006 (BGBl. I S. 2407), Art. 18 GKV-WettbewerbsstärkungsG v. 26.3.2007 (BGBl. I S. 378), Art. 1 KrankenhausfinanzierungsreformG v. 17.3.2009 (BGBl. I S. 534), Art. 6 GKV-VersorgungsstrukturG v. 22.12.2011 (BGBl. I S. 2983), Art. 13 Abs. 1 LSV-NeuordnungsG v. 12.4.2012 (BGBl. I S. 579), Art. 1 Psych-EntgeltG v. 21.7.2012 (BGBl. I S. 1613), Art. 4 G zur Verbesserung der Rechte von Patientinnen und Patienten v. 20.2.2013 (BGBl. I S. 277), Art. 2 Krebsfrüherkennungs- und -registerG v. 3.4.2013 (BGBl. I S. 617, aufgeh. durch G v. 10.12.2015, BGBl. I S. 2229), Art. 5c G zur Beseitigung sozialer Überforderung bei Beitragsschulden in der Krankenversicherung v. 15.7.2013 (BGBl. I S. 2423), Art. 16a GKV-Finanzstruktur- und Qualitäts-WeiterentwicklungsG v. 21.7.2014 (BGBl. I S. 1133), Art. 4 Hospiz- und PalliativG v. 1.12.2015 (BGBl. I S. 2114), Art. 1 KrankenhausstrukturG v. 10.12.2015 (BGBl. I S. 2229), Art. 15 6. SGB IV-ÄndG v. 11.11.2016 (BGBl. I S. 2500), Art. 1 G zur Weiterentwicklung der Versorgung und der Vergütung für psychiatrische und psychosomatische Leistungen v. 19.12.2016 (BGBl. I S. 2986), Art. 6 PflegeberufereformG v. 17.7.2017 (BGBl. I S. 2581), Art. 1, 2, 3 Pflegepersonal-StärkungsG v. 11.12. 2018 (BGBl. I S. 2394), Art. 14 Terminservice- und VersorgungsG v. 6.5.2019 (BGBl. I S. 646), Art. 29 Zweites Datenschutz-Anpassungs- und UmsetzungsG EU v. 20.11.2019 (BGBl. I S. 1626), Art. 4 HebammenreformG v. 22.11.2019 (BGBl. I S. 1759), Art. 4 Implantateregister-ErrichtungsG v. 12.12.2019 (BGBl. I S. 2494), Art. 57 Abs. 3 G zur Regelung des Sozialen Entschädigungsrechts v. 12.12.2019 (BGBl. I S. 2652), Art. 2 G über die Ausbildung zur Anästhesietechnischen Assistentin und zum Anästhesietechnischen Assistenten und über die Ausbildung zur Operationstechnischen Assistentin und zum Operationstechnischen Assistenten v. 14.12.2019 (BGBl. I S. 2768), Art. 3 MDK-ReformG v. 14.12.2019 (BGBl. I S. 2789), Art. 1 COVID-19-KrankenhausentlastungsG v. 27.3.2020 (BGBl. I S. 580), Art. 10a, 16a Abs. 7 Medizinprodukte-EU-AnpassungsG v. 28.4.2020 (BGBl. I S. 960, geänd. durch G v. 19.5.2020, BGBl. I S. 1018), Art. 3 Zweites G zum Schutz der Bevölkerung bei einer epidemischen Lage von nationaler Tragweite v. 19.5.2020 (BGBl. I S. 1018), Art. 8 Patientendaten-Schutz-G v. 14.10.2020 (BGBl. I S. 2115), Art. 1 KrankenhauszukunftsG v. 23.10.2020 (BGBl. I S. 2208), Art. 2a Drittes G zum Schutz der Bevölkerung bei einer epidemischen Lage von nationaler Tragweite

[1)] Die Änderungen durch G v. 24.2.2021 (BGBl. I S. 274) treten erst **mWv 1.1.2023** in Kraft und sind im Text noch nicht berücksichtigt.

[2)] Neubekanntmachung des KHG idF der Bek. v. 23.12.1985 (BGBl. 1986 I S. 33) in der ab 29.9.1990 geltenden Fassung.

v. 18.11.2020 (BGBl. I S. 2397), Art. 2a Gesundheitsversorgungs- und PflegeverbesserungsG v. 22.12.2020 (BGBl. I S. 3299), Art. 14 MTA-Reform-G v. 24.2.2021 (BGBl. I S. 274), Art. 9c Covid-19-G zur Fortgeltung der die epidemische Lage von nationaler Tragweite betreffenden Regelungen v. 29.3.2021 (BGBl. I S. 370), Art. 14 Digitale-Versorgung-und-Pflege-Modernisierungs-G v. 3.6.2021 (BGBl. I S. 1309), Art. 5 GesundheitsversorgungsweiterentwicklungsG v. 11.7.2021 (BGBl. I S. 2754) und Art. 20e G zur Änd. des InfektionsschutzG und weiterer Gesetze anlässlich der Aufhebung der Feststellung der epidemischen Lage von nationaler Tragweite v. 22.11.2021 (BGBl. I S. 4906)

1. Abschnitt. Allgemeine Vorschriften

§ 1[1)] Grundsatz. (1) Zweck dieses Gesetzes ist die wirtschaftliche Sicherung der Krankenhäuser, um eine qualitativ hochwertige, patienten- und bedarfsgerechte Versorgung der Bevölkerung mit leistungsfähigen digital ausgestatteten, qualitativ hochwertig und eigenverantwortlich wirtschaftenden Krankenhäusern zu gewährleisten und zu sozial tragbaren Pflegesätzen beizutragen.

(2) [1] Bei der Durchführung des Gesetzes ist die Vielfalt der Krankenhausträger zu beachten. [2] Dabei ist nach Maßgabe des Landesrechts insbesondere die wirtschaftliche Sicherung freigemeinnütziger und privater Krankenhäuser zu gewährleisten. [3] Die Gewährung von Fördermitteln nach diesem Gesetz darf nicht mit Auflagen verbunden werden, durch die die Selbständigkeit und Unabhängigkeit von Krankenhäusern über die Erfordernisse der Krankenhausplanung und der wirtschaftlichen Betriebsführung hinaus beeinträchtigt werden.

§ 2[2)] Begriffsbestimmungen. Im Sinne dieses Gesetzes sind

1. Krankenhäuser
   Einrichtungen, in denen durch ärztliche und pflegerische Hilfeleistung Krankheiten, Leiden oder Körperschäden festgestellt, geheilt oder gelindert werden sollen oder Geburtshilfe geleistet wird und in denen die zu versorgenden Personen untergebracht und verpflegt werden können,

1a. mit den Krankenhäusern notwendigerweise verbundene Ausbildungsstätten
   staatlich anerkannte Einrichtungen an Krankenhäusern zur Ausbildung für die Berufe
   a) Ergotherapeut, Ergotherapeutin,
   b) Diätassistent, Diätassistentin,
   c) Hebamme, Entbindungspfleger,
   d) Krankengymnast, Krankengymnastin, Physiotherapeut, Physiotherapeutin,
   e) Pflegefachfrau, Pflegefachmann,
   f) Gesundheits- und Kinderkrankenpflegerin, Gesundheits- und Kinderkrankenpfleger,
   g) Krankenpflegehelferin, Krankenpflegehelfer,

---

1) § 1 Abs. 1 geänd. mWv 1.1.2016 durch G v. 10.12.2015 (BGBl. I S. 2229); Abs. 1 geänd. mWv 29.10.2020 durch G v. 23.10.2020 (BGBl. I S. 2208).

2) § 2 Nr. 4 geänd., Nr. 5 angef. durch G v. 21.12.1992 (BGBl. I S. 2266); Nr. 1a Buchst. l angef. durch G v. 2.8.1993 (BGBl. I S. 1402); Nr. 1a Buchst. d geänd. durch G v. 26.5.1994 (BGBl. I S. 1084); Nr. 1a Buchst. a geänd. durch G v. 16.6.1998 (BGBl. I S. 1311); Nr. 1a Buchst. e und f neu gef. mWv 1.1.2004 durch G v. 16.7.2003 (BGBl. I S. 1442); Nr. 1a Buchst. c geänd. mWv 21.12.2004 durch G v. 15.12.2004 (BGBl. I S. 3429); Nr. 2 Buchst. b geänd. mWv 28.6.2005 durch G v. 22.6.2005 (BGBl. I S. 1720); Nr. 1a Buchst. e geänd. mWv 1.1.2019 durch G v. 17.7.2017 (BGBl. I S. 2581); Nr. 1a Buchst. m, n angef. mWv 1.1.2022 durch G v. 14.12.2019 (BGBl. I S. 2768); Nr. 2 abschl. Satzteil geänd. mWv 20.10.2020 durch G v. 14.10.2020 (BGBl. I S. 2115).

h) medizinisch-technischer Laboratoriumsassistent, medizinisch-technische Laboratoriumsassistentin,
i) medizinisch-technischer Radiologieassistent, medizinisch-technische Radiologieassistentin,
j) Logopäde, Logopädin,
k) Orthoptist, Orthoptistin,
l) medizinisch-technischer Assistent für Funktionsdiagnostik, medizinisch-technische Assistentin für Funktionsdiagnostik,
m) Anästhesietechnische Assistentin, Anästhesietechnischer Assistent,
n) Operationstechnische Assistentin, Operationstechnischer Assistent,

wenn die Krankenhäuser Träger oder Mitträger der Ausbildungsstätte sind,

2. Investitionskosten
a) die Kosten der Errichtung (Neubau, Umbau, Erweiterungsbau) von Krankenhäusern und der Anschaffung der zum Krankenhaus gehörenden Wirtschaftsgüter, ausgenommen der zum Verbrauch bestimmten Güter (Verbrauchsgüter),
b) die Kosten der Wiederbeschaffung der Güter des zum Krankenhaus gehörenden Anlagevermögens (Anlagegüter);

zu den Investitionskosten gehören nicht die Kosten des Grundstücks, des Grundstückserwerbs, der Grundstückserschließung sowie ihrer Finanzierung sowie die in § 376 Satz 1 des Fünften Buches Sozialgesetzbuch[1)] genannten Ausstattungs- und Betriebskosten für die Telematikinfrastruktur,

3. für die Zwecke dieses Gesetzes den Investitionskosten gleichstehende Kosten
a) die Entgelte für die Nutzung der in Nummer 2 bezeichneten Anlagegüter,
b) die Zinsen, die Tilgung und die Verwaltungskosten von Darlehen, soweit sie zur Finanzierung der in Nummer 2 sowie in Buchstabe a bezeichneten Kosten aufgewandt worden sind,
c) die in Nummer 2 sowie in den Buchstaben a und b bezeichneten Kosten, soweit sie gemeinschaftliche Einrichtungen der Krankenhäuser betreffen,
d) Kapitalkosten (Abschreibungen und Zinsen) für die in Nummer 2 genannten Wirtschaftsgüter,
e) Kosten der in Nummer 2 sowie in den Buchstaben a bis d bezeichneten Art, soweit sie die mit den Krankenhäusern notwendigerweise verbundenen Ausbildungsstätten betreffen und nicht nach anderen Vorschriften aufzubringen sind,

4. Pflegesätze
die Entgelte der Benutzer oder ihrer Kostenträger für stationäre und teilstationäre Leistungen des Krankenhauses,

5. pflegesatzfähige Kosten:
die Kosten des Krankenhauses, deren Berücksichtigung im Pflegesatz nicht nach diesem Gesetz ausgeschlossen ist.

§ 2a[2)] Definition von Krankenhausstandorten. (1) [1]Der Spitzenverband Bund der Krankenkassen und die Deutsche Krankenhausgesellschaft vereinbaren im Benehmen mit den Ländern, den Kassenärztlichen Bundesvereinigungen und

---

[1)] Nr. 5.
[2)] § 2a eingef. mWv 1.1.2017 durch G v. 19.12.2016 (BGBl. I S. 2986).

dem Verband der Privaten Krankenversicherung bis zum 30. Juni 2017 eine bundeseinheitliche Definition, die die Kriterien für den Standort oder die Standorte eines Krankenhauses und dessen Ambulanzen festlegt. [2] Sie haben sicherzustellen, dass diese Definition des Standorts eines Krankenhauses und dessen Ambulanzen eine eindeutige Abgrenzung von Versorgungseinheiten insbesondere in räumlicher, organisatorischer, medizinischer, wirtschaftlicher und rechtlicher Hinsicht ermöglicht. [3] Die Definition soll insbesondere für Zwecke der Qualitätssicherung, der Abrechnung, für die Krankenhausplanung und die Krankenhausstatistik geeignet sein. [4] Die Möglichkeit, Vereinbarungen nach § 11 des Krankenhausentgeltgesetzes[1)] oder nach § 11 der Bundespflegesatzverordnung[2)] einheitlich für alle Standorte eines Krankenhauses zu schließen, bleibt unberührt. [5] Die Definition ist für den Spitzenverband Bund der Krankenkassen, die Unternehmen der privaten Krankenversicherung, die Deutsche Krankenhausgesellschaft, die Kassenärztlichen Bundesvereinigungen und deren Mitglieder und Mitgliedskassen sowie für die Leistungserbringer verbindlich. [6] Das Benehmen mit den Ländern nach Satz 1 wird mit zwei von der Gesundheitsministerkonferenz der Länder benannten Vertretern der Länder hergestellt.

(2) Kommt die Vereinbarung nach Absatz 1 Satz 1 ganz oder teilweise nicht fristgerecht zustande, legt die Schiedsstelle nach § 18a Absatz 6 ohne Antrag einer Vertragspartei innerhalb von sechs Wochen die Kriterien für den Standort oder die Standorte eines Krankenhauses und dessen Ambulanzen fest.

§ 3[3)] Anwendungsbereich. [1] Dieses Gesetz findet keine Anwendung auf

1. *(aufgehoben)*
2. Krankenhäuser im Straf- oder Maßregelvollzug,
3. Polizeikrankenhäuser,
4. Krankenhäuser der Träger der allgemeinen Rentenversicherung und, soweit die gesetzliche Unfallversicherung die Kosten trägt, Krankenhäuser der Träger der gesetzlichen Unfallversicherung und ihrer Vereinigungen; das gilt nicht für Fachkliniken zur Behandlung von Erkrankungen der Atmungsorgane, soweit sie der allgemeinen Versorgung der Bevölkerung mit Krankenhäusern dienen.

[2] § 28 bleibt unberührt.

§ 4[4)] [Wirtschaftliche Sicherung der Krankenhäuser] Die Krankenhäuser werden dadurch wirtschaftlich gesichert, daß

1. ihre Investitionskosten im Wege öffentlicher Förderung übernommen werden und sie
2. leistungsgerechte Erlöse aus den Pflegesätzen, die nach Maßgabe dieses Gesetzes auch Investitionskosten enthalten können, sowie Vergütungen für vor- und nachstationäre Behandlung und für ambulantes Operieren erhalten.

---

1) Nr. **5/40**.
2) Nr. **5/30**.
3) § 3 Satz 2 neu gef. durch G v. 23.6.1997 (BGBl. I S. 1520); Satz 1 Nr. 1 aufgeh., Nr. 4 geänd. mWv 1.1.2003 durch G v. 23.4.2002 (BGBl. I S. 1412); Satz 1 Nr. 4 geänd. mWv 1.1.2005 durch G v. 9.12. 2004 (BGBl. I S. 3242).
4) § 4 neu gef. durch G v. 21.12.1992 (BGBl. I S. 2266).

Buches Sozialgesetzbuch sind für alle Benutzer des Krankenhauses einheitlich zu berechnen. [2]Die Pflegesätze sind im Voraus zu bemessen. [3]Bei der Ermittlung der Pflegesätze ist der Grundsatz der Beitragssatzstabilität (§ 71 Abs. 1 des Fünften Buches Sozialgesetzbuch[1)]) nach Maßgabe dieses Gesetzes und des Krankenhausentgeltgesetzes[2)] zu beachten. [4]Überschüsse verbleiben dem Krankenhaus; Verluste sind vom Krankenhaus zu tragen. [5]Eine Einrichtung, die in räumlicher Nähe zu einem Krankenhaus liegt und mit diesem organisatorisch verbunden ist, darf für allgemeine, dem Versorgungsauftrag des Krankenhauses entsprechende Krankenhausleistungen keine höheren Entgelte verlangen, als sie nach den Regelungen dieses Gesetzes, des Krankenhausentgeltgesetzes und der Bundespflegesatzverordnung[3)] zu leisten wären. [6]Für nichtärztliche Wahlleistungen gilt § 17 Absatz 1, 2 und 4 des Krankenhausentgeltgesetzes entsprechend.

(1a) Für die mit pauschalierten Pflegesätzen vergüteten voll- oder teilstationären Krankenhausleistungen gelten im Bereich der DRG-Krankenhäuser die Vorgaben des § 17b und im Bereich der psychiatrischen und psychosomatischen Einrichtungen die Vorgaben des § 17d.

(2) Soweit tagesgleiche Pflegesätze vereinbart werden, müssen diese medizinisch leistungsgerecht sein und einem Krankenhaus bei wirtschaftlicher Betriebsführung ermöglichen, den Versorgungsauftrag zu erfüllen.

(2a) *(aufgehoben)*

(3) Im Pflegesatz sind nicht zu berücksichtigen

1. Kosten für Leistungen, die nicht der stationären oder teilstationären Krankenhausversorgung dienen,
2. Kosten für wissenschaftliche Forschung und Lehre, die über den normalen Krankenhausbetrieb hinausgehen.

(4) Bei Krankenhäusern, die nach diesem Gesetz voll gefördert werden, und bei den in § 5 Abs. 1 Nr. 1 erster Halbsatz bezeichneten Krankenhäusern sind außer den in Absatz 3 genannten Kosten im Pflegesatz nicht zu berücksichtigen

1. Investitionskosten, ausgenommen die Kosten der Wiederbeschaffung von Wirtschaftsgütern mit einer durchschnittlichen Nutzungsdauer bis zu drei Jahren,
2. Kosten der Grundstücke, des Grundstückserwerbs, der Grundstückserschließung sowie ihrer Finanzierung,
3. Anlauf- und Umstellungskosten,
4. Kosten der in § 5 Abs. 1 Nr. 8 bis 10 bezeichneten Einrichtungen,
5. Kosten, für die eine sonstige öffentliche Förderung gewährt wird;

dies gilt im Falle der vollen Förderung von Teilen eines Krankenhauses nur hinsichtlich des geförderten Teils.

(4a) *(aufgehoben)*

(4b) [1]Instandhaltungskosten sind im Pflegesatz zu berücksichtigen. [2]Dazu gehören auch Instandhaltungskosten für Anlagegüter, wenn in baulichen Einheiten Gebäudeteile, betriebstechnische Anlagen und Einbauten oder wenn Außenanlagen vollständig oder überwiegend ersetzt werden. [3]Die in Satz 2

[1)] Nr. **5**.
[2)] Nr. **5/40**.
[3)] Nr. **5/30**.

genannten Kosten werden pauschal in Höhe eines Betrages von 1,1 vom Hundert der für die allgemeinen Krankenhausleistungen vereinbarten Vergütung finanziert. [4] Die Pflegesatzfähigkeit für die in Satz 2 genannten Kosten entfällt für alle Krankenhäuser in einem Bundesland, wenn das Land diese Kosten für die in den Krankenhausplan aufgenommenen Krankenhäuser im Wege der Einzelförderung oder der Pauschalförderung trägt.

(5) [1] Bei Krankenhäusern, die nach diesem Gesetz nicht oder nur teilweise öffentlich gefördert werden, sowie bei anteilig öffentlich geförderten Maßnahmen mit Restfinanzierung durch den Krankenhausträger dürfen von Sozialleistungsträgern und sonstigen öffentlich-rechtlichen Kostenträgern keine höheren Pflegesätze gefordert werden, als sie von diesen für Leistungen vergleichbarer nach diesem Gesetz voll geförderter Krankenhäuser zu entrichten sind. [2] Krankenhäuser, die nur deshalb nach diesem Gesetz nicht gefördert werden, weil sie keinen Antrag auf Förderung stellen, dürfen auch von einem Krankenhausbenutzer keine höheren als die sich aus Satz 1 ergebenden Pflegesätze fordern. [3] Soweit bei teilweiser Förderung Investitionen nicht öffentlich gefördert werden und ein vergleichbares Krankenhaus nicht vorhanden ist, dürfen die Investitionskosten in den Pflegesatz einbezogen werden, soweit die Landesverbände der Krankenkassen und die Ersatzkassen der Investition zugestimmt haben. [4] Die Vertragsparteien nach § 18 Abs. 2 vereinbaren die nach den Sätzen 1 und 2 maßgebenden Pflegesätze. [5] Werden die Krankenhausleistungen mit pauschalierten Pflegesätzen nach Absatz 1a vergütet, gelten diese als Leistungen vergleichbarer Krankenhäuser im Sinne des Satzes 1.

§ 17a[1)] Finanzierung von Ausbildungskosten. (1) [1] Die Kosten der in § 2 Nummer 1a Buchstabe a, b und d bis n genannten mit den Krankenhäusern notwendigerweise verbundenen Ausbildungsstätten, die Ausbildungsvergütungen für die in § 2 Nummer 1a genannten Berufe und die Mehrkosten des Krankenhauses infolge der Ausbildung sind nach Maßgabe der folgenden Vor-

---

1) § 17a neu gef. mWv 1.1.2003 durch G v. 23.4.2002 (BGBl. I S. 1412); Abs. 1 Satz 2 und Abs. 3 Satz 2 geänd. mWv 1.1.2004 durch G v. 16.7.2003 (BGBl. I S. 1442); Abs. 2 Satz 1 und Abs. 3 Satz 1 geänd., Abs. 9 angef. mWv 22.7.2003 durch G v. 17.7.2003 (BGBl. I S. 1461); Abs. 8 aufgeh. und Abs. 10 angef. mWv 1.10.2004 durch G v. 21.7.2004 (BGBl. I S. 1776); Abs. 1 bis 6 und 8 neu gef., neuer Abs. 7 und 9 eingef., bish. Abs. 7 wird Abs. 10 und Satz 2 neu gef., bish. Abs. 9 wird Abs. 11, bish. Abs. 10 aufgeh. mWv 21.12.2004 durch G v. 15.12.2004 (BGBl. I S. 3429); Abs. 2 Satz 3 geänd. mWv 8.11.2006 durch VO v. 31.10.2006 (BGBl. I S. 2407); Abs. 2, Abs. 3 Sätze 5 bis 8 neu gef., Satz 9 aufgeh., bish. Sätze 10 bis 13 werden Sätze 9 bis 12, Abs. 4b eingef. mWv 1.4.2007 durch G v. 26.3.2007 (BGBl. I S. 378); Überschr., Abs. 1 Satz 1 Halbs. 1 neu gef., Satz 2 eingef., bish. Sätze 2 und 3 werden Sätze 3 und 4, Abs. 2 Satz 1 Nr. 2, Abs. 3 Sätze 1 und 2, Abs. 4 Satz 1, Abs. 4a, Abs. 4b Satz 1 geänd. mWv 25.3.2009 durch G v. 17.3.2009 (BGBl. I S. 534); Abs. 4b Satz 4 angef. mWv 1.1. 2012 durch G v. 22.12.2011 (BGBl. I S. 2983); Abs. 3 Satz 10 geänd. mWv 1.1.2016 durch G v. 10.12.2015 (BGBl. I S. 2229); Abs. 1 Sätze 1 und 2 geänd., Satz 3 neu gef., Satz 4 aufgeh., Abs. 2 Satz 1 Nr. 1, Abs. 3 Satz 4 geänd., Abs. 4 aufgeh., Abs. 4a geänd., Abs. 8 Satz 1, Abs. 9 Satz 1 geänd., Satz 4 aufgeh. mWv 1.1.2019 durch G v. 17.7.2017 (BGBl. I S. 2581); Abs. 1 Satz 1 geänd., Sätze 3 und 4 neu gef., Abs. 3 Satz 3 geänd. mWv 2.8.2018 durch Art. 1 G v. 11.12.2018 (BGBl. I S. 2394); Abs. 1 Satz 3 geänd. mWv 2.1.2019 durch Art. 3 G v. 11.12.2018 (BGBl. I S. 2394); Abs. 1 Satz 1, Abs. 4b Satz 1 geänd., Abs. 3 Satz 2 eingef., bish. Sätze 2–12 werden Sätze 3–13, neue Sätze 3 und 8 geänd., Abs. 1 Sätze 4, 5, Abs. 5 Satz 6 angef. mWv 1.1.2020 durch G v. 22.11.2019 (BGBl. I S. 1759); Abs. 1 Satz 1 geänd. mWv 1.1.2022 durch G v. 14.12.2019 (BGBl. I S. 2768); Abs. 3 Satz 2, Abs. 5 Satz 6 geänd. mWv 9.6.2021 durch G v. 3.6.2021 (BGBl. I S. 1309).

entstandenen Erlösrückgang sowie einen Ausgleich für den Erlösrückgang zu vereinbaren. [2]Die Vereinbarung nach Satz 1 kann unabhängig von den Vereinbarungen nach § 11 Absatz 1 Satz 1 des Krankenhausentgeltgesetzes und § 11 Absatz 1 Satz 1 der Bundespflegesatzverordnung getroffen werden. [3]Die Vertragsparteien nach § 18 Absatz 2 multiplizieren den ermittelten Erlösrückgang mit dem nach Absatz 10 Satz 1 Nummer 4 vereinbarten oder nach Absatz 10 Satz 4 festgelegten Ausgleichssatz. [4]Der nach Satz 3 errechnete Ausgleichsbetrag wird durch Zuschläge auf die Entgelte des laufenden oder eines folgenden Vereinbarungszeitraums ausgeglichen. [5]Kommt eine Vereinbarung nach Satz 1 nicht oder nicht vollständig zustande, entscheidet die Schiedsstelle nach § 18a Absatz 1 auf Antrag einer der Vertragsparteien nach Satz 1 innerhalb von sechs Wochen. [6]Die Genehmigung der Vereinbarung nach Satz 1 oder der Festsetzung nach Satz 5 ist von einer der Vertragsparteien nach Satz 1 bei der zuständigen Landesbehörde zu beantragen. [7]Die zuständige Landesbehörde erteilt die Genehmigung innerhalb von vier Wochen nach Eingang des Antrags, wenn die Vereinbarung oder die Festsetzung den Regelungen in diesem Absatz und in Absatz 10 sowie sonstigem Recht entspricht. [8]§ 14 Absatz 2 Satz 1 und 3 und Absatz 3 des Krankenhausentgeltgesetzes gilt entsprechend. [9]Unabhängig davon, ob eine Vereinbarung nach Satz 1 getroffen wird, sind Erlösausgleiche nach § 4 Absatz 3 des Krankenhausentgeltgesetzes oder § 3 Absatz 7 der Bundespflegesatzverordnung für das Jahr 2020 ausgeschlossen.

§ 21a[1)] Versorgungsaufschlag an Krankenhäuser auf Grund von Sonderbelastungen durch das Coronavirus SARS-CoV-2. (1) [1]Zugelassene Krankenhäuser erhalten für jede Patientin und jeden Patienten, die oder der zwischen dem 1. November 2021 und dem 19. März 2022 zur voll- oder teilstationären Behandlung in das Krankenhaus aufgenommen wird und bei der oder dem eine Infektion mit dem Coronavirus SARS-CoV-2 durch eine Testung labordiagnostisch durch direkten Virusnachweis bestätigt wurde, einen Versorgungsaufschlag aus der Liquiditätsreserve des Gesundheitsfonds. [2]Satz 1 gilt nicht für Patientinnen und Patienten, die am Tag der Aufnahme oder am darauf folgenden Tag entlassen oder in ein anderes Krankenhaus verlegt werden.

(2) Die Höhe des Versorgungsaufschlags nach Absatz 1 Satz 1 je Patientin und je Patient ergibt sich aus der Multiplikation

1. der für das jeweilige Krankenhaus geltenden tagesbezogenen Pauschale nach § 1 der COVID-19-Ausgleichszahlungs-Anpassungs-Verordnung oder der sich aus der Anlage zur COVID-19-Ausgleichszahlungs-Anpassungs-Verordnung ergebenden tagesbezogenen Pauschale,
2. des Prozentsatzes 90 und
3. des Faktors 13,9.

(3) [1]Die Krankenhäuser melden

1. die Höhe des für das Krankenhaus maßgeblichen Versorgungsaufschlags nach Absatz 2,

---

[1)] § 21a eingef. mWv 24.11.2021 durch G v. 22.11.2021 (BGBl. I S. 4906).

2. jeweils die Zahl der in der vorhergehenden Kalenderwoche entlassenen, mit dem Coronavirus SARS-CoV-2 infizierten Patientinnen und Patienten ohne die in Absatz 1 Satz 2 genannten Patientinnen und Patienten sowie
3. den sich jeweils aus der Multiplikation der Nummern 1 und 2 ergebenden Betrag

an die für die Krankenhausplanung zuständige Landesbehörde, die die von den Krankenhäusern gemeldeten Beträge prüft und summiert. [2]Die für die Krankenhausplanung zuständige Landesbehörde kann für die Prüfung der Richtigkeit der Mittelanforderungen Unterlagen von den Krankenhäusern anfordern. [3]Die Ermittlung nach Satz 1 ist erstmalig für die 44. Kalenderwoche des Jahres 2021 und letztmalig für die elfte Kalenderwoche des Jahres 2022 durchzuführen. [4]§ 21 Absatz 2a Satz 5 und 6 gilt entsprechend.

(4) [1]Die Länder übermitteln die für ihre Krankenhäuser aufsummierten Beträge nach Absatz 3 Satz 1 unverzüglich, spätestens innerhalb von drei Tagen nach Abschluss der Prüfung der Meldung nach Absatz 3 Satz 1, an das Bundesamt für Soziale Sicherung. [2]Das Bundesamt für Soziale Sicherung zahlt auf Grund der nach Satz 1 angeforderten Mittelbedarfe die Beträge an das jeweilige Land unverzüglich aus der Liquiditätsreserve des Gesundheitsfonds. [3]Die Länder leiten die Beträge spätestens innerhalb von drei Tagen nach Eingang der Mittel nach Satz 2 an die Krankenhäuser weiter. [4]Das Bundesamt für Soziale Sicherung bestimmt das Nähere zum Verfahren der Übermittlung der aufsummierten Beträge sowie der Zahlung aus der Liquiditätsreserve des Gesundheitsfonds.

(5) [1]Die Vertragsparteien nach § 17b Absatz 2 vereinbaren bis zum 30. November 2021 das Nähere zum Verfahren des Nachweises der Zahl der mit dem Coronavirus SARS-CoV-2 infizierten im jeweiligen Krankenhaus voll- oder teilstationär behandelten Patientinnen oder Patienten. [2]Kommt eine Vereinbarung nach Satz 1 nicht innerhalb dieser Frist zustande, legt die Schiedsstelle nach § 18a Absatz 6 den Inhalt der Vereinbarung ohne Antrag einer Vertragspartei innerhalb von weiteren zwei Wochen fest.

(6) [1]Das Bundesamt für Soziale Sicherung teilt dem Bundesministerium für Gesundheit unverzüglich die Höhe des nach Absatz 4 Satz 2 gezahlten Betrags mit. [2]Der Bund erstattet den Betrag an die Liquiditätsreserve des Gesundheitsfonds innerhalb von einer Woche nach der Mitteilung nach Satz 1.

(7) [1]Die Länder übermitteln dem Bundesministerium für Gesundheit und dem Spitzenverband Bund der Krankenkassen bis zum 15. Januar 2022 für das Jahr 2021 und bis zum 20. April 2022 für das Jahr 2022 eine krankenhausbezogene Aufstellung der nach Absatz 4 Satz 3 ausgezahlten Finanzmittel. [2]Der Spitzenverband Bund der Krankenkassen übermittelt den Vertragsparteien nach § 18 Absatz 2 die Höhe der einem Krankenhaus nach Absatz 4 Satz 3 ausgezahlten Beträge, differenziert nach den Jahren 2021 und 2022.

(8) [1]Die Länder übermitteln dem Bundesministerium für Gesundheit bis zum 29. April 2022 jeweils das Ergebnis ihrer krankenhausbezogenen Prüfung der Meldungen nach Absatz 3 Satz 1. [2]Dabei ist insbesondere darzustellen, welche zusätzlichen Unterlagen für die Prüfung angefordert worden sind und in wie vielen Fällen und in welcher Höhe Mittelanforderungen der Krankenhäuser als unplausibel zurückgewiesen worden sind.

§ 22[1] Behandlung in Vorsorge- und Rehabilitationseinrichtungen.

(1) [1]Die Länder können Vorsorge- und Rehabilitationseinrichtungen bestimmen, in denen Patientinnen und Patienten, die einer nicht aufschiebbaren akutstationären Krankenhausversorgung nach § 39 des Fünften Buches Sozialgesetzbuch[2] bedürfen, vollstationär behandelt werden können, wenn mit diesen Einrichtungen

1. ein Versorgungsvertrag nach § 111 Absatz 2 des Fünften Buches Sozialgesetzbuch besteht,
2. ein Vertrag nach § 15 Absatz 2 des Sechsten Buches[3] in Verbindung mit § 38 des Neunten Buches Sozialgesetzbuch[4] besteht oder wenn sie von der gesetzlichen Rentenversicherung selbst betrieben werden, oder
3. ein Vertrag nach § 34 des Siebten Buches Sozialgesetzbuch[5] besteht.

[2]Die in Satz 1 genannten Einrichtungen gelten für die Behandlung von bis zum 31. Januar 2021 aufgenommenen Patientinnen und Patienten als zugelassene Krankenhäuser nach § 108 des Fünften Buches Sozialgesetzbuch.

(2) [1]Die Vertragsparteien nach § 17b Absatz 2 vereinbaren bis zum 26. April 2020 Pauschalbeträge für die Vergütung der von den in Absatz 1 genannten Einrichtungen erbrachten Behandlungsleistungen sowie das Nähere zum Verfahren der Abrechnung der Vergütungen. [2]Kommt eine Vereinbarung nach Satz 1 nicht innerhalb dieser Frist zustande, legt die Schiedsstelle nach § 18a Absatz 6 den Inhalt der Vereinbarung ohne Antrag einer Vertragspartei innerhalb von weiteren vier Wochen fest.

§ 23[6] Verordnungsermächtigung. (1) Das Bundesministerium für Gesundheit kann durch Rechtsverordnung im Einvernehmen mit dem Bundesministerium der Finanzen mit Zustimmung des Bundesrates

1. die in § 21 Absatz 2 Satz 4, Absatz 5 Satz 1 und Absatz 6 sowie § 22 Absatz 1 Satz 2 genannten Fristen jeweils um bis zu sechs Monate verlängern,
2. die Höhe des Betrages nach § 21 Absatz 5 Satz 1 und der Pauschale nach § 21 Absatz 3 und des Zuschlags nach § 21 Absatz 6 abweichend regeln.

(2) Das Bundesministerium für Gesundheit kann durch Rechtsverordnung im Einvernehmen mit dem Bundesministerium der Finanzen ohne Zustimmung des Bundesrates

1. die Voraussetzungen für die Anspruchsberechtigung der Krankenhäuser nach § 21 Absatz 1a entsprechend der Entwicklung der Zahl von mit dem Coronavirus SARS-CoV-2 Infizierten und dem Schweregrad ihrer Erkrankung abweichend regeln,
2. den in § 21 Absatz 2a Satz 2 genannten Prozentsatz abweichend regeln,

---

[1] 4. Abschnitt (§§ 21–24) neu gef. mWv 28.3.2020 durch G v. 27.3.2020 (BGBl. I S. 580); Abs. 1 Satz 2 geänd. mWv 19.11.2020 durch G v. 18.11.2020 (BGBl. I S. 2397).

[2] Nr. **5**.

[3] Nr. **6**.

[4] Nr. **9**.

[5] Nr. **7**.

[6] § 23 neu gef. mWv 28.3.2020 durch G v. 27.3.2020 (BGBl. I S. 580); Nr. 2 geänd. mWv 23.5. 2020 durch G v. 19.5.2020 (BGBl. I S. 1018); Abs. 2 angef. mWv 19.11.2020 durch G v. 18.11.2020 (BGBl. I S. 2397); Abs. 2 Nr. 4, 5 geänd., Abs. 3 angef. mWv 24.11.2021 durch G v. 22.11.2021 (BGBl. I S. 4906).

3. einen von § 21 Absatz 1a Satz 1 abweichenden Zeitraum für die Berücksichtigung von Einnahmeausfällen der Krankenhäuser und einen von § 21 Absatz 2a Satz 4 abweichenden Zeitraum für die Durchführung der Ermittlungen nach § 21 Absatz 2a Satz 1 vorsehen, der spätestens am 31. März 2022 endet, sowie von § 21 Absatz 9a Satz 3 abweichende Zeitpunkte für die Übermittlung der krankenhausbezogenen Aufstellungen vorsehen,
4. von den Vorgaben des § 21 Absatz 10 und 11 abweichende Regelungen für die Durchführung eines Ausgleichs von Erlösrückgängen für das Jahr 2021 und erforderlichenfalls für das Jahr 2022 vorsehen und Vorgaben für die Durchführung eines Ausgleichs von Erlösanstiegen für das Jahr 2021 und erforderlichenfalls für das Jahr 2022 regeln, einschließlich der Regelung weiterer Zeiträume für die Durchführung dieser Ausgleiche,
5. den in § 22 Absatz 1 Satz 2 genannten Zeitraum längstens bis zum 31. März 2022 verlängern oder längstens bis zum 31. März 2022 abweichend festlegen und
6. vorsehen, dass die Übermittlung der Daten nach § 24 Absatz 2 Satz 1 auch für das Jahr 2022 erfolgt.

(3) Das Bundesministerium für Gesundheit kann im Einvernehmen mit dem Bundesministerium der Finanzen durch Rechtsverordnung ohne Zustimmung des Bundesrates

1. die Voraussetzungen für die Anspruchsberechtigung der Krankenhäuser nach § 21a Absatz 1 Satz 1 entsprechend der Entwicklung der Belastung der Krankenhäuser auf Grund der Zahl der mit dem Coronavirus SARS-CoV-2 Infizierten und dem Schweregrad ihrer Erkrankung abweichend regeln,
2. die in § 21a Absatz 2 genannte Höhe des Versorgungsaufschlags abweichend regeln,
3. einen von § 21a Absatz 1 Satz 1 abweichenden Zeitraum für die Zahlung des Versorgungsaufschlags regeln,
4. die in § 21a Absatz 1 Satz 1, Absatz 3 Satz 3, Absatz 7 Satz 1 und Absatz 8 Satz 1 genannten Fristen jeweils um bis zu sechs Monate verlängern.

§ 24[1)] Überprüfung der Auswirkungen. [1] Das Bundesministerium für Gesundheit überprüft die Auswirkungen der *Reglungen*[2)] in den §§ 21 bis 23 auf die wirtschaftliche Lage der Krankenhäuser. [2] Bei der Überprüfung der Auswirkungen der Regelung des § 21a ist insbesondere die Belastung der Krankenhäuser auf Grund der Entwicklung der Zahl der mit dem Coronavirus SARS-CoV-2 Infizierten zu berücksichtigen. [3] Es kann hierfür einen Beirat von Vertreterinnen und Vertretern aus Fachkreisen einberufen, die insoweit über besondere Erfahrung verfügen.

[1)] § 24 neu gef. mWv 28.3.2020 durch G v. 27.3.2020 (BGBl. I S. 580); Abs. 2 und 3 angef. mWv 30.4.2020 durch G v. 19.5.2020 (BGBl. I S. 1018); Abs. 2 Satz 6 geänd., Abs. 4 angef. mWv 29.10.2020 durch G v. 23.10.2020 (BGBl. I S. 2208); Abs. 1, Sätze 1, 2 geänd., Abs. 2 Satz 1 Nr. 1 eingef., bish. Nr. 1 wird Nr. 2 und geänd., bish. Nr. 2 wird Nr. 3 und geänd., Nr. 4 angef., Abs. 3 Satz 3 geänd. mWv 19.11.2020 durch G v. 18.11.2020 (BGBl. I S. 2397); Abs. 2–4 aufgeh. mWv 20.7.2021 durch G v. 11.7.2021 (BGBl. I S. 2754); Satz 2 eingef., bish. Satz 2 wird Satz 3 mWv 24.11.2021 durch G v. 22.11.2021 (BGBl. I S. 4906).

[2)] Richtig wohl: „Regelungen".

6. Sozialgesetzbuch (SGB) Sechstes Buch (VI) – Gesetzliche Rentenversicherung –[1)]

In der Fassung der Bekanntmachung vom 19. Februar 2002[2)]
(BGBl. I S. 754, ber. S. 1404, 3384)

FNA 860-6

geänd. durch Art. 7 Viertes Euro-EinführungsG v. 21.12.2000 (BGBl. I S. 1983), Art. 1 AltersvermögensG v. 26.6.2001 (BGBl. I S. 1310), Art. 2 G zur Änd. des BundesversorgungsG v. 11.4.2002 (BGBl. I S. 1302), Art. 10 Post- und telekommunikationsrechtliches BereinigungsG v. 7.5.2002 (BGBl. I S. 1529), Art. 5 FSJ-Förderungs-ÄndG v. 27.5.2002 (BGBl. I S. 1667), Art. 10 Nr. 7 ZuwanderungsG v. 20.6. 2002 (BGBl. I S. 1946, nichtig gem. Urt. des BVerfG v. 18.12.2002 - 2 BvF 1/02 -), Art. 2 G zur Zahlbarmachung von Renten aus Beschäftigungen in einem Ghetto und zur Änd. des Sechsten Buches Sozialgesetzbuch v. 20.6.2002 (BGBl. I S. 2074), Art. 8 Hüttenknappschaftliches Zusatzversicherungs-NeuregelungsG v. 21.6.2002 (BGBl. I S. 2167), Art. 5 G zur Erleichterung der Bekämpfung von illegaler Beschäftigung und Schwarzarbeit v. 23.7.2002 (BGBl. I S. 2787), §§ 1, 3 bis 5 Sozialversicherungs-RechengrößenVO 2003 v. 17.12.2002 (BGBl. I S. 4561), Art. 3 Erstes G für moderne Dienstleistungen am Arbeitsmarkt v. 23.12.2002 (BGBl. I S. 4607), Art. 4 Zweites G für moderne Dienstleistungen am Arbeitsmarkt v. 23.12.2002 (BGBl. I S. 4621), Art. 2 BeitragssatzsicherungsG v. 23.12.2002 (BGBl. I S. 4637), Art. 4 ÄndG des Sozialgesetzbuches und anderer G v. 24.7.2003 (BGBl. I S. 1526), Art. 208 Achte ZuständigkeitsanpassungsVO v. 25.11.2003 (BGBl. I S. 2304), § 1 Abs. 3, § 3 und § 5 Sozialversicherungs-RechengrößenVO 2004 v. 9.12.2003 (BGBl. I S. 2497), Art. 5 Drittes G für moderne Dienstleistungen am Arbeitsmarkt v. 23.12.2003 (BGBl. I S. 2848), Art. 7 Drittes G zur Änd. der HandwerksO und anderer handwerksrechtlicher Vorschriften v. 24.12.2003 (BGBl. I S. 2934), Art. 6 Viertes G für moderne Dienstleistungen am Arbeitsmarkt v. 24.12.2003 (BGBl. I S. 2954, geänd. durch G v. 30.7.2004, BGBl I S. 2014 und G v. 19.11.2004, BGBl I S. 2902), Art. 1 und 12 Zweites G zur Änd. des Sechsten Buches Sozialgesetzbuch und anderer G v. 27.12.2003 (BGBl. I S. 3013), Art. 1 Drittes G zur Änd. des Sechsten Buches Sozialgesetzbuch und anderer G v. 27.12.2003 (BGBl. I S. 3019), Art. 5 G zur Einordnung des Sozialhilferechts in das Sozialgesetzbuch v. 27.12.2003 (BGBl. I S. 3022), Art. 22 HaushaltsbegleitG 2004 v. 29.12.2003 (BGBl. I S. 3076), Art. 1 Viertes ÄndG v. 29.4.2004 (BGBl. I S. 678), Art. 1 RV-NachhaltigkeitsG v. 21.7.2004 (BGBl. I S. 1791), Art. 6 G zur Intensivierung der Bekämpfung der Schwarzarbeit und damit zusammenhängender Steuerhinterziehung v. 23.7.2004 (BGBl. I S. 1842), Art. 10 Nr. 7 ZuwanderungsG v. 30.7.2004 (BGBl. I S. 1950), Art. 5 Kommunales OptionsG v. 30.7.2004 (BGBl. I S. 2014), Art. 4 Viertes G zur Änd. des SGB III und anderer Gesetze v. 19.11.2004 (BGBl. I S. 2902), § 1 Abs. 3, § 3 und § 5 Sozialversicherungs-RechengrößenVO 2005 v. 29.11.2004 (BGBl. I S. 3098), Art. 1 Fünftes ÄndG v. 4.12.2004 (BGBl. I S. 3183), Art. 1 und 2 G zur Organisationsreform in der gesetzl. RV v. 9.12.2004 (BGBl. I S. 3242, geänd. durch G v. 6.9.2005, BGBl. I S. 2725), Art. 3 G zur Überarbeitung des Lebenspartnerschaftsrechts v. 15.12.2004 (BGBl. I S. 3396), Art. 2a G zur Anpassung der Finanzierung von Zahnersatz v. 15.12.2004 (BGBl. I S. 3445), Art. 6 Nr. 2 G zur Änd. des AufenthaltsG und weiterer G v. 14.3.2005 (BGBl. I S. 721), Art. 5 VerwaltungsvereinfachungsG v. 21.3.2005 (BGBl. I S. 818), Art. 21 Streitkräftereserve-NeuordnungsG v. 22.4.2005 (BGBl. I S. 1106), Art. 2 G zur Änd. des Vierten und Sechsten Buches Sozialgesetzbuch v. 3.8.2005 (BGBl. I S. 2269), Art. 2b und 2c G zur Änd. des GemeindefinanzreformG und anderer G v. 6.9.2005 (BGBl. I S. 2725), § 1 Abs. 3, §§ 3 und 5 Sozialversicherungs-RechengrößenVO 2006 v. 21.12.2005 (BGBl. I S. 3627), Art. 3 Fünftes G zur Änd. des SGB III und anderer G v. 22.12.2005

[1)] Die Änderungen durch G v. 17.7.2017 (BGBl. I S. 2575) treten teilweise erst **mWv 1.7.2024**, **mWv 1.1.2025**, **mWv 1.1.2026** bzw. **mWv 1.2.2026**, die Änderungen durch G v. 28.11.2018 (BGBl. I S. 2016) treten teilweise erst **mWv 1.1.2026**, die Änderungen durch G v. 12.12.2019 (BGBl. I S. 2652) treten teilweise erst **mWv 1.1.2024**, die Änderungen durch G v. 12.6.2020 (BGBl. I S. 1248, geänd. 2021 S. 2970) treten teilweise erst **mWv 1.1.2023** bzw. **mWv 1.7.2024**, die Änderungen durch G v. 11.2.2021 (BGBl. I S. 154) treten teilweise erst **mWv 1.7.2023**, die Änderungen durch G v. 28.3.2021 (BGBl. I S. 591) treten erst **mit unbestimmten Inkrafttreten**, die Änderungen durch G v. 10.8.2021 (BGBl. I S. 3436) treten erst **mWv 1.1.2024** und die Änderungen durch G v. 20.8.2021 (BGBl. I S. 3932) treten teilweise erst **mWv 1.1.2025** in Kraft und sind insoweit im Text noch nicht berücksichtigt.

[2)] Neubekanntmachung des SGB VI vom 18.12.1989 (BGBl. I S. 2261, ber. 1990 I S. 1337) in der ab 1.1.2002 geltenden Fassung.

(BGBl. I S. 3676), Art. 2 G zur Änd. des SGB II und anderer G v. 24.3.2006 (BGBl. I S. 558), Art. 5 G zur Förderung ganzjähriger Beschäftigung v. 24.4.2006 (BGBl. I S. 926), Art. 3 G über die Weitergeltung der aktuellen Rentenwerte ab 1. Juli 2006 v. 15.6.2006 (BGBl. I S. 1304), Art. 11 HaushaltsbegleitG 2006 v. 29.6.2006 (BGBl. I S. 1402), Art. 4 G zur Fortentwicklung der Grundsicherung für Arbeitsuchende v. 20.7.2006 (BGBl. I S. 1706), Art. 259 Neunte ZuständigkeitsanpassungsVO v. 31.10.2006 (BGBl. I S. 2407), Art. 2 G zur Änd. des SGB XII und anderer G v. 2.12.2006 (BGBl. I S. 2670), Art. 5 G zur Änd. des BetriebsrentenG und anderer G v. 2.12.2006 (BGBl. I S. 2742), § 1 Abs. 3, §§ 3 und 5 Sozialversicherungs-RechengrößenG 2007 v. 2.12.2006 (BGBl. I S. 2742), Art. 2 Abs. 20 G zur Einführung des Elterngeldes v. 5.12.2006 (BGBl. I S. 2748), Art. 2 Abs. 22 PersonenstandsrechtsreformG v. 19.2. 2007 (BGBl. I S. 122), Art. 6 GKV-WettbewerbsstärkungsG v. 26.3.2007 (BGBl. I S. 378), Art. 3a G zur Verbesserung der Beschäftigungschancen älterer Menschen v. 19.4.2007 (BGBl. I S. 538), Art. 1 RV-AltersgrenzenanpassungsG v. 20.4.2007 (BGBl. I S. 554, geänd. durch G v. 9.12.2010, BGBl. I S. 1885), Art. 24 Zweites G zum Abbau bürokratischer Hemmnisse insbesondere in der mittelständischen Wirtschaft v. 7.9.2007 (BGBl. I S. 2246), § 1 Abs. 3, §§ 3 und 5 Sozialversicherungs-RechengrößenVO 2008 v. 5.12.2007 (BGBl. I S. 2797), § 22 Abs. 8 Einsatz-WeiterverwendungsG v. 12.12.2007 (BGBl. I S. 2861), Art. 20 Abs. 6 G zur Änd. des BundesversorgungsG und anderer Vorschriften des Sozialen Entschädigungsrechts v. 13.12.2007 (BGBl. I S. 2904), Art. 6 G zur Änd. des SGB IV und anderer G v. 19.12.2007 (BGBl. I S. 3024), Art. 3 Sechstes G zur Änd. des SGB III und anderer G v. 22.12.2007 (BGBl. I S. 3245), Art. 5 Siebtes G zur Änd. des SGB III und anderer G v. 8.4.2008 (BGBl. I S. 681), Art. 2 Abs. 12 G zur Förderung von Jugendfreiwilligendiensten v. 16.5.2008 (BGBl. I S. 842), § 62 Abs. 18 BeamtenstatusG v. 17.6.2008 (BGBl. I S. 1010), Art. 1 RentenanpassungsG 2008 v. 26.6.2008 (BGBl. I S. 1076), Art. 2b G zur Neuregelung des Wohngeldrechts und zur Änd. des SGB v. 24.9.2008 (BGBl. I S. 1856), Art. 5 UnfallversicherungsmodernisierungsG v. 30.10.2008 (BGBl. I S. 2130), Art. 3 G zur Neuregelung des Schornsteinfegerwesens v. 26.11.2008 (BGBl. I S. 2242), § 1 Abs. 3, §§ 3 und 5 Sozialversicherungs-RechengrößenVO 2009 v. 2.12.2008 (BGBl. I S. 2336), Art. 1a Achtes G zur Änd. des SGB III und anderer G v. 20.12.2008 (BGBl. I S. 2860), Art. 4 Zweites G zur Änd. des SGB IV und anderer G v. 21.12.2008 (BGBl. I S. 2933), Art. 4 G zur Verbesserung der Rahmenbedingungen für die Absicherung flexibler Arbeitszeitregelungen und zur Änd. anderer G v. 21.12.2008 (BGBl. I S. 2940), Art. 3 G zur Einführung Unterstützter Beschäftigung v. 22.12.2008 (BGBl. I S. 2959), Art. 15 Abs. 97 DienstrechtsneuordnungsG v. 5.2.2009 (BGBl. I S. 160), Art. 5 ELENA-VerfahrensG v. 28.3.2009 (BGBl. I S. 634), Art. 4 G zur Strukturreform des Versorgungsausgleichs v. 3.4.2009 (BGBl. I S. 700), Art. 4 G zur Änd. des SGB IV, zur Errichtung einer Versorgungsausgleichskasse und anderer G v. 15.7. 2009 (BGBl. I S. 1939), § 1 Abs. 3, §§ 3 und 5 Sozialversicherungs-RechengrößenVO 2010 v. 7.12.2009 (BGBl. I S. 3846), Art. 2 Abs. 1a G zur Weiterentwicklung der Organisation der Grundsicherung für Arbeitsuchende v. 3.8.2010 (BGBl. I S. 1112), Art. 2 Drittes G zur Änd. des SGB IV und anderer G v. 5.8.2010 (BGBl. I S. 1127), § 1 Abs. 3, §§ 3 und 5 Sozialversicherungs-RechengrößenVO 2011 v. 3.12.2010 (BGBl. I S. 1761), Art. 19 HaushaltsbegleitG 2011 v. 9.12.2010 (BGBl. I S. 1885), Art. 12 Abs. 4 G zur Ermittlung von Regelbedarfen und zur Änd. des Zweiten und Zwölften Buches Sozialgesetzbuch v. 24.3.2011 (BGBl. I S. 453), Art. 10 G zur Einführung eines Bundesfreiwilligendienstes v. 28.4.2011 (BGBl. I S. 687), Art. 6 Abs. 7 G zur Änd. des BundesversorgungsG und anderer Vorschriften v. 20.6.2011 (BGBl. I S. 1114), Art. 5 G zur Koordinierung der Systeme der sozialen Sicherheit in Europa und zur Änd. anderer G v. 22.6.2011 (BGBl. I S. 1202), Art. 6 G zur Änd. des BeherbergungsstatistikG und des HandelsstatistikG sowie zur Aufhebung von Vorschriften zum Verfahren des elektronischen Entgeltnachweises v. 23.11.2011 (BGBl. I S. 2298), § 1 Abs. 3, §§ 3 und 5 Sozialversicherungs-RechengrößenVO 2012 v. 2.12.2011 (BGBl. I S. 2421), Art. 6 Einsatzversorgungs-VerbesserungsG v. 5.12.2011 (BGBl. I S. 2458), Art. 9 G zur Verbesserung der Eingliederungschancen am Arbeitsmarkt v. 20.12.2011 (BGBl. I S. 2854), Art. 4 Viertes G zur Änd. des Vierten Buches Sozialgesetzbuch und anderer G v. 22.12.2011 (BGBl. I S. 3057, geänd. durch G v. 12.4.2012, BGBl. I S. 579), Art. 3 G zur Umsetzung der Hochqualifizierten-Richtlinie der Europäischen Union v. 1.6.2012 (BGBl. I S. 1224), Art. 16 Bundeswehrreform-BegleitG v. 21.7.2012 (BGBl. I S. 1583), Art. 2a G zur Änd. des TransplantationsG v. 21.7.2012 (BGBl. I S. 1601), Art. 14 Pflege-Neuausrichtungs-Gesetz v. 23.10.2012 (BGBl. I S. 2246), § 1 Abs. 3, § 3 und § 5 Sozialversicherungs-RechengrößenVO 2013 v. 26.11.2012 (BGBl. I S. 2361), Art. 2 G zur Neuordnung der Altersversorgung der Bezirksschornsteinfegermeister und zur Änd. anderer G v. 5.12.2012 (BGBl. I S. 2467), Art. 4 G zu Änd. im Bereich der geringfügigen Beschäftigung v. 5.12.2012 (BGBl. I S. 2474), Art. 4 und 5 Haushaltsbegleitgesetz 2013 v. 20.12.2012 (BGBl. I S. 2781), Art. 9 Abs. 3 SEPA-BegleitG v. 3.4.2013 (BGBl. I S. 610), Art. 3 G zur Verbesserung der Rechte von international Schutzberechtigten und ausländischen Arbeitnehmern v. 29.8.2013 (BGBl. I S. 3484, ber. S. 3899), Art. 12 BUK-NeuorganisationsG v. 19.10.2013 (BGBl. I S. 3836), § 1 Abs. 3, §§ 3 und 5 Sozialversicherungs-RechengrößenVO 2014 v. 2.12.2013 (BGBl. I S. 4038), Art. 1 RV-LeistungsverbesserungsG v. 23.6.2014 (BGBl. I S. 787), Art. 5 GKV-Finanzstruktur- und Qualitäts-WeiterentwicklungsG v. 21.7.2014 (BGBl. I S. 1133), § 1 Abs. 3, §§ 3 und 5 Sozialversicherungs-RechengrößenVO 2015 v. 1.12.2014 (BGBl. I S. 1957), Art. 6 G zur besseren Vereinbarkeit von Familie,

Pflege und Beruf v. 23.12.2014 (BGBl. I S. 2462), Art. 3 Fünftes G zur Änd. des Vierten Buches Sozialgesetzbuch und anderer G v. 15.4.2015 (BGBl. I S. 583), Art. 12 Bundeswehr-Attraktivitätssteigerungs G v. 13.5.2015 (BGBl. I S. 706), Art. 3 Abs. 8 G zur Neuregelung der Unterhaltssicherung sowie zur Änd. soldatenrechtlicher Vorschriften v. 29.6.2015 (BGBl. I S. 1061), Art. 4 GKV-VersorgungsstärkungsG v. 16.7.2015 (BGBl. I S. 1211), Art. 3 PräventionsG v. 17.7.2015 (BGBl. I S. 1368), Art. 30 G zur Bereinigung des Rechts der Lebenspartner v. 20.11.2015 (BGBl. I S. 2010), § 1 Abs. 3, §§ 3 und 5 Sozialversicherungs-RechengrößenVO 2016 v. 30.11.2015 (BGBl. I S. 2137), Art. 8 Abs. 14 G zur Neuorganisation der Zollverwaltung v. 3.12.2015 (BGBl. I S. 2178), Art. 5 Zweites PflegestärkungsG v. 21.12.2015 (BGBl. I S. 2424), Art. 7 G zur Neuordnung des Rechts der Syndikusanwälte und zur Änd. der Finanzgerichtsordnung v. 21.12.2015 (BGBl. I S. 2517), Art. 4 6. SGB IV-ÄndG v. 11.11.2016 (BGBl. I S. 2500), § 1 Abs. 3, §§ 3 und 5 Sozialversicherungs-RechengrößenVO 2017 v. 28.11.2016 (BGBl. I S. 2665), Art. 1 FlexirentenG v. 8.12.2016 (BGBl. I S. 2838), Art. 7 BundesteilhabeG v. 23.12. 2016 (BGBl. I S. 3234), Art. 162 G zum Abbau verzichtbarer Anordnungen der Schriftform im Verwaltungsrecht des Bundes v. 29.3.2017 (BGBl. I S. 626), Art. 18 G zur Umsetzung der BerufsanerkennungsRL und zur Änd. weiterer Vorschriften im Bereich der rechtsberatenden Berufe v. 12.5.2017 (BGBl. I S. 1121), Art. 2 G zur Neufassung des G zur Regelung von Sekundierungen im Rahmen von Einsätzen der zivilen Krisenprävention v. 27.6.2017 (BGBl. I S. 2070), Art. 1 EM-LeistungsverbesserungsG v. 17.7.2017 (BGBl. I S. 2509), Art. 1 Rentenüberleitungs-AbschlussG v. 17.7.2017 (BGBl. I S. 2575, geänd. durch BGBl. I 2020 S. 1248), § 1 Abs. 3, §§ 3 und 5 Sozialversicherungs-RechengrößenVO 2018 v. 16.11.2017 (BGBl. I S. 3778), Art. 1 RV-Leistungsverbesserungs- und -StabilisierungsG v. 28.11.2018 (BGBl. I S. 2016), § 1 Abs. 3, §§ 3 und 5 Sozialversicherungs-RechengrößenVO 2019 v. 27.11.2018 (BGBl. I S. 2024), Art. 3 GKV-VersichertenentlastungsG v. 11.12.2018 (BGBl. I S. 2387), Art. 28, 29 Bundeswehr-EinsatzbereitschaftsstärkungsG v. 4.8.2019 (BGBl. I S. 1147, geänd. durch G v.213 9.12.2019, BGBl. I S. 2053), Art. 1a G zur Änd. des G zur Errichtung der Deutschen Rentenversicherung Bund und der Deutschen Rentenversicherung Knappschaft-Bahn-See v. 15.11.2019 (BGBl. I S. 1565), Art. 125 Zweites Datenschutz-Anpassungs- und UmsetzungsG EU v. 20.11.2019 (BGBl. I S. 1626), Art. 6a BesoldungsstrukturenmodernisierungsG v. 9.12.2019 (BGBl. I S. 2053), Art. 4 Angehörigen-EntlastungsG v. 10.12.2019 (BGBl. I S. 2135), Art. 6 G zur Modernisierung und Stärkung der beruflichen Bildung v. 12.12.2019 (BGBl. I S. 2522), Art. 34 G zur Regelung des Sozialen Entschädigungsrechts v. 12.12.2019 (BGBl. I S. 2652), § 1 Abs. 3, §§ 3 und 5 Sozialversicherungs-RechengrößenVO 2020 v. 17.12.2019 (BGBl. I S. 2848), Art. 2 Viertes G zur Änd. der HandwerksO und anderer handwerksrechtl. Vorschriften v. 6.2.2020 (BGBl. I S. 142), Art. 1c G zur Einführung einer Wohnungslosenberichterstattung sowie einer Statistik untergebrachter wohnungsloser Personen und zur Änd. weiterer Gesetze v. 4.3.2020 (BGBl. I S. 437), Art. 4 Sozialschutz-Paket v. 27.3.2020 (BGBl. I S. 575), Art. 9 Fairer-Kassenwettbewerb-G v. 22.3.2020 (BGBl. I S. 604), Art. 14 Sozialschutz-Paket II v. 20.5.2020 (BGBl. I S. 1055), Art. 6 Siebtes G zur Änd. des Vierten Buches SGB und anderer G v. 12.6.2020 (BGBl. I S. 1248, geänd. 2021 S. 2970), Art. 312 Elfte ZuständigkeitsanpassungsVO v. 19.6.2020 (BGBl. I S. 1328), Art. 9 KohleausstiegsG v. 8.8.2020 (BGBl. I S. 1818), Art. 1 GrundrentenG v. 12.8.2020 (BGBl. I S. 1879), § 1 Abs. 3 und § 3 Sozialversicherungs-RechengrößenVO 2021 v. 30.11.2020 (BGBl. I S. 2612), Art. 3c G zur Änd. des Windenergie-auf-See-Gesetzes und anderer Vorschriften v. 3.12.2020 (BGBl. I S. 2682), Art. 9c ArbeitsschutzkontrollG v. 22.12.2020 (BGBl. I S. 3334), Art. 3 Gesetz Digitale Rentenübersicht v. 11.2.2021 (BGBl. I S. 154), Art. 12 RegistermodernisierungsG v. 28.3.2021 (BGBl. I S. 591), Art. 3 G zur Änd. des Versorgungsausgleichsrechts v. 12.5.2021 (BGBl. I S. 1085), Art. 16 Digitale-Versorgung-und-Pflege-Modernisierungs-G v. 3.6.2021 (BGBl. I S. 1309), Art. 6 TeilhabestärkungsG v. 2.6.2021 (BGBl. I S. 1387), Art. 16 G zur Novellierung des BundespersonalvertretungsG v. 9.6.2021 (BGBl. I S. 1614), Art. 2d G zur Umsetzung der RL (EU) 2019/882 v. 16.7.2021 (BGBl. I S. 2970), Art. 119 PersonengesellschaftsrechtsmodernisierungsG (MoPeG) v. 10.8.2021 (BGBl. I S. 3436), Art. 39 und 40 G über die Entschädigung der Soldatinnen und Soldaten und zur Neuordnung des Soldatenversorgungsrechts v. 20.8.2021 (BGBl. I S. 3932) und Art. 6a G zur Änd. des InfektionsschutzG und weiterer Gesetze anlässlich der Aufhebung der Feststellung der epidemischen Lage von nationaler Tragweite v. 22.11.2021 (BGBl. I S. 4906)

Inhaltsübersicht[1)]

---

1) Inhaltsübersicht geänd. mWv 1.7.2002 durch G v. 20.6.2002 (BGBl. I S. 2074); geänd. mWv 1.1.2002 und 1.7.2002 durch G v. 21.6.2002 (BGBl. I S. 2167); geänd. mWv 1.1.2003 durch G v. 23.12.2002 (BGBl. I S. 4637); geänd. mWv 1.1.2004, 1.7.2004 und 1.1.2005 durch G v. 23.12.2003 (BGBl. I S. 2848); geänd. mWv 1.1.2005 durch G v. 24.12.2003 (BGBl. I S. 2954); geänd. mWv 1.1.2004 und 1.4.2004 durch G v. 27.12.2003 (BGBl. I S. 3013); geänd. mWv 1.3.2004 durch G v. 27.12.2003 (BGBl. I S. 3019); geänd. mWv 6.5.2004 durch G v. 29.4.2004 (BGBl. I S. 678); geänd. mWv 1.8.2004 durch G v. 21.7.2004 (BGBl. I S. 1791); geänd. mWv 1.1.2005, mWv 1.10.2005 und mWv 1.1.2006 durch G v. 9.12.2004 (BGBl. I S. 3242); geänd. mWv 1.1.2005 durch G v. 15.12.2004 (BGBl. I S. 3396); geänd. mWv 21.12.2004 durch G v. 15.12.2004 (BGBl. I S. 3445); geänd. mWv 30.3.2005 durch G v. 21.3.2005 (BGBl. I S. 818); geänd. mWv 1.1.2006 durch G v. 3.8.2005 (BGBl. I S. 2269); geänd. mWv 23.6.2006 durch G v. 15.6.2006 (BGBl. I S. 1304); geänd. mWv 7.12.2006 durch G v. 2.12.2006 (BGBl. I S. 2670); geänd. mWv 1.3.2007, mWv 1.5.2007, mWv 1.1.2008 und mWv 1.1.2012 durch G v. 20.4.2007 (BGBl. I S. 554); geänd. mWv 1.1.2008 durch G v. 7.9.2007 (BGBl. I S. 2246); geänd. mWv 1.1.2008 durch G v. 8.4.2008 (BGBl. I S. 681); geänd. mWv 1.7.2008 durch G v. 26.6.2008 (BGBl. I S. 1076); geänd. mWv 1.1.2009 durch G v. 24.9.2008 (BGBl. I S. 1856); geänd. mWv 1.1.2009 durch G v. 30.10.2008 (BGBl. I S. 2130); geänd. mWv 1.1.2009 durch G v. 21.12.2008 (BGBl. I S. 2933); geänd. mWv 1.9.2009 durch G v. 3.4.2009 (BGBl. I S. 700); geänd. mWv 22.7.2009 durch G v. 15.7.2009 (BGBl. I S. 1939); geänd. mWv 1.1.2011 durch G v. 3.8.2010 (BGBl. I S. 1112); geänd. mWv 11.8.2010 durch G v. 5.8.2010 (BGBl. I S. 1127); geänd. mWv 1.1.2011 durch G v. 9.12.2010 (BGBl. I S. 1885); geänd. mWv 29.6.2011 durch G v. 22.6.2011 (BGBl. I S. 1202); geänd. mWv 13.12.2011 durch G v. 5.12.2011 (BGBl. I S. 2458); geänd. mWv 1.1.2012 durch G v. 22.12.2011 (BGBl. I S. 3057); geänd. mWv 1.1.2013 durch G v. 5.12.2012 (BGBl. I S. 2474); geänd. mWv 1.10.2013 durch G v. 29.8.2013 (BGBl. I S. 3484); geänd. mWv 1.7.2014 durch G v. 23.6.2014 (BGBl. I S. 787); geänd. mWv 22.4.2015 und mWv 1.1.2016 durch G v. 15.4.2015 (BGBl. I S. 583); geänd. mWv 1.1.2016 durch G v. 13.5.2015 (BGBl. I S. 706); geänd. mWv 26.11.2015 durch G v. 20.11.2015 (BGBl. I S. 2010); geänd. mWv 1.1.2016 durch G v. 21.12.2015 (BGBl. I S. 2517); geänd. mWv 17.11.2016 durch G v. 11.11.2016 (BGBl. I S. 2500); geänd. mWv 14.12.2016 und geänd. mWv 1.7.2017 durch G v. 8.12.2016 (BGBl. I S. 2838); geänd. mWv 22.7.2017 und geänd. mWv 1.1.2018 durch G v. 17.7.2017 (BGBl. I S. 2509); geänd. mWv 1.1.2018, mWv 1.7.2018 durch G v. 17.7.2017 (BGBl. I S. 2575); geänd. mWv 1.1.2019 durch G v. 28.11.2018 (BGBl. I S. 2016); geänd. mWv 1.1.2021 durch G v. 4.8.2019 (BGBl. I S. 1147); geänd. mWv 26.11.2019 durch G v. 20.11.2019 (BGBl. I S. 1626); geänd. mWv 1.1.2020 durch G v. 4.3.2020 (BGBl. I S. 437); geänd. mWv 1.7.2020 durch G v. 12.6.2020 (BGBl. I S. 1248); geänd. mWv 14.8.2020 durch G v. 8.8.2020 (BGBl. I S. 1818); geänd. mWv 1.1.2021 durch G v. 12.8.2020 (BGBl. I S. 1879); geänd. mWv 1.1.2021 durch G v. 22.12.2020 (BGBl. I S. 3334).

sie unmittelbar an sie zu zahlen sind. [2]Die Träger der Rentenversicherung sind zur Prüfung der Beitragszahlung berechtigt.

§ 212a[1)] Prüfung der Beitragszahlungen und Meldungen für sonstige Versicherte, Nachversicherte und für Zeiten einer besonderen Auslandsverwendung. (1) [1]Die Träger der Rentenversicherung prüfen bei den Stellen, die die Pflichtbeiträge für sonstige Versicherte sowie für nachversicherte Personen zu zahlen haben (Zahlungspflichtige), ob diese ihre Meldepflichten und ihre sonstigen Pflichten nach diesem Gesetzbuch im Zusammenhang mit der Zahlung von Pflichtbeiträgen ordnungsgemäß erfüllen. [2]Sie prüfen insbesondere die Richtigkeit der Beitragszahlungen und der Meldungen. [3]Eine Prüfung erfolgt mindestens alle vier Jahre; die Prüfung soll in kürzeren Zeitabständen erfolgen, wenn der Zahlungspflichtige dies verlangt. [4]Die Sätze 1 bis 3 gelten entsprechend für die Stellen, die die Beiträge für Zeiten einer besonderen Auslandsverwendung zu zahlen haben.

(2) [1]Ein Zahlungspflichtiger ist jeweils nur von einem Träger der Rentenversicherung zu prüfen. [2]Die Träger der Rentenversicherung stimmen sich darüber ab, welche Zahlungspflichtigen sie prüfen. [3]Soweit die Prüfungen durch die Regionalträger durchgeführt werden, ist örtlich der Regionalträger zuständig, in dessen Bereich der Zahlungspflichtige seinen Sitz oder Wohnsitz hat. [4]Eine Prüfung beim Arbeitgeber nach § 28p des Vierten Buches[2)] soll zusammen mit einer Prüfung bei den Zahlungspflichtigen durchgeführt werden; eine entsprechende Kennzeichnung des Arbeitgebers im Dateisystem nach § 28p Abs. 8 Satz 1 des Vierten Buches ist zulässig.

(3) [1]Die Zahlungspflichtigen haben angemessene Prüfhilfen zu leisten. [2]Automatisierte Abrechnungsverfahren sind in die Prüfung einzubeziehen. [3]Die Zahlungspflichtigen und die Träger der Rentenversicherung treffen entsprechende Vereinbarungen.

(4) [1]Zu prüfen sind auch Rechenzentren und vergleichbare Stellen, soweit sie im Auftrag der Zahlungspflichtigen oder einer von ihnen beauftragten Stelle die Pflichtbeiträge berechnen, zahlen oder Meldungen erstatten. [2]Soweit die Prüfungen durch die Regionalträger durchgeführt werden, richtet sich die örtliche Zuständigkeit nach dem Sitz der Stelle. [3]Absatz 3 gilt entsprechend.

(5) [1]Die Deutsche Rentenversicherung Bund führt für die Prüfung bei den Zahlungspflichtigen ein Dateisystem, in dem folgende Daten gespeichert werden:

1. der Name,
2. die Anschrift,
3. die Betriebsnummer und, soweit erforderlich, ein weiteres Identifikationsmerkmal der Zahlungspflichtigen,

---

[1)] § 212a eingef. mWv 1.1.2005 durch G v. 9.12.2004 (BGBl. I S. 3242); Abs. 5 Satz 3 geänd. mWv 1.1.2009 durch G v. 30.10.2008 (BGBl. I S. 2130); Überschrift neu gef., Abs. 1 Satz 4 angef. mWv 13.12.2011 durch G v. 5.12.2011 (BGBl. I S. 2458); Abs. 5 Satz 3 einl. Satzteil, Satz 4 einl. Satzteil und Nr. 2, Sätze 5 und 6 geänd. mWv 17.11.2016 durch G v. 11.11.2016 (BGBl. I S. 2500); Abs. 2 Satz 4, Abs. 5 Sätze 1–4 und 7, Abs. 6 Nr. 3 geänd. mWv 26.11.2019 durch G v. 20.11.2019 (BGBl. I S. 1626); Abs. 5a eingef. mWv 1.1.2022 durch G v. 16.7.2021 (BGBl. I S. 2970).

[2)] Nr. 4.

4. die für die Planung der Prüfung erforderlichen Daten der Zahlungspflichtigen und
5. die Ergebnisse der Prüfung.

[2] Sie darf die in diesem Dateisystem gespeicherten Daten nur für die Prüfung bei den Zahlungspflichtigen und bei den Arbeitgebern verarbeiten. [3] Die Datenstelle der Rentenversicherung führt für die Prüfung der Zahlungspflichtigen ein Dateisystem, in dem

1. die Betriebsnummern und, soweit erforderlich, ein weiteres Identifikationsmerkmal der Zahlungspflichtigen,
2. die Versicherungsnummern der Versicherten, für welche die Zahlungspflichtigen Pflichtbeiträge zu zahlen haben und
3. der Beginn und das Ende der Zahlungspflicht

gespeichert werden; im Falle des Satzes 4 darf die Datenstelle die Daten der Stammsatzdatei (§ 150) und der Dateisysteme nach § 28p Abs. 8 Satz 1 und 3 des Vierten Buches für die Prüfung bei den Zahlungspflichtigen speichern, verändern, nutzen, übermitteln oder in der Verarbeitung einschränken. [4] Die Datenstelle der Rentenversicherung ist verpflichtet, auf Anforderung des prüfenden Trägers der Rentenversicherung

1. die in den Dateisystemen nach den Sätzen 1 und 3 gespeicherten Daten,
2. die in den Versicherungskonten der Rentenversicherung gespeicherten, auf den Prüfungszeitraum entfallenden Daten der Versicherten, für die von den Zahlungspflichtigen Pflichtbeiträge zu zahlen waren oder zu zahlen sind, und
3. die bei den Trägern der Rentenversicherung gespeicherten Daten über die Nachweise der unmittelbar an sie zu zahlenden Pflichtbeiträge

zu verarbeiten, soweit dies für die Prüfung nach Absatz 1 erforderlich ist. [5] Die dem prüfenden Träger der Rentenversicherung übermittelten Daten sind unverzüglich nach Abschluss der Prüfung bei der Datenstelle der Rentenversicherung und beim prüfenden Träger der Rentenversicherung zu löschen. [6] Die Zahlungspflichtigen und die Träger der Rentenversicherung sind verpflichtet, der Deutschen Rentenversicherung Bund und der Datenstelle der Rentenversicherung die für die Prüfung nach Absatz 1 erforderlichen Daten zu übermitteln. [7] Die Übermittlung darf auch durch Abruf im automatisierten Verfahren erfolgen, ohne dass es einer Genehmigung nach § 79 Absatz 1 des Zehnten Buches[1)] bedarf.

(5a) [1] Die Deutsche Rentenversicherung Bund führt ein Dateisystem, in dem die Träger der Rentenversicherung ihre elektronischen Akten führen, die im Zusammenhang mit der Durchführung der Prüfung nach Absatz 1 stehen. [2] Die in diesem Dateisystem gespeicherten Daten dürfen nur für die Prüfung nach Absatz 1 durch die jeweils zuständigen Träger der Rentenversicherung verarbeitet werden.

(6) Die Bundesregierung kann durch Rechtsverordnung mit Zustimmung des Bundesrates das Nähere über

1. die Pflichten der Zahlungspflichtigen und der in Absatz 4 genannten Stellen bei automatisierten Abrechnungsverfahren,

---

[1)] Nr. **10**.

2. die Durchführung der Prüfung sowie die Behebung von Mängeln, die bei der Prüfung festgestellt worden sind, und
3. den Inhalt des Dateisystems nach Absatz 5 Satz 1 hinsichtlich der für die Planung und für die Speicherung der Ergebnisse der Prüfungen bei Zahlungspflichtigen erforderlichen Daten sowie über den Aufbau und die Aktualisierung dieses Dateisystems

bestimmen.

(Fortsetzung nächstes Blatt)

Zweiter Unterabschnitt. Leistungen zur Teilhabe

§ 301 Leistungen zur Teilhabe. (1) [1] Für Leistungen zur Teilhabe sind bis zum Ende der Leistungen die Vorschriften weiter anzuwenden, die zum Zeitpunkt der Antragstellung oder, wenn den Leistungen ein Antrag nicht vorausging, der Inanspruchnahme galten. [2] Werden Leistungen zur Teilhabe nach dem bis zum 31. Dezember 2000 geltenden Recht bewilligt und besteht deshalb ein Anspruch auf Rente wegen verminderter Erwerbsfähigkeit oder auf große Witwenrente oder große Witwerrente wegen Minderung der Erwerbsfähigkeit nicht, besteht der Anspruch auf Rente weiterhin nicht, solange Übergangsgeld, Verletztengeld oder Versorgungskrankengeld geleistet wird.

(2) Die Träger der Rentenversicherung können die am 31. Dezember 1991 bestehenden Fachkliniken zur Behandlung von Erkrankungen der Atmungsorgane, die nicht überwiegend der Behandlung von Tuberkulose dienen, zur Krankenhausbehandlung weiter betreiben.

(3) Für Leistungen zur Teilhabe haben auch Versicherte die persönlichen Voraussetzungen erfüllt, die erwerbsunfähig oder berufsunfähig sind und bei denen voraussichtlich durch die Leistungen die Erwerbsfähigkeit wesentlich gebessert oder wiederhergestellt werden kann.

§ 301a Einmalzahlungs-Neuregelungsgesetz. (1) [1] Für die Ermittlung der Berechnungsgrundlage für Ansprüche auf Übergangsgeld, die vor dem 1. Januar 2001 entstanden sind, ist § 47 Abs. 1 und 2 des Fünften Buches[1)] in der vor dem 22. Juni 2000 jeweils geltenden Fassung für Zeiten nach dem 31. Dezember 1996 mit der Maßgabe entsprechend anzuwenden, dass sich das Regelentgelt um 10 vom Hundert, höchstens aber bis zur Höhe des Betrages der kalendertäglichen Beitragsbemessungsgrenze, erhöht. [2] Das regelmäßige Nettoarbeitsentgelt ist um denselben Vomhundertsatz zu erhöhen.

(2) [1] Die Erhöhung nach Absatz 1 gilt für Ansprüche, über die vor dem 22. Juni 2000 bereits unanfechtbar entschieden war, nur für Zeiten vom 22. Juni 2000 an bis zum Ende der Leistungsdauer. [2] Entscheidungen über die Ansprüche auf Übergangsgeld, die vor dem 22. Juni 2000 unanfechtbar geworden sind, sind nicht nach § 44 Abs. 1 des Zehnten Buches[2)] zurückzunehmen.

Dritter Unterabschnitt. Anspruchsvoraussetzungen für einzelne Renten

§ 302[3)] Anspruch auf Altersrente in Sonderfällen. (1) Bestand am 31. Dezember 1991 Anspruch auf eine Rente aus eigener Versicherung und ist der Versicherte vor dem 2. Dezember 1926 geboren, wird die Rente vom 1. Januar 1992 an ausschließlich als Regelaltersrente geleistet.

(2) Bestand am 31. Dezember 1991 Anspruch auf eine nach den Vorschriften des Beitrittsgebiets berechnete Rente wegen Alters vor Vollendung des 65. Le-

---

[1)] Nr. **5**.

[2)] Nr. **10**.

[3)] § 302 Abs. 6 angef. mWv 1.1.2003 durch G v. 21.6.2002 (BGBl. I S. 2167); Abs. 5 aufgeh. mWv 1.1.2008 durch G v. 20.4.2007 (BGBl. I S. 554); Abs. 7 angef. mWv 21.9.2010 durch G v. 22.12.2011 (BGBl. I S. 3057); Abs. 7 geänd. mWv 1.7.2014 durch G v. 23.6.2014 (BGBl. I S. 787); Abs. 6 neu gef. mWv 1.7.2017 durch G v. 8.12.2016 (BGBl. I S. 2838); Abs. 6 Satz 3 angef. mWv 1.7.2017, Abs. 7 geänd. mWv 22.7.2017 durch G v. 17.7.2017 (BGBl. I S. 2509); Abs. 8 angef. mWv 1.1.2020 und aufgeh. mWv. 1.1.2021 durch G v. 27.3.2020 (BGBl. I S. 575); Abs. 7 geänd. mWv 1.7.2020 durch G v. 12.6.2020 (BGBl. I S. 1248); Abs. 8 angef. mWv 1.1.2021 durch G v. 22.12.2020 (BGBl. I S. 3334); Abs. 8 geänd. mWv 24.11.2021 durch G v. 22.11.2021 (BGBl. I S. 4906).

bensjahres, gilt diese Rente vom 1. Januar 1992 an als Regelaltersrente; dies gilt nicht für eine Bergmannsvollrente.

(3) Bestand am 31. Dezember 1991 Anspruch auf eine Rente, die vom 1. Januar 1992 an als Regelaltersrente geleistet wird oder gilt, kann diese weiterhin nur in voller Höhe in Anspruch genommen werden.

(4) Bestand am 31. Dezember 2000 Anspruch auf eine Altersrente für schwerbehinderte Menschen, Berufsunfähige oder Erwerbsunfähige, besteht dieser als Anspruch auf Altersrente für schwerbehinderte Menschen weiter.

(5) *(aufgehoben)*

(6) [1] Würde sich nach § 34 in der ab dem 1. Juli 2017 geltenden Fassung am 1. Juli 2017 ein niedrigerer Anspruch auf Teilrente wegen Alters ergeben, besteht ein am 30. Juni 2017 aufgrund von Hinzuverdienst bestehender Anspruch auf Teilrente wegen Alters unter den sonstigen Voraussetzungen des geltenden Rechts so lange weiter, bis

1. die am 30. Juni 2017 für diese Teilrente geltende monatliche Hinzuverdienstgrenze nach § 34 in der bis zum 30. Juni 2017 geltenden Fassung überschritten wird oder
2. sich nach § 34 in der ab dem 1. Juli 2017 geltenden Fassung eine mindestens gleich hohe Rente ergibt.

[2] Als Kalenderjahr nach § 34 Absatz 3c und 3d, in dem erstmals Hinzuverdienst berücksichtigt wurde, gilt das Jahr 2017. [3] Die Hinzuverdienstgrenze nach Satz 1 Nummer 1 wird jährlich entsprechend der prozentualen Veränderung der Bezugsgröße angepasst.

(7) Besteht Anspruch auf eine Rente wegen Alters und eine Aufwandsentschädigung für kommunale Ehrenbeamte, für ehrenamtlich in kommunalen Vertretungskörperschaften Tätige oder für Mitglieder der Selbstverwaltungsorgane, Versichertenälteste oder Vertrauenspersonen der Sozialversicherungsträger, gilt die Aufwandsentschädigung bis zum 30. September 2022 weiterhin nicht als Hinzuverdienst, soweit kein konkreter Verdienstausfall ersetzt wird.

(8) § 34 findet in der Zeit vom 1. Januar 2021 bis zum 31. Dezember 2022 mit den Maßgaben Anwendung, dass

1. der Betrag von 6 300 Euro durch den Betrag von 46 060 Euro ersetzt wird und
2. der Hinzuverdienstdeckel keine Anwendung findet.

§ 302a[1)] Renten wegen verminderter Erwerbsfähigkeit und Bergmannsvollrenten. (1) Bestand am 31. Dezember 1991 Anspruch auf eine nach den Vorschriften des Beitrittsgebiets berechnete Invalidenrente oder eine Bergmannsinvalidenrente, die am 30. Juni 2017 als Rente wegen Erwerbsunfähigkeit oder als Rente wegen Berufsunfähigkeit geleistet wurde, gilt diese Rente als Rente wegen voller Erwerbsminderung.

(2) *(aufgehoben)*

[1)] § 302a Abs. 2 Satz 1 geänd. mWv 1.4.2003 durch G v. 23.12.2002 (BGBl. I S. 4621); Abs. 3 Satz 1 geänd. mWv 1.1.2008 durch G v. 20.4.2007 (BGBl. I S. 554); Abs. 2 Satz 1 geänd. mWv 1.1.2008 durch G v. 8.4.2008 (BGBl. I S. 681); Abs. 2 Satz 1 geänd. mWv 1.1.2013 durch G v. 5.12.2012 (BGBl. I S. 2474); Abs. 1 neu gef., Abs. 2 aufgeh., Abs. 3 Satz 1 neu gef. mWv 1.7.2017 durch G v. 8.12.2016 (BGBl. I S. 2838).

7. Siebtes Buch Sozialgesetzbuch Gesetzliche Unfallversicherung[1) 2)]

Vom 7. August 1996

(BGBl. I S. 1254)

FNA 860-7

geänd. durch Art. 7 Arbeitsförderungs-ReformG v. 24.3.1997 (BGBl. I S. 594), Art. 3 Drittes WahlrechtsverbesserungsG v. 29.4.1997 (BGBl. I S. 968), § 23 TransplantationsG v. 5.11.1997 (BGBl. I S. 2631), Art. 6 Erstes SGB III-ÄndG v. 16.12.1997 (BGBl. I S. 2970), Art. 6 RentenreformG 1999 v. 16.12.1997 (BGBl. I S. 2998, geänd. 1998 S. 3843), Art. 2 Abs. 27 BegleitG zum TelekommunikationsG v. 17.12.1997 (BGBl. I S. 3108), Art. 3 G über die Berufe des Psychologischen Psychotherapeuten und des Kinder- und Jugendlichenpsychotherapeuten, zur Änd. des Fünften Buches Sozialgesetzbuch und anderer G v. 16.6.1998 (BGBl. I S. 1311), Art. 23 HaushaltssanierungsG v. 22.12.1999 (BGBl. I S. 2534), Art. 2 RentenauszahlungsG v. 27.6.2000 (BGBl. I S. 939), Art. 6 G zur Reform der Renten wegen verminderter Erwerbsfähigkeit v. 20.12.2000 (BGBl. I S. 1827), Art. 4 Einmalzahlungs-NeuregelungsG v. 21.12.2000 (BGBl. I S. 1971), Art. 8 und 9 Viertes Euro-EinführungsG v. 21.12.2000 (BGBl. I S. 1983), Art. 3 § 54 G zur Beendigung der Diskriminierung gleichgeschlechtlicher Gemeinschaften: Lebenspartnerschaften v. 16.2.2001 (BGBl. I S. 266, geänd. 2001 S. 1906), Art. 5 AltersvermögensergänzungsG v. 21.3.2001 (BGBl. I S. 403, geänd. S. 1598), Art. 7 und 25 SGB IX v. 19.6.2001 (BGBl. I S. 1046), Art. 5 AltersvermögensG v. 26.6.2001 (BGBl. I S. 1310), Art. 1 G zur Organisationsreform in der landwirtschaftlichen Sozialversicherung v. 17.7.2001 (BGBl. I S. 1600), Art. 2 Festbetrags-AnpassungsG v. 27.7.2001 (BGBl. I S. 1948), Art. 24 G zur Reform des Wohnungsbaurechts v. 13.9.2001 (BGBl. I S. 2376), Art. 218 Siebente Zuständigkeitsanpassungs-VO v. 29.10.2001 (BGBl. I S. 2785), Art. 47c BehindertengleichstellungsG v. 27.4.2002 (BGBl. I S. 1467), Art. 10 Nr. 8 ZuwanderungsG v. 20.6.2002 (BGBl. I S. 1946, nichtig gem. Urt. des BVerfG v. 18.12.2002 – 2 BvF 1/02 –), Art. 9 Hüttenknappschaftliches Zusatzversicherungs-NeuregelungsG v. 21.6.2002 (BGBl. I S. 2167), Art. 6 G zur Erleichterung der Bekämpfung von illegaler Beschäftigung und Schwarzarbeit v. 23.7.2002 (BGBl. I S. 2787), Art. 48 Drittes G zur Änd. verwaltungsverfahrensrechtlicher Vorschriften v. 21.8.2002 (BGBl. I S. 3322), Art. 5 G zur Änd. des Sozialgesetzbuches und anderer G v. 24.7.2003 (BGBl. I S. 1526), Art. 6 GKV-ModernisierungsG v. 14.11.2003 (BGBl. I S. 2190), Art. 209 Achte ZuständigkeitsanpassungsVO v. 25.11.2003 (BGBl. I S. 2304), Art. 6 Drittes G für moderne Dienstleistungen am Arbeitsmarkt v. 23.12.2003 (BGBl. I S. 2848), Art. 7 Viertes G für moderne Dienstleistungen am Arbeitsmarkt v. 24.12.2003 (BGBl. I S. 2954), Art. 3 Drittes G zur Änd. des Sechsten Buches Sozialgesetzbuch und anderer G v. 27.12.2003 (BGBl. I S. 3019), Art. 6 G zur Einordnung des Sozialhilferechts in das SGB v. 27.12.2003 (BGBl. I S. 3022), Art. 3 G zur Förderung der Ausbildung und Beschäftigung schwerbehinderter Menschen v. 23.4.2004 (BGBl. I S. 606), Art. 4 RV-NachhaltigkeitsG v. 21.7.2004 (BGBl. I S. 1791), Art. 7 G zur Intensivierung der Bekämpfung der Schwarzarbeit und damit zusammenhängender Steuerhinterziehung v. 23.7.2004 (BGBl. I S. 1842), Art. 10 Nr. 8 ZuwanderungsG v. 30.7.2004 (BGBl. I S. 1950), Art. 6 Kommunales OptionsG v. 30.7. 2004 (BGBl. I S. 2014), Art. 7 G zur Organisationsreform in der gesetzl. Rentenversicherung v. 9.12. 2004 (BGBl. I S. 3242), Art. 1 G zur Verbesserung des unfallversicherungsrechtl. Schutzes bürgerschaftl. Engagierter und weiterer Personen v. 9.12.2004 (BGBl. I S. 3299), Art. 5 Abs. 35 G zur Überarbeitung des Lebenspartnerschaftsrechts v. 15.12.2004 (BGBl. I S. 3396), Art. 4 EinsatzversorgungsG v. 21.12. 2004 (BGBl. I S. 3592), Art. 6 Nr. 3 G zur Änd. des AufenthaltsG und weiterer G v. 14.3.2005 (BGBl. I S. 721), Art. 6 VerwaltungsvereinfachungsG v. 21.3.2005 (BGBl. I S. 818), Art. 10 G zur Reform des

---

[1)] Verkündet als Art. 1 Unfallversicherungs-EinordnungsG v. 7.8.1996 (BGBl. I S. 1254, geänd. durch G v. 12.12.1996, BGBl. I S. 1859); Inkrafttreten gem. Art. 36 Satz 1 dieses G am 1.1.1997 mit Ausnahme des § 1 Nr. 1 und der §§ 14 bis 25, die gem. Art. 36 Satz 2 am 21.8.1996 in Kraft getreten sind.

[2)] Die Änderungen durch G v. 17.7.2017 (BGBl. I S. 2575) treten teilweise erst **mWv 1.7.2024** bzw. **mWv 1.1.2025**, die Änderungen durch G v. 15.11.2019 (BGBl. I S. 1602) treten teilweise erst **mWv 1.1.2026**, die Änderungen durch G v. 12.12.2019 (BGBl. I S. 2652) treten teilweise erst **mWv 1.1. 2024**, die Änderungen durch G v. 12.6.2020 (BGBl. I S. 1248) treten teilweise erst **mWv 1.1.2023**, die Änderung durch G v. 22.12.2020 (BGBl. I S. 3334) tritt erst **mWv 1.1.2023**, die Änderungen durch G v. 28.3.2021 (BGBl. I S. 591) treten erst **mit unbestimmten Inkrafttreten**, die Änderung durch G v. 9.7.2021 (BGBl. I S. 2506) tritt erst **mWv 1.1.2023**, ie Änderungen durch G v. 20.8.2021 (BGBl. I S. 3932) treten erst **mWv 1.1.2025** in Kraft und sind im Text noch nicht berücksichtigt.

Reisekostenrechts v. 26.5.2005 (BGBl. I S. 1418), Art. 1 ÄndG v. 14.8.2005 (BGBl. I S. 2410), Art. 2 Kinder- und JugendhilfeweiterentwicklungsG v. 8.9.2005 (BGBl. I S. 2729), Art. 6 G zur Förderung ganzjähriger Beschäftigung v. 24.4.2006 (BGBl. I S. 926), Art. 260 Neunte Zuständigkeitsanpassungs-VO v. 31.10.2006 (BGBl. I S. 2407), Art. 6 RV-AltersgrenzenanpassungsG v. 20.4.2007 (BGBl. I S. 554), Art. 25 Zweites G zum Abbau bürokratischer Hemmnisse insbesondere in der mittelständischen Wirtschaft v. 7.9.2007 (BGBl. I S. 2246, geänd. durch G v. 30.10.2008, BGBl. I S. 2130), Art. 1 G zur Modernisierung des Rechts der landwirtschaftlichen Sozialversicherung v. 18.12.2007 (BGBl. I S. 2984, geänd. durch G v. 30.10.2008, BGBl. I S. 2130), Art. 6a G zur Änd. des SGB IV und anderer G v. 19.12.2007 (BGBl. I S. 3024), Art. 2 Abs. 13 G zur Förderung von Jugendfreiwilligendiensten v. 16.5.2008 (BGBl. I S. 842), § 62 Abs. 19 BeamtenstatusG v. 17.6.2008 (BGBl. I S. 1010), Art. 1 und 2 UnfallversicherungsmodernisierungsG v. 30.10.2008 (BGBl. I S. 2130, geänd. durch G v. 5.8.2010, BGBl. I S. 1127, durch G v. 12.4.2012, BGBl. I S. 579, durch G v. 5.12.2012, BGBl. I S. 2447 und durch G v. 15.4.2015, BGBl. I S. 583), Art. 20 JahressteuerG 2009 v. 19.12.2008 (BGBl. I S. 2794), Art. 5 Zweites G zur Änd. des SGB IV und anderer G v. 21.12.2008 (BGBl. I S. 2933), Art. 4a G zur Verbesserung der Rahmenbedingungen für die Absicherung flexibler Arbeitszeitregelungen und zur Änd. anderer G v. 21.12.2008 (BGBl. I S. 2940), Art. 4 G zur Einführung Unterstützter Beschäftigung v. 22.12.2008 (BGBl. I S. 2959), Art. 15 Abs. 98 DienstrechtsneuordnungsG v. 5.2.2009 (BGBl. I S. 160), Art. 5 G zur Änd. des SGB IV, zur Errichtung einer Versorgungsausgleichskasse und anderer G v. 15.7.2009 (BGBl. I S. 1939), Art. 2 G zur Verbesserung der Absicherung von Zivilpersonal in internationalen Einsätzen zur zivilen Krisenprävention v. 17.7.2009 (BGBl. I S. 1974), Art. 3 Drittes G zur Änd. des SGB IV und and. G v. 5.8.2010 (BGBl. I S. 1127), Art. 5 GKV-FinanzierungsG v. 22.12.2010 (BGBl. I S. 2309), Art. 12 Abs. 5 G zur Ermittlung von Regelbedarfen und zur Änd. des Zweiten und Zwölften Buches Sozialgesetzbuch v. 24.3.2011 (BGBl. I S. 453), Art. 11 G zur Einführung eines Bundesfreiwilligendienstes v. 28.4.2011 (BGBl. I S. 687), Art. 6 G zur Koordinierung der Systeme der sozialen Sicherheit in Europa und zur Änd. anderer G v. 22.6.2011 (BGBl. I S. 1202), Art. 7 Einsatzversorgungs-VerbesserungsG v. 5.12.2011 (BGBl. I S. 2458), Art. 2 Abs. 117 G zur Änd. von Vorschriften über Verkündung und Bekanntmachungen sowie der ZPO, des EGZPO und der AO v. 22.12.2011 (BGBl. I S. 3044), Art. 5 Viertes G zur Änd. des Vierten Buches Sozialgesetzbuch und anderer G v. 22.12.2011 (BGBl. I S. 3057), Art. 3 LSV-NeuordnungsG v. 12.4.2012 (BGBl. I S. 579), Art. 2b G zur Änd. des TransplantationsG v. 21.7.2012 (BGBl. I S. 1601), Art. 1 Zweites G zur Änd. des SGB VII v. 5.12.2012 (BGBl. I S. 2447), Art. 9 Abs. 4 SEPA-BegleitG v. 3.4.2013 (BGBl. I S. 610), Art. 4 Abs. 4 G zur Umsetzung des Seearbeitsübereinkommens 2006 der Internationalen Arbeitsorganisation v. 20.4.2013 (BGBl. I S. 868), Art. 5 und 6 BUK-NeuorganisationsG v. 19.10.2013 (BGBl. I S. 3836, geänd. durch G v. 30.7.2014, BGBl. I S. 1311), Art. 7 G zur besseren Vereinbarkeit von Familie, Pflege und Beruf v. 23.12.2014 (BGBl. I S. 2462), Art. 2 Abs. 22 G zur Modernisierung der Finanzaufsicht über Versicherungen v. 1.4.2015 (BGBl. I S. 434), Art. 4 Fünftes G zur Änd. des Vierten Buches Sozialgesetzbuch und anderer G v. 15.4.2015 (BGBl. I S. 583), Art. 4 PräventionsG v. 17.7.2015 (BGBl. I S. 1368), Art. 451 Zehnte ZuständigkeitsanpassungsVO v. 31.8.2015 (BGBl. I S. 1474), Art. 31 G zur Bereinigung des Rechts der Lebenspartner v. 20.11.2015 (BGBl. I S. 2010), Art. 6 Zweites PflegestärkungsG v. 21.12.2015 (BGBl. I S. 2424), Art. 3 Abs. 2 Neuntes G zur Änd. des SGB II - Rechtsvereinfachung - sowie zur vorübergehenden Aussetzung der Insolvenzantragspflicht v. 26.7.2016 (BGBl. I S. 1824), Art. 5 6. SGB IV-ÄndG v. 11.11.2016 (BGBl. I S. 2500), Art. 8 BundesteilhabeG v. 23.12.2016 (BGBl. I S. 3234), Art. 163 G zum Abbau verzichtbarer Anordnungen der Schriftform im Verwaltungsrecht des Bundes v. 29.3.2017 (BGBl. I S. 626), Art. 1b Heil- und HilfsmittelversorgungsG v. 4.4.2017 (BGBl. I S. 778), Art. 3 G zur Neufassung des G zur Regelung von Sekundierungen im Rahmen von Einsätzen der zivilen Krisenprävention v. 27.6.2017 (BGBl. I S. 2070), Art. 22 G zur Änd. des BundesversorgungsG und anderer Vorschriften v. 17.7.2017 (BGBl. I S. 2541), Art. 4 Rentenüberleitungs-AbschlussG v. 17.7.2017 (BGBl. I S. 2575), Art. 4 GKV-VersichertenentlastungsG v. 11.12.2018 (BGBl. I S. 2387), Art. 9 Terminservice- und VersorgungsG v. 6.5.2019 (BGBl. I S. 646), Art. 3, 4 Paketboten-Schutz-G v. 15.11.2019 (BGBl. I S. 1602), Art. 6 G zur Reform der Psychotherapeutenausbildung v. 15.11.2019 (BGBl. I S. 1604), Art. 128 Zweites Datenschutz-Anpassungs- und UmsetzungsG EU v. 20.11.2019 (BGBl. I S. 1626), Art. 14 Drittes BürokratieentlastungsG v. 22.11.2019 (BGBl. I S. 1746), Art. 5 Angehörigen-EntlastungsG v. 10.12.2019 (BGBl. I S. 2135), Art. 35 G zur Regelung des Sozialen Entschädigungsrechts v. 12.12.2019 (BGBl. I S. 2652), Art. 15 Sozialschutz-Paket II v. 20.5.2020 (BGBl. I S. 1055), Art. 7 Siebtes G zur Änd. des Vierten Buches SGB und anderer G v. 12.6.2020 (BGBl. I S. 1248, geänd. durch G v. 14.10.2020, BGBl. I S. 2112), Art. 313 Elfte ZuständigkeitsanpassungsVO v. 19.6.2020 (BGBl. I S. 1328), Art. 2d Viertes G zur Änd. des SeearbeitsG und anderer G v. 14.10.2020 (BGBl. I S. 2112), Art. 2 und 3Erstes G zur Änd. des Landwirtschaftserzeugnisse-SchulprogrammG v. 11.12.2020 (BGBl. I S. 2880), Art. 9a ArbeitsschutzkontrollG v. 22.12.2020 (BGBl. I S. 3334), Art. 14c und 14d MTA-Reform-G v. 24.2.2021 (BGBl. I S. 274), Art. 13 RegistermodernisierungsG v. 28.3.2021 (BGBl. I S. 591), Art. 5 BetriebsrätemodernisierungsG v. 14.6.2021 (BGBl. I S. 1762), Art. 2 G zur Errichtung und Führung eines Registers über Unternehmensbasisdaten und zur Einführung einer bundeseinheitlichen Wirtschaftsnummer für Unternehmen und zur Änd. weiterer Gesetze v. 9.7.2021 (BGBl. I S. 2506) und Art. 41 G über die Entschädigung der Soldatinnen und Soldaten und zur Neuordnung des Soldatenversorgungsrechts v. 20.8.2021 (BGBl. I S. 3932)

Inhaltsübersicht[1) 2)]

[1)] Inhaltsübersicht geänd. mWv 1.1.2001 durch G v. 21.12.2000 (BGBl. I S. 1983); geänd. mWv 1.1. 2002 durch G v. 21.3.2001 (BGBl. I S. 403); geänd. mWv 1.7.2001 durch G v. 19.6.2001 (BGBl. I S. 1046); geänd. mWv 1.8.2001 durch G v. 17.7.2001 (BGBl. I S. 1600); geänd. mWv 1.1.2003 durch G v. 21.6.2002 (BGBl. I S. 2167); geänd. mWv 1.8.2003 durch G v. 24.7.2003 (BGBl. I S. 1526); geänd. mWv 1.3.2004 durch G v. 27.12.2003 (BGBl. I S. 3019); geänd. mWv 1.1.2005 durch G v. 9.12.2004 (BGBl. I S. 3299); geänd. mWv 30.3.2005 durch G v. 21.3.2005 (BGBl. I S. 818); geänd. mWv 22.12. 2007, mWv 1.1.2008, mWv 1.1.2009 und mWv 1.1.2010 durch G v. 18.12.2007 (BGBl. I S. 2984, geänd. durch G v. 30.10.2008, BGBl. I S. 2130); geänd. mWv 5.11.2008, mWv 1.1.2009 und mWv 1.1.2010 durch G v. 30.10.2008 (BGBl. I S. 2130); geänd. mWv 11.8.2010 durch G v. 5.8.2010 (BGBl. I S. 1127); geänd. mWv 1.1.2013 durch G v. 12.4.2012 (BGBl. I S. 579); geänd. mWv 1.8.2012 durch G v. 21.7.2012 (BGBl. I S. 1601); geänd. mWv 1.8.2013 durch G v. 20.4.2013 (BGBl. I S. 868); geänd. mWv 25.10.2013, mWv 1.1.2015 und mWv 1.1.2016 durch G v. 19.10.2013 (BGBl. I S. 3836); geänd. mWv 1.1.2016 durch G v. 15.4.2015 (BGBl. I S. 583); geänd. mWv 17.11.2016 durch G v. 11.11.2016 (BGBl. I S. 2500); geänd. mWv 25.7.2017 durch G v. 17.7.2017 (BGBl. I S. 2541); geänd. mWv 26.11. 2019 durch G v. 20.11.2019 (BGBl. I S. 1626); geänd. mWv 1.1.2020 durch G v. 20.5.2020 (BGBl. I S. 1055); geänd. mWv 1.7.2020, mWv 1.1.2021 durch G v. 12.6.2020 (BGBl. I S. 1248); geänd. mWv 17.12.2020 und geänd. mWv 1.1.2022 durch G v. 11.12.2020 (BGBl. I S. 2880).

[2)] Die Inhaltsübersicht wurde nichtamtlich an vom Gesetzgeber nicht berücksichtigte bzw. nur unvollständig berücksichtigte Änderungen durch G v. 12.4.2012 (BGBl. I S. 579) angepasst.

2. die Übergangszeit nach § 67 Absatz 3 Satz 1 Nummer 2 Buchstabe b überschritten wird.

(3) [1]Personen, die eine Tätigkeit als Ärztin oder Arzt in einem Impfzentrum im Sinne der Coronavirus-Impfverordnung oder einem Testzentrum im Sinne der Coronavirus-Testverordnung oder in den jeweils dort angegliederten mobilen Teams ausüben, sind kraft Gesetzes versichert. [2]Die Versicherung nach Satz 1 geht der Versicherung nach § 2 Absatz 1 Nummer 1 und 9 vor.

§ 219[1)] *(aufgehoben)*

§ 219a[2)] **Altersrückstellungen.** (1) *(aufgehoben)*

(2) Für Personen nach § 172c Abs. 1 Satz 1, deren Beschäftigungsverhältnis zu einem Unfallversicherungsträger erstmals nach dem 31. Dezember 2009 begründet worden ist, gelten die Zuweisungssätze, die in der Rechtsverordnung nach § 16 Abs. 1 Satz 4 des Versorgungsrücklagegesetzes festgesetzt sind, entsprechend.

(3) Versorgungsausgaben für die in § 172c genannten Personenkreise, die ab dem Jahr 2030 entstehen, sowie Ausgaben, die anstelle von Versorgungsausgaben für diese Personenkreise geleistet werden, sind aus dem Altersrückstellungsvermögen zu leisten; die Aufsichtsbehörde kann eine frühere oder spätere Entnahme genehmigen.

(4) [1]Soweit Unfallversicherungsträger vor dem 31. Dezember 2009 für einen in § 172c genannten Personenkreis Mitglied einer öffentlich-rechtlichen Versorgungseinrichtung geworden sind, werden die zu erwartenden Versorgungsleistungen im Rahmen der Verpflichtungen nach § 172c entsprechend berücksichtigt. [2]Wurde für die in § 172c genannten Personenkreise vor dem 31. Dezember 2009 Deckungskapital bei aufsichtspflichtigen Unternehmen im Sinne des § 1 Absatz 1 Nummer 1 und 5 des Versicherungsaufsichtsgesetzes gebildet, wird dieses anteilig im Rahmen der Verpflichtungen nach § 172c berücksichtigt.

§ 220[3)] **Ausgleich unter den gewerblichen Berufsgenossenschaften.**

(1)–(3) *(aufgehoben)*

(4) Die §§ 176 bis 181 gelten für die Berufsgenossenschaft Verkehrswirtschaft Post-Logistik Telekommunikation mit der Maßgabe, dass für den Zuständigkeitsbereich nach § 121 Absatz 2 Nummer 3 bis 8

1. bei der Ermittlung der gemeinsamen Tragung der Rentenlasten die zugrunde zu legenden Rechengrößen für das Ausgleichsjahr 2016 in Höhe von 15 Prozent, für das Ausgleichsjahr 2017 in Höhe von 30 Prozent, für das Ausgleichsjahr 2018 in Höhe von 45 Prozent, für das Ausgleichsjahr 2019 in Höhe von 60 Prozent, für das Ausgleichsjahr 2020 in Höhe von 75 Prozent und für das Ausgleichsjahr 2021 in Höhe von 90 Prozent anzusetzen sind,
2. bis zum Jahr 2021 als Latenzfaktor nach § 177 Absatz 7 der für das jeweilige Ausgleichsjahr für den Bereich der in § 121 Absatz 2 Nummer 1 und 2 genannten Unternehmensarten zu berechnende Wert anzuwenden ist.

[1)] § 219 aufgeh. mWv 1.1.2019 durch G v. 11.11.2016 (BGBl. I S. 2500).

[2)] § 219a eingef. mWv 1.1.2010 durch G v. 30.10.2008 (BGBl. I S. 2130); Abs. 2 ist bereits am 5.11.2008 in Kraft getreten; Abs. 4 Satz 2 geänd. mWv 1.1.2016 durch G v. 1.4.2015 (BGBl. I S. 434); Überschr. neu gef., Abs. 1, Abs. 2 Sätze 1, 2 und 4 aufgeh. mWv 17.11.2016 durch G v. 11.11.2016 (BGBl. I S. 2500).

[3)] § 220 neu gef. mWv 5.11.2008 durch G v. 30.10.2008 (BGBl. I S. 2130); Abs. 4 angef. mWv 1.1.2016 durch G v. 19.10.2013 (BGBl. I S. 3836); Abs. 1–3 aufgeh. mWv 1.7.2020 durch G v. 12.6.2020 (BGBl. I S. 1248).

§ 221[1] Besondere Vorschriften für die landwirtschaftliche Unfallversicherung. (1) *(aufgehoben)*

(2) § 80a ist nur auf Versicherungsfälle anwendbar, die nach dem 31. Dezember 2007 eingetreten sind.

§ 221a[2] *(aufgehoben)*

§ 221b[3] Übergangszeit und Beitragsangleichung in der landwirtschaftlichen Unfallversicherung. (1) Der Beitrag, den die Unternehmer auf die Umlagen für die Jahre 2013 bis 2017 (Übergangszeit) zu zahlen haben, ergibt sich, wenn der nach den §§ 182 und 183 berechnete Beitrag mit dem Angleichungssatz multipliziert wird.

(2) [1] Der Angleichungssatz wird nach folgenden Rechengrößen bestimmt:

1. Ausgangsbeitrag ist der auf die Umlage für das Jahr 2012 nach § 221 Absatz 3 zu zahlende Beitrag;
2. Zielbeitrag ist der Beitrag, der sich bei gleichen betrieblichen Verhältnissen und gleicher Umlage für das Jahr 2012 bei Anwendung der Berechnungsgrundlagen nach § 221 Absatz 4 ergeben würde;
3. Ausgangssatz ist der Prozentsatz des Ausgangsbeitrags im Verhältnis zum Zielbeitrag;
4. der jährliche Veränderungssatz ist ein Fünftel der Differenz zwischen dem Prozentsatz des Zielbeitrags und dem Ausgangssatz.

[2] Der Angleichungssatz im ersten Jahr ergibt sich aus der Summe des Ausgangssatzes und des jährlichen Veränderungssatzes. [3] Die Angleichungssätze in den Folgejahren ergeben sich aus der Summe des Angleichungssatzes des Vorjahres und des jährlichen Veränderungssatzes. [4] Bei der Berechnung der Angleichungssätze ist § 187 Absatz 1 anzuwenden. [5] Die Angleichungssätze für die Übergangszeit sind dem Unternehmer zusammen mit dem Bescheid über die Umlage für das Jahr 2013 mitzuteilen.

(3) [1] Ändern sich in der Übergangszeit die betrieblichen Verhältnisse gegenüber den für den Ausgangsbeitrag maßgebenden Verhältnissen, bleiben die Angleichungssätze nach Absatz 2 unverändert. [2] Für während der Übergangszeit neu aufzunehmende Unternehmer sind die für vorherige Unternehmer nach Absatz 2 festgestellten Angleichungssätze anzuwenden.

(4) Zur Vermeidung unzumutbarer Beitragserhöhungen in der Übergangszeit kann die Satzung Härtefallregelungen vorsehen.

(5) [1] Aus den Sondervermögen können Mittel entnommen werden, um die während der Übergangszeit erfolgende Angleichung der Beiträge nach Absatz 1 zu gestalten. [2] Eine sich hierdurch ergebende Verringerung der Beiträge ist in den Beitragsbescheiden gesondert auszuweisen.

(6) In der Übergangszeit ist § 184 Satz 2 nicht anzuwenden.

---

[1] § 221 neu gef. mWv 1.1.2008 durch G v. 18.12.2007 (BGBl. I S. 2984); Abs. 6 neu gef. mWv 22.7. 2009 durch G v. 15.7.2009 (BGBl. I S. 1939); Abs. 5 neu gef. mWv 19.4.2012 ; Abs. 3 und 4 neu gef., Abs. 6 und 7 aufgeh. mWv 1.1.2013 durch G v. 12.4.2012 (BGBl. I S. 579); Abs. 1, 3–5 aufgeh. mWv 1.7.2020 durch G v. 12.6.2020 (BGBl. I S. 1248).

[2] § 221a aufgeh. mWv 1.1.2022 durch G v. 11.12.2020 (BGBl. I S. 2880).

[3] § 221b neu gef. mWv 1.1.2013 durch G v. 12.4.2012 (BGBl. I S. 579).

8. Sozialgesetzbuch (SGB) Achtes Buch (VIII) Kinder- und Jugendhilfe[1) 2)]

In der Fassung der Bekanntmachung vom 11. September 2012[3)]
(BGBl. I S. 2022)

FNA 860-8

geänd. durch Art. 1 KinderförderungsG v. 10.12.2008 (BGBl. I S. 2403), Art. 2 G zur Änd. des Vormundschafts- und Betreuungsrechts v. 29.6.2011 (BGBl. I S. 1306), Art. 2 Abs. 3 Betreuungs-

---

[1)] Die Änderungen durch G v. 12.12.2019 (BGBl. I S. 2652) treten erst **mWv 1.1.2024**, die Änderungen durch G v. 4.5.2021 (BGBl. I S. 882) treten erst **mWv 1.1.2023**, die Änderungen durch G v. 3.6.2021 (BGBl. I S. 1444) treten teilweise erst **mWv 1.1.2023, mWv 1.1.2024** bzw. **mWv 1.1.2028**, die Änderungen durch G v. 10.8.2021 (BGBl. I S. 3424) treten erst **mWv 1.8.2022**, die Änderungen durch G v. 20.8.2021 (BGBl. I S. 3932) treten erst **mWv 1.1.2025**, die Änderungen durch G v. 2.10.2021 (BGBl. I S. 4602) treten teilweise erst **mWv 1.7.2022, mWv 1.1.2023, mWv 1.8.2026** bzw. **mWv 1.8.2029** in Kraft und sind insoweit im Text noch nicht berücksichtigt.

[2)] Zum SGB VIII haben die Länder ua folgende Ausführungsvorschriften erlassen:
- **Baden-Württemberg:** Kinder- und JugendhilfeG für Baden-Württemberg idF der Bek. v. 14.4. 2005 (GBl. S. 376), zuletzt geänd. durch G v. 19.3.2020 (GBl. S. 149);
- **Bayern:** Gesetz zur Ausführung der Sozialgesetze (AGSG) v. 8.12.2006 (GVBl. S. 942), zuletzt geänd. durch G v. 23.4.2021 (GVBl. S. 196);
- **Berlin:** G zur Ausführung des Kinder- und JugendhilfeG (AG KJHG) v. 27.4.2001 (GVBl. S. 134), zuletzt geänd. durch G v. 27.8.2021 (GVBl. S. 995);
- **Brandenburg:** Erstes G zur Ausführung des Achten Buches des Sozialgesetzbuches – Kinder- und Jugendhilfe (AGKJHG-Org) idF der Bek. v. 26.6.1997 (GVBl. I S. 87), zuletzt geänd. durch G v. 25.6.2020 (GVBl. I Nr. 18) und Zweites G zur Ausführung des Achten Buches des Sozialgesetzbuches – Kinder- und Jugendhilfe – KindertagesstättenG (KitaG) idF der Bek. v. 27.6.2004 (GVBl. I S. 384), zuletzt geänd. durch G v. 25.6.2020 (GVBl. I Nr. 18);
- **Bremen:** Erstes G zur Ausführung des Achten Buches Sozialgesetzbuch – G zur Ausführung des Kinder- und JugendhilfeG im Lande Bremen (BremAGKJHG) v. 17.9.1991 (Brem.GBl. S. 318), zuletzt geänd. durch Bek. v. 20.10.2020 (Brem.GBl. S. 1172);
- **Hamburg:** Hamburgisches G zur Ausführung des Achten Buches Sozialgesetzbuch – Kinder- und Jugendhilfe – (AG SGB VIII) v. 25.6.1997 (HmbGVBl. S. 273), zuletzt geänd. durch G v. 3.2.2021 (HmbGVBl. S. 64);
- **Hessen:** Hessisches Kinder- und Jugendhilfegesetzbuch (HKJGB) v. 18.12.2006 (GVBl. I S. 698), zuletzt geänd. durch G v. 25.6.2020 (GVBl. S. 436);
- **Mecklenburg-Vorpommern:** Landesjugendhilfeorganisationsgesetz (KJHG-Org M-V) v. 23.2. 1993 (GVOBl. M-V S. 158), zuletzt geänd. durch G v. 22.6.2012 (GVOBl. M-V S. 208);
- **Niedersachsen:** G zur Ausführung des Kinder- und JugendhilfeG (AG KJHG) v. 5.2.1993 (Nds. GVBl. S. 45), zuletzt geänd. durch G v. 7.7.2021 (Nds. GVBl. S. 470);
- **Nordrhein-Westfalen:** Erstes G zur Ausführung des Kinder- und JugendhilfeG – AG-KJHG – v. 12.12.1990 (GV. NRW. S. 664), zuletzt geänd. durch G v. 21.7.2018 (GV. NRW. S. 414), Drittes G zur Ausführung des Kinder- und JugendhilfeG; G zur Förderung der Jugendarbeit, der Jugendsozialarbeit und des erzieherischen Kinder- und Jugendschutzes – Kinder- und JugendförderungsG – (3. AG-KJHG – KJFöG) v. 12.10.2004 (GV. NRW. S. 572), zuletzt geänd. durch G v. 26.2.2019 (GV. NRW. S. 151) und Fünftes G zur Ausführung des Kinder- und Jugendhilfegesetzes (5. AG-KJHG) v. 8.12.2015 (GV. NRW. S. 832)
- **Rheinland-Pfalz:** LandesG zur Ausführung des Kinder- und JugendhilfeG (AGKJHG) v. 21.12. 1993 (GVBl. S. 632), zuletzt geänd. durch G v. 3.9.2019 (GVBl. S. 213);
- **Saarland:** Erstes G zur Ausführung des Kinder- und JugendhilfeG (AG KJHG) v. 9.7.1993 (Amtsbl. S. 807), zuletzt geänd. durch G v. 13.10.2021 (Amtsbl. I S. 2434);
- **Sachsen:** LandesjugendhilfeG idF der Bek. v. 4.9.2008 (SächsGVBl. S. 578), zuletzt geänd. durch G v. 11.5.2019 (SächsGVBl. S. 358) und Sächsisches G zur Ausführung des Sozialgesetzbuches (SächsAGSGB) v. 6.6.2002 (SächsGVBl. S. 169), zuletzt geänd. durch G v. 31.3.2021 (SächsGVBl. S. 411); →

geldG v. 15.2.2013 (BGBl. I S. 254), Art. 5 G zur Reform der elterlichen Sorge nicht miteinander verheirateter Eltern v. 16.4.2013 (BGBl. I S. 795), Art. 3 UnterhaltsvorschussentbürokratisierungsG v. 3.5.2013 (BGBl. I S. 1108), Art. 1 Kinder- und JugendhilfeverwaltungsvereinfachungsG v. 29.8. 2013 (BGBl. I S. 3464), Art. 2 Abs. 8 49. G zur Änd. des Strafgesetzbuches v. 21.1.2015 (BGBl. I S. 10), Art. 5 PräventionsG v. 17.7.2015 (BGBl. I S. 1368), Art. 1 G zur Verbesserung der Unterbringung, Versorgung und Betreuung ausländischer Kinder und Jugendlicher v. 28.10.2015 (BGBl. I S. 1802), Art. 3 G zur Verbesserung der Bekämpfung des Menschenhandels und zur Änd. des BundeszentralregisterG sowie des Achten Buches Sozialgesetzbuch v. 11.10.2016 (BGBl. I S. 2226), Art. 2 Abs. 10 50. G zur Änd des StGB v. 4.11.2016 (BGBl. I S. 2460), Art. 9 BundesteilhabeG v. 23.12. 2016 (BGBl. I S. 3234, geänd. durch G v. 17.7.2017, BGBl. I S. 2541), Art. 9 G zur Bekämpfung von Kinderehen v. 17.7.2017 (BGBl. I S. 2429), Art. 3 G zur besseren Durchsetzung der Ausreisepflicht v. 20.7.2017 (BGBl. I S. 2780), Art. 10 Abs. 10 G zur Neuregelung des Schutzes von Geheimnissen bei der Mitwirkung Dritter an der Berufsausübung schweigepflichtiger Personen v. 30.10.2017 (BGBl. I S. 3618), Art. 2 G zur Weiterentwicklung der Qualität und zur Teilhabe in der Kindertagesbetreuung v. 19.12.2018 (BGBl. I S. 2696), Art. 6 Zweites DatenaustauschverbesserungsG v. 4.8.2019 (BGBl. I S. 1131), Art. 7 G zur Reform der Psychotherapeutenausbildung v. 15.11.2019 (BGBl. I S. 1604), Art. 129 Zweites Datenschutz-Anpassungs- und UmsetzungsG EU v. 20.11.2019 (BGBl. I S. 1626), Art. 8 G zur Änd. des Neunten und des Zwölften Buches Sozialgesetzbuch und anderer Rechtsvorschriften v. 30.11.2019 (BGBl. I S. 1948), Art. 36 G zur Regelung des Sozialen Entschädigungsrechts v. 12.12.2019 (BGBl. I S. 2652), Art. 16a Abs. 6 Medizinprodukte-EU-AnpassungsG v. 28.4.2020 (BGBl. I S. 960, geänd. durch G v. 19.5.2020, BGBl. I S. 1018), Art. 3 Abs. 5 59. G zur Änd. des Strafgesetzbuches v. 9.10.2020 (BGBl. I S. 2075), Art. 4 Abs. 6 Adoptionshilfe-Gesetz v. 12.2.2021 (BGBl. I S. 226), Art. 12 Vormundschafts- und Betreuungsrechts-Reformgesetz v. 4.5. 2021 (BGBl. I S. 882), Art. 1 Kinder- und JugendstärkungsG v. 3.6.2021 (BGBl. I S. 1444), Art. 8 Abs. 4 G zur Bekämpfung sexualisierter Gewalt gegen Kinder v. 16.6.2021 (BGBl. I S. 1810), Art. 8 G zur Durchführung der VO (EU) 2019/1111 sowie zur Änd. sonstiger Vorschriften v. 10.8.2021 (BGBl. I S. 3424), Art. 42 G über die Entschädigung der Soldatinnen und Soldaten und zur Neuordnung des Soldatenversorgungsrechts v. 20.8.2021 (BGBl. I S. 3932), Art. 1, 2 GanztagsförderungsG v. 2.10.2021 (BGBl. I S. 4602) und Art. 32 G zum Ausbau des elektronischen Rechtsverkehrs mit den Gerichten und zur Änd. weiterer Vorschriften v. 5.10.2021 (BGBl. I S. 4607)

Inhaltsübersicht[1)]

Erstes Kapitel. Allgemeine Vorschriften

(Fortsetzung nächstes Blatt)

(Fortsetzung der Anm. von voriger Seite)
– **Sachsen-Anhalt:** Kinder- und JugendhilfeG des Landes Sachsen-Anhalt (KJHG-LSA) v. 5.5.2000 (GVBl. LSA S. 236), zuletzt geänd. durch G v. 7.7.2020 (GVBl. LSA S. 372);
– **Schleswig-Holstein:** JugendförderungsG (JuFöG) v. 5.2.1992 (GVOBl. Schl.-H. S. 158), zuletzt geänd. durch G v. 6.11.2020 (GVOBl. Schl.-H. S. 804);
– **Thüringen:** Thüringer Kinder- und Jugendhilfe-AusführungsG (ThürKJHAG) idF der Bek. v. 5.2. 2009 (GVBl. S. 1), zuletzt geänd. durch G v. 30.6.2020 (GVBl. S. 345) und Thüringer Kindergartengesetz (ThürKigaG) v. 18.12.2017 (GVBl. S. 276), zuletzt geänd. durch G v. ErlDat (GVBl. 2021 S. 387).

[3)] Neubekanntmachung des SGB VIII idF der Bek. v. 14.12.2006 (BGBl. I S. 3134) in der ab 1.1. 2012 geltenden Fassung.

[1)] Inhaltsübers. geänd. mWv 19.5.2013 durch G v. 16.4.2013 (BGBl. I S. 795); geänd. mWv 1.1. 2014 durch G v. 29.8.2013 (BGBl. I S. 3464); geänd. mWv 1.11.2015 durch G v. 28.10.2015 (BGBl. I S. 1802); geänd. mWv 10.6.2021 durch G v. 3.6.2021 (BGBl. I S. 1444).

Fünfter Abschnitt. Beurkundung, vollstreckbare Urkunden

§ 59[1)] Beurkundung. (1) [1]Die Urkundsperson beim Jugendamt ist befugt,

1. die Erklärung, durch die die Vaterschaft anerkannt oder die Anerkennung widerrufen wird, die Zustimmungserklärung der Mutter sowie die etwa erforderliche Zustimmung des Mannes, der im Zeitpunkt der Geburt mit der Mutter verheiratet ist, des Kindes, des Jugendlichen oder eines gesetzlichen Vertreters zu einer solchen Erklärung (Erklärungen über die Anerkennung der Vaterschaft) zu beurkunden,
2. die Erklärung, durch die die Mutterschaft anerkannt wird, sowie die etwa erforderliche Zustimmung des gesetzlichen Vertreters der Mutter zu beurkunden (§ 44 Absatz 2 des Personenstandsgesetzes),
3. die Verpflichtung zur Erfüllung von Unterhaltsansprüchen eines Abkömmlings oder seines gesetzlichen Rechtsnachfolgers zu beurkunden, sofern der Abkömmling zum Zeitpunkt der Beurkundung das 21. Lebensjahr noch nicht vollendet hat,
4. die Verpflichtung zur Erfüllung von Ansprüchen auf Unterhalt (§ 1615l des Bürgerlichen Gesetzbuchs[2)]), auch des gesetzlichen Rechtsnachfolgers, zu beurkunden,
5. die Bereiterklärung der Adoptionsbewerber zur Annahme eines ihnen zur internationalen Adoption vorgeschlagenen Kindes (§ 7 Absatz 1 des Adoptionsübereinkommens-Ausführungsgesetzes) zu beurkunden,
6. den Widerruf der Einwilligung des Kindes in die Annahme als Kind (§ 1746 Absatz 2 des Bürgerlichen Gesetzbuchs) zu beurkunden,
7. die Erklärung, durch die der Vater auf die Übertragung der Sorge verzichtet (§ 1747 Absatz 3 Nummer 2 des Bürgerlichen Gesetzbuchs) zu beurkunden,
8. die Sorgeerklärungen (§ 1626a Absatz 1 Nummer 1 des Bürgerlichen Gesetzbuchs) sowie die etwa erforderliche Zustimmung des gesetzlichen Vertreters eines beschränkt geschäftsfähigen Elternteils (§ 1626c Absatz 2 des Bürgerlichen Gesetzbuchs) zu beurkunden,
9. eine Erklärung des auf Unterhalt in Anspruch genommenen Elternteils nach § 252 des Gesetzes über das Verfahren in Familiensachen und in den Angelegenheiten der freiwilligen Gerichtsbarkeit[3)] aufzunehmen; § 129a der Zivilprozessordnung[4)] gilt entsprechend.

[2]Die Zuständigkeit der Notare, anderer Urkundspersonen oder sonstiger Stellen für öffentliche Beurkundungen bleibt unberührt.

(2) Die Urkundsperson soll eine Beurkundung nicht vornehmen, wenn ihr in der betreffenden Angelegenheit die Vertretung eines Beteiligten obliegt.

(3) [1]Das Jugendamt hat geeignete Beamte und Angestellte zur Wahrnehmung der Aufgaben nach Absatz 1 zu ermächtigen. [2]Die Länder können Näheres hinsichtlich der fachlichen Anforderungen an diese Personen regeln.

[1)] § 59 Abs. 1 Satz 1 Nr. 7 geänd. mWv 19.5.2013 durch G v. 16.4.2013 (BGBl. I S. 795); Abs. 1 Satz 1 Nr. 3 neu gef., Nr. 4 geänd. mWv 1.7.2013 durch G v. 3.5.2013 (BGBl. I S. 1108).

[2)] **Habersack, Deutsche Gesetze Nr. 20.**

[3)] **Habersack, Deutsche Gesetze Nr. 112.**

[4)] **Habersack, Deutsche Gesetze Nr. 100.**

§ 60[1] **Vollstreckbare Urkunden.** [1] Aus Urkunden, die eine Verpflichtung nach § 59 Absatz 1 Satz 1 Nummer 3 oder 4 zum Gegenstand haben und die von einem Beamten oder Angestellten des Jugendamts innerhalb der Grenzen seiner Amtsbefugnisse in der vorgeschriebenen Form aufgenommen worden sind, findet die Zwangsvollstreckung statt, wenn die Erklärung die Zahlung einer bestimmten Geldsumme betrifft und der Schuldner sich in der Urkunde der sofortigen Zwangsvollstreckung unterworfen hat. [2] Die Zustellung kann auch dadurch vollzogen werden, dass der Beamte oder Angestellte dem Schuldner eine beglaubigte Abschrift der Urkunde aushändigt; § 174 Satz 2 und 3 der Zivilprozessordnung[2] gilt entsprechend. [3] Auf die Zwangsvollstreckung sind die Vorschriften, die für die Zwangsvollstreckung aus gerichtlichen Urkunden nach § 794 Absatz 1 Nummer 5 der Zivilprozessordnung[3] gelten, mit folgenden Maßgaben entsprechend anzuwenden:

1. Die vollstreckbare Ausfertigung sowie die Bestätigungen nach § 1079 der Zivilprozessordnung[3] werden von den Beamten oder Angestellten des Jugendamts erteilt, denen die Beurkundung der Verpflichtungserklärung übertragen ist. Das Gleiche gilt für die Bezifferung einer Verpflichtungserklärung nach § 790 der Zivilprozessordnung[3].
2. Über Einwendungen, die die Zulässigkeit der Vollstreckungsklausel oder die Zulässigkeit der Bezifferung nach § 790 der Zivilprozessordnung[3] betreffen, über die Erteilung einer weiteren vollstreckbaren Ausfertigung sowie über Anträge nach § 1081 der Zivilprozessordnung[3] entscheidet das für das Jugendamt zuständige Amtsgericht.

Viertes Kapitel. Schutz von Sozialdaten

§ 61[4] **Anwendungsbereich.** (1) [1] Für den Schutz von Sozialdaten bei ihrer Verarbeitung in der Jugendhilfe gelten § 35 des Ersten Buches[5], §§ 67 bis 85a des Zehnten Buches[6] sowie die nachfolgenden Vorschriften. [2] Sie gelten für alle Stellen des Trägers der öffentlichen Jugendhilfe, soweit sie Aufgaben nach diesem Buch wahrnehmen. [3] Für die Wahrnehmung von Aufgaben nach diesem Buch durch kreisangehörige Gemeinden und Gemeindeverbände, die nicht örtliche Träger sind, gelten die Sätze 1 und 2 entsprechend.

(2) Für den Schutz von Sozialdaten bei ihrer Verarbeitung im Rahmen der Tätigkeit des Jugendamts als Amtspfleger, Amtsvormund, Beistand und Gegenvormund gilt nur § 68.

(3) Werden Einrichtungen und Dienste der Träger der freien Jugendhilfe in Anspruch genommen, so ist sicherzustellen, dass der Schutz der personenbezogenen Daten bei der Verarbeitung in entsprechender Weise gewährleistet ist.

---

[1] § 60 Satz 2 geänd. mWv 1.1.2022 durch G v. 5.10.2021 (BGBl. I S. 4607).
[2] Nr. **50/10**.
[3] **Habersack, Deutsche Gesetze Nr. 100.**
[4] § 61 Abs. 1 Satz 1, Abs. 2 und 3 geänd. mWv 26.11.2019 durch G v. 20.11.2019 (BGBl. I S. 1626).
[5] Nr. **1**.
[6] Nr. **10**.

§ 62[1)] Datenerhebung. (1) Sozialdaten dürfen nur erhoben werden, soweit ihre Kenntnis zur Erfüllung der jeweiligen Aufgabe erforderlich ist.

(Fortsetzung nächstes Blatt)

[1)] § 62 Abs. 2 Sätze 1 und 2, Abs. 3 einl. Satzteil und Nr. 2, 3 und 4, Abs. 4 geänd. mWv 26.11. 2019 durch G v. 20.11.2019 (BGBl. I S. 1626); Abs. 3 Nr. 2 Buchst. d geänd. mWv 10.6.2021 durch G v. 3.6.2021 (BGBl. I S. 1444).

(2) Zur Verfolgung der gesellschaftlichen Entwicklung im Bereich der elterlichen Sorge sind im Rahmen der Kinder- und Jugendhilfestatistik auch laufende Erhebungen über Sorgeerklärungen durchzuführen.

§ 99[1] Erhebungsmerkmale. (1) Erhebungsmerkmale bei den Erhebungen über Hilfe zur Erziehung nach den §§ 27 bis 35, Eingliederungshilfe für seelisch behinderte Kinder und Jugendliche nach § 35a und Hilfe für junge Volljährige nach § 41 sind

1. im Hinblick auf die Hilfe
   a) Art des Trägers des Hilfe durchführenden Dienstes oder der Hilfe durchführenden Einrichtung sowie bei Trägern der freien Jugendhilfe deren Verbandszugehörigkeit,
   b) Art der Hilfe,
   c) Ort der Durchführung der Hilfe,
   d) Monat und Jahr des Beginns und Endes sowie Fortdauer der Hilfe,
   e) familienrichterliche Entscheidungen zu Beginn der Hilfe,
   f) Intensität der Hilfe,
   g) Hilfe anregende Institutionen oder Personen,
   h) Gründe für die Hilfegewährung,
   i) Grund für die Beendigung der Hilfe,
   j) vorangegangene Gefährdungseinschätzung nach § 8a Absatz 1,
   k) Einleitung der Hilfe im Anschluss an eine vorläufige Maßnahme zum Schutz von Kindern und Jugendlichen im Fall des § 42 Absatz 1 Satz 1,
   l) gleichzeitige Inanspruchnahme einer weiteren Hilfe zur Erziehung, Hilfe für junge Volljährige oder Eingliederungshilfe bei einer seelischen Behinderung oder einer drohenden seelischen Behinderung sowie
2. im Hinblick auf junge Menschen
   a) Geschlecht,
   b) Geburtsmonat und Geburtsjahr,
   c) Lebenssituation bei Beginn der Hilfe,
   d) ausländische Herkunft mindestens eines Elternteils,
   e) Deutsch als in der Familie vorrangig gesprochene Sprache,

---

[1] § 99 Abs. 6a neu gef. mWv 19.5.2013 durch G v. 16.4.2013 (BGBl. I S. 795); Abs. 2 Nr. 1 und 2 geänd., Abs. 3 Nr. 1 Buchst. a eingef., bish. Buchst. a wird Buchst. b und geänd., bish. Buchst. b wird Buchst. c, Buchst. d eingef., bish. Buchst. c wird Buchst. e, Abs. 6 Nr. 1, Abs. 6a, Abs. 7 Nr. 1 Buchst. b, Nr. 2 Buchst. b, Nr. 3 Buchst. e geänd., Buchst. f angef., Abs. 7a Nr. 2 Buchst. g geänd., Buchst. h angef., Abs. 8 neu gef., Abs. 9 Nr. 3 Buchst. d geänd. mWv 1.1.2014 durch G v. 29.8.2013 (BGBl. I S. 3464); Abs. 1 Nr. 1 Buchst. a und j geänd., Buchst. k eingef., Abs. 2 einl. Satzteil und Nr. 1 und 2, Abs. 7 Nr. 1 Buchst. a–c geänd., Buchst d. angef., Abs. 7 Nr. 2, Abs. 8 Nr. 1 und Abs. 9 Nr. 1 geänd. mWv 1.11.2015 durch G v. 28.10.2015 (BGBl. I S. 1802); Abs. 1 Nr. 1 Buchst. a und k neu gef., Buchst. l angef., Nr. 2 Buchst. d und e eingef., bish. Buchst. d und e werden Buchst. f und g, Nr. 3 Buchst. b geänd., Nr. 4 angef., Abs. 2 Nr. 1 neu gef., Nr. 2 geänd., Abs. 3 Nr. 1 Buchst. b und c geänd., Buchst. d eingef., bish. Buchst. d und e werden Buchst. e und f und neu gef., Nr. 2 Buchst. b geänd., Nr. 3 angef., Abs. 6 Nr. 1 und 2 neu gef., Abs. 6b Satz 1 abschl. Satzteil geänd., Satz 2 angef., Abs. 7 Nr. 1 Buchst. a neu gef. Buchst. c geänd., Buchst. e und f angef., Nr. 2 Buchst. b geänd., Nr. 3 Buchst. b neu gef., Buchst. c eingef., bish. Buchst. c wird Buchst. d, bish. Buchst. d wird Buchst. e und neu gef., bish. Buchst. e und f werden Buchst. f und g, Abs. 7a Nr. 1 Buchst. b geänd., Nr. 2 Buchst. b neu gef., Buchst. c eingef., bish. Buchst. c und d werden Buchst. d und e, bish. Buchst. e wird Buchst. f und neu gef., bish. Buchst. f–h werden Buchst. g–i, Abs. 7b geänd. mWv 10.6.2021, Abs. 9 neu gef. mWv 1.1.2022 durch G v. 3.6.2021 (BGBl. I S. 1444).

f) anschließender Aufenthalt,

g) nachfolgende Hilfe;

3. bei sozialpädagogischer Familienhilfe nach § 31 und anderen familienorientierten Hilfen nach § 27 zusätzlich zu den unter den Nummern 1 und 2 genannten Merkmalen
   a) Geschlecht, Geburtsmonat und Geburtsjahr der in der Familie lebenden jungen Menschen sowie
   b) Zahl der außerhalb der Familie lebenden Kinder und Jugendlichen;
4. für Hilfen außerhalb des Elternhauses nach § 27 Absatz 1, 3 und 4, den §§ 29 und 30, 32 bis 35a und 41 zusätzlich zu den unter den Nummern 1 und 2 genannten Merkmalen der Schulbesuch sowie das Ausbildungsverhältnis.

(2) Erhebungsmerkmale bei den Erhebungen über vorläufige Maßnahmen zum Schutz von Kindern und Jugendlichen sind Kinder und Jugendliche, zu deren Schutz Maßnahmen nach § 42 oder § 42a getroffen worden sind, gegliedert nach

1. Art der Maßnahme, Art des Trägers der Maßnahme, Form der Unterbringung während der Maßnahme, hinweisgebender Institution oder Person, Zeitpunkt des Beginns und Dauer der Maßnahme, Durchführung aufgrund einer vorangegangenen Gefährdungseinschätzung nach § 8a Absatz 1, Maßnahmeanlass, im Kalenderjahr bereits wiederholt stattfindende Inobhutnahme, Widerspruch der Personensorge- oder Erziehungsberechtigten gegen die Maßnahme, im Fall des Widerspruchs gegen die Maßnahme Herbeiführung einer Entscheidung des Familiengerichts nach § 42 Absatz 3 Satz 2 Nummer 2, Grund für die Beendigung der Maßnahme, anschließendem Aufenthalt, Art der anschließenden Hilfe,
2. bei Kindern und Jugendlichen zusätzlich zu den unter Nummer 1 genannten Merkmalen nach Geschlecht, Altersgruppe zu Beginn der Maßnahme, ausländischer Herkunft mindestens eines Elternteils, Deutsch als in der Familie vorrangig gesprochene Sprache, Art des Aufenthalts vor Beginn der Maßnahme.

(3) Erhebungsmerkmale bei den Erhebungen über die Annahme als Kind sind

1. angenommene Kinder und Jugendliche, gegliedert
   a) nach nationaler Adoption und internationaler Adoption nach § 2a des Adoptionsvermittlungsgesetzes[1],
   b) nach Geschlecht, Geburtsdatum, Staatsangehörigkeit und Art des Trägers des Adoptionsvermittlungsdienstes, Datum des Adoptionsbeschlusses,
   c) nach Herkunft des angenommenen Kindes, Art der Unterbringung vor der Adoptionspflege, Geschlecht und Familienstand der Eltern oder des sorgeberechtigten Elternteils oder Tod der Eltern zu Beginn der Adoptionspflege sowie Ersetzung der Einwilligung zur Annahme als Kind,
   d) zusätzlich bei nationalen Adoptionen nach Datum des Beginns und Endes der Adoptionspflege und bei Unterbringung vor der Adoptionspflege in Pflegefamilien nach Datum des Beginns und Endes dieser Unterbringung sowie bei Annahme durch die vorherige Pflegefamilie nach Datum des Beginns und Endes dieser Unterbringung,

[1] **Habersack, Deutsche Gesetze ErgBd. Nr. 45i.**

e) zusätzlich bei der internationalen Adoption (§ 2a des Adoptionsvermittlungsgesetzes) nach Staatsangehörigkeit vor Ausspruch der Adoption, nach Herkunftsland und gewöhnlichem Aufenthalt vor der Adoption sowie nach Ausspruch der Adoption im Ausland oder Inland,

f) nach Staatsangehörigkeit, Geschlecht und Familienstand der oder des Annehmenden sowie nach dem Verwandtschaftsverhältnis zu dem Kind,

2. die Zahl der

a) ausgesprochenen und aufgehobenen Annahmen sowie der abgebrochenen Adoptionspflegen, gegliedert nach Art des Trägers des Adoptionsvermittlungsdienstes,

b) vorgemerkten Adoptionsbewerber, die zur Annahme als Kind vorgemerkten und in Adoptionspflege untergebrachten Kinder und Jugendlichen zusätzlich nach ihrem Geschlecht, gegliedert nach Art des Trägers des Adoptionsvermittlungsdienstes,

3. bei Anerkennungs- und Wirkungsfeststellung einer ausländischen Adoptionsentscheidung nach § 2 des Adoptionswirkungsgesetzes[1] sowie eines Umwandlungsausspruchs nach § 3 des Adoptionswirkungsgesetzes die Zahl der

a) eingeleiteten Verfahren nach den §§ 2 und 3 des Adoptionswirkungsgesetzes,

b) beendeten Verfahren nach den §§ 2 und 3 des Adoptionswirkungsgesetzes, die ausländische Adoptionen nach § 2a des Adoptionsvermittlungsgesetzes zum Gegenstand haben, gegliedert nach

aa) dem Ergebnis des Verfahrens im Hinblick auf eine erfolgte und nicht erfolgte Vermittlung nach § 2a Absatz 2 des Adoptionsvermittlungsgesetzes,

bb) dem Vorliegen einer Bescheinigung nach Artikel 23 des Haager Übereinkommens vom 29. Mai 1993 über den Schutz von Kindern und die Zusammenarbeit auf dem Gebiet der internationalen Adoption und

cc) der Verfahrensdauer.

(4) Erhebungsmerkmal bei den Erhebungen über die Amtspflegschaft und die Amtsvormundschaft sowie die Beistandschaft ist die Zahl der Kinder und Jugendlichen unter

1. gesetzlicher Amtsvormundschaft,
2. bestellter Amtsvormundschaft,
3. bestellter Amtspflegschaft sowie
4. Beistandschaft,

gegliedert nach Geschlecht, Art des Tätigwerdens des Jugendamts sowie nach deutscher und ausländischer Staatsangehörigkeit (Deutsche/Ausländer).

(5) Erhebungsmerkmal bei den Erhebungen über

1. die Pflegeerlaubnis nach § 43 ist die Zahl der Tagespflegepersonen,
2. die Pflegeerlaubnis nach § 44 ist die Zahl der Kinder und Jugendlichen, gegliedert nach Geschlecht und Art der Pflege.

---

[1] **Habersack, Deutsche Gesetze ErgBd. Nr. 45j.**

(6) Erhebungsmerkmale bei der Erhebung zum Schutzauftrag bei Kindeswohlgefährdung nach § 8a sind Kinder und Jugendliche, bei denen eine Gefährdungseinschätzung nach Absatz 1 vorgenommen worden ist, gegliedert

1. nach der hinweisgebenden Institution oder Person, der Art der Kindeswohlgefährdung, der Person, von der die Gefährdung ausgeht, dem Ergebnis der Gefährdungseinschätzung sowie wiederholter Meldung zu demselben Kind oder Jugendlichen im jeweiligen Kalenderjahr,
2. bei Kindern und Jugendlichen zusätzlich zu den in Nummer 1 genannten Merkmalen nach Geschlecht, Geburtsmonat, Geburtsjahr, ausländischer Herkunft mindestens eines Elternteils, Deutsch als in der Familie vorrangig gesprochene Sprache, Eingliederungshilfe und Aufenthaltsort des Kindes oder Jugendlichen zum Zeitpunkt der Meldung sowie den Altersgruppen der Eltern und der Inanspruchnahme einer Leistung gemäß den §§ 16 bis 19 sowie 27 bis 35a und der Durchführung einer Maßnahme nach § 42.

(6a) Erhebungsmerkmal bei den Erhebungen über Sorgeerklärungen und die gerichtliche Übertragung der gemeinsamen elterlichen Sorge nach § 1626a Absatz 1 Nummer 3 des Bürgerlichen Gesetzbuchs[1] ist die gemeinsame elterliche Sorge nicht miteinander verheirateter Eltern, gegliedert danach, ob Sorgeerklärungen beider Eltern vorliegen, oder den Eltern die elterliche Sorge aufgrund einer gerichtlichen Entscheidung ganz oder zum Teil gemeinsam übertragen worden ist.

(6b) [1] Erhebungsmerkmal bei den Erhebungen über Maßnahmen des Familiengerichts ist die Zahl der Kinder und Jugendlichen, bei denen wegen einer Gefährdung ihres Wohls das familiengerichtliche Verfahren auf Grund einer Anrufung durch das Jugendamt nach § 8a Absatz 2 Satz 1 oder § 42 Absatz 3 Satz 2 Nummer 2 oder auf andere Weise eingeleitet worden ist und

1. den Personensorgeberechtigten auferlegt worden ist, Leistungen nach diesem Buch in Anspruch zu nehmen,
2. andere Gebote oder Verbote gegenüber den Personensorgeberechtigten oder Dritten ausgesprochen worden sind,
3. Erklärungen der Personensorgeberechtigten ersetzt worden sind,
4. die elterliche Sorge ganz oder teilweise entzogen und auf das Jugendamt oder einen Dritten als Vormund oder Pfleger übertragen worden ist,

gegliedert nach Geschlecht, Altersgruppen und zusätzlich bei Nummer 4 nach dem Umfang der übertragenen Angelegenheit. [2] Zusätzlich sind die Fälle nach Geschlecht und Altersgruppen zu melden, in denen das Jugendamt insbesondere nach § 8a Absatz 2 Satz 1 oder § 42 Absatz 3 Satz 2 Nummer 2 das Familiengericht anruft, weil es dessen Tätigwerden für erforderlich hält.

(7) Erhebungsmerkmale bei den Erhebungen über Kinder und tätige Personen in Tageseinrichtungen sind

1. die Einrichtungen, gegliedert nach
   a) der Art und Rechtsform des Trägers sowie bei Trägern der freien Jugendhilfe deren Verbandszugehörigkeit sowie besonderen Merkmalen,
   b) der Zahl der genehmigten Plätze,
   c) der Art und Anzahl der Gruppen,
   d) die Anzahl der Kinder insgesamt,

---

[1] **Habersack, Deutsche Gesetze Nr. 20.**

e) Anzahl der Schließtage an regulären Öffnungstagen im vorangegangenen Jahr sowie
f) Öffnungszeiten,
2. für jede dort tätige Person
a) Geschlecht und Beschäftigungsumfang,
b) für das pädagogisch und in der Verwaltung tätige Personal zusätzlich Geburtsmonat und Geburtsjahr, die Art des Berufsausbildungsabschlusses, Stellung im Beruf, Art der Beschäftigung und Arbeitsbereiche einschließlich Gruppenzugehörigkeit, Monat und Jahr des Beginns der Tätigkeit in der derzeitigen Einrichtung,
3. für die dort geförderten Kinder
a) Geschlecht, Geburtsmonat und Geburtsjahr sowie Schulbesuch,
b) ausländische Herkunft mindestens eines Elternteils,
c) Deutsch als in der Familie vorrangig gesprochene Sprache,
d) Betreuungszeit und Mittagsverpflegung,
e) Eingliederungshilfe,
f) Gruppenzugehörigkeit,
g) Monat und Jahr der Aufnahme in der Tageseinrichtung.

(7a) Erhebungsmerkmale bei den Erhebungen über Kinder in mit öffentlichen Mitteln geförderter Kindertagespflege sowie die die Kindertagespflege durchführenden Personen sind:
1. für jede tätige Person
a) Geschlecht, Geburtsmonat und Geburtsjahr,
b) Art und Umfang der Qualifikation, höchster allgemeinbildender Schulabschluss, höchster beruflicher Ausbildungs- und Hochschulabschluss, Anzahl der betreuten Kinder (Betreuungsverhältnisse am Stichtag) insgesamt und nach dem Ort der Betreuung,
2. für die dort geförderten Kinder
a) Geschlecht, Geburtsmonat und Geburtsjahr sowie Schulbesuch,
b) ausländische Herkunft mindestens eines Elternteils,
c) Deutsch als in der Familie vorrangig gesprochene Sprache,
d) Betreuungszeit und Mittagsverpflegung,
e) Art und Umfang der öffentlichen Finanzierung und Förderung,
f) Eingliederungshilfe,
g) Verwandtschaftsverhältnis zur Pflegeperson,
h) gleichzeitig bestehende andere Betreuungsarrangements,
i) Monat und Jahr der Aufnahme in Kindertagespflege.

(7b) Erhebungsmerkmale bei den Erhebungen über Personen, die mit öffentlichen Mitteln geförderte Kindertagespflege gemeinsam oder auf Grund einer Erlaubnis nach § 43 Absatz 3 Satz 3 durchführen und die von diesen betreuten Kinder sind die Zahl der Kindertagespflegepersonen und die Zahl der von diesen betreuten Kinder jeweils gegliedert nach Pflegestellen.

(8) Erhebungsmerkmale bei den Erhebungen über die Angebote der Jugendarbeit nach § 11 sowie bei den Erhebungen über Fortbildungsmaßnahmen für ehrenamtliche Mitarbeiter anerkannter Träger der Jugendhilfe nach § 74 Absatz 6 sind offene und Gruppenangebote sowie Veranstaltungen und Projekte

der Jugendarbeit, soweit diese mit öffentlichen Mitteln pauschal oder maßnahmenbezogen gefördert werden oder der Träger eine öffentliche Förderung erhält, gegliedert nach

1. Art, Name und Rechtsform des Trägers,
2. Dauer, Häufigkeit, Durchführungsort und Art des Angebots; zusätzlich bei schulbezogenen Angeboten die Art der kooperierenden Schule,
3. Alter, Geschlecht sowie Art der Beschäftigung und Tätigkeit der bei der Durchführung des Angebots tätigen Personen,
4. Zahl, Geschlecht und Alter der Teilnehmenden sowie der Besucher,
5. Partnerländer und Veranstaltungen im In- oder Ausland bei Veranstaltungen und Projekten der internationalen Jugendarbeit.

(9) Erhebungsmerkmale bei den Erhebungen über die Träger der Jugendhilfe, die dort tätigen Personen und deren Einrichtungen, soweit diese nicht in Absatz 7 erfasst werden, sind

1. die Träger gegliedert nach
   a) Art und Rechtsform des Trägers sowie bei Trägern der freien Jugendhilfe deren Verbandszugehörigkeit,
   b) den Betätigungsfeldern nach Aufgabenbereichen,
   c) deren Personalausstattung sowie
   d) Anzahl der Einrichtungen,
2. die Einrichtungen des Trägers mit Betriebserlaubnis nach § 45 und Betreuungsformen nach diesem Gesetz, soweit diese nicht in Absatz 7 erfasst werden, gegliedert nach
   a) Postleitzahl des Standorts,
   b) für jede vorhandene Gruppe und jede sonstige Betreuungsform nach diesem Gesetz, die von der Betriebserlaubnis umfasst ist, Angaben über die Art der Unterbringung oder Betreuung, deren Rechtsgrundlagen, Anzahl der genehmigten und belegten Plätze, Anzahl der Sollstellen des Personals und Hauptstelle der Einrichtung,
3. für jede im Bereich der Jugendhilfe pädagogisch und in der Verwaltung tätige Person des Trägers
   a) Geschlecht, Geburtsmonat und Geburtsjahr,
   b) Art des höchsten Berufsausbildungsabschlusses, Stellung im Beruf, Art der Beschäftigung, Beschäftigungsumfang und Arbeitsbereiche,
   c) Bundesland des überwiegenden Einsatzortes.

(10) Erhebungsmerkmale bei der Erhebung der Ausgaben und Einnahmen der öffentlichen Jugendhilfe sind

1. die Art des Trägers,
2. die Ausgaben für Einzel- und Gruppenhilfen, gegliedert nach Ausgabe- und Hilfeart sowie die Einnahmen nach Einnahmeart,
3. die Ausgaben und Einnahmen für Einrichtungen nach Arten gegliedert nach der Einrichtungsart,
4. die Ausgaben für das Personal, das bei den örtlichen und den überörtlichen Trägern sowie den kreisangehörigen Gemeinden und Gemeindeverbänden, die nicht örtliche Träger sind, Aufgaben der Jugendhilfe wahrnimmt.

§ 100[1] **Hilfsmerkmale.** Hilfsmerkmale sind

1. Name und Anschrift des Auskunftspflichtigen,
2. für die Erhebungen nach § 99 die Kenn-Nummer der hilfeleistenden Stelle oder der auskunftsgebenden Einrichtung; soweit eine Hilfe nach § 28 gebietsübergreifend erbracht wird, die Kenn-Nummer des Wohnsitzes des Hilfeempfängers,

(Fortsetzung nächstes Blatt)

---

[1] § 100 Nr. 3 eingef., bish. Nr. 3 wird Nr. 4 mWv 1.1.2014 durch G v. 29.8.2013 (BGBl. I S. 3464); Nr. 4 geänd. mWv 10.6.2021 durch G v. 3.6.2021 (BGBl. I S. 1444).

8/10. Bundeskindergeldgesetz (BKGG)

In der Fassung der Bekanntmachung vom 28. Januar 2009[1)]
(BGBl. I S. 142, ber. S. 3177)

FNA 85-4

geänd. durch § 62 Abs. 17 BeamtenstatusG v. 17.6.2008 (BGBl. I S. 1010), Art. 104 FGG-ReformG v. 17.12.2008 (BGBl. I S. 2586), Art. 15 Abs. 95 DienstrechtsneuordnungsG v. 5.2.2009 (BGBl. I S. 160), Art. 3 G zur Sicherung von Beschäftigung und Stabilität in Deutschland v. 2.3.2009 (BGBl. I S. 416), Art. 13 BürgerentlastungsG Krankenversicherung v. 16.7.2009 (BGBl. I S. 1959), Art. 8 Wachstumsbeschleunigungs G v. 22.12.2009 (BGBl. I S. 3950), Art. 5 G zur Ermittlung von Regelbedarfen und zur Änd. des Zweiten und Zwölften Buches Sozialgesetzbuch v. 24.3.2011 (BGBl. I S. 453), Art. 6 Abs. 11 G zur Änd. des BundesversorgungsG und anderer Vorschriften v. 20.6.2011 (BGBl. I S. 1114), Art. 12 SteuervereinfachungsG 2011 v. 1.11.2011 (BGBl. I S. 2131), Art. 9 Beitreibungsrichtlinie-UmsetzungsG v. 7.12.2011 (BGBl. I S. 2592), Art. 2 UnterhaltsvorschussentbürokratisierungsG v. 3.5.2013 (BGBl. I S. 1108), Art. 3 G zur Änd. des Zweiten Buches Sozialgesetzbuch und anderer G v. 7.5.2013 (BGBl. I S. 1167), Art. 15 Amtshilferichtlinie-UmsetzungsG v. 26.6.2013 (BGBl. I S. 1809), Art. 7 G zur Anpassung steuerlicher Regelungen an die Rechtsprechung des Bundesverfassungsgerichts v. 18.7.2014 (BGBl. I S. 1042), Art. 21 G zur Anpassung des nationalen Steuerrechts an den Beitritt Kroatiens zur EU und zur Änd. weiterer steuerlicher Vorschriften v. 25.7.2014 (BGBl. I S. 1266), Art. 14 G zur Anpassung der Abgabenordnung an den Zollkodex der Union und zur Änd. weiterer steuerlicher Vorschriften v. 22.12.2014 (BGBl. I S. 2417), Art. 5, Art. 6, Art. 7 G zur Anhebung des Grundfreibetrags, des Kinderfreibetrags, des Kindergeldes und des Kinderzuschlags v. 16.7.2015 (BGBl. I S. 1202), Art. 3 Abs. 11 Neuntes G zur Änd. des SGB II – Rechtsvereinfachung – sowie zur vorübergehenden Aussetzung der Insolvenzantragspflicht v. 26.7.2016 (BGBl. I S. 1824), Art. 12, Art. 13 G zur Umsetzung der Änd. der EU-AmtshilfeRL und von weiteren Maßnahmen gegen Gewinnkürzungen und -verlagerungen v. 20.12.2016 (BGBl. I S. 3000), Art. 157 G zum Abbau verzichtbarer Anordnungen der Schriftform im Verwaltungsrecht des Bundes v. 29.3.2017 (BGBl. I S. 626), Art. 8 Steuerumgehungsbekämpfungsgesetz v. 23.6.2017 (BGBl. I S. 1682), Art. 6, Art. 7 FamilienentlastungsG v. 29.11.2018 (BGBl. I S. 2210), Art. 1, Art. 2 Starke-Familien-G v. 29.4.2019 (BGBl. I S. 530), Art. 15 G gegen illegale Beschäftigung und Sozialleistungsmissbrauch v. 11.7.2019 (BGBl. I S. 1066), Art. 33 und 34 G zur weiteren steuerl. Förderung der Elektromobilität und zur Änd. weiterer steuerl. Vorschriften v. 12.12.2019 (BGBl. I S. 2451), Art. 6 Sozialschutz-Paket v. 27.3.2020 (BGBl. I S. 575), Art. 18 Sozialschutz-Paket II v. 20.5.2020 (BGBl. I S. 1055), Art. 9 Zweites Corona-SteuerhilfeG v. 29.6.2020 (BGBl. I S. 1512), Art. 12 KrankenhauszukunftsG v. 23.10.2020 (BGBl. I S. 2208), Art. 5 Zweites FamilienentlastungsG v. 1.12.2020 (BGBl. I S. 2616), Art. 8 G zur Ermittlung der Regelbedarfe und zur Änd. des Zwölften Buches Sozialgesetzbuch sowie weiterer Gesetze v. 9.12.2020 (BGBl. I S. 2855), Art. 4 Drittes Corona-SteuerhilfeG v. 10.3.2021 (BGBl. I S. 330), Art. 4 Sozialschutz-Paket III v. 10.3.2021 (BGBl. I S. 335), Art. 2 KitafinanzhilfenänderungsG v. 25.6.2021 (BGBl. I S. 2020) und Art. 14 G zur Änd. des InfektionsschutzG und weiterer Gesetze anlässlich der Aufhebung der Feststellung der epidemischen Lage von nationaler Tragweite v. 22.11.2021 (BGBl. I S. 4906)

Erster Abschnitt. Leistungen

§ 1[2)] **Anspruchsberechtigte.** (1) Kindergeld nach diesem Gesetz für seine Kinder erhält, wer nach § 1 Absatz 1 und 2 des Einkommensteuergesetzes[3)] nicht unbeschränkt steuerpflichtig ist und auch nicht nach § 1 Absatz 3 des Einkommensteuergesetzes als unbeschränkt steuerpflichtig behandelt wird und

---

[1)] Neubekanntmachung des BundeskindergeldG idF der Bek. v. 17.7.2007 (BGBl. I S. 1450) in der ab 1.1.2009 geltenden Fassung.

[2)] § 1 Abs. 1 Nr. 3 neu gef. mWv 1.4.2009 durch G v. 17.6.2008 (BGBl. I S. 1010); Abs. 1 Nr. 3 geänd. mWv 12.2.2009 durch G v. 5.2.2009 (BGBl. I S. 160); Abs. 1 Nr. 3 geänd. mWv 1.1.2012 durch G v. 1.11. 2011 (BGBl. I S. 2131); Abs. 1 Nr. 4 geänd. mWv 24.7.2014 durch G v. 18.7.2014 (BGBl. I S. 1042); Abs. 3 Nr. 2 Buchst. c geänd., Worlaut vor Nr. 3 aufgeh., Nr. 3 Buchst. b geänd., Wortlaut nach Nr. 3 Buchst. b eingef., Nr. 4 angef. mWv 1.1.2020, Abs. 3 neu gef. mWv 1.3.2020 durch G v. 12.12.2019 (BGBl. I S. 2451).

[3)] **Steuergesetze Nr. 1.**

1. in einem Versicherungspflichtverhältnis zur Bundesagentur für Arbeit nach dem Dritten Buch Sozialgesetzbuch[1] steht oder versicherungsfrei nach § 28 Absatz 1 Nummer 1 des Dritten Buches Sozialgesetzbuch ist oder
2. als Entwicklungshelfer Unterhaltsleistungen im Sinne des § 4 Absatz 1 Nummer 1 des Entwicklungshelfer-Gesetzes[2] erhält oder als Missionar der Missionswerke und -gesellschaften, die Mitglieder oder Vereinbarungspartner des Evangelischen Missionswerkes Hamburg, der Arbeitsgemeinschaft Evangelikaler Missionen e.V., des Deutschen katholischen Missionsrates oder der Arbeitsgemeinschaft pfingstlich-charismatischer Missionen sind, tätig ist oder
3. eine nach § 123a des Beamtenrechtsrahmengesetzes[3] oder § 29 des Bundesbeamtengesetzes[4] oder nach § 20 des Beamtenstatusgesetzes[5] bei einer Einrichtung außerhalb Deutschlands zugewiesene Tätigkeit ausübt oder
4. als Ehegatte oder Lebenspartner eines Mitglieds der Truppe oder des zivilen Gefolges eines NATO-Mitgliedstaates die Staatsangehörigkeit eines EU/EWR-Mitgliedstaates besitzt und in Deutschland seinen Wohnsitz oder gewöhnlichen Aufenthalt hat.

(2) [1] Kindergeld für sich selbst erhält, wer
1. in Deutschland einen Wohnsitz oder seinen gewöhnlichen Aufenthalt hat,
2. Vollwaise ist oder den Aufenthalt seiner Eltern nicht kennt und
3. nicht bei einer anderen Person als Kind zu berücksichtigen ist.

[2] § 2 Absatz 2 und 3 sowie die §§ 4 und 5 sind entsprechend anzuwenden. [3] Im Fall des § 2 Absatz 2 Satz 1 Nummer 3 wird Kindergeld längstens bis zur Vollendung des 25. Lebensjahres[6] gewährt.

(3) [1] Ein nicht freizügigkeitsberechtigter Ausländer erhält Kindergeld nur, wenn er
1. eine Niederlassungserlaubnis oder eine Erlaubnis zum Daueraufenthalt-EU besitzt,
2. eine Blaue Karte EU, eine ICT-Karte, eine Mobiler-ICT-Karte oder eine Aufenthaltserlaubnis besitzt, die für einen Zeitraum von mindestens sechs Monaten zur Ausübung einer Erwerbstätigkeit berechtigen oder berechtigt haben oder diese erlauben, es sei denn, die Aufenthaltserlaubnis wurde
   a) nach § 16e des Aufenthaltsgesetzes[7] zu Ausbildungszwecken, nach § 19c Absatz 1 des Aufenthaltsgesetzes[8] zum Zweck der Beschäftigung als Au-Pair oder zum Zweck der Saisonbeschäftigung, nach § 19e des Aufenthaltsgesetzes[8] zum Zweck der Teilnahme an einem Europäischen Freiwilligendienst oder nach § 20 Absatz 1 und 2 des Aufenthaltsgesetzes[8] zur Arbeitsplatzsuche erteilt,
   b) nach § 16b des Aufenthaltsgesetzes[7] zum Zweck eines Studiums, nach § 16d des Aufenthaltsgesetzes[7] für Maßnahmen zur Anerkennung ausländischer Berufsqualifikationen oder nach § 20 Absatz 3 des Aufenthalts-

(Fortsetzung nächstes Blatt)

[1] Nr. 3.
[2] Nr. **40/10**.
[3] **Sartorius Nr. 150a.**
[4] **Sartorius Nr. 160.**
[5] **Sartorius Nr. 150.**
[6] Siehe hierzu die Übergangsvorschrift in § 20 Abs. 5.
[7] **Sartorius Nr. 565.**
[8] Nr. **3/51**.

§ 19[1] **Übergangsvorschriften.** (1) Ist für die Nachzahlung und Rückforderung von Kindergeld und Zuschlag zum Kindergeld für Berechtigte mit geringem Einkommen der Anspruch eines Jahres vor 1996 maßgeblich, finden die §§ 10, 11 und 11a in der bis zum 31. Dezember 1995 geltenden Fassung Anwendung.

(2) Verfahren, die am 1. Januar 1996 anhängig sind, werden nach den Vorschriften des Sozialgesetzbuches und des Bundeskindergeldgesetzes in der bis zum 31. Dezember 1995 geltenden Fassung zu Ende geführt, soweit in § 78 des Einkommensteuergesetzes[2] nichts anderes bestimmt ist.

(3) Wird Kinderzuschlag vor dem 1. Juli 2019 bewilligt, finden die Regelungen des Bundeskindergeldgesetzes in der bis zum 30. Juni 2019 geltenden Fassung weiter Anwendung, mit Ausnahme der Regelung zum monatlichen Höchstbetrag des Kinderzuschlags nach § 20 Absatz 3.

(4) § 6c lässt Unterhaltsleistungen, die vor dem 30. Juni 2021 fällig geworden sind, unberührt.

§ 20[3] **Anwendungsvorschrift.** (1) [1] § 1 Absatz 3 in der am 19. Dezember 2006 geltenden Fassung ist in Fällen, in denen eine Entscheidung über den Anspruch auf Kindergeld für Monate in dem Zeitraum zwischen dem 1. Januar 1994 und dem 18. Dezember 2006 noch nicht bestandskräftig geworden ist, anzuwenden, wenn dies für den Antragsteller günstiger ist. [2] In diesem Fall werden die Aufenthaltsgenehmigungen nach dem Ausländergesetz den Aufenthaltstiteln nach dem Aufenthaltsgesetz[4] entsprechend den Fortgeltungsregelungen in § 101 des Aufenthaltsgesetzes[5] gleichgestellt.

(2) Die Regelung der erweiterten Zugangsmöglichkeit nach § 6a Absatz 1a ist bis zum 31. Dezember 2023 anzuwenden.

(3) Abweichend von § 6a Absatz 2 beträgt für die Zeit vom 1. Juli 2019 bis zum 31. Dezember 2020 der monatliche Höchstbetrag des Kinderzuschlags für jedes zu berücksichtigende Kind 185 Euro.

(4) Wird einer Person Kinderzuschlag für einen nach dem 30. Juni 2019 und vor dem 1. Juli 2021 beginnenden Bewilligungszeitraum bewilligt und wird ihr

---

[1] § 19 Abs. 3 angef. mWv 1.7.2019; Abs. 3 geänd. mWv 1.1.2020 durch G v. 29.4.2019 (BGBl. I S. 530); Abs. 4 angef. mWv 30.6.2021 durch G v. 25.6.2021 (BGBl. I S. 2020).

[2] **Steuergesetze Nr. 1.**

[3] § 20 Abs. 5 Satz 3 angef., Abs. 5a eingef. mWv 23.7.2009 durch G v. 16.7.2009 (BGBl. I S. 1959); Abs. 8 angef. mWv 1.1.2011 durch G v. 24.3.2011 (BGBl. I S. 453); Abs. 8 Satz 3 neu gef., Satz 4 eingef., bish. Satz 4 wird Satz 5 mWv 1.1.2011 durch G v. 20.6.2011 (BGBl. I S. 1114); Abs. 5 Satz 4 angef. mWv 1.1.2011 durch G v. 7.12.2011 (BGBl. I S. 2592); Abs. 9 angef. mWv 1.1.2012 durch G v. 26.6.2013 (BGBl. I S. 1809); Abs. 5 Satz 1 geänd., Satz 5 angef. mWv 31.7.2014 durch G v. 25.7. 2014 (BGBl. I S. 1266); Abs. 10 angef. mWv 1.1.2018 durch G v. 23.6.2017 (BGBl. I S. 1682); Abs. 2 und 3 neu gef., Abs. 5 Sätze 1-4 aufgeh., bish. Satz 5 wird alleiniger Wortlaut, Abs. 7 und 8 aufgeh, bish. Abs. 9 und 10 werden Abs. 7 und 8 mWv 1.7.2019, Abs. 2 eingef., bish. Abs. 2-8 werden Abs. 3-9 mWv 1.1.2020 durch G v. 29.4.2019 (BGBl. I S. 530); Abs. 10 angef. mWv 1.1.2020 und neu gef. mWv 1.3.2020 durch G v. 12.12.2019 (BGBl. I S. 2451); Abs. 4 geänd., Abs. 5–7 eingef., bish. Abs. 5–10 werden Abs. 8–13 mWv 28.3.2020 durch G v. 27.3.2020 (BGBl. I S. 575); Abs. 7a eingef. mWv 29.5.2020 durch G v. 20.5.2020 (BGBl. I S. 1055); Abs. 6a eingef. mWv 29.10.2020 durch G v. 23.10.2020 (BGBl. I S. 2208); Abs. 2 geänd. mWv 1.1.2021 durch G v. 1.12.2020 (BGBl. I S. 2616); Abs. 6a neu gef. mWv 1.1.2021 durch G v. 9.12.2020 (BGBl. I S. 2855); Abs. 6a Satz 1 geänd., Satz 3 aufgeh. mWv 1.4.2021 durch G v. 10.3.2021 (BGBl. I S. 335); Abs. 6a Satz 1 geänd., Satz 3 angef. mWv 24.11.2021 durch G v. 22.11.2021 (BGBl. I S. 4906).

[4] Auszugsweise abgedruckt unter Nr. **3/51**.

[5] **Sartorius Nr. 565.**

der Verwaltungsakt erst nach Ablauf des ersten Monats des Bewilligungszeitraums bekannt gegeben, endet dieser Bewilligungszeitraum abweichend von § 6a Absatz 7 Satz 1 am Ende des fünften Monats nach dem Monat der Bekanntgabe des Verwaltungsaktes.

(5) [1] Abweichend von § 6a Absatz 7 Satz 1 wird in Fällen, in denen der höchstmögliche Gesamtkinderzuschlag bezogen wird und der sechsmonatige Bewilligungszeitraum in der Zeit vom 1. April 2020 bis zum 30. September 2020 endet, der Bewilligungszeitraum von Amts wegen einmalig um weitere sechs Monate verlängert. [2] Satz 1 gilt entsprechend, wenn der ursprüngliche Bewilligungszeitraum in Anwendung des § 20 Absatz 4 mehr als sechs Monate umfasst.

(6) [1] Abweichend von § 6a Absatz 8 Satz 1 ist für Anträge, die in der Zeit vom 1. April 2020 bis zum 30. September 2020 eingehen, bei der Ermittlung des monatlich zu berücksichtigenden Einkommens der Eltern nur das Einkommen aus dem letzten Monat vor Beginn des Bewilligungszeitraums maßgeblich. [2] In diesen Fällen wird abweichend von § 6a Absatz 3 Satz 1 und Absatz 5 Satz 1 Vermögen nach § 12 des Zweiten Buches Sozialgesetzbuch[1)] nicht berücksichtigt. [3] Satz 2 gilt nicht, wenn das Vermögen erheblich ist; es wird vermutet, dass kein erhebliches Vermögen vorhanden ist, wenn die Antragstellerin oder der Antragsteller dies im Antrag erklärt.

(6a) [1] Abweichend von § 6a Absatz 3 Satz 1 und Absatz 5 Satz 1 wird für Bewilligungszeiträume, die in der Zeit vom 1. Oktober 2020 bis 31. März 2022 beginnen, Vermögen nach § 12 des Zweiten Buches Sozialgesetzbuch nicht berücksichtigt. [2] Satz 1 gilt nicht, wenn das Vermögen erheblich ist; es wird vermutet, dass kein erhebliches Vermögen vorhanden ist, wenn die Antragstellerin oder der Antragsteller dies im Antrag erklärt. [3] Macht die Bundesregierung von ihrer Verordnungsermächtigung nach § 67 Absatz 5 des Zweiten Buches Sozialgesetzbuch Gebrauch und verlängert den in § 67 Absatz 1 des Zweiten Buches Sozialgesetzbuch genannten Zeitraum, ändert sich das in Satz 1 genannte Datum, bis zu dem die Regelung Anwendung findet, entsprechend.

(7) [1] In Fällen, in denen der Bewilligungszeitraum vor dem 1. April 2020 begonnen hat, kann im April oder Mai 2020 einmalig während des laufenden Bewilligungszeitraums ein Antrag auf Überprüfung gestellt werden. [2] Bei der Überprüfung ist abweichend von § 6a Absatz 8 Satz 1 als monatlich zu berücksichtigendes Einkommen der Eltern nur das Einkommen aus dem Monat vor dem Überprüfungsantrag zugrunde zu legen. [3] Im Übrigen sind die bereits für den laufenden Bewilligungszeitraum nach Absatz 8 ermittelten tatsächlichen und rechtlichen Verhältnisse zugrunde zu legen. [4] Die Voraussetzung nach § 6a Absatz 1 Nummer 3, dass bei Bezug des Kinderzuschlags keine Hilfebedürftigkeit besteht, ist nicht anzuwenden. [5] Ergibt die Überprüfung einen höheren Kinderzuschlag, wird für die restlichen Monate des Bewilligungszeitraums Kinderzuschlag in der neuen Höhe bewilligt; anderenfalls ist der Antrag abzulehnen. [6] Ist ein Bewilligungsbescheid für einen Bewilligungszeitraum, der vor dem 1. April 2020 beginnt, noch nicht ergangen, gelten die Sätze 1 bis 5 entsprechend. [7] In den Fällen nach den Sätzen 1 bis 6 ist die Verlängerungsregelung nach Absatz 5 nicht anzuwenden.

[1)] Nr. 2.

(7a) Bei den Leistungen für Bildung und Teilhabe nach § 6b ist § 68 Absatz 1 des Zweiten Buches Sozialgesetzbuch sowie eine nach dessen Absatz 2 erlassene Rechtsverordnung entsprechend anzuwenden.

(8) [1] § 1 Absatz 2 Satz 3 und § 2 Absatz 2 und 3 in der Fassung des Artikels 3 des Gesetzes vom 19. Juli 2006 (BGBl. I S. 1652) ist für Kinder, die im Kalenderjahr 2006 das 24. Lebensjahr vollendeten, mit der Maßgabe anzuwenden, dass jeweils an die Stelle der Angabe „25. Lebensjahres" die Angabe „26. Lebensjahres" und an die Stelle der Angabe „25. Lebensjahr" die Angabe „26. Lebensjahr" tritt; für Kinder, die im Kalenderjahr 2006 das 25. oder 26. Lebensjahr vollendeten, sind § 1 Absatz 2 Satz 3 und § 2 Absatz 2 und 3 weiterhin in der bis zum 31. Dezember 2006 geltenden Fassung anzuwenden. [2] § 1 Absatz 2 Satz 3 und § 2 Absatz 2 und 3 in der Fassung des Artikels 3 des Gesetzes vom 19. Juli 2006 (BGBl. I S. 1652) sind erstmals für Kinder anzuwenden, die im Kalenderjahr 2007 wegen einer vor Vollendung des 25. Lebensjahres eingetretenen körperlichen, geistigen oder seelischen Behinderung außerstande sind, sich selbst zu unterhalten; für Kinder, die wegen einer vor dem 1. Januar 2007 in der Zeit ab der Vollendung des 25. Lebensjahres und vor Vollendung des 27. Lebensjahres eingetretenen körperlichen, geistigen oder seelischen Behinderung außerstande sind, sich selbst zu unterhalten, ist § 2 Absatz 2 Satz 1 Nummer 3 weiterhin in der bis zum 31. Dezember 2006 geltenden Fassung anzuwenden. [3] § 2 Absatz 3 Satz 1 in der Fassung des Artikels 3 des Gesetzes vom 19. Juli 2006 (BGBl. I S. 1652) ist für Kinder, die im Kalenderjahr 2006 das 24. Lebensjahr vollendeten, mit der Maßgabe anzuwenden, dass an die Stelle der Angabe „über das 21. oder 25. Lebensjahr hinaus" die Angabe „über das 21. oder 26. Lebensjahr hinaus" tritt; für Kinder, die im Kalenderjahr 2006 das 25., 26. oder 27. Lebensjahr vollendeten, ist § 2 Absatz 3 Satz 1 weiterhin in der bis zum 31. Dezember 2006 geltenden Fassung anzuwenden.

(9) § 2 Absatz 2 Satz 1 Nummer 2 Buchstabe d in der am 31. Juli 2014 geltenden Fassung ist auf Freiwilligendienste im Sinne der Verordnung (EU) Nr. 1288/2013 des Europäischen Parlaments und des Rates vom 11. Dezember 2013 zur Einrichtung von „Erasmus+", dem Programm der Union für allgemeine und berufliche Bildung, Jugend und Sport, und zur Aufhebung der Beschlüsse Nr. 1719/2006/EG, Nr. 1720/2006/EG und Nr. 1298/2008/EG (ABl. L 347 vom 20.12.2013, S. 50), die ab dem 1. Januar 2014 begonnen wurden, ab dem 1. Januar 2014 anzuwenden.

(9a) § 2 Absatz 2 Satz 2 in der Fassung des Artikels 13 des Gesetzes vom 16. Juli 2009 (BGBl. I S. 1959) ist ab dem 1. Januar 2010 anzuwenden.

(10) § 2 Absatz 2 Satz 4 in der Fassung des Artikels 2 Absatz 8 des Gesetzes vom 16. Mai 2008 (BGBl. I S. 842) ist erstmals ab dem 1. Januar 2009 anzuwenden.

(11) § 2 Absatz 3 ist letztmals bis zum 31. Dezember 2018 anzuwenden; Voraussetzung ist in diesen Fällen, dass das Kind den Dienst oder die Tätigkeit vor dem 1. Juli 2011 angetreten hat.

(12) § 6 Absatz 3 in der am 1. Januar 2018 geltenden Fassung ist auf Anträge anzuwenden, die nach dem 31. Dezember 2017 eingehen.

(13) [1] § 1 Absatz 3 Satz 1 Nummer 1 bis 4 in der Fassung des Artikels 34 des Gesetzes vom 12. Dezember 2019 (BGBl. I S. 2451) ist für Entscheidungen anzuwenden, die Zeiträume betreffen, die nach dem letzten Tag des sechsten

auf die Verkündung des Fachkräfteeinwanderungsgesetzes folgenden Kalendermonats beginnen. [2] § 1 Absatz 3 Satz 1 Nummer 5 in der Fassung des Artikels 34 des Gesetzes vom 12. Dezember 2019 (BGBl. I S. 2451) ist für Entscheidungen anzuwenden, die Zeiträume betreffen, die nach dem 31. Dezember 2019 beginnen.

§ 21 Sondervorschrift zur Steuerfreistellung des Existenzminimums eines Kindes in den Veranlagungszeiträumen 1983 bis 1995 durch Kindergeld. [1] In Fällen, in denen die Entscheidung über die Höhe des Kindergeldanspruchs für Monate in dem Zeitraum zwischen dem 1. Januar 1983 und dem 31. Dezember 1995 noch nicht bestandskräftig geworden ist, kommt eine von den §§ 10 und 11 in der jeweils geltenden Fassung abweichende Bewilligung von Kindergeld nur in Betracht, wenn die Einkommensteuer formell bestandskräftig und hinsichtlich der Höhe der Kinderfreibeträge nicht vorläufig festgesetzt sowie das Existenzminimum des Kindes nicht unter der Maßgabe des § 53 des Einkommensteuergesetzes[1)] steuerfrei belassen worden ist. [2] Dies ist vom Kindergeldberechtigten durch eine Bescheinigung des zuständigen Finanzamtes nachzuweisen. [3] Nach Vorlage dieser Bescheinigung hat die Familienkasse den vom Finanzamt ermittelten Unterschiedsbetrag zwischen der festgesetzten Einkommensteuer und der Einkommensteuer, die nach § 53 Satz 6 des Einkommensteuergesetzes festzusetzen gewesen wäre, wenn die Voraussetzungen nach § 53 Satz 1 und 2 des Einkommensteuergesetzes vorgelegen hätten, als zusätzliches Kindergeld zu zahlen.

§ 22[2)] Bericht der Bundesregierung. Die Bundesregierung legt dem Deutschen Bundestag bis zum 31. Juli 2023 einen Bericht über die Auswirkungen des § 6a (Kinderzuschlag) und insbesondere über die Auswirkungen der erweiterten Zugangsmöglichkeit zum Kinderzuschlag nach § 6a Absatz 1a sowie über die gegebenenfalls notwendige Weiterentwicklung dieser Vorschrift vor.

[1)] **Steuergesetze Nr. 1.**

[2)] § 22 geänd. mWv 1.7.2019 und geänd. mWv 1.1.2020 durch G v. 29.4.2019 (BGBl. I S. 530); geänd. mWv 1.1.2021 durch G v. 1.12.2020 (BGBl. I S. 2616).

8/11. Einkommensteuergesetz (EStG)[1]

In der Fassung der Bekanntmachung vom 8. Oktober 2009[2]
(BGBl. I S. 3366, ber. S. 3862)

FNA 611-1

geänd. durch Art. 7 Abs. 4 G zur Reform des Kontopfändungsschutzes v. 7.7.2009 (BGBl. I S. 1707), Art. 1 Wachstumsbeschleunigungsgesetz v. 22.12.2009 (BGBl. I S. 3950), Art. 1 G zur Umsetzung steuerlicher EU-Vorgaben sowie zur Änd. steuerlicher Vorschriften v. 8.4.2010 (BGBl. I S. 386), Art. 1 Jahressteuergesetz 2010 v. 8.12.2010 (BGBl. I S. 1768), Art. 8 Restrukturierungsgesetz v. 9.12.2010 (BGBl. I S. 1900), Art. 1 G zur bestätigenden Regelung verschiedener steuerlicher und verkehrsrechtlicher Vorschriften des HaushaltsbegleitG 2004 v. 5.4.2011 (BGBl. I S. 554), Art. 7 OGAW-IV-Umsetzungsgesetz v. 22.6.2011 (BGBl. I S. 1126), Art. 1 Steuervereinfachungsgesetz 2011 v. 1.11.2011 (BGBl. I S. 2131), Art. 2 Beitreibungsrichtlinie-Umsetzungsgesetz v. 7.12.2011 (BGBl. I S. 2592), Art. 20 G zur Verbesserung der Eingliederungschancen am Arbeitsmarkt v. 20.12.2011 (BGBl. I S. 2854), Art. 13 Abs. 4 LSV-Neuordnungsgesetz v. 12.4.2012 (BGBl. I S. 579), Art. 3 G zur Änd. des GemeindefinanzreformG und von steuerlichen Vorschriften v. 8.5.2012 (BGBl. I S. 1030), Art. 1 G zum Abbau der kalten Progression v. 20.2.2013 (BGBl. I S. 283), Art. 1 G zur Änd. und Vereinfachung der Unternehmensbesteuerung und des steuerlichen Reisekostenrechts v. 20.2.2013 (BGBl. I S. 285), Art. 2 Ehrenamtsstärkungsgesetz v. 21.3.2013 (BGBl. I S. 556), Art. 2 Abs. 11 G zur Fortentwicklung des Meldewesens v. 3.5.2013 (BGBl. I S. 1084, geänd. durch G v. 20.11.2014, BGBl. I S. 1738), Art. 1 Altersvorsorge-Verbesserungsgesetz v. 24.6.2013 (BGBl. I S. 1667), Art. 2 Amtshilferichtlinie-Umsetzungsgesetz v. 26.6.2013 (BGBl. I S. 1809), Art. 1 G zur Änd. des Einkommensteuergesetzes in Umsetzung der Entscheidung des Bundesverfassungsgerichtes vom 7. Mai 2013 v. 15.7.2013 (BGBl. I S. 2397), Art. 11 AIFM-Steuer-Anpassungsgesetz v. 18.12.2013 (BGBl. I S. 4318), Art. 1 G zur Anpassung steuerlicher Regelungen an die Rechtsprechung des Bundesverfassungsgerichts v. 18.7.2014 (BGBl. I S. 1042), Art. 1, 2 und 3 G zur Anpassung des nationalen Steuerrechts an den Beitritt Kroatiens zur EU und zur Änd. weiterer steuerlicher Vorschriften v. 25.7.2014 (BGBl. I S. 1266), Art. 3 G zur Änderung des Freizügigkeitsgesetzes/EU und weiterer Vorschriften v. 2.12.2014 (BGBl. I S. 1922), Art. 4 und 5 G zur Anpassung der Abgabenordnung an den Zollkodex der Union und zur Änd. weiterer steuerlicher Vorschriften v. 22.12.2014 (BGBl. I S. 2417), Art. 2 Abs. 7 G zur Modernisierung der Finanzaufsicht über Versicherungen v. 1.4.2015 (BGBl. I S. 434, geänd. durch G v. 2.11.2015, BGBl. I S. 1834), Art. 3 Abs. 11 G zur Neuregelung der Unterhaltssicherung sowie zur Änd. soldatenrechtlicher Vorschriften v. 29.6.2015 (BGBl. I S. 1061), Art. 1 und 2 G zur Anhebung des Grundfreibetrags, des Kinderfreibetrags, des Kindergeldes und des Kinderzuschlags v. 16.7.2015 (BGBl. I S. 1202), Art. 5 Bürokratieentlastungsgesetz v. 28.7.2015 (BGBl. I S. 1400), Art. 234 Zehnte ZuständigkeitsanpassungsVO v. 31.8.2015 (BGBl. I S. 1474), Art. 1, 2 und 3 Steueränderungsgesetz 2015 v. 2.11.2015 (BGBl. I S. 1834), Art. 2 EU-Mobilitäts-Richtlinie-UmsetzungsG v. 21.12.2015 (BGBl. I S. 2553), Art. 1 G zur Änd. des EinkommensteuerG zur Erhöhung des Lohnsteuereinbehalts in der Seeschifffahrt v. 24.2.2016 (BGBl. I S. 310 iVm Bek. v. 18.5.2016, BGBl. I S. 1248), Art. 123 Abs. 6 Zweites G über die weitere Bereinigung von Bundesrecht v. 8.7.2016 (BGBl. I S. 1594), Art. 4 G zur Modernisierung des Besteuerungsverfahrens v. 18.7.2016 (BGBl. I S. 1679), Art. 3 Investmentsteuerreformgesetz v. 19.7.2016 (BGBl. I S. 1730, geänd. durch G v. 20.12.2016, BGBl. I S. 3000), Art. 7 G zur Neuregelung des Kulturgutschutzrechts v. 31.7.2016 (BGBl. I S. 1914), Art. 2 G zur steuerlichen Förderung von Elektromobilität im Straßenverkehr v. 7.11.2016 (BGBl. I S. 2498), Art. 1–3 G zur Beendigung der Sonderzuständigkeit der Familienkassen des öffentlichen Dienstes im Bereich des Bundes v. 8.12.2016 (BGBl. I S. 2835), Art. 7–9 G zur Umsetzung der Änd. der EU-AmtshilfeRL und von weiteren Maßnahmen gegen Gewinnkürzungen und -verlagerungen v. 20.12.2016 (BGBl. I S. 3000, geänd. durch G v. 23.6.2017, BGBl. I S. 1682), Art. 3 G zum Erlass und zur Änd. marktordnungsrechtlicher Vorschriften sowie zur Änd. des EinkommensteuerG v. 20.12.2016 (BGBl. I S. 3045, aufgeh. durch G v. 12.12.2019, BGBl. I S. 2451), Art. 9 Drittes Pflegestärkungsgesetz v. 23.12.2016 (BGBl. I S. 3191), Art. 6 und 7 Steuerumgehungsbekämpfungsgesetz v. 23.6.2017 (BGBl. I S. 1682), Art. 1 und 2 G gegen schädliche Steuerpraktiken im Zusammenhang mit Rechteüberlassungen v. 27.6.2017 (BGBl. I S. 2074 iVm

[1] Wiedergegeben ist der aktuell geltende Gesetzeswortlaut; zu den für bestimmte Veranlagungszeiträume anzuwendenden, ggf. abweichenden Fassungen siehe § 52.

[2] Neubekanntmachung des EStG idF der Bek. v. 19.10.2002 (BGBl. I S. 4210; 2003 I S. 179) in der ab 1.9.2009 geltenden Fassung.

Art. 19 G v. 11.12.2018, BGBl. I S. 2338), Art. 4 Zweites Bürokratieentlastungsgesetz v. 30.6.2017 (BGBl. I S. 2143), Art. 2 G zur strafrechtlichen Rehabilitierung der wegen einvernehmlicher homosexueller Handlungen verurteilten Personen und zur Änd. des EStG v. 17.7.2017 (BGBl. I S. 2443), Art. 3 G zum Ausschluss verfassungsfeindlicher Parteien von der Parteienfinanzierung v. 18.7.2017 (BGBl. I S. 2730), Art. 9 Betriebsrentenstärkungsgesetz v. 17.8.2017 (BGBl. I S. 3214), Art. 1–3 Familienentlastungsgesetz v. 29.11.2018 (BGBl. I S. 2210), Art. 1–3 G zur Vermeidung von Umsatzsteuerausfällen beim Handel mit Waren im Internet und zur Änd. weiterer steuerlicher Vorschriften v. 11.12.2018 (BGBl. I S. 2338), Art. 6 Abs. 2 G zur Umsetzung der RL (EU) 2016/2341 des Europäischen Parlaments und des Rates vom 14.12.2016 über die Tätigkeiten und die Beaufsichtigung von Einrichtungen der betrieblichen Altersversorgung v. 19.12.2018 (BGBl. I S. 2672), Beschl. des BVerfG – 2 BvL 4/11, 2 BvL 5/11, 2 BvL 4/13 – v. 11.12.2018 (BGBl. 2019 I S. 194), Art. 1 Brexit-Steuerbegleitgesetz v. 25.3.2019 (BGBl. I S. 357), Art. 9 G gegen illegale Beschäftigung und Sozialleistungsmissbrauch v. 11.7.2019 (BGBl. I S. 1066), Art. 1 G zur steuerlichen Förderung des Mietwohnungsneubaus v. 4.8.2019 (BGBl. I S. 1122), Art. 74 Zweites Datenschutz-Anpassungs- und Umsetzungsgesetz EU v. 20.11.2019 (BGBl. I S. 1626), Art. 6 Drittes Bürokratieentlastungsgesetz v. 22.11.2019 (BGBl. I S. 1746), Art. 8 Grundsteuer-Reformgesetz v. 26.11.2019 (BGBl. I S. 1794), Art. 1, 2, 3, 4 und 5 G zur weiteren steuerl. Förderung der Elektromobilität und zur Änd. weiterer steuerl. Vorschriften v. 12.12.2019 (BGBl. I S. 2451 iVm Bek. v. 18.3.2020, BGBl. I S. 597, geänd. durch G v. 21.12.2020, BGBl. I S. 3096), Art. 19 G zur Regelung des Sozialen Entschädigungsrechts v. 12.12.2019 (BGBl. I S. 2652, geänd. durch G v. 21.12.2020, BGBl. I S. 3096), Art. 2 G zur steuerl. Förderung von Forschung und Entwicklung v. 14.12.2019 (BGBl. I S. 2763), Art. 5 G zur Einführung einer Pflicht zur Mitteilung grenzüberschreitender Steuergestaltungen v. 21.12.2019 (BGBl. I S. 2875), Art. 1 und 2 G zur Umsetzung des Klimaschutzprogramms 2030 im Steuerrecht v. 21.12.2019 (BGBl. I S. 2886), Art. 196 Elfte ZuständigkeitsanpassungsVO v. 19.6.2020 (BGBl. I S. 1328), Art. 2 Corona-Steuerhilfegesetz v. 19.6.2020 (BGBl. I S. 1385), Art. 1 und 2 Zweites Corona-Steuerhilfegesetz v. 29.6.2020 (BGBl. I S. 1512), Art. 3 Kohleausstiegsgesetz v. 8.8.2020 (BGBl. I S. 1818), Art. 6 Grundrentengesetz v. 12.8.2020 (BGBl. I S. 1879), Art. 1, 2 und 3 Zweites Familienentlastungsgesetz v. 1.12.2020 (BGBl. I S. 2616, geänd. durch BGBl. I 2021 S. 1259), Art. 4 G zur Digitalisierung von Verwaltungsverfahren bei der Gewährung von Familienleistungen v. 3.12.2020 (BGBl. I S. 2668), Art. 1 G zur Erhöhung der Behinderten-Pauschbeträge und zur Anpassung weiterer steuerlicher Regelungen v. 9.12.2020 (BGBl. I S. 2770), Art. 1, 2, 3, 4 und 5 Jahressteuergesetz 2020 v. 21.12.2020 (BGBl. I S. 3096), Art. 9 Gesetz Digitale Rentenübersicht v. 11.2.2021 (BGBl. I S. 154), Art. 1 und 2 Drittes Corona-Steuerhilfegesetz v. 10.3.2021 (BGBl. I S. 330), Art. 15 Abs. 27 Vormundschafts- und Betreuungsrechts-Reformgesetz v. 4.5.2021 (BGBl. I S. 882), Art. 1 G zur Verlängerung des erhöhten Lohnsteuereinbehalts in der Seeschifffahrt v. 12.5.2021 (BGBl. I S. 989), Art. 7 Abs. 7 G zur Umsetzung der RL (EU) 2019/2034 über die Beaufsichtigung von Wertpapierinstituten v. 12.5.2021 (BGBl. I S. 990), Art. 1 und 2 Abzugsteuerentlastungsmodernisierungsgesetz v. 2.6.2021 (BGBl. I S. 1259), Art. 3 Fondsstandortgesetz v. 3.6.2021 (BGBl. I S. 1498), Beschl. des BVerfG – 2 BvL 1/11 – v. 25.3.2021 (BGBl. I S. 1800), Art. 1 ATAD-Umsetzungsgesetz v. 25.6.2021 (BGBl. I S. 2035), Art. 5 G zur Modernisierung des Körperschaftsteuerrechts v. 25.6.2021 (BGBl. I S. 2050), Art. 2 G zur Abwehr von Steuervermeidung und unfairem Steuerwettbewerb und zur Änd. weiterer G v. 25.6.2021 (BGBl. I S. 2056), Art. 2 G zur Rehabilitierung der wegen einvernehmlicher homosexueller Handlungen, wegen ihrer homosexuellen Orientierung oder wegen ihrer geschlechtlichen Identität dienstrechtlich benachteiligten Soldatinnen und Soldaten v. 16.7.2021 (BGBl. I S. 2993) und Art. 27 G über die Entschädigung der Soldatinnen und Soldaten und zur Neuordnung des Soldatenversorgungsrechts v. 20.8.2021 (BGBl. I S. 3932)

§ 69[1] **Datenübermittlung an die Familienkassen.** Erfährt das Bundeszentralamt für Steuern, dass ein Kind, für das Kindergeld gezahlt wird, ins Ausland verzogen ist oder von Amts wegen von der Meldebehörde abgemeldet wurde, hat es der zuständigen Familienkasse unverzüglich die in § 139b Absatz 3 Nummer 1, 3, 5, 8 und 14 der Abgabenordnung[2] genannten Daten zum Zweck der Prüfung der Rechtmäßigkeit des Bezugs von Kindergeld zu übermitteln.

§ 70[3] **Festsetzung und Zahlung des Kindergeldes.** (1) [1] Das Kindergeld nach § 62 wird von den Familienkassen durch Bescheid festgesetzt und ausgezahlt. [2] Die Auszahlung von festgesetztem Kindergeld erfolgt rückwirkend nur für die letzten sechs Monate vor Beginn des Monats, in dem der Antrag auf Kindergeld eingegangen ist. [3] Der Anspruch auf Kindergeld nach § 62 bleibt von dieser Auszahlungsbeschränkung unberührt.

(2) [1] Soweit in den Verhältnissen, die für den Anspruch auf Kindergeld erheblich sind, Änderungen eintreten, ist die Festsetzung des Kindergeldes mit Wirkung vom Zeitpunkt der Änderung der Verhältnisse aufzuheben oder zu ändern. [2] Ist die Änderung einer Kindergeldfestsetzung nur wegen einer Anhebung der in § 66 Absatz 1 genannten Kindergeldbeträge erforderlich, kann von der Erteilung eines schriftlichen Änderungsbescheides abgesehen werden.

(3) [1] Materielle Fehler der letzten Festsetzung können durch Aufhebung oder Änderung der Festsetzung mit Wirkung ab dem auf die Bekanntgabe der Aufhebung oder Änderung der Festsetzung folgenden Monat beseitigt werden. [2] Bei der Aufhebung oder Änderung der Festsetzung nach Satz 1 ist § 176 der Abgabenordnung entsprechend anzuwenden; dies gilt nicht für Monate, die nach der Verkündung der maßgeblichen Entscheidung eines obersten Bundesgerichts beginnen.

§ 71[4] **Vorläufige Einstellung der Zahlung des Kindergeldes.** (1) Die Familienkasse kann die Zahlung des Kindergeldes ohne Erteilung eines Bescheides vorläufig einstellen, wenn

1. sie Kenntnis von Tatsachen erhält, die kraft Gesetzes zum Ruhen oder zum Wegfall des Anspruchs führen, und
2. die Festsetzung, aus der sich der Anspruch ergibt, deshalb mit Wirkung für die Vergangenheit aufzuheben ist.

(2) [1] Soweit die Kenntnis der Familienkasse nicht auf Angaben des Berechtigten beruht, der das Kindergeld erhält, sind dem Berechtigten unverzüglich die vorläufige Einstellung der Zahlung des Kindergeldes sowie die dafür maßgeblichen Gründe mitzuteilen. [2] Ihm ist Gelegenheit zu geben, sich zu äußern.

(3) Die Familienkasse hat die vorläufig eingestellte Zahlung des Kindergeldes unverzüglich nachzuholen, soweit die Festsetzung, aus der sich der Anspruch ergibt, zwei Monate nach der vorläufigen Einstellung der Zahlung nicht mit Wirkung für die Vergangenheit aufgehoben oder geändert wird.

---

[1] § 69 eingef. mWv 1.1.2018 durch G v. 23.6.2017 (BGBl. I S. 1682).

[2] **Steuergesetze Nr. 800.**

[3] § 70 Abs. 4 aufgeh. mWv 1.1.2012 durch G v. 1.11.2011 (BGBl. I S. 2131); Abs. 3 neu gef. mWv 1.1.2015 durch G v. 22.12.2014 (BGBl. I S. 2417); Abs. 1 Sätze 2 und 3 angef. mWv 18.7.2019 durch G v. 11.7.2019 (BGBl. I S. 1066).

[4] § 71 neu gef. mWv 18.7.2019 durch G v. 11.7.2019 (BGBl. I S. 1066).

§ 72[1)] Festsetzung und Zahlung des Kindergeldes an Angehörige des öffentlichen Dienstes. (1) [1] Steht Personen, die

1. in einem öffentlich-rechtlichen Dienst-, Amts- oder Ausbildungsverhältnis stehen, mit Ausnahme der Ehrenbeamten,
2. Versorgungsbezüge nach beamten- oder soldatenrechtlichen Vorschriften oder Grundsätzen erhalten oder
3. Arbeitnehmer einer Körperschaft, einer Anstalt oder einer Stiftung des öffentlichen Rechts sind, einschließlich der zu ihrer Berufsausbildung Beschäftigten,

Kindergeld nach Maßgabe dieses Gesetzes zu, wird es von den Körperschaften, Anstalten oder Stiftungen des öffentlichen Rechts als Familienkassen festgesetzt und ausgezahlt. [2] Das Bundeszentralamt für Steuern erteilt den Familienkassen ein Merkmal zu ihrer Identifizierung (Familienkassenschlüssel). [3] Satz 1 ist nicht anzuwenden, wenn die Körperschaften, Anstalten oder Stiftungen des öffentlichen Rechts gegenüber dem Bundeszentralamt für Steuern auf ihre Zuständigkeit zur Festsetzung und Auszahlung des Kindergeldes schriftlich oder elektronisch verzichtet haben und dieser Verzicht vom Bundeszentralamt für Steuern schriftlich oder elektronisch bestätigt worden ist. [4] Die Bestätigung des Bundeszentralamts für Steuern darf erst erfolgen, wenn die haushalterischen Voraussetzungen für die Übernahme der Festsetzung und Auszahlung des Kindergeldes durch die Bundesagentur für Arbeit vorliegen. [5] Das Bundeszentralamt für Steuern veröffentlicht die Namen und die Anschriften der Körperschaften, Anstalten oder Stiftungen des öffentlichen Rechts, die nach Satz 3 auf die Zuständigkeit verzichtet haben, sowie den jeweiligen Zeitpunkt, zu dem der Verzicht wirksam geworden ist, im Bundessteuerblatt. [6] Hat eine Körperschaft, Anstalt oder Stiftung des öffentlichen Rechts die Festsetzung des Kindergeldes auf eine Bundes- oder Landesfamilienkasse im Sinne des § 5 Absatz 1 Nummer 11 Satz 6 bis 9 des Finanzverwaltungsgesetzes[2)] übertragen, kann ein Verzicht nach Satz 3 nur durch die Bundes- oder Landesfamilienkasse im Einvernehmen mit der auftraggebenden Körperschaft, Anstalt oder Stiftung wirksam erklärt werden. [7] Satz 1 ist nicht anzuwenden, wenn die Körperschaften, Anstalten oder Stiftungen des öffentlichen Rechts nach dem 31. Dezember 2018 errichtet wurden; das Bundeszentralamt für Steuern kann auf Antrag eine Ausnahmegenehmigung erteilen, wenn das Kindergeld durch eine Landesfamilienkasse im Sinne des § 5 Absatz 1 Nummer 11 Satz 8 bis 10 des Finanzverwaltungsgesetzes festgesetzt und ausgezahlt wird und kein Verzicht nach Satz 3 vorliegt.

(2) *(aufgehoben)*

(3) Absatz 1 gilt nicht für Personen, die ihre Bezüge oder ihr Arbeitsentgelt

1. von einem Dienstherrn oder Arbeitgeber im Bereich der Religionsgesellschaften des öffentlichen Rechts,
2. von einem Spitzenverband der Freien Wohlfahrtspflege, einem diesem unmittelbar oder mittelbar angeschlossenen Mitgliedsverband oder einer einem solchen Verband angeschlossenen Einrichtung oder Anstalt oder

---

[1)] § 72 Abs. 1 neu gef. mWv 14.12.2016, Abs. 7 Satz 2 geänd. mWv 1.1.2019, Abs. 2 aufgeh., Abs. 3 einl. Satzteil, Nr. 1 und 2 geänd., Nr. 3 angef., Abs. 4 geänd., Abs. 8 Satz 3 angef. mWv 1.1. 2022 durch G v. 8.12.2016 (BGBl. I S. 2835); Abs. 1 Satz 7 angef. mWv 1.1.2019 durch G v. 11.12. 2018 (BGBl. I S. 2338).

[2)] **Steuergesetze Nr. 803.**

3. von einem Dienstherrn oder Arbeitgeber im Bereich des Bundes mit Ausnahme der Nachrichtendienste des Bundes, des Bundesverwaltungsamtes sowie derjenigen Behörden, Körperschaften, Anstalten und Stiftungen des öffentlichen Rechts, die die Festsetzung und Auszahlung des Kindergeldes auf das Bundesverwaltungsamt übertragen haben,

erhalten.

(4) Absatz 1 gilt nicht für Personen, die voraussichtlich nicht länger als sechs Monate in den Kreis der in Absatz 1 Satz 1 Nummer 1 bis 3 Bezeichneten eintreten.

(5) Obliegt mehreren Rechtsträgern die Zahlung von Bezügen oder Arbeitsentgelt (Absatz 1 Satz 1) gegenüber einem Berechtigten, so ist für die Durchführung dieses Gesetzes zuständig:

1. bei Zusammentreffen von Versorgungsbezügen mit anderen Bezügen oder Arbeitsentgelt der Rechtsträger, dem die Zahlung der anderen Bezüge oder des Arbeitsentgelts obliegt;
2. bei Zusammentreffen mehrerer Versorgungsbezüge der Rechtsträger, dem die Zahlung der neuen Versorgungsbezüge im Sinne der beamtenrechtlichen Ruhensvorschriften obliegt;
3. bei Zusammentreffen von Arbeitsentgelt (Absatz 1 Satz 1 Nummer 3) mit Bezügen aus einem der in Absatz 1 Satz 1 Nummer 1 bezeichneten Rechtsverhältnisse der Rechtsträger, dem die Zahlung dieser Bezüge obliegt;
4. bei Zusammentreffen mehrerer Arbeitsentgelte (Absatz 1 Satz 1 Nummer 3) der Rechtsträger, dem die Zahlung des höheren Arbeitsentgelts obliegt oder – falls die Arbeitsentgelte gleich hoch sind – der Rechtsträger, zu dem das zuerst begründete Arbeitsverhältnis besteht.

(6) [1] Scheidet ein Berechtigter im Laufe eines Monats aus dem Kreis der in Absatz 1 Satz 1 Nummer 1 bis 3 Bezeichneten aus oder tritt er im Laufe eines Monats in diesen Kreis ein, so wird das Kindergeld für diesen Monat von der Stelle gezahlt, die bis zum Ausscheiden oder Eintritt des Berechtigten zuständig war. [2] Dies gilt nicht, soweit die Zahlung von Kindergeld für ein Kind in Betracht kommt, das erst nach dem Ausscheiden oder Eintritt bei dem Berechtigten nach § 63 zu berücksichtigen ist. [3] Ist in einem Fall des Satzes 1 das Kindergeld bereits für einen folgenden Monat gezahlt worden, so muss der für diesen Monat Berechtigte die Zahlung gegen sich gelten lassen.

(7) [1] In den Abrechnungen der Bezüge und des Arbeitsentgelts ist das Kindergeld gesondert auszuweisen, wenn es zusammen mit den Bezügen oder dem Arbeitsentgelt ausgezahlt wird. [2] Der Rechtsträger hat die Summe des von ihm für alle Berechtigten ausgezahlten Kindergeldes dem Betrag, den er insgesamt an Lohnsteuer einzubehalten hat, zu entnehmen und unter Angabe des in Absatz 1 genannten Familienkassenschlüssels bei der nächsten Lohnsteuer-Anmeldung gesondert abzusetzen. [3] Übersteigt das insgesamt ausgezahlte Kindergeld den Betrag, der insgesamt an Lohnsteuer abzuführen ist, so wird der übersteigende Betrag dem Rechtsträger auf Antrag von dem Finanzamt, an das die Lohnsteuer abzuführen ist, aus den Einnahmen der Lohnsteuer ersetzt.

(8) [1] Abweichend von Absatz 1 Satz 1 werden Kindergeldansprüche auf Grund über- oder zwischenstaatlicher Rechtsvorschriften durch die Familienkassen der Bundesagentur für Arbeit festgesetzt und ausgezahlt. [2] Dies gilt auch für Fälle, in denen Kindergeldansprüche sowohl nach Maßgabe dieses Gesetzes als auch auf Grund über- oder zwischenstaatlicher Rechtsvorschriften beste-

hen. [3]Die Sätze 1 und 2 sind auf Kindergeldansprüche von Angehörigen der Nachrichtendienste des Bundes nicht anzuwenden.

§ 73 (weggefallen)

§ 74 Zahlung des Kindergeldes in Sonderfällen. (1) [1]Das für ein Kind festgesetzte Kindergeld nach § 66 Absatz 1 kann an das Kind ausgezahlt werden, wenn der Kindergeldberechtigte ihm gegenüber seiner gesetzlichen Unterhaltspflicht nicht nachkommt. [2]Kindergeld kann an Kinder, die bei der Festsetzung des Kindergeldes berücksichtigt werden, bis zur Höhe des Betrags, der sich bei entsprechender Anwendung des § 76 ergibt, ausgezahlt werden. [3]Dies gilt auch, wenn der Kindergeldberechtigte mangels Leistungsfähigkeit nicht unterhaltspflichtig ist oder nur Unterhalt in Höhe eines Betrags zu leisten braucht, der geringer ist als das für die Auszahlung in Betracht kommende Kindergeld. [4]Die Auszahlung kann auch an die Person oder Stelle erfolgen, die dem Kind Unterhalt gewährt.

(2) Für Erstattungsansprüche der Träger von Sozialleistungen gegen die Familienkasse gelten die §§ 102 bis 109 und 111 bis 113 des Zehnten Buches Sozialgesetzbuch[1)] entsprechend.

§ 75[2)] Aufrechnung. (1) Mit Ansprüchen auf Erstattung von Kindergeld kann die Familienkasse gegen Ansprüche auf Kindergeld bis zu deren Hälfte aufrechnen, wenn der Leistungsberechtigte nicht nachweist, dass er dadurch hilfebedürftig im Sinne der Vorschriften des Zwölften Buches Sozialgesetzbuch[3)] über die Hilfe zum Lebensunterhalt oder im Sinne der Vorschriften des Zweiten Buches Sozialgesetzbuch[4)] über die Leistungen zur Sicherung des Lebensunterhalts wird.

(2) Absatz 1 gilt für die Aufrechnung eines Anspruchs auf Erstattung von Kindergeld gegen einen späteren Kindergeldanspruch eines mit dem Erstattungspflichtigen in Haushaltsgemeinschaft lebenden Berechtigten entsprechend, soweit es sich um laufendes Kindergeld für ein Kind handelt, das bei beiden berücksichtigt werden kann oder konnte.

§ 76 Pfändung. [1]Der Anspruch auf Kindergeld kann nur wegen gesetzlicher Unterhaltsansprüche eines Kindes, das bei der Festsetzung des Kindergeldes berücksichtigt wird, gepfändet werden. [2]Für die Höhe des pfändbaren Betrags gilt:

1. [1]Gehört das unterhaltsberechtigte Kind zum Kreis der Kinder, für die dem Leistungsberechtigten Kindergeld gezahlt wird, so ist eine Pfändung bis zu dem Betrag möglich, der bei gleichmäßiger Verteilung des Kindergeldes auf jedes dieser Kinder entfällt. [2]Ist das Kindergeld durch die Berücksichtigung eines weiteren Kindes erhöht, für das einer dritten Person Kindergeld oder dieser oder dem Leistungsberechtigten eine andere Geldleistung für Kinder zusteht, so bleibt der Erhöhungsbetrag bei der Bestimmung des pfändbaren Betrags des Kindergeldes nach Satz 1 außer Betracht;

---

1) Nr. **10**.
2) § 75 Abs. 1 geänd. mWv 1.1.2015 durch G v. 22.12.2014 (BGBl. I S. 2417).
3) Nr. **12**.
4) Nr. **2**.

2. der Erhöhungsbetrag nach Nummer 1 Satz 2 ist zugunsten jedes bei der Festsetzung des Kindergeldes berücksichtigten unterhaltsberechtigten Kindes zu dem Anteil pfändbar, der sich bei gleichmäßiger Verteilung auf alle Kinder, die bei der Festsetzung des Kindergeldes zugunsten des Leistungsberechtigten berücksichtigt werden, ergibt.

§ 76a[1] *(aufgehoben)*

§ 77 Erstattung von Kosten im Vorverfahren. (1) [1] Soweit der Einspruch gegen die Kindergeldfestsetzung erfolgreich ist, hat die Familienkasse demjenigen, der den Einspruch erhoben hat, die zur zweckentsprechenden Rechtsverfolgung oder Rechtsverteidigung notwendigen Aufwendungen zu erstatten. [2] Dies gilt auch, wenn der Einspruch nur deshalb keinen Erfolg hat, weil die Verletzung einer Verfahrens- oder Formvorschrift nach § 126 der Abgabenordnung[2] unbeachtlich ist. [3] Aufwendungen, die durch das Verschulden eines Erstattungsberechtigten entstanden sind, hat dieser selbst zu tragen; das Verschulden eines Vertreters ist dem Vertretenen zuzurechnen.

(2) Die Gebühren und Auslagen eines Bevollmächtigten oder Beistandes, der nach den Vorschriften des Steuerberatungsgesetzes[3] zur geschäftsmäßigen Hilfeleistung in Steuersachen befugt ist, sind erstattungsfähig, wenn dessen Zuziehung notwendig war.

(3) [1] Die Familienkasse setzt auf Antrag den Betrag der zu erstattenden Aufwendungen fest. [2] Die Kostenentscheidung bestimmt auch, ob die Zuziehung eines Bevollmächtigten oder Beistandes im Sinne des Absatzes 2 notwendig war.

§ 78 Übergangsregelungen. (1) bis (4) (weggefallen)

(5) [1] Abweichend von § 64 Absatz 2 und 3 steht Berechtigten, die für Dezember 1990 für ihre Kinder Kindergeld in dem in Artikel 3 des Einigungsvertrages genannten Gebiet bezogen haben, das Kindergeld für diese Kinder auch für die folgende Zeit zu, solange sie ihren Wohnsitz oder gewöhnlichen Aufenthalt in diesem Gebiet beibehalten und die Kinder die Voraussetzungen ihrer Berücksichtigung weiterhin erfüllen. [2] § 64 Absatz 2 und 3 ist insoweit erst für die Zeit vom Beginn des Monats an anzuwenden, in dem ein hierauf gerichteter Antrag bei der zuständigen Stelle eingegangen ist; der hiernach Berechtigte muss die nach Satz 1 geleisteten Zahlungen gegen sich gelten lassen.

---

[1] § 76a aufgeh. mWv 1.1.2012 durch G v. 7.7.2009 (BGBl. I S. 1707).
[2] **Steuergesetze Nr. 800.**
[3] **Steuergesetze Nr. 840.**

9. Sozialgesetzbuch Neuntes Buch – Rehabilitation und Teilhabe von Menschen mit Behinderungen – (Neuntes Buch Sozialgesetzbuch – SGB IX)[1) 2)]

Vom 23. Dezember 2016

(BGBl. I S. 3234)

FNA 860-9-3

geänd. durch Art. 25a BundesteilhabeG[3)] v. 23.12.2016 (BGBl. I S. 3234), Art. 3 EM-LeistungsverbesserungsG v. 17.7.2017 (BGBl. I S. 2509), Art. 23 G zur Änd. des BundesversorgungsG und

---

[1)] Verkündet als Art. 1 BundesteilhabeG v. 23.12.2016 (BGBl. I S. 3234); Inkrafttreten gem. Art. 26 Abs. 1 dieses G am 1.1.2018, mit Ausnahme von Teil 2 Kapitel 1–7 (§§ 90–122) sowie Kapitel 9–11 (§§ 135–150), die gem. Abs. 4 Nr. 1 dieses G mit Ausnahme von § 94 Absatz 1 am 1.1.2020 in Kraft getreten sind.

Die Änderungen durch Art. 25a BundesteilhabeG v. 23.12.2016 (BGBl. I S. 3234), die mWv **1.1. 2023** in Kraft treten, wenn zu diesem Zeitpunkt das Bundesgesetz nach Artikel 25a § 99 Absatz 7 verkündet wurde, sind im Text noch nicht berücksichtigt.

Die Änderungen durch G v. 10.12.2019 (BGBl. I S. 2135) treten teilweise erst **mWv 1.1.2023**, die Änderungen durch G v. 12.12.2019 (BGBl. I S. 2652) treten erst **mWv 1.1.2024**, die Änderungen durch G v. 4.5.2021 (BGBl. I S. 882) treten erst **mWv 1.1.2023**, die Änderungen durch G v. 20.8. 2021 (BGBl. I S. 3932) treten erst **mWv 1.1.2025**, die Änderungen durch G v. 27.9.2021 (BGBl. I S. 4530) treten erst **mWv 1.11.2022** in Kraft und sind im Text noch nicht berücksichtigt.

[2)] Zum SGB IX haben die Länder folgende Ausführungsvorschriften erlassen:

- **Baden-Württemberg:** G zur Ausführung des Neunten Buches Sozialgesetzbuch (AGSGB IX) v. 10.4.2018 (GBl. S. 113),
- **Bayern:** G zur Ausführung der Sozialgesetze (AGSG) v. 8.12.2006 (GVBl. S. 942), zuletzt geänd. durch G v. 23.4.2021 (GVBl. S. 196),
- **Berlin:** Gesetz zur Ausführung des Neunten Buches Sozialgesetzbuch (AG SGB IX) v. 25.9.2019 (GVBl. S. 602),
- **Brandenburg:** G zur Ausführung des Neunten Buches Sozialgesetzbuch (AG-SGB IX) v. 18.12. 2018 (GVBl. I Nr. 38), geänd. durch G v. 18.12.2018 (GVBl. I Nr. 38),
- **Bremen:** G zur Ausführung des Neunten Buches Sozialgesetzbuch (SGB IX AG) v. 5.3.2019 (Brem.GBl. S. 45), geänd. durch Bek. v. 20.10.2020 (Brem.GBl. S. 1172),
- **Hamburg:** Hamburgisches G zur Ausführung des Neunten Buches Sozialgesetzbuch – Rehabilitation und Teilhabe von Menschen mit Behinderungen – (AG SGB IX) v. 21.6.2018 (HmbGVBl. S. 214).
- **Hessen:** Hessisches AusführungsG zum Neunten Buch Sozialgesetzbuch (HAG/SGB IX) v. 13.9. 2018 (GVBl. S. 590), geänd. durch G v. 7.5.2020 (GVBl. S. 318).
- **Mecklenburg-Vorpommern:** G zur Ausführung des Neunten Buches Sozialgesetzbuch (Landesausführungsgesetz SGB IX-AG SGB IX M-V) v. 16.12.2019 (GVOBl. M-V S. 796), geänd. durch G v. 11.12.2020 (GVOBl. M-V S. 1346).
- **Niedersachsen:** G zur Ausführung des Neunten und des Zwölften Buchs des Sozialgesetzbuchs (Nds. AG SGB IX/XII) v. 24.10.2019 (Nds. GVBl. S. 300),
- **Nordrhein-Westfalen:** AusführungsG zum Neunten Buch Sozialgesetzbuch für das Land Nordrhein-Westfalen (AG-SGB IX NRW) v. 21.7.2018 (GV. NRW. S. 414, ber. S. 460),
- **Rheinland-Pfalz:** LandesG zur Ausführung des Neunten Buches Sozialgesetzbuch (AGSGB IX) v. 19.12.2018 (GVBl. S. 463), zuletzt geänd. durch G v. 17.12.2020 (GVBl. S. 719),
- **Saarland:** G zur Ausführung des Neunten Buches Sozialgesetzbuch v. 13.6.2018 (Amtsbl. I S. 384), geänd. durch G v. 30.10.2019 (Amtsbl. I S. 1053),
- **Sachsen:** Sächsisches G zur Ausführung des Sozialgesetzbuches (SächsAGSGB) v. 6.6.2002 (SächsGVBl. S. 169), zuletzt geänd. durch G v. 31.3.2021 (SächsGVBl. S. 411),
- **Sachsen-Anhalt:** G zur Ausführung des Neunten Buches Sozialgesetzbuch (AG SGB IX) v. 5.12. 2019 (GVBl. LSA S. 948),
- **Schleswig-Holstein:** G zur Ausführung des Neunten Buches Sozialgesetzbuch (AG-SGB IX) v. 22.3.2018 (GVOBl. Schl.-H. S. 94), zuletzt geänd. durch G v. 25.2.2021 (GVOBl. Schl.-H. S. 201), →

anderer Vorschriften v. 17.7.2017 (BGBl. I S. 2541), Art. 6 Abs. 3 RV-Leistungsverbesserungs- und -StabilisierungsG v. 28.11.2018 (BGBl. I S. 2016), Art. 3, Art. 4 G zur Durchführung von Verordnungen der EU zur Bereitstellung von Produkten auf dem Markt und zur Änd. des Neunten und Zwölften Buches Sozialgesetzbuch v. 18.4.2019 (BGBl. I S. 473), Art. 5 G zur Anpassung der Berufsausbildungsbeihilfe und des Ausbildungsgeldes v. 8.7.2019 (BGBl. I S. 1025), Art. 130 Zweites Datenschutz-Anpassungs- und UmsetzungsG EU v. 20.11.2019 (BGBl. I S. 1626), Art. 1 G zur Änd. des Neunten und des Zwölften Buches Sozialgesetzbuch und anderer Rechtsvorschriften v. 30.11.2019 (BGBl. I S. 1948), Art. 2 Angehörigen-EntlastungsG v. 10.12.2019 (BGBl. I S. 2135), Art. 37 G zur Regelung des Sozialen Entschädigungsrechts v. 12.12.2019 (BGBl. I S. 2652), Art. 8 MDK-ReformG v. 14.12.2019 (BGBl. I S. 2789), Art. 3 Abs. 6 59. G zur Änd. des Strafgesetzbuches v. 9.10.2020 (BGBl. I S. 2075), Art. 13 Vormundschafts- und Betreuungsrechts-ReformG v. 4.5.2021 (BGBl. I S. 882), Art. 7 TeilhabestärkungsG v. 2.6.2021 (BGBl. I S. 1387), Art. 4 Kinder- und JugendstärkungsG v. 3.6.2021 (BGBl. I S. 1444), Art. 17 G zur Novellierung des BundespersonalvertretungsG v. 9.6.2021 (BGBl. I S. 1614), Art. 8 Abs. 5 G zur Bekämpfung sexualisierter Gewalt gegen Kinder v. 16.6.2021 (BGBl. I S. 1810), Art. 43 G über die Entschädigung der Soldatinnen und Soldaten und zur Neuordnung des Soldatenversorgungsrechts v. 20.8.2021 (BGBl. I S. 3932) und Art. 7c G zum Erlass eines Tierarzneimittelgesetzes und zur Anpassung arzneimittelrechtlicher und anderer Vorschriften[1] v. 27.9.2021 (BGBl. I S. 4530)

Inhaltsübersicht[2]

Teil 1. Regelungen für Menschen mit Behinderungen und von Behinderung bedrohte Menschen

Kapitel 1. Allgemeine Vorschriften

(Fortsetzung der Anm. von voriger Seite)

– **Thüringen:** Thüringer G zur Ausführung des Neunten Buches Sozialgesetzbuch (ThürAGSGB IX) v. 21.9.2018 (GVBl. S. 386).

[3] Artikel 25a tritt am 1. Januar 2023 in Kraft, wenn zu diesem Zeitpunkt das Bundesgesetz nach Artikel 25a § 99 Absatz 7 verkündet wurde. Das Bundesministerium für Arbeit und Soziales kann den Wortlaut von § 99 des Neunten Buches Sozialgesetzbuch in der vom 1. Januar 2023 an geltenden Fassung im Bundesgesetzblatt bekannt machen.

[1] Notifiziert gemäß der Richtlinie (EU) 2015/1535 des Europäischen Parlaments und des Rates vom 9. September 2015 über ein Informationsverfahren auf dem Gebiet der technischen Vorschriften und der Vorschriften für die Dienste der Informationsgesellschaft (ABl. L 241 vom 17.9.2015, S. 1).

[2] Inhaltsübersicht geänd. mWv 1.1.2018 durch G v. 17.7.2017 (BGBl. I S. 2509); geänd. mWv 1.1.2020 durch G v. 10.12.2019 (BGBl. I S. 2135); geänd. mWv 10.6.2021 sowie mWv 1.7.2021 und mWv 1.1.2022 durch G v. 2.6.2021 (BGBl. I S. 1387).

Kapitel 6. Soziale Teilhabe

Kapitel 7. Gesamtplanung

Kapitel 8. Vertragsrecht

Kapitel 9. Einkommen und Vermögen

Kapitel 10. Statistik

Kapitel 11. Übergangs- und Schlussbestimmungen

Teil 3. Besondere Regelungen zur Teilhabe schwerbehinderter Menschen (Schwerbehindertenrecht)

Kapitel 1. Geschützter Personenkreis

Kapitel 2. Beschäftigungspflicht der Arbeitgeber

Teil 1. Regelungen für Menschen mit Behinderungen und von Behinderung bedrohte Menschen

Kapitel 1. Allgemeine Vorschriften

§ 1 Selbstbestimmung und Teilhabe am Leben in der Gesellschaft.

[1] Menschen mit Behinderungen oder von Behinderung bedrohte Menschen erhalten Leistungen nach diesem Buch und den für die Rehabilitationsträger geltenden Leistungsgesetzen, um ihre Selbstbestimmung und ihre volle, wirksame und gleichberechtigte Teilhabe am Leben in der Gesellschaft zu fördern,

Benachteiligungen zu vermeiden oder ihnen entgegenzuwirken. [2]Dabei wird den besonderen Bedürfnissen von Frauen und Kindern mit Behinderungen und von Behinderung bedrohter Frauen und Kinder sowie Menschen mit seelischen Behinderungen oder von einer solchen Behinderung bedrohter Menschen Rechnung getragen.

§ 2 Begriffsbestimmungen. (1) [1]Menschen mit Behinderungen sind Menschen, die körperliche, seelische, geistige oder Sinnesbeeinträchtigungen haben, die sie in Wechselwirkung mit einstellungs- und umweltbedingten Barrieren an der gleichberechtigten Teilhabe an der Gesellschaft mit hoher Wahrscheinlichkeit länger als sechs Monate hindern können. [2]Eine Beeinträchtigung nach Satz 1 liegt vor, wenn der Körper- und Gesundheitszustand von dem für das Lebensalter typischen Zustand abweicht. [3]Menschen sind von Behinderung bedroht, wenn eine Beeinträchtigung nach Satz 1 zu erwarten ist.

(2) Menschen sind im Sinne des Teils 3 schwerbehindert, wenn bei ihnen ein Grad der Behinderung von wenigstens 50 vorliegt und sie ihren Wohnsitz, ihren gewöhnlichen Aufenthalt oder ihre Beschäftigung auf einem Arbeitsplatz im Sinne des § 156 rechtmäßig im Geltungsbereich dieses Gesetzbuches haben.

(3) Schwerbehinderten Menschen gleichgestellt werden sollen Menschen mit Behinderungen mit einem Grad der Behinderung von weniger als 50, aber wenigstens 30, bei denen die übrigen Voraussetzungen des Absatzes 2 vorliegen, wenn sie infolge ihrer Behinderung ohne die Gleichstellung einen geeigneten Arbeitsplatz im Sinne des § 156 nicht erlangen oder nicht behalten können (gleichgestellte behinderte Menschen).

§ 3 Vorrang von Prävention. (1) Die Rehabilitationsträger und die Integrationsämter wirken bei der Aufklärung, Beratung, Auskunft und Ausführung von Leistungen im Sinne des Ersten Buches[1)] sowie im Rahmen der Zusammenarbeit mit den Arbeitgebern nach § 167 darauf hin, dass der Eintritt einer Behinderung einschließlich einer chronischen Krankheit vermieden wird.

(2) Die Rehabilitationsträger nach § 6 Absatz 1 Nummer 1 bis 4 und 6 und ihre Verbände wirken bei der Entwicklung und Umsetzung der Nationalen Präventionsstrategie nach den Bestimmungen der §§ 20d bis 20g des Fünften Buches[2)] mit, insbesondere mit der Zielsetzung der Vermeidung von Beeinträchtigungen bei der Teilhabe am Leben in der Gesellschaft.

(3) Bei der Erbringung von Leistungen für Personen, deren berufliche Eingliederung auf Grund gesundheitlicher Einschränkungen besonders erschwert ist, arbeiten die Krankenkassen mit der Bundesagentur für Arbeit und mit den kommunalen Trägern der Grundsicherung für Arbeitsuchende nach § 20a des Fünften Buches eng zusammen.

§ 4 Leistungen zur Teilhabe. (1) Die Leistungen zur Teilhabe umfassen die notwendigen Sozialleistungen, um unabhängig von der Ursache der Behinderung

1. die Behinderung abzuwenden, zu beseitigen, zu mindern, ihre Verschlimmerung zu verhüten oder ihre Folgen zu mildern,

---

[1)] Nr. 1.
[2)] Nr. 5.

2. Einschränkungen der Erwerbsfähigkeit oder Pflegebedürftigkeit zu vermeiden, zu überwinden, zu mindern oder eine Verschlimmerung zu verhüten sowie den vorzeitigen Bezug anderer Sozialleistungen zu vermeiden oder laufende Sozialleistungen zu mindern,
3. die Teilhabe am Arbeitsleben entsprechend den Neigungen und Fähigkeiten dauerhaft zu sichern oder
4. die persönliche Entwicklung ganzheitlich zu fördern und die Teilhabe am Leben in der Gesellschaft sowie eine möglichst selbständige und selbstbestimmte Lebensführung zu ermöglichen oder zu erleichtern.

(2) [1] Die Leistungen zur Teilhabe werden zur Erreichung der in Absatz 1 genannten Ziele nach Maßgabe dieses Buches und der für die zuständigen Leistungsträger geltenden besonderen Vorschriften neben anderen Sozialleistungen erbracht. [2] Die Leistungsträger erbringen die Leistungen im Rahmen der für sie geltenden Rechtsvorschriften nach Lage des Einzelfalles so vollständig, umfassend und in gleicher Qualität, dass Leistungen eines anderen Trägers möglichst nicht erforderlich werden.

(3) [1] Leistungen für Kinder mit Behinderungen oder von Behinderung bedrohte Kinder werden so geplant und gestaltet, dass nach Möglichkeit Kinder nicht von ihrem sozialen Umfeld getrennt und gemeinsam mit Kindern ohne Behinderungen betreut werden können. [2] Dabei werden Kinder mit Behinderungen alters- und entwicklungsentsprechend an der Planung und Ausgestaltung der einzelnen Hilfen beteiligt und ihre Sorgeberechtigten intensiv in Planung und Gestaltung der Hilfen einbezogen.

(4) Leistungen für Mütter und Väter mit Behinderungen werden gewährt, um diese bei der Versorgung und Betreuung ihrer Kinder zu unterstützen.

§ 5 Leistungsgruppen. Zur Teilhabe am Leben in der Gesellschaft werden erbracht:

1. Leistungen zur medizinischen Rehabilitation,
2. Leistungen zur Teilhabe am Arbeitsleben,
3. unterhaltssichernde und andere ergänzende Leistungen,
4. Leistungen zur Teilhabe an Bildung und
5. Leistungen zur sozialen Teilhabe.

§ 6[1)] Rehabilitationsträger. (1) Träger der Leistungen zur Teilhabe (Rehabilitationsträger) können sein:

1. die gesetzlichen Krankenkassen für Leistungen nach § 5 Nummer 1 und 3,
2. die Bundesagentur für Arbeit für Leistungen nach § 5 Nummer 2 und 3,
3. die Träger der gesetzlichen Unfallversicherung für Leistungen nach § 5 Nummer 1 bis 3 und 5; für Versicherte nach § 2 Absatz 1 Nummer 8 des Siebten Buches[2)] die für diese zuständigen Unfallversicherungsträger für Leistungen nach § 5 Nummer 1 bis 5,
4. die Träger der gesetzlichen Rentenversicherung für Leistungen nach § 5 Nummer 1 bis 3, der Träger der Alterssicherung der Landwirte für Leistungen nach § 5 Nummer 1 und 3,

---

[1)] § 6 Abs. 3 Satz 6 geänd. mWv 1.1.2018 durch G v. 17.7.2017 (BGBl. I S. 2541); Abs. 3 Sätze 3–5 neu gef., Sätze 6 und 7 aufgeh. mWv 1.1.2022 durch G v. 2.6.2021 (BGBl. I S. 1387).

[2)] Nr. **7**.

5. die Träger der Kriegsopferversorgung und die Träger der Kriegsopferfürsorge im Rahmen des Rechts der sozialen Entschädigung bei Gesundheitsschäden für Leistungen nach § 5 Nummer 1 bis 5,
6. die Träger der öffentlichen Jugendhilfe für Leistungen nach § 5 Nummer 1, 2, 4 und 5 sowie
7. die Träger der Eingliederungshilfe für Leistungen nach § 5 Nummer 1, 2, 4 und 5.

(2) Die Rehabilitationsträger nehmen ihre Aufgaben selbständig und eigenverantwortlich wahr.

(3) [1] Die Bundesagentur für Arbeit ist auch Rehabilitationsträger für die Leistungen zur Teilhabe am Arbeitsleben für erwerbsfähige Leistungsberechtigte mit Behinderungen im Sinne des Zweiten Buches, sofern nicht ein anderer Rehabilitationsträger zuständig ist. [2] Die Zuständigkeit der Jobcenter nach § 6d des Zweiten Buches[1)] für die Leistungen zur beruflichen Teilhabe von Menschen mit Behinderungen nach § 16 Absatz 1 des Zweiten Buches bleibt unberührt. [3] Die Bundesagentur für Arbeit stellt den Rehabilitationsbedarf fest. [4] Sie beteiligt das zuständige Jobcenter nach § 19 Absatz 1 Satz 2 und berät das Jobcenter zu den von ihm zu erbringenden Leistungen zur Teilhabe am Arbeitsleben nach § 16 Absatz 1 Satz 3 des Zweiten Buches. [5] Das Jobcenter entscheidet über diese Leistungen innerhalb der in Kapitel 4 genannten Fristen.

§ 7 Vorbehalt abweichender Regelungen. (1) [1] Die Vorschriften im Teil 1 gelten für die Leistungen zur Teilhabe, soweit sich aus den für den jeweiligen Rehabilitationsträger geltenden Leistungsgesetzen nichts Abweichendes ergibt. [2] Die Zuständigkeit und die Voraussetzungen für die Leistungen zur Teilhabe richten sich nach den für den jeweiligen Rehabilitationsträger geltenden Leistungsgesetzen. [3] Das Recht der Eingliederungshilfe im Teil 2 ist ein Leistungsgesetz im Sinne der Sätze 1 und 2.

(2) [1] Abweichend von Absatz 1 gehen die Vorschriften der Kapitel 2 bis 4 den für die jeweiligen Rehabilitationsträger geltenden Leistungsgesetzen vor. [2] Von den Vorschriften in Kapitel 4 kann durch Landesrecht nicht abgewichen werden.

§ 8 Wunsch- und Wahlrecht der Leistungsberechtigten. (1) [1] Bei der Entscheidung über die Leistungen und bei der Ausführung der Leistungen zur Teilhabe wird berechtigten Wünschen der Leistungsberechtigten entsprochen. [2] Dabei wird auch auf die persönliche Lebenssituation, das Alter, das Geschlecht, die Familie sowie die religiösen und weltanschaulichen Bedürfnisse der Leistungsberechtigten Rücksicht genommen; im Übrigen gilt § 33 des Ersten Buches[2)]. [3] Den besonderen Bedürfnissen von Müttern und Vätern mit Behinderungen bei der Erfüllung ihres Erziehungsauftrages sowie den besonderen Bedürfnissen von Kindern mit Behinderungen wird Rechnung getragen.

(2) [1] Sachleistungen zur Teilhabe, die nicht in Rehabilitationseinrichtungen auszuführen sind, können auf Antrag der Leistungsberechtigten als Geldleistungen erbracht werden, wenn die Leistungen hierdurch voraussichtlich bei gleicher Wirksamkeit wirtschaftlich zumindest gleichwertig ausgeführt werden können. [2] Für die Beurteilung der Wirksamkeit stellen die Leistungsberechtig-

---

[1)] Nr. 2.
[2)] Nr. 1.

ten dem Rehabilitationsträger geeignete Unterlagen zur Verfügung. [3]Der Rehabilitationsträger begründet durch Bescheid, wenn er den Wünschen des Leistungsberechtigten nach den Absätzen 1 und 2 nicht entspricht.

(3) Leistungen, Dienste und Einrichtungen lassen den Leistungsberechtigten möglichst viel Raum zu eigenverantwortlicher Gestaltung ihrer Lebensumstände und fördern ihre Selbstbestimmung.

(4) Die Leistungen zur Teilhabe bedürfen der Zustimmung der Leistungsberechtigten.

Kapitel 2. Einleitung der Rehabilitation von Amts wegen

§ 9 Vorrangige Prüfung von Leistungen zur Teilhabe. (1) [1]Werden bei einem Rehabilitationsträger Sozialleistungen wegen oder unter Berücksichtigung einer Behinderung oder einer drohenden Behinderung beantragt oder erbracht, prüft dieser unabhängig von der Entscheidung über diese Leistungen, ob Leistungen zur Teilhabe voraussichtlich zur Erreichung der Ziele

(Fortsetzung nächstes Blatt)

von den Rehabilitationsträgern vereinbarten einheitlichen Grundsätzen zur Durchführung von Begutachtungen nach § 25 Absatz 1 Nummer 4 entsprechen. [3] Die in dem Gutachten getroffenen Feststellungen zum Rehabilitationsbedarf werden den Entscheidungen der Rehabilitationsträger zugrunde gelegt. [4] Die gesetzlichen Aufgaben der Gesundheitsämter, des Medizinischen Dienstes der Krankenversicherung nach § 275 des Fünften Buches[1)] und die gutachterliche Beteiligung der Bundesagentur für Arbeit nach § 54 bleiben unberührt.

(3) [1] Hat der leistende Rehabilitationsträger nach § 15 weitere Rehabilitationsträger beteiligt, setzt er sich bei seiner Entscheidung über die Beauftragung eines geeigneten Sachverständigen mit den beteiligten Rehabilitationsträgern über Anlass, Ziel und Umfang der Begutachtung ins Benehmen. [2] Die beteiligten Rehabilitationsträger informieren den leistenden Rehabilitationsträger unverzüglich über die Notwendigkeit der Einholung von Gutachten. [3] Die in dem Gutachten getroffenen Feststellungen zum Rehabilitationsbedarf werden in den Teilhabeplan nach § 19 einbezogen. [4] Absatz 2 Satz 3 gilt entsprechend.

(4) Die Rehabilitationsträger stellen sicher, dass sie Sachverständige beauftragen können, bei denen keine Zugangs- und Kommunikationsbarrieren bestehen.

§ 18 Erstattung selbstbeschaffter Leistungen. (1) Kann über den Antrag auf Leistungen zur Teilhabe nicht innerhalb einer Frist von zwei Monaten ab Antragseingang bei dem leistenden Rehabilitationsträger entschieden werden, teilt er den Leistungsberechtigten vor Ablauf der Frist die Gründe hierfür schriftlich mit (begründete Mitteilung).

(2) [1] In der begründeten Mitteilung ist auf den Tag genau zu bestimmen, bis wann über den Antrag entschieden wird. [2] In der begründeten Mitteilung kann der leistende Rehabilitationsträger die Frist von zwei Monaten nach Absatz 1 nur in folgendem Umfang verlängern:

1. um bis zu zwei Wochen zur Beauftragung eines Sachverständigen für die Begutachtung infolge einer nachweislich beschränkten Verfügbarkeit geeigneter Sachverständiger,
2. um bis zu vier Wochen, soweit von dem Sachverständigen die Notwendigkeit für einen solchen Zeitraum der Begutachtung schriftlich bestätigt wurde und
3. für die Dauer einer fehlenden Mitwirkung der Leistungsberechtigten, wenn und soweit den Leistungsberechtigten nach § 66 Absatz 3 des Ersten Buches[2)] schriftlich eine angemessene Frist zur Mitwirkung gesetzt wurde.

(3) [1] Erfolgt keine begründete Mitteilung, gilt die beantragte Leistung nach Ablauf der Frist als genehmigt. [2] Die beantragte Leistung gilt auch dann als genehmigt, wenn der in der Mitteilung bestimmte Zeitpunkt der Entscheidung über den Antrag ohne weitere begründete Mitteilung des Rehabilitationsträgers abgelaufen ist.

(4) [1] Beschaffen sich Leistungsberechtigte eine als genehmigt geltende Leistung selbst, ist der leistende Rehabilitationsträger zur Erstattung der Aufwendungen für selbstbeschaffte Leistungen verpflichtet. [2] Mit der Erstattung gilt der Anspruch der Leistungsberechtigten auf die Erbringung der selbstbeschafften

---

[1)] Nr. **5**.
[2)] Nr. **1**.

Leistungen zur Teilhabe als erfüllt. [3]Der Erstattungsanspruch umfasst auch die Zahlung von Abschlägen im Umfang fälliger Zahlungsverpflichtungen für selbstbeschaffte Leistungen.

(5) Die Erstattungspflicht besteht nicht,

1. wenn und soweit kein Anspruch auf Bewilligung der selbstbeschafften Leistungen bestanden hätte und
2. die Leistungsberechtigten dies wussten oder infolge grober Außerachtlassung der allgemeinen Sorgfalt nicht wussten.

(6) [1]Konnte der Rehabilitationsträger eine unaufschiebbare Leistung nicht rechtzeitig erbringen oder hat er eine Leistung zu Unrecht abgelehnt und sind dadurch Leistungsberechtigten für die selbstbeschaffte Leistung Kosten entstanden, sind diese vom Rehabilitationsträger in der entstandenen Höhe zu erstatten, soweit die Leistung notwendig war. [2]Der Anspruch auf Erstattung richtet sich gegen den Rehabilitationsträger, der zum Zeitpunkt der Selbstbeschaffung über den Antrag entschieden hat. [3]Lag zum Zeitpunkt der Selbstbeschaffung noch keine Entscheidung vor, richtet sich der Anspruch gegen den leistenden Rehabilitationsträger.

(7) Die Absätze 1 bis 5 gelten nicht für die Träger der Eingliederungshilfe, der öffentlichen Jugendhilfe und der Kriegsopferfürsorge.

§ 19[1)] Teilhabeplan. (1) [1]Soweit Leistungen verschiedener Leistungsgruppen oder mehrerer Rehabilitationsträger erforderlich sind, ist der leistende Rehabilitationsträger dafür verantwortlich, dass er und die nach § 15 beteiligten Rehabilitationsträger im Benehmen miteinander und in Abstimmung mit den Leistungsberechtigten die nach dem individuellen Bedarf voraussichtlich erforderlichen Leistungen hinsichtlich Ziel, Art und Umfang funktionsbezogen feststellen und schriftlich oder elektronisch so zusammenstellen, dass sie nahtlos ineinandergreifen. [2]Soweit zum Zeitpunkt der Antragstellung nach § 14 Leistungen nach dem Zweiten Buch[2)] beantragt sind oder erbracht werden, beteiligt der leistende Rehabilitationsträger das zuständige Jobcenter wie in den Fällen nach Satz 1.

(2) [1]Der leistende Rehabilitationsträger erstellt in den Fällen nach Absatz 1 einen Teilhabeplan innerhalb der für die Entscheidung über den Antrag maßgeblichen Frist. [2]Der Teilhabeplan dokumentiert

1. den Tag des Antragseingangs beim leistenden Rehabilitationsträger und das Ergebnis der Zuständigkeitsklärung und Beteiligung nach den §§ 14 und 15,
2. die Feststellungen über den individuellen Rehabilitationsbedarf auf Grundlage der Bedarfsermittlung nach § 13,
3. die zur individuellen Bedarfsermittlung nach § 13 eingesetzten Instrumente,
4. die gutachterliche Stellungnahme der Bundesagentur für Arbeit nach § 54,
5. die Einbeziehung von Diensten und Einrichtungen bei der Leistungserbringung,

---

[1)] § 19 Abs. 1 geänd. mWv 1.1.2018 durch G v. 17.7.2017 (BGBl. I S. 2541); Abs. 1 Satz 2 angef., Abs. 2 Satz 2 Nr. 10 und 11 geänd., Nr. 12 angef. mWv 1.1.2022 durch G v. 2.6.2021 (BGBl. I S. 1387).

[2)] Nr. 2.

6. erreichbare und überprüfbare Teilhabeziele und deren Fortschreibung,
7. die Berücksichtigung des Wunsch- und Wahlrechts nach § 8, insbesondere im Hinblick auf die Ausführung von Leistungen durch ein Persönliches Budget,
8. die Dokumentation der einvernehmlichen, umfassenden und trägerübergreifenden Feststellung des Rehabilitationsbedarfs in den Fällen nach § 15 Absatz 3 Satz 1,
9. die Ergebnisse der Teilhabeplankonferenz nach § 20,
10. die Erkenntnisse aus den Mitteilungen der nach § 22 einbezogenen anderen öffentlichen Stellen,
11. die besonderen Belange pflegender Angehöriger bei der Erbringung von Leistungen der medizinischen Rehabilitation und
12. die Leistungen zur Eingliederung in Arbeit nach dem Zweiten Buch, soweit das Jobcenter nach Absatz 1 Satz 2 zu beteiligen ist.

3 Wenn Leistungsberechtigte die Erstellung eines Teilhabeplans wünschen und die Voraussetzungen nach Absatz 1 nicht vorliegen, ist Satz 2 entsprechend anzuwenden.

(3) 1 Der Teilhabeplan wird entsprechend dem Verlauf der Rehabilitation angepasst und darauf ausgerichtet, den Leistungsberechtigten unter Berücksichtigung der Besonderheiten des Einzelfalles eine umfassende Teilhabe am Leben in der Gesellschaft zügig, wirksam, wirtschaftlich und auf Dauer zu ermöglichen. 2 Dabei sichert der leistende Rehabilitationsträger durchgehend das Verfahren. 3 Die Leistungsberechtigten können von dem leistenden Rehabilitationsträger Einsicht in den Teilhabeplan oder die Erteilung von Ablichtungen nach § 25 des Zehnten Buches[1] verlangen.

(4) 1 Die Rehabilitationsträger legen den Teilhabeplan bei der Entscheidung über den Antrag zugrunde. 2 Die Begründung der Entscheidung über die beantragten Leistungen nach § 35 des Zehnten Buches soll erkennen lassen, inwieweit die im Teilhabeplan enthaltenen Feststellungen bei der Entscheidung berücksichtigt wurden.

(5) 1 Ein nach § 15 beteiligter Rehabilitationsträger kann das Verfahren nach den Absätzen 1 bis 3 anstelle des leistenden Rehabilitationsträgers durchführen, wenn die Rehabilitationsträger dies in Abstimmung mit den Leistungsberechtigten vereinbaren. 2 Die Vorschriften über die Leistungsverantwortung der Rehabilitationsträger nach den §§ 14 und 15 bleiben hiervon unberührt.

(6) Setzen unterhaltssichernde Leistungen den Erhalt von anderen Leistungen zur Teilhabe voraus, gelten die Leistungen im Verhältnis zueinander nicht als Leistungen verschiedener Leistungsgruppen im Sinne von Absatz 1.

§ 20[2] Teilhabeplankonferenz. (1) 1 Mit Zustimmung der Leistungsberechtigten kann der für die Durchführung des Teilhabeplanverfahrens nach § 19 verantwortliche Rehabilitationsträger zur gemeinsamen Beratung der Feststellungen zum Rehabilitationsbedarf eine Teilhabeplankonferenz durchführen. 2 Die Leistungsberechtigten, die beteiligten Rehabilitationsträger und die Jobcenter können dem nach § 19 verantwortlichen Rehabilitationsträger die

[1] Nr. **10**.

[2] § 20 Abs. 1 Satz 3 einl. Satzteil, Nr. 1 und 2 geänd., Nr. 3 aufgeh., Abs. 3 Satz 2 geänd. mWv 1.1.2022 durch G v. 2.6.2021 (BGBl. I S. 1387).

Durchführung einer Teilhabeplankonferenz vorschlagen. [3] Von dem Vorschlag auf Durchführung einer Teilhabeplankonferenz kann nur abgewichen werden, wenn eine Einwilligung nach § 23 Absatz 2 nicht erteilt wurde oder Einvernehmen der beteiligten Leistungsträger besteht, dass

1. der zur Feststellung des Rehabilitationsbedarfs maßgebliche Sachverhalt schriftlich ermittelt werden kann oder
2. der Aufwand zur Durchführung nicht in einem angemessenen Verhältnis zum Umfang der beantragten Leistung steht.

(2) [1] Wird von dem Vorschlag der Leistungsberechtigten auf Durchführung einer Teilhabeplankonferenz abgewichen, sind die Leistungsberechtigten über die dafür maßgeblichen Gründe zu informieren und hierzu anzuhören. [2] Von dem Vorschlag der Leistungsberechtigten auf Durchführung einer Teilhabeplankonferenz kann nicht abgewichen werden, wenn Leistungen an Mütter und Väter mit Behinderungen bei der Versorgung und Betreuung ihrer Kinder beantragt wurden.

(3) [1] An der Teilhabeplankonferenz nehmen Beteiligte nach § 12 des Zehnten Buches[1)] sowie auf Wunsch der Leistungsberechtigten die Bevollmächtigten und Beistände nach § 13 des Zehnten Buches sowie sonstige Vertrauenspersonen teil. [2] Auf Wunsch oder mit Zustimmung der Leistungsberechtigten können Rehabilitationsdienste und Rehabilitationseinrichtungen sowie sonstige beteiligte Leistungserbringer an der Teilhabeplankonferenz teilnehmen. [3] Vor der Durchführung einer Teilhabeplankonferenz sollen die Leistungsberechtigten auf die Angebote der ergänzenden unabhängigen Teilhabeberatung nach § 32 besonders hingewiesen werden.

(4) Wird eine Teilhabeplankonferenz nach Absatz 1 auf Wunsch und mit Zustimmung der Leistungsberechtigten eingeleitet, richtet sich die Frist zur Entscheidung über den Antrag nach § 15 Absatz 4.

§ 21[2)] Besondere Anforderungen an das Teilhabeplanverfahren. [1] Ist der Träger der Eingliederungshilfe der für die Durchführung des Teilhabeplanverfahrens verantwortliche Rehabilitationsträger, gelten für ihn die Vorschriften für die Gesamtplanung ergänzend; dabei ist das Gesamtplanverfahren ein Gegenstand des Teilhabeplanverfahrens. [2] Ist der Träger der öffentlichen Jugendhilfe der für die Durchführung des Teilhabeplans verantwortliche Rehabilitationsträger, gelten für ihn die Vorschriften für den Hilfeplan nach den §§ 36, 36b und 37c des Achten Buches[3)] ergänzend.

§ 22[4)] Einbeziehung anderer öffentlicher Stellen. (1) Der für die Durchführung des Teilhabeplanverfahrens verantwortliche Rehabilitationsträger bezieht unter Berücksichtigung der Interessen der Leistungsberechtigten andere öffentliche Stellen in die Erstellung des Teilhabeplans in geeigneter Art und Weise ein, soweit dies zur Feststellung des Rehabilitationsbedarfs erforderlich ist.

[1)] Nr. **10**.

[2)] § 21 Satz 2 geänd. mWv 10.6.2021 durch G v. 3.6.2021 (BGBl. I S. 1444).

[3)] Nr. **8**.

[4)] § 22 Abs. 3 Satz 2 geänd., Abs. 4 aufgeh., bish. Abs. 5 wird Abs. 4 mWv 1.1.2022 durch G v. 2.6. 2021 (BGBl. I S. 1387).

(2) [1] Bestehen im Einzelfall Anhaltspunkte für eine Pflegebedürftigkeit nach dem Elften Buch, wird die zuständige Pflegekasse mit Zustimmung des Leistungsberechtigten vom für die Durchführung des Teilhabeplanverfahrens verantwortlichen Rehabilitationsträger informiert und muss am Teilhabeplanverfahren beratend teilnehmen, soweit dies für den Rehabilitationsträger zur Feststellung des Rehabilitationsbedarfs erforderlich und nach den für die zuständige Pflegekasse geltenden Grundsätzen der Datenverwendung zulässig ist. [2] Die §§ 18a und 31 des Elften Buches[1)] bleiben unberührt.

(3) [1] Die Integrationsämter sind bei der Durchführung des Teilhabeplanverfahrens zu beteiligen, soweit sie Leistungen für schwerbehinderte Menschen nach Teil 3 erbringen. [2] Das zuständige Integrationsamt kann das Teilhabeplanverfahren nach § 19 Absatz 5 anstelle des leistenden Rehabilitationsträgers durchführen, wenn die Rehabilitationsträger und das Integrationsamt sowie das nach § 19 Absatz 1 Satz 2 zu beteiligende Jobcenter dies in Abstimmung mit den Leistungsberechtigten vereinbaren.

(4) Bestehen im Einzelfall Anhaltspunkte für einen Betreuungsbedarf nach § 1896 Absatz 1 des Bürgerlichen Gesetzbuches[2)], informiert der für die Durchführung des Teilhabeplanverfahrens verantwortliche Rehabilitationsträger mit Zustimmung der Leistungsberechtigten die zuständige Betreuungsbehörde über die Erstellung des Teilhabeplans, soweit dies zur Vermittlung anderer Hilfen, bei denen kein Betreuer bestellt wird, erforderlich ist.

§ 23[3)] Verantwortliche Stelle für den Sozialdatenschutz. (1) Der für die Durchführung des Teilhabeplanverfahrens verantwortliche Rehabilitationsträger ist bei der Erstellung des Teilhabeplans und bei der Durchführung der Teilhabeplankonferenz Verantwortlicher für die Verarbeitung von Sozialdaten nach § 67 Absatz 4 des Zehnten Buches[4)] sowie Stelle im Sinne von § 35 Absatz 1 des Ersten Buches[5)].

(2) [1] Vor Durchführung einer Teilhabeplankonferenz hat der nach Absatz 1 Verantwortliche die Einwilligung der Leistungsberechtigten im Sinne von § 67b Absatz 2 des Zehnten Buches einzuholen, wenn und soweit anzunehmen ist, dass im Rahmen der Teilhabeplankonferenz Sozialdaten verarbeitet werden, deren Erforderlichkeit für die Erstellung des Teilhabeplans zum Zeitpunkt der Durchführung der Teilhabeplankonferenz nicht abschließend bewertet werden kann. [2] Nach Durchführung der Teilhabeplankonferenz ist die Speicherung, Veränderung, Nutzung, Übermittlung oder Einschränkung der Verarbeitung von Sozialdaten im Sinne von Satz 1 nur zulässig, soweit dies für die Erstellung des Teilhabeplans erforderlich ist.

(3) Die datenschutzrechtlichen Vorschriften des Ersten und des Zehnten Buches sowie der jeweiligen Leistungsgesetze der Rehabilitationsträger bleiben bei der Zuständigkeitsklärung und bei der Erstellung des Teilhabeplans unberührt.

[1)] Nr. **11**.

[2)] **Habersack, Deutsche Gesetze Nr. 20.**

[3)] § 23 Abs. 1 neu gef., Abs. 2 Satz 1 geänd., Satz 2 neu gef. mWv 26.11.2019 durch G v. 20.11. 2019 (BGBl. I S. 1626).

[4)] Nr. **10**.

[5)] Nr. **1**.

§ 24 Vorläufige Leistungen. [1] Die Bestimmungen dieses Kapitels lassen die Verpflichtung der Rehabilitationsträger zur Erbringung vorläufiger Leistungen nach den für sie jeweils geltenden Leistungsgesetzen unberührt. [2] Vorläufig erbrachte Leistungen binden die Rehabilitationsträger nicht bei der Feststellung des Rehabilitationsbedarfs nach diesem Kapitel. [3] Werden Leistungen zur Teilhabe beantragt, ist § 43 des Ersten Buches[1)] nicht anzuwenden.

Kapitel 5. Zusammenarbeit

§ 25 Zusammenarbeit der Rehabilitationsträger. (1) Im Rahmen der durch Gesetz, Rechtsverordnung oder allgemeine Verwaltungsvorschrift getroffenen Regelungen sind die Rehabilitationsträger verantwortlich, dass

1. die im Einzelfall erforderlichen Leistungen zur Teilhabe nahtlos, zügig sowie nach Gegenstand, Umfang und Ausführung einheitlich erbracht werden,
2. Abgrenzungsfragen einvernehmlich geklärt werden,
3. Beratung entsprechend den in den §§ 1 und 4 genannten Zielen geleistet wird,
4. Begutachtungen möglichst nach einheitlichen Grundsätzen durchgeführt werden,
5. Prävention entsprechend dem in § 3 Absatz 1 genannten Ziel geleistet wird sowie
6. die Rehabilitationsträger im Fall eines Zuständigkeitsübergangs rechtzeitig eingebunden werden.

(2) [1] Die Rehabilitationsträger und ihre Verbände sollen zur gemeinsamen Wahrnehmung von Aufgaben zur Teilhabe von Menschen mit Behinderungen insbesondere regionale Arbeitsgemeinschaften bilden. [2] § 88 Absatz 1 Satz 1 und Absatz 2 des Zehnten Buches[2)] gilt entsprechend.

§ 26 Gemeinsame Empfehlungen. (1) Die Rehabilitationsträger nach § 6 Absatz 1 Nummer 1 bis 5 vereinbaren zur Sicherung der Zusammenarbeit nach § 25 Absatz 1 gemeinsame Empfehlungen.

(2) Die Rehabilitationsträger nach § 6 Absatz 1 Nummer 1 bis 5 vereinbaren darüber hinaus gemeinsame Empfehlungen,

1. welche Maßnahmen nach § 3 geeignet sind, um den Eintritt einer Behinderung zu vermeiden,
2. in welchen Fällen und in welcher Weise rehabilitationsbedürftigen Menschen notwendige Leistungen zur Teilhabe angeboten werden, insbesondere, um eine durch eine Chronifizierung von Erkrankungen bedingte Behinderung zu verhindern,
3. über die einheitliche Ausgestaltung des Teilhabeplanverfahrens,
4. in welcher Weise die Bundesagentur für Arbeit nach § 54 zu beteiligen ist,
5. wie Leistungen zur Teilhabe nach den §§ 14 und 15 koordiniert werden,
6. in welcher Weise und in welchem Umfang Selbsthilfegruppen, -organisationen und -kontaktstellen, die sich die Prävention, Rehabilitation, Früh-

(Fortsetzung nächstes Blatt)

[1)] Nr. 1.
[2)] Nr. 10.

(5) Eine Verpflichtung des Leistungsträgers, Leistungen zur Beschäftigung bei privaten oder öffentlichen Arbeitgebern zu ermöglichen, besteht nicht.

§ 61a[1] **Budget für Ausbildung.** (1) Menschen mit Behinderungen, die Anspruch auf Leistungen nach § 57 oder § 58 haben und denen von einem privaten oder öffentlichen Arbeitgeber ein sozialversicherungspflichtiges Ausbildungsverhältnis in einem anerkannten Ausbildungsberuf oder in einem Ausbildungsgang nach § 66 des Berufsbildungsgesetzes[2] oder § 42r der Handwerksordnung[3] angeboten wird, erhalten mit Abschluss des Vertrages über dieses Ausbildungsverhältnis als Leistungen zur Teilhabe am Arbeitsleben ein Budget für Ausbildung.

(2) [1] Das Budget für Ausbildung umfasst

1. die Erstattung der angemessenen Ausbildungsvergütung einschließlich des Anteils des Arbeitgebers am Gesamtsozialversicherungsbeitrag und des Beitrags zur Unfallversicherung nach Maßgabe des Siebten Buches,
2. die Aufwendungen für die wegen der Behinderung erforderliche Anleitung und Begleitung am Ausbildungsplatz und in der Berufsschule sowie
3. die erforderlichen Fahrkosten.

[2] Ist wegen Art oder Schwere der Behinderung der Besuch einer Berufsschule am Ort des Ausbildungsplatzes nicht möglich, so kann der schulische Teil der Ausbildung in Einrichtungen der beruflichen Rehabilitation erfolgen; die entstehenden Kosten werden ebenfalls vom Budget für Ausbildung gedeckt. [3] Vor dem Abschluss einer Vereinbarung mit einer Einrichtung der beruflichen Rehabilitation ist dem zuständigen Leistungsträger das Angebot mit konkreten Angaben zu den entstehenden Kosten zur Bewilligung vorzulegen.

(3) [1] Das Budget für Ausbildung wird erbracht, solange es erforderlich ist, längstens bis zum erfolgreichen Abschluss der Ausbildung. [2] Zeiten eines Budgets für Ausbildung werden auf die Dauer des Eingangsverfahrens und des Berufsbildungsbereiches in Werkstätten für behinderte Menschen nach § 57 Absatz 2 und 3 angerechnet, sofern der Mensch mit Behinderungen in der Werkstatt für behinderte Menschen oder bei einem anderen Leistungsanbieter seine berufliche Bildung in derselben Fachrichtung fortsetzt.

(4) Die wegen der Behinderung erforderliche Anleitung und Begleitung kann von mehreren Leistungsberechtigten gemeinsam in Anspruch genommen werden.

(5) [1] Die Bundesagentur für Arbeit soll den Menschen mit Behinderungen bei der Suche nach einem geeigneten Ausbildungsplatz im Sinne von Absatz 1 unterstützen. [2] Dies umfasst im Fall des Absatzes 2 Satz 4 auch die Unterstützung bei der Suche nach einer geeigneten Einrichtung der beruflichen Rehabilitation.

§ 62 Wahlrecht des Menschen mit Behinderungen. (1) Auf Wunsch des Menschen mit Behinderungen werden die Leistungen nach den §§ 57 und 58 von einer nach § 225 anerkannten Werkstatt für behinderte Menschen, von

---

[1] § 61a eingef. mWv 1.1.2020 durch G v. 10.12.2019 (BGBl. I S. 2135); Abs. 1 Satz 1 geänd., Satz 2 aufgeh., Abs. 2 Satz 1 neu gef., Sätze 2 und 3 aufgeh., bish. Satz 4 wird Satz 2, neuer Satz 3 angef., Abs. 5 Satz 1 geänd., Satz 2 angef. mWv 1.1.2022 durch G v. 2.6.2021 (BGBl. I S. 1387).

[2] **Loseblatt-Textsammlung Arbeitsrecht Nr. 415.**

[3] **Sartorius Nr. 815.**

dieser zusammen mit einem oder mehreren anderen Leistungsanbietern oder von einem oder mehreren anderen Leistungsanbietern erbracht.

(2) Werden Teile einer Leistung im Verantwortungsbereich einer Werkstatt für behinderte Menschen oder eines anderen Leistungsanbieters erbracht, so bedarf die Leistungserbringung der Zustimmung des unmittelbar verantwortlichen Leistungsanbieters.

§ 63[1)] Zuständigkeit nach den Leistungsgesetzen. (1) Die Leistungen im Eingangsverfahren und im Berufsbildungsbereich einer anerkannten Werkstatt für behinderte Menschen erbringen

1. die Bundesagentur für Arbeit, soweit nicht einer der in den Nummern 2 bis 4 genannten Träger zuständig ist,
2. die Träger der Unfallversicherung im Rahmen ihrer Zuständigkeit für durch Arbeitsunfälle Verletzte und von Berufskrankheiten Betroffene,
3. die Träger der Rentenversicherung unter den Voraussetzungen der §§ 11 bis 13 des Sechsten Buches[2)] und
4. die Träger der Kriegsopferfürsorge unter den Voraussetzungen der §§ 26 und 26a des Bundesversorgungsgesetzes[3)].

(2) Die Leistungen im Arbeitsbereich einer anerkannten Werkstatt für behinderte Menschen erbringen

1. die Träger der Unfallversicherung im Rahmen ihrer Zuständigkeit für durch Arbeitsunfälle Verletzte und von Berufskrankheiten Betroffene,
2. die Träger der Kriegsopferfürsorge unter den Voraussetzungen des § 27d Absatz 1 Nummer 3 des Bundesversorgungsgesetzes,
3. die Träger der öffentlichen Jugendhilfe unter den Voraussetzungen des § 35a des Achten Buches[4)] und
4. im Übrigen die Träger der Eingliederungshilfe unter den Voraussetzungen des § 99.

(3) [1] Absatz 1 gilt auch für die Leistungen zur beruflichen Bildung bei einem anderen Leistungsanbieter sowie für die Leistung des Budgets für Ausbildung an Menschen mit Behinderungen, die Anspruch auf Leistungen nach § 57 haben. [2] Absatz 2 gilt auch für die Leistungen zur Beschäftigung bei einem anderen Leistungsanbieter, für die Leistung des Budgets für Ausbildung an Menschen mit Behinderungen, die Anspruch auf Leistungen nach § 58 haben und die keinen Anspruch auf Leistungen nach § 57 haben, sowie für die Leistung des Budgets für Arbeit.

Kapitel 11. Unterhaltssichernde und andere ergänzende Leistungen

§ 64 Ergänzende Leistungen. (1) Die Leistungen zur medizinischen Rehabilitation und zur Teilhabe am Arbeitsleben der in § 6 Absatz 1 Nummer 1 bis 5 genannten Rehabilitationsträger werden ergänzt durch

---

1) § 63 Abs. 3 Satz 1 geänd. mWv 1.1.2020 durch G v. 10.12.2019 (BGBl. I S. 2135); Abs. 3 Satz 1 geänd., Satz 2 neu gef. mWv 1.1.2022 durch G v. 2.6.2021 (BGBl. I S. 1387).

2) Nr. **6**.

3) Nr. **20/10**.

4) Nr. **8**.

1. Krankengeld, Versorgungskrankengeld, Verletztengeld, Übergangsgeld, Ausbildungsgeld oder Unterhaltsbeihilfe,
2. Beiträge und Beitragszuschüsse
   a) zur Krankenversicherung nach Maßgabe des Fünften Buches[1], des Zweiten Gesetzes über die Krankenversicherung der Landwirte[2] sowie des Künstlersozialversicherungsgesetzes[3],

(Fortsetzung nächstes Blatt)

---

[1] Nr. **5**.
[2] Nr. **30/22**.
[3] Nr. **30/50**.

§ 108 Antragserfordernis. (1) [1]Die Leistungen der Eingliederungshilfe nach diesem Teil werden auf Antrag erbracht. [2]Die Leistungen werden frühestens ab dem Ersten des Monats der Antragstellung erbracht, wenn zu diesem Zeitpunkt die Voraussetzungen bereits vorlagen.

(2) Eines Antrages bedarf es nicht für Leistungen, deren Bedarf in dem Verfahren nach Kapitel 7 ermittelt worden ist.

Kapitel 3.[1] Medizinische Rehabilitation

§ 109 Leistungen zur medizinischen Rehabilitation. (1) Leistungen zur medizinischen Rehabilitation sind insbesondere die in § 42 Absatz 2 und 3 und § 64 Absatz 1 Nummer 3 bis 6 genannten Leistungen.

(2) Die Leistungen zur medizinischen Rehabilitation entsprechen den Rehabilitationsleistungen der gesetzlichen Krankenversicherung.

§ 110 Leistungserbringung. (1) Leistungsberechtigte haben entsprechend den Bestimmungen der gesetzlichen Krankenversicherung die freie Wahl unter den Ärzten und Zahnärzten sowie unter den Krankenhäusern und Vorsorge- und Rehabilitationseinrichtungen.

(2) [1]Bei der Erbringung von Leistungen zur medizinischen Rehabilitation sind die Regelungen, die für die gesetzlichen Krankenkassen nach dem Vierten Kapitel des Fünften Buches[2] gelten, mit Ausnahme des Dritten Titels des Zweiten Abschnitts anzuwenden. [2]Ärzte, Psychotherapeuten im Sinne des § 28 Absatz 3 Satz 1 des Fünften Buches und Zahnärzte haben für ihre Leistungen Anspruch auf die Vergütung, welche die Ortskrankenkasse, in deren Bereich der Arzt, Psychotherapeut oder der Zahnarzt niedergelassen ist, für ihre Mitglieder zahlt.

(3) [1]Die Verpflichtungen, die sich für die Leistungserbringer aus den §§ 294, 294a, 295, 300 bis 302 des Fünften Buches ergeben, gelten auch für die Abrechnung von Leistungen zur medizinischen Rehabilitation mit dem Träger der Eingliederungshilfe. [2]Die Vereinbarungen nach § 303 Absatz 1 sowie § 304 des Fünften Buches gelten für den Träger der Eingliederungshilfe entsprechend.

Kapitel 4.[1] Teilhabe am Arbeitsleben

§ 111[3] Leistungen zur Beschäftigung. (1) Leistungen zur Beschäftigung umfassen

1. Leistungen im Arbeitsbereich anerkannter Werkstätten für behinderte Menschen nach den §§ 58 und 62,
2. Leistungen bei anderen Leistungsanbietern nach den §§ 60 und 62,
3. Leistungen bei privaten und öffentlichen Arbeitgebern nach § 61 sowie
4. Leistungen für ein Budget für Ausbildung nach § 61a.

(2) [1]Leistungen nach Absatz 1 umfassen auch Gegenstände und Hilfsmittel, die wegen der gesundheitlichen Beeinträchtigung zur Aufnahme oder Fortset-

[1] Teil 2 Kapitel 1–7 (§§ 90–122) sowie Kapitel 9–11 (§§ 135–150) sind mit Ausnahme von § 94 Absatz 1, der am 1.1.2018 in Kraft getreten ist, am **1.1.2020** in Kraft getreten, vgl. Anm. am Titel.

[2] Nr. **5**.

[3] § 111 Abs. 1 Nr. 2 und 3 geänd., Nr. 4 angef. mWv 1.1.2022 durch G v. 2.6.2021 (BGBl. I S. 1387).

zung der Beschäftigung erforderlich sind. [2] Voraussetzung für eine Hilfsmittelversorgung ist, dass der Leistungsberechtigte das Hilfsmittel bedienen kann. [3] Die Versorgung mit Hilfsmitteln schließt eine notwendige Unterweisung im Gebrauch und eine notwendige Instandhaltung oder Änderung ein. [4] Die Ersatzbeschaffung des Hilfsmittels erfolgt, wenn sie infolge der körperlichen Entwicklung der Leistungsberechtigten notwendig ist oder wenn das Hilfsmittel aus anderen Gründen ungeeignet oder unbrauchbar geworden ist.

(3) Zu den Leistungen nach Absatz 1 Nummer 1 und 2 gehört auch das Arbeitsförderungsgeld nach § 59.

Kapitel 5.[1)] Teilhabe an Bildung

§ 112 Leistungen zur Teilhabe an Bildung. (1) [1] Leistungen zur Teilhabe an Bildung umfassen

1. Hilfen zu einer Schulbildung, insbesondere im Rahmen der allgemeinen Schulpflicht und zum Besuch weiterführender Schulen einschließlich der Vorbereitung hierzu; die Bestimmungen über die Ermöglichung der Schulbildung im Rahmen der allgemeinen Schulpflicht bleiben unberührt, und
2. Hilfen zur schulischen oder hochschulischen Ausbildung oder Weiterbildung für einen Beruf.

[2] Die Hilfen nach Satz 1 Nummer 1 schließen Leistungen zur Unterstützung schulischer Ganztagsangebote in der offenen Form ein, die im Einklang mit dem Bildungs- und Erziehungsauftrag der Schule stehen und unter deren Aufsicht und Verantwortung ausgeführt werden, an den stundenplanmäßigen Unterricht anknüpfen und in der Regel in den Räumlichkeiten der Schule oder in deren Umfeld durchgeführt werden. [3] Hilfen nach Satz 1 Nummer 1 umfassen auch heilpädagogische und sonstige Maßnahmen, wenn die Maßnahmen erforderlich und geeignet sind, der leistungsberechtigten Person den Schulbesuch zu ermöglichen oder zu erleichtern. [4] Hilfen zu einer schulischen oder hochschulischen Ausbildung nach Satz 1 Nummer 2 können erneut erbracht werden, wenn dies aus behinderungsbedingten Gründen erforderlich ist. [5] Hilfen nach Satz 1 umfassen auch Gegenstände und Hilfsmittel, die wegen der gesundheitlichen Beeinträchtigung zur Teilhabe an Bildung erforderlich sind. [6] Voraussetzung für eine Hilfsmittelversorgung ist, dass die leistungsberechtigte Person das Hilfsmittel bedienen kann. [7] Die Versorgung mit Hilfsmitteln schließt eine notwendige Unterweisung im Gebrauch und eine notwendige Instandhaltung oder Änderung ein. [8] Die Ersatzbeschaffung des Hilfsmittels erfolgt, wenn sie infolge der körperlichen Entwicklung der leistungsberechtigten Person notwendig ist oder wenn das Hilfsmittel aus anderen Gründen ungeeignet oder unbrauchbar geworden ist.

(2) [1] Hilfen nach Absatz 1 Satz 1 Nummer 2 werden erbracht für eine schulische oder hochschulische berufliche Weiterbildung, die

1. in einem zeitlichen Zusammenhang an eine duale, schulische oder hochschulische Berufsausbildung anschließt,
2. in dieselbe fachliche Richtung weiterführt und

[1)] Teil 2 Kapitel 1–7 (§§ 90–122) sowie Kapitel 9–11 (§§ 135–150) sind mit Ausnahme von § 94 Absatz 1, der am 1.1.2018 in Kraft getreten ist, am **1.1.2020** in Kraft getreten, vgl. Anm. am Titel.

3. es dem Leistungsberechtigten ermöglicht, das von ihm angestrebte Berufsziel zu erreichen.

[2] Hilfen für ein Masterstudium werden abweichend von Satz 1 Nummer 2 auch erbracht, wenn das Masterstudium auf ein zuvor abgeschlossenes Bachelorstudium aufbaut und dieses interdisziplinär ergänzt, ohne in dieselbe Fachrichtung weiterzuführen. [3] Aus behinderungsbedingten oder aus anderen, nicht von der leistungsberechtigten Person beeinflussbaren gewichtigen Gründen kann von Satz 1 Nummer 1 abgewichen werden.

(3) Hilfen nach Absatz 1 Satz 1 Nummer 2 schließen folgende Hilfen ein:
1. Hilfen zur Teilnahme an Fernunterricht,
2. Hilfen zur Ableistung eines Praktikums, das für den Schul- oder Hochschulbesuch oder für die Berufszulassung erforderlich ist, und
3. Hilfen zur Teilnahme an Maßnahmen zur Vorbereitung auf die schulische oder hochschulische Ausbildung oder Weiterbildung für einen Beruf.

(4) [1] Die in der Schule oder Hochschule wegen der Behinderung erforderliche Anleitung und Begleitung können an mehrere Leistungsberechtigte gemeinsam erbracht werden, soweit dies nach § 104 für die Leistungsberechtigten zumutbar ist und mit Leistungserbringern entsprechende Vereinbarungen bestehen. [2] Die Leistungen nach Satz 1 sind auf Wunsch der Leistungsberechtigten gemeinsam zu erbringen.

Kapitel 6.[1)] Soziale Teilhabe

§ 113[2)] Leistungen zur Sozialen Teilhabe. (1) [1] Leistungen zur Sozialen Teilhabe werden erbracht, um eine gleichberechtigte Teilhabe am Leben in der Gemeinschaft zu ermöglichen oder zu erleichtern, soweit sie nicht nach den Kapiteln 3 bis 5 erbracht werden. [2] Hierzu gehört, Leistungsberechtigte zu einer möglichst selbstbestimmten und eigenverantwortlichen Lebensführung im eigenen Wohnraum sowie in ihrem Sozialraum zu befähigen oder sie hierbei zu unterstützen. [3] Maßgeblich sind die Ermittlungen und Feststellungen nach Kapitel 7.

(2) Leistungen zur Sozialen Teilhabe sind insbesondere
1. Leistungen für Wohnraum,
2. Assistenzleistungen,
3. heilpädagogische Leistungen,
4. Leistungen zur Betreuung in einer Pflegefamilie,
5. Leistungen zum Erwerb und Erhalt praktischer Kenntnisse und Fähigkeiten,
6. Leistungen zur Förderung der Verständigung,
7. Leistungen zur Mobilität,
8. Hilfsmittel,
9. Besuchsbeihilfen.

(3) Die Leistungen nach Absatz 2 Nummer 1 bis 8 bestimmen sich nach den §§ 77 bis 84, soweit sich aus diesem Teil nichts Abweichendes ergibt.

[1)] Teil 2 Kapitel 1–7 (§§ 90–122) sowie Kapitel 9–11 (§§ 135–150) sind mit Ausnahme von § 94 Absatz 1, der am 1.1.2018 in Kraft getreten ist, am **1.1.2020** in Kraft getreten, vgl. Anm. am Titel.

[2)] § 113 Abs. 5 angef. mWv 1.1.2020 durch G v. 30.11.2019 (BGBl. I S. 1948).

(4) Zur Ermöglichung der gemeinschaftlichen Mittagsverpflegung in der Verantwortung einer Werkstatt für behinderte Menschen, einem anderen Leistungsanbieter oder dem Leistungserbringer vergleichbarer anderer tagesstrukturierender Maßnahmen werden die erforderliche sächliche Ausstattung, die personelle Ausstattung und die erforderlichen betriebsnotwendigen Anlagen des Leistungserbringers übernommen.

(5) [1] In besonderen Wohnformen des § 42a Absatz 2 Satz 1 Nummer 2 und Satz 3 des Zwölften Buches[1)] werden Aufwendungen für Wohnraum oberhalb der Angemessenheitsgrenze nach § 42a Absatz 6 des Zwölften Buches übernommen, sofern dies wegen der besonderen Bedürfnisse des Menschen mit Behinderungen erforderlich ist. [2] Kapitel 8 ist anzuwenden.

§ 114 Leistungen zur Mobilität. Bei den Leistungen zur Mobilität nach § 113 Absatz 2 Nummer 7 gilt § 83 mit der Maßgabe, dass

1. die Leistungsberechtigten zusätzlich zu den in § 83 Absatz 2 genannten Voraussetzungen zur Teilhabe am Leben in der Gemeinschaft ständig auf die Nutzung eines Kraftfahrzeugs angewiesen sind und
2. abweichend von § 83 Absatz 3 Satz 2 die Vorschriften der §§ 6 und 8 der Kraftfahrzeughilfe-Verordnung[2)] nicht maßgeblich sind.

§ 115[3)] Besuchsbeihilfen. Werden Leistungen bei einem oder mehreren Anbietern über Tag und Nacht erbracht, können den Leistungsberechtigten oder ihren Angehörigen zum gegenseitigen Besuch Beihilfen geleistet werden, soweit es im Einzelfall erforderlich ist.

§ 116 Pauschale Geldleistung, gemeinsame Inanspruchnahme.

(1) [1] Die Leistungen

1. zur Assistenz zur Übernahme von Handlungen zur Alltagsbewältigung sowie Begleitung der Leistungsberechtigten (§ 113 Absatz 2 Nummer 2 in Verbindung mit § 78 Absatz 2 Nummer 1 und Absatz 5),
2. zur Förderung der Verständigung (§ 113 Absatz 2 Nummer 6) und
3. zur Beförderung im Rahmen der Leistungen zur Mobilität (§ 113 Absatz 2 Nummer 7 in Verbindung mit § 83 Absatz 1 Nummer 1)

können mit Zustimmung der Leistungsberechtigten als pauschale Geldleistungen nach § 105 Absatz 3 erbracht werden. [2] Die zuständigen Träger der Eingliederungshilfe regeln das Nähere zur Höhe und Ausgestaltung der pauschalen Geldleistungen sowie zur Leistungserbringung.

(2) [1] Die Leistungen

1. zur Assistenz (§ 113 Absatz 2 Nummer 2),
2. zur Heilpädagogik (§ 113 Absatz 2 Nummer 3),
3. zum Erwerb und Erhalt praktischer Fähigkeiten und Kenntnisse (§ 113 Absatz 2 Nummer 5),
4. zur Förderung der Verständigung (§ 113 Absatz 2 Nummer 6),
5. zur Beförderung im Rahmen der Leistungen zur Mobilität (§ 113 Absatz 2 Nummer 7 in Verbindung mit § 83 Absatz 1 Nummer 1) und

---

[1)] Nr. **12**.
[2)] Nr. **9/22**.
[3)] § 115 geänd. mWv 1.1.2020 durch G v. 30.11.2019 (BGBl. I S. 1948).

6. zur Erreichbarkeit einer Ansprechperson unabhängig von einer konkreten Inanspruchnahme (§ 113 Absatz 2 Nummer 2 in Verbindung mit § 78 Absatz 6)

können an mehrere Leistungsberechtigte gemeinsam erbracht werden, soweit dies nach § 104 für die Leistungsberechtigten zumutbar ist und mit Leistungserbringern entsprechende Vereinbarungen bestehen. [2] Maßgeblich sind die Ermittlungen und Feststellungen im Rahmen der Gesamtplanung nach Kapitel 7.

(3) Die Leistungen nach Absatz 2 sind auf Wunsch der Leistungsberechtigten gemeinsam zu erbringen, soweit die Teilhabeziele erreicht werden können.

Kapitel 7.[1)] Gesamtplanung

§ 117[2)] Gesamtplanverfahren. (1) Das Gesamtplanverfahren ist nach folgenden Maßstäben durchzuführen:

1. Beteiligung des Leistungsberechtigten in allen Verfahrensschritten, beginnend mit der Beratung,
2. Dokumentation der Wünsche des Leistungsberechtigten zu Ziel und Art der Leistungen,
3. Beachtung der Kriterien
   a) transparent,
   b) trägerübergreifend,
   c) interdisziplinär,
   d) konsensorientiert,
   e) individuell,
   f) lebensweltbezogen,
   g) sozialraumorientiert und
   h) zielorientiert,
4. Ermittlung des individuellen Bedarfes,
5. Durchführung einer Gesamtplankonferenz,
6. Abstimmung der Leistungen nach Inhalt, Umfang und Dauer in einer Gesamtplankonferenz unter Beteiligung betroffener Leistungsträger.

(2) Am Gesamtplanverfahren wird auf Verlangen des Leistungsberechtigten eine Person seines Vertrauens beteiligt.

(3) [1] Bestehen im Einzelfall Anhaltspunkte für eine Pflegebedürftigkeit nach dem Elften Buch, wird die zuständige Pflegekasse mit Zustimmung des Leistungsberechtigten vom Träger der Eingliederungshilfe informiert und muss am Gesamtplanverfahren beratend teilnehmen, soweit dies für den Träger der Eingliederungshilfe zur Feststellung der Leistungen nach den Kapiteln 3 bis 6 erforderlich ist. [2] Bestehen im Einzelfall Anhaltspunkte, dass Leistungen der Hilfe zur Pflege nach dem Siebten Kapitel des Zwölften Buches[3)] erforderlich sind, so soll der Träger dieser Leistungen mit Zustimmung der Leistungsberech-

---

[1)] Teil 2 Kapitel 1–7 (§§ 90–122) sowie Kapitel 9–11 (§§ 135–150) sind mit Ausnahme von § 94 Absatz 1, der am 1.1.2018 in Kraft getreten ist, am **1.1.2020** in Kraft getreten, vgl. Anm. am Titel.

[2)] § 117 Abs. 5 geänd. mWv 1.1.2022 durch G v. 2.6.2021 (BGBl. I S. 1387); Abs. 6 angef. mWv 10.6.2021 durch G v. 3.6.2021 (BGBl. I S. 1444).

[3)] Nr. **12**.

tigten informiert und am Gesamtplanverfahren beteiligt werden, soweit dies zur Feststellung der Leistungen nach den Kapiteln 3 bis 6 erforderlich ist.

(4) Bestehen im Einzelfall Anhaltspunkte für einen Bedarf an notwendigem Lebensunterhalt, ist der Träger dieser Leistungen mit Zustimmung des Leistungsberechtigten zu informieren und am Gesamtplanverfahren zu beteiligen, soweit dies zur Feststellung der Leistungen nach den Kapiteln 3 bis 6 erforderlich ist.

(5) § 22 Absatz 4 ist entsprechend anzuwenden, auch wenn ein Teilhabeplan nicht zu erstellen ist.

(6) [1] Bei minderjährigen Leistungsberechtigten wird der nach § 86 des Achten Buches[1)] zuständige örtliche Träger der öffentlichen Jugendhilfe vom Träger der Eingliederungshilfe mit Zustimmung des Personensorgeberechtigten informiert und nimmt am Gesamtplanverfahren beratend teil, soweit dies zur Feststellung der Leistungen der Eingliederungshilfe nach den Kapiteln 3 bis 6 erforderlich ist. [2] Hiervon kann in begründeten Ausnahmefällen abgesehen werden, insbesondere, wenn durch die Teilnahme des zuständigen örtlichen Trägers der öffentlichen Jugendhilfe das Gesamtplanverfahren verzögert würde.

§ 118 Instrumente der Bedarfsermittlung. (1) [1] Der Träger der Eingliederungshilfe hat die Leistungen nach den Kapiteln 3 bis 6 unter Berücksichtigung der Wünsche des Leistungsberechtigten festzustellen. [2] Die Ermittlung des individuellen Bedarfes des Leistungsberechtigten muss durch ein Instrument erfolgen, das sich an der Internationalen Klassifikation der Funktionsfähigkeit, Behinderung und Gesundheit orientiert. [3] Das Instrument hat die Beschreibung einer nicht nur vorübergehenden Beeinträchtigung der Aktivität und Teilhabe in den folgenden Lebensbereichen vorzusehen:

1. Lernen und Wissensanwendung,
2. Allgemeine Aufgaben und Anforderungen,
3. Kommunikation,
4. Mobilität,
5. Selbstversorgung,
6. häusliches Leben,
7. interpersonelle Interaktionen und Beziehungen,
8. bedeutende Lebensbereiche und
9. Gemeinschafts-, soziales und staatsbürgerliches Leben.

(2) Die Landesregierungen werden ermächtigt, durch Rechtsverordnung das Nähere über das Instrument zur Bedarfsermittlung zu bestimmen.

§ 119[2)] Gesamtplankonferenz. (1) [1] Mit Zustimmung des Leistungsberechtigten kann der Träger der Eingliederungshilfe eine Gesamtplankonferenz durchführen, um die Leistungen für den Leistungsberechtigten nach den Kapiteln 3 bis 6 sicherzustellen. [2] Die Leistungsberechtigten, die beteiligten Rehabilitationsträger und bei minderjährigen Leistungsberechtigten der nach § 86 des Achten Buches[1)] zuständige örtliche Träger der öffentlichen Jugendhilfe können dem nach § 15 verantwortlichen Träger der Eingliederungshilfe die Durchführung einer Gesamtplankonferenz vorschlagen. [3] Den Vorschlag auf

---

[1)] Nr. 8.

[2)] § 119 Abs. 1 Satz 2 neu gef. mWv 10.6.2021 durch G v. 3.6.2021 (BGBl. I S. 1444).

Durchführung einer Gesamtplankonferenz kann der Träger der Eingliederungshilfe ablehnen, wenn der maßgebliche Sachverhalt schriftlich ermittelt werden kann oder der Aufwand zur Durchführung nicht in einem angemessenen Verhältnis zum Umfang der beantragten Leistung steht.

(2) [1] In einer Gesamtplankonferenz beraten der Träger der Eingliederungshilfe, der Leistungsberechtigte und beteiligte Leistungsträger gemeinsam auf der Grundlage des Ergebnisses der Bedarfsermittlung nach § 118 insbesondere über

1. die Stellungnahmen der beteiligten Leistungsträger und die gutachterliche Stellungnahme des Leistungserbringers bei Beendigung der Leistungen zur beruflichen Bildung nach § 57,
2. die Wünsche der Leistungsberechtigten nach § 104 Absatz 2 bis 4,
3. den Beratungs- und Unterstützungsbedarf nach § 106,
4. die Erbringung der Leistungen.

[2] Soweit die Beratung über die Erbringung der Leistungen nach Nummer 4 den Lebensunterhalt betrifft, umfasst sie den Anteil des Regelsatzes nach § 27a Absatz 3 des Zwölften Buches[1)], der den Leistungsberechtigten als Barmittel verbleibt.

(3) [1] Ist der Träger der Eingliederungshilfe Leistungsverantwortlicher nach § 15, soll er die Gesamtplankonferenz mit einer Teilhabeplankonferenz nach § 20 verbinden. [2] Ist der Träger der Eingliederungshilfe nicht Leistungsverantwortlicher nach § 15, soll er nach § 19 Absatz 5 den Leistungsberechtigten und den Rehabilitationsträgern anbieten, mit deren Einvernehmen das Verfahren anstelle des leistenden Rehabilitationsträgers durchzuführen.

(4) [1] Beantragt eine leistungsberechtigte Mutter oder ein leistungsberechtigter Vater Leistungen zur Deckung von Bedarfen bei der Versorgung und Betreuung eines eigenen Kindes oder mehrerer eigener Kinder, so ist eine Gesamtplankonferenz mit Zustimmung des Leistungsberechtigten durchzuführen. [2] Bestehen Anhaltspunkte dafür, dass diese Bedarfe durch Leistungen anderer Leistungsträger, durch das familiäre, freundschaftliche und nachbarschaftliche Umfeld oder ehrenamtlich gedeckt werden können, so informiert der Träger der Eingliederungshilfe mit Zustimmung der Leistungsberechtigten die als zuständig angesehenen Leistungsträger, die ehrenamtlich tätigen Stellen und Personen oder die jeweiligen Personen aus dem persönlichen Umfeld und beteiligt sie an der Gesamtplankonferenz.

§ 120 Feststellung der Leistungen. (1) Nach Abschluss der Gesamtplankonferenz stellen der Träger der Eingliederungshilfe und die beteiligten Leistungsträger ihre Leistungen nach den für sie geltenden Leistungsgesetzen innerhalb der Fristen nach den §§ 14 und 15 fest.

(2) [1] Der Träger der Eingliederungshilfe erlässt auf Grundlage des Gesamtplanes nach § 121 den Verwaltungsakt über die festgestellte Leistung nach den Kapiteln 3 bis 6. [2] Der Verwaltungsakt enthält mindestens die bewilligten Leistungen und die jeweiligen Leistungsvoraussetzungen. [3] Die Feststellungen über die Leistungen sind für den Erlass des Verwaltungsaktes bindend. [4] Ist eine Gesamtplankonferenz durchgeführt worden, sind deren Ergebnisse der Erstellung des Gesamtplanes zugrunde zu legen. [5] Ist der Träger der Eingliederungs-

---

[1)] Nr. **12**.

hilfe Leistungsverantwortlicher nach § 15, sind die Feststellungen über die Leistungen für die Entscheidung nach § 15 Absatz 3 bindend.

(3) Wenn nach den Vorschriften zur Koordinierung der Leistungen nach Teil 1 Kapitel 4 ein anderer Rehabilitationsträger die Leistungsverantwortung trägt, bilden die im Rahmen der Gesamtplanung festgestellten Leistungen nach den Kapiteln 3 bis 6 die für den Teilhabeplan erforderlichen Feststellungen nach § 15 Absatz 2.

(4) In einem Eilfall erbringt der Träger der Eingliederungshilfe Leistungen der Eingliederungshilfe nach den Kapiteln 3 bis 6 vor Beginn der Gesamtplankonferenz vorläufig; der Umfang der vorläufigen Gesamtleistung bestimmt sich nach pflichtgemäßem Ermessen.

§ 121 Gesamtplan. (1) Der Träger der Eingliederungshilfe stellt unverzüglich nach der Feststellung der Leistungen einen Gesamtplan insbesondere zur Durchführung der einzelnen Leistungen oder einer Einzelleistung auf.

(2) [1]Der Gesamtplan dient der Steuerung, Wirkungskontrolle und Dokumentation des Teilhabeprozesses. [2]Er bedarf der Schriftform und soll regelmäßig, spätestens nach zwei Jahren, überprüft und fortgeschrieben werden.

(3) Bei der Aufstellung des Gesamtplanes wirkt der Träger der Eingliederungshilfe zusammen mit

1. dem Leistungsberechtigten,
2. einer Person seines Vertrauens und
3. dem im Einzelfall Beteiligten, insbesondere mit
   a) dem behandelnden Arzt,
   b) dem Gesundheitsamt,
   c) dem Landesarzt,
   d) dem Jugendamt und
   e) den Dienststellen der Bundesagentur für Arbeit.

(4) Der Gesamtplan enthält neben den Inhalten nach § 19 mindestens

1. die im Rahmen der Gesamtplanung eingesetzten Verfahren und Instrumente sowie die Maßstäbe und Kriterien der Wirkungskontrolle einschließlich des Überprüfungszeitpunkts,
2. die Aktivitäten der Leistungsberechtigten,
3. die Feststellungen über die verfügbaren und aktivierbaren Selbsthilferessourcen des Leistungsberechtigten sowie über Art, Inhalt, Umfang und Dauer der zu erbringenden Leistungen,
4. die Berücksichtigung des Wunsch- und Wahlrechts nach § 8 im Hinblick auf eine pauschale Geldleistung,
5. die Erkenntnisse aus vorliegenden sozialmedizinischen Gutachten und
6. das Ergebnis über die Beratung des Anteils des Regelsatzes nach § 27a Absatz 3 des Zwölften Buches[1)], der den Leistungsberechtigten als Barmittel verbleibt.

(5) Der Träger der Eingliederungshilfe stellt der leistungsberechtigten Person den Gesamtplan zur Verfügung.

[1)] Nr. 12.

§ 122 Teilhabezielvereinbarung. [1]Der Träger der Eingliederungshilfe kann mit dem Leistungsberechtigten eine Teilhabezielvereinbarung zur Umsetzung der Mindestinhalte des Gesamtplanes oder von Teilen der Mindestinhalte des Gesamtplanes abschließen. [2]Die Vereinbarung wird für die Dauer des Bewilligungszeitraumes der Leistungen der Eingliederungshilfe abgeschlossen, soweit sich aus ihr nichts Abweichendes ergibt. [3]Bestehen Anhaltspunkte dafür, dass die Vereinbarungsziele nicht oder nicht mehr erreicht werden, hat der Träger der Eingliederungshilfe die Teilhabezielvereinbarung anzupassen. [4]Die Kriterien nach § 117 Absatz 1 Nummer 3 gelten entsprechend.

Kapitel 8. Vertragsrecht

§ 123[1)] Allgemeine Grundsätze. (1) [1]Der Träger der Eingliederungshilfe darf Leistungen der Eingliederungshilfe mit Ausnahme der Leistungen nach § 113 Absatz 2 Nummer 2 in Verbindung mit § 78 Absatz 5 und § 116 Absatz 1 durch Dritte (Leistungserbringer) nur bewilligen, soweit eine schriftliche Vereinbarung zwischen dem Träger des Leistungserbringers und dem für den Ort der Leistungserbringung zuständigen Träger der Eingliederungshilfe besteht. [2]Die Vereinbarung kann auch zwischen dem Träger der Eingliederungshilfe und dem Verband, dem der Leistungserbringer angehört, geschlossen werden, soweit der Verband eine entsprechende Vollmacht nachweist.

(2) [1]Die Vereinbarungen sind für alle übrigen Träger der Eingliederungshilfe bindend. [2]Die Vereinbarungen müssen den Grundsätzen der Wirtschaftlichkeit, Sparsamkeit und Leistungsfähigkeit entsprechen und dürfen das Maß des Notwendigen nicht überschreiten. [3]Sie sind vor Beginn der jeweiligen Wirtschaftsperiode für einen zukünftigen Zeitraum abzuschließen (Vereinbarungszeitraum); nachträgliche Ausgleiche sind nicht zulässig. [4]Die Ergebnisse der Vereinbarungen sind den Leistungsberechtigten in einer wahrnehmbaren Form zugänglich zu machen.

(3) Keine Leistungserbringer im Sinne dieses Kapitels sind

1. private und öffentliche Arbeitgeber gemäß § 61 oder § 61a sowie
2. Einrichtungen der beruflichen Rehabilitation, in denen der schulische Teil der Ausbildung nach § 61a Absatz 2 Satz 4 erfolgen kann.

(4) [1]Besteht eine schriftliche Vereinbarung, so ist der Leistungserbringer, soweit er kein anderer Leistungsanbieter im Sinne des § 60 ist, im Rahmen des vereinbarten Leistungsangebotes verpflichtet, Leistungsberechtigte aufzunehmen und Leistungen der Eingliederungshilfe unter Beachtung der Inhalte des Gesamtplanes nach § 121 zu erbringen. [2]Die Verpflichtung zur Leistungserbringung besteht auch in den Fällen des § 116 Absatz 2.

(5) [1]Der Träger der Eingliederungshilfe darf die Leistungen durch Leistungserbringer, mit denen keine schriftliche Vereinbarung besteht, nur erbringen, soweit

1. dies nach der Besonderheit des Einzelfalles geboten ist,
2. der Leistungserbringer ein schriftliches Leistungsangebot vorlegt, das für den Inhalt einer Vereinbarung nach § 125 gilt,
3. der Leistungserbringer sich schriftlich verpflichtet, die Grundsätze der Wirtschaftlichkeit und Qualität der Leistungserbringung zu beachten,

---

1) § 123 Abs. 3 neu gef. mWv 1.1.2022 durch G v. 2.6.2021 (BGBl. I S. 1387).

4. der Leistungserbringer sich schriftlich verpflichtet, bei der Erbringung von Leistungen die Inhalte des Gesamtplanes nach § 121 zu beachten,
5. die Vergütung für die Erbringung der Leistungen nicht höher ist als die Vergütung, die der Träger der Eingliederungshilfe mit anderen Leistungserbringern für vergleichbare Leistungen vereinbart hat.

[2] Die allgemeinen Grundsätze der Absätze 1 bis 3 und 5 sowie die Vorschriften zur Geeignetheit der Leistungserbringer (§ 124), zum Inhalt der Vergütung (§ 125), zur Verbindlichkeit der vereinbarten Vergütung (§ 127), zur Wirtschaftlichkeits- und Qualitätsprüfung (§ 128), zur Kürzung der Vergütung (§ 129) und zur außerordentlichen Kündigung der Vereinbarung (§ 130) gelten entsprechend.

(6) Der Leistungserbringer hat gegen den Träger der Eingliederungshilfe einen Anspruch auf Vergütung der gegenüber dem Leistungsberechtigten erbrachten Leistungen der Eingliederungshilfe.

§ 124[1)] Geeignete Leistungserbringer. (1) [1] Sind geeignete Leistungserbringer vorhanden, soll der Träger der Eingliederungshilfe zur Erfüllung seiner Aufgaben eigene Angebote nicht neu schaffen. [2] Geeignet ist ein externer Leistungserbringer, der unter Sicherstellung der Grundsätze des § 104 die Leistungen wirtschaftlich und sparsam erbringen kann. [3] Die durch den Leistungserbringer geforderte Vergütung ist wirtschaftlich angemessen, wenn sie im Vergleich mit der Vergütung vergleichbarer Leistungserbringer im unteren Drittel liegt (externer Vergleich). [4] Liegt die geforderte Vergütung oberhalb des unteren Drittels, kann sie wirtschaftlich angemessen sein, sofern sie nachvollziehbar auf einem höheren Aufwand des Leistungserbringers beruht und wirtschaftlicher Betriebsführung entspricht. [5] In den externen Vergleich sind die im Einzugsbereich tätigen Leistungserbringer einzubeziehen. [6] Die Bezahlung tariflich vereinbarter Vergütungen sowie entsprechender Vergütungen nach kirchlichen Arbeitsrechtsregelungen kann dabei nicht als unwirtschaftlich abgelehnt werden, soweit die Vergütung aus diesem Grunde oberhalb des unteren Drittels liegt.

(2) [1] Geeignete Leistungserbringer haben zur Erbringung der Leistungen der Eingliederungshilfe eine dem Leistungsangebot entsprechende Anzahl an Fach- und anderem Betreuungspersonal zu beschäftigen. [2] Sie müssen über die Fähigkeit zur Kommunikation mit den Leistungsberechtigten in einer für die Leistungsberechtigten wahrnehmbaren Form verfügen und nach ihrer Persönlichkeit geeignet sein. [3] Geeignete Leistungserbringer dürfen nur solche Personen beschäftigen oder ehrenamtliche Personen, die in Wahrnehmung ihrer Aufgaben Kontakt mit Leistungsberechtigten haben, mit Aufgaben betrauen, die nicht rechtskräftig wegen einer Straftat nach den §§ 171, 174 bis 174c, 176 bis 180a, 181a, 182 bis 184g, 184i bis 184l, 201a Absatz 3, §§ 225, 232 bis 233a, 234, 235 oder 236 des Strafgesetzbuchs[2)] verurteilt worden sind. [4] Die Leistungserbringer sollen sich von Fach- und anderem Betreuungspersonal, die in Wahrnehmung ihrer Aufgaben Kontakt mit Leistungsberechtigten haben, vor deren Einstellung oder Aufnahme einer dauerhaften ehrenamtlichen Tätigkeit

---

[1)] § 124 Abs. 2 Satz 3 geänd. mWv 26.4.2019 durch G v. 18.4.2019 (BGBl. I S. 473); Abs. 2 Satz 3 geänd. mWv 1.1.2021 durch G v. 9.10.2020 (BGBl. I S. 2075); Abs. 2 Satz 3 geänd. mWv 1.7.2021 durch G v. 16.6.2021 (BGBl. I S. 1810).

[2)] **Habersack, Deutsche Gesetze Nr. 85.**

und in regelmäßigen Abständen ein Führungszeugnis nach § 30a Absatz 1 des Bundeszentralregistergesetzes[1)] vorlegen lassen. [5] Nimmt der Leistungserbringer Einsicht in ein Führungszeugnis nach § 30a Absatz 1 des Bundeszentralregistergesetzes, so speichert er nur den Umstand der Einsichtnahme, das Datum des Führungszeugnisses und die Information, ob die das Führungszeugnis betreffende Person wegen einer in Satz 3 genannten Straftat rechtskräftig verurteilt worden ist. [6] Der Leistungserbringer darf diese Daten nur verändern und nutzen, soweit dies zur Prüfung der Eignung einer Person erforderlich ist. [7] Die Daten sind vor dem Zugriff Unbefugter zu schützen. [8] Sie sind unverzüglich zu löschen, wenn im Anschluss an die Einsichtnahme keine Tätigkeit für den Leistungserbringer wahrgenommen wird. [9] Sie sind spätestens drei Monate nach der letztmaligen Ausübung einer Tätigkeit für den Leistungserbringer zu löschen. [10] Das Fachpersonal muss zusätzlich über eine abgeschlossene berufsspezifische Ausbildung und dem Leistungsangebot entsprechende Zusatzqualifikationen verfügen.

(Fortsetzung nächstes Blatt)

[1)] **Habersack, Deutsche Gesetze Nr. 92.**

b) für Zuschüsse zu Gebühren, insbesondere Prüfungsgebühren, bei der Berufsausbildung besonders betroffener schwerbehinderter Jugendlicher und junger Erwachsener,

c) für Prämien und Zuschüsse zu den Kosten der Berufsausbildung behinderter Jugendlicher und junger Erwachsener, die für die Zeit der Berufsausbildung schwerbehinderten Menschen nach § 151 Absatz 4 gleichgestellt worden sind,

d) für Prämien zur Einführung eines betrieblichen Eingliederungsmanagements und

e) für außergewöhnliche Belastungen, die mit der Beschäftigung schwerbehinderter Menschen im Sinne des § 155 Absatz 1 Nummer 1 Buchstabe a bis d, von schwerbehinderten Menschen im Anschluss an eine Beschäftigung in einer anerkannten Werkstatt für behinderte Menschen oder im Sinne des § 158 Absatz 2 verbunden sind, vor allem, wenn ohne diese Leistungen das Beschäftigungsverhältnis gefährdet würde,

3. an Träger von Integrationsfachdiensten einschließlich psychosozialer Dienste freier gemeinnütziger Einrichtungen und Organisationen sowie an Träger von Inklusionsbetrieben,
4. zur Durchführung von Aufklärungs-, Schulungs- und Bildungsmaßnahmen,
5. nachrangig zur beruflichen Orientierung,
6. zur Deckung eines Teils der Aufwendungen für ein Budget für Arbeit oder eines Teils der Aufwendungen für ein Budget für Ausbildung.

(4) Schwerbehinderte Menschen haben im Rahmen der Zuständigkeit des Integrationsamtes aus den ihm aus der Ausgleichsabgabe zur Verfügung stehenden Mitteln Anspruch auf Übernahme der Kosten einer Berufsbegleitung nach § 55 Absatz 3.

(5) [1] Schwerbehinderte Menschen haben im Rahmen der Zuständigkeit des Integrationsamtes für die begleitende Hilfe im Arbeitsleben aus den ihm aus der Ausgleichsabgabe zur Verfügung stehenden Mitteln Anspruch auf Übernahme der Kosten einer notwendigen Arbeitsassistenz. [2] Der Anspruch richtet sich auf die Übernahme der vollen Kosten, die für eine als notwendig festgestellte Arbeitsassistenz entstehen.

(6) [1] Verpflichtungen anderer werden durch die Absätze 3 bis 5 nicht berührt. [2] Leistungen der Rehabilitationsträger nach § 6 Absatz 1 Nummer 1 bis 5 dürfen, auch wenn auf sie ein Rechtsanspruch nicht besteht, nicht deshalb versagt werden, weil nach den besonderen Regelungen für schwerbehinderte Menschen entsprechende Leistungen vorgesehen sind; eine Aufstockung durch Leistungen des Integrationsamtes findet nicht statt.

(7) [1] Die §§ 14, 15 Absatz 1, die §§ 16 und 17 gelten sinngemäß, wenn bei dem Integrationsamt eine Leistung zur Teilhabe am Arbeitsleben beantragt wird. [2] Das Gleiche gilt, wenn ein Antrag bei einem Rehabilitationsträger gestellt und der Antrag von diesem nach § 16 Absatz 2 des Ersten Buches[1)] an das Integrationsamt weitergeleitet worden ist. [3] Ist die unverzügliche Erbringung einer Leistung zur Teilhabe am Arbeitsleben erforderlich, so kann das Integrationsamt die Leistung vorläufig erbringen. [4] Hat das Integrationsamt eine Leistung erbracht, für die ein anderer Träger zuständig ist, so erstattet dieser die auf die Leistung entfallenden Aufwendungen.

[1)] Nr. **1**.

(8) [1] Auf Antrag führt das Integrationsamt seine Leistungen zur begleitenden Hilfe im Arbeitsleben als Persönliches Budget aus. [2] § 29 gilt entsprechend.

§ 185a[1)] Einheitliche Ansprechstellen für Arbeitgeber. (1) Einheitliche Ansprechstellen für Arbeitgeber informieren, beraten und unterstützen Arbeitgeber bei der Ausbildung, Einstellung und Beschäftigung von schwerbehinderten Menschen.

(2) [1] Die Einheitlichen Ansprechstellen für Arbeitgeber werden als begleitende Hilfe im Arbeitsleben aus Mitteln der Ausgleichsabgabe finanziert. [2] Sie haben die Aufgabe,

1. Arbeitgeber anzusprechen und diese für die Ausbildung, Einstellung und Beschäftigung von schwerbehinderten Menschen zu sensibilisieren,
2. Arbeitgebern als trägerunabhängiger Lotse bei Fragen zur Ausbildung, Einstellung, Berufsbegleitung und Beschäftigungssicherung von schwerbehinderten Menschen zur Verfügung zu stehen und
3. Arbeitgeber bei der Stellung von Anträgen bei den zuständigen Leistungsträgern zu unterstützen.

(3) [1] Die Einheitlichen Ansprechstellen für Arbeitgeber sind flächendeckend einzurichten. [2] Sie sind trägerunabhängig.

(4) Die Einheitlichen Ansprechstellen für Arbeitgeber sollen

1. für Arbeitgeber schnell zu erreichen sein,
2. über fachlich qualifiziertes Personal verfügen, das mit den Regelungen zur Teilhabe schwerbehinderter Menschen sowie der Beratung von Arbeitgebern und ihren Bedürfnissen vertraut ist, sowie
3. in der Region gut vernetzt sein.

(5) [1] Die Integrationsämter beauftragen die Integrationsfachdienste oder andere geeignete Träger, als Einheitliche Ansprechstellen für Arbeitgeber tätig zu werden. [2] Die Integrationsämter wirken darauf hin, dass die Einheitlichen Ansprechstellen für Arbeitgeber flächendeckend zur Verfügung stehen und mit Dritten, die aufgrund ihres fachlichen Hintergrunds über eine besondere Betriebsnähe verfügen, zusammenarbeiten.

§ 186 Beratender Ausschuss für behinderte Menschen bei dem Integrationsamt. (1) [1] Bei jedem Integrationsamt wird ein Beratender Ausschuss für behinderte Menschen gebildet, der die Teilhabe der behinderten Menschen am Arbeitsleben fördert, das Integrationsamt bei der Durchführung der besonderen Regelungen für schwerbehinderte Menschen zur Teilhabe am Arbeitsleben unterstützt und bei der Vergabe der Mittel der Ausgleichsabgabe mitwirkt. [2] Soweit die Mittel der Ausgleichsabgabe zur institutionellen Förderung verwendet werden, macht der Beratende Ausschuss Vorschläge für die Entscheidungen des Integrationsamtes.

(2) Der Ausschuss besteht aus zehn Mitgliedern, und zwar aus

1. zwei Mitgliedern, die die Arbeitnehmerinnen und Arbeitnehmer vertreten,
2. zwei Mitgliedern, die die privaten und öffentlichen Arbeitgeber vertreten,
3. vier Mitgliedern, die die Organisationen behinderter Menschen vertreten,
4. einem Mitglied, das das jeweilige Land vertritt,

---

1) § 185a eingef. mWv 1.1.2022 durch G v. 2.6.2021 (BGBl. I S. 1387).

5. einem Mitglied, das die Bundesagentur für Arbeit vertritt.

(3) [1] Für jedes Mitglied ist eine Stellvertreterin oder ein Stellvertreter zu berufen. [2] Mitglieder und Stellvertreterinnen oder Stellvertreter sollen im Bezirk des Integrationsamtes ihren Wohnsitz haben.

(4) [1] Das Integrationsamt beruft auf Vorschlag

1. der Gewerkschaften des jeweiligen Landes zwei Mitglieder,
2. der Arbeitgeberverbände des jeweiligen Landes ein Mitglied,
3. der zuständigen obersten Landesbehörde oder der von ihr bestimmten Behörde ein Mitglied,
4. der Organisationen behinderter Menschen des jeweiligen Landes, die nach der Zusammensetzung ihrer Mitglieder dazu berufen sind, die behinderten Menschen in ihrer Gesamtheit zu vertreten, vier Mitglieder.

[2] Die zuständige oberste Landesbehörde oder die von ihr bestimmte Behörde und die Bundesagentur für Arbeit berufen je ein Mitglied.

§ 187 Aufgaben der Bundesagentur für Arbeit. (1) Die Bundesagentur für Arbeit hat folgende Aufgaben:

1. die Berufsberatung, Ausbildungsvermittlung und Arbeitsvermittlung schwerbehinderter Menschen einschließlich der Vermittlung von in Werkstätten für behinderte Menschen Beschäftigten auf den allgemeinen Arbeitsmarkt,
2. die Beratung der Arbeitgeber bei der Besetzung von Ausbildungs- und Arbeitsplätzen mit schwerbehinderten Menschen,
3. die Förderung der Teilhabe schwerbehinderter Menschen am Arbeitsleben auf dem allgemeinen Arbeitsmarkt, insbesondere von schwerbehinderten Menschen,
   a) die wegen Art oder Schwere ihrer Behinderung oder sonstiger Umstände im Arbeitsleben besonders betroffen sind (§ 155 Absatz 1),
   b) die langzeitarbeitslos im Sinne des § 18 des Dritten Buches[1)] sind,
   c) die im Anschluss an eine Beschäftigung in einer anerkannten Werkstatt für behinderte Menschen, bei einem anderen Leistungsanbieter (§ 60) oder einem Inklusionsbetrieb eingestellt werden,
   d) die als Teilzeitbeschäftigte eingestellt werden oder
   e) die zur Aus- oder Weiterbildung eingestellt werden,
4. im Rahmen von Arbeitsbeschaffungsmaßnahmen die besondere Förderung schwerbehinderter Menschen,
5. die Gleichstellung, deren Widerruf und Rücknahme,
6. die Durchführung des Anzeigeverfahrens (§ 163 Absatz 2 und 4),
7. die Überwachung der Erfüllung der Beschäftigungspflicht,
8. die Zulassung der Anrechnung und der Mehrfachanrechnung (§ 158 Absatz 2, § 159 Absatz 1 und 2),
9. die Erfassung der Werkstätten für behinderte Menschen, ihre Anerkennung und die Aufhebung der Anerkennung.

(2) [1] Die Bundesagentur für Arbeit übermittelt dem Bundesministerium für Arbeit und Soziales jährlich die Ergebnisse ihrer Förderung der Teilhabe schwerbehinderter Menschen am Arbeitsleben auf dem allgemeinen Arbeits-

[1)] Nr. 3.

markt nach dessen näherer Bestimmung und fachlicher Weisung. [2] Zu den Ergebnissen gehören Angaben über die Zahl der geförderten Arbeitgeber und schwerbehinderten Menschen, die insgesamt aufgewandten Mittel und die durchschnittlichen Förderungsbeträge. [3] Die Bundesagentur für Arbeit veröffentlicht diese Ergebnisse.

(3) [1] Die Bundesagentur für Arbeit führt befristete überregionale und regionale Arbeitsmarktprogramme zum Abbau der Arbeitslosigkeit schwerbehinderter Menschen, besonderer Gruppen schwerbehinderter Menschen, insbesondere schwerbehinderter Frauen, sowie zur Förderung des Ausbildungsplatzangebots für schwerbehinderte Menschen durch, die ihr durch Verwaltungsvereinbarung gemäß § 368 Absatz 3 Satz 2 und Absatz 4 des Dritten Buches unter Zuweisung der entsprechenden Mittel übertragen werden. [2] Über den Abschluss von Verwaltungsvereinbarungen mit den Ländern ist das Bundesministerium für Arbeit und Soziales zu unterrichten.

(4) Die Bundesagentur für Arbeit richtet zur Durchführung der ihr in diesem Teil und der ihr im Dritten Buch zur Teilhabe behinderter und schwerbehinderter Menschen am Arbeitsleben übertragenen Aufgaben in allen Agenturen für Arbeit besondere Stellen ein; bei der personellen Ausstattung dieser Stellen trägt sie dem besonderen Aufwand bei der Beratung und Vermittlung des zu betreuenden Personenkreises sowie bei der Durchführung der sonstigen Aufgaben nach Absatz 1 Rechnung.

(5) Im Rahmen der Beratung der Arbeitgeber nach Absatz 1 Nummer 2 hat die Bundesagentur für Arbeit

1. dem Arbeitgeber zur Besetzung von Arbeitsplätzen geeignete arbeitslose oder arbeitssuchende schwerbehinderte Menschen unter Darlegung der Leistungsfähigkeit und der Auswirkungen der jeweiligen Behinderung auf die angebotene Stelle vorzuschlagen,
2. ihre Fördermöglichkeiten aufzuzeigen, soweit möglich und erforderlich, auch die entsprechenden Hilfen der Rehabilitationsträger und der begleitenden Hilfe im Arbeitsleben durch die Integrationsämter.

§ 188 Beratender Ausschuss für behinderte Menschen bei der Bundesagentur für Arbeit. (1) Bei der Zentrale der Bundesagentur für Arbeit wird ein Beratender Ausschuss für behinderte Menschen gebildet, der die Teilhabe der behinderten Menschen am Arbeitsleben durch Vorschläge fördert und die Bundesagentur für Arbeit bei der Durchführung der in diesem Teil und im Dritten Buch zur Teilhabe behinderter und schwerbehinderter Menschen am Arbeitsleben übertragenen Aufgaben unterstützt.

(2) Der Ausschuss besteht aus elf Mitgliedern, und zwar aus

1. zwei Mitgliedern, die die Arbeitnehmerinnen und Arbeitnehmer vertreten,
2. zwei Mitgliedern, die die privaten und öffentlichen Arbeitgeber vertreten,
3. fünf Mitgliedern, die die Organisationen behinderter Menschen vertreten,
4. einem Mitglied, das die Integrationsämter vertritt,
5. einem Mitglied, das das Bundesministerium für Arbeit und Soziales vertritt.

(3) Für jedes Mitglied ist eine Stellvertreterin oder ein Stellvertreter zu berufen.

(4) [1] Der Vorstand der Bundesagentur für Arbeit beruft die Mitglieder, die Arbeitnehmer und Arbeitgeber vertreten, auf Vorschlag ihrer Gruppenvertreter

im Verwaltungsrat der Bundesagentur für Arbeit. [2] Er beruft auf Vorschlag der Organisationen behinderter Menschen, die nach der Zusammensetzung ihrer Mitglieder dazu berufen sind, die behinderten Menschen in ihrer Gesamtheit auf Bundesebene zu vertreten, die Mitglieder, die Organisationen der behinderten Menschen vertreten. [3] Auf Vorschlag der Bundesarbeitsgemeinschaft der Integrationsämter und Hauptfürsorgestellen beruft er das Mitglied, das die Integrationsämter vertritt, und auf Vorschlag des Bundesministeriums für Arbeit und Soziales das Mitglied, das dieses vertritt.

§ 189 Gemeinsame Vorschriften. (1) [1] Die Beratenden Ausschüsse für behinderte Menschen (§§ 186, 188) wählen aus den ihnen angehörenden Mitgliedern von Seiten der Arbeitnehmer, Arbeitgeber oder Organisationen behinderter Menschen jeweils für die Dauer eines Jahres eine Vorsitzende oder einen Vorsitzenden und eine Stellvertreterin oder einen Stellvertreter. [2] Die Gewählten dürfen nicht derselben Gruppe angehören. [3] Die Gruppen stellen in regelmäßig jährlich wechselnder Reihenfolge die Vorsitzende oder den Vorsitzenden und die Stellvertreterin oder den Stellvertreter. [4] Die Reihenfolge wird durch die Beendigung der Amtszeit der Mitglieder nicht unterbrochen. [5] Scheidet die Vorsitzende oder der Vorsitzende oder die Stellvertreterin oder der Stellvertreter aus, wird sie oder er neu gewählt.

(2) [1] Die Beratenden Ausschüsse für behinderte Menschen sind beschlussfähig, wenn wenigstens die Hälfte der Mitglieder anwesend ist. [2] Die Beschlüsse und Entscheidungen werden mit einfacher Stimmenmehrheit getroffen.

(3) [1] Die Mitglieder der Beratenden Ausschüsse für behinderte Menschen üben ihre Tätigkeit ehrenamtlich aus. [2] Ihre Amtszeit beträgt vier Jahre.

§ 190 Übertragung von Aufgaben. (1) [1] Die Landesregierung oder die von ihr bestimmte Stelle kann die Verlängerung der Gültigkeitsdauer der Ausweise nach § 152 Absatz 5, für die eine Feststellung nach § 152 Absatz 1 nicht zu treffen ist, auf andere Behörden übertragen. [2] Im Übrigen kann sie andere Behörden zur Aushändigung der Ausweise heranziehen.

(2) Die Landesregierung oder die von ihr bestimmte Stelle kann Aufgaben und Befugnisse des Integrationsamtes nach diesem Teil auf örtliche Fürsorgestellen übertragen oder die Heranziehung örtlicher Fürsorgestellen zur Durchführung der den Integrationsämtern obliegenden Aufgaben bestimmen.

§ 191[1] Verordnungsermächtigung. Die Bundesregierung wird ermächtigt, durch Rechtsverordnung mit Zustimmung des Bundesrates das Nähere über die Voraussetzungen des Anspruchs nach § 49 Absatz 8 Nummer 3 und § 185 Absatz 5 sowie über die Dauer und Ausführung der Leistungen zu regeln.

Kapitel 7. Integrationsfachdienste

§ 192 Begriff und Personenkreis. (1) Integrationsfachdienste sind Dienste Dritter, die bei der Durchführung der Maßnahmen zur Teilhabe schwerbehinderter Menschen am Arbeitsleben beteiligt werden.

(2) Schwerbehinderte Menschen im Sinne des Absatzes 1 sind insbesondere

[1] § 191 geänd. mWv 13.12.2019 durch G v. 10.12.2019 (BGBl. I S. 2135).

1. schwerbehinderte Menschen mit einem besonderen Bedarf an arbeitsbegleitender Betreuung,
2. schwerbehinderte Menschen, die nach zielgerichteter Vorbereitung durch die Werkstatt für behinderte Menschen am Arbeitsleben auf dem allgemeinen Arbeitsmarkt teilhaben sollen und dabei auf aufwendige, personalintensive, individuelle arbeitsbegleitende Hilfen angewiesen sind sowie
3. schwerbehinderte Schulabgänger, die für die Aufnahme einer Beschäftigung auf dem allgemeinen Arbeitsmarkt auf die Unterstützung eines Integrationsfachdienstes angewiesen sind.

(3) Ein besonderer Bedarf an arbeits- und berufsbegleitender Betreuung ist insbesondere gegeben bei schwerbehinderten Menschen mit geistiger oder seelischer Behinderung oder mit einer schweren Körper-, Sinnes- oder Mehrfachbehinderung, die sich im Arbeitsleben besonders nachteilig auswirkt und allein oder zusammen mit weiteren vermittlungshemmenden Umständen (Alter, Langzeitarbeitslosigkeit, unzureichende Qualifikation, Leistungsminderung) die Teilhabe am Arbeitsleben auf dem allgemeinen Arbeitsmarkt erschwert.

(4) [1] Der Integrationsfachdienst kann im Rahmen der Aufgabenstellung nach Absatz 1 auch zur beruflichen Eingliederung von behinderten Menschen, die nicht schwerbehindert sind, tätig werden. [2] Hierbei wird den besonderen Bedürfnissen seelisch behinderter oder von einer seelischen Behinderung bedrohter Menschen Rechnung getragen.

§ 193[1)] Aufgaben. (1) Die Integrationsfachdienste können zur Teilhabe schwerbehinderter Menschen am Arbeitsleben (Aufnahme, Ausübung und Sicherung einer möglichst dauerhaften Beschäftigung) beteiligt werden, indem sie

1. die schwerbehinderten Menschen beraten, unterstützen und auf geeignete Arbeitsplätze vermitteln,
2. die Arbeitgeber informieren, beraten und ihnen Hilfe leisten.

(2) Zu den Aufgaben des Integrationsfachdienstes gehört es,

1. die Fähigkeiten der zugewiesenen schwerbehinderten Menschen zu bewerten und einzuschätzen und dabei ein individuelles Fähigkeits-, Leistungs- und Interessenprofil zur Vorbereitung auf den allgemeinen Arbeitsmarkt in enger Kooperation mit den schwerbehinderten Menschen, dem Auftraggeber und der abgebenden Einrichtung der schulischen oder beruflichen Bildung oder Rehabilitation zu erarbeiten,
2. die Bundesagentur für Arbeit auf deren Anforderung bei der Berufsorientierung und Berufsberatung in den Schulen einschließlich der auf jeden einzelnen Jugendlichen bezogenen Dokumentation der Ergebnisse zu unterstützen,
3. die betriebliche Ausbildung schwerbehinderter, insbesondere seelisch und lernbehinderter, Jugendlicher zu begleiten,
4. geeignete Arbeitsplätze (§ 156) auf dem allgemeinen Arbeitsmarkt zu erschließen,

---

1) § 193 Abs. 2 Nr. 9 neu gef. mWv 1.1.2022 durch G v. 2.6.2021 (BGBl. I S. 1387).

5. die schwerbehinderten Menschen auf die vorgesehenen Arbeitsplätze vorzubereiten,
6. die schwerbehinderten Menschen, solange erforderlich, am Arbeitsplatz oder beim Training der berufspraktischen Fähigkeiten am konkreten Arbeitsplatz zu begleiten,
7. mit Zustimmung des schwerbehinderten Menschen die Mitarbeiter im Betrieb oder in der Dienststelle über Art und Auswirkungen der Behinderung und über entsprechende Verhaltensregeln zu informieren und zu beraten,
8. eine Nachbetreuung, Krisenintervention oder psychosoziale Betreuung durchzuführen sowie
9. als Einheitliche Ansprechstellen für Arbeitgeber zur Verfügung zu stehen, über die Leistungen für die Arbeitgeber zu informieren und für die Arbeitgeber diese Leistungen abzuklären,
10. in Zusammenarbeit mit den Rehabilitationsträgern und den Integrationsämtern die für den schwerbehinderten Menschen benötigten Leistungen zu klären und bei der Beantragung zu unterstützen.

§ 194 Beauftragung und Verantwortlichkeit. (1) [1]Die Integrationsfachdienste werden im Auftrag der Integrationsämter oder der Rehabilitationsträger tätig. [2]Diese bleiben für die Ausführung der Leistung verantwortlich.

(2) Im Auftrag legt der Auftraggeber in Abstimmung mit dem Integrationsfachdienst Art, Umfang und Dauer des im Einzelfall notwendigen Einsatzes des Integrationsfachdienstes sowie das Entgelt fest.

(3) Der Integrationsfachdienst arbeitet insbesondere mit

1. den zuständigen Stellen der Bundesagentur für Arbeit,

(Fortsetzung nächstes Blatt)

9/11. Schwerbehinderten-Ausgleichsabgabeverordnung – SchwbAV[1)]

Vom 28. März 1988
(BGBl. I S. 484)

FNA 871-1-14

geänd. durch Art. 7 G zur Änd. des Gesetzes zur Bekämpfung der Schwarzarbeit und zur Änd. and. Gesetze v. 26.7.1994 (BGBl. I S. 1792), Art. 79 Arbeitsförderungs-ReformG v. 24.3.1997 (BGBl. I S. 594), Art. 29 RentenreformG 1999[2)] v. 16.12.1997 (BGBl. I S. 2998), Art. 5 G zur Bekämpfung der Arbeitslosigkeit Schwerbehinderter v. 29.9.2000 (BGBl. I S. 1394), Art. 57 und 66 SGB IX v. 19.6.2001 (BGBl. I S. 1046), Art. 25 Gesetz zur Reform des Wohnungsbaurechts v. 13.9.2001 (BGBl. I S. 2376), Art. 1 Zweite ÄndVO v. 24.6.2003 (BGBl. I S. 1000), Art. 325 Achte ZuständigkeitsanpassungsVO v. 25.11.2003 (BGBl. I S. 2304), Art. 119 Drittes G für moderne Dienstleistungen am Arbeitsmarkt v. 23.12.2003 (BGBl. I S. 2848), Art. 64 G zur Einordnung des Sozialhilferechts in das SGB v. 27.12.2003 (BGBl. I S. 3022), Art. 1 Dritte ÄndVO v. 16.1.2004 (BGBl. I S. 77), Art. 5 Schwerbehinderten-AusbildungsförderungsG v. 23.4.2004 (BGBl. I S. 606), Art. 5 Nr. 1 BerufsbildungsreformG v. 23.3.2005 (BGBl. I S. 931), Art. 1 VO zur Änd. der Schwerbehinderten-AusgleichsabgabeVO und der WerkstättenVO v. 2.11.2005 (BGBl. I S. 3119), Art. 460 Neunte ZuständigkeitsanpassungsVO v. 31.10.2006 (BGBl. I S. 2407), Art. 28 Abs. 6 Zweites G zum Abbau bürokratischer Hemmnisse insbesondere in der mittelständischen Wirtschaft v. 7.9.2007 (BGBl. I S. 2246), Art. 7 G zur Einführung Unterstützter Beschäftigung v. 22.12.2008 (BGBl. I S. 2959), Art. 3 Abs. 15 Neuntes G zur Änd. des SGB II – Rechtsvereinfachung – sowie zur vorübergehenden Aussetzung der Insolvenzantragspflicht v. 26.7.2016 (BGBl. I S. 1824), Art. 19 Abs. 19 BundesteilhabeG v. 23.12.2016 (BGBl. I S. 3234), Art. 168 G zum Abbau verzichtbarer Anordnungen der Schriftform im Verwaltungsrecht des Bundes v. 29.3.2017 (BGBl. I S. 626), Art. 11 G zur Änd. des Neunten und des Zwölften Buches Sozialgesetzbuch und anderer Rechtsvorschriften v. 30.11.2019 (BGBl. I S. 1948), Art. 7 Angehörigen-EntlastungsG v. 10.12.2019 (BGBl. I S. 2135), Art. 1 Vierte VO zur Änd. der Schwerbehinderten-AusgleichsabgabeVO v. 6.7.2020 (BGBl. I S. 1595), Art. 13c TeilhabestärkungsG v. 2.6.2021 (BGBl. I S. 1387) und Art. 1 Fünfte VO zur Änd. der Schwerbehinderten-AusgleichsabgabeVO v. 28.6.2021 (BAnz AT 28.06.2021 V2)

Inhaltsübersicht[3)]

---

1) Änderungen vor dem 1.1.1999 sind nicht in Fußnoten nachgewiesen.

2) Art. 29 Rentenreformgesetz 1999 wurde durch Art. 22 G v. 20.12.2000 mWv 24.12.2000 aufgehoben.

3) Inhaltsübersicht geänd. mWv. 1.10.2000 durch G v. 29.9.2000 (BGBl. I S. 1394); geänd. mWv 1.7.2001 durch G v. 19.6.2001 (BGBl. I S. 1046); geänd. mWv 1.7.2003 durch VO v. 24.6.2003 (BGBl. I S. 1000); geänd. mWv 1.1.2004 durch VO v. 16.1.2004 (BGBl. I S. 77); geänd. mWv 1.5. 2004 durch G v. 23.4.2004 (BGBl. I S. 606); geänd. mWv 8.11.2006 durch VO v. 31.10.2006 (BGBl. I S. 2407).

Auf Grund des § 11 Abs. 3 Satz 3, § 12 Abs. 2 und § 33 Abs. 2 Satz 5 des Schwerbehindertengesetzes in der Fassung der Bekanntmachung vom 26. August 1986 (BGBl. I S. 1421) sowie des Artikels 12 Abs. 2 des Gesetzes zur Erleichterung des Übergangs vom Arbeitsleben in den Ruhestand vom 13. April 1984 (BGBl. I S. 601) verordnet die Bundesregierung mit Zustimmung des Bundesrates:

Erster Abschnitt.[1] *(aufgehoben)*

§§ 1–13[1] *(aufgehoben)*

Zweiter Abschnitt.[2] Förderung der Teilhabe schwerbehinderter Menschen am Arbeitsleben aus Mitteln der Ausgleichsabgabe durch die Integrationsämter

§ 14[3] **Verwendungszwecke.** (1) Die Integrationsämter haben die ihnen zur Verfügung stehenden Mittel der Ausgleichsabgabe einschließlich der Zinsen, der Tilgungsbeträge aus Darlehen, der zurückgezahlten Zuschüsse sowie der unverbrauchten Mittel des Vorjahres zu verwenden für folgende Leistungen:

1. Leistungen zur Förderung des Arbeits- und Ausbildungsplatzangebots für schwerbehinderte Menschen,
2. Leistungen zur begleitenden Hilfe im Arbeitsleben, einschließlich der Durchführung von Aufklärungs-, Schulungs- und Bildungsmaßnahmen sowie der Information, Beratung und Unterstützung von Arbeitgebern (Einheitliche Ansprechstellen für Arbeitgeber),
3. Leistungen für Einrichtungen zur Teilhabe schwerbehinderter Menschen am Arbeitsleben,
4. Leistungen zur Durchführung von Forschungs- und Modellvorhaben auf dem Gebiet der Teilhabe schwerbehinderter Menschen am Arbeitsleben, sofern ihnen ausschließlich oder überwiegend regionale Bedeutung zukommt oder beim Bundesministerium für Arbeit und Soziales beantragte Mittel aus dem Ausgleichsfonds nicht erbracht werden konnten,
5. Maßnahmen der beruflichen Orientierung,
6. Leistungen zur Deckung eines Teils der Aufwendungen für ein Budget für Arbeit oder für ein Budget für Ausbildung und
7. Leistungen an Werkstätten für behinderte Menschen und an andere Leistungsanbieter im Sinne des § 60 des Neunten Buches Sozialgesetzbuch[4] zur Kompensation der aufgrund der COVID-19-Pandemie gesunkenen Arbeitsentgelte der dort beschäftigten Menschen mit Behinderungen, soweit nach § 36 Satz 4 zusätzliche Mittel der Ausgleichsabgabe zur Verfügung stehen.

(2) Die Mittel der Ausgleichsabgabe sind vorrangig für die Förderung nach Absatz 1 Nr. 1 und 2 zu verwenden.

(3) Die Integrationsämter können sich an der Förderung von Vorhaben nach § 41 Abs. 1 Nr. 3 bis 6 durch den Ausgleichsfonds beteiligen.

---

[1] Erster Abschnitt (§§ 1 bis 13) aufgeh. mWv. 1.10.2000 durch G v. 29.9.2000 (BGBl. I S. 1394).

[2] Überschrift geänd. mWv 1.7.2001 durch G v. 19.6.2001 (BGBl. I S. 1046).

[3] § 14 Abs. 1, Abs. 1 Nrn. 1, 2, 3 und 4, Abs. 3 geänd. mWv 1.7.2001 durch G v. 19.6.2001 (BGBl. I S. 1046); Abs. 1 Nr. 4 geänd. mWv 1.7.2003 durch VO v. 24.6.2003 (BGBl. I S. 1000); Abs. 3 geänd. mWv 1.1.2004 durch VO v. 16.1.2004 (BGBl. I S. 77); Abs. 1 Nr. 4 geänd. mWv 8.11.2006 durch VO v. 31.10.2006 (BGBl. I S. 2407); Abs. 1 Nr. 3 und 4 geänd., Nr. 5 angef. mWv 1.8.2016 durch G v. 26.7.2016 (BGBl. I S. 1824); Abs. 1 Nr. 4 und Nr. 5 geänd., Nr. 6 angef. mWv 1.1.2018 durch G v. 23.12.2016 (BGBl. I S. 3234); Abs. 1 Nr. 6 geänd. mWv 1.1.2020 durch G v. 10.12.2019 (BGBl. I S. 2135); Abs. 1 Nr. 5 und 6 geänd., Nr. 7 angef. mWv 1.3.2020 durch VO v. 6.7.2020 (BGBl. I S. 1595); Abs. 1 Nr. 2 geänd. mWv 1.1.2022 durch G v. 2.6.2021 (BGBl. I S. 1387).

[4] Nr. **9**.

1. Unterabschnitt.[1] Leistungen zur Förderung des Arbeits- und Ausbildungsplatzangebots für schwerbehinderte Menschen

§ 15[2] Leistungen an Arbeitgeber zur Schaffung von Arbeits- und Ausbildungsplätzen für schwerbehinderte Menschen. (1) [1] Arbeitgeber können Darlehen oder Zuschüsse bis zur vollen Höhe der entstehenden notwendigen Kosten zu den Aufwendungen für folgende Maßnahmen erhalten:

1. die Schaffung neuer geeigneter, erforderlichenfalls behinderungsgerecht ausgestatteter Arbeitsplätze in Betrieben oder Dienststellen für schwerbehinderte Menschen,
   a) die ohne Beschäftigungspflicht oder über die Beschäftigungspflicht hinaus (§ 154 des Neunten Buches Sozialgesetzbuch[3]) eingestellt werden sollen,
   b) die im Rahmen der Erfüllung der besonderen Beschäftigungspflicht gegenüber im Arbeits- und Berufsleben besonders betroffenen schwerbehinderten Menschen (§ 154 Absatz 1 Satz 2 und § 155 des Neunten Buches Sozialgesetzbuch) eingestellt werden sollen,
   c) die nach einer längerfristigen Arbeitslosigkeit von mehr als 12 Monaten eingestellt werden sollen,
   d) die im Anschluß an eine Beschäftigung in einer anerkannten Werkstatt für behinderte Menschen eingestellt werden sollen oder
   e) die zur Durchführung von Maßnahmen der besonderen Fürsorge und Förderung nach § 164 Absatz 3 Satz 1, Absatz 4 Satz 1 Nummer 1, 4 und 5 und Absatz 5 Satz 1 des Neunten Buches Sozialgesetzbuch auf einen neu zu schaffenden Arbeitsplatz umgesetzt werden sollen oder deren Beschäftigungsverhältnis ohne Umsetzung auf einen neu zu schaffenden Arbeitsplatz enden würde,
2. die Schaffung neuer geeigneter, erforderlichenfalls behinderungsgerecht ausgestatteter Ausbildungsplätze und Plätze zur sonstigen beruflichen Bildung für schwerbehinderte Menschen, insbesondere zur Teilnahme an Leistungen zur Teilhabe am Arbeitsleben nach § 49 Absatz 3 Nummer 4 des Neunten Buches Sozialgesetzbuch, in Betrieben oder Dienststellen,

wenn gewährleistet wird, daß die geförderten Plätze für einen nach Lage des Einzelfalles zu bestimmenden langfristigen Zeitraum schwerbehinderten Menschen vorbehalten bleiben. [2] Leistungen können auch zu den Aufwendungen erbracht werden, die durch die Ausbildung schwerbehinderter Menschen im Gebrauch der nach Satz 1 geförderten Gegenstände entstehen.

(2) [1] Leistungen sollen nur erbracht werden, wenn sich der Arbeitgeber in einem angemessenen Verhältnis an den Gesamtkosten beteiligt. [2] Sie können nur erbracht werden, soweit Mittel für denselben Zweck nicht von anderer Seite zu erbringen sind oder erbracht werden. [3] Art und Höhe der Leistung bestimmen sich nach den Umständen des Einzelfalles. [4] Darlehen sollen mit

---

[1] Überschrift geänd. mWv 1.7.2001 durch G v. 19.6.2001 (BGBl. I S. 1046).

[2] § 15 Abs. 1 Satz 1 Nr. 1 Buchst. b und e geänd. mWv 1.10.2000 durch G v. 29.9.2000 (BGBl. I S. 1394), Überschrift, Abs. 1 Satz 1, Satz 1 Nr. 1, Nr. 1 Buchst. a, b, d und e, Nr. 2, Satz 2, Abs. 3 geänd. mWv 1.7.2001 durch G v. 19.6.2001 (BGBl. I S. 1046); Abs. 1 Nr. 1 Buchst. a, b und e, Nr. 2 geänd. mWv 1.1.2018 durch G v. 23.12.2016 (BGBl. I S. 3234).

[3] Nr. **9**.

III. Sonstige Leistungen

§ 27a[1] Leistungen an Integrationsfachdienste. (1) Träger von Integrationsfachdiensten im Sinne des Kapitels 7 des Teils 3 des Neunten Buches Sozialgesetzbuch[2] können Leistungen nach § 196 des Neunten Buches Sozialgesetzbuch zu den durch ihre Inanspruchnahme entstehenden notwendigen Kosten erhalten.

(2) [1] Die Länder legen dem Bundesministerium für Arbeit und Soziales jährlich zum 30. Juni einen Bericht über die Beauftragung der Integrationsfachdienste oder anderer geeigneter Träger als Einheitliche Ansprechstellen für Arbeitgeber vor. [2] Sie berichten auch über deren Aktivitäten in diesem Zusammenhang sowie über die Verwendung der Mittel, die ab dem 30. Juni 2022 nach § 36 nicht mehr an den Ausgleichsfonds abzuführen sind, für diesen Zweck. [3] Der Bericht kann auch gesammelt durch die Bundesarbeitsgemeinschaft der Integrationsämter und Hauptfürsorgestellen erfolgen.

§ 28[3] Leistungen zur Durchführung der psychosozialen Betreuung schwerbehinderter Menschen. (1) Freie gemeinnützige Träger psychosozialer Dienste, die das Integrationsamt an der Durchführung der ihr obliegenden Aufgabe der im Einzelfall erforderlichen psychosozialen Betreuung schwerbehinderter Menschen unter Fortbestand ihrer Verantwortlichkeit beteiligt, können Leistungen zu den daraus entstehenden notwendigen Kosten erhalten.

(2) [1] Leistungen nach Absatz 1 setzen voraus, daß

1. der psychosoziale Dienst nach seiner personellen, räumlichen und sächlichen Ausstattung zur Durchführung von Maßnahmen der psychosozialen Betreuung geeignet ist, insbesondere mit Fachkräften ausgestattet ist, die über eine geeignete Berufsqualifikation, eine psychosoziale Zusatzqualifikation und ausreichende Berufserfahrung verfügen, und
2. die Maßnahmen
   a) nach Art, Umfang und Dauer auf die Aufnahme, Ausübung oder Sicherung einer möglichst dauerhaften Beschäftigung schwerbehinderter Menschen auf dem allgemeinen Arbeitsmarkt ausgerichtet und dafür geeignet sind,
   b) nach den Grundsätzen der Wirtschaftlichkeit und Sparsamkeit durchgeführt werden, insbesondere die Kosten angemessen sind, und
   c) aufgrund einer Vereinbarung zwischen dem Integrationsamt und dem Träger des psychosozialen Dienstes durchgeführt werden.

[2] Leistungen können gleichermaßen für Maßnahmen für schwerbehinderte Menschen erbracht werden, die diesen Dienst unter bestimmten, in der Vereinbarung näher zu regelnden Voraussetzungen im Einvernehmen mit dem Integrationsamt unmittelbar in Anspruch nehmen.

(3) [1] Leistungen sollen in der Regel bis zur vollen Höhe der notwendigen Kosten erbracht werden, die aus der Beteiligung an den im Einzelfall erforderlichen Maßnahmen entstehen. [2] Das Nähere über die Höhe der zu übernehmenden Kosten, ihre Erfassung, Darstellung und Abrechnung bestimmt sich nach der

---

[1] § 27a eingef. mWv 1.7.2001 durch G v. 19.6.2001 (BGBl. I S. 1046); geänd. mWv 1.1.2018 durch G v. 23.12.2016 (BGBl. I S. 3234); Abs. 2 angef. mWv 1.1.2022 durch G v. 2.6.2021 (BGBl. I S. 1387).

[2] Nr. 9.

[3] § 28 Überschrift, Abs. 1, Abs. 2 Satz 1 Nr. 2 Buchst. a und c , Satz 2, Abs. 3 Satz 2 geänd. mWv 1.7.2001 durch G v. 19.6.2001 (BGBl. I S. 1046).

Vereinbarung zwischen des Integrationsamtes und dem Träger des psychosozialen Dienstes gemäß Absatz 2 Satz 1 Nr. 2 Buchstabe c.

§ 28a[1)] Leistungen an Inklusionsbetriebe. Inklusionsbetriebe im Sinne des Kapitels 11 des Teils 3 des Neunten Buches Sozialgesetzbuch[2)] können Leistungen für Aufbau, Erweiterung, Modernisierung und Ausstattung einschließlich einer betriebswirtschaftlichen Beratung und besonderen Aufwand erhalten.

§ 29[3)] Leistungen zur Durchführung von Aufklärungs-, Schulungs- und Bildungsmaßnahmen. (1) [1] Die Durchführung von Schulungs- und Bildungsmaßnahmen für Vertrauenspersonen schwerbehinderter Menschen, Beauftragte der Arbeitgeber, Betriebs-, Personal-, Richter-, Staatsanwalts- und Präsidialräte sowie die Mitglieder der Stufenvertretungen wird gefördert, wenn es sich um Veranstaltungen der Integrationsämter im Sinne des § 185 Absatz 2 Satz 6 des Neunten Buches Sozialgesetzbuch[2)] handelt. [2] Die Durchführung von Maßnahmen im Sinne des Satzes 1 durch andere Träger kann gefördert werden, wenn die Maßnahmen erforderlich und die Integrationsämter an ihrer inhaltlichen Gestaltung maßgeblich beteiligt sind.

(2) [1] Aufklärungsmaßnahmen sowie Schulungs- und Bildungsmaßnahmen für andere als in Absatz 1 genannte Personen, die die Teilhabe schwerbehinderter Menschen am Arbeitsleben zum Gegenstand haben, können gefördert werden. [2] Dies gilt auch für die Qualifizierung des nach § 185 Absatz 1 des Neunten Buches Sozialgesetzbuch einzusetzenden Personals sowie für notwendige Informationsschriften und -veranstaltungen über Rechte, Pflichten, Leistungen und sonstige Eingliederungshilfen sowie Nachteilsausgleiche nach dem Neunten Buch Sozialgesetzbuch und anderen Vorschriften.

3. Unterabschnitt.[4)] Leistungen für Einrichtungen zur Teilhabe schwerbehinderter Menschen am Arbeitsleben

§ 30[5)] Förderungsfähige Einrichtungen. (1) [1] Leistungen können für die Schaffung, Erweiterung, Ausstattung und Modernisierung folgender Einrichtungen erbracht werden:

1. betriebliche, überbetriebliche und außerbetriebliche Einrichtungen zur Vorbereitung von behinderten Menschen auf eine berufliche Bildung oder die Teilhabe am Arbeitsleben,
2. betriebliche, überbetriebliche und außerbetriebliche Einrichtungen zur beruflichen Bildung behinderter Menschen,

---

[1)] § 28a neu gef. mWv 1.1.2018 durch G v. 23.12.2016 (BGBl. I S. 3234).

[2)] Nr. **9**.

[3)] § 29 Abs. 1 Satz 1 geänd. mWv 1.10.2000 durch G v. 29.9.2000 (BGBl. I S. 1394), Abs. 1, Abs. 2 Sätze 1 und 2 geänd. mWv 1.7.2001 durch G v. 19.6.2001 (BGBl. I S. 1046); Abs. 2 Satz 2 geänd. mWv 1.5.2004 durch G v. 23.4.2004 (BGBl. I S. 606); Abs. 1 Satz 1, Abs. 2 Satz 2 geänd. mWv 1.1.2018 durch G v. 23.12.2016 (BGBl. I S. 3234).

[4)] Überschrift geänd. mWv 1.7.2001 durch G v. 19.6.2001 (BGBl. I S. 1046).

[5)] § 30 Abs. 1 Nr. 5 geänd. mWv 1.10.2000 durch G v. 29.9.2000 (BGBl. I S. 1394), Abs. 1 Nrn. 1, 2, 3 und 6, Abs. 2 Sätze 1 und 2, Abs. 3 geänd., Abs. 1 Nr. 4 neu gef., Abs. 1 Nr. 7 aufgeh. mWv 1.7.2001 durch G v. 19.6.2001 (BGBl. I S. 1046); Abs. 3 Satz 2 angef. mWv 1.7.2003 durch VO v. 24.6.2003 (BGBl. I S. 1000); Abs. 1 Satz 2 angef., bish. Wortlaut wird Satz 1 mWv 1.1.2004 durch VO v. 16.1.2004 (BGBl. I S. 77); Abs. 1 Satz 2 geänd. mWv 8.11.2006 durch VO v. 31.10.2006 (BGBl. I S. 2407); Abs. 1 Nr. 5 neu gef.. mWv 14.9.2007 durch G v. 7.9.2007 (BGBl. I S. 2246); Abs. 1 Satz 1 Nr. 4 geänd. mWv 1.1.2018 durch G v. 23.12.2016 (BGBl. I S. 3234).

3. Einrichtungen, soweit sie während der Durchführung von Leistungen zur medizinischen Rehabilitation behinderte Menschen auf eine berufliche Bildung oder die Teilhabe am Arbeitsleben vorbereiten,
4. Werkstätten für behinderte Menschen im Sinne des § 219 des Neunten Buches Sozialgesetzbuch[1)],
5. Blindenwerkstätten mit einer Anerkennung auf Grund des Blindenwarenvertriebsgesetzes vom 9. April 1965 (BGBl. I S. 311) in der bis zum 13. September 2007 geltenden Fassung,
6. Wohnstätten für behinderte Menschen, die auf dem allgemeinen Arbeitsmarkt, in Werkstätten für behinderte Menschen oder in Blindenwerkstätten tätig sind.

[2] Zur länderübergreifenden Bedarfsbeurteilung wird das Bundesministerium für Arbeit und Soziales bei der Planung neuer oder Erweiterung bestehender Einrichtungen nach Satz 1 Nr. 4 bis 6 beteiligt.

(2) [1] Öffentliche oder gemeinnützige Träger eines besonderen Beförderungsdienstes für behinderte Menschen können Leistungen zur Beschaffung und behinderungsgerechten Ausstattung von Kraftfahrzeugen erhalten. [2] Die Höhe der Leistung bestimmt sich nach dem Umfang, in dem der besondere Beförderungsdienst für Fahrten schwerbehinderter Menschen von und zur Arbeitsstätte benutzt wird.

(3) [1] Leistungen zur Deckung von Kosten des laufenden Betriebs dürfen nur ausnahmsweise erbracht werden, wenn hierdurch der Verlust bestehender Beschäftigungsmöglichkeiten für behinderte Menschen abgewendet werden kann. [2] Für Einrichtungen nach Absatz 1 Nr. 4 bis 6 sind auch Leistungen zur Deckung eines Miet- oder Pachtzinses zulässig.

§ 31[2)] Förderungsvoraussetzungen. (1) Die Einrichtungen im Sinne des § 30 Abs. 1 Satz 4 können gefördert werden, wenn sie
1. ausschließlich oder überwiegend behinderte Menschen aufnehmen, die Leistungen eines Rehabilitationsträgers in Anspruch nehmen,
2. behinderten Menschen unabhängig von der Ursache der Behinderung und unabhängig von der Mitgliedschaft in der Organisation des Trägers der Einrichtung offenstehen und
3. nach ihrer personellen, räumlichen und sächlichen Ausstattung die Gewähr dafür bieten, daß die Rehabilitationsmaßnahmen nach zeitgemäßen Erkenntnissen durchgeführt werden und einer dauerhaften Teilhabe am Arbeitsleben dienen.

(2) Darüber hinaus setzt die Förderung voraus bei
1. Einrichtungen im Sinne des § 30 Abs. 1 Nr. 1:
Die in diesen Einrichtungen durchzuführenden Maßnahmen sollen den individuellen Belangen der behinderten Menschen Rechnung tragen und sowohl eine werkspraktische wie fachtheoretische Unterweisung umfassen. Eine be-

---

[1)] Nr. 9.

[2)] § 31 Abs. 1 Nrn. 1, 2 und 3, Abs. 2 Nr. 1, Nr. 2 Buchst. a und b, Nrn. 3, 4 und 6 geänd., Abs. 1 Nr. 7 aufgeh. mWv 1.7.2001 durch G v. 19.6.2001 (BGBl. I S. 1046); Abs. 2 Nr. 2 Buchst. a Sätze 1 und 2 geänd. mWv 1.4.2005 durch G v. 23.3.2005 (BGBl. I S. 931); Abs. 2 Nr. 5 geänd. mWv 14.9. 2007 durch G v. 7.9.2007 (BGBl. I S. 2246); Abs. 2 Nr. 4 geänd. mWv 1.1.2018 durch G v. 23.12.2016 (BGBl. I S. 3234).

gleitende Betreuung entsprechend den Bedürfnissen der behinderten Menschen muß sichergestellt sein. Maßnahmen zur Vorbereitung auf eine berufliche Bildung sollen sich auf mehrere Berufsfelder erstrecken und Aufschluß über Neigung und Eignung der behinderten Menschen geben.

2. Einrichtungen im Sinne des § 30 Abs. 1 Nr. 2:

   a) Die Eignungsvoraussetzungen nach den §§ 27 bis 30 des Berufsbildungsgesetzes[1] oder nach den §§ 21 bis 22b der Handwerksordnung[2] zur Ausbildung in anerkannten Ausbildungsberufen müssen erfüllt sein. Dies gilt auch für Ausbildungsgänge, die nach § 66 des Berufsbildungsgesetzes oder nach § 42m der Handwerksordnung durchgeführt werden.

   b) Außer- oder überbetriebliche Einrichtungen sollen unter Einbeziehung von Plätzen für berufsvorbereitende Maßnahmen über in der Regel mindestens 200 Plätze für die berufliche Bildung in mehreren Berufsfeldern verfügen. Sie müssen in der Lage sein, behinderte Menschen mit besonderer Art oder Schwere der Behinderung beruflich zu bilden. Sie müssen über die erforderliche Zahl von Ausbildern und die personellen und sächlichen Voraussetzungen für eine begleitende ärztliche, psychologische und soziale Betreuung entsprechend den Bedürfnissen der behinderten Menschen verfügen. Bei Unterbringung im Internat muß die behinderungsgerechte Betreuung sichergestellt sein. Die Einrichtungen sind zur vertrauensvollen Zusammenarbeit insbesondere untereinander und mit den für die Rehabilitation zuständigen Behörden verpflichtet.

3. Einrichtungen im Sinne des § 30 Abs. 1 Nr. 3:
   Die in diesen Einrichtungen in einem ineinandergreifenden Verfahren durchzuführenden Leistungen zur medizinischen Rehabilitation und zur Teilhabe am Arbeitsleben müssen entsprechend den individuellen Gegebenheiten so ausgerichtet sein, daß nach Abschluß dieser Maßnahmen ein möglichst nahtloser Übergang in eine berufliche Bildungsmaßnahme oder in das Arbeitsleben gewährleistet ist. Für die Durchführung der Maßnahmen müssen besondere Fachdienste zur Verfügung stehen.

4. Werkstätten für behinderte Menschen im Sinne des § 30 Abs. 1 Nr. 4:
   Sie müssen gemäß § 225 des Neunten Buches Sozialgesetzbuch[3] anerkannt sein oder voraussichtlich anerkannt werden.

5. Blindenwerkstätten im Sinne des § 30 Abs. 1 Nr. 5:
   Sie müssen auf Grund des Blindenwarenvertriebsgesetzes anerkannt sein.

6. Wohnstätten im Sinne des § 30 Abs. 1 Nr. 6:
   Sie müssen hinsichtlich ihrer baulichen Gestaltung, Wohnflächenbemessung und Ausstattung den besonderen Bedürfnissen der behinderten Menschen entsprechen. Die Aufnahme auch von behinderten Menschen, die nicht im Arbeitsleben stehen, schließt eine Förderung entsprechend dem Anteil der im Arbeitsleben stehenden schwerbehinderten Menschen nicht aus. Der Verbleib von schwerbehinderten Menschen, die nicht mehr im Arbeitsleben stehen, insbesondere von schwerbehinderten Menschen nach dem Ausscheiden aus einer Werkstatt für behinderte Menschen, beeinträchtigt nicht die zweckentsprechende Verwendung der eingesetzten Mittel.

---

[1] **Loseblatt-Textsammlung Arbeitsrecht Nr. 415.**
[2] **Sartorius Nr. 815.**
[3] Nr. 9.

§ 32 Förderungsgrundsätze. (1) Leistungen sollen nur erbracht werden, wenn sich der Träger der Einrichtung in einem angemessenen Verhältnis an den Gesamtkosten beteiligt und alle anderen Finanzierungsmöglichkeiten aus Mitteln der öffentlichen Hände und aus privaten Mitteln in zumutbarer Weise in Anspruch genommen worden sind.

(2) [1] Leistungen dürfen nur erbracht werden, soweit Leistungen für denselben Zweck nicht von anderer Seite zu erbringen sind oder erbracht werden. [2] Werden Einrichtungen aus Haushaltsmitteln des Bundes oder anderer öffentlicher Hände gefördert, ist eine Förderung aus Mitteln der Ausgleichsabgabe nur zulässig, wenn der Förderungszweck sonst nicht erreicht werden kann.

(3) Leistungen können nur erbracht werden, wenn ein Bedarf an entsprechenden Einrichtungen festgestellt und die Deckung der Kosten des laufenden Betriebs gesichert ist.

(4) Eine Nachfinanzierung aus Mitteln der Ausgleichsabgabe ist nur zulässig, wenn eine Förderung durch die gleiche Stelle vorangegangen ist.

§ 33[1)] Art und Höhe der Leistungen. (1) [1] Leistungen können als Zuschüsse oder Darlehen erbracht werden. [2] Zuschüsse sind auch Zinszuschüsse zur Verbilligung von Fremdmitteln.

(2) Art und Höhe der Leistung bestimmen sich nach den Umständen des Einzelfalls, insbesondere nach dem Anteil der schwerbehinderten Menschen an der Gesamtzahl des aufzunehmenden Personenkreises, nach der wirtschaftlichen Situation der Einrichtung und ihres Trägers sowie nach Bedeutung und Dringlichkeit der beabsichtigten Rehabilitationsmaßnahmen.

§ 34 Tilgung und Verzinsung von Darlehen. (1) [1] Darlehen nach § 33 sollen jährlich mit 2 vom Hundert getilgt und mit 2 vom Hundert verzinst werden; bei Ausstattungsinvestitionen beträgt die Tilgung 10 vom Hundert. [2] Die durch die fortschreitende Tilgung ersparten Zinsen wachsen den Tilgungsbeträgen zu.

(2) Von der Tilgung und Verzinsung von Darlehen kann bis zum Ablauf von zwei Jahren nach Inbetriebnahme abgesehen werden.

Dritter Abschnitt. Ausgleichsfonds

1. Unterabschnitt. Gestaltung des Ausgleichsfonds

§ 35[2)] Rechtsform. [1] Der Ausgleichsfonds für überregionale Vorhaben zur Teilhabe schwerbehinderter Menschen am Arbeitsleben (Ausgleichsfonds) ist ein nicht rechtsfähiges Sondervermögen des Bundes mit eigener Wirtschafts- und Rechnungsführung. [2] Er ist von den übrigen Vermögen des Bundes, seinen Rechten und Verbindlichkeiten getrennt zu halten. [3] Für Verbindlichkeiten, die das Bundesministerium für Arbeit und Soziales als Verwalter des Ausgleichsfonds eingeht, haftet nur der Ausgleichsfonds; der Ausgleichsfonds haftet nicht für die sonstigen Verbindlichkeiten des Bundes.

[1)] § 33 Abs. 2 geänd. mWv 1.7.2001 durch G v. 19.6.2001 (BGBl. I S. 1046).

[2)] § 35 Sätze 1 und 3 geänd. mWv 1.7.2001 durch G v. 19.6.2001 (BGBl. I S. 1046); Satz 3 geänd. mWv 1.7.2003 durch VO v. 24.6.2003 (BGBl. I S. 1000); Satz 3 geänd. mWv 8.11.2006 durch VO v. 31.10.2006 (BGBl. I S. 2407).

§ 36[1)] **Weiterleitung der Mittel an den Ausgleichsfonds.** [1]Die Integrationsämter leiten zum 30. Juni eines jeden Jahres 18 vom Hundert des im Zeitraum vom 1. Juni des vorangegangenen Jahres bis zum 31. Mai des Jahres eingegangenen Aufkommens an Ausgleichsabgabe an den Ausgleichsfonds weiter. [2]Sie teilen dem Bundesministerium für Arbeit und Soziales zum 30. Juni eines jeden Jahres das Aufkommen an Ausgleichsabgabe für das vorangegangene Kalenderjahr auf der Grundlage des bis zum 31. Mai des Jahres tatsächlich an die Integrationsämter gezahlten Aufkommens mit. [3]Sie teilen zum 31. Januar eines jeden Jahres das Aufkommen an Ausgleichsabgabe für das vorvergangene Kalenderjahr dem Bundesministerium für Arbeit und Soziales mit. [4]Abweichend von Satz 1 leiten die Integrationsämter zum 30. Juni 2020 10 Prozent des im Zeitraum vom 1. Juni 2019 bis zum 31. Mai 2020 eingegangenen Aufkommens an Ausgleichsabgabe und zum 30. Juni 2021 10 Prozent des im Zeitraum vom 1. Juni 2020 bis zum 31. Mai 2021 eingegangenen Aufkommens an Ausgleichsabgabe an den Ausgleichsfonds weiter.

§ 37 Anwendung der Vorschriften der Bundeshaushaltsordnung. Für den Ausgleichsfonds gelten die Bundeshaushaltsordnung sowie die zu ihrer Ergänzung und Durchführung erlassenen Vorschriften entsprechend, soweit die Vorschriften dieser Verordnung nichts anderes bestimmen.

§ 38 Aufstellung eines Wirtschaftsplans. (1) Für jedes Kalenderjahr (Wirtschaftsjahr) ist ein Wirtschaftsplan aufzustellen.

(2) [1]Der Wirtschaftsplan enthält alle im Wirtschaftsjahr

1. zu erwartenden Einnahmen,
2. voraussichtlich zu leistenden Ausgaben und
3. voraussichtlich benötigten Verpflichtungsermächtigungen.

[2]Zinsen, Tilgungsbeträge aus Darlehen, zurückgezahlte Zuschüsse sowie unverbrauchte Mittel des Vorjahres fließen dem Ausgleichsfonds als Einnahmen zu.

(3) Der Wirtschaftsplan ist in Einnahmen und Ausgaben auszugleichen.

(4) Die Ausgaben sind gegenseitig deckungsfähig.

(5) Die Ausgaben sind übertragbar.

§ 39[2)] **Feststellung des Wirtschaftsplans.** [1]Das Bundesministerium für Arbeit und Soziales stellt im Benehmen mit dem Bundesministerium der Finanzen und im Einvernehmen mit dem Beirat für die Teilhabe behinderter Menschen (Beirat) den Wirtschaftsplan fest. [2]§ 1 der Bundeshaushaltsordnung[3)] findet keine Anwendung.

---

1) § 36 neu gef. mWv 1.1.2005 durch VO v. 16.1.2004 (BGBl. I S. 77); Sätze 2 und 3 geänd. mWv 8.11.2006 durch VO v. 31.10.2006 (BGBl. I S. 2407); Satz 1 geänd. mWv 30.12.2008 durch G v. 22.12.2008 (BGBl. I S. 2959); Satz 4 angef. mWv 1.3.2020 durch VO v. 6.7.2020 (BGBl. I S. 1595); Satz 1 geänd. mWv 1.1.2022 durch G v. 2.6.2021 (BGBl. I S. 1387); Satz 4 geänd. mWv 29.6.2021 durch VO v. 28.6.2021 (BAnz AT 28.06.2021 V2).

2) § 39 geänd. mWv 1.7.2001 durch G v. 19.6.2001 (BGBl. I S. 1046); Satz 1 geänd. mWv 1.7.2003 durch VO v. 24.6.2003 (BGBl. I S. 1000); Satz 1 geänd. mWv 8.11.2006 durch VO v. 31.10.2006 (BGBl. I S. 2407).

3) **Sartorius Nr. 700.**

10. Zehntes Buch Sozialgesetzbuch – Sozialverwaltungsverfahren und Sozialdatenschutz – (SGB X)[1)]

In der Fassung der Bekanntmachung vom 18. Januar 2001[2)]

(BGBl. I S. 130)

FNA 860-10-1

geänd. durch Art. 8 §§ 2, 3 und 4 G zur Änd. des BundesdatenschutzG und anderer G v. 18.5.2001 (BGBl. I S. 904), Art. 9 SGB IX – Rehabilitation und Teilhabe behinderter Menschen – v. 19.6.2001 (BGBl. I S. 1046), Art. 18 TerrorismusbekämpfungsG v. 9.1.2002 (BGBl. I S. 361), Art. 6 G zur Vereinfachung der Wahl der Arbeitnehmervertreter in den Aufsichtsrat v. 23.3.2002 (BGBl. I S. 1130), Art. 10 Nr. 10 ZuwanderungsG v. 20.6.2002 (BGBl. I S. 1946, nichtig gem. Urt. des BVerfG v. 18.12. 2002 – 2 BvF 1/02 –), Art. 11 Hüttenknappschaftliches Zusatzversicherungs-Neuregelungs-G v. 21.6. 2002 (BGBl. I S. 2167), Art. 3 G zur Änd. des Ordnungswidrigkeitenverfahrensrechts v. 26.7.2002 (BGBl. I S. 2864), Art. 3 Drittes G zur Änd. verwaltungsverfahrensrechtlicher Vorschriften v. 21.8.2002 (BGBl. I S. 3322), Art. 5 Zweites G für moderne Dienstleistungen am Arbeitsmarkt v. 23.12.2002 (BGBl. I S. 4621), Art. 211 Achte ZuständigkeitsanpassungsVO v. 25.11.2003 (BGBl. I S. 2304), Art. 9 Drittes G für moderne Dienstleistungen am Arbeitsmarkt v. 23.12.2003 (BGBl. I S. 2848), Art. 10 Viertes G für moderne Dienstleistungen am Arbeitsmarkt v. 24.12.2003 (BGBl. I S. 2954), Art. 9 G zur Einordnung des Sozialhilferechts in das SGB v. 27.12.2003 (BGBl. I S. 3022), Art. 4 Abs. 72 KostenrechtsmodernisierungsG v. 5.5.2004 (BGBl. I S. 718), Art. 8 AlterseinkünfteG v. 5.7.2004 (BGBl. I S. 1427), Art. 8 G zur Intensivierung der Bekämpfung der Schwarzarbeit und damit zusammenhängender Steuerhinterziehung v. 23.7.2004 (BGBl. I S. 1842), Art. 10 Nr. 10 ZuwanderungsG v. 30.7.2004 (BGBl. I S. 1950), Art. 9 G zur Organisationsreform in der gesetzl. RV v. 9.12.2004 (BGBl. I S. 3242), Art. 0 Siebentes G zur Änd. des SozialgerichtsG v. 9.12.2004 (BGBl. I S. 3302), Art. 8 Zweites G zur Änd. wohnungsrechtl. Vorschriften v. 15.12.2004 (BGBl. I S. 3450), Art. 2 Abs. 12 G zum internationalen Familienrecht v. 26.1.2005 (BGBl. I S. 162), Art. 9 VerwaltungsvereinfachungsG v. 21.3.2005 (BGBl. I S. 818), Art. 10 Zweites BetreuungsrechtsänderungsG v. 21.4.2005 (BGBl. I S. 1073), Art. 2 Abs. 25 G zur Novellierung des VerwaltungszustellungsR v. 12.8.2005 (BGBl. I S. 2354), Art. 2 Nr. 4 G über den Ausgleich von Arbeitgeberaufwendungen und zur Änd. weiterer G v. 22.12.2005 (BGBl. I S. 3686), Art. 6 G zur Fortentwicklung der Grundsicherung für Arbeitsuchende v. 20.7.2006 (BGBl. I S. 1706), Art. 263 Neunte ZuständigkeitsanpassungsVO v. 31.10.2006 (BGBl. I S. 2407), Art. 7 G zur Änd. des SGB IV und anderer G v. 19.12.2007 (BGBl. I S. 3024), Art. 26 JahressteuerG 2008 v. 20.12.2007 (BGBl. I S. 3150), Art. 15 Abs. 4 WehrrechtsänderungsG 2008 v. 31.7.2008 (BGBl. I S. 1629), Art. 2c G zur Neuregelung des Wohngeldrechts und zur Änd. des SGB v. 24.9.2008 (BGBl. I S. 1856), Art. 2 Viertes G zur Änd. verwaltungsverfahrensrechtl. Vorschriften v. 11.12.2008 (BGBl. I S. 2418), Art. 106 FGG-ReformG v. 17.12.2008 (BGBl. I S. 2586), Art. 21 JahressteuerG 2009 v. 19.12.2008 (BGBl. I S. 2794), Art. 6 Zweites G zur Änd. des SGB IV und anderer G v. 21.12.2008 (BGBl. I S. 2933), Art. 6 Nr. 2a G zur Verbesserung der Rahmenbedingungen für die Absicherung flexibler Arbeitszeitregelungen und zur Änd. anderer G v. 21.12.2008 (BGBl. I S. 2940), Art. 15 Abs. 99 DienstrechtsneuordnungsG

[1)] Die Änderungen durch G v. 18.7.2017 (BGBl. I S. 2739, geänd. BGBl. I 2021 S. 2) treten gem. Art. 3 Abs. 2 dieses G an dem Tag in Kraft, an dem die Rechtsverordnung nach § 10 des Wettbewerbsregistergesetzes in Kraft tritt; sie sind im Text noch nicht berücksichtigt. Das Bundesministerium für Wirtschaft und Energie gibt den Tag nach Satz 2 im Bundesgesetzblatt bekannt.

Die Änderungen durch G v. 28.3.2021 (BGBl. I S. 591) treten gem. Art. 22 Satz 3 dieses G erst an dem Tag in Kraft, an dem das Bundesministerium des Innern, für Bau und Heimat im Bundesgesetzblatt bekannt gibt, dass die technischen Voraussetzungen für die Verarbeitung der Identifikationsnummer nach § 139b AO nach den jeweils geänderten Gesetzen vorliegen; sie sind im Text noch nicht berücksichtigt.

Die Änderungen durch G v. 12.12.2019 (BGBl. I S. 2652) treten erst **mWv 1.1.2024**, die Änderungen durch G v. 7.5.2021 (BGBl. I S. 850) treten teilweise erst **mWv 1.11.2022**, die Änderungen durch G v. G v. 4.5.2021 (BGBl. I S. 882) treten erst **mWv 1.1.2023**, die Änderungen durch G v. 10.8.2021 (BGBl. I S. 3436) treten erst **mWv 1.1.2024** und die Änderungen durch G v. 20.8.2021 (BGBl. I S. 3932) treten erst **mWv 1.1.2024** bzw. **mWv 1.1.2025** in Kraft und sind insoweit im Text noch nicht berücksichtigt.

[2)] Neubekanntmachung des SGB X v. 18.8.1980 (BGBl. I S. 1469, 2218) in der ab 1.1.2001 geltenden Fassung.

v. 5.2.2009 (BGBl. I S. 160), Art. 6 ELENA-VerfahrensG v. 28.3.2009 (BGBl. I S. 634), Art. 19 G zur Strukturreform des Versorgungsausgleichs v. 3.4.2009 (BGBl. I S. 700), Art. 5 BürgerentlastungsG Krankenversicherung v. 16.7.2009 (BGBl. I S. 1959), Art. 4 Abs. 15 G zur Reform der Sachaufklärung in der Zwangsvollstreckung v. 29.7.2009 (BGBl. I S. 2258), Art. 5 Drittes G zur Änd. des SGB IV und anderer G v. 5.8.2010 (BGBl. I S. 1127), Art. 13 G zur Durchführung der VO (EG) Nr. 4/2009 und zur Neuordnung bestehender Aus- und Durchführungsbestimmungen auf dem Gebiet des internationalen Unterhaltsverfahrensrechts v. 23.5.2011 (BGBl. I S. 898), Art. 9 G zur Umsetzung aufenthaltsrechtl. RL der EU und zur Anpassung nationaler Rechtsvorschriften an den EU-Visakodex v. 22.11.2011 (BGBl. I S. 2258), Art. 7 G zur Änd. des BeherbergungsstatistikG und des HandelsstatistikG sowie zur Aufhebung von Vorschriften zum Verfahren des elektronischen Entgeltnachweises v. 23.11.2011 (BGBl. I S. 2298), Art. 3 GKV-VersorgungsstrukturG v. 22.12.2011 (BGBl. I S. 2983), Art. 9 LSV-NeuordnungsG v. 12.4. 2012 (BGBl. I S. 579), Art. 4 G zur Umsetzung der Hochqualifizierten-Richtlinie der Europäischen Union v. 1.6.2012 (BGBl. I S. 1224), Art. 8 G über die Vereinfachung des Austauschs von Informationen und Erkenntnissen zwischen den Strafverfolgungsbehörden der Mitgliedstaaten der EU v. 21.7.2012 (BGBl. I S. 1566), Art. 2 Abs. 13 G zur Fortentwicklung des Meldewesens v. 3.5.2013 (BGBl. I S. 1084, geänd. durch G v. 20.11.2014, BGBl. I S. 1738), Art. 38 Zweites KostenrechtsmodernisierungsG v. 23.7. 2013 (BGBl. I S. 2586), Art. 6 G zur Förderung der elektronischen Verwaltung sowie zur Änd. weiterer Vorschriften v. 25.7.2013 (BGBl. I S. 2749), Art. 10 TarifautonomiestärkungsG v. 11.8.2014 (BGBl. I S. 1348), Art. 32 G zur Bereinigung des Rechts der Lebenspartner v. 20.11.2015 (BGBl. I S. 2010), Art. 12 DatenaustauschverbesserungsG v. 2.2.2016 (BGBl. I S. 130), Art. 19 G zur Modernisierung des Besteuerungsverfahrens v. 18.7.2016 (BGBl. I S. 1679), Art. 4 G zur Weiterentwicklung des Behindertengleichstellungsrechts v. 19.7.2016 (BGBl. I S. 1757), Art. 7 G zur Änd. des BundesstatistikG und anderer Statistikgesetze v. 21.7.2016 (BGBl. I S. 1768), Art. 23 G zur Einführung von Ausschreibungen für Strom aus erneuerbaren Energien und zu weiteren Änd. des Rechts der erneuerbaren Energien v. 13.10.2016 (BGBl. I S. 2258), Art. 6 6. SGB IV-ÄndG v. 11.11.2016 (BGBl. I S. 2500), Art. 20 Abs. 8 BundesteilhabeG v. 23.12.2016 (BGBl. I S. 3234), Art. 5 Abs. 7 G zur Neuregelung des Bundesarchivrechts v. 10.3.2017 (BGBl. I S. 410), Art. 166 G zum Abbau verzichtbarer Anordnungen der Schriftform im Verwaltungsrecht des Bundes v. 29.3.2017 (BGBl. I S. 626), Art. 6 Abs. 2 G zur Änd. von Vorschriften im Bereich des Internationalen Privat- und Zivilverfahrensrechts v. 11.6.2017 (BGBl. I S. 1607), Art. 11 G zur Umsetzung der Vierten EU-GeldwäscheRL, zur Ausführung der EU-GeldtransferVO und zur Neuorganisation der Zentralstelle für Finanztransaktionsuntersuchungen v. 23.6.2017 (BGBl. I S. 1822), Art. 24 G zur Änd. des BundesversorgungsG und anderer Vorschriften v. 17.7.2017 (BGBl. I S. 2541), Art. 2 Abs. 6 G zur Einführung eines Wettbewerbsregisters und zur Änd. des G gegen Wettbewerbsbeschränkungen v. 18.7.2017 (BGBl. I S. 2739, geänd. BGBl. I 2021 S. 2), Art. 10 Abs. 11 G zur Neuregelung des Schutzes von Geheimnissen bei der Mitwirkung Dritter an der Berufsausübung schweigepflichtiger Personen v. 30.10.2017 (BGBl. I S. 3618), Art. 1a G zur Verlängerung befristeter Regelungen im Arbeitsförderungsrecht und zur Umsetzung der RL (EU) 2016/2102 über den barrierefreien Zugang zu den Websites und mobilen Anwendungen öffentlicher Stellen v. 10.7.2018 (BGBl. I S. 1117), Art. 16 G zur Umsetzung des G zur Einführung des Rechts auf Eheschließung für Personen gleichen Geschlechts v. 18.12.2018 (BGBl. I S. 2639), Art. 16 G gegen illegale Beschäftigung und Sozialleistungsmissbrauch v. 11.7.2019 (BGBl. I S. 1066), Art. 47 FachkräfteeinwanderungsG v. 15.8.2019 (BGBl. I S. 1307), Art. 131 Zweites Datenschutz-Anpassungs- und UmsetzungsG EU v. 20.11.2019 (BGBl. I S. 1626), Art. 38 G zur Regelung des Sozialen Entschädigungsrechts v. 12.12.2019 (BGBl. I S. 2652, geänd. durch G v. 20.8.2021, BGBl. I S. 3932), Art. 9 MDK-ReformG v. 14.12.2019 (BGBl. I S. 2789), Art. 2 G zur Einführung einer Wohnungslosenberichterstattung sowie einer Statistik untergebrachter wohnungsloser Personen und zur Änd. weiterer Gesetze v. 4.3.2020 (BGBl. I S. 437), Art. 16 Sozialschutz-Paket II v. 20.5.2020 (BGBl. I S. 1055), Art. 8 Siebtes G zur Änd. des Vierten Buches SGB und anderer G v. 12.6.2020 (BGBl. I S. 1248), Art. 9 G zur Digitalisierung von Verwaltungsverfahren bei der Gewährung von Familienleistungen v. 3.12.2020 (BGBl. I S. 2668), Art. 5 Gesetz Digitale Rentenübersicht v. 11.2.2021 (BGBl. I S. 154), Art. 14 RegistermodernisierungsG v. 28.3.2021 (BGBl. I S. 591), Art. 4 Abs. 8 G zur Verbesserung des Schutzes von Gerichtsvollziehern vor Gewalt sowie zur Änd. weiterer zwangsvollstreckungsrechtl. Vorschriften und zur Änd. des InfektionsschutzG v. 7.5.2021 (BGBl. I S. 850), Art. 14 Vormundschafts- und Betreuungsrechts-ReformG v. 4.5.2021 (BGBl. I S. 882), Art. 5 Zweites IT-SicherheitsG v. 18.5.2021 (BGBl. I S. 1122), Art. 5 Kinder- und JugendstärkungsG v. 3.6. 2021 (BGBl. I S. 1444), Art. 4 G zur Erprobung von Verfahren eines Registerzensus und zur Änd. statistikrechtlicher Vorschriften v. 9.6.2021 (BGBl. I S. 1649), Art. 24 Abs. 10 G zur Modernisierung des notariellen Berufsrechts und zur Änd. weiterer Vorschriften v. 25.6.2021 (BGBl. I S. 2154), Art. 6 G zur Weiterentwicklung des Ausländerzentralregisters v. 9.7.2021 (BGBl. I S. 2467), Art. 120 PersonengesellschaftsrechtsmodernisierungsG (MoPeG) v. 10.8.2021 (BGBl. I S. 3436) und Art. 44 und 45 G über die Entschädigung der Soldatinnen und Soldaten und zur Neuordnung des Soldatenversorgungsrechts v. 20.8.2021 (BGBl. I S. 3932) in § 72 Absatz 1 Satz 2 genannten Angaben und die Angaben über erbrachte oder demnächst zu erbringende Geldleistungen beschränkt ist.

(3) Die Übermittlung nach den Absätzen 1 und 2 ordnet der Richter oder die Richterin an.

§ 74[1)] Übermittlung bei Verletzung der Unterhaltspflicht und beim Versorgungsausgleich. (1) [1] Eine Übermittlung von Sozialdaten ist zulässig, soweit sie erforderlich ist

1. für die Durchführung
   a) eines gerichtlichen Verfahrens oder eines Vollstreckungsverfahrens wegen eines gesetzlichen oder vertraglichen Unterhaltsanspruchs oder eines an seine Stelle getretenen Ersatzanspruchs oder
   b) eines Verfahrens über den Versorgungsausgleich nach § 220 des Gesetzes über das Verfahren in Familiensachen und in den Angelegenheiten der freiwilligen Gerichtsbarkeit[2)] oder
2. für die Geltendmachung
   a) eines gesetzlichen oder vertraglichen Unterhaltsanspruchs außerhalb eines Verfahrens nach Nummer 1 Buchstabe a, soweit die betroffene Person nach den Vorschriften des bürgerlichen Rechts, insbesondere nach § 1605 oder nach § 1361 Absatz 4 Satz 4, § 1580 Satz 2, § 1615a oder § 1615l Absatz 3 Satz 1 in Verbindung mit § 1605 des Bürgerlichen Gesetzbuchs[3)], zur Auskunft verpflichtet ist, oder
   b) eines Ausgleichsanspruchs im Rahmen des Versorgungsausgleichs außerhalb eines Verfahrens nach Nummer 1 Buchstabe b, soweit die betroffene Person nach § 4 Absatz 1 des Versorgungsausgleichsgesetze[4)]s zur Auskunft verpflichtet ist, oder
3. für die Anwendung der Öffnungsklausel des § 22 Nummer 1 Satz 3 Buchstabe a Doppelbuchstabe bb Satz 2 des Einkommensteuergesetzes[5)] auf eine im Versorgungsausgleich auf die ausgleichsberechtigte Person übertragene Rentenanwartschaft, soweit die ausgleichspflichtige Person nach § 22 Nummer 1 Satz 3 Buchstabe a Doppelbuchstabe bb Satz 2 des Einkommensteuergesetzes in Verbindung mit § 4 Absatz 1 des Versorgungsausgleichsgesetzes zur Auskunft verpflichtet ist.

[2] In den Fällen des Satzes 1 Nummer 2 und 3 ist eine Übermittlung nur zulässig, wenn die auskunftspflichtige Person ihre Pflicht, nachdem sie unter Hinweis auf die in diesem Buch enthaltene Übermittlungsbefugnis der in § 35 des Ersten Buches[6)] genannten Stellen gemahnt wurde, innerhalb angemessener Frist nicht oder nicht vollständig erfüllt hat. [3] Diese Stellen dürfen die Anschrift der auskunftspflichtigen Person zum Zwecke der Mahnung übermitteln.

(2) Eine Übermittlung von Sozialdaten durch die Träger der gesetzlichen Rentenversicherung und durch die Träger der Grundsicherung für Arbeitsuchende ist auch zulässig, soweit sie für die Erfüllung der nach § 5 des

---

[1)] 2. Kapitel 2. Abschnitt (§§ 67a–78) neu gef. mWv 25.5.2018 durch G v. 17.7.2017 (BGBl. I S. 2541).
[2)] **Habersack, Deutsche Gesetze Nr. 112.**
[3)] **Habersack, Deutsche Gesetze Nr. 20.**
[4)] Nr. **6/40.**
[5)] **Steuergesetze Nr. 1.**
[6)] Nr. **1.**

Auslandsunterhaltsgesetzes[1] der zentralen Behörde (§ 4 des Auslandsunterhaltsgesetzes) obliegenden Aufgaben und zur Erreichung der in den §§ 16 und 17 des Auslandsunterhaltsgesetzes bezeichneten Zwecke erforderlich ist.

§ 74a[2] Übermittlung zur Durchsetzung öffentlich-rechtlicher Ansprüche und im Vollstreckungsverfahren. (1) [1] Zur Durchsetzung von öffentlich-rechtlichen Ansprüchen dürfen im Einzelfall auf Ersuchen Name, Vorname, Geburtsdatum, Geburtsort, derzeitige Anschrift der betroffenen Person, ihr derzeitiger oder zukünftiger Aufenthaltsort sowie Namen, Vornamen oder Firma und Anschriften ihrer derzeitigen Arbeitgeber übermittelt werden, soweit kein Grund zu der Annahme besteht, dass dadurch schutzwürdige Interessen der betroffenen Person beeinträchtigt werden, und wenn das Ersuchen nicht länger als sechs Monate zurückliegt. [2] Die ersuchte Stelle ist über § 4 Absatz 3 hinaus zur Übermittlung auch dann nicht verpflichtet, wenn sich die ersuchende Stelle die Angaben auf andere Weise beschaffen kann. [3] Satz 2 findet keine Anwendung, wenn das Amtshilfeersuchen zur Durchführung einer Vollstreckung nach § 66 erforderlich ist.

(2) [1] Zur Durchführung eines Vollstreckungsverfahrens dürfen die Träger der gesetzlichen Rentenversicherung im Einzelfall auf Ersuchen des Gerichtsvollziehers die derzeitige Anschrift der betroffenen Person, ihren derzeitigen oder zukünftigen Aufenthaltsort sowie Namen, Vornamen oder Firma und Anschriften ihrer derzeitigen Arbeitgeber übermitteln, soweit kein Grund zu der Annahme besteht, dass dadurch schutzwürdige Interessen der betroffenen Person beeinträchtigt werden, und das Ersuchen nicht länger als sechs Monate zurückliegt. [2] Die Träger der gesetzlichen Rentenversicherung sind über § 4 Absatz 3 hinaus zur Übermittlung auch dann nicht verpflichtet, wenn sich die ersuchende Stelle die Angaben auf andere Weise beschaffen kann. [3] Die Übermittlung ist nur zulässig, wenn

1. die Ladung zu dem Termin zur Abgabe der Vermögensauskunft an den Schuldner nicht zustellbar ist und
   a) die Anschrift, unter der die Zustellung ausgeführt werden sollte, mit der Anschrift übereinstimmt, die von einer der in § 755 Absatz 1 und 2 der Zivilprozessordnung[3] genannten Stellen innerhalb von drei Monaten vor oder nach dem Zustellungsversuch mitgeteilt wurde, oder
   b) die Meldebehörde nach dem Zustellungsversuch die Auskunft erteilt, dass ihr keine derzeitige Anschrift des Schuldners bekannt ist, oder
   c) die Meldebehörde innerhalb von drei Monaten vor Erteilung des Vollstreckungsauftrags die Auskunft erteilt hat, dass ihr keine derzeitige Anschrift des Schuldners bekannt ist,
2. der Schuldner seiner Pflicht zur Abgabe der Vermögensauskunft in dem dem Ersuchen zugrundeliegenden Vollstreckungsverfahren nicht nachkommt,
3. bei einer Vollstreckung in die in der Vermögensauskunft aufgeführten Vermögensgegenstände eine vollständige Befriedigung des Gläubigers voraussichtlich nicht zu erwarten ist oder

---

[1] **Habersack, Deutsche Gesetze ErgBd. Nr. 103o.**

[2] § 74a neu gef. mWv 25.5.2018 durch G v. 17.7.2017 (BGBl. I S. 2541); Abs. 1 Satz 1, Abs. 2 Satz 1 geänd., Satz 5 angef. mWv 1.7.2020 durch G v. 12.6.2020 (BGBl. I S. 1248); Abs. 2 Satz 3 Nr. 1 neu gef., Nr. 2 eingef., bish. Nr. 2 wird Nr. 3 und geänd., bish. Nr. 3 wird Nr. 4 mWv 1.1.2022 durch G v. 7.5.2021 (BGBl. I S. 850).

[3] **Habersack, Deutsche Gesetze Nr. 100.**

4. die Anschrift oder der derzeitige oder zukünftige Aufenthaltsort des Schuldners trotz Anfrage bei der Meldebehörde nicht bekannt ist.

[4] Der Gerichtsvollzieher hat in seinem Ersuchen zu bestätigen, dass diese Voraussetzungen vorliegen. [5] Das Ersuchen und die Auskunft sind elektronisch zu übermitteln.

§ 75[1)] Übermittlung von Sozialdaten für die Forschung und Planung.

(1) [1] Eine Übermittlung von Sozialdaten ist zulässig, soweit sie erforderlich ist für ein bestimmtes Vorhaben

1. der wissenschaftlichen Forschung im Sozialleistungsbereich oder der wissenschaftlichen Arbeitsmarkt- und Berufsforschung oder
2. der Planung im Sozialleistungsbereich durch eine öffentliche Stelle im Rahmen ihrer Aufgaben

und schutzwürdige Interessen der betroffenen Person nicht beeinträchtigt werden oder das öffentliche Interesse an der Forschung oder Planung das Geheimhaltungsinteresse der betroffenen Person erheblich überwiegt. [2] Eine Übermittlung ohne Einwilligung der betroffenen Person ist nicht zulässig, soweit es zumutbar ist, ihre Einwilligung einzuholen. [3] Angaben über den Namen und Vornamen, die Anschrift, die Telefonnummer sowie die für die Einleitung eines Vorhabens nach Satz 1 zwingend erforderlichen Strukturmerkmale der betroffenen Person können für Befragungen auch ohne Einwilligungen übermittelt werden. [4] Der nach Absatz 4 Satz 1 zuständigen Behörde ist ein Datenschutzkonzept vorzulegen.

(2) Ergibt sich aus dem Vorhaben nach Absatz 1 Satz 1 eine Forschungsfrage, die in einem inhaltlichen Zusammenhang mit diesem steht, können hierzu auf Antrag die Frist nach Absatz 4 Satz 5 Nummer 4 zur Verarbeitung der erforderlichen Sozialdaten verlängert oder eine neue Frist festgelegt und weitere erforderliche Sozialdaten übermittelt werden.

(Fortsetzung nächstes Blatt)

[1)] § 75 neu gef. mWv 25.5.2018 durch G v. 17.7.2017 (BGBl. I S. 2541); Abs. 3 Satz 1, Abs. 4 Satz 2, Satz 5 Nr. 3, Abs. 4a Satz 1 geänd. mWv 26.11.2019 durch G v. 20.11.2019 (BGBl. I S. 1626).

10/10. Verordnung über die Erfassung und Übermittlung von Daten für die Träger der Sozialversicherung (Datenerfassungs- und -übermittlungsverordnung – DEÜV)[1) 2)]

In der Fassung der Bekanntmachung vom 23.1.2006[3)]
(BGBl. I S. 152)

FNA 860-4-1-12

geänd. durch Art. 26 GKV-WettbewerbsstärkungsG v. 26.3.2007 (BGBl. I S. 378), Art. 23 Zweites G zum Abbau bürokratischer Hemmnisse insbesondere in der mittelständischen Wirtschaft v. 7.9.2007 (BGBl. I S. 2246), § 22 Abs. 6 Einsatz-WeiterverwendungsG v. 12.12.2007 (BGBl. I S. 2861), Art. 18 G zur Änd. des SGB IV und anderer G[4)] v. 19.12.2007 (BGBl. I S. 3024), Art. 11 Abs. 3 UnfallversicherungsmodernisierungsG v. 30.10.2008 (BGBl. I S. 2130), Art. 4b G zur Weiterentwicklung der Organisationsstrukturen in der gesetzl. Krankenversicherung v. 15.12.2008 (BGBl. I S. 2426), Art. 7 Abs. 4 G zur Neuausrichtung der arbeitsmarktpolitischen Instrumente v. 21.12.2008 (BGBl. I S. 2917), Art. 12 Zweites G zur Änd. des SGB IV und anderer G v. 21.12.2008 (BGBl. I S. 2933), Art. 6 Nr. 4 G zur Verbesserung der Rahmenbedingungen für die Absicherung flexibler Arbeitszeitregelungen und zur Änd. anderer G v. 21.12.2008 (BGBl. I S. 2940), Art. 11 Drittes G zur Änd. des SGB IV und anderer G v. 5.8.2010 (BGBl. I S. 1127), Art. 17 HaushaltsbegleitG 2011 v. 9.12.2010 (BGBl. I S. 1885), Art. 11 GKV-FinanzierungsG v. 22.12.2010 (BGBl. I S. 2309), Art. 5 Einsatzversorgungs-VerbesserungsG v. 5.12.2011 (BGBl. I S. 2458), Art. 47 G zur Verbesserung der Eingliederungschancen am Arbeitsmarkt v. 20.12.2011 (BGBl. I S. 2854), Art. 16 und 17 Viertes G zur Änd. des Vierten Buches Sozialgesetzbuch und anderer G v. 22.12.2011 (BGBl. I S. 3057), Art. 10 G zu Änd. im Bereich der geringfügigen Beschäftigung v. 5.12.2012 (BGBl. I S. 2474), Art. 16 Abs. 5 BUK-NeuorganisationsG v. 19.10.2013 (BGBl. I S. 3836), Art. 13 GKV-Finanzstruktur- und Qualitäts-WeiterentwicklungsG v. 21.7.2014 (BGBl. I S. 1133), Art. 10 G zur besseren Vereinbarkeit von Familie, Pflege und Beruf v. 23.12.2014 (BGBl. I S. 2462), Art. 12 Fünftes G zur Änd. des Vierten Buches Sozialgesetzbuch und anderer G v. 15.4.2015 (BGBl. I S. 583, ber. S. 1008), Art. 3 Abs. 4 G zur Neuregelung der Unterhaltssicherung sowie zur Änd. soldatenrechtlicher Vorschriften v. 29.6. 2015 (BGBl. I S. 1061), Art. 18 6. SGB IV-ÄndG v. 11.11.2016 (BGBl. I S. 2500), Art. 10 Rentenüberleitungs-AbschlussG v. 17.7.2017 (BGBl. I S. 2575), Art. 3 VO zur Änd. der SozialversicherungsentgeltverordnungVO und anderer Verordnungen v. 7.12.2017 (BGBl. I S. 3906), Art. 6 Abs. 7 RV-Leistungsverbesserungs- und -StabilisierungsG v. 28.11.2018 (BGBl. I S. 2016), Art. 5 QualifizierungschancenG v. 18.12.2018 (BGBl. I S. 2651), Art. 26 und 27 Bundeswehr-EinsatzbereitschaftsstärkungsG v. 4.8.2019 (BGBl. I S. 1147), Art. 12 Drittes BürokratieentlastungsG v. 22.11.2019 (BGBl. I

[1)] Die Rechtsvorschrift wurden erlassen auf Grund des
- § 28c des Vierten Buches Sozialgesetzbuch – Gemeinsame Vorschriften für die Sozialversicherung – (Nr. **4**), der durch Artikel 1 Nr. 5 des Gesetzes vom 20. Dezember 1988 (BGBl. I S. 2330) eingefügt und zuletzt durch Artikel 3 des Gesetzes vom 16. Dezember 1997 (BGBl. I S. 2970) geändert worden ist,
- § 106 des Vierten Buches Sozialgesetzbuch (Nr. **4**), der durch Artikel 1 Nr. 3 des Gesetzes vom 6 Oktober 1989 (BGBl. I S. 1822) eingefügt und zuletzt durch Artikel 3 des Gesetzes vom 16. Dezember 1997 (BGBl. I S. 2970) geändert worden ist,
- § 195 des Sechsten Buches Sozialgesetzbuch – Gesetzliche Rentenversicherung – (Nr. **6**) (Artikel 1 des Gesetzes vom 18. Dezember 1989, BGBl. I S. 2261; 1990 I S. 1337)

in Verbindung mit Artikel 80 des Gesetzes vom 24. März 1997 (BGBl. I S. 594).

[2)] Die Änderungen durch G v. 17.7.2017 (BGBl. I S. 2575) treten teilweise erst **mWv 1.1.2025**, die Änderungen durch G v. 22.11.2019 (BGBl. I S. 1746) treten erst **mWv 1.7.2022** und die Änderungen durch G v. 12.6.2020 (BGBl. I S. 1248) treten teilweise erst **mWv 1.1.2023** in Kraft und sind insoweit im Text noch nicht berücksichtigt.

[3)] Neubekanntmachung der DEÜV v. 10.2.1998 (BGBl. I S. 343) in der ab 1.1.2006 geltenden Fassung.

[4)] Zum Inkrafttreten siehe auch die Bek. über das Inkrafttreten der Folgeänderungen zur Auflösung der See-Krankenkasse und der See-Pflegekasse und zu deren Eingliederung in die Deutsche Rentenversicherung Knappschaft-Bahn-See nach § 165 Abs. 4 Satz 1 des Fünften Buches SozialGbuch.

S. 1746, geänd. durch G v. 11.2.2021, BGBl. I S. 154), Art. 57 Abs. 23 G zur Regelung des Sozialen Entschädigungsrechts v. 12.12.2019 (BGBl. I S. 2652), Art. 26 Siebtes G zur Änd. des Vierten Buches SGB und anderer G v. 12.6.2020 (BGBl. I S. 1248) und Art. 4 Viertes G zur Änd. des SeefischereiG v. 26.5.2021 (BGBl. I S. 1170)

Erster Abschnitt. Allgemeines

§ 1[1)] Grundsatz. [1] Die Vorschriften dieser Verordnung gelten für die Meldungen auf Grund des § 18i Absatz 4, §§ 28a, 99 und 106 bis des Vierten Buches Sozialgesetzbuch[2)], des § 200 Abs. 1 des Fünften Buches Sozialgesetzbuch[3)], der §§ 190 bis 194 und 281c des Sechsten Buches Sozialgesetzbuch[4)] und des § 27 Abs. 2 des Zweiten Gesetzes über die Krankenversicherung der Landwirte[5)] sowie für den Beitragsnachweis nach § 28f Abs. 3 Satz 1 des Vierten Buches Sozialgesetzbuch. [2] Die Meldungen und Beitragsnachweise für die jeweils beteiligten Träger der Sozialversicherung sind gemeinsam zu erstatten.

§ 2[6)] Meldepflichtige. Meldungen sind zu erstatten von

1. dem Arbeitgeber,
2. Personen, die wie ein Arbeitgeber Beiträge auf Grund gesetzlicher Vorschriften zahlen,
3. Zahlstellen,
4. dem Bundesministerium der Verteidigung oder den von ihm bestimmten Stellen und dem Bundesamt für Familie und zivilgesellschaftliche Aufgaben,
5. den Leistungsträgern.

§ 3[7)] Zu meldender Personenkreis. [1] Meldungen sind zu erstatten für

1. Beschäftigte, die kranken-, pflege-, renten- oder nach dem Recht der Arbeitsförderung versicherungspflichtig sind,
2. Beschäftigte, für die Beitragsanteile zur Rentenversicherung oder nach dem Recht der Arbeitsförderung zu zahlen sind,
3. geringfügig Beschäftigte,
4. Leiharbeitnehmer,
5. Bezieher von Entgeltersatzleistungen oder von Arbeitslosengeld II,
6. Wehr- und Zivildienstleistende.

[2] Den Beschäftigten stehen Personen gleich, für die ein anderer wie ein Arbeitgeber Beiträge auf Grund gesetzlicher Vorschriften zahlt.

§ 4 (weggefallen)

---

1) § 1 Satz 1 geänd. mWv 1.1.2008 durch G v. 7.9.2007 (BGBl. I S. 2246); Satz 1 geänd. mWv 1.1.2016 durch G v. 15.4.2015 (BGBl. I S. 583); Satz 1 geänd. mWv 1.1.2017 durch G v. 11.11.2016 (BGBl. I S. 2500).

2) Nr. **4**.

3) Nr. **5**.

4) Nr. **6**.

5) Nr. **30/22**.

6) § 2 Nr. 3 neu gef., Nr. 4 geänd. mWv 1.1.2017 durch G v. 11.11.2016 (BGBl. I S. 2500).

7) § 3 Satz 1 Nr. 5 geänd. mWv 1.1.2011 durch G v. 9.12.2010 (BGBl. I S. 1885).

§ 5[1)] Allgemeine Vorschriften. (1) [1] Meldungen sind nach den Verhältnissen des Zeitpunktes zu erstatten, auf den sich die Meldung bezieht. [2] Dies gilt insbesondere bei Änderung des Namens, der Staatsangehörigkeit oder der Anschrift eines Beschäftigten.

(2) Meldungen können zusammen erstattet werden, soweit diese Verordnung es zulässt.

(3) [1] Meldungen über Zeiträume, die sich über das Ende eines Kalenderjahres hinaus erstrecken, sind getrennt für jedes Kalenderjahr zu erstatten. [2] Für gemeldete Zeiträume dürfen keine weiteren Meldungen erstattet werden, soweit diese Verordnung nichts anderes zulässt.

(4) [1] Beitragspflichtiges Arbeitsentgelt ist in vollen Beträgen zu melden. [2] Beträge nach dem Komma von mehr als 49 sind nach oben, von weniger als 50 nach unten auf den nächsten vollen Betrag zu runden.

(5) *(aufgehoben)*

(6) Alle persönlichen Angaben für Meldungen sind amtlichen Unterlagen, die Versicherungsnummer ist dem Sozialversicherungsausweis zu entnehmen.

(7) Ist bei einer Anmeldung die Versicherungsnummer nicht bekannt, sind die für die Vergabe der Versicherungsnummer erforderlichen Angaben, insbesondere der vollständige Name, der Geburtsname, das Geburtsdatum, der Geburtsort, das Geburtsland, das Geschlecht, die Staatsangehörigkeit und die Anschrift aufzunehmen.

(8) Bei erstmaliger Aufnahme einer versicherungspflichtigen Beschäftigung im Geltungsbereich dieser Verordnung durch einen Angehörigen eines anderen Mitgliedstaates der Europäischen Union oder eines Staates, für den das Abkommen über den Europäischen Wirtschaftsraum gilt, sind außerdem das Geburtsland sowie die Versicherungsnummer des Landes der Staatsangehörigkeit einzutragen.

(9) *(aufgehoben)*

(10) Meldungen, die Angaben über Arbeitsentgelt enthalten, sind gesondert zu kennzeichnen, wenn der zu meldende Zeitraum Arbeitsentgelt nach den Vorschriften des Übergangsbereichs (§ 20 Abs. 2 des Vierten Buches Sozialgesetzbuch[2)]) enthält.

(11) Die Meldungen müssen die Betriebsnummer der Krankenkasse des Beschäftigten enthalten.

(12) Der Zugang eines Antrages beim Arbeitgeber auf Verzicht auf die Versicherungspflicht in der gesetzlichen Rentenversicherung nach § 6 Absatz 1b des Sechsten Buches Sozialgesetzbuch[3)] durch einen geringfügig Beschäftigten ist gesondert zu kennzeichnen und zu melden; die Meldung kann auch in Verbindung mit einer anderen zum gleichen Zeitpunkt zu erstattenden Meldung erfolgen.

[1)] § 5 Abs. 11 angef. mWv 1.7.2008 durch G v. 26.3.2007 (BGBl. I S. 378)Abs. 5 geänd. mWv 1.1. 2008 durch G v. 19.12.2007 (BGBl. I S. 3024); Abs. 1 Satz 2 angef. mWv 1.1.2009 durch G v. 21.12. 2008 (BGBl. I S. 2933); Abs. 12 angef. mWv 1.1.2013 durch G v. 5.12.2012 (BGBl. I S. 2474); Abs. 5 aufgeh. mWv 1.1.2017 durch G v. 11.11.2016 (BGBl. I S. 2500); Abs. 10 geänd. mWv 1.7.2019 durch G v. 28.11.2018 (BGBl. I S. 2016); Abs. 7 geänd., Abs. 9 aufgeh. mWv 1.1.2022 durch G v. 12.6.2020 (BGBl. I S. 1248).

[2)] Nr. **4**.

[3)] Nr. **6**.

Zweiter Abschnitt. Allgemeine Vorschriften für Meldungen der Arbeitgeber

Erster Unterabschnitt. Meldungen

§ 6 Anmeldung. Der Beginn einer versicherungspflichtigen Beschäftigung ist mit der ersten folgenden Lohn- und Gehaltsabrechnung, spätestens innerhalb von sechs Wochen nach ihrem Beginn, zu melden.

§ 7[1)] Sofortmeldung. Der Tag des Beginns eines Beschäftigungsverhältnisses ist in den in § 28a Abs. 4 Satz 1 bis 3 des Vierten Buches Sozialgesetzbuch[2)] genannten Wirtschaftsbereichen oder Wirtschaftszweigen spätestens bei Beschäftigungsaufnahme an die Datenstelle der Rentenversicherung zu melden.

§ 8[3)] Abmeldung. (1) Das Ende einer versicherungspflichtigen Beschäftigung ist mit der nächsten folgenden Lohn- und Gehaltsabrechnung, spätestens innerhalb von sechs Wochen nach ihrem Ende, zu melden.

(2) Eine An- und eine Abmeldung können innerhalb der Frist des § 6 zusammen erstattet werden, wenn bis zur Abmeldung noch keine Anmeldung erfolgt ist.

(3) Bei einer in § 28a Absatz 1 Satz 1 Nr. 18 des Vierten Buches Sozialgesetzbuch[2)] bezeichneten Änderung des Arbeitsentgelts sind eine Ab- und eine Anmeldung innerhalb der Frist des § 6 zusammen zu erstatten.

§ 8a[4)] Meldung bei Eintritt eines Insolvenzereignisses. Der Arbeitgeber oder die mit der Insolvenzabwicklung betraute Person hat für freigestellte Beschäftigte für den Zeitraum bis zum Tag vor Eröffnung eines Insolvenzverfahrens oder Nichteröffnung mangels Masse eine Abmeldung mit der nächsten folgenden Lohn- und Gehaltsabrechnung, spätestens aber nach sechs Wochen abzugeben.

§ 9[5)] Unterbrechungsmeldung. (1) [1] Wird eine versicherungspflichtige Beschäftigung durch Wegfall des Anspruchs auf Arbeitsentgelt für mindestens einen Kalendermonat unterbrochen und wird eine der in § 7 Abs. 3 Satz 3 des Vierten Buches Sozialgesetzbuch[2)] genannten Leistungen bezogen, Elternzeit in Anspruch genommen oder Wehrdienst oder Zivildienst geleistet, ist für den Zeitraum bis zum Wegfall des Entgeltanspruchs innerhalb von zwei Wochen nach Ablauf des ersten Kalendermonats eine Unterbrechungsmeldung zu erstatten. [2] Endet die Beschäftigung während der Unterbrechung, ist eine Abmeldung nach § 8 zu erstatten.

(2) [1] Endet in den Fällen des Absatzes 1 die Beschäftigung in dem auf den Wegfall des Entgeltanspruchs folgenden Kalendermonat, ist für den Zeitraum bis zum Wegfall innerhalb von sechs Wochen nach dem Ende der Beschäftigung eine Unterbrechungsmeldung zu erstatten. [2] Das Ende der Beschäftigung ist nach § 8 zu melden.

[1)] § 7 neu gef. mWv 1.1.2009 durch G v. 21.12.2008 (BGBl. I S. 2933); geänd. mWv 1.1.2017 durch G v. 11.11.2016 (BGBl. I S. 2500).

[2)] Nr. 4.

[3)] § 8 Abs. 3 geänd. mWv 1.1.2016 durch G v. 15.4.2015 (BGBl. I S. 583).

[4)] § 8a eingef. mWv 1.1.2008 durch G v. 19.12.2007 (BGBl. I S. 3024).

[5)] § 9 Abs. 1 Satz 1 geänd. mWv 1.1.2009 durch G v. 21.12.2008 (BGBl. I S. 2940).

§ 10[1)] Jahresmeldung. (1) [1] Eine Jahresmeldung ist für jeden am 31. Dezember eines Jahres versicherungspflichtig Beschäftigten mit der ersten folgenden Lohn- und Gehaltsabrechnung, spätestens bis zum 15. Februar des folgenden Jahres, zu erstatten. [2] Die Jahresmeldung entfällt, wenn zum 31. Dezember eine Meldung nach §§ 8, 9 oder § 12 zu erstatten ist.

(2) Arbeitsentgelt ist nur insoweit zu melden, als es nicht schon gemeldet wurde.

(3) Die Einzugsstellen können fehlende Jahresmeldungen maschinell anfordern.

§ 11[2)] Meldung von einmalig gezahltem Arbeitsentgelt. (1) Der Arbeitgeber hat beitragspflichtiges einmalig gezahltes Arbeitsentgelt zusammen mit dem beitragspflichtigen laufend gezahlten Arbeitsentgelt zu melden.

(2) Der Arbeitgeber hat beitragspflichtiges einmalig gezahltes Arbeitsentgelt mit der ersten folgenden Lohn- und Gehaltsabrechnung, spätestens innerhalb von sechs Wochen nach der Zahlung, gesondert zu melden, wenn

1. eine Meldung nach den §§ 8 bis 10 oder § 12 für das Kalenderjahr, dem das Arbeitsentgelt zuzuordnen ist, nicht mehr erfolgt,
2. die folgende Meldung nach den §§ 8 bis 10 oder § 12 kein beitragspflichtiges laufend gezahltes Arbeitsentgelt enthält,
3. für das beitragspflichtige laufend und einmalig gezahlte Arbeitsentgelt unterschiedliche Beitragsgruppen gelten oder
4. es sich um beitragspflichtiges einmalig gezahltes Arbeitsentgelt nach § 23a Absatz 4 Satz 1 des Vierten Buches Sozialgesetzbuch[3)] handelt.

(3) Der Arbeitgeber hat beitragspflichtiges einmalig gezahltes Arbeitsentgelt gesondert zu melden, wenn die Auszahlung während einer nach § 9 gemeldeten Unterbrechung der Beschäftigung oder während des Bezuges einer nach § 38 gemeldeten Entgeltersatzleistung erfolgt.

§ 11a[4)] Meldungen von Arbeitsentgelt bei flexiblen Arbeitszeitregelungen. (1) Arbeitsentgelt nach § 23b Abs. 2 bis 3 des Vierten Buches Sozialgesetzbuch[3)] ist mit der ersten folgenden Lohn- und Gehaltsabrechnung gesondert zu melden, wenn es nicht nach § 7c oder § 7f Abs. 2 Satz 1 des Vierten Buches Sozialgesetzbuch verwendet wird.

(2) Der Wechsel von einem Wertguthaben, das im Beitrittsgebiet erzielt wurde, zu einem Wertguthaben, das im übrigen Bundesgebiet erzielt wurde, und umgekehrt ist mit der ersten folgenden Lohn- und Gehaltsabrechnung nach dem Wechsel taggenau zu melden.

(3) Wird im selben Zeitraum ein Wertguthaben aufgelöst und Arbeitsentgelt gezahlt, ist das Wertguthaben nur dann gesondert unter der Angabe, ob es im Beitritts- oder im übrigen Bundesgebiet erzielt worden ist, zu melden, wenn

---

[1)] § 10 Abs. 1 Satz 1 geänd. mWv 1.7.2013 durch G v. 19.10.2013 (BGBl. I S. 3836); Abs. 3 angef. mWv 1.1.2021 durch G v. 12.6.2020 (BGBl. I S. 1248).

[2)] § 11 Abs. 3 geänd. mWv 1.1.2009 durch G v. 21.12.2008 (BGBl. I S. 2933); Abs. 4 angef. mWv 1.1.2012 durch G v. 22.12.2011 (BGBl. I S. 3057); Abs. 2 Nr. 2 und 3 geänd., Nr. 4 angef., Abs. 3 geänd., Abs. 4 aufgeh. mWv 1.1.2016 durch G v. 15.4.2015 (BGBl. I S. 583).

[3)] Nr. **4**.

[4)] § 11a Abs. 1 geänd. mWv 1.1.2009 und geänd. mWv 1.7.2009 durch G v. 21.12.2008 (BGBl. I S. 2940).

nicht beide zusammen im Beitrittsgebiet oder zusammen im übrigen Bundesgebiet erzielt worden sind.

§ 11b[1)] Meldung von Arbeitsentgelten bei Mehrfachbeschäftigung auf Anforderung der Einzugsstelle. Nach Anforderung der Einzugsstelle hat der Arbeitgeber mit der ersten folgenden Lohn- und Gehaltsabrechnung, spätestens innerhalb von sechs Wochen nach Anforderung, die Entgeltmeldungen nach § 28a Absatz 1 Satz 1 Nummer 10 des Vierten Buches Sozialgesetzbuch[2)] an die zuständige Einzugsstelle zu melden.

§ 12[3)] Sonstige Meldungen. (1) Eine Ab- und eine Anmeldung sind zu erstatten, wenn die bisher gemeldete Beitragsgruppe, der Personengruppenschlüssel oder die Krankenkasse des Beschäftigten sich ändert oder dieser bis zum 31. Dezember 2024 von einem Beschäftigungsbetrieb im Beitrittsgebiet zu einem Beschäftigungsbetrieb im übrigen Bundesgebiet oder umgekehrt wechselt.

(2) [1] In den Fällen, in denen ein Berufsausbildungsverhältnis einem Beschäftigungsverhältnis bei demselben Arbeitgeber vorausgeht oder folgt, ist der Tag des Endes oder des Beginns der Beschäftigung und der Berufsausbildung zu melden. [2] Als Beginn einer Berufsausbildung kann auch der Erste des Monats, in dem die Berufsausbildung beginnt, und als Ende der Letzte des Monats, in dem die Berufsausbildung endet, gemeldet werden. [3] Eine Meldung nach Satz 1 und 2 entfällt, wenn eine Meldung nach Absatz 1 zu erstatten ist.

(3) Absatz 2 gilt entsprechend für den Beginn und das Ende einer Altersteilzeit.

(4) [1] Die Meldungen sind innerhalb der Frist des § 6 zu erstatten. [2] Meldungen nach Absatz 1 oder 2 sind nicht zu erstatten, wenn Meldungen nach §§ 6, 8 oder § 9 erfolgen.

(5) [1] Eine Meldung nach § 194 des Sechsten Buches Sozialgesetzbuch[4)] ist mit der nächsten Lohn- und Gehaltsabrechnung zu erstatten. [2] Ist zu diesem Zeitpunkt eine Meldung nach § 10 noch nicht erfolgt, ist diese zum gleichen Zeitpunkt zu erstatten.

§ 13[5)] Meldungen für geringfügig Beschäftigte. (1) Für die Meldungen einer geringfügigen Beschäftigung nach § 8 des Vierten Buches Sozialgesetzbuch[2)] gelten § 5 Abs. 1 bis 7 und 9 und die §§ 6 und 8 bis 12 entsprechend.

(2) Bei Anmeldung eines geringfügigen Beschäftigten nach § 8 Absatz 1 Nummer 2 des Vierten Buches Sozialgesetzbuch hat die Einzugsstelle dem Meldepflichtigen unverzüglich auf elektronischem Weg mitzuteilen, ob zum Zeitpunkt der Anmeldung für den Beschäftigten weitere geringfügige Beschäftigungen nach § 8 Absatz 1 Nummer 2 des Vierten Buches Sozialgesetzbuch

---

[1)] § 11b neu gef. mWv 1.1.2015 durch G v. 21.7.2014 (BGBl. I S. 1133); geänd. mWv 1.1.2016 durch G v. 15.4.2015 (BGBl. I S. 583).

[2)] Nr. **4**.

[3)] § 12 Abs. 5 angef. mWv 1.1.2008 durch G v. 7.9.2007 (BGBl. I S. 2246); Abs. 1 geänd. mWv 1.1.2016 durch G v. 15.4.2015 (BGBl. I S. 583); Abs. 1 geänd. mWv 1.1.2017 durch G v. 11.11.2016 (BGBl. I S. 2500); Abs. 1 geänd. mWv 1.7.2018 durch G v. 17.7.2017 (BGBl. I S. 2575).

[4)] Nr. **6**.

[5)] § 13 neu gef. mWv 1.1.2009 durch G v. 30.10.2008 (BGBl. I S. 2130); Abs. 2 angef. mWv 1.1.2022 durch G v. 26.5.2021 (BGBl. I S. 1170).

bestehen oder in dem vorausgehenden Zeitraum im Kalenderjahr bestanden haben.

Zweiter Unterabschnitt. Korrektur von Meldungen

§ 14[1)] Stornierung. (1) [1] Meldungen sind unverzüglich zu stornieren, wenn sie nicht zu erstatten waren, bei einer unzuständigen Einzugsstelle erstattet wurden oder unzutreffende Angaben über die Zeit der Beschäftigung, das

(Fortsetzung nächstes Blatt)

[1)] § 14 Abs. 1 bish. Wortlaut wird Satz 1, Satz 2 angef. mWv 1.1.2009 durch G v. 30.10.2008 (BGBl. I S. 2130).

Sozialgesetzbuch

mit Nebengesetzen, Ausführungs- und Verfahrensvorschriften

Textausgabe
mit Anmerkungen und Sachverzeichnis

Begründet und herausgegeben von

FRIEDRICH AICHBERGER †
Senatspräsident am Bayerischen Landessozialgericht

Unter Mitarbeit von Stephan Rittweger
Vors. Richter am Bayerischen Landessozialgericht

Band II

Stand: 10. Dezember 2021
153. Ergänzungslieferung

C.H.BECK

Dieses Titelblatt stammt aus der 153. Ergänzungslieferung Dezember 2021,
die an die 152. Ergänzungslieferung Oktober 2021 anschließt.

ISBN 978 3 406 78287 9

Redaktioneller Hinweis: Paragraphenüberschriften in eckigen Klammern sind nichtamtlich. Sie sind ebenso wie die Fußnoten urheber- und wettbewerbsrechtlich geschützt.

Verbesserungswünsche und Fehlerhinweise sind jederzeit willkommen.

Verlag C. H. Beck oHG
Wilhelmstr. 5–9, 80801 München
Fax 0 89/3 81 89-5 16

www.beck.de

Gesamtwerk 978 3 406 46009 8 ergänzt bis 978 3 406 78287 9

© 2022 Verlag C. H. Beck oHG
Wilhelmstraße 9, 80801 München
Druck: Druckerei C. H. Beck Nördlingen
(Adresse wie Verlag)

CO2 neutral
chbeck.de/nachhaltig

Gedruckt auf säurefreiem, alterungsbeständigem Papier
(hergestellt aus chlorfrei gebleichtem Zellstoff)

11. Sozialgesetzbuch (SGB) Elftes Buch (XI) Soziale Pflegeversicherung[1) 2)]

Vom 26. Mai 1994
(BGBl. I S. 1014)

FNA 860-11

geänd. durch Art. 6 AgrarsozialreformG 1995 v. 29.7.1994 (BGBl. I S. 1890), Art. 4 Drittes SGB V-ÄndG v. 10.5.1995 (BGBl. I S. 678), Art. 20 G zur Änd. wehrpflichtrechtlicher, soldatenrechtlicher, beamtenrechtlicher und anderer Vorschriften v. 24.7.1995 (BGBl. I S. 962), Art. 4 G zur Änd. des Sechsten Buches Sozialgesetzbuch und anderer G v. 15.12.1995 (BGBl. I S. 1824), Art. 2 G zum Inkraftsetzen der 2. Stufe der Pflegeversicherung v. 31.5.1996 (BGBl. I S. 718), Art. 1 Erstes SGB XI-ÄndG v. 14.6.1996 (BGBl. I S. 830), Art. 7 Unfallversicherungs-EinordnungsG v. 7.8.1996 (BGBl. I S. 1254), Art. 4 G zur sozialrechtlichen Behandlung von einmalig gezahltem Arbeitsentgelt v. 12.12. 1996 (BGBl. I S. 1859), Art. 10 Arbeitsförderungs-ReformG v. 24.3.1997 (BGBl. I S. 594), Art. 41 Sechste Zuständigkeitsanpassungs-VO v. 21.9.1997 (BGBl. I S. 2390), Art. 7 RentenreformG 1999 v. 16.12.1997 (BGBl. I S. 2998), Art. 6 G zur sozialrechtlichen Absicherung flexibler Arbeitszeitregelungen v. 6.4.1998 (BGBl. I S. 688), Art. 1 Zweites G zur Änd. des SGB XI und anderer G v. 29.5.1998 (BGBl. I S. 1188), Art. 1 Drittes SGB XI-ÄndG v. 5.6.1998 (BGBl. I S. 1229), Art. 1 Viertes SGB XI-ÄndG v. 21.7.1999 (BGBl. I S. 1656), Art. 24 HaushaltssanierungsG v. 22.12.1999 (BGBl. I S. 2534), Art. 3 GKV-GesundheitsreformG 2000 v. 22.12.1999 (BGBl. I S. 2626), Art. 16 G zur Änd. des SoldatenG und anderer Vorschriften v. 19.12.2000 (BGBl. I S. 1815), Art. 3 § 56 G zur Beendigung der Diskriminierung gleichgeschlechtlicher Gemeinschaften: Lebenspartnerschaften v. 16.2.2001 (BGBl. I S. 266), Art. 4 Zweites G zur Änd. des KünstlersozialversicherungsG und anderer G v. 13.6.2001 (BGBl. I S. 1027), Art. 10 SGB IX v. 19.6.2001 (BGBl. I S. 1046), Art. 7 Abs. 40 MietrechtsreformG v. 19.6.2001 (BGBl. I S. 1149), Art. 1 Pflege-QualitätssicherungsG v. 9.9.2001 (BGBl. I S. 2320, geänd. durch G v. 14.12.2001, BGBl. I S. 3728), Art. 2 Achtes Euro-EinführungsG v. 23.10.2001 (BGBl. I S. 2702, geänd. durch G v. 14.12.2001,BGBl. I S. 3728), Art. 219 Siebente ZuständigkeitsanpassungsVO v. 29.10.2001 (BGBl. I S. 2785), Art. 6 Job-AQTIV-Gesetz v. 10.12.2001 (BGBl. I S. 3443), Art. 1 und 4 Pflegeleistungs-ErgänzungsG v. 14.12.2001 (BGBl. I S. 3728), Art. 12 Hüttenknappschaftliches Zusatzversicherungs-NeuregelungsG v. 21.6.2002 (BGBl. I S. 2167), Art. 5 Erstes G für moderne Dienstleistungen am Arbeitsmarkt v. 23.12.2002 (BGBl. I S. 4607), Art. 6 Zweites G für moderne Dienstleistungen am Arbeitsmarkt v. 23.12.2002 (BGBl. I S. 4621), Art. 3 BeitragssatzsicherungsG v. 23.12.2002 (BGBl. I S. 4637), Art. 7 ÄndG des Sozialgesetzbuches und anderer G v. 24.7. 2003 (BGBl. I S. 1526), Art. 7 GKV-ModernisierungsG v. 14.11.2003 (BGBl. I S. 2190), Art. 212 Achte ZuständigkeitsanpassungsVO v. 25.11.2003 (BGBl. I S. 2304), Art. 10 Drittes G für moderne Dienstleistungen am Arbeitsmarkt v. 23.12.2003 (BGBl. I S. 2848), Art. 11 Viertes G für moderne Dienstleistungen am Arbeitsmarkt v. 24.12.2003 (BGBl. I S. 2954), Art. 6 Zweites G zur Änd. des Sechsten Buches Sozialgesetzbuch und anderer G v. 27.12.2003 (BGBl. I S. 3013), Art. 4 Drittes G zur Änd. des Sechsten Buches Sozialgesetzbuch und anderer G v. 27.12.2003 (BGBl. I S. 3019), Art. 10 G zur Einordnung des Sozialhilferechts in das SGB v. 27.12.2003 (BGBl. I S. 3022), Art. 10 G zur Organisationsreform in der gesetzl. RV v. 9.12.2004 (BGBl. I S. 3242), Art. 1 Kinder-BerücksichtigungsG v. 15.12.2004 (BGBl. I S. 3448), Art. 9a VerwaltungsvereinfachungsG v. 21.3.2005 (BGBl. I S. 818), Art. 11 Zweites BetreuungsrechtsänderungsG v. 21.4.2005 (BGBl. I S. 1073), Art. 22 Streitkräftereserve-NeuordnungsG v. 22.4.2005 (BGBl. I S. 1106), Art. 3b Zweites G zur Änd. des SeemannsG und anderer G v. 8.6.2005 (BGBl. I S. 1530), Art. 8 G zur Förderung ganzjähriger Beschäfti-

---

[1)] Verkündet als Art. 1 Pflege-VersicherungsG v. 26.5.1994 (BGBl. I S. 1014); Inkrafttreten gem. Art. 68 Abs. 1 dieses G am 1.1.1995, mit Ausnahme der §§ 36–42, 44 und 45, die gem. Art. 68 Abs. 2 am 1.4.1995, des § 43, der gem. Art. 68 Abs. 3 am 1.7.1996, und des § 46 Abs. 1, 2, 5 und 6 sowie der §§ 47, 52, 53, 93–108, die gem. Art. 68 Abs. 4 dieses G am 1.6.1994 in Kraft getreten sind.

[2)] Die Änderungen durch G v. 17.7.2017 (BGBl. I S. 2581) treten erst **mWv 1.1.2025**, die Änderungen durch G v. 12.12.2019 (BGBl. I S. 2652) treten teilweise erst **mWv 1.1.2024**, die Änderungen durch G v. 28.3.2021 (BGBl. I S. 591) treten erst **mit unbestimmten Inkrafttreten**, die Änderungen durch G v. 11.7.2021 (BGBl. I S. 2754) treten teilweise erst **mWv 1.9.2022** bzw. **mWv 1.1.2026** und die Änderungen durch G v. 20.8.2021 (BGBl. I S. 3932) treten erst **mWv 1.1.2025** in Kraft und sind im Text noch nicht berücksichtigt.

gung v. 24.4.2006 (BGBl. I S. 926), Art. 12 HaushaltsbegleitG 2006 v. 29.6.2006 (BGBl. I S. 1402), Art. 7 G zur Fortentwicklung der Grundsicherung für Arbeitsuchende v. 20.7.2006 (BGBl. I S. 1706), Art. 264 Neunte ZuständigkeitsanpassungsVO v. 31.10.2006 (BGBl. I S. 2407), Art. 2 Abs. 21 G zur Einführung des Elterngeldes v. 5.12.2006 (BGBl. I S. 2748), Art. 8 und 9 GKV-Wettbewerbsstärkungs G v. 26.3.2007 (BGBl. I S. 378), Art. 28 Abs. 5 Zweites G zum Abbau bürokratischer Hemmnisse insbesondere in der mittelständischen Wirtschaft v. 7.9.2007 (BGBl. I S. 2246), § 22 Abs. 10 Einsatz-WeiterverwendungsG v. idF der Bek. 12.12.2007 (BGBl. I S. 2861, neu gef. BGBl. I 2012, S. 2070), Art. 8 Abs. 3 G zur Modernisierung des Rechts der landwirtschaftlichen Sozialversicherung v. 18.12. 2007 (BGBl. I S. 2984), Art. 5a G zur Änd. des SGB IV und and. G v. 19.12.2007 (BGBl. I S. 3024), Art. 2 Abs. 14 G zur Förderung von Jugendfreiwilligendiensten v. 16.5.2008 (BGBl. I S. 842), Art. 1 und 2 Pflege-WeiterentwicklungsG v. 28.5.2008 (BGBl. I S. 874), Art. 5 KinderförderungsG v. 10.12. 2008 (BGBl. I S. 2403), Art. 2a G zur Weiterentwicklung der Organisationsstrukturen in der gesetzlichen Krankenversicherung v. 15.12.2008 (BGBl. I S. 2426), Art. 107 FGG-ReformG v. 17.12.2008 (BGBl. I S. 2586), Art. 2 Abs. 1 G zur Neuregelung der zivilrechtl. Vorschriften des HeimG nach der Föderalismusreform v. 29.7.2009 (BGBl. I S. 2319), Art. 3 G zur Regelung des Assistenzpflegebedarfs im Krankenhaus v. 30.7.2009 (BGBl. I S. 2495), Art. 12 Abs. 7 G zur Ermittlung von Regelbedarfen und zur Änd. des Zweiten und Zwölften Buches Sozialgesetzbuch v. 24.3.2011 (BGBl. I S. 453), Art. 12 G zur Einführung eines Bundesfreiwilligendienstes v. 28.4.2011 (BGBl. I S. 687), Art. 7 G zur Koordinierung der Systeme der sozialen Sicherheit in Europa und zur Änd. anderer G v. 22.6.2011 (BGBl. I S. 1202), Art. 6 G zur Änd. des InfektionsschutzG und weiterer G v. 28.7.2011 (BGBl. I S. 1622), Art. 3 G zur Vereinbarkeit von Pflege und Beruf v. 6.12.2011 (BGBl. I S. 2564), Art. 11 G zur Verbesserung der Eingliederungschancen am Arbeitsmarkt v. 27.12.2011 (BGBl. I S. 2854), Art. 4 GKV-VersorgungsstrukturG v. 22.12.2011 (BGBl. I S. 2983), Art. 13 Abs. 27 LSV-NeuordnungsG v. 12.4.2012 (BGBl. I S. 579), Art. 2c G zur Änd. des TransplantationsG v. 21.7.2012 (BGBl. I S. 1601), Art. 1 Pflege-Neuausrichtungs-G v. 23.10.2012 (BGBl. I S. 2246), Art. 5 G zu Änd. im Bereich der geringfügigen Beschäftigung v. 5.12.2012 (BGBl. I S. 2474), Art. 2 G zur Regelung des Assistenzpflegebedarfs in stationären Vorsorge- oder Rehabilitationseinrichtungen v. 20.12.2012 (BGBl. I S. 2789), Art. 2 Abs. 4 BetreuungsgeldG v. 15.2.2013 (BGBl. I S. 254), Art. 2 Abs. 14 15. G zur Änd. des SoldatenG v. 8.4. 2013 (BGBl. I S. 730), Art. 2a G zur Beseitigung sozialer Überforderung bei Beitragsschulden in der Krankenversicherung v. 15.7.2013 (BGBl. I S. 2423), Art. 6 GKV-Finanzstruktur- und Qualitäts-WeiterentwicklungsG v. 21.7.2014 (BGBl. I S. 1133), Art. 1 Erstes PflegestärkungsG v. 17.12.2014 (BGBl. I S. 2222), Art. 8 G zur besseren Vereinbarkeit von Familie, Pflege und Beruf v. 23.12.2014 (BGBl. I S. 2462), Art. 2 Abs. 24 G zur Modernisierung der Finanzaufsicht über Versicherungen v. 1.4. 2015 (BGBl. I S. 434), Art. 5 GKV-VersorgungsstärkungsG v. 16.7.2015 (BGBl. I S. 1211), Art. 6 und 7 PräventionsG v. 17.7.2015 (BGBl. I S. 1368), Art. 3 Hospiz- und PalliativG v. 1.12.2015 (BGBl. I S. 2114), Art. 1c G für sichere digitale Kommunikation und Anwendungen im Gesundheitswesen sowie zur Änd. weiterer G v. 21.12.2015 (BGBl. I S. 2408), Art. 1 und 2 Zweites PflegestärkungsG v. 21.12. 2015 (BGBl. I S. 2424, geänd. durch G v. 11.10.2016, BGBl. I S. 2233), Art. 2b Arbeitslosenversicherungsschutz- und WeiterbildungsstärkungsG v. 18.7.2016 (BGBl. I S. 1710), Art. 3 Abs. 3 Neuntes G zur Änd. des SGB II - Rechtsvereinfachung - sowie zur vorübergehenden Aussetzung der Insolvenzantragspflicht v. 26.7.2016 (BGBl. I S. 1824), Art. 2a G zur Errichtung eines Transplantationsregisters und zur Änd. weiterer Gesetze v. 11.10.2016 (BGBl. I S. 2233), Art. 1 Drittes PflegestärkungsG v. 23.12.2016 (BGBl. I S. 3191), Art. 10 BundesteilhabeG v. 23.12.2016 (BGBl. I S. 3234), Art. 2 GKV-SelbstverwaltungsstärkungsG v. 21.2.2017 (BGBl. I S. 265), Art. 1c Heil- und HilfsmittelversorgungsG v. 4.4.2017 (BGBl. I S. 778), Art. 8 Zweites Bürokratieentlastungsgesetz v. 30.6.2017 (BGBl. I S. 2143), Art. 4 PflegeberufereformG v. 17.7.2017 (BGBl. I S. 2581), Art. 9 G zur Fortschreibung der Vorschriften für Blut- und Gewebezubereitungen und zur Änd. anderer Vorschriften v. 18.7.2017 (BGBl. I S. 2757), Art. 6 Abs. 4 RV-Leistungsverbesserungs- und -StabilisierungsG v. 28.11.2018 (BGBl. I S. 2016), Art. 5 GKV-VersichertenentlastungsG v. 11.12.2018 (BGBl. I S. 2387), Art. 11 und 12 Pflegepersonal-StärkungsG v. 11.12.2018 (BGBl. I S. 2394), Art. 1 Fünftes ÄndG v. 17.12.2018 (BGBl. I S. 2587), Art. 10 Terminservice- und VersorgungsG v. 6.5.2019 (BGBl. I S. 646), Art. 10c G für mehr Sicherheit in der Arzneimittelversorgung v. 9.8.2019 (BGBl. I S. 1202), Art. 132 Zweites Datenschutz-Anpassungs- und UmsetzungsG EU v. 20.11.2019 (BGBl. I S. 1626), Art. 4 Digitale-Versorgung-G v. 9.12.2019 (BGBl. I S. 2562), Art. 39 G zur Regelung des Sozialen Entschädigungsrechts v. 12.12.2019 (BGBl. I S. 2652), Art. 2c G über die Ausbildung zur Anästhesietechnischen Assistentin und zum Anästhesietechnischen Assistenten und über die Ausbildung zur Operationstechnischen Assistentin und zum Operationstechnischen Assistenten v. 14.12.2019 (BGBl. I S. 2768), Art. 10 MDK-ReformG v. 14.12.2019 (BGBl. I S. 2789), Art. 2 GKV-BetriebsrentenfreibetragsG v. 21.12. 2019 (BGBl. I S. 2913), Art. 2a G zur Einführung einer Wohnungslosenberichterstattung sowie einer Statistik untergebrachter wohnungsloser Personen und zur Änd. weiterer Gesetze v. 4.3.2020 (BGBl. I S. 437), Art. 4 COVID-19-KrankenhausentlastungsG v. 27.3.2020 (BGBl. I S. 580), Art. 10 Fairer-Kassenwettbewerb-G v. 22.3.2020 (BGBl. I S. 604), Art. 5 Zweites G zum Schutz der Bevölkerung bei einer epidemischen Lage von nationaler Tragweite v. 19.5.2020 (BGBl. I S. 1018), Art. 5 Patientendaten-Schutz-G v. 14.10.2020 (BGBl. I S. 2115), Art. 5 KrankenhauszukunftsG v. 23.10.2020 (BGBl. I S. 2208), Art. 3 Intensivpflege- und RehabilitationsstärkungsG v. 23.10.2020 (BGBl. I S. 2220), Art. 3 Gesundheitsversorgungs- und Pflegeverbesserungsgesetz v. 22.12.2020 (BGBl. I S. 3299), Art. 3 Zweites G zur Änd. des Bundeselterngeld- und ElternzeitG v. 15.2.2021 (BGBl. I S. 239), Art. 4 Covid-19-G zur Fortgeltung der die epidemische Lage von nationaler Tragweite betreffenden Regelungen v. 29.3.2021 (BGBl. I S. 370), Art. 15 RegistermodernisierungsG v. 28.3.2021 (BGBl. I S. 591), Art. 5 Digitale-Versorgung-und-Pflege-Modernisierungs-G v. 3.6.2021 (BGBl. I S. 1309), Art. 2 und 2a GesundheitsversorgungsweiterentwicklungsG v. 11.7.2021 (BGBl. I S. 2754), Art. 46 G über die Entschädigung der Soldatinnen und Soldaten und zur Neuordnung des Soldatenversorgungsrechts v. 20.8.2021 (BGBl. I S. 3932), Art. 7e G zum Erlass eines Tierarzneimittelgesetzes und zur Anpassung arzneimittelrechtlicher und anderer Vorschriften[1] v. 27.9.2021 (BGBl. I S. 4530) und Art. 8 G zur Änd. des InfektionsschutzG und weiterer Gesetze anlässlich der Aufhebung der Feststellung der epidemischen Lage von nationaler Tragweite v. 22.11.2021 (BGBl. I S. 4906)

Inhaltsübersicht[2]

Erstes Kapitel. Allgemeine Vorschriften

---

[1] Notifiziert gemäß der Richtlinie (EU) 2015/1535 des Europäischen Parlaments und des Rates vom 9. September 2015 über ein Informationsverfahren auf dem Gebiet der technischen Vorschriften und der Vorschriften für die Dienste der Informationsgesellschaft (ABl. L 241 vom 17.9.2015, S. 1).

[2] Inhaltsübersicht geänd. mWv 1.7.2001 durch G v. 19.6.2001 (BGBl. I S. 1046); geänd. mWv 1.1.2002 durch G v. 9.9.2001 (BGBl. I S. 2320); geänd. mWv 1.1.2002 durch G v. 14.12.2001 (BGBl. I S. 3728); geänd. mWv 1.1.2004 durch G v. 14.11.2003 (BGBl. I S. 2190); geänd. mWv 1.7.2004 durch G v. 27.12.2003 (BGBl. I S. 3022); geänd. mWv 1.4.2007 durch G v. 26.3.2007 (BGBl. I S. 378); geänd. mWv 1.7.2008 durch G v. 28.5.2008 (BGBl. I S. 874); geänd. mWv 1.10.2009 durch G v. 29.7.2009 (BGBl. I S. 2319); geänd. mWv 4.8.2011 durch G v. 28.7.2011 (BGBl. I S. 1622); geänd. mWv 30.10.2012 und mWv 1.1.2013 durch G v. 23.10.2012 (BGBl. I S. 2246); geänd. mWv 1.1.2015 durch G v. 17.12.2014 (BGBl. I S. 2222); geänd. mWv 1.1.2015 durch G v. 23.12.2014 (BGBl. I S. 2462); geänd. und nichtamtl. angepasst mWv 25.7.2015 durch G v. 17.7.2015 (BGBl. I S. 1368); geänd. mWv 1.1.2016 und mWv 1.1.2017 durch G v. 21.12.2015 (BGBl. I S. 2424); geänd. mWv 1.1.2017 und geänd. mWv 1.1.2020 durch G v. 23.12.2016 (BGBl. I S. 3191); geänd. mWv 1.1.2018 durch G v. 23.12.2016 (BGBl. I S. 3234); geänd. mWv 29.7.2017 durch G v. 18.7.2017 (BGBl. I S. 2757); geänd. mWv 15.12.2018 und mWv 1.1.2019 durch G v. 11.12.2018 (BGBl. I S. 2394); geänd. mWv 11.5.2019 durch G v. 6.5.2019 (BGBl. I S. 646); geänd. mWv 26.11.2019 durch G v. 20.11.2019 (BGBl. I S. 1626); geänd. mWv 1.1.2020 durch G v. 14.12.2019 (BGBl. I S. 2789); geänd. mWv 28.3.2020 durch G v. 27.3.2020 (BGBl. I S. 580); geänd. mWv 23.5.2020 durch G v. 19.5.2020 (BGBl. I S. 1018); geänd. mWv 1.1.2021 durch G v. 22.12.2020 (BGBl. I S. 3299); geänd. mWv 31.3.2021 durch G v. 29.3.2021 (BGBl. I S. 370); geänd. mWv 9.6.2021 durch G v. 3.6.2021 (BGBl. I S. 1309); geänd. mWv 20.7.2021 und mWv 1.1.2022 durch G v. 11.7.2021 (BGBl. I S. 2754).
Die Inhaltsübersicht wurde nichtamtlich an die Änderungen mWv 1.7.2017 durch G v. 21.12.2015 (BGBl. I S. 2424) und mWv 19.12.2019 durch G v. 9.12.2019 (BGBl. I S. 2562) angepasst.

[1] Nr. 9.

Sechster Abschnitt. *(aufgehoben)*

Neuntes Kapitel. Datenschutz und Statistik

Erster Abschnitt. Informationsgrundlagen

Erster Titel. Grundsätze der Datenverarbeitung

Zweiter Titel. Informationsgrundlagen der Pflegekassen

Zweiter Abschnitt. Übermittlung von Leistungsdaten, Nutzung der Telematikinfrastruktur

Dritter Abschnitt. Datenlöschung, Auskunftspflicht

Vierter Abschnitt. Statistik

Zehntes Kapitel. Private Pflegeversicherung

Elftes Kapitel. Qualitätssicherung, Sonstige Regelungen zum Schutz der Pflegebedürftigen

§ 35[1)] Erlöschen der Leistungsansprüche. [1]Der Anspruch auf Leistungen erlischt mit dem Ende der Mitgliedschaft, soweit in diesem Buch nichts Abweichendes bestimmt ist. [2]§ 19 Absatz 1a des Fünften Buches[2)] gilt entsprechend. [3]Endet die Mitgliedschaft durch Tod, erlöschen Ansprüche auf Kostenerstattung nach diesem Buch abweichend von § 59 des Ersten Buches[3)] nicht, wenn sie innerhalb von zwölf Monaten nach dem Tod des Berechtigten geltend gemacht werden.

§ 35a[4)] Teilnahme an einem Persönlichen Budget nach § 29 des Neunten Buches[5)]. [1]Pflegebedürftigen werden auf Antrag die Leistungen nach den §§ 36, 37 Abs. 1, §§ 38, 40 Abs. 2 und § 41 durch ein Persönliches Budget nach § 29 des Neunten Buches erbracht; bei der Kombinationsleistung nach § 38 ist nur das anteilige und im Voraus bestimmte Pflegegeld als Geldleistung budgetfähig, die Sachleistungen nach den §§ 36, 38 und 41 dürfen nur in Form von Gutscheinen zur Verfügung gestellt werden, die zur Inanspruchnahme von zugelassenen Pflegeeinrichtungen nach diesem Buch berechtigen. [2]Der Leistungsträger, der das Persönliche Budget nach § 29 Absatz 3 des Neunten Buches durchführt, hat sicherzustellen, dass eine den Vorschriften dieses Buches entsprechende Leistungsbewilligung und Verwendung der Leistungen durch den Pflegebedürftigen gewährleistet ist. [3]Andere als die in Satz 1 genannten Leistungsansprüche bleiben ebenso wie die sonstigen Vorschriften dieses Buches unberührt.

Dritter Abschnitt. Leistungen

Erster Titel. Leistungen bei häuslicher Pflege

§ 36[6)] Pflegesachleistung. (1) [1]Pflegebedürftige der Pflegegrade 2 bis 5 haben bei häuslicher Pflege Anspruch auf körperbezogene Pflegemaßnahmen und pflegerische Betreuungsmaßnahmen sowie auf Hilfen bei der Haushaltsführung als Sachleistung (häusliche Pflegehilfe). [2]Der Anspruch umfasst pflegerische Maßnahmen in den in § 14 Absatz 2 genannten Bereichen Mobilität, kognitive und kommunikative Fähigkeiten, Verhaltensweisen und psychische Problemlagen, Selbstversorgung, Bewältigung von und selbständiger Umgang mit krankheits- oder therapiebedingten Anforderungen und Belastungen sowie Gestaltung des Alltagslebens und sozialer Kontakte.

(2) [1]Häusliche Pflegehilfe wird erbracht, um Beeinträchtigungen der Selbständigkeit oder der Fähigkeiten des Pflegebedürftigen so weit wie möglich durch pflegerische Maßnahmen zu beseitigen oder zu mindern und eine Verschlimmerung der Pflegebedürftigkeit zu verhindern. [2]Bestandteil der häuslichen Pflegehilfe ist auch die pflegefachliche Anleitung von Pflegebedürftigen und Pflegepersonen. [3]Pflegerische Betreuungsmaßnahmen umfassen Unter-

---

[1)] § 35 Satz 2 angef. mWv 1.5.2011 durch G v. 22.12.2011 (BGBl. I S. 2983); Satz 3 angef. mWv 20.7.2021 durch G v. 11.7.2021 (BGBl. I S. 2754).

[2)] Nr. **5**.

[3)] Nr. **1**.

[4)] § 35a eingef. mWv 1.7.2004 durch G v. 27.12.2003 (BGBl. I S. 3022); Überschr. neu gef., Sätze 1 und 2 geänd. mWv 1.1.2018 durch G v. 23.12.2016 (BGBl. I S. 3234).

[5)] Nr. **9**.

[6)] § 36 neu gef. mWv 1.1.2017 durch G v. 21.12.2015 (BGBl. I S. 2424); Abs. 4 Satz 1 geänd. mWv 1.1.2020 durch G v. 23.12.2016 (BGBl. I S. 3191); Abs. 3 Nr. 1–4 geänd. mWv 1.1.2022 durch G v. 11.7.2021 (BGBl. I S. 2754).

stützungsleistungen zur Bewältigung und Gestaltung des alltäglichen Lebens im häuslichen Umfeld, insbesondere

1. bei der Bewältigung psychosozialer Problemlagen oder von Gefährdungen,
2. bei der Orientierung, bei der Tagesstrukturierung, bei der Kommunikation, bei der Aufrechterhaltung sozialer Kontakte und bei bedürfnisgerechten Beschäftigungen im Alltag sowie
3. durch Maßnahmen zur kognitiven Aktivierung.

(3) Der Anspruch auf häusliche Pflegehilfe umfasst je Kalendermonat

1. für Pflegebedürftige des Pflegegrades 2 Leistungen bis zu einem Gesamtwert von 724 Euro,
2. für Pflegebedürftige des Pflegegrades 3 Leistungen bis zu einem Gesamtwert von 1 363 Euro,
3. für Pflegebedürftige des Pflegegrades 4 Leistungen bis zu einem Gesamtwert von 1 693 Euro,
4. für Pflegebedürftige des Pflegegrades 5 Leistungen bis zu einem Gesamtwert von 2 095 Euro.

(4) [1]Häusliche Pflegehilfe ist auch zulässig, wenn Pflegebedürftige nicht in ihrem eigenen Haushalt gepflegt werden; sie ist nicht zulässig, wenn Pflegebedürftige in einer stationären Pflegeeinrichtung oder in einer Einrichtung oder in Räumlichkeiten im Sinne des § 71 Absatz 4 gepflegt werden. [2]Häusliche Pflegehilfe wird durch geeignete Pflegekräfte erbracht, die entweder von der Pflegekasse oder bei ambulanten Pflegeeinrichtungen, mit denen die Pflegekasse einen Versorgungsvertrag abgeschlossen hat, angestellt sind. [3]Auch durch Einzelpersonen, mit denen die Pflegekasse einen Vertrag nach § 77 Absatz 1 abgeschlossen hat, kann häusliche Pflegehilfe als Sachleistung erbracht werden. [4]Mehrere Pflegebedürftige können häusliche Pflegehilfe gemeinsam in Anspruch nehmen.

§ 37[1)] Pflegegeld für selbst beschaffte Pflegehilfen. (1) [1]Pflegebedürftige der Pflegegrade 2 bis 5 können anstelle der häuslichen Pflegehilfe ein Pflegegeld beantragen. [2]Der Anspruch setzt voraus, dass der Pflegebedürftige mit dem Pflegegeld dessen Umfang entsprechend die erforderlichen körperbezogenen Pflegemaßnahmen und pflegerischen Betreuungsmaßnahmen sowie Hilfen

---

[1)] § 37 Abs. 2 Satz 2 angef., Abs. 3 Satz 3 geänd. durch G v. 21.7.1999 (BGBl. I S. 1656); Abs. 1 Satz 3 Nr. 1, 2 und 3, Abs. 3 Satz 4 geänd. mWv 1.1.2002 durch G v. 23.10.2001 (BGBl. I S. 2702); Abs. 3 neu gef., Abs. 4–6 angef. mWv 1.1.2002 durch G v. 14.12.2001 (BGBl. I S. 3728); Abs. 4 Satz 2 und Abs. 5 geänd. mWv 1.7.2008 durch G v. 26.3.2007 (BGBl. I S. 378); Abs. 1 Satz 3 neu gef., Abs. 2 Satz 3 angef., Abs. 3 Satz 1 neu gef., Satz 4 geänd., Sätze 6 und 7 angef., Abs. 4 Sätze 1 und 3 geänd., Abs. 5 Satz 2 und Abs. 7 und 8 angef. mWv 1.7.2008 durch G v. 28.5.2008 (BGBl. I S. 874); Abs. 2 Satz 2 eingef., bish. Sätze 2 und 3 werden Sätze 3 und 4 mWv 30.10.2012 durch G v. 23.10.2012 (BGBl. I S. 2246); Abs. 1 Satz 3 Nr. 1 Buchst. d und Nr. 2 Buchst. d angef., Nr. 3 Buchst. c geänd. und Buchst. d angef., Abs. 3 Satz 4 geänd. mWv 1.1.2015 durch G v. 17.12.2014 (BGBl. I S. 2222); Abs. 2 Satz 2 neu gef. mWv 1.1.2016, Abs. 1 neu gef., Abs. 3 Satz 1 Nr. 1 und 2 geänd., Sätze 4–6 neu gef., Satz 7 aufgeh., Abs. 5 Satz 1 neu gef., Satz 2 eingef., bish. Satz 2 wird Satz 3, Abs. 7 Satz 4 aufgeh. mWv 1.1.2017 durch G v. 21.12.2015 (BGBl. I S. 2424); Abs. 3 Satz 3 eingef., bish. Sätze 3–6 werden Sätze 4–7, Sätze 6 und 7 geänd., Abs. 8 neu gef. mWv 1.1.2017 durch G v. 23.12.2016 (BGBl. I S. 3191); Abs. 3 Satz 1 geänd., Satz 5 neu gef., Sätze 6–8 eingef., bish. Sätze 6 und 7 werden Sätze 9 und 10 und geänd., Abs. 4 Sätze 3 und 4 eingef., bish. Sätze 3 und 4 werden Sätze 5 und 6, Abs. 5 Satz 2 eingef., bish. Sätze 2 und 3 werden Sätze 3 und 4, Abs. 5a eingef. mWv 1.1.2019 durch G v. 11.12.2018 (BGBl. I S. 2394); Abs. 9 angef. mWv 11.5.2019 durch G v. 6.5.2019 (BGBl. I S. 646).

Anspruch gegenüber der Krankenkasse oder der Pflegekasse besteht und entscheidet über die Bewilligung der digitalen Gesundheitsanwendung oder der digitalen Pflegeanwendung. [2]Ansprüche nach anderen Vorschriften dieses Buches bleiben unberührt. [3]§ 40 Absatz 5 Satz 2 bis 6 gilt entsprechend mit der Maßgabe, dass der Spitzenverband Bund der Krankenkassen Richtlinien über das Verhältnis zur Aufteilung der Ausgaben erstmals bis zum 31. Dezember 2021 zu beschließen hat.

(4) Die Hersteller stellen den Anspruchsberechtigten digitale Pflegeanwendungen barrierefrei im Wege elektronischer Übertragung über öffentlich zugängliche Netze, auf maschinell lesbaren Datenträgern oder über digitale Vertriebsplattformen zur Verfügung.

§ 40b[1)] Leistungsanspruch beim Einsatz digitaler Pflegeanwendungen. [1]Pflegebedürftige haben Anspruch auf die Leistungen nach den §§ 39a und 40a bis zur Höhe von insgesamt 50 Euro im Monat. [2]Die Aufteilung des Leistungsanspruchs nach Satz 1 auf die ergänzende Unterstützungsleistung nach § 39a und die digitale Pflegeanwendung nach § 40a beim Einsatz digitaler Pflegeanwendungen richtet sich nach § 78a Absatz 1 Satz 5.

Zweiter Titel. Teilstationäre Pflege und Kurzzeitpflege

§ 41[2)] Tagespflege und Nachtpflege. (1) [1]Pflegebedürftige der Pflegegrade 2 bis 5 haben Anspruch auf teilstationäre Pflege in Einrichtungen der Tages- oder Nachtpflege, wenn häusliche Pflege nicht in ausreichendem Umfang sichergestellt werden kann oder wenn dies zur Ergänzung oder Stärkung der häuslichen Pflege erforderlich ist. [2]Die teilstationäre Pflege umfaßt auch die notwendige Beförderung des Pflegebedürftigen von der Wohnung zur Einrichtung der Tagespflege oder der Nachtpflege und zurück.

(2) [1]Die Pflegekasse übernimmt im Rahmen der Leistungsbeträge nach Satz 2 die pflegebedingten Aufwendungen der teilstationären Pflege einschließlich der Aufwendungen für Betreuung und die Aufwendungen für die in der Einrichtung notwendigen Leistungen der medizinischen Behandlungspflege. [2]Der Anspruch auf teilstationäre Pflege umfasst je Kalendermonat

1. für Pflegebedürftige des Pflegegrades 2 einen Gesamtwert bis zu 689 Euro,
2. für Pflegebedürftige des Pflegegrades 3 einen Gesamtwert bis zu 1 298 Euro,
3. für Pflegebedürftige des Pflegegrades 4 einen Gesamtwert bis zu 1 612 Euro,
4. für Pflegebedürftige des Pflegegrades 5 einen Gesamtwert bis zu 1 995 Euro.

(3) Pflegebedürftige der Pflegegrade 2 bis 5 können teilstationäre Tages- und Nachtpflege zusätzlich zu ambulanten Pflegesachleistungen, Pflegegeld oder

---

1) § 40b eingef. mWv 9.6.2021 durch G v. 3.6.2021 (BGBl. I S. 1309).

2) § 41 Abs. 2 Nr. 2 und Nr. 3 geänd. durch G v. 21.7.1999 (BGBl. I S. 1656); Abs. 2 geänd. mWv 1.1.2000 durch G v. 22.12.1999 (BGBl. I S. 2626); Abs. 2 Nr. 1, 2 und 3 geänd. mWv 1.1.2002 durch G v. 23.10.2001 (BGBl. I S. 2702); Abs. 1 Satz 1, Abs. 2 geänd., Abs. 3 neu gef. mWv 1.1.2002 durch G v. 14.12.2001 (BGBl. I S. 3728); Abs. 2 geänd. mWv 1.1.2005 durch G v. 21.3.2005 (BGBl. I S. 818); Abs. 2 geänd. mWv 1.4.2007 durch G v. 26.3.2007 (BGBl. I S. 378); Abs. 2 und 3 neu gef., Abs. 4–6 angef. mWv 1.7.2008 durch G v. 28.5.2008 (BGBl. I S. 874); Abs. 7 angef. mWv 30.10.2012 durch G v. 23.10.2012 (BGBl. I S. 2246); Abs. 2 Satz 2 Nr. 1 Buchst. d und Nr. 2 Buchst. d angef., Nr. 3 Buchst. c geänd. und Buchst. d angef., Abs. 3 neu gef., Abs. 4–7 aufgeh. mWv 1.1.2015 durch G v. 17.12.2014 (BGBl. I S. 2222); Abs. 1 Satz 1 geänd., Abs. 2 neu gef., Abs. 3 geänd. mWv 1.1.2017 durch G v. 21.12.2015 (BGBl. I S. 2424).

der Kombinationsleistung nach § 38 in Anspruch nehmen, ohne dass eine Anrechnung auf diese Ansprüche erfolgt.

§ 42[1)] Kurzzeitpflege. (1) [1] Kann die häusliche Pflege zeitweise nicht, noch nicht oder nicht im erforderlichen Umfang erbracht werden und reicht auch teilstationäre Pflege nicht aus, besteht für Pflegebedürftige der Pflegegrade 2 bis 5 Anspruch auf Pflege in einer vollstationären Einrichtung. [2] Dies gilt:

1. für eine Übergangszeit im Anschluß an eine stationäre Behandlung des Pflegebedürftigen oder
2. in sonstigen Krisensituationen, in denen vorübergehend häusliche oder teilstationäre Pflege nicht möglich oder nicht ausreichend ist.

(2) [1] Der Anspruch auf Kurzzeitpflege ist auf acht Wochen pro Kalenderjahr beschränkt. [2] Die Pflegekasse übernimmt die pflegebedingten Aufwendungen einschließlich der Aufwendungen für Betreuung sowie die Aufwendungen für Leistungen der medizinischen Behandlungspflege bis zu dem Gesamtbetrag von 1 774 Euro im Kalenderjahr. [3] Der Leistungsbetrag nach Satz 2 kann um bis zu 1 612 Euro aus noch nicht in Anspruch genommenen Mitteln der Verhinderungspflege nach § 39 Absatz 1 Satz 3 auf insgesamt bis zu 3 386 Euro im Kalenderjahr erhöht werden. [4] Der für die Kurzzeitpflege in Anspruch genommene Erhöhungsbetrag wird auf den Leistungsbetrag für eine Verhinderungspflege nach § 39 Absatz 1 Satz 3 angerechnet.

(3) [1] Abweichend von den Absätzen 1 und 2 besteht der Anspruch auf Kurzzeitpflege in begründeten Einzelfällen bei zu Hause gepflegten Pflegebedürftigen auch in geeigneten Einrichtungen der Hilfe für behinderte Menschen und anderen geeigneten Einrichtungen, wenn die Pflege in einer von den Pflegekassen zur Kurzzeitpflege zugelassenen Pflegeeinrichtung nicht möglich ist oder nicht zumutbar erscheint. [2] § 34 Abs. 2 Satz 1 findet keine Anwendung. [3] Sind in dem Entgelt für die Einrichtung Kosten für Unterkunft und Verpflegung sowie Aufwendungen für Investitionen enthalten, ohne gesondert ausgewiesen zu sein, so sind 60 vom Hundert des Entgelts zuschussfähig. [4] In begründeten Einzelfällen kann die Pflegekasse in Ansehung der Kosten für Unterkunft und Verpflegung sowie der Aufwendungen für Investitionen davon abweichende pauschale Abschläge vornehmen.

(4) Abweichend von den Absätzen 1 und 2 besteht der Anspruch auf Kurzzeitpflege auch in Einrichtungen, die stationäre Leistungen zur medizinischen Vorsorge oder Rehabilitation erbringen, wenn während einer Maßnahme der medizinischen Vorsorge oder Rehabilitation für eine Pflegeperson eine gleichzeitige Unterbringung und Pflege des Pflegebedürftigen erforderlich ist.

[1)] § 42 Abs. 2 Satz aufgeh. durch G v. 21.7.1999 (BGBl. I S. 1656); Abs. 2 geänd. mWv 1.1.2000 durch G v. 22.12.1999 (BGBl. I S. 2626); Abs. 2 Satz 2 geänd. mWv 1.1.2002 durch G v. 23.10.2001 (BGBl. I S. 2702); Abs. 2 Satz 2 geänd. mWv 1.1.2002 durch G v. 14.12.2001 (BGBl. I S. 3728); Abs. 2 geänd. mWv 1.1.2005 durch G v. 21.3.2005 (BGBl. I S. 818); Abs. 2 Satz 2 geänd. mWv 1.4. 2007 durch G v. 26.3.2007 (BGBl. I S. 378); Abs. 2 Satz 2 geänd., Abs. 3 angef. mWv 1.7.2008 durch G v. 28.5.2008 (BGBl. I S. 874); Abs. 3 Satz 1 geänd., Abs. 4 angef. mWv 30.10.2012 durch G v. 23.10.2012 (BGBl. I S. 2246); Abs. 2 Satz 2 geänd., Sätze 3–5 angef., Abs. 3 Satz 1 geänd. mWv 1.1. 2015 durch G v. 17.12.2014 (BGBl. I S. 2222); Abs. 2 Satz 1 geänd., Satz 4 aufgeh., bish. Satz 5 wird Satz 4 mWv 1.1.2016, Abs. 1 Satz 1 geänd., Abs. 2 Satz 2 neu gef. mWv 1.1.2017 durch G v. 21.12. 2015 (BGBl. I S. 2424); Abs. 2 Sätze 2 und 3 geänd. mWv 1.1.2022 durch G v. 11.7.2021 (BGBl. I S. 2754).

Dritter Titel. Vollstationäre Pflege

§ 43[1] Inhalt der Leistung. (1) Pflegebedürftige der Pflegegrade 2 bis 5 haben Anspruch auf Pflege in vollstationären Einrichtungen.

(2) [1] Für Pflegebedürftige in vollstationären Einrichtungen übernimmt die Pflegekasse im Rahmen der pauschalen Leistungsbeträge nach Satz 2 die pflegebedingten Aufwendungen einschließlich der Aufwendungen für Betreuung und die Aufwendungen für Leistungen der medizinischen Behandlungspflege. [2] Der Anspruch beträgt je Kalendermonat

1. 770 Euro für Pflegebedürftige des Pflegegrades 2,
2. 1 262 Euro für Pflegebedürftige des Pflegegrades 3,
3. 1 775 Euro für Pflegebedürftige des Pflegegrades 4,
4. 2 005 Euro für Pflegebedürftige des Pflegegrades 5.

[3] Abweichend von Satz 1 übernimmt die Pflegekasse auch Aufwendungen für Unterkunft und Verpflegung, soweit der nach Satz 2 gewährte Leistungsbetrag die in Satz 1 genannten Aufwendungen übersteigt.

(3) Wählen Pflegebedürftige des Pflegegrades 1 vollstationäre Pflege, erhalten sie für die in Absatz 2 Satz 1 genannten Aufwendungen einen Zuschuss in Höhe von 125 Euro monatlich.

(4) Bei vorübergehender Abwesenheit von Pflegebedürftigen aus dem Pflegeheim werden die Leistungen für vollstationäre Pflege erbracht, solange die Voraussetzungen des § 87a Abs. 1 Satz 5 und 6 vorliegen.

Vierter Titel.[2] Pauschalleistung für die Pflege von Menschen mit Behinderungen

§ 43a[3] Inhalt der Leistung. [1] Für Pflegebedürftige der Pflegegrade 2 bis 5 in einer vollstationären Einrichtung im Sinne des § 71 Absatz 4 Nummer 1, in der die Teilhabe am Arbeitsleben, an Bildung oder die soziale Teilhabe, die schulische Ausbildung oder die Erziehung von Menschen mit Behinderungen im Vordergrund des Einrichtungszwecks stehen, übernimmt die Pflegekasse zur Abgeltung der in § 43 Absatz 2 genannten Aufwendungen 15 Prozent der nach Teil 2 Kapitel 8 des Neunten Buches[4] vereinbarten Vergütung. [2] Die Aufwendungen der Pflegekasse dürfen im Einzelfall je Kalendermonat 266 Euro nicht überschreiten. [3] Die Sätze 1 und 2 gelten auch für Pflegebedürftige der Pflegegrade 2 bis 5 in Räumlichkeiten im Sinne des § 71 Absatz 4 Nummer 3, die Leistungen der Eingliederungshilfe für Menschen mit Behinderungen nach Teil

---

[1] § 43 Abs. 5 angef. durch Art. 1 G v. 5.6.1998 (BGBl. I S. 1229); Abs. 2, 3 und 5 geänd. mWv 1.1.2000 durch G v. 22.12.1999 (BGBl. I S. 2626); Abs. 2 Satz 1, Abs. 3, Abs. 5 Satz 1 Nr. 1–4, Satz 2 und 3 geänd. mWv 1.1.2002 durch G v. 23.10.2001 (BGBl. I S. 2702); Abs. 2 Satz 1, Abs. 3 Satz 1 und Abs. 5 Satz 1 geänd. mWv 1.1.2002 durch G v. 14.12.2001 (BGBl. I S. 3728); Abs. 2 Satz 1, Abs. 3 Satz 1 und Abs. 5 Satz 1 geänd. mWv 1.1.2005 durch G v. 21.3.2005 (BGBl. I S. 818); Abs. 2 neu gef., Abs. 3 Satz 1 geänd., Abs. 5 aufgeh. mWv 1.4.2007 durch G v. 26.3.2007 (BGBl. I S. 378); Abs. 2 und 3 neu gef., Abs. 5 angef. mWv 1.7.2008 durch G v. 28.5.2008 (BGBl. I S. 874); Abs. 2 Satz 2 Nr. 1 und 2 geänd., Nr. 3 Buchst. d angef., Nr. 4 Buchst. c geänd. und Buchst. d angef. mWv 1.1.2015 durch G v. 17.12.2014 (BGBl. I S. 2222); Abs. 1 geänd., Abs. 2 und 3 neu gef., Abs. 4 aufgeh., bish. Abs. 5 wird Abs. 4 mWv 1.1.2017 durch G v. 21.12.2015 (BGBl. I S. 2424); Abs. 1 geänd., Abs. 2 Satz 3 angef. mWv 1.1.2017 durch G v. 23.12.2016 (BGBl. I S. 3191).

[2] Überschr. geänd. mWv 1.7.2001 durch G v. 19.6.2001 (BGBl. I S. 1046); neu gef. mWv 1.1. 2020 durch G v. 23.12.2016 (BGBl. I S. 3191).

[3] § 43a neu gef. mWv 1.1.2020 durch G v. 23.12.2016 (BGBl. I S. 3191).

[4] Nr. **9**.

2 des Neunten Buches erhalten. [4] Wird für die Tage, an denen die Pflegebedürftigen im Sinne der Sätze 1 und 3 zu Hause gepflegt und betreut werden, anteiliges Pflegegeld beansprucht, gelten die Tage der An- und Abreise als volle Tage der häuslichen Pflege.

Fünfter Titel.[1)] Zusätzliche Betreuung und Aktivierung in stationären Pflegeeinrichtungen

§ 43b[1)] Inhalt der Leistung. Pflegebedürftige in stationären Pflegeeinrichtungen haben nach Maßgabe von § 84 Absatz 8 und § 85 Absatz 8 Anspruch auf zusätzliche Betreuung und Aktivierung, die über die nach Art und Schwere der Pflegebedürftigkeit notwendige Versorgung hinausgeht.

Sechster Titel.[2)] Pflegebedingter Eigenanteil bei vollstationärer Pflege

§ 43c[2)] Begrenzung des Eigenanteils an den pflegebedingten Aufwendungen. [1] Pflegebedürftige der Pflegegrade 2 bis 5, die bis einschließlich zwölf Monate Leistungen nach § 43 beziehen, erhalten einen Leistungszuschlag in Höhe von 5 Prozent ihres zu zahlenden Eigenanteils an den pflegebedingten Aufwendungen. [2] Pflegebedürftige der Pflegegrade 2 bis 5, die seit mehr als zwölf Monaten Leistungen nach § 43 beziehen, erhalten einen Leistungszuschlag in Höhe von 25 Prozent ihres zu zahlenden Eigenanteils an den pflegebedingten Aufwendungen. [3] Pflegebedürftige der Pflegegrade 2 bis 5, die seit mehr als 24 Monaten Leistungen nach § 43 beziehen, erhalten einen Leistungszuschlag in Höhe von 45 Prozent ihres zu zahlenden Eigenanteils an den pflegebedingten Aufwendungen. [4] Pflegebedürftige der Pflegegrade 2 bis 5, die seit mehr als 36 Monaten Leistungen nach § 43 beziehen, erhalten einen Leistungszuschlag in Höhe von 70 Prozent ihres zu zahlenden Eigenanteils an den pflegebedingten Aufwendungen. [5] Bei der Bemessung der Monate, in denen Pflegebedürftige Leistungen nach § 43 beziehen, werden Monate, in denen nur für einen Teilzeitraum Leistungen nach § 43 bezogen worden sind, berücksichtigt. [6] Die Pflegeeinrichtung, die den Pflegebedürftigen versorgt, stellt der Pflegekasse des Pflegebedürftigen neben dem Leistungsbetrag den Leistungszuschlag in Rechnung und dem Pflegebedürftigen den verbleibenden Eigenanteil. [7] Die Pflegekasse übermittelt für jeden Pflegebedürftigen beim Einzug in die Pflegeeinrichtung sowie zum 1. Januar 2022 für alle vollstationär versorgten Pflegebedürftigen die bisherige Dauer des Bezugs von Leistungen nach § 43.

Vierter Abschnitt. Leistungen für Pflegepersonen

§ 44[3)] Leistungen zur sozialen Sicherung der Pflegepersonen.

(1) [1] Zur Verbesserung der sozialen Sicherung der Pflegepersonen im Sinne des § 19, die einen Pflegebedürftigen mit mindestens Pflegegrad 2 pflegen,

---

[1)] 5. Titel (§ 43b) eingef. mWv 1.1.2017 durch G v. 21.12.2015 (BGBl. I S. 2424).

[2)] 6. Titel (43c) eingef. mWv 1.1.2022 durch G v. 11.7.2021 (BGBl. I S. 2754).

[3)] § 44 Abs. 1 Satz 6 geänd. durch G v. 7.8.1996 (BGBl. I S. 1254); Abs. 1 Satz 7 geänd. durch G v. 24.3.1997 (BGBl. I S. 594); Abs. 1 Satz 7 neu gef. mWv 1.1.2005 durch G v. 23.12.2003 (BGBl. I S. 2848); Abs. 1 Satz 2 geänd. mWv 1.1.2005; Abs. 3 Satz 3 geänd. mWv 1.10.2005 durch G v. 9.12. 2004 (BGBl. I S. 3242); Abs. 4 geänd., Abs. 5 angef. mWv 30.3.2005 durch G v. 21.3.2005 (BGBl. I S. 818); Abs. 3 Satz 3 geänd. mWv 1.7.2008 durch G v. 26.3.2007 (BGBl. I S. 378); Abs. 1 Satz 3 geänd., Abs. 6 angef. mWv 1.1.2013 durch G v. 23.10.2012 (BGBl. I S. 2246); Abs. 1 neu gef., Abs. 2 geänd., Abs. 2a und 2b eingef., Abs. 3 Satz 1, Satz 2 Nr. 7 und 8, Satz 3 geänd., Abs. 5 Sätze 1 und 2, →

entrichten die Pflegekassen und die privaten Versicherungsunternehmen, bei denen eine private Pflege-Pflichtversicherung durchgeführt wird, sowie die sonstigen in § 170 Absatz 1 Nummer 6 des Sechsten Buches[1)] genannten Stellen Beiträge nach Maßgabe des § 166 Absatz 2 des Sechsten Buches an den zuständigen Träger der gesetzlichen Rentenversicherung, wenn die Pflegeperson regelmäßig nicht mehr als 30 Stunden wöchentlich erwerbstätig ist. [2]Der Medizinische Dienst oder ein anderer von der Pflegekasse beauftragter unabhängiger Gutachter ermittelt im Einzelfall, ob die Pflegeperson eine oder mehrere pflegebedürftige Personen wenigstens zehn Stunden wöchentlich, verteilt auf regelmäßig mindestens zwei Tage in der Woche, pflegt. [3]Wird die Pflege eines Pflegebedürftigen von mehreren Pflegepersonen erbracht (Mehrfachpflege), wird zudem der Umfang der jeweiligen Pflegetätigkeit je Pflegeperson im Verhältnis zum Umfang der von den Pflegepersonen zu leistenden Pflegetätigkeit insgesamt (Gesamtpflegeaufwand) ermittelt. [4]Dabei werden die Angaben der beteiligten Pflegepersonen zugrunde gelegt. [5]Werden keine oder keine übereinstimmenden Angaben gemacht, erfolgt eine Aufteilung zu gleichen Teilen. [6]Die Feststellungen zu den Pflegezeiten und zum Pflegeaufwand der Pflegeperson sowie bei Mehrfachpflege zum Einzel- und Gesamtpflegeaufwand trifft die für die Pflegeleistungen nach diesem Buch zuständige Stelle. [7]Diese Feststellungen sind der Pflegeperson auf Wunsch zu übermitteln.

(Fortsetzung nächstes Blatt)

(Fortsetzung der Anm. von voriger Seite)
Abs. 6 neu gef. mWv 1.1.2017 durch G v. 21.12.2015 (BGBl. I S. 2424); Abs. 5 Sätze 4–6 angef. mWv 1.1.2019 durch G v. 11.12.2018 (BGBl. I S. 2394); Abs. 6 Satz 2 geänd. mWv 26.11.2019 durch G v. 20.11.2019 (BGBl. I S. 1626); Abs. 1 Satz 2 geänd. mWv 1.1.2020 durch G v. 14.12.2019 (BGBl. I S. 2789); Abs. 2 Satz 2 angef. mWv 20.7.2021 durch G v. 11.7.2021 (BGBl. I S. 2754).

[1)] Nr. **6**.

der Inanspruchnahme der in Absatz 1 Satz 3 genannten Leistungen. [3]Für Zwecke der statistischen Erfassung bei den Pflegekassen und den privaten Versicherungsunternehmen muss auf den Belegen eindeutig und deutlich erkennbar angegeben sein, im Zusammenhang mit welcher der in Absatz 1 Satz 3 Nummer 1 bis 4 genannten Leistungen die Aufwendungen jeweils entstanden sind.

(3) [1]Der Entlastungsbetrag nach Absatz 1 Satz 1 findet bei den Fürsorgeleistungen zur Pflege nach § 13 Absatz 3 Satz 1 keine Berücksichtigung. [2]§ 63b Absatz 1 des Zwölften Buches[1)] findet auf den Entlastungsbetrag keine Anwendung. [3]Abweichend von den Sätzen 1 und 2 darf der Entlastungsbetrag hinsichtlich der Leistungen nach § 64i oder § 66 des Zwölften Buches bei der Hilfe zur Pflege Berücksichtigung finden, soweit nach diesen Vorschriften Leistungen zu gewähren sind, deren Inhalte den Leistungen nach Absatz 1 Satz 3 entsprechen.

(4) [1]Die für die Erbringung von Leistungen nach Absatz 1 Satz 3 Nummer 1 bis 4 verlangte Vergütung darf die Preise für vergleichbare Sachleistungen von zugelassenen Pflegeeinrichtungen nicht übersteigen. [2]Näheres zur Ausgestaltung einer entsprechenden Begrenzung der Vergütung, die für die Erbringung von Leistungen nach Absatz 1 Satz 3 Nummer 4 durch nach Landesrecht anerkannte Angebote zur Unterstützung im Alltag verlangt werden darf, können die Landesregierungen in der Rechtsverordnung nach § 45a Absatz 3 bestimmen.

§ 45c[2)] Förderung der Weiterentwicklung der Versorgungsstrukturen und des Ehrenamts, Verordnungsermächtigung. (1) [1]Zur Weiterentwicklung der Versorgungsstrukturen und Versorgungskonzepte und zur Förderung ehrenamtlicher Strukturen fördert der Spitzenverband Bund der Pflegekassen im Wege der Anteilsfinanzierung aus Mitteln des Ausgleichsfonds mit 25 Millionen Euro je Kalenderjahr

1. den Auf- und Ausbau von Angeboten zur Unterstützung im Alltag im Sinne des § 45a,
2. den Auf- und Ausbau und die Unterstützung von Gruppen ehrenamtlich tätiger sowie sonstiger zum bürgerschaftlichen Engagement bereiter Personen und entsprechender ehrenamtlicher Strukturen sowie
3. Modellvorhaben zur Erprobung neuer Versorgungskonzepte und Versorgungsstrukturen insbesondere für an Demenz erkrankte Pflegebedürftige sowie andere Gruppen von Pflegebedürftigen, deren Versorgung in besonderem Maße der strukturellen Weiterentwicklung bedarf.

[2]Die privaten Versicherungsunternehmen, die die private Pflege-Pflichtversicherung durchführen, beteiligen sich an dieser Förderung mit insgesamt 10 Prozent des in Satz 1 genannten Fördervolumens. [3]Darüber hinaus fördert der Spitzenverband Bund der Pflegekassen aus Mitteln des Ausgleichsfonds mit 20

[1)] Nr. 12.

[2)] § 45c neu gef. mWv 1.1.2017 durch G v. 21.12.2015 (BGBl. I S. 2424); Abs. 1 Sätze 3 und 4 angef., Abs. 2 Satz 1 geänd., Satz 3 eingef., bish. Satz 3 wird Satz 4, Abs. 6 Satz 1 geänd., Sätze 3–9 angef., Abs. 7 Sätze 1 und 2, Abs. 9 Satz 1 geänd. mWv 1.1.2017 durch G v. 23.12.2016 (BGBl. I S. 3191); Abs. 8 Sätze 1 und 2 geänd. mWv 1.1.2020 durch G v. 12.12.2019 (BGBl. I S. 2652); Abs. 1 Satz 5 angef. mWv 9.6.2021 durch G v. 3.6.2021 (BGBl. I S. 1309); Abs. 9 Satz 8 angef. mWv 20.7. 2021, Abs. 1 Satz 3 geänd., Abs. 9 Satz 3 neu gef., Sätze 4–6 eingef., bish. Sätze 4–8 werden Sätze 7–11, neuer Satz 8 geänd. mWv 1.1.2022 durch G v. 11.7.2021 (BGBl. I S. 2754).

Millionen Euro je Kalenderjahr die strukturierte Zusammenarbeit in regionalen Netzwerken nach Absatz 9; Satz 2 gilt entsprechend. [4] Fördermittel nach Satz 3, die in dem jeweiligen Kalenderjahr nicht in Anspruch genommen worden sind, erhöhen im Folgejahr das Fördervolumen nach Satz 1; dadurch erhöht sich auch das in Absatz 2 Satz 2 genannte Gesamtfördervolumen entsprechend. [5] Im Rahmen der Förderung nach Satz 1 können jeweils auch digitale Anwendungen berücksichtigt werden, sofern diese den geltenden Anforderungen an den Datenschutz entsprechen und die Datensicherheit nach dem Stand der Technik gewährleisten.

(2) [1] Der Zuschuss aus Mitteln der sozialen und privaten Pflegeversicherung ergänzt eine Förderung der in Absatz 1 Satz 1 genannten Zwecke durch das jeweilige Land oder die jeweilige kommunale Gebietskörperschaft. [2] Der Zuschuss wird jeweils in gleicher Höhe gewährt wie der Zuschuss, der vom Land oder von der kommunalen Gebietskörperschaft für die einzelne Fördermaßnahme geleistet wird, sodass insgesamt ein Fördervolumen von 50 Millionen Euro im Kalenderjahr erreicht wird. [3] Im Einvernehmen mit allen Fördergebern können Zuschüsse der kommunalen Gebietskörperschaften auch als Personal- oder Sachmittel eingebracht werden, sofern diese Mittel nachweislich ausschließlich und unmittelbar dazu dienen, den jeweiligen Förderzweck zu erreichen. [4] Soweit Mittel der Arbeitsförderung bei einem Projekt eingesetzt werden, sind diese einem vom Land oder von der Kommune geleisteten Zuschuss gleichgestellt.

(3) [1] Die Förderung des Auf- und Ausbaus von Angeboten zur Unterstützung im Alltag im Sinne des § 45a nach Absatz 1 Satz 1 Nummer 1 erfolgt als Projektförderung und dient insbesondere dazu, Aufwandsentschädigungen für die ehrenamtlich tätigen Helfenden zu finanzieren sowie notwendige Personal- und Sachkosten, die mit der Koordination und Organisation der Hilfen und der fachlichen Anleitung und Schulung der Helfenden durch Fachkräfte verbunden sind. [2] Dem Antrag auf Förderung ist ein Konzept zur Qualitätssicherung des Angebots beizufügen. [3] Aus dem Konzept muss sich ergeben, dass eine angemessene Schulung und Fortbildung der Helfenden sowie eine kontinuierliche fachliche Begleitung und Unterstützung der ehrenamtlich Helfenden in ihrer Arbeit gesichert sind.

(4) Die Förderung des Auf- und Ausbaus und der Unterstützung von Gruppen ehrenamtlich tätiger sowie sonstiger zum bürgerschaftlichen Engagement bereiter Personen und entsprechender ehrenamtlicher Strukturen nach Absatz 1 Satz 1 Nummer 2 erfolgt zur Förderung von Initiativen, die sich die Unterstützung, allgemeine Betreuung und Entlastung von Pflegebedürftigen und deren Angehörigen sowie vergleichbar nahestehenden Pflegepersonen zum Ziel gesetzt haben.

(5) [1] Im Rahmen der Modellförderung nach Absatz 1 Satz 1 Nummer 3 sollen insbesondere modellhaft Möglichkeiten einer wirksamen Vernetzung der erforderlichen Hilfen für an Demenz erkrankte Pflegebedürftige und andere Gruppen von Pflegebedürftigen, deren Versorgung in besonderem Maße der strukturellen Weiterentwicklung bedarf, in einzelnen Regionen erprobt werden. [2] Dabei können auch stationäre Versorgungsangebote berücksichtigt werden. [3] Die Modellvorhaben sind auf längstens fünf Jahre zu befristen. [4] Bei der Vereinbarung und Durchführung von Modellvorhaben kann im Einzelfall von den Regelungen des Siebten Kapitels abgewichen werden. [5] Für die Modellvorhaben sind eine wissenschaftliche Begleitung und Auswertung vorzusehen.

[6] Soweit im Rahmen der Modellvorhaben personenbezogene Daten benötigt werden, können diese nur mit Einwilligung des Pflegebedürftigen erhoben, verarbeitet und genutzt werden.

(6) [1] Um eine gerechte Verteilung der Fördermittel der Pflegeversicherung auf die Länder zu gewährleisten, werden die nach Absatz 1 Satz 1 und 2 zur Verfügung stehenden Fördermittel der sozialen und privaten Pflegeversicherung nach dem Königsteiner Schlüssel aufgeteilt. [2] Mittel, die in einem Land im jeweiligen Haushaltsjahr nicht in Anspruch genommen werden, können in das Folgejahr übertragen werden. [3] Nach Satz 2 übertragene Mittel, die am Ende des Folgejahres nicht in Anspruch genommen worden sind, können für Projekte, für die bis zum Stichtag nach Satz 5 mindestens Art, Region und geplante Förderhöhe konkret benannt werden, im darauf folgenden Jahr von Ländern beantragt werden, die im Jahr vor der Übertragung der Mittel nach Satz 2 mindestens 80 Prozent der auf sie nach dem Königsteiner Schlüssel entfallenden Mittel ausgeschöpft haben. [4] Die Verausgabung der nach Satz 3 beantragten Fördermittel durch die Länder oder kommunalen Gebietskörperschaften darf sich für die entsprechend benannten Projekte über einen Zeitraum von maximal drei Jahren erstrecken. [5] Der Ausgleichsfonds sammelt die nach Satz 3 eingereichten Anträge bis zum 30. April des auf das Folgejahr folgenden Jahres und stellt anschließend fest, in welchem Umfang die Mittel jeweils auf die beantragenden Länder entfallen. [6] Die Auszahlung der Mittel für ein Projekt erfolgt, sobald für das Projekt eine konkrete Förderzusage durch das Land oder die kommunale Gebietskörperschaft vorliegt. [7] Ist die Summe der bis zum 30. April beantragten Mittel insgesamt größer als der dafür vorhandene Mittelbestand, so werden die vorhandenen Mittel nach dem Königsteiner Schlüssel auf die beantragenden Länder verteilt. [8] Nach dem 30. April eingehende Anträge werden in der Reihenfolge des Antragseingangs bearbeitet, bis die Fördermittel verbraucht sind. [9] Fördermittel, die bis zum Ende des auf das Folgejahr folgenden Jahres nicht beantragt sind, verfallen.

(7) [1] Der Spitzenverband Bund der Pflegekassen beschließt mit dem Verband der privaten Krankenversicherung e.V. nach Anhörung der Verbände der Behinderten und Pflegebedürftigen auf Bundesebene Empfehlungen über die Voraussetzungen, Ziele, Dauer, Inhalte und Durchführung der Förderung sowie zu dem Verfahren zur Vergabe der Fördermittel für die in Absatz 1 Satz 1 genannten Zwecke. [2] In den Empfehlungen ist unter anderem auch festzulegen, welchen Anforderungen die Einbringung von Zuschüssen der kommunalen Gebietskörperschaften als Personal- oder Sachmittel genügen muss und dass jeweils im Einzelfall zu prüfen ist, ob im Rahmen der in Absatz 1 Satz 1 genannten Zwecke Mittel und Möglichkeiten der Arbeitsförderung genutzt werden können. [3] Die Empfehlungen bedürfen der Zustimmung des Bundesministeriums für Gesundheit und der Länder. [4] Soweit Belange des Ehrenamts betroffen sind, erteilt das Bundesministerium für Gesundheit seine Zustimmung im Benehmen mit dem Bundesministerium für Familie, Senioren, Frauen und Jugend. [5] Die Landesregierungen werden ermächtigt, durch Rechtsverordnung das Nähere über die Umsetzung der Empfehlungen zu bestimmen.

(8) [1] Der Finanzierungsanteil, der auf die privaten Versicherungsunternehmen entfällt, kann von dem Verband der privaten Krankenversicherung e.V. unmittelbar an das Bundesamt für Soziale Sicherung zugunsten des Ausgleichsfonds der Pflegeversicherung (§ 65) überwiesen werden. [2] Näheres über das Verfahren der Auszahlung der Fördermittel, die aus dem Ausgleichsfonds zu

finanzieren sind, sowie über die Zahlung und Abrechnung des Finanzierungsanteils der privaten Versicherungsunternehmen regeln das Bundesamt für Soziale Sicherung, der Spitzenverband Bund der Pflegekassen und der Verband der privaten Krankenversicherung e.V. durch Vereinbarung.

(9) [1] Zur Verbesserung der Versorgung und Unterstützung von Pflegebedürftigen und deren Angehörigen sowie vergleichbar nahestehenden Pflegepersonen können die in Absatz 1 Satz 3 genannten Mittel für die Beteiligung von Pflegekassen an regionalen Netzwerken verwendet werden, die der strukturierten Zusammenarbeit von Akteuren dienen, die an der Versorgung Pflegebedürftiger beteiligt sind und die sich im Rahmen einer freiwilligen Vereinbarung vernetzen. [2] Die Förderung der strukturierten regionalen Zusammenarbeit erfolgt, indem sich die Pflegekassen einzeln oder gemeinsam im Wege einer Anteilsfinanzierung an den netzwerkbedingten Kosten beteiligen. [3] Je Kreis oder kreisfreier Stadt können zwei regionale Netzwerke, je Kreis oder kreisfreier Stadt ab 500 000 Einwohnern bis zu vier regionale Netzwerke gefördert werden. [4] Abweichend von Satz 1 können pro Bezirk in den Stadtstaaten, die nur aus einer kreisfreien Stadt bestehen, zwei regionale Netzwerke gefördert werden. [5] Der Förderbetrag pro Netzwerk darf dabei 25 000 Euro je Kalenderjahr nicht überschreiten. [6] Die Landesverbände der Pflegekassen erstellen eine Übersicht über die in ihrem Zuständigkeitsbereich geförderten regionalen Netzwerke, aktualisieren diese mindestens einmal jährlich und veröffentlichen sie auf einer eigenen Internetseite. [7] Den Kreisen und kreisfreien Städten, Selbsthilfegruppen, -organisationen und -kontaktstellen im Sinne des § 45d sowie organisierten Gruppen ehrenamtlich tätiger sowie sonstiger zum bürgerschaftlichen Engagement bereiter Personen im Sinne des Absatzes 4 ist in ihrem jeweiligen Einzugsgebiet die Teilnahme an der geförderten strukturierten regionalen Zusammenarbeit zu ermöglichen. [8] Für private Versicherungsunternehmen, die die private Pflege-Pflichtversicherung durchführen, gelten die Sätze 1 bis 5 entsprechend. [9] Absatz 7 Satz 1 bis 4 und Absatz 8 finden entsprechende Anwendung. [10] Die Absätze 2 und 6 finden keine Anwendung. [11] Die Empfehlungen nach Absatz 7, soweit sie die Förderung der regionalen Netzwerke betreffen, sind bis zum 31. Dezember 2021 zu aktualisieren.

§ 45d[1)] Förderung der Selbsthilfe, Verordnungsermächtigung. [1] Je Kalenderjahr werden 0,15 Euro je Versicherten verwendet zur Förderung und zum Auf- und Ausbau von Selbsthilfegruppen, -organisationen und -kontaktstellen, die sich die Unterstützung von Pflegebedürftigen sowie von deren Angehörigen und vergleichbar Nahestehenden zum Ziel gesetzt haben; um eine gerechte Verteilung dieser Fördermittel auf die Länder zu gewährleisten, werden die Fördermittel der Pflegeversicherung nach dem Königsteiner Schlüssel aufgeteilt. [2] Der Zuschuss aus den Mitteln der sozialen und privaten Pflegeversicherung nach Satz 1 ergänzt eine Förderung durch das jeweilige Land oder die jeweilige kommunale Gebietskörperschaft und wird jeweils in Höhe von 75 Prozent des Zuschusses gewährt, der für die einzelne Fördermaßnahme insgesamt geleistet wird. [3] Davon abweichend können von den nach Satz 1 auf die Länder aufgeteilten Mitteln Fördermittel in Höhe von insgesamt

[1)] §§ 45d neu gef. mWv 1.1.2017 durch G v. 21.12.2015 (BGBl. I S. 2424); Satz 1 geänd., Satz 2 neu gef., Sätze 3–12 eingef., bish. Satz 3 wird Satz 13 und geänd., bish. Sätze 4–7 werden Sätze 14–17 mWv 1.1.2019 durch G v. 11.12.2018 (BGBl. I S. 2394); Satz 18 angef. mWv 9.6.2021 durch G v. 3.6.2021 (BGBl. I S. 1309).

je Kalenderjahr bis zu 0,01 Euro je Versicherten als Gründungszuschüsse für neue Selbsthilfegruppen, -organisationen und -kontaktstellen verwendet werden, ohne dass es für die Förderung einer Mitfinanzierung durch das Land oder durch eine kommunale Gebietskörperschaft bedarf. [4]Die Gründungszuschüsse sind von den Selbsthilfegruppen, -organisationen und -kontaktstellen unmittelbar beim Spitzenverband Bund der Pflegekassen zu beantragen; das Nähere zur Durchführung der Förderung und zum Verfahren wird in den Empfehlungen

(Fortsetzung nächstes Blatt)

§ 55[1)] Beitragssatz, Beitragsbemessungsgrenze. (1) [1] Der Beitragssatz beträgt bundeseinheitlich 3,05 Prozent der beitragspflichtigen Einnahmen der Mitglieder; er wird durch Gesetz festgesetzt. [2] Für Personen, bei denen § 28 Abs. 2 Anwendung findet, beträgt der Beitragssatz die Hälfte des Beitragssatzes nach Satz 1.

(2) Beitragspflichtige Einnahmen sind bis zu einem Betrag von 1/360 der in § 6 Abs. 7 des Fünften Buches[2)] festgelegten Jahresarbeitsentgeltgrenze für den Kalendertag zu berücksichtigen (Beitragsbemessungsgrenze).

(3)[3)] [1] Der Beitragssatz nach Absatz 1 Satz 1 und 2 erhöht sich für Mitglieder nach Ablauf des Monats, in dem sie das 23. Lebensjahr vollendet haben, um einen Beitragszuschlag in Höhe von 0,35 Beitragssatzpunkten (Beitragszuschlag für Kinderlose). [2] Satz 1 gilt nicht für Eltern im Sinne des § 56 Abs. 1 Satz 1 Nr. 3 und Abs. 3 Nr. 2 und 3 des Ersten Buches[4)]. [3] Die Elterneigenschaft ist in geeigneter Form gegenüber der beitragsabführenden Stelle, von Selbstzahlern gegenüber der Pflegekasse, nachzuweisen, sofern diesen die Elterneigenschaft nicht bereits aus anderen Gründen bekannt ist. [4] Der Spitzenverband Bund der Pflegekassen gibt Empfehlungen darüber, welche Nachweise geeignet sind. [5] Erfolgt die Vorlage des Nachweises innerhalb von drei Monaten nach der Geburt des Kindes, gilt der Nachweis mit Beginn des Monats der Geburt als erbracht, ansonsten wirkt der Nachweis ab Beginn des Monats, der dem Monat folgt, in dem der Nachweis erbracht wird. [6] Nachweise für vor dem 1. Januar 2005 geborene Kinder, die bis zum 30. Juni 2005 erbracht werden, wirken vom 1. Januar 2005 an. [7] Satz 1 gilt nicht für Mitglieder, die vor dem 1. Januar 1940 geboren wurden, für Wehr- und Zivildienstleistende sowie für Bezieher von Arbeitslosengeld II.

(3a) Zu den Eltern im Sinne des Absatzes 3 Satz 2 gehören nicht

1. Adoptiveltern, wenn das Kind zum Zeitpunkt des Wirksamwerdens der Adoption bereits die in § 25 Abs. 2 vorgesehenen Altersgrenzen erreicht hat,
2. Stiefeltern, wenn das Kind zum Zeitpunkt der Eheschließung oder der Begründung der eingetragenen Lebenspartnerschaft gemäß § 1 des Lebenspartnerschaftsgesetzes[5)] mit dem Elternteil des Kindes bereits die in § 25 Abs. 2 vorgesehenen Altersgrenzen erreicht hat oder wenn das Kind vor Erreichen dieser Altersgrenzen nicht in den gemeinsamen Haushalt mit dem Mitglied aufgenommen worden ist.

(4) [1] Der Beitragszuschlag für die Monate Januar bis März 2005 auf Renten der gesetzlichen Rentenversicherung wird für Rentenbezieher, die nach dem 31. Dezember 1939 geboren wurden, in der Weise abgegolten, dass der Beitragszuschlag

---

[1)] § 55 Abs. 2 neu gef. mWv 1.1.2003 durch G v. 23.12.2002 (BGBl. I S. 4637); Abs. 3 und 4 angef. mWv 1.1.2005 durch G v. 15.12.2004 (BGBl. I S. 3448); Abs. 3 Satz 4 geänd. mWv 1.7.2008 durch G v. 26.3. 2007 (BGBl. I S. 378); Abs. 1 Satz 1 neu gef., Abs. 3a eingef. mWv 1.7.2008 durch G v. 28.5.2008 (BGBl. I S. 874); Abs. 1 Satz 1 geänd., Abs. 5 angef. mWv 1.1.2013 durch G v. 23.10.2012 (BGBl. I S. 2246); Abs. 5 Satz 2 geänd. mWv 1.1.2015 durch G v. 21.7.2014 (BGBl. I S. 1133); Abs. 1 Satz 1 geänd. mWv 1.1.2015 durch G v. 17.12.2014 (BGBl. I S. 2222); Abs. 5 Satz 1 neu gef. mWv 1.1.2016 durch G v. 16.7.2015 (BGBl. I S. 1211); Abs. 1 Satz 1 geänd. mWv 1.1.2017 durch G v. 21.12.2015 (BGBl. I S. 2424); Abs. 3a Nr. 2 geänd. mWv 1.1.2019 durch G v. 11.12.2018 (BGBl. I S. 2394); Abs. 1 Satz 1 geänd. mWv 1.1.2019 durch G v. 17.12.2018 (BGBl. I S. 2587); Abs. 3 Satz 1 geänd. mWv 1.1.2022 durch G v. 11.7.2021 (BGBl. I S. 2754).

[2)] Nr. **5**.

[3)] Siehe die Bek. des für die Pflegeversicherung nach § 57 Absatz 3 des Elften Buches Sozialgesetzbuch (SGB XI) zu erhebenden Zuschlags sowie des in Verbindung mit § 55 Absatz 3 SGB XI zu erhebenden erhöhten Zuschlags für Kinderlose zum Krankenversicherungsbeitrag ab 1. Januar 2013 v. 3.11.2012 (BAnz AT 27.11.2012 B4).

[4)] Nr. **1**.

[5)] **Habersack, Deutsche Gesetze ErgBd. Nr. 43.**

im Monat April 2005 1 vom Hundert der im April 2005 beitragspflichtigen Rente beträgt. [2] Für die Rentenbezieher, die in den Monaten Januar bis April 2005 zeitweise nicht beitrags- oder zuschlagspflichtig sind, wird der Beitragszuschlag des Monats April 2005 entsprechend der Dauer dieser Zeit reduziert.

(5) [1] Sind landwirtschaftliche Unternehmer, die nicht zugleich Arbeitslosengeld II beziehen, sowie mitarbeitende Familienangehörige Mitglied der landwirtschaftlichen Krankenkasse, wird der Beitrag abweichend von den Absätzen 1 bis 3 in Form eines Zuschlags auf den Krankenversicherungsbeitrag, den sie nach den Vorschriften des Zweiten Gesetzes über die Krankenversicherung der Landwirte[1)] aus dem Arbeitseinkommen aus Land- und Forstwirtschaft zu zahlen haben, erhoben. [2] Die Höhe des Zuschlags ergibt sich aus dem Verhältnis des Beitragssatzes nach Absatz 1 Satz 1 zu dem um den durchschnittlichen Zusatzbeitragssatz erhöhten allgemeinen Beitragssatz nach § 241 des Fünften Buches. [3] Sind die Voraussetzungen für einen Beitragszuschlag für Kinderlose nach Absatz 3 erfüllt, erhöht sich der Zuschlag nach Satz 2 um das Verhältnis des Beitragszuschlags für Kinderlose nach Absatz 3 Satz 1 zu dem Beitragssatz nach Absatz 1 Satz 1.

§ 56[2)] Beitragsfreiheit. (1) Familienangehörige sind für die Dauer der Familienversicherung nach § 25 beitragsfrei.

(2) [1] Beitragsfreiheit besteht vom Zeitpunkt der Rentenantragstellung bis zum Beginn der Rente einschließlich einer Rente nach dem Gesetz über die Alterssicherung der Landwirte[3)] für:

1. den hinterbliebenen Ehegatten oder hinterbliebenen Lebenspartner eines Rentners, der bereits Rente bezogen hat, wenn Hinterbliebenenrente beantragt wird,
2. die Waise eines Rentners, der bereits Rente bezogen hat, vor Vollendung des 18. Lebensjahres; dies gilt auch für Waisen, deren verstorbener Elternteil eine Rente nach dem Gesetz über die Alterssicherung der Landwirte bezogen hat,
3. den hinterbliebenen Ehegatten oder hinterbliebenen Lebenspartner eines Beziehers einer Rente nach dem Gesetz über die Alterssicherung der Landwirte, wenn die Ehe vor Vollendung des 65. Lebensjahres des Verstorbenen geschlossen oder die eingetragene Lebenspartnerschaft vor Vollendung des 65. Lebensjahres des Verstorbenen gemäß § 1 des Lebenspartnerschaftsgesetzes[4)] begründet wurde,
4. den hinterbliebenen Ehegatten oder hinterbliebenen Lebenspartner eines Beziehers von Landabgaberente.

[2] Satz 1 gilt nicht, wenn der Rentenantragsteller eine eigene Rente, Arbeitsentgelt, Arbeitseinkommen oder Versorgungsbezüge erhält.

(Fortsetzung nächstes Blatt)

[1)] Nr. **30/22.**

[2)] § 56 Abs. 4 geänd. durch G v. 7.8.1996 (BGBl. I S. 1254); Abs. 1 geänd. mWv 1.8.2001 durch G v. 16.2.2001 (BGBl. I S. 266); Abs. 3 Satz 1 geänd. mWv 1.1.2007 durch G v. 5.12.2006 (BGBl. I S. 2748); Abs. 3 Satz 1 geänd. mWv 1.8.2013 durch G v. 15.2.2013 (BGBl. I S. 254); Abs. 5 angef. mWv 1.1.2015 durch G v. 23.12.2014 (BGBl. I S. 2462); Abs. 1, Abs. 2 Satz 1 Nr. 1, 3 und 4 geänd. mWv 1.1.2019 durch G v. 11.12.2018 (BGBl. I S. 2394); Abs. 3 Satz 1 neu gef. mWv 1.9.2021 durch G v. 15.2.2021 (BGBl. I S. 239).

[3)] Nr. **30/10.**

[4)] **Habersack, Deutsche Gesetze ErgBd. Nr. 43.**

§ 58 Abs. 1 Satz 2 als Beitrag zu tragen hätte. [4] Freiwillig in der gesetzlichen Krankenversicherung Versicherte, die eine Beschäftigung nach dem Jugendfreiwilligendienstegesetz[1)] oder nach dem Bundesfreiwilligendienstgesetz[2)] ausüben, erhalten von ihrem Arbeitgeber als Beitragszuschuss den Betrag, den Arbeitgeber bei Versicherungspflicht der Freiwilligendienstleistenden nach § 20 Absatz 3 Satz 1 Nummer 2 des Vierten Buches[3)] für die Pflegeversicherung zu tragen hätten.

(2) [1] Beschäftigte, die in Erfüllung ihrer Versicherungspflicht nach den §§ 22 und 23 bei einem privaten Krankenversicherungsunternehmen versichert sind und für sich und ihre Angehörigen oder Lebenspartner, die bei Versicherungspflicht des Beschäftigten in der sozialen Pflegeversicherung nach § 25 versichert wären, Vertragsleistungen beanspruchen können, die nach Art und Umfang den Leistungen dieses Buches gleichwertig sind, erhalten unter den Voraussetzungen des § 58 von ihrem Arbeitgeber einen Beitragszuschuß. [2] Der Zuschuß ist in der Höhe begrenzt auf den Betrag, der als Arbeitgeberanteil bei Versicherungspflicht in der sozialen Pflegeversicherung als Beitragsanteil zu zahlen wäre, höchstens jedoch auf die Hälfte des Betrages, den der Beschäftigte für seine private Pflegeversicherung zu zahlen hat. [3] Für Beschäftigte, die Kurzarbeitergeld nach dem Dritten Buch beziehen, gilt Absatz 1 Satz 3 mit der Maßgabe, daß sie höchstens den Betrag erhalten, den sie tatsächlich zu zahlen haben. [4] Bestehen innerhalb desselben Zeitraumes mehrere Beschäftigungsverhältnisse, sind die beteiligten Arbeitgeber anteilig nach dem Verhältnis der Höhe der jeweiligen Arbeitsentgelte zur Zahlung des Beitragszuschusses verpflichtet.

(3) [1] Für Bezieher von Vorruhestandsgeld, die als Beschäftigte bis unmittelbar vor Beginn der Vorruhestandsleistungen Anspruch auf den vollen oder anteiligen Beitragszuschuß nach Absatz 1 oder 2 hatten, sowie für Bezieher von Leistungen nach § 9 Abs. 1 Nr. 1 und 2 des Anspruchs- und Anwartschaftsüberführungsgesetzes[4)] und Bezieher einer Übergangsversorgung nach § 7 des Tarifvertrages über einen sozialverträglichen Personalabbau im Bereich des Bundesministeriums der Verteidigung vom 30. November 1991 bleibt der Anspruch für die Dauer der Vorruhestandsleistungen gegen den zur Zahlung des Vorruhestandsgeldes Verpflichteten erhalten. [2] Der Zuschuss beträgt die Hälfte des Beitrages, den Bezieher von Vorruhestandsgeld als versicherungspflichtig Beschäftigte ohne den Beitragszuschlag nach § 55 Abs. 3 zu zahlen hätten, höchstens jedoch die Hälfte des Betrages, den sie ohne den Beitragszuschlag nach § 55 Abs. 3 zu zahlen haben. [3] Absatz 1 Satz 2 gilt entsprechend.

(4) [1] Die in § 20 Abs. 1 Satz 2 Nr. 6, 7 oder 8 genannten Personen, für die nach § 23 Versicherungspflicht in der privaten Pflegeversicherung besteht, erhalten vom zuständigen Leistungsträger einen Zuschuß zu ihrem privaten Pflegeversicherungsbeitrag. [2] Als Zuschuß ist der Betrag zu zahlen, der von dem Leistungsträger als Beitrag bei Versicherungspflicht in der sozialen Pflegeversicherung zu zahlen wäre, höchstens jedoch der Betrag, der an das private Versicherungsunternehmen zu zahlen ist.

[1)] **Loseblatt-Textsammlung Arbeitsrecht Nr. 422.**
[2)] **Loseblatt-Textsammlung Arbeitsrecht Nr. 422a.**
[3)] Nr. **4.**
[4)] Nr. **6/11.**

(5) Der Zuschuß nach den Absätzen 2, 3 und 4 wird für eine private Pflegeversicherung nur gezahlt, wenn das Versicherungsunternehmen:

1. die Pflegeversicherung nach Art der Lebensversicherung betreibt,
2. sich verpflichtet, den überwiegenden Teil der Überschüsse, die sich aus dem selbst abgeschlossenen Versicherungsgeschäft ergeben, zugunsten der Versicherten zu verwenden,
3. die Pflegeversicherung nur zusammen mit der Krankenversicherung, nicht zusammen mit anderen Versicherungssparten betreibt oder, wenn das Versicherungsunternehmen seinen Sitz in einem anderen Mitgliedstaat der Europäischen Union hat, den Teil der Prämien, für den Berechtigte den Zuschuss erhalten, nur für die Kranken- und Pflegeversicherung verwendet.

(6) [1] Das Krankenversicherungsunternehmen hat dem Versicherungsnehmer eine Bescheinigung darüber auszuhändigen, daß ihm die Aufsichtsbehörde bestätigt hat, daß es die Versicherung, die Grundlage des Versicherungsvertrages ist, nach den in Absatz 5 genannten Voraussetzungen betreibt. [2] Der Versicherungsnehmer hat diese Bescheinigung dem zur Zahlung des Beitragszuschusses Verpflichteten jeweils nach Ablauf von drei Jahren vorzulegen.

(7) [1] Personen, die nach beamtenrechtlichen Vorschriften oder Grundsätzen bei Krankheit und Pflege Anspruch auf Beihilfe oder Heilfürsorge haben und bei einem privaten Versicherungsunternehmen pflegeversichert sind, sowie Personen, für die der halbe Beitragssatz nach § 55 Abs. 1 Satz 2 gilt, haben gegenüber dem Arbeitgeber oder Dienstherrn, der die Beihilfe und Heilfürsorge zu Aufwendungen aus Anlaß der Pflege gewährt, keinen Anspruch auf einen Beitragszuschuß. [2] Hinsichtlich der Beitragszuschüsse für Abgeordnete, ehemalige Abgeordnete und deren Hinterbliebene wird auf die Bestimmungen in den jeweiligen Abgeordnetengesetzen verwiesen.

Dritter Abschnitt.[1] Bundesmittel

§ 61a[1] Beteiligung des Bundes an Aufwendungen. Der Bund leistet zur pauschalen Beteiligung an den Aufwendungen der sozialen Pflegeversicherung ab dem Jahr 2022 jährlich 1 Milliarde Euro in monatlich zum jeweils ersten Bankarbeitstag zu überweisenden Teilbeträgen an den Ausgleichsfonds nach § 65.

Vierter Abschnitt.[2] Verwendung und Verwaltung der Mittel

§ 62 Mittel der Pflegekasse. Die Mittel der Pflegekasse umfassen die Betriebsmittel und die Rücklage.

§ 63 Betriebsmittel. (1) Die Betriebsmittel dürfen nur verwendet werden:

1. für die gesetzlich oder durch die Satzung vorgesehenen Aufgaben sowie für die Verwaltungskosten,
2. zur Auffüllung der Rücklage und zur Finanzierung des Ausgleichsfonds.

(2) [1] Die Betriebsmittel dürfen im Durchschnitt des Haushaltsjahres monatlich das Einfache des nach dem Haushaltsplan der Pflegekasse auf einen Monat entfallenden Betrages der in Absatz 1 Nr. 1 genannten Aufwendungen nicht

---

[1] 3. Abschnitt (§ 61a) eingef. mWv 1.1.2022 durch G v. 11.7.2021 (BGBl. I S. 2754).
[2] Bish. 3. Abschnitt wird 4. Abschnitt mWv 1.1.2022 durch G v. 11.7.2021 (BGBl. I S. 2754).

übersteigen. [2] Bei der Feststellung der vorhandenen Betriebsmittel sind die Forderungen und Verpflichtungen der Pflegekasse zu berücksichtigen, soweit sie nicht der Rücklage zuzuordnen sind. [3] Durchlaufende Gelder bleiben außer Betracht.

(3) Die Betriebsmittel sind im erforderlichen Umfang bereitzuhalten und im übrigen so anzulegen, daß sie für den in Absatz 1 bestimmten Zweck verfügbar sind.

§ 64 Rücklage. (1) Die Pflegekasse hat zur Sicherstellung ihrer Leistungsfähigkeit eine Rücklage zu bilden.

(2) Die Rücklage beträgt 50 vom Hundert des nach dem Haushaltsplan durchschnittlich auf den Monat entfallenden Betrages der Ausgaben (Rücklagesoll).

(3) Die Pflegekasse hat Mittel aus der Rücklage den Betriebsmitteln zuzuführen, wenn Einnahme- und Ausgabeschwankungen innerhalb eines Haushaltsjahres nicht durch die Betriebsmittel ausgeglichen werden können.

(4) [1] Übersteigt die Rücklage das Rücklagesoll, so ist der übersteigende Betrag den Betriebsmitteln bis zu der in § 63 Abs. 2 genannten Höhe zuzuführen. [2] Darüber hinaus verbleibende Überschüsse sind bis zum 15. des Monats an den Ausgleichsfonds nach § 65 zu überweisen.

(5) [1] Die Rücklage ist getrennt von den sonstigen Mitteln so anzulegen, daß sie für den nach Absatz 1 bestimmten Zweck verfügbar ist. [2] Sie wird von der Pflegekasse verwaltet.

Fünfter Abschnitt.[1] Ausgleichsfonds, Finanzausgleich

§ 65[2] Ausgleichsfonds. (1) Das Bundesamt für Soziale Sicherung verwaltet als Sondervermögen (Ausgleichsfonds) die eingehenden Beträge aus:
1. den Beiträgen aus den Rentenzahlungen,
2. den von den Pflegekassen überwiesenen Überschüssen aus Betriebsmitteln und Rücklage (§ 64 Abs. 4),
3. den vom Gesundheitsfonds überwiesenen Beiträgen der Versicherten.

(2) Die im Laufe eines Jahres entstehenden Kapitalerträge werden dem Sondervermögen gutgeschrieben.

(3) Die Mittel des Ausgleichsfonds sind so anzulegen, daß sie für den in den §§ 67, 68 genannten Zweck verfügbar sind.

(4) [1] Die dem Bundesamt für Soziale Sicherung bei der Verwaltung des Ausgleichsfonds entstehenden Kosten werden durch die Mittel des Ausgleichsfonds gedeckt. [2] Das Bundesministerium für Gesundheit wird ermächtigt, im Einvernehmen mit dem Bundesministerium der Finanzen und dem Bundesministerium für Arbeit und Soziales durch Rechtsverordnung ohne Zustimmung des Bundesrates Vorschriften zu erlassen, die Näheres zu der Erstattung der Verwaltungskosten regeln.

---

[1] Bish. 4. Abschnitt wird 5. Abschnitt mWv 1.1.2022 durch G v. 11.7.2021 (BGBl. I S. 2754).

[2] § 65 Abs. 1 Nr. 2 geänd., Nr. 3 angef. mWv 1.1.2009 durch G v. 26.3.2007 (BGBl. I S. 378); Abs. 4 angef. mWv 1.1.2017 durch G v. 21.12.2015 (BGBl. I S. 2424); Abs. 1, Abs. 4 Satz 1 geänd. mWv 1.1.2020 durch G v. 12.12.2019 (BGBl. I S. 2652).

§ 66[1] **Finanzausgleich.** (1) [1]Die Leistungsaufwendungen sowie die Verwaltungskosten der Pflegekassen werden von allen Pflegekassen nach dem Verhältnis ihrer Beitragseinnahmen gemeinsam getragen. [2]Zu diesem Zweck findet zwischen allen Pflegekassen ein Finanzausgleich statt. [3]Das Bundesamt für Soziale Sicherung führt den Finanzausgleich zwischen den Pflegekassen durch. [4]Es hat Näheres zur Durchführung des Finanzausgleichs mit dem Spitzenverband Bund der Pflegekassen zu vereinbaren. [5]Die Vereinbarung ist für die Pflegekasse verbindlich.

(2) Das Bundesamt für Soziale Sicherung kann zur Durchführung des Zahlungsverkehrs nähere Regelungen mit der Deutschen Rentenversicherung Bund treffen.

§ 67[2] **Monatlicher Ausgleich.** (1) Jede Pflegekasse ermittelt bis zum 10. des Monats

1. die bis zum Ende des Vormonats gebuchten Ausgaben,
2. die bis zum Ende des Vormonats gebuchten Einnahmen (Beitragsist),
3. das Betriebsmittel- und Rücklagesoll,
4. den am Ersten des laufenden Monats vorhandenen Betriebsmittelbestand (Betriebsmittelist) und die Höhe der Rücklage.

(2) [1]Sind die Ausgaben zuzüglich des Betriebsmittel- und Rücklagensolls höher als die Einnahmen zuzüglich des vorhandenen Betriebsmittelbestands und der Rücklage am Ersten des laufenden Monats, erhält die Pflegekasse bis zum Monatsende den Unterschiedsbetrag aus dem Ausgleichsfonds. [2]Sind die Einnahmen zuzüglich des am Ersten des laufenden Monats vorhandenen Betriebsmittelbestands und der Rücklage höher als die Ausgaben zuzüglich des Betriebsmittel- und Rücklagesolls, überweist die Pflegekasse den Unterschiedsbetrag an den Ausgleichsfonds.

(3) Die Pflegekasse hat dem Bundesamt für Soziale Sicherung die notwendigen Berechnungsgrundlagen mitzuteilen.

§ 68[3] **Jahresausgleich.** (1) [1]Nach Ablauf des Kalenderjahres wird zwischen den Pflegekassen ein Jahresausgleich durchgeführt. [2]Nach Vorliegen der Geschäfts- und Rechnungsergebnisse aller Pflegekassen und der Jahresrechnung der Deutschen Rentenversicherung Knappschaft-Bahn-See als Träger der knappschaftlichen Pflegeversicherung für das abgelaufene Kalenderjahr werden die Ergebnisse nach § 67 bereinigt.

(2) Werden nach Abschluß des Jahresausgleichs sachliche oder rechnerische Fehler in den Berechnungsgrundlagen festgestellt, hat das Bundesamt für Soziale Sicherung diese bei der Ermittlung des nächsten Jahresausgleichs nach den zu diesem Zeitpunkt geltenden Vorschriften zu berücksichtigen.

---

[1] § 66 Abs. 2 geänd. mWv 1.10.2005 durch G v. 9.12.2004 (BGBl. I S. 3242); Abs. 1 Satz 4 geänd. mWv 1.7.2008 durch G v. 26.3.2007 (BGBl. I S. 378); Abs. 1 Satz 3, Abs. 2 geänd. mWv 1.1.2020 durch G v. 12.12.2019 (BGBl. I S. 2652).

[2] § 67 Abs. 1 einl. Satzteil geänd. mWv 1.7.2008 durch G v. 28.5.2008 (BGBl. I S. 874); Abs. 3 geänd. mWv 1.1.2020 durch G v. 12.12.2019 (BGBl. I S. 2652).

[3] § 68 Abs. 3 geänd. mWv 7.11.2001 durch VO v. 29.10.2001 (BGBl. I S. 2785); Abs. 3 geänd. mWv 28.11.2003 durch VO v. 25.11.2003 (BGBl. I S. 2304); Abs. 1 Satz 2 geänd. mWv 1.10.2005 durch G v. 9.12.2004 (BGBl. I S. 3242); Abs. 3 geänd. mWv 8.11.2006 durch VO v. 31.10.2006 (BGBl. I S. 2407); Abs. 2 geänd. mWv 1.1.2020 durch G v. 12.12.2019 (BGBl. I S. 2652).

(3) Das Bundesministerium für Gesundheit kann durch Rechtsverordnung mit Zustimmung des Bundesrates das Nähere über:

1. die inhaltliche und zeitliche Abgrenzung und Ermittlung der Beträge nach den §§ 66 bis 68,
2. die Fälligkeit der Beträge und Verzinsung bei Verzug,
3. das Verfahren bei der Durchführung des Finanzausgleichs sowie die hierfür von den Pflegekassen mitzuteilenden Angaben

regeln.

(Fortsetzung nächstes Blatt)

verzüglich mit Mehrheit. [5] Die mit dem Vergütungszuschlag nach § 84 Absatz 9 Satz 1 finanzierten zusätzlichen Stellen und die der Berechnung des Vergütungszuschlags zugrunde gelegte Bezahlung der auf diesen Stellen Beschäftigten sind von dem Träger der vollstationären Pflegeeinrichtung unter entsprechender Anwendung des § 84 Absatz 6 Satz 3 und 4 und Absatz 7 nachzuweisen.

§ 86 Pflegesatzkommission. (1) [1] Die Landesverbände der Pflegekassen, der Verband der privaten Krankenversicherung e.V., die überörtlichen oder ein nach Landesrecht bestimmter Träger der Sozialhilfe und die Vereinigungen der Pflegeheimträger im Land bilden regional oder landesweit tätige Pflegesatzkommissionen, die anstelle der Vertragsparteien nach § 85 Abs. 2 die Pflegesätze mit Zustimmung der betroffenen Pflegeheimträger vereinbaren können. [2] § 85 Abs. 3 bis 7 gilt entsprechend.

(2) [1] Für Pflegeheime, die in derselben kreisfreien Gemeinde oder in demselben Landkreis liegen, kann die Pflegesatzkommission mit Zustimmung der betroffenen Pflegeheimträger für die gleichen Leistungen einheitliche Pflegesätze vereinbaren. [2] Die beteiligten Pflegeheime sind befugt, ihre Leistungen unterhalb der nach Satz 1 vereinbarten Pflegesätze anzubieten.

(3) [1] Die Pflegesatzkommission oder die Vertragsparteien nach § 85 Abs. 2 können auch Rahmenvereinbarungen abschließen, die insbesondere ihre Rechte und Pflichten, die Vorbereitung, den Beginn und das Verfahren der Pflegesatzverhandlungen sowie Art, Umfang und Zeitpunkt der vom Pflegeheim vorzulegenden Leistungsnachweise und sonstigen Verhandlungsunterlagen näher bestimmen. [2] Satz 1 gilt nicht, soweit für das Pflegeheim verbindliche Regelungen nach § 75 getroffen worden sind.

§ 87[1)] Unterkunft und Verpflegung. [1] Die als Pflegesatzparteien betroffenen Leistungsträger (§ 85 Abs. 2) vereinbaren mit dem Träger des Pflegeheimes die von den Pflegebedürftigen zu tragenden Entgelte für die Unterkunft und für die Verpflegung jeweils getrennt. [2] Die Entgelte müssen in einem angemessenen Verhältnis zu den Leistungen stehen. [3] § 84 Abs. 3 und 4 und die §§ 85 und 86 gelten entsprechend; § 88 bleibt unberührt.

§ 87a[2)] Berechnung und Zahlung des Heimentgelts. (1) [1] Die Pflegesätze, die Entgelte für Unterkunft und Verpflegung sowie die gesondert berechenbaren Investitionskosten (Gesamtheimentgelt) werden für den Tag der Aufnahme des Pflegebedürftigen in das Pflegeheim sowie für jeden weiteren Tag des Heimaufenthalts berechnet (Berechnungstag). [2] Die Zahlungspflicht der Heimbewohner oder ihrer Kostenträger endet mit dem Tag, an dem der Heimbewohner aus dem Heim entlassen wird oder verstirbt. [3] Zieht ein Pflegebedürftiger in ein anderes Heim um, darf nur das aufnehmende Pflegeheim ein Gesamtheimentgelt für den Verlegungstag berechnen. [4] Von den Sätzen 1 bis 3 abweichende Vereinbarungen zwischen dem Pflegeheim und dem Heimbewohner oder dessen Kostenträger sind nichtig. [5] Der Pflegeplatz ist im Fall vorübergehender Abwesenheit vom

---

1) § 87 Satz 1 geänd. mWv 1.7.2008 durch G v. 28.5.2008 (BGBl. I S. 874).

2) § 87a eingef. mWv 1.1.2002 durch G v. 9.9.2001 (BGBl. I S. 2320, geänd. durch G v. 14.12.2001, BGBl. I S. 3728); Abs. 2 Satz 2 geänd. mWv 1.1.2005 durch G v. 27.12.2003 (BGBl. I S. 3022); Abs. 1 Sätze 5–7 und Abs. 4 angef., Abs. 3 Satz 3 geänd. mWv 1.7.2008 durch G v. 28.5.2008 (BGBl. I S. 874); Abs. 4 Satz 1 geänd. mWv 1.1.2015 durch G v. 17.12.2014 (BGBl. I S. 2222); Abs. 2 Sätze 1, 3 und 4 geänd., Abs. 4 Satz 1 neu gef., Satz 3 geänd. mWv 1.1.2017 durch G v. 21.12.2015 (BGBl. I S. 2424); Abs. 3 Satz 1 geänd. mWv 1.1.2022 durch G v. 11.7.2021 (BGBl. I S. 2754).

Pflegeheim für einen Abwesenheitszeitraum von bis zu 42 Tagen im Kalenderjahr für den Pflegebedürftigen freizuhalten. [6] Abweichend hiervon verlängert sich der Abwesenheitszeitraum bei Krankenhausaufenthalten und bei Aufenthalten in Rehabilitationseinrichtungen für die Dauer dieser Aufenthalte. [7] In den Rahmenverträgen nach § 75 sind für die nach den Sätzen 5 und 6 bestimmten Abwesenheitszeiträume, soweit drei Kalendertage überschritten werden, Abschläge von mindestens 25 vom Hundert der Pflegevergütung, der Entgelte für Unterkunft und Verpflegung und der Zuschläge nach § 92b vorzusehen.

(2) [1] Bestehen Anhaltspunkte dafür, dass der pflegebedürftige Heimbewohner auf Grund der Entwicklung seines Zustands einem höheren Pflegegrad zuzuordnen ist, so ist er auf schriftliche Aufforderung des Heimträgers verpflichtet, bei seiner Pflegekasse die Zuordnung zu einer höheren Pflegestufe zu beantragen. [2] Die Aufforderung ist zu begründen und auch der Pflegekasse sowie bei Sozialhilfeempfängern dem zuständigen Träger der Sozialhilfe zuzuleiten. [3] Weigert sich der Heimbewohner, den Antrag zu stellen, kann der Heimträger ihm oder seinem Kostenträger ab dem ersten Tag des zweiten Monats nach der Aufforderung vorläufig den Pflegesatz nach dem nächsthöheren Pflegegrad berechnen. [4] Werden die Voraussetzungen für einen höheren Pflegegrad vom Medizinischen Dienst nicht bestätigt und lehnt die Pflegekasse eine Höherstufung deswegen ab, hat das Pflegeheim dem Pflegebedürftigen den überzahlten Betrag unverzüglich zurückzuzahlen; der Rückzahlungsbetrag ist rückwirkend ab dem in Satz 3 genannten Zeitpunkt mit wenigstens 5 vom Hundert zu verzinsen.

(3) [1] Die dem pflegebedürftigen Heimbewohner nach den §§ 41 bis 43 zustehenden Leistungsbeträge einschließlich des Leistungszuschlags nach § 43c sind von seiner Pflegekasse mit befreiender Wirkung unmittelbar an das Pflegeheim zu zahlen. [2] Maßgebend für die Höhe des zu zahlenden Leistungsbetrags ist der Leistungsbescheid der Pflegekasse, unabhängig davon, ob der Bescheid bestandskräftig ist oder nicht. [3] Die von den Pflegekassen zu zahlenden Leistungsbeträge werden bei vollstationärer Pflege (§ 43) zum 15. eines jeden Monats fällig.

(4) [1] Pflegeeinrichtungen, die Leistungen im Sinne des § 43 erbringen, erhalten von der Pflegekasse zusätzlich den Betrag von 2 952 Euro, wenn der Pflegebedürftige nach der Durchführung aktivierender oder rehabilitativer Maßnahmen in einen niedrigeren Pflegegrad zurückgestuft wurde oder festgestellt wurde, dass er nicht mehr pflegebedürftig im Sinne der §§ 14 und 15 ist. [2] Der Betrag wird entsprechend § 30 angepasst. [3] Der von der Pflegekasse gezahlte Betrag ist von der Pflegeeinrichtung zurückzuzahlen, wenn der Pflegebedürftige innerhalb von sechs Monaten in einen höheren Pflegegrad oder wieder als pflegebedürftig im Sinne der §§ 14 und 15 eingestuft wird.

§ 87b[1] *(aufgehoben)*

§ 88 Zusatzleistungen. (1) [1] Neben den Pflegesätzen nach § 85 und den Entgelten nach § 87 darf das Pflegeheim mit den Pflegebedürftigen über die im Versorgungsvertrag vereinbarten notwendigen Leistungen hinaus (§ 72 Abs. 1 Satz 2) gesondert ausgewiesene Zuschläge für

(Fortsetzung nächstes Blatt)

[1] § 87b aufgeh. mWv 1.1.2017 durch G v. 21.12.2015 (BGBl. I S. 2424).

2. Versicherte, bei denen eine erheblich eingeschränkte Alltagskompetenz nach § 45a in der am 31. Dezember 2016 geltenden Fassung festgestellt wurde, werden übergeleitet
   a) bei nicht gleichzeitigem Vorliegen einer Pflegestufe nach den §§ 14 und 15 in der am 31. Dezember 2016 geltenden Fassung in den Pflegegrad 2,
   b) bei gleichzeitigem Vorliegen der Pflegestufe I nach den §§ 14 und 15 in der am 31. Dezember 2016 geltenden Fassung in den Pflegegrad 3,
   c) bei gleichzeitigem Vorliegen der Pflegestufe II nach den §§ 14 und 15 in der am 31. Dezember 2016 geltenden Fassung in den Pflegegrad 4,
   d) bei gleichzeitigem Vorliegen der Pflegestufe III nach den §§ 14 und 15 in der am 31. Dezember 2016 geltenden Fassung, auch soweit zusätzlich die Voraussetzungen für Leistungen nach § 36 Absatz 4 oder § 43 Absatz 3 in der am 31. Dezember 2016 geltenden Fassung festgestellt wurden, in den Pflegegrad 5.

(3) [1] Die Zuordnung zu dem Pflegegrad, in den der Versicherte gemäß Absatz 2 übergeleitet worden ist, bleibt auch bei einer Begutachtung nach dem ab dem 1. Januar 2017 geltenden Recht erhalten, es sei denn, die Begutachtung führt zu einer Anhebung des Pflegegrades oder zu der Feststellung, dass keine Pflegebedürftigkeit im Sinne der §§ 14 und 15 in der ab dem 1. Januar 2017 geltenden Fassung mehr vorliegt. [2] Satz 1 gilt auch bei einem Erlöschen der Mitgliedschaft im Sinne von § 35 ab dem 1. Januar 2017, wenn die neue Mitgliedschaft unmittelbar im Anschluss begründet wird. [3] Die Pflegekasse, bei der die Mitgliedschaft beendet wird, ist verpflichtet, der Pflegekasse, bei der die neue Mitgliedschaft begründet wird, die bisherige Einstufung des Versicherten rechtzeitig schriftlich mitzuteilen. [4] Entsprechendes gilt bei einem Wechsel zwischen privaten Krankenversicherungsunternehmen und einem Wechsel von sozialer zu privater sowie von privater zu sozialer Pflegeversicherung.

(4) [1] Stellt ein Versicherter, bei dem das Vorliegen einer Pflegebedürftigkeit oder einer erheblich eingeschränkten Alltagskompetenz nach § 45a in der am 31. Dezember 2016 geltenden Fassung festgestellt wurde, ab dem 1. Januar 2017 einen erneuten Antrag auf Feststellung von Pflegebedürftigkeit und lagen die tatsächlichen Voraussetzungen für einen höheren als durch die Überleitung erreichten Pflegegrad bereits vor dem 1. Januar 2017 vor, richten sich die ab dem Zeitpunkt der Änderung der tatsächlichen Verhältnisse zu erbringenden Leistungen im Zeitraum vom 1. November 2016 bis 31. Dezember 2016 nach dem ab 1. Januar 2017 geltenden Recht. [2] Entsprechendes gilt für Versicherte bei einem privaten Pflegeversicherungsunternehmen.

§ 141[1)] Besitzstandsschutz und Übergangsrecht zur sozialen Sicherung von Pflegepersonen. (1) [1] Versicherte der sozialen Pflegeversicherung und der privaten Pflege-Pflichtversicherung sowie Pflegepersonen, die am 31. Dezember 2016 Anspruch auf Leistungen der Pflegeversicherung haben, erhalten Besitzstandsschutz auf die ihnen unmittelbar vor dem 1. Januar 2017 zustehenden, regelmäßig wiederkehrenden Leistungen nach den §§ 36, 37, 38, 38a, 40 Absatz 2, den §§ 41, 44a, 45b, 123 und 124 in der am 31. Dezember

---

[1)] § 141 angef. mWv 1.1.2017 durch G v. 21.12.2015 (BGBl. I S. 2424); Abs. 2 Sätze 4 und 5 angef., Abs. 3 Satz 1 geänd., Satz 3 eingef., bish. Satz 3 wird Satz 4, Satz 5 eingef., bish. Satz 4 wird Satz 6 und neu gef., Abs. 3a–3c eingef., Abs. 8 angef. mWv 1.1.2017 durch G v. 23.12.2016 (BGBl. I S. 3191); Abs. 3–3c aufgeh. mWv 1.1.2022 durch G v. 11.7.2021 (BGBl. I S. 2754).

2016 geltenden Fassung. [2] Hinsichtlich eines Anspruchs auf den erhöhten Betrag nach § 45b in der am 31. Dezember 2016 geltenden Fassung richtet sich die Gewährung von Besitzstandsschutz abweichend von Satz 1 nach Absatz 2. [3] Für Versicherte, die am 31. Dezember 2016 Leistungen nach § 43 bezogen haben, richtet sich der Besitzstandsschutz nach Absatz 3. [4] Kurzfristige Unterbrechungen im Leistungsbezug lassen den Besitzstandsschutz jeweils unberührt.

(2) [1] Versicherte,

1. die am 31. Dezember 2016 einen Anspruch auf den erhöhten Betrag nach § 45b Absatz 1 in der am 31. Dezember 2016 geltenden Fassung haben und
2. deren Höchstleistungsansprüche, die ihnen nach den §§ 36, 37 und 41 unter Berücksichtigung des § 140 Absatz 2 und 3 ab dem 1. Januar 2017 zustehen, nicht um jeweils mindestens 83 Euro monatlich höher sind als die entsprechenden Höchstleistungsansprüche, die ihnen nach den §§ 36, 37 und 41 unter Berücksichtigung des § 123 in der am 31. Dezember 2016 geltenden Fassung am 31. Dezember 2016 zustanden,

haben ab dem 1. Januar 2017 Anspruch auf einen Zuschlag auf den Entlastungsbetrag nach § 45b in der ab dem 1. Januar 2017 jeweils geltenden Fassung. [2] Die Höhe des monatlichen Zuschlags ergibt sich aus der Differenz zwischen 208 Euro und dem Leistungsbetrag, der in § 45b Absatz 1 Satz 1 in der ab dem 1. Januar 2017 jeweils geltenden Fassung festgelegt ist. [3] Das Bestehen eines Anspruchs auf diesen Zuschlag ist den Versicherten schriftlich mitzuteilen und zu erläutern. [4] Für den Zuschlag auf den Entlastungsbetrag gilt § 45b Absatz 3 entsprechend. [5] Bei Versicherten, die keinen Anspruch auf einen Zuschlag haben und deren Ansprüche nach § 45b zum 1. Januar 2017 von 208 Euro auf 125 Euro monatlich abgesenkt werden, sind zur Sicherstellung des Besitzstandsschutzes monatlich Leistungen der Pflegeversicherung in Höhe von bis zu 83 Euro nicht auf Fürsorgeleistungen zur Pflege anzurechnen.

(3)–(3c) *(aufgehoben)*

(4) [1] Für Personen, die am 31. Dezember 2016 wegen nicht erwerbsmäßiger Pflege rentenversicherungspflichtig waren und Anspruch auf die Zahlung von Beiträgen zur gesetzlichen Rentenversicherung nach § 44 in der am 31. Dezember 2016 geltenden Fassung hatten, besteht die Versicherungspflicht für die Dauer dieser Pflegetätigkeit fort. [2] Die beitragspflichtigen Einnahmen ab dem 1. Januar 2017 bestimmen sich in den Fällen des Satzes 1 nach Maßgabe des § 166 Absatz 2 und 3 des Sechsten Buches[1)] in der am 31. Dezember 2016 geltenden Fassung, wenn sie höher sind als die beitragspflichtigen Einnahmen, die sich aus dem ab dem 1. Januar 2017 geltenden Recht ergeben.

(4a) [1] In den Fällen des § 140 Absatz 4 richten sich die Versicherungspflicht als Pflegeperson in der Rentenversicherung und die Bestimmung der beitragspflichtigen Einnahmen für Zeiten vor dem 1. Januar 2017 nach den §§ 3 und 166 des Sechsten Buches in der bis zum 31. Dezember 2016 geltenden Fassung. [2] Die dabei anzusetzende Pflegestufe erhöht sich entsprechend dem Anstieg des Pflegegrades gegenüber dem durch die Überleitung erreichten Pflegegrad.

(5) [1] Absatz 4 ist ab dem Zeitpunkt nicht mehr anwendbar, zu dem nach dem ab dem 1. Januar 2017 geltenden Recht festgestellt wird, dass

1. bei der versorgten Person keine Pflegebedürftigkeit im Sinne der §§ 14 und 15 in der ab dem 1. Januar 2017 geltenden Fassung vorliegt oder

[1)] Nr. 6.

2. die pflegende Person keine Pflegeperson im Sinne des § 19 in der ab dem 1. Januar 2017 geltenden Fassung ist.

[2] Absatz 4 ist auch nicht mehr anwendbar, wenn sich nach dem 31. Dezember 2016 eine Änderung in den Pflegeverhältnissen ergibt, die zu einer Änderung der beitragspflichtigen Einnahmen nach § 166 Absatz 2 des Sechsten Buches in der ab dem 1. Januar 2017 geltenden Fassung führt oder ein Ausschlussgrund nach § 3 Satz 2 oder 3 des Sechsten Buches eintritt.

(6) Für Pflegepersonen im Sinne des § 44 Absatz 2 gelten die Absätze 4, 4a und 5 entsprechend.

(7) [1] Für Personen, die am 31. Dezember 2016 wegen nicht erwerbsmäßiger Pflege in der gesetzlichen Unfallversicherung versicherungspflichtig waren, besteht die Versicherungspflicht für die Dauer dieser Pflegetätigkeit fort. [2] Satz 1 gilt, soweit und solange sich aus dem ab dem 1. Januar 2017 geltenden Recht keine günstigeren Ansprüche ergeben. [3] Satz 1 ist ab dem Zeitpunkt nicht mehr anwendbar, zu dem nach dem ab dem 1. Januar 2017 geltenden Recht festgestellt wird, dass bei der versorgten Person keine Pflegebedürftigkeit im Sinne der §§ 14 und 15 in der ab dem 1. Januar 2017 geltenden Fassung vorliegt.

(8) [1] Pflegebedürftige, die am 31. Dezember 2016 von zugelassenen Pflegeeinrichtungen ohne Vergütungsvereinbarung versorgt werden, haben ab dem 1. Januar 2017 Anspruch auf Erstattung der Kosten für die pflegebedingten Aufwendungen gemäß § 91 Absatz 2 in Höhe des ihnen für den Monat Dezember 2016 zustehenden Leistungsbetrages, wenn dieser höher ist als der ihnen für Januar 2017 zustehende Leistungsbetrag. [2] Dies gilt entsprechend für Versicherte der privaten Pflege-Pflichtversicherung.

§ 142[1)] Übergangsregelungen im Begutachtungsverfahren. [1] Bei Versicherten, die nach § 140 von einer Pflegestufe in einen Pflegegrad übergeleitet wurden, werden bis zum 1. Januar 2019 keine Wiederholungsbegutachtungen nach § 18 Absatz 2 Satz 5 durchgeführt; auch dann nicht, wenn die Wiederholungsbegutachtung vor diesem Zeitpunkt vom Medizinischen Dienst oder anderen unabhängigen Gutachtern empfohlen wurde. [2] Abweichend von Satz 1 können Wiederholungsbegutachtungen durchgeführt werden, wenn eine Verbesserung der gesundheitlich bedingten Beeinträchtigungen der Selbständigkeit oder der Fähigkeiten, insbesondere aufgrund von durchgeführten Operationen oder Rehabilitationsmaßnahmen, zu erwarten ist.

§ 143[2)] Sonderanpassungsrecht für die Allgemeinen Versicherungsbedingungen und die technischen Berechnungsgrundlagen privater Pflegeversicherungsverträge. (1) Bei einer Pflegeversicherung, bei der die Prämie nach Art der Lebensversicherung berechnet wird und bei der das ordentliche Kündigungsrecht des Versicherers gesetzlich oder vertraglich ausgeschlossen ist, kann der Versicherer seine Allgemeinen Versicherungsbedingungen auch für bestehende Versicherungsverhältnisse entsprechend den Vorgaben nach § 140 ändern, soweit der Versicherungsfall durch den Pflegebedürftigkeitsbegriff nach den §§ 14 und 15 bestimmt wird.

[1)] § 142 Abs. 1 wird alleiniger Wortlaut und Satz 1 geänd., Abs. 2 und 3 aufgeh. mWv 1.1.2020 durch G v. 14.12.2019 (BGBl. I S. 2789).

[2)] § 143 Abs. 2 Satz 2 geänd. mWv 20.7.2021 durch G v. 11.7.2021 (BGBl. I S. 2754)

(2) [1]Der Versicherer ist zudem berechtigt, auch für bestehende Versicherungsverhältnisse die technischen Berechnungsgrundlagen insoweit zu ändern, als die Leistungen an die Pflegegrade nach § 140 Absatz 2 und die Prämien daran angepasst werden. [2]§ 155 Absatz 1 und 2 des Versicherungsaufsichtsgesetzes findet Anwendung.

(3) [1]Dem Versicherungsnehmer sind die geänderten Versicherungsbedingungen nach Absatz 1 und die Neufestsetzung der Prämie nach Absatz 2 unter Kenntlichmachung der Unterschiede sowie unter Hinweis auf die hierfür maßgeblichen Gründe in Textform mitzuteilen. [2]Anpassungen nach den Absätzen 1 und 2 werden zu Beginn des zweiten Monats wirksam, der auf die Benachrichtigung des Versicherungsnehmers folgt.

(4) Gesetzlich oder vertraglich vorgesehene Sonderkündigungsrechte des Versicherungsnehmers bleiben hiervon unberührt.

Zweiter Abschnitt.[1)] Sonstige Überleitungs-, Übergangs- und Besitzstandsschutzregelungen

§ 144[2)] Überleitungs- und Übergangsregelungen, Verordnungsermächtigung. (1) Für Personen, die am 31. Dezember 2014 einen Anspruch auf einen Wohngruppenzuschlag nach § 38a in der am 31. Dezember 2014 geltenden Fassung haben, wird diese Leistung weiter erbracht, wenn sich an den tatsächlichen Verhältnissen nichts geändert hat.

(2) [1]Am 31. Dezember 2016 nach Landesrecht anerkannte niedrigschwellige Betreuungsangebote und niedrigschwellige Entlastungsangebote im Sinne der §§ 45b und 45c in der zu diesem Zeitpunkt geltenden Fassung gelten auch ohne neues Anerkennungsverfahren als nach Landesrecht anerkannte Angebote zur Unterstützung im Alltag im Sinne des § 45a in der ab dem 1. Januar 2017 geltenden Fassung. [2]Die Landesregierungen werden ermächtigt, durch Rechtsverordnung hiervon abweichende Regelungen zu treffen.

(3) [1]Soweit Versicherte im Zeitraum vom 1. Januar 2015 bis zum 31. Dezember 2016 die Anspruchsvoraussetzungen nach § 45b Absatz 1 oder Absatz 1a in der bis zum 31. Dezember 2016 geltenden Fassung erfüllt haben und ab dem 1. Januar 2017 die Anspruchsvoraussetzungen nach § 45b Absatz 1 Satz 1 in der ab dem 1. Januar 2017 geltenden Fassung erfüllen, können sie Leistungsbeträge nach § 45b, die sie in der Zeit vom 1. Januar 2015 bis zum 31. Dezember 2016 nicht zum Bezug von Leistungen nach § 45b Absatz 1 Satz 6 in der bis zum 31. Dezember 2016 geltenden Fassung genutzt haben, bis zum 31. Dezember 2018 zum Bezug von Leistungen nach § 45b Absatz 1 Satz 3 in der ab dem 1. Januar 2017 geltenden Fassung einsetzen. [2]Die in Satz 1 genannten Mittel können ebenfalls zur nachträglichen Kostenerstattung für Leistungen nach § 45b Absatz 1 Satz 6 in der bis zum 31. Dezember 2016 geltenden Fassung genutzt werden, die von den Anspruchsberechtigten in der Zeit vom 1. Januar 2015 bis zum 31. Dezember 2016 bezogen worden sind. [3]Die Kostenerstattung nach Satz 2 ist bis zum Ablauf des 31. Dezember 2018 zu beantragen. [4]Dem Antrag sind entsprechende Belege über entstandene Eigenbelastungen im Zusammenhang mit der Inanspruchnahme der bezogenen Leistungen beizufügen.

[1)] 16. Kap. 2. Abschn. angef. mWv 1.1.2017 durch G v. 21.12.2015 (BGBl. I S. 2424); Überschr. neu gef. mWv 1.1.2017 durch G v. 23.12.2016 (BGBl. I S. 3191).

[2)] § 144 angef. mWv 1.1.2017 durch G v. 21.12.2015 (BGBl. I S. 2424); Abs. 3–5 eingef. mWv 1.1.2017 durch G v. 23.12.2016 (BGBl. I S. 3191).

(4) Die im Jahr 2015 gemäß § 45c zur Verfügung gestellten Fördermittel, die nach § 45c Absatz 5 Satz 2 in der bis zum 31. Dezember 2016 geltenden Fassung auf das Folgejahr 2016 übertragen und bis zum Ende des Jahres 2016 in den Ländern nicht in Anspruch genommen worden sind, können im Jahr 2017 gemäß § 45c Absatz 6 Satz 3 bis 9 in der ab dem 1. Januar 2017 geltenden Fassung von den Ländern beantragt werden, die im Jahr 2015 mindestens 80 Prozent der auf sie gemäß § 45c Absatz 5 Satz 1 in der bis zum 31. Dezember 2016 geltenden Fassung nach dem Königsteiner Schlüssel entfallenden Mittel ausgeschöpft haben.

(5) [1] In Fällen, in denen am 31. Dezember 2016 der Bezug von Leistungen der Pflegeversicherung mit Leistungen der Eingliederungshilfe für Menschen mit Behinderungen nach dem Zwölften Buch[1)], dem Bundesversorgungsgesetz[2)] oder dem Achten Buch[3)] bereits zusammentrifft, muss eine Vereinbarung nach § 13 Absatz 4 in der ab dem 1. Januar 2017 geltenden Fassung nur dann abgeschlossen werden, wenn einer der beteiligten Träger oder der Leistungsbezieher dies verlangt. [2] Trifft der Bezug von Leistungen der Pflegeversicherung außerdem mit Leistungen der Hilfe zur Pflege nach dem Zwölften Buch oder dem Bundesversorgungsgesetz zusammen, gilt Satz 1 entsprechend.

§ 145[4)] Besitzstandsschutz für pflegebedürftige Menschen mit Behinderungen in häuslicher Pflege. [1] Für pflegebedürftige Menschen mit Behinderungen, die am 1. Januar 2017 Anspruch auf Leistungen der Pflegeversicherung bei häuslicher Pflege haben und in einer Wohnform leben, auf die § 43a in der am 1. Januar 2017 geltenden Fassung keine Anwendung findet, findet § 43a auch in der ab dem 1. Januar 2020 geltenden Fassung keine Anwendung. [2] Wechseln diese pflegebedürftigen Menschen mit Behinderungen nach dem 1. Januar 2017 die Wohnform, findet Satz 1 keine Anwendung, solange sie in einer Wohnform leben, auf die § 43a in der am 1. Januar 2017 geltenden Fassung Anwendung gefunden hätte, wenn sie am 1. Januar 2017 in einer solchen Wohnform gelebt hätten.

§ 146[5)] Übergangs- und Überleitungsregelung zur Beratung nach § 37 Absatz 3. (1) Für die jeweilige beratende Stelle gelten die Vergütungssätze nach § 37 Absatz 3 Satz 5 und 6 in der am 31. Dezember 2018 geltenden Fassung so lange, bis die Vergütung für Beratungseinsätze erstmals für die jeweilige beratende Stelle vereinbart oder durch die Landesverbände der Pflegekassen festgelegt wird.

(2) Zugelassene stationäre Pflegeeinrichtungen im Sinne des § 71 Absatz 2, die Beratungseinsätze nach § 37 Absatz 3 in der bis zum 31. Dezember 2018 geltenden Fassung durchgeführt haben, gelten ab dem 1. Januar 2019 als nach § 37 Absatz 7 anerkannte Beratungsstellen.

[1)] Nr. **12**.
[2)] Nr. **20/10**.
[3)] Nr. **8**.
[4)] § 145 angef. mWv 1.1.2017 durch G v. 23.12.2016 (BGBl. I S. 3191).
[5)] § 146 angef. mWv 1.1.2019 durch G v. 11.12.2018 (BGBl. I S. 2394).

Dritter Abschnitt.[1)] Maßnahmen zur Aufrechterhaltung der pflegerischen Versorgung während der durch das neuartige Coronavirus SARS-CoV-2 verursachten Pandemie

§ 147[2)] Verfahren zur Feststellung der Pflegebedürftigkeit nach § 18.

(1) [1] Abweichend von § 18 Absatz 2 Satz 1 kann die Begutachtung bis einschließlich 31. März 2022 ohne Untersuchung des Versicherten in seinem Wohnbereich erfolgen; der Wunsch des Versicherten, persönlich in seinem Wohnbereich untersucht zu werden, ist zu berücksichtigen. [2] Grundlage für die Begutachtung bilden bis zu diesem Zeitpunkt insbesondere die zum Versicherten zur Verfügung stehenden Unterlagen sowie die Angaben und Auskünfte, die beim Versicherten, seinen Angehörigen und sonstigen zur Auskunft fähigen Personen einzuholen sind, wenn dies zur Verhinderung des Risikos einer Ansteckung des Versicherten oder des Gutachters mit dem Coronavirus SARS-CoV-2 zwingend erforderlich ist. [3] Der Medizinische Dienst des Spitzenverbandes Bund der Krankenkassen entwickelt im Benehmen mit dem Spitzenverband Bund der Pflegekassen bis zum 31. Oktober 2020 bundesweit einheitliche Maßgaben dafür, unter welchen Schutz- und Hygieneanforderungen eine Begutachtung durch eine Untersuchung des Versicherten in seinem Wohnbereich stattfindet und in welchen Fällen, insbesondere bei welchen Personengruppen, eine Begutachtung ohne Untersuchung des Versicherten in seinem Wohnbereich zwingend erforderlich ist.

(2) Abweichend von § 18 Absatz 2 Satz 5 werden bis einschließlich 31. März 2021 keine Wiederholungsbegutachtungen durchgeführt, auch dann nicht, wenn die Wiederholungsbegutachtung vor diesem Zeitpunkt vom Medizinischen Dienst oder anderen unabhängigen Gutachterinnen und Gutachtern empfohlen wurde.

(3) [1] Abweichend von § 18 Absatz 3 Satz 2 ist die Frist, in welcher dem Antragsteller die Entscheidung der Pflegekasse schriftlich mitzuteilen ist, bis einschließlich 30. September 2020 unbeachtlich. [2] Abweichend von Satz 1 ist einem Antragsteller, bei dem ein besonders dringlicher Entscheidungsbedarf vorliegt, spätestens 25 Arbeitstage nach Eingang des Antrags bei der zuständigen Pflegekasse die Entscheidung der Pflegekasse schriftlich mitzuteilen. [3] Der Spitzenverband Bund der Pflegekassen entwickelt unverzüglich, spätestens bis einschließlich 9. April 2020, bundesweit einheitliche Kriterien für das Vorliegen, die Gewichtung und die Feststellung eines besonders dringlichen Entscheidungsbedarfs. [4] Die Pflegekassen und die privaten Versicherungsunternehmen berichten in der nach § 18 Absatz 3b Satz 4 zu veröffentlichenden Statistik über die Anwendung der Kriterien zum Vorliegen und zur Feststellung eines besonders dringlichen Entscheidungsbedarfs.

(4) Abweichend von § 18 Absatz 3a Satz 1 Nummer 2 ist die Pflegekasse bis einschließlich 30. September 2020 nur bei Vorliegen eines besonders dringlichen Entscheidungsbedarfs gemäß Absatz 3 dazu verpflichtet, dem Antragsteller mindestens drei unabhängige Gutachter zur Auswahl zu benennen, wenn

---

[1)] 16. Kap. 3. Abschn. (§§ 147–152) angef. mWv 28.3.2020 durch G v. 27.3.2020 (BGBl. I S. 580).

[2)] § 147 angef. mWv 28.3.2020 durch G v. 27.3.2020 (BGBl. I S. 580); Abs. 1 Satz 1 geänd., Satz 3 angef., Abs. 2 geänd., Abs. 6 neu gef. mWv 1.10.2020 durch G v. 23.10.2020 (BGBl. I S. 2208); Abs. 1 Satz 1 und Abs. 6 geänd. mWv 31.3.2021 durch G v. 29.3.2021 (BGBl. I S. 370); Abs. 1 Satz 1 und Abs. 6 geänd. mWv 1.1.2022 durch G v. 22.11.2021 (BGBl. I S. 4906).

innerhalb von 20 Arbeitstagen nach Antragstellung keine Begutachtung erfolgt ist.

(5) § 18 Absatz 3b Satz 1 bis 3 findet bis einschließlich 30. September 2020 keine Anwendung.

(6) Absatz 1 gilt für Anträge auf Pflegeleistungen, die zwischen dem 1. Oktober 2020 und dem 31. März 2022 gestellt werden.

§ 148[1)] Beratungsbesuche nach § 37. Abweichend von § 37 Absatz 3 Satz 1 erfolgt die von den Pflegebedürftigen abzurufende Beratung bis einschließlich 31. März 2022 telefonisch, digital oder per Videokonferenz, wenn die oder der Pflegebedürftige dies wünscht.

§ 149[2)] Einrichtungen zur Inanspruchnahme von Kurzzeitpflege und anderweitige vollstationäre pflegerische Versorgung. (1) [1] Bis einschließlich 30. September 2020 besteht der Anspruch auf Kurzzeitpflege in Einrichtungen, die stationäre Leistungen zur medizinischen Vorsorge oder Rehabilitation erbringen, abweichend von § 42 Absatz 4 auch ohne, dass gleichzeitig eine Maßnahme der medizinischen Vorsorge oder Rehabilitation für eine Pflegeperson erbracht wird. [2] Die Vergütung richtet sich nach dem durchschnittlichen Vergütungssatz gemäß § 111 Absatz 5 des Fünften Buches der Vorsorge- oder Rehabilitationseinrichtung.

(2) Abweichend von § 42 Absatz 2 Satz 2 übernehmen die Pflegekassen bei Kurzzeitpflege in dem Zeitraum vom 28. März 2020 bis einschließlich 30. September 2020 in Einrichtungen, die stationäre Leistungen zur medizinischen Vorsorge oder Rehabilitation erbringen, Aufwendungen bis zu einem Gesamtbetrag von 2 418 Euro.

(3) [1] Ist eine pflegerische Versorgung von bereits vollstationär versorgten Pflegebedürftigen in einer vollstationären Pflegeeinrichtung auf Grund der SARS-CoV-2-Pandemie quarantänebedingt nicht zu gewährleisten, kann diese für die Dauer von maximal 14 Kalendertagen in dem Zeitraum vom 23. Mai 2020 bis einschließlich 30. September 2020 auch in einer Einrichtung erbracht werden, die Leistungen zur medizinischen Vorsorge oder Rehabilitation erbringt (anderweitige vollstationäre pflegerische Versorgung). [2] Im begründeten Einzelfall kann in Abstimmung mit der Pflegekasse des Pflegebedürftigen auch eine pflegerische Versorgung von mehr als 14 Tagen in einer Einrichtung erbracht werden, die Leistungen zur medizinischen Vorsorge oder Rehabilitation erbringt. [3] Der Pflegeplatz des Pflegebedürftigen ist von der bisherigen vollstationären Pflegeeinrichtung während seiner Abwesenheit freizuhalten. [4] Die Berechnung des Heimentgeltes und seine Zahlung an die bisherige vollstationäre Pflegeeinrichtung sowie der nach § 43 von der Pflegekasse an die bisherige vollstationäre Pflegeeinrichtung zu gewährende Leistungsbetrag bleiben unverändert. [5] Die Vergütung der anderweitigen vollstationären pflegerischen Versorgung richtet sich nach dem durchschnittlichen Vergütungssatz

---

[1)] § 148 neu gef. mWv 1.10.2020 durch G v. 22.12.2020 (BGBl. I S. 3299); geänd. mWv 31.3.2021 durch G v. 29.3.2021 (BGBl. I S. 370); geänd. mWv 1.1.2022 durch G v. 22.11.2021 (BGBl. I S. 4906).

[2)] § 149 angef. mWv 28.3.2020 durch G v. 27.3.2020 (BGBl. I S. 580)§ 149 Abs. 2 angef. mWv 28.3.2020, Überschrift neu gef., Abs. 3 angef. mWv 23.5.2020 durch G v. 19.5.2020 (BGBl. I S. 1018).

nach § 111 Absatz 5 des Fünften Buches[1)] für die Vorsorge- oder Rehabilitationseinrichtung. [6] Sie wird der Einrichtung von den Pflegekassen entsprechend dem Verfahren nach § 150 Absatz 2 Satz 2 bis 4 erstattet. [7] Der Spitzenverband Bund der Pflegekassen kann im Benehmen mit den Verbänden der Träger von vollstationären Pflegeeinrichtungen sowie im Benehmen mit den Verbänden der stationären medizinischen Rehabilitations- und Vorsorgeeinrichtungen Empfehlungen zur formellen Abwicklung des Abrechnungsverfahrens abgeben.

§ 150[2)] Sicherstellung der pflegerischen Versorgung, Kostenerstattung für Pflegeeinrichtungen und Pflegebedürftige. (1) [1] Im Fall einer wesentlichen Beeinträchtigung der Leistungserbringung infolge des neuartigen Coronavirus SARS-CoV-2 ist der Träger einer nach § 72 zugelassenen Pflegeeinrichtung verpflichtet, diese umgehend den Pflegekassen gegenüber anzuzeigen. [2] Es genügt die Anzeige an eine als Partei des Versorgungsvertrages beteiligte Pflegekasse. [3] In Abstimmung mit den weiteren hierbei zuständigen Stellen, insbesondere den nach Landesrecht bestimmten heimrechtlichen Aufsichtsbehörden, haben die Pflegekassen zusammen mit der Pflegeeinrichtung zur Sicherstellung der pflegerischen Versorgung die erforderlichen Maßnahmen und Anpassungen vorzunehmen, wobei auch von der vereinbarten Personalausstattung einschließlich deren gesetzlichen Bestimmungen nach diesem Buch abgewichen werden kann. [4] Dabei sind zum flexiblen Einsatz des Personals in anderen Versorgungsbereichen alle bestehenden Instrumente und Mittel einschließlich des Vertragsrechts zu nutzen, bei denen zulassungsrechtliche Voraussetzungen zweckgerichtet und unbürokratisch angewandt werden können. [5] Dies gilt auch für den Einsatz von Beschäftigten für die Leistungen der zusätzlichen Betreuung nach § 43b in anderen Bereichen.

(2) [1] Den zugelassenen Pflegeeinrichtungen werden die ihnen infolge des neuartigen Coronavirus SARS-CoV-2 anfallenden, außerordentlichen Aufwendungen sowie Mindereinnahmen im Rahmen ihrer Leistungserbringung, die nicht anderweitig finanziert werden, erstattet. [2] Der Anspruch auf Erstattung kann bei einer Pflegekasse regelmäßig zum Monatsende geltend gemacht werden, die Partei des Versorgungsvertrages ist. [3] Die Auszahlung des gesamten Erstattungsbetrages hat innerhalb von 14 Kalendertagen über eine Pflegekasse zu erfolgen. [4] Die Auszahlung kann vorläufig erfolgen. [5] Für zugelassene Pflegeeinrichtungen, die eine vertragliche Regelung der Pflegevergütung nach den §§ 85 und 89 abgeschlossen haben, findet § 85 Absatz 7 insoweit keine Anwendung. [6] Dabei sind bei Unterschreitungen der vereinbarten Personalausstattung keine Vergütungskürzungsverfahren nach § 115 Absatz 3 Satz 1 durchzuführen.

(3) [1] Der Spitzenverband Bund der Pflegekassen legt im Benehmen mit den Bundesvereinigungen der Träger stationärer und ambulanter Pflegeeinrichtungen unverzüglich das Nähere für das Erstattungsverfahren und die erforderli-

[1)] Nr. **5**.

[2)] § 150 angef. mWv 28.3.2020 durch G v. 27.3.2020 (BGBl. I S. 580); Abs. 4 Satz 1 neu gef., Sätze 2–4 eingef., bish. Sätze 2–5 werden Sätze 5–8, Abs. 5a eingef. mWv 28.3.2020, Abs. 5b–5d eingef., Abs. 6 geänd. mWv 23.5.2020 durch G v. 19.5.2020 (BGBl. I S. 1018); Abs. 5d Sätze 2 und 5 aufgeh. mWv 23.5.2020, Abs. 5a Satz 1, Abs. 5b Satz 1, Abs. 5c, Abs. 5d Satz 1 einl. Satzteil und Sätze 3 und 4 geänd., Abs. 6 neu gef. mWv 1.10.2020 durch G v. 23.10.2020 (BGBl. I S. 2208); Abs. 6 Sätze 1 und 2 geänd. mWv 1.1.2021 durch G v. 22.12.2020 (BGBl. I S. 3299); Abs. 5c neu gef., Abs. 6 geänd. mWv 31.3.2021 durch G v. 29.3.2021 (BGBl. I S. 370); Abs. 6 Sätze 1 und 2 geänd. mWv 1.1.2022 durch G v. 22.11.2021 (BGBl. I S. 4906).

chen Nachweise für seine Mitglieder fest. [2]Dabei sind gemessen an der besonderen Herausforderung von allen Beteiligten pragmatische Lösungen in der Umsetzung vorzusehen. [3]Die Festlegungen bedürfen der Zustimmung des Bundesministeriums für Gesundheit. [4]Der Spitzenverband Bund der Pflegekassen berichtet dem Bundesministerium für Gesundheit regelmäßig über die Ausgabenentwicklung.

(4) [1]Bei ambulanten Pflegeeinrichtungen tragen die gesetzlichen Krankenkassen und die soziale Pflegeversicherung die nach Absatz 2 entstehenden Erstattungen entsprechend dem Verhältnis, das dem Verhältnis zwischen den Ausgaben der Krankenkassen für die häusliche Krankenpflege und den Ausgaben der sozialen Pflegeversicherung für Pflegesachleistungen im vorangegangenen Kalenderjahr entspricht. [2]Bei den in § 39a Absatz 1 des Fünften Buches[1)] genannten stationären Hospizen, mit denen ein Versorgungsvertrag als stationäre Pflegeeinrichtung nach § 72 besteht, tragen die gesetzlichen Krankenkassen 80 Prozent der nach Absatz 2 entstehenden Erstattungen. [3]Zur Finanzierung der den Krankenkassen nach den Sätzen 1 und 2 entstehenden Kosten erhebt der Spitzenverband Bund der Krankenkassen von den Krankenkassen eine Umlage gemäß dem Anteil der Versicherten der Krankenkassen an der Gesamtzahl der Versicherten aller Krankenkassen. [4]Das Nähere zum Umlageverfahren und zur Zahlung an die Pflegeversicherung bestimmt der Spitzenverband Bund der Krankenkassen. [5]Die privaten Versicherungsunternehmen, die die private Pflege-Pflichtversicherung durchführen, beteiligen sich mit einem Anteil von 7 Prozent an den Kosten, die sich gemäß Absatz 2 ergeben. [6]Das Bundesamt für Soziale Sicherung stellt die Höhe des Finanzierungsanteils der privaten Versicherungsunternehmen auf Basis der vierteljährlichen Finanzstatistiken der gesetzlichen Krankenund Pflegekassen fest. [7]Die entsprechende Zahlung wird binnen vier Wochen fällig. [8]Der jeweilige Finanzierungsanteil, der auf die privaten Versicherungsunternehmen entfällt, kann von dem Verband der privaten Krankenversicherung e. V. unmittelbar an das Bundesamt für Soziale Sicherung zugunsten des Ausgleichsfonds der Pflegeversicherung nach § 65 geleistet werden.

(5) [1]Die Pflegekassen können nach ihrem Ermessen zur Vermeidung von durch das neuartige Coronavirus SARS-CoV-2 im Einzelfall im häuslichen Bereich verursachten pflegerischen Versorgungsengpässen, Kostenerstattung in Höhe der ambulanten Sachleistungsbeträge (§ 36) nach vorheriger Antragstellung gewähren, wenn die Maßnahmen nach Absatz 1 Satz 3 nicht ausreichend sind; dabei haben sie vorrangig Leistungserbringer zu berücksichtigen, die von Pflegefachkräften geleitet werden. [2]Entsprechende Kostenerstattungszusagen sind jeweils auf bis zu drei Monate zu begrenzen. [3]Der Spitzenverband Bund der Pflegekassen legt Einzelheiten dazu in Empfehlungen fest. [4]Die Pflegekassen können bei Bedarf bereits vor dem Vorliegen der Empfehlungen Kostenerstattungen zusagen. [5]Die Pflegekassen können aus wichtigen Gründen die Kostenerstattungszusage jederzeit widerrufen.

(5a) [1]Den nach Maßgabe des gemäß § 45a Absatz 3 erlassenen Landesrechts anerkannten Angeboten zur Unterstützung im Alltag werden die ihnen infolge des neuartigen Coronavirus SARS-CoV-2 anfallenden, außerordentlichen Aufwendungen sowie Mindereinnahmen im Rahmen ihrer Leistungserbringung, die nicht anderweitig finanziert werden, aus Mitteln der Pflegeversicherung

---

[1)] Nr. **5**.

erstattet, wenn sie diese Aufwendungen nachweisen oder die Mindereinnahmen glaubhaft machen. [2]Die Erstattung der Mindereinnahmen wird begrenzt auf eine monatliche Summe aus der Multiplikation von

1. 125 Euro und
2. der Differenz, die sich beim Vergleich der Anzahl der im letzten Quartal des Jahres 2019 monatsdurchschnittlich betreuten Pflegebedürftigen und der Anzahl der in dem Monat, für den Mindereinnahmen geltend gemacht werden, betreuten Pflegebedürftigen ergibt.

[3]Die Auszahlung kann vorläufig erfolgen. [4]Der Spitzenverband Bund der Pflegekassen legt in Abstimmung mit dem Bundesministerium für Gesundheit unverzüglich das Nähere für das Erstattungsverfahren fest. [5]Absatz 4 Satz 5 bis 8 gilt entsprechend.

(5b) [1]Abweichend von § 45b Absatz 1 Satz 3 können Pflegebedürftige des Pflegegrades 1 den Entlastungsbetrag auch für die Inanspruchnahme anderer Hilfen im Wege der Kostenerstattung einsetzen, wenn dies zur Überwindung von infolge des neuartigen Coronavirus SARS-CoV-2 verursachten Versorgungsengpässen erforderlich ist. [2]§ 45b Absatz 2 Satz 3 und Absatz 4 findet keine Anwendung. [3]Der Spitzenverband Bund der Pflegekassen legt Einzelheiten zum Einsatz des Entlastungsbetrags für andere Hilfen nach Satz 1 in Empfehlungen fest.

(5c) Abweichend von § 45b Absatz 1 Satz 5 zweiter Halbsatz kann der im Jahr 2019 sowie der im Jahr 2020 nicht verbrauchte Betrag für die Leistung nach § 45b Absatz 1 Satz 1 in den Zeitraum bis zum 30. September 2021 übertragen werden.

(5d) [1]Abweichend von § 44a Absatz 3 Satz 1 haben Beschäftigte im Sinne des § 7 Absatz 1 des Pflegezeitgesetzes[1)] Anspruch auf Pflegeunterstützungsgeld für bis zu insgesamt 20 Arbeitstage, um die Pflege eines pflegebedürftigen nahen Angehörigen im Sinne des § 7 Absatz 3 des Pflegezeitgesetzes sicherzustellen oder zu organisieren, unabhängig davon, ob eine kurzzeitige Arbeitsverhinderung im Sinne des § 2 des Pflegezeitgesetzes vorliegt, wenn

1. die Beschäftigten glaubhaft darlegen, dass sie die Pflege oder die Organisation der Pflege auf Grund der SARS-CoV-2-Pandemie übernehmen,
2. die Beschäftigten keinen Anspruch auf Entgeltfortzahlung vom Arbeitgeber, Kranken- oder Verletztengeld bei Erkrankung oder Unfall eines Kindes nach § 45 des Fünften Buches oder nach § 45 Absatz 4 des Siebten Buches[2)] haben und
3. die häusliche Pflege nicht anders sichergestellt werden kann.

[2]Abweichend von § 44a Absatz 6 Satz 1 haben landwirtschaftliche Unternehmer nach § 2 Absatz 1 Nummer 1 und 2 des Zweiten Gesetzes über die Krankenversicherung der Landwirte Anspruch auf Betriebshilfe für bis zu insgesamt 20 Arbeitstage, um die Pflege eines pflegebedürftigen nahen Angehörigen im Sinne des § 7 Absatz 3 des Pflegezeitgesetzes sicherzustellen oder zu organisieren, unabhängig davon, ob eine akut aufgetretene Pflegesituation vorliegt, sofern die Voraussetzungen nach Satz 1 Nummer 1 und 3 erfüllt sind. [3]Abweichend von § 44a Absatz 6 Satz 3 haben privat pflegeversicherte land-

[1)] Nr. **11/10**.
[2)] Nr. **7**.

wirtschaftliche Unternehmer Anspruch auf Kostenerstattung für bis zu insgesamt 20 Arbeitstage Betriebshilfe, um die Pflege eines pflegebedürftigen nahen Angehörigen im Sinne des § 7 Absatz 3 des Pflegezeitgesetzes sicherzustellen oder zu organisieren, unabhängig davon, ob eine akut aufgetretene Pflegesituation vorliegt, sofern die Voraussetzungen nach Satz 1 Nummer 1 und 3 erfüllt sind.

(6) [1] Die Absätze 1 bis 5b gelten bis einschließlich 31. März 2022. [2] Absatz 5d gilt in dem Zeitraum vom 23. Mai 2020 bis einschließlich 31. März 2022.

§ 150a[1] Sonderleistung während der Coronavirus-SARS-CoV-2-Pandemie. (1) [1] Die zugelassenen Pflegeeinrichtungen werden verpflichtet, ihren Beschäftigten im Jahr 2020 zum Zweck der Wertschätzung für die besonderen Anforderungen während der Coronavirus-SARS-CoV-2- Pandemie eine für jeden Beschäftigten einmalige Sonderleistung nach Maßgabe der Absätze 2 bis 6 und 8 zu zahlen (Corona-Prämie). [2] Gleiches gilt für Arbeitgeber, deren Arbeitnehmerinnen oder Arbeitnehmer in Einrichtungen nach Satz 1 im Rahmen einer Arbeitnehmerüberlassung oder eines Werk- oder Dienstleistungsvertrags eingesetzt werden.

(2) [1] Die Corona-Prämie ist für Vollzeitbeschäftigte, die in dem Zeitraum vom 1. März 2020 bis einschließlich zum 31. Oktober 2020 (Bemessungszeitraum) mindestens drei Monate in einer zugelassenen oder für eine zugelassene Pflegeeinrichtung tätig waren, in folgender Höhe auszuzahlen:

1. in Höhe von 1 000 Euro für Beschäftigte, die Leistungen nach diesem Buch oder im ambulanten Bereich nach dem Fünften Buch durch die direkte Pflege und Betreuung von Pflegebedürftigen erbringen,
2. in Höhe von 667 Euro für andere Beschäftigte, die in einem Umfang von mindestens 25 Prozent ihrer Arbeitszeit gemeinsam mit Pflegebedürftigen tagesstrukturierend, aktivierend, betreuend oder pflegend tätig sind,
3. in Höhe von 334 Euro für alle übrigen Beschäftigten.

[2] Freiwillige im Sinne des § 2 des Bundesfreiwilligendienstgesetzes[2] und Freiwillige im Sinne des § 2 des Jugendfreiwilligendienstgesetzes[3] im freiwilligen sozialen Jahr erhalten eine Corona-Prämie in Höhe von 100 Euro.

(3) [1] Den folgenden Auszubildenden, die mit einer zugelassenen Pflegeeinrichtung einen Ausbildungsvertrag geschlossen haben oder im Bemessungszeitraum mindestens drei Monate in einer zugelassenen Pflegeeinrichtung zur Durchführung der praktischen Ausbildung tätig waren, ist eine Corona-Prämie in Höhe von 600 Euro zu zahlen:

1. Auszubildenden zur Altenpflegerin oder zum Altenpfleger nach § 58 Absatz 2 des Pflegeberufegesetzes[4],
2. Auszubildenden zur Altenpflegerin oder zum Altenpfleger nach § 66 Absatz 2 des Pflegeberufegesetzes,
3. Auszubildenden zur Gesundheits- und Krankenpflegerin oder zum Gesundheits- und Krankenpfleger nach § 66 Absatz 1 Satz 1 Nummer 1 des Pflegeberufegesetzes,

---

[1] § 150a eingef. mWv 23.5.2020 durch G v. 19.5.2020 (BGBl. I S. 1018).
[2] **Loseblatt-Textsammlung Arbeitsrecht Nr. 422a.**
[3] **Loseblatt-Textsammlung Arbeitsrecht Nr. 422.**
[4] **Loseblatt-Textsammlung Arbeitsrecht Nr. 416.**

4. Auszubildenden zur Gesundheits- und Kinderkrankenpflegerin oder zum Gesundheits- und Kinderkrankenpfleger nach § 58 Absatz 1 des Pflegeberufegesetzes,
5. Auszubildenden zur Gesundheits- und Kinderkrankenpflegerin oder zum Gesundheits- und Kinderkrankenpfleger nach § 66 Absatz 1 Satz 1 Nummer 2 des Pflegeberufegesetzes oder
6. Auszubildenden zur Pflegefachfrau oder zum Pflegefachmann nach dem Pflegeberufegesetz.

[2] Satz 1 gilt entsprechend für Auszubildende in landesrechtlich geregelten Assistenz- oder Helferausbildungen in der Pflege von mindestens einjähriger Dauer.

(4) [1] An Beschäftigte, die im Bemessungszeitraum mindestens drei Monate in einer zugelassenen Pflegeeinrichtung tätig waren und in dieser Zeit ganz oder teilweise in Teilzeit gearbeitet haben, ist die Corona-Prämie anteilig im Verhältnis zu den in Absatz 2 Satz 1 genannten Höhen zu zahlen. [2] Der jeweilige Anteil entspricht dem Anteil der von ihnen wöchentlich durchschnittlich in dem Bemessungszeitraum tatsächlich geleisteten Stunden im Verhältnis zur regelmäßigen Wochenarbeitszeit der bei derselben Pflegeeinrichtung Vollzeitbeschäftigten, mindestens jedoch dem Anteil der mit ihnen vertraglich vereinbarten durchschnittlichen Wochenarbeitszeit im Verhältnis zur regelmäßigen Wochenarbeitszeit der bei der Pflegeeinrichtung Vollzeitbeschäftigten. [3] Abweichend von Satz 1 ist die Corona-Prämie nach Absatz 2 ungekürzt an Teilzeitbeschäftigte zu zahlen, wenn sie im Bemessungszeitraum mindestens drei Monate in einer zugelassenen Pflegeeinrichtung tätig waren und ihre wöchentliche tatsächliche oder vertragliche Arbeitszeit in diesem Zeitraum 35 Stunden oder mehr betrug.

(5) Die folgenden Unterbrechungen der Tätigkeit im Bemessungszeitraum sind für die Berechnung des dreimonatigen Zeitraums, in dem die Beschäftigten im Bemessungszeitraum mindestens in einer zugelassenen Pflegeeinrichtung tätig sein müssen, unbeachtlich:

1. Unterbrechungen von bis zu 14 Kalendertagen,
2. Unterbrechungen auf Grund einer COVID-19-Erkrankung,
3. Unterbrechungen auf Grund von Quarantänemaßnahmen,
4. Unterbrechungen auf Grund eines Arbeitsunfalls oder
5. Unterbrechungen wegen Erholungsurlaubs.

(6) [1] Soweit Beschäftigte einer Pflegeeinrichtung im Bemessungszeitraum ganz oder teilweise in Kurzarbeit gearbeitet haben, sind für die Bemessung der diesen Beschäftigten jeweils zustehenden Corona-Prämie die von ihnen wöchentlich durchschnittlich im Bemessungszeitraum tatsächlich geleisteten Stunden maßgeblich. [2] Absatz 4 gilt im Übrigen entsprechend.

(7) [1] Die zugelassenen Pflegeeinrichtungen erhalten im Wege der Vorauszahlung von der sozialen Pflegeversicherung den Betrag, den sie für die Auszahlung der in den Absätzen 2 bis 4 und 6 genannten Corona-Prämien benötigen, erstattet. [2] Gleiches gilt für Arbeitgeber nach Absatz 1 Satz 2. [3] Die in den Absätzen 2 bis 4 und 6 genannten Corona-Prämien sowie weitere von den zugelassenen Pflegeeinrichtungen an ihre Beschäftigten gezahlten, vergleichbaren Sonderleistungen können nicht nach § 150 Absatz 2 erstattet werden und dürfen auch nicht zu finanziellen Belastungen der Pflegebedürfti-

gen führen. [4] Bei ambulanten Pflegeeinrichtungen tragen die gesetzlichen Krankenkassen und die soziale Pflegeversicherung die nach Satz 1 entstehenden Erstattungen entsprechend dem Verhältnis, das dem Verhältnis zwischen den Ausgaben der Krankenkassen für die häusliche Krankenpflege und den Ausgaben der sozialen Pflegeversicherung für Pflegesachleistungen im vorangegangenen Kalenderjahr entspricht. [5] Zur Finanzierung der den Krankenkassen nach Satz 4 entstehenden Kosten erhebt der Spitzenverband Bund der Krankenkassen von den Krankenkassen eine Umlage gemäß dem Anteil der Versicherten der Krankenkassen an der Gesamtzahl der Versicherten aller Krankenkassen. [6] Das Nähere zum Umlageverfahren und zur Zahlung an die Pflegeversicherung bestimmt der Spitzenverband Bund der Krankenkassen. [7] Die Pflegekassen stellen sicher, dass alle Pflegeeinrichtungen und alle Arbeitgeber im Sinne von Absatz 1 Satz 2 den Betrag, den sie für die Auszahlung der in den Absätzen 2 bis 4 und 6 genannten Corona-Prämien benötigen und den sie an die Pflegekassen gemeldet haben, von der sozialen Pflegeversicherung zu den folgenden Zeitpunkten erhalten:

1. bis spätestens 15. Juli 2020 für die Beschäftigten und Arbeitnehmer nach Absatz 1 Satz 2, die bis zum 1. Juni 2020 die Voraussetzungen erfüllen, und
2. bis spätestens 15. Dezember 2020 für die Beschäftigten und Arbeitnehmer nach Absatz 1 Satz 2, die die Voraussetzungen bis zum 1. Juni 2020 noch nicht erfüllen, aber diese bis zum 31. Oktober 2020 erfüllen.

[8] Die Pflegeeinrichtungen und die Arbeitgeber im Sinne von Absatz 1 Satz 2 haben den Pflegekassen bis spätestens 15. Februar 2021 die tatsächliche Auszahlung der Corona-Prämien anzuzeigen. [9] Der Spitzenverband Bund der Pflegekassen legt im Benehmen mit den Bundesvereinigungen der Träger stationärer und ambulanter Pflegeeinrichtungen und geeigneten Verbänden der Arbeitgeber nach Absatz 1 Satz 2 auf Bundesebene unverzüglich das Nähere für das Verfahren einschließlich der Information der Beschäftigten und Arbeitnehmer nach Absatz 1 Satz 2 über ihren Anspruch fest. [10] Die Verfahrensregelungen bedürfen der Zustimmung des Bundesministeriums für Gesundheit.

(8) [1] Die Auszahlung der jeweiligen Corona-Prämie durch die jeweilige zugelassene Pflegeeinrichtung oder die Arbeitgeber nach Absatz 1 Satz 2 an ihre Beschäftigten hat unverzüglich nach Erhalt der Vorauszahlung nach Absatz 7, spätestens mit der nächstmöglichen regelmäßigen Entgeltauszahlung zu erfolgen. [2] Sie ist den Beschäftigten in der gesamten ihnen nach den Absätzen 2 bis 4 und 6 zustehenden Höhe in Geld über das Arbeitsentgelt und sonstige Bezüge hinaus auszuzahlen. [3] Eine Aufrechnung mit Ansprüchen der Pflegeeinrichtung oder der Arbeitgeber nach Absatz 1 Satz 2 gegen den Beschäftigten oder Arbeitnehmer nach Absatz 1 Satz 2 ist ausgeschlossen. [4] Die Corona-Prämie ist unpfändbar. [5] Die Sätze 1 bis 4 gelten entsprechend für die Ausbildungsvergütung sowie für das Taschengeld für Freiwillige im Sinne des § 2 des Bundesfreiwilligendienstgesetzes und für Freiwillige im Sinne des § 2 des Jugendfreiwilligendienstgesetzes im freiwilligen sozialen Jahr.

(9) [1] Die Corona-Prämie kann durch die Länder oder die zugelassenen Pflegeeinrichtungen unter Berücksichtigung der Bemessungsgrundlagen der Absätze 1 bis 6 über die dort genannten Höchstbeträge hinaus auf folgende Beträge erhöht werden:

1. auf bis zu 1 500 Euro für Vollzeit-, Teilzeit- oder in Kurzarbeit Beschäftigte, die die in Absatz 2 Satz 1 Nummer 1 genannten Voraussetzungen erfüllen,
2. auf bis zu 1 000 Euro für Vollzeit-, Teilzeit- oder in Kurzarbeit Beschäftigte, die die in Absatz 2 Satz 1 Nummer 2 genannten Voraussetzungen erfüllen,
3. auf bis zu 500 Euro für alle übrigen Vollzeit-, Teilzeit- oder in Kurzarbeit Beschäftigten einer zugelassenen Pflegeeinrichtung,
4. auf bis zu 150 Euro für die in Absatz 2 Satz 2 genannten Personen sowie
5. auf bis zu 900 Euro für die in nach Absatz 3 genannten Auszubildenden.

[2] Gleiches gilt für die Arbeitgeber und Arbeitnehmer nach Absatz 1 Satz 2. [3] Die Länder regeln ihr Verfahren. [4] Sie können sich dabei an den Verfahrensregelungen dieser Vorschrift, insbesondere an den genannten Fristen, orientieren.

§ 150b[1)] Nichtanrechnung von Arbeitstagen mit Bezug von Pflegeunterstützungsgeld, Betriebshilfe oder Kostenerstattung gemäß § 150 Absatz 5d. Die Arbeitstage, für die Pflegeunterstützungsgeld im Geltungszeitraum von § 150 Absatz 5d Satz 1, Betriebshilfe im Geltungszeitraum von § 150 Absatz 5d Satz 2 oder Kostenerstattung im Geltungszeitraum von § 150 Absatz 5d Satz 3 in Anspruch genommen worden ist, werden auf die Arbeitstage, für die Pflegeunterstützungsgeld gemäß § 44a Absatz 3, Betriebshilfe gemäß § 44a Absatz 6 Satz 1 oder Kostenerstattung gemäß § 44a Absatz 6 Satz 3 in Anspruch genommen werden kann, nicht angerechnet.

§ 151[2)] Qualitätsprüfungen nach § 114. Abweichend von § 114 Absatz 2 Satz 1 und 2 finden bis einschließlich 30. September 2020 keine Regelprüfungen statt.

§ 152[2)] Verordnungsermächtigung. Das Bundesministerium für Gesundheit kann nach einer erneuten Risikobeurteilung bei Fortbestehen oder erneutem Risiko für ein Infektionsgeschehen im Zusammenhang mit dem neuartigen Coronavirus SARS-CoV-2 den Befristungszeitraum der §§ 147 bis 151 jeweils durch Rechtsverordnung mit Zustimmung des Bundesrates um jeweils bis zu einem halben Jahr verlängern[3)].

§ 153[4)] Erstattung pandemiebedingter Kosten durch den Bund; Verordnungsermächtigung. [1] Wenn der Mittelbestand der sozialen Pflegeversicherung aufgrund pandemiebedingter Mehrausgaben absehbar das gesetzliche Betriebsmittel- und Rücklagesoll der Pflegekassen zu unterschreiten droht, gewährt der Bundeshaushalt der sozialen Pflegeversicherung in den Jahren 2021 und 2022 einen Zuschuss in erforderlicher Höhe (Bundeszuschuss). [2] Das Bundesministerium für Gesundheit wird ermächtigt, das Nähere durch Rechts-

---

1) § 150b neu gef. mWv 1.1.2022 durch G v. 22.11.2021 (BGBl. I S. 4906).

2) 16. Kap. 3. Abschn. (§§ 147–152) angef. mWv 28.3.2020 durch G v. 27.3.2020 (BGBl. I S. 580).

3) Siehe hierzu ua die VO zur Verlängerung von Maßnahmen zur Aufrechterhaltung der pflegerischen Versorgung während der Covid-19-Pandemie v. 28.6.2021 (BAnz AT 30.06.2021 V2), aufgeh. durch VO v. 21.9.2021 (BAnz AT 22.09.2021 V1) und die Zweite VO zur Verlängerung von Maßnahmen zur Aufrechterhaltung der pflegerischen Versorgung während der Covid-19-Pandemie v. 21.9.2021 (BAnz AT 22.09.2021 V1).

4) § 153 eingef. mWv 31.3.2021 durch G v. 29.3.2021 (BGBl. I S. 370); Satz 1 geänd. mWv 1.1. 2022 durch G v. 22.11.2021 (BGBl. I S. 4906).

verordnung im Einvernehmen mit dem Bundesministerium der Finanzen ohne Zustimmung des Bundesrates zu bestimmen.

Anlage 1[1]
(zu § 15)

Einzelpunkte der Module 1 bis 6; Bildung der Summe der Einzelpunkte in jedem Modul

Modul 1: Einzelpunkte im Bereich der Mobilität

Das Modul umfasst fünf Kriterien, deren Ausprägungen in den folgenden Kategorien mit den nachstehenden Einzelpunkten gewertet werden:

Ziffer	Kriterien	selbständig	überwiegend selbständig	überwiegend unselbständig	unselbständig
1.1	Positionswechsel im Bett	0	1	2	3
1.2	Halten einer stabilen Sitzposition	0	1	2	3
1.3	Umsetzen	0	1	2	3
1.4	Fortbewegen innerhalb des Wohnbereichs	0	1	2	3
1.5	Treppensteigen	0	1	2	3

Modul 2: Einzelpunkte im Bereich der kognitiven und kommunikativen Fähigkeiten

Das Modul umfasst elf Kriterien, deren Ausprägungen in den folgenden Kategorien mit den nachstehenden Einzelpunkten gewertet werden:

(Fortsetzung nächstes Blatt)

[1] Anl. 1 angef. mWv 1.1.2017 durch G v. 21.12.2015 (BGBl. I S. 2424); geänd. mWv 1.1.2017 durch G v. 23.12.2016 (BGBl. I S. 3191).

11/10. Gesetz über die Pflegezeit (Pflegezeitgesetz – PflegeZG)[1) 2)]

Vom 28. Mai 2008
(BGBl. I S. 874)

FNA 860-11-4

geänd. durch Art. 2 G zur besseren Vereinbarkeit von Familie, Pflege und Beruf v. 23.12.2014 (BGBl. I S. 2462), Art. 7 Zweites PflegestärkungsG v. 21.12.2015 (BGBl. I S. 2424), Art. 5b und 18 Abs. 8a Zweites G zum Schutz der Bevölkerung bei einer epidemischen Lage von nationaler Tragweite v. 19.5.2020 (BGBl. I S. 1018), Art. 10 und 11 KrankenhauszukunftsG v. 23.10.2020 (BGBl. I S. 2208, geänd. durch G v. 22.12.2020, BGBl. I S. 3299, G v. 29.3.2021, BGBl. I S. 370, G v. 25.6. 2021, BGBl. I S. 2020 und G v. 22.11.2021 BGBl. I S. 4906), Art. 4c Gesundheitsversorgungs- und PflegeverbesserungsG v. 22.12.2020 (BGBl. I S. 3299), Art. 5 G zur Fortgeltung der die epidemische Lage von nationaler Tragweite betreffenden Regelungen v. 29.3.2021 (BGBl. I S. 370), Art. 3 KitafinanzhilfenänderungsG v. 25.6.2021 (BGBl. I S. 2020) und Art. 17 G zur Änd. des InfektionsschutzG und weiterer Gesetze anlässlich der Aufhebung der Feststellung der epidemischen Lage von nationaler Tragweite v. 22.11.2021 (BGBl. I S. 4906)

§ 1 Ziel des Gesetzes. Ziel des Gesetzes ist, Beschäftigten die Möglichkeit zu eröffnen, pflegebedürftige nahe Angehörige in häuslicher Umgebung zu pflegen und damit die Vereinbarkeit von Beruf und familiärer Pflege zu verbessern.

§ 2[3)] Kurzzeitige Arbeitsverhinderung. (1) Beschäftigte haben das Recht, bis zu zehn Arbeitstage der Arbeit fernzubleiben, wenn dies erforderlich ist, um für einen pflegebedürftigen nahen Angehörigen in einer akut aufgetretenen Pflegesituation eine bedarfsgerechte Pflege zu organisieren oder eine pflegerische Versorgung in dieser Zeit sicherzustellen.

(2) [1] Beschäftigte sind verpflichtet, dem Arbeitgeber ihre Verhinderung an der Arbeitsleistung und deren voraussichtliche Dauer unverzüglich mitzuteilen. [2] Dem Arbeitgeber ist auf Verlangen eine ärztliche Bescheinigung über die Pflegebedürftigkeit des nahen Angehörigen und die Erforderlichkeit der in Absatz 1 genannten Maßnahmen vorzulegen.

(3) [1] Der Arbeitgeber ist zur Fortzahlung der Vergütung nur verpflichtet, soweit sich eine solche Verpflichtung aus anderen gesetzlichen Vorschriften oder auf Grund einer Vereinbarung ergibt. [2] Ein Anspruch der Beschäftigten auf Zahlung von Pflegeunterstützungsgeld richtet sich nach § 44a Absatz 3 des Elften Buches Sozialgesetzbuch[4)].

§ 3[5)] Pflegezeit und sonstige Freistellungen. (1) [1] Beschäftigte sind von der Arbeitsleistung vollständig oder teilweise freizustellen, wenn sie einen pflegebedürftigen nahen Angehörigen in häuslicher Umgebung pflegen (Pfle-

[1)] Verkündet als Art. 3 Pflege-WeiterentwicklungsG v. 28.5.2008 (BGBl. I S. 874); Inkrafttreten gem. Art. 17 Abs. 1 dieses G am 1.7.2008.

[2)] Die Änderung durch G v. 23.10.2020 , geänd. durch G v. 22.12.2020, BGBl. I S. 3299, G v. 29.3. 2021, BGBl. I S. 370, G v. 25.6.2021, BGBl. I S. 2020 und G v. 22.11.2021 BGBl. I S. 4906 tritt teilweise erst **mWv 1.4.2022** in Kraft und ist insoweit im Text noch nicht berücksichtigt.

[3)] § 2 Abs. 3 Satz 2 angef. mWv 1.1.2015 durch G v. 23.12.2014 (BGBl. I S. 2462).

[4)] Nr. **11**.

[5)] § 3 Überschrift geänd., Abs. 3 Sätze 3–6 sowie Abs. 5–7 angef. mWv 1.1.2015 durch G v. 23.12. 2014 (BGBl. I S. 2462).

gezeit). [2]Der Anspruch nach Satz 1 besteht nicht gegenüber Arbeitgebern mit in der Regel 15 oder weniger Beschäftigten.

(2) [1]Die Beschäftigten haben die Pflegebedürftigkeit des nahen Angehörigen durch Vorlage einer Bescheinigung der Pflegekasse oder des Medizinischen Dienstes der Krankenversicherung nachzuweisen. [2]Bei in der privaten Pflege-Pflichtversicherung versicherten Pflegebedürftigen ist ein entsprechender Nachweis zu erbringen.

(3) [1]Wer Pflegezeit beanspruchen will, muss dies dem Arbeitgeber spätestens zehn Arbeitstage vor Beginn schriftlich ankündigen und gleichzeitig erklären, für welchen Zeitraum und in welchem Umfang die Freistellung von der Arbeitsleistung in Anspruch genommen werden soll. [2]Wenn nur teilweise Freistellung in Anspruch genommen wird, ist auch die gewünschte Verteilung der Arbeitszeit anzugeben. [3]Enthält die Ankündigung keine eindeutige Festlegung, ob die oder der Beschäftigte Pflegezeit oder Familienpflegezeit nach § 2 des Familienpflegezeitgesetzes[1)] in Anspruch nehmen will, und liegen die Voraussetzungen beider Freistellungsansprüche vor, gilt die Erklärung als Ankündigung von Pflegezeit. [4]Beansprucht die oder der Beschäftigte nach der Pflegezeit Familienpflegezeit oder eine Freistellung nach § 2 Absatz 5 des Familienpflegezeitgesetzes zur Pflege oder Betreuung desselben pflegebedürftigen Angehörigen, muss sich die Familienpflegezeit oder die Freistellung nach § 2 Absatz 5 des Familienpflegezeitgesetzes unmittelbar an die Pflegezeit anschließen. [5]In diesem Fall soll die oder der Beschäftigte möglichst frühzeitig erklären, ob sie oder er Familienpflegezeit oder eine Freistellung nach § 2 Absatz 5 des Familienpflegezeitgesetzes in Anspruch nehmen wird; abweichend von § 2a Absatz 1 Satz 1 des Familienpflegezeitgesetzes muss die Ankündigung spätestens drei Monate vor Beginn der Familienpflegezeit erfolgen. [6]Wird Pflegezeit nach einer Familienpflegezeit oder einer Freistellung nach § 2 Absatz 5 des Familienpflegezeitgesetzes in Anspruch genommen, ist die Pflegezeit in unmittelbarem Anschluss an die Familienpflegezeit oder die Freistellung nach § 2 Absatz 5 des Familienpflegezeitgesetzes zu beanspruchen und abweichend von Satz 1 dem Arbeitgeber spätestens acht Wochen vor Beginn der Pflegezeit schriftlich anzukündigen.

(4) [1]Wenn nur teilweise Freistellung in Anspruch genommen wird, haben Arbeitgeber und Beschäftigte über die Verringerung und die Verteilung der Arbeitszeit eine schriftliche Vereinbarung zu treffen. [2]Hierbei hat der Arbeitgeber den Wünschen der Beschäftigten zu entsprechen, es sei denn, dass dringende betriebliche Gründe entgegenstehen.

(5) [1]Beschäftigte sind von der Arbeitsleistung vollständig oder teilweise freizustellen, wenn sie einen minderjährigen pflegebedürftigen nahen Angehörigen in häuslicher oder außerhäuslicher Umgebung betreuen. [2]Die Inanspruchnahme dieser Freistellung ist jederzeit im Wechsel mit der Freistellung nach Absatz 1 im Rahmen der Gesamtdauer nach § 4 Absatz 1 Satz 4 möglich. [3]Absatz 1 Satz 2 und die Absätze 2 bis 4 gelten entsprechend. [4]Beschäftigte können diesen Anspruch wahlweise statt des Anspruchs auf Pflegezeit nach Absatz 1 geltend machen.

(6) [1]Beschäftigte sind zur Begleitung eines nahen Angehörigen von der Arbeitsleistung vollständig oder teilweise freizustellen, wenn dieser an einer Erkrankung leidet, die progredient verläuft und bereits ein weit fortgeschritte-

[1)] Nr. **11/20**.

nes Stadium erreicht hat, bei der eine Heilung ausgeschlossen und eine palliativmedizinische Behandlung notwendig ist und die lediglich eine begrenzte Lebenserwartung von Wochen oder wenigen Monaten erwarten lässt. [2] Beschäftigte haben diese gegenüber dem Arbeitgeber durch ein ärztliches Zeugnis nachzuweisen. [3] Absatz 1 Satz 2, Absatz 3 Satz 1 und 2 und Absatz 4 gelten entsprechend. [4] § 45 des Fünften Buches Sozialgesetzbuch bleibt unberührt.

(7) Ein Anspruch auf Förderung richtet sich nach den §§ 3, 4, 5 Absatz 1 Satz 1 und Absatz 2 sowie den §§ 6 bis 10 des Familienpflegezeitgesetzes.

§ 4[1)] Dauer der Inanspruchnahme. (1) [1] Die Pflegezeit nach § 3 beträgt für jeden pflegebedürftigen nahen Angehörigen längstens sechs Monate (Höchstdauer). [2] Für einen kürzeren Zeitraum in Anspruch genommene Pflegezeit kann bis zur Höchstdauer verlängert werden, wenn der Arbeitgeber zustimmt. [3] Eine Verlängerung bis zur Höchstdauer kann verlangt werden, wenn ein vorgesehener Wechsel in der Person des Pflegenden aus einem wichtigen Grund nicht erfolgen kann. [4] Pflegezeit und Familienpflegezeit nach § 2 des Familienpflegezeitgesetzes[2)] dürfen gemeinsam die Gesamtdauer von 24 Monaten je pflegebedürftigem nahen Angehörigen nicht überschreiten. [5] Die Pflegezeit wird auf Berufsbildungszeiten nicht angerechnet.

(2) [1] Ist der nahe Angehörige nicht mehr pflegebedürftig oder die häusliche Pflege des nahen Angehörigen unmöglich oder unzumutbar, endet die Pflegezeit vier Wochen nach Eintritt der veränderten Umstände. [2] Der Arbeitgeber ist über die veränderten Umstände unverzüglich zu unterrichten. [3] Im Übrigen kann die Pflegezeit nur vorzeitig beendet werden, wenn der Arbeitgeber zustimmt.

(3) [1] Für die Betreuung nach § 3 Absatz 5 gelten die Absätze 1 und 2 entsprechend. [2] Für die Freistellung nach § 3 Absatz 6 gilt eine Höchstdauer von drei Monaten je nahem Angehörigen. [3] Für die Freistellung nach § 3 Absatz 6 gelten Absatz 1 Satz 2, 3 und 5 sowie Absatz 2 entsprechend; bei zusätzlicher Inanspruchnahme von Pflegezeit oder einer Freistellung nach § 3 Absatz 5 oder Familienpflegezeit oder einer Freistellung nach § 2 Absatz 5 des Familienpflegezeitgesetzes dürfen die Freistellungen insgesamt 24 Monate je nahem Angehörigen nicht überschreiten.

(4) Der Arbeitgeber kann den Erholungsurlaub, der der oder dem Beschäftigten für das Urlaubsjahr zusteht, für jeden vollen Kalendermonat der vollständigen Freistellung von der Arbeitsleistung um ein Zwölftel kürzen.

§ 4a[3)] Erneute Pflegezeit nach Inanspruchnahme einer Freistellung auf Grundlage der Sonderregelungen aus Anlass der COVID-19-Pandemie. (1) Abweichend von § 4 Absatz 1 Satz 2 und 3 können Beschäftigte einmalig nach einer beendeten Pflegezeit zur Pflege oder Betreuung desselben pflegebedürftigen Angehörigen Pflegezeit erneut, jedoch insgesamt nur bis zur Höchstdauer nach § 4 Absatz 1 Satz 1 in Anspruch nehmen, wenn die Gesamtdauer nach § 4 Absatz 1 Satz 4 nicht überschritten wird und die Inanspruchnahme der beendeten Pflegezeit auf der Grundlage der Sonderregelungen aus Anlass der COVID-19-Pandemie erfolgte.

[1)] § 4 Überschrift geänd., Abs. 1 Satz 4 eingef., bish. Satz 4 wird Satz 5, Abs. 3 und 4 angef. mWv 1.1.2015 durch G v. 23.12.2014 (BGBl. I S. 2462).

[2)] Nr. **11/20**.

[3)] § 4a eingef. mWv 29.10.2020 durch G v. 23.10.2020 (BGBl. I S. 2208).

(2) Abweichend von § 3 Absatz 3 Satz 4 muss sich die Familienpflegezeit oder eine Freistellung nach § 2 Absatz 5 des Familienpflegezeitgesetzes[1)] nicht unmittelbar an die Pflegezeit anschließen, wenn die Pflegezeit auf Grund der Sonderregelungen aus Anlass der COVID-19-Pandemie in Anspruch genommen wurde und die Gesamtdauer nach § 4 Absatz 1 Satz 4 nicht überschritten wird.

(3) Abweichend von § 3 Absatz 3 Satz 6 muss sich die Pflegezeit nicht unmittelbar an die Familienpflegezeit oder an die Freistellung nach § 2 Absatz 5 des Familienpflegezeitgesetzes anschließen, wenn die Familienpflegezeit oder Freistellung auf Grund der Sonderregelungen aus Anlass der COVID-19-Pandemie erfolgte und die Gesamtdauer nach § 4 Absatz 1 Satz 4 nicht überschritten wird.

§ 5[2)] Kündigungsschutz. (1) Der Arbeitgeber darf das Beschäftigungsverhältnis von der Ankündigung, höchstens jedoch zwölf Wochen vor dem angekündigten Beginn, bis zur Beendigung der kurzzeitigen Arbeitsverhinderung nach § 2 oder der Freistellung nach § 3 nicht kündigen.

(2) [1] In besonderen Fällen kann eine Kündigung von der für den Arbeitsschutz zuständigen obersten Landesbehörde oder der von ihr bestimmten Stelle ausnahmsweise für zulässig erklärt werden. [2] Die Bundesregierung kann hierzu mit Zustimmung des Bundesrates allgemeine Verwaltungsvorschriften erlassen.

§ 6[3)] Befristete Verträge. (1) [1] Wenn zur Vertretung einer Beschäftigten oder eines Beschäftigten für die Dauer der kurzzeitigen Arbeitsverhinderung nach § 2 oder der Freistellung nach § 3 eine Arbeitnehmerin oder ein Arbeitnehmer eingestellt wird, liegt hierin ein sachlicher Grund für die Befristung des Arbeitsverhältnisses. [2] Über die Dauer der Vertretung nach Satz 1 hinaus ist die Befristung für notwendige Zeiten einer Einarbeitung zulässig.

(2) Die Dauer der Befristung des Arbeitsvertrages muss kalendermäßig bestimmt oder bestimmbar sein oder den in Absatz 1 genannten Zwecken zu entnehmen sein.

(3) [1] Der Arbeitgeber kann den befristeten Arbeitsvertrag unter Einhaltung einer Frist von zwei Wochen kündigen, wenn die Freistellung nach § 4 Abs. 2 Satz 1 vorzeitig endet. [2] Das Kündigungsschutzgesetz[4)] ist in diesen Fällen nicht anzuwenden. [3] Satz 1 gilt nicht, soweit seine Anwendung vertraglich ausgeschlossen ist.

(4) [1] Wird im Rahmen arbeitsrechtlicher Gesetze oder Verordnungen auf die Zahl der beschäftigten Arbeitnehmerinnen und Arbeitnehmer abgestellt, sind bei der Ermittlung dieser Zahl Arbeitnehmerinnen und Arbeitnehmer, die nach § 2 kurzzeitig an der Arbeitsleistung verhindert oder nach § 3 freigestellt sind, nicht mitzuzählen, solange für sie auf Grund von Absatz 1 eine Vertreterin oder ein Vertreter eingestellt ist. [2] Dies gilt nicht, wenn die Vertreterin oder der Vertreter nicht mitzuzählen ist. [3] Die Sätze 1 und 2 gelten entsprechend, wenn im Rahmen arbeitsrechtlicher Gesetze oder Verordnungen auf die Zahl der Arbeitsplätze abgestellt wird.

[1)] Nr. **11/20**.

[2)] § 5 Abs. 1 geänd. mWv 1.1.2015 durch G v. 23.12.2014 (BGBl. I S. 2462).

[3)] § 6 Abs. 1 Satz 1 und Abs. 3 Satz 1 geänd. mWv 1.1.2015 durch G v. 23.12.2014 (BGBl. I S. 2462).

[4)] **Loseblatt-Textsammlung Arbeitsrecht Nr. 152.**

§ 7[1)] Begriffsbestimmungen. (1) Beschäftigte im Sinne dieses Gesetzes sind
1. Arbeitnehmerinnen und Arbeitnehmer,
2. die zu ihrer Berufsbildung Beschäftigten,
3. Personen, die wegen ihrer wirtschaftlichen Unselbständigkeit als arbeitnehmerähnliche Personen anzusehen sind; zu diesen gehören auch die in Heimarbeit Beschäftigten und die ihnen Gleichgestellten.

(2) [1] Arbeitgeber im Sinne dieses Gesetzes sind natürliche und juristische Personen sowie rechtsfähige Personengesellschaften, die Personen nach Absatz 1 beschäftigen. [2] Für die arbeitnehmerähnlichen Personen, insbesondere für die in Heimarbeit Beschäftigten und die ihnen Gleichgestellten, tritt an die Stelle des Arbeitgebers der Auftraggeber oder Zwischenmeister.

(3) Nahe Angehörige im Sinne dieses Gesetzes sind
1. Großeltern, Eltern, Schwiegereltern, Stiefeltern,
2. Ehegatten, Lebenspartner, Partner einer eheähnlichen oder lebenspartnerschaftsähnlichen Gemeinschaft, Geschwister, Ehegatten der Geschwister und Geschwister der Ehegatten, Lebenspartner der Geschwister und Geschwister der Lebenspartner,
3. Kinder, Adoptiv- oder Pflegekinder, die Kinder, Adoptiv- oder Pflegekinder des Ehegatten oder Lebenspartners, Schwiegerkinder und Enkelkinder.

(4) [1] Pflegebedürftig im Sinne dieses Gesetzes sind Personen, die die Voraussetzungen nach den §§ 14 und 15 des Elften Buches Sozialgesetzbuch[2)] erfüllen. [2] Pflegebedürftig im Sinne von § 2 sind auch Personen, die die Voraussetzungen nach den §§ 14 und 15 des Elften Buches Sozialgesetzbuch voraussichtlich erfüllen.

§ 8 Unabdingbarkeit. Von den Vorschriften dieses Gesetzes kann nicht zuungunsten der Beschäftigten abgewichen werden.

§ 9[3)] Sonderregelungen aus Anlass der COVID-19-Pandemie.

(1) [1] Abweichend von § 2 Absatz 1 haben Beschäftigte das Recht, in dem Zeitraum vom 29. Oktober 2020 bis einschließlich 31. März 2022 bis zu 20 Arbeitstage der Arbeit fernzubleiben, wenn die akute Pflegesituation auf Grund der COVID-19-Pandemie aufgetreten ist. [2] Der Zusammenhang wird vermutet.

(2) § 2 Absatz 3 Satz 2 ist bis zum Ablauf des 31. März 2022 mit der Maßgabe anzuwenden, dass sich der Anspruch auch nach § 150 Absatz 5d Satz 1 des Elften Buches Sozialgesetzbuch[2)] richtet.

(3) Abweichend von § 3 Absatz 3 Satz 1 gilt, dass die Ankündigung in Textform erfolgen muss.

[1)] § 7 Abs. 3 Nr. 1 und 2 geänd. mWv 1.1.2015 durch G v. 23.12.2014 (BGBl. I S. 2462); Abs. 3 Nr. 2 geänd. mWv 1.1.2016 durch G v. 21.12.2015 (BGBl. I S. 2424).

[2)] Nr. **11**.

[3)] § 9 angef. mWv 29.10.2020 durch G v. 23.10.2020 (BGBl. I S. 2208); Abs. 1 Satz 1, Abs. 2, Abs. 4 Satz 1 und Abs. 5 und 7 geänd. mWv 30.12.2020 durch G v. 22.12.2020 (BGBl. I S. 3299); Abs. 1 Satz 1, Abs. 2, Abs. 4 Satz 1 und Abs. 5 und 7 geänd. mWv 31.3.2021 durch G v. 29.3.2021 (BGBl. I S. 370); Abs. 1 Satz 1, Abs. 2, Abs. 4 Satz 1 und Abs. 5 und 7 geänd. mWv 30.6.2021 durch G v. 25.6.2021 (BGBl. I S. 2020); Abs. 1 Satz 1, Abs. 2, Abs. 4 Satz 1, Abs. 5 und 7 geänd. mWv 24.11.2021 durch G v. 22.11.2021 (BGBl. I S. 4906).

(4) [1] Abweichend von § 3 Absatz 3 Satz 4 muss sich die Familienpflegezeit oder die Freistellung nach § 2 Absatz 5 des Familienpflegezeitgesetzes[1)] nicht unmittelbar an die Pflegezeit anschließen, wenn der Arbeitgeber zustimmt, die Gesamtdauer nach § 4 Absatz 1 Satz 4 nicht überschritten wird und die Familienpflegezeit oder die Freistellung nach § 2 Absatz 5 des Familienpflegezeitgesetzes spätestens mit Ablauf des 31. März 2022 endet. [2] Die Ankündigung muss abweichend von § 3 Absatz 3 Satz 5 spätestens zehn Tage vor Beginn der Familienpflegezeit erfolgen.

(5) Abweichend von § 3 Absatz 3 Satz 6 muss sich die Pflegezeit nicht unmittelbar an die Familienpflegezeit oder an die Freistellung nach § 2 Absatz 5 des Familienpflegezeitgesetzes anschließen, wenn der Arbeitgeber zustimmt, die Gesamtdauer nach § 4 Absatz 1 Satz 4 nicht überschritten wird und die Pflegezeit spätestens mit Ablauf des 31. März 2022 endet; die Inanspruchnahme ist dem Arbeitgeber spätestens zehn Tage vor Beginn der Pflegezeit in Textform anzukündigen.

(6) Abweichend von § 3 Absatz 4 Satz 1 gilt, dass die Vereinbarung in Textform zu treffen ist.

(7) Abweichend von § 4 Absatz 1 Satz 2 und 3 können Beschäftigte mit Zustimmung des Arbeitgebers nach einer beendeten Pflegezeit zur Pflege oder Betreuung desselben pflegebedürftigen Angehörigen Pflegezeit erneut, jedoch insgesamt nur bis zur Höchstdauer nach § 4 Absatz 1 Satz 1 in Anspruch nehmen, wenn die Gesamtdauer nach § 4 Absatz 1 Satz 4 nicht überschritten wird und die Pflegezeit spätestens mit Ablauf des 31. März 2022 endet.

[1)] Nr. **11/20**.

11/20. Gesetz über die Familienpflegezeit (Familienpflegezeitgesetz – FPfZG)[1)]

Vom 6. Dezember 2011
(BGBl. I S. 2564)

FNA 860-11-5

geänd. durch Art. 1 G zur besseren Vereinbarkeit von Familie, Pflege und Beruf v. 23.12.2014 (BGBl. I S. 2462), Art. 5a und 18 Abs. 8a Zweites G zum Schutz der Bevölkerung bei einer epidemischen Lage von nationaler Tragweite v. 19.5.2020 (BGBl. I S. 1018), Art. 8 und 9 KrankenhauszukunftsG v. 23.10.2020 (BGBl. I S. 2208, geänd. durch G v. 22.12.2020, BGBl. I S. 3299, G v. 29.3.2021, BGBl. I S. 370, G v. 25.6.2021, BGBl. I S. 2020 und G v. 22.11.2021 BGBl. I S. 4906), Art. 4b Gesundheitsversorgungs- und PflegeverbesserungsG v. 22.12.2020 (BGBl. I S. 3299), Art. 6 G zur Fortgeltung der die epidemische Lage von nationaler Tragweite betreffenden Regelungen v. 29.3. 2021 (BGBl. I S. 370), Art. 4 KitafinanzhilfenänderungsG v. 25.6.2021 (BGBl. I S. 2020) und Art. 18 G zur Änd. des InfektionsschutzG und weiterer Gesetze anlässlich der Aufhebung der Feststellung der epidemischen Lage von nationaler Tragweite v. 22.11.2021 (BGBl. I S. 4906)

§ 1 Ziel des Gesetzes. Durch die Einführung der Familienpflegezeit werden die Möglichkeiten zur Vereinbarkeit von Beruf und familiärer Pflege verbessert.

§ 2[2)] Familienpflegezeit. (1) [1] Beschäftigte sind von der Arbeitsleistung für längstens 24 Monate (Höchstdauer) teilweise freizustellen, wenn sie einen pflegebedürftigen nahen Angehörigen in häuslicher Umgebung pflegen (Familienpflegezeit). [2] Während der Familienpflegezeit muss die verringerte Arbeitszeit wöchentlich mindestens 15 Stunden betragen. [3] Bei unterschiedlichen wöchentlichen Arbeitszeiten oder einer unterschiedlichen Verteilung der wöchentlichen Arbeitszeit darf die wöchentliche Arbeitszeit im Durchschnitt eines Zeitraums von bis zu einem Jahr 15 Stunden nicht unterschreiten (Mindestarbeitszeit). [4] Der Anspruch nach Satz 1 besteht nicht gegenüber Arbeitgebern mit in der Regel 25 oder weniger Beschäftigten ausschließlich der zu ihrer Berufsbildung Beschäftigten.

(2) Pflegezeit und Familienpflegezeit dürfen gemeinsam 24 Monate je pflegebedürftigem nahen Angehörigen nicht überschreiten (Gesamtdauer).

(3) Die §§ 5 bis 8 des Pflegezeitgesetzes[3)] gelten entsprechend.

(4) Die Familienpflegezeit wird auf Berufsbildungszeiten nicht angerechnet.

(5) [1] Beschäftigte sind von der Arbeitsleistung für längstens 24 Monate (Höchstdauer) teilweise freizustellen, wenn sie einen minderjährigen pflegebedürftigen nahen Angehörigen in häuslicher oder außerhäuslicher Umgebung betreuen. [2] Die Inanspruchnahme dieser Freistellung ist jederzeit im Wechsel mit der Freistellung nach Absatz 1 im Rahmen der Gesamtdauer nach Absatz 2 möglich. [3] Absatz 1 Satz 2 bis 4 und die Absätze 2 bis 4 gelten entsprechend. [4] Beschäftigte können diesen Anspruch wahlweise statt des Anspruchs auf Familienpflegezeit nach Absatz 1 geltend machen.

[1)] Verkündet als Art. 1 G v. 6.12.2011 (BGBl. I S. 2564); Inkrafttreten gem. Art. 4 dieses G am 1.1. 2012.

[2)] § 2 neu gef. mWv 1.1.2015 durch G v. 23.12.2014 (BGBl. I S. 2462).

[3)] Nr. **11/10**.

§ 2a[1] **Inanspruchnahme der Familienpflegezeit.** (1) [1] Wer Familienpflegezeit nach § 2 beanspruchen will, muss dies dem Arbeitgeber spätestens acht Wochen vor dem gewünschten Beginn schriftlich ankündigen und gleichzeitig erklären, für welchen Zeitraum und in welchem Umfang innerhalb der Gesamtdauer nach § 2 Absatz 2 die Freistellung von der Arbeitsleistung in Anspruch genommen werden soll. [2] Dabei ist auch die gewünschte Verteilung der Arbeitszeit anzugeben. [3] Enthält die Ankündigung keine eindeutige Festlegung, ob die oder der Beschäftigte Pflegezeit nach § 3 des Pflegezeitgesetzes[2] oder Familienpflegezeit in Anspruch nehmen will, und liegen die Voraussetzungen beider Freistellungsansprüche vor, gilt die Erklärung als Ankündigung von Pflegezeit. [4] Wird die Familienpflegezeit nach einer Freistellung nach § 3 Absatz 1 oder Absatz 5 des Pflegezeitgesetzes zur Pflege oder Betreuung desselben pflegebedürftigen Angehörigen in Anspruch genommen, muss sich die Familienpflegezeit unmittelbar an die Freistellung nach § 3 Absatz 1 oder Absatz 5 des Pflegezeitgesetzes anschließen. [5] In diesem Fall soll die oder der Beschäftigte möglichst frühzeitig erklären, ob sie oder er Familienpflegezeit in Anspruch nehmen wird; abweichend von Satz 1 muss die Ankündigung spätestens drei Monate vor Beginn der Familienpflegezeit erfolgen. [6] Wird eine Freistellung nach § 3 Absatz 1 oder Absatz 5 des Pflegezeitgesetzes nach einer Familienpflegezeit in Anspruch genommen, ist die Freistellung nach § 3 Absatz 1 oder Absatz 5 des Pflegezeitgesetzes in unmittelbarem Anschluss an die Familienpflegezeit zu beanspruchen und dem Arbeitgeber spätestens acht Wochen vor Beginn der Freistellung nach § 3 Absatz 1 oder Absatz 5 des Pflegezeitgesetzes schriftlich anzukündigen.

(2) [1] Arbeitgeber und Beschäftigte haben über die Verringerung und Verteilung der Arbeitszeit eine schriftliche Vereinbarung zu treffen. [2] Hierbei hat der Arbeitgeber den Wünschen der Beschäftigten zu entsprechen, es sei denn, dass dringende betriebliche Gründe entgegenstehen.

(3) [1] Für einen kürzeren Zeitraum in Anspruch genommene Familienpflegezeit kann bis zur Gesamtdauer nach § 2 Absatz 2 verlängert werden, wenn der Arbeitgeber zustimmt. [2] Eine Verlängerung bis zur Gesamtdauer kann verlangt werden, wenn ein vorgesehener Wechsel in der Person der oder des Pflegenden aus einem wichtigen Grund nicht erfolgen kann.

(4) [1] Die Beschäftigten haben die Pflegebedürftigkeit der oder des nahen Angehörigen durch Vorlage einer Bescheinigung der Pflegekasse oder des Medizinischen Dienstes der Krankenversicherung nachzuweisen. [2] Bei in der privaten Pflege-Pflichtversicherung versicherten Pflegebedürftigen ist ein entsprechender Nachweis zu erbringen.

(5) [1] Ist die oder der nahe Angehörige nicht mehr pflegebedürftig oder die häusliche Pflege der oder des nahen Angehörigen unmöglich oder unzumutbar, endet die Familienpflegezeit vier Wochen nach Eintritt der veränderten Umstände. [2] Der Arbeitgeber ist hierüber unverzüglich zu unterrichten. [3] Im Übrigen kann die Familienpflegezeit nur vorzeitig beendet werden, wenn der Arbeitgeber zustimmt.

(6) Die Absätze 1 bis 5 gelten entsprechend für die Freistellung von der Arbeitsleistung nach § 2 Absatz 5.

---

[1] § 2a eingef. mWv 1.1.2015 durch G v. 23.12.2014 (BGBl. I S. 2462).
[2] Nr. **11/10**.

§ 2b[1)] Erneute Familienpflegezeit nach Inanspruchnahme einer Freistellung auf Grundlage der Sonderregelungen aus Anlass der COVID-19-Pandemie. (1) Abweichend von § 2a Absatz 3 können Beschäftigte einmalig nach einer beendeten Familienpflegezeit zur Pflege und Betreuung desselben pflegebedürftigen Angehörigen Familienpflegezeit erneut, jedoch insgesamt nur bis zur Höchstdauer nach § 2 Absatz 1 in Anspruch nehmen, wenn die Gesamtdauer von 24 Monaten nach § 2 Absatz 2 nicht überschritten wird und die Inanspruchnahme der beendeten Familienpflegezeit auf der Grundlage der Sonderregelungen aus Anlass der COVID-19-Pandemie erfolgte.

(2) Abweichend von § 2a Absatz 1 Satz 4 muss sich die Familienpflegezeit nicht unmittelbar an die Freistellung nach § 3 Absatz 1 oder Absatz 5 des Pflegezeitgesetzes[2)] anschließen, wenn die Freistellung aufgrund der Sonderregelungen aus Anlass der COVID-19-Pandemie in Anspruch genommen wurde und die Gesamtdauer nach § 2 Absatz 2 von 24 Monaten nicht überschritten wird.

(3) Abweichend von § 2a Absatz 1 Satz 6 muss sich die Freistellung nach § 3 Absatz 1 oder Absatz 5 des Pflegezeitgesetzes nicht unmittelbar an die Familienpflegezeit anschließen, wenn die Inanspruchnahme der Familienpflegezeit aufgrund der Sonderregelungen aus Anlass der COVID-19-Pandemie erfolgte und die Gesamtdauer nach § 2 Absatz 2 von 24 Monaten ab Beginn der ersten Freistellung nicht überschritten wird.

§ 3[3)] Förderung der pflegebedingten Freistellung von der Arbeitsleistung. (1) [1]Für die Dauer der Freistellungen nach § 2 dieses Gesetzes oder nach § 3 des Pflegezeitgesetzes[2)] gewährt das Bundesamt für Familie und zivilgesellschaftliche Aufgaben Beschäftigten auf Antrag ein in monatlichen Raten zu zahlendes zinsloses Darlehen nach Maßgabe der Absätze 2 bis 5. [2]Der Anspruch gilt auch für alle Vereinbarungen über Freistellungen von der Arbeitsleistung, die die Voraussetzungen von § 2 Absatz 1 Satz 1 bis 3 dieses Gesetzes oder des § 3 Absatz 1 Satz 1, Absatz 5 Satz 1 oder Absatz 6 Satz 1 des Pflegezeitgesetzes erfüllen.

(2) Die monatlichen Darlehensraten werden in Höhe der Hälfte der Differenz zwischen den pauschalierten monatlichen Nettoentgelten vor und während der Freistellung nach Absatz 1 gewährt.

(3) [1]Das pauschalierte monatliche Nettoentgelt vor der Freistellung nach Absatz 1 wird berechnet auf der Grundlage des regelmäßigen durchschnittlichen monatlichen Bruttoarbeitsentgelts ausschließlich der Sachbezüge der letzten zwölf Kalendermonate vor Beginn der Freistellung. [2]Das pauschalierte monatliche Nettoentgelt während der Freistellung wird berechnet auf der Grundlage des Bruttoarbeitsentgelts, das sich aus dem Produkt aus der verein-

---

[1)] § 2b eingef. mWv 29.10.2020 durch G v. 23.10.2020 (BGBl. I S. 2208).

[2)] Nr. **11/10.**

[3)] § 3 neu gef. mWv 1.1.2015 durch G v. 23.12.2014 (BGBl. I S. 2462); Abs. 3 Satz 5 neu gef., Satz 6 angef. mWv 23.5.2020 durch G v. 19.5.2020 (BGBl. I S. 1018); Abs. 3 Satz 6 geänd. mWv 29.10.2020 durch G v. 23.10.2020 (BGBl. I S. 2208); Abs. 3 Satz 6 geänd. mWv 30.12.2020 durch G v. 22.12.2020 (BGBl. I S. 3299); Abs. 3 Sätze 1 und 2 neu gef., Satz 4 eingef., bish. Sätze 4-6 werden Sätze 5-7, neuer Satz 7 geänd. mWv 31.3.2021 durch G v. 29.3.2021 (BGBl. I S. 370); Abs. 3 Satz 7 geänd. mWv 30.6.2021 durch G v. 25.6.2021 (BGBl. I S. 2020); Abs. 3 Satz 7 neu gef. mWv 24.11.2021 durch G v. 22.11.2021 (BGBl. I S. 4906).

barten durchschnittlichen monatlichen Stundenzahl während der Freistellung und dem durchschnittlichen Entgelt je Arbeitsstunde ergibt. [3]Durchschnittliches Entgelt je Arbeitsstunde ist das Verhältnis des regelmäßigen gesamten Bruttoarbeitsentgelts ausschließlich der Sachbezüge der letzten zwölf Kalendermonate vor Beginn der Freistellung zur arbeitsvertraglichen Gesamtstundenzahl der letzten zwölf Kalendermonate vor Beginn der Freistellung. [4]Die Berechnung der pauschalierten Nettoentgelte erfolgt entsprechend der Berechnung der pauschalierten Nettoentgelte gemäß § 106 Absatz 1 Satz 5 bis 7 des Dritten Buches Sozialgesetzbuch[1]. [5]Bei einem weniger als zwölf Monate vor Beginn der Freistellung bestehenden Beschäftigungsverhältnis verkürzt sich der der Berechnung zugrunde zu legende Zeitraum entsprechend. [6]Für die Berechnung des durchschnittlichen Entgelts je Arbeitsstunde bleiben Mutterschutzfristen, Freistellungen nach § 2, kurzzeitige Arbeitsverhinderungen nach § 2 des Pflegezeitgesetzes, Freistellungen nach § 3 des Pflegezeitgesetzes sowie die Einbringung von Arbeitsentgelt in und die Entnahme von Arbeitsentgelt aus Wertguthaben nach § 7b des Vierten Buches Sozialgesetzbuch[2] außer Betracht. [7]Abweichend von Satz 6 bleiben auf Antrag für die Berechnung des durchschnittlichen Arbeitsentgelts je Arbeitsstunde in der Zeit vom 1. März 2020 bis zum Ablauf des 31. März 2022 auch Kalendermonate mit einem aufgrund der COVID-19-Pandemie geringeren Entgelt unberücksichtigt.

(4) In den Fällen der Freistellung nach § 3 des Pflegezeitgesetzes ist die monatliche Darlehensrate auf den Betrag begrenzt, der bei einer durchschnittlichen Arbeitszeit während der Familienpflegezeit von 15 Wochenstunden zu gewähren ist.

(5) Abweichend von Absatz 2 können Beschäftigte auch einen geringeren Darlehensbetrag in Anspruch nehmen, wobei die monatliche Darlehensrate mindestens 50 Euro betragen muss.

(6) [1]Das Darlehen ist in der in Absatz 2 genannten Höhe, in den Fällen der Pflegezeit in der in Absatz 4 genannten Höhe, vorrangig vor dem Bezug von bedürftigkeitsabhängigen Sozialleistungen in Anspruch zu nehmen und von den Beschäftigten zu beantragen; Absatz 5 ist insoweit nicht anzuwenden. [2]Bei der Berechnung von Sozialleistungen nach Satz 1 sind die Zuflüsse aus dem Darlehen als Einkommen zu berücksichtigen.

§ 4[3] Mitwirkungspflicht des Arbeitgebers. [1]Der Arbeitgeber hat dem Bundesamt für Familie und zivilgesellschaftliche Aufgaben für bei ihm Beschäftigte den Arbeitsumfang sowie das Arbeitsentgelt vor der Freistellung nach § 3 Absatz 1 zu bescheinigen, soweit dies zum Nachweis des Einkommens aus Erwerbstätigkeit oder der wöchentlichen Arbeitszeit der die Förderung beantragenden Beschäftigten erforderlich ist. [2]Für die in Heimarbeit Beschäftigten und die ihnen Gleichgestellten tritt an die Stelle des Arbeitgebers der Auftraggeber oder Zwischenmeister.

§ 5[3] Ende der Förderfähigkeit. (1) [1]Die Förderfähigkeit endet mit dem Ende der Freistellung nach § 3 Absatz 1. [2]Die Förderfähigkeit endet auch dann, wenn die oder der Beschäftigte während der Freistellung nach § 2 den Mindestumfang der wöchentlichen Arbeitszeit aufgrund gesetzlicher oder kollektivver-

[1] Nr. 3.
[2] Nr. 4.
[3] §§ 4 und 5 neu gef. mWv 1.1.2015 durch G v. 23.12.2014 (BGBl. I S. 2462).

Vorsitzende und die oder der stellvertretende Vorsitzende werden vom Bundesministerium für Familie, Senioren, Frauen und Jugend ernannt. [4]Der Beirat setzt sich zusammen aus sechs Vertreterinnen oder Vertretern von fachlich betroffenen Interessenverbänden, je zwei Vertreterinnen oder Vertretern der Gewerkschaften, der Arbeitgeber, der Wohlfahrtsverbände und der Seniorenorganisationen sowie aus je einer Vertreterin oder einem Vertreter der sozialen und der privaten Pflege-Pflichtversicherung. [5]Des Weiteren gehören dem Beirat zwei Wissenschaftlerinnen oder Wissenschaftler mit Schwerpunkt in der Forschung der Vereinbarkeit von Pflege und Beruf sowie je eine Vertreterin oder ein Vertreter der Konferenz der Ministerinnen und Minister, Senatorinnen und Senatoren für Jugend und Familie, der Konferenz der Ministerinnen und Minister, Senatorinnen und Senatoren für Arbeit und Soziales sowie der kommunalen Spitzenverbände an. [6]Die Besetzung des Beirats muss geschlechterparitätisch erfolgen.

(5) [1]Die Amtszeit der Mitglieder des Beirats und ihrer Stellvertreterinnen oder Stellvertreter beträgt fünf Jahre und kann einmalig um fünf Jahre verlängert werden. [2]Scheidet ein Mitglied oder dessen Stellvertreterin oder Stellvertreter vorzeitig aus, wird für den Rest der Amtszeit eine Nachfolgerin oder ein Nachfolger berufen.

(6) [1]Die Mitglieder des Beirats sind ehrenamtlich tätig. [2]Sie haben Anspruch auf Erstattung ihrer notwendigen Auslagen.

(7) Der Beirat arbeitet auf der Grundlage einer durch das Bundesministerium für Familie, Senioren, Frauen und Jugend zu erlassenden Geschäftsordnung.

§ 15[1)] Übergangsvorschrift. Die Vorschriften des Familienpflegezeitgesetzes in der Fassung vom 6. Dezember 2011 gelten in den Fällen fort, in denen die Voraussetzungen für die Gewährung eines Darlehens nach § 3 Absatz 1 in Verbindung mit § 12 Absatz 1 Satz 1 bis einschließlich 31. Dezember 2014 vorlagen.

§ 16[2)] Sonderregelungen aus Anlass der COVID-19-Pandemie.

(1) Abweichend von § 2 Absatz 1 Satz 2 gilt, dass die wöchentliche Mindestarbeitszeit von 15 Wochenstunden vorübergehend unterschritten werden darf, längstens jedoch für die Dauer von einem Monat.

(2) Abweichend von § 2a Absatz 1 Satz 1 gilt für Familienpflegezeit, die spätestens am 1. März 2022 beginnt, dass die Ankündigung gegenüber dem Arbeitgeber spätestens zehn Arbeitstage vor dem gewünschten Beginn in Textform erfolgen muss.

(3) [1]Abweichend von § 2a Absatz 1 Satz 4 muss sich die Familienpflegezeit nicht unmittelbar an die Freistellung nach § 3 Absatz 1 oder Absatz 5 des Pflegezeitgesetzes[3)] anschließen, wenn der Arbeitgeber zustimmt, die Gesamtdauer nach § 2 Absatz 2 von 24 Monaten nicht überschritten wird und die

---

[1)] § 15 angef. mWv 1.1.2015 durch G v. 23.12.2014 (BGBl. I S. 2462).

[2)] § 16 angef. mWv 29.10.2020–30.6.2021 durch G v. 23.10.2020 (BGBl. I S. 2208); Abs. 2, Abs. 3 Satz 1, Abs. 4 Satz 1 und Abs. 6 geänd. mWv 30.12.2020 durch G v. 22.12.2020 (BGBl. I S. 3299); Abs. 2, Abs. 3 Satz 1, Abs. 4 Satz 1 und Abs. 6 geänd. mWv 31.3.2021 durch G v. 29.3.2021 (BGBl. I S. 370, geänd. durch G v. 29.3.2021, BGBl. I S. 370); Abs. 2, Abs. 3 Satz 1, Abs. 4 Satz 1 und Abs. 6 geänd. mWv 30.6.2021 durch G v. 25.6.2021 (BGBl. I S. 2020); Abs. 2, Abs. 3 Satz 1, Abs. 4 Satz 1 und Abs. 6 geänd. mWv 24.11.2021 durch G v. 22.11.2021 (BGBl. I S. 4906).

[3)] Nr. **11/10**.

Familienpflegezeit spätestens mit Ablauf des 31. März 2022 endet. [2]Die Ankündigung muss abweichend von § 2a Absatz 1 Satz 5 spätestens zehn Tage vor Beginn der Familienpflegezeit erfolgen.

(4) [1]Abweichend von § 2a Absatz 1 Satz 6 muss sich die Freistellung nach § 3 Absatz 1 oder Absatz 5 des Pflegezeitgesetzes nicht unmittelbar an die Familienpflegezeit anschließen, wenn der Arbeitgeber zustimmt, die Gesamtdauer nach § 2 Absatz 2 von 24 Monaten nicht überschritten wird und die Pflegezeit spätestens mit Ablauf des 31. März 2022 endet. [2]Die Inanspruchnahme ist dem Arbeitgeber spätestens zehn Tage vor Beginn der Freistellung nach § 3 Absatz 1 oder Absatz 5 des Pflegezeitgesetzes in Textform anzukündigen.

(5) Abweichend von § 2a Absatz 2 Satz 1 gilt, dass die Vereinbarung in Textform zu treffen ist.

(6) Abweichend von § 2a Absatz 3 können Beschäftigte mit Zustimmung des Arbeitgebers nach einer beendeten Familienpflegezeit zur Pflege oder Betreuung desselben pflegebedürftigen Angehörigen Familienpflegezeit erneut, jedoch insgesamt nur bis zur Höchstdauer nach § 2 Absatz 1 in Anspruch nehmen, wenn die Gesamtdauer von 24 Monaten nach § 2 Absatz 2 nicht überschritten wird und die Familienpflegezeit spätestens mit Ablauf des 31. März 2022 endet.

12. Sozialgesetzbuch (SGB) Zwölftes Buch (XII) – Sozialhilfe –[1) 2) 3) 4) 5)]

Vom 27. Dezember 2003
(BGBl. I S. 3022)

FNA 860-12

geänd. durch Art. 10 Nr. 10a ZuwanderungsG v. 30.7.2004 (BGBl. I S. 1950), Art. 11 G zur Organisationsreform in der gesetzl. RV v. 9.12.2004 (BGBl. I S. 3242), Art. 10 und Art. 27 Nr. 2 VerwaltungsvereinfachungsG v. 21.3.2005 (BGBl. I S. 818), Art. 4 Abs. 36 G zur Neuorganisation der Bundesfinanzverwaltung und zur Schaffung eines Refinanzierungsregisters v. 22.9.2005 (BGBl. I

[1)] Verkündet als Art. 1 G zur Einordnung des Sozialhilferechts in das SGB v. 27.12.2003 (BGBl. I S. 3022, geänd. durch G v. 9.12.2004, BGBl. I S. 3220, und durch G v. 9.12.2004, BGBl. I S. 3305); Inkrafttreten gem. Art. 70 Abs. 1 dieses G am 1.1.2005 mit Ausnahme der §§ 40 und 133 Abs. 2, die gem. Art. 70 Abs. 2 Satz 1 am 31.12.2003, der §§ 24, 28 Abs. 2, §§ 132 und 133 Abs. 1, die gem. Art. 70 Abs. 2 Sätze 2 und 3 am 1.1.2004 sowie der §§ 57 und 61 Abs. 2 Sätze 3 und 4, die gem. Art. 70 Abs. 2 Satz 4 am 1.7.2004 in Kraft getreten sind; § 97 Abs. 3 ist gem. Art. 70 Abs. 2 Satz 5 am 1.1.2007 in Kraft getreten.

[2)] § 100 ist gem. Art. 27 Nr. 2 G v. 21.3.2005 (BGBl. I S. 818) am 1.1.2004 in Kraft getreten.

[3)] Die Änderungen durch G v. 12.12.2019 (BGBl. I S. 2652) treten erst **mWv 1.1.2024**, die Änderungen durch G v. 10.8.2021 (BGBl. I S. 3515) treten erst **mWv 1.7.2022** und die Änderungen durch G v. 20.8.2021 (BGBl. I S. 3932) treten erst **mWv 1.1.2025** in Kraft und sind im Text noch nicht berücksichtigt.

[4)] Zum SGB XII haben die Länder ua folgende Vorschriften erlassen:
– **Baden-Württemberg:** G zur Ausführung des SGB XII v. 1.7.2004 (GBl. S. 469), zuletzt geänd. durch G v. 4.2.2021 (GBl. S. 198)
– **Bayern:** G zur Ausführung der Sozialgesetze v. 8.12.2006 (GVBl. S. 942), zuletzt geänd. durch G v. 23.4.2021 (GVBl. S. 196);
– **Berlin:** G zur Ausführung des SGB XII v. 7.9.2005 (GVBl. S. 467), zuletzt geänd. durch G v. 25.9. 2019 (GVBl. S. 602);
– **Brandenburg:** G zur Ausführung des SGB XII v. 3.11.2010 (GVBl. I Nr. 36), zuletzt geänd. durch G v. 18.12.2018 (GVBl. I Nr. 38);
– **Bremen:** G zur Ausführung des SGB XII v. 30.4.2007 (Brem.GBl. S. 315), zuletzt geänd. durch G v. 5.3.2019 (Brem.GBl. S. 45);
– **Hamburg::** Gesetz zu § 116 des SGB XII v. 1.9.2005 (HmbGVBl. S. 385);
– **Hessen:** Hessisches AusführungsG zum SGB XII v. 13.9.2018 (GVBl. S. 590, 594), zuletzt geänd. durch G v. 30.9.2021 (GVBl. S. 637);
– **Mecklenburg-Vorpommern:** G zur Ausführung des SGB XII v. 20.12.2004 (GVOBl. M-V S. 546), zuletzt geänd. durch G v. 11.12.2020 (GVOBl. M-V S. 1346);
– **Niedersachsen:** G zur Ausführung des SGB IX und des SGB XII v. 24.10.2019 (Nds. GVBl. S. 300);
– **Nordrhein-Westfalen:** LandesausführungsG zum SGB XII für das Land Nordrhein-Westfalen v. 16.12.2004 (GV. NRW. S. 816), zuletzt geänd. durch G v. 26.3.2019 (GV. NRW. S. 197);
– **Rheinland-Pfalz:** LandesG zur Ausführung des SGB XII v. 22.12.2004 (GVBl. S. 571), zuletzt geänd. durch G v. 19.12.2018 (GVBl. S. 463);
– **Saarland:** G zur Ausführung des SGB XII v. 8.3.2005 (Amtsbl. S. 438), zuletzt geänd. durch G v. 30.10.2019 (Amtsbl. I S. 1053);
– **Sachsen:** Sächsisches G zur Ausführung des Sozialgesetzbuches (SächsAGSGB) v. 6.6.2002 (SächsGVBl. S. 169), zuletzt geänd. durch G v. 31.3.2021 (SächsGVBl. S. 411);
– **Sachsen-Anhalt:** G zur Ausführung des SGB XII v. 11.1.2005 (GVBl. LSA S. 8), zuletzt geänd. durch G v. 5.12.2019 (GVBl. LSA S. 948);
– **Schleswig-Holstein:** G zur Ausführung des SGB XII;
– **Thüringen:** Thüringer G zur Ausführung des SGB XII v. 17.12.2004 (GVBl. S. 891), zuletzt geänd. durch G v. 8.4.2009 (GVBl. S. 322).

[5)] Siehe hierzu ua auch den Hinweis auf von BundesR abweichendes LandesR für das Land Berlin v. 10.8.2018 (BGBl. I S. 1311).

S. 2809), Art. 3 G zur Änd. des SGB II und anderer G v. 24.3.2006 (BGBl. I S. 558), Art. 8 G zur Fortentwicklung der Grundsicherung für Arbeitsuchende v. 20.7.2006 (BGBl. I S. 1706), Art. 266 Neunte ZuständigkeitsanpassungsVO v. 31.10.2006 (BGBl. I S. 2407), Art. 1 G zur Änd. des SGB XII und and. G v. 2.12.2006 (BGBl. I S. 2670), Art. 10 GKV-WettbewerbsstärkungsG v. 26.3.2007 (BGBl. I S. 378, aufgeh. durch G v. 20.7.2007, BGBl. I S. 1595), Art. 7 RV-AltersgrenzenanpassungsG v. 20.4.2007 (BGBl. I S. 554), Art. 5 G zum Schutz vor den Gefahren des Passivrauchens v. 20.7.2007 (BGBl. I S. 1595), Art. 5 22. G zur Änd. des BundesausbildungsförderungsG v. 23.12.2007 (BGBl. I S. 3254), Art. 7 Pflege-WeiterentwicklungsG v. 28.5.2008 (BGBl. I S. 874), Art. 2d G zur Neuregelung des Wohngeldrechts und zur Änd. des SGB v. 24.9.2008 (BGBl. I S. 1856), Art. 7 Zweites G zur Änd. des SGB IV und anderer G v. 21.12.2008 (BGBl. I S. 2933), Art. 4 FamilienleistungsG v. 22.12.2008 (BGBl. I S. 2955), Art. 9a G zur Änd. des SGB IV, zur Errichtung einer Versorgungsausgleichskasse und anderer G v. 15.7.2009 (BGBl. I S. 1939), Art. 6 BürgerentlastungsG Krankenversicherung v. 16.7.2009 (BGBl. I S. 1959), Art. 2 Abs. 2 G zur Neuregelung der zivilrechtl. Vorschriften des HeimG nach der Föderalismusreform v. 29.7.2009 (BGBl. I S. 2319), Art. 4 G zur Regelung des Assistenzpflegebedarfs im Krankenhaus v. 30.7.2009 (BGBl. I S. 2495), Art. 2 Abs. 3 G zur Weiterentwicklung der Organisation der Grundsicherung für Arbeitsuchende v. 3.8.2010 (BGBl. I S. 1112), Art. 21 HaushaltsbegleitG 2011 v. 9.12.2010 (BGBl. I S. 1885), Art. 3 G zur Ermittlung von Regelbedarfen und zur Änd. des Zweiten und Zwölften Buches Sozialgesetzbuch v. 24.3.2011 (BGBl. I S. 453), Art. 3b G zur Änd. des BundesversorgungsG und and. Vorschriften v. 20.6.2011 (BGBl. I S. 1114), § 2 Abs. 2 Regelbedarfsstufen-FortschreibungsVO 2012 v. 17.10. 2011 (BGBl. I S. 2090), Art. 1 G zur Stärkung der Finanzkraft der Kommunen v. 6.12.2011 (BGBl. I S. 2563), Art. 12 G zur Verbesserung der Eingliederungschancen am Arbeitsmarkt v. 20.12.2011 (BGBl. I S. 2854), Art. 6a Viertes G zur Änd. des Vierten Buches Sozialgesetzbuch und anderer G v. 22.12.2011 (BGBl. I S. 3057), Art. 13 Abs. 28 LSV-NeuordnungsG v. 12.4.2012 (BGBl. I S. 579), § 2 Regelbedarfsstufen-FortschreibungsVO 2013 v. 18.10.2012 (BGBl. I S. 2173), Art. 1 G zur Änd. des SGB XII v. 20.12.2012 (BGBl. I S. 2783), Art. 3 G zur Regelung des Assistenzpflegebedarfs in stationären Vorsorge- oder Rehabilitationseinrichtungen v. 20.12.2012 (BGBl. I S. 2789), Art. 9 EhrenamtsstärkungsG v. 21.3.2013 (BGBl. I S. 556), Art. 2 G zur Änd. des Zweiten Buches Sozialgesetzbuch und anderer G v. 7.5.2013 (BGBl. I S. 1167), Art. 2 Kinder- und JugendhilfeverwaltungsvereinfachungsG v. 29.8.2013 (BGBl. I S. 3464), Art. 1 Zweites G zur Änd. des Zwölften Buches Sozialgesetzbuch v. 1.10.2013 (BGBl. I S. 3733), § 2 Regelbedarfsstufen-FortschreibungsVO 2014 v. 15.10.2013 (BGBl. I S. 3856), Art. 9 GKV-Finanzstruktur- und Qualitäts-WeiterentwicklungsG v. 21.7.2014 (BGBl. I S. 1133), § 2 Regelbedarfsstufen-FortschreibungsVO 2015 v. 14.10.2014 (BGBl. I S. 1618), § 2 Regelbedarfsstufen-FortschreibungsVO 2016 v. 22.10.2015 (BGBl. I S. 1788), Art. 1 G zur Änd. des Zwölften Buches Sozialgesetzbuch und weiterer Vorschriften v. 21.12.2015 (BGBl. I S. 2557), Art. 3 Abs. 8 Neuntes G zur Änd. des SGB II - Rechtsvereinfachung - sowie zur vorübergehenden Aussetzung der Insolvenzantragspflicht v. 26.7.2016 (BGBl. I S. 1824), Art. 3 IntegrationsG v. 31.7.2016 (BGBl. I S. 1939), Art. 22 Abs. 3 6. SGB IV-ÄndG v. 11.11.2016 (BGBl. I S. 2500), Art. 2 G zur Regelung von Ansprüchen ausländischer Personen in der Grundsicherung für Arbeitsuchende nach dem SGB II und in der Sozialhilfe nach dem SGB XII v. 22.12.2016 (BGBl. I S. 3155), Art. 3, Art. 3a, Art. 4, Art. 5 G zur Ermittlung von Regelbedarfen sowie zur Änd. des Zweiten und des Zwölften Buches Sozialgesetzbuch v. 22.12.2016 (BGBl. I S. 3159), Art. 2 Drittes PflegestärkungsG v. 23.12.2016 (BGBl. I S. 3191), Art. 11, Art. 12, Art. 13 BundesteilhabeG v. 23.12.2016 (BGBl. I S. 3234, geänd. durch G v. 29.4.2019, BGBl. S. 530 und durch G v. 30.11. 2019, BGBl. I S. 1948), Art. 25 G zur Änd. des BundesversorgungsG und anderer Vorschriften v. 17.7.2017 (BGBl. I S. 2541), Art. 5 Rentenüberleitungs-AbschlussG v. 17.7.2017 (BGBl. I S. 2575), Art. 2 BetriebsrentenstärkungsG v. 17.8.2017 (BGBl. I S. 3214), § 2 Regelbedarfsstufen-FortschreibungsVO 2018 v. 8.11.2017 (BGBl. I S. 3767), Art. 2 G zur Verlängerung befristeter Regelungen im Arbeitsförderungsrecht und zur Umsetzung der RL (EU) 2016/2102 über den barrierefreien Zugang zu den Websites und mobilen Anwendungen öffentlicher Stellen v. 10.7.2018 (BGBl. I S. 1117), § 2 Regelbedarfsstufen-FortschreibungsVO 2019 v. 19.10.2018 (BGBl. I S. 1766), Art. 5, Art. 6 G zur Durchführung von Verordnungen der EU zur Bereitstellung von Produkten auf dem Markt und zur Änd. des Neunten und Zwölften Buches Sozialgesetzbuch v. 18.4.2019 (BGBl. I S. 473), Art. 4 Starke-Familien-G v. 29.4.2019 (BGBl. I S. 530), Art. 2 AusländerbeschäftigungsförderungsG v. 8.7.2019 (BGBl. I S. 1029), § 2 Regelbedarfsstufen-FortschreibungsVO 2020 v. 15.10.2019 (BGBl. I S. 1452), Art. 133 Zweites Datenschutz-Anpassungs- und UmsetzungsG EU v. 20.11.2019 (BGBl. I S. 1626), Art. 3 G zur Änd. des Neunten und des Zwölften Buches Sozialgesetzbuch und anderer Rechtsvorschriften v. 30.11.2019 (BGBl. I S. 1948), Art. 1 Angehörigen-EntlastungsG v. 10.12.2019 (BGBl. I S. 2135), Art. 40 G zur Regelung des Sozialen Entschädigungsrechts v. 12.12.2019 (BGBl. I S. 2652), Art. 11 MDK-ReformG v. 14.12.2019 (BGBl. I S. 2789), Art. 5 Sozialschutz-Paket v. 27.3.2020 (BGBl. I S. 575), Art. 17 Sozialschutz-Paket II v. 20.5.2020 (BGBl. I S. 1055), Art. 314 Elfte ZuständigkeitsanpassungsVO v. 19.6.2020 (BGBl. I

S. 1328), Art. 3 GrundrentenG v. 12.8.2020 (BGBl. I S. 1879), Beschl. des BVerfG – 2 BvR 696/12 – v. 7.7.2020 (BGBl. I S. 1992), Art. 3 Abs. 7 59. G zur Änd. des Strafgesetzbuches v. 9.10.2020 (BGBl. I S. 2075), Art. 2 G zur Ermittlung der Regelbedarfe und zur Änd. des Zwölften Buches Sozialgesetzbuch sowie weiterer Gesetze v. 9.12.2020 (BGBl. I S. 2855), Art. 43 JahressteuerG 2020 v. 21.12.2020 (BGBl. I S. 3096), Art. 6 G Digitale Rentenübersicht v. 11.2.2021 (BGBl. I S. 154), Art. 2 Sozialschutz-Paket III v. 10.3.2021 (BGBl. I S. 335), Art. 1 TeilhabestärkungsG v. 2.6.2021 (BGBl. I S. 1387), Art. 8 Abs. 6 G zur Bekämpfung sexualisierter Gewalt gegen Kinder v. 16.6.2021 (BGBl. I S. 1810), Art. 7 KitafinanzhilfenänderungsG v. 25.6.2021 (BGBl. I S. 2020), Art. 4 MietspiegelreformG v. 10.8.2021 (BGBl. I S. 3515), Art. 47 G über die Entschädigung der Soldatinnen und Soldaten und zur Neuordnung des Soldatenversorgungsrechts v. 20.8.2021 (BGBl. I S. 3932), § 1 Regelbedarfsstufen-FortschreibungsVO 2022 v. 13.10.2021 (BGBl. I S. 4674) und Art. 9 G zur Änd. des InfektionsschutzG und weiterer Gesetze anlässlich der Aufhebung der Feststellung der epidemischen Lage von nationaler Tragweite v. 22.11.2021 (BGBl. I S. 4906)

Inhaltsverzeichnis[1]

---

[1] Inhaltsverzeichnis geänd. mWv 7.12.2006 durch G v. 2.12.2006 (BGBl. I S. 2670); geänd. mWv 1.1.2009 durch G v. 24.9.2008 (BGBl. I S. 1856); geänd. mWv 1.1.2009 durch G v. 22.12.2008 (BGBl. I S. 2955); geänd. mWv 1.1.2011 durch G v. 24.3.2011 (BGBl. I S. 453); geänd. mWv 1.1.2013, mWv 1.1.2014 und mWv 1.1.2015 durch G v. 20.12.2012 (BGBl. I S. 2783); geänd. mWv 1.8.2013 durch G v. 7.5.2013 (BGBl. I S. 1167); geänd. mWv 9.10.2013 durch G v. 1.10.2013 (BGBl. I S. 3733); geänd. mWv 1.1.2016 durch G v. 21.12.2015 (BGBl. I S. 2557); geänd. mWv 1.1.2017 durch G v. 26.7.2016 (BGBl. I S. 1824); geänd. mWv 1.1.2017 und mWv 1.7.2017 durch G v. 22.12.2016 (BGBl. I S. 3159); geänd. mWv 1.1.2017 durch G v. 23.12.2016 (BGBl. I S. 3191); geänd. mWv 1.1.2017und geänd. mWv 1.1.2018 durch G v. 23.12.2016 (BGBl. I S. 3234); geänd. mWv 1.7.2017 und geänd. mWv 1.1.2018 durch G v. 17.7.2017 (BGBl. I S. 2541); geänd. mWv 1.8.2019 durch G v. 29.4.2019 (BGBl. I S. 530); geänd. mWv 1.1.2020 durch G v. 30.11.2019 (BGBl. I S. 1948); geänd. mWv 1.1.2020 durch G v. 10.12.2019 (BGBl. I S. 2135); geänd. mWv 28.3.2020 durch G v. 27.3.2020 (BGBl. I S. 575); geänd. mWv 29.5.2020 durch G v. 20.5.2020 (BGBl. I S. 1055); geänd. mWv 1.1.2021 durch G v. 12.8.2020 (BGBl. I S. 1879); geänd. mWv 1.1.2021 durch G v. 9.12.2020 (BGBl. I S. 2855); geänd. mWv 1.1.2021 durch G v. 11.2.2021 (BGBl. I S. 154); geänd. mWv 1.4.2021 durch G v. 10.3.2021 (BGBl. I S. 335); geänd. mWv 10.6.2021 und mWv 1.1.2022 durch G v. 2.6.2021 (BGBl. I S. 1387); geänd. mWv 24.11.2021 durch G v. 22.11.2021 (BGBl. I S. 4906).

Erstes Kapitel. Allgemeine Vorschriften

§ 1 Aufgabe der Sozialhilfe [1] Aufgabe der Sozialhilfe ist es, den Leistungsberechtigten die Führung eines Lebens zu ermöglichen, das der Würde des Menschen entspricht. [2] Die Leistung soll sie so weit wie möglich befähigen, unabhängig von ihr zu leben; darauf haben auch die Leistungsberechtigten nach ihren Kräften hinzuarbeiten. [3] Zur Erreichung dieser Ziele haben die Leistungsberechtigten und die Träger der Sozialhilfe im Rahmen ihrer Rechte und Pflichten zusammenzuwirken.

§ 2 Nachrang der Sozialhilfe. (1) Sozialhilfe erhält nicht, wer sich vor allem durch Einsatz seiner Arbeitskraft, seines Einkommens und seines Vermögens selbst helfen kann oder wer die erforderliche Leistung von anderen, insbesondere von Angehörigen oder von Trägern anderer Sozialleistungen, erhält.

(2) [1] Verpflichtungen anderer, insbesondere Unterhaltspflichtiger oder der Träger anderer Sozialleistungen, bleiben unberührt. [2] Auf Rechtsvorschriften beruhende Leistungen anderer dürfen nicht deshalb versagt werden, weil nach dem Recht der Sozialhilfe entsprechende Leistungen vorgesehen sind.

§ 3 Träger der Sozialhilfe. (1) Die Sozialhilfe wird von örtlichen und überörtlichen Trägern geleistet.

(2) [1] Örtliche Träger der Sozialhilfe sind die kreisfreien Städte und die Kreise, soweit nicht nach Landesrecht etwas anderes bestimmt wird. [2] Bei der Bestimmung durch Landesrecht ist zu gewährleisten, dass die zukünftigen örtlichen Träger mit der Übertragung dieser Aufgaben einverstanden sind, nach ihrer Leistungsfähigkeit zur Erfüllung der Aufgaben nach diesem Buch geeignet sind und dass die Erfüllung dieser Aufgaben in dem gesamten Kreisgebiet sichergestellt ist.

(3) Die Länder bestimmen die überörtlichen Träger der Sozialhilfe.

§ 4[1)] Zusammenarbeit. (1) [1] Die Träger der Sozialhilfe arbeiten mit anderen Stellen, deren gesetzliche Aufgaben dem gleichen Ziel dienen oder die an Leistungen beteiligt sind oder beteiligt werden sollen, zusammen, insbesondere mit den Trägern von Leistungen nach dem Zweiten[2)], dem Achten[3)], dem Neunten[4)] und dem Elften Buch[5)], sowie mit anderen Trägern von Sozialleistungen und mit Verbänden. [2] Darüber hinaus sollen die Träger der Sozialhilfe gemeinsam mit den Beteiligten der Pflegestützpunkte nach § 7c des Elften Buches alle für die wohnortnahe Versorgung und Betreuung in Betracht kommenden Hilfe- und Unterstützungsangebote koordinieren. [3] Die Rahmenverträge nach § 7a Absatz 7 des Elften Buches sind zu berücksichtigen und die Empfehlungen nach § 8a des Elften Buches sollen berücksichtigt werden.

[1)] § 4 Abs. 1 neu gef. mWv 1.7.2008 durch G v. 28.5.2008 (BGBl. I S. 874); Abs. 1 Satz 2 geänd., Satz 3 angef. mWv 1.1.2017 durch G v. 23.12.2016 (BGBl. I S. 3191); Abs. 1 Satz 1 geänd. mWv 1.1. 2020 durch G v. 23.12.2016 (BGBl. I S. 3234); Abs. 3 geänd. mWv 26.11.2019 durch G v. 20.11. 2019 (BGBl. I S. 1626).

[2)] Nr. **2**.

[3)] Nr. **8**.

[4)] Nr. **9**.

[5)] Nr. **11**.

(2) Ist die Beratung und Sicherung der gleichmäßigen, gemeinsamen oder ergänzenden Erbringung von Leistungen geboten, sollen zu diesem Zweck Arbeitsgemeinschaften gebildet werden.

(3) Soweit eine Verarbeitung personenbezogener Daten erfolgt, ist das Nähere in einer Vereinbarung zu regeln.

§ 5 Verhältnis zur freien Wohlfahrtspflege. (1) Die Stellung der Kirchen und Religionsgesellschaften des öffentlichen Rechts sowie der Verbände der freien Wohlfahrtspflege als Träger eigener sozialer Aufgaben und ihre Tätigkeit zur Erfüllung dieser Aufgaben werden durch dieses Buch nicht berührt.

(2) [1] Die Träger der Sozialhilfe sollen bei der Durchführung dieses Buches mit den Kirchen und Religionsgesellschaften des öffentlichen Rechts sowie den Verbänden der freien Wohlfahrtspflege zusammenarbeiten. [2] Sie achten dabei deren Selbständigkeit in Zielsetzung und Durchführung ihrer Aufgaben.

(Fortsetzung nächstes Blatt)

[2] Für Kinder, die eine Tageseinrichtung besuchen oder für die Kindertagespflege geleistet wird, gilt Satz 1 entsprechend.

(3) [1] Bedarfe für die Ausstattung mit persönlichem Schulbedarf werden bei Schülerinnen und Schülern für den Monat, in dem der erste Schultag eines Schuljahres liegt, in Höhe von 100 Euro und für den Monat, in dem das zweite Schulhalbjahr eines Schuljahres beginnt, in Höhe von 50 Euro anerkannt. [2] Abweichend von Satz 1 ist Schülerinnen und Schülern für die Ausstattung mit persönlichem Schulbedarf ein Bedarf anzuerkennen

1. in Höhe von 100 Euro für das erste Schulhalbjahr, wenn die erstmalige Aufnahme innerhalb des Schuljahres nach dem Monat erfolgt, in dem das erste Schulhalbjahr beginnt, aber vor Beginn des Monats, in dem das zweite Schulhalbjahr beginnt,
2. in Höhe des Betrags für das erste und das zweite Schulhalbjahr, wenn die erstmalige Aufnahme innerhalb des Schuljahres in oder nach dem Monat erfolgt, in dem das zweite Schulhalbjahr beginnt,
3. in Höhe von 50 Euro, wenn der Schulbesuch nach dem Monat, in dem das Schuljahr begonnen hat, unterbrochen wird und die Wiederaufnahme nach dem Monat erfolgt, in dem das zweite Schulhalbjahr beginnt.

(3a) [1] Der nach Absatz 3 anzuerkennende Teilbetrag für ein erstes Schulhalbjahr eines Schuljahres wird kalenderjährlich mit dem in der maßgeblichen Regelbedarfsstufen-Fortschreibungsverordnung[1)] nach den §§ 28a und 40 Nummer 1 bestimmten Prozentsatz fortgeschrieben; der fortgeschriebene Wert ist bis unter 0,50 Euro auf den nächsten vollen Euro abzurunden und ab 0,50 Euro auf den nächsten vollen Euro aufzurunden (Anlage). [2] Der Teilbetrag für das zweite Schulhalbjahr eines Schuljahres nach Absatz 3 beträgt 50 Prozent des sich nach Satz 1 für das jeweilige Kalenderjahr ergebenden Teilbetrags (Anlage). [3] Liegen die Ergebnisse einer bundesweiten neuen Einkommens- und Verbrauchsstichprobe vor, ist der Teilbetrag nach Satz 1 durch Bundesgesetz um den Betrag zu erhöhen, der sich aus der prozentualen Erhöhung der Regelbedarfsstufe 1 nach § 28 für das jeweilige Kalenderjahr durch Bundesgesetz ergibt, das Ergebnis ist entsprechend Satz 1 zweiter Teilsatz zu runden und die Anlage zu ergänzen. [4] Aus dem sich nach Satz 3 ergebenden Teilbetrag für das erste Schulhalbjahr ist der Teilbetrag für das zweite Schulhalbjahr des jeweiligen Kalenderjahres entsprechend Satz 2 durch Bundesgesetz zu bestimmen und die Anlage um den sich ergebenden Betrag zu ergänzen.

(4) [1] Bei Schülerinnen und Schülern, die für den Besuch der nächstgelegenen Schule des gewählten Bildungsgangs auf Schülerbeförderung angewiesen sind, werden die dafür erforderlichen tatsächlichen Aufwendungen berücksichtigt, soweit sie nicht von Dritten übernommen werden. [2] Als nächstgelegene Schule des gewählten Bildungsgangs gilt auch eine Schule, die aufgrund ihres Profils gewählt wurde, soweit aus diesem Profil eine besondere inhaltliche oder organisatorische Ausgestaltung des Unterrichts folgt; dies sind insbesondere Schulen mit naturwissenschaftlichem, musischem, sportlichem oder sprachlichem Profil sowie bilinguale Schulen, und Schulen mit ganztägiger Ausrichtung.

[1)] Siehe hierzu ua die Regelbedarfsstufen-FortschreibungsVO 2022 v. 13.10.2021 (BGBl. I S. 4674).

(5) [1] Für Schülerinnen und Schüler wird eine schulische Angebote ergänzende angemessene Lernförderung berücksichtigt, soweit diese geeignet und zusätzlich erforderlich ist, um die nach den schulrechtlichen Bestimmungen festgelegten wesentlichen Lernziele zu erreichen. [2] Auf eine bestehende Versetzungsgefährdung kommt es dabei nicht an.

(6) [1] Bei Teilnahme an einer gemeinschaftlichen Mittagsverpflegung werden die entstehenden Aufwendungen berücksichtigt für

1. Schülerinnen und Schüler und
2. Kinder, die eine Tageseinrichtung besuchen oder für die Kindertagespflege geleistet wird.

[2] Für Schülerinnen und Schüler gilt dies unter der Voraussetzung, dass die Mittagsverpflegung in schulischer Verantwortung angeboten wird oder durch einen Kooperationsvertrag zwischen Schule und Tageseinrichtung vereinbart ist. [3] In den Fällen des Satzes 2 ist für die Ermittlung des monatlichen Bedarfs die Anzahl der Schultage in dem Land zugrunde zu legen, in dem der Schulbesuch stattfindet.

(7) [1] Für die Teilhabe am sozialen und kulturellen Leben in der Gemeinschaft werden pauschal 15 Euro monatlich berücksichtigt, sofern bei Leistungsberechtigten, die das 18. Lebensjahr noch nicht vollendet haben, tatsächliche Aufwendungen entstehen im Zusammenhang mit der Teilnahme an

1. Aktivitäten in den Bereichen Sport, Spiel, Kultur und Geselligkeit,
2. Unterricht in künstlerischen Fächern (zum Beispiel Musikunterricht) und vergleichbare angeleitete Aktivitäten der kulturellen Bildung und
3. Freizeiten.

[2] Neben der Berücksichtigung von Bedarfen nach Satz 1 können auch weitere tatsächliche Aufwendungen berücksichtigt werden, wenn sie im Zusammenhang mit der Teilnahme an Aktivitäten nach Satz 1 Nummer 1 bis 3 entstehen und es den Leistungsberechtigten im Einzelfall nicht zugemutet werden kann, diese aus den Leistungen nach Satz 1 und aus dem Regelbedarf zu bestreiten.

§ 34a[1)] [2)] Erbringung der Leistungen für Bildung und Teilhabe.

(1) [1] Leistungen zur Deckung der Bedarfe nach § 34 Absatz 2 und 4 bis 7 werden auf Antrag erbracht; gesonderte Anträge sind nur für Leistungen nach § 34 Absatz 5 erforderlich. [2] Einer nachfragenden Person werden, auch wenn keine Regelsätze zu gewähren sind, für Bedarfe nach § 34 Leistungen erbracht, wenn sie diese nicht aus eigenen Kräften und Mitteln vollständig decken kann. [3] Die Leistungen zur Deckung der Bedarfe nach § 34 Absatz 7 bleiben bei der

[1)] § 34a ist gem. Beschl. des BVerfG – 2 BvR 696/12 – v. 7.7.2020 (BGBl. I S. 1992) in Verbindung mit § 3 Absatz 2 Satz 1 Sozialgesetzbuch Zwölftes Buch in der Fassung vom 27. Dezember 2003 (Bundesgesetzblatt I Seite 3022) mit Artikel 28 Absatz 2 Satz 1 und Satz 3 in Verbindung mit Artikel 84 Absatz 1 Satz 7 des Grundgesetzes unvereinbar. Die Vorschriften sind bis zu einer Neuregelung, spätestens bis zum 31. Dezember 2021, weiter anwendbar.

[2)] § 34a eingef. mWv 1.1.2011 durch G v. 24.3.2011 (BGBl. I S. 453); Abs. 2 Satz 2 eingef., bish. Satz 2 wird Satz 3, Satz 4 angef. mWv 1.8.2013 durch G v. 7.5.2013 (BGBl. I S. 1167); Abs. 1 Satz 3 geänd. mWv 1.1.2020 durch G v. 23.12.2016 (BGBl. I S. 3234); Abs. 1 Satz 1 geänd., Abs. 2 neu gef., Abs. 5 eingef., bish. Abs. 5 wird Abs. 6 und Satz 1 geänd., Abs. 7 angef. mWv 1.8.2019 durch G v. 29.4.2019 (BGBl. I S. 530); Abs. 2 Sätze 2 und 4, Abs. 3 Satz 2, Abs. 6 Satz 1, Abs. 7 Satz 1 Nr. 1, Satz 2 geänd. mWv 1.1.2022 durch G v. 2.6.2021 (BGBl. I S. 1387).

Erbringung von Leistungen nach Teil 2 des Neunten Buches[1)] unberücksichtigt.

(2) [1] Leistungen zur Deckung der Bedarfe nach § 34 Absatz 2 und 5 bis 7 werden erbracht durch

1. Sach- und Dienstleistungen, insbesondere in Form von personalisierten Gutscheinen,
2. Direktzahlungen an Anbieter von Leistungen zur Deckung dieser Bedarfe (Anbieter) oder
3. Geldleistungen.

[2] Die nach § 34c Absatz 1 zuständigen Träger der Sozialhilfe bestimmen, in welcher Form sie die Leistungen erbringen. [3] Die Leistungen zur Deckung der Bedarfe nach § 34 Absatz 3 und 4 werden jeweils durch Geldleistungen erbracht. [4] Die nach § 34c Absatz 1 zuständigen Träger der Sozialhilfe können mit Anbietern pauschal abrechnen.

(3) [1] Werden die Bedarfe durch Gutscheine gedeckt, gelten die Leistungen mit Ausgabe des jeweiligen Gutscheins als erbracht. [2] Die nach § 34c Absatz 1 zuständigen Träger der Sozialhilfe gewährleisten, dass Gutscheine bei geeigneten vorhandenen Anbietern oder zur Wahrnehmung ihrer eigenen Angebote eingelöst werden können. [3] Gutscheine können für den gesamten Bewilligungszeitraum im Voraus ausgegeben werden. [4] Die Gültigkeit von Gutscheinen ist angemessen zu befristen. [5] Im Fall des Verlustes soll ein Gutschein erneut in dem Umfang ausgestellt werden, in dem er noch nicht in Anspruch genommen wurde.

(4) [1] Werden die Bedarfe durch Direktzahlungen an Anbieter gedeckt, gelten die Leistungen mit der Zahlung als erbracht. [2] Eine Direktzahlung ist für den gesamten Bewilligungszeitraum im Voraus möglich.

(5) Werden die Leistungen für Bedarfe nach § 34 Absatz 2 und 5 bis 7 durch Geldleistungen erbracht, erfolgt dies

1. monatlich in Höhe der im Bewilligungszeitraum bestehenden Bedarfe oder
2. nachträglich durch Erstattung verauslagter Beträge.

(6) [1] Im Einzelfall kann der nach § 34c Absatz 1 zuständige Träger der Sozialhilfe einen Nachweis über eine zweckentsprechende Verwendung der Leistung verlangen. [2] Soweit der Nachweis nicht geführt wird, soll die Bewilligungsentscheidung widerrufen werden.

(7) [1] Abweichend von den Absätzen 2 bis 5 können Leistungen nach § 34 Absatz 2 Satz 1 Nummer 1 gesammelt für Schülerinnen und Schüler an eine Schule ausgezahlt werden, wenn die Schule

1. dies bei dem nach § 34c Absatz 1 zuständigen Träger der Sozialhilfe beantragt,
2. die Leistungen für die leistungsberechtigten Schülerinnen und Schüler verauslagt und
3. sich die Leistungsberechtigung von den Leistungsberechtigten nachweisen lässt.

[1)] Nr. 9.

[2] Der nach § 34c Absatz 1 zuständige Träger der Sozialhilfe kann mit der Schule vereinbaren, dass monatliche oder schulhalbjährliche Abschlagszahlungen geleistet werden.

§ 34b[1)] Berechtigte Selbsthilfe. [1] Geht die leistungsberechtigte Person durch Zahlung an Anbieter in Vorleistung, ist der nach § 34c Absatz 1 zuständige Träger der Sozialhilfe zur Übernahme der berücksichtigungsfähigen Aufwendungen verpflichtet, soweit

1. unbeschadet des Satzes 2 die Voraussetzungen einer Leistungsgewährung zur Deckung der Bedarfe im Zeitpunkt der Selbsthilfe nach § 34 Absatz 2 und 5 bis 7 vorlagen und
2. zum Zeitpunkt der Selbsthilfe der Zweck der Leistung durch Erbringung als Sach- oder Dienstleistung ohne eigenes Verschulden nicht oder nicht rechtzeitig zu erreichen war.

[2] War es dem Leistungsberechtigten nicht möglich, rechtzeitig einen Antrag zu stellen, gilt dieser als zum Zeitpunkt der Selbstvornahme gestellt.

§ 34c[2)] Zuständigkeit. (1) Die für die Ausführung des Gesetzes nach diesem Abschnitt zuständigen Träger werden nach Landesrecht bestimmt.

(2) Die §§ 3, 6 und 7 sind nicht anzuwenden.

Vierter Abschnitt.[3)] Bedarfe für Unterkunft und Heizung

§ 35[4)] Bedarfe für Unterkunft und Heizung. (1) [1] Bedarfe für die Unterkunft werden in Höhe der tatsächlichen Aufwendungen anerkannt. [2] Bedarfe für die Unterkunft sind auf Antrag der leistungsberechtigten Person durch Direktzahlung an den Vermieter oder andere Empfangsberechtigte zu decken. [3] Direktzahlungen an den Vermieter oder andere Empfangsberechtigte sollen erfolgen, wenn die zweckentsprechende Verwendung durch die leistungsberechtigte Person nicht sichergestellt ist. [4] Das ist insbesondere der Fall, wenn

1. Mietrückstände bestehen, die zu einer außerordentlichen Kündigung des Mietverhältnisses berechtigen,
2. Energiekostenrückstände bestehen, die zu einer Unterbrechung der Energieversorgung berechtigen,
3. konkrete Anhaltspunkte für ein krankheits- oder suchtbedingtes Unvermögen der leistungsberechtigten Person bestehen, die Mittel zweckentsprechend zu verwenden, oder
4. konkrete Anhaltspunkte dafür bestehen, dass die im Schuldnerverzeichnis eingetragene leistungsberechtigte Person die Mittel nicht zweckentsprechend verwendet.

[1)] § 34b eingef. mWv 1.8.2013 durch G v. 7.5.2013 (BGBl. I S. 1167); Satz 1 einl. Satzteil geänd. mWv 1.1.2022 durch G v. 2.6.2021 (BGBl. I S. 1387).

[2)] § 34c eingef. mWv 1.1.2022 durch G v. 2.6.2021 (BGBl. I S. 1387).

[3)] 4. Abschnitt eingef. mWv 1.1.2011 durch G v. 24.3.2011 (BGBl. I S. 453); Überschrift neu gef. mWv 1.1.2016 durch G v. 21.12.2015 (BGBl. I S. 2557).

[4)] § 35 neu gef. mWv 1.1.2011 durch G v. 24.3.2011 (BGBl. I S. 453); Überschrift neu gef., Abs. 1 Sätze 1–3 und 5, Abs. 3 Satz 1, Abs. 4 Sätze 1 und 2 geänd. mWv 1.1.2016 durch G v. 21.12.2015 (BGBl. I S. 2557); Abs. 5 angef. mWv 1.7.2017, Abs. 5 geänd. mWv 1.1.2020 durch G v. 22.12.2016 (BGBl. I S. 3159); Abs. 5 Satz 1 eingef., bish. Wortlaut wird Satz 2 mWv 1.1.2020 durch G v. 30.11. 2019 (BGBl. I S. 1948); Abs. 5 Satz 2 geänd. mWv 1.7.2021 durch G v. 2.6.2021 (BGBl. I S. 1387).

[5] Werden die Bedarfe für die Unterkunft und Heizung durch Direktzahlung an den Vermieter oder andere Empfangsberechtigte gedeckt, hat der Träger der Sozialhilfe die leistungsberechtigte Person darüber schriftlich zu unterrichten.

(2) [1] Übersteigen die Aufwendungen für die Unterkunft den der Besonderheit des Einzelfalles angemessenen Umfang, sind sie insoweit als Bedarf der Personen, deren Einkommen und Vermögen nach § 27 Absatz 2 zu berücksichtigen sind, anzuerkennen. [2] Satz 1 gilt so lange, als es diesen Personen nicht möglich oder nicht zuzumuten ist, durch einen Wohnungswechsel, durch Vermieten oder auf andere Weise die Aufwendungen zu senken, in der Regel jedoch längstens für sechs Monate. [3] Vor Abschluss eines Vertrages über eine neue Unterkunft haben Leistungsberechtigte den dort zuständigen Träger der Sozialhilfe über die nach den Sätzen 1 und 2 maßgeblichen Umstände in Kenntnis zu setzen. [4] Sind die Aufwendungen für die neue Unterkunft unangemessen hoch, ist der Träger der Sozialhilfe nur zur Übernahme angemessener Aufwendungen verpflichtet, es sei denn, er hat den darüber hinausgehenden Aufwendungen vorher zugestimmt. [5] Wohnungsbeschaffungskosten, Mietkautionen und Umzugskosten können bei vorheriger Zustimmung übernommen werden; Mietkautionen sollen als Darlehen erbracht werden. [6] Eine Zustimmung soll erteilt werden, wenn der Umzug durch den Träger der Sozialhilfe veranlasst wird oder aus anderen Gründen notwendig ist und wenn ohne die Zustimmung eine Unterkunft in einem angemessenen Zeitraum nicht gefunden werden kann.

(3) [1] Der Träger der Sozialhilfe kann für seinen Bereich die Bedarfe für die Unterkunft durch eine monatliche Pauschale festsetzen, wenn auf dem örtlichen Wohnungsmarkt hinreichend angemessener freier Wohnraum verfügbar und in Einzelfällen die Pauschalierung nicht unzumutbar ist. [2] Bei der Bemessung der Pauschale sind die tatsächlichen Gegebenheiten des örtlichen Wohnungsmarkts, der örtliche Mietspiegel sowie die familiären Verhältnisse der Leistungsberechtigten zu berücksichtigen. [3] Absatz 2 Satz 1 gilt entsprechend.

(4) [1] Bedarfe für Heizung und zentrale Warmwasserversorgung werden in tatsächlicher Höhe anerkannt, soweit sie angemessen sind. [2] Die Bedarfe können durch eine monatliche Pauschale festgesetzt werden. [3] Bei der Bemessung der Pauschale sind die persönlichen und familiären Verhältnisse, die Größe und Beschaffenheit der Wohnung, die vorhandenen Heizmöglichkeiten und die örtlichen Gegebenheiten zu berücksichtigen.

(5) [1] Leben Leistungsberechtigte in einer Unterkunft nach § 42a Absatz 2 Satz 1 Nummer 2 und Satz 3, sind Aufwendungen für Unterkunft und Heizung nach § 42a Absatz 5 und 6 anzuerkennen. [2] Leben Leistungsberechtigte in einer sonstigen Unterkunft nach § 42a Absatz 2 Satz 1 Nummer 3 sind Aufwendungen für Unterkunft und Heizung nach § 42a Absatz 7 anzuerkennen.

§ 35a[1)] Satzung. [1] Hat ein Kreis oder eine kreisfreie Stadt eine Satzung nach den §§ 22a bis 22c des Zweiten Buches[2)] erlassen, so gilt sie für die Höhe der anzuerkennenden Bedarfe für die Unterkunft nach § 35 Absatz 1 und 2 des zuständigen Trägers der Sozialhilfe entsprechend, sofern darin nach § 22b Absatz 3 des Zweiten Buches Sonderregelungen für Personen mit einem be-

---

[1)] § 35a eingef. mWv 1.4.2011 durch G v. 24.3.2011 (BGBl. I S. 453); Sätze 1 und 2 geänd. mWv 1.1.2016 durch G v. 21.12.2015 (BGBl. I S. 2557).

[2)] Nr. **2**.

sonderen Bedarf für Unterkunft und Heizung getroffen werden und dabei zusätzlich auch die Bedarfe älterer Menschen berücksichtigt werden. [2] Dies gilt auch für die Höhe der anzuerkennenden Bedarfe für Heizung nach § 35 Absatz 4, soweit die Satzung Bestimmungen nach § 22b Absatz 1 Satz 2 und 3 des Zweiten Buches enthält. [3] In Fällen der Sätze 1 und 2 ist § 35 Absatz 3 und 4 Satz 2 und 3 nicht anzuwenden.

§ 36[1)] Sonstige Hilfen zur Sicherung der Unterkunft. (1) [1] Schulden können nur übernommen werden, wenn dies zur Sicherung der Unterkunft oder zur Behebung einer vergleichbaren Notlage gerechtfertigt ist. [2] Sie sollen übernommen werden, wenn dies gerechtfertigt und notwendig ist und sonst Wohnungslosigkeit einzutreten droht. [3] Geldleistungen können als Beihilfe oder als Darlehen erbracht werden.

(2) [1] Geht bei einem Gericht eine Klage auf Räumung von Wohnraum im Falle der Kündigung des Mietverhältnisses nach § 543 Absatz 1, 2 Satz 1 Nummer 3 in Verbindung mit § 569 Absatz 3 des Bürgerlichen Gesetzbuchs[2)] ein, teilt das Gericht dem zuständigen örtlichen Träger der Sozialhilfe oder der Stelle, die von ihm zur Wahrnehmung der in Absatz 1 bestimmten Aufgaben beauftragt wurde, unverzüglich Folgendes mit:

1. den Tag des Eingangs der Klage,
2. die Namen und die Anschriften der Parteien,
3. die Höhe der monatlich zu entrichtenden Miete,
4. die Höhe des geltend gemachten Mietrückstandes und der geltend gemachten Entschädigung sowie
5. den Termin zur mündlichen Verhandlung, sofern dieser bereits bestimmt ist.

[2] Außerdem kann der Tag der Rechtshängigkeit mitgeteilt werden. [3] Die Übermittlung unterbleibt, wenn die Nichtzahlung der Miete nach dem Inhalt der Klageschrift offensichtlich nicht auf Zahlungsunfähigkeit des Mieters beruht. [4] Die übermittelten Daten dürfen auch für entsprechende Zwecke der Kriegsopferfürsorge nach dem Bundesversorgungsgesetz[3)] gespeichert, verändert, genutzt, übermittelt und in der Verarbeitung eingeschränkt werden.

Fünfter Abschnitt.[4)] Gewährung von Darlehen

§ 37[5)] Ergänzende Darlehen. (1) Kann im Einzelfall ein von den Regelbedarfen umfasster und nach den Umständen unabweisbar gebotener Bedarf auf keine andere Weise gedeckt werden, sollen auf Antrag hierfür notwendige Leistungen als Darlehen erbracht werden.

(2) [1] Der Träger der Sozialhilfe übernimmt für Leistungsberechtigte, die einen Barbetrag nach § 27b Absatz 3 Satz 2 Nummer 1 erhalten, die jeweils

---

[1)] § 36 neu gef. mWv 1.1.2011 durch G v. 24.3.2011 (BGBl. I S. 453); Abs. 2 Satz 4 geänd. mWv 26.11.2019 durch G v. 20.11.2019 (BGBl. I S. 1626).

[2)] **Habersack, Deutsche Gesetze Nr. 20.**

[3)] Nr. **20/10.**

[4)] 5. Abschnitt Überschrift eingef. mWv 1.1.2011 durch G v. 24.3.2011 (BGBl. I S. 453).

[5)] § 37 Abs. 1 geänd., Abs. 2 und 3 eingef., bish. Abs. 2 wird Abs. 4 und Satz 1 neu gef., Satz 2 geänd. mWv 1.1.2011 durch G v. 24.3.2011 (BGBl. I S. 453); Abs. 2 Satz 1 geänd. mWv 1.1.2020 durch G v. 10.12.2019 (BGBl. I S. 2135); Abs. 2 Satz 3, Abs. 4 Satz 2 geänd. mWv 1.7.2021 durch G v. 2.6.2021 (BGBl. I S. 1387).

von ihnen bis zur Belastungsgrenze (§ 62 des Fünften Buches[1]) zu leistenden Zuzahlungen in Form eines ergänzenden Darlehens, sofern der Leistungsberechtigte nicht widerspricht. [2]Die Auszahlung der für das gesamte Kalenderjahr zu leistenden Zuzahlungen erfolgt unmittelbar an die zuständige Krankenkasse zum 1. Januar oder bei Aufnahme in eine stationäre Einrichtung. [3]Der Träger der Sozialhilfe teilt der zuständigen Krankenkasse spätestens bis zum 1. November des Vorjahres die Leistungsberechtigten nach § 27b Absatz 3 Satz 2 Nummer 1 mit, soweit diese der Darlehensgewährung nach Satz 1 für das laufende oder ein vorangegangenes Kalenderjahr nicht widersprochen haben.

(3) In den Fällen des Absatzes 2 Satz 3 erteilt die Krankenkasse über den Träger der Sozialhilfe die in § 62 Absatz 1 Satz 1 des Fünften Buches genannte Bescheinigung jeweils bis zum 1. Januar oder bei Aufnahme in eine stationäre Einrichtung und teilt dem Träger der Sozialhilfe die Höhe der der leistungsberechtigten Person zu leistenden Zuzahlungen mit; Veränderungen im Laufe eines Kalenderjahres sind unverzüglich mitzuteilen.

(4) [1]Für die Rückzahlung von Darlehen nach Absatz 1 können von den monatlichen Regelsätzen Teilbeträge bis zur Höhe von jeweils 5 vom Hundert der Regelbedarfsstufe 1 nach der Anlage zu § 28 einbehalten werden. [2]Die Rückzahlung von Darlehen Absatz 2 erfolgt in gleichen Teilbeträgen über das ganze Kalenderjahr.

§ 37a[2] Darlehen bei am Monatsende fälligen Einkünften. (1) [1]Kann eine leistungsberechtigte Person in dem Monat, in dem ihr erstmals eine Rente zufließt, bis zum voraussichtlichen Zufluss der Rente ihren notwendigen Lebensunterhalt nicht vollständig aus eigenen Mitteln bestreiten, ist ihr insoweit auf Antrag ein Darlehen zu gewähren. [2]Satz 1 gilt entsprechend für Einkünfte und Sozialleistungen, die am Monatsende fällig werden.

(2) [1]Das Darlehen ist in monatlichen Raten in Höhe von 5 Prozent der Regelbedarfsstufe 1 nach der Anlage zu § 28 zu tilgen; insgesamt ist jedoch höchstens ein Betrag in Höhe von 50 Prozent der Regelbedarfsstufe 1 nach der Anlage zu § 28 zurückzuzahlen. [2]Beträgt der monatliche Leistungsanspruch der leistungsberechtigten Person weniger als 5 Prozent der Regelbedarfsstufe 1 nach der Anlage zu § 28 wird die monatliche Rate nach Satz 1 in Höhe des Leistungsanspruchs festgesetzt.

(3) [1]Die Rückzahlung nach Absatz 2 beginnt mit Ablauf des Kalendermonats, der auf die Auszahlung des Darlehens folgt. [2]Die Rückzahlung des Darlehens erfolgt während des Leistungsbezugs durch Aufrechnung nach § 44b.

§ 38[3] Darlehen bei vorübergehender Notlage. [1]Sind Leistungen nach § 27a Absatz 3 und 4, der Barbetrag nach § 27b Absatz 2 sowie nach den §§ 30, 32, 33 und 35 voraussichtlich nur für kurze Dauer zu erbringen, können Geldleistungen als Darlehen gewährt werden. [2]Darlehen an Mitglieder von Haushaltsgemeinschaften im Sinne des § 27 Absatz 2 Satz 2 und 3 können an einzelne Mitglieder oder an mehrere gemeinsam vergeben werden.

---

[1] Nr. 5.

[2] § 37a eingef. mWv 1.7.2017 durch G v. 22.12.2016 (BGBl. I S. 3159).

[3] § 38 Abs. 1 Satz 1 geänd. mWv 9.10.2013 durch G v. 1.10.2013 (BGBl. I S. 3733); bish. Abs. 1 Satz 2 geänd., Abs. 2 aufgeh. mWv 1.1.2016 durch G v. 21.12.2015 (BGBl. I S. 2557).

Sechster Abschnitt.[1] Einschränkung von Leistungsberechtigung und -umfang

§ 39[2] **Vermutung der Bedarfsdeckung.** [1]Lebt eine nachfragende Person gemeinsam mit anderen Personen in einer Wohnung oder in einer entsprechenden anderen Unterkunft, so wird vermutet, dass sie gemeinsam wirtschaften (Haushaltsgemeinschaft) und dass die nachfragende Person von den anderen Personen Leistungen zum Lebensunterhalt erhält, soweit dies nach deren Einkommen und Vermögen erwartet werden kann. [2]Soweit nicht gemeinsam gewirtschaftet wird oder die nachfragende Person von den Mitgliedern der Haushaltsgemeinschaft keine ausreichenden Leistungen zum Lebensunterhalt erhält, ist ihr Hilfe zum Lebensunterhalt zu gewähren. [3]Satz 1 gilt nicht

1. für Schwangere oder Personen, die ihr leibliches Kind bis zur Vollendung seines sechsten Lebensjahres betreuen und mit ihren Eltern oder einem Elternteil zusammenleben, oder
2. für Personen, die in der Eingliederungshilfe leistungsberechtigt im Sinne des § 99 Absatz 1 bis 3 des Neunten Buches[3] sind oder im Sinne des § 61a pflegebedürftig sind und von in Satz 1 genannten Personen betreut werden; dies gilt auch, wenn die genannten Voraussetzungen einzutreten drohen und das gemeinsame Wohnen im Wesentlichen zum Zweck der Sicherstellung der Hilfe und Versorgung erfolgt.

§ 39a[4] **Einschränkung der Leistung.** (1) [1]Lehnen Leistungsberechtigte entgegen ihrer Verpflichtung die Aufnahme einer Tätigkeit oder die Teilnahme an einer erforderlichen Vorbereitung ab, vermindert sich die maßgebende Regelbedarfsstufe in einer ersten Stufe um bis zu 25 vom Hundert, bei wiederholter Ablehnung in weiteren Stufen um jeweils bis zu 25 vom Hundert. [2]Die Leistungsberechtigten sind vorher entsprechend zu belehren.

(2) § 26 Abs. 1 Satz 2 findet Anwendung.

Siebter Abschnitt.[5] Verordnungsermächtigung

§ 40[6] **Verordnungsermächtigung.** [1]Das Bundesministerium für Arbeit und Soziales hat im Einvernehmen mit dem Bundesministerium der Finanzen durch Rechtsverordnung[7] mit Zustimmung des Bundesrates

[1] 6. Abschnitt Überschrift eingef. mWv 1.1.2011 durch G v. 24.3.2011 (BGBl. I S. 453).

[2] § 39 neu gef. mWv 1.1.2011 durch G v. 24.3.2011 (BGBl. I S. 453); Satz 3 Nr. 2 geänd. mWv 1.1.2017 durch G v. 23.12.2016 (BGBl. I S. 3191); Satz 3 Nr. 2 geänd. mWv 1.1.2020 durch G v. 23.12.2016 (BGBl. I S. 3234); Satz 3 Nr. 2 geänd. mWv 1.7.2021 durch G v. 2.6.2021 (BGBl. I S. 1387).

[3] Nr. **9**.

[4] Bish. § 39 wird § 39a und Abs. 1 Satz 1 geänd. mWv 1.1.2011 durch G v. 24.3.2011 (BGBl. I S. 453).

[5] 7. Abschn. Überschrift eingef. mWv 1.1.2011 durch G v. 24.3.2011 (BGBl. I S. 453).

[6] § 40 neu gef. mWv 1.1.2011 durch G v. 24.3.2011 (BGBl. I S. 453); Satz 3 neu gef. mWv 1.1. 2017 durch G v. 22.12.2016 (BGBl. I S. 3159); Satz 1 neu gef. mWv 1.7.2020 durch G v. 29.4.2019 (BGBl. I S. 530).

[7] Siehe hierzu ua die Regelbedarfsstufen-FortschreibungsVO 2020 (RBSFV 2020) v. 15.10.2019 (BGBl. I S. 1452), aufgeh. durch G v. 9.12.2020 (BGBl. I S. 2855) und die Regelbedarfsstufen-Fortschreibungsverordnung 2022 v. 13.10.2021 (BGBl. I S. 4674).

1. den für die Fortschreibung der Regelbedarfsstufen nach § 28a und für die Fortschreibung des Teilbetrags nach § 34 Absatz 3a Satz 1 maßgeblichen Prozentsatz zu bestimmen und
2. die Anlagen zu den §§ 28 und 34 um die sich durch die Fortschreibung nach Nummer 1 zum 1. Januar eines Jahres ergebenden Regelbedarfsstufen sowie um die sich aus der Fortschreibung nach § 34 Absatz 3a Satz 1 und 2 ergebenden Teilbeträge zu ergänzen.

[2]Der Vomhundertsatz nach Satz 1 Nummer 1 ist auf zwei Dezimalstellen zu berechnen; die zweite Dezimalstelle ist um eins zu erhöhen, wenn sich in der dritten Dezimalstelle eine der Ziffern von 5 bis 9 ergibt. [3]Die Bestimmungen nach Satz 1 erfolgen bis spätestens zum Ablauf des 31. Oktober des jeweiligen Jahres.

Viertes Kapitel. Grundsicherung im Alter und bei Erwerbsminderung

Erster Abschnitt. Grundsätze

§ 41[1)] Leistungsberechtigte. (1) Leistungsberechtigt nach diesem Kapitel sind Personen mit gewöhnlichem Aufenthalt im Inland, die ihren notwendigen Lebensunterhalt nicht oder nicht ausreichend aus Einkommen und Vermögen nach § 43 bestreiten können, wenn sie die Voraussetzungen nach Absatz 2, 3 oder 3a erfüllen.

(2) [1]Leistungsberechtigt sind Personen nach Absatz 1 wegen Alters, wenn sie die Altersgrenze erreicht haben. [2]Personen, die vor dem 1. Januar 1947 geboren sind, erreichen die Altersgrenze mit Vollendung des 65. Lebensjahres. [3]Für Personen, die nach dem 31. Dezember 1946 geboren sind, wird die Altersgrenze wie folgt angehoben:

für den Geburtsjahrgang	erfolgt eine Anhebung um Monate	auf Vollendung eines Lebensalters von
1947	1	65 Jahren und 1 Monat
1948	2	65 Jahren und 2 Monaten
1949	3	65 Jahren und 3 Monaten
1950	4	65 Jahren und 4 Monaten
1951	5	65 Jahren und 5 Monaten
1952	6	65 Jahren und 6 Monaten
1953	7	65 Jahren und 7 Monaten
1954	8	65 Jahren und 8 Monaten
1955	9	65 Jahren und 9 Monaten
1956	10	65 Jahren und 10 Monaten
1957	11	65 Jahren und 11 Monaten

[1)] § 41 neu gef. mWv 1.1.2008 durch G v. 20.4.2007 (BGBl. I S. 554); Abs. 1 Satz 1 geänd. mWv 1.1.2011 durch G v. 24.3.2011 (BGBl. I S. 453); Abs. 1 neu gef. mWv 1.1.2016 durch G v. 21.12. 2015 (BGBl. I S. 2557); Abs. 1, Abs. 2 Satz 1 und Abs. 3 neu gef., Abs. 3a eingef. mWv 13.12.2019 durch G v. 10.12.2019 (BGBl. I S. 2135); Abs. 4 geänd. mWv 1.7.2021 durch G v. 2.6.2021 (BGBl. I S. 1387).

für den Geburts-jahrgang	erfolgt eine Anhebung um Monate	auf Vollendung eines Lebensalters von
1958	12	66 Jahren
1959	14	66 Jahren und 2 Monaten
1960	16	66 Jahren und 4 Monaten
1961	18	66 Jahren und 6 Monaten
1962	20	66 Jahren und 8 Monaten
1963	22	66 Jahren und 10 Monaten
ab 1964	24	67 Jahren

(3) Leistungsberechtigt sind Personen nach Absatz 1 wegen einer dauerhaften vollen Erwerbsminderung, wenn sie das 18. Lebensjahr vollendet haben, unabhängig von der jeweiligen Arbeitsmarktlage voll erwerbsgemindert im Sinne des § 43 Absatz 2 des Sechsten Buches[1)] sind und bei denen unwahrscheinlich ist, dass die volle Erwerbsminderung behoben werden kann.

(3a) Leistungsberechtigt sind Personen nach Absatz 1, die das 18. Lebensjahr vollendet haben, für den Zeitraum, in dem sie

1. in einer Werkstatt für behinderte Menschen (§ 57 des Neunten Buches[2)]) oder bei einem anderen Leistungsanbieter (§ 60 des Neunten Buches) das Eingangsverfahren und den Berufsbildungsbereich durchlaufen oder
2. in einem Ausbildungsverhältnis stehen, für das sie ein Budget für Ausbildung (§ 61a des Neunten Buches) erhalten.

(4) Keinen Anspruch auf Leistungen nach diesem Kapitel hat, wer in den letzten zehn Jahren die Hilfebedürftigkeit vorsätzlich oder grob fahrlässig herbeigeführt hat.

§ 41a[3)] Vorübergehender Auslandsaufenthalt. Leistungsberechtigte, die sich länger als vier Wochen ununterbrochen im Ausland aufhalten, erhalten nach Ablauf der vierten Woche bis zu ihrer nachgewiesenen Rückkehr ins Inland keine Leistungen.

§ 42[4)] Bedarfe. Die Bedarfe nach diesem Kapitel umfassen:

1. die Regelsätze nach den Regelbedarfsstufen der Anlage zu § 28; § 27a Absatz 3 und Absatz 4 ist anzuwenden; § 29 Absatz 1 Satz 1 letzter Halbsatz und Absatz 2 bis 5 ist nicht anzuwenden,
2. die zusätzlichen Bedarfe nach dem Zweiten Abschnitt des Dritten Kapitels sowie Bedarfe nach § 42b,

---

1) Nr. **6**.

2) Nr. **9**.

3) § 41a eingef. mWv 1.7.2017 durch G v. 22.12.2016 (BGBl. I S. 3159).

4) § 42 neu gef. mWv 1.1.2011 durch G v. 24.3.2011 (BGBl. I S. 453); Nr. 1 neu gef. mWv 1.1.2013 durch G v. 20.12.2012 (BGBl. I S. 2783); Überschrift neu gef., einl. Satzteil und Nr. 4 geänd. mWv 1.1.2016 durch G v. 21.12.2015 (BGBl. I S. 2557); Nr. 4 und 5 neu gef. mWv 1.7.2017 durch G v. 22.12.2016 (BGBl. I S. 3159); Nr. 2 geänd., Nr. 4 Buchst. b neu gef. mWv 1.1.2020 durch G v. 23.12.2016 (BGBl. I S. 3234); Nr. 1 geänd. mWv 6.12.2019 durch G v. 30.11.2019 (BGBl. I S. 1948); Satz 1 Nr. 4 Buchst. b neu gef. mWv 1.1.2020 durch G v. 10.12.2019 (BGBl. I S. 2135); Nr. 4 Buchst. b neu gef. mWv 1.1.2022 durch G v. 2.6.2021 (BGBl. I S. 1387).

3. die Bedarfe für Bildung und Teilhabe nach dem Dritten Abschnitt des Dritten Kapitels, ausgenommen die Bedarfe nach § 34 Absatz 7,
4. Bedarfe für Unterkunft und Heizung
   a) bei Leistungsberechtigten außerhalb von Einrichtungen nach § 42a,
   b) bei Leistungsberechtigten, deren notwendiger Lebensunterhalt sich nach § 27b Absatz 1 Satz 2 oder nach § 27c Absatz 1 Nummer 2 ergibt, in Höhe der nach § 45a ermittelten durchschnittlichen Warmmiete von Einpersonenhaushalten,
5. ergänzende Darlehen nach § 37 Absatz 1 und Darlehen bei am Monatsende fälligen Einkommen nach § 37a.

§ 42a[1)] Bedarfe für Unterkunft und Heizung. (1) Für Leistungsberechtigte sind angemessene Bedarfe für Unterkunft und Heizung nach dem Vierten

(Fortsetzung nächstes Blatt)

[1)] § 42a eingef. mWv 1.7.2017 durch G v. 22.12.2016 (BGBl. I S. 3159); Abs. 3 Satz 1 abschl. Satzteil und Satz 3, Abs. 4 Satz 2 geänd. mWv 6.12.2019, Abs. 2 und 5 neu gef., Abs. 6 und 7 angef. mWv 1.1.2020 durch G v. 30.11.2019 (BGBl. I S. 1948); Abs. 4 Satz 3, Abs. 5 Satz 3 geänd., Sätze 4 und 5 aufgeh., bish. Sätze 6 und 7 werden Sätze 4 und 5, neuer Satz 5 geänd. mWv 10.6.2021 durch G v. 2.6.2021 (BGBl. I S. 1387).

Zwölftes Kapitel. Zuständigkeit der Träger der Sozialhilfe

Erster Abschnitt. Sachliche und örtliche Zuständigkeit

§ 97[1)] **Sachliche Zuständigkeit.** (1) Für die Sozialhilfe sachlich zuständig ist der örtliche Träger der Sozialhilfe, soweit nicht der überörtliche Träger sachlich zuständig ist.

(2) [1]Die sachliche Zuständigkeit des überörtlichen Trägers der Sozialhilfe wird nach Landesrecht bestimmt. [2]Dabei soll berücksichtigt werden, dass so weit wie möglich für Leistungen im Sinne von § 8 Nr. 1 bis 6 jeweils eine einheitliche sachliche Zuständigkeit gegeben ist.

(3) Soweit Landesrecht keine Bestimmung nach Absatz 2 Satz 1 enthält, ist der überörtliche Träger der Sozialhilfe für

1. *(aufgehoben)*
2. Leistungen der Hilfe zur Pflege nach den §§ 61 bis 66,
3. Leistungen der Hilfe zur Überwindung besonderer sozialer Schwierigkeiten nach den §§ 67 bis 69,
4. Leistungen der Blindenhilfe nach § 72

sachlich zuständig.

(4) Die sachliche Zuständigkeit für eine stationäre Leistung umfasst auch die sachliche Zuständigkeit für Leistungen, die gleichzeitig nach anderen Kapiteln zu erbringen sind, sowie für eine Leistung nach § 74.

§ 98[2)] **Örtliche Zuständigkeit.** (1) [1]Für die Sozialhilfe örtlich zuständig ist der Träger der Sozialhilfe, in dessen Bereich sich die Leistungsberechtigten tatsächlich aufhalten. [2]Diese Zuständigkeit bleibt bis zur Beendigung der Leistung auch dann bestehen, wenn die Leistung außerhalb seines Bereichs erbracht wird.

(1a) [1]Abweichend von Absatz 1 ist im Falle der Auszahlung der Leistungen nach § 34 Absatz 2 Satz 1 Nummer 1 und bei Anwendung von § 34a Absatz 7 der nach § 34c zuständige Träger der Sozialhilfe zuständig, in dessen örtlichem Zuständigkeitsbereich die Schule liegt. [2]Die Zuständigkeit nach Satz 1 umfasst auch Leistungen an Schülerinnen und Schüler, für die im Übrigen ein anderer Träger der Sozialhilfe nach Absatz 1 örtlich zuständig ist oder wäre.

(2) [1]Für die stationäre Leistung ist der Träger der Sozialhilfe örtlich zuständig, in dessen Bereich die Leistungsberechtigten ihren gewöhnlichen Aufenthalt im Zeitpunkt der Aufnahme in die Einrichtung haben oder in den zwei Monaten vor der Aufnahme zuletzt gehabt hatten. [2]Waren bei Einsetzen der Sozialhilfe die Leistungsberechtigten aus einer Einrichtung im Sinne des Satzes 1 in eine andere Einrichtung oder von dort in weitere Einrichtungen übergetreten oder tritt nach dem Einsetzen der Leistung ein solcher Fall ein, ist der gewöhnliche Aufenthalt, der für die erste Einrichtung maßgebend war,

---

[1)] § 97 Abs. 3 Nr. 1 aufgeh. mWv 1.1.2020 durch G v. 23.12.2016 (BGBl. I S. 3234); Abs. 5 aufgeh. mWv 1.1.2022 durch G v. 2.6.2021 (BGBl. I S. 1387).

[2)] § 98 Abs. 5 Satz 2 angef. mWv 1.1.2005 durch G v. 21.3.2005 (BGBl. I S. 818); Abs. 5 Satz 1 neu gef. mWv 7.12.2006 durch G v. 2.12.2006 (BGBl. I S. 2670); Abs. 1 Satz 2 aufgeh., bish. Satz 3 wird Satz 2 mWv 1.1.2013 durch G v. 20.12.2012 (BGBl. I S. 2783); Abs. 5 geänd., Abs. 6 angef. mWv 1.1.2020 durch G v. 23.12.2016 (BGBl. I S. 3234); Abs. 1a eingef. mWv 1.8.2019 durch G v. 29.4. 2019 (BGBl. I S. 530); Abs. 1a Satz 1 neu gef. mWv 1.1.2022 durch G v. 2.6.2021 (BGBl. I S. 1387).

entscheidend. [3] Steht innerhalb von vier Wochen nicht fest, ob und wo der gewöhnliche Aufenthalt nach Satz 1 oder 2 begründet worden ist oder ist ein gewöhnlicher Aufenthaltsort nicht vorhanden oder nicht zu ermitteln oder liegt ein Eilfall vor, hat der nach Absatz 1 zuständige Träger der Sozialhilfe über die Leistung unverzüglich zu entscheiden und sie vorläufig zu erbringen. [4] Wird ein Kind in einer Einrichtung im Sinne des Satzes 1 geboren, tritt an die Stelle seines gewöhnlichen Aufenthalts der gewöhnliche Aufenthalt der Mutter.

(3) In den Fällen des § 74 ist der Träger der Sozialhilfe örtlich zuständig, der bis zum Tod der leistungsberechtigten Person Sozialhilfe leistete, in den anderen Fällen der Träger der Sozialhilfe, in dessen Bereich der Sterbeort liegt.

(4) Für Hilfen an Personen, die sich in Einrichtungen zum Vollzug richterlich angeordneter Freiheitsentziehung aufhalten oder aufgehalten haben, gelten die Absätze 1 und 2 sowie die §§ 106 und 109 entsprechend.

(5) [1] Für die Leistungen nach diesem Buch an Personen, die Leistungen nach dem Siebten und Achten Kapitel in Formen ambulanter betreuter Wohnmöglichkeiten erhalten, ist der Träger der Sozialhilfe örtlich zuständig, der vor Eintritt in diese Wohnform zuletzt zuständig war oder gewesen wäre. [2] Vor Inkrafttreten dieses Buches begründete Zuständigkeiten bleiben hiervon unberührt.

(6) Soweit Leistungen der Eingliederungshilfe nach Teil 2 des Neunten Buches zu erbringen sind, richtet sich die örtliche Zuständigkeit für gleichzeitig zu erbringende Leistungen nach diesem Buch nach § 98 des Neunten Buches[1)], soweit das Landesrecht keine abweichende Regelung trifft.

§ 99 Vorbehalt abweichender Durchführung. (1) Die Länder können bestimmen, dass und inwieweit die Kreise ihnen zugehörige Gemeinden oder Gemeindeverbände zur Durchführung von Aufgaben nach diesem Buch heranziehen und ihnen dabei Weisungen erteilen können; in diesen Fällen erlassen die Kreise den Widerspruchsbescheid nach dem Sozialgerichtsgesetz[2)].

(2) Die Länder können bestimmen, dass und inwieweit die überörtlichen Träger der Sozialhilfe örtliche Träger der Sozialhilfe sowie diesen zugehörige Gemeinden und Gemeindeverbände zur Durchführung von Aufgaben nach diesem Buch heranziehen und ihnen dabei Weisungen erteilen können; in diesen Fällen erlassen die überörtlichen Träger den Widerspruchsbescheid nach dem Sozialgerichtsgesetz, soweit nicht nach Landesrecht etwas anderes bestimmt wird.

Zweiter Abschnitt. Sonderbestimmungen

§ 100[3)] *(aufgehoben)*

§ 101 Behördenbestimmung und Stadtstaaten-Klausel. (1) Welche Stellen zuständige Behörden sind, bestimmt die Landesregierung, soweit eine landesrechtliche Regelung nicht besteht.

---

1) Nr. **9**.
2) Nr. **50**.
3) § 100 aufgeh. mWv 1.4.2007 durch G v. 2.12.2006 (BGBl. I S. 2670).

b) die in einer Werkstatt für behinderte Menschen nach § 56 des Neunten Buches oder bei einem anderen Leistungsanbieter nach § 60 des Neunten Buches tätig sind oder

c) die die Altersgrenze nach § 41 Absatz 2 erreicht oder überschritten haben,

2. als Leistung nach dem Dritten Kapitel für Personen, bei denen die Voraussetzungen der Nummer 1 nicht vorliegen.

[5] Bei Personen, für die Satz 4 Nummer 1 gilt, ist § 44 Absatz 1 Satz 1 nicht anzuwenden. [6] Die Sätze 1 bis 5 gelten entsprechend für alle laufend gezahlten und am Monatsende zufließenden Einkommen. [7] Der Zuschuss nach den Sätzen 1 bis 3 gilt nicht als Leistung nach § 7 Absatz 1 Satz 1 Nummer 5 und 6 des Wohngeldgesetzes[1)].

§ 141[2)] Übergangsregelung aus Anlass der COVID-19-Pandemie-Übergangsregelung aus Anlass der COVID-19-Pandemie; Verordnungsermächtigung. (1) Leistungen nach dem Dritten und Vierten Kapitel werden für Bewilligungszeiträume, die in der Zeit vom 1. März 2020 bis zum 31. März 2022 beginnen, nach Maßgabe der Absätze 2 bis 4 erbracht.

(2) [1] Abweichend von § 2 Absatz 1, § 19 Absatz 1, 2 und 5, § 27 Absatz 1 und 2, § 39, § 41 Absatz 1, § 43 Absatz 1, § 43a Absatz 2 und § 90 wird Vermögen für die Dauer von sechs Monaten nicht berücksichtigt. [2] Satz 1 gilt nicht, wenn das Vermögen erheblich ist; es wird vermutet, dass kein erhebliches Vermögen vorhanden ist, wenn die leistungsnachsuchenden Personen dies im Antrag erklären.

(3) [1] Abweichend von § 35 und § 42a Absatz 1 gelten die tatsächlichen Aufwendungen für Unterkunft und Heizung für die Dauer von sechs Monaten als angemessen. [2] Nach Ablauf des Zeitraums nach Satz 1 ist § 35 Absatz 2 Satz 2 mit der Maßgabe anzuwenden, dass der Zeitraum nach Satz 1 nicht auf die in § 35 Absatz 2 Satz 2 genannte Frist anzurechnen ist. [3] Satz 1 gilt nicht in den Fällen, in denen im vorangegangenen Bewilligungszeitraum die angemessenen und nicht die tatsächlichen Aufwendungen als Bedarf anerkannt wurden.

(4) Sofern Geldleistungen der Grundsicherung im Alter und bei Erwerbsminderung nach § 44a Absatz 1 vorläufig oder Geldleistungen der Hilfe zum Lebensunterhalt vorschussweise nach § 42 des Ersten Buches[3)] zu bewilligen sind, ist über den monatlichen Leistungsanspruch für Bewilligungszeiträume, die bis zum 31. März 2021 begonnen haben, nur auf Antrag der leistungsberechtigten Person abschließend zu entscheiden; § 44a Absatz 5 Satz 1 findet keine Anwendung.

(5) [1] Abweichend von § 34a Absatz 1 Satz 1 gilt der Antrag auf Leistungen nach § 34 Absatz 5 in der Zeit vom 1. Juli 2021 bis zum Ablauf des 31. Dezember 2023 als von dem Antrag auf Leistungen zur Sicherung des Lebensunterhalts mit umfasst. [2] Dies gilt für ab dem 1. Juli 2021 entstehende Lernförderungsbedarfe auch dann, wenn die jeweiligen Bewilligungszeiträume nur

---

[1)] Nr. **13**.

[2)] § 141 angef. mWv 28.3.2020 durch G v. 27.3.2020 (BGBl. I S. 575); Abs. 1 geänd., Abs. 5 aufgeh. mWv 1.1.2021 durch G v. 9.12.2020 (BGBl. I S. 2855); Überschr., Abs. 1 und 4 geänd., Abs. 6 aufgeh. mWv 1.4.2021 durch G v. 10.3.2021 (BGBl. I S. 335); Abs. 5 neu gef. mWv 1.7.2021 durch G v. 25.6.2021 (BGBl. I S. 2020); Überschr. neu gef., Abs. 1 geänd., Abs. 6 angef. mWv 24.11.2021 durch G v. 22.11.2021 (BGBl. I S. 4906).

[3)] Nr. **1**.

teilweise in den in Satz 1 genannten Zeitraum fallen, weil sie entweder bereits vor dem 1. Juli 2021 begonnen haben oder erst nach dem 31. Dezember 2023 enden.

(6) Die Bundesregierung wird ermächtigt, den in Absatz 1 genannten Zeitraum durch Rechtsverordnung ohne Zustimmung des Bundesrates längstens bis zum 31. Dezember 2022 zu verlängern.

§ 142[1)] Übergangsregelung für die gemeinschaftliche Mittagsverpflegung aus Anlass der COVID-19-Pandemie. (1) [1] Abweichend von § 34 Absatz 6 Satz 1 kommt es im Zeitraum vom 1. März 2020 bis zur Aufhebung der Feststellung einer epidemischen Lage von nationaler Tragweite wegen der dynamischen Ausbreitung der Coronavirus-Krankheit-2019 (COVID-19) nach § 5 Absatz 1 Satz 2 des Infektionsschutzgesetzes[2)] durch den Deutschen Bundestag, längstens jedoch bis zum Ablauf des 31. Dezember 2021, auf eine Gemeinschaftlichkeit der Mittagsverpflegung nicht an. [2] Zu den Aufwendungen im Sinne des § 34 Absatz 6 Satz 1 zählen bei den Leistungsberechtigten anfallende Zahlungsverpflichtungen auch dann, wenn sie pandemiebedingt in geänderter Höhe oder aufgrund abweichender Abgabewege berechnet werden. [3] Dies umfasst auch die Kosten einer Belieferung. [4] § 34 Absatz 6 Satz 2 findet keine Anwendung.

(2) [1] Wurde im Februar 2020 ein Mehrbedarf nach § 42b Absatz 2 anerkannt, wird dieser für den Zeitraum vom 1. Mai 2020 bis zum 31. Dezember 2020 in unveränderter Höhe weiterhin anerkannt. [2] Für den Zeitraum vom 1. Januar 2021 bis zur Aufhebung der Feststellung einer epidemischen Lage von nationaler Tragweite wegen der dynamischen Ausbreitung der Coronavirus-Krankheit-2019 (COVID-19) nach § 5 Absatz 1 Satz 2 des Infektionsschutzgesetzes[2)] durch den Deutschen Bundestag, längstens jedoch bis zum Ablauf des 31. Dezember 2021, gilt dies mit der Maßgabe, dass für die Berechnung der Höhe des Mehrbedarfs die Anzahl der für Februar 2020 berücksichtigten Arbeitstage und die nach § 42b Absatz 2 Satz 3 sich ergebenden Mehraufwendungen je Arbeitstag zugrunde zu legen sind. [3] Abweichend von § 42b Absatz 2 Satz 1 und 2 kommt es im Zeitraum vom 1. Mai 2020 bis zur Aufhebung der Feststellung einer epidemischen Lage von nationaler Tragweite wegen der dynamischen Ausbreitung der Coronavirus-Krankheit-2019 (COVID-19) nach § 5 Absatz 1 Satz 2 des Infektionsschutzgesetzes[2)] durch den Deutschen Bundestag, längstens jedoch bis zum Ablauf des 31. Dezember 2021, nicht auf die Gemeinschaftlichkeit der Mittagsverpflegung und die Essenseinnahme in der Verantwortung des Leistungsanbieters an.

§ 143[3)] Übergangsregelung zum Freibetrag für Grundrentenzeiten und vergleichbare Zeiten. Der Träger der Sozialhilfe hat über Leistungen der Hilfe zum Lebensunterhalt und der Grundsicherung im Alter und bei Erwerbsminderung ohne Berücksichtigung eines eventuellen Freibetrages nach § 82a zu entscheiden, so lange ihm nicht durch eine Mitteilung des Rentenversicherungsträgers oder berufsständischer Versicherungs- oder Versorgungs-

---

[1)] § 142 eingef. mWv 29.5.2020 durch G v. 20.5.2020 (BGBl. I S. 1055); Abs. 1 Satz 1 geänd., Abs. 2 neu gef. mWv 1.1.2021 durch G v. 9.12.2020 (BGBl. I S. 2855); Überschr., Abs. 1 Satz 1, Abs. 2 Sätze 2 und 3 geänd., Abs. 3 aufgeh. mWv 1.4.2021 durch G v. 10.3.2021 (BGBl. I S. 335).

[2)] **Sartorius ErgBd. Nr. 285.**

[3)] § 143 eingef. mWv 1.1.2021 durch G v. 9.12.2020 (BGBl. I S. 2855).

einrichtungen nachgewiesen ist, dass die Voraussetzungen für die Einräumung des Freibetrages vorliegen.

§ 144[1)] Einmalzahlung aus Anlass der COVID-19-Pandemie. [1] Leistungsberechtigte, denen für den Monat Mai 2021 Leistungen nach dem Dritten oder Vierten Kapitel gezahlt werden und deren Regelsatz sich nach der Regelbedarfsstufe 1, 2 oder 3 der Anlage zu § 28 ergibt, erhalten für den Zeitraum vom 1. Januar 2021 bis zum 30. Juni 2021 zum Ausgleich der mit der COVID-19-Pandemie in Zusammenhang stehenden Mehraufwendungen eine Einmalzahlung in Höhe von 150 Euro. [2] Leistungsberechtigten, für die die Regelbedarfsstufe 3 gilt, ist die Leistung nach Satz 1 zusammen mit dem Barbetrag nach § 27b Absatz 3 oder § 27c Absatz 3 auszuzahlen; die Einmalzahlungen für Leistungsberechtigte nach dem Vierten Kapitel sind Bruttoausgaben nach § 46a Absatz 2 Satz 1. [3] Die Sätze 1 und 2 gelten nur, sofern bei Leistungsberechtigten kein für sie gewährtes und an sie unmittelbar ausgezahltes oder weitergeleitetes Kindergeld als Einkommen berücksichtigt wird.

Anlage[2)]
(zu § 28)

Regelbedarfsstufen nach § 28 in Euro

gültig ab	Regelbedarfsstufe 1	Regelbedarfsstufe 2	Regelbedarfsstufe 3	Regelbedarfsstufe 4	Regelbedarfsstufe 5	Regelbedarfsstufe 6
1. Januar 2011	364	328	291	287	251	215
1. Januar 2012	374	337	299	287	251	219
1. Januar 2013	382	345	306	289	255	224
1. Januar 2014	391	353	313	296	261	229
1. Januar 2015	399	360	320	302	267	234
1. Januar 2016	404	364	324	306	270	237
1. Januar 2017	409	368	327	311	291	237
1. Januar 2018	416	374	332	316	296	240
1. Januar 2019	424	382	339	322	302	245
1. Januar 2020	432	389	345	328	308	250
1. Januar 2021	446	401	357	373	309	283
1. Januar 2022	449	404	360	376	311	285

Regelbedarfsstufe 1:

Für jede erwachsene Person, die in einer Wohnung nach § 42a Absatz 2 Satz 2 lebt und für die nicht Regelbedarfsstufe 2 gilt.

Regelbedarfsstufe 2:

Für jede erwachsene Person, wenn sie

---

1) § 144 angef. mWv 1.4.2021 durch G v. 10.3.2021 (BGBl. I S. 335).

2) Anl. angef. mWv 1.1.2011 durch G v. 24.3.2011 (BGBl. I S. 453); geänd. mWv 1.1.2012 durch VO v. 17.10.2011 (BGBl. I S. 2090); geänd. mWv 1.1.2013 durch VO v. 18.10.2012 (BGBl. I S. 2173); geänd. mWv 1.1.2014 durch VO v. 15.10.2013 (BGBl. I S. 3856); geänd. mWv 1.1.2015 durch VO v. 14.10.2014 (BGBl. I S. 1618); geänd. mWv 1.1.2016 durch VO v. 22.10.2015 (BGBl. I S. 1788); geänd. mWv 1.1.2017 und geänd. mWv 1.1.2020 durch G v. 22.12.2016 (BGBl. I S. 3159); geänd. mWv 1.1.2018 durch VO v. 8.11.2017 (BGBl. I S. 3767); geänd. mWv 1.1.2019 durch VO v. 19.10.2018 (BGBl. I S. 1766); geänd. mWv 1.1.2020 durch VO v. 15.10.2019 (BGBl. I S. 1452); geänd. mWv 1.1.2021 durch G v. 9.12.2020 (BGBl. I S. 2855); geänd. mWv 1.1.2022 durch VO v. 13.10.2021 (BGBl. I S. 4674).

1. in einer Wohnung nach § 42a Absatz 2 Satz 2 mit einem Ehegatten oder Lebenspartner oder in eheähnlicher oder lebenspartnerschaftsähnlicher Gemeinschaft mit einem Partner zusammenlebt oder
2. nicht in einer Wohnung lebt, weil ihr allein oder mit einer weiteren Person ein persönlicher Wohnraum und mit weiteren Personen zusätzliche Räumlichkeiten nach § 42a Absatz 2 Satz 3 zur gemeinschaftlichen Nutzung überlassen sind.

Regelbedarfsstufe 3:

Für eine erwachsene Person, deren notwendiger Lebensunterhalt sich nach § 27b bestimmt.

Regelbedarfsstufe 4:

Für eine Jugendliche oder einen Jugendlichen vom Beginn des 15. bis zur Vollendung des 18. Lebensjahres.

Regelbedarfsstufe 5:

Für ein Kind vom Beginn des siebten bis zur Vollendung des 14. Lebensjahres.

Regelbedarfsstufe 6:

Für ein Kind bis zur Vollendung des sechsten Lebensjahres.

Anlage[1)]
(zu § 34)

Ausstattung mit persönlichem Schulbedarf in Euro

gültig im Kalenderjahr	Teilbetrag für das im jeweiligen Kalenderjahr beginnende erste Schulhalbjahr	Teilbetrag für das im jeweiligen Kalenderjahr beginnende zweite Schulhalbjahr
2019	100 Euro	–
2020	100 Euro	50 Euro
2021	103 Euro	51,50 Euro
2022	104 Euro	52 Euro

[1)] Anlage zu § 34 angef. mWv 1.8.2019 durch G v. 29.4.2019 (BGBl. I S. 530); geänd. mWv 1.1. 2021 durch G v. 9.12.2020 (BGBl. I S. 2855); geänd. mWv 1.1.2022 durch VO v. 13.10.2021 (BGBl. I S. 4674).

13. Wohngeldgesetz (WoGG)[1) 2)]

Vom 24. September 2008

(BGBl. I S. 1856)

FNA 8601-3

geänd. durch Art. 1 Erstes ÄndG v. 22.12.2008 (BGBl. I S. 2963), Art. 9 ELENA-VerfahrensG v. 28.3.2009 (BGBl. I S. 634, geänd. durch G v. 23.11.2011, BGBl. I S. 2298), Art. 7 Abs. 8 G zur Reform des Kontopfändungsschutzes v. 7.7.2009 (BGBl. I S. 1707), Art. 22 HaushaltsbegleitG 2011 v. 9.12.2010 (BGBl. I S. 1885), Art. 12 Abs. 2 G zur Ermittlung von Regelbedarfen und zur Änd. des Zweiten und Zwölften Buches Sozialgesetzbuch v. 24.3.2011 (BGBl. I S. 453), Art. 9 G zur Änd. des BeherbergungsstatistikG und des HandelsstatistikG sowie zur Aufhebung von Vorschriften zum Verfahren des elektronischen Entgeltnachweises v. 23.11.2011 (BGBl. I S. 2298), Art. 35 G zur Verbesserung der Eingliederungschancen am Arbeitsmarkt v. 20.12.2011 (BGBl. I S. 2854), Art. 1 Drittes G zur Änd. wohnungsrechtl. Vorschriften v. 9.11.2012 (BGBl. I S. 2291), Art. 9 Abs. 5 SEPA-BegleitG v. 3.4.2013 (BGBl. I S. 610), Art. 1 WohngeldreformG v. 2.10.2015 (BGBl. I S. 1610), Art. 14 Nr. 12 AsylverfahrensbeschleunigungsG v. 20.10.2015 (BGBl. I S. 1722), Art. 3 Abs. 4 Neuntes G zur Änd. des SGB II – Rechtsvereinfachung – sowie zur vorübergehenden Aussetzung der Insolvenzantragspflicht v. 26.7.2016 (BGBl. I S. 1824), Art. 22 Abs. 4 6. SGB IV-ÄndG v. 11.11.2016 (BGBl. I S. 2500), Art. 43 FachkräfteeinwanderungsG v. 15.8.2019 (BGBl. I S. 1307), Art. 134 Zweites Datenschutz-Anpassungs- und UmsetzungsG EU v. 20.11.2019 (BGBl. I S. 1626), Art. 1 WohngeldstärkungsG v. 30.11.2019 (BGBl. I S. 1877), Art. 55 G zur Regelung des Sozialen Entschädigungsrechts v. 12.12.2019 (BGBl. I S. 2652, geänd. 2020, S. 1015), Art. 1 und 1b Wohngeld-CO2-BepreisungsentlastungsG v. 15.5.2020 (BGBl. I S. 1015), Art. 5 GrundrentenG v. 12.8.2020 (BGBl. I S. 1879), Art. 7 G zur Ermittlung der Regelbedarfe und zur Änd. des Zwölften Buches Sozialgesetzbuch sowie weiterer Gesetze v. 9.12.2020 (BGBl. I S. 2855), § 23 Abs. 2, § 24 Abs. 3 WohngeldVO v. 3.6.2021 (BGBl. I S. 1369) und Art. 88 G über die Entschädigung der Soldatinnen und Soldaten und zur Neuordnung des Soldatenversorgungsrechts v. 20.8.2021 (BGBl. I S. 3932)

Inhaltsübersicht[3)]

Teil 1. Zweck des Wohngeldes und Wohngeldberechtigung

Teil 2. Berechnung und Höhe des Wohngeldes

Kapitel 1. Berechnungsgrößen des Wohngeldes

Kapitel 2. Haushaltsmitglieder

---

1) Verkündet als Art. 1 G zur Neuregelung des Wohngeldrechts und zur Änd. des Sozialgesetzbuches v. 24.9.2008 (BGBl. I S. 1856); Inkrafttreten gem. Art. 6 Abs. 1 Satz 1 dieses G am 1.1.2009 mit Ausnahme des § 12 Abs. 2 bis 5 und des § 38, die gem. Art. 6 Abs. 2 Satz 1 am 1.10.2008 in Kraft getreten sind.

2) Die Änderungen durch G v. 12.12.2019 (BGBl. I S. 2652) treten erst **mWv 1.1.2024**, die Änderungen durch G v. 15.5.2020 (BGBl. I S. 1015) treten teilweise erst **mWv 1.1.2024** und die Änderung durch G v. 20.8.2021 (BGBl. I S. 3932) tritt erst **mWv 1.1.2025** in Kraft; diese Änderungen sind im Text noch nicht berücksichtigt.

3) Inhaltsübersicht geänd. mWv 30.12.2008 durch G v. 22.12.2008 (BGBl. I S. 2963); geänd. mWv 1.1.2011 durch G v. 9.12.2010 (BGBl. I S. 1885); geänd. mWv 1.1.2016 durch G v. 2.10.2015 (BGBl. I S. 1610); geänd. mWv 1.8.2016 durch G v. 26.7.2016 (BGBl. I S. 1824); geänd. mWv 1.1.2020 durch G v. 30.11.2019 (BGBl. I S. 1877); geänd. mWv 1.1.2021 durch G v. 15.5.2020 (BGBl. I S. 1015); geänd. mWv 1.1.2021 durch G v. 12.8.2020 (BGBl. I S. 1879).

Anlage 1[1)]
(zu § 12 Absatz 1)

Anzahl der zu berücksichtigenden Haushaltsmitglieder	Mietenstufe	Höchstbetrag in Euro
1	I	347
	II	392
	III	438
	IV	491
	V	540
	VI	591
	VII	651
2	I	420
	II	474
	III	530
	IV	595
	V	654
	VI	716
	VII	788
3	I	501
	II	564
	III	631
	IV	708
	V	778
	VI	853
	VII	937
4	I	584
	II	659
	III	736
	IV	825
	V	909
	VI	995
	VII	1 095
5	I	667
	II	752
	III	841
	IV	944
	V	1 038
	VI	1 137
	VII	1 251
Mehrbetrag für jedes weitere zu berücksichtigende Haushaltsmitglied	I	79
	II	90
	III	102
	IV	114
	V	124
	VI	143
	VII	157

[1)] Anl. 1 neu gef. mWv 1.1.2022 durch VO v. 3.6.2021 (BGBl. I S. 1369).

Anlage 2[1)]
(zu § 19 Absatz 1)

Werte für „a", „b" und „c"

Die in die Formel nach § 19 Absatz 1 Satz 1 einzusetzenden, nach der Anzahl der zu berücksichtigenden Haushaltsmitglieder unterschiedenen Werte „a", „b" und „c" sind der nachfolgenden Tabelle zu entnehmen:

	1 Haushalts-mitglied	2 Haushalts--mitglieder	3 Haushalts--mitglieder	4 Haushalts--mitglieder	5 Haushalts--mitglieder	6 Haushalts--mitglieder
a	4,000E-2	3,000E-2	2,000E-2	1,000E-2	0	– 1,000E-2
b	5,640E-4	4,940E-4	3,400E-4	3,040E-4	2,680E-4	2,510E-4
c	1,1570E-4	8,630E-5	6,950E-5	3,610E-5	3,520E-5	3,020E-5
	7 Haushalts--mitglieder	8 Haushalts--mitglieder	9 Haushalts--mitglieder	10 Haushalts--mitglieder	11 Haushalts--mitglieder	12 Haushalts--mitglieder
a	– 2,000E-2	– 3,000E-2	– 4,000E-2	– 6,000E-2	– 1,000E-1	– 1,400E-1
b	2,320E-4	2,060E-4	1,790E-4	1,430E-4	1,070E-4	9,80E-
c	3,100E-5	3,100E-5	3,260E-5	3,770E-5	4,440E-5	5,030E-5

Hierbei bedeuten: E-1 geteilt durch 10,
E-2 geteilt durch 100,
E-4 geteilt durch 10 000,
E-5 geteilt durch 100 000

Anlage 3[2)]
(zu § 19 Absatz 2)

Rechenschritte und Rundungen

1. Werte für „M" und „Y", die unterhalb der folgenden Tabellenwerte liegen, werden durch diese ersetzt:

	1 Haushalts-mitglied	2 Haushalts-mitglieder	3 Haushalts-mitglieder	4 Haushalts-mitglieder	5 Haushalts-mitglieder	6 Haushalts-mitglieder
M	52	64	76	88	99	99
Y	275	357	414	447	532	618
	7 Haushalts--mitglieder	8 Haushalts--mitglieder	9 Haushalts--mitglieder	10 Haushalts--mitglieder	11 Haushalts--mitglieder	12 Haushalts--mitglieder
M	111	123	135	146	180	286
Y	702	787	872	957	1 248	1 443

2. Das ungerundete monatliche Wohngeld ergibt sich durch Einsetzen der Werte für „a", „b", „c" (Anlage 2) und für „M" und „Y" in die Formel nach § 19 Absatz 1 Satz 1 und durch Ausführen der vier folgenden Rechenschritte:
   Berechnung der Dezimalzahlen
   $z1 = a + b \cdot M + c \cdot Y$,
   $z2 = z1 \cdot Y$,
   $z3 = M - z2$,
   $z4 = 1{,}15 \cdot z3$.
   Hierbei sind die Dezimalzahlen als Festkommazahlen mit zehn Nachkommastellen zu berechnen.
3. Dieses ungerundete monatliche Wohngeld ist bis unter 0,50 Euro auf den nächsten vollen Euro-Betrag abzurunden sowie von 0,50 Euro an auf den nächsten vollen Euro-Betrag aufzurunden.

---

1) Anl. 2 neu gef. mWv 1.1.2022 durch VO v. 3.6.2021 (BGBl. I S. 1369).

2) Bish. Anl. 2 wird Anl. 3, Überschr. und Nr. 1 neu gef. mWv 1.1.2020 durch G v. 30.11.2019 (BGBl. I S. 1877; geänd. mWv 23.5.2020 durch G v. 15.5.2020 (BGBl. I S. 1015).

13/10. Wohngeldverordnung (WoGV)[1]

In der Fassung der Bekanntmachung vom 19. Oktober 2001[2]
(BGBl. I S. 2722)

FNA 8601-1-1

geänd. durch Art. 5a VO zur Berechnung der Wohnfläche, über die Aufstellung von Betriebskosten und zur Änd. anderer VOen v. 25.11.2003 (BGBl. I S. 2346), Art. 54 Viertes G für moderne Dienstleistungen am Arbeitsmarkt v. 24.12.2003 (BGBl. I S. 2954), Art. 3 G zur Neuregelung des Wohngeldrechts und zur Änd. des SGB v. 24.9.2008 (BGBl. I S. 1856), Art. 1 Zehnte ÄndVO v. 15.12.2008 (BGBl. I S. 2486), Art. 1 Elfte ÄndVO v. 11.12.2012 (BGBl. I S. 2654), Art. 2 WohngeldreformG v. 2.10.2015 (BGBl. I S. 1610), Art. 22 Abs. 10 6. SGB IV-ÄndG v. 11.11.2016 (BGBl. I S. 2500), Art. 2 Wohngeldstärkungsgesetz v. 30.11.2019 (BGBl. I S. 1877), Art. 1 Zwölfte VO zur Änd. der WohngeldVO v. 6.7.2020 (BGBl. I S. 1594) und Art. 1 Erste VO zur Fortschreibung des Wohngeldes nach § 43 des WohngeldG v. 3.6.2021 (BGBl. I S. 1369)

Inhaltsübersicht[3]

---

[1] Die VO wurde erlassen auf Grund von § 36 Abs. 1 WoGG.

[2] Neubekanntmachung der WoGV idF der Bek. v. 6.2.2001 (BGBl. I S. 192) in der ab 1.1.2002 geltenden Fassung.

[3] Inhaltsübers. neu gef. mWv 1.1.2009 durch G v. 24.9.2008 (BGBl. I S. 1856); geänd. mWv 1.1.2009 durch VO v. 15.12.2008 (BGBl. I S. 2486); geänd. mWv 1.1.2013 durch VO v. 11.12.2012 (BGBl. I S. 2654); geänd. mWv 1.1.2016 durch G v. 2.10.2015 (BGBl. I S. 1610); geänd. mWv 1.1.2020 durch G v. 30.11.2019 (BGBl. I S. 1877); geänd. mWv 1.1.2022 durch VO v. 3.6.2021 (BGBl. I S. 1369).

Teil 1.[1] Anwendungsbereich

§ 1[2] Anwendungsbereich. (1) Die Miete und der Mietwert im Sinne des Wohngeldgesetzes[3] sind nach den Vorschriften des Teils 2 dieser Verordnung zu ermitteln.

(2) Die Belastung im Sinne des Wohngeldgesetzes ist nach Teil 3 dieser Verordnung zu berechnen, soweit nicht nach § 10 Abs. 2 Satz 2 des Wohngeldgesetzes von einer vollständigen Wohngeld-Lastenberechnung abgesehen werden kann.

(3) Die Mietenstufen für Gemeinden ergeben sich aus der dieser Verordnung beigefügten Anlage.

§ 1a[4] *(aufgehoben)*

Teil 2.[5] Ermittlung der Miete

§ 2[6] Miete. (1) Zur Miete im Sinne des § 9 Abs. 1 des Wohngeldgesetzes[3] gehören auch Beträge, die im Zusammenhang mit dem Miet- oder mietähnlichen Nutzungsverhältnis auf Grund eines Vertrages mit dem Vermieter oder einem Dritten an einen Dritten zu zahlen sind.

(2) [1] Von der Miete sind keine anderen Beträge als die in § 9 Absatz 2 des Wohngeldgesetzes genannten Kosten und Vergütungen abzusetzen. [2] § 5 bleibt unberührt.

§ 3[7] Mietvorauszahlungen und Mieterdarlehen. (1) Ist die Miete ganz oder teilweise im Voraus bezahlt worden (Mietvorauszahlung), sind die im Voraus bezahlten Beträge so zu behandeln, als ob sie jeweils in dem Zeitraum bezahlt worden wären, für den sie bestimmt sind.

(2) Hat der Mieter dem Vermieter ein Mieterdarlehen gegeben und wird die Forderung des Mieters aus dem Mieterdarlehen ganz oder teilweise mit der Miete verrechnet, gehören zur Miete auch die Beträge, um die sich die Miete hierdurch tatsächlich vermindert.

§ 4[8] Sach- und Dienstleistungen des Mieters. (1) Erbringt der Mieter Sach- oder Dienstleistungen für den Vermieter und wird deshalb die Miete ermäßigt, ist die ermäßigte Miete zu Grunde zu legen.

(2) Erbringt der Mieter Sach- oder Dienstleistungen für den Vermieter und erhält er dafür von diesem eine bestimmte Vergütung, ist diese Vergütung ohne Einfluss auf die Miete.

---

[1] Überschr. Teil 1 neu gef. mWv 1.1.2009 durch G v. 24.9.2008 (BGBl. I S. 1856).

[2] § 1 Abs. 2 aufgeh. mWv 1.1.2005 durch G v. 24.12.2003 (BGBl. I S. 2954); Abs. 1 geänd., bish. Abs. 3 wird Abs. 2 und neu gef., bish. Abs. 4 wird Abs. 3 und geänd. mWv 1.1.2009 durch G v. 24.9.2008 (BGBl. I S. 1856).

[3] Nr. **13**.

[4] § 1a aufgeh. mWv 1.1.2009 durch G v. 24.9.2008 (BGBl. I S. 1856).

[5] Überschr. Teil 2 neu gef. mWv 1.1.2009 durch G v. 24.9.2008 (BGBl. I S. 1856).

[6] § 2 Abs. 1 geänd. mWv 1.1.2009 durch G v. 24.9.2008 (BGBl. I S. 1856); Abs. 2 neu gef. mWv 1.1.2016 durch G v. 2.10.2015 (BGBl. I S. 1610).

[7] § 3 Abs. 2 geänd. mWv 1.1.2009 durch G v. 24.9.2008 (BGBl. I S. 1856).

[8] § 4 Abs. 1 und 2 geänd. mWv 1.1.2009 durch G v. 24.9.2008 (BGBl. I S. 1856).

(3) [1]Die übrigen Länder haben für das erste Kalenderjahr der Teilnahme eines Landes am automatisierten Datenabgleich pauschal einmalige Kosten in Höhe von 2 700 Euro zuzüglich 950 Euro je Kalendervierteljahr der Teilnahme zu erstatten. [2]Die Erstattung ist am 31. Januar des folgenden Kalenderjahres fällig. [3]Für jedes weitere Kalenderjahr der Teilnahme am automatisierten Datenabgleich sind die Kosten nach Absatz 2 Satz 1 in Verbindung mit Absatz 2 Satz 2 zu erstatten; Absatz 2 Satz 3 gilt entsprechend.

Teil 5.[1)] Fortschreibung des Wohngeldes

§ 23[1)] Fortschreibung der Höchstbeträge für Miete und Belastung und Neufassung der Anlage 1 zu § 12 Absatz 1 des Wohngeldgesetzes.

(1) [1]Die monatlichen Höchstbeträge für Miete und Belastung nach Anlage 1 zu § 12 Absatz 1 des Wohngeldgesetzes[2)] werden zum 1. Januar 2022 um 2,788 Prozent erhöht. [2]Die Erhöhungen werden nach § 43 Absatz 4 Satz 3 des Wohngeldgesetzes jeweils bis unter 0,50 Euro auf den nächsten vollen Euro-Betrag abgerundet sowie ab 0,50 Euro auf den nächsten vollen Euro-Betrag aufgerundet.

(2) *(hier nicht wiedergegebene Änderungsvorschrift)*[3)]

§ 24[1)] Fortschreibung der Werte für „b“ und „c“ und Neufassung der Anlage 2 zu § 19 Absatz 1 des Wohngeldgesetzes. (1) [1]Die Werte für „b“ nach Anlage 2 zu § 19 Absatz 1 des Wohngeldgesetzes[2)] werden zum 1. Januar 2022 mit 100 multipliziert und anschließend durch die Summe aus 100 und 2,788 dividiert. [2]Die sich danach ergebenden Werte werden nach § 43 Absatz 5 Satz 3 des Wohngeldgesetzes jeweils auf die sechste Nachkommastelle abgerundet.

(2) [1]Die Werte für „c“ nach Anlage 2 zu § 19 Absatz 1 des Wohngeldgesetzes werden zum 1. Januar 2022 mit 100 multipliziert und anschließend durch die Summe aus 100 und 1,927 dividiert. [2]Die sich danach ergebenden Werte werden nach § 43 Absatz 6 Satz 3 des Wohngeldgesetzes jeweils auf die siebte Nachkommastelle abgerundet.

(3) *(hier nicht wiedergegebene Änderungsvorschrift)*[4)]

Anlage[5)]
(zu § 1 Absatz 3)

Mietenstufen der Gemeinden nach Ländern ab 1. Januar 2020

Soweit die zu einem Kreis gehörenden Gemeinden in den Tabellen nicht gesondert aufgeführt sind, gilt die Mietenstufe des Kreises für diese Gemeinden.

Zu Grunde liegen Daten der Wohngeldstatistik zum 31. Dezember 2016 und 31. Dezember 2017 einschließlich der bis zum 31. März 2018 erfolgten rückwirkenden Bewilligungen.

Relevanter Gebietsstand ist der 31. März 2018, der für die 10 000-Einwohner-Schwelle relevante Stichtag der Bevölkerung ist der 30. September 2017.

[1)] 5. Teil (§§ 23 und 24) eingef. mWv 1.1.2022 durch VO v. 3.6.2021 (BGBl. I S. 1369).
[2)] Nr. **13**.
[3)] Neufassung der Anlage 1 des Wohngeldgesetzes (Nr. **13**).
[4)] Neufassung der Anlage 2 des Wohngeldgesetzes (Nr. **13**).
[5)] Anlage neu gef. mWv 1.1.2020 durch G v. 30.11.2019 (BGBl. I S. 1877); geänd. mWv 1.8.2020 durch VO v. 6.7.2020 (BGBl. I S. 1594).

Land: **Baden-Württemberg**

Gemeinde	Mietenstufe
Aalen, Stadt	III
Achern, Stadt	II
Aichtal, Stadt	IV
Albstadt, Stadt	II
Altensteig, Stadt	II
Ammerbuch	IV
Appenweier	II
Asperg, Stadt	V
Aulendorf, Stadt	II
Backnang, Stadt	IV
Bad Dürrheim, Stadt	III
Bad Friedrichshall, Stadt	III
Bad Krozingen, Stadt	V
Bad Mergentheim, Stadt	III
Bad Rappenau, Stadt	III
Bad Säckingen, Stadt	IV
Bad Saulgau, Stadt	II
Bad Schönborn	III
Bad Urach, Stadt	III
Bad Waldsee, Stadt	III
Bad Wurzach, Stadt	I
Baden-Baden, Stadt	IV
Baiersbronn	I
Balingen, Stadt	III
Besigheim, Stadt	IV
Biberach an der Riß, Stadt	III
Bietigheim-Bissingen, Stadt	V
Birkenfeld	III
Blaubeuren, Stadt	II
Blaustein, Stadt	IV
Blumberg, Stadt	I
Böblingen, Stadt	VI
Bopfingen, Stadt	II
Brackenheim, Stadt	III
Breisach am Rhein, Stadt	IV
Bretten, Stadt	III
Bretzfeld	II
Bruchsal, Stadt	III
Brühl	IV
Buchen (Odenwald), Stadt	I
Bühl, Stadt	III
Burladingen, Stadt	I
Calw, Stadt	III
Crailsheim, Stadt	II
Denkendorf	V
Denzlingen	IV
Ditzingen, Stadt	V
Donaueschingen, Stadt	II
Donzdorf, Stadt	II
Dossenheim	VI
Durmersheim	III

Gemeinde	Mietenstufe
Eberbach, Stadt	II
Ebersbach an der Fils, Stadt	IV
Edingen-Neckarhausen	IV
Eggenstein-Leopoldshafen	IV
Ehingen (Donau), Stadt	III
Eislingen/Fils, Stadt	III
Ellwangen (Jagst), Stadt	III
Emmendingen, Stadt	IV
Engen, Stadt	II
Eningen unter Achalm	III
Eppelheim, Stadt	V
Eppingen, Stadt	II
Erbach, Stadt	III
Esslingen am Neckar, Stadt	V
Ettenheim, Stadt	II
Ettlingen, Stadt	IV
Fellbach, Stadt	V
Filderstadt, Stadt	V
Freiberg am Neckar, Stadt	V
Freiburg im Breisgau, Stadt	VI
Freudenstadt, Stadt	III
Friedrichshafen, Stadt	V
Friesenheim	II
Gaggenau, Stadt	III
Gaildorf, Stadt	II
Gärtringen	V
Geislingen an der Steige, Stadt	II
Gengenbach, Stadt	II
Gerlingen, Stadt	VI
Gernsbach, Stadt	III

(Fortsetzung nächstes Blatt)

20/10. Gesetz über die Versorgung der Opfer des Krieges (Bundesversorgungsgesetz – BVG)[1)]

In der Fassung der Bekanntmachung vom 22. Januar 1982[2)]

(BGBl. I S. 21)

FNA 830-2

geänd. durch Urteil des BVerfG – 2 BvL 6/78 und 8/79 – v. 9.2.1982 (BGBl. I S. 693), Art. II § 9 SGB – Zusammenarbeit der Leistungsträger und ihre Beziehungen zu Dritten – v. 4.11.1982 (BGBl. I S. 1450), Art. 25 HaushaltsbegleitG 1983 v. 20.12.1982 (BGBl. I S. 1857, ber. BGBl. I S. 311), Art. 16 HaushaltsbegleitG 1984 v. 22.12.1983 (BGBl. I S. 1532), Art. 10 G zur Erleichterung des Übergangs vom Arbeitsleben in den Ruhestand v. 13.4.1984 (BGBl. I S. 601), Art. 1 Dreizehntes AnpassungsG-KOV v. 20.6.1984 (BGBl. I S. 761), Art. 1 Vierzehntes AnpassungsG-KOV v. 4.6.1985 (BGBl. I S. 910), Art. 5 AdoptionsanpassungsG v. 24.6.1985 (BGBl. I S. 1144), Art. 8 Wohnungsrechtsvereinfachungs G 1985 v. 11.7.1985 (BGBl. I S. 1277), Art. 8 Hinterbliebenenrenten- und Erziehungszeiten-G v. 11.7.1985 (BGBl. I S. 1450), § 25 BundeserziehungsgeldG v. 6.12.1985 (BGBl. I S. 2154), Art. 10 Siebtes G zur Änd. des ArbeitsförderungsG v. 20.12.1985 (BGBl. I S. 2484), Art. 3 G zur Verbesserung der ambulanten und teilstationären Versorgung psychisch Kranker v. 26.2.1986 (BGBl. I S. 324), Art. 1 und Art. 2 Fünfzehntes AnpassungsG-KOV v. 23.6.1986 (BGBl. I S. 915, geänd. durch G v. 16.12.1986 BGBl. I S. 2441), Art. 28 Zweites RechtsbereinigungsG v. 16.12.1986 (BGBl. I S. 2441), Art. 1 Sechzehntes AnpassungsG-KOV v. 27.6.1987 (BGBl. I S. 1545), Art. 1 und Art. 2 KOV-AnpassungsG 1988 v. 21.6.1988 (BGBl. I S. 826), Art. 5 G zur Änd. des ArbeitsförderungsG und zur Förderung eines gleitenden Übergangs älterer Arbeitnehmer in den Ruhestand v. 20.12.1988 (BGBl. I S. 2343), Art. 37 Gesundheits-ReformG v. 20.12.1988 (BGBl. I S. 2477), Art. 1 KOV-AnpassungsG 1989 v. 30.6.1989 (BGBl. I S. 1288), Art. 5 Zwölftes G zur Änd. des BundeskindergeldG v. 30.6.1989 (BGBl. I S. 1294), Art. 39 RentenreformG 1992 v. 18.12.1989 (BGBl. I S. 2261), Art. 1 KOV-StrukturG 1990 v. 23.3.1990 (BGBl. I S. 582), Art. 1 KOV-AnpassungsG 1990 v. 26.6. 1990 (BGBl. I S. 1211), Anl. I Kap. VIII Sachgeb. K Abschn. II Einigungsvertrag v. 31.8.1990 (BGBl. II S. 889), Art. 2 Sechstes G zur Änd. des BundessozialhilfeG v. 10.12.1990 (BGBl. I S. 2644), Art. 1 KOV-AnpassungsG 1991 v. 21.6.1991 (BGBl. I S. 1310, geänd. durch G v. 20.12.1991 BGBl. I S. 2313), Art. 25 Renten-ÜberleitungsG v. 25.7.1991 (BGBl. I S. 1606), Art. 5 Zweites G zur Änd. des Fünften Buches Sozialgesetzbuch v. 20.12.1991 (BGBl. I S. 2325), Art. 1 Erste KOV-AnpassungsVO 1992 v. 17.6.1992 (BGBl. I S. 1078), Art. 2 G zur Änd. des BundessozialhilfeG und anderer G v. 7.7.1992 (BGBl. I S. 1225), Art. 11 KriegsfolgenbereinigungsG v. 21.12.1992 (BGBl. I S. 2094), Art. 1 Zweite KOV-AnpassungsVO 1993 v. 14.6.1993 (BGBl. I S. 920), Art. 8 G zur Umsetzung des Föderalen Konsolidierungsprogramms v. 23.6.1993 (BGBl. I S. 944), Art. 8 Rentenüberleitungs-ErgänzungsG v. 24.6.1993 (BGBl. I S. 1038), Art. 4 Zweites G zur Änd. des G über die Entschädigung für Opfer von Gewalttaten v. 21.7.1993 (BGBl. I S. 1262), Art. 3 Abs. 9 FÖJ-FörderungsG v. 17.12.1993 (BGBl. I S. 2118), Art. 3 Erstes G zur Umsetzung des Spar-, Konsolidierungs- und Wachstumsprogramms v. 21.12.1993 (BGBl. I S. 2353), Art. 9 Pflege-VersicherungsG v. 26.5.1994 (BGBl. I S. 1014), Art. 1 Dritte KOV-AnpassungsVO 1994 v. 1.6.1994 (BGBl. I S. 1204), Art. 13 Zweites G zur Änd. des Sozialgesetzbuchs v. 13.6.1994 (BGBl. I S. 1229), Art. 19 AgrarsozialreformG 1995 v. 29.7.1994 (BGBl. I S. 1890), Art. 2 § 10 BundesgrenzschutzneuregelungsG v. 19.10.1994 (BGBl. I S. 2978), Art. 1 Vierte KOV-AnpassungsVO 1995 v. 23.6.1995 (BGBl. I S. 852), Art. 2 Nr. 7 Zweites G zur Änd. des ArbeitsförderungsG im Bereich des Baugewerbes v. 15.12.1995 (BGBl. I S. 1809), Art. 13 G zur Änd. des Sechsten Buches Sozialgesetzbuch und anderer G v. 15.12.1995 (BGBl. I S. 1824), Art. 5 Erstes SGB XI-ÄnderungsG v. 14.6.1996 (BGBl. I S. 830), Art. 2 Fünfte KOV-AnpassungsVO 1996 v. 25.6.1996 (BGBl. I S. 903), Art. 10 und 15 Abs. 2 G zur Reform des Sozialhilferechts v. 23.7.1996 (BGBl. I S. 1088), Art. 1 G zur Änd. von Erstattungsvorschriften im sozialen Entschädigungsrecht v. 25.7.1996 (BGBl. I S. 1118), Art. 29 Unfallversicherungs-EinordnungsG v. 7.8.1996 (BGBl. I S. 1254), Art. 72 Arbeitsförderungs-ReformG v. 24.3.1997 (BGBl. I S. 594), Art. 1 Sechste KOV-AnpassungsVO 1997 v. 18.6.1997 (BGBl. I S. 1382), Art. 14 § 23 KindschaftsrechtsreformG v. 16.12.1997 (BGBl. I S. 2942), Art. 24 Erstes SGB III-ÄnderungsG v. 16.12.1997 (BGBl. I S. 2970), Art. 25 RentenreformG 1999 v. 16.12.1997 (BGBl. I S. 2998,

---

[1)] **Aufgehoben mit Ablauf des 31.12.2023** durch Art. 58 Nr. 2 G v. 12.12.2019 (BGBl. I S. 2652); siehe ab diesem Zeitpunkt das Sozialgesetzbuch XIV: Soziale Entschädigung.

[2)] Neubekanntmachung des BVG idF der Bek. v. 22.6.1976 (BGBl. I S. 1633).

geänd. durch G v. 19.12.1998 BGBl. I S. 3843, geänd. durch G v. 20 12. 2000 BGBl. I S. 1827), Art. 1 G zur Änd. des BundesversorgungsG v. 14.1.1998 (BGBl. I S. 66), Art. 8 G zur sozialrechtlichen Absicherung flexibler Arbeitszeitregelungen v. 6.4.1998 (BGBl. I S. 688), Art. 1 Siebte KOV-AnpassungsVO 1998 v. 17.6.1998 (BGBl. I S. 1362), Art. 1 Achte KOV-AnpassungsVO 1999 v. 15.6.1999 (BGBl. I S. 1328), Art. 18 HaushaltssanierungsG v. 22.12.1999 (BGBl. I S. 2534), Urt. des BVerfG – 1 BvR 284/96 – 1 BvR 1659/96 – v. 14.3.2000 (BGBl. I S. 445), Art. 1 Neunte KOV-AnpassungsVO 2000 v. 21.6.2000 (BGBl. I S. 916), Art. 16 G zur Änd. des Begriffs „Erziehungsurlaub" v. 30.11.2000 (BGBl. I S. 1638), Art. 6 G zur Änd. des OpferentschädigungsG und anderer G v. 6.12. 2000 (BGBl. I S. 1676), Art. 17 G zur Reform der Renten wegen verminderter Erwerbsfähigkeit v. 20.12.2000 (BGBl. I S. 1827), Art. 55 4. Euro-EinführungsG v. 21.12.2000 (BGBl. I S. 1983), Art. 3 § 44 G zur Beendigung der Diskriminierung gleichgeschlechtlicher Gemeinschaften: Lebenspartnerschaften v. 16.2.2001 (BGBl. I S. 266, geänd. durch G v. 19.6.2001 BGBl. I S. 1046), Art. 9 AltersvermögensergänzungsG v. 21.3.2001 (BGBl. I S. 403), Art. 47 SGB IX – Rehabilitation und Teilhabe behinderter Menschen – v. 19.6.2001 (BGBl. I S. 1046), Art. 1 Zehnte KOV-AnpassungsVO 2001 v. 26.6.2001 (BGBl. I S. 1344), Art. 22 Wohnungsbaurechts-ReformG v. 13.9.2001 (BGBl. I S. 2376), Art. 1 G zur Änd. des BundesversorgungsG v. 11.4.2002 (BGBl. I S. 1302, ber. S. 3487), Art. 46 G zur Gleichstellung behinderter Menschen und zur Änd. anderer G v. 27.4.2002 (BGBl. I S. 1467), Art. 1 Elfte KOV-AnpassungsVO 2002 v. 24.6.2002 (BGBl. I S. 2229), Art. 10 Abs. 5 Zweites G zur Änd. schadensersatzrechtlicher Vorschriften v. 19.7.2002 (BGBl. I S. 2674), Art. 1 Zwölfte KOV-AnpassungsVO 2003 v. 24.6.2003 (BGBl. I S. 984), Art. 44 Viertes G für moderne Dienstleistungen am Arbeitsmarkt v. 24.12.2003 (BGBl. I S. 2954), Art. 58 G zur Einordnung des Sozialhilferechts in das Sozialgesetzbuch v. 27.12.2003 (BGBl. I S. 3022), Art. 11 RV-NachhaltigkeitsG v. 21.7.2004 (BGBl. I S. 1791), Art. 62 G zur Organisationsreform in der gesetzlichen Rentenversicherung v. 9.12.2004 (BGBl. I S. 3242), Art. 4 G zur Überarbeitung des Lebenspartnerschaftsrechts v. 15.12.2004 (BGBl. I S. 3396), Art. 20 VerwaltungsvereinfachungsG v. 21.3.2005 (BGBl. I S. 818), Beschl. des BVerfG – 1 BvR 684/98 – v. 24.3.2005 (BGBl. I S. 1047), Art. 1 Dreizehnte KOV-Anpassungsverordnung 2005 v. 23.6.2005 (BGBl. I S. 1727), Art. 42 G zur Umbenennung des Bundesgrenzschutzes in Bundespolizei v. 21.6.2005 (BGBl. I S. 1818), Art. 13 G zur Förderung ganzjähriger Beschäftigung v. 24.4.2006 (BGBl. I S. 926), Art. 01 und 1 G zur Änd. von Vorschriften des Sozialen Entschädigungsrechts und des G über einen Ausgleich für Dienstbeschädigungen im Beitrittsgebiet v. 19.6.2006 (BGBl. I S. 1305), Art. 2 Abs. 14 G zur Einführung des Elterngeldes v. 5.12.2006 (BGBl. I S. 2748), Art. 13 GKV-WettbewerbsstärkungsG v. 26.3.2007 (BGBl. I S. 378), Art. 22 RV-AltersgrenzenanpassungsG v. 20.4.2007 (BGBl. I S. 554), Art. 1 Vierzehnte KOV-AnpassungsVO 2007 v. 14.6.2007 (BGBl. I S. 1115), Art. 1 G zur Änd. des BundesversorgungsG und anderer Vorschriften des Sozialen Entschädigungsrechts v. 13.12.2007 (BGBl. I S. 2904), Art. 2 Abs. 7 G zur Förderung von Jugendfreiwilligendiensten v. 16.5.2008 (BGBl. I S. 842), Art. 8 Pflege-WeiterentwicklungsG v. 28.5.2008 (BGBl. I S. 874), Art. 1 Fünfzehnte KOV-AnpassungsVO 2008 v. 18.7. 2008 (BGBl. I S. 1300), Art. 6 Nr. 3 G zur Verbesserung der Rahmenbedingungen für die Absicherung flexibler Arbeitszeitregelungen und zur Änd. anderer G v. 21.12.2008 (BGBl. I S. 2940), Art. 6 G zur Einführung Unterstützter Beschäftigung v. 22.12.2008 (BGBl. I S. 2959), Art. 1 Sechzehnte KOV-AnpassungsVO 2009 v. 17.7.2009 (BGBl. I S. 2024), Art. 5 G zur Regelung des Assistenzpflegebedarfs im Krankenhaus v. 30.7.2009 (BGBl. I S. 2495), Art. 13 HaushaltsbegleitG 2011 v. 9.12.2010 (BGBl. I S. 1885), Art. 1 G zur Änd. des BundesversorgungsG und anderer Vorschriften v. 20.6.2011 (BGBl. I S. 1114), Art. 1 Siebzehnte KOV-AnpassungsVO 2011 v. 28.6.2011 (BGBl. I S. 1271), Art. 15 SteuervereinfachungsG 2011 v. 1.11.2011 (BGBl. I S. 2131), Art. 1 Achtzehnte KOV-AnpassungsVO 2012 v. 21.6.2012 (BGBl. I S. 1391), Art. 2 Abs. 2 G zur Übertragung der Zuständigkeiten der Länder im Bereich der Beschädigten- und Hinterbliebenenversorgung nach dem Dritten Teil des SoldatenversorgungsG auf den Bund v. 15.7.2013 (BGBl. I S. 2416), Art. 1 19. KOV-AnpassungsVO 2013 v. 14.8.2013 (BGBl. I S. 3227), Art. 1a Erstes G zur Änd. des Arbeitnehmer-EntsendeG v. 24.5.2014 (BGBl. I S. 538), Art. 1 20. KOV-Anpassungsverordnung 2014 v. 23.9.2014 (BGBl. I S. 1533), Art. 4a Fünftes G zur Änd. des SGB IV und anderer G v. 15.4.2015 (BGBl. I S. 583), Art. 1 21. KOV-AnpassungsVO 2015 v. 19.6.2015 (BGBl. I S. 993), Art. 8 Siebtes BesoldungsänderungsG v. 3.12.2015 (BGBl. I S. 2163), Art. 1 22. KOV-AnpassungsVO 2016 v. 20.6.2016 (BGBl. I S. 1362), Art. 3 Abs. 7 Neuntes G zur Änd. des SGB II – Rechtsvereinfachung – sowie zur vorübergehenden Aussetzung der Insolvenzantragspflicht v. 26.7.2016 (BGBl. I S. 1824), Art. 12 Drittes PflegestärkungsG v. 23.12.2016 (BGBl. I S. 3191), Art. 14 und Art. 15 BundesteilhabeG v. 23.12.2016 (BGBl. I S. 3234, geänd. durch G v. 30.11.2019, BGBl. I S. 1948), Art. 1 23. KOV-AnpassungsVO 2017 v. 8.6.2017 (BGBl. I S. 1524), Art. 1 G zur Änd. des BundesversorgungsG und anderer Vorschriften v. 17.7.2017 (BGBl. I S. 2541), Art. 3 BetriebsrentenstärkungsG v. 17.8.2017 (BGBl. I S. 3214), Art. 1 24. KOV-AnpassungsVO 2018 v. 12.6.2018 (BGBl. I S. 840), Art. 6 Abs. 5 RV-Leistungsverbesserungs- und -StabilisierungsG v. 28.11.2018 (BGBl. I S. 2016), Art. 1 25. KOV-Anpassungsverordnung 2019 v. 13.6.2019 (BGBl. I S. 793), Art. 5 und Art. 6 G zur Änd. des Neunten und des Zwölften Buches Sozialgesetzbuch und anderer Rechtsvorschriften v. 30.11.2019 (BGBl. I S. 1948), Art. 6 Angehörigen-Entlastungsgesetz v. 10.12.2019 (BGBl. I S. 2135), Art. 2, 58 Nr. 2 G zur Regelung des Sozialen Entschädigungsrechts v. 12.12.2019 (BGBl. I S. 2652), Art. 7 Sozialschutz-Paket v. 27.3.2020 (BGBl. I S. 575), Art. 12 Sozialschutz-Paket II v. 20.5.2020 (BGBl. I S. 1055), Art. 1, 2 26. KOV-AnpassungsVO 2020 v. 8.6.2020 (BGBl. I S. 1222), Art. 4 Grundrentengesetz v. 12.8.2020 (BGBl. I S. 1879), Art. 6 G zur Ermittlung der Regelbedarfe und zur Änd. des Zwölften Buches Sozialgesetzbuch sowie weiterer Gesetze v. 9.12.2020 (BGBl. I S. 2855), Art. 45 Jahressteuergesetz 2020 v. 21.12.2020 (BGBl. I S. 3096), Art. 3 Sozialschutz-Paket III v. 10.3.2021 (BGBl. I S. 335), Art. 11 TeilhabestärkungsG v. 2.6.2021 (BGBl. I S. 1387), Art. 9 KitafinanzhilfenänderungsG v. 25.6.2021 (BGBl. I S. 2020) und Art. 10 G zur Änd. des InfektionsschutzG und weiterer Gesetze anlässlich der Aufhebung der Feststellung der epidemischen Lage von nationaler Tragweite v. 22.11. 2021 (BGBl. I S. 4906)

(Fortsetzung nächstes Blatt)

(2) [1]Haben Berechtigte mit Wohnsitz oder gewöhnlichem Aufenthalt im Ausland im Monat Juni 1988 Anspruch auf Berufsschadensausgleich oder Schadensausgleich unter Zugrundelegung ausländischer Vergleichseinkommen, gilt § 64c in der bis zum 30. Juni 1988 geltenden Fassung, so lange dies günstiger ist. [2]Dabei ist dem derzeitigen Einkommen das für den Monat Juli 1988 maßgebende ausländische Vergleichseinkommen gegenüberzustellen; dieses Vergleichseinkommen wird in den Folgejahren jeweils zum 1. Juli in dem gleichen Umfang wie der Bemessungsbetrag (§ 33 Abs. 1) verändert.

§ 84a[1)] [Leistungshöhe für Berechtigte im Beitrittsgebiet] Die Maßgabe nach Anlage I Kapitel VIII Sachgebiet K Abschnitt III Nummer 1 Buchstabe a in Verbindung mit Artikel 3 des Einigungsvertrages vom 31. August 1990 (BGBl. 1990 II S. 885, 1067) ist ab dem 1. Juli 2011 nicht mehr anzuwenden.

§ 85[2)] [Rechtsverbindlichkeit früherer Entscheidungen] [1]Soweit nach vor dem 1. Oktober 1950 geltenden versorgungsrechtlichen Vorschriften über die Frage des ursächlichen Zusammenhangs einer Gesundheitsstörung mit einer Schädigung im Sinne des § 1 entschieden worden ist, ist die Entscheidung auch nach diesem Gesetz rechtsverbindlich. [2]Satz 1 gilt nicht für eine den ursächlichen Zusammenhang verneinende Entscheidung, die nach dem 8. Mai 1945 in dem in Artikel 3 des Einigungsvertrages genannten Gebiet getroffen worden ist.

§ 86[3)] Unterhaltsbeihilfe für Angehörige von Kriegsgefangenen und politischen Häftlingen. Personen, die am 20. Dezember 2007 Anspruch auf Unterhaltsbeihilfe nach dem Gesetz über die Unterhaltshilfe für Angehörige von Kriegsgefangenen in der Fassung der Bekanntmachung vom 18. März 1964 (BGBl. I S. 218) oder nach § 8 des Häftlingshilfegesetzes[4)] haben, erhalten die gleichen Leistungen, die Hinterbliebenen nach diesem Gesetz zustehen.

§ 87[5)] [Berufsschadensausgleich] (1) [1]Wurde der Berufsschadensausgleich vor dem 1. Juli 2011 beantragt, wird zum 30. Juni 2011 der Betrag des jeweiligen Vergleichseinkommens festgestellt und dann jährlich mit dem in § 56 Absatz 1 Satz 1 bestimmten Vomhundertsatz angepasst. [2]Dabei ist § 15 Satz 3 entsprechend anzuwenden. [3]Die Sätze 1 und 2 gelten auch für Anträge auf Anpassung des Berufsschadensausgleichs nach § 30 Absatz 16 in der bis zum 30. Juni 2011 geltenden Fassung.

(2) [1]Wurde der Schadensausgleich vor dem 1. Juli 2011 beantragt, wird zum 30. Juni 2011 der Betrag des jeweiligen Vergleichseinkommens nach § 30 Absatz 5 festgestellt und dann jährlich mit dem in § 56 Absatz 1 Satz 1 bestimmten Vomhundertsatz angepasst. [2]Dabei ist § 15 Satz 3 entsprechend anzuwenden. [3]War für den Verstorbenen vor dem 1. Juli 2011 ein höheres als das sich nach Satz 1 ergebende Vergleichseinkommen festgesetzt worden, so

---

[1)] § 84a neu gef. mWv 1.7.2011 durch G v. 20.6.2011 (BGBl. I S. 1114).

[2)] § 85 geänd. durch G v. 20.12.1982 (BGBl. I S. 1857); Satz 2 angef. mWv 1.7.2011 durch G v. 20.6.2011 (BGBl. I S. 1114).

[3)] § 86 neu gef. mWv 21.12.2007 durch G v. 13.12.2007 (BGBl. I S. 2904).

[4)] Nr. **20/50**.

[5)] § 87 neu gef. mWv 1.7.2011 durch G v. 20.6.2011 (BGBl. I S. 1114).

tritt dieses an die Stelle des nach § 30 Absatz 5 ermittelten Vergleichseinkommens.

(3) Für Leistungen nach § 64a gilt § 10 Absatz 7 mit der Maßgabe, dass Leistungen ausgeschlossen sind, wenn Berechtigte oder diejenigen Personen, für die Krankenbehandlung beantragt wird, nach dem 2. Februar 2011 eine im Wohnsitzstaat übliche gesetzliche oder vergleichbare Versicherung gekündigt haben oder auf Antrag von der Versicherungspflicht befreit wurden.

(4) Die Maßgabe nach Anlage I Kapitel VIII Sachgebiet K Abschnitt III Nummer 1 Buchstabe a des Einigungsvertrages vom 31. August 1990 (BGBl. 1990 II S. 885, 1067) ist bei der Berechnung der Leistungen nach den Absätzen 1 und 2 nicht anzuwenden.

§ 88[1)] Übergangsregelung zur Verhinderung einer Zahlungslücke.

[1] Leistungsberechtigte,

1. die am 31. Dezember 2019 in einer stationären Einrichtung leben und Leistungen der Eingliederungshilfe nach § 27d Absatz 1 Nummer 3 beziehen,
2. die nach § 27a leistungsberechtigt sind und
3. denen im Monat Januar 2020 eine laufende Rente aus der gesetzlichen Rentenversicherung zufließt,

haben dieses im Januar 2020 zufließende Einkommen abweichend von § 25d nicht für die ergänzende Hilfe zum Lebensunterhalt nach § 27a einzusetzen. [2] Einer laufenden Rente aus der gesetzlichen Rentenversicherung stehen Renten und rentenähnliche Dauerleistungen anderer Sozialleistungsträger gleich, sofern diese erst am Ende des laufenden Monats fällig sind.

§ 88a[2)] [Ergänzende Hilfe zum Lebensunterhalt als Vorschusszahlung] (1) Ergänzende Hilfe zum Lebensunterhalt nach § 27a für Bewilligungszeiträume, die in der Zeit vom 1. März 2020 bis zum 31. März 2022 beginnen, wird nach Maßgabe der Absätze 2 bis 4 erbracht.

(2) [1] Abweichend von den §§ 25c und 25f wird Vermögen für die Dauer von sechs Monaten nicht berücksichtigt. [2] Satz 1 gilt nicht, wenn das Vermögen erheblich ist; es wird vermutet, dass kein erhebliches Vermögen vorhanden ist, wenn die Antragstellerin oder der Antragsteller dies im Antrag erklärt.

(3) [1] Abweichend von § 27a dieses Gesetzes in Verbindung mit § 35 des Zwölften Buches Sozialgesetzbuch[3)] gelten die tatsächlichen Aufwendungen für Unterkunft und Heizung für die Dauer von sechs Monaten als angemessen. [2] Nach Ablauf des Zeitraums nach Satz 1 ist § 27a dieses Gesetzes in Verbindung mit § 35 Absatz 2 Satz 2 des Zwölften Buches Sozialgesetzbuch mit der Maßgabe anzuwenden, dass der Zeitraum nach Satz 1 nicht auf die in § 35 Absatz 2 Satz 2 des Zwölften Buches Sozialgesetzbuch genannte Frist anzurechnen ist. [3] Satz 1 gilt nicht in den Fällen, in denen im vorangegangenen Bewil-

[1)] § 88 neu gef. mWv 6.12.2019 durch G v. 30.11.2019 (BGBl. I S. 1948).

[2)] § 88a eingef. mWv 28.3.2020 durch G v. 27.3.2020 (BGBl. I S. 575); Abs. 1 geänd., Abs. 5 aufgeh. mWv 1.1.2021 durch G v. 9.12.2020 (BGBl. I S. 2855); Abs. 1 und 4 geänd., Abs. 6 aufgeh. mWv 1.4.2021 durch G v. 10.3.2021 (BGBl. I S. 335); Abs. 1 geänd., Abs. 5 angef. mWv 24.11.2021 durch G v. 22.11.2021 (BGBl. I S. 4906).

[3)] Nr. **12**.

ligungszeitraum die angemessenen und nicht die tatsächlichen Aufwendungen als Bedarf anerkannt wurden.

(4) Sofern Geldleistungen der ergänzenden Hilfe zum Lebensunterhalt für Bewilligungszeiträume, die bis zum 31. März 2021 begonnen haben, vorschussweise nach § 42 des Ersten Buches Sozialgesetzbuch[1] zu bewilligen sind, ist über den monatlichen Leistungsanspruch nur auf Antrag der leistungsberechtigten Person abschließend zu entscheiden.

(5) Die Bundesregierung wird ermächtigt, den in Absatz 1 genannten Zeitraum durch Rechtsverordnung ohne Zustimmung des Bundesrates längstens bis zum 31. Dezember 2022 zu verlängern.

§ 88b[2] [Durch SARS-CoV-2-Pandemie bedingte abweichende Regelungen] (1) [1] Abweichend von § 27a Satz 2 dieses Gesetzes in Verbindung mit § 34 Absatz 6 Satz 1 des Zwölften Buches Sozialgesetzbuch[3] kommt es im Zeitraum vom 1. März 2020 bis zur Aufhebung der Feststellung einer epidemischen Lage von nationaler Tragweite wegen der dynamischen Ausbreitung der Coronavirus-Krankheit-2019 (COVID-19) nach § 5 Absatz 1 Satz 2 des Infektionsschutzgesetzes[4] durch den Deutschen Bundestag, längstens jedoch bis zum Ablauf des 31. Dezember 2021, auf eine Gemeinschaftlichkeit der Mittagsverpflegung nicht an. [2] Zu den Aufwendungen im Sinne des § 27a Satz 2 dieses Gesetzes in Verbindung mit § 34 Absatz 6 Satz 1 des Zwölften Buches Sozialgesetzbuch zählen bei den Leistungsberechtigten anfallende Zahlungsverpflichtungen auch dann, wenn sie pandemiebedingt in geänderter Höhe oder aufgrund abweichender Abgabewege berechnet werden. [3] Dies umfasst auch die Kosten einer Belieferung. [4] § 27a Satz 2 dieses Gesetzes in Verbindung mit § 34 Absatz 6 Satz 2 des Zwölften Buches Sozialgesetzbuch findet keine Anwendung.

(2) [1] Wurde im Februar 2020 ein Mehrbedarf nach § 27a dieses Gesetzes in Verbindung mit § 30 Absatz 8 und § 42b Absatz 2 des Zwölften Buches Sozialgesetzbuch anerkannt, wird dieser für den Zeitraum vom 1. Mai 2020 bis zum 31. Dezember 2020 in unveränderter Höhe weiterhin anerkannt. [2] Für den Zeitraum vom 1. Januar 2021 bis zur Aufhebung der Feststellung einer epidemischen Lage von nationaler Tragweite wegen der dynamischen Ausbreitung der Coronavirus-Krankheit-2019 (COVID-19) nach § 5 Absatz 1 Satz 2 des Infektionsschutzgesetzes[4] durch den Deutschen Bundestag, längstens jedoch bis zum Ablauf des 31. Dezember 2021, gilt dies mit der Maßgabe, dass für die Berechnung der Höhe des Mehrbedarfs die Anzahl der für Februar 2020 berücksichtigten Arbeitstage und die sich nach § 27a dieses Gesetzes in Verbindung mit § 30 Absatz 8 und § 42b Absatz 2 Satz 3 des Zwölften Buches Sozialgesetzbuch ergebenden Mehraufwendungen je Arbeitstag zugrunde zu legen sind. [3] Abweichend von § 27a dieses Gesetzes in Verbindung mit § 30 Absatz 8 und § 42b Absatz 2 Satz 1 und 2 des Zwölften Buches Sozialgesetzbuch kommt es im Zeitraum vom 1. Mai 2020 bis zur Aufhebung der Feststellung einer epidemischen Lage von nationaler Tragweite wegen der dyna-

[1] Nr. **1**.

[2] § 88b eingef. mWv 29.5.2020 durch G v. 20.5.2020 (BGBl. I S. 1055); Abs. 1 Satz 1 geänd., Abs. 2 neu gef. mWv 1.1.2021 durch G v. 9.12.2020 (BGBl. I S. 2855); Abs. 1 Satz 1, Abs. 2 Sätze 2 und 3 geänd., Abs. 3 aufgeh. mWv 1.4.2021 durch G v. 10.3.2021 (BGBl. I S. 335).

[3] Nr. **12**.

[4] **Sartorius ErgBd. Nr. 285.**

mischen Ausbreitung der Coronavirus-Krankheit-2019 (COVID-19) nach § 5 Absatz 1 Satz 2 des Infektionsschutzgesetzes[1] durch den Deutschen Bundestag, längstens jedoch bis zum Ablauf des 31. Dezember 2021, nicht auf die Gemeinschaftlichkeit der Mittagsverpflegung und die Essenseinnahme in der Verantwortung des Leistungsanbieters an.

§ 88c[2] [Ergänzende Hilfe zum Lebensunterhalt ohne Berücksichtigung eines eventuellen Freibetrages] Der Träger der Kriegsopferfürsorge hat über Leistungen der ergänzenden Hilfe zum Lebensunterhalt ohne Berücksichtigung eines eventuellen Freibetrages nach § 25d Absatz 3c zu entscheiden, so lange ihm nicht durch eine Mitteilung des Rentenversicherungsträgers oder berufsständischer Versicherungs- oder Versorgungseinrichtungen nachgewiesen ist, dass die Voraussetzungen für die Einräumung des Freibetrages vorliegen.

§ 88d[3] [Einmalzahlung für Mehraufwendungen aufgrund der COVID-19-Pandemie] Erwachsene Leistungsberechtigte, denen für den Monat Mai 2021 Leistungen nach § 27a gezahlt werden, erhalten für sich und ihren Ehegatten oder Lebenspartner im Sinne des § 25 Absatz 4 Satz 2 Nummer 1 für den Zeitraum vom 1. Januar 2021 bis zum 30. Juni 2021 zum Ausgleich der mit der COVID-19-Pandemie in Zusammenhang stehenden Mehraufwendungen eine Einmalzahlung in Höhe von 150 Euro.

§ 88e[4] [Einmalzahlung für entstehende Lernförderungsbedarfe]

(1) ^{1}Abweichend von § 27a dieses Gesetzes in Verbindung mit § 34a Absatz 1 Satz 1 des Zwölften Buches Sozialgesetzbuch[5] gilt der Antrag auf Leistungen nach § 27a dieses Gesetzes in Verbindung mit § 34 Absatz 5 des Zwölften Buches Sozialgesetzbuch in der Zeit vom 1. Juli 2021 bis zum Ablauf des 31. Dezember 2023 von dem Antrag auf ergänzende Hilfe zum Lebensunterhalt als mit umfasst. ^{2}Dies gilt für ab dem 1. Juli 2021 entstehende Lernförderungsbedarfe auch dann, wenn die jeweiligen Bewilligungszeiträume nur teilweise in den in Satz 1 genannten Zeitraum fallen, weil sie entweder bereits vor dem 1. Juli 2021 begonnen haben oder erst nach dem 31. Dezember 2023 enden.

(2) ^{1}Leistungsberechtigte, die für den Monat August 2021 Anspruch auf Leistungen nach § 27a und das 18. Lebensjahr noch nicht vollendet haben, erhalten eine Einmalzahlung in Höhe von 100 Euro. ^{2}Die Einmalzahlung nach Satz 1 erhalten auch Familienmitglieder, die nach § 27a in Verbindung mit § 25 Absatz 4 Satz 2 für den Monat August 2021 Leistungen erhalten und das 18. Lebensjahr noch nicht vollendet haben. ^{3}Eines gesonderten Antrags bedarf es nicht.

(3) ^{1}Die Einmalzahlung nach Absatz 2 ist bei Sozialleistungen, deren Zahlung von anderen Einkommen abhängig ist, nicht als Einkommen zu berücksichtigen. ^{2}Der Anspruch auf die Einmalzahlung nach Absatz 2 ist unpfändbar.

---

[1] **Sartorius ErgBd. Nr. 285.**
[2] § 88c eingef. mWv 1.1.2021 durch G v. 9.12.2020 (BGBl. I S. 2855).
[3] § 88d eingef. mWv 1.4.2021 durch G v. 10.3.2021 (BGBl. I S. 335).
[4] § 88e eingef. mWv 1.7.2021 durch G v. 25.6.2021 (BGBl. I S. 2020).
[5] Nr. **12**.

Härteausgleich

§ 89[1] **[Härteausgleich]** (1) Sofern sich in einzelnen Fällen aus den Vorschriften dieses Gesetzes besondere Härten ergeben, kann mit Zustimmung des Bundesministeriums für Arbeit und Soziales ein Ausgleich gewährt werden.

(Fortsetzung nächstes Blatt)

[1] § 89 Abs. 3 neu gef. durch G v. 20.12.1982 (BGBl. I S. 1857); Abs. 1 und 2 geänd. mWv 1.5. 2002 durch G v. 11.4.2002 (BGBl. I S. 1302); Abs. 1 und 2 geänd. mWv 21.12.2007 durch G v. 13.12.2007 (BGBl. I S. 2904).

20/30. Gesetz zur Verhütung und Bekämpfung von Infektionskrankheiten beim Menschen (Infektionsschutzgesetz – IfSG)[1) 2)]

Vom 20. Juli 2000
(BGBl. I S. 1045)

FNA 2126-13

geänd. durch Art. 2a Drittes G zur Änd. des HeimG v. 5.11.2001 (BGBl. I S. 2960), Art. 11 § 3 LebensmittelsicherheitNeuordnungsG v. 6.8.2002 (BGBl. I S. 3082), Art. 39 Achte ZuständigkeitsanpassungsVO v. 25.11.2003 (BGBl. I S. 2304), Art. 19 Drittes G für moderne Dienstleistungen am Arbeitsmarkt v. 23.12.2003 (BGBl. I S. 2848), Art. 12 Viertes G für moderne Dienstleistungen am Arbeitsmarkt v. 24.12.2003 (BGBl. I S. 2954), Art. 2b Vierzehntes G zur Änd. des ArzneimittelG v. 29.8.2005 (BGBl. I S. 2570), § 3 Abs. 4 G über den Übergang auf das neue Lebensmittel- und Futtermittelrecht v. 1.9.2005 (BGBl. I S. 2618), Art. 9 G zur Förderung ganzjähriger Beschäftigung v. 24.4.2006 (BGBl. I S. 926), Art. 5 G zur Änd. von Vorschriften des Sozialen Entschädigungsrechts und des G über einen Ausgleich für Dienstbeschädigungen im Beitrittsgebiet v. 19.6.2006 (BGBl. I S. 1305), Art. 57 Neunte ZuständigkeitsanpassungsVO v. 31.10.2006 (BGBl. I S. 2407), Art. 6 Abs. 1 GewebeG v. 20.7.2007 (BGBl. I S. 1574), Art. 3 G zu den Internationalen Gesundheitsvorschriften (2005) (IGV) v. 20.7.2007 (BGBl. II S. 930 iVm Bek. v. 1.10.2007, BGBl. II S. 1528), Art. 2 G zur Änd. des BundesversorgungsG und anderer Vorschriften des Sozialen Entschädigungsrechts v. 13.12. 2007 (BGBl. I S. 2904), Art. 16 FGG-ReformG v. 17.12.2008 (BGBl. I S. 2586), Art. 13 G zur Änd. arzneimittelrechtlicher und anderer Vorschriften v. 17.7.2009 (BGBl. I S. 1990), Art. 2a G zur Umsetzung der DienstleistungsRL im Gewerberecht und in weiteren Rechtsvorschriften v. 17.7.2009 (BGBl. I S. 2091), Art. 5 G zur Änd. des BundesversorgungsG und anderer Vorschriften v. 20.6.2011 (BGBl. I S. 1114), Art. 1 G zur Änd. des InfektionsschutzG und weiterer Gesetze v. 28.7.2011 (BGBl. I S. 1622, geänd. durch G v. 10.12.2015, BGBl. I S. 2229), Art. 3 Gesetz zur Durchführung der Internationalen Gesundheitsvorschriften (2005) und zur Änd. weiterer Gesetze v. 21.3.2013 (BGBl. I S. 566), Art. 5 Abs. 2 G zur Umsetzung des Seearbeitsübereinkommens 2006 der Internationalen Arbeitsorganisation v. 20.4.2013 (BGBl. I S. 868), Art. 2 Abs. 36, Art. 4 Abs. 21 G zur Strukturreform des Gebührenrechts des Bundes v. 7.8.2013 (BGBl. I S. 3154, Art. 4 Abs. 21 dieses G aufgeh. durch Art. 2 G v. 18.7.2016, BGBl. I S. 1666), Art. 8 PräventionsG v. 17.7.2015 (BGBl. I S. 1368), Art. 70 Zehnte ZuständigkeitsanpassungsVO v. 31.8.2015 (BGBl. I S. 1474), Art. 6a KrankenhausstrukturG v. 10.12.2015 (BGBl. I S. 2229), Art. 41 Zweites G über die weitere Bereinigung von Bundesrecht v. 8.7.2016 (BGBl. I S. 1594), Art. 4 Abs. 20 G zur Aktualisierung der Strukturreform des Gebührenrechts des Bundes v. 18.7.2016 (BGBl. I S. 1666, geänd. durch G v. 17.7.2017, BGBl. I S. 2615), Art. 1 G zur Modernisierung der epidemiologischen Überwachung übertragbarer Krankheiten v. 17.7.2017 (BGBl. I S. 2615), Art. 6 Pflegepersonal-StärkungsG v. 11.12.2018 (BGBl. I S. 2394), Art. 14b Terminservice- und VersorgungsG v. 6.5.2019 (BGBl. I S. 646), Art. 31 Bundeswehr-EinsatzbereitschaftsstärkungsG v. 4.8.2019 (BGBl. I S. 1147), Art. 18a G für mehr Sicherheit in der Arzneimittelversorgung v. 9.8.2019 (BGBl. I S. 1202), Art. 30 Zweites Datenschutz-Anpassungs- und UmsetzungsG EU v. 20.11.2019 (BGBl. I S. 1626), Art. 46 G zur Regelung des Sozialen Entschädigungsrechts v. 12.12.2019 (BGBl. I S. 2652), Art. 1 MasernschutzG v. 10.2.2020 (BGBl. I S. 148), Art. 1, 2, 3 G zum Schutz der Bevölkerung bei einer epidemischen Lage von nationaler Tragweite v. 27.3.2020 (BGBl. I S. 587, geänd. durch G v. 18.11.2020, BGBl. I S. 2397, geänd. durch G v. 29.3.2021 BGBl. I S. 370), Art. 1, 2 Zweites G zum Schutz der Bevölkerung bei einer epidemischen Lage von nationaler Tragweite v. 19.5.2020 (BGBl. I S. 1018, geänd. durch G v. 18.11.2020, BGBl. I S. 2397), Art. 98 Elfte ZuständigkeitsanpassungsVO v. 19.6.2020 (BGBl. I S. 1328), Art. 5 Corona-SteuerhilfeG v. 19.6.2020 (BGBl. I S. 1385), Art. 1, 2 Drittes G zum Schutz der Bevölkerung bei einer epidemischen Lage von nationaler Tragweite v. 18.11.2020 (BGBl. I S. 2397, geänd. durch G v. 29.3.2021 BGBl. I S. 370), Art. 4a G über eine einmalige Sonderzahlung

---

1) Verkündet als Art. 1 SeuchenrechtsneuordnungsG v. 20.7.2000 (BGBl. I S. 1045); Inkrafttreten gem. Art. 5 Abs. 1 Satz 1 dieses G am 1.1.2001 mit Ausnahme von §§ 37 und 38, die gem. Art. 5 Abs. 2 dieses G am 26.7.2000 in Kraft getreten sind.

2) Die Änderungen durch G v. 12.12.2019 (BGBl. I S. 2652) treten erst **mWv 1.1.2024**, die Änderungen durch G v. 27.9.2021 (BGBl. I S. 4530) treten erst **mWv 28.1.2022** in Kraft und sind im Text noch nicht berücksichtigt.

aus Anlass der COVID-19-Pandemie an Besoldungs- und Wehrsoldempfänger v. 21.12.2020 (BGBl. I S. 3136), Art. 1 G zur Fortgeltung der die epidemische Lage von nationaler Tragweite betreffenden Regelungen v. 29.3.2021 (BGBl. I S. 370), Art. 1 Viertes G zum Schutz der Bevölkerung bei einer epidemischen Lage von nationaler Tragweite v. 22.4.2021 (BGBl. I S. 802), Art. 6 G zur Verbesserung des Schutzes von Gerichtsvollziehern vor Gewalt sowie zur Änd. weiterer zwangsvollstreckungsrechtlicher Vorschriften und zur Änd. des InfektionsschutzG v. 7.5.2021 (BGBl. I S. 850), Art. 1 Zweites G zur Änd. des InfektionsschutzG und weiterer Gesetze v. 28.5.2021 (BGBl. I S. 1174), Art. 9 G zur Vereinheitlichung des Stiftungsrechts und zur Änd. des InfektionsschutzG v. 16.7.2021 (BGBl. I S. 2947), Art. 6 Viertes G zur Änd. des Lebensmittel- und Futtermittelgesetzbuches sowie anderer Vorschriften v. 27.7.2021 (BGBl. I S. 3274), Art. 12 AufbauhilfeG 2021 v. 10.9.2021 (BGBl. I S. 4147), Art. 8 Abs. 8 G zum Erlass eines Tierarzneimittelgesetzes und zur Anpassung arzneimittelrechtlicher und anderer Vorschriften v. 27.9.2021 (BGBl. I S. 4530) und Art. 1 G zur Änd. des IfSG und weiterer Gesetze anlässlich der Aufhebung der Feststellung der epidemischen Lage von nationaler Tragweite v. 22.11.2021 (BGBl. I S. 4906)

– Auszug –

1. Abschnitt. Allgemeine Vorschriften

§ 1 Zweck des Gesetzes. (1) Zweck des Gesetzes ist es, übertragbaren Krankheiten beim Menschen vorzubeugen, Infektionen frühzeitig zu erkennen und ihre Weiterverbreitung zu verhindern.

(2) [1] Die hierfür notwendige Mitwirkung und Zusammenarbeit von Behörden des Bundes, der Länder und der Kommunen, Ärzten, Tierärzten, Krankenhäusern, wissenschaftlichen Einrichtungen sowie sonstigen Beteiligten soll entsprechend dem jeweiligen Stand der medizinischen und epidemiologischen Wissenschaft und Technik gestaltet und unterstützt werden. [2] Die Eigenverantwortung der Träger und Leiter von Gemeinschaftseinrichtungen, Lebensmittelbetrieben, Gesundheitseinrichtungen sowie des Einzelnen bei der Prävention übertragbarer Krankheiten soll verdeutlicht und gefördert werden.

§ 1a[1] *(aufgehoben)*

§ 2[2] **Begriffsbestimmungen.** Im Sinne dieses Gesetzes ist

1. Krankheitserreger
   ein vermehrungsfähiges Agens (Virus, Bakterium, Pilz, Parasit) oder ein sonstiges biologisches transmissibles Agens, das bei Menschen eine Infektion oder übertragbare Krankheit verursachen kann,
2. Infektion
   die Aufnahme eines Krankheitserregers und seine nachfolgende Entwicklung oder Vermehrung im menschlichen Organismus,
3. übertragbare Krankheit
   eine durch Krankheitserreger oder deren toxische Produkte, die unmittelbar oder mittelbar auf den Menschen übertragen werden, verursachte Krankheit,

3a. bedrohliche übertragbare Krankheit

[1] § 1a aufgeh. mWv 26.11.2019 durch G v. 20.11.2019 (BGBl. I S. 1626).

[2] § 2 Nr. 3a eingef. mWv 25.7.2017 durch G v. 17.7.2017 (BGBl. I S. 2615); Nr. 14 geänd., Nr. 15 und 16 angef. mWv 1.3.2020 durch G v. 10.2.2020 (BGBl. I S. 148); Nr. 16 geänd., Nr. 17 angef. mWv 19.11.2020 durch G v. 18.11.2020 (BGBl. I S. 2397).

Nummer 1 bis 4 oder § 36 Absatz 1 Nummer 4 beschäftigt werden. [7] Eine Person, die über keinen Nachweis nach Satz 1 verfügt oder diesen nicht vorlegt, darf in Einrichtungen nach § 23 Absatz 3 Satz 1, § 33 Nummer 1 bis 4 oder § 36 Absatz 1 Nummer 4 nicht tätig werden. [8] Die oberste Landesgesundheitsbehörde oder die von ihr bestimmte Stelle kann allgemeine Ausnahmen von den Sätzen 6 und 7 zulassen, wenn das Paul-Ehrlich-Institut auf seiner Internetseite einen Lieferengpass zu allen Impfstoffen mit einer Masernkomponente, die für das Inverkehrbringen in Deutschland zugelassen oder genehmigt sind, bekannt gemacht hat; parallel importierte und parallel vertriebene Impfstoffe mit einer Masernkomponente bleiben unberücksichtigt. [9] Eine Person, die einer gesetzlichen Schulpflicht unterliegt, darf in Abweichung von Satz 6 in Gemeinschaftseinrichtungen nach § 33 Nummer 3 betreut werden.

(10) [1] Personen, die am 1. März 2020 bereits in Gemeinschaftseinrichtungen nach § 33 Nummer 1 bis 3 betreut werden oder in Einrichtungen nach § 23 Absatz 3 Satz 1, § 33 Nummer 1 bis 4 oder § 36 Absatz 1 Nummer 4 tätig sind, haben der Leitung der jeweiligen Einrichtung einen Nachweis nach Absatz 9 Satz 1 bis zum Ablauf des 31. Dezember 2021 vorzulegen. [2] Absatz 9 Satz 2 bis 5 findet mit der Maßgabe entsprechende Anwendung, dass eine Benachrichtigung des zuständigen Gesundheitsamtes und eine Übermittlung personenbezogener Angaben immer zu erfolgen hat, wenn der Nachweis nach Absatz 9 Satz 1 nicht bis zum Ablauf des 31. Dezember 2021 vorgelegt wird.

(11) [1] Personen, die bereits vier Wochen in Gemeinschaftseinrichtungen nach § 33 Nummer 4 betreut werden oder in Einrichtungen nach § 36 Absatz 1 Nummer 4 untergebracht sind, haben der Leitung der jeweiligen Einrichtung einen Nachweis nach Absatz 9 Satz 1 wie folgt vorzulegen:

1. innerhalb von vier weiteren Wochen oder,
2. wenn sie am 1. März 2020 bereits betreut werden oder untergebracht sind, bis zum Ablauf des 31. Dezember 2021.

[2] Absatz 9 Satz 2, 4 und 5 findet mit der Maßgabe entsprechende Anwendung, dass eine Benachrichtigung des zuständigen Gesundheitsamtes und eine Übermittlung personenbezogener Angaben immer zu erfolgen hat, wenn der Nachweis nach Absatz 9 Satz 1 nicht bis zu dem in Satz 1 Nummer 1 oder Nummer 2 genannten Zeitpunkt vorgelegt wird.

(12) [1] Folgende Personen haben dem Gesundheitsamt, in dessen Bezirk sich die jeweilige Einrichtung befindet, auf Anforderung einen Nachweis nach Absatz 9 Satz 1 vorzulegen:

1. Personen, die in Gemeinschaftseinrichtungen nach § 33 Nummer 1 bis 3 betreut werden,
2. Personen, die bereits acht Wochen
   a) in Gemeinschaftseinrichtungen nach § 33 Nummer 4 betreut werden oder
   b) in Einrichtungen nach § 36 Absatz 1 Nummer 4 untergebracht sind und
3. Personen, die in Einrichtungen nach § 23 Absatz 3 Satz 1, § 33 Nummer 1 bis 4 oder § 36 Absatz 1 Nummer 4 tätig sind.

[2] Wenn der Nachweis nach Absatz 9 Satz 1 nicht innerhalb einer angemessenen Frist vorgelegt wird oder sich aus dem Nachweis ergibt, dass ein Impfschutz gegen Masern erst zu einem späteren Zeitpunkt möglich ist oder vervollständigt werden kann, kann das Gesundheitsamt die zur Vorlage des Nachweises verpflichtete Person zu einer Beratung laden und hat diese zu einer Vervollständi-

gung des Impfschutzes gegen Masern aufzufordern. [3] Das Gesundheitsamt kann einer Person, die trotz der Anforderung nach Satz 1 keinen Nachweis innerhalb einer angemessenen Frist vorlegt, untersagen, dass sie die dem Betrieb einer in Absatz 8 Satz 1 genannten Einrichtung dienenden Räume betritt oder in einer solchen Einrichtung tätig wird. [4] Einer Person, die einer gesetzlichen Schulpflicht unterliegt, kann in Abweichung von Satz 3 nicht untersagt werden, die dem Betrieb einer Einrichtung nach § 33 Nummer 3 dienenden Räume zu betreten. [5] Einer Person, die einer Unterbringungspflicht unterliegt, kann in Abweichung von Satz 3 nicht untersagt werden, die dem Betrieb einer Gemeinschaftseinrichtung nach § 33 Nummer 4 oder einer Einrichtung nach § 36 Absatz 1 Nummer 4 dienenden Räume zu betreten. [6] Widerspruch und Anfechtungsklage gegen ein vom Gesundheitsamt nach Satz 3 erteiltes Verbot haben keine aufschiebende Wirkung.

(13) [1] Wenn eine nach den Absätzen 9 bis 12 verpflichtete Person minderjährig ist, so hat derjenige für die Einhaltung der diese Person nach den Absätzen 9 bis 12 treffenden Verpflichtungen zu sorgen, dem die Sorge für diese Person zusteht. [2] Die gleiche Verpflichtung trifft den Betreuer einer von Verpflichtungen nach den Absätzen 9 bis 12 betroffenen Person, soweit die Erfüllung dieser Verpflichtungen zu seinem Aufgabenkreis gehört.

(14) Durch die Absätze 6 bis 12 wird das Grundrecht der körperlichen Unversehrtheit (Artikel 2 Absatz 2 Satz 1 des Grundgesetzes[1)]) eingeschränkt.

§ 21[2)] Impfstoffe. [1] Bei einer auf Grund dieses Gesetzes angeordneten oder einer von der obersten Landesgesundheitsbehörde öffentlich empfohlenen Schutzimpfung oder einer Impfung nach § 17a Absatz 2 des Soldatengesetzes dürfen Impfstoffe verwendet werden, die Mikroorganismen enthalten, welche von den Geimpften ausgeschieden und von anderen Personen aufgenommen werden können. [2] Das Grundrecht der körperlichen Unversehrtheit (Artikel 2 Abs. 2 Satz 1 Grundgesetz[1)]) wird insoweit eingeschränkt.

§ 22[3)] Impf-, Genesenen- und Testdokumentation, COVID-19-Zertifikate. (1) Die zur Durchführung von Schutzimpfungen berechtigte Person hat jede Schutzimpfung unverzüglich in einem Impfausweis oder, falls der Impfausweis nicht vorgelegt wird, in einer Impfbescheinigung zu dokumentieren (Impfdokumentation).

(2) [1] Die Impfdokumentation muss zu jeder Schutzimpfung folgende Angaben enthalten:

1. Datum der Schutzimpfung,
2. Bezeichnung und Chargenbezeichnung des Impfstoffes,
3. Name der Krankheit, gegen die geimpft wurde,
4. Name der geimpften Person, deren Geburtsdatum und Name und Anschrift der für die Durchführung der Schutzimpfung verantwortlichen Person sowie

---

[1)] **Habersack, Deutsche Gesetze ErgBd. Nr. 1.**

[2)] § 21 Satz 1 geänd. mWv 9.8.2019 durch G v. 4.8.2019 (BGBl. I S. 1147).

[3)] § 22 neu gef. mWv 1.3.2020 durch G v. 10.2.2020 (BGBl. I S. 148); Abs. 1 neu gef., Abs. 2 Satz 2 eingef., bish. Satz 2 wird Satz 3 mWv 31.3.2021 durch G v. 29.3.2021 (BGBl. I S. 370); Überschrift neu gef., Abs. 2 Satz 1 Nr. 4, Satz 3 geänd., Abs. 5–7 angef. mWv 1.6.2021 durch G v. 28.5.2021 (BGBl. I S. 1174); Überschrift geänd., Abs. 4a–4d eingef. mWv 24.11.2021 durch G v. 22.11.2021 (BGBl. I S. 4906).

5. Bestätigung in Schriftform oder in elektronischer Form mit einer qualifizierten elektronischen Signatur oder einem qualifizierten elektronischen Siegel durch die für die Durchführung der Schutzimpfung verantwortliche Person.

[2] Das Bundesministerium für Gesundheit wird ermächtigt, durch Rechtsverordnung ohne Zustimmung des Bundesrates festzulegen, dass abweichend von Satz 1 Nummer 5 die Bestätigung in elektronischer Form auch mit einem fortgeschrittenen elektronischen Siegel erfolgen kann, wenn das Siegel der zur Durchführung der Schutzimpfung verantwortlichen Person eindeutig zugeordnet werden kann. [3] Bei Nachtragungen in einen Impfausweis kann jeder Arzt oder Apotheker die Bestätigung nach Satz 1 Nummer 5 vornehmen oder hat das zuständige Gesundheitsamt die Bestätigung nach Satz 1 Nummer 5 vorzunehmen, wenn dem Arzt, dem Apotheker oder dem Gesundheitsamt eine frühere Impfdokumentation über die nachzutragende Schutzimpfung vorgelegt wird.

(3) In der Impfdokumentation ist hinzuweisen auf

1. das zweckmäßige Verhalten bei ungewöhnlichen Impfreaktionen,
2. die sich gegebenenfalls aus den §§ 60 bis 64 ergebenden Ansprüche bei Eintritt eines Impfschadens sowie
3. Stellen, bei denen die sich aus einem Impfschaden ergebenden Ansprüche geltend gemacht werden können.

(4) In der Impfdokumentation ist über notwendige Folge- und Auffrischimpfungen mit Terminvorschlägen zu informieren, so dass die geimpfte Person diese rechtzeitig wahrnehmen kann.

(4a) [1] Die zur Durchführung oder Überwachung einer Testung in Bezug auf einen positiven Erregernachweis des Coronavirus SARS-CoV-2 befugte Person hat jede Durchführung oder Überwachung einer solchen Testung unverzüglich zu dokumentieren (Genesenendokumentation). [2] Andere als in Satz 1 genannte Personen dürfen eine dort genannte Testung nicht dokumentieren.

(4b) Die Genesenendokumentation muss zu jeder Testung folgende Angaben enthalten:

1. Datum der Testung,
2. Name der getesteten Person und deren Geburtsdatum sowie Name und Anschrift der für die Testung verantwortlichen Person,
3. Angaben zur Testung, einschließlich der Art der Testung.

(4c) [1] Die zur Durchführung oder Überwachung einer Testung in Bezug auf einen negativen Erregernachweis des Coronavirus SARS-CoV-2 befugte Person hat jede Durchführung oder Überwachung einer solchen Testung unverzüglich zu dokumentieren (Testdokumentation). [2] Andere als in Satz 1 genannte Personen dürfen eine dort genannte Testung nicht dokumentieren.

(4d) Die Testdokumentation muss zu jeder Testung folgende Angaben enthalten:

1. Datum der Testung,
2. Name der getesteten Person und deren Geburtsdatum,
3. Angaben zur Testung, einschließlich der Art der Testung.

(5) [1] Zusätzlich zu der Impfdokumentation ist auf Wunsch der geimpften Person die Durchführung einer Schutzimpfung gegen das Coronavirus SARS-

CoV-2 in einem digitalen Zertifikat (COVID-19-Impfzertifikat) durch folgende Personen zu bescheinigen:

1. durch die zur Durchführung der Schutzimpfung berechtigte Person oder
2. nachträglich von jedem Arzt oder Apotheker.

[2] Die Verpflichtung nach Satz 1 Nummer 2 besteht nur, wenn dem Arzt oder Apotheker eine Impfdokumentation über eine Schutzimpfung gegen das Coronavirus SARS-CoV-2 vorgelegt wird und er sich zum Nachtrag unter Verwendung geeigneter Maßnahmen zur Vermeidung der Ausstellung eines unrichtigen COVID-19-Impfzertifikats, insbesondere, um die Identität der geimpften Person und die Authentizität der Impfdokumentation nachzuprüfen, bereit erklärt hat. [3] Zur Erstellung des COVID-19-Impfzertifikats übermittelt die zur Bescheinigung der Schutzimpfung gegen das Coronavirus SARS-CoV-2 verpflichtete Person die in Absatz 2 Satz 1 und Absatz 4 genannten personenbezogenen Daten an das Robert Koch-Institut, das das COVID-19-Impfzertifikat technisch generiert. [4] Das Robert Koch-Institut ist befugt, die zur Erstellung und Bescheinigung des COVID-19-Impfzertifikats erforderlichen personenbezogenen Daten zu verarbeiten.

(6) [1] Die Durchführung oder Überwachung einer Testung in Bezug auf einen positiven Erregernachweis des Coronavirus SARS-CoV-2 ist auf Wunsch der betroffenen Person in einem digitalen Zertifikat (COVID-19-Genesenenzertifikat) zu bescheinigen:

1. durch die zur Durchführung oder Überwachung der Testung berechtigte Person oder
2. nachträglich von jedem Arzt oder Apotheker.

[2] Die Verpflichtung nach Satz 1 Nummer 2 besteht nur, wenn dem Arzt oder Apotheker eine Testdokumentation in Bezug auf einen positiven Erregernachweis des Coronavirus SARS-CoV-2 vorgelegt wird und er sich zum Nachtrag unter Verwendung geeigneter Maßnahmen zur Vermeidung der Ausstellung eines unrichtigen COVID-19-Genesenenzertifikats, insbesondere, um die Identität der getesteten Person und die Authentizität der Testdokumentation nachzuprüfen, bereit erklärt hat. [3] Zur Erstellung des COVID-19-Genesenenzertifikats übermittelt die zur Bescheinigung der Testung in Bezug auf einen positiven Erregernachweis des Coronavirus SARS-CoV-2 verpflichtete Person folgende Daten an das Robert Koch-Institut, das das COVID-19-Genesenenzertifikat technisch generiert:

1. den Namen der getesteten Person, deren Geburtsdatum,
2. das Datum der Testung und
3. Angaben zur Testung, einschließlich der Art der Testung, und zum Aussteller.

[4] Absatz 5 Satz 4 gilt entsprechend.

(7) [1] Die Durchführung oder Überwachung einer Testung in Bezug auf einen negativen Erregernachweis des Coronavirus SARS-CoV-2 ist auf Wunsch der getesteten Person durch die zur Durchführung oder Überwachung der Testung berechtigte Person in einem digitalen Zertifikat (COVID-19-Testzertifikat) zu bescheinigen. [2] Zur Erstellung des COVID-19-Testzertifikats übermittelt die zur Bescheinigung verpflichtete Person folgende Daten an das Robert Koch-Institut, das das COVID-19-Testzertifikat technisch generiert:

1. den Namen der getesteten Person, deren Geburtsdatum,
2. das Datum der Testung und
3. Angaben zur Testung, einschließlich der Art der Testung, und zum Aussteller.

[3] Absatz 5 Satz 4 gilt entsprechend.

§ 23[1)] Nosokomiale Infektionen; Resistenzen; Rechtsverordnungen durch die Länder. (1) [1] Beim Robert Koch-Institut wird eine Kommission für Krankenhaushygiene und Infektionsprävention eingerichtet. [2] Die Kommission gibt sich eine Geschäftsordnung, die der Zustimmung des Bundesministeriums für Gesundheit bedarf. [3] Die Kommission erstellt Empfehlungen zur Prävention nosokomialer Infektionen sowie zu betrieblich-organisatorischen und baulich-funktionellen Maßnahmen der Hygiene in Krankenhäusern und anderen medizinischen Einrichtungen. [4] Sie erstellt zudem Empfehlungen zu Kriterien und Verfahren zur Einstufung von Einrichtungen als Einrichtungen für ambulantes Operieren. [5] Die Empfehlungen der Kommission werden unter Berücksichtigung aktueller infektionsepidemiologischer Auswertungen stetig weiterentwickelt und vom Robert Koch-Institut veröffentlicht. [6] Die Mitglieder der Kommission werden vom Bundesministerium für Gesundheit im Benehmen mit den obersten Landesgesundheitsbehörden berufen. [7] Vertreter des Bundesministeriums für Gesundheit, der obersten Landesgesundheitsbehörden und des Robert Koch-Institutes nehmen mit beratender Stimme an den Sitzungen teil.

(Fortsetzung nächstes Blatt)

[1)] § 23 neu gef. mWv 4.8.2011 durch G v. 28.7.2011 (BGBl. I S. 1622); Abs. 8 Satz 2 Nr. 3 geänd. mWv 1.1.2016 durch G v. 10.12.2015 (BGBl. I S. 2229); Abs. 8 Satz 1 geänd. mWv 15.7.2016 durch G v. 8.7.2016 (BGBl. I S. 1594); Abs. 1 Satz 4 eingef., bish. Sätze 4–6 werden Sätze 5–7, Abs. 4 Sätze 1 und 2 geänd., Abs. 4a eingef. mWv 25.7.2017 durch G v. 17.7.2017 (BGBl. I S. 2615); Abs. 3 Satz 1 Nr. 8 und 9 geänd., Nr. 10 und 11 angef., Abs. 5 Satz 1 Nr. 6 und 7 geänd., Nr, 8 angef., Abs. 6a eingef., Abs. 7 aufgeh. mWv 1.1.2019 durch G v. 11.12.2018 (BGBl. I S. 2394); Abs. 3 Satz 1 Nr. 10 und 11 geänd., Nr. 12 angef., Abs. 5 Satz 1 Nr. 7 und 8 geänd., Nr. 9 angef., Abs. 8 Satz 3 eingef., bish. Satz 3 wird Satz 4 mWv 1.3.2020 durch G v. 10.2.2020 (BGBl. I S. 148).

(5) Die Grundrechte der körperlichen Unversehrtheit (Artikel 2 Absatz 2 Satz 1 des Grundgesetzes[1)]), der Freiheit der Person (Artikel 2 Absatz 2 Satz 2 des Grundgesetzes) und der Unverletzlichkeit der Wohnung (Artikel 13 Absatz 1 des Grundgesetzes) werden insoweit eingeschränkt.

§ 28[2)] Schutzmaßnahmen. (1) [1] Werden Kranke, Krankheitsverdächtige, Ansteckungsverdächtige oder Ausscheider festgestellt oder ergibt sich, dass ein Verstorbener krank, krankheitsverdächtig oder Ausscheider war, so trifft die zuständige Behörde die notwendigen Schutzmaßnahmen, insbesondere die in § 28a und in den §§ 29 bis 31 genannten, soweit und solange es zur Verhinderung der Verbreitung übertragbarer Krankheiten erforderlich ist; sie kann insbesondere Personen verpflichten, den Ort, an dem sie sich befinden, nicht oder nur unter bestimmten Bedingungen zu verlassen oder von ihr bestimmte Orte oder öffentliche Orte nicht oder nur unter bestimmten Bedingungen zu betreten. [2] Unter den Voraussetzungen von Satz 1 kann die zuständige Behörde Veranstaltungen oder sonstige Ansammlungen von Menschen beschränken oder verbieten und Badeanstalten oder in § 33 genannte Gemeinschaftseinrichtungen oder Teile davon schließen. [3] Eine Heilbehandlung darf nicht angeordnet werden. [4] Die Grundrechte der körperlichen Unversehrtheit (Artikel 2 Absatz 2 Satz 1 des Grundgesetzes[1)]), der Freiheit der Person (Artikel 2 Absatz 2 Satz 2 des Grundgesetzes), der Versammlungsfreiheit (Artikel 8 des Grundgesetzes), der Freizügigkeit (Artikel 11 Absatz 1 des Grundgesetzes) und der Unverletzlichkeit der Wohnung (Artikel 13 Absatz 1 des Grundgesetzes) werden insoweit eingeschränkt.

(2) Wird festgestellt, dass eine Person in einer Gemeinschaftseinrichtung an Masern erkrankt, dessen verdächtig oder ansteckungsverdächtig ist, kann die zuständige Behörde Personen, die weder einen Impfschutz, der den Empfehlungen der Ständigen Impfkommission entspricht, noch eine Immunität gegen Masern durch ärztliches Zeugnis nachweisen können, die in § 34 Absatz 1 Satz 1 und 2 genannten Verbote erteilen, bis eine Weiterverbreitung der Krankheit in der Gemeinschaftseinrichtung nicht mehr zu befürchten ist.

(3) Für Maßnahmen nach den Absätzen 1 und 2 gilt § 16 Abs. 5 bis 8, für ihre Überwachung außerdem § 16 Abs. 2 entsprechend.

§ 28a[3)] Besondere Schutzmaßnahmen zur Verhinderung der Verbreitung der Coronavirus-Krankheit-2019 (COVID-19) (1) Notwendige Schutzmaßnahmen im Sinne des § 28 Absatz 1 Satz 1 und 2 zur Verhinderung der Verbreitung der Coronavirus-Krankheit-2019 (COVID-19) können für die Dauer der Feststellung einer epidemischen Lage von nationaler Tragweite nach § 5 Absatz 1 Satz 1 durch den Deutschen Bundestag insbesondere sein

---

[1)] **Habersack, Deutsche Gesetze ErgBd. Nr. 1.**

[2)] § 28 Abs. 2 eingef., bish. Abs. 2 wird Abs. 3 und geänd. mWv 25.7.2015 durch G v. 17.7.2015 (BGBl. I S. 1368); Abs. 2 geänd. mWv 1.3.2020 durch G v. 10.2.2020 (BGBl. I S. 148); Abs. 1 neu gef. mWv 28.3.2020 durch G v. 27.3.2020 (BGBl. I S. 587); Abs. 1 Sätze 1 und 4 geänd. mWv 19.11. 2020 durch G v. 18.11.2020 (BGBl. I S. 2397); Abs. 1 Satz 1 geänd. mWv 24.11.2021 durch G v. 22.11.2021 (BGBl. I S. 4906).

[3)] § 28a eingef. mWv 19.11.2020 durch G v. 18.11.2020 (BGBl. I S. 2397); Abs. 3 Sätze 1, 8 geänd., Satz 12 eingef., bish. Satz 12 wird Satz 13 mWv 31.3.2021 durch G v. 29.3.2021 (BGBl. I S. 370); Abs. 1 Nr. 2a eingef., Abs. 3 Sätze 2–8 neu gef., Sätze 9–13 aufgeh., Abs. 7 Satz 1 geänd., Satz 2 angef. mWv 15.9.2021 durch G v. 10.9.2021 (BGBl. I S. 4147); Abs. 1 Nr. 2a geänd., Abs. 7 neu gef., Abs. 8–10 angef. mWv 24.11.2021 durch G v. 22.11.2021 (BGBl. I S. 4906).

1. Anordnung eines Abstandsgebots im öffentlichen Raum,
2. Verpflichtung zum Tragen einer Mund-Nasen-Bedeckung (Maskenpflicht),

2a. Verpflichtung zur Vorlage eines Impf-, Genesenen- oder Testnachweises,

3. Ausgangs- oder Kontaktbeschränkungen im privaten sowie im öffentlichen Raum,
4. Verpflichtung zur Erstellung und Anwendung von Hygienekonzepten für Betriebe, Einrichtungen oder Angebote mit Publikumsverkehr,
5. Untersagung oder Beschränkung von Freizeitveranstaltungen und ähnlichen Veranstaltungen,
6. Untersagung oder Beschränkung des Betriebs von Einrichtungen, die der Freizeitgestaltung zuzurechnen sind,
7. Untersagung oder Beschränkung von Kulturveranstaltungen oder des Betriebs von Kultureinrichtungen,
8. Untersagung oder Beschränkung von Sportveranstaltungen und der Sportausübung,
9. umfassendes oder auf bestimmte Zeiten beschränktes Verbot der Alkoholabgabe oder des Alkoholkonsums auf bestimmten öffentlichen Plätzen oder in bestimmten öffentlich zugänglichen Einrichtungen,
10. Untersagung von oder Erteilung von Auflagen für das Abhalten von Veranstaltungen, Ansammlungen, Aufzügen, Versammlungen sowie religiösen oder weltanschaulichen Zusammenkünften,
11. Untersagung oder Beschränkung von Reisen; dies gilt insbesondere für touristische Reisen,
12. Untersagung oder Beschränkung von Übernachtungsangeboten,
13. Untersagung oder Beschränkung des Betriebs von gastronomischen Einrichtungen,
14. Schließung oder Beschränkung von Betrieben, Gewerben, Einzel- oder Großhandel,
15. Untersagung oder Beschränkung des Betretens oder des Besuchs von Einrichtungen des Gesundheits- oder Sozialwesens,
16. Schließung von Gemeinschaftseinrichtungen im Sinne von § 33, Hochschulen, außerschulischen Einrichtungen der Erwachsenenbildung oder ähnlichen Einrichtungen oder Erteilung von Auflagen für die Fortführung ihres Betriebs oder
17. Anordnung der Verarbeitung der Kontaktdaten von Kunden, Gästen oder Veranstaltungsteilnehmern, um nach Auftreten einer Infektion mit dem Coronavirus SARS-CoV-2 mögliche Infektionsketten nachverfolgen und unterbrechen zu können.

(2) [1]Die Anordnung der folgenden Schutzmaßnahmen nach Absatz 1 in Verbindung mit § 28 Absatz 1 ist nur zulässig, soweit auch bei Berücksichtigung aller bisher getroffenen anderen Schutzmaßnahmen eine wirksame Eindämmung der Verbreitung der Coronavirus-Krankheit-2019 (COVID-19) erheblich gefährdet wäre:

1. Untersagung von Versammlungen oder Aufzügen im Sinne von Artikel 8 des Grundgesetzes[1)] und von religiösen oder weltanschaulichen Zusammenkünften nach Absatz 1 Nummer 10,

---

[1)] **Habersack, Deutsche Gesetze ErgBd. Nr. 1.**

2. Anordnung einer Ausgangsbeschränkung nach Absatz 1 Nummer 3, nach der das Verlassen des privaten Wohnbereichs nur zu bestimmten Zeiten oder zu bestimmten Zwecken zulässig ist, und
3. Untersagung des Betretens oder des Besuchs von Einrichtungen im Sinne von Absatz 1 Nummer 15, wie zum Beispiel Alten- oder Pflegeheimen, Einrichtungen der Behindertenhilfe, Entbindungseinrichtungen oder Krankenhäusern für enge Angehörige von dort behandelten, gepflegten oder betreuten Personen.

[2] Schutzmaßnahmen nach Absatz 1 Nummer 15 dürfen nicht zur vollständigen Isolation von einzelnen Personen oder Gruppen führen; ein Mindestmaß an sozialen Kontakten muss gewährleistet bleiben.

(3) [1] Entscheidungen über Schutzmaßnahmen zur Verhinderung der Verbreitung der Coronavirus-Krankheit-2019 (COVID-19) nach Absatz 1 in Verbindung mit § 28 Absatz 1, nach § 28 Absatz 1 Satz 1 und 2 und den §§ 29 bis 32 sind insbesondere an dem Schutz von Leben und Gesundheit und der Funktionsfähigkeit des Gesundheitssystems auszurichten; dabei sind absehbare Änderungen des Infektionsgeschehens durch ansteckendere, das Gesundheitssystem stärker belastende Virusvarianten zu berücksichtigen. [2] Zum präventiven Infektionsschutz können insbesondere die in Absatz 1 Nummer 1, 2, 2a, 4 und 17 genannten Schutzmaßnahmen ergriffen werden. [3] Weitergehende Schutzmaßnahmen sollen unter Berücksichtigung des jeweiligen regionalen und überregionalen Infektionsgeschehens mit dem Ziel getroffen werden, eine drohende Überlastung der regionalen und überregionalen stationären Versorgung zu vermeiden. [4] Wesentlicher Maßstab für die weitergehenden Schutzmaßnahmen ist insbesondere die Anzahl der in Bezug auf die Coronavirus-Krankheit-2019 (COVID-19) in ein Krankenhaus aufgenommenen Personen je 100 000 Einwohner innerhalb von sieben Tagen. [5] Weitere Indikatoren wie die unter infektionsepidemiologischen Aspekten differenzierte Anzahl der Neuinfektionen mit dem Coronavirus SARS-CoV-2 je 100 000 Einwohner innerhalb von sieben Tagen, die verfügbaren intensivmedizinischen Behandlungskapazitäten und die Anzahl der gegen die Coronavirus-Krankheit-2019 (COVID-19) geimpften Personen sollen bei der Bewertung des Infektionsgeschehens berücksichtigt werden. [6] Die Landesregierungen können im Rahmen der Festlegung der Schutzmaßnahmen unter Berücksichtigung der jeweiligen stationären Versorgungskapazitäten in einer Rechtsverordnung nach § 32 Schwellenwerte für die Indikatoren nach den Sätzen 4 und 5 festsetzen; entsprechend können die Schutzmaßnahmen innerhalb eines Landes regional differenziert werden. [7] Das Robert Koch-Institut veröffentlicht im Internet unter https://www.rki.de/covid-19-trends werktäglich nach Altersgruppen differenzierte und mindestens auf einzelne Länder und auf das Bundesgebiet bezogene Daten zu Indikatoren nach den Sätzen 4 und 5. [8] Die Länder können die Indikatoren nach den Sätzen 4 und 5 landesweit oder regional differenziert auch statt bezogen auf 100 000 Einwohner bezogen auf das Land oder die jeweilige Region als Maßstab verwenden.

(4) [1] Im Rahmen der Kontaktdatenerhebung nach Absatz 1 Nummer 17 dürfen von den Verantwortlichen nur personenbezogene Angaben sowie Angaben zum Zeitraum und zum Ort des Aufenthaltes erhoben und verarbeitet werden, soweit dies zur Nachverfolgung von Kontaktpersonen zwingend notwendig ist. [2] Die Verantwortlichen haben sicherzustellen, dass eine Kenntnisnahme der erfassten Daten durch Unbefugte ausgeschlossen ist. [3] Die Daten

dürfen nicht zu einem anderen Zweck als der Aushändigung auf Anforderung an die nach Landesrecht für die Erhebung der Daten zuständigen Stellen verwendet werden und sind vier Wochen nach Erhebung zu löschen. [4]Die zuständigen Stellen nach Satz 3 sind berechtigt, die erhobenen Daten anzufordern, soweit dies zur Kontaktnachverfolgung nach § 25 Absatz 1 erforderlich ist. [5]Die Verantwortlichen nach Satz 1 sind in diesen Fällen verpflichtet, den zuständigen Stellen nach Satz 3 die erhobenen Daten zu übermitteln. [6]Eine Weitergabe der übermittelten Daten durch die zuständigen Stellen nach Satz 3 oder eine Weiterverwendung durch diese zu anderen Zwecken als der Kontaktnachverfolgung ist ausgeschlossen. [7]Die den zuständigen Stellen nach Satz 3 übermittelten Daten sind von diesen unverzüglich irreversibel zu löschen, sobald die Daten für die Kontaktnachverfolgung nicht mehr benötigt werden.

(5) [1]Rechtsverordnungen, die nach § 32 in Verbindung mit § 28 Absatz 1 und § 28a Absatz 1 erlassen werden, sind mit einer allgemeinen Begründung zu versehen und zeitlich zu befristen. [2]Die Geltungsdauer beträgt grundsätzlich vier Wochen; sie kann verlängert werden.

(6) [1]Schutzmaßnahmen nach Absatz 1 in Verbindung mit § 28 Absatz 1, nach § 28 Absatz 1 Satz 1 und 2 und nach den §§ 29 bis 31 können auch kumulativ angeordnet werden, soweit und solange es für eine wirksame Verhinderung der Verbreitung der Coronavirus-Krankheit-2019 (COVID-19) erforderlich ist. [2]Bei Entscheidungen über Schutzmaßnahmen zur Verhinderung der Verbreitung der Coronavirus-Krankheit-2019 (COVID-19) sind soziale, gesellschaftliche und wirtschaftliche Auswirkungen auf den Einzelnen und die Allgemeinheit einzubeziehen und zu berücksichtigen, soweit dies mit dem Ziel einer wirksamen Verhinderung der Verbreitung der Coronavirus-Krankheit-2019 (COVID-19) vereinbar ist. [3]Einzelne soziale, gesellschaftliche oder wirtschaftliche Bereiche, die für die Allgemeinheit von besonderer Bedeutung sind, können von den Schutzmaßnahmen ausgenommen werden, soweit ihre Einbeziehung zur Verhinderung der Verbreitung der Coronavirus-Krankheit-2019 (COVID-19) nicht zwingend erforderlich ist.

(7) [1]Unabhängig von einer durch den Deutschen Bundestag nach § 5 Absatz 1 Satz 1 festgestellten epidemischen Lage von nationaler Tragweite können folgende Maßnahmen notwendige Schutzmaßnahmen im Sinne des § 28 Absatz 1 Satz 1 und 2 sein, soweit sie zur Verhinderung der Verbreitung der Coronavirus-Krankheit-2019 (COVID-19) erforderlich sind:

1. die Anordnung eines Abstandsgebots im öffentlichen Raum, insbesondere in öffentlich zugänglichen Innenräumen,
2. die Anordnung von Kontaktbeschränkungen im privaten sowie im öffentlichen Raum,
3. die Verpflichtung zum Tragen einer Atemschutzmaske (FFP2 oder vergleichbar) oder einer medizinischen Gesichtsmaske (Mund-Nasen-Schutz),
4. die Verpflichtung zur Vorlage von Impf-, Genesenen- oder Testnachweisen sowie an die Vorlage solcher Nachweise anknüpfende Beschränkungen des Zugangs in den oder bei den in Absatz 1 Nummer 4 bis 8 und 10 bis 16 genannten Betrieben, Gewerben, Einrichtungen, Angeboten, Veranstaltungen, Reisen und Ausübungen,
5. die Verpflichtung zur Erstellung und Anwendung von Hygienekonzepten, auch unter Vorgabe von Personenobergrenzen, für die in Absatz 1 Nummer 4

bis 8 und 10 bis 16 genannten Betriebe, Gewerbe, Einrichtungen, Angebote, Veranstaltungen, Reisen und Ausübungen,

6. die Beschränkung der Anzahl von Personen in oder bei den in Absatz 1 Nummer 4 bis 8 und 10 bis 16 genannten Betrieben, Gewerben, Einrichtungen, Angeboten, Veranstaltungen, Reisen und Ausübungen,
7. die Erteilung von Auflagen für die Fortführung des Betriebs von Gemeinschaftseinrichtungen im Sinne von § 33, Hochschulen, außerschulischen Einrichtungen der Erwachsenenbildung oder ähnlichen Einrichtungen und
8. die Anordnung der Verarbeitung der Kontaktdaten von Kunden, Gästen oder Veranstaltungsteilnehmern in den oder bei den in Absatz 1 Nummer 4 bis 8 und 10 bis 16 genannten Betrieben, Gewerben, Einrichtungen, Angeboten, Veranstaltungen, Reisen und Ausübungen, um nach Auftreten einer Infektion mit dem Coronavirus SARS-CoV-2 mögliche Infektionsketten nachverfolgen und unterbrechen zu können; dabei kann auch angeordnet werden, dass die Nachverfolgung und Unterbrechung von Infektionsketten vorrangig durch die Bereitstellung der QR-Code-Registrierung für die Corona-Warn-App des Robert Koch-Instituts erfolgt.

[2] Individuelle Schutzmaßnahmen gegenüber Kranken, Krankheitsverdächtigen, Ansteckungsverdächtigen oder Ausscheidern nach § 28 Absatz 1 Satz 1 sowie die Schließung von Einrichtungen und Betrieben im Einzelfall nach § 28 Absatz 1 Satz 2 bleiben unberührt. [3] Die Absätze 3 bis 6 gelten für Schutzmaßnahmen nach Satz 1 entsprechend. [4] Die besonderen Belange von Kindern und Jugendlichen sind zu berücksichtigen.

(8) [1] Nach dem Ende einer durch den Deutschen Bundestag nach § 5 Absatz 1 Satz 1 festgestellten epidemischen Lage von nationaler Tragweite können die Absätze 1 bis 6 auch angewendet werden, soweit und solange die konkrete Gefahr der epidemischen Ausbreitung der Coronavirus-Krankheit-2019 (COVID-19) in einem Land besteht und das Parlament in dem betroffenen Land die Anwendbarkeit der Absätze 1 bis 6 für das Land feststellt, mit der Maßgabe, dass folgende Schutzmaßnahmen ausgeschlossen sind:

1. die Anordnung von Ausgangsbeschränkungen,
2. die Untersagung der Sportausübung,
3. die Untersagung von Veranstaltungen, Ansammlungen, Aufzügen, Versammlungen sowie religiösen oder weltanschaulichen Zusammenkünften,
4. die in Absatz 1 Nummer 11 bis 14 genannten Schutzmaßnahmen und
5. die Schließung von Gemeinschaftseinrichtungen im Sinne von § 33;

Absatz 7 bleibt unberührt. [2] Die Feststellung nach Satz 1 gilt als aufgehoben, sofern das Parlament in dem betroffenen Land nicht spätestens drei Monate nach der Feststellung nach Satz 1 die weitere Anwendbarkeit der Absätze 1 bis 6 für das Land feststellt; dies gilt entsprechend, sofern das Parlament in dem betroffenen Land nicht spätestens drei Monate nach der Feststellung der weiteren Anwendbarkeit der Absätze 1 bis 6 die weitere Anwendbarkeit der Absätze 1 bis 6 erneut feststellt.

(9) [1] Absatz 1 bleibt nach dem Ende einer durch den Deutschen Bundestag nach § 5 Absatz 1 Satz 1 festgestellten epidemischen Lage von nationaler Tragweite bis längstens zum Ablauf des 15. Dezember 2021 für Schutzmaßnahmen nach Absatz 1 in Verbindung mit § 28 Absatz 1 Satz 1 und 2 anwendbar, die bis zum 25. November 2021 in Kraft getreten sind. [2] Satz 1 gilt für Schutzmaß-

nahmen nach Absatz 1 in Verbindung mit § 28 Absatz 1 Satz 1 und 2 und § 32 entsprechend, sofern das Parlament in dem betroffenen Land die Rechtsverordnungen nicht aufhebt. [3]Die Anordnung von Schutzmaßnahmen nach Absatz 8 in Verbindung mit § 28 Absatz 1 Satz 1 und 2 oder nach Absatz 8 in Verbindung mit § 28 Absatz 1 Satz 1 und 2 und § 32 bleibt unberührt.

(10) [1]Eine auf Grund von Absatz 7 Satz 1 oder Absatz 8 Satz 1 in Verbindung mit § 28 Absatz 1 und § 32 erlassene Rechtsverordnung muss spätestens mit Ablauf des 19. März 2022 außer Kraft treten. [2]Nach Absatz 7 Satz 1 oder Absatz 8 Satz 1 in Verbindung mit § 28 Absatz 1 Satz 1 und 2 getroffene Anordnungen müssen spätestens mit Ablauf des 19. März 2022 aufgehoben werden. [3]Der Deutsche Bundestag kann durch im Bundesgesetzblatt bekanntzumachenden Beschluss einmalig die Fristen nach den Sätzen 1 und 2 um bis zu drei Monate verlängern.

§ 28b[1)] Bundesweit einheitliche Schutzmaßnahmen zur Verhinderung der Verbreitung der Coronavirus-Krankheit-2019 (COVID-19), Verordnungsermächtigung. (1) [1]Arbeitgeber und Beschäftigte dürfen Arbeitsstätten, in denen physische Kontakte von Arbeitgebern und Beschäftigten untereinander oder zu Dritten nicht ausgeschlossen werden können, nur betreten und Arbeitgeber dürfen Transporte von mehreren Beschäftigten zur Arbeitsstätte oder von der Arbeitsstätte nur durchführen, wenn sie geimpfte Personen, genesene Personen oder getestete Personen im Sinne des § 2 Nummer 2, Nummer 4 oder Nummer 6 der COVID-19-Schutzmaßnahmen-Ausnahmenverordnung vom 8. Mai 2021 (BAnz AT 08.05.2021 V1) sind und einen Impfnachweis, einen Genesenennachweis oder einen Testnachweis im Sinne des § 2 Nummer 3, Nummer 5 oder Nummer 7 der COVID-19-Schutzmaßnahmen-Ausnahmenverordnung vom 8. Mai 2021 (BAnz AT 08.05. 2021 V1) mit sich führen, zur Kontrolle verfügbar halten oder bei dem Arbeitgeber hinterlegt haben. [2]Sofern die dem Testnachweis zugrunde liegende Testung mittels Nukleinsäurenachweis (PCR, PoC-PCR oder weitere Methoden der Nukleinsäureamplifikationstechnik) erfolgt ist, darf diese abweichend von § 2 Nummer 7 der COVID-19-Schutzmaßnahmen-Ausnahmenverordnung vom 8. Mai 2021 (BAnz AT 08.05.2021 V1) maximal 48 Stunden zurückliegen. [3]Abweichend von Satz 1 ist Arbeitgebern und Beschäftigten ein Betreten der Arbeitsstätte erlaubt, um

1. unmittelbar vor der Arbeitsaufnahme ein Testangebot des Arbeitgebers zur Erlangung eines Nachweises im Sinne des § 4 Absatz 1 der SARS-CoV-2-Arbeitsschutzverordnung vom 25. Juni 2021 (BAnz AT 28.06.2021 V1), die durch Artikel 1 der Verordnung vom 6. September 2021 (BAnz AT 09.09. 2021 V1) geändert worden ist, wahrzunehmen oder
2. ein Impfangebot des Arbeitgebers wahrzunehmen.

[4]Der Arbeitgeber hat seine Beschäftigten bei Bedarf in barrierefrei zugänglicher Form über die betrieblichen Zugangsregelungen zu informieren.

(2) [1]Arbeitgeber, Beschäftigte und Besucher in den folgenden Einrichtungen und Unternehmen dürfen diese nur betreten, wenn sie getestete Personen im Sinne des § 2 Nummer 6 der COVID-19-Schutzmaßnahmen-Ausnahmenverordnung vom 8. Mai 2021 (BAnz AT 08.05.2021 V1) sind und einen Testnachweis mit sich führen:

[1)] § 28b neu gef. mWv 24.11.2021 durch G v. 22.11.2021 (BGBl. I S. 4906).

1. Einrichtungen und Unternehmen nach § 23 Absatz 3 Satz 1 mit der Maßgabe, dass Vorsorge- und Rehabilitationseinrichtungen auch dann umfasst sind, wenn dort keine den Krankenhäusern vergleichbare medizinische Versorgung erfolgt, und
2. Einrichtungen und Unternehmen nach § 36 Absatz 1 Nummer 2 und 7.

[2] In oder von den in Satz 1 genannten Einrichtungen und Unternehmen behandelte, betreute, gepflegte oder untergebrachte Personen gelten nicht als Besucher im Sinne des Satzes 1. [3] Absatz 1 Satz 2 gilt entsprechend. [4] Für Arbeitgeber und Beschäftigte, die geimpfte Personen oder genesene Personen im Sinne des § 2 Nummer 2 oder Nummer 4 der COVID-19-Schutzmaßnahmen-Ausnahmenverordnung vom 8. Mai 2021 (BAnz AT 08.05.2021 V1) sind, kann die zugrunde liegende Testung auch durch Antigen-Tests zur Eigenanwendung ohne Überwachung erfolgen. [5] Eine Testung nach Absatz 1 Satz 2 muss für Arbeitgeber und Beschäftigte, die geimpfte Personen oder genesene Personen im Sinne des § 2 Nummer 2 oder Nummer 4 der COVID-19-Schutzmaßnahmen-Ausnahmenverordnung vom 8. Mai 2021 (BAnz AT 08.05.2021 V1) sind, höchstens zweimal pro Kalenderwoche wiederholt werden. [6] Absatz 1 Satz 3 und 4 gilt entsprechend. [7] Die in Satz 1 genannten Einrichtungen und Unternehmen sind verpflichtet, ein einrichtungs- oder unternehmensbezogenes Testkonzept zu erstellen. [8] Im Rahmen des Testkonzepts haben sie Testungen auf eine Infektion mit dem Coronavirus SARS-CoV-2 für alle Beschäftigten und Besucher anzubieten.

(3) [1] Alle Arbeitgeber sowie die Leitungen der in Absatz 2 Satz 1 genannten Einrichtungen und Unternehmen sind verpflichtet, die Einhaltung der Verpflichtungen nach Absatz 1 Satz 1 und Absatz 2 Satz 1 durch Nachweiskontrollen täglich zu überwachen und regelmäßig zu dokumentieren. [2] Alle Arbeitgeber und jeder Beschäftigte sowie Besucher der in Absatz 2 Satz 1 genannten Einrichtungen und Unternehmen sind verpflichtet, einen entsprechenden Nachweis auf Verlangen vorzulegen. [3] Soweit es zur Erfüllung der Pflichten aus Satz 1 erforderlich ist, darf der Arbeitgeber sowie die Leitung der in Absatz 2 Satz 1 genannten Einrichtungen und Unternehmen zu diesem Zweck personenbezogene Daten einschließlich Daten zum Impf-, Sero- und Teststatus in Bezug auf die Coronavirus-Krankheit-2019 (COVID-19) verarbeiten. [4] Die Daten dürfen auch zur Anpassung des betrieblichen Hygienekonzepts auf Grundlage der Gefährdungsbeurteilung gemäß den §§ 5 und 6 des Arbeitsschutzgesetzes[1] verwendet werden, soweit dies erforderlich ist. [5] § 22 Absatz 2 des Bundesdatenschutzgesetzes[2] gilt entsprechend. [6] Die zuständige Behörde kann von jedem Arbeitgeber sowie von den Leitungen der in Absatz 2 Satz 1 genannten Einrichtungen und Unternehmen die zur Durchführung ihrer Überwachungsaufgabe erforderlichen Auskünfte verlangen. [7] Die in Absatz 2 Satz 1 genannten Einrichtungen oder Unternehmen sind verpflichtet, der zuständigen Behörde zweiwöchentlich folgende Angaben in anonymisierter Form zu übermitteln:

1. Angaben zu den durchgeführten Testungen, jeweils bezogen auf Personen, die in der Einrichtung oder dem Unternehmen beschäftigt sind oder behandelt, betreut oder gepflegt werden oder untergebracht sind, sowie bezogen auf Besuchspersonen und

---

[1] **Loseblatt-Textsammlung Arbeitsrecht Nr. 370.**
[2] Nr. **10/20.**

2. Angaben zum Anteil der Personen, die gegen das Coronavirus SARS-CoV-2 geimpft sind, jeweils bezogen auf die Personen, die in der Einrichtung oder dem Unternehmen beschäftigt sind oder behandelt, betreut oder gepflegt werden oder untergebracht sind.

[8] Die in Absatz 2 Satz 1 genannten Einrichtungen oder Unternehmen dürfen den Impf- und Teststatus der Personen, die dort behandelt, betreut oder gepflegt werden oder untergebracht sind, erheben; diese Daten dürfen nur zur Beurteilung der Gefährdungslage in der Einrichtung oder dem Unternehmen im Hinblick auf die Coronavirus-Krankheit-2019 (COVID-19) und zur Vorbereitung der Berichterstattung nach Satz 7 verarbeitet werden. [9] Die nach Satz 3 und nach Satz 8 erhobenen Daten sind spätestens am Ende des sechsten Monats nach ihrer Erhebung zu löschen; die Bestimmungen des allgemeinen Datenschutzrechts bleiben unberührt.

(4) [1] Der Arbeitgeber hat den Beschäftigten im Fall von Büroarbeit oder vergleichbaren Tätigkeiten anzubieten, diese Tätigkeiten in deren Wohnung auszuführen, wenn keine zwingenden betriebsbedingten Gründe entgegenstehen. [2] Die Beschäftigten haben dieses Angebot anzunehmen, soweit ihrerseits keine Gründe entgegenstehen. [3] Die zuständigen Behörden für den Vollzug der Sätze 1 und 2 bestimmen die Länder nach § 54 Satz 1.

(5) [1] Die Verkehrsmittel des Luftverkehrs, des öffentlichen Personennahverkehrs und des öffentlichen Personenfernverkehrs dürfen von Fahr- oder Fluggästen sowie dem Kontroll- und Servicepersonal nur benutzt werden, wenn

1. sie, mit Ausnahmen von Schülerinnen und Schülern und der Beförderung in Taxen, geimpfte Personen, genesene Personen oder getestete Personen im Sinne des § 2 Nummer 2, Nummer 4 oder Nummer 6 der COVID-19-Schutzmaßnahmen-Ausnahmenverordnung vom 8. Mai 2021 (BAnz AT 08.05.2021 V1) sind und
2. sie während der Beförderung eine Atemschutzmaske (FFP2 oder vergleichbar) oder eine medizinische Gesichtsmaske (Mund-Nasen-Schutz) tragen.

[2] Eine Atemschutzmaske oder eine medizinische Gesichtsmaske muss nicht getragen werden von

1. Kindern, die das sechste Lebensjahr noch nicht vollendet haben,
2. Personen, die ärztlich bescheinigt auf Grund einer gesundheitlichen Beeinträchtigung, einer ärztlich bescheinigten chronischen Erkrankung oder einer Behinderung keine Atemschutzmaske oder medizinische Gesichtsmaske tragen können, und
3. gehörlosen und schwerhörigen Menschen und Personen, die mit ihnen kommunizieren, sowie ihren Begleitpersonen.

[3] Beförderer sind verpflichtet, die Einhaltung der Verpflichtungen nach Satz 1 durch stichprobenhafte Nachweiskontrollen zu überwachen. [4] Alle beförderten Personen sind verpflichtet, auf Verlangen einen Impfnachweis, einen Genesenennachweis oder einen Testnachweis im Sinne des § 2 Nummer 3, Nummer 5 oder Nummer 7 der COVID-19-Schutzmaßnahmen-Ausnahmenverordnung vom 8. Mai 2021 (BAnz AT 08.05.2021 V1) vorzulegen. [5] Beförderer können zu diesem Zweck personenbezogene Daten zum Impf-, Sero- und Teststatus in Bezug auf die Coronavirus-Krankheit-2019 (COVID-19) verarbeiten.

(6) [1] Das Bundesministerium für Arbeit und Soziales wird ermächtigt, im Einvernehmen mit dem Bundesministerium für Gesundheit durch Rechtsver-

ordnung ohne Zustimmung des Bundesrates für einen befristeten Zeitraum vorzuschreiben, welche Maßnahmen die Arbeitgeber zur Umsetzung der Verpflichtungen nach dieser Vorschrift zu treffen haben und wie sich die Beschäftigten zu verhalten haben, um ihre jeweiligen Pflichten, die sich aus dieser Vorschrift ergeben, zu erfüllen. [2] In der Rechtsverordnung kann insbesondere das Nähere geregelt werden zu

1. den in Absatz 1 Satz 1 und Absatz 2 Satz 1 genannten Pflichten,
2. den in Absatz 3 genannten Überwachungs- und Dokumentationspflichten.

(7) [1] Diese Vorschrift gilt bis zum Ablauf des 19. März 2022. [2] Eine auf Grund des Absatzes 6 Satz 1 erlassene Rechtsverordnung tritt spätestens mit Ablauf des 19. März 2022 außer Kraft. [3] Der Deutsche Bundestag kann durch im Bundesgesetzblatt bekanntzumachenden Beschluss einmalig die Fristen nach den Sätzen 1 und 2 um bis zu drei Monate verlängern.

§ 28c[1)] Verordnungsermächtigung für besondere Regelungen für Geimpfte, Getestete und vergleichbare Personen. [1] Die Bundesregierung wird ermächtigt, durch Rechtsverordnung für Personen, bei denen von einer Immunisierung gegen das Coronavirus SARS-CoV-2 auszugehen ist oder die ein negatives Ergebnis eines Tests auf eine Infektion mit dem Coronavirus SARS-CoV-2 vorlegen können, Erleichterungen oder Ausnahmen von Geboten und Verboten nach dem fünften Abschnitt dieses Gesetzes oder von aufgrund der Vorschriften im fünften Abschnitt dieses Gesetzes erlassenen Geboten und Verboten zu regeln. [2] In der Rechtsverordnung kann vorgesehen werden, dass Erleichterungen und Ausnahmen für Personen, bei denen von einer Immunisierung gegen das Coronavirus SARS-CoV-2 auszugehen ist, nur bestehen, wenn sie ein negatives Ergebnis eines Tests auf eine Infektion mit dem Coronavirus SARS-CoV-2 vorlegen können. [3] Rechtsverordnungen der Bundesregierung nach den Sätzen 1 und 2 bedürfen der Zustimmung von Bundestag und Bundesrat. [4] Wenn die Bundesregierung von ihrer Ermächtigung nach nach den Sätzen 1 und 2 Gebrauch macht, kann sie zugleich die Landesregierungen ermächtigen, ganz oder teilweise in Bezug auf von den Ländern nach dem fünften Abschnitt dieses Gesetzes erlassene Gebote und Verbote für die in Satz 1 genannten Personen Erleichterungen oder Ausnahmen zu regeln. [5] Die Landesregierungen können die Ermächtigung durch Rechtsverordnung auf andere Stellen übertragen.

§ 29[2)] Beobachtung. (1) Kranke, Krankheitsverdächtige, Ansteckungsverdächtige und Ausscheider können einer Beobachtung unterworfen werden.

(2) [1] Wer einer Beobachtung nach Absatz 1 unterworfen ist, hat die erforderlichen Untersuchungen durch die Beauftragten des Gesundheitsamtes zu dulden und den Anordnungen des Gesundheitsamtes Folge zu leisten. [2] § 25 Absatz 3 gilt entsprechend. [3] Eine Person nach Satz 1 ist ferner verpflichtet, den Beauftragten des Gesundheitsamtes zum Zwecke der Befragung oder der Un-

---

[1)] § 28c eingef. mWv 23.4.2021 durch G v. 22.4.2021 (BGBl. I S. 802); Satz 3 angef. mWv 8.5. 2021 durch G v. 7.5.2021 (BGBl. I S. 850); Satz 3 geänd., Satz 4 angef. mWv 1.6.2021 durch G v. 28.5.2021 (BGBl. I S. 1174); Satz 2 eingef., bish. Sätze 2–4 werden Sätze 3–5, neue Sätze 3 und 4 geänd. mWv 24.11.2021 durch G v. 22.11.2021 (BGBl. I S. 4906).

[2)] § 29 Abs. 2 Satz 4 geänd. mWv 4.8.2011 durch G v. 28.7.2011 (BGBl. I S. 1622); Abs. 2 Satz 2 neu gef. mWv 29.3.2013 durch G v. 21.3.2013 (BGBl. I S. 566); Abs. 2 Satz 4 geänd. mWv 15.7.2016 durch G v. 8.7.2016 (BGBl. I S. 1594).

tersuchung den Zutritt zu seiner Wohnung zu gestatten, auf Verlangen ihnen über alle seinen Gesundheitszustand betreffenden Umstände Auskunft zu geben und im Falle des Wechsels der Hauptwohnung oder des gewöhnlichen Aufenthaltes unverzüglich dem bisher zuständigen Gesundheitsamt Anzeige zu erstatten. [4]Die Anzeigepflicht gilt auch bei Änderungen einer Tätigkeit im Lebensmittelbereich im Sinne von § 42 Abs. 1 Satz 1 oder in Einrichtungen im Sinne von § 23 Absatz 5 oder § 36 Absatz 1 sowie beim Wechsel einer Gemeinschaftseinrichtung im Sinne von § 33. [5]§ 16 Abs. 2 Satz 4 gilt entsprechend. [6]Die Grundrechte der körperlichen Unversehrtheit (Artikel 2 Abs. 2 Satz 1 Grundgesetz[1)]), der Freiheit der Person (Artikel 2 Abs. 2 Satz 2 Grundgesetz) und der Unverletzlichkeit der Wohnung (Artikel 13 Abs. 1 Grundgesetz) werden insoweit eingeschränkt.

8. Abschnitt. Gesundheitliche Anforderungen an das Personal beim Umgang mit Lebensmitteln

§ 42[2)] Tätigkeits- und Beschäftigungsverbote. (1) [1]Personen, die

1. an Typhus abdominalis, Paratyphus, Cholera, Shigellenruhr, Salmonellose, einer anderen infektiösen Gastroenteritis oder Virushepatitis A oder E erkrankt oder dessen verdächtig sind,
2. an infizierten Wunden oder an Hautkrankheiten erkrankt sind, bei denen die Möglichkeit besteht, dass deren Krankheitserreger über Lebensmittel übertragen werden können,
3. die Krankheitserreger Shigellen, Salmonellen, enterohämorrhagische Escherichia coli oder Choleravibrionen ausscheiden,

dürfen nicht tätig sein oder beschäftigt werden

a) beim Herstellen, Behandeln oder Inverkehrbringen der in Absatz 2 genannten Lebensmittel, wenn sie dabei mit diesen in Berührung kommen, oder
b) in Küchen von Gaststätten und sonstigen Einrichtungen mit oder zur Gemeinschaftsverpflegung.

[2]Satz 1 gilt entsprechend für Personen, die mit Bedarfsgegenständen, die für die dort genannten Tätigkeiten verwendet werden, so in Berührung kommen, dass eine Übertragung von Krankheitserregern auf die Lebensmittel im Sinne des Absatzes 2 zu befürchten ist. [3]Die Sätze 1 und 2 gelten nicht für den privaten hauswirtschaftlichen Bereich.

(2) Lebensmittel im Sinne des Absatzes 1 sind

1. Fleisch, Geflügelfleisch und Erzeugnisse daraus
2. Milch und Erzeugnisse auf Milchbasis
3. Fische, Krebse oder Weichtiere und Erzeugnisse daraus
4. Eiprodukte
5. Säuglings- und Kleinkindernahrung
6. Speiseeis und Speiseeishalberzeugnisse

[1)] **Habersack, Deutsche Gesetze ErgBd. Nr. 1.**

[2)] § 42 Abs. 5 Satz 1 geänd. mWv 28.11.2003 durch VO v. 25.11.2003 (BGBl. I S. 2304); Abs. 5 Satz 1 geänd. mWv 8.11.2006 durch VO v. 31.10.2006 (BGBl. I S. 2407); Abs. 2 Nr. 8 geänd., Nr. 9 angef. mWv 29.3.2013 durch G v. 21.3.2013 (BGBl. I S. 566).

7. Backwaren mit nicht durchgebackener oder durcherhitzter Füllung oder Auflage
8. Feinkost-, Rohkost- und Kartoffelsalate, Marinaden, Mayonnaisen, andere emulgierte Soßen, Nahrungshefen
9. Sprossen und Keimlinge zum Rohverzehr sowie Samen zur Herstellung von Sprossen und Keimlingen zum Rohverzehr.

(3) Personen, die in amtlicher Eigenschaft, auch im Rahmen ihrer Ausbildung, mit den in Absatz 2 bezeichneten Lebensmitteln oder mit Bedarfsgegenständen im Sinne des Absatzes 1 Satz 2 in Berührung kommen, dürfen ihre Tätigkeit nicht ausüben, wenn sie an einer der in Absatz 1 Nr. 1 genannten Krankheiten erkrankt oder dessen verdächtig sind, an einer der in Absatz 1 Nr. 2 genannten Krankheiten erkrankt sind oder die in Absatz 1 Nr. 3 genannten Krankheitserreger ausscheiden.

(4) Das Gesundheitsamt kann Ausnahmen von den Verboten nach dieser Vorschrift zulassen, wenn Maßnahmen durchgeführt werden, mit denen eine Übertragung der aufgeführten Erkrankungen und Krankheitserreger verhütet werden kann.

(5) [1] Das Bundesministerium für Gesundheit wird ermächtigt, durch Rechtsverordnung mit Zustimmung des Bundesrates den Kreis der in Absatz 1 Nr. 1 und 2 genannten Krankheiten, der in Absatz 1 Nr. 3 genannten Krankheitserreger und der in Absatz 2 genannten Lebensmittel einzuschränken, wenn epidemiologische Erkenntnisse dies zulassen, oder zu erweitern, wenn dies zum Schutz der menschlichen Gesundheit vor einer Gefährdung durch Krankheitserreger erforderlich ist. [2] In dringenden Fällen kann zum Schutz der Bevölkerung die Rechtsverordnung ohne Zustimmung des Bundesrates erlassen werden. [3] Eine auf der Grundlage des Satzes 2 erlassene Verordnung tritt ein Jahr nach ihrem Inkrafttreten außer Kraft; ihre Geltungsdauer kann mit Zustimmung des Bundesrates verlängert werden.

12. Abschnitt.[1)] Entschädigung in besonderen Fällen

§ 56[2)] Entschädigung. (1) [1] Wer auf Grund dieses Gesetzes als Ausscheider, Ansteckungsverdächtiger, Krankheitsverdächtiger oder als sonstiger Träger von Krankheitserregern im Sinne von § 31 Satz 2 Verboten in der Ausübung seiner

---

[1)] Bish. 12. Abschnitt (§§ 56-68) wird 12. Abschnitt (§§ 56-67) mWv 31.3.2021 durch G v. 29.3. 2021 (BGBl. I S. 370).

[2)] § 56 Abs. 8 Satz 1 Nr. 4 sowie Abs. 9 Sätze 1 und 2 geänd. mWv 1.1.2004 durch G v. 23.12.2003 (BGBl. I S. 2848); Abs. 8 Satz 1 Nr. 4 geänd. sowie Abs. 9 Satz 2 aufgeh., bish. Satz 1 wird alleiniger Wortlaut und geänd. mWv 1.1.2005 durch G v. 24.12.2003 (BGBl. I S. 2954); Abs. 3 Satz 2 sowie Abs. 9 geänd. mWv 1.1.2007 durch G v. 24.4.2006 (BGBl. I S. 926); Abs. 1 Satz 3 angef. mWv 1.3. 2020 durch G v. 10.2.2020 (BGBl. I S. 148); Abs. 1a eingef., Abs. 2 Satz 4 angef. mWv 30.3.2020 durch G v. 27.3.2020 (BGBl. I S. 587); Abs. 1 Satz 2, Abs. 7 Satz 2 geänd., Abs. 11 Satz 1 neu gef. mWv 23.5.2020 durch G v. 19.5.2020 (BGBl. I S. 1018); Abs. 1a Satz 1 neu gef., Sätze 3, 4 geänd., Abs. 2 Satz 4 neu gef. mWv 30.3.2020 durch G v. 19.6.2020 (BGBl. I S. 1385); Abs. 1 Satz 3 geänd., Satz 4 angef., Abs. 1a Satz 1 Nr. 1 geänd. mWv 19.11.2020 durch G v. 18.11.2020 (BGBl. I S. 2397); Abs. 1a Satz 1 Nr. 1 geänd. mWv 16.12.2020 durch G v. 21.12.2020 (BGBl. I S. 3136); Abs. 1 Satz 2 neu gef., Satz 3 eingef., bish. Sätze 3, 4 werden Sätze 4, 5, neuer Satz 5 geänd., Abs. 1a Satz 1 einl. Satzteil und Nr. 1 geänd., Abs. 2 Sätze 3, 4 neu gef., Satz 5 angef., Abs. 3 neu gef, Abs. 5 Satz 2 eingef., bish. Sätze 2, 3 werden Sätze 3, 4, Abs. 9 Satz 2 angef., Abs. 11 Satz 1 neu gef., Sätze 2, 3 eingef., bish. Sätze 2, 3 werden Sätze 4, 5 mWv 31.3.2021 durch G v. 29.3.2021 (BGBl. I S. 370); Abs. 1a Satz 1 Nr. 1 geänd. mWv 23.4.2021 durch G v. 28.5.2021 (BGBl. I S. 1174); Abs. 1 Satz 3 geänd., Abs. 1a Satz 5 angef. mWv 24.11.2021 durch G v. 22.11.2021 (BGBl. I S. 4906).

bisherigen Erwerbstätigkeit unterliegt oder unterworfen wird und dadurch einen Verdienstausfall erleidet, erhält eine Entschädigung in Geld. [2]Das Gleiche gilt für eine Person, die nach § 30, auch in Verbindung mit § 32, abgesondert wird oder sich auf Grund einer nach § 36 Absatz 8 Satz 1 Nummer 1 erlassenen Rechtsverordnung absondert. [3]Eine Entschädigung in Geld kann auch einer Person gewährt werden, wenn diese sich bereits vor der Anordnung einer Absonderung nach § 30 oder eines beruflichen Tätigkeitsverbots nach § 31 vorsorglich abgesondert oder vorsorglich bestimmte berufliche Tätigkeiten ganz oder teilweise nicht ausgeübt hat und dadurch einen Verdienstausfall erleidet, wenn eine Anordnung einer Absonderung nach § 30 oder eines beruflichen Tätigkeitsverbots nach § 31 bereits zum Zeitpunkt der vorsorglichen Absonderung oder der vorsorglichen Nichtausübung beruflicher Tätigkeiten hätte erlassen werden können. [4]Eine Entschädigung nach den Sätzen 1 und 2 erhält nicht, wer durch Inanspruchnahme einer Schutzimpfung oder anderen Maßnahme der spezifischen Prophylaxe, die gesetzlich vorgeschrieben ist oder im Bereich des gewöhnlichen Aufenthaltsorts des Betroffenen öffentlich empfohlen wurde, oder durch Nichtantritt einer vermeidbaren Reise in ein bereits zum Zeitpunkt der Abreise eingestuftes Risikogebiet ein Verbot in der Ausübung seiner bisherigen Tätigkeit oder eine Absonderung hätte vermeiden können. [5]Eine Reise ist im Sinne des Satzes 4 vermeidbar, wenn zum Zeitpunkt der Abreise keine zwingenden und unaufschiebbaren Gründe für die Reise vorlagen.

(1a) [1]Sofern der Deutsche Bundestag nach § 5 Absatz 1 Satz 1 eine epidemische Lage von nationaler Tragweite festgestellt hat, erhält eine erwerbstätige Person eine Entschädigung in Geld, wenn

1. Einrichtungen zur Betreuung von Kindern, Schulen oder Einrichtungen für Menschen mit Behinderungen zur Verhinderung der Verbreitung von Infektionen oder übertragbaren Krankheiten auf Grund dieses Gesetzes vorübergehend geschlossen werden oder deren Betreten, auch aufgrund einer Absonderung, untersagt wird, oder wenn von der zuständigen Behörde aus Gründen des Infektionsschutzes Schul- oder Betriebsferien angeordnet oder verlängert werden, die Präsenzpflicht in einer Schule aufgehoben oder der Zugang zum Kinderbetreuungsangebot eingeschränkt wird oder eine behördliche Empfehlung vorliegt, vom Besuch einer Einrichtung zur Betreuung von Kindern, einer Schule oder einer Einrichtung für Menschen mit Behinderungen abzusehen,[1)],
2. die erwerbstätige Person ihr Kind, das das zwölfte Lebensjahr noch nicht vollendet hat oder behindert und auf Hilfe angewiesen ist, in diesem Zeitraum selbst beaufsichtigt, betreut oder pflegt, weil sie keine anderweitige zumutbare Betreuungsmöglichkeit sicherstellen kann, und
3. die erwerbstätige Person dadurch einen Verdienstausfall erleidet.

[2]Anspruchsberechtigte haben gegenüber der zuständigen Behörde, auf Verlangen des Arbeitgebers auch diesem gegenüber, darzulegen, dass sie in diesem Zeitraum keine zumutbare Betreuungsmöglichkeit für das Kind sicherstellen können. [3]Ein Anspruch besteht nicht, soweit eine Schließung ohnehin wegen der Schul- oder Betriebsferien erfolgen würde. [4]Im Fall, dass das Kind in Vollzeitpflege nach § 33 des Achten Buches Sozialgesetzbuch[2)] in den Haushalt

---

[1)] Zeichensetzung amtlich.
[2)] Nr. **8**.

aufgenommen wurde, steht der Anspruch auf Entschädigung den Pflegeeltern zu. [5]Der Anspruch nach Satz 1 besteht in Bezug auf die dort genannten Maßnahmen auch unabhängig von einer durch den Deutschen Bundestag nach § 5 Absatz 1 Satz 1 festgestellten epidemischen Lage von nationaler Tragweite, soweit diese zur Verhinderung der Verbreitung der Coronavirus-Krankheit-2019 (COVID-19) im Zeitraum bis zum Ablauf des 19. März 2022 erfolgen.

(2) [1]Die Entschädigung bemisst sich nach dem Verdienstausfall. [2]Für die ersten sechs Wochen wird sie in Höhe des Verdienstausfalls gewährt. [3]Vom Beginn der siebenten Woche an wird die Entschädigung abweichend von Satz 2 in Höhe von 67 Prozent des der erwerbstätigen Person entstandenen Verdienstausfalls gewährt; für einen vollen Monat wird höchstens ein Betrag von 2016 Euro gewährt. [4]Im Fall des Absatzes 1a wird die Entschädigung von Beginn an in der in Satz 3 bestimmten Höhe gewährt. [5]Für jede erwerbstätige Person wird die Entschädigung nach Satz 4 für die Dauer der vom Deutschen Bundestag nach § 5 Absatz 1 Satz 1 festgestellten epidemischen Lage von nationaler Tragweite unabhängig von der Anzahl der Kinder für längstens zehn Wochen pro Jahr gewährt, für eine erwerbstätige Person, die ihr Kind allein beaufsichtigt, betreut oder pflegt, längstens für 20 Wochen pro Jahr.

(3) [1]Als Verdienstausfall gilt das Arbeitsentgelt, das dem Arbeitnehmer bei der für ihn maßgebenden regelmäßigen Arbeitszeit zusteht, vermindert um Steuern und Beiträge zur Sozialversicherung sowie zur Arbeitsförderung oder entsprechende Aufwendungen zur sozialen Sicherung in angemessenem Umfang (Netto-Arbeitsentgelt). [2]Bei der Ermittlung des Arbeitsentgelts sind die Regelungen des § 4 Absatz 1, 1a und 4 des Entgeltfortzahlungsgesetzes[1)] entsprechend anzuwenden. [3]Für die Berechnung des Verdienstausfalls ist die Netto-Entgeltdifferenz in entsprechender Anwendung des § 106 des Dritten Buches Sozialgesetzbuch[2)] zu bilden. [4]Der Betrag erhöht sich um das Kurzarbeitergeld und um das Zuschuss-Wintergeld, auf das der Arbeitnehmer Anspruch hätte, wenn er nicht aus den in Absatz 1 genannten Gründen an der Arbeitsleistung verhindert wäre. [5]Satz 1 gilt für die Berechnung des Verdienstausfalls bei den in Heimarbeit Beschäftigten und bei Selbständigen entsprechend mit der Maßgabe, dass bei den in Heimarbeit Beschäftigten das im Durchschnitt des letzten Jahres vor Einstellung der verbotenen Tätigkeit oder vor der Absonderung verdiente monatliche Arbeitsentgelt und bei Selbständigen ein Zwölftel des Arbeitseinkommens (§ 15 des Vierten Buches Sozialgesetzbuch[3)]) aus der entschädigungspflichtigen Tätigkeit zugrunde zu legen ist.

(4) [1]Bei einer Existenzgefährdung können den Entschädigungsberechtigten die während der Verdienstausfallzeiten entstehenden Mehraufwendungen auf Antrag in angemessenem Umfang von der zuständigen Behörde erstattet werden. [2]Selbständige, deren Betrieb oder Praxis während der Dauer einer Maßnahme nach Absatz 1 ruht, erhalten neben der Entschädigung nach den Absätzen 2 und 3 auf Antrag von der zuständigen Behörde Ersatz der in dieser Zeit weiterlaufenden nicht gedeckten Betriebsausgaben in angemessenem Umfang.

(5) [1]Bei Arbeitnehmern hat der Arbeitgeber für die Dauer des Arbeitsverhältnisses, längstens für sechs Wochen, die Entschädigung für die zuständige

---

1) Nr. **5/10**.
2) Nr. **3**.
3) Nr. **4**.

Behörde auszuzahlen. [2] Abweichend von Satz 1 hat der Arbeitgeber die Entschädigung nach Absatz 1a für die in Absatz 2 Satz 5 genannte Dauer auszuzahlen. [3] Die ausgezahlten Beträge werden dem Arbeitgeber auf Antrag von der zuständigen Behörde erstattet. [4] Im Übrigen wird die Entschädigung von der zuständigen Behörde auf Antrag gewährt.

(6) [1] Bei Arbeitnehmern richtet sich die Fälligkeit der Entschädigungsleistungen nach der Fälligkeit des aus der bisherigen Tätigkeit erzielten Arbeitsentgelts. [2] Bei sonstigen Entschädigungsberechtigten ist die Entschädigung jeweils zum Ersten eines Monats für den abgelaufenen Monat zu gewähren.

(7) [1] Wird der Entschädigungsberechtigte arbeitsunfähig, so bleibt der Entschädigungsanspruch in Höhe des Betrages, der bei Eintritt der Arbeitsunfähigkeit an den Berechtigten auszuzahlen war, bestehen. [2] Ansprüche, die Entschädigungsberechtigten wegen des durch die Arbeitsunfähigkeit bedingten Verdienstausfalls auf Grund anderer gesetzlicher Vorschriften oder eines privaten Versicherungsverhältnisses zustehen, gehen insoweit auf das entschädigungspflichtige Land über.

(8) [1] Auf die Entschädigung sind anzurechnen

1. Zuschüsse des Arbeitgebers, soweit sie zusammen mit der Entschädigung den tatsächlichen Verdienstausfall übersteigen,
2. das Netto-Arbeitsentgelt und das Arbeitseinkommen nach Absatz 3 aus einer Tätigkeit, die als Ersatz der verbotenen Tätigkeit ausgeübt wird, soweit es zusammen mit der Entschädigung den tatsächlichen Verdienstausfall übersteigt,
3. der Wert desjenigen, das der Entschädigungsberechtigte durch Ausübung einer anderen als der verbotenen Tätigkeit zu erwerben böswillig unterlässt, soweit es zusammen mit der Entschädigung den tatsächlichen Verdienstausfall übersteigt,
4. das Arbeitslosengeld in der Höhe, in der diese Leistung dem Entschädigungsberechtigten ohne Anwendung der Vorschriften über das Ruhen des Anspruchs auf Arbeitslosengeld bei Sperrzeit nach dem Dritten Buch Sozialgesetzbuch sowie des § 66 des Ersten Buches Sozialgesetzbuch[1)] in der jeweils geltenden Fassung hätten gewährt werden müssen.

[2] Liegen die Voraussetzungen für eine Anrechnung sowohl nach Nummer 3 als auch nach Nummer 4 vor, so ist der höhere Betrag anzurechnen.

(9) [1] Der Anspruch auf Entschädigung geht insoweit, als dem Entschädigungsberechtigten Arbeitslosengeld oder Kurzarbeitergeld für die gleiche Zeit zu gewähren ist, auf die Bundesagentur für Arbeit über. [2] Das Eintreten eines Tatbestandes nach Absatz 1 oder Absatz 1a unterbricht nicht den Bezug von Arbeitslosengeld oder Kurzarbeitergeld, wenn die weiteren Voraussetzungen nach dem Dritten Buch Sozialgesetzbuch erfüllt sind.

(10) Ein auf anderen gesetzlichen Vorschriften beruhender Anspruch auf Ersatz des Verdienstausfalls, der dem Entschädigungsberechtigten durch das Verbot der Ausübung seiner Erwerbstätigkeit oder durch die Absonderung erwachsen ist, geht insoweit auf das zur Gewährung der Entschädigung verpflichtete Land über, als dieses dem Entschädigungsberechtigten nach diesem Gesetz Leistungen zu gewähren hat.

[1)] Nr. **1**.

(11) [1]Die Anträge nach Absatz 5 sind innerhalb einer Frist von zwei Jahren nach Einstellung der verbotenen Tätigkeit, dem Ende der Absonderung oder nach dem Ende der vorübergehenden Schließung, der Untersagung des Betretens, der Schul- oder Betriebsferien, der Aufhebung der Präsenzpflicht, der Einschränkung des Kinderbetreuungsangebotes oder der Aufhebung der Empfehlung nach Absatz 1a Satz 1 Nummer 1 bei der zuständigen Behörde zu stellen. [2]Die Landesregierungen werden ermächtigt, durch Rechtsverordnung zu bestimmen, dass der Antrag nach Absatz 5 Satz 3 und 4 nach amtlich vorgeschriebenem Verfahren durch Datenfernübertragung zu übermitteln ist und das nähere Verfahren zu bestimmen.. [3]Die zuständige Behörde kann zur Vermeidung unbilliger Härten auf eine Übermittlung durch Datenfernübertragung verzichten. [4]Dem Antrag ist von Arbeitnehmern eine Bescheinigung des Arbeitgebers und von den in Heimarbeit Beschäftigten eine Bescheinigung des Auftraggebers über die Höhe des in dem nach Absatz 3 für sie maßgeblichen Zeitraum verdienten Arbeitsentgelts und der gesetzlichen Abzüge, von Selbständigen eine Bescheinigung des Finanzamtes über die Höhe des letzten beim Finanzamt nachgewiesenen Arbeitseinkommens beizufügen. [5]Ist ein solches Arbeitseinkommen noch nicht nachgewiesen oder ist ein Unterschiedsbetrag nach Absatz 3 zu errechnen, so kann die zuständige Behörde die Vorlage anderer oder weiterer Nachweise verlangen.

(12) Die zuständige Behörde hat auf Antrag dem Arbeitgeber einen Vorschuss in der voraussichtlichen Höhe des Erstattungsbetrages, den in Heimarbeit Beschäftigten und Selbständigen in der voraussichtlichen Höhe der Entschädigung zu gewähren.

§ 57[1)] Verhältnis zur Sozialversicherung und zur Arbeitsförderung.

(1) [1]Für Personen, denen eine Entschädigung nach § 56 Abs. 1 zu gewähren ist, besteht eine Versicherungspflicht in der gesetzlichen Rentenversicherung fort. [2]Bemessungsgrundlage für Beiträge sind

1. bei einer Entschädigung nach § 56 Abs. 2 Satz 2 das Arbeitsentgelt, das der Verdienstausfallentschädigung nach § 56 Abs. 3 vor Abzug von Steuern und Beitragsanteilen zur Sozialversicherung oder entsprechender Aufwendungen zur sozialen Sicherung zugrunde liegt,
2. bei einer Entschädigung nach § 56 Abs. 2 Satz 3 80 vom Hundert des dieser Entschädigung zugrunde liegenden Arbeitsentgelts oder Arbeitseinkommens.

[3]Das entschädigungspflichtige Land trägt die Beiträge zur gesetzlichen Rentenversicherung allein. [4]Zahlt der Arbeitgeber für die zuständige Behörde die Entschädigung aus, gelten die Sätze 2 und 3 entsprechend; die zuständige Behörde hat ihm auf Antrag die entrichteten Beiträge zu erstatten. [5]Die Erstattung umfasst auch Beiträge, die nach § 172 des Sechsten Buches Sozialgesetzbuch[2)] vom Arbeitgeber entrichtet wurden.

(2) [1]Für Personen, denen nach § 56 Absatz 1 Satz 2 eine Entschädigung zu gewähren ist, besteht eine Versicherungspflicht in der gesetzlichen Krankenversicherung, in der sozialen Pflegeversicherung und nach dem Dritten Buch Sozialgesetzbuch sowie eine Pflicht zur Leistung der aufgrund der Teilnahme

---

[1)] § 57 Abs. 6 angef. mWv 30.3.2020 durch G v. 27.3.2020 (BGBl. I S. 587); Abs. 2 Satz 1 neu gef. mWv 19.11.2020 durch G v. 18.11.2020 (BGBl. I S. 2397); Abs. 1 Satz 5 angef., Abs. 2 Satz 2 geänd. mWv 24.11.2021 durch G v. 22.11.2021 (BGBl. I S. 4906).

[2)] Nr. **6**.

an den Ausgleichsverfahren nach § 1 oder § 12 des Aufwendungsausgleichsgesetzes[1] und nach § 358 des Dritten Buches Sozialgesetzbuch[2] zu entrichtenden Umlagen fort. [2] Absatz 1 Satz 2 bis 4 gilt entsprechend; die Erstattung umfasst auch Beiträge, die nach § 249b des Fünften Buches Sozialgesetzbuch[3] vom Arbeitgeber entrichtet wurden.

(3) [1] In der gesetzlichen Unfallversicherung wird, wenn es für den Berechtigten günstiger ist, der Berechnung des Jahresarbeitsverdienstes für Zeiten, in denen dem Verletzten im Jahr vor dem Arbeitsunfall eine Entschädigung nach § 56 Abs. 1 zu gewähren war, das Arbeitsentgelt oder Arbeitseinkommen zugrunde gelegt, das seinem durchschnittlichen Arbeitsentgelt oder Arbeitseinkommen in den mit Arbeitsentgelt oder Arbeitseinkommen belegten Zeiten dieses Zeitraums entspricht. [2] § 82 Abs. 3 des Siebten Buches Sozialgesetzbuch[4] gilt entsprechend. [3] Die durch die Anwendung des Satzes 1 entstehenden Mehraufwendungen werden den Versicherungsträgern von der zuständigen Behörde erstattet.

(4) In der Krankenversicherung werden die Leistungen nach dem Arbeitsentgelt berechnet, das vor Beginn des Anspruchs auf Entschädigung gezahlt worden ist.

(5) Zeiten, in denen nach Absatz 1 eine Versicherungspflicht nach dem Dritten Buch Sozialgesetzbuch fortbesteht, bleiben bei der Feststellung des Bemessungszeitraums für einen Anspruch auf Arbeitslosengeld nach dem Dritten Buch Sozialgesetzbuch außer Betracht.

(6) Wird eine Entschädigung nach § 56 Absatz 1a gewährt, gelten die Absätze 1, 2 und 5 entsprechend mit der Maßgabe, dass sich die Bemessungsgrundlage für die Beiträge nach Absatz 1 Satz 2 Nummer 2 bestimmt.

§ 58[5] Aufwendungserstattung. [1] Entschädigungsberechtigte im Sinne des § 56 Absatz 1 und 1a, die der Pflichtversicherung in der gesetzlichen Kranken-, Renten- sowie der sozialen Pflegeversicherung nicht unterliegen, haben gegenüber dem nach § 66 Absatz 1 Satz 1 zur Zahlung verpflichteten Land einen Anspruch auf Erstattung ihrer Aufwendungen für soziale Sicherung in angemessenem Umfang. [2] In den Fällen, in denen sie Netto-Arbeitsentgelt und Arbeitseinkommen aus einer Tätigkeit beziehen, die als Ersatz der verbotenen Tätigkeit ausgeübt wird, mindert sich der Anspruch nach Satz 1 in dem Verhältnis dieses Einkommens zur ungekürzten Entschädigung.

§ 59 Sondervorschrift für Ausscheider. Ausscheider, die Anspruch auf eine Entschädigung nach § 56 haben, gelten als körperlich Behinderte im Sinne des Dritten Buches Sozialgesetzbuch[2].

§ 60[6] Versorgung bei Impfschaden und bei Gesundheitsschäden durch andere Maßnahmen der spezifischen Prophylaxe. (1) [1] Wer durch

---

[1] Nr. 5/11.
[2] Nr. 3.
[3] Nr. 5.
[4] Nr. 7.
[5] § 58 Satz 1 geänd. mWv 30.3.2020 durch G v. 27.3.2020 (BGBl. I S. 587); Satz 1 geänd. mWv 19.11.2020 durch G v. 18.11.2020 (BGBl. I S. 2397).
[6] § 60 Abs. 4 Sätze 2 und 3 angef., bish. Wortlaut wird Satz 1 mWv 23.6.2006 durch G v. 19.6.2006 (BGBl. I S. 1305); Abs. 1 Satz 1 Nr. 1a eingef. mWv 27.12.2020 durch G v. 28.5.2021 (BGBl. I S. 1174).

eine Schutzimpfung oder durch eine andere Maßnahme der spezifischen Prophylaxe, die

1. von einer zuständigen Landesbehörde öffentlich empfohlen und in ihrem Bereich vorgenommen wurde,

1a. gegen das Coronavirus SARS-CoV-2 aufgrund einer Rechtsverordnung nach § 20i Absatz 3 Satz 2 Nummer 1 Buchstabe a, auch in Verbindung mit Nummer 2, des Fünften Buches[1] Sozialgesetzbuch vorgenommen wurde,

2. auf Grund dieses Gesetzes angeordnet wurde,

3. gesetzlich vorgeschrieben war oder

4. auf Grund der Verordnungen zur Ausführung der Internationalen Gesundheitsvorschriften durchgeführt worden ist,

eine gesundheitliche Schädigung erlitten hat, erhält nach der Schutzimpfung wegen des Impfschadens im Sinne des § 2 Nr. 11 oder in dessen entsprechender Anwendung bei einer anderen Maßnahme wegen der gesundheitlichen und wirtschaftlichen Folgen der Schädigung auf Antrag Versorgung in entsprechender Anwendung der Vorschriften des Bundesversorgungsgesetzes[2], soweit dieses Gesetz nichts Abweichendes bestimmt. [2] Satz 1 Nr. 4 gilt nur für Personen, die zum Zwecke der Wiedereinreise in den Geltungsbereich dieses Gesetzes geimpft wurden und die ihren Wohnsitz oder gewöhnlichen Aufenthalt in diesem Gebiet haben oder nur vorübergehend aus beruflichen Gründen oder zum Zwecke der Ausbildung aufgegeben haben, sowie deren Angehörige, die mit ihnen in häusli-

(Fortsetzung nächstes Blatt)

[1] Nr. **5**.
[2] Nr. **20/10**.

30/10. Gesetz über die Alterssicherung der Landwirte (ALG)[1) 2)]

Vom 29. Juli 1994
(BGBl. I S. 1890)

FNA 8251-10

geänd. durch Art. 1 G zur Änd. des G zur Reform der agrarsozialen Sicherung v. 15.12.1995 (BGBl. I S. 1814), Art. 26 Unfallversicherungs-EinordnungsG v. 7.8.1996 (BGBl. I S. 1254), Art. 8 Wachstums- und BeschäftigungsförderungsG v. 25.9.1996 (BGBl. I S. 1461), Art. 66 Arbeitsförderungs-ReformG v. 24.3.1997 (BGBl. I S. 594), Art. 1 ÄndG v. 4.4.1997 (BGBl. I S. 750), Art. 14 RentenreformG 1999 v. 16.12.1997 (BGBl. I S. 2998, geänd. durch G v. 19.12.1998 (BGBl. I S. 3843) und G v. 20.12.2000 (BGBl. I S. 1827)), Art. 1 § 5 und Art. 5 § 3 G zu Korrekturen in der Sozialversicherung und zur Sicherung der Arbeitnehmerrechte v. 19.12.1998 (BGBl. I S. 3843), Art. 6 G zur Neuregelung der geringfügigen Beschäftigungsverhältnisse v. 24.3.1999 (BGBl. I S. 388), Art. 15 und Art. 25 § 2 HaushaltssanierungsG v. 22.12.1999 (BGBl. I S. 2534), Art. 8 G zur Änd. des WohngeldG und anderer G v. 22.12.1999 (BGBl. I S. 2671), Art. 10 G zur Reform der Renten wegen verminderter Erwerbsfähigkeit v. 20.12.2000 (BGBl. I S. 1827), Art. 48 Viertes Euro-EinführungsG v. 21.12.2000 (BGBl. I S. 1983, geänd. durch G v. 17.7.2001 (BGBl. I S. 1600)), Art. 6 AltersvermögensergänzungsG v. 21.3.2001 (BGBl. I S. 403, geänd. durch G v. 26.6.2001 BGBl. I S. 1310 und G v. 17.7.2011 (BGBl. I S. 1598), Art. 44 Sozialgesetzbuch – Neuntes Buch – (SGB IX) Rehabilitation und Teilhabe behinderter Menschen v. 19.6.2001 (BGBl. I S. 1046), Art. 14 AltersvermögensG v. 26.6.2001 (BGBl. I S. 1310), Art. 2 G zur Organisationsreform in der landwirtschaftlichen Sozialversicherung v. 17.7.2001 (BGBl. I S. 1600), Art. 9 Sechstes G zur Änd. des Sozialgerichtsgesetzes v. 17.8.2001 (BGBl. I S. 2144), Art. 3 SchwankungsreservebestimmungsG v. 20.12. 2001 (BGBl. I S. 4010), Art. 4 Zweites G zur Änd. des Mutterschutzrechts v. 16.6.2002 (BGBl. I S. 1812), Art. 19 Hüttenknappschaftliches Zusatzversicherungs-NeuregelungsG v. 21.6.2002 (BGBl. I S. 2167), Art. 6a Zweites G für moderne Dienstleistungen am Arbeitsmarkt v. 23.12.2002 (BGBl. I S. 4621), Art. 8 G zur Änd. des Sozialgesetzbuches und anderer G v. 24.7.2003 (BGBl. I S. 1526), Art. 188 Achte ZuständigkeitsanpassungsVO v. 25.11.2003 (BGBl. I S. 2304), Art. 96 Drittes G für moderne Dienstleistungen am Arbeitsmarkt v. 23.12.2003 (BGBl. I S. 2848), Art. 7 Zweites G zur Änd. des Sechsten Buches Sozialgesetzbuch und and. G v. 27.12.2003 (BGBl. I S. 3013), Art. 6 Drittes G zur Änd des Sechsten Buches Sozialgesetzbuch und anderer G v. 27.12.2003 (BGBl. I S. 3019), Art. 56 G zur Einordnung des Sozialhilferechts in das SGB v. 27.12.2003 (BGBl. I S. 3022, geänd. durch G v. 21.7.2004, BGBl. I S. 1791)), Art. 5 RV-NachhaltigkeitsG v. 21.7.2004 (BGBl. I S. 1791), Art. 46 G zur Organisationsreform in der gesetzl. RV v. 9.12.2004 (BGBl. I S. 3242), Art. 5 Abs. 30 G zur Überarbeitung des Lebenspartnerschaftsrechts v. 15.12.2004 (BGBl. I S. 3396), Art. 3 G zur Anpassung der Finanzierung von Zahnersatz v. 15.12.2004 (BGBl. I S. 3445), Art. 13 VerwaltungsvereinfachungsG v. 21.3.2005 (BGBl. I S. 818), Art. 2d G zur Änd. des GemeindefinanzreformG und anderer G v. 6.9.2005 (BGBl. I S. 2725), Art. 237 Neunte ZuständigkeitsanpassungsVO v. 31.10.2006 (BGBl. I S. 2407), Art. 11 G zur Änd. des BetriebsrentenG und anderer G v. 2.12.2006 (BGBl. I S. 2742), Art. 17 GKV-WettbewerbsstärkungsG v. 26.3.2007 (BGBl. I S. 378), Art. 17 RV-AltersgrenzenanpassungsG v. 20.4.2007 (BGBl. I S. 554), Art. 20 Abs. 2 G zur Änd. des BundesversorgungsG und anderer Vorschriften des Sozialen Entschädigungsrechts v. 13.12.2007 (BGBl. I S. 2904), Art. 3 G zur Modernisierung des Rechts der landwirtschaftl. Sozialversicherung v. 18.12. 2007 (BGBl. I S. 2984, geänd. durch G v. 30.10.2008, BGBl. I S. 2130), Art. 9 G zur Änd. des SGB IV und anderer G v. 19.12.2007 (BGBl. I S. 3024), Art. 6 Siebtes G zur Änd. des SGB III und anderer G v. 8.4.2008 (BGBl. I S. 681), Art. 10 UnfallversicherungsmodernisierungsG v. 30.10.2008

[1)] Verkündet als Art. 1 AgrarsozialreformG 1995 v. 29.7.1994 (BGBl. I S. 1890); Inkrafttreten gem. Art. 48 Abs. 1 dieses G am 1.1.1995 mit Ausnahme der §§ 6, 10 Abs. 4, §§ 22, 26, 35, 36 Abs. 4, § 37 Abs. 5, § 39 Abs. 3 und Verbindung mit § 37 Abs. 5, §§ 46, 65, 69, 105 und 120, die gem. Art. 48 Abs. 2 am 6.8.1994 in Kraft getreten sind.

[2)] Die Änderungen durch G v. 17.7.2017 (BGBl. I S. 2575) treten teilweise erst **mWv 1.7.2024**, **mWv 1.8.2024** bzw. **mWv 1.1.2025**, die Änderungen durch G v. 12.12.2019 (BGBl. I S. 2652) treten erst **mWv 1.1.2024**, die Änderungen durch G v. 11.2.2021 (BGBl. I S. 154) treten teilweise erst **mWv 1.1.2024** und die Änderungen durch G v. 20.8.2021 (BGBl. I S. 3932) treten erst **mWv 1.1.2025** in Kraft und sind im Text noch nicht berücksichtigt.

(BGBl. I S. 2130), Art. 4b G zur Verbesserung der Rahmenbedingungen für die Absicherung flexibler Arbeitszeitregelungen und zur Änd. anderer G v. 21.12.2008 (BGBl. I S. 2940), Art. 9 G zur Strukturreform des Versorgungsausgleichs v. 3.4.2009 (BGBl. I S. 700), Art. 9c G zur Änd. des SGB IV, zur Errichtung einer Versorgungsausgleichskasse und anderer G v. 15.7.2009 (BGBl. I S. 1939), Art. 7 Drittes G zur Änd. des SGB IV und anderer G v. 5.8.2010 (BGBl. I S. 1127), Art. 12 Haushaltsbegleitgesetz 2011 v. 9.12.2010 (BGBl. I S. 1885), Art. 6 Abs. 9 G zur Änd. des Bundesversorgungs G und and. Vorschriften v. 20.6.2011 (BGBl. I S. 1114), Art. 8 G zur Koordinierung der Systeme der sozialen Sicherheit in Europa und zur Änd. anderer G v. 22.6.2011 (BGBl. I S. 1202), Art. 11 Viertes G zur Änd. des Vierten Buches Sozialgesetzbuch und anderer G v. 22.12.2011 (BGBl. I S. 3057, geänd. durch G v. 12.4.2012, BGBl. I S. 579), Art. 4 LSV-NeuordnungsG v. 12.4. 2012 (BGBl. I S. 579), Art. 7 G zu Änd. im Bereich der geringfügigen Beschäftigung v. 5.12.2012 (BGBl. I S. 2474), Art. 4 G zur Verbesserung der Rechte von international Schutzberechtigten und ausländischen Arbeitnehmern v. 29.8.2013 (BGBl. I S. 3484, ber. S. 3899), Art. 16 Abs. 17 BUK-NeuorganisationsG v. 19.10.2013 (BGBl. I S. 3836), Art. 2 RV-LeistungsverbesserungsG v. 23.6.2014 (BGBl. I S. 787), Art. 8 GKV-Finanzstruktur- und Qualitäts-WeiterentwicklungsG v. 21.7.2014 (BGBl. I S. 1133), Art. 7 Fünftes G zur Änd. des Vierten Buches Sozialgesetzbuch und anderer G v. 15.4.2015 (BGBl. I S. 583), Art. 438 Zehnte ZuständigkeitsanpassungsVO v. 31.8.2015 (BGBl. I S. 1474), Art. 3 G zur Änd. des Zwölften Buches Sozialgesetzbuch und weiterer Vorschriften v. 21.12. 2015 (BGBl. I S. 2557), Art. 8 6. SGB IV-ÄndG v. 11.11.2016 (BGBl. I S. 2500), Art. 2 FlexirentenG v. 8.12.2016 (BGBl. I S. 2838), Art. 19 Abs. 1 BundesteilhabeG v. 23.12.2016 (BGBl. I S. 3234), Art. 152 G zum Abbau verzichtbarer Anordnungen der Schriftform im Verwaltungsrecht des Bundes v. 29.3.2017 (BGBl. I S. 626), Art. 6 Abs. 5 G zur Neuregelung des Mutterschutzrechts v. 23.5.2017 (BGBl. I S. 1228), Art. 2 EM-LeistungsverbesserungsG v. 17.7.2017 (BGBl. I S. 2509), Art. 7 Rentenüberleitungs-AbschlussG v. 17.7.2017 (BGBl. I S. 2575), Urt. des BVerfG – 1 BvR 97/14, 1 BvR 2392/14 – v. 23.5.2018 (BGBl. I S. 1350), Art. 3 RV-Leistungsverbesserungs- und -StabilisierungsG v. 28.11.2018 (BGBl. I S. 2016), Art. 8 GKV-VersichertenentlastungsG v. 11.12.2018 (BGBl. I S. 2387), Art. 4a QualifizierungschancenG v. 18.12.2018 (BGBl. I S. 2651), Art. 116 Zweites Datenschutz-Anpassungs- und UmsetzungsG EU v. 20.11.2019 (BGBl. I S. 1626), Art. 54 G zur Regelung des Sozialen Entschädigungsrechts v. 12.12.2019 (BGBl. I S. 2652), Art. 9 und 11 Abs. 2 Satz 2 Sozialschutz-Paket v. 27.3.2020 (BGBl. I S. 575), Art. 19 Sozialschutz-Paket II v. 20.5.2020 (BGBl. I S. 1055), Art. 13 Siebtes G zur Änd. des Vierten Buches SGB und anderer G v. 12.6.2020 (BGBl. I S. 1248), Art. 9d ArbeitsschutzkontrollG v. 22.12.2020 (BGBl. I S. 3334), Art. 10 G Digitale Rentenübersicht v. 11.2.2021 (BGBl. I S. 154), Art. 85 G über die Entschädigung der Soldatinnen und Soldaten und zur Neuordnung des Soldatenversorgungsrechts v. 20.8.2021 (BGBl. I S. 3932) und Art. 20c G zur Änd. des InfektionsschutzG und weiterer Gesetze anlässlich der Aufhebung der Feststellung der epidemischen Lage von nationaler Tragweite v. 22.11.2021 (BGBl. I S. 4906)

Inhaltsübersicht[1) 2)]

Erstes Kapitel. Versicherter Personenkreis

[1)] Inhaltsübersicht geänd. mWv 1.1.1995 und mWv 23.12.1995 durch G v. 15.12.1995 (BGBl. I S. 1814); geänd. durch G v. 4.4.1997 (BGBl. I S. 750); geänd. mWv 1.1.2001 durch G v. 16.12.1997 (BGBl. I S. 2889); geänd. mWv 1.1.2000 durch G v. 22.12.1999 (BGBl. I S. 2671); geänd. mWv 1.1. 2001 durch G v. 20.12.2000 (BGBl. I S. 1827); geänd. mWv 30.12.2000 durch G v. 21.12.2000 (BGBl. I S. 1983); geänd. mWv 1.1.2002 durch G v. 21.3.2001 (BGBl. I S. 403); geänd. mWv 1.7. 2001 durch G v. 19.6.2001 (BGBl. I S. 1046); geänd. mWV 1.8.2001 durch G v. 17.7.2001 (BGBl. I S. 1600); geänd. mWv 1.1.2004 und mWv 1.4.2004 durch G v. 27.12.2003 (BGBl. I S. 3013); geänd. mWv 1.1.2005 durch G v. 15.12.2004 (BGBl. I S. 3396); geänd. mWv 1.5.2007 und mWv 1.1.2008 durch G v. 20.4.2007 (BGBl. I S. 554); geänd. mWv 1.1.2009 durch G v. 18.12.2007 (BGBl. I S. 2984); geänd. mWv 1.9.2009 durch G v. 3.4.2009 (BGBl. I S. 700); geänd. mWv 1.10.2009 durch G v. 15.7.2009 (BGBl. I S. 1939); geänd. mWv 1.1.2013 durch G v. 22.12.2011 (BGBl. I S. 3057); geänd. mWv 1.1.2013 durch G v. 12.4.2012 (BGBl. I S. 579); geänd. mWv 1.7.2014 durch G v. 23.6. 2014 (BGBl. I S. 787); geänd. mWv 22.4.2015 durch G v. 15.4.2015 (BGBl. I S. 583); geänd. mWv 1.1.2016 durch G v. 21.12.2015 (BGBl. I S. 2557); geänd. mWv 1.1.2018 durch G v. 17.7.2017 (BGBl. I S. 2509); geänd. mWv 1.7.2018 durch G v. 17.7.2017 (BGBl. I S. 2575); geänd. mWv 9.8. 2018 durch G v. 18.12.2018 (BGBl. I S. 2651); geänd. mWv 26.11.2019 durch G v. 20.11.2019 (BGBl. I S. 1626); geänd. mWv 1.1.2020 durch G v. 20.5.2020 (BGBl. I S. 1055); geänd. mWv 24.6. →

ten ermittelt. [2]Es wird der Teil des ermittelten Betrages gezahlt, der dem Verhältnis der Dauer seiner Ehe mit dem Versicherten zu der Dauer der Ehen des Versicherten mit allen Berechtigten entspricht, höchstens jedoch der Anteil, der dem Verhältnis der in die Zeit der Ehe fallenden Zahl der Beiträge zu der Zahl der Monate, für die der verstorbene Landwirt insgesamt Beiträge gezahlt hat, entspricht. [3]§ 327 Abs. 2 gilt mit der Maßgabe, daß der Betrag der Witwen- oder Witwerrente höchstens um den an den früheren Ehegatten zu zahlenden Betrag gekürzt wird.

§ 104a[1)] Rentenartfaktor. [1]Der Rentenartfaktor beträgt bei Witwenrenten und Witwerrenten nach Ablauf des dritten Kalendermonats nach Ablauf des Sterbemonats 0,6, wenn der Ehegatte vor dem 1. Januar 2002 verstorben ist oder die Ehe vor diesem Tag geschlossen wurde und mindestens ein Ehegatte vor dem 2. Januar 1962 geboren ist. [2]Eine Rente an frühere Ehegatten wird mit einem Rentenartfaktor 0,6 ermittelt.

§ 104b[2)] Zuschlag bei Witwenrenten und Witwerrenten. Für Witwenrenten und Witwerrenten mit einem Rentenartfaktor von mindestens 0,6 wird ein Zuschlag nach § 23 Abs. 5 Satz 3 nicht ermittelt; dies gilt auch für eine Rente an frühere Ehegatten.

§ 105 Verordnungsermächtigung. Die Bundesregierung wird ermächtigt, durch Rechtsverordnung[3)] mit Zustimmung des Bundesrates den nach § 102 Abs. 4 ermittelten allgemeinen Rentenwert (Ost) und den Termin für seine Veränderung zu bestimmen.

§ 105a[4)] Widerspruch und Klage gegen die Veränderung des Zahlbetrags der Rente zum 1. April 2004. Widerspruch und Klage gegen

1. die Veränderung des Zahlbetrags der Rente,
2. die Festsetzung des Beitragszuschusses nach § 35a oder
3. den Wegfall des Beitragszuschusses nach § 35b

zum 1. April 2004 aufgrund einer Veränderung der allgemeinen Beitragssätze der Krankenkassen, einer Veränderung des durchschnittlichen allgemeinen Beitragsatzes der Krankenkassen oder der Neuregelung der Tragung der Beiträge zur Pflegeversicherung haben keine aufschiebende Wirkung.

Fünfter Unterabschnitt. Zusammentreffen von Renten mit Einkommen

§ 106[5)] Zusammentreffen von Renten mit Einkommen. (1) [1]Beginnt in der Zeit vom 1. Januar 1995 bis zum 31. Dezember 1996 eine Rente wegen

---

1) § 104a eingef. mWv 1.1.2002 durch G v. 21.3.2001 (BGBl. I S. 403).

2) § 104b eingef. mWv 1.1.2002 durch G v. 21.3.2001 (BGBl. I S. 403).

3) Der allgemeine Rentenwert in der Alterssicherung der Landwirte beträgt ab dem 1. Juli 2021 15,79 Euro, der allgemeine Rentenwert (Ost) in der Alterssicherung der Landwirte beträgt ab dem 1. Juli 2021 15,43 Euro; vgl. § 3 Abs. 1 und 2 RentenwertbestimmungsVO 2021 (Nr. **6/70s**).

4) § 105a eingef. mWv 1.1.2004 durch G v. 27.12.2003 (BGBl. I S. 3013).

5) § 106 Abs. 1 Satz 5 angef., Abs. 2 Satz 2 Nr. 1 und 2, Satz 3, Abs. 4 geänd., Abs. 2 Satz 2 Nr. 3 neu gef. mWv 1.1.1995 durch G v. 15.12.1995 (BGBl. I S. 1814); Abs. 2 Satz 1 Nr. 2, Abs. 6 Satz 2 Nr. 1 geänd. mWv 1.1.1998 durch G v. 24. 3. 1997 (BGBl. I S. 594); Abs. 2 Satz 2 Nr. 3 geänd. mWv 1.1. 2001 durch G v. 16.12.1997 (BGBl. I S. 2998); Abs. 3 geänd. mWv 1.1.2002 durch G v. 21.12.2000 (BGBl. I S. 1983); Abs. 7 angef. mWv 1.1.2003 durch G v. 21.6.2002 (BGBl. I S. 2167); Abs. 2 Satz 1 Nrn. 1 und 2, Abs. 6 Satz 1 Nr. 5 und Satz 2 Nr. 1 geänd. mWv 1.1.2005 durch G v. 9.12.2004 (BGBl. I S. 3242); Abs. 3 aufgeh., Abs. 4 und 5 geänd. mWv 1.7.2015 durch G v. 15.4.2015 (BGBl. I S. 583); →

Todes und trifft die Rente in dieser Zeit mit Einkommen zusammen, ist die Rente nach Maßgabe der Absätze 2 und 3 zu zahlen, wenn der Berechtigte dies erklärt. [2] Die Erklärung ist bis zum Ende des fünften Kalendermonats abzugeben, der dem Monat folgt, in dem die Rente erstmals mit Einkommen zusammentrifft. [3] Die Erklärung ist für die Zeit des Bezugs der Rente bindend. [4] Wird eine Erklärung nicht fristgerecht abgegeben, sind für die Zeit des Bezugs der Rente die Vorschriften des Zweiten Kapitels über das Zusammentreffen von Renten mit Einkommen anzuwenden. [5] Absatz 2 ist ohne Erklärung anzuwenden, wenn von Rentenbeginn an die Voraussetzungen nach Absatz 2 Satz 2 Nr. 1 oder Nr. 2 Buchstabe a erfüllt sind.

(2) [1] Trifft ein Anspruch auf Rente an Witwen oder Witwer zusammen

1. mit Arbeitsentgelt oder Arbeitseinkommen, das durchschnittlich im Monat drei Zehntel der für Monatsbezüge geltenden Beitragsbemessungsgrenze in der allgemeinen Rentenversicherung überschreitet, oder
2. mit einem Anspruch auf Arbeitslosengeld oder Unterhaltsgeld nach dem Dritten Buch Sozialgesetzbuch[1)] oder Anspruch auf Krankengeld, Versorgungskrankengeld, Verletztengeld oder Übergangsgeld gegenüber einem Sozialleistungsträger und sind diese Sozialleistungen auf der Grundlage eines Betrages berechnet, der drei Zehntel der für Monatsbezüge geltenden Beitragsbemessungsgrenze in der allgemeinen Rentenversicherung überschreitet,

wird eine Rente nicht gezahlt. [2] Dies gilt nicht, wenn

1. für Zeiten nach Vollendung des 60. Lebensjahres der Witwe oder des 65. Lebensjahres des Witwers eine Witwen- oder Witwerrente bezogen wird und mit den nach § 90 Abs. 2 anrechenbaren Beiträgen des verstorbenen Ehegatten sowie den Beiträgen, die der hinterbliebene Ehegatte nach dem Tod des anderen Ehegatten gezahlt hat, für 15 Jahre Beiträge an die landwirtschaftliche Alterskasse gezahlt sind,
2. eine Witwen- oder Witwerrente bezogen wird und der verstorbene Ehegatte im Zeitpunkt des Todes nach dem am 31. Dezember 1994 geltenden Recht Anspruch auf
   a) Altersgeld oder
   b) vorzeitiges Altersgeld

   gehabt hätte und die Ehe vor Vollendung seines 65. Lebensjahres geschlossen war oder
3. die Witwe oder der Witwer nach dem bis zum 31. Dezember 2000 geltenden Recht erwerbsunfähig ist.

[3] Trifft eine Rente an Witwen oder Witwer mit einer Rente aus der gesetzlichen Rentenversicherung oder der gesetzlichen Unfallversicherung oder Versorgungsbezügen nach beamtenrechtlichen Vorschriften oder Grundsätzen zusammen, werden diese Renten oder Bezüge bis zur Höhe eines Viertels der Rente an Witwen oder Witwer angerechnet; Satz 2 Nr. 1 und Nr. 2 Buchstabe a ist anzuwenden.

(Fortsetzung der Anm. von voriger Seite)
Abs. 8 angef. mWv 9.8.2018 durch G v. 18.12.2018 (BGBl. I S. 2651); Abs. 9 angef. mWv 1.1.2020 und aufgeh. mWv 1.1.2021 durch G v. 27.3.2020 (BGBl. I S. 575); Abs. 9 angef. mWv 1.1.2021 durch G v. 22.12.2020 (BGBl. I S. 3334); Abs. 9 geänd. mWv 24.11.2021 durch G v. 22.11.2021 (BGBl. I S. 4906).

[1)] Nr. **3**.

(3) *(aufgehoben)*

(4) Trifft ein bereits im Dezember 1994 geleistetes Altersgeld an Witwen oder Witwer oder vorzeitiges Altersgeld an Witwen oder Witwer oder Hinterbliebenengeld erstmals in der Zeit vom 1. Januar 1995 bis zum 31. Dezember 1996 mit Einkommen zusammen, gelten die Absätze 1 und 2 entsprechend.

(5) Traf in der Zeit vom 1. August 1994 bis zum 31. Dezember 1994 erstmals vorzeitiges Altersgeld an Witwen oder Witwer oder Hinterbliebenengeld mit Einkommen zusammen und ist vor dem 1. Januar 1995 eine Erklärung über das bei Zusammentreffen von Renten mit Einkommen anzuwendende Recht nicht abgegeben worden, gilt Absatz 1 entsprechend mit der Maßgabe, daß der Berechtigte die Anwendung der Vorschriften des Zweiten Kapitels über das Zusammentreffen von Renten mit Einkommen erklären kann.

(6) [1] Bestand am 31. Dezember 1994 Anspruch auf eine Übergangshilfe, entfällt der Anspruch, wenn

1. die Witwe das 60. Lebensjahr oder der Witwer das 65. Lebensjahr vollendet,
2. Versicherungspflicht nicht mehr besteht,
3. ein waisenrentenberechtigtes Kind, das das 18. Lebensjahr noch nicht vollendet hat oder das wegen körperlicher, geistiger oder seelischer Behinderung außerstande ist, sich selbst zu unterhalten, nicht mehr im Haushalt des Leistungsberechtigten lebt,
4. der Wirtschaftswert des Unternehmens 30 000 Deutsche Mark überschreitet,
5. das Arbeitsentgelt, Arbeitseinkommen und vergleichbares Einkommen des Leistungsberechtigten ohne Berücksichtigung des Arbeitseinkommens aus der Land- und Forstwirtschaft durchschnittlich im Monat drei Zehntel der für Monatsbezüge geltenden Beitragsbemessungsgrenze in der allgemeinen Rentenversicherung überschreitet,
6. Renten aus der gesetzlichen Rentenversicherung, der gesetzlichen Unfallversicherung, einer berufsständischen Versicherungs- oder Versorgungseinrichtung, einer Einrichtung der betrieblichen oder überbetrieblichen Alters- oder Hinterbliebenenversorgung oder Versorgungsbezüge nach beamtenrechtlichen Vorschriften oder Grundsätzen, die der Leistungsberechtigte erhält, ein Viertel der monatlichen Bezugsgröße überschreiten; Kinderzulagen aus der gesetzlichen Unfallversicherung und Kinderzuschüsse aus der gesetzlichen Rentenversicherung bleiben unberücksichtigt, soweit sie das Kindergeld nach dem Bundeskindergeldgesetz[1)] nicht überschreiten,
7. Überbrückungsgeld nach § 38 bezogen wird.

[2] Der Anspruch ruht während der Zeit,

1. für die ein Anspruch auf Krankengeld, Versorgungskrankengeld, Verletztengeld oder Übergangsgeld von einem Sozialleistungsträger, auf Arbeitslosengeld oder Unterhaltsgeld nach dem oder auf vergleichbare Leistungen zuerkannt ist, wenn diese Sozialleistungen auf der Grundlage eines Betrages berechnet werden, der drei Zehntel der für Monatsbezüge geltenden Beitragsbemessungsgrenze in der allgemeinen Rentenversicherung überschreitet,
2. in der Betriebs- oder Haushaltshilfe gestellt wird.

[3] Für die Dauer des auf den Sterbemonat des Landwirts folgenden Jahres gelten Satz 1 Nr. 5 und 6 sowie Satz 2 Nr. 1 nicht.

[1)] Nr. **8/10**.

(7) Bestand am 31. Dezember 2002 Anspruch auf eine Rente wegen Erwerbsminderung und dem Arbeitsentgelt oder Arbeitseinkommen aus einer Beschäftigung oder selbständigen Tätigkeit vergleichbares Einkommen mit Ausnahme von Vorruhestandsgeld, gilt für diese Rente dieses vergleichbare Einkommen bis zum 31. Dezember 2007 nicht als Hinzuverdienst.

(8) Bestand am 31. Dezember 2018 Anspruch auf eine vorzeitige Altersrente, ist § 27b nicht anzuwenden.

(9) § 27b findet in der Zeit vom 1. Januar 2021 bis zum 31. Dezember 2022 keine Anwendung.

§ 106a[1)] Einkommensanrechnung auf Renten wegen Todes. [1] Ist die Witwenrente oder Witwerrente ab dem vierten Kalendermonat nach Ablauf des Sterbemonats mit einem Rentenartfaktor von mindestens 0,6 zu ermitteln, findet beim Zusammentreffen von Witwenrenten oder Witwerrenten mit Einkommen § 114 des Vierten Buches Sozialgesetzbuch[2)] Anwendung. [2] Bei der Bestimmung des anrechenbaren Einkommens für die in Satz 1 genannten Renten ist das Einkommen anrechenbar, das monatlich das 26,4fache des aktuellen Rentenwerts der gesetzlichen Rentenversicherung übersteigt; § 83 Abs. 2 findet Anwendung. [3] Die Sätze 1 und 2 gelten auch für eine Rente an frühere Ehegatten.

Sechster Unterabschnitt. Beitragszuschüsse

§ 107[3)] Beitragszuschüsse. Personen, die am 31. Dezember 1994 unabhängig von einer Tätigkeit als Landwirt oder mitarbeitender Familienangehöriger beitragspflichtig waren und weiterhin versicherungspflichtig sind, erhalten einen Zuschuß zu ihrem Beitrag mit der Maßgabe, daß für Zeiten nach Vollendung des 60. Lebensjahres ein Zuschuß zum Beitrag nur gezahlt wird, solange noch nicht die Wartezeit von 15 Jahren erfüllt ist.

§ 107a[4)] Ausfertigung von Einkommensteuerbescheiden. § 32 Absatz 4 und § 34 Absatz 5 in der bis 31. Dezember 2012 geltenden Fassung sind weiterhin anzuwenden, wenn der Einkommensteuerbescheid vor dem 1. Januar 2013 ausgefertigt worden ist.

§ 107b[5)] Neuregelung des Zuschusses zum Beitrag zum 1. April 2021.

§ 32 Absatz 1 und § 33 Absatz 1 in der bis zum 31. März 2021 geltenden Fassung sind weiterhin anzuwenden, soweit der Anspruch auf Zuschuss zum Beitrag für Zeiträume vor dem 1. April 2021 festzustellen ist.

Siebter Unterabschnitt. Rentenauskunft

§ 108 Anspruch auf Rentenauskunft. Ein Anspruch auf Rentenauskunft besteht erst ab 1. Januar 1997.

[1)] § 106a eingef. mWv 1.1.2002 durch G v. 21.3.2001 (BGBl. I S. 403); Abs. 1 Satz 1 geänd. mWv 1.1.2002 durch G v. 24.7.2003 (BGBl. I S. 1526); Abs. 2 aufgeh. mWv 1.7.2015 durch G v. 15.4.2015 (BGBl. I S. 583).

[2)] Nr. **4**.

[3)] § 107 geänd. mWv 1.1.2008 durch G v. 20.4.2007 (BGBl. I S. 554).

[4)] § 107a neu gef. mWv 1.1.2013 durch G v. 22.12.2011 (BGBl. I S. 3057).

[5)] § 107b neu gef. mWv 1.4.2021 durch G v. 11.2.2021 (BGBl. I S. 154).

30/22. Zweites Gesetz über die Krankenversicherung der Landwirte (KVLG 1989)[1) 2)]

Vom 20. Dezember 1988

(BGBl. I S. 2477)

FNA 8252-3

geänd. durch Art. 8 G zur Einführung eines Sozialversicherungsausweises und zur Änd. anderer SozialG v. 6.10.1989 (BGBl. I S. 1822), Art. 18 RentenreformG 1992 v. 18.12.1989 (BGBl. I S. 2261), Sechstes ÜberleitungsG v. 25.9.1990 (BGBl. I S. 2106), Art. 4 Zweites G zur Änd. des BundeserziehungsgeldG und anderer Vorschriften v. 6.12.1991 (BGBl. I S. 2142), Art. 8 Zweites G zur Änd. des SGB V v. 20.12.1991 (BGBl. I S. 2325), Art. 7 GesundheitsstrukturG v. 21.12.1992 (BGBl. I S. 2266), Art. 13 Pflege- und VersicherungsG v. 26.5.1994 (BGBl. I S. 1014), Art. 11 AgrarsozialreformG 1995 v. 29.7.1994 (BGBl. I S. 1890, geänd. durch G v. 22.12.1999, BGBl. I S. 2626), Art. 5 Drittes SGB V-ÄndG v. 10.5.1995 (BGBl. I S. 678), Art. 27 Unfallversicherungs-EinordnungsG v. 7.8.1996 (BGBl. I S. 1254), Art. 9 G zur sozialrechtlichen Behandlung von einmalig gezahltem Arbeitsentgelt v. 12.12.1996 (BGBl. I S. 1859), Art. 68 Arbeitsförderungs-ReformG v. 24.3.1997 (BGBl. I S. 594), Art. 2 Erstes GKV-NeuordnungsG v. 23.6.1997 (BGBl. I S. 1518), Art. 3 Zweites GKV-NeuordnungsG v. 23.6.1997 (BGBl. I S. 1520), Art. 37 Sechste ZuständigkeitsanpassungsVO v. 21.9.1997 (BGBl. I S. 2390), Art. 21 Erstes SGB III-ÄndG v. 16.12.1997 (BGBl. I S. 2970), Art. 3 GKV-FinanzstärkungsG v. 24.3.1998 (BGBl. I S. 526), Art. 20 GKV-SolidaritätsstärkungsG v. 19.12.1998 (BGBl. I S. 3853), Art. 12 G zur Neuregelung der geringfügigen Beschäftigungsverhältnisse v. 24.3.1999 (BGBl. I S. 388), Art. 16 HaushaltssanierungsG v. 22.12.1999 (BGBl. I S. 2534), Art. 7 GKV-GesundheitsreformG 2000 v. 22.12.1999 (BGBl. I S. 2626), Art. 9 G zur Änd. des WohngeldG und anderer G v. 22.12.1999 (BGBl. I S. 2671), Art. 15 G zur Änd. des Begriffs „Erziehungsurlaub" v. 30.11.2000 (BGBl. I S. 1638), Art. 5 Einmalzahlungs-NeuregelungsG v. 21.12.2000 (BGBl. I S. 1971), Art. 3 § 43 G zur Beendigung der Diskriminierung gleichgeschlechtlicher Gemeinschaften: Lebenspartnerschaften v. 16.2.2001 (BGBl. I S. 266), Art. 45 Sozialgesetzbuch IX: Rehabilitation und Teilhabe behinderter Menschen v. 19.6.2001 (BGBl. I S. 1046), Art. 3 G zur Organisationsreform in der landwirtschaftlichen Sozialversicherung v. 17.7.2001 (BGBl. I S. 1600), Art. 10 Achtes Euro-EinführungsG v. 23.10.2001 (BGBl. I S. 2702), Art. 1a Zehntes SGB V-ÄndG v. 23.3.2002 (BGBl. I S. 1169), Art. 7a BeitragssatzsicherungsG v. 23.12.2002 (BGBl. I S. 4637), Art. 2 Zwölftes SGB V-ÄndG v. 12.6.2003 (BGBl. I S. 844), Art. 10 und 11 GKV-ModernisierungsG v. 14.11.2003 (BGBl. I S. 2190, geänd. durch G v. 15.12.2004, BGBl. I S. 3445), Art. 189 Achte ZuständigkeitsanpassungsVO v. 25.11.2003 (BGBl. I S. 2304), Art. 97 Drittes G für moderne Dienstleistungen am Arbeitsmarkt v. 23.12.2003 (BGBl. I S. 2848), Art. 42a Viertes G für moderne Dienstleistungen am Arbeitsmarkt v. 24.12.2003 (BGBl. I S. 2954), Art. 9 Zweites G zur Änd. des Sechsten Buches Sozialgesetzbuch und anderer G v. 27.12.2003 (BGBl. I S. 3013), Art. 7 Drittes G zur Änd. des Sechsten Buches Sozialgesetzbuch und anderer G v. 27.12.2003 (BGBl. I S. 3019), Art. 57 G zur Einordnung des Sozialhilferechts in das SGB v. 27.12.2003 (BGBl. I S. 3022), Art. 7 RV-NachhaltigkeitsG v. 21.7.2004 (BGBl. I S. 1791), Art. 3 HaushaltsbegleitG 2005 v. 22.12.2004 (BGBl. I S. 3702), Art. 14 und 14a VerwaltungsvereinfachungsG v. 21.3.2005 (BGBl. I S. 818), Art. 2b Fünftes G zur Änd. des SGB III und anderer G v. 22.12.2005 (BGBl. I S. 3676), Art. 238 Neunte ZuständigkeitsanpassungsVO v. 31.10.2006 (BGBl. I S. 2407), Art. 2 Abs. 11 G zur Einführung des Elterngeldes v. 5.12.2006 (BGBl. I S. 2748), Art. 15 und 16 GKV-WettbewerbsstärkungsG v. 26.3.2007 (BGBl. I S. 378, geänd. durch G v. 18.12.2007, BGBl. I S. 2984), Art. 7 und 8 G zur Änd. medizinprodukterechtl. und anderer Vorschriften v. 14.6.2007 (BGBl. I S. 1066), Art. 4 G zur Modernisierung des Rechts der landwirtschaftlichen Sozialversicherung v. 18.12.2007 (BGBl. I S. 2984), Art. 3 G zur Weiterentwicklung der Organisationsstrukturen in der gesetzl. Krankenversicherung v. 15.12.2008 (BGBl. I S. 2426), Art. 15 G zur Sicherung von Beschäftigung und Stabilität in Deutschland v. 2.3.2009 (BGBl. I S. 416), Art. 14a G zur Änd. arzneimittelrechtl. und anderer Vorschriften v. 17.7.2009 (BGBl. I S. 1990), Art. 8 Drittes G zur Änd. des SGB IV und anderer G v. 5.8.2010 (BGBl. I S. 1127), Art. 11 ArzneimittelmarktneuordnungsG v. 22.12.2010 (BGBl. I S. 2262), Art. 6 GKV-FinanzierungsG v. 22.12.2010 (BGBl. I S. 2309), Art. 9 G zur

[1)] Verkündet als Art. 8 Gesundheits-Reformgesetz v. 20.12.1988 (BGBl. I S. 2477), zuletzt geänd. durch G v. 27.4.1993 (BGBl. I S. 512); Inkrafttreten gem. Art. 79 Abs. 1 dieses G am 1.1.1989 mit Ausnahme des § 55, der gem. Art. 79 Abs. 3 am 1.1.1990 in Kraft getreten ist.

[2)] Die Änderungen durch G v. 12.12.2019 (BGBl. I S. 2652) treten teilweise erst **mWv 1.1.2024**, die Änderungen durch G v. 20.8.2021 (BGBl. I S. 3932) treten erst **mWv 1.1.2025** in Kraft und sind insoweit im Text noch nicht berücksichtigt.

Koordinierung der Systeme der sozialen Sicherheit in Europa und zur Änd. anderer G v. 22.6.2011 (BGBl. I S. 1202), Art. 5 GKV-VersorgungsstrukturG v. 22.12.2011 (BGBl. I S. 2983, geänd. durch G v. 12.4.2012, BGBl. I S. 579), Art. 13 Viertes G zur Änd. des Vierten Buches Sozialgesetzbuch und anderer G v. 22.12. 2011 (BGBl. I S. 3057), Art. 5 LSV-NeuordnungsG v. 12.4.2012 (BGBl. I S. 579), Art. 1b G zur Änd. des TransplantationsG v. 21.7.2012 (BGBl. I S. 1601), Art. 9 Pflege-Neuausrichtungs-Gesetz v. 23.10.2012 (BGBl. I S. 2246), Art. 8 G zu Änd. im Bereich der geringfügigen Beschäftigung v. 5.12.2012 (BGBl. I S. 2474), Art. 5 G zur Regelung des Assistenzpflegebedarfs in stationären Vorsorge- oder Rehabilitationseinrichtungen v. 20.12.2012 (BGBl. I S. 2789), Art. 5 G über die weitere Bereinigung von Übergangsrecht aus dem Einigungsvertrag v. 21.1.2013 (BGBl. I S. 91), Art. 2 Abs. 6 BetreuungsgeldG v. 15.2.2013 (BGBl. I S. 254), Art. 2a Krebsfrüherkennungs- und -registerG v. 3.4.2013 (BGBl. I S. 617), Art. 2b G zur Beseitigung sozialer Überforderung bei Beitragsschulden in der Krankenversicherung v. 15.7.2013 (BGBl. I S. 2423), Art. 7 und 7a GKV-Finanzstruktur- und Qualitäts-WeiterentwicklungsG v. 21.7.2014 (BGBl. I S. 1133, geänd. durch G v. 23.12.2014, BGBl. I S. 2462 und geänd. durch G v. 16.7.2015, BGBl. I S. 1211), Art. 2 HaushaltsbegleitG 2014 v. 11.8.2014 (BGBl. I S. 1346), Art. 11 G zur besseren Vereinbarkeit von Familie, Pflege und Beruf v. 23.12.2014 (BGBl. I S. 2462), Art. 8 GKV-VersorgungsstärkungsG v. 16.7. 2015 (BGBl. I S. 1211), Art. 9 PräventionsG v. 17.7.2015 (BGBl. I S. 1368), Art. 440 Zehnte ZuständigkeitsanpassungsVO v. 31.8.2015 (BGBl. I S. 1474), Art. 1d G für sichere digitale Kommunikation und Anwendungen im Gesundheitswesen sowie zur Änd. weiterer G v. 21.12.2015 (BGBl. I S. 2408), Art. 4 G zur Änd. des Zwölften Buches Sozialgesetzbuch und weiterer Vorschriften v. 21.12.2015 (BGBl. I S. 2557), Art. 9 6. SGB IV-ÄndG v. 11.11.2016 (BGBl. I S. 2500), Art. 20 Abs. 4 BundesteilhabeG v. 23.12.2016 (BGBl. I S. 3234), Art. 2 Heil- und HilfsmittelversorgungsG v. 4.4.2017 (BGBl. I S. 778), Art. 6 Abs. 6 G zur Neuregelung des Mutterschutzrechts v. 23.5.2017 (BGBl. I S. 1228), Art. 7 GKV-VersichertenentlastungsG v. 11.12.2018 (BGBl. I S. 2387), Art. 13 Pflegepersonal-StärkungsG v. 11.12.2018 (BGBl. I S. 2394), Art. 4c QualifizierungschancenG v. 18.12.2018 (BGBl. I S. 2651), Art. 16 Terminservice- und VersorgungsG v. 6.5.2019 (BGBl. I S. 646), Art. 117 Zweites Datenschutz-Anpassungs- und UmsetzungsG EU v. 20.11.2019 (BGBl. I S. 1626), Art. 6 Digitale-Versorgung-G v. 9.12.2019 (BGBl. I S. 2562), Art. 23 G zur Regelung des Sozialen Entschädigungsrechts v. 12.12.2019 (BGBl. I S. 2652), Art. 3 GKV-BetriebsrentenfreibetragsG v. 21.12.2019 (BGBl. I S. 2913), Art. 2 Fairer-Kassenwettbewerb-G v. 22.3.2020 (BGBl. I S. 604), Art. 14 Siebtes G zur Änd. des Vierten Buches SGB und anderer G v. 12.6.2020 (BGBl. I S. 1248), Art. 4 Zweites G zur Änd. des Bundeselterngeld- und ElternzeitG v. 15.2.2021 (BGBl. I S. 239), Art. 12 Digitale-Versorgung-und-Pflege-Modernisierungs-G v. 3.6.2021 (BGBl. I S. 1309), Art. 3 GesundheitsversorgungsweiterentwicklungsG v. 11.7.2021 (BGBl. I S. 2754), Art. 86 G über die Entschädigung der Soldatinnen und Soldaten und zur Neuordnung des Soldatenversorgungsrechts v. 20.8.2021 (BGBl. I S. 3932) und Art. 7d G zum Erlass eines Tierarzneimittelgesetzes und zur Anpassung arzneimittelrechtlicher und anderer Vorschriften v. 27.9.2021 (BGBl. I S. 4530)

Nichtamtliche Inhaltsübersicht

§ 38[1)] Festsetzung der Beiträge. (1) [1] Die Beiträge für die in § 2 Abs. 1 Nr. 1, 2 und 3 genannten Versicherungspflichtigen und die in § 6 genannten Versicherungsberechtigten sind so festzusetzen, daß sie und die sonstigen Einnahmen für den Zeitraum des Haushaltsjahres die im Haushaltsplan vorgesehenen Ausgaben für diesen Personenkreis und für ihre nach § 7 versicherten Familienangehörigen, den Solidarzuschlag nach Absatz 4 sowie die vorgeschriebene Auffüllung der Rücklage decken. [2] Für die Festsetzung sind der Betrag der vorgesehenen Einnahmen um einen zu Beginn des Haushaltsjahres vorhandenen Betriebsmittelüberschuß und der Betrag der vorgesehenen Ausgaben um eine erforderliche Auffüllung des Betriebsmittelbestands zu erhöhen.

(2) [1] Ergibt sich während des Haushaltsjahres, dass die Betriebsmittel der Krankenkasse einschließlich der Zuführung aus der Rücklage zur Deckung der Ausgaben nicht ausreichen, sind die Beiträge zu erhöhen. [2] Muss die Krankenkasse, um ihre Leistungsfähigkeit zu erhalten oder herzustellen, dringend Einnahmen vermehren, hat der Vorstand zu beschließen, dass die Beiträge bis zur satzungsmäßigen Neuregelung erhöht werden; der Beschluss bedarf der Genehmigung der Aufsichtsbehörde. [3] Kommt kein Beschluss zu Stande, ordnet die Aufsichtsbehörde die notwendige Erhöhung der Beiträge an.

(3) Übersteigen die Einnahmen der Krankenkasse die Ausgaben und ist das gesetzliche Betriebsmittel- und Rücklagesoll erreicht, sind die Beiträge durch Änderung der Satzung zu ermäßigen.

(4) [1] Die in Absatz 1 Satz 1 genannten Versicherungspflichtigen und Versicherungsberechtigten beteiligen sich an den Leistungsaufwendungen für die in § 2 Abs. 1 Nr. 4 und 5 genannten Personen (Solidarzuschlag). [2] Der Solidarzuschlag beträgt im Jahr 2019 76 Millionen Euro, im Jahr 2020 71 Millionen Euro, im Jahr 2021 65 Millionen Euro und im Jahr 2022 59 Millionen Euro. [3] Der Betrag nach Satz 2 ändert sich ab dem Jahr 2023 in dem Verhältnis, in dem sich die Beitragseinnahmen ohne den Solidarzuschlag nach Satz 1 im vorvergangenen Kalenderjahr gegenüber dem davor liegenden Kalenderjahr verändert haben. [4] Das Bundesministerium für Ernährung und Landwirtschaft macht ab dem Jahr 2022 die Veränderungsrate und den sich daraus ergebenden Betrag des Solidarzuschlages bis zum 31. August eines jeden Jahres für das darauffolgende Jahr bekannt.

§ 39[2)] Beitragsberechnung für versicherungspflichtige landwirtschaftliche Unternehmer. (1) Bei versicherungspflichtigen landwirtschaftlichen Unter-

---

[1)] § 38 Satz 3 neu gef. durch G v. 21.12.1992 (BGBl. I S. 2266); Abs. 2 bis 4 angef. durch G v. 23.6.1997 (BGBl. I S. 1518); Abs. 1 Satz 3 neu gef. durch G v. 24.3.1998 (BGBl. I S. 526); Abs. 2 bis 4 aufgeh. durch G v. 19.12.1998 (BGBl. I S. 3853); Satz 3 geänd. mWv 1.1.2004 durch G v. 14.11.2003 (BGBl. I S. 2190); bish. Wortlaut wird Abs. 1 und Satz 1 geänd., Satz 3 neu gef., Abs. 2 bis 4 angef. mWv 1.4.2007, Abs. 1 Satz 3 aufgeh. mWv 1.1.2009 durch G v. 26.3.2007 (BGBl. I S. 378); Abs. 4 Satz 5 geänd. mWv 1.1.2009 durch G v. 18.12.2007 (BGBl. I S. 2984); Abs. 2 Sätze 1 und 2 geänd., Abs. 4 Satz 5 aufgeh. mWv 1.1.2013 durch G v. 12.4.2012 (BGBl. I S. 579); Abs. 4 Satz 2 geänd. mWv 1.1.2013 durch G v. 20.12.2012 (BGBl. I S. 2789); Abs. 4 Satz 4 geänd. mWv 8.9.2015 durch VO v. 31.8.2015 (BGBl. I S. 1474); Abs. 4 Satz 2 neu gef., Sätze 3 und 4 geänd. mWv 9.8.2018 durch G v. 18.12.2018 (BGBl. I S. 2651).

[2)] § 39 Abs. 4 angef. durch G v. 29.7.1994 (BGBl. I S. 1890); Abs. 2 Satz 2 sowie Abs. 3 neu gef. durch G v. 10.5.1995 (BGBl. I S. 678); Abs. 1 Satz 2 geänd. durch G v. 12.12.1996 (BGBl. I S. 1859); Abs. 2 Satz 2 neu gef. mWv 1.1.2004, Abs. 2 Satz 2 und Abs. 3 Satz 1 geänd., Abs. 2 Satz 4, Abs. 3 Satz 4 und Abs. 4 Satz 2 angef. mWv 1.7.2005 durch G v. 14.11.2003 (BGBl. I S. 2190, geänd. durch G v. 21.7.2004, BGBl I S. 1791 und G v. 15.12.2004, BGBl. I S. 3445); Abs. 3 Satz 1 und Abs. 4 zweiter Halbsatz geänd. mWv 28.11.2003 durch VO v. 25.11.2003 (BGBl. I S. 2304); Abs. 2 Satz 2 geänd., Satz 3 angef. mWv 1.2.2004 und Abs. 3 Satz 3 angef. mWv 1.1.2004 durch G v. 27.12.2003 (BGBl. I S. 3013); Abs. 2 Sätze 2 und 3, Abs. 3 Satz 1 geänd., Abs. 3 Satz 3 neu gef. mWv 1.1.2005 durch G v. 21.7.2004 (BGBl. I S. 1791); →

nehmern werden, soweit nachfolgend nichts Abweichendes bestimmt ist, der Beitragsbemessung zugrunde gelegt

1. Einkommen aus Land- und Forstwirtschaft,
2. der Zahlbetrag der Renten nach § 228 des Fünften Buches Sozialgesetzbuch[1)],
3. der Zahlbetrag der Versorgungsbezüge nach § 229 des Fünften Buches Sozialgesetzbuch,
4. Arbeitseinkommen aus außerland- und außerforstwirtschaftlicher Tätigkeit, soweit es neben einer Rente der gesetzlichen Rentenversicherung oder Versorgungsbezügen erzielt wird.

(2) [1] Beiträge aus den in Absatz 1 Satz 1 Nr. 3 und 4 genannten Einnahmearten sind nur zu entrichten, wenn der Zahlbetrag dieser Einnahmen insgesamt ein Zwanzigstel der monatlichen Bezugsgröße nach § 18 des Vierten Buches Sozialgesetzbuch[2)] übersteigt. [2] Überschreiten die monatlichen beitragspflichtigen Einnahmen nach Absatz 1 Nummer 3 und 4 insgesamt ein Zwanzigstel der monatlichen Bezugsgröße nach § 18 des Vierten Buches Sozialgesetzbuch, ist von den monatlichen beitragspflichtigen Einnahmen nach § 229 Absatz 1 Satz 1 Nummer 5 des Fünften Buches Sozialgesetzbuch ein Freibetrag in Höhe von einem Zwanzigstel der monatlichen Bezugsgröße nach § 18 des Vierten Buches Sozialgesetzbuch abzuziehen; der abzuziehende Freibetrag ist der Höhe nach begrenzt auf die monatlichen beitragspflichtigen Einnahmen nach § 229 Absatz 1 Satz 1 Nummer 5 des Fünften Buches Sozialgesetzbuch; bis zum 31. Dezember 2020 ist § 27 Absatz 1 des Vierten Buches Sozialgesetzbuch nicht anzuwenden. [3] Für die Bemessung der Beiträge aus den in Absatz 1 Nummer 3 und 4 genannten Einnahmearten gilt der um den durchschnittlichen Zusatzbeitragssatz erhöhte allgemeine Beitragssatz der gesetzlichen Krankenversicherung. [4] Für die Bemessung der Beiträge aus Versorgungsbezügen nach § 229 Absatz 1 Satz 1 Nummer 4 des Fünften Buches Sozialgesetzbuch gilt abweichend von Satz 2 die Hälfte des allgemeinen Beitragssatzes der gesetzlichen Krankenversicherung zuzüglich der Hälfte des durchschnittlichen Zusatzbeitragssatzes nach § 242a des Fünften Buches Sozialgesetzbuch. [5] Für die Bemessung der Beiträge aus dem Arbeitseinkommen nach Absatz 1 Satz 1 Nummer 4 gilt § 240 Absatz 1 Satz 1 und Absatz 4a des Fünften Buches Sozialgesetzbuch entsprechend mit der Maßgabe, dass an die Stelle der Regelungen des Spitzenverbandes Bund der Krankenkassen die Regelungen der Satzung treten.

(3) [1] Für die Bemessung der Beiträge aus den in Absatz 1 Nummer 2 genannten Renten gilt der um den durchschnittlichen Zusatzbeitragssatz erhöhte allgemeine Beitragssatz der gesetzlichen Krankenversicherung. [2] Abweichend von Satz 1 gilt für die Bemessung der Beiträge aus ausländischen Renten nach § 228 Absatz 1

(Fortsetzung der Anm. von voriger Seite)
Abs. 3 Satz 1, Abs. 4 Satz 1 zweiter Halbs. geänd. mWv 8.11.2006 durch VO v. 31.10.2006 (BGBl. I S. 2407); Abs. 1 Satz 2 geänd., Abs. 2 Sätze 2 und 3 neu gef., Satz 4 aufgeh., Abs. 3 neu gef., Abs. 4 bish. Satz 1 zweiter Halbs. geänd., Satz 2 aufgeh. mWv 1.1.2009 durch G v. 26.3.2007 (BGBl. I S. 378); Abs. 1 Satz 1 Nr. 2 und 3 geänd., Satz 2 aufgeh., Abs. 3 geänd. mWv 1.7.2011 durch G v. 22.6.2011 (BGBl. I S. 1202); Abs. 4 geänd. mWv 1.1.2012 durch G v. 22.12.2011 (BGBl. I S. 2983); Abs. 2 Satz 2 neu gef., Satz 3 geänd., Abs. 3 neu gef. mWv 1.1.2015 durch G v. 21.7.2014 (BGBl. I S. 1133); Abs. 2 Satz 3 und Abs. 3 Satz 2 neu gef. mWv 1.1.2019 durch G v. 11.12.2018 (BGBl. I S. 2387); Abs. 2 Satz 2 eingef., bish. Satz 2 wird Satz 3 und geänd., bish. Satz 3 wird Satz 4 mWv 1.1.2020 durch G v. 21.12.2019 (BGBl. I S. 2913); Abs. 2 Satz 5 angef. mWv 1.1.2022 durch G v. 11.7.2021 (BGBl. I S. 2754).

[1)] Nr. **5**.

[2)] Nr. **4**.

Satz 2 des Fünften Buches Sozialgesetzbuch die Hälfte des allgemeinen Beitragssatzes der gesetzlichen Krankenversicherung zuzüglich der Hälfte des durchschnittlichen Zusatzbeitragssatzes nach § 242a des Fünften Buches Sozialgesetzbuch.

(4) Aus dem versicherungspflichtigen Beschäftigungsverhältnis des in § 3 Abs. 2 Nr. 1 genannten landwirtschaftlichen Unternehmers erhebt die landwirtschaftliche Krankenkasse den Beitrag, den der Arbeitgeber bei einer Versicherungspflicht nach dem Fünften Buch Sozialgesetzbuch entsprechend § 249 Absatz 1 oder 2 des Fünften Buches Sozialgesetzbuch zu tragen hätte.

§ 40[1)] Beitragsberechnung bei Einkommen aus Land- und Forstwirtschaft. (1) [1] Die Beiträge nach § 39 Absatz 1 Nr. 1 werden nach Beitragsklassen festgesetzt. [2] Die Satzung bestimmt die Beitragsklassen für die versicherungspflichtigen landwirtschaftlichen Unternehmer nach dem Wirtschaftswert, dem Arbeitsbedarf oder einem anderen angemessenen Maßstab. [3] Soweit Flächen nach Maßgabe von Vorschriften der Europäischen Gemeinschaft oder nach gesetzlichen Bestimmungen durch Brachlegen mit oder ohne Wechselwirtschaft stillgelegt werden, gilt der am Tag vor der Stillegung maßgebliche Wert des jeweiligen Maßstabs. [4] Die Satzung muß 20 Beitragsklassen vorsehen. [5] Der Beitrag einer höheren Beitragsklasse muss den Beitrag einer darunter liegenden Beitragsklasse übersteigen; ein einheitlicher Grundbeitrag oder ein für alle oder mehrere Beitragsklassen einheitlicher Beitragsteil ist nicht zulässig. [6] Der Beitrag der höchsten Beitragsklasse muß mindestens das Sechsfache des niedrigsten Beitrags für einen Versicherten nach § 2 Abs. 1 Nr. 1 betragen und darf den sich aus Absatz 2 ergebenden Vergleichsbeitrag um nicht mehr als 10 vom Hundert unterschreiten. [7] Eine Anpassung des Beitrags der höchsten Beitragsklasse unterbleibt, solange sich bei Anwendung eines neuen Vergleichsbeitrags eine Änderung um weniger als 10 Euro je Monat ergeben würde. [8] Versicherte nach § 2 Abs. 1 Nr. 1 dürfen nicht in die niedrigste Beitragsklasse eingestuft werden.

(2) [1] Der Vergleichsbeitrag ist aus dem Dreißigfachen des in § 223 Absatz 3 des Fünften Buches Sozialgesetzbuch[2)] genannten Betrages und dem um den durchschnittlichen Zusatzbeitragssatz erhöhten allgemeinen Beitragssatz der gesetzlichen Krankenversicherung zu ermitteln. [2] Maßgebend sind jeweils die Werte am 1. Juli eines Jahres; der Vergleichsbeitrag gilt für das folgende Kalenderjahr. [3] Das Bundesministerium für Ernährung und Landwirtschaft macht den Vergleichsbeitrag bis zum 31. August eines jeden Jahres für das Folgejahr bekannt.

[1)] § 40 Abs. 1 bish. Sätze 4 und 5 durch neue Sätze 4 bis 6 ersetzt, Abs. 2 neu gef. durch G v. 29.7.1994 (BGBl. I S. 1890, geänd. durch G v. 22.12.1999, BGBl. I S. 2626); Abs. 1 Satz 7 angef. durch G v. 17.7. 2001 (BGBl. I S. 1600); Abs. 1 Satz 3 und Abs. 3 geänd., Abs. 8 angef. mWv 1.1.2004 durch G v. 14.11. 2003 (BGBl. I S. 2190); Abs. 1 Satz 5 eingef., bish. Sätze 5 bis 7 werden Sätze 6 bis 8 mWv 1.4.2007, Abs. 2 neu gef. mWv 1.1.2008 durch G v. 26.3.2007 (BGBl. I S. 378); Abs. 8 Satz 2 einl. Satzteil geänd. mWv 11.8.2010 durch G v. 5.8.2010 (BGBl. I S. 1127); Abs. 1 Satz 6 geänd., Satz 7 eingef., bish. Sätze 7 und 8 werden Sätze 8 und 9, Abs. 2 bish. Wortlaut wird Satz 1 und geänd., Sätze 2 und 3 angef. mWv 1.1. 2011 durch G v. 22.12.2010 (BGBl. I S. 2309); Abs. 1 Satz 9 aufgeh. mWv 1.1.2013, Abs. 2 Satz 1 geänd. mWv 1.7.2011 durch G v. 12.4.2012 (BGBl. I S. 579); Abs. 2 Satz 1 neu gef. mWv 1.1.2015, Abs. 5a eingef. mWv 1.1.2016 durch G v. 21.7.2014 (BGBl. I S. 1133, geänd. BGBl. I 2015 S. 1211); Abs. 1. Satz 1, Abs. 7 Sätze 1 und 2 geänd. mWv 23.7.2015 durch G v. 16.7.2015 (BGBl. I S. 1211); Abs. 2 Satz 3 geänd. mWv 8.9.2015 durch VO v. 31.8.2015 (BGBl. I S. 1474); Abs. 5a Satz 1 geänd. mWv 11.4.2017 durch G v. 4.4.2017 (BGBl. I S. 778).

[2)] Nr. **5**.

(3) [1] Für die Ermittlung des Wirtschaftswerts gilt § 1 Abs. 6 Satz 1 bis 4 des Gesetzes über die Alterssicherung der Landwirte[1)]. [2] Ist der Wirtschaftswert des Gesamtunternehmens oder von Teilen des Unternehmens nicht zu ermitteln, ist von der genutzten Fläche und dem der Nutzungsart entsprechenden durchschnittlichen Hektarwert in der Gemeinde auszugehen.

(4) [1] Der Arbeitsbedarf wird nach dem Durchschnittsmaß der für das Unternehmen erforderlichen menschlichen Arbeit unter Berücksichtigung der Kulturarten bemessen und nach der Zahl der Arbeitstage oder nach der Flächengröße festgesetzt. [2] Das Nähere über die Ermittlung des Arbeitsbedarfs bestimmt die Satzung.

(5) Bei Anwendung eines anderen angemessenen Maßstabs bestimmt die Satzung das Verfahren.

(5a) [1] Abweichend von Absatz 1 wird bei versicherungspflichtigen landwirtschaftlichen Unternehmern, die Arbeitslosengeld II beziehen, für die Dauer des Bezuges von Arbeitslosengeld II als Einkommen nach § 39 Absatz 1 Nummer 1 der sich aus § 232a Absatz 1 Satz 1 Nummer 2 des Fünften Buches Sozialgesetzbuch ergebende Wert zugrunde gelegt. [2] Für die Bemessung der Beiträge gilt der um den durchschnittlichen Zusatzbeitragssatz erhöhte ermäßigte Beitragssatz der gesetzlichen Krankenversicherung.

(6) Macht der Beitragspflichtige trotz Aufforderung der landwirtschaftlichen Krankenkasse die für die Festsetzung des Wirtschaftswerts oder des Arbeitsbedarfs erforderlichen Angaben nicht, nicht vollständig oder nicht rechtzeitig, kann der Beitrag bis zur ordnungsgemäßen Meldung nach dem von der Krankenkasse der Beitragsbemessung zugrunde gelegten Maßstab geschätzt und festgesetzt werden.

(7) [1] Die Beiträge aus den in § 39 Absatz 1 Nr. 3 und 4 genannten Einnahmearten dürfen zusammen mit den nach Absatz 1 zu entrichtenden Beiträgen den Beitrag der höchsten Beitragsklasse nicht übersteigen. [2] Bei der Beitragsberechnung werden die in § 39 Absatz 1 genannten Einnahmearten in der Reihenfolge Einkommen aus Land- und Forstwirtschaft, Versorgungsbezüge und Arbeitseinkommen aus außerland- und außerforstwirtschaftlicher Tätigkeit herangezogen. [3] Der Zahlbetrag der Rente der gesetzlichen Rentenversicherung wird getrennt von den übrigen Einnahmearten bis zu der in § 223 Abs. 3 des Fünften Buches Sozialgesetzbuch genannten Beitragsbemessungsgrenze berücksichtigt. [4] § 231 des Fünften Buches Sozialgesetzbuch gilt entsprechend.

(8) [1] Die landwirtschaftliche Krankenkasse teilt den Unternehmern den von ihnen zu zahlenden Beitrag schriftlich mit. [2] Der Beitragsbescheid ist mit Wirkung für die Vergangenheit zuungunsten der Unternehmer nur dann aufzuheben, wenn

1. die Veranlagung des Unternehmens nachträglich geändert wird,
2. eine im Laufe des Kalenderjahres eingetretene Änderung des Unternehmens nachträglich bekannt wird,
3. die Feststellung der Beiträge auf unrichtigen Angaben des Unternehmers oder wegen unterlassener Angaben des Unternehmers auf einer Schätzung beruht.

§ 41 Auskunftspflicht des Beitragspflichtigen. Macht der Beitragspflichtige trotz Aufforderung der Krankenkasse die für die Festsetzung des außerland- und außerforstwirtschaftlichen Arbeitseinkommens erforderlichen Angaben nicht, nicht vollständig oder nicht rechtzeitig, kann der Beitrag bis zur ordnungsgemäßen

[1)] Nr. **30/10**.

Meldung nach dem von der Krankenkasse geschätzten außerland- und außerforstwirtschaftlichen Arbeitseinkommen festgesetzt werden.

§ 42[1)] Beitragsberechnung für versicherungspflichtige mitarbeitende Familienangehörige. (1) [1] Der Beitrag für versicherungspflichtige mitarbeitende Familienangehörige aus ihrer Beschäftigung im landwirtschaftlichen Unternehmen wird durch die Satzung festgesetzt. [2] Er beträgt mindestens 50 vom Hundert und höchstens 75 vom Hundert des Beitrags, den der landwirtschaftliche Unternehmer, in dessen Unternehmen der Familienangehörige beschäftigt ist, aus seinem Einkommen aus Land- und Forstwirtschaft selbst zu zahlen hat oder zu zahlen hätte, wenn er nach diesem Gesetz versichert wäre. [3] Für versicherungspflichtige mitarbeitende Familienangehörige, die das achtzehnte Lebensjahr noch nicht vollendet haben oder die als Auszubildende beschäftigt sind, beträgt der Beitrag die Hälfte des in Satz 1 genannten Vomhundertsatzes.

(2) Steht der versicherungspflichtige mitarbeitende Familienangehörige gleichzeitig in einem anderen Beschäftigungsverhältnis, erhebt die landwirtschaftliche Krankenkasse die auf das Beschäftigungsverhältnis entfallenden Beiträge nach dem allgemeinen Beitragssatz der gesetzlichen Krankenversicherung.

(3) Für Schwangere, deren Mitgliedschaft nach § 25 Abs. 2 erhalten bleibt, gelten die Bestimmungen der Satzung.

(4) [1] Die §§ 39 und 41 gelten entsprechend. [2] Die Beiträge aus den in § 39 Abs. 1 Satz 1 Nr. 3 und 4 genannten Einnahmearten dürfen zusammen mit dem Betrag des Unternehmerbeitrags den Beitrag der höchsten Beitragsklasse nicht übersteigen. [3] § 40 Abs. 7 Satz 2 bis 4 gilt.

(5) [1] Für versicherungspflichtige mitarbeitende Familienangehörige sind Beiträge nach Absatz 1 nicht zu entrichten, solange sie Krankengeld oder Mutterschaftsgeld erhalten oder Erziehungsgeld oder Elterngeld beziehen. [2] Durch die Beitragsfreiheit wird ein Anspruch auf Schadensersatz nicht ausgeschlossen oder gemindert.

§ 43[2)] Beitragsberechnung für besondere Personengruppen. (1) Die Beitragsberechnung bei Wehr- und Zivildienst richtet sich nach § 244 des Fünften Buches Sozialgesetzbuch[3)].

(2) Für die Beitragsberechnung bei Bezug von Vorruhestandsgeld gilt § 42 Abs. 1 Satz 2 entsprechend.

(3) Für die Beitragsberechnung versicherungspflichtiger Rückkehrer in die gesetzliche Krankenversicherung oder bisher nicht Versicherter gilt § 46 entsprechend.

§ 43a[4)] *(aufgehoben)*

[1)] § 42 Abs. 5 Satz 2 angef. durch G v. 18.12.1989 (BGBl. I S. 2261); Abs. 2 Satz 1 geänd. durch G v. 24.3.1999 (BGBl. I S. 388); Abs. 2 Satz 1 geänd., Satz 2 aufgeh. mWv 1.1.2004, Abs. 2 Satz 2 angef., bish. Wortlaut wird Satz 1 und geänd. mWv 1.7.2005 durch G v. 14.11.2003 (BGBl. I S. 2190, geänd. durch G v. 21.7.2004, BGBl I S. 1791 und G v. 15.12.2004, BGBl. I S. 3445); Abs. 2 Satz 1 erster Halbs. geänd. mWv 8.11.2006 durch VO v. 31.10.2006 (BGBl. I S. 2407); Abs. 5 Satz 1 geänd. mWv 1.1.2007 durch G v. 5.12.2006 (BGBl. I S. 2748); Abs. 2 Satz 1 geänd., Satz 2 aufgeh. mWv 1.1.2008 durch G v. 26.3.2007 (BGBl. I S. 378); Abs. 2 geänd. mWv 1.1.2011 durch G v. 22.12.2010 (BGBl. I S. 2309); Abs. 2 geänd. mWv 1.1.2015 durch G v. 21.7.2014 (BGBl. I S. 1133).

[2)] § 43 Abs. 3 angef. mWv 1.4.2007 durch G v. 26.3.2007 (BGBl. I S. 378).

[3)] Nr. **5**.

[4)] § 43a aufgeh. mWv 1.4.2007 durch G v. 26.3.2007 (BGBl. I S. 378).

§ 44[1] Beitragsberechnung für Antragsteller. (1) [1] Der Beitrag für nach § 23 versicherte Personen wird durch die Satzung festgesetzt. [2] Dies gilt auch für Personen, bei denen die Rentenzahlung eingestellt wird, bis zum Ablauf des Monats, in dem die Entscheidung über Wegfall oder Entzug der Rente unanfechtbar geworden ist. [3] § 46 gilt entsprechend.

(2) [1] Beitragsfrei sind während der Dauer der Mitgliedschaft nach § 23 Abs. 1

1. der hinterbliebene Ehegatte oder Lebenspartner eines Beziehers einer Rente nach dem Gesetz über die Alterssicherung der Landwirte[2], wenn die Ehe vor Vollendung des fünfundsechzigsten Lebensjahres des Verstorbenen geschlossen wurde,
2. der hinterbliebene Ehegatte oder Lebenspartner eines Beziehers von Landabgaberente,
3. die Waise, deren verstorbener Elternteil bis zu seinem Tod eine Rente nach dem Gesetz über die Alterssicherung der Landwirte bezogen hat, vor Vollendung des achtzehnten Lebensjahres,
4. Personen, für die ohne die Versicherungspflicht nach § 2 Abs. 1 Nr. 4 eine Versicherung nach § 7 dieses Gesetzes oder nach § 10 des Fünften Buches Sozialgesetzbuch[3] bestünde.

[2] Satz 1 gilt nicht, wenn der Antragsteller Arbeitseinkommen oder Versorgungsbezüge erhält. [3] § 39 Abs. 2 gilt.

§ 45[4] Beitragsberechnung für Altenteiler. (1) [1] Bei den nach § 2 Abs. 1 Nr. 4 oder 5 Versicherungspflichtigen werden der Beitragsbemessung in folgender Reihenfolge zugrunde gelegt

1. der Zahlbetrag der Renten nach § 228 des Fünften Buches Sozialgesetzbuch[3],
2. der Zahlbetrag der Versorgungsbezüge nach § 229 des Fünften Buches Sozialgesetzbuch,
3. das Arbeitseinkommen mit Ausnahme von Einkommen aus Land- und Forstwirtschaft.

[2] Bei Personen, die eine Waisenrente nach § 48 des Sechsten Buches Sozialgesetzbuch[5], eine in § 5 Absatz 1 Nummer 11b Buchstabe b des Fünften Buches Sozialgesetzbuch genannte entsprechende Leistung einer berufsständischen Versorgungseinrichtung, Leistungen der Hinterbliebenenversorgung nach § 229 Absatz 1 Satz 1 Nummer 1 des Fünften Buches Sozialgesetzbuch oder eine Waisenrente nach § 15 des Gesetzes über die Alterssicherung der Landwirte[2] beziehen, sind diese Leistungen bis zum Erreichen der Altersgrenzen des § 10 Absatz 2 des Fünften Buches Sozialgesetzbuch beitragsfrei.

---

[1] § 44 Überschr., Abs. 2 Nrn. 1 und 3 geänd., Sätze 2 und 3 angef. durch G v. 29.7.1994 (BGBl. I S. 1890); Abs. 1 Satz 2 neu gef., Satz 3 angef. mWv 1.1.2009 durch G v. 26.3.2007 (BGBl. I S. 378); Abs. 2 Satz 1 Nr. 1 und 2 geänd. mWv 1.1.2012 durch G v. 22.12.2011 (BGBl. I S. 3057).

[2] Nr. **30/10**.

[3] Nr. **5**.

[4] § 45 Abs. 2 Satz 2 geänd. mWv 1.1.1997 durch G v. 10.5.1995 (BGBl. I S. 678); Abs. 2 Satz 2 geänd. mWv 1.2.2004 durch G v. 27.12.2003 (BGBl. I S. 3013); Abs. 1 Nr. 1 geänd. mWv 1.7.2011 durch G v. 22.6.2011 (BGBl. I S. 1202); Abs. 1 Satz 2 angef. mWv 1.1.2017 durch G v. 21.12.2015 (BGBl. I S. 2408); Abs. 1 Satz 2 geänd. mWv 11.5.2019 durch G v. 6.5.2019 (BGBl. I S. 646); Abs. 2 Satz 2 eingef., bish. Satz 2 wird Satz 3 und geänd., bish. Satz 3 wird Satz 4 mWv 1.1.2020 durch G v. 21.12.2019 (BGBl. I S. 2913); Abs. 2 Satz 5 angef. mWv 1.1.2022 durch G v. 11.7.2021 (BGBl. I S. 2754).

[5] Nr. **6**.

(2) [1]Beiträge aus Versorgungsbezügen und Arbeitseinkommen sind nur zu entrichten, wenn der Zahlbetrag dieser Einnahmearten insgesamt ein Zwanzigstel der monatlichen Bezugsgröße nach § 18 des Vierten Buches Sozialgesetzbuch[1)] übersteigt und soweit diese Einnahmearten zusammen mit der Rente der gesetzlichen Rentenversicherung die in § 223 Abs. 3 des Fünften Buches Sozialgesetzbuch genannte Beitragsbemessungsgrenze nicht übersteigen. [2]Überschreiten die monatlichen beitragspflichtigen Einnahmen nach Absatz 1 Satz 1 Nummer 2 und 3 insgesamt ein Zwanzigstel der monatlichen Bezugsgröße nach § 18 des Vierten Buches Sozialgesetzbuch, ist von den monatlichen beitragspflichtigen Einnahmen nach § 229 Absatz 1 Satz 1 Nummer 5 des Fünften Buches Sozialgesetzbuch ein Freibetrag in Höhe von einem Zwanzigstel der monatlichen Bezugsgröße nach § 18 des Vierten Buches Sozialgesetzbuch abzuziehen; der abzuziehende Freibetrag ist der Höhe nach begrenzt auf die monatlichen beitragspflichtigen Einnahmen nach § 229 Absatz 1 Satz 1 Nummer 5 des Fünften Buches Sozialgesetzbuch; bis zum 31. Dezember 2020 ist § 27 Absatz 1 des Vierten Buches Sozialgesetzbuch nicht anzuwenden. [3]Der Beitragssatz für diese Einnahmearten bestimmt sich nach § 39 Absatz 2 Satz 3 und 4; für die Rente gilt § 39 Abs. 3. [4]Für das außerland- und außerforstwirtschaftliche Arbeitseinkommen gilt § 41. [5]Für die Bemessung der Beiträge aus dem Arbeitseinkommen nach Absatz 1 Satz 1 Nummer 3 gilt § 39 Absatz 2 Satz 5 entsprechend.

§ 46[2)] Beitragsberechnung für freiwillige Mitglieder. (1) [1]Für freiwillige Mitglieder wird die Beitragsbemessung durch die Satzung geregelt; § 240 des Fünften Buches Sozialgesetzbuch[3)] ist mit der Maßgabe anzuwenden, dass an die Stelle der Regelungen des Spitzenverbandes Bund der Krankenkassen die Regelungen der Satzung treten. [2]Für das außerland- und außerforstwirtschaftliche Arbeitseinkommen gilt § 41. [3]Für die Beitragsfreiheit bei Bezug von Krankengeld, Mutterschaftsgeld und Elterngeld gilt § 224 des Fünften Buches Sozialgesetzbuch.

(2) Die Satzung kann auch Beitragsklassen vorsehen.

§ 47[4)] Tragung der Beiträge. (1) Vorbehaltlich des § 48 tragen versicherungspflichtige und freiwillige Mitglieder sowie die in § 23 Abs. 1 genannten Antragsteller die Beiträge allein.

(2) Versicherungspflichtige nach § 2 Abs. 1 Nr. 7 tragen ihre Beiträge mit Ausnahme der aus Arbeitsentgelt und aus Renten der gesetzlichen Rentenversicherung zu tragenden Beiträge allein.

§ 48[5)] Tragung der Beiträge durch Dritte. (1) [1]Die landwirtschaftlichen Unternehmer tragen die Beiträge nach § 42 Abs. 1 für die versicherungspflichtigen

[1)] Nr. **4**.

[2)] § 46 neu gef. mWv 1.4.2007 durch G v. 26.3.2007 (BGBl. I S. 378); Abs. 1 Satz 3 geänd. mWv 1.8. 2013 durch G v. 15.2.2013 (BGBl. I S. 254); Abs. 1 Satz 1 geänd., Satz 2 eingef., bish. Sätze 2 und 3 werden Sätze 3 und 4 mWv 1.1.2018 durch G v. 4.4.2017 (BGBl. I S. 778); Abs. 1 Satz 1 geänd., Satz 2 aufgeh., bish. Sätze 3 und 4 werden Sätze 2 und 3 mWv 1.1.2021 durch G v. 12.6.2020 (BGBl. I S. 1248); Abs. 1 Satz 3 neu gef. mWv 1.9.2021 durch G v. 15.2.2021 (BGBl. I S. 239).

[3)] Nr. **5**.

[4)] § 47 bish. Wortlaut wird Abs. 1, Abs. 2 angef. mWv 1.4.2007 durch G v. 26.3.2007 (BGBl. I S. 378).

[5)] § 48 Abs. 3 eingef., bish. Abs. 3 wird Abs. 4 durch G v. 18.12.1989 (BGBl. I S. 2261); Abs. 5 angef. durch G v. 29.7.1994 (BGBl. I S. 1890); Abs. 1 Satz 1 geänd. durch G v. 23.6.1997 (BGBl. I S. 1520) und geänd. durch G v. 19.12.1998 (BGBl. I S. 3853); Abs. 6 angef. durch G v. 24.3.1999 (BGBl. I S. 388); Abs. 3 geänd. mWv 1.7.2005 durch G v. 14.11.2003 (BGBl. I S. 2190); Abs. 3 neu gef. mWv 1.4.2007, Abs. 7 angef. mWv 1 1. 2009 durch G v. 26.3.2007 (BGBl. I S. 378); Abs. 3 neu gef. mWv 1.4.2007 und →

mitarbeitenden Familienangehörigen. [2] Haben mehrere landwirtschaftliche Unternehmer gleichzeitig für denselben mitarbeitenden Familienangehörigen Beiträge zu tragen, darf der Beitrag insgesamt den höchsten Beitrag, den einer der Unternehmer nach § 42 Abs. 1 zu zahlen hat, nicht übersteigen. [3] Die landwirtschaftliche Krankenkasse verteilt die Beitragsteile.

(2) Der zuständige Leistungsträger trägt die nach § 40 Abs. 1, § 42 Abs. 1 oder § 46 während des Bezugs von Übergangsgeld, Verletztengeld oder Versorgungskrankengeld zu zahlenden Beiträge.

(3) [1] Versicherungspflichtige, die eine Rente im Sinne von § 228 Absatz 1 Satz 1 des Fünften Buches Sozialgesetzbuch[1)] beziehen, und die Träger der Rentenversicherung tragen die nach der Rente zu bemessenden Beiträge jeweils zur Hälfte. [2] Die Beiträge aus ausländischen Renten nach § 228 Absatz 1 Satz 2 des Fünften Buches Sozialgesetzbuch tragen die Rentner allein.

(4) Der Bund trägt die Beiträge für Wehrdienst- und Zivildienstleistende im Falle des § 43 Absatz 1 sowie die Beiträge nach § 40 Absatz 5a.

(5) Der Arbeitgeber trägt den Beitrag nach § 39 Abs. 4.

(6) Für Beiträge des Arbeitgebers bei geringfügiger Beschäftigung gilt § 249b Fünftes Buch Sozialgesetzbuch entsprechend.

(7) [1] Die Krankenkasse ist zur Prüfung der Beitragszahlung berechtigt. [2] In den Fällen des Absatzes 4 ist das Bundesamt für Soziale Sicherung zur Prüfung der Beitragszahlung berechtigt.

§ 48a[2)] Tragung der Beiträge bei Bezug von Pflegeunterstützungsgeld.

(1) Für versicherungspflichtige mitarbeitende Familienangehörige, die Pflegeunterstützungsgeld nach § 44a Absatz 3 des Elften Buches Sozialgesetzbuch[3)] beziehen, tragen die Pflegekasse, das private Versicherungsunternehmen oder die Festsetzungsstelle für die Beihilfe des Pflegebedürftigen die Beiträge.

(Fortsetzung nächstes Blatt)

(Fortsetzung der Anm. von voriger Seite)
neu gef. mWv 1.1.2009 durch G v. 14.6.2007 (BGBl. I S. 1066); Abs. 3 Satz 2 angef. mWv 1.7.2011 durch G v. 22.6.2011 (BGBl. I S. 1202); Abs. 7 Satz 1 geänd. mWv 1.1.2013 durch G v. 12.4.2012 (BGBl. I S. 579); Abs. 3 Satz 1 geänd. mWv 1.1.2015, Abs. 4 geänd. mWv 1.1.2016 durch G v. 21.7.2014 (BGBl. I S. 1133); Abs. 3 Satz 1 neu gef. mWv 1.1.2019 durch G v. 11.12.2018 (BGBl. I S. 2387); Abs. 7 Satz 2 geänd. mWv 1.1.2020 durch G v. 12.12.2019 (BGBl. I S. 2652).

[1)] Nr. **5**.

[2)] § 48a eingef. mWv 1.1.2015 durch G v. 23.12.2014 (BGBl. I S. 2462).

[3)] Nr. **11**.

30/50. Gesetz über die Sozialversicherung der selbständigen Künstler und Publizisten (Künstlersozialversicherungsgesetz – KSVG)[1)]

Vom 27. Juli 1981
(BGBl. I S. 705)

FNA 8253-1

geänd. durch Art. 10 Arbeitsförderungs-KonsolidierungsG v. 22.12.1981 (BGBl. I S. 1497), Art. 1 G über die Erhebung der Künstlersozialabgabe in den Jahren 1986 und 1987 v. 20.12.1985 (BGBl. I S. 2474), Art. 1 G zur finanziellen Sicherung der Künstlersozialversicherung v. 18.12.1987 (BGBl. I S. 2794), Art. 11 Gesundheits-ReformG v. 20.12.1988 (BGBl. I S. 2477), Art. 1 ÄndG v. 20.12.1988 (BGBl. I S. 2606), Art. 19 RentenreformG 1992 v. 18.12.1989 (BGBl. I S. 2261), Art. 19 Renten-ÜberleitungsG v. 25.7.1991 (BGBl. I S. 1606), Art. 8 GesundheitsstrukturG v. 21.12.1992 (BGBl. I S. 2266), Art. 12 Pflege-VersicherungsG v. 26.5.1994 (BGBl. I S. 1014), Art. 8 Zweites G zur Änd. des SGB v. 13.6.1994 (BGBl. I S. 1229), Art. 13 AgrarsozialreformG 1995 v. 27.7.1994 (BGBl. I S. 1890), Art. 11 Wachstums- und BeschäftigungsförderungsG v. 25.9.1996 (BGBl. I S. 1461), Art. 70 Arbeitsförderungs-ReformG v. 24.3.1997 (BGBl. I S. 594), Art. 23 Erstes SGB III-ÄndG v. 16.12. 1997 (BGBl. I S. 2970), Art. 17 HaushaltssanierungsG v. 22.12.1999 (BGBl. I S. 2534), Art. 6 GKV-GesundheitsreformG 2000 v. 22.12.1999 (BGBl. I S. 2626), Art. 1 und 5 Zweites ÄndG v. 13.6.2001 (BGBl. I S. 1027), Art. 12 Sechstes G zur Änd. des Sozialgerichtsgesetzes v. 17.8.2001 (BGBl. I S. 2144), Art. 20 Hüttenknappschaftliches Zusatzversicherungs-NeuregelungsG v. 21.6.2002 (BGBl. I S. 2167), Art. 12 GKV-ModernisierungsG v. 14.11.2003 (BGBl. I S. 2190, geänd. durch G v. 15.12. 2004, BGBl. I S. 3445), Art. 191 Achte ZuständigkeitsanpassungsVO v. 25.11.2003 (BGBl. I S. 2304), Art. 2 Fünftes G zur Änd. des Sechsten Buches Sozialgesetzbuch v. 4.12.2004 (BGBl. I S. 3183), Art. 48 G zur Organisationsreform in der gesetzlichen Rentenversicherung v. 9.12.2004 (BGBl. I S. 3242), Art. 2 Kinder-BerücksichtigungsG v. 15.12.2004 (BGBl. I S. 3448), Art. 21 VerwaltungsvereinfachungsG v. 21.3.2005 (BGBl. I S. 818), Art. 240 Neunte ZuständigkeitsanpassungsVO v. 31.10. 2006 (BGBl. I S. 2407), Art. 2 Abs. 7 G zur Einführung des Elterngeldes v. 5.12.2006 (BGBl. I S. 2748), Art. 12 GKV-WettbewerbsstärkungsG v. 26.3.2007 (BGBl. I S. 378, geänd. durch G v. 14.6. 2007, BGBl. I S. 1066), Art. 19 RV-AltersgrenzenanpassungsG v. 20.4.2007 (BGBl. I S. 554), Art. 1 Drittes G zur Änd. des KünstlersozialversicherungsG und anderer G v. 12.6.2007 (BGBl. I S. 1034), Art. 10 Zweites G zur Änd. des SGB IV und anderer G v. 21.12.2008 (BGBl. I S. 2933), Art. 7 GKV-FinanzierungsG v. 22.12.2010 (BGBl. I S. 2309), Art. 14a Viertes G zur Änd. des Vierten Buches Sozialgesetzbuch und anderer Gesetze v. 22.12.2011 (BGBl. I S. 3057), Art. 16 Abs. 18 BUK-NeuorganisationsG v. 19.10.2013 (BGBl. I S. 3836), Art. 10 GKV-Finanzstruktur- und Qualitäts-WeiterentwicklungsG v. 21.7.2014 (BGBl. I S. 1133), Art. 2 KünstlersozialabgabestabilisierungsG v. 30.7. 2014 (BGBl. I S. 1311), Art. 11 6. SGB IV-Änderungsgesetz v. 11.11.2016 (BGBl. I S. 2500), Art. 7 FlexirentenG v. 8.12.2016 (BGBl. I S. 2838), Art. 153 G zum Abbau verzichtbarer Anordnungen der Schriftform im Verwaltungsrecht des Bundes v. 29.3.2017 (BGBl. I S. 626), Art. 9 GKV-VersichertenentlastungsG v. 11.12.2018 (BGBl. I S. 2387), Art. 57 Abs. 10 G zur Regelung des Sozialen Entschädigungsrechts v. 12.12.2019 (BGBl. I S. 2652), Art. 2f Viertes G zur Änd. des SeearbeitsG und anderer Gesetze v. 14.10.2020 (BGBl. I S. 2112), Art. 7 Sozialschutz-Paket III v. 10.3.2021 (BGBl. I S. 335), Art. 2a G zur Umsetzung der RL (EU) 2019/882 v. 16.7.2021 (BGBl. I S. 2970) und Art. 11 G zur Änd. des InfektionsschutzG und weiterer Gesetze anlässlich der Aufhebung der Feststellung der epidemischen Lage von nationaler Tragweite v. 22.11.2021 (BGBl. I S. 4906)

[1)] Für das Gebiet der ehem. DDR beachte zu diesem Gesetz aufgrund Einigungsvertrag v. 31.8. 1990 (BGBl. II S. 885, 889), zuletzt geänd. durch G v. 8.7.2016 (BGBl. I S. 1594) geltende Maßgaben.

Nichtamtliche Gliederungsübersicht

Der Bundestag hat das folgende Gesetz beschlossen:

Erster Teil. Sozialversicherung der selbständigen Künstler und Publizisten

Erstes Kapitel. Kreis der versicherten Personen

Erster Abschnitt. Umfang der Versicherungspflicht

§ 1[1)] [Art der Versicherung] Selbständige Künstler und Publizisten werden in der allgemeinen Rentenversicherung, in der gesetzlichen Krankenversicherung und in der sozialen Pflegeversicherung versichert, wenn sie

1. die künstlerische oder publizistische Tätigkeit erwerbsmäßig und nicht nur vorübergehend ausüben und
2. im Zusammenhang mit der künstlerischen oder publizistischen Tätigkeit nicht mehr als einen Arbeitnehmer beschäftigen, es sei denn, die Beschäftigung erfolgt zur Berufsausbildung oder ist geringfügig im Sinne des § 8 des Vierten Buches Sozialgesetzbuch[2)].

[1)] § 1 geänd. durch G v. 20.12.1988 (BGBl. I S. 2606) und durch G v. 26.5.1994 (BGBl. I S. 1014); einl. Satzteil geänd. mWv 1.1.2005 durch G v. 9.12.2004 (BGBl. I S. 3242).

[2)] Nr. 4.

§ 2[1)] **[Begriffsbestimmungen]** [1]Künstler im Sinne dieses Gesetzes ist, wer Musik, darstellende oder bildende Kunst schafft, ausübt oder lehrt. [2]Publizist im Sinne dieses Gesetzes ist, wer als Schriftsteller, Journalist oder in ähnlicher Weise publizistisch tätig ist oder Publizistik lehrt.

Zweiter Abschnitt. Ausnahmen von der Versicherungspflicht

Erster Unterabschnitt. Versicherungsfreiheit kraft Gesetzes

§ 3[2)] **[Geringfügigkeitsgrenzen]** (1) [1]Versicherungsfrei nach diesem Gesetz ist, wer in dem Kalenderjahr aus selbständiger künstlerischer und publizistischer Tätigkeit voraussichtlich ein Arbeitseinkommen erzielt, das 3 900 Euro nicht übersteigt. [2]Wird die selbständige künstlerische oder publizistische Tätigkeit nur während eines Teils des Kalenderjahres ausgeübt, ist die in Satz 1 genannte Grenze entsprechend herabzusetzen. [3]Satz 2 gilt entsprechend für Zeiten des Bezugs von Erziehungsgeld oder Elterngeld.

(2) [1]Absatz 1 gilt nicht bis zum Ablauf von drei Jahren nach erstmaliger Aufnahme der Tätigkeit. [2]Die Frist nach Satz 1 verlängert sich um die Zeiten, in denen keine Versicherungspflicht nach diesem Gesetz oder Versicherungsfreiheit nach § 5 Abs. 1 Nr. 8 besteht.

(3) [1]Abweichend von Absatz 1 bleibt die Versicherungspflicht bestehen, solange das Arbeitseinkommen nicht mehr als zweimal innerhalb von sechs Kalenderjahren die dort genannte Grenze nicht übersteigt. [2]Ein Unterschreiten der Grenze in den Jahren 2020 bis 2022 bleibt dabei unberücksichtigt.

§ 4[3)] **[Rentenversicherungs-Freiheit]** In der gesetzlichen Rentenversicherung ist nach diesem Gesetz versicherungsfrei, wer

1. auf Grund einer Beschäftigung oder einer nicht unter § 2 fallenden selbständigen Tätigkeit in der gesetzlichen Rentenversicherung versicherungsfrei oder von der Versicherungspflicht befreit ist, es sei denn, die Versicherungsfreiheit beruht auf einer geringfügigen Beschäftigung oder einer geringfügigen selbständigen Tätigkeit (§ 8 Viertes Buch Sozialgesetzbuch[4)]),
2. aus einer Beschäftigung ein beitragspflichtiges Arbeitsentgelt oder aus einer nicht unter § 2 fallenden selbständigen Tätigkeit ein Arbeitseinkommen bezieht, wenn das Arbeitsentgelt oder Arbeitseinkommen während des Kalenderjahres voraussichtlich mindestens die Hälfte der für dieses Jahr geltenden Beitragsbemessungsgrenze in der allgemeinen Rentenversicherung be-

---

[1)] § 2 neu gef. durch G v. 20.12.1988 (BGBl. I S. 2606); Satz 2 geänd. mWv 1.7.2001 durch G v. 13.6.2001 (BGBl. I S. 1027); Satz 2 geänd. mWv 1.1.2012 durch G v. 22.12.2011 (BGBl. I S. 3057).

[2)] § 3 neu gef. durch G v. 20.12.1988 (BGBl. I S. 2606); Abs. 3 und 4 angef. durch G v. 25.7.1991 (BGBl. I S. 1606); Abs. 2 Satz 2 angef., Abs. 2 bish. Wortlaut wird Satz 1, Abs. 3 neu gef., Abs. 4 aufgeh. mWv 1.7.2001, Abs. 1 Sätze 1 und 2 geänd. mWv 1.1.2002 durch G v. 13.6.2001 (BGBl. I S. 1027); Abs. 1 Satz 3 geänd. mWv 1.1.2007 durch G v. 5.12.2006 (BGBl. I S. 2748); Abs. 3 Satz 2 angef. mWv 20.10.2020 durch G v. 14.10.2020 (BGBl. I S. 2112); Abs. 3 Satz 2 geänd. mWv 1.4. 2021 durch G v. 10.3.2021 (BGBl. I S. 335); Abs. 3 Satz 2 geänd. mWv 24.11.2021 durch G v. 22.11. 2021 (BGBl. I S. 4906).

[3)] § 4 neu gef. durch G v. 20.12.1988 (BGBl. I S. 2606); Nr. 1 letzter Teilsatz neu gef., Nr. 2 geänd., Nr. 3 letzter Halbsatz sowie Nr. 5 neu gef. durch G v. 18.12.1989 (BGBl. I S. 2261); Nrn. 4 und 6 geänd. durch G v. 29.7.1994 (BGBl. I S. 1890); Nr. 6 geänd., Nr. 7 aufgeh., bish. Nr. 8 wird Nr. 7 mWv 1.7.2001 durch G v. 13.6.2001 (BGBl. I S. 1027); Nr. 3 neu gef. mWv 1.1.2004 durch G v. 4.12.2004 (BGBl. I S. 3183); Nr. 2 geänd. mWv 1.1.2005 durch G v. 9.12.2004 (BGBl. I S. 3242); Nr. 5 neu gef. mWv 1.1.2017 durch G v. 8.12.2016 (BGBl. I S. 2838).

[4)] Nr. 4.

trägt; wird die Beschäftigung oder selbständige Tätigkeit nur während eines Teils des Kalenderjahres ausgeübt, ist diese Grenze entsprechend herabzusetzen,

3. als Gewerbetreibender in Handwerksbetrieben nach § 2 Satz 1 Nr. 8 oder § 229 Abs. 2a des Sechsten Buches Sozialgesetzbuch[1)] versicherungspflichtig ist,
4. Landwirt im Sinne des § 1 des Gesetzes über die Alterssicherung der Landwirte[2)] ist,
5. nach Ablauf des Monats, in dem die Regelaltersgrenze erreicht wurde, eine Vollrente wegen Alters aus der gesetzlichen Rentenversicherung bezieht; das gilt nicht, wenn durch schriftliche Erklärung gegenüber der Künstlersozialkasse auf die Versicherungsfreiheit verzichtet wird; der Verzicht kann nur mit Wirkung für die Zukunft erklärt werden und ist für die Dauer der selbständigen künstlerischen oder publizistischen Tätigkeit bindend,
6. als ehemaliger Landwirt eine Altersrente oder nach Vollendung des 60. Lebensjahres eine Landabgaberente nach dem Gesetz über die Alterssicherung der Landwirte bezieht oder
7. als Wehr- oder Zivildienstleistender in der gesetzlichen Rentenversicherung versichert ist.

§ 5[3)] [Krankenversicherungs-Freiheit] (1) In der gesetzlichen Krankenversicherung ist nach diesem Gesetz versicherungsfrei, wer

1. nach § 5 Abs. 1 Nr. 1, 2 und 2a des Fünften Buches Sozialgesetzbuch[4)] versichert ist,
2. nach Erreichen der Regelaltersgrenze nach dem Sechsten Buch Sozialgesetzbuch[1)] eine selbständige künstlerische oder publizistische Tätigkeit aufnimmt,
3. nach § 2 Abs. 1 Nr. 1 bis 3 des Zweiten Gesetzes über die Krankenversicherung der Landwirte[5)] versichert ist,
4. nach anderen gesetzlichen Vorschriften mit Ausnahme von § 7 des Fünften Buches Sozialgesetzbuch versicherungsfrei oder von der Versicherungspflicht befreit ist,
5. eine nicht unter § 2 fallende selbständige Tätigkeit erwerbsmäßig ausübt, es sei denn, diese ist geringfügig im Sinne des § 8 des Vierten Buches Sozialgesetzbuch[6)],
6. Wehr- oder Zivildienstleistender ist; § 193 des Fünften Buches Sozialgesetzbuch bleibt unberührt,
7. im Vollzug von Untersuchungshaft, Freiheitsstrafen oder freiheitsentziehenden Maßregeln der Besserung und Sicherung oder einstweilig nach § 126a

---

[1)] Nr. **6**.

[2)] Nr. **30/10**.

[3)] § 5 neu gef. durch G v. 20.12.1988 (BGBl. I S. 2606); Abs. 2 angef., bish. Text wird Abs. 1 durch G v. 26.5.1994 (BGBl. I S. 1014); Abs. 1 Nr. 1 geänd., Nr. 2 aufgeh. durch G v. 24.3.1997 (BGBl. I S. 594); Abs. 1 Nr. 2 eingef., Abs. 1 Nrn. 6 und 7 geänd., Abs. 1 Nr. 8 angef. mWv 1.7.2001 durch G v. 13.6.2001 (BGBl. I S. 1027); Abs. 1 Nr. 1 geänd. mWv 30.3.2005 durch G v. 21.3.2005 (BGBl. I S. 818); Abs. 1 Nr. 2 geänd. mWv 1.1.2008 durch G v. 20.4.2007 (BGBl. I S. 554).

[4)] Nr. **5**.

[5)] Nr. **30/22**.

[6)] Nr. **4**.

Abs. 1 der Strafprozeßordnung[1] untergebracht ist und unmittelbar vor der Unterbringung nicht nach diesem Gesetz versichert war oder
8. während der Dauer seines Studiums als ordentlicher Studierender einer Hochschule oder einer der fachlichen Ausbildung dienenden Schule eine selbständige künstlerische oder publizistische Tätigkeit ausübt.

(2) In der sozialen Pflegeversicherung ist nach diesem Gesetz versicherungsfrei, wer

1. nach Absatz 1 versicherungsfrei oder
2. nach § 6 oder § 7 von der Krankenversicherungspflicht befreit worden

ist.

(Fortsetzung nächstes Blatt)

[1] **Habersack, Deutsche Gesetze Nr. 90.**

§ 53[1] **[Versicherungsfreiheit Kranken- und Pflegeversicherung]** Abweichend von § 5 Absatz 1 Nummer 5 und Absatz 2 Nummer 1 ist in der gesetzlichen Krankenversicherung und in der sozialen Pflegeversicherung nach diesem Gesetz im Zeitraum vom 23. Juli 2021 bis zum Ablauf des 31. Dezember 2022 erst dann versicherungsfrei, wer eine nicht unter § 2 fallende selbstständige Tätigkeit erwerbsmäßig ausübt und daraus ein Arbeitseinkommen erzielt, das voraussichtlich 1 300 Euro im Monat übersteigt, wenn eine Versicherungsfreiheit in der gesetzlichen Krankenversicherung und der sozialen Pflegeversicherung nach diesem Gesetz im Zeitraum ab dem 1. Januar 2020 eingetreten ist oder eintritt.

§§ 54, 55[2] *(aufgehoben)*

§ 56[3] **[Fortbestand der Mitgliedschaft in der gesetzlichen Krankenversicherung]** (1) *(aufgehoben)*

(2) § 5 Abs. 1 Nr. 8 ist nicht auf Personen anzuwenden, die ihr Studium vor dem 1. Juli 2001 aufgenommen haben.

§ 56a[4] **[Fortbestand der Krankenversicherungs-Freiheit]** (1) Selbständige Künstler und Publizisten, die am 31. Dezember 1988 auf Grund des § 5 Nr. 6 in der am 31. Dezember 1988 geltenden Fassung in der gesetzlichen Krankenversicherung nicht versicherungspflichtig sind, bleiben versicherungsfrei.

(2) [1] Selbständige Künstler und Publizisten, deren Tätigkeitsort am 31. Dezember 1991 im Beitrittsgebiet liegt und die von der Krankenversicherungspflicht befreit sind, bleiben versicherungsfrei, wenn sie ihren Wohnsitz vor dem 3. Oktober 1990 in diesem Gebiet hatten. [2] Für die Beendigung der Befreiung von der Krankenversicherungspflicht gilt § 6 Absatz 2 entsprechend.

(3) [1] Die Vorschriften des § 10 über einen Zuschuß zum Krankenversicherungsbeitrag finden Anwendung. [2] Im Fall des Absatzes 2 Satz 1 beginnt der Anspruch mit dem auf den Antrag folgenden Kalendermonat.

§ 56b[5] **[Fortbestand der Befreiung von der Krankenversicherungspflicht]** [1] Endet die in § 6 Abs. 1 in der am 31. Dezember 1988 geltenden Fassung genannte Fünfjahresfrist nach dem 31. Dezember 1988, bleibt die Befreiung von der Krankenversicherungspflicht bestehen; § 6 Abs. 2 gilt entsprechend. [2] Endet die Fünfjahresfrist vor dem 1. Juli 1989, gilt § 6 Abs. 2 entsprechend mit der Maßgabe, daß die Erklärung bis zum Ablauf von drei Monaten nach dem Ende der Fünfjahresfrist abgegeben werden kann.

---

[1] § 53 neu gef. mWv 23.7.2021 durch G v. 16.7.2021 (BGBl. I S. 2970); geänd. mWv 24.11.2021 durch G v. 22.11.2021 (BGBl. I S. 4906).

[2] §§ 54, 55 aufgeh. mWv 1.7.2001 durch G v. 13.6.2001 (BGBl. I S. 1027), § 55 aufgeh. mWv 15.6.2007 durch G v. 12.6.2007 (BGBl. I S. 1034).

[3] § 56 neu gef. mWv 1.7.2001 durch G v. 13.6.2001 (BGBl. I S. 1027); Abs. 1aufgeh. mWv 15.6. 2007 durch G v. 12.6.2007 (BGBl. I S. 1034).

[4] § 56a neu gef. mWv 1.1.1992 durch G v. 25.7.1991 (BGBl. I S. 1606); Abs. 2 Satz 2 neu gef., Sätze 3 und 4 aufgeh., Abs. 3 Satz 2 geänd. mWv 17.11.2016 durch G v. 11.11.2016 (BGBl. I S. 2500).

[5] § 56b eingef. mWv 1.1.1989 durch G v. 20.12.1988 (BGBl. I S. 2606).

§§ 57–60[1] *(aufgehoben)*

§ 61 [Inkrafttreten] (1) Dieses Gesetz tritt vorbehaltlich des Absatzes 2 am 1. Januar 1983 in Kraft.

(2) Am Tage nach der Verkündung[2] treten in Kraft:

1. der zweite Teil,
2. § 28 Satz 3,
3. § 59.

---

[1] § 57 aufgeh. mWv 15.6.2007 durch G v. 12.6.2007 (BGBl. I S. 1034), §§ 57a–60 aufgeh. mWv 1.7.2001 durch G v. 13.6.2001 (BGBl. I S. 1027).

[2] Verkündet am 1.8.1981.

40/30. Gesetz über den Vollzug der Freiheitsstrafe und der freiheitsentziehenden Maßregeln der Besserung und Sicherung – Strafvollzugsgesetz (StVollzG)[1)]

Vom 16. März 1976

(BGBl. I S. 581, ber. S. 2088 und 1977 I S. 436)

FNA 312-9-1

geänd. durch Art. 5 G zur Änd. des StGB, der StPO, des GVG, der BundesrechtsanwaltsO und des StVollzG v. 18.8.1976 (BGBl. I S. 2181), Art. 22 Zweites HaushaltsstrukturG v. 22.12.1981 (BGBl. I S. 1523), Art. 1 ÄndG v. 20.1.1984 (BGBl. I S. 97, ber. S. 360), Art. 1 ÄndG v. 20.12.1984 (BGBl. I S. 1654, ber. 1985 I S. 1266), Art. 1 ÄndG v. 27.2.1985 (BGBl. I S. 461), Art. 7 StrafverfahrensänderungsG 1987 v. 27.1.1987 (BGBl. I S. 475), Art. 51 Gesundheits-ReformG v. 20.12.1988 (BGBl. I S. 2477), Art. 56 RentenreformG 1992 v. 18.12.1989 (BGBl. I S. 2261), Anl. I Kap. III Sachgeb. C. Abschnitt II Nr. 3 Einigungsvertrag v. 31.8.1990 (BGBl. II S. 885), Art. 7 Abs. 12 Rechtspflege-VereinfachungsG v. 17.12.1990 (BGBl. I S. 2847), Art. 40 Arbeitsförderungs-ReformG v. 24.3.1997 (BGBl. I S. 594), Art. 5 G zur Bekämpfung von Sexualdelikten und anderen gefährlichen Straftaten v. 26.1.1998 (BGBl. I S. 160), BVerfGE v. 1.7.1998 (BGBl. I S. 2208), Art. 1 Viertes ÄndG v. 26.8. 1998 (BGBl. I S. 2461, ber. 1999 I S. 1096), Art. 8 StrafverfahrensänderungsG 1999 v. 2.8.2000 (BGBl. I S. 1253), Art. 1 Fünftes ÄndG v. 27.12.2000 (BGBl. I S. 2043), Art. 8f G zur Änd. des BDSG und anderer Gesetze v. 18.5.2001 (BGBl. I S. 904), Art. 11 Elektronische Register/Justizkosten-G v. 10.12.2001 (BGBl. I S. 3422), Art. 4 Vierunddreißigstes StrafrechtsänderungsG v. 22.8. 2002 (BGBl. I S. 3390), Art. 1 Sechstes StVollzG-ÄndG v. 5.10.2002 (BGBl. I S. 3954), Art. 62 Achte ZuständigkeitsanpassungsVO v. 25.11.2003 (BGBl. I S. 2304), Art. 41 Drittes G für moderne Dienstleistungen am Arbeitsmarkt v. 23.12.2003 (BGBl. I S. 2848), Art. 37 G zur Einordnung des Sozialhilferechts in das SGB v. 27.12.2003 (BGBl. I S. 3022), Art. 1 Siebtes StVollzG-ÄndG v. 23.3.2005 (BGBl. I S. 930), Art. 91 Neunte ZuständigkeitsanpassungsVO v. 31.10.2006 (BGBl. I S. 2407), Art. 2 Abs. 11 PersonenstandsrechtsreformG v. 19.2.2007 (BGBl. I S. 122), Art. 10 G zur Änd. des SGB IV und anderer Gesetze v. 19.12.2007 (BGBl. I S. 3024), § 62 Abs. 10 BeamtenstatusG v. 17.6.2008 (BGBl. I S. 1010), Art. 2 G zur Änd. des Untersuchungshaftrechts v. 29.7.2009 (BGBl. I S. 2274), Art. 4 G zur bundesrechtlichen Umsetzung des Abstandsgebotes im Recht der Sicherungsverwahrung v. 5.12.2012 (BGBl. I S. 2425), Art. 7 G zur Intensivierung des Einsatzes von Videokonferenztechnik in gerichtlichen und staatsanwaltschaftlichen Verfahren v. 25.4.2013 (BGBl. I S. 935), Art. 152 Zehnte ZuständigkeitsanpassungsVO v. 31.8.2015 (BGBl. I S. 1474), Art. 5, 6 G zur Einführung der elektronischen Akte in der Justiz und zur weiteren Förderung des elektronischen Rechtsverkehrs v. 5.7.2017 (BGBl. I S. 2208), Art. 8 PflegeberufereformG v. 17.7.2017 (BGBl. I S. 2581), Art. 10 Abs. 7 G zur Neuregelung des Schutzes von Geheimnissen bei der Mitwirkung Dritter an der Berufsausübung schweigepflichtiger Personen v. 30.10.2017 (BGBl. I S. 3618), Art. 2 G zur Stärkung des Rechts des Angeklagten auf Anwesenheit in der Verhandlung v. 17.12.2018 (BGBl. I S. 2571), Art. 1 G zur Stärkung der Rechte von Betroffenen bei Fixierungen im Rahmen von Freiheitsentziehungen v. 19.6.2019 (BGBl. I S. 840), Art. 14 G zur Umsetzung der RL (EU) 2016/680 im Strafverfahren sowie zur Anpassung datenschutzrechtlicher Bestimmungen an die VO (EU) 2016/679 v. 20.11.2019 (BGBl. I S. 1724), Art. 7 G zur Stärkung der Verfahrensrechte von Beschuldigten im Jugendstrafverfahren v. 9.12.2019 (BGBl. I S. 2146), Art. 12 G zur Fortentwicklung der StrafprozessO und zur Änd. weiterer Vorschriften v. 25.6.2021 (BGBl. I S. 2099) und Art. 27 G zum Ausbau des elektronischen Rechtsverkehrs mit den Gerichten und zur Änd. weiterer Vorschriften v. 5.10.2021 (BGBl. I S. 4607)

[1)] Nach der Neuregelung der Art. 72 ff. GG durch das FöderalismusreformG v. 28.8.2006 (BGBl. I S. 2034) fällt der Strafvollzug einschließlich des Untersuchungshaftvollzugs in die Gesetzgebungskompetenz der Länder (Art. 74 Abs. 1 Nr. 1 iVm Art. 70 Abs. 1 GG).

Das StVollzG gilt gem. Art. 125a Abs. 1 GG seit dem 1.9.2006 als Bundesrecht fort, kann aber durch Landesrecht ersetzt werden. Der Bundesgesetzgeber besitzt nach dem 31.8.2006 für Änderungen des StVollzG keine Gesetzgebungskompetenz mehr.

– Auszug –

Zweiter Abschnitt. Vollzug der Freiheitsstrafe

Fünfter Titel. Arbeit, Ausbildung und Weiterbildung

§ 37[1)] Zuweisung. (1) Arbeit, arbeitstherapeutische Beschäftigung, Ausbildung und Weiterbildung dienen insbesondere dem Ziel, Fähigkeiten für eine Erwerbstätigkeit nach der Entlassung zu vermitteln, zu erhalten oder zu fördern.

(2) Die Vollzugsbehörde soll dem Gefangenen wirtschaftlich ergiebige Arbeit zuweisen und dabei seine Fähigkeiten, Fertigkeiten und Neigungen berücksichtigen.

(3) Geeigneten Gefangenen soll Gelegenheit zur Berufsausbildung, beruflichen Weiterbildung oder Teilnahme an anderen ausbildenden oder weiterbildenden Maßnahmen gegeben werden.

(4) Kann einem arbeitsfähigen Gefangenen keine wirtschaftlich ergiebige Arbeit oder die Teilnahme an Maßnahmen nach Absatz 3 zugewiesen werden, wird ihm eine angemessene Beschäftigung zugeteilt.

(5) Ist ein Gefangener zu wirtschaftlich ergiebiger Arbeit nicht fähig, soll er arbeitstherapeutisch beschäftigt werden.

§ 43[2)] Arbeitsentgelt, Arbeitsurlaub und Anrechnung der Freistellung auf den Entlassungszeitpunkt. (1) Die Arbeit des Gefangenen wird anerkannt durch Arbeitsentgelt und eine Freistellung von der Arbeit, die auch als Urlaub aus der Haft (Arbeitsurlaub) genutzt oder auf den Entlassungszeitpunkt angerechnet werden kann.

(2) [1] Übt der Gefangene eine zugewiesene Arbeit, sonstige Beschäftigungen oder eine Hilfstätigkeit nach § 41 Abs. 1 Satz 2 aus, so erhält er ein Arbeitsentgelt. [2] Der Bemessung des Arbeitsentgelts ist der in § 200 bestimmte Satz der Bezugsgröße nach § 18 des Vierten Buches Sozialgesetzbuch zu Grunde zu legen (Eckvergütung). [3] Ein Tagessatz ist der zweihundertfünfzigste Teil der Eckvergütung; das Arbeitsentgelt kann nach einem Stundensatz bemessen werden.

(3) [1] Das Arbeitsentgelt kann je nach Leistung des Gefangenen und der Art der Arbeit gestuft werden. [2] 75 vom Hundert der Eckvergütung dürfen nur dann unterschritten werden, wenn die Arbeitsleistungen des Gefangenen den Mindestanforderungen nicht genügen.

(4) Übt ein Gefangener zugewiesene arbeitstherapeutische Beschäftigungen aus, erhält er ein Arbeitsentgelt, soweit dies der Art seiner Beschäftigung und seiner Arbeitsleistung entspricht.

(5) Das Arbeitsentgelt ist dem Gefangenen schriftlich bekannt zu geben.

(6) [1] Hat der Gefangene zwei Monate lang zusammenhängend eine zugewiesene Tätigkeit nach § 37 oder eine Hilfstätigkeit nach § 41 Abs. 1 Satz 2 ausgeübt, so wird er auf seinen Antrag hin einen Werktag von der Arbeit freigestellt. [2] Die Regelung des § 42 bleibt unberührt. [3] Durch Zeiten, in denen der Gefangene ohne sein Verschulden durch Krankheit, Ausführung, Ausgang,

---

[1)] § 37 Abs. 3 geänd. durch G v. 24.3.1997 (BGBl. I S. 594).

[2)] § 43 neu gef. mWv 1.1.2001 durch G v. 27.12.2000 (BGBl. I S. 2043).

50. Sozialgerichtsgesetz (SGG)[1) 2)]

In der Fassung der Bekanntmachung vom 23. September 1975[3)]
(BGBl. I S. 2535)

FNA 330-1

geänd. durch Art. II § 16 SGB – Allgemeiner Teil – v. 11.12.1975 (BGBl. I S. 3015), Art. 3 und 4 G zur Änd. verwaltungsprozessualer Vorschriften v. 24.8.1976 (BGBl. I S. 2437), Art. 6 Vereinfachungsnovelle v. 3.12.1976 (BGBl. I S. 3281), Art. II § 12 SGB – Gemeinsame Vorschriften für die Sozialversicherung – v. 23.12.1976 (BGBl. I S. 3845), Art. 4 Nr. 12 G über die Prozeßkostenhilfe v. 13.6. 1980 (BGBl. I S. 677), Art. II § 30 SGB – Verwaltungsverfahren – v. 18.8.1980 (BGBl. I S. 1469), Art. 5 Erstes G zur Änd. des SchwerbehindertenG v. 24.7.1986 (BGBl. I S. 1110), Art. 9 OpferschutzG v. 18.12.1986 (BGBl. I S. 2496), Art. 32 Gesundheits-ReformG v. 20.12.1988 (BGBl. I S. 2477), Anl. I Kap. VIII Sachgeb. D Abschn. II Nr. 1 Einigungsvertrag v. 31.8.1990 (BGBl. II S. 885, 1032), Art. 7 § 22 BetreuungsG v. 12.9.1990 (BGBl. I S. 2002), Art. 5 Viertes G zur Änd. der VwGO v. 17.12.1990 (BGBl. I S. 2809), Art. 4 Rechtspflege-VereinfachungsG v. 17.12.1990 (BGBl. I S. 2847), Art. 15 GesundheitsstrukturG v. 21.12.1992 (BGBl. I S. 2266), Art. 8 G zur Entlastung der Rechtspflege v. 11.1.1993 (BGBl. I S. 50), Art. 4 Fünftes G zur Änd. des Bundesverfassungsgerichts G v. 2.8.1993 (BGBl. I S. 1442), Art. 33 Pflege-VersicherungsG v. 26.5.1994 (BGBl. I S. 1014), Art. 20 Zweites G zur Änd. des SGB v. 13.6.1994 (BGBl. I S. 1229), Art. 8 Abs. 9 Kostenrechts-ÄndG 1994 v. 24.6.1994 (BGBl. I S. 1325), Art. 26 EinführungsG zur InsolvenzO

---

1) Die Änderungen durch G v. 5.7.2017 (BGBl. I S. 2208) treten teilweise erst **mWv 1.1.2026** in Kraft und sind insoweit im Text noch nicht berücksichtigt.die Änderungen durch G v. 12.12.2019 (BGBl. I S. 2652) treten teilweise erst **mWv 1.1.2024**, die Änderungen durch G v. 7.7.2021 (BGBl. I S. 2363) treten erst **mWv 1.8.2022**, die Änderungen durch G v. 16.7.2021 (BGBl. I S. 2970) treten erst **mWv 1.4.2022**, die Änderungen durch G v. 20.8.2021 (BGBl. I S. 3932) treten erst **mWv 1.1. 2025** und die Änderungen durch G v. 5.10.2021 (BGBl. I S. 4607) treten erst **mWv 1.1.2026** in Kraft und sind im Text noch nicht berücksichtigt.

2) Zum SGG haben die Länder ua folgende Vorschriften erlassen:
- **Baden-Württemberg:** AusführungsG zum SGG v. 21.12.1953 (GBl. S. 235), zuletzt geänd. durch G v. 23.5.2017 (GBl. S. 265)
- **Bayern:** G zur Ausführung des SGG in Bayern v. 7.10.1982 (BayRS IV S. 560), zuletzt geänd. durch G v. 8.7.2020 (GVBl. S. 330);
- **Berlin:** AusführungsG zum SGG idF der Bek. v. 7.12.1971 (GVBl. S. 2097), aufgeh. durch G v. 22.1.2021 (GVBl. S. 88); gem. § 2 dieses G bleibt die Vorschrift auf Rechtsverhältnisse und Sachverhalte anwendbar, die während ihrer Geltung ganz oder zum Teil bestanden haben oder entstanden sind; besondere Rechtsvorschriften zu Übergangsregelungen bleiben unberührt.
- **Brandenburg:** G zur Errichtung der Sozialgerichtsbarkeit im Land Brandenburg v. 3.3.1992 (GVBl. I S. 86), zuletzt geänd. durch G v. 10.7.2014 (GVBl. I Nr. 37);
- **Bremen:** G über die Sozialgerichtsbarkeit idF der Bek. v. 12.10.1972 (Brem.GBl. S. 211), zuletzt geänd. durch G v. 30.11.2004 (Brem.GBl. S. 583);
- **Hamburg:** Hamburgisches AusführungsG zum SGG v. 16.10.1953 (BS Hbg I), zuletzt geänd. durch G v. 1.9.2005 (HmbGVBl. S. 385);
- **Hessen:** Hessisches AusführungsG zum SGG idF der Bek. v. 26.7.1989 (GVBl. I S. 226), zuletzt geänd. durch G v. 25.3.2013 (GVBl. S. 110);
- **Niedersachsen:** Niedersächsisches JustizG v. 16.12.2014 (Nds. GVBl. S. 436), zuletzt geänd. durch G v. 11.11.2020 (Nds. GVBl. S. 391);
- **Nordrhein-Westfalen:** JustizG Nordrhein-Westfalen v. 26.1.2010 (GV. NRW. S. 30), zuletzt geänd. durch G v. 1.9.2020 (GV. NRW. S. 818);
- **Rheinland-Pfalz:** LandesG zur Ausführung des SGG v. 2.10.1954 (GVBl. S. 115), zuletzt geändert durch G v. 22.12.2004 (GVBl. S. 581);
- **Saarland:** G zur Ausführung des SGG v. 18.6.1958 (Amtsbl. S. 1224), zuletzt geänd. durch G v. 15.2.2006 (Amtsbl. S. 474);
- **Sachsen-Anhalt:** G zur Ausführung des SGG für das Land Sachsen-Anhalt v. 19.3.1992 (GVBl. LSA S. 292), zuletzt geänd. durch G v. 8.3.2021 (GVBl. LSA S. 88);
- **Thüringen:** Thüringer G zur Ausführung des SGG v. 16.8.1993 (GVBl. S. 489), zuletzt geänd. durch G v. 16.10.2019 (GVBl. S. 429).

3) Neubekanntmachung des SGG v. 3.9.1953 (BGBl. I S. 1239, ber. S. 1326) in der ab 1.1.1975 geltenden Fassung.

v. 5.10.1994 (BGBl. I S. 2911), Art. 4 G zur Änd. des G zur Reform der agrarsozialen Sicherung v. 15.12.1995 (BGBl. I S. 1814), Art. 32 Unfallversicherungs-EinordnungsG v. 7.8.1996 (BGBl. I S. 1254), Art. 33 Abs. 4 JustizmitteilungsG und G zur Änd. kostenrechtlicher Vorschriften und anderer Gesetze v. 18.6.1997 (BGBl. I S. 1430), Art. 2 GKV-FinanzstärkungsG v. 24.3.1998 (BGBl. I S. 526), Art. 1 Fünftes ÄndG v. 30.3.1998 (BGBl. I S. 638), Art. 12 PsychotherapeutenG v. 16.6.1998 (BGBl. I S. 1311), Art. 12 BundesrechtsanwaltsO-ÄndG v. 31.8.1998 (BGBl. I S. 2600), Art. 8 GKV-GesundheitsreformG 2000 v. 22.12.1999 (BGBl. I S. 2626), Art. 21 und 22 Viertes Euro-EinführungsG v. 21.12.2000 (BGBl. I S. 1983), Art. 3 § 21 G zur Beendigung der Diskriminierung gleichgeschlechtlicher Gemeinschaften: Lebenspartnerschaften v. 16.2.2001 (BGBl. I S. 266), Art. 24 SGB IX – Rehabilitation und Teilhabe behinderter Menschen – v. 19.6.2001 (BGBl. I S. 1046), Art. 2 Abs. 17 ZustellungsreformG v. 25.6.2001 (BGBl. I S. 1206), Art. 7 G zur Anpassung der Formvorschr. des Privatrechts und anderer Vorschr. an den modernen Rechtsgeschäftsverkehr v. 13.7. 2001 (BGBl. I S. 1542), Art. 31 ZivilprozessreformG v. 27.7.2001 (BGBl. I S. 1887), Art. 1 Sechstes ÄndG v. 17.8.2001 (BGBl. I S. 2144), Art. 7 G zur Vereinfachung der Wahl der Arbeitnehmervertreter in den Aufsichtsrat v. 23.3.2002 (BGBl. I S. 1130), Art. 33 G zur Gleichstellung behinderter Menschen und zur Änd. anderer Gesetze v. 27.4.2002 (BGBl. I S. 1467), Art. 6 G zur Änd. des Sozialgesetzbuches und anderer Gesetze v. 24.7.2003 (BGBl. I S. 1526), Art. 65 Achte ZuständigkeitsanpassungsVO v. 25.11.2003 (BGBl. I S. 2304), Art. 42 Drittes G für moderne Dienstleistungen am Arbeitsmarkt v. 23.12.2003 (BGBl. I S. 2848), Art. 22 Viertes G für moderne Dienstleistungen am Arbeitsmarkt v. 24.12.2003 (BGBl. I S. 2954, geänd. durch G v. 30.7.2004, BGBl. I S. 2014), Art. 38 G zur Einordnung des Sozialhilferechts in das SGB v. 27.12.2003 (BGBl. I S. 3022, geänd. durch G v. 9.12.2004, BGBl. I S. 3302), Art. 4 Abs. 25 KostenrechtsmodernisierungsG v. 5.5.2004 (BGBl. I S. 718), Art. 22 G zur Intensivierung der Bekämpfung der Schwarzarbeit und damit zusammenhängender Steuerhinterziehung v. 23.7.2004 (BGBl. I S. 1842), Art. 8 Erstes JustizmodernisierungsG v. 24.8.2004 (BGBl. I S. 2198, ber. S. 2300), Art. 9 AnhörungsrügenG v. 9.12.2004 (BGBl. I S. 3220), Art. 1 und 3 Siebentes ÄndG v. 9.12.2004 (BGBl. I S. 3302), Art. 4 JustizkommunikationsG v. 22.3.2005 (BGBl. I S. 837), Art. 2 Abs. 4 G zur Novellierung des Verwaltungszustellungsrechts v. 12.8.2005 (BGBl. I S. 2354), Art. 4 Fünftes G zur Änd. des SGB III und anderer Gesetze v. 22.12.2005 (BGBl. I S. 3676), Art. 2 Nr. 7 G über den Ausgleich von Arbeitgeberaufwendungen und zur Änd. weiterer Gesetze v. 22.12.2005 (BGBl. I S. 3686), Art. 9 G zur Fortentwicklung der Grundsicherung für Arbeitsuchende v. 20.7.2006 (BGBl. I S. 1706), Art. 3 Abs. 13 G zur Umsetzung europäischer Richtlinien zur Verwirklichung des Grundsatzes der Gleichbehandlung v. 14.8.2006 (BGBl. I S. 1897), Art. 95 Neunte ZuständigkeitsanpassungsVO v. 31.10.2006 (BGBl. I S. 2407), Art. 8 Abs 4 G zur Änd. des BetriebsrentenG und anderer Gesetze v. 2.12.2006 (BGBl. I S. 2742), Art. 4 Vertragsarztrechts-ÄndG v. 22.12.2006 (BGBl. I S. 3439), Art. 7 Abs. 10 G zur Stärkung der Selbstverwaltung der Rechtsanwaltschaft v. 26.3.2007 (BGBl. I S. 358), Art. 9 RV-AltersgrenzenanpassungsG v. 20.4.2007 (BGBl. I S. 554), Art. 12 G zur Neuregelung des Rechtsberatungsrechts v. 12.12.2007 (BGBl. I S. 2840, geänd. durch G v. 12.6.2008, BGBl. I S. 1000), Art. 1 G zur Änd. des SozialgerichtsG und des ArbeitsgerichtsG v. 26.3.2008 (BGBl. I S. 444), Art. 10a UnfallversicherungsmodernisierungsG v. 30.10.2008 (BGBl. I S. 2130), Art. 2b G zur Weiterentwicklung der Organisationsstrukturen in der gesetzl. Krankenversicherung v. 15.12.2008 (BGBl. I S. 2426), Art. 8 Zweites G zur Änd. des SGB IV und anderer Gesetze v. 21.12.2008 (BGBl. I S. S. 2933), Art. 6 G zur Änd. des SGB IV, zur Errichtung einer Versorgungsausgleichskasse und anderer Gesetze v. 15.7. 2009 (BGBl. I S. 1939), Art. 9 Abs. 6 G zur Modernisierung von Verfahren im anwaltl. und notariellen Berufsrecht, zur Errichtung einer Schlichtungsstelle der Rechtsanwaltschaft sowie zur Änd. sonstiger Vorschriften v. 30.7.2009 (BGBl. I S. 2449), Art. 2 Abs. 4 G zur Weiterentwicklung der Organisation der Grundsicherung für Arbeitsuchende v. 3.8.2010 (BGBl. I S. 1112), Art. 6 Drittes G zur Änd. des SGB IV und and. G v. 5.8.2010 (BGBl. I S. 1127), Art. 10 G zur Umsetzung der DienstleistungsRL in der Justiz und zur Änd. weiterer Vorschriften v. 22.12.2010 (BGBl. I S. 2248), Art. 2 ArzneimittelmarktneuordnungsG v. 22.12.2010 (BGBl. I S. 2262), Art. 4 G zur Ermittlung von Regelbedarfen und zur Änd. des Zweiten und Zwölften Buches Sozialgesetzbuch v. 24.3.2011 (BGBl. I S. 453), Art. 7 G über den Rechtsschutz bei überlangen Gerichtsverfahren und strafrechtl. Ermittlungsverfahren v. 24.11.2011 (BGBl. I S. 2302), Art. 2 Abs. 33 G zur Änd. von Vorschriften über Verkündung und Bekanntmachungen sowie der ZPO, des EGZPO und der AO v. 22.12.2011 (BGBl. I S. 3044), Art. 8 Viertes G zur Änd. des Vierten Buches Sozialgesetzbuch und anderer Gesetze v. 22.12.2011 (BGBl. I S. 3057), Art. 5 G zur Förderung der Mediation und anderer Verfahren der außergerichtl. Konfliktbeilegung v. 21.7.2012 (BGBl. I S. 1577), Art. 5 G zur Neuordnung der Altersversorgung der Bezirksschornsteinfegermeister und zur Änd. anderer Gesetze v. 5.12.2012 (BGBl. I S. 2467), Art. 2 G zur Änd. des SGB XII v. 20.12.2012 (BGBl. I S. 2783), Art. 4 G zur Regelung des Assistenzpflegebedarfs in stationären Vorsorge- oder Rehabilitationseinrichtungen v. 20.12.2012 (BGBl. I S. 2789), Art. 5 G zur Intensivierung des Einsatzes von Videokonferenztechnik in gerichtlichen und staatsanwaltschaftlichen Verfahren v. 25.4.2013 (BGBl. I S. 935), Art. 5

Abs. 8 Achtes G zur Änd. des GWB v. 26.6.2013 (BGBl. I S. 1738), Art. 19 Zweites KostenrechtsmodernisierungsG v. 23.7.2013 (BGBl. I S. 2586), Art. 11 G zur Änd. des Prozesskostenhilfe- und Beratungshilferechts v. 31.8.2013 (BGBl. I S. 3533), Art. 4 G zur Förderung des elektronischen Rechtsverkehrs mit den Gerichten v. 10.10.2013 (BGBl. I S. 3786), Art. 7 BUK-NeuorganisationsG v. 19.10.2013 (BGBl. I S. 3836), Art. 12 G zur Durchführung der Verordnung (EU) Nr. 1215/2012 sowie zur Änd. sonstiger Vorschriften v. 8.7.2014 (BGBl. I S. 890), Art. 2 G zur Änd. des AsylbewerberleistungsG und des SozialgerichtsG v. 10.12.2014 (BGBl. I S. 2187), Art. 8 Fünftes G zur Änd. des Vierten Buches Sozialgesetzbuch und anderer G v. 15.4.2015 (BGBl. I S. 583), Art. 2 Abs. 2 VergaberechtsmodernisierungsG v. 17.2.2016 (BGBl. I S. 203), Art. 6 G zur Änd. des Sachverständigenrechts und zur weiteren Änd. des G über das Verfahren in Familiensachen und in den Angelegenheiten der freiwilligen Gerichtsbarkeit sowie zur Änd. weiterer G v. 11.10.2016 (BGBl. I S. 2222), Art. 15 Abs. 6 EU-KontopfändungsVO-DurchführungsG v. 21.11.2016 (BGBl. I S. 2591), Art. 19 Abs. 7, Art. 20 Abs. 2 BundesteilhabeG v. 23.12.2016 (BGBl. I S. 3234), Art. 12 G zur Umsetzung der BerufsanerkennungsRL und zur Änd. weiterer Vorschriften im Bereich der rechtsberatenden Berufe v. 12.5. 2017 (BGBl. I S. 1121), Art. 5 Neuntes G zur Änd. des G gegen Wettbewerbsbeschränkungen v. 1.6. 2017 (BGBl. I S. 1416), Art. 18 und 19 G zur Einführung der elektronischen Akte in der Justiz und zur weiteren Förderung des elektronischen Rechtsverkehrs v. 5.7.2017 (BGBl. I S. 2208), Art. 11 Abs. 23 eIDAS-DurchführungsG v. 18.7.2017 (BGBl. I S. 2745), Art. 5 Abs. 5 G über die Erweiterung der Medienöffentlichkeit in Gerichtsverfahren v. 8.10.2017 (BGBl. I S. 3546), Art. 9 G zur Einführung einer zivilprozessualen Musterfeststellungsklage v. 12.7.2018 (BGBl. I S. 1151), Art. 4 Terminservice- und VersorgungsG v. 6.5.2019 (BGBl. I S. 646), Art. 5 Abs. 19 G zur Einführung einer Karte für Unionsbürger und Angehörige des Europäischen Wirtschaftsraums mit Funktion zum elektronischen Identitätsnachweis sowie zur Änd. des PersonalausweisG und weiterer Vorschriften[1] v. 21.6.2019 (BGBl. I S. 846), Art. 6 G zur Regelung der Wertgrenze für die Nichtzulassungsbeschwerde in Zivilsachen, zum Ausbau der Spezialisierung bei den Gerichten sowie zur Änd. weiterer prozessrechtl. Vorschriften v. 12.12.2019 (BGBl. I S. 2633), Art. 16 G zur Regelung des Sozialen Entschädigungsrechts v. 12.12.2019 (BGBl. I S. 2652), Art. 1 Fairer-Kassenwettbewerb-G v. 22.3.2020 (BGBl. I S. 604), Art. 4 und 5 Sozialschutz-Paket II v. 20.5.2020 (BGBl. I S. 1055), Art. 10 Siebtes G zur Änd. des Vierten Buches SGB und anderer G v. 12.6.2020 (BGBl. I S. 1248), Art. 5 GWB-DigitalisierungsG v. 18.1.2021 (BGBl. I S. 2), Art. 6 Digitale-Versorgung-und-Pflege-Modernisierungs-G v. 3.6.2021 (BGBl. I S. 1309), Art. 13 G zur Fortentwicklung der StrafprozessO und zur Änd. weiterer Vorschriften v. 25.6.2021 (BGBl. I S. 2099), Art. 19 G zur Neuregelung des Berufsrechts der anwaltlichen und steuerberatenden Berufsausübungsgesellschaften sowie zur Änd. weiterer Vorschriften im Bereich der rechtsberatenden Berufe v. 7.7.2021 (BGBl. I S. 2363), Art. 2f G zur Umsetzung der RL (EU) 2019/882 v. 16.7.2021 (BGBl. I S. 2970), Art. 25 G über die Entschädigung der Soldatinnen und Soldaten und zur Neuordnung des Soldatenversorgungsrechts v. 20.8.2021 (BGBl. I S. 3932) und Art. 11, 12 und 13 G zum Ausbau des elektronischen Rechtsverkehrs mit den Gerichten und zur Änd. weiterer Vorschriften v. 5.10.2021 (BGBl. I S. 4607)

Inhaltsübersicht[2]

---

[1] Die Änd. des Inkrafttretens dieses G durch Art. 154a G v. 20.11.2019 (BGBl. I S. 1626) ist unbeachtlich, da das G bei Erlass des ÄndG bereits in Kraft getreten war.

[2] Inhaltsübersicht neu gef. mWv 2.1.2002 durch G v. 17.8.2001 (BGBl. I S. 2144); geänd. mWv 1.1.2005 durch G v. 9.12.2004 (BGBl. I S. 3220); geänd. mWv 15.12.2004, mWv 1.1.2006 und mWv 1.1.2009 durch G v. 9.12.2004 (BGBl. I S. 3302); geänd. mWv 1.4.2008 durch G v. 26.3.2008 (BGBl. I S. 444); geänd. mWv 18.12.2008 durch G v. 15.12.2008 (BGBl. I S. 2426); geänd. mWv 1.1.2011 durch G v. 22.12.2010 (BGBl. I S. 2262).

Erster Teil. Gerichtsverfassung

Erster Abschnitt. Gerichtsbarkeit und Richteramt

§ 1[1)] **[Besondere Verwaltungsgerichte]** Die Sozialgerichtsbarkeit wird durch unabhängige, von den Verwaltungsbehörden getrennte, besondere Verwaltungsgerichte ausgeübt.

§ 2 [Gerichte der Sozialgerichtsbarkeit] Als Gerichte der Sozialgerichtsbarkeit werden in den Ländern Sozialgerichte und Landessozialgerichte, im Bund das Bundessozialgericht errichtet.

§ 3 [Besetzung mit Berufsrichtern und ehrenamtlichen Richtern]

Die Gerichte der Sozialgerichtsbarkeit werden mit Berufsrichtern und ehrenamtlichen Richtern[2)] besetzt.

§ 4[3)] **[Geschäftsstelle]** [1] Bei jedem Gericht wird eine Geschäftsstelle eingerichtet, die mit der erforderlichen Zahl von Urkundsbeamten besetzt wird. [2] Das Nähere bestimmen für das Bundessozialgericht das Bundesministerium für Arbeit und Soziales, für die Sozialgerichte und Landessozialgerichte die nach Landesrecht zuständigen Stellen.

§ 5 [Rechts- und Amtshilfe] (1) Alle Gerichte, Verwaltungsbehörden und Organe der Versicherungsträger leisten den Gerichten der Sozialgerichtsbarkeit Rechts- und Amtshilfe.

(2) [1] Das Ersuchen an ein Sozialgericht um Rechtshilfe ist an das Sozialgericht zu richten, in dessen Bezirk die Amtshandlung vorgenommen werden soll. [2] Das Ersuchen ist durch den Vorsitzenden einer Kammer durchzuführen. [3] Ist die Amtshandlung außerhalb des Sitzes des ersuchten Sozialgerichts vorzunehmen, so kann dieses Gericht das Amtsgericht um die Vornahme der Rechtshilfe ersuchen.

[1)] § 1 Satz 2 angef., bish. Wortlaut wird Satz 1 mWv 15.12.2004; Satz 2 aufgeh., bish. Satz 1 wird alleiniger Wortlaut mWv 1.1.2009 durch G v. 9.12.2004 (BGBl. I S. 3302).

[2)] Siehe §§ 43, 45 und 45a Deutsches RichterG **(Habersack, Deutsche Gesetze ErgBd. Nr. 97)**.

[3)] § 4 Satz 2 geänd. mWv 2.1.2002 durch G v. 17.8.2001 (BGBl. I S. 2144); Satz 2 geänd. mWv 28.11.2003 durch VO v. 25.11.2003 (BGBl. I S. 2304); Satz 2 geänd. mWv 8.11.2006 durch VO v. 31.10.2006 (BGBl. I S. 2407).

(3) Die §§ 158 bis 160, 164 bis 166, 168 des Gerichtsverfassungsgesetzes[1] gelten entsprechend.

§ 6 [Anwendung des GVG] Für die Gerichte der Sozialgerichtsbarkeit gelten die Vorschriften des Zweiten Titels des Gerichtsverfassungsgesetzes[2] [3] nach Maßgabe der folgenden Vorschriften entsprechend:

1. [1] Das Präsidium teilt die ehrenamtlichen Richter im voraus für jedes Geschäftsjahr, mindestens für ein Vierteljahr, einem oder mehreren Spruchkörpern zu, stellt die Reihenfolge fest, in der sie zu den Verhandlungen heranzuziehen sind, und regelt die Vertretung für den Fall der Verhinderung. [2] Von

(Fortsetzung nächstes Blatt)

[1] Nr. **50/20**.
[2] Auszugsweise abgedruckt unter Nr. **50/20**.
[3] Siehe §§ 21a–21j GVG (Nr. **50/20**)

che[1] gelten die §§ 169, 171b bis 191a des Gerichtsverfassungsgesetzes[2] entsprechend.

(2) Für die Beratung und Abstimmung gelten die §§ 192 bis 197 des Gerichtsverfassungsgesetzes[2] entsprechend.

§ 62[3] [Rechtliches Gehör] Vor jeder Entscheidung ist den Beteiligten rechtliches Gehör zu gewähren; die Anhörung kann schriftlich oder elektronisch geschehen.

§ 63[4] [Zustellungen] (1) [1] Anordnungen und Entscheidungen, durch die eine Frist in Lauf gesetzt wird, sind den Beteiligten zuzustellen, bei Verkündung jedoch nur, wenn es ausdrücklich vorgeschrieben ist. [2] Terminbestimmungen und Ladungen sind bekannt zu geben.

(2) [1] Zugestellt wird von Amts wegen nach den Vorschriften der Zivilprozessordnung[5]. [2] Die §§ 173, 175 und 178 Abs. 1 Nr. 2 der Zivilprozessordnung[6] sind entsprechend anzuwenden auf die nach § 73 Abs. 2 Satz 2 Nr. 3 bis 9 zur Prozessvertretung zugelassenen Personen.

(3) Wer nicht im Inland wohnt, hat auf Verlangen einen Zustellungsbevollmächtigten zu bestellen.

§ 64 [Berechnung der Fristen] (1) Der Lauf einer Frist beginnt, soweit nichts anderes bestimmt ist, mit dem Tage nach der Zustellung oder, wenn diese nicht vorgeschrieben ist, mit dem Tage nach der Eröffnung oder Verkündung.

(2) [1] Eine nach Tagen bestimmte Frist endet mit dem Ablauf ihres letzten Tages, eine nach Wochen oder Monaten bestimmte Frist mit dem Ablauf desjenigen Tages der letzten Woche oder des letzten Monats, welcher nach Benennung oder Zahl dem Tage entspricht, in den das Ereignis oder der Zeitpunkt fällt. [2] Fehlt dem letzten Monat der entsprechende Tag, so endet die Frist mit dem Monat.

(3) Fällt das Ende einer Frist auf einen Sonntag, einen gesetzlichen Feiertag oder einen Sonnabend, so endet die Frist mit Ablauf des nächsten Werktages.

§ 65 [Richterliche Fristen, Abkürzung und Verlängerung] [1] Auf Antrag kann der Vorsitzende richterliche Fristen abkürzen oder verlängern. [2] Im Falle der Verlängerung wird die Frist von dem Ablauf der vorigen Frist an berechnet.

---

[1] Für EG-Angehörige siehe Art. 84 Abs. 4 VO (EWG) Nr. 1408/71 **(Loseblatt-Textsammlung Arbeitsrecht Nr. 867)**.

[2] Nr. **50/20**.

[3] § 62 zweiter Halbs. geänd. mWv 1.4.2005 durch G v. 22.3.2005 (BGBl. I S. 837).

[4] § 63 Abs. 1 geänd. durch G v. 24.6.1994 (BGBl. I S. 1325); Abs. 2 neu gef. mWv 1.7.2002 durch G v. 25.6.2001 (BGBl. I S. 1206); Abs. 1 Satz 2 angef., bish. Wortlaut wird Satz 1 und geänd. mWv 2.1.2002 durch G v. 17.8.2001 (BGBl. I S. 2144); Abs. 2 Satz 2 geänd. mWv 1.2.2006 durch G v. 12.8.2005 (BGBl. I S. 2354); Abs. 2 Satz 2 geänd. mWv 1.7.2008 durch G v. 12.12.2007 (BGBl. I S. 2840, geänd. durch G v. 12.6.2008, BGBl. I S. 1000); Abs. 2 Satz 2 geänd. mWv 1.1.2022 durch G v. 5.10.2021 (BGBl. I S. 4607).

[5] Auszugsweise abgedruckt unter Nr. **50/10**.

[6] Nr. **50/10**.

§ 65a[1] [Übermittlung elektronischer Dokumente] (1) Vorbereitende Schriftsätze und deren Anlagen, schriftlich einzureichende Anträge und Erklärungen der Beteiligten sowie schriftlich einzureichende Auskünfte, Aussagen, Gutachten, Übersetzungen und Erklärungen Dritter können nach Maßgabe der Absätze 2 bis 6 als elektronische Dokumente bei Gericht eingereicht werden.

(2) [1] Das elektronische Dokument muss für die Bearbeitung durch das Gericht geeignet sein. [2] Die Bundesregierung bestimmt durch Rechtsverordnung mit Zustimmung des Bundesrates technische Rahmenbedingungen für die Übermittlung und die Eignung zur Bearbeitung durch das Gericht.

(3) [1] Das elektronische Dokument muss mit einer qualifizierten elektronischen Signatur der verantwortenden Person versehen sein oder von der verantwortenden Person signiert und auf einem sicheren Übermittlungsweg eingereicht werden. [2] Satz 1 gilt nicht für Anlagen, die vorbereitenden Schriftsätzen beigefügt sind.

(4) [1] Sichere Übermittlungswege sind

1. der Postfach- und Versanddienst eines De-Mail-Kontos, wenn der Absender bei Versand der Nachricht sicher im Sinne des § 4 Absatz 1 Satz 2 des De-Mail-Gesetzes angemeldet ist und er sich die sichere Anmeldung gemäß § 5 Absatz 5 des De-Mail-Gesetzes bestätigen lässt,
2. der Übermittlungsweg zwischen dem besonderen elektronischen Anwaltspostfach nach § 31a der Bundesrechtsanwaltsordnung[2] oder einem entsprechenden, auf gesetzlicher Grundlage errichteten elektronischen Postfach und der elektronischen Poststelle des Gerichts,
3. der Übermittlungsweg zwischen einem nach Durchführung eines Identifizierungsverfahrens eingerichteten Postfach einer Behörde oder einer juristischen Person des öffentlichen Rechts und der elektronischen Poststelle des Gerichts,
4. der Übermittlungsweg zwischen einem nach Durchführung eines Identifizierungsverfahrens eingerichteten elektronischen Postfach einer natürlichen oder juristischen Person oder einer sonstigen Vereinigung und der elektronischen Poststelle des Gerichts,
5. der Übermittlungsweg zwischen einem nach Durchführung eines Identifizierungsverfahrens genutzten Postfach- und Versanddienst eines Nutzerkontos im Sinne des § 2 Absatz 5 des Onlinezugangsgesetzes und der elektronischen Poststelle des Gerichts,
6. sonstige bundeseinheitliche Übermittlungswege, die durch Rechtsverordnung der Bundesregierung mit Zustimmung des Bundesrates festgelegt werden, bei denen die Authentizität und Integrität der Daten sowie die Barrierefreiheit gewährleistet sind.

---

[1] § 65a eingef. mWv 1.4.2005 durch G v. 22.3.2005 (BGBl. I S. 837); Abs. 1 und 2 neu gef., Abs. 3–6 eingef., bish. Abs. 3 wird Abs. 7 mWv 1.1.2018 durch G v. 10.10.2013 (BGBl. I S. 3786); Abs. 7 Satz 2 angef. mWv 1.1.2018 durch G v. 5.7.2017 (BGBl. I S. 2208); Abs. 1 Satz 3, Abs. 3 geänd. mWv 29.7.2017 durch G v. 18.7.2017 (BGBl. I S. 2745); Abs. 1 geänd., Abs. 3 Satz 2 angef. mWv 1.1.2020 durch G v. 12.12.2019 (BGBl. I S. 2633); Abs. 2 Satz 2 neu gef., Abs. 4 Nr. 3 geänd., Nr. 4 und 5 eingef., bish. Nr. 4 wird Nr. 6, Satz 2 angef., Abs. 6 Satz 1 geänd. mWv 1.1.2022 durch G v. 5.10.2021 (BGBl. I S. 4607).

[2] **Habersack, Deutsche Gesetze ErgBd. Nr. 98.**

[2]Das Nähere zu den Übermittlungswegen gemäß Satz 1 Nummer 3 bis 5 regelt die Rechtsverordnung nach Absatz 2 Satz 2.

(5) [1]Ein elektronisches Dokument ist eingegangen, sobald es auf der für den Empfang bestimmten Einrichtung des Gerichts gespeichert ist. [2]Dem Absender ist eine automatisierte Bestätigung über den Zeitpunkt des Eingangs zu erteilen. [3]Die Vorschriften dieses Gesetzes über die Beifügung von Abschriften für die übrigen Beteiligten finden keine Anwendung.

(6) [1]Ist ein elektronisches Dokument für das Gericht zur Bearbeitung nicht geeignet, ist dies dem Absender unter Hinweis auf die Unwirksamkeit des Eingangs unverzüglich mitzuteilen. [2]Das Dokument gilt als zum Zeitpunkt der früheren Einreichung eingegangen, sofern der Absender es unverzüglich in einer für das Gericht zur Bearbeitung geeigneten Form nachreicht und glaubhaft macht, dass es mit dem zuerst eingereichten Dokument inhaltlich übereinstimmt.

(7) [1]Soweit eine handschriftliche Unterzeichnung durch den Richter oder den Urkundsbeamten der Geschäftsstelle vorgeschrieben ist, genügt dieser Form die Aufzeichnung als elektronisches Dokument, wenn die verantwortenden Personen am Ende des Dokuments ihren Namen hinzufügen und das Dokument mit einer qualifizierten elektronischen Signatur versehen. [2]Der in Satz 1 genannten Form genügt auch ein elektronisches Dokument, in welches das handschriftlich unterzeichnete Schriftstück gemäß § 65b Absatz 6 Satz 4 übertragen worden ist.

§ 65b[1)] [Führung elektronischer Prozessakten] (1) [1]Die Prozessakten können elektronisch geführt werden. [2]Die Bundesregierung und die Landesregierungen bestimmen jeweils für ihren Bereich durch Rechtsverordnung den Zeitpunkt, von dem an die Prozessakten elektronisch geführt werden. [3]In der Rechtsverordnung sind die organisatorisch-technischen Rahmenbedingungen für die Bildung, Führung und Verwahrung der elektronischen Akten festzulegen. [4]Die Landesregierungen können die Ermächtigung auf die für die Sozialgerichtsbarkeit zuständigen obersten Landesbehörden übertragen. [5]Die Zulassung der elektronischen Akte kann auf einzelne Gerichte oder Verfahren beschränkt werden; wird von dieser Möglichkeit Gebrauch gemacht, kann in der Rechtsverordnung bestimmt werden, dass durch Verwaltungsvorschrift, die öffentlich bekanntzumachen ist, geregelt wird, in welchen Verfahren die Prozessakten elektronisch zu führen sind. [6]Die Rechtsverordnung der Bundesregierung bedarf nicht der Zustimmung des Bundesrates.

(1a) [1]Die Prozessakten werden ab dem 1. Januar 2026 elektronisch geführt. [2]Die Bundesregierung und die Landesregierungen bestimmen jeweils für ihren Bereich durch Rechtsverordnung die organisatorischen und dem Stand der Technik entsprechenden technischen Rahmenbedingungen für die Bildung, Führung und Verwahrung der elektronischen Akten einschließlich der einzuhaltenden Anforderungen der Barrierefreiheit. [3]Die Bundesregierung und die Landesregierungen können jeweils für ihren Bereich durch Rechtsverordnung bestimmen, dass Akten, die in Papierform angelegt wurden, in Papierform weitergeführt werden. [4]Die Landesregierungen können die Ermächti-

[1)] § 65b eingef. mWv 1.4.2005 durch G v. 22.3.2005 (BGBl. I S. 837); Abs. 2–5 neu gef., Abs. 6 angef. mWv 1.1.2018 durch G v. 10.10.2013 (BGBl. I S. 3786); Abs. 1 Satz 5 geänd. mWv 13.7.2017, Abs. 1a eingef., Abs. 6 neu gef. mWv 1.1.2018 durch G v. 5.7.2017 (BGBl. I S. 2208).

gungen nach den Sätzen 2 und 3 auf die für die Sozialgerichtsbarkeit zuständigen obersten Landesbehörden übertragen. [5] Die Rechtsverordnungen der Bundesregierung bedürfen nicht der Zustimmung des Bundesrates.

(2) [1] Werden die Akten in Papierform geführt, ist von einem elektronischen Dokument ein Ausdruck für die Akten zu fertigen. [2] Kann dies bei Anlagen zu vorbereitenden Schriftsätzen nicht oder nur mit unverhältnismäßigem Aufwand erfolgen, so kann ein Ausdruck unterbleiben. [3] Die Daten sind in diesem Fall dauerhaft zu speichern; der Speicherort ist aktenkundig zu machen.

(3) Wird das elektronische Dokument auf einem sicheren Übermittlungsweg eingereicht, so ist dies aktenkundig zu machen.

(4) Ist das elektronische Dokument mit einer qualifizierten elektronischen Signatur versehen und nicht auf einem sicheren Übermittlungsweg eingereicht, muss der Ausdruck einen Vermerk darüber enthalten,

1. welches Ergebnis die Integritätsprüfung des Dokumentes ausweist,
2. wen die Signaturprüfung als Inhaber der Signatur ausweist,
3. welchen Zeitpunkt die Signaturprüfung für die Anbringung der Signatur ausweist.

(5) Ein eingereichtes elektronisches Dokument kann im Falle von Absatz 2 nach Ablauf von sechs Monaten gelöscht werden.

(6) [1] Werden die Prozessakten elektronisch geführt, sind in Papierform vorliegende Schriftstücke und sonstige Unterlagen nach dem Stand der Technik zur Ersetzung der Urschrift in ein elektronisches Dokument zu übertragen. [2] Es ist sicherzustellen, dass das elektronische Dokument mit den vorliegenden Schriftstücken und sonstigen Unterlagen bildlich und inhaltlich übereinstimmt. [3] Das elektronische Dokument ist mit einem Übertragungsnachweis zu versehen, der das bei der Übertragung angewandte Verfahren und die bildliche und inhaltliche Übereinstimmung dokumentiert. [4] Wird ein von den verantwortenden Personen handschriftlich unterzeichnetes gerichtliches Schriftstück übertragen, ist der Übertragungsnachweis mit einer qualifizierten elektronischen Signatur des Urkundsbeamten der Geschäftsstelle zu versehen. [5] Die in Papierform vorliegenden Schriftstücke und sonstigen Unterlagen können sechs Monate nach der Übertragung vernichtet werden, sofern sie nicht rückgabepflichtig sind.

§ 65c[1)] Formulare; Verordnungsermächtigung. [1] Das Bundesministerium für Arbeit und Soziales kann durch Rechtsverordnung mit Zustimmung des Bundesrates elektronische Formulare einführen. [2] Die Rechtsverordnung kann bestimmen, dass die in den Formularen enthaltenen Angaben ganz oder teilweise in strukturierter maschinenlesbarer Form zu übermitteln sind. [3] Die Formulare sind auf einer in der Rechtsverordnung zu bestimmenden Kommunikationsplattform im Internet zur Nutzung bereitzustellen. [4] Die Rechtsverordnung kann bestimmen, dass eine Identifikation des Formularverwenders abweichend von § 65a Absatz 3 auch durch Nutzung des elektronischen Identitätsnachweises nach § 18 des Personalausweisgesetzes[2)], § 12 des eID-Karte-Gesetzes oder § 78 Absatz 5 des Aufenthaltsgesetzes[3)] erfolgen kann.

[1)] § 65c eingef. mWv 1.7.2014 durch G v. 10.10.2013 (BGBl. I S. 3786); Satz 4 geänd. mWv 1.11. 2019 durch G v. 21.6.2019 (BGBl. I S. 846).

[2)] **Sartorius Nr. 255.**

[3)] **Sartorius Nr. 565.**

§ 65d[1] Nutzungspflicht für Rechtsanwälte, Behörden und vertretungsberechtigte Personen. [1] Vorbereitende Schriftsätze und deren Anlagen sowie schriftlich einzureichende Anträge und Erklärungen, die durch einen Rechtsanwalt, durch eine Behörde oder durch eine juristische Person des öffentlichen Rechts einschließlich der von ihr zur Erfüllung ihrer öffentlichen Aufgaben gebildeten Zusammenschlüsse eingereicht werden, sind als elektronisches Dokument zu übermitteln. [2] Gleiches gilt für die nach diesem Gesetz vertretungsberechtigten Personen, für die ein sicherer Übermittlungsweg nach § 65a Absatz 4 Satz 1 Nummer 2 zur Verfügung steht. [3] Ist eine Übermittlung aus technischen Gründen vorübergehend nicht möglich, bleibt die Übermittlung nach den allgemeinen Vorschriften zulässig. [4] Die vorübergehende Unmöglichkeit ist bei der Ersatzeinreichung oder unverzüglich danach glaubhaft zu machen; auf Anforderung ist ein elektronisches Dokument nachzureichen.

§ 66[2] [Rechtsmittelbelehrung] (1) Die Frist für ein Rechtsmittel oder einen anderen Rechtsbehelf beginnt nur dann zu laufen, wenn der Beteiligte über den Rechtsbehelf, die Verwaltungsstelle oder das Gericht, bei denen der Rechtsbehelf anzubringen ist, den Sitz und die einzuhaltende Frist schriftlich oder elektronisch belehrt worden ist.

(Fortsetzung nächstes Blatt)

---

[1] § 65d eingef. mWv 1.1.2022 durch G v. 10.10.2013 (BGBl. I S. 3786); Satz 2 geänd. mWv 1.1.2022 durch G v. 5.10.2021 (BGBl. I S. 4607).

[2] § 66 Abs. 1 und Abs. 2 Satz 1 geänd. mWv 1.4.2005 durch G v. 22.3.2005 (BGBl. I S. 837).

§ 134[1] [Unterschrift; Übergabe an die Geschäftsstelle] (1) Das Urteil ist vom Vorsitzenden zu unterschreiben.

(2) [1] Das Urteil soll vor Ablauf eines Monats, vom Tag der Verkündung an gerechnet, vollständig abgefasst der Geschäftsstelle übermittelt werden. [2] Im Falle des § 170a verlängert sich die Frist um die zur Anhörung der ehrenamtlichen Richter benötigte Zeit.

(3) [1] Der Urkundsbeamte der Geschäftsstelle hat auf dem Urteil den Tag der Verkündung oder Zustellung zu vermerken und diesen Vermerk zu unterschreiben. [2] Werden die Akten elektronisch geführt, hat der Urkundsbeamte der Geschäftsstelle den Vermerk in einem gesonderten Dokument festzuhalten. [3] Das Dokument ist mit dem Urteil untrennbar zu verbinden.

§ 135[2] [Zustellungszwang] Das Urteil ist den Beteiligten unverzüglich zuzustellen.

§ 136[3] [Inhalt des Urteils] (1) Das Urteil enthält
1. die Bezeichnung der Beteiligten, ihrer gesetzlichen Vertreter und der Bevollmächtigten nach Namen, Wohnort und ihrer Stellung im Verfahren,
2. die Bezeichnung des Gerichts und die Namen der Mitglieder, die bei der Entscheidung mitgewirkt haben,
3. den Ort und Tag der mündlichen Verhandlung,
4. die Urteilsformel,
5. die gedrängte Darstellung des Tatbestandes,
6. die Entscheidungsgründe,
7. die Rechtsmittelbelehrung.

(2) [1] Die Darstellung des Tatbestandes kann durch eine Bezugnahme auf den Inhalt der vorbereitenden Schriftsätze und auf die zu Protokoll erfolgten Feststellungen ersetzt werden, soweit sich aus ihnen der Sach- und Streitstand richtig und vollständig ergibt. [2] In jedem Falle sind jedoch die erhobenen Ansprüche genügend zu kennzeichnen und die dazu vorgebrachten Angriffs- und Verteidigungsmittel ihrem Wesen nach hervorzuheben.

(3) Das Gericht kann von einer weiteren Darstellung der Entscheidungsgründe absehen, soweit es der Begründung des Verwaltungsaktes oder des Widerspruchsbescheides folgt und dies in seiner Entscheidung feststellt.

(4) Wird das Urteil in dem Termin, in dem die mündliche Verhandlung geschlossen worden ist, verkündet, so bedarf es des Tatbestandes und der Entscheidungsgründe nicht, wenn Kläger, Beklagter und sonstige rechtsmittelberechtigte Beteiligte auf Rechtsmittel gegen das Urteil verzichten.

[1] § 134 neu gef. mWv 2.1.2002 durch G v. 17.8.2001 (BGBl. I S. 2144); Abs. 2 Satz 1 geänd. sowie Abs. 3 Sätze 2 und 3 angef., bish. Wortlaut wird Satz 1 mWv 1.4.2005 durch G v. 22.3.2005 (BGBl. I S. 837).

[2] § 135 neu gef. mWv 2.1.2002 durch G v. 17.8.2001 (BGBl. I S. 2144).

[3] § 136 Abs. 3 angef. durch G v. 11.1.1993 (BGBl. I S. 50); Abs. 1 Nr. 1 geänd. mWv 2.1.2002 durch G v. 17.8.2001 (BGBl. I S. 2144); Abs. 4 angef. mWv 1.4.2008 durch G v. 26.3.2008 (BGBl. I S. 444); Abs. 2 Satz 1 geänd. mWv 1.1.2018 durch G v. 5.7.2017 (BGBl. I S. 2208).

§ 137[1)] **[Urteilsausfertigung]** [1] Die Ausfertigungen des Urteils sind von dem Urkundsbeamten der Geschäftsstelle zu unterschreiben und mit dem Gerichtssiegel zu versehen. [2] Ausfertigungen, Auszüge und Abschriften eines als elektronisches Dokument (§ 65a Absatz 7) vorliegenden Urteils können von einem Urteilsausdruck erteilt werden. [3] Auszüge und Abschriften eines in Papierform vorliegenden Urteils können durch Telekopie oder als elektronisches Dokument erteilt werden. [4] Die Telekopie hat eine Wiedergabe des Gerichtssiegels, die Telekopie zur Erteilung eines Auszugs zusätzlich die Unterschrift des Urkundsbeamten der Geschäftsstelle zu enthalten. [5] Bei der Erteilung von beglaubigten Auszügen und Abschriften ist das elektronische Dokument mit einer qualifizierten elektronischen Signatur des Urkundsbeamten der Geschäftsstelle zu versehen.

§ 138[2)] **[Berichtigung des Urteils]** [1] Schreibfehler, Rechenfehler und ähnliche offenbare Unrichtigkeiten im Urteil sind jederzeit von Amts wegen zu berichtigen. [2] Der Vorsitzende entscheidet hierüber durch Beschluß. [3] Der Berichtigungsbeschluß wird auf dem Urteil und den Ausfertigungen vermerkt. [4] Werden die Akten elektronisch geführt, hat der Urkundsbeamte der Geschäftsstelle den Vermerk in einem gesonderten Dokument festzuhalten. [5] Das Dokument ist mit dem Urteil untrennbar zu verbinden.

§ 139[3)] **[Berichtigung des Tatbestandes]** (1) Enthält der Tatbestand des Urteils andere Unrichtigkeiten oder Unklarheiten, so kann die Berichtigung binnen zwei Wochen nach Zustellung des Urteils beantragt werden.

(2) [1] Das Gericht entscheidet ohne Beweisaufnahme durch Beschluß. [2] Der Beschluß ist unanfechtbar. [3] Bei der Entscheidung wirken nur die Richter mit, die beim Urteil mitgewirkt haben. [4] Ist ein Richter verhindert, so entscheidet bei Stimmengleichheit die Stimme des Vorsitzenden. [5] Der Berichtigungsbeschluß wird auf dem Urteil und den Ausfertigungen vermerkt.

(3) Ist das Urteil elektronisch abgefasst, ist auch der Beschluss elektronisch abzufassen und mit dem Urteil untrennbar zu verbinden.

§ 140[4)] **[Ergänzung des Urteils]** (1) [1] Hat das Urteil einen von einem Beteiligten erhobenen Anspruch oder den Kostenpunkt ganz oder teilweise übergangen, so wird es auf Antrag nachträglich ergänzt. [2] Die Entscheidung muß binnen eines Monats nach Zustellung des Urteils beantragt werden.

(2) [1] Über den Antrag wird in einem besonderen Verfahren entschieden. [2] Die Entscheidung ergeht, wenn es sich nur um den Kostenpunkt handelt, durch Beschluß, der lediglich mit der Entscheidung in der Hauptsache angefochten werden kann, im übrigen durch Urteil, das mit dem bei dem übergangenen Anspruch zulässigen Rechtsmittel angefochten werden kann.

[1)] § 137 geänd. mWv 2.1.2002 durch G v. 17.8.2001 (BGBl. I S. 2144); Sätze 2 bis 5 angef., bish. Wortlaut wird Satz 1 mWv 1.4.2005 durch G v. 22.3.2005 (BGBl. I S. 837); Satz 3 geänd. mWv 1.7.2014, Sätze 2 und 3 geänd. mWv 1.1.2018 durch G v. 10.10.2013 (BGBl. I S. 3786); Satz 4 neu gef. mWv 22.4.2015 durch G v. 15.4.2015 (BGBl. I S. 583); Sätze 2, 3 und 5 geänd. mWv 1.7.2020 durch G v. 12.6.2020 (BGBl. I S. 1248); Satz 2 geänd. mWv 1.1.2022 durch G v. 5.10.2021 (BGBl. I S. 4607).

[2)] § 138 Sätze 4 und 5 angef. mWv 1.4.2005 durch G v. 22.3.2005 (BGBl. I S. 837).

[3)] § 139 Abs. 1 geänd. durch G v. 3.12.1976 (BGBl. I S. 3281); Abs. 3 angef. mWv 1.4.2005 durch G v. 22.3.2005 (BGBl. I S. 837).

[4)] § 140 Abs. 4 Satz 2 angef. mWv 1.1.2018 durch G v. 5.7.2017 (BGBl. I S. 2208).

50/10. Zivilprozessordnung[1)]

In der Fassung der Bekanntmachung vom 5. Dezember 2005[2)]
(BGBl. I S. 3202, ber. 2006 I S. 431 und 2007 I S. 1781)

FNA 310-4

geänd. durch Art. 50 Erstes BMJ-RechtsbereinigungsG v. 19.4.2006 (BGBl. I S. 866), Art. 10 Zweites JustizmodernisierungsG v. 22.12.2006 (BGBl. I S. 3416, geänd. durch G v. 12.12.2007, BGBl. I S. 2840), Art. 4 G zur Stärkung der Selbstverwaltung der Rechtsanwaltschaft v. 26.3.2007 (BGBl. I S. 358), Art. 1 G zum Pfändungsschutz der Altersvorsorge v. 26.3.2007 (BGBl. I S. 368), Art. 3 Abs. 6 G zur Änd. des WohnungseigentumsG und anderer Gesetze v. 26.3.2007 (BGBl. I S. 370), Art. 8 G zur Neuregelung des Rechtsberatungsrechts v. 12.12.2007 (BGBl. I S. 2840), Art. 8a G zur Neuregelung des Rechtsberatungsrechts v. 12.12.2007 (BGBl. I S. 2840), Art. 3 Abs. 3 G zur Änd. des Unterhaltsrechts v. 21.12.2007 (BGBl. I S. 3189), Art. 2 Abs. 4 G zur Ergänzung des Rechts zur Anfechtung der Vaterschaft v. 13.3.2008 (BGBl. I S. 313), Art. 2 G zur Klärung der Vaterschaft unabhängig vom Anfechtungsverfahren v. 26.3.2008 (BGBl. I S. 441), Art. 8 RisikobegrenzungsG v. 12.8.2008 (BGBl. I S. 1666), Art. 8 G zur Modernisierung des GmbH-Rechts und zur Bekämpfung von Missbräuchen v. 23.10.2008 (BGBl. I S. 2026), Art. 1 G zur Verbesserung der grenzüberschreitenden Forderungsdurchsetzung und Zustellung v. 30.10.2008 (BGBl. I S. 2122), Art. 29 FGG-ReformG v. 17.12.2008 (BGBl. I S. 2586), Art. 1 G zur Reform des Kontopfändungsschutzes v. 7.7. 2009 (BGBl. I S. 1707), Art. 7 Abs. 1 G zur Reform des Kontopfändungsschutzes v. 7.7.2009 (BGBl. I S. 1707), Art. 1 G zur Reform der Sachaufklärung in der Zwangsvollstreckung v. 29.7.2009 (BGBl. I S. 2258), Art. 8 Abs. 3 G zur Umsetzung der VerbraucherkreditRL, des zivilrechtlichen Teils der ZahlungsdiensteRL sowie zur Neuordnung der Vorschriften über das Widerrufs- und Rückgaberecht v. 29.7.2009 (BGBl. I S. 2355), Art. 1 G über die Internetversteigerung in der Zwangsvollstreckung und zur Änd. anderer Gesetze v. 30.7.2009 (BGBl. I S. 2474), Art. 3 Elektronische Anmeldungen zum Vereinsregister-ErleichterungsG v. 24.9.2009 (BGBl. I S. 3145), Art. 8 G zur Umsetzung der DienstleistungsRL in der Justiz und zur Änd. weiterer Vorschriften v. 22.12.2010 (BGBl. I S. 2248), Art. 6 G zur Ermittlung von Regelbedarfen und zur Änd. des Zweiten und Zwölften Buches Sozialgesetzbuch v. 24.3.2011 (BGBl. I S. 453), Art. 3 Zweites ErbrechtsgleichstellungsG v. 12.4.2011 (BGBl. I S. 615), Art. 2 G zur Regelung von De-Mail-Diensten und zur Änd. weiterer Vorschriften v. 28.4.2011 (BGBl. I S. 666), Art. 4 G zur Durchführung der VO (EG) Nr. 4/ 2009 und zur Neuordnung bestehender Aus- und Durchführungsbestimmungen auf dem Gebiet des internationalen Unterhaltsverfahrensrechts v. 23.5.2011 (BGBl. I S. 898), Art. 1 G zur Änderung des § 522 ZPO v. 21.10.2011 (BGBl. I S. 2082), Art. 5 G über den Rechtsschutz bei überlangen Gerichtsverfahren und strafrechtlichen Ermittlungsverfahren v. 24.11.2011 (BGBl. I S. 2302), Art. 2 Abs. 27 und Art. 3 G zur Änd. von Vorschriften über Verkündung und Bekanntmachungen sowie der ZPO, des EGZPO und der AO v. 22.12.2011 (BGBl. I S. 3044), Art. 2 G zur Förderung der Mediation und anderer Verfahren der außergerichtlichen Konfliktbeilegung v. 21.7.2012 (BGBl. I S. 1577), Art. 2 G zur Reform des KapMuG und zur Änd. anderer Vorschriften v. 19.10.2012 (BGBl. I S. 2182), Art. 1 G zur Einführung einer Rechtsbehelfsbelehrung im Zivilprozess und zur Änd. anderer Vorschriften v. 5.12.2012 (BGBl. I S. 2418), Art. 2 G zur Änd. des AZR-Gesetzes v. 20.12.2012 (BGBl. I S. 2745), Art. 4 MietrechtsänderungsG v. 11.3.2013 (BGBl. I S. 434), Art. 7 G zur Reform des Seehandelsrechts v. 20.4.2013 (BGBl. I S. 831), Art. 2 G zur Intensivierung des Einsatzes von Videokonferenztechnik in gerichtlichen und staatsanwaltschaftlichen Verfahren v. 25.4. 2013 (BGBl. I S. 935), Art. 4 G zur Übertragung von Aufgaben im Bereich der freiwilligen Gerichtsbarkeit auf Notare v. 26.6.2013 (BGBl. I S. 1800), Art. 22 Amtshilferichtlinie-UmsetzungsG v. 26.6. 2013 (BGBl. I S. 1809), Art. 3 G zur Verkürzung des Restschuldbefreiungsverfahrens und zur Stärkung der Gläubigerrechte v. 15.7.2013 (BGBl. I S. 2379), Art. 1 G zur Änd. des Prozesskostenhilfe- und Beratungshilferechts v. 31.8.2013 (BGBl. I S. 3533), Art. 8 G zur Umsetzung der VerbraucherrechteRL und zur Änd. des G zur Regelung der Wohnungsvermittlung v. 20.9.2013 (BGBl. I S. 3642), Art. 1 G zur Förderung des elektronischen Rechtsverkehrs mit den Gerichten v. 10.10.2013 (BGBl. I S. 3786, geänd. durch G v. 5.7.2017, BGBl. I S. 2208), Art. 1 G zur

---

1) Die Änderungen durch G v. 4.5.2021 (BGBl. I S. 882), die erst **mWv 1.1.2023** und die Änderungen durch G v. 5.10.2021 (BGBl. I S. 4607), die erst **mWv 1.1.2023** bzw. **mWv 1.1.2024** in Kraft treten, sind im Text noch nicht berücksichtigt.

2) Neubekanntmachung der ZPO idF der Bek. v. 12.9.1950 (BGBl. I S. 533) in der ab 21.10.2005 geltenden Fassung.

Durchführung der VO (EU) Nr. 1215/2012 sowie zur Änd. sonstiger Vorschriften v. 8.7.2014 (BGBl. I S. 890), Art. 145 Zehnte ZuständigkeitsanpassungsVO v. 31.8.2015 (BGBl. I S. 1474), Art. 14 G zur Bereinigung des Rechts der Lebenspartner v. 20.11.2015 (BGBl. I S. 2010), Art. 6 G zur Änd. des Unterhaltsrechts und des Unterhaltsverfahrensrechts sowie zur Änd. der ZPO und kostenrechtlicher Vorschriften v. 20.11.2015 (BGBl. I S. 2018), Art. 3 G zur Umsetzung der WohnimmobilienkreditRL und zur Änd. handelsrechtlicher Vorschriften v. 11.3.2016 (BGBl. I S. 396), Art. 2 Zweites G zur Änd. der Haftungsbeschränkung in der Binnenschifffahrt v. 5.7.2016 (BGBl. I S. 1578 iVm Bek. v. 20.2.2019, BGBl. I S. 196), Art. 1 G zur Änd. des Sachverständigenrechts und zur weiteren Änd. des FamFG sowie zur Änd. des SGG, der VwGO, der FGO und des GKG v. 11.10. 2016 (BGBl. I S. 2222), Art. 1, 2 und 3 EU-KontenpfändungsVO-DurchführungsG v. 21.11.2016 (BGBl. I S. 2591, geänd. durch G v. 5.7.2017, BGBl. I S. 2208), Art. 7 G zur Reform des Bauvertragsrechts, zur Änd. der kaufrechtlichen Mängelhaftung, zur Stärkung des zivilprozessualen Rechtsschutzes und zum maschinellen Siegel im Grundbuch- und Schiffsregisterverfahren v. 28.4. 2017 (BGBl. I S. 969), Art. 10 G zur Umsetzung der BerufsanerkennungsRL und zur Änd. weiterer Vorschriften im Bereich der rechtsberatenden Berufe v. 12.5.2017 (BGBl. I S. 1121), Art. 1 G zur Änd. von Vorschriften im Bereich des Internationalen Privat- und Zivilverfahrensrechts v. 11.6.2017 (BGBl. I S. 1607), Art. 11, 12 G zur Einführung der elektronischen Akte in der Justiz und zur weiteren Förderung des elektronischen Rechtsverkehrs v. 5.7.2017 (BGBl. I S. 2208), Art. 11 Abs. 15 eIDAS-DurchführungsG v. 18.7.2017 (BGBl. I S. 2745), Art. 2 G zur Einführung einer zivilprozessualen Musterfeststellungsklage v. 12.7.2018 (BGBl. I S. 1151), Art. 11 G zur Umsetzung des G zur Einführung des Rechts auf Eheschließung für Personen gleichen Geschlechts v. 18.12.2018 (BGBl. I S. 2639), Art. 1 G zur Förderung der Freizügigkeit von EU-Bürgerinnen und -Bürgern sowie zur Neuregelung verschiedener Aspekte des Internationalen Adoptionsrechts v. 31.1.2019 (BGBl. I S. 54), Art. 5 Abs. 26 G zur Einführung einer Karte für Unionsbürger und Angehörige des Europäischen Wirtschaftsraums mit Funktion zum elektronischen Identitätsnachweis sowie zur Änd. des PersonalausweisG und weiterer Vorschriften v. 21.6.2019 (BGBl. I S. 846), Art. 10 G zur Umsetzung der RL (EU) 2016/680 im Strafverfahren sowie zur Anpassung datenschutzrechtlicher Bestimmungen an die VO (EU) 2016/679 v. 20.11.2019 (BGBl. I S. 1724), Art. 2 G zur Regelung der Wertgrenze für die Nichtzulassungsbeschwerde in Zivilsachen, zum Ausbau der Spezialisierung bei den Gerichten sowie zur Änd. weiterer prozessrechtlicher Vorschriften v. 12.12.2019 (BGBl. I S. 2633), Art. 1 Pfändungsschutzkonto-FortentwicklungsG v. 22.11.2020 (BGBl. I S. 2466, geänd. durch G v. 7.5.2021, BGBl. I S. 850), Art. 10 KostenrechtsänderungsG 2021 v. 21.12.2020 (BGBl. I S. 3229), Art. 3 Sanierungs- und InsolvenzrechtsfortentwicklungsG v. 22.12.2020 (BGBl. I S. 3256), Art. 8 G zur Verbesserung des Verbraucherschutzes im Inkassorecht und zur Änd. weiterer Vorschriften v. 22.12.2020 (BGBl. I S. 3320), Art. 1 G zur Verbesserung des Schutzes von Gerichtsvollziehern vor Gewalt sowie zur Änd. weiterer zwangsvollstreckungsrechtlicher Vorschriften und zur Änd. des InfektionsschutzG v. 7.5.2021 (BGBl. I S. 850), Art. 7 G zur Reform des Vormundschafts- und Betreuungsrechts v. 4.5.2021 (BGBl. I S. 882), Art. 8 G zur Fortentwicklung der StrafprozessO und zur Änd. weiterer Vorschriften v. 25.6.2021 (BGBl. I S. 2099), Art. 14 G zur Modernisierung des notariellen Berufsrechts und zur Änd. weiterer Vorschriften v. 25.6.2021 (BGBl. I S. 2154), Art. 13 G zur Neuregelung des Berufsrechts der anwaltlichen und steuerberatenden Berufsausübungsgesellschaften sowie zur Änd. weiterer Vorschriften im Bereich der rechtsberatenden Berufe v. 7.7.2021 (BGBl. I S. 2363), Art. 3 G zur Durchführung der VO (EU) 2019/1111 sowie zur Änd. sonstiger Vorschriften v. 10.8.2021 (BGBl. I S. 3424), Art. 34 PersonengesellschaftsrechtsmodernisierungsG (MoPeG) v. 10.8.2021 (BGBl. I S. 3436) und Art. 1–3 G zum Ausbau des elektronischen Rechtsverkehrs mit den Gerichten und zur Änd. weiterer Vorschriften v. 5.10.2021 (BGBl. I S. 4607)

– Auszug –

Buch 1. Allgemeine Vorschriften[1]

Abschnitt 1. Gerichte

Titel 4. Ausschließung und Ablehnung der Gerichtspersonen

§ 41[2] Ausschluss von der Ausübung des Richteramtes. Ein Richter ist von der Ausübung des Richteramtes kraft Gesetzes ausgeschlossen:

1. in Sachen, in denen er selbst Partei ist oder bei denen er zu einer Partei in dem Verhältnis eines Mitberechtigten, Mitverpflichteten oder Regresspflichtigen steht;
2. in Sachen seines Ehegatten, auch wenn die Ehe nicht mehr besteht;

2a. in Sachen seines Lebenspartners, auch wenn die Lebenspartnerschaft nicht mehr besteht;

3. in Sachen einer Person, mit der er in gerader Linie verwandt oder verschwägert, in der Seitenlinie bis zum dritten Grad verwandt oder bis zum zweiten Grad verschwägert ist oder war;

(Fortsetzung nächstes Blatt)

---

[1] Für den internationalen Rechtsverkehr vgl. das Haager Übereinkommen v. 1.3.1954 über den Zivilprozess, das durch G v. 18.12.1958 (BGBl. II S. 576) ratifiziert und veröffentlicht wurde. Es regelt: I. Zustellung gerichtlicher und außergerichtlicher Schriftstücke, II. Rechtshilfeersuchen, III. Sicherheitsleistung für die Prozesskosten, IV. Armenrecht, V. Kostenfreie Ausstellung von Personenstandsurkunden, VI. Personalhaft. Bek. über das Inkrafttreten v. 2.12.1959 (BGBl. II S. 1388). Vgl. dazu auch das Ausführungsgesetz v. 18.12.1958 (BGBl. I S. 939).

[2] § 41 Nr. 6 geänd., Nr. 7 angef. mWv 3.12.2011 durch G v. 24.11.2011 (BGBl. I S. 2302); Nr. 7 geänd., Nr. 8 angef. mWv 26.7.2012 durch G v. 21.7.2012 (BGBl. I S. 1577).

– Auszug –

Buch 1. Allgemeine Vorschriften[1]

Abschnitt 1. Gerichte

Titel 4. Ausschließung und Ablehnung der Gerichtspersonen

§ 41[2] **Ausschluss von der Ausübung des Richteramtes.** Ein Richter ist von der Ausübung des Richteramtes kraft Gesetzes ausgeschlossen:

1. in Sachen, in denen er selbst Partei ist oder bei denen er zu einer Partei in dem Verhältnis eines Mitberechtigten, Mitverpflichteten oder Regresspflichtigen steht;
2. in Sachen seines Ehegatten, auch wenn die Ehe nicht mehr besteht;

2a. in Sachen seines Lebenspartners, auch wenn die Lebenspartnerschaft nicht mehr besteht;

3. in Sachen einer Person, mit der er in gerader Linie verwandt oder verschwägert, in der Seitenlinie bis zum dritten Grad verwandt oder bis zum zweiten Grad verschwägert ist oder war;

(Fortsetzung nächstes Blatt)

---

[1] [illegible]

[2] § 41 [illegible] Nr. 8 angef. [illegible] (BGBl. I S. 1379).

(3) [1] Die Berichtigung wird auf dem Protokoll vermerkt; dabei kann auf eine mit dem Protokoll zu verbindende Anlage verwiesen werden. [2] Der Vermerk ist von dem Richter, der das Protokoll unterschrieben hat, oder von dem allein tätig gewesenen Richter, selbst wenn dieser an der Unterschrift verhindert war, und von dem Urkundsbeamten der Geschäftsstelle, soweit er zur Protokollführung zugezogen war, zu unterschreiben.

(4) [1] Erfolgt der Berichtigungsvermerk in der Form des § 130b, ist er in einem gesonderten elektronischen Dokument festzuhalten. [2] Das Dokument ist mit dem Protokoll untrennbar zu verbinden.

§ 165 Beweiskraft des Protokolls. [1] Die Beachtung der für die Verhandlung vorgeschriebenen Förmlichkeiten kann nur durch das Protokoll bewiesen werden. [2] Gegen seinen diese Förmlichkeiten betreffenden Inhalt ist nur der Nachweis der Fälschung zulässig.

Titel 2. Verfahren bei Zustellungen

Untertitel 1. Zustellungen von Amts wegen

§ 166 Zustellung. (1) Zustellung ist die Bekanntgabe eines Dokuments an eine Person in der in diesem Titel bestimmten Form.

(2) Dokumente, deren Zustellung vorgeschrieben oder vom Gericht angeordnet ist, sind von Amts wegen zuzustellen, soweit nicht anderes bestimmt ist.

§ 167 Rückwirkung der Zustellung. Soll durch die Zustellung eine Frist gewahrt werden oder die Verjährung neu beginnen oder nach § 204 des Bürgerlichen Gesetzbuchs[1)] gehemmt werden, tritt diese Wirkung bereits mit Eingang des Antrags oder der Erklärung ein, wenn die Zustellung demnächst erfolgt.

§ 168[2)] Aufgaben der Geschäftsstelle. (1) [1] Die Geschäftsstelle führt die Zustellung nach §§ 173 bis 176 Absatz 1 aus. [2] Sie kann einen nach § 33 Abs. 1 des Postgesetzes[3)] beliehenen Unternehmer (Post) oder einen Justizbediensteten mit der Ausführung der Zustellung beauftragen. [3] Den Auftrag an die Post erteilt die Geschäftsstelle auf dem dafür vorgesehenen Vordruck.

(2) Der Vorsitzende des Prozessgerichts oder ein von ihm bestimmtes Mitglied können einen Gerichtsvollzieher oder eine andere Behörde mit der Ausführung der Zustellung beauftragen, wenn eine Zustellung nach Absatz 1 keinen Erfolg verspricht.

§ 169[4)] Bescheinigung des Zeitpunktes der Zustellung; Beglaubigung. (1) Die Geschäftsstelle bescheinigt auf Antrag den Zeitpunkt der Zustellung.

---

1) **Habersack, Deutsche Gesetze Nr. 20.**

2) § 168 Abs. 1 Satz 1 geänd. mWv 1.1.2022 durch G v. 5.10.2021 (BGBl. I S. 4607).

3) **Sartorius ErgBd. Nr. 910.**

4) § 169 Abs. 3–5 angef. mWv 1.7.2014 durch G v. 10.10.2013 (BGBl. I S. 3786); Abs. 4 Satz 1 geänd. mWv 18.5.2017 durch G v. 12.5.2017 (BGBl. I S. 1121); Abs. 4 und 5 neu gef. mWv 1.1.2018 durch G v. 5.7.2017 (BGBl. I S. 2208); Abs. 4 Satz 1 geänd. mWv 1.1.2020 durch G v. 12.12.2019 (BGBl. I S. 2633).

(2) [1] Die Beglaubigung der zuzustellenden Schriftstücke wird von der Geschäftsstelle vorgenommen. [2] Dies gilt auch, soweit von einem Anwalt eingereichte Schriftstücke nicht bereits von diesem beglaubigt wurden.

(3) [1] Eine in Papierform zuzustellende Abschrift kann auch durch maschinelle Bearbeitung beglaubigt werden. [2] Anstelle der handschriftlichen Unterzeichnung ist die Abschrift mit dem Gerichtssiegel zu versehen. [3] Dasselbe gilt, wenn eine Abschrift per Telekopie zugestellt wird.

(4) [1] Ein Schriftstück oder ein elektronisches Dokument kann in beglaubigter elektronischer Abschrift zugestellt werden. [2] Die Beglaubigung erfolgt mit einer qualifizierten elektronischen Signatur des Urkundsbeamten der Geschäftsstelle.

(5) Ein elektronisches Dokument kann ohne Beglaubigung elektronisch zugestellt werden, wenn es

1. nach § 130a oder § 130b Satz 1 mit einer qualifizierten elektronischen Signatur der verantwortenden Personen versehen ist,
2. nach § 130a auf einem sicheren Übermittlungsweg eingereicht wurde und mit einem Authentizitäts- und Integritätsnachweis versehen ist oder
3. nach Maßgabe des § 298a errichtet wurde und mit einem Übertragungsnachweis nach § 298a Absatz 2 Satz 3 oder 4 versehen ist.

§ 170 Zustellung an Vertreter. (1) [1] Bei nicht prozessfähigen Personen ist an ihren gesetzlichen Vertreter zuzustellen. [2] Die Zustellung an die nicht prozessfähige Person ist unwirksam.

(2) Ist der Zustellungsadressat keine natürliche Person, genügt die Zustellung an den Leiter.

(3) Bei mehreren gesetzlichen Vertretern oder Leitern genügt die Zustellung an einen von ihnen.

§ 171 Zustellung an Bevollmächtigte. [1] An den rechtsgeschäftlich bestellten Vertreter kann mit gleicher Wirkung wie an den Vertretenen zugestellt werden. [2] Der Vertreter hat eine schriftliche Vollmacht vorzulegen.

§ 172 Zustellung an Prozessbevollmächtigte. (1) [1] In einem anhängigen Verfahren hat die Zustellung an den für den Rechtszug bestellten Prozessbevollmächtigten zu erfolgen. [2] Das gilt auch für die Prozesshandlungen, die das Verfahren vor diesem Gericht infolge eines Einspruchs, einer Aufhebung des Urteils dieses Gerichts, einer Wiederaufnahme des Verfahrens, einer Rüge nach § 321a oder eines neuen Vorbringens in dem Verfahren der Zwangsvollstreckung betreffen. [3] Das Verfahren vor dem Vollstreckungsgericht gehört zum ersten Rechtszug.

(2) [1] Ein Schriftsatz, durch den ein Rechtsmittel eingelegt wird, ist dem Prozessbevollmächtigten des Rechtszuges zuzustellen, dessen Entscheidung angefochten wird. [2] Wenn bereits ein Prozessbevollmächtigter für den höheren Rechtszug bestellt ist, ist der Schriftsatz diesem zuzustellen. [3] Der Partei ist selbst zuzustellen, wenn sie einen Prozessbevollmächtigten nicht bestellt hat.

§ 173[1)] Zustellung von elektronischen Dokumenten. (1) Ein elektronisches Dokument kann elektronisch nur auf einem sicheren Übermittlungsweg zugestellt werden.

[1)] § 173 eingef. mWv 1.1.2022 durch G v. 5.10.2021 (BGBl. I S. 4607).

(2) [1] Einen sicheren Übermittlungsweg für die elektronische Zustellung eines elektronischen Dokuments haben zu eröffnen:

1. Rechtsanwälte, Notare, Gerichtsvollzieher sowie
2. Behörden, Körperschaften oder Anstalten des öffentlichen Rechts.

[2] Steuerberater und sonstige in professioneller Eigenschaft am Prozess beteiligte Personen, Vereinigungen und Organisationen, bei denen von einer erhöhten Zuverlässigkeit ausgegangen werden kann, sollen einen sicheren Übermittlungsweg für die elektronische Zustellung eröffnen.

(3) [1] Die elektronische Zustellung an die in Absatz 2 Genannten wird durch ein elektronisches Empfangsbekenntnis nachgewiesen, das an das Gericht zu übermitteln ist. [2] Für die Übermittlung ist der vom Gericht mit der Zustellung zur Verfügung gestellte strukturierte Datensatz zu verwenden. [3] Stellt das Gericht keinen strukturierten Datensatz zur Verfügung, so ist dem Gericht das elektronische Empfangsbekenntnis als elektronisches Dokument (§ 130a) zu übermitteln.

(4) [1] An andere als die in Absatz 2 Genannten kann ein elektronisches Dokument elektronisch nur zugestellt werden, wenn sie der Zustellung elektronischer Dokumente für das jeweilige Verfahren zugestimmt haben. [2] Die Zustimmung gilt mit der Einreichung eines elektronischen Dokuments im jeweiligen Verfahren auf einem sicheren Übermittlungsweg als erteilt. [3] Andere als natürliche Personen können die Zustimmung auch allgemein erteilen. [4] Ein elektronisches Dokument gilt am dritten Tag nach dem auf der automatisierten Eingangsbestätigung ausgewiesenen Tag des Eingangs in dem vom Empfänger eröffneten elektronischen Postfach als zugestellt. [5] Satz 4 gilt nicht, wenn der Empfänger nachweist, dass das Dokument nicht oder zu einem späteren Zeitpunkt zugegangen ist.

§ 174[1)] Zustellung durch Aushändigung an der Amtsstelle. [1] Ein Schriftstück kann dem Adressaten oder seinem rechtsgeschäftlich bestellten Vertreter durch Aushändigung an der Amtsstelle zugestellt werden. [2] Zum Nachweis der Zustellung ist auf dem Schriftstück und in den Akten zu vermerken, dass es zum Zwecke der Zustellung ausgehändigt wurde und wann das geschehen ist; bei Aushändigung an den Vertreter ist dies mit dem Zusatz zu vermerken, an wen das Schriftstück ausgehändigt wurde und dass die Vollmacht nach § 171 Satz 2 vorgelegt wurde. [3] Der Vermerk ist von dem Bediensteten zu unterschreiben, der die Aushändigung vorgenommen hat.

§ 175[2)] Zustellung von Schriftstücken gegen Empfangsbekenntnis.

(1) Ein Schriftstück kann den in § 173 Absatz 2 Genannten gegen Empfangsbekenntnis zugestellt werden.

(2) [1] Eine Zustellung gegen Empfangsbekenntnis kann auch durch Telekopie erfolgen. [2] Die Übermittlung soll mit dem Hinweis „Zustellung gegen Empfangsbekenntnis“ eingeleitet werden und die absendende Stelle, den Namen und die Anschrift des Zustellungsadressaten sowie den Namen des Justizbediensteten erkennen lassen, der das Dokument zur Übermittlung aufgegeben hat.

---

1) § 174 aufgeh., bish. § 173 wird § 174 mWv 1.1.2022 durch G v. 5.10.2021 (BGBl. I S. 4607).
2) § 175 neu gef. mWv 1.1.2022 durch G v. 5.10.2021 (BGBl. I S. 4607).

(3) Die Zustellung nach den Absätzen 1 und 2 wird durch das mit Datum und Unterschrift des Adressaten versehene Empfangsbekenntnis nachgewiesen.

(4) Das Empfangsbekenntnis muss schriftlich, durch Telekopie oder als elektronisches Dokument (§ 130a) an das Gericht gesandt werden.

§ 176[1)] Zustellung durch Einschreiben mit Rückschein; Zustellungsauftrag. (1) [1] Ein Schriftstück kann durch Einschreiben mit Rückschein zugestellt werden. [2] Zum Nachweis der Zustellung genügt der Rückschein.

(2) [1] Wird die Post, ein Justizbediensteter oder ein Gerichtsvollzieher mit der Zustellung eines Schriftstücks beauftragt oder wird eine andere Behörde um die Zustellung ersucht, so übergibt die Geschäftsstelle das zuzustellende Schriftstück in einem verschlossenen Umschlag und ein vorbereitetes Formular einer Zustellungsurkunde. [2] Die Zustellung erfolgt nach den §§ 177 bis 181.

§ 177 Ort der Zustellung. Das Schriftstück kann der Person, der zugestellt werden soll, an jedem Ort übergeben werden, an dem sie angetroffen wird.

§ 178[2)] Ersatzzustellung in der Wohnung, in Geschäftsräumen und Einrichtungen. (1) Wird die Person, der zugestellt werden soll, in ihrer Wohnung, in dem Geschäftsraum oder in einer Gemeinschaftseinrichtung, in der sie wohnt, nicht angetroffen, kann das Schriftstück zugestellt werden

1. in der Wohnung einem erwachsenen Familienangehörigen, einer in der Familie beschäftigten Person oder einem erwachsenen ständigen Mitbewohner,
2. in Geschäftsräumen einer dort beschäftigten Person,
3. in Gemeinschaftseinrichtungen dem Leiter der Einrichtung oder einem dazu ermächtigten Vertreter.

(2) Die Zustellung an eine der in Absatz 1 bezeichneten Personen ist unwirksam, wenn diese an dem Rechtsstreit als Gegner der Person, der zugestellt werden soll, beteiligt ist.

§ 179 Zustellung bei verweigerter Annahme. [1] Wird die Annahme des zuzustellenden Schriftstücks unberechtigt verweigert, so ist das Schriftstück in der Wohnung oder in dem Geschäftsraum zurückzulassen. [2] Hat der Zustellungsadressat keine Wohnung oder ist kein Geschäftsraum vorhanden, ist das zuzustellende Schriftstück zurückzusenden. [3] Mit der Annahmeverweigerung gilt das Schriftstück als zugestellt.

§ 180 Ersatzzustellung durch Einlegen in den Briefkasten. [1] Ist die Zustellung nach § 178 Abs. 1 Nr. 1 oder 2 nicht ausführbar, kann das Schriftstück in einen zu der Wohnung oder dem Geschäftsraum gehörenden Briefkasten oder in eine ähnliche Vorrichtung eingelegt werden, die der Adressat für den Postempfang eingerichtet hat und die in der allgemein üblichen Art für eine sichere Aufbewahrung geeignet ist. [2] Mit der Einlegung gilt das Schriftstück als zugestellt. [3] Der Zusteller vermerkt auf dem Umschlag des zuzustellenden Schriftstücks das Datum der Zustellung.

[1)] § 176 neu gef. mWv 1.1.2022 durch G v. 5.10.2021 (BGBl. I S. 4607).

[2)] § 178 Abs. 2 ber. BGBl. 2007 I S. 1781.

§ 181 Ersatzzustellung durch Niederlegung. (1) [1] Ist die Zustellung nach § 178 Abs. 1 Nr. 3 oder § 180 nicht ausführbar, kann das zuzustellende Schriftstück auf der Geschäftsstelle des Amtsgerichts, in dessen Bezirk der Ort der Zustellung liegt, niedergelegt werden. [2] Wird die Post mit der Ausführung der Zustellung beauftragt, ist das zuzustellende Schriftstück am Ort der Zustellung oder am Ort des Amtsgerichts bei einer von der Post dafür bestimmten Stelle niederzulegen. [3] Über die Niederlegung ist eine schriftliche Mitteilung auf dem vorgesehenen Formular unter der Anschrift der Person, der zugestellt werden soll, in der bei gewöhnlichen Briefen üblichen Weise abzugeben oder, wenn das nicht möglich ist, an der Tür der Wohnung, des Geschäftsraums oder der Gemeinschaftseinrichtung anzuheften. [4] Das Schriftstück gilt mit der Abgabe der schriftlichen Mitteilung als zugestellt. [5] Der Zusteller vermerkt auf dem Umschlag des zuzustellenden Schriftstücks das Datum der Zustellung.

(2) [1] Das niedergelegte Schriftstück ist drei Monate zur Abholung bereitzuhalten. [2] Nicht abgeholte Schriftstücke sind danach an den Absender zurückzusenden.

§ 182[1)] Zustellungsurkunde. (1) [1] Zum Nachweis der Zustellung nach den §§ 171, 177 bis 181 ist eine Urkunde auf dem hierfür vorgesehenen Formular anzufertigen. [2] Für diese Zustellungsurkunde gilt § 418.

(2) Die Zustellungsurkunde muss enthalten:

1. die Bezeichnung der Person, der zugestellt werden soll,
2. die Bezeichnung der Person, an die der Brief oder das Schriftstück übergeben wurde,
3. im Falle des § 171 die Angabe, dass die Vollmachtsurkunde vorgelegen hat,
4. im Falle der §§ 178, 180 die Angabe des Grundes, der diese Zustellung rechtfertigt und wenn nach § 181 verfahren wurde, die Bemerkung, wie die schriftliche Mitteilung abgegeben wurde,
5. im Falle des § 179 die Erwähnung, wer die Annahme verweigert hat und dass der Brief am Ort der Zustellung zurückgelassen oder an den Absender zurückgesandt wurde,
6. die Bemerkung, dass der Tag der Zustellung auf dem Umschlag, der das zuzustellende Schriftstück enthält, vermerkt ist,
7. den Ort, das Datum und auf Anordnung der Geschäftsstelle auch die Uhrzeit der Zustellung,
8. Name, Vorname und Unterschrift des Zustellers sowie die Angabe des beauftragten Unternehmens oder der ersuchten Behörde.

(3) Die Zustellungsurkunde ist der Geschäftsstelle in Urschrift oder als elektronisches Dokument unverzüglich zurückzuleiten.

§ 183[2)] Zustellung im Ausland. (1) [1] Soweit nicht unmittelbar anwendbare Regelungen der Europäischen Union in ihrer jeweils geltenden Fassung, insbesondere

---

[1)] § 182 Abs. 3 neu gef. mWv 1.7.2014 durch G v. 10.10.2013 (BGBl. I S. 3786).

[2)] § 183 neu gef. mWv 13.11.2008 durch G v. 30.10.2008 (BGBl. I S. 2122); Abs. 5 Satz 1 geänd. mWv 10.1.2015 durch G v. 8.7.2014 (BGBl. I S. 890); Abs. 1 eingef., bish. Abs. 1 wird Abs. 2, bish. Abs. 2 wird Abs. 3 und Satz 1 geänd., bish. Abs. 3 und 4 werden Abs. 4 und 5 und neu gef., bish. Abs. 5 aufgeh. mWv 17.6.2017 durch G v. 11.6.2017 (BGBl. I S. 1607); Abs. 2 Satz 2 neu gef., Abs. 5 Satz 1 geänd. mWv 1.1.2022 durch G v. 5.10.2021 (BGBl. I S. 4607).

1. die Verordnung (EG) Nr. 1393/2007[1] des Europäischen Parlaments und des Rates vom 13. November 2007 über die Zustellung gerichtlicher und außergerichtlicher Schriftstücke in Zivil- oder Handelssachen in den Mitgliedstaaten („Zustellung von Schriftstücken") und zur Aufhebung der Verordnung (EG) Nr. 1348/2000 des Rates (ABl. L 324 vom 10.12.2007, S. 79), die durch die Verordnung (EU) Nr. 517/2013 (ABl. L 158 vom 10.6.2013, S. 1) geändert worden ist, sowie
2. das Abkommen zwischen der Europäischen Gemeinschaft und dem Königreich Dänemark vom 19. Oktober 2005 über die Zustellung gerichtlicher und außergerichtlicher Schriftstücke in Zivil- oder Handelssachen (ABl. L 300 vom 17.11.2005, S. 55)

maßgeblich sind, gelten für die Zustellung im Ausland die nachfolgenden Absätze 2 bis 5. [2]Für die Durchführung der in Satz 1 genannten Regelungen gelten § 1067 Absatz 1, § 1068 Absatz 1 und § 1069 Absatz 1.

(2) [1]Eine Zustellung im Ausland ist nach den bestehenden völkerrechtlichen Vereinbarungen vorzunehmen. [2]Wenn Schriftstücke aufgrund solcher Vereinbarungen unmittelbar durch die Post zugestellt werden dürfen, dann soll dies durch Einschreiben mit Rückschein oder mittels eines gleichwertigen Nachweises bewirkt werden, anderenfalls soll die Zustellung auf Ersuchen des Vorsitzenden des Prozessgerichts unmittelbar durch die Behörden des fremden Staates erfolgen.

(3) [1]Ist eine Zustellung nach Absatz 2 nicht möglich, ist durch die zuständige diplomatische oder konsularische Vertretung des Bundes oder die sonstige zuständige Behörde zuzustellen. [2]Nach Satz 1 ist insbesondere zu verfahren, wenn völkerrechtliche Vereinbarungen nicht bestehen, die zuständigen Stellen des betreffenden Staates zur Rechtshilfe nicht bereit sind oder besondere Gründe eine solche Zustellung rechtfertigen.

(4) An entsandte *Beschäftige*[2] einer deutschen Auslandsvertretung und die in ihrer Privatwohnung lebenden Personen erfolgt die Zustellung auf Ersuchen des Vorsitzenden des Prozessgerichts durch die zuständige Auslandsvertretung.

(5) [1]Zum Nachweis der Zustellung nach Absatz 2 Satz 2 erster Halbsatz genügt der Rückschein oder ein gleichwertiger Nachweis. [2]Die Zustellung nach Absatz 2 Satz 2 zweiter Halbsatz und den Absätzen 3 und 4 wird durch das Zeugnis der ersuchten Behörde nachgewiesen.

§ 184[3] Zustellungsbevollmächtigter; Zustellung durch Aufgabe zur Post. (1) [1]Das Gericht kann bei der Zustellung nach § 183 Absatz 2 bis 5 anordnen, dass die Partei innerhalb einer angemessenen Frist einen Zustellungsbevollmächtigten benennt, der im Inland wohnt oder dort einen Geschäftsraum hat, falls sie nicht einen Prozessbevollmächtigten bestellt hat. [2]Wird kein Zustellungsbevollmächtigter benannt, so können spätere Zustellungen bis zur nachträglichen Benennung dadurch bewirkt werden, dass das Schriftstück unter der Anschrift der Partei zur Post gegeben wird.

(2) [1]Das Schriftstück gilt zwei Wochen nach Aufgabe zur Post als zugestellt. [2]Das Gericht kann eine längere Frist bestimmen. [3]In der Anordnung nach

---

[1] **Habersack, Deutsche Gesetze ErgBd. Nr. 103c.**

[2] Richtig wohl: „Beschäftigte".

[3] § 184 Abs. 1 neu gef. mWv 13.11.2008 durch G v. 30.10.2008 (BGBl. I S. 2122); Abs. 1 Satz 1 geänd. mWv 17.6.2017 durch G v. 11.6.2017 (BGBl. I S. 1607).

Absatz 1 ist auf diese Rechtsfolgen hinzuweisen. [4] Zum Nachweis der Zustellung ist in den Akten zu vermerken, zu welcher Zeit und unter welcher Anschrift das Schriftstück zur Post gegeben wurde.

§ 185[1)] Öffentliche Zustellung. Die Zustellung kann durch öffentliche Bekanntmachung (öffentliche Zustellung) erfolgen, wenn

1. der Aufenthaltsort einer Person unbekannt und eine Zustellung an einen Vertreter oder Zustellungsbevollmächtigten nicht möglich ist,
2. bei juristischen Personen, die zur Anmeldung einer inländischen Geschäftsanschrift zum Handelsregister verpflichtet sind, eine Zustellung weder unter der eingetragenen Anschrift noch unter einer im Handelsregister eingetragenen Anschrift einer für Zustellungen empfangsberechtigten Person oder einer ohne Ermittlungen bekannten anderen inländischen Anschrift möglich ist,
3. eine Zustellung im Ausland nicht möglich ist oder keinen Erfolg verspricht oder
4. die Zustellung nicht erfolgen kann, weil der Ort der Zustellung die Wohnung einer Person ist, die nach den §§ 18 bis 20 des Gerichtsverfassungsgesetzes[2)] der Gerichtsbarkeit nicht unterliegt.

§ 186[3)] Bewilligung und Ausführung der öffentlichen Zustellung.

(1) [1] Über die Bewilligung der öffentlichen Zustellung entscheidet das Prozessgericht. [2] Die Entscheidung kann ohne mündliche Verhandlung ergehen.

(2) [1] Die öffentliche Zustellung erfolgt durch Aushang einer Benachrichtigung an der Gerichtstafel oder durch Veröffentlichung der Benachrichtigung in einem elektronischen Informations- und Kommunikationssystem, das im Gericht öffentlich zugänglich ist. [2] Die Benachrichtigung muss erkennen lassen

1. die Person, für die zugestellt wird,
2. den Namen und die letzte bekannte Anschrift des Zustellungsadressaten,
3. das Datum, das Aktenzeichen des Schriftstücks und die Bezeichnung des Prozessgegenstandes sowie
4. die Stelle, wo das Schriftstück eingesehen werden kann.

[3] Die Benachrichtigung muss den Hinweis enthalten, dass ein Schriftstück öffentlich zugestellt wird und Fristen in Gang gesetzt werden können, nach deren Ablauf Rechtsverluste drohen können. [4] Bei der Zustellung einer Ladung muss die Benachrichtigung den Hinweis enthalten, dass das Schriftstück eine Ladung zu einem Termin enthält, dessen Versäumung Rechtsnachteile zur Folge haben kann.

(3) In den Akten ist zu vermerken, wann die Benachrichtigung ausgehängt und wann sie abgenommen wurde.

---

1) § 185 Nr. 2 eingef., bish. Nr. 2 und 3 werden Nr. 3 und 4 mWv 1.11.2008 durch G v. 23.10. 2008 (BGBl. I S. 2026).

2) Nr. **50/20**.

3) § 186 Abs. 2 Satz 1 geänd., Satz 2 aufgeh., bish. Sätze 3–5 werden Sätze 2–4 mWv 1.1.2022 durch G v. 5.10.2021 (BGBl. I S. 4607).

§ 187[1] **Veröffentlichung der Benachrichtigung.** Das Prozessgericht kann zusätzlich anordnen, dass die Benachrichtigung einmal oder mehrfach im Bundesanzeiger oder in anderen Blättern zu veröffentlichen ist.

§ 188 Zeitpunkt der öffentlichen Zustellung. [1]Das Schriftstück gilt als zugestellt, wenn seit dem Aushang der Benachrichtigung ein Monat vergangen ist. [2]Das Prozessgericht kann eine längere Frist bestimmen.

§ 189 Heilung von Zustellungsmängeln. Lässt sich die formgerechte Zustellung eines Dokuments nicht nachweisen oder ist das Dokument unter Verletzung zwingender Zustellungsvorschriften zugegangen, so gilt es in dem Zeitpunkt als zugestellt, in dem das Dokument der Person, an die die Zustellung dem Gesetz gemäß gerichtet war oder gerichtet werden konnte, tatsächlich zugegangen ist.

§ 190[2] **Einheitliche Zustellungsformulare.** Das Bundesministerium der Justiz und für Verbraucherschutz wird ermächtigt, durch Rechtsverordnung mit Zustimmung des Bundesrates zur Vereinfachung und Vereinheitlichung der Zustellung Formulare einzuführen.

Untertitel 2. Zustellungen auf Betreiben der Parteien

§ 191 Zustellung. Ist eine Zustellung auf Betreiben der Parteien zugelassen oder vorgeschrieben, finden die Vorschriften über die Zustellung von Amts wegen entsprechende Anwendung, soweit sich nicht aus den nachfolgenden Vorschriften Abweichungen ergeben.

§ 192[3] **Zustellung durch Gerichtsvollzieher.** [1]Die von den Parteien zu betreibenden Zustellungen erfolgen unbeschadet der Zustellung im Ausland (§ 183) durch den Gerichtsvollzieher. [2]Im Verfahren vor dem Amtsgericht kann die Partei den Gerichtsvollzieher durch Vermittlung durch die Geschäftsstelle des Prozessgerichts mit der Zustellung beauftragen. [3]Insoweit hat diese den Gerichtsvollzieher mit der Zustellung zu beauftragen.

§ 193[4] **Zustellung von Schriftstücken.** (1) [1]Soll ein Dokument als Schriftstück zugestellt werden, so übermittelt die Partei dem Gerichtsvollzieher das zuzustellende Dokument

1. in Papierform zusammen mit den erforderlichen Abschriften oder
2. als elektronisches Dokument auf einem sicheren Übermittlungsweg.

[2]Im Falle des Satzes 1 Nummer 1 beglaubigt der Gerichtsvollzieher die Abschriften; er kann fehlende Abschriften selbst herstellen. [3]Im Falle des Satzes 1 Nummer 2 fertigt der Gerichtsvollzieher die erforderlichen Abschriften als Ausdrucke selbst und beglaubigt diese.

(2) [1]Der Gerichtsvollzieher beurkundet im Falle des Absatzes 1 Satz 1 Nummer 1 auf der Urschrift des zuzustellenden Schriftstücks oder auf dem mit der Urschrift zu verbindenden hierfür vorgesehenen Formular die Ausführung der

---

[1] § 187 geänd. mWv 1.4.2012 durch G v. 22.12.2011 (BGBl. I S. 3044).

[2] § 190 geänd. mWv 8.9.2015 durch VO v. 31.8.2015 (BGBl. I S. 1474).

[3] § 192 neu gef. mWv 1.1.2022 durch G v. 5.10.2021 (BGBl. I S. 4607).

[4] § 193 Überschrift neu gef., Abs. 1 eingef., bish. Abs. 1–3 werden Abs. 2–4, neuer Abs. 2 Satz 1 geänd., Satz 2 eingef., bish. Satz 2 wird Satz 3 mWv 1.1.2022 durch G v. 5.10.2021 (BGBl. I S. 4607).

Zustellung nach § 182 Abs. 2 und vermerkt die Person, in deren Auftrag er zugestellt hat. [2] Im Falle des Absatzes 1 Satz 1 Nummer 2 gilt Satz 1 mit der Maßgabe, dass der Gerichtsvollzieher die Beurkundung auf einem Ausdruck des zuzustellenden elektronischen Dokuments oder auf dem mit dem Ausdruck zu verbindenden hierfür vorgesehenen Formular vornimmt. [3] Bei Zustellung durch Aufgabe zur Post ist das Datum und die Anschrift, unter der die Aufgabe erfolgte, zu vermerken.

(3) Der Gerichtsvollzieher vermerkt auf dem zu übergebenden Schriftstück den Tag der Zustellung, sofern er nicht eine beglaubigte Abschrift der Zustellungsurkunde übergibt.

(4) Die Zustellungsurkunde ist der Partei zu übermitteln, für die zugestellt wurde.

§ 193a[1)] Zustellung von elektronischen Dokumenten. (1) [1] Soll ein Dokument als elektronisches Dokument zugestellt werden, so übermittelt die Partei dem Gerichtsvollzieher das zuzustellende Dokument

1. elektronisch auf einem sicheren Übermittlungsweg oder
2. als Schriftstück.

[2] Im Falle des Satzes 1 Nummer 2 überträgt der Gerichtsvollzieher das Schriftstück in ein elektronisches Dokument.

(2) [1] Als Nachweis der Zustellung dient die automatisierte Eingangsbestätigung. [2] Der Zeitpunkt der Zustellung ist der in der automatisierten Eingangsbestätigung ausgewiesene Zeitpunkt des Eingangs in dem vom Empfänger eröffneten elektronischen Postfach. [3] Im Falle des Absatzes 1 Satz 1 Nummer 1 ist die automatisierte Eingangsbestätigung mit dem zuzustellenden elektronischen Dokument zu verbinden und der Partei zu übermitteln, für die zugestellt wurde. [4] Im Falle des Absatzes 1 Satz 1 Nummer 2 fertigt der Gerichtsvollzieher einen Ausdruck der automatisierten Eingangsbestätigung, verbindet den Ausdruck mit dem zuzustellenden Schriftstück und übermittelt dieses der Partei, für die zugestellt wurde.

§ 194 Zustellungsauftrag. (1) [1] Beauftragt der Gerichtsvollzieher die Post mit der Ausführung der Zustellung, vermerkt er auf dem zuzustellenden Schriftstück, im Auftrag welcher Person er es der Post übergibt. [2] Auf der Urschrift des zuzustellenden Schriftstücks oder auf einem mit ihr zu verbindenden Übergabebogen bezeugt er, dass die mit der Anschrift des Zustellungsadressaten, der Bezeichnung des absendenden Gerichtsvollziehers und einem Aktenzeichen versehene Sendung der Post übergeben wurde.

(2) Die Post leitet die Zustellungsurkunde unverzüglich an den Gerichtsvollzieher zurück.

§ 195[2)] Zustellung von Anwalt zu Anwalt. (1) [1] Sind die Parteien durch Anwälte vertreten, so kann ein Dokument auch dadurch zugestellt werden, dass der zustellende Anwalt das Dokument dem anderen Anwalt übermittelt (Zustellung von Anwalt zu Anwalt). [2] Auch Schriftsätze, die nach den Vorschriften

---

[1)] § 193a eingef. mWv 1.1.2022 durch G v. 5.10.2021 (BGBl. I S. 4607).

[2)] § 195 Abs. 2 Satz 2 neu gef. mWv 1.1.2018 durch G v. 10.10.2013 (BGBl. I S. 3786); Abs. 1 Satz 5, Abs. 2 Satz 1 neu gef., Satz 2 geänd., Satz 3 eingef., bish. Satz 3 wird Satz 4 mWv 1.1.2022 durch G v. 5.10.2021 (BGBl. I S. 4607).

dieses Gesetzes von Amts wegen zugestellt werden, können stattdessen von Anwalt zu Anwalt zugestellt werden, wenn nicht gleichzeitig dem Gegner eine gerichtliche Anordnung mitzuteilen ist. [3] In dem Schriftsatz soll die Erklärung enthalten sein, dass von Anwalt zu Anwalt zugestellt werde. [4] Die Zustellung ist dem Gericht, sofern dies für die zu treffende Entscheidung erforderlich ist, nachzuweisen. [5] Für die Zustellung von Anwalt zu Anwalt gelten § 173 Absatz 1 und § 175 Absatz 2 Satz 1 entsprechend.

(2) [1] Zum Nachweis der Zustellung eines Schriftstücks genügt das mit Datum und Unterschrift versehene Empfangsbekenntnis desjenigen Anwalts, dem zugestellt worden ist [2] § 175 Absatz 4 gilt entsprechend. [3] Die Zustellung eines elektronischen Dokuments ist durch ein elektronisches Empfangsbekenntnis in Form eines strukturierten Datensatzes nachzuweisen. [4] Der Anwalt, der zustellt, hat dem anderen Anwalt auf Verlangen eine Bescheinigung über die Zustellung zu erteilen.

§§ 195a bis 213a (weggefallen)

Titel 5. Unterbrechung und Aussetzung des Verfahrens

§ 239 Unterbrechung durch Tod der Partei. (1) Im Falle des Todes einer Partei tritt eine Unterbrechung des Verfahrens bis zu dessen Aufnahme durch die Rechtsnachfolger ein.

(2) Wird die Aufnahme verzögert, so sind auf Antrag des Gegners die Rechtsnachfolger zur Aufnahme und zugleich zur Verhandlung der Hauptsache zu laden.

(3) [1] Die Ladung ist mit dem den Antrag enthaltenden Schriftsatz den Rechtsnachfolgern selbst zuzustellen. [2] Die Ladungsfrist wird von dem Vorsitzenden bestimmt.

(4) Erscheinen die Rechtsnachfolger in dem Termin nicht, so ist auf Antrag die behauptete Rechtsnachfolge als zugestanden anzunehmen und zur Hauptsache zu verhandeln.

(5) Der Erbe ist vor der Annahme der Erbschaft zur Fortsetzung des Rechtsstreits nicht verpflichtet.

§ 240 Unterbrechung durch Insolvenzverfahren. [1] Im Falle der Eröffnung des Insolvenzverfahrens über das Vermögen einer Partei wird das Verfahren, wenn es die Insolvenzmasse betrifft, unterbrochen, bis es nach den für das Insolvenzverfahren geltenden Vorschriften aufgenommen oder das Insolvenzverfahren beendet wird. [2] Entsprechendes gilt, wenn die Verwaltungs- und Verfügungsbefugnis über das Vermögen des Schuldners auf einen vorläufigen Insolvenzverwalter übergeht.

§ 241 Unterbrechung durch Prozessunfähigkeit. (1) Verliert eine Partei die Prozessfähigkeit oder stirbt der gesetzliche Vertreter einer Partei oder hört seine Vertretungsbefugnis auf, ohne dass die Partei prozessfähig geworden ist, so wird das Verfahren unterbrochen, bis der gesetzliche Vertreter oder der neue gesetzliche Vertreter von seiner Bestellung dem Gericht Anzeige macht oder der Gegner seine Absicht, das Verfahren fortzusetzen, dem Gericht angezeigt und das Gericht diese Anzeige von Amts wegen zugestellt hat.

(2) Die Anzeige des gesetzlichen Vertreters ist dem Gegner der durch ihn vertretenen Partei, die Anzeige des Gegners ist dem Vertreter zuzustellen.

(3) Diese Vorschriften sind entsprechend anzuwenden, wenn eine Nachlassverwaltung angeordnet wird.

§ 242 Unterbrechung durch Nacherbfolge. Tritt während des Rechtsstreits zwischen einem Vorerben und einem Dritten über einen der Nacherbfolge unterliegenden Gegenstand der Fall der Nacherbfolge ein, so gelten, sofern der Vorerbe befugt war, ohne Zustimmung des Nacherben über den Gegenstand zu verfügen, hinsichtlich der Unterbrechung und der Aufnahme des Verfahrens die Vorschriften des § 239 entsprechend.

§ 243 Aufnahme bei Nachlasspflegschaft und Testamentsvollstreckung. Wird im Falle der Unterbrechung des Verfahrens durch den Tod einer Partei ein Nachlasspfleger bestellt oder ist ein zur Führung des Rechtsstreits berechtigter Testamentsvollstrecker vorhanden, so sind die Vorschriften des § 241 und, wenn über den Nachlass das Insolvenzverfahren eröffnet wird, die Vorschriften des § 240 bei der Aufnahme des Verfahrens anzuwenden.

§ 244 Unterbrechung durch Anwaltsverlust. (1) Stirbt in Anwaltsprozessen der Anwalt einer Partei oder wird er unfähig, die Vertretung der Partei fortzuführen, so tritt eine Unterbrechung des Verfahrens ein, bis der bestellte neue Anwalt seine Bestellung dem Gericht angezeigt und das Gericht die Anzeige dem Gegner von Amts wegen zugestellt hat.

(2) [1] Wird diese Anzeige verzögert, so ist auf Antrag des Gegners die Partei selbst zur Verhandlung der Hauptsache zu laden oder zur Bestellung eines neuen Anwalts binnen einer von dem Vorsitzenden zu bestimmenden Frist aufzufordern. [2] Wird dieser Aufforderung nicht Folge geleistet, so ist das Verfahren als aufgenommen anzusehen. [3] Bis zur nachträglichen Anzeige der Bestellung eines neuen Anwalts erfolgen alle Zustellungen an die zur Anzeige verpflichtete Partei.

§ 245[1)] Unterbrechung durch Stillstand der Rechtspflege. Hört infolge eines Krieges oder eines anderen Ereignisses die Tätigkeit des Gerichts auf, so wird für die Dauer dieses Zustandes das Verfahren unterbrochen.

§ 246 Aussetzung bei Vertretung durch Prozessbevollmächtigten.

(1) Fand in den Fällen des Todes, des Verlustes der Prozessfähigkeit, des Wegfalls des gesetzlichen Vertreters, der Anordnung einer Nachlassverwaltung oder des Eintritts der Nacherbfolge (§§ 239, 241, 242) eine Vertretung durch einen Prozessbevollmächtigten statt, so tritt eine Unterbrechung des Verfahrens nicht ein; das Prozessgericht hat jedoch auf Antrag des Bevollmächtigten, in den Fällen des Todes und der Nacherbfolge auch auf Antrag des Gegners die Aussetzung des Verfahrens anzuordnen.

(2) Die Dauer der Aussetzung und die Aufnahme des Verfahrens richten sich nach den Vorschriften der §§ 239, 241 bis 243; in den Fällen des Todes und der Nacherbfolge ist die Ladung mit dem Schriftsatz, in dem sie beantragt ist, auch dem Bevollmächtigten zuzustellen.

[1)] Wegen der Aufnahme von Verfahren, die am 8.5.1945 bei Gerichten anhängig waren, an denen deutsche Gerichtsbarkeit nicht mehr ausgeübt wird, siehe das ZuständigkeitsergänzungsG v. 7.8.1952 (BGBl. I S. 407), geänd. durch G v. 19.4.2006 (BGBl. I S. 866).

§ 247 Aussetzung bei abgeschnittenem Verkehr. Hält sich eine Partei an einem Ort auf, der durch obrigkeitliche Anordnung oder durch Krieg oder durch andere Zufälle von dem Verkehr mit dem Prozessgericht abgeschnitten ist, so kann das Gericht auch von Amts wegen die Aussetzung des Verfahrens bis zur Beseitigung des Hindernisses anordnen.

§ 248 Verfahren bei Aussetzung. (1) Das Gesuch um Aussetzung des Verfahrens ist bei dem Prozessgericht anzubringen; es kann vor der Geschäftsstelle zu Protokoll erklärt werden.

(2) Die Entscheidung kann ohne mündliche Verhandlung ergehen.

§ 249 Wirkung von Unterbrechung und Aussetzung. (1) Die Unterbrechung und Aussetzung des Verfahrens hat die Wirkung, dass der Lauf einer jeden Frist aufhört und nach Beendigung der Unterbrechung oder Aussetzung die volle Frist von neuem zu laufen beginnt.

(2) Die während der Unterbrechung oder Aussetzung von einer Partei in Ansehung der Hauptsache vorgenommenen Prozesshandlungen sind der anderen Partei gegenüber ohne rechtliche Wirkung.

(3) Durch die nach dem Schluss einer mündlichen Verhandlung eintretende Unterbrechung wird die Verkündung der auf Grund dieser Verhandlung zu erlassenden Entscheidung nicht gehindert.

§ 250 Form von Aufnahme und Anzeige. Die Aufnahme eines unterbrochenen oder ausgesetzten Verfahrens und die in diesem Titel erwähnten Anzeigen erfolgen durch Zustellung eines bei Gericht einzureichenden Schriftsatzes.

§ 251 Ruhen des Verfahrens. [1] Das Gericht hat das Ruhen des Verfahrens anzuordnen, wenn beide Parteien dies beantragen und anzunehmen ist, dass wegen Schwebens von Vergleichsverhandlungen oder aus sonstigen wichtigen Gründen diese Anordnung zweckmäßig ist. [2] Die Anordnung hat auf den Lauf der im § 233 bezeichneten Fristen keinen Einfluss.

§ 251a Säumnis beider Parteien; Entscheidung nach Lage der Akten.

(1) Erscheinen oder verhandeln in einem Termin beide Parteien nicht, so kann das Gericht nach Lage der Akten entscheiden.

(2) [1] Ein Urteil nach Lage der Akten darf nur ergehen, wenn in einem früheren Termin mündlich verhandelt worden ist. [2] Es darf frühestens in zwei Wochen verkündet werden. [3] Das Gericht hat der nicht erschienenen Partei den Verkündungstermin formlos mitzuteilen. [4] Es bestimmt neuen Termin zur mündlichen Verhandlung, wenn die Partei dies spätestens am siebenten Tag vor dem zur Verkündung bestimmten Termin beantragt und glaubhaft macht, dass sie ohne ihr Verschulden ausgeblieben ist und die Verlegung des Termins nicht rechtzeitig beantragen konnte.

(3) Wenn das Gericht nicht nach Lage der Akten entscheidet und nicht nach § 227 vertagt, ordnet es das Ruhen des Verfahrens an.

Buch 2. Verfahren im ersten Rechtszug

Abschnitt 1. Verfahren vor den Landgerichten

Titel 1. Verfahren bis zum Urteil

§ 273 Vorbereitung des Termins. (1) Das Gericht hat erforderliche vorbereitende Maßnahmen rechtzeitig zu veranlassen.

(2) Zur Vorbereitung jedes Termins kann der Vorsitzende oder ein von ihm bestimmtes Mitglied des Prozessgerichts insbesondere

1. den Parteien die Ergänzung oder Erläuterung ihrer vorbereitenden Schriftsätze aufgeben, insbesondere eine Frist zur Erklärung über bestimmte klärungsbedürftige Punkte setzen;
2. Behörden oder Träger eines öffentlichen Amtes um Mitteilung von Urkunden oder um Erteilung amtlicher Auskünfte ersuchen;
3. das persönliche Erscheinen der Parteien anordnen;
4. Zeugen, auf die sich eine Partei bezogen hat, und Sachverständige zur mündlichen Verhandlung laden sowie eine Anordnung nach § 378 treffen;
5. Anordnungen nach den §§ 142, 144 treffen.

(3) 1 Anordnungen nach Absatz 2 Nr. 4 und, soweit die Anordnungen nicht gegenüber einer Partei zu treffen sind, 5 sollen nur ergehen, wenn der Beklagte dem Klageanspruch bereits widersprochen hat. 2 Für die Anordnungen nach Absatz 2 Nr. 4 gilt § 379 entsprechend.

(4) 1 Die Parteien sind von jeder Anordnung zu benachrichtigen. 2 Wird das persönliche Erscheinen der Parteien angeordnet, so gelten die Vorschriften des § 141 Abs. 2, 3.

§ 278[1] Gütliche Streitbeilegung, Güteverhandlung, Vergleich.

(1) Das Gericht soll in jeder Lage des Verfahrens auf eine gütliche Beilegung des Rechtsstreits oder einzelner Streitpunkte bedacht sein.

(2) 1 Der mündlichen Verhandlung geht zum Zwecke der gütlichen Beilegung des Rechtsstreits eine Güteverhandlung voraus, es sei denn, es hat bereits ein Einigungsversuch vor einer außergerichtlichen Gütestelle stattgefunden oder die Güteverhandlung erscheint erkennbar aussichtslos. 2 Das Gericht hat in der Güteverhandlung den Sach- und Streitstand mit den Parteien unter freier Würdigung aller Umstände zu erörtern und, soweit erforderlich, Fragen zu stellen. 3 Die erschienenen Parteien sollen hierzu persönlich gehört werden. 4 § 128a Absatz 1 und 3 gilt entsprechend.

(3) 1 Für die Güteverhandlung sowie für weitere Güteversuche soll das persönliche Erscheinen der Parteien angeordnet werden. 2 § 141 Abs. 1 Satz 2, Abs. 2 und 3 gilt entsprechend.

(4) Erscheinen beide Parteien in der Güteverhandlung nicht, ist das Ruhen des Verfahrens anzuordnen.

(5) 1 Das Gericht kann die Parteien für die Güteverhandlung sowie für weitere Güteversuche vor einen hierfür bestimmten und nicht entscheidungs-

---

1) § 278 Abs. 5 neu gef. mWv 26.7.2012 durch G v. 21.7.2012 (BGBl. I S. 1577); Abs. 6 Satz 1 neu gef. mWv 1.1.2020 durch G v. 12.12.2019 (BGBl. I S. 2633); Abs. 2 Satz 4 angef. mWv 1.1.2022 durch G v. 5.10.2021 (BGBl. I S. 4607).

befugten Richter (Güterichter) verweisen. [2]Der Güterichter kann alle Methoden der Konfliktbeilegung einschließlich der Mediation einsetzen.

(6) [1]Ein gerichtlicher Vergleich kann auch dadurch geschlossen werden, dass die Parteien dem Gericht einen schriftlichen Vergleichsvorschlag unterbreiten oder einen schriftlichen oder zu Protokoll der mündlichen Verhandlung erklärten Vergleichsvorschlag des Gerichts durch Schriftsatz oder durch Erklärung zu Protokoll der mündlichen Verhandlung gegenüber dem Gericht annehmen. [2]Das Gericht stellt das Zustandekommen und den Inhalt eines nach Satz 1 geschlossenen Vergleichs durch Beschluss fest. [3]§ 164 gilt entsprechend.

§ 278a[1)] Mediation, außergerichtliche Konfliktbeilegung. (1) Das Gericht kann den Parteien eine Mediation oder ein anderes Verfahren der außergerichtlichen Konfliktbeilegung vorschlagen.

(2) Entscheiden sich die Parteien zur Durchführung einer Mediation oder eines anderen Verfahrens der außergerichtlichen Konfliktbeilegung, ordnet das Gericht das Ruhen des Verfahrens an.

§ 299a Datenträgerarchiv. [1]Sind die Prozessakten nach ordnungsgemäßen Grundsätzen zur Ersetzung der Urschrift auf einen Bild- oder anderen Datenträger übertragen worden und liegt der schriftliche Nachweis darüber vor, dass die Wiedergabe mit der Urschrift übereinstimmt, so können Ausfertigungen, Auszüge und Abschriften von dem Bild- oder dem Datenträger erteilt werden. [2]Auf der Urschrift anzubringende Vermerke werden in diesem Fall bei dem Nachweis angebracht.

Titel 2. Urteil

§ 321a Abhilfe bei Verletzung des Anspruchs auf rechtliches Gehör.

(1) [1]Auf die Rüge der durch die Entscheidung beschwerten Partei ist das Verfahren fortzuführen, wenn

1. ein Rechtsmittel oder ein anderer Rechtsbehelf gegen die Entscheidung nicht gegeben ist und
2. das Gericht den Anspruch dieser Partei auf rechtliches Gehör in entscheidungserheblicher Weise verletzt hat.

[2]Gegen eine der Endentscheidung vorausgehende Entscheidung findet die Rüge nicht statt.

(2) [1]Die Rüge ist innerhalb einer Notfrist von zwei Wochen nach Kenntnis von der Verletzung des rechtlichen Gehörs zu erheben; der Zeitpunkt der Kenntniserlangung ist glaubhaft zu machen. [2]Nach Ablauf eines Jahres seit Bekanntgabe der angegriffenen Entscheidung kann die Rüge nicht mehr erhoben werden. [3]Formlos mitgeteilte Entscheidungen gelten mit dem dritten Tage nach Aufgabe zur Post als bekannt gegeben. [4]Die Rüge ist schriftlich bei dem Gericht zu erheben, dessen Entscheidung angegriffen wird. [5]Die Rüge muss die angegriffene Entscheidung bezeichnen und das Vorliegen der in Absatz 1 Satz 1 Nr. 2 genannten Voraussetzungen darlegen.

(3) Dem Gegner ist, soweit erforderlich, Gelegenheit zur Stellungnahme zu geben.

[1)] § 278a eingef. mWv 26.7.2012 durch G v. 21.7.2012 (BGBl. I S. 1577).

(4) [1] Das Gericht hat von Amts wegen zu prüfen, ob die Rüge an sich statthaft und ob sie in der gesetzlichen Form und Frist erhoben ist. [2] Mangelt es an einem dieser Erfordernisse, so ist die Rüge als unzulässig zu verwerfen. [3] Ist die Rüge unbegründet, weist das Gericht sie zurück. [4] Die Entscheidung ergeht durch unanfechtbaren Beschluss. [5] Der Beschluss soll kurz begründet werden.

(5) [1] Ist die Rüge begründet, so hilft ihr das Gericht ab, indem es das Verfahren fortführt, soweit dies auf Grund der Rüge geboten ist. [2] Das Verfahren wird in die Lage zurückversetzt, in der es sich vor dem Schluss der mündlichen Verhandlung befand. [3] § 343 gilt entsprechend. [4] In schriftlichen Verfahren tritt an die Stelle des Schlusses der mündlichen Verhandlung der Zeitpunkt, bis zu dem Schriftsätze eingereicht werden können.

Titel 3. Versäumnisurteil

§ 343 Entscheidung nach Einspruch. [1] Insoweit die Entscheidung, die auf Grund der neuen Verhandlung zu erlassen ist, mit der in dem Versäumnisurteil enthaltenen Entscheidung übereinstimmt, ist auszusprechen, dass diese Ent-

(Fortsetzung nächstes Blatt)

§ 589 Zulässigkeitsprüfung. (1) [1]Das Gericht hat von Amts wegen zu prüfen, ob die Klage an sich statthaft und ob sie in der gesetzlichen Form und Frist erhoben sei. [2]Mangelt es an einem dieser Erfordernisse, so ist die Klage als unzulässig zu verwerfen.

(2) Die Tatsachen, die ergeben, dass die Klage vor Ablauf der Notfrist erhoben ist, sind glaubhaft zu machen.

§ 590 Neue Verhandlung. (1) Die Hauptsache wird, insoweit sie von dem Anfechtungsgrunde betroffen ist, von neuem verhandelt.

(2) [1]Das Gericht kann anordnen, dass die Verhandlung und Entscheidung über Grund und Zulässigkeit der Wiederaufnahme des Verfahrens vor der Verhandlung über die Hauptsache erfolge. [2]In diesem Fall ist die Verhandlung über die Hauptsache als Fortsetzung der Verhandlung über Grund und Zulässigkeit der Wiederaufnahme des Verfahrens anzusehen.

(3) Das für die Klagen zuständige Revisionsgericht hat die Verhandlung über Grund und Zulässigkeit der Wiederaufnahme des Verfahrens zu erledigen, auch wenn diese Erledigung von der Feststellung und Würdigung bestrittener Tatsachen abhängig ist.

§ 591 Rechtsmittel. Rechtsmittel sind insoweit zulässig, als sie gegen die Entscheidungen der mit den Klagen befassten Gerichte überhaupt stattfinden.

Buch 7. Mahnverfahren

§ 700 Einspruch gegen den Vollstreckungsbescheid. (1) Der Vollstreckungsbescheid steht einem für vorläufig vollstreckbar erklärten Versäumnisurteil gleich.

(2) Die Streitsache gilt als mit der Zustellung des Mahnbescheids rechtshängig geworden.

(3) [1]Wird Einspruch eingelegt, so gibt das Gericht, das den Vollstreckungsbescheid erlassen hat, den Rechtsstreit von Amts wegen an das Gericht ab, das in dem Mahnbescheid gemäß § 692 Abs. 1 Nr. 1 bezeichnet worden ist, wenn die Parteien übereinstimmend die Abgabe an ein anderes Gericht verlangen, an dieses. [2]§ 696 Abs. 1 Satz 3 bis 5, Abs. 2, 5, § 697 Abs. 1, 4, § 698 gelten entsprechend. [3]§ 340 Abs. 3 ist nicht anzuwenden.

(4) [1]Bei Eingang der Anspruchsbegründung ist wie nach Eingang einer Klage weiter zu verfahren, wenn der Einspruch nicht als unzulässig verworfen wird. [2]§ 276 Abs. 1 Satz 1, 3, Abs. 2 ist nicht anzuwenden.

(5) Geht die Anspruchsbegründung innerhalb der von der Geschäftsstelle gesetzten Frist nicht ein und wird der Einspruch auch nicht als unzulässig verworfen, bestimmt der Vorsitzende unverzüglich Termin; § 697 Abs. 3 Satz 2 gilt entsprechend.

(6) Der Einspruch darf nach § 345 nur verworfen werden, soweit die Voraussetzungen des § 331 Abs. 1, 2 erster Halbsatz für ein Versäumnisurteil vorliegen; soweit die Voraussetzungen nicht vorliegen, wird der Vollstreckungsbescheid aufgehoben.

Buch 8. Zwangsvollstreckung

Abschnitt 2. Zwangsvollstreckung wegen Geldforderungen

Titel 2.[1] Zwangsvollstreckung in das bewegliche Vermögen

Untertitel 3. Zwangsvollstreckung in Forderungen und andere Vermögensrechte

§ 850 Pfändungsschutz für Arbeitseinkommen. (1) Arbeitseinkommen, das in Geld zahlbar ist, kann nur nach Maßgabe der §§ 850a bis 850i gepfändet werden.

(2) Arbeitseinkommen im Sinne dieser Vorschrift sind die Dienst- und Versorgungsbezüge der Beamten, Arbeits- und Dienstlöhne, Ruhegelder und ähnliche nach dem einstweiligen oder dauernden Ausscheiden aus dem Dienst- oder Arbeitsverhältnis gewährte fortlaufende Einkünfte, ferner Hinterbliebenenbezüge sowie sonstige Vergütungen für Dienstleistungen aller Art, die die Erwerbstätigkeit des Schuldners vollständig oder zu einem wesentlichen Teil in Anspruch nehmen.

(3) Arbeitseinkommen sind auch die folgenden Bezüge, soweit sie in Geld zahlbar sind:

a) Bezüge, die ein Arbeitnehmer zum Ausgleich für Wettbewerbsbeschränkungen für die Zeit nach Beendigung seines Dienstverhältnisses beanspruchen kann;

b) Renten, die auf Grund von Versicherungsverträgen gewährt werden, wenn diese Verträge zur Versorgung des Versicherungsnehmers oder seiner unterhaltsberechtigten Angehörigen eingegangen sind.

(4) Die Pfändung des in Geld zahlbaren Arbeitseinkommens erfasst alle Vergütungen, die dem Schuldner aus der Arbeits- oder Dienstleistung zustehen, ohne Rücksicht auf ihre Benennung oder Berechnungsart.

§ 850a[2] Unpfändbare Bezüge. Unpfändbar sind

1. zur Hälfte die für die Leistung von Mehrarbeitsstunden gezahlten Teile des Arbeitseinkommens;
2. die für die Dauer eines Urlaubs über das Arbeitseinkommen hinaus gewährten Bezüge, Zuwendungen aus Anlass eines besonderen Betriebsereignisses und Treugelder, soweit sie den Rahmen des Üblichen nicht übersteigen;
3. Aufwandsentschädigungen, Auslösungsgelder und sonstige soziale Zulagen für auswärtige Beschäftigungen, das Entgelt für selbstgestelltes Arbeitsmaterial, Gefahrenzulagen sowie Schmutz- und Erschwerniszulagen, soweit diese Bezüge den Rahmen des Üblichen nicht übersteigen;
4. Weihnachtsvergütungen bis zu der Hälfte des Betrages, dessen Höhe sich nach Aufrundung des monatlichen Freibetrages nach § 850c Absatz 1 in Verbindung mit Absatz 4 auf den nächsten vollen 10-Euro-Betrag ergibt;
5. Geburtsbeihilfen sowie Beihilfen aus Anlass der Eingehung einer Ehe oder Begründung einer Lebenspartnerschaft, sofern die Vollstreckung wegen anderer als der aus Anlass der Geburt, der Eingehung einer Ehe oder der

[1] Bish. Titel 1 wird Titel 2 mWv 1.1.2013 durch G v. 29.7.2009 (BGBl. I S. 2258).

[2] § 850a Nr. 5 geänd. mWv 26.11.2015 durch G v. 20.11.2015 (BGBl. I S. 2010); Nr. 4 neu gef. mWv 1.1.2022 durch G v. 7.5.2021 (BGBl. I S. 850).

Begründung einer Lebenspartnerschaft entstandenen Ansprüche betrieben wird;
6. Erziehungsgelder, Studienbeihilfen und ähnliche Bezüge;
7. Sterbe- und Gnadenbezüge aus Arbeits- oder Dienstverhältnissen;
8. Blindenzulagen.

§ 850b[1] **Bedingt pfändbare Bezüge.** (1) Unpfändbar sind ferner
1. Renten, die wegen einer Verletzung des Körpers oder der Gesundheit zu entrichten sind;
2. Unterhaltsrenten, die auf gesetzlicher Vorschrift beruhen, sowie die wegen Entziehung einer solchen Forderung zu entrichtenden Renten;
3. fortlaufende Einkünfte, die ein Schuldner aus Stiftungen oder sonst auf Grund der Fürsorge und Freigebigkeit eines Dritten oder auf Grund eines Altenteils oder Auszugsvertrags bezieht;
4. Bezüge aus Witwen-, Waisen-, Hilfs- und Krankenkassen, die ausschließlich oder zu einem wesentlichen Teil zu Unterstützungszwecken gewährt werden, ferner Ansprüche aus Lebensversicherungen, die nur auf den Todesfall des Versicherungsnehmers abgeschlossen sind, wenn die Versicherungssumme 5 400 Euro nicht übersteigt.

(2) Diese Bezüge können nach den für Arbeitseinkommen geltenden Vorschriften gepfändet werden, wenn die Vollstreckung in das sonstige bewegliche Vermögen des Schuldners zu einer vollständigen Befriedigung des Gläubigers nicht geführt hat oder voraussichtlich nicht führen wird und wenn nach den Umständen des Falles, insbesondere nach der Art des beizutreibenden Anspruchs und der Höhe der Bezüge, die Pfändung der Billigkeit entspricht.

(3) Das Vollstreckungsgericht soll vor seiner Entscheidung die Beteiligten hören.

§ 850c[2] **Pfändungsgrenzen für Arbeitseinkommen.** (1) Arbeitseinkommen ist unpfändbar, wenn es, je nach dem Zeitraum, für den es gezahlt wird, nicht mehr als
1. *1 178,59 Euro* monatlich,
2. *271,24 Euro* wöchentlich oder
3. *54,25 Euro* täglich

beträgt.[3]

---

[1] § 850b Abs. 1 Nr. 4 geänd. mWv 1.1.2022 durch G v. 7.5.2021 (BGBl. I S. 850).

[2] § 850c Abs. 2a Satz 2 geänd. mWv 8.9.2015 durch VO v. 31.8.2015 (BGBl. I S. 1474); Abs. 1–3 neu gef., Abs. 4 und 5 eingef., bish. Abs. 4 wird Abs. 6 und geänd. mWv 8.5.2021 durch G v. 22.11.2020 (BGBl. I S. 2466, geänd. durch G v. 7.5.2021, BGBl. I S. 850).

[3] Ab 1.7.2021 geltende Beträge gem. Abs. 4 Satz 1 iVm der Pfändungsfreigrenzenbek. 2021 v. 10.5.2021 (BGBl. I S. 1099, auszugsweise wiedergegeben als nichtamtlicher Anhang zur ZPO):

unpfändbar gem. Abs. 1:	Erhöhungsbetrag für die 1. Person gem. Abs. 2 Satz 1:	Erhöhungsbetrag für die 2.–5. Person gem. Abs. 2 Satz 2:	
1 252,64 Euro	471,44 Euro	262,65 Euro	monatlich
288,28 Euro	108,50 Euro	60,45 Euro	wöchentlich
57,66 Euro	21,70 Euro	12,09 Euro	täglich

(2) [1]Gewährt der Schuldner auf Grund einer gesetzlichen Verpflichtung seinem Ehegatten, einem früheren Ehegatten, seinem Lebenspartner, einem früheren Lebenspartner, einem Verwandten oder nach den §§ 1615l und 1615n des Bürgerlichen Gesetzbuchs[1)] einem Elternteil Unterhalt, so erhöht sich der Betrag nach Absatz 1 für die erste Person, der Unterhalt gewährt wird, und zwar um

1. *443,57 Euro* monatlich,
2. *102,08 Euro* wöchentlich oder
3. *20,42 Euro* täglich.

[2]Für die zweite bis fünfte Person, der Unterhalt gewährt wird, erhöht sich der Betrag nach Absatz 1 um je

1. *247,12 Euro* monatlich,
2. *56,87 Euro* wöchentlich oder
3. *11,37 Euro* täglich.[2)]

(3) [1]Übersteigt das Arbeitseinkommen den Betrag nach Absatz 1, so ist es hinsichtlich des überschießenden Teils in Höhe von drei Zehnteln unpfändbar. [2]Gewährt der Schuldner nach Absatz 2 Unterhalt, so sind für die erste Person weitere zwei Zehntel und für die zweite bis fünfte Person jeweils ein weiteres Zehntel unpfändbar. [3]Der Teil des Arbeitseinkommens, der

1. *3 613,08 Euro* monatlich,
2. *831,50 Euro* wöchentlich oder
3. *166,30 Euro* täglich[3)]

übersteigt, bleibt bei der Berechnung des unpfändbaren Betrages unberücksichtigt.

(4) [1]Das Bundesministerium der Justiz und für Verbraucherschutz macht im Bundesgesetzblatt Folgendes bekannt (Pfändungsfreigrenzenbekanntmachung)[4)]:

1. die Höhe des unpfändbaren Arbeitseinkommens nach Absatz 1,
2. die Höhe der Erhöhungsbeträge nach Absatz 2,
3. die Höhe der in Absatz 3 Satz 3 genannten Höchstbeträge.

[2]Die Beträge werden jeweils zum 1. Juli eines Jahres entsprechend der im Vergleich zum jeweiligen Vorjahreszeitraum sich ergebenden prozentualen Entwicklung des Grundfreibetrages nach § 32a Absatz 1 Satz 2 Nummer 1 des

---

[1)] **Habersack, Deutsche Gesetze Nr. 20.**

[2)] Ab 1.7.2021 geltende Beträge gem. Abs. 4 Satz 1 iVm der Pfändungsfreigrenzenbek. 2021 v. 10.5.2021 (BGBl. I S. 1099, auszugsweise wiedergegeben als nichtamtlicher Anhang zur ZPO):

unpfändbar gem. Abs. 1:	Erhöhungsbetrag für die 1. Person gem. Abs. 2 Satz 1:	Erhöhungsbetrag für die 2.–5. Person gem. Abs. 2 Satz 2:	
1 252,64 Euro	471,44 Euro	262,65 Euro	monatlich
288,28 Euro	108,50 Euro	60,45 Euro	wöchentlich
57,66 Euro	21,70 Euro	12,09 Euro	täglich

[3)] Ab 1.7.2021: **3 840,08 Euro** monatlich, **883,74 Euro** wöchentlich, **176,75 Euro** täglich gem. Abs. 4 Satz 1 iVm der Pfändungsfreigrenzenbek. 2021 v. 10.5.2021 (BGBl. I S. 1099, auszugsweise wiedergegeben als nichtamtlicher Anhang zur ZPO).

[4)] Siehe die Pfändungsfreigrenzenbek. 2021 v. 10.5.2021 (BGBl. I S. 1099), auszugsweise wiedergegeben als nichtamtlicher Anhang zur ZPO.

Einkommensteuergesetzes[1)] angepasst; der Berechnung ist die am 1. Januar des jeweiligen Jahres geltende Fassung des § 32a Absatz 1 Satz 2 Nummer 1 des Einkommensteuergesetzes zugrunde zu legen.

(5) [1] Um den nach Absatz 3 pfändbaren Teil des Arbeitseinkommens zu berechnen, ist das Arbeitseinkommen, gegebenenfalls nach Abzug des nach Absatz 3 Satz 3 pfändbaren Betrages, auf eine Zahl abzurunden, die bei einer Auszahlung für

1. Monate bei einer Teilung durch 10 eine natürliche Zahl ergibt,
2. Wochen bei einer Teilung durch 2,5 eine natürliche Zahl ergibt,
3. Tage bei einer Teilung durch 0,5 eine natürliche Zahl ergibt.

[2] Die sich aus der Berechnung nach Satz 1 ergebenden Beträge sind in der Pfändungsfreigrenzenbekanntmachung als Tabelle enthalten. [3] Im Pfändungsbeschluss genügt die Bezugnahme auf die Tabelle.

(6) Hat eine Person, welcher der Schuldner auf Grund gesetzlicher Verpflichtung Unterhalt gewährt, eigene Einkünfte, so kann das Vollstreckungsgericht auf Antrag des Gläubigers nach billigem Ermessen bestimmen, dass diese Person bei der Berechnung des unpfändbaren Teils des Arbeitseinkommens ganz oder teilweise unberücksichtigt bleibt; soll die Person nur teilweise berücksichtigt werden, so ist Absatz 5 Satz 3 nicht anzuwenden.

§ 850d[2)] Pfändbarkeit bei Unterhaltsansprüchen. (1) [1] Wegen der Unterhaltsansprüche, die kraft Gesetzes einem Verwandten, dem Ehegatten, einem früheren Ehegatten, dem Lebenspartner, einem früheren Lebenspartner oder nach §§ 1615l, 1615n des Bürgerlichen Gesetzbuchs[3)] einem Elternteil zustehen, sind das Arbeitseinkommen und die in § 850a Nr. 1, 2 und 4 genannten Bezüge ohne die in § 850c bezeichneten Beschränkungen pfändbar. [2] Dem Schuldner ist jedoch so viel zu belassen, als er für seinen notwendigen Unterhalt und zur Erfüllung seiner laufenden gesetzlichen Unterhaltspflichten gegenüber den dem Gläubiger vorgehenden Berechtigten oder zur gleichmäßigen Befriedigung der dem Gläubiger gleichstehenden Berechtigten bedarf; von den in § 850a Nr. 1, 2 und 4 genannten Bezügen hat ihm mindestens die Hälfte des nach § 850a unpfändbaren Betrages zu verbleiben. [3] Der dem Schuldner hiernach verbleibende Teil seines Arbeitseinkommens darf den Betrag nicht übersteigen, der ihm nach den Vorschriften des § 850c gegenüber nicht bevorrechtigten Gläubigern zu verbleiben hätte. [4] Für die Pfändung wegen der Rückstände, die länger als ein Jahr vor dem Antrag auf Erlass des Pfändungsbeschlusses fällig geworden sind, gelten die Vorschriften dieses Absatzes insoweit nicht, als nach Lage der Verhältnisse nicht anzunehmen ist, dass der Schuldner sich seiner Zahlungspflicht absichtlich entzogen hat.

(2) Mehrere nach Absatz 1 Berechtigte sind mit ihren Ansprüchen in der Reihenfolge nach § 1609 des Bürgerlichen Gesetzbuchs und § 16 des Lebenspartnerschaftsgesetzes[4)] zu berücksichtigen, wobei mehrere gleich nahe Berechtigte untereinander den gleichen Rang haben.

(3) Bei der Vollstreckung wegen der in Absatz 1 bezeichneten Ansprüche sowie wegen der aus Anlass einer Verletzung des Körpers oder der Gesundheit

---

[1)] **Steuergesetze Nr. 1.**
[2)] § 850d Abs. 2 neu gef. mWv 1.1.2008 durch G v. 21.12.2007 (BGBl. I S. 3189).
[3)] **Habersack, Deutsche Gesetze Nr. 20.**
[4)] **Habersack, Deutsche Gesetze ErgBd. Nr. 43.**

zu zahlenden Renten kann zugleich mit der Pfändung wegen fälliger Ansprüche auch künftig fällig werdendes Arbeitseinkommen wegen der dann jeweils fällig werdenden Ansprüche gepfändet und überwiesen werden.

§ 850e[1] **Berechnung des pfändbaren Arbeitseinkommens.** Für die Berechnung des pfändbaren Arbeitseinkommens gilt Folgendes:

1. [1] Nicht mitzurechnen sind die nach § 850a der Pfändung entzogenen Bezüge, ferner Beträge, die unmittelbar auf Grund steuerrechtlicher oder sozialrechtlicher Vorschriften zur Erfüllung gesetzlicher Verpflichtungen des Schuldners abzuführen sind. [2] Diesen Beträgen stehen gleich die auf den Auszahlungszeitraum entfallenden Beträge, die der Schuldner
   a) nach den Vorschriften der Sozialversicherungsgesetze zur Weiterversicherung entrichtet oder
   b) an eine Ersatzkasse oder an ein Unternehmen der privaten Krankenversicherung leistet, soweit sie den Rahmen des Üblichen nicht übersteigen.
2. [1] Mehrere Arbeitseinkommen sind auf Antrag vom Vollstreckungsgericht bei der Pfändung zusammenzurechnen. [2] Der unpfändbare Grundbetrag ist in erster Linie dem Arbeitseinkommen zu entnehmen, das die wesentliche Grundlage der Lebenshaltung des Schuldners bildet.

2a. [1] Mit Arbeitseinkommen sind auf Antrag auch Ansprüche auf laufende Geldleistungen nach dem Sozialgesetzbuch zusammenzurechnen, soweit diese der Pfändung unterworfen sind. [2] Der unpfändbare Grundbetrag ist, soweit die Pfändung nicht wegen gesetzlicher Unterhaltsansprüche erfolgt, in erster Linie den laufenden Geldleistungen nach dem Sozialgesetzbuch zu entnehmen. [3] Ansprüche auf Geldleistungen für Kinder dürfen mit Arbeitseinkommen nur zusammengerechnet werden, soweit sie nach § 76 des Einkommensteuergesetzes[2] oder nach § 54 Abs. 5 des Ersten Buches Sozialgesetzbuch[3] gepfändet werden können.

3. [1] Erhält der Schuldner neben seinem in Geld zahlbaren Einkommen auch Naturalleistungen, so sind Geld- und Naturalleistungen zusammenzurechnen. [2] In diesem Fall ist der in Geld zahlbare Betrag insoweit pfändbar, als der nach § 850c unpfändbare Teil des Gesamteinkommens durch den Wert der dem Schuldner verbleibenden Naturalleistungen gedeckt ist.
4. [1] Trifft eine Pfändung, eine Abtretung oder eine sonstige Verfügung wegen eines der in § 850d bezeichneten Ansprüche mit einer Pfändung wegen eines sonstigen Anspruchs zusammen, so sind auf die Unterhaltsansprüche zunächst die gemäß § 850d der Pfändung in erweitertem Umfang unterliegenden Teile des Arbeitseinkommens zu verrechnen. [2] Die Verrechnung nimmt auf Antrag eines Beteiligten das Vollstreckungsgericht vor. [3] Der Drittschuldner kann, solange ihm eine Entscheidung des Vollstreckungsgerichts nicht zugestellt ist, nach dem Inhalt der ihm bekannten Pfändungsbeschlüsse, Abtretungen und sonstigen Verfügungen mit befreiender Wirkung leisten.

---

[1] Siehe hierzu ua das BMI-Rundschreiben v. 25.9.2013 (GMBl S. 1148).
[2] **Steuergesetze Nr. 1.**
[3] Nr. **1.**

§ 850f[1)] Änderung des unpfändbaren Betrages. (1) Das Vollstreckungsgericht kann dem Schuldner auf Antrag von dem nach den Bestimmungen der §§ 850c, 850d und 850i pfändbaren Teil seines Arbeitseinkommens einen Teil belassen, wenn

1. der Schuldner nachweist, dass bei Anwendung der Pfändungsfreigrenzen entsprechend § 850c der notwendige Lebensunterhalt im Sinne des Dritten und Vierten Kapitels des Zwölften Buches Sozialgesetzbuch[2)] oder nach Kapitel 3 Abschnitt 2 des Zweiten Buches Sozialgesetzbuch[3)] für sich und für die Personen, denen er gesetzlich zum Unterhalt verpflichtet ist, nicht gedeckt ist,
2. besondere Bedürfnisse des Schuldners aus persönlichen oder beruflichen Gründen oder
3. der besondere Umfang der gesetzlichen Unterhaltspflichten des Schuldners, insbesondere die Zahl der Unterhaltsberechtigten, dies erfordern

und überwiegende Belange des Gläubigers nicht entgegenstehen.

(2) Wird die Zwangsvollstreckung wegen einer Forderung aus einer vorsätzlich begangenen unerlaubten Handlung betrieben, so kann das Vollstreckungsgericht auf Antrag des Gläubigers den pfändbaren Teil des Arbeitseinkommens ohne Rücksicht auf die in § 850c vorgesehenen Beschränkungen bestimmen; dem Schuldner ist jedoch so viel zu belassen, wie er für seinen notwendigen Unterhalt und zur Erfüllung seiner laufenden gesetzlichen Unterhaltspflichten bedarf.

§ 850g Änderung der Unpfändbarkeitsvoraussetzungen. [1] Ändern sich die Voraussetzungen für die Bemessung des unpfändbaren Teils des Arbeitseinkommens, so hat das Vollstreckungsgericht auf Antrag des Schuldners oder des Gläubigers den Pfändungsbeschluss entsprechend zu ändern. [2] Antragsberechtigt ist auch ein Dritter, dem der Schuldner kraft Gesetzes Unterhalt zu gewähren hat. [3] Der Drittschuldner kann nach dem Inhalt des früheren Pfändungsbeschlusses mit befreiender Wirkung leisten, bis ihm der Änderungsbeschluss zugestellt wird.

§ 850h Verschleiertes Arbeitseinkommen. (1) [1] Hat sich der Empfänger der vom Schuldner geleisteten Arbeiten oder Dienste verpflichtet, Leistungen an einen Dritten zu bewirken, die nach Lage der Verhältnisse ganz oder teilweise eine Vergütung für die Leistung des Schuldners darstellen, so kann der Anspruch des Drittberechtigten insoweit auf Grund des Schuldtitels gegen den Schuldner gepfändet werden, wie wenn der Anspruch dem Schuldner zustände. [2] Die Pfändung des Vergütungsanspruchs des Schuldners umfasst ohne weiteres den Anspruch des Drittberechtigten. [3] Der Pfändungsbeschluss ist dem Drittberechtigten ebenso wie dem Schuldner zuzustellen.

(2) [1] Leistet der Schuldner einem Dritten in einem ständigen Verhältnis Arbeiten oder Dienste, die nach Art und Umfang üblicherweise vergütet

---

1) § 850f Abs. 3 Satz 4 angef. mWv 1.8.2009 durch G v. 29.7.2009 (BGBl. I S. 2258); Abs. 3 Satz 4 geänd. mWv 8.9.2015 durch VO v. 31.8.2015 (BGBl. I S. 1474); Abs. 1 Buchst. a geänd. mWv 26.11. 2016 durch G v. 21.11.2016 (BGBl. I S. 2591); Abs. 1 Buchst. a wird Nr. 1 und neu gef., Buchst. b und c werden Nr. 2 und 3, Abs. 3 aufgeh. mWv 8.5.2021 durch G v. 22.11.2020 (BGBl. I S. 2466, geänd. durch G v. 7.5.2021, BGBl. I S. 850).

2) Nr. **12**.

3) Nr. **2**.

werden, unentgeltlich oder gegen eine unverhältnismäßig geringe Vergütung, so gilt im Verhältnis des Gläubigers zu dem Empfänger der Arbeits- und Dienstleistungen eine angemessene Vergütung als geschuldet. [2] Bei der Prüfung, ob diese Voraussetzungen vorliegen, sowie bei der Bemessung der Vergütung ist auf alle Umstände des Einzelfalles, insbesondere die Art der Arbeits- und Dienstleistung, die verwandtschaftlichen oder sonstigen Beziehungen zwischen dem Dienstberechtigten und dem Dienstverpflichteten und die wirtschaftliche Leistungsfähigkeit des Dienstberechtigten Rücksicht zu nehmen.

§ 850i[1)] Pfändungsschutz für sonstige Einkünfte. (1) [1] Werden nicht wiederkehrend zahlbare Vergütungen für persönlich geleistete Arbeiten oder Dienste oder sonstige Einkünfte, die kein Arbeitseinkommen sind, gepfändet, so hat das Gericht dem Schuldner auf Antrag während eines angemessenen Zeitraums so viel zu belassen, als ihm nach freier Schätzung des Gerichts verbleiben würde, wenn sein Einkommen aus laufendem Arbeits- oder Dienstlohn bestünde. [2] Bei der Entscheidung sind die wirtschaftlichen Verhältnisse des Schuldners, insbesondere seine sonstigen Verdienstmöglichkeiten, frei zu würdigen. [3] Der Antrag des Schuldners ist insoweit abzulehnen, als überwiegende Belange des Gläubigers entgegenstehen.

(2) Die Vorschriften des § 27 des Heimarbeitsgesetzes vom 14. März 1951 (BGBl. I S. 191) bleiben unberührt.

(3) Die Bestimmungen der Versicherungs-, Versorgungs- und sonstigen gesetzlichen Vorschriften über die Pfändung von Ansprüchen bestimmter Art bleiben unberührt.

§ 850k[2)] Einrichtung und Beendigung des Pfändungsschutzkontos.

(1) [1] Eine natürliche Person kann jederzeit von dem Kreditinstitut verlangen, dass ein von ihr dort geführtes Zahlungskonto als Pfändungsschutzkonto geführt wird. [2] Satz 1 gilt auch, wenn das Zahlungskonto zum Zeitpunkt des Verlangens einen negativen Saldo aufweist. [3] Ein Pfändungsschutzkonto darf jedoch ausschließlich auf Guthabenbasis geführt werden.

(2) [1] Ist Guthaben auf dem Zahlungskonto bereits gepfändet worden, kann der Schuldner die Führung dieses Kontos als Pfändungsschutzkonto zum Beginn des vierten auf sein Verlangen folgenden Geschäftstages fordern. [2] Das Vertragsverhältnis zwischen dem Kontoinhaber und dem Kreditinstitut bleibt im Übrigen unberührt.

(3) [1] Jede Person darf nur ein Pfändungsschutzkonto unterhalten. [2] Bei dem Verlangen nach Absatz 1 hat der Kunde gegenüber dem Kreditinstitut zu versichern, dass er kein weiteres Pfändungsschutzkonto unterhält.

(4) [1] Unterhält ein Schuldner entgegen Absatz 3 Satz 1 mehrere Zahlungskonten als Pfändungsschutzkonten, ordnet das Vollstreckungsgericht auf Antrag des Gläubigers an, dass nur das von dem Gläubiger in seinem Antrag bezeichnete Zahlungskonto dem Schuldner als Pfändungsschutzkonto verbleibt. [2] Der Gläubiger hat den Umstand, dass ein Schuldner entgegen Satz 1 mehrere Zahlungskonten als Pfändungsschutzkonten unterhält, durch Vorlage entsprechender Erklärungen der Drittschuldner glaubhaft zu machen. [3] Eine Anhörung

---

1) § 850i Überschrift und Abs. 1 neu gef., Abs. 2 aufgeh., bish. Abs. 3 und 4 werden Abs. 2 und 3 mWv 1.7.2010 durch G v. 7.7.2009 (BGBl. I S. 1707).

2) § 850k neu gef. mWv 1.12.2021 durch G v. 22.11.2020 (BGBl. I S. 2466).

des Schuldners durch das Vollstreckungsgericht unterbleibt. [4] Die Anordnung nach Satz 1 ist allen Drittschuldnern zuzustellen. [5] Mit der Zustellung der Anordnung an diejenigen Kreditinstitute, deren Zahlungskonten nicht zum Pfändungsschutzkonto bestimmt sind, entfallen die Wirkungen dieser Pfändungsschutzkonten.

(5) [1] Der Kontoinhaber kann mit einer Frist von mindestens vier Geschäftstagen zum Monatsende von dem Kreditinstitut verlangen, dass das dort geführte Pfändungsschutzkonto als Zahlungskonto ohne Pfändungsschutz geführt wird. [2] Absatz 2 Satz 2 gilt entsprechend.

§ 850l[1)] Pfändung des Gemeinschaftskontos. (1) [1] Unterhält der Schuldner, der eine natürliche Person ist, mit einer anderen natürlichen oder mit einer juristischen Person oder mit einer Mehrheit von Personen ein Gemeinschaftskonto und wird Guthaben auf diesem Konto gepfändet, so darf das Kreditinstitut erst nach Ablauf von einem Monat nach Zustellung des Überweisungsbeschlusses aus dem Guthaben an den Gläubiger leisten oder den Betrag hinterlegen. [2] Satz 1 gilt auch für künftiges Guthaben.

(2) [1] Ist der Schuldner eine natürliche Person, kann er innerhalb des Zeitraums nach Absatz 1 Satz 1 von dem Kreditinstitut verlangen, bestehendes oder künftiges Guthaben von dem Gemeinschaftskonto auf ein bei dem Kreditinstitut allein auf seinen Namen lautendes Zahlungskonto zu übertragen. [2] Wird Guthaben nach Satz 1 übertragen und verlangt der Schuldner innerhalb des Zeitraums nach Absatz 1 Satz 1, dass das Zahlungskonto als Pfändungsschutzkonto geführt wird, so gelten für die Einrichtung des Pfändungsschutzkontos § 850k und für das übertragene Guthaben die Regelungen des Buches 8 Abschnitt 4. [3] Für die Übertragung nach Satz 1 ist eine Mitwirkung anderer Kontoinhaber oder des Gläubigers nicht erforderlich. [4] Der Übertragungsbetrag beläuft sich auf den Kopfteil des Schuldners an dem Guthaben. [5] Sämtliche Kontoinhaber und der Gläubiger können sich auf eine von Satz 4 abweichende Aufteilung des Übertragungsbetrages einigen; die Vereinbarung ist dem Kreditinstitut in Textform mitzuteilen.

(3) Absatz 2 Satz 1 und 3 bis 5 ist auf natürliche Personen, mit denen der Schuldner das Gemeinschaftskonto unterhält, entsprechend anzuwenden.

(4) Die Wirkungen von Pfändung und Überweisung von Guthaben auf dem Gemeinschaftskonto setzen sich an dem nach Absatz 2 Satz 1 auf ein Einzelkonto des Schuldners übertragenen Guthaben fort; sie setzen sich nicht an dem Guthaben fort, das nach Absatz 3 übertragen wird.

§ 851c[2)] Pfändungsschutz bei Altersrenten. (1) Ansprüche auf Leistungen, die auf Grund von Verträgen gewährt werden, dürfen nur wie Arbeitseinkommen gepfändet werden, wenn

1. die Leistung in regelmäßigen Zeitabständen lebenslang und nicht vor Vollendung des 60. Lebensjahres oder nur bei Eintritt der Berufsunfähigkeit gewährt wird,
2. über die Ansprüche aus dem Vertrag nicht verfügt werden darf,

---

[1)] § 850l neu gef. mWv 1.12.2021 durch G v. 22.11.2020 (BGBl. I S. 2466); Abs. 2 Satz 2 geänd. mWv 1.12.2021 durch G v. 7.5.2021 (BGBl. I S. 850).

[2)] § 851c eingef. mWv 31.3.2007 durch G v. 26.3.2007 (BGBl. I S. 368); Abs. 2 Sätze 1 und 2 geänd. mWv 1.1.2013 durch G v. 5.12.2012 (BGBl. I S. 2418); Abs. 2 Sätze 1, 2 neu gef., Satz 4 geänd. mWv 1.1.2022 durch G v. 7.5.2021 (BGBl. I S. 850).

3. die Bestimmung von Dritten mit Ausnahme von Hinterbliebenen als Berechtigte ausgeschlossen ist und
4. die Zahlung einer Kapitalleistung, ausgenommen eine Zahlung für den Todesfall, nicht vereinbart wurde.

(2) [1] Beträge, die der Schuldner anspart, um in Erfüllung eines Vertrages nach Absatz 1 eine angemessene Alterssicherung aufzubauen, unterliegen nicht der Pfändung, soweit sie

1. jährlich nicht mehr betragen als
   a) 6 000 Euro bei einem Schuldner vom 18. bis zum vollendeten 27. Lebensjahr und
   b) 7 000 Euro bei einem Schuldner vom 28. bis zum vollendeten 67. Lebensjahr und
2. einen Gesamtbetrag von 340 000 Euro nicht übersteigen.

[2] Die in Satz 1 genannten Beträge werden jeweils zum 1. Juli eines jeden fünften Jahres entsprechend der Entwicklung auf dem Kapitalmarkt, des Sterblichkeitsrisikos und der Höhe der Pfändungsfreigrenze angepasst und die angepassten Beträge vom Bundesministerium der Justiz und für Verbraucherschutz in der Pfändungsfreigrenzenbekanntmachung im Sinne des § 850c Absatz 4 Satz 1 bekannt gemacht. [3] Übersteigt der Rückkaufwert der Alterssicherung den unpfändbaren Betrag, sind drei Zehntel des überschießenden Betrags unpfändbar. [4] Satz 3 gilt nicht für den Teil des Rückkaufwerts, der den dreifachen Wert des in Satz 1 Nummer 2 genannten Betrags übersteigt.

(3) § 850e Nr. 2 und 2a gilt entsprechend.

§ 851d[1)] Pfändungsschutz bei steuerlich gefördertem Altersvorsorgevermögen. Monatliche Leistungen in Form einer lebenslangen Rente oder monatlicher Ratenzahlungen im Rahmen eines Auszahlungsplans nach § 1 Abs. 1 Satz 1 Nr. 4 des Altersvorsorgeverträge-Zertifizierungsgesetzes[2)] aus steuerlich gefördertem Altersvorsorgevermögen sind wie Arbeitseinkommen pfändbar.

Abschnitt 5. Arrest und einstweilige Verfügung

§ 920 Arrestgesuch. (1) Das Gesuch soll die Bezeichnung des Anspruchs unter Angabe des Geldbetrages oder des Geldwertes sowie die Bezeichnung des Arrestgrundes enthalten.

(2) Der Anspruch und der Arrestgrund sind glaubhaft zu machen.

(3) Das Gesuch kann vor der Geschäftsstelle zu Protokoll erklärt werden.

§ 921 Entscheidung über das Arrestgesuch. [1] Das Gericht kann, auch wenn der Anspruch oder der Arrestgrund nicht glaubhaft gemacht ist, den Arrest anordnen, sofern wegen der dem Gegner drohenden Nachteile Sicherheit geleistet wird. [2] Es kann die Anordnung des Arrestes von einer Sicherheitsleistung abhängig machen, selbst wenn der Anspruch und der Arrestgrund glaubhaft gemacht sind.

[1)] § 851d eingef. mWv 31.3.2007 durch G v. 26.3.2007 (BGBl. I S. 368).
[2)] Nr. **6/80**.

§ 922 Arresturteil und Arrestbeschluss. (1) [1]Die Entscheidung über das Gesuch ergeht im Falle einer mündlichen Verhandlung durch Endurteil, andernfalls durch Beschluss. [2]Die Entscheidung, durch die der Arrest angeordnet wird, ist zu begründen, wenn sie im Ausland geltend gemacht werden soll.

(2) Den Beschluss, durch den ein Arrest angeordnet wird, hat die Partei, die den Arrest erwirkt hat, zustellen zu lassen.

(3) Der Beschluss, durch den das Arrestgesuch zurückgewiesen oder vorherige Sicherheitsleistung für erforderlich erklärt wird, ist dem Gegner nicht mitzuteilen.

§ 923 Abwendungsbefugnis. In dem Arrestbefehl ist ein Geldbetrag festzustellen, durch dessen Hinterlegung die Vollziehung des Arrestes gehemmt und der Schuldner zu dem Antrag auf Aufhebung des vollzogenen Arrestes berechtigt wird.

§ 924 Widerspruch. (1) Gegen den Beschluss, durch den ein Arrest angeordnet wird, findet Widerspruch statt.

(2) [1]Die widersprechende Partei hat in dem Widerspruch die Gründe darzulegen, die sie für die Aufhebung des Arrestes geltend machen will. [2]Das Gericht hat Termin zur mündlichen Verhandlung von Amts wegen zu bestimmen. [3]Ist das Arrestgericht ein Amtsgericht, so ist der Widerspruch unter Angabe der Gründe, die für die Aufhebung des Arrestes geltend gemacht werden sollen, schriftlich oder zum Protokoll der Geschäftsstelle zu erheben.

(3) [1]Durch Erhebung des Widerspruchs wird die Vollziehung des Arrestes nicht gehemmt. [2]Das Gericht kann aber eine einstweilige Anordnung nach § 707 treffen; § 707 Abs. 1 Satz 2 ist nicht anzuwenden.

§ 925 Entscheidung nach Widerspruch. (1) Wird Widerspruch erhoben, so ist über die Rechtmäßigkeit des Arrestes durch Endurteil zu entscheiden.

(2) Das Gericht kann den Arrest ganz oder teilweise bestätigen, abändern oder aufheben, auch die Bestätigung, Abänderung oder Aufhebung von einer Sicherheitsleistung abhängig machen.

§ 926 Anordnung der Klageerhebung. (1) Ist die Hauptsache nicht anhängig, so hat das Arrestgericht[1)] auf Antrag ohne mündliche Verhandlung anzuordnen, dass die Partei, die den Arrestbefehl erwirkt hat, binnen einer zu bestimmenden Frist Klage zu erheben habe.

(2) Wird dieser Anordnung nicht Folge geleistet, so ist auf Antrag die Aufhebung des Arrestes durch Endurteil auszusprechen.

§ 927 Aufhebung wegen veränderter Umstände. (1) Auch nach der Bestätigung des Arrestes kann wegen veränderter Umstände, insbesondere wegen Erledigung des Arrestgrundes oder auf Grund des Erbietens zur Sicherheitsleistung die Aufhebung des Arrestes beantragt werden.

(2) Die Entscheidung ist durch Endurteil zu erlassen; sie ergeht durch das Gericht, das den Arrest angeordnet hat, und wenn die Hauptsache anhängig ist, durch das Gericht der Hauptsache.

[1)] Vgl. hierzu § 20 Nr. 14 RechtspflegerG **(Habersack, Deutsche Gesetze Nr. 96)**.

§ 928 Vollziehung des Arrestes. Auf die Vollziehung des Arrestes sind die Vorschriften über die Zwangsvollstreckung entsprechend anzuwenden, soweit nicht die nachfolgenden Paragraphen abweichende Vorschriften enthalten.

§ 929[1] Vollstreckungsklausel; Vollziehungsfrist. (1) Arrestbefehle bedürfen der Vollstreckungsklausel nur, wenn die Vollziehung für einen anderen als den in dem Befehl bezeichneten Gläubiger oder gegen einen anderen als den in dem Befehl bezeichneten Schuldner erfolgen soll.

(2) [1] Die Vollziehung des Arrestbefehls ist unstatthaft, wenn seit dem Tag, an dem der Befehl verkündet oder der Partei, auf deren Gesuch er erging, zugestellt ist, ein Monat verstrichen ist. [2] Kann ein ausländischer Sicherungstitel im Inland ohne vorherige Vollstreckbarerklärung vollzogen werden, so beträgt die Frist nach Satz 1 zwei Monate.

(3) [1] Die Vollziehung ist vor der Zustellung des Arrestbefehls an den Schuldner zulässig. [2] Sie ist jedoch ohne Wirkung, wenn die Zustellung nicht innerhalb einer Woche nach der Vollziehung und vor Ablauf der für diese im vorhergehenden Absatz bestimmten Frist erfolgt.

§ 930[2] Vollziehung in bewegliches Vermögen und Forderungen.

(1) [1] Die Vollziehung des Arrestes in bewegliches Vermögen wird durch Pfändung bewirkt. [2] Die Pfändung erfolgt nach denselben Grundsätzen wie jede andere Pfändung und begründet ein Pfandrecht mit den im § 804 bestimmten Wirkungen. [3] Für die Pfändung einer Forderung ist das Arrestgericht als Vollstreckungsgericht zuständig.

(2) Gepfändetes Geld und ein im Verteilungsverfahren auf den Gläubiger fallender Betrag des Erlöses werden hinterlegt.

(3) Das Vollstreckungsgericht kann auf Antrag anordnen, dass eine bewegliche körperliche Sache, wenn sie der Gefahr einer beträchtlichen Wertverringerung ausgesetzt ist oder wenn ihre Aufbewahrung unverhältnismäßige Kosten verursachen würde, versteigert und der Erlös hinterlegt werde.

(4) Die Vollziehung des Arrestes in ein nicht eingetragenes Seeschiff ist unzulässig, wenn sich das Schiff auf der Reise befindet und nicht in einem Hafen liegt.

§ 932 Arresthypothek. (1) [1] Die Vollziehung des Arrestes in ein Grundstück oder in eine Berechtigung, für welche die sich auf Grundstücke beziehenden Vorschriften gelten, erfolgt durch Eintragung einer Sicherungshypothek für die Forderung; der nach § 923 festgestellte Geldbetrag ist als der Höchstbetrag zu bezeichnen, für den das Grundstück oder die Berechtigung haftet. [2] Ein Anspruch nach § 1179a oder § 1179b des Bürgerlichen Gesetzbuchs[3] steht dem Gläubiger oder im Grundbuch eingetragenen Gläubiger der Sicherungshypothek nicht zu.

(2) Im Übrigen gelten die Vorschriften des § 866 Abs. 3 Satz 1, des § 867 Abs. 1 und 2 und des § 868.

(3) Der Antrag auf Eintragung der Hypothek gilt im Sinne des § 929 Abs. 2, 3 als Vollziehung des Arrestbefehls.

---

[1] § 929 Abs. 2 Satz 2 angef. mWv 1.1.2022 durch G v. 7.5.2021 (BGBl. I S. 850).
[2] § 930 Abs. 4 angef. mWv 25.4.2013 durch G v. 20.4.2013 (BGBl. I S. 831).
[3] **Habersack, Deutsche Gesetze Nr. 20.**

§ 933[1) 2)] Vollziehung des persönlichen Arrestes. [1]Die Vollziehung des persönlichen Sicherheitsarrestes richtet sich, wenn sie durch Haft erfolgt, nach den Vorschriften der §§ 802g, 802h und 802j Abs. 1 und 2 und, wenn sie durch sonstige Beschränkung der persönlichen Freiheit erfolgt, nach den vom Arrestgericht zu treffenden besonderen Anordnungen, für welche die Beschränkungen der Haft maßgebend sind. [2]In den Haftbefehl ist der nach § 923 festgestellte Geldbetrag aufzunehmen.

§ 934 Aufhebung der Arrestvollziehung. (1) Wird der in dem Arrestbefehl festgestellte Geldbetrag hinterlegt, so wird der vollzogene Arrest von dem Vollstreckungsgericht[3)] aufgehoben.

(2) Das Vollstreckungsgericht kann die Aufhebung des Arrestes auch anordnen, wenn die Fortdauer besondere Aufwendungen erfordert und die Partei, auf deren Gesuch der Arrest verhängt wurde, den nötigen Geldbetrag nicht vorschießt.

(3) Die in diesem Paragraphen erwähnten Entscheidungen ergehen durch Beschluss.

(4) Gegen den Beschluss, durch den der Arrest aufgehoben wird, findet sofortige Beschwerde statt.

§ 935 Einstweilige Verfügung bezüglich Streitgegenstand. Einstweilige Verfügungen in Bezug auf den Streitgegenstand sind zulässig, wenn zu besorgen ist, dass durch eine Veränderung des bestehenden Zustandes die Verwirklichung des Rechts einer Partei vereitelt oder wesentlich erschwert werden könnte.

§ 936 Anwendung der Arrestvorschriften. Auf die Anordnung einstweiliger Verfügungen und das weitere Verfahren sind die Vorschriften über die Anordnung von Arresten und über das Arrestverfahren entsprechend anzuwenden, soweit nicht die nachfolgenden Paragraphen abweichende Vorschriften enthalten.

§ 937 Zuständiges Gericht. (1) Für den Erlass einstweiliger Verfügungen ist das Gericht der Hauptsache zuständig.

(2) Die Entscheidung kann in dringenden Fällen sowie dann, wenn der Antrag auf Erlass einer einstweiligen Verfügung zurückzuweisen ist, ohne mündliche Verhandlung ergehen.

§ 938[4)] Inhalt der einstweiligen Verfügung. (1) Das Gericht bestimmt nach freiem Ermessen, welche Anordnungen zur Erreichung des Zweckes erforderlich sind.

(2) Die einstweilige Verfügung kann auch in einer Sequestration sowie darin bestehen, dass dem Gegner eine Handlung geboten oder verboten, insbesondere die Veräußerung, Belastung oder Verpfändung eines Grundstücks oder eines eingetragenen Schiffes oder Schiffsbauwerks untersagt wird.

---

1) § 933 Satz 1 geänd. mWv 1.1.2013 durch G v. 29.7.2009 (BGBl. I S. 2258).

2) Beachte hierzu Übergangsvorschrift in § 39 EGZPO **(Habersack, Deutsche Gesetze Nr. 101)**.

3) Vgl. hierzu § 20 Nr. 15 RechtspflegerG **(Habersack, Deutsche Gesetze Nr. 96)**.

4) § 938 Abs. 1 geänd. mWv 1.1.2014 durch G v. 5.12.2012 (BGBl. I S. 2418).

§ 939 Aufhebung gegen Sicherheitsleistung. Nur unter besonderen Umständen kann die Aufhebung einer einstweiligen Verfügung gegen Sicherheitsleistung gestattet werden.

§ 942 Zuständigkeit des Amtsgerichts der belegenen Sache. (1) In dringenden Fällen kann das Amtsgericht, in dessen Bezirk sich der Streitgegenstand befindet, eine einstweilige Verfügung erlassen unter Bestimmung einer Frist, innerhalb der die Ladung des Gegners zur mündlichen Verhandlung über die Rechtmäßigkeit der einstweiligen Verfügung bei dem Gericht der Hauptsache zu beantragen ist.

(2) [1] Die einstweilige Verfügung, auf Grund deren eine Vormerkung oder ein Widerspruch gegen die Richtigkeit des Grundbuchs, des Schiffsregisters oder des Schiffsbauregisters eingetragen werden soll, kann von dem Amtsgericht erlassen werden, in dessen Bezirk das Grundstück belegen ist oder der Heimathafen oder der Heimatort des Schiffes oder der Bauort des Schiffsbauwerks sich befindet, auch wenn der Fall nicht für dringlich erachtet wird; liegt der Heimathafen des Schiffes nicht im Inland, so kann die einstweilige Verfügung vom Amtsgericht in Hamburg erlassen werden. [2] Die Bestimmung der im Absatz 1 bezeichneten Frist hat nur auf Antrag des Gegners zu erfolgen.

(3) Nach fruchtlosem Ablauf der Frist hat das Amtsgericht auf Antrag die erlassene Verfügung aufzuheben.

(4) Die in diesem Paragraphen erwähnten Entscheidungen des Amtsgerichts ergehen durch Beschluss.

§ 943 Gericht der Hauptsache. (1) Als Gericht der Hauptsache im Sinne der Vorschriften dieses Abschnitts ist das Gericht des ersten Rechtszuges und, wenn die Hauptsache in der Berufungsinstanz anhängig ist, das Berufungsgericht anzusehen.

(2) Das Gericht der Hauptsache ist für die nach § 109 zu treffenden Anordnungen ausschließlich zuständig, wenn die Hauptsache anhängig ist oder anhängig gewesen ist.

§ 944 Entscheidung des Vorsitzenden bei Dringlichkeit. In dringenden Fällen kann der Vorsitzende über die in diesem Abschnitt erwähnten Gesuche, sofern deren Erledigung eine mündliche Verhandlung nicht erfordert, anstatt des Gerichts entscheiden.

§ 945 Schadensersatzpflicht. Erweist sich die Anordnung eines Arrestes oder einer einstweiligen Verfügung als von Anfang an ungerechtfertigt oder wird die angeordnete Maßregel auf Grund des § 926 Abs. 2 oder des § 942 Abs. 3 aufgehoben, so ist die Partei, welche die Anordnung erwirkt hat, verpflichtet, dem Gegner den Schaden zu ersetzen, der ihm aus der Vollziehung der angeordneten Maßregel oder dadurch entsteht, dass er Sicherheit leistet, um die Vollziehung abzuwenden oder die Aufhebung der Maßregel zu erwirken.

§ 945a[1)] Einreichung von Schutzschriften. (1) [1] Die Landesjustizverwaltung Hessen führt für die Länder ein zentrales, länderübergreifendes elektro-

[1)] § 945a eingef. mWv 1.1.2016 durch G v. 10.10.2013 (BGBl. I S. 3786); Abs. 1 Satz 1 geänd. mWv 1.1.2016 durch G v. 20.11.2015 (BGBl. I S. 2018).

nisches Register für Schutzschriften (Schutzschriftenregister). [2] Schutzschriften sind vorbeugende Verteidigungsschriftsätze gegen erwartete Anträge auf Arrest oder einstweilige Verfügung.

(2) [1] Eine Schutzschrift gilt als bei allen ordentlichen Gerichten der Länder eingereicht, sobald sie in das Schutzschriftenregister eingestellt ist. [2] Schutzschriften sind sechs Monate nach ihrer Einstellung zu löschen.

(3) [1] Die Gerichte erhalten Zugriff auf das Register über ein automatisiertes Abrufverfahren. [2] Die Verwendung der Daten ist auf das für die Erfüllung der gesetzlichen Aufgaben Erforderliche zu beschränken. [3] Abrufvorgänge sind zu protokollieren.

§ 945b[1)] Verordnungsermächtigung. Das Bundesministerium der Justiz und für Verbraucherschutz hat durch Rechtsverordnung mit Zustimmung des Bundesrates die näheren Bestimmungen über die Einrichtung und Führung des Registers, über die Einreichung von Schutzschriften zum Register, über den Abruf von Schutzschriften aus dem Register sowie über die Einzelheiten der Datenübermittlung und -speicherung sowie der Datensicherheit und der Barrierefreiheit zu treffen.

Abschnitt 6.[2)] Grenzüberschreitende vorläufige Kontenpfändung

Titel 1. Erlass des Beschlusses zur vorläufigen Kontenpfändung

§ 946[2)] Zuständigkeit. (1) [1] Für den Erlass des Beschlusses zur vorläufigen Kontenpfändung nach der Verordnung (EU) Nr. 655/2014[3)] des Europäischen Parlaments und des Rates vom 15. Mai 2014 zur Einführung eines Verfahrens für einen Europäischen Beschluss zur vorläufigen Kontenpfändung im Hinblick auf die Erleichterung der grenzüberschreitenden Eintreibung von Forderungen in Zivil- und Handelssachen (ABl. L 189 vom 27.6.2014, S. 59) ist das Gericht der Hauptsache zuständig. [2] Die §§ 943 und 944 gelten entsprechend.

(2) Hat der Gläubiger bereits eine öffentliche Urkunde (Artikel 4 Nummer 10 der Verordnung (EU) Nr. 655/2014) erwirkt, in der der Schuldner verpflichtet wird, die Forderung zu erfüllen, ist das Gericht zuständig, in dessen Bezirk die Urkunde errichtet worden ist.

§ 947[4)] Verfahren. (1) [1] Der Gläubiger kann sich in dem Verfahren auf Erlass des Beschlusses zur vorläufigen Kontenpfändung aller Beweismittel sowie der Versicherung an Eides statt bedienen. [2] Nur eine Beweisaufnahme, die sofort erfolgen kann, ist statthaft.

(2) [1] Das Gericht darf die ihm nach Artikel 14 Absatz 6 der Verordnung (EU) Nr. 655/2014[3)] übermittelten Kontoinformationen für die Zwecke des jeweiligen Verfahrens auf Erlass eines Beschlusses zur vorläufigen Kontenpfändung speichern, übermitteln und nutzen. [2] Soweit übermittelte Kontoinformationen für den Erlass des Beschlusses zur vorläufigen Kontenpfändung nicht erforder-

---

[1)] § 945b eingef. mWv 1.7.2014 durch G v. 10.10.2013 (BGBl. I S. 3786); geänd. mWv 8.9.2015 durch VO v. 31.8.2015 (BGBl. I S. 1474); geänd. mWv 26.11.2015 durch G v. 20.11.2015 (BGBl. I S. 2018).

[2)] Abschnitt 6 (§§ 946–959) eingef. mWv 18.1.2017 durch G v. 21.11.2016 (BGBl. I S. 2591).

[3)] **Habersack, Deutsche Gesetze ErgBd. Nr. 103h.**

[4)] § 947 eingef. mWv 18.1.2017 durch G v. 21.11.2016 (BGBl. I S. 2591); Abs. 2 Satz 2 geänd. mWv 26.11.2019 durch G v. 20.11.2019 (BGBl. I S. 1724).

lich sind, sind sie unverzüglich zu löschen oder ist deren Verarbeitung einzuschränken. [3] Die Löschung ist zu protokollieren. [4] § 802d Absatz 1 Satz 3 gilt entsprechend.

§ 948[1)] Ersuchen um Einholung von Kontoinformationen. (1) Zuständige Auskunftsbehörde gemäß Artikel 14 der Verordnung (EU) Nr. 655/2014[2)] für die Einholung von Kontoinformationen ist das Bundesamt für Justiz.

(2) Zum Zweck der Einholung von Kontoinformationen nach Artikel 14 der Verordnung (EU) Nr. 655/2014 darf das Bundesamt für Justiz das Bundeszentralamt für Steuern ersuchen, bei den Kreditinstituten die in § 93b Absatz 1 der Abgabenordnung[3)] bezeichneten Daten abzurufen (§ 93 Absatz 8 der Abgabenordnung).

(3) [1] Das Bundesamt für Justiz protokolliert die eingehenden Ersuchen um Einholung von Kontoinformationen gemäß Artikel 14 der Verordnung (EU) Nr. 655/2014. [2] Zu protokollieren sind ebenfalls die Bezeichnung der ersuchenden Stelle eines anderen Mitgliedstaates der Europäischen Union, der Abruf der in § 93b Absatz 1 der Abgabenordnung bezeichneten Daten und der Zeitpunkt des Eingangs dieser Daten sowie die Weiterleitung der eingegangenen Daten an die ersuchende Stelle. [3] Das Bundesamt für Justiz löscht den Inhalt der eingeholten Kontoinformationen unverzüglich nach deren Übermittlung an die ersuchende Stelle; die Löschung ist zu protokollieren.

§ 949[1)] Nicht rechtzeitige Einleitung des Hauptsacheverfahrens.

(1) Ein im Inland erlassener Beschluss zur vorläufigen Kontenpfändung wird nach Artikel 10 Absatz 2 Unterabsatz 1 der Verordnung (EU) Nr. 655/2014[2)] durch Beschluss widerrufen.

(2) [1] Zuständige Stelle, an die gemäß Artikel 10 Absatz 2 Unterabsatz 3 der Verordnung (EU) Nr. 655/2014 das Widerrufsformblatt zu übermitteln ist, ist das Amtsgericht, in dessen Bezirk das Vollstreckungsverfahren stattfinden soll oder stattgefunden hat. [2] Ist ein in einem anderen Mitgliedstaat der Europäischen Union erlassener Beschluss zur vorläufigen Kontenpfändung im Inland zu vollziehen, hat das Amtsgericht nach Satz 1 den Beschluss, durch den das Gericht den Beschluss zur vorläufigen Kontenpfändung widerrufen hat, der Bank im Sinne des Artikels 4 Nummer 2 der Verordnung (EU) Nr. 655/2014 zuzustellen.

Titel 2. Vollziehung des Beschlusses zur vorläufigen Kontenpfändung

§ 950[1)] Anwendbare Vorschriften. Auf die Vollziehung des Beschlusses zur vorläufigen Kontenpfändung sind die Vorschriften des Achten Buchs über die Zwangsvollstreckung sowie § 930 Absatz 1 Satz 2 entsprechend anzuwenden, soweit die Verordnung (EU) Nr. 655/2014[2)] und die §§ 951 bis 957 keine abweichenden Vorschriften enthalten.

§ 951[1)] Vollziehung von im Inland erlassenen Beschlüssen. (1) [1] Ist ein im Inland erlassener Beschluss zur vorläufigen Kontenpfändung im Inland zu vollziehen, hat der Gläubiger, der seinen Wohnsitz in einem anderen Mitgliedstaat der Europäischen Union hat, den Beschluss der Bank zustellen zu lassen.

[1)] Abschnitt 6 (§§ 946–959) eingef. mWv 18.1.2017 durch G v. 21.11.2016 (BGBl. I S. 2591).
[2)] **Habersack, Deutsche Gesetze ErgBd. Nr. 103h.**
[3)] **Steuergesetze Nr. 800.**

[2] Ist der Beschluss in einem anderen Mitgliedstaat der Europäischen Union zu vollziehen, hat der Gläubiger die Zustellung gemäß Artikel 23 Absatz 3 Unterabsatz 1 der Verordnung (EU) Nr. 655/2014[1)] an die Bank zu veranlassen.

(2) [1] Das Gericht, das den Beschluss erlassen hat, lässt dem Schuldner den Beschluss nach Artikel 28 der Verordnung (EU) Nr. 655/2014 zustellen; diese Zustellung gilt als Zustellung auf Betreiben des Gläubigers (§ 191). [2] Eine Übersetzung oder Transliteration, die nach Artikel 28 Absatz 5 in Verbindung mit Artikel 49 Absatz 1 der Verordnung (EU) Nr. 655/2014 erforderlich ist, hat der Gläubiger bereitzustellen.

§ 952[2)] Vollziehung von in einem anderen Mitgliedstaat erlassenen Beschlüssen. (1) Zuständige Stelle ist

1. in den in Artikel 23 Absatz 3, 5 und 6, Artikel 25 Absatz 3 und Artikel 27 Absatz 2 der Verordnung (EU) Nr. 655/2014[1)] bezeichneten Fällen das Amtsgericht, in dessen Bezirk das Vollstreckungsverfahren stattfinden soll oder stattgefunden hat,
2. in den in Artikel 28 Absatz 3 der Verordnung (EU) Nr. 655/2014 bezeichneten Fällen das Amtsgericht, in dessen Bezirk der Schuldner seinen Wohnsitz hat.

(2) Das nach Absatz 1 Nummer 1 zuständige Amtsgericht hat

1. in den in Artikel 23 Absatz 3 der Verordnung (EU) Nr. 655/2014 bezeichneten Fällen der Bank den Beschluss zur vorläufigen Kontenpfändung zuzustellen,
2. in den in Artikel 27 Absatz 2 der Verordnung (EU) Nr. 655/2014 bezeichneten Fällen der Bank die Freigabeerklärung des Gläubigers zuzustellen.

Titel 3. Rechtsbehelfe

§ 953[2)] Rechtsbehelfe des Gläubigers. (1) Gegen die Ablehnung des Antrags auf Erlass eines Beschlusses zur vorläufigen Kontenpfändung und gegen den Widerruf des Beschlusses zur vorläufigen Kontenpfändung (§ 949 Absatz 1), soweit sie durch das Gericht des ersten Rechtszuges erfolgt sind, findet die sofortige Beschwerde statt.

(2) [1] Die in Artikel 21 Absatz 2 Satz 1 der Verordnung (EU) Nr. 655/2014[1)] bezeichnete Frist von 30 Tagen für die Einlegung des Rechtsbehelfs beginnt mit der Zustellung der Entscheidung an den Gläubiger. [2] Dies gilt auch in den Fällen des § 321a Absatz 2 für die Ablehnung des Antrags auf Erlass des Beschlusses durch das Berufungsgericht.

(3) Die sofortige Beschwerde gegen den Widerruf des Beschlusses zur vorläufigen Kontenpfändung ist innerhalb einer Notfrist von einem Monat ab Zustellung einzulegen.

§ 954[3)] Rechtsbehelfe nach den Artikeln 33 bis 35 der Verordnung (EU) Nr. 655/2014. (1) [1] Über den Rechtsbehelf des Schuldners gegen einen im Inland erlassenen Beschluss zur vorläufigen Kontenpfändung nach Artikel 33

[1)] **Habersack, Deutsche Gesetze ErgBd. Nr. 103h.**

[2)] Abschnitt 6 (§§ 946–959) eingef. mWv 18.1.2017 durch G v. 21.11.2016 (BGBl. I S. 2591).

[3)] § 954 eingef. mWv 18.1.2017 durch G v. 21.11.2016 (BGBl. I S. 2591); Abs. 2 Satz 2 geänd. mWv 1.12.2021 durch G v. 22.11.2020 (BGBl. I S. 2466).

Absatz 1 der Verordnung (EU) Nr. 655/2014[1)] (Widerspruch) entscheidet das Gericht, das den Beschluss erlassen hat. [2]Die Entscheidung ergeht durch Beschluss. [3]Die Sätze 1 und 2 gelten entsprechend für den Widerspruch des Schuldners gemäß Artikel 33 Absatz 2 der Verordnung (EU) Nr. 655/2014 gegen die Entscheidung nach Artikel 12 der Verordnung (EU) Nr. 655/2014.

(2) [1]Über den Rechtsbehelf des Schuldners wegen Einwendungen gegen die Vollziehung eines Beschlusses zur vorläufigen Kontenpfändung im Inland nach Artikel 34 der Verordnung (EU) Nr. 655/2014 entscheidet das Vollstreckungsgericht (§ 764 Absatz 2). [2]Für den Antrag nach Artikel 34 Absatz 1 Buchstabe a der Verordnung (EU) Nr. 655/2014 gelten § 906 Absatz 1 Satz 2, Absatz 2 und § 907 entsprechend.

(3) [1]Über Rechtsbehelfe, die nach Artikel 35 Absatz 3 und 4 der Verordnung (EU) Nr. 655/2014 im Vollstreckungsmitgliedstaat eingelegt werden, entscheidet ebenfalls das Vollstreckungsgericht. [2]Sofern nach Artikel 35 der Verordnung (EU) Nr. 655/2014 das Gericht zuständig ist, das den Beschluss zur vorläufigen Kontenpfändung erlassen hat, ergeht die Entscheidung durch Beschluss.

(4) [1]Zuständige Stelle ist in den Fällen des Artikels 36 Absatz 5 Unterabsatz 2 der Verordnung (EU) Nr. 655/2014 das Amtsgericht, in dessen Bezirk das Vollstreckungsverfahren stattfinden soll oder stattgefunden hat. [2]Dieses hat den Beschluss der Bank zuzustellen.

(Fortsetzung nächstes Blatt)

[1)] **Habersack, Deutsche Gesetze ErgBd. Nr. 103h.**

50/33. Verwaltungs-Vollstreckungsgesetz (VwVG)[1)]

Vom 27. April 1953
(BGBl. I S. 157)

FNA 201-4

geänd. durch § 13 Nr. 3 G über die Kosten der Zwangsvollstreckung nach der ReichsabgabenO v. 12.4.1961 (BGBl. I S. 429), Art. 4 Kostenermächtigungs-ÄndG v. 23.6.1970 (BGBl. I S. 805), Art. 36 EinführungsG zum Strafgesetzbuch v. 2.3.1974 (BGBl. I S. 469), Art. 40 EinführungsG zur AbgabenO v. 14.12.1976 (BGBl. I S. 3341), Art. 2 Abs. 1 Zweite Zwangsvollstreckungsnovelle v. 17.12.1997 (BGBl. I S. 3039), Art. 4 Abs. 1 G zur Reform der Sachaufklärung in der Zwangsvollstreckung v. 29.7.2009 (BGBl. I S. 2258), Art. 1 Sechstes ÄndG v. 25.11.2014 (BGBl. I S. 1770), Art. 15 Abs. 1 EU-Kontopfändungsverordnung-DurchführungsG v. 21.11.2016 (BGBl. I S. 2591), Art. 3 G zur Einbeziehung der Bundespolizei in den Anwendungsbereich des BundesgebührenG v. 10.3.2017 (BGBl. I S. 417), Art. 1 G zur Verbesserung der Sachaufklärung in der Verwaltungsvollstreckung v. 30.6.2017 (BGBl. I S. 2094), Art. 42 Elfte ZuständigkeitsanpassungsVO v. 19.6.2020 (BGBl. I S. 1328), Art. 4 Abs. 1 G zur Verbesserung des Schutzes von Gerichtsvollziehern vor Gewalt sowie zur Änd. weiterer zwangsvollstreckungsrechtl. Vorschriften und zur Änd. des InfektionsschutzG v. 7.5.2021 (BGBl. I S. 850) und Art. 5 PersonengesellschaftsrechtsmodernisierungsG (MoPeG) v. 10.8.2021 (BGBl. I S. 3436)

Der Bundestag hat mit Zustimmung des Bundesrates das folgende Gesetz beschlossen:

Erster Abschnitt. Vollstreckung wegen Geldforderungen

§ 1[2)] Vollstreckbare Geldforderungen. (1) Die öffentlich-rechtlichen Geldforderungen des Bundes und der bundesunmittelbaren juristischen Personen des öffentlichen Rechts werden nach den Bestimmungen dieses Gesetzes im Verwaltungswege vollstreckt.

(2) Ausgenommen sind solche öffentlich-rechtlichen Geldforderungen, die im Wege des Parteistreites vor den Verwaltungsgerichten verfolgt werden oder für die ein anderer Rechtsweg als der Verwaltungsrechtsweg begründet ist.

(3) Die Vorschriften der Abgabenordnung[3)], des Sozialversicherungsrechts einschließlich der Arbeitslosenversicherung und des Justizbeitreibungsgesetzes[4)] bleiben unberührt.

§ 2 Vollstreckungsschuldner. (1) Als Vollstreckungsschuldner kann in Anspruch genommen werden,

a) wer eine Leistung als Selbstschuldner schuldet;

b) wer für die Leistung, die ein anderer schuldet, persönlich haftet.

(2) Wer zur Duldung der Zwangsvollstreckung verpflichtet ist, wird dem Vollstreckungsschuldner gleichgestellt, soweit die Duldungspflicht reicht.

[1)] Die Änderungen durch G v. 10.8.2021 (BGBl. I S. 3436) treten erst **mWv 1.1.2024** in Kraft und sind im Text noch nicht berücksichtigt.

[2)] § 1 Abs. 3 geänd. durch G v. 14.12.1976 (BGBl. I S. 3341); Abs. 3 geänd. mWv 1.7.2017 durch G v. 21.11.2016 (BGBl. I S. 2591).

[3)] **Steuergesetze Nr. 800.**

[4)] **Habersack, Deutsche Gesetze Nr. 122.**

§ 3 Vollstreckungsanordnung. (1) Die Vollstreckung wird gegen den Vollstreckungsschuldner durch Vollstreckungsanordnung eingeleitet; eines vollstreckbaren Titels bedarf es nicht.

(2) Voraussetzungen für die Einleitung der Vollstreckung sind:

a) der Leistungsbescheid, durch den der Schuldner zur Leistung aufgefordert worden ist;

b) die Fälligkeit der Leistung;

c) der Ablauf einer Frist von einer Woche seit Bekanntgabe des Leistungsbescheides oder, wenn die Leistung erst danach fällig wird, der Ablauf einer Frist von einer Woche nach Eintritt der Fälligkeit.

(3) Vor Anordnung der Vollstreckung soll der Schuldner ferner mit einer Zahlungsfrist von einer weiteren Woche besonders gemahnt werden.

(4) Die Vollstreckungsanordnung wird von der Behörde erlassen, die den Anspruch geltend machen darf.

§ 4[1] Vollstreckungsbehörden. Vollstreckungsbehörden sind:

a) die von einer obersten Bundesbehörde im Einvernehmen mit dem Bundesminister des Innern, für Bau und Heimat bestimmten Behörden des betreffenden Verwaltungszweiges;

b) die Vollstreckungsbehörden der Bundesfinanzverwaltung, wenn eine Bestimmung nach Buchstabe a nicht getroffen worden ist.

§ 5[2] Anzuwendende Vollstreckungsvorschriften. (1) Das Verwaltungszwangsverfahren und der Vollstreckungsschutz richten sich im Falle des § 4 nach den Vorschriften der Abgabenordnung[3] (§§ 77, 249 bis 258, 260, 262 bis 267, 281 bis 317, 318 Abs. 1 bis 4, §§ 319 bis 327).

(2) Wird die Vollstreckung im Wege der Amtshilfe von Organen der Länder vorgenommen, so ist sie nach landesrechtlichen Bestimmungen durchzuführen.

§ 5a[4] Ermittlung des Aufenthaltsorts des Vollstreckungsschuldners.

(1) Ist der Wohnsitz oder der gewöhnliche Aufenthaltsort des Vollstreckungsschuldners nicht durch Anfrage bei der Meldebehörde zu ermitteln, so darf die Vollstreckungsbehörde folgende Angaben erheben:

1. beim Ausländerzentralregister die Angaben zur aktenführenden Ausländerbehörde und die Angaben zum Zuzug oder Fortzug des Vollstreckungsschuldners und bei der Ausländerbehörde, die nach der Auskunft aus dem Ausländerzentralregister aktenführend ist, den Aufenthaltsort des Vollstreckungsschuldners,
2. bei den Trägern der gesetzlichen Rentenversicherung und bei einer berufsständischen Versorgungseinrichtung im Sinne des § 6 Absatz 1 Satz 1 Nummer 1 des Sechsten Buches Sozialgesetzbuch[5] die dort bekannte derzeitige

---

[1] § 4 Buchst. a geänd. mWv 27.6.2020 durch VO v. 19.6.2020 (BGBl. I S. 1328).

[2] § 5 Abs. 1 geänd. durch G v. 14.12.1976 (BGBl. I S. 3341).

[3] **Steuergesetze Nr. 800.**

[4] § 5a eingef. mWv 6.7.2017 durch G v. 30.6.2017 (BGBl. I S. 2094); Abs. 1 Nr. 2 geänd., Abs. 4 Satz 3 angef. mWv 1.1.2022 durch G v. 7.5.2021 (BGBl. I S. 850).

[5] Nr. **6**.

Anschrift und den derzeitigen oder zukünftigen Aufenthaltsort des Vollstreckungsschuldners sowie

3. beim Kraftfahrt-Bundesamt die Halterdaten nach § 35 Absatz 4c Nummer 2 des Straßenverkehrsgesetzes[1)].

(2) Die Vollstreckungsbehörde darf die gegenwärtigen Anschriften, den Ort der Hauptniederlassung oder den Sitz des Vollstreckungsschuldners erheben

1. durch Einsicht in das Handels-, Genossenschafts-, Partnerschafts-, Unternehmens- oder Vereinsregister oder
2. durch Einholung der Anschrift bei den nach Landesrecht für die Durchführung der Aufgaben nach § 14 Absatz 1 der Gewerbeordnung[2)] zuständigen Behörden.

(3) Nach Absatz 1 Nummer 2 und Absatz 2 erhobene Daten, die innerhalb der letzten drei Monate bei der Vollstreckungsbehörde eingegangen sind, dürfen von der Vollstreckungsbehörde auch einer weiteren Vollstreckungsbehörde übermittelt werden, wenn die Voraussetzungen für die Datenerhebung auch bei der weiteren Vollstreckungsbehörde vorliegen.

(4) [1] Ist der Vollstreckungsschuldner Unionsbürger, so darf die Vollstreckungsbehörde die Daten nach Absatz 1 Nummer 1 nur erheben, wenn ihr tatsächliche Anhaltspunkte für die Vermutung vorliegen, dass bei der betroffenen Person das Nichtbestehen oder der Verlust des Freizügigkeitsrechts festgestellt worden ist. [2] Eine Übermittlung der Daten nach Absatz 1 Nummer 1 an die Vollstreckungsbehörde ist ausgeschlossen, wenn der Vollstreckungsschuldner ein Unionsbürger ist, für den eine Feststellung des Nichtbestehens oder des Verlusts des Freizügigkeitsrechts nicht vorliegt. [3] Die Erhebung nach Absatz 1 Nummer 2 bei einer berufsständischen Versorgungseinrichtung darf die Vollstreckungsbehörde nur durchführen, wenn tatsächliche Anhaltspunkte nahelegen, dass der Vollstreckungsschuldner Mitglied dieser berufsständischen Versorgungseinrichtung ist.

§ 5b[3)] Auskunftsrechte der Vollstreckungsbehörde. (1) [1] Die Vollstreckungsbehörde darf vorbehaltlich der Sätze 2 und 3 folgende Maßnahmen durchführen:

1. Erhebung des Namens und der Vornamen oder der Firma sowie der Anschrift der derzeitigen Arbeitgeber des Vollstreckungsschuldners bei den Trägern der gesetzlichen Rentenversicherung und bei einer berufsständischen Versorgungseinrichtung im Sinne des § 6 Absatz 1 Satz 1 Nummer 1 des Sechsten Buches Sozialgesetzbuch[4)];
2. Erhebung der Fahrzeug- und Halterdaten nach § 33 Absatz 1 des Straßenverkehrsgesetzes[1)] beim Kraftfahrt-Bundesamt zu einem Fahrzeug, als dessen Halter der Vollstreckungsschuldner eingetragen ist.

[2] Maßnahmen nach Satz 1 sind nur zulässig, wenn

1. die Ladung zu dem Termin zur Abgabe der Vermögensauskunft an den Vollstreckungsschuldner nicht zustellbar ist und

---

[1)] **Habersack, Deutsche Gesetze Nr. 35.**

[2)] **Sartorius Nr. 800.**

[3)] § 5b eingef. mWv 6.7.2017 durch G v. 30.6.2017 (BGBl. I S. 2094); Abs. 1 neu gef. mWv 1.1. 2022 durch G v. 7.5.2021 (BGBl. I S. 850).

[4)] Nr. **6**.

a) die Anschrift, unter der die Zustellung ausgeführt werden sollte, mit der Anschrift übereinstimmt, die von einer der in § 755 Absatz 1 und 2 der Zivilprozessordnung[1] genannten Stellen innerhalb von drei Monaten vor oder nach dem Zustellungsversuch mitgeteilt wurde, oder

b) die Meldebehörde nach dem Zustellungsversuch die Auskunft erteilt, dass ihr keine derzeitige Anschrift des Vollstreckungsschuldners bekannt ist, oder

c) die Meldebehörde innerhalb von drei Monaten vor Erlass der Vollstreckungsanordnung die Auskunft erteilt hat, dass ihr keine derzeitige Anschrift des Vollstreckungsschuldners bekannt ist;

2. der Vollstreckungsschuldner seiner Pflicht zur Abgabe der Vermögensauskunft in dem der Maßnahme nach Satz 1 zugrundeliegenden Vollstreckungsverfahren nicht nachkommt oder
3. bei einer Vollstreckung in die in der Vermögensauskunft aufgeführten Vermögensgegenstände eine vollständige Befriedigung der Forderung nicht zu erwarten ist.

³Die Erhebung nach Satz 1 Nummer 1 bei einer berufsständischen Versorgungseinrichtung ist zusätzlich zu den Voraussetzungen des Satzes 2 nur zulässig, wenn tatsächliche Anhaltspunkte nahelegen, dass der Vollstreckungsschuldner Mitglied dieser berufsständischen Versorgungseinrichtung ist.

(2) Nach Absatz 1 erhobene Daten, die innerhalb der letzten drei Monate bei der Vollstreckungsbehörde eingegangen sind, dürfen von der Vollstreckungsbehörde auch einer weiteren Vollstreckungsbehörde übermittelt werden, wenn die Voraussetzungen für die Datenerhebung auch bei der weiteren Vollstreckungsbehörde vorliegen.

Zweiter Abschnitt. Erzwingung von Handlungen, Duldungen oder Unterlassungen

§ 6[2] Zulässigkeit des Verwaltungszwanges. (1) Der Verwaltungsakt, der auf die Herausgabe einer Sache oder auf die Vornahme einer Handlung oder auf Duldung oder Unterlassung gerichtet ist, kann mit den Zwangsmitteln nach § 9 durchgesetzt werden, wenn er unanfechtbar ist oder wenn sein sofortiger Vollzug angeordnet oder wenn dem Rechtsmittel keine aufschiebende Wirkung beigelegt ist.

(2) Der Verwaltungszwang kann ohne vorausgehenden Verwaltungsakt angewendet werden, wenn der sofortige Vollzug zur Verhinderung einer rechtswidrigen Tat, die einen Straf- oder Bußgeldtatbestand verwirklicht, oder zur Abwendung einer drohenden Gefahr notwendig ist und die Behörde hierbei innerhalb ihrer gesetzlichen Befugnisse handelt.

§ 7 Vollzugsbehörden. (1) Ein Verwaltungsakt wird von der Behörde vollzogen, die ihn erlassen hat; sie vollzieht auch Beschwerdeentscheidungen.

(2) Die Behörde der unteren Verwaltungsstufe kann für den Einzelfall oder allgemein mit dem Vollzug beauftragt werden.

---

[1] **Habersack, Deutsche Gesetze Nr. 100.**
[2] § 6 Abs. 2 geänd. durch G v. 2.3.1974 (BGBl. I S. 469).

§ 8 Örtliche Zuständigkeit. Muß eine Zwangsmaßnahme außerhalb des Bezirks der Vollzugsbehörde ausgeführt werden, so hat die entsprechende Bundesbehörde des Bezirks, in dem sie ausgeführt werden soll, auf Ersuchen der Vollzugsbehörde den Verwaltungszwang durchzuführen.

§ 9 Zwangsmittel. (1) Zwangsmittel sind:

a) Ersatzvornahme (§ 10),

b) Zwangsgeld (§ 11),

c) unmittelbarer Zwang (§ 12).

(2) [1]Das Zwangsmittel muß in einem angemessenen Verhältnis zu seinem Zweck stehen. [2]Dabei ist das Zwangsmittel möglichst so zu bestimmen, daß der Betroffene und die Allgemeinheit am wenigsten beeinträchtigt werden.

§ 10 Ersatzvornahme. Wird die Verpflichtung, eine Handlung vorzunehmen, deren Vornahme durch einen anderen möglich ist (vertretbare Handlung), nicht erfüllt, so kann die Vollzugsbehörde einen anderen mit der Vornahme der Handlung auf Kosten des Pflichtigen beauftragen.

§ 11[1)] Zwangsgeld. (1) [1]Kann eine Handlung durch einen anderen nicht vorgenommen werden und hängt sie nur vom Willen des Pflichtigen ab, so kann der Pflichtige zur Vornahme der Handlung durch ein Zwangsgeld angehalten werden. [2]Bei vertretbaren Handlungen kann es verhängt werden, wenn die Ersatzvornahme untunlich ist, besonders, wenn der Pflichtige außerstande ist, die Kosten zu tragen, die aus der Ausführung durch einen anderen entstehen.

(Fortsetzung nächstes Blatt)

[1)] § 11 Abs. 3 geänd. mWv 29.11.2014 durch G v. 25.11.2014 (BGBl. I S. 1770).

50/40. Gesetz über die Vergütung von Sachverständigen, Dolmetscherinnen, Dolmetschern, Übersetzerinnen und Übersetzern sowie die Entschädigung von ehrenamtlichen Richterinnen, ehrenamtlichen Richtern, Zeuginnen, Zeugen und Dritten (Justizvergütungs- und -entschädigungsgesetz – JVEG)[1] [2]

Vom 5. Mai 2004

(BGBl. I S. 718, 776)

FNA 367-3

geänd. durch Art. 16 AnhörungsrügenG v. 9.12.2004 (BGBl. I S. 3220), Art. 14 Abs. 5 JustizkommunikationsG v. 22.3.2005 (BGBl. I S. 837), Art. 5 G zur Einführung von Kapitalanleger-Musterverfahren v. 16.8.2005 (BGBl. I S. 2437, geänd. durch G v. 22.12.2006, BGBl. I S. 3416), Art. 19 Zweites JustizmodernisierungsG v. 22.12.2006 (BGBl. I S. 3416), Art. 18 Abs. 4 G zur Neuregelung des Rechtsberatungsrechts v. 12.12.2007 (BGBl. I S. 2840), Art. 47 Abs. 5 FGG-ReformG v. 17.12.2008 (BGBl. I S. 2586), Art. 1 TK-Entschädigungs-NeuordnungsG v. 29.4.2009 (BGBl. I S. 994), Art. 7 Abs. 3 G zur Modernisierung von Verfahren im anwaltl. u. notariellen BerufsR, zur Errichtung einer Schlichtungsstelle der Rechtsanwaltschaft sowie zur Änd. sonst. Vorschr. v. 30.7.2009 (BGBl. I S. 2449), Art. 5 G zur Reform des KapMuG und zur Änd. anderer Vorschriften v. 19.10.2012 (BGBl. I S. 2182), Art. 13 G zur Einführung einer Rechtsbehelfsbelehrung im Zivilprozess und zur Änd. anderer Vorschr. v. 5.12.2012 (BGBl. I S. 2418), Art. 7 2. KostenrechtsmodernisierungsG v. 23.7.2013 (BGBl. I S. 2586), Art. 4 G zur Einführung einer Speicherpflicht und einer Höchstspeicherfrist für Verkehrsdaten v. 10.12.2015 (BGBl. I S. 2218), Art. 5 Abs. 2 G zur Änd. des Sachverständigenrechts und zur weiteren Änd. des FamFG sowie zur Änd. des SGG, der VwGO, der FGO und des GKG v. 11.10.2016 (BGBl. I S. 2222), Art. 6 KostenrechtsänderungsG 2021 v. 21.12.2020 (BGBl. I S. 3229), Art. 15 Abs. 15 G zur Reform des Vormundschafts- und Betreuungsrechts v. 4.5.2021 (BGBl. I S. 882), Art. 18 TelekommunikationsmodernisierungsG v. 23.6.2021 (BGBl. I S. 1858) und Art. 17 G zur Modernisierung des notariellen Berufsrechts und zur Änd. weiterer Vorschriften v. 25.6.2021 (BGBl. I S. 2154)

Inhaltsübersicht[3]

Abschnitt 1. Allgemeine Vorschriften

Abschnitt 2. Gemeinsame Vorschriften

---

[1] Verkündet als Art. 2 KostenrechtsmodernisierungsG v. 5.5.2004 (BGBl. I S. 718); Inkrafttreten gem. Art. 8 Satz 1 dieses G am 1.7.2004.

[2] Die Änderungen durch G v. 4.5.2021 (BGBl. I S. 882) treten erst **mWv 1.1.2023** in Kraft und sind im Text noch nicht berücksichtigt.

[3] Inhaltsübersicht geänd. mWv 1.1.2005 durch G v. 9.12.2004 (BGBl. I S. 3220); mWv 1.4.2005 durch G v. 22.3.2005 (BGBl. I S. 837); mWv 1.1.2014 durch G v. 5.12.2012 (BGBl. I S. 2418); mWv 1.8.2013 durch G v. 23.7.2013 (BGBl. I S. 2586); mWv 18.12.2015 durch G v. 10.12.2015 (BGBl. I S. 2218); mWv 1.1.2021 durch G v. 21.12.2020 (BGBl. I S. 3229).

Abschnitt 1. Allgemeine Vorschriften

§ 1[1)] Geltungsbereich und Anspruchsberechtigte. (1) [1]Dieses Gesetz regelt

1. die Vergütung der Sachverständigen, Dolmetscherinnen, Dolmetscher, Übersetzerinnen und Übersetzer, die von dem Gericht, der Staatsanwaltschaft, der Finanzbehörde in den Fällen, in denen diese das Ermittlungsverfahren selbstständig durchführt, der Verwaltungsbehörde im Verfahren nach dem Gesetz über Ordnungswidrigkeiten[2)] oder dem Gerichtsvollzieher herangezogen werden;
2. die Entschädigung der ehrenamtlichen Richterinnen und Richter bei den ordentlichen Gerichten und den Gerichten für Arbeitssachen sowie bei den Gerichten der Verwaltungs-, der Finanz- und der Sozialgerichtsbarkeit mit Ausnahme der ehrenamtlichen Richterinnen und Richter in Handelssachen, in berufsgerichtlichen Verfahren oder bei Dienstgerichten sowie
3. die Entschädigung der Zeuginnen, Zeugen und Dritten (§ 23), die von den in Nummer 1 genannten Stellen herangezogen werden.

[2]Eine Vergütung oder Entschädigung wird nur nach diesem Gesetz gewährt. [3]Der Anspruch auf Vergütung nach Satz 1 Nr. 1 steht demjenigen zu, der beauftragt worden ist; dies gilt auch, wenn der Mitarbeiter einer Unternehmung die Leistung erbringt, der Auftrag jedoch der Unternehmung erteilt worden ist.

[1)] § 1 Abs. 5 angef. mWv 1.8.2013 durch G v. 23.7.2013 (BGBl. I S. 2586).
[2)] **Habersack, Deutsche Gesetze Nr. 94.**

Für handschriftliche Notizen

Für handschriftliche Notizen

Für handschriftliche Notizen

Für handschriftliche Notizen

Für handschriftliche Notizen

Für handschriftliche Notizen

Für handschriftliche Notizen

Für handschriftliche Notizen